文山彝族与历史

包忠才　李学海　著

云南大学出版社
YUNNAN UNIVERSITY PRESS

文山彝族与历史

包忠才 李学海 著

图书在版编目（CIP）数据

文山彝族与历史 / 包忠才，李学海著．-- 昆明：云南大学出版社，2018

ISBN 978-7-5482-3591-0

Ⅰ．①文… Ⅱ．①包… ②李… Ⅲ．①彝族－民族历史－研究－文山壮族苗族自治州 Ⅳ．① K281.7

中国版本图书馆 CIP 数据核字 (2019) 第 001711 号

策划编辑： 王 磊
责任编辑： 王 磊 陈 涵
封面设计： 王娅一

出版发行： 云南大学出版社
印 装： 昆明瑆煋印务有限公司
开 本： 787mm × 1092mm 1/16
印 张： 36.5
字 数： 754 千
版 次： 2019 年 1 月第 1 版
印 次： 2019 年 1 月第 1 次印刷
书 号： ISBN 978-7-5482-3591-0
定 价： 398.00 元

社 址： 昆明市一二一大街 182 号（云南大学东陆校区英华园内）
邮 编： 650091
电 话：（0871）65033244 65031071
E-mail： market@ynup.com

若发现本书有印装质量问题，请与印厂联系调换，联系电话：0871-64167045。

包忠才

1955 年 5 月生，1973 年 7 月参加工作，1978 年毕业于昆明师范学院中文系，留校任教。1984 年结业于云南师范大学研究生课程班，硕士生学历。从事教育教学管理工作 43 年，任过小学、中等专业学校、高等专科学校、高等本科院校教师。下过乡，担任过生产队会计、公社团委书记、师范专科学校副校长、中等师范学校校长、政府副县长、地区教委主任、教育局局长、党委书记、人大常委会委员、教工委主任、云南三鑫职业技术学院党委书记（在职公派）等职，同时被聘为中国改革与发展研究院高级研究员，清华大学、北京大学博士生实习实践基地指导教师，已退休，现任文山州彝族学会会长。承担国家级云南省重点教育科研课题，其成果被评为国家级教育科研重点课题一等奖。

被誉为专家学者管理型领导，公开发表论文百余篇，公开出版的专著有《贫困地区农村教育跨越式发展之路》《贫困地区教育改革的探索与实践》《比较、研究、探索、实践》《中国农村教育改革发展的理论与实践》《高等职业教育的理论与实践》等。

李学海

男，彝族生于1946年12月30日。系云南文山州丘北县人。1968年7月参加工作。曾先后在舍得乡政府、锦屏镇政府、县文化馆、县委宣传部等单位工作。担任文书、主任、新闻干事、创作员等职务。1984年调文山日报社工作任记者，总编室副主任。1990年调州委宣传部工作期间，参加云南省委党校新闻本科班函授学习毕业。在宣传部工作任新闻文化科科长、助理调研员直到退休。

在《人民日报、经济日报、中国农业报、中国检察报、人民公安报、中国报刊报、中国记者、新闻记者、半月谈、云南日报》等国家级，省级报刊上都有作品发表，并有十余篇新闻和论文作品在全国和全省好新闻评选中获奖。

参与和独立创作《大坝风云》、《共同的任务》、《南疆怒火》等花灯剧并演出。参与民间故事的收集和出版工作。独立收集整理了彝族创世史书《布尼布卓》、彝族神话《杨雄山的传说》等。

在《云南社会科学》《云南彝学》《云南民族工作》《民族时报》等省级社科报刊上发表了9篇有关彝族历史文化的论述文章，为文山彝族历史文化研究填补了空白。

文山彝族

WEN SHAN YI ZU

李忠茹
刘玉玲

丘北彝族

QIU BEI YI ZU

荣誉证书

砚山彝族
YAN SHAN YI ZU

马关彝族
MA GUAN YI ZU

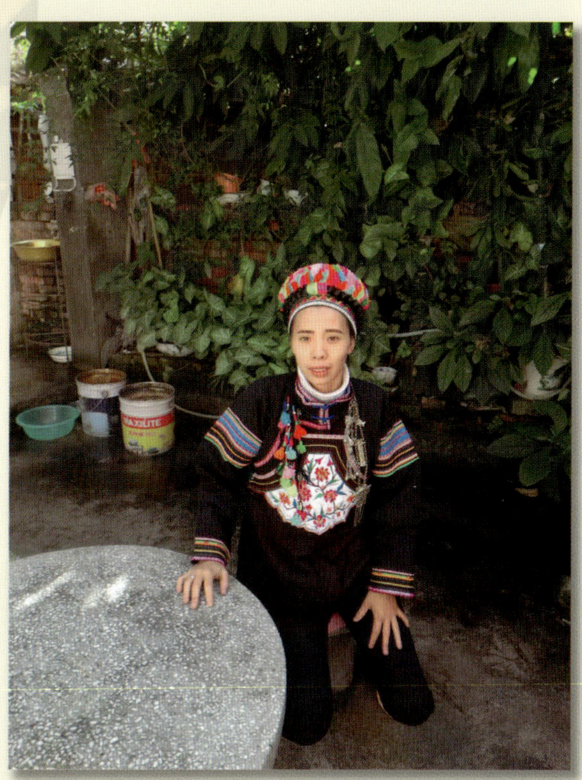

广南彝族

GUANG NAN YI ZU

富宁彝族

FU NING YI ZU

麻栗坡彝族

MA LI PO YI ZU

西畴彝族

XI CHOU YI ZU

目　录

序 言

文山州彝学会计划编著《文山彝族与历史》已经十五个春秋。自2000年提出项目后，交由学会副会长李学海同志执笔。在多方收集资料的基础上，学海大哥2004年开始入手，历时7年，于2011年将初稿送到我手上。2012年，我与学海大哥就书名和书中内容、结构、体例、编撰原则等交换了意见，学海大哥第二次修改，于2013年初将电子版送到我手上。用了4年时间，在学海大哥原稿的基础上进行了认真的修改审定，个别章节几乎是重新编写，终于渐近成熟，但由于资金筹措难，出版迟迟未能实现。直到2017年，经与云南大学出版社多次协商，终得以出版面世。

彝族居住在中国西南云贵高原及康藏高原东面边缘地区，分布区面积50余万平方公里。

据2010年第六次全国人口普查，全国彝族人口7762286万人，占全国总人口数的0.81%；到2012年已达800余万人，在全国56个民族人口中居第8位，在西南属人口最多的少数民族。在2010年第六次全国人口普查统计数字中，云南省彝族人口502.8万人，占全国彝族人口的64.77%，云南省90%的县（市）都有彝族居住，占云南省25个少数民族人口15337000人的33.37%，是全省少数民族中人口最多的一个民族。文山州地处全国彝区东南边缘地区，全州8县（市）都有彝族居住，2010年第六次全国人口普查中，全州彝族人口351318人，占全州总人口的9.98%，在全州10个少数民族人口中居第3位，其中彝族人口较多的是文山、砚山、丘北三县（市）。这三个县（市）建有13个彝族乡。

彝族是中国西南地区古老的主要世居民族。考古发现，早在距今800多万年前，“正在形成中的人”——拉玛古猿就在云南境内活动。在170万年前，亚洲大陆发现最早的原始人类群体——元谋猿人就已经在云南生息。在文山州，考古学家于20世纪30年代，在彝族聚居的丘北县黑箐龙大龙山洞中发现旧石器时代的人类活动遗迹，并在洞穴石壁上发现类似古彝文的14个符号。1965年、1970年和1972年，考古工作者先后3次在西畴县仙人洞中发掘清理出了已接近“现代人”，而尚处于晚期智人阶段的“西畴人”牙化石。新石器时期的古人类活动的遗址则遍布全州各地。我们虽然还不能确定这些新、旧石器时代的古人类与现今的彝族有何种关系，但这充分证明了文山州自古以来就有人类居住，而彝族也是这块土地上的古老民族之一。

彝文和汉文史料都记载，远古时期，居住在西南地区古夷部落中的一部分——实索（勺）人和尼能人族群北上甘青高原，与更早从西南迁徙西北的轩辕部落融合，并逐步发展强盛起来。后来，有玄嚣、昌意二部南下返回到蜀地的岷江、雅砻江流域，与居住在这一带的彝族部落“蜀山氏”交汇。《尚书·牧誓》载，周武王伐纣时，在牧野（今河南淇县）誓师，古蜀国首领就带着其“龙”系统的部落亲属参加了伐纣战争。

约公元前4～5世纪至前9世纪，彝族社会就相继实行了“乾阳运年”“坤阴运年”和“人文运年”三种纪年方法，并在各纪年时期建立了许多部落联盟国家，如公元前45世纪至前27世纪“乾阳运年”时期的实索、尼能、苟葛、鲁朵、史第、师赛、弥觉等君长国；公元前27世纪至前11世纪“坤阴运年”时期的水星王国、丽洛阿武王国等；公元前11世纪至前9世纪“人文运年”时期的武洛撮建国、笃慕称雄和“六祖”分支，之后各地彝族先后建立起了古滇王国、古蜀国、古莽国、古哀牢国、古夜郎国等许多部落联盟国家，并使用不同的族称，如滇西的嶲人、昆明人，被称为夷中大种。东汉时期，从滇西到滇中都有昆明人居住的史料记录，他们是南中地区人口最多的主体民族。直到中唐以后，这些族称记载才消失，而改称为乌蛮了。

夜郎在秦汉西南夷时期，范围大小时有变动，秦时为且兰县，西汉时为犍为郡（部分）和牂牁郡，蜀汉时期为牂牁郡、兴古郡（新设，其中部分新增）、朱提郡（新设）和犍为郡；晋后期为夜郎郡（新设）、平夷郡（新设）、牂牁郡、梁水郡（新设，其中部分新增）、西平郡（新增）、兴古郡、朱提郡、南广郡（新增）。

在中华民族大家庭中，彝族是个历史悠久的民族，语言、文字、习俗、文化源远流长。今天，包括文山州在内的全国广大彝族地区，都广泛流传着洪水泛滥的传说。洪泛灾难过后，阿普笃慕繁衍了彝族，彝文典籍对此有大量的历史记载，所以彝族人认为，阿普笃慕是彝族的人文始祖。阿普笃慕的六个儿子被认为六支祖先，称为“六祖”。

“笃慕”是人名，“阿普”即为“祖”，“阿普笃慕”翻译成汉语，就是老祖笃慕的意思。今天，包括文山州在内的全国彝族中的不少支系，都称祖父为“阿普”，就是从阿普笃慕转化而来的，“阿普笃慕”由此成为彝族历史上最重要的“人皇”。

在阿普笃慕以前，彝文古籍还记载了彝族更早的远古原始氏族族群——“哎哺”时期的实索、尼能等许多氏族群体。他们是今天包括彝族在内的彝语支民族的共同祖先。《西南彝志》卷三载，阿普笃慕之前有“哎哺九十代”，并具体记述了19个哎氏族群、2个哲米氏族群，共212代的父子连名世系。“哎哺”的汉语意思是曾祖父或高祖父，也是由人名转化而来的，它比阿普笃慕更古老。哎哺氏时代最著名的部落首领叫希弭（慕、母）遮，希弭遮之后过了31代才到阿普笃慕，属于新石器时期的父系氏族社会时代。四川凉山彝族中还流传着彝族远古时代有12个王朝的传说，其中有11个王朝属于旧石器时代，这又是哎哺以前的母系社会时期了。大约在公元前5世纪，由于彝族各部落的迁徙、对流和交融，作为祖国西南地区民族共同体的称谓——“夷”——这一彝族族群名称便开始出现了（有时也广义地包含有其他民族，但主要指的是彝族）。至此，汉文文献均以此作为对西南地区彝族的称谓而沿袭下来。

关于彝族族源问题，自汉朝以来，国内学者普遍的说法，沿袭司马迁在《史记·西南夷列传》中所说的“皆氐类也”，认为彝族（包括其他彝语支各民族）是北来的氐、羌族群系统之一，甚至说是“氐羌后裔”。新中国成立以后，特别是20世纪末期中国实行改革开放以来，一些彝学研究者，尤其是一些本民族的彝族学者对此提出了新的看法，认为这不符合人类民族融合历史的普遍规律，历史上氐羌族群进入西南地区虽然是事实，但他们比进入西南地区的氐羌族群人数多得多的彝语支各民族来说，只是少数，是他们融合到彝语支各民族中去了，而不可能是彝语支各民族融合到氐羌族群中，成为氐羌族群系统的一部分。这些学者认为，彝族自古以来就是生息在西南广大地区彝语支民族中的主要群体。理由是，新中国成立以来，特别是改革开放以来，在川、滇、黔广大彝区，先后发现了开远森林古猿、禄丰古猿、“元谋猿人”等古猿化石，还有与彝语支民族有关，遍布彝区各地的新、旧石器时代古人类活动遗址遗物，以及对夏、商、周时代众多的考古发现。

2004年，多年追寻和探讨三星堆考古发掘研究的四川学者吴红、季元龙两先生，在他们出版的《天问三星堆》一书中，根据2001年中国社会科学院历史研究所公布的中国夏商历史断代时间，以及几十年来三星堆考古发掘和研究的具体成果，断定四川三星堆文明产生于中原夏朝之前，是以中国古代蜀地人为主体创造的，与古埃及文明、美索不达米亚苏美尔文明、古印度河文明、地中海爱琴文明同为居于地球人类上一轮的文明系列。三星堆文明被正式断代为公元前3200年—公元前1200年。然而在4000多年前，这个曾经高度发达的三星堆文明，仿佛是在一夜之间从地球上突然销声匿迹，汉文对此记载几乎为零。1929年2月直到20世纪中叶，四川省广汉市太平镇月亮湾一燕氏农民父子在引渠水灌田中，无意间才洞开了它那让世界震惊的神秘大门，进而成为20世纪中国顶尖的重大考古发现之一。

三星堆文明因为早于夏商时期，而且似乎是瞬间消失，因此在汉文史书上没有一点记载，让许多专家学者如坠五里云雾，至今还没有一个令人信服的公认说法。不过，从彝文历史巨著《西南彝志》等许多彝族史书的记载看，三星堆文明的消失时间大体上与彝族始祖阿普笃慕因避洪水大难，从蜀地返回云南的时间大体相当，这不可能是时间上的某种巧合。如果确实如此，那么彝族与蜀地的三星堆文明的密切关系自然也是明确的事了。

在漫长的历史进程中，彝族同国内其他各民族兄弟一样，也经历了从原始社会、奴隶社会、封建领主制和封建地主制社会，以及之后的官僚资本主义和半殖民地半封建社会的发展历程。公元8世纪60年代南诏王国统一云南及其周边地区，标志着彝族历史上的奴隶制社会进入了最高发展阶段。但在彝族历史的发展进程中，由于多种社会历史及自然条件原因，地区间的政治、经济、文化一直发展不平衡，奴隶制、封建农奴制、封建地主经济多种社会形态并存。建立前的一段时期，还有官僚资本主义的社会形态与之并存。同时，彝族在自己的历史发展过程中，不断吸收和融合其他如汉、氐、羌等民族中，自身也在不断地发生分化，并形成了今天的白族、纳西族、傈僳族、哈尼族、拉祜族、基诺族等许多彝语支民族，也有不少融入汉族或其他民族中。

数千年来，彝族人民与同区域的其他各兄弟民族一道，为缔结多民族的中华民主国家，为促进民族团结、边疆稳定、经济和社会发展做出了重大贡献。历史上，中原地区无论是统一，还是分裂，西南地区的彝族始终心向祖国，反对分裂。唐（南诏）时期中央朝廷一度发生奸臣当道的历史背景下，南诏王国军队曾与朝廷军队发生过规模较大的战争冲突，但南诏王国与中央朝廷的关系总体上仍然是很密切的。唐朝天宝战争之后，南诏王阁罗凤仍收拾朝廷阵亡将士“祭而葬之”，还特别在王都太和城立“德化碑”，表明一时叛唐并非南诏之本意，而是中央朝廷奸臣所迫下的不得已而为之，并表明“世世事唐”之意。明朝时期的洪武、永乐、嘉靖年间，魏山彝族左氏土司先后三次应朝廷征调，参与维护祖国统一和边疆稳定的战争，付出了重大牺牲。近代以来，包括文山州在内的全国彝族人民与其他兄弟民族一道，在反对帝国主义、封建主义，捍卫祖国统一和领土完整的斗争中，做出了许许多多的奉献和牺牲。明洪武年初，贵州水西彝族女土司奢香在受到地方酷吏鞭笞凌辱的情况下，仍深明大义，抚慰欲反的四十八部彝族人民顾全大局，努力维护民族团结，并采取上京告状的办法，让朝廷诛杀了盘踞一方的恶吏——贵州都督马晔。1900年，怒江片马地区彝族土把总左效臣率兵英勇抗击英帝国主义的武装侵略，壮烈殉国。清光绪十年（1884 年），在清军衡字营当兵的丘北彝族青年黎天才随军入越南抗法，在战斗中多处负重伤的情况下仍不顾生死，勇往直前，奋勇杀敌，直至胜利，战后被以千总尽先补用。之后，奉命驻守滇缅边境六年，又因守边有功而晋升都司，随后奉命到黔、湘、鄂等省募兵，率部北上山海关御敌，旋而又奉调驻守宁波、海口、三门湾等地海防。在辛亥革命及随后的讨袁护国战争中，不少彝族仁人志士参加了孙中山领导的民主革命。武昌起义不久，当时已是驻守上海吴淞口浙江省新中军左营管带的黎天才，在革命党人的影响下，毅然起义反正，并同其他起义军一道，带领淞沪军率先攻入南京，为推翻清王朝，结束中国几千年的封建统治做出了重要贡献。南京光复后，黎天才被推举为江南第一镇统制。1912 年初，黎天才奉命驰援武昌，扫除向新生民国政权反扑清军，旋而又先后担任江南第一师师长、第九师师长兼襄郧镇守使、湖北靖国联军总司令，并先后被授予陆军中将、上将军衔，多次获得功勋勋章。

彝族是一个有着灿烂历史文化的民族。彝语属汉藏语系藏缅语族彝语支，有北部、东部、南部、东南部、西部、中部六个方言区。文山州属于东南部方言区，但这六个方言区只是大体上的划分。事实上，各支系语言在不同的方言区支系内相互交叉，各方言区之间语言虽然有所差别，有些差别还比较大，但仍然有许多共同的特点。从彝语发音特点看，辅音有清和浊的对立，元音一般都有松有紧；韵母主要由单元音构成，极少有鼻韵尾和塞音韵尾；声调一般是 3～4 个，少数也有 5 个的。从词汇上看，固有词多，借词少；单音节词以及在单音词根上构成的复合词多，多音节的单词少；四字格的联绵词较丰富。从语法上看，词序和助词是彝语语法的主要手段，曲折形式是其辅助手段。彝语的基本语序是主语＋宾语＋谓语，数量词和形容词的修饰一般在中心词之后，量词较为丰富。动词和形容词重叠表示疑问，一部分动词有自动和使动的区别。

彝族文字历史悠久。据史料记载，早在公元前 21 世纪，哎穆穆氏传到第十代时，出现了呗博耿奢哲和密尼么两个智人，是他们创造了（实际是规范了）最早的彝族文字。数千年来，彝族人民运用本民族文字写下了浩如烟海的历史典籍。

彝文在秦汉时期称“夷经”，魏晋南北朝时期称“爨文”或“韪书”，近代称“夷书”，新中国建立以后才称为彝文。据 1981 年的一次相关统计，仅北京图书馆和中央民族大学所收藏的彝文典籍就有 659 部 1000 多册。据不完全统计，滇、川、黔、桂四省区有关部门收藏的彝文典籍多达上万册，流散于民间的则难以计数。这些彝文典籍广泛涉及彝族历史、文学、哲学、天文历算、医学药理、四时农耕、佚事典故等各种门类。彝文传承历史上有两次大的限制，一次是秦统一六国后，传周文，行周礼，用周制，夷经传播受限。《尚书》记载：“先君孔子生于周末，睹史籍之烦文，惧览之者不一，遂乃定《礼》、《乐》，明旧章，删《诗》为三百篇，约史记而修《春秋》，赞《易》道以黜‘八索’，述职方以除‘九丘’。”另外一次是明清时期，朝廷实行“一切具遵令式”政策，禁止彝族学彝文，行火葬。加上清朝初期平西王吴三桂对以彝族为主的滇中和滇东南十八土司起义进行残酷镇压，使本来就识本民族文字的人很少的彝族社会，识彝文的人更是屈指可数。到清代，文山州除了少数毕摩外，其他人已不识彝文。

20 世纪 80 年代，云南省政府民族事务委员会曾为全省各地培训过一批彝文师资，文山州民委安排丘北、文山、砚山三县市派员参加了培训，之后在一些彝族居住较集中的地方学校教授彝文，使全州部分地方有了少数初识彝文的彝族青少年，但因各种原因，除砚山县维摩乡相对坚持较好一些外，其他地方的彝文教学工作都未能很好坚持下来。

彝族人民是一个能歌善舞的民族。早在西周初年周武王伐纣时，巴蜀地区的彝族就已参加到武王伐纣的队伍中，并在出征仪式上“执仗而舞”。到了汉代，这种舞蹈传入了内地，取名为《巴渝舞》，魏晋时期先后被改称为《昭武舞》和《宣武舞》，成为中央王朝用于颂扬祖先武功的专用舞蹈。到了唐朝时期的贞元十六年（800 年），南诏王异牟寻就曾组织了一个庞大的南诏歌舞乐队，到京城长安为唐德宗皇帝演出了气势宏大的《南诏奉圣乐》。演出中，为歌舞伴奏的乐器有筝、箜篌、铜鼓等。

在南诏王国内，彝族民间歌舞以大众化的“打歌”最为流行。时至今日，我们从西南广大彝区广泛流行的具有浓郁民族特色的“跌踏舞”“左脚舞”“弦子舞”“大三弦舞”“铜鼓舞”“烟合舞”等民族民间歌舞中，仍能领略到《南诏奉圣乐》的古老遗韵。彝族人民男女老少皆喜歌善舞，善于即兴开口而歌，一唱一和，用诗歌和音乐来表情达意，以自己创造的诗歌艺术作为自娱自乐、自我教育的精神工具和斗争武器。逢年过节，婚丧嫁娶等各种活动场所，都要赋诗歌唱，抒发人们的生活经验和感受。在这些民间歌舞中，除了即兴编唱生产生活及爱情等方面的歌以外，也唱洋洋上千数万言的民族历史古歌，并以此来沿袭自己的民族历史文化。麻栗坡和广南两县东部及富宁县的彝族，虽然离开彝族聚居中心地区很早，但人们的生活习俗至今仍保留着许多彝族古老的文化风习，尤其是每年农历四月过跳宫节时跳的铜鼓舞，更是让人们领略到了古时候彝族军队在打胜仗后“执仗而舞”，欢庆胜利的生动场面。当代著名诗人何其芳曾称赞彝族民歌“很有特色，就像在辽远的寂寥的山谷忽然出现的奇异的迷人音乐”。当代中国著名舞蹈家戴爱莲则称赞西畴彝族花倮人跳的舞是“东方迪斯科”。

在数千年的历史长河中，彝族人民和其他兄弟民族一道开发了大西南这片祖国美丽而富饶的土地，早在秦王朝时期，就用火烧水浇裂石的方法修筑了通往内地的“五尺道”。汉王朝立国之初，虽然曾一度关闭了这条通道，但并没有完全被中断，西南地区的彝族商人仍在“五尺道”上进行着民间贸易往来，并把蜀地的特产枸酱，即今天西南地区的特产胡椒酱，经贵州贩运到广东。在这条通道上，还进行着不断的“僰僮”（奴隶）贩卖活动。这条古通道叫南夷—滇池道。随后，汉王朝又在彝族民间商业交往的基础上，从今天的四川宜宾南下经云南盐津石门（豆沙关）、朱提（昭通），再南下贵州威宁、安顺经广西到广州，当代学者将这条古商道称为“南方丝绸之路”，是以彝族为主体的各族人民共同开通的。此外，汉武帝派张骞出使西域时，在今天的伊朗、阿富汗等国见到了彝族商人经缅甸、印度转运过去的彝族地区特产“筇竹杖”。东汉光武年间，在滇西彝族哀牢部内附设立永昌郡后，保障了西南地区与南亚和西亚交往通道的畅通。从此之后，历代中央王朝就是通过以上这些通道经营西南夷地区，西南彝族地区的一些经济作物、畜牧业产品，如香料、建昌马、乌蒙马、凉山马、德昌牛等通过这些通道源源不断地输入内地，内地的经济文化影响也是通过这些通道辐射到西南彝区的。

彝族地区有丰富的自然资源。彝族地区的江河湖泊密布，蕴藏了巨大的水利水能资源，群山中还蕴藏着藏量巨大且种类繁多的各种矿产资源。中国著名的锡都个旧、铜都东川，是彝族第一代产业工人诞生和成长的摇篮。彝族地区还广泛分布着云南松、马尾松、云杉、油松等各种用材林，茶、漆、樟、木棉等经济林木以及鹿茸、麝香、熊胆、茯苓、三七、天麻等种类众多的名贵动植物。

新中国建立以来，中国共产党按照各民族共同团结进步、共同繁荣发展的马克思主义民族观，以及宪法和法律赋予的各民族一律平等的法律法规，在彝族人口比较集中的地区建立了 2 个单一的彝族自治州，1 个包括彝族在内的民族自治州；8 个单一的彝族自治县，11 个包括彝族在内的各族自治县；还在没有建立彝族自治州或县的地区建起了一批彝族乡。彝族自治州、县按照国家法律规定制定了单行的民族自治条例，保障了彝族人民当家做主的权利。

以彝族为主体的西南彝语支各族人民，自古以来就是一个以开放、包容的胸襟和姿态来塑造自己形象的群体。在许多彝文典籍中，都可看到这样的记述：某时期在某地方，彝族融入汉族或其他某个民族中去了：某时期在某地方，汉族或其他某个民族融入彝族中来了。一些汉文史料中也有类似这样的记载。如战国末期，楚国将军庄蹻带兵进入云南后不久，归路就被秦军所断，只好留在云南就地“变发从俗”，显然是融入彝族中去了。魏晋南北朝时期，从内地到西南彝区来的爨姓汉族人融入彝族中后，逐步形成了独霸西南数百年的彝族大姓。

然而，纵观西南地区民族融合的历史，特别是到了明、清以后，这种民族融合已从过去主要是汉族融合到彝族等少数民族中，转变为彝族等少数民族融合到汉族中了，尤其是在坝区、城镇和交通沿线更是如此。清朝初期，这些地方的民族构成还是“汉三夷七”，但越往后，彝族人口比例就越少，到今天，在这些地方居住的彝族更少。他们如果不是迁往外地或山区，就是就地融入到了汉族中。在汉文和彝文史书中，这样的历史记录不少。

文山州除了东部的广南、富宁两县以外的极大部分地区，在清康熙六年（1667 年）建开化府以前，一直都属于今红河、玉溪通海、曲靖乃至黔西南地区历代地方郡、县，或路、府、州、县行政管辖区，建府至今不过340余年，这在数千年的彝族历史长河中仍然是短暂的。这些地区是全州彝族的主要聚居区，与内地彝族的来往较多。因此，写《文山彝族与历史》，尤其是写清康熙年建开化府以前的文山州彝族历史，自然更多地要与整个彝族聚居区域，尤其与彝区内地以及原行政管辖区的历史相联系，这是很自然的事，也是写史必须遵循实事求是原则的客观要求。

包忠才　李学海

2017 年 6 月 28 日

凡例

一、力求综合性、资料性、科学性的统一。

二、力求探索文山彝族从哪里来，到哪里去的历史源流。以史为鉴，启迪未来。

三、资料成果的选择采用，上：力达穷尽；下：截至改革开放。

四、坚持纪实，以史料为参考，以考古为依据。

五、坚持历史唯物论和唯物辩证法。

六、坚持马克思主义的人类发展观，把彝族放在人类发展大格局中研究。

七、坚持中华民族大家庭格局，张扬大中华传统文化。

八、坚持大中华、大统一、大团结、大发展、大富裕记述历史理念，维护民族整体利益和核心发展。

编纂说明

本书在编撰过程中，参考和引用资料较多，但因篇幅所限，不能一一注明，如有疏忽，敬请相关者见谅。没有前人的研究成果，此书难以编成，我们在此列出参考、引用书目，以表示对彝学先驱者的崇敬心情和诚挚谢意！

一、彝文书目（汉译本、汉文专著）

《西南彝志》《六祖魂光辉》《六祖立国》《六侯创世》《中国彝族通史》《〈中国彝族通史〉古彝文献史料辑录》《彝文文献译丛》《物始记略》《滇彝古史》《勒俄特依》《梅葛》《查姆》《阿细颇先基》《尼苏夺节》《天地和人》《布尼布卓》《彝族源流》《爨文丛刊》《云南彝族氏族谱牒译注》《彝族创世志·谱牒志》（一）、《益那更苴》（夜郎史话）、《彝族字典》《中国彝文字集》

二、汉文书目

《世界通史》《史记》《二十五史》（部分）、《华阳国志》《山海经》《搜神记》《华阳国志校注》《云南考古》《云南人类起源与史前文化》《中国西南的古代民族》《中国西南历史地理考释》《经传释辞》《云南史料丛刊》《云南简史》《彝族史要》《彝族文学史》《水经注》《蛮书》《蛮书校注》《读史方舆纪要》《太平御览》《蜀中广记》《天问三星堆》《笃慕吾与仲牟由——关于彝族祖名考源》《汉唐地理书钞》《新纂云南通志》《西南民族研究·彝族专集》《云南省晋宁石寨山古墓群发掘报告》《云南江川李家山古墓群发掘报告》《广汉三星堆遗址二号祭祀坑发掘简报》《古代的巴蜀》《彝族古代文化史》《彝族古代文明史》《南诏史略论》《中国青铜器全集：滇昆明》《青铜时代滇人的农牧业》《云南彝族社会历史调查》《彝族古代史》《彝族祖先崇拜研究》《氐与羌》《滇国探秘——石寨山文化的新发现》《云南牛耕的起源》《南方丝绸之路与中、印、缅经济文化交流》《蜀身毒道浅探》《论滇僰古道的形成及其文化传播地位——茶马古道早期形态研究》

《彝族哲学著作《〈宇宙人文论〉初探》《云南志》《彝族史稿》《旧唐书》《新唐书》《资治通鉴》《岭外代答》《纪古滇说集》《南诏源流纪要》《南诏野史》《南诏野史会证》《宋史》《云南志略》《元史》《滇史》《云南志》、明万历《云南通志》《明实录》《土官底簿》、清康熙《云南通志》《云南地方沿革史》《云南宗教史》《中国文明新探——道家与与彝族虎宇宙观》《彝族哲学思想史》《夷人与简史》《自杞国考略》《云南农业考古概述》《浅谈南诏、大理国文化教育发展与中原的关系》《明清彝族社会历史论丛》《滇南见闻录》《西南夷改流记》《锡都今古纵横探》《滇越铁路与云南近代化》（油印本）、《清实录》《彝族文化大观》《彝族古代法规简论》《彝族医药理论研究》《四川广西云南彝族社会历史调查》《白药传奇》《龙云传》《卢汉传》《张冲传》《辛亥革命历史人物——黎天才》《云南行政纪实》（铅印本）、《云南礼俗研究文集》《红军黔滇驰骋风云录》《中国人民解放军滇桂黔边纵队》、文山州《党史资料》《民国云南彝族统治集团研究》

《贵州通志》《马湖府志》《大定府志》《安顺府志》《曲靖府志》《广西通志》《广西府志》《罗平州志》《师宗州志》《弥勒州志》《临安府志》《澄江府志》《阿迷州志》《个旧县志》《蒙自县志》《广南府志》《马关县志》《邱北县志》《文山州志》《文山县志》《文山壮族苗族自治州民族志》《丘北县志》《砚山县志》《西畴县志》《广南县志》《富宁县志》《富宁县民族志》《麻栗坡县志》《麻栗坡县民族志》，政协文山壮族苗族自治州《文史资料选辑》第一、第二、第三、第四、第五、第七和第八辑，《文山州彝族民间诗歌集》《文山州彝族民间故事集》《砚山县彝族志》《马关县彝族志》《云南彝学研究》第1－8辑

第一章　中华彝族的原起及衍化

第一节　生命的起源

记述族源，必先记述人类起源；记述人类起源，必先记述生命起源；记述生命起源，必先记述地球起源。

约在50亿年以前，银河系中存在着一块太阳星云，这块太阳星云由一团尘气混合而成，组成时即具有自转力，漫长的演化过程，形成了我们今天人类生存的依附体——地球。

人类地质学考察研究得出结论：地球的历史经历了太古代、古生代、中生代、新生代。

太古代的后期（约5亿年以前），地球上才出现生命。最初的生命是原生的单细胞生物（彝族传说表明：他们的祖先是虫虫变的，最早生活在海里）。

古生代有了软体动物和两栖动物，中生代两栖动物进一步演化成熟，便有了爬行动物。

新生代开始于六七千万年以前，分为第三纪和第四纪。第三纪是哺乳类动物由低级向高级发展进化期，于是就有了灵长类动物或初期的猿猴出现。到第四纪之初，大约在100万年以前，地球上出现了人类。

生命的起源经历了单细胞生物→无脊椎动物→两栖类动物→哺乳动物→灵长类动物→森林古猿→猿人→古人→新人等衍化过程。

人类社会形成后，便沿着原始社会→奴隶社会→封建社会→资本主义社会→共产主义社会的社会形态规律在发展。

人类地质研究成果表明：地球呈现出现在这样的五大洲、四大洋的面貌，是陆地板块运动的结果。中国西南地区是地球最古老的陆地板块之一，这个板块被命名为康滇古陆。

康滇古陆是历史上地球发生“寒武纪生命大爆炸”的中心舞台，被认为是地球生命的源头之一。距今约5.3亿年左右时期，康滇古陆上出现的生命迹象，使这里成为最早的生命发源地。到了距今4500万年左右，这一地区又发生了印度板块与欧亚板块的大碰撞，引起了西南地区地面的急剧上升，形成了中国地貌从西向东、由高到低的三级阶梯形状，在西南、西北地区形成了许多大山、大川相互叠夹的地形地貌奇观，高山深谷陡峻重叠，山间江河湍流，湖泊集群。奇特的地形地貌以适宜于生命存在和发展的良好自然气候环境，成为孕育地球生命多样性的中心舞台。作为世界上最早有人类活动的地方之一，早在170万年前，元谋人就在这里举着火把登上人类历史舞台。

从新生代古新世时期开始，地球上所产生的一切，都与人类起源、形成、发展有着直接和间接的关系，与中国西南地区人类的起源、形成、发展有着直接和间接的关系。也就从那时开始，中国西南地区就一直存在着一个完整的从猿到人的生命发展过程演变的链条，而这种发展过程演变的中心区域，就是今天以金沙江、澜沧江及滇池、洱海为核心的中国大西南彝族的居住地区。

人类从古猿进化而来，这是国内外人类学界比较普遍的共识。但从猿到人的伟大历史性转变，究竟发生在世界的哪个地方？国际学术界为此争论长久，这种争论至今仍在继续。近代以来越来越多的考古发现，给越来越多的人类学学者提供了更多的依据，过去主要分布在亚洲南部及非洲东部地区的人类最早祖先——“腊玛古猿”，在彝族聚居的中国西南地区有了更多且相对完整的发现，证明中国西南地区也是世界人类的发源地区之一，而且可能是主要的人类发源地区。

古人类研究专家张兴永等学者，先后在滇南和滇中地区发掘出腊玛古猿和古人类化石，即1400万年前的滇南开远腊玛古猿化石；800万年前的滇中楚雄禄丰腊玛古猿化石；400万年前至300万年前的滇中楚雄元谋蝴蝶腊玛古猿化石。化石的发现，为人类起源于滇中高原及其近邻提供了可靠的依据，可以说滇是部分东方人先祖的发源地。

腊玛古猿的后裔是元谋人，元谋人的后裔是古夷人，古夷人的后裔是夷人，夷人的后裔是“三王三皇五帝九族三十一子三苗四夷”。古夷人生存繁衍空间，以滇为主，遍布川西、藏南、印东地区的“岷江、大渡河、安宁河、雅砻江、金小江、澜沧江、怒江、缅伊洛瓦底江、西藏雅鲁藏布江、印度拉马普特拉河”，即九河流域的广阔空间。古夷人最初期，其生存繁衍三要素最优先选择的空间应是自然野物的多或少，气候的好或坏，岩房岩洞多或少。而九江河流域有野果、野物等取之不尽的食物来源，并且它们易获易捕，具备生存繁衍的必要条件。在九江河流域中的五江河流域或牦牛徼外的有些地区四季如春，其气候适宜生存繁衍。冬寒时，有平地河谷避寒；夏暑时，有高山野林避暑；秋雨时，有无穷的大小岩房、岩洞可宿。遇地震、火山、洪水时，也可转移到安全地带。故将得天独厚的五江流域或牦牛徼外的广阔空间作为生存繁衍之地，是古夷人的一个好选择。

最早出现在中国西南地区的原始人，在悠悠漫长的历史长河中，有的留在原地发展，有的从这里不断向四方往来徙流开拓。这些共同祖先的古老族群，在对流往来中不断集散和融合，在开拓发展拼搏中不断撞击出人类早期的文明火花，为古老的华夏文明增添了夺目光彩。汉文和彝文史科都同样明确记载，原始社会末期，在中国历史上第一个将原始社会推向奴隶制社会的人——建立夏王朝的大禹，就是从西南这片古老的土地上走出去的。大禹是中华民族人文始祖轩辕黄帝的玄孙，是黄帝长子昌意的重孙子、颛顼帝的孙子、鲧的儿子。他和他的先辈们，是今天包括彝族在内的华夏民族大家庭成员的共同祖先。也就是说，夷（彝）汉同源，源远流长。

第二节　古夷的源与流

文化、文明的传承传递，方式多样，产生却有先后。身体语言、口头语言当最先产生，刻画图案，符号、记号次之，文字再次之。文字的出现是人类进步的阶段性产物，用它可以记述历史，但它却只能说明当时，不能终结过去，更不能决定未来。

古夷人在40万年前发明了古夷语言，10万年前有统一的古夷语言。15000年至10000年前，开始刻木记年月日或简单的数字。10000年前发明了刻划符号。7500年前发明古夷文字或蝌蚪文字或韪书或爨夷文字。5900年至5600年前，古夷人嫡裔、夷人远古创世始祖桑仔俄或三自王在九江河流域远西的印东等地建立“西天天竺摩竭国或天竺摩竭国为王（即北来夷濮族“天丛”崇拜“祖灵竺”由此开始）。“桑仔俄”就是北来夷濮族《宗谱世序》中记载的第一个远古创世始祖名。今北来夷濮族或大西南夷族或古蜀国君王族是“桑仔俄”的嫡裔。“桑仔俄”，祖名记载于其45世孙，古蜀国19世皇帝杜宇，在公元前2070年前后，至其晚年时，分治古蜀国，以长江为界，以北续称古蜀国，由次子鳖灵俗称丛帝；在滇东北古朱提地新建立古夜郎国，由长子“薄多同或濮多同”称帝。古夜郎国沿袭至“薄多同”长孙，“奴逻登或那隆塔”为古滇国皇帝，至“奴逻逵”82世孙或哀牢国末代皇帝阿禨阿禶或蒙罗伽独或蒙舍龙所生太子“蒙细奴逻或阿禶或蒙独罗消”在公元636年前后，建立南诏国蒙氏君。而“蒙姑奴”次子为古夜郎国皇帝、于矢部与普里部主、罗甸国皇帝。其《远古史籍》或《自古记》婴夷史称《额通僳》。但夷濮族等学者专家、李天贵教授，如实地根据《额通僳》原文说：“6代至26代祖和九夷”诸名和代数即“桑仔俄，俄阿育，阿育焚，焚苴柢，柢蒙苴，蒙苴眉”六代夷人远古创世先祖。其中，“焚苴柢”就是“天皇伏轩”，“柢蒙苴”就是“地皇神农或炎帝或帝尧或放轩”，“蒙苴眉”就是“人皇轩辕黄帝或帝喾或帝俊”，即“三王三皇”（即南诏国蒙氏皇帝家建在南涧县西境灵宝山道教寺庙群与巍山县南境巍宝山道教寺庙群中，有三王庙、三皇庙。这三王庙、三皇庙是供奉连续六代人真正的圣祖。这六代圣祖是中国文明六千年来的源头之一）”。“焚苴柢，娶“久蒙奎或女娲”，生三子，长子“柢蒙苴地皇神农……”，次子和幺子未载入名。因夷人族法规定，只许长子、大宗族长子、宗支宗子支宗子才能载入《宗谱世序》中。长子“柢蒙苴地皇神农”娶二房，长房为西王母，幺房为听饫（生长子炎居）。西王母所生九子，史称“九夷或九族或九龙或九州或九竺或九祖或九色夷”，在《额通傈》中载，爨夷史俗称“嫩更笃”，就是指“九夷”。他又说：“嫩更笃煞艾撵，嫩俄蒙煞资莫。”“嫩更笃”为“夷九族”，而“煞艾撵为“汉八支”，“汉八支”属于“柢蒙苴地皇神农皇”的两个胞弟裔，故八支汉人与九夷同祖，所以夷族可和汉人通婚由此而来。至于“九色夷”，即长夷或黑夷蒙苴眉、次夷或红夷蒙苴连、三夷或青夷蒙苴奴、四夷或兰夷蒙苴臣、五夷或绿夷蒙苴笃、六夷或紫夷蒙苴拓、七夷或赤夷蒙苴林、八夷或黄夷蒙苴送、九夷或白夷蒙苴影，史称“九夷”。爨夷史称“嫩更笃”。长夷嫡裔之一的“德薄氏”长子“奴逻登”为古滇国皇帝、哀牢国皇帝、南诏国皇帝。蒙氏历代源流《自古记》与“奴请保”长子古夜郎国皇帝，罗甸国皇帝焚勒氏历代源流《额通傈》和《自古记》，两亲胞弟国系远古创世始祖“桑仔俄或三自王”后，与“四四五历史要素”是统一的。

西天天竺摩竭国或天竺摩竭国一世王“桑仔俄或三自王”，二世王俄阿育，三世王阿育焚，四世王焚苴柢天皇伏轩，五世王“柢蒙苴地皇神农或炎帝或帝尧或放轩”，远古西天天竺摩竭国或天竺摩竭国沿袭七（前面还有两代人，未载入）至五世君王结束。至六代人“蒙苴眉人皇轩辕黄帝或帝喾或帝俊”即位后，将天竺摩竭国都由滇远西与印东某地迁都至滇西北怒江州兰坪县金顶镇建立轩辕国，其后又迁都滇西楚雄，为“中州或中园或中国”。根据《洛书》载：“人皇始出，继地皇（即其长子）之后，兄弟九人分理九州，为九囿，人皇居中州，制八辅。”这充分证明柢蒙苴地皇神农娶西王母和听饫生九子，长子蒙苴眉人皇即位。

“蒙苴眉人皇轩辕”居楚雄为中州后，娶六房余，生三十一子十三女，共四十四子女。长房雷祖所生长子“昌意”，昌意德劣不得即位，降居若水或雅砻江，娶蜀山氏之女，生长子韩流。韩流娶淖子日阿女，生长子帝颛顼。《云南备征志卷十一》载：颛项生于若水（雅砻江），禹导黑水（金沙江），远古三危地在云南省云龙县、后三危地（甘肃省敦煌）；次房“基的或简狄”所生长子“苴眉契或轩孟契或怯卢或殷契或契卢或孟赶或少昊”未即位，则继承古夷人语言、文字、文化、历史、宗教等。而次子宗支宗子为古商国王。由于古商国是次子宗支，沿袭三十一世至商纣王。但古商国王在古夷文字或蝌蚪文字的基础上，创造出“甲骨文”，又在甲骨文基础上改革成流传至今的汉文字。唯古蜀国君王族保持使用和发展古夷文字或蝌蚪文字长达将近六千年。所以，在“三王三皇五帝九族三十一子三苗四夷”，嫡裔史上这两支文化最发达的，是目前中国文化的奠基石和维护者。

“牦牛徼外”，其地在大渡河以西，金沙江以北的大渡河、澜沧江、怒江、雅砻江和安宁河等广阔地区。《罗甸夷书》载：“一世孟赶，自牦牛徼外入居邛之卤。”这证明“苴眉契或契卢或少昊”已经离开牦牛徼外，所说“入居邛之卤”即“后三危地”，与“昌意”孙“颛项”，以及后稷裔已从牦牛徼外迁至“后三危地”。后三危地爨夷史称“背争咪”。

《竹书记年》载："颛项生于若水。"《水经注》载："若水出牦牛徼外。"《南方民族史论集》载："牦牛徼外，指大渡河以西的广阔地区。"《尚书·虞夏书》载："后三危地名，今甘肃敦煌一带。"《安顺府志·普里本末》与《罗甸夷书》记载"子蔺氏或德薄氏或布德氏或杜字氏或望帝氏或竺王氏或竹王氏"长子大宗族长子宗支"奴请保"长子宗支宗子为古夜郎国皇帝。南诏国蒙氏长兄皇帝时封为"于矢部或暴蛮部与普里部两部长"，自公元945年后建立罗甸国。三房娶"常羲"所生长子"骆明"，骆明生白马或鲧，白马或鲧生夏禹。夏禹在公元前3300年前后建立古夏国。夏禹建立古夏国后，更治金沙江上游，为今天的云南中甸至丽江的金沙江河段。《云南备征志卷十一》载："神农地过日月表，颛项生于若水（即雅砻江），禹导黑水（即金沙江上游）至后三危地。"夏禹嫡裔史称"北狄"，又称"匈奴"，其嫡裔为今蒙古族。四房娶"羲和"，所生长子"丹朱"。"丹朱"即位，《山海经》称"帝丹朱或帝鸿或帝江"居中州。五房娶"娥蝗"，所生长子"姚姓"。六房娶"姜原"，所生长子"后稷"，应称六大长子。因"蒙苴眉人皇轩辕"圣祖长寿近百岁。而四房"羲和"所生长子"丹朱"是六大长子之一，其岁数与其同父异母的长兄昌意所生长子韩流、契卢或孟赶或少昊所生长子契堵佐或契倍伐相当。所以"丹朱"即位，引起三大长子即"昌意、契卢、后稷"嫡裔的不满，却帝丹朱"臣"，舜（帝丹朱长子）将三大长子裔由中州滇西古前三危地迁至后三危地。《史记·五帝本记》载："于是舜归而言于帝（即言于帝丹朱），迁三苗（即昌意为一苗、契卢为一苗、后稷为一苗，史称三苗）于三危，以变西戎。"由此说明，三苗即西戎，西戎即三苗。三苗裔至后三危，建立三苗国，其国君是"契卢或孟赶或少昊"裔。《山海经·海外南经》载："三苗国在赤水（后赤水）东（即塔里木盆地东车尔臣河），其为人相随。一曰三毛国即三苗国。"这给"契卢"十四世孙"赤堂或成汤"建立古商国奠定了基础。古商国沿袭至十一世皇帝"仲碧"时，分治古商国；以西北秦岭山脉和大巴山脉东岭为界，以北续称古商国，由次弟"仲的或仲丁"主国称王；以南由长兄"仲碧或仲碧额"至大西南巴蜀来新建立古蜀国称帝。其史在公元前2980年至2600年间。

据著名测绘、地图、古史学家和实地考证相结合的学者专家扶永发先生著《滇西与神州》《神州的发现》，书中认为轩辕出生地与建立轩辕国的地点在滇西。《滇西与神州》又载："轩辕丘"为今滇西兰坪县境内批江东、西二源及通甸河（均为澜沧江支流）的上源西南一带之山。该山为《山海经》所载"轩辕国"的北部之山，故名"轩辕丘"。轩辕丘的南部又名穷山或江山。穷山的南端（今金顶镇驻地金顶街之西）有一小山，今名二五山，该山有《山海经》中所载的"轩辕台"的故址。轩辕台为黄帝所居之台，故轩辕台故址所在的二五山为我中华民族的"圣地"。今兰坪县金顶镇及啦井镇境内的批江西源挂登河流域为古轩辕国地。古轩辕国国邑位于今金顶街（原名文兴街）的西南角处（二五山之南）。黄帝为轩辕国人，又居于轩辕台，故其名为轩辕黄帝。

黄帝是炎帝所生九子或九夷，《洛书》载："人皇始出，继地皇之后，兄弟九人分理九州，为九囿，人皇居中州，制八辅。”故黄帝与炎帝战不可信，因为他俩是父子关系。“黄帝战蚩尤，是黄帝时代的一重大事件。此事件在《山海经》中的记载确实有神话性。《山海经·大荒南经》说：枫木，蚩尤所弃其桎梏，蚩尤是被擒杀的”。

《滇西与神州》载：黄帝又名帝俊、帝喾。他继炎帝（又名帝尧）而为帝。他在当时有着至高无上的显赫地位和极大的权威，是一位伟大的王，同时他又具有天神性。粗略统计，黄帝生子三十一，女十三。黄帝的子孙后嗣，多是我国远古时代一些开国之君及夏、商、蜀、周、秦等朝代的始祖，并成为我国历史上所形成的相当数量民族的祖先。黄帝的子孙后嗣还有许多重要的发明，为早期的中国文明奠定了基础。

《神州的发现》载：“云南省弥渡县寅街乡境内的景东坡，是《山海经》中的狄山（汤山、岳山）。该山是帝尧（即炎帝）和帝喾（即帝俊、黄帝）的葬地。”“五帝为我国历史黎明时期的五位君王。其实五帝时代本无所谓三皇五帝，三皇五帝之说起于周末及秦汉之际。司马迁的《史记五帝本纪》依《世本》《大戴礼》，以黄帝、颛顼、帝喾、尧、舜为五帝。此外还有两种不同的五帝说法，此处置而不论。”

《史记·五帝本记》中的五帝，其人选及排列顺序很有问题，不足为信。从对《山海经》的研究可知，五帝应为炎帝、黄帝、丹朱、舜、颛顼五帝，亦作如此排列顺序才对。

大禹治水大约在颛顼时代。由《山海经·海外北经·大荒北经》得知，大禹治水是治今日中甸、丽江二县间虎跳峡上口以上约100千米长的金沙江（五帝时代称河或河水，为《山海经》中的二河水之一）河段。他在治水时，于河岸边修筑了帝尧台、帝喾台、帝丹朱台、帝舜台（每帝二台、四帝共八台）。古人迷信，以为修建出这些台来，就可以镇住洪水，有如旧社会黄河、长江大堤上的镇水铁牛。不难看出，诸帝之台是为已经死去的先王而筑，在世的帝王则不筑。大禹治水是在颛顼帝时代，故没筑帝颛顼台。

《山海经》中，既有帝尧台、帝喾台、帝丹朱台、帝舜台，又有帝尧、帝喾、帝丹朱、帝舜的葬地，显然他们是实有其人，是历史人物；《山海经》中又有炎帝、黄帝、帝俊、帝鸿、帝江，他们也是实有其人，却有他们的台及他们的葬地。这的确使人感到有些不可理解。仔细研究则发现：原来炎帝就是帝尧，黄帝和帝俊就是帝喾，帝鸿或帝江就是帝丹朱，如此而已。帝俊之子帝鸿或帝江（黄帝或帝喾）之子；帝舜是帝丹朱长子、黄帝之孙。帝颛顼则为黄帝曾孙；大禹亦为黄帝之曾孙，他们和颛顼帝为堂兄弟。大禹晚生于颛顼，他是继颛顼为帝的，不在五帝之列。《山海经》始作于大禹末年，此时的颛顼早已死去，所以该书中没有颛顼的葬地。颛顼的葬地在今日丽江境内的大具乡大具坝中。大禹治水时所筑帝尧台、帝喾台、帝丹朱台、帝舜台，这一众帝之台的排列顺序，实为我们提供了五帝之中前四帝的正确人选及其顺序。

“《史记·五帝本纪》中，黄帝列为五帝之首，而炎帝则未能列入；实为黄帝之曾孙的颛顼，则变成了黄帝之孙，而被列为五帝的第二位，而帝丹朱则被取消了（他被说成是尧的不肖子）；实为与黄帝为一人的帝喾，则变成了黄帝的曾孙，而被列为五帝中的第四位；为黄帝之孙的舜，则变成了黄帝的第八世孙，而继尧的黄帝被列为五帝中的第五位。由此可见，《史记·五帝本纪》中的五帝的人选及排列顺序与《山海经》出入极大。”

“实为黄帝曾孙，而与颛顼为堂兄弟的禹，则变成了颛顼之孙。禹本是继颛顼而立的，却变成了继舜而立；舜本是继丹朱而立的，却变成了继尧而立。历史上所传的尧禅舜，舜禅禹的说法是根本不存在的，这种所谓禹贡的胜举实出自战国时人的一种想象。”

位于云南省丽江、香格里拉二县间虎跳峡以上约100千米长的金沙江河段外的宽谷地带。在五帝时期，虎跳峡上口以上约10千米处的金沙江江面要比今天宽得多，由于这段江面较宽，犹如湖泊的形状，当时被称之为大泽。五帝时代的金沙江名为河或河水，显然这大泽是河或河水的一部分。

“五帝之前的若干年中，古大泽东岸（在今天的丽江县龙蟠乡境内的山坡），由于岩体结构疏松，常有许多石头散落于大泽中，日子长了，越积越多，所以称为积石，积到一定程度，古大泽所在之处的河或河水，水流就不那么通畅了。”“到了颛顼帝的时代，由于积石太多而河水又是一条巨流，当洪水爆发时，今天的石鼓街（位于著名的长江第一弯顶端之南）上下一带的许多块滨洪滩地（均为良田沃土）被水淹没。此时鲧（即黄帝之孙）用肥沃的泥土去填塞河水，而洪水并未能被制住。于是颛顼帝便派炎帝的玄孙，黄帝的曾孙祝融杀了鲧。

“鲧的儿子禹大约30岁的时候受颛顼帝之命领导人民继续治水。他吸取了他父亲治水失败的教训，改用导（即疏通）的办法把阻塞水流的积石搬走，于是流水畅通，水位下降，终于使水患解除，治水成功。由于禹治水有伟大的功绩，所以后人称他大禹，表示赞美。后来大禹继颛顼为帝。今天虎跳峡沿岸一带之山因其上流紧靠大禹导的积石，故该山名为禹导的积石之山。”

“大禹治水之后，大约在商代，古大泽的东岸发生了大规模的山体滑坡（可能不止一次），结果部分河水河道被埋没，大泽从此消失了。我们今天从虎跳峡上口丽江县龙蟠乡所属的龙蟠、新联及鲁南三行政村境内约10千米的滨江地带可以看出滑坡的痕迹。”

“大禹只是治了今天的金沙江虎跳峡上口以上约100千米长的河道，而且仅仅是治了一次。而战国时的地理书（即《禹贡》）对大禹治水一事却作了脱离实际的、极大的夸张，说他治理了今天的黄河、长江、淮河、渭水及汉水等等大江大河，这当然是不可信的，是神话。因为那时不可能有那样的物质力量。”

“在今天看来，大禹治水仍是一项了不起的大工程，这只要到实地去考察一下就知道了。禹确是一位治水专家，一位水利工程师，一位伟人，他的治水事迹，名垂青史。”

“三王三皇五帝九族三十一子三苗四夷”出生地均在九江河流域。而“蒙苴眉人皇轩辕黄帝或帝喾或帝俊”出生地在滇西北怒江州兰坪县境昆仑洞。这一点扶永发先生已作全面客观的论证。轩辕黄帝在兰坪县金顶镇建立轩辕国。轩辕黄帝所生长子昌意，因德劣而降居若水（即雅砻江）。据《大戴礼系》《水经注·若水》和《云南备征志》等史书载：

“若水沿流同关蜀土，黄帝长子昌意，德劣不足绍承大位，降居若水（即雅砻江），娶蜀山氏女，生颛顼于若水之野（因原远史尚书等的有误，把颛顼说成昌意之子，实为昌意之长孙，韩流之长子，黄帝之长曾孙）。”《云南备征志·卷十一滇考》载：“考滇事者当然自庄蹻始说者谓神农地过日月之表，颛顼生于若水（即雅砻江），禹导黑水（远古史所载的黑水即今日的金沙江）。四川省阿坝藏族羌族自治州《汶川县志》载：“大禹出生在汶川县飞沙关石纽山瓠儿坪。”《搜神记·卷十六》载：“昔颛顼氏有三子，死而为疟鬼：一居江水，为瘧鬼；一居若水（即雅砻江），为魍魉鬼；一居人宫室，善惊人小儿，为小鬼。於是正岁命方相氏，帅肆傩以驱疫鬼。”上述诸史载黄帝长子昌意降居雅砻江，其长孙颛顼生于雅砻江。雅砻江发源于蜀甘孜州石渠县北境，巴颜喀拉山南部，与金沙江同流向，流入甘孜州和凉山州，全程均在蜀土，至渡口市与金沙江汇合。这与扶永发先生著《滇西与神州》中所载五帝和大禹治水之江的地理方位完全相符。

至于黄帝出生年代，据刘大白先生所编《五十年代中国历史年考》中载：“神农让位于轩辕黄帝是在公元前3081年，其在位219年，时间相当于马厂垣文化末期，接近辛店文化时期。”这记一载表明，轩辕黄帝继承其父神农的时间是在公元前3081年，在位219年。刘大白先生对神农让位于轩辕黄帝的年份与在位时间均描述得一清二楚。古夷人嫡裔“三王三皇五帝九族三十一子三苗四夷”均有其人其事的夷人远古创世始祖。他是食五谷之人，不是食气者即神明而长寿的人，所以他是人不是神。神农让位于黄帝是在公元前3081年，若黄帝继位时年45岁，那黄帝出生于公元前3126年，在位219年，卒于公元前2862年，享年264岁。这一记载真是极大的夸张，其结果是过于神化，否定有其人。

根据“桑仔俄”38世孙，“焚苴柢天皇伏轩”35世孙，“柢蒙苴地皇帝神农”34世孙，“蒙苴眉人皇轩辕”33世孙，“苴眉契卢或少昊”32世孙，古蜀国十二世皇帝“笃孟或盘瓠”所娶长房孔君宜之女（即骆明长子大宗族长子宗支宗子夏王朝蒙古族始祖孔甲之祖裔家女），曰孟堵，所生长子曰“孟孔孔”长子大宗族长子宗支宗子“爨氏氏由爨龙颜”至“爨崇道”（即爨氏嫡裔在元以前就更爨姓为孔姓、杨姓、吴姓、何姓、赵姓、包姓等），目前姓孔、姓杨为多。根据该长子大宗族《点祖祭文》“几朵爨氏濮”，“几朵”为“太阳”，所以少数为“阳”姓。“孟孔孔”长子大宗族长子宗支宗子爨氏氏在六祖分支时，比其他五大宗族长子宗支多传两代人，即“世苴、几朵”其史在公元前1940年前后，传至今应传“桑仔俄”170世左右，依该宗支170世左右。又根据“孔氏年岁率差”，可求夷人远古创世始祖“桑仔俄”的大约出生年代。设Aa为大约出生年代，A1为公元前总代数，X2为公元前“孔氏年岁率差”，B1为公元后总代数，B2为公元后，求“孔氏年岁率差”。已知A1 = 108代人，X2 = 34年/代，B1 = 62.5代人，B2 = 32年/代，求出夷人远古创始祖“桑仔俄”大约出生年代为Aa =（Af×2）+（B1 B2）=（108×34）+（62.5×32）：3638年 + 2000年 = 5638年，所以夷人远古创世始祖“桑仔俄”出生年代至公元2000年止，整部5638年的文明史即公元前3638年。由此推知，其曾孙“焚苴柢天皇伏轩”出生于公元前3604年前后，其五世孙“柢蒙苴地皇神农”出生于公元前3468年前后，其六世孙“蒙苴眉人皇轩辕”出生于公元前3570年前后。继承父“柢蒙苴地皇神农”的王位时，年45岁，若在位55年，享年100岁，所以“蒙苴眉人皇轩辕”逝世于公元前3470年前后。他从兰坪县金顶镇迁都至楚雄，《洛书》载：“人皇居中州，制八辅。”他父子二人逝世后葬于云南省弥渡县境内，这才是真正的圣祖人皇之墓所葬地。其余说均为“三王三皇五帝九族三十一子三苗四夷”嫡裔，向北迁居，这就是为了纪念缅怀圣祖而在陕西桥山有黄帝墓之原因。而真正的黄帝墓在弥渡县境内，当地人说黄帝死后有神乎其神的传说，“四面八方的蚂蚁前来垒土成包后，上数亿蚂蚁才离去”。“蒙苴眉人皇轩辕”，其上六世始祖“桑仔俄”，下至三大长曾孙“颛顼、夏禹、佐道古”，均出生在九江河流域的广阔空间。

再看看刘大白先生所编的《五十年代中国历史考》：“神农让位于轩辕黄帝是在纪元前的3081年，在位219年，其时间相当于马厂文化，接近辛店文化时期。”依此推知，若轩辕黄帝即位时年45岁，则轩辕黄帝出生在公元前3126年，在位219年，卒于公元前2862年，享年264岁。这时将“蒙苴眉人皇轩辕黄帝或帝喾或帝俊”加以神化，其目的在于否定有其人，而作神化性的夸张。这对“三王三皇五帝九族三十一子三苗四夷”远古创世始祖嫡裔，追溯其远古创世始祖，蒙上了神秘色彩。

元封元年（前110年），西汉刘氏武帝北巡溯方（其地在内蒙古临河市所在地以南），祭轩辕黄帝墓于陕西省黄陵县桥山，其史与“蒙苴眉人皇轩辕”逝世相距3360年之久。在远古时代，因为生产工具简陋，没有条件石刻立碑，仅以土坟一堆，来认定是轩辕黄帝墓，所以陕西省黄陵县桥山的轩辕黄帝墓是其嫡裔，由滇西前三危地迁居后三危地（即甘敦煌）和敦煌以东等地后，为了缅怀其圣祖而移称的。其实轩辕黄帝根本没有到过西北，而生在滇西北兰坪县金顶镇，死在中州，葬在云南弥渡县寅街乡境内的景东坡山海经中的狄山（汤山、岳山）。该山是帝尧（即炎帝）和帝喾（即帝俊、黄帝）的葬地。而其三大长子“昌意、契卢或少昊、后稷”等嫡裔迁至西北后，为了缅怀其祖而移称的。以《神州的发现》为据，远古时的古三危地在云南省云龙县西五里日三崇山（崇拜三皇而有三崇山即焚苴柢天皇伏轩，柢蒙苴地皇放轩，蒙苴眉人皇轩辕）即古后三危山。其后“三王三皇五帝九族三十一子三苗四夷”嫡裔由滇西中州或中囿或中国地迁到甘敦煌等后，为了缅怀其祖，把原来居住过的源古后三危山一名移称甘敦煌一山之名为“古后三危山”。从此黄帝嫡裔四大长子“昌意、契卢、后稷、骆明”裔进入西北大草原地，而黄帝本人未到达过西北。故陕西桥山黄帝墓是政治目的，长官意志，是人为的。如，至今云南省陆良县境内“孟孔孔”嫡裔“爨氏氏”长子大宗族或大宗支或大姓或大鬼主“爨濮”裔“爨龙颜”，是蒙苴眉人皇轩辕黄帝或帝喾或帝俊”117代左右，是南朝刘宋时代的人，在南朝刘宋大明二年（458年），爨龙颜立石刻墓碑于陆良县境，其裔宗支名“几朵爨氏濮”中的“几朵”译为杨姓，现为居云南省邱北县、砚山县、文山县等地的杨氏。该墓距今仅

1542年的历史，但有不少字已经看不清了。由此可知，汉武帝在元封元年（前110年）北巡溯方后，祭黄帝墓于陕西桥山是后人因为需要而臆造的。

至于轩辕黄帝出生在山东省兖州曲阜县东北六里处“寿丘”的一片高地之原，因为鲁之孔氏远古创世始祖是“蒙苴眉人皇轩辕”娶六房生三十一子中六大长子之一，是所娶次房“简狄或基的”所生长子“苴眉契或契卢或少昊”，是商王朝、大西南夷、豫之古宋国，鲁之孔氏和契丹人等的共同创世始祖，又是三苗之一。三苗即昌意、契卢、后稷史称“三苗”。三苗是夏商蜀周秦春秋五霸与古夜郎国、古滇国和战国七雄等君王族之三大始祖。而鲁之孔氏是契卢裔长子大宗族长子宗支宗子“孔孔濮或阿孔濮”之后，是白马国王之嫡裔。商末并白马国，其国王裔随商。《史记·周本纪第四》载：“武王病，天下未集，群公惧，穆卜，周公乃祓斋，自为质，欲代武王，武王有瘳。后而崩，太子诵代立，是为成王。”“成王少，周初定天下，周公恐诸侯畔周，公乃摄行政当国。管权，蔡叔，（武王子）群弟疑周公（武王胞弟），与武庚（即商纣王之子）作乱，畔周。周公奉成王命，伐诛武庚，管权，放蔡叔，以微子（即商纣王同父兄）开代殷后，国于宋。颇收殷余民以封武王少弟，封为卫康叔。晋唐叔得嘉谷，献之成王，成王以归周公于兵所，周公受禾东土，鲁天子之命。”

《史记·宋微子世家第八》载：“宋殇公九年（前711年）。大司马孔父嘉妻好，出，道遇太宰华督，督说，目而观之。督利孔父妻，乃使人宣言国中曰：殇公即十年耳，而十一战，民苦不堪，皆孔父为之，我且杀孔父以宁民。是岁，鲁杀其君隐公。”“十年（前710年），华督攻杀孔父，取其妻。殇父怒，遂杀殇公，而迎穆公子郑而立，是为庄公。”

孔氏《宗谱》载：“乃以自为孔氏，孔父罹华督之难，其子为木金父，木金父生军夷父或作祈父，其子防叔畏华氏之逼而奔鲁，故孔氏为鲁人。”

孔子书《论语》子罕篇第十四：“子欲居九夷。或曰：陋，如之何？子曰：君子居之，何陋之有。”孔圣人所说的“九夷”是“柢蒙苴地皇神农”居地的滇西、藏南、川西南、缅东等地的七江流域，其娶西王母和听饫，生九子三女。九子，史称“九夷或九色夷”。九夷是至今十亿人以上的远古创世始祖。孔子是长夷“蒙苴眉人皇轩辕”嫡裔的一支。孔子想回到九夷所居住的地方，是指滇、川、藏等地或是北来夷濮族居住的大西南。孔子想回九夷居住，旁人说：“那地方简陋，怎么居住？”孔子又说：“君子去住，就不简陋了。”

鲁之孔氏大学者，对大西南夷或北来夷濮族或古蜀国君王族史，颇有研究和关注。孔安国《传》载：“羌在西、蜀、叟、雾；微在巴、蜀、卢、彭在西北庸、濮在江汉之南。”孔颖达在《正义》中说：“此八国皆西南夷也。”（即此八国是北来夷濮族六祖裔在大西南广阔地区建立的国家，有古蜀国、古白马国、古徙都国、古楚国、古巴国、古冉駹国、古邛都国、古律都国。据《华賜国志》载“七国称王，蜀国杜宇称帝”，指的是这八国，他们都在江汉之南）孔晁在《注》中说：“卜人（濮人），西南之蛮。”孔颖达在《疏》中说："叟者，蜀夷之别名。"鲁之孔氏裔数人大学者，对北来夷濮族的族属和居住方位颇有研究，并十分准确。北来夷濮族商初（前2720年前后），古商国十一世君王远祖"仲碧或仲碧额与仲的或仲丁"在西北后三危地主持做第三次祖灵朝拜之际，却长子"仲碧或朵碧额"分治辖大西南巴蜀来，建立古蜀国。鲁之孔氏始祖属于该长子宗支裔的一支。

第三节　文山州彝族与内地彝族的历史渊源

公元前4500年左右的彝族乾阳运年时期，部分生活在今滇西及川西南一带的古夷人北迁甘青高原，与先前迁徙去那里的轩辕氏部落融合。到大禹时代，这支融合后的部落又分为南北两支，在北的大禹一支北上内蒙，南下中原，和中原地区的其他族群再融合，形成了之后的华夏族，并由此建立起了中国早期的奴隶制王朝——夏朝。西周初年，先前北上的一支古夷人，在其首领希慕遮的带领下，返回了原籍西南地区，但他们仍然归属在中原中央王朝的大统一之中，为中华民族的统一和发展做出了贡献。所以说彝族和汉族同源共祖，这是彝汉两种文字都同样记载着的历史。而在对上古历史的有关记载中，彝文史料的记载则更早，也相对较多一些。彝文史料和彝族民间传说中都有类似的记录，远古时期的大西南夷族和古蜀国君王族（也是夷族），先是一部分南源北迁，之后在北迁族群中，有一部分又返回大西南和蜀地，他们是"蒙苴眉人黄"（轩辕黄帝）之次房所生长子"苴眉契"（轩孟契，或殷契，或契卢，即昌意）大宗支。这就是司马迁在《史记》中所说的黄帝长子昌意从长江域城南下"降居若水"（今雅砻江，彝语称诺矣，即黑水），娶蜀山氏的姑娘，生了后来的颛顼帝。因此，汉族和彝族都把自己的远祖都追溯到轩辕黄帝，这是有史料记录根据的。到如今，包括文山州在内的许多彝族，在举行各种不同形式和规模的祭祀祖先的活动中，或平时各家各户给祖宗祭献食物或贡品时，口念的第一句辞就是"轩轩"或"轩辕"。然后各宗支按各自的历代祖宗名，从古到今依代诵念下去，一直念到新近去世的老人名字为止，这是一支支源源不断的彝族历史分支源流。虽然现在能准确背诵历代祖宗之名的人已经极少了，但念颂"轩轩"或"轩辕"的人还是有一定的数量的。

约在公元前2300年前，苴眉契的后代"仲碧"（仲牟由或仲碧额）在蜀地建立了古蜀国。古蜀国的主体民族汉文记为"叟"，即后来汉文史料中所记的"蜀叟"，也就是汉文史书记载的夷人小种曰叟。

有人认为，"叟"就是"苏"，是"苏"的近音异写字，其实"叟""苏"都是指西南夷，是一回事。

古蜀国传到十二代王时，蜀地发生大洪难，笃孟（笃慕）率领部分部族从蜀地返回祖籍地滇东北洛尼白，即汉文所记的洛尼山。笃慕在洛尼山娶妻三房，每房各生两子，共六子。六子长大分支后，被分封到其他地方建立各自的部落，发展各自的势力范围，成为彝族历史上著名的“六祖”，这些口碑传说与彝文史料记载都大体相同。

“六祖”分支是彝族历史上的一次重大事件。一些彝族学者研究分析认为，今文山州内的彝族，除了少数属“六祖”之前的分支外，大多数都是六祖的后裔，他们进入今文山州的时间有先有后。

在一些史料中有明确的记载，首先是西汉年间的夜郎、漏卧、句町等侯国争斗，以及之后不久爆发的奴隶起义期间，有一部分彝族先民进入了今滇东南、黔西南和桂西地区，这部分彝族后来大都融入其他民族中。其次是蜀汉诸葛亮平定南中时期，这一时期进入今文山州境内的彝族，主要分布在东南部的富宁、广南、麻栗坡和西畴等县，以及相邻的广西西部。后来有一部分又进入了安南（今越南），他们中有不少是孟获部族的后裔。然后是魏晋南北朝爨氏势力大扩张时期，这一时期与上几次不同，不少内地来的汉族和其他民族，在民族融合中大都融入彝族。之后的南诏国强盛时期和东方乌蛮助段氏建大理国时期也有这样的情况。最后是明朝实施“军民屯垦”和“移民就宽乡”政策时期，以及明清两代实施“改土设流”政策时期，进入文山州的彝族也不少，但这一时期进入今文山州境的彝族，大多数进入山区，在坝区的则渐渐融入到汉族和其他民族中。

彝族拥有一个古老的民族族称，那就是“尼苏”，汉文史料中大都称作“夷”，是针对“持弓狩猎”的生活特点而言的。而彝语中的“尼苏”，“尼”的意思是黑，“苏”的意思是族或人。“尼”在各地、各支系中的发音有所不同（主要是平仄声调上的不同），也因此造成了各地及文译音用字中的许多不同，但大都又是相近或相通的，说的都是黑的意思。新中国建立以前，文山州彝族说自己是彝（夷）族的人并不多，大都以支系名为族名，如仆拉、倮、葛（格、革）、孟武（阿武）、阿细（西、系、喜）、阿扎等。虽然各地、各支系在名称、称谓、时间、方位、地点等方面都有不小的差异，但总体上说的都是同样的意思。如诺、乃、聂、纳、那等，族称就写成了诺苏、乃苏、纳苏、尼苏、聂苏、聂素等。尼、诺、聂、乃、那、纳等是不同地区和支系间的变音或汉字异写。这些从变音、异写中产生的差异，还与其居住地区的自然特点及社会环境状况相关，如“山苏”；与地区间民族杂居交融情况相关，如将“尼”与“苏”分开，同与地区特点的地方名称相连接，便形成了不同地区的地方名称或支系名称，如此长期不断的分支扩展，使民族的称谓越来越纷繁复杂，往往让人不知所云。尽管如此，我们从古老的源头“尼苏”顺流下寻，仍能大体上看出其分支脉络。这种大体的分支脉络是“苏”不变，诺、乃、纳、聂等则是不同地区的同音或近音异写，都是“黑”的意思，至今全国许多地方彝族仍沿用着这样的自称，文山州也一样。稍后一些出现的“卢”和“罗”，即“罗”和“倮”，则是由古卢部落和古罗部落的部落名称转化而来的。一些带有前置语气词“阿”的支系名称，如阿西（细、系、喜）、阿乌、阿扎、阿苏、阿倮等，“阿”只表示情感语气没有实在意义，后面的西、乌、扎、苏、倮等，则是地区或支系中的历史遗留。而对彝族最古老的汉语统一称谓是“夷”，即持弓弩狩猎的民族。之后又有许多不同时期和地区族称，如“昆明”“夜郎”“哀牢”“蛮”“蜀”“叟”“裔”“僰”“笮”“爨”“倮”等。另外，在不同的历史时期，彝族内部各支系的自称和他称还有以崇拜物、住地地域环境，或部落名以及部落首领名，或本支系中的势力强弱及贫富歧视等而发生变化，致使后来的许多人不明其源，不知所云，形成了越来越复杂的混乱状况。但把汉彝两种文字综合起来加以辨析验证，仍然大体上可以看出其源的始起和其流的走向。文山州的彝族也是一样的。

现在彝族称谓用的“彝”字，是从历史上的“夷”演变而来的。“夷”原本无褒贬之意，意思是指持弓的狩猎人。后来则引申为有好有坏，如“夷为平地”，表示为破坏，含有贬义；“化险为夷”，则表示从危险中转变为平安，没有贬义。但在中国历史上，当“夷”成为西南地区少数民族名称时，就带有了一种野蛮、落后的含义了。

所以新中国建立以后，在毛泽东同志的建议下，将“彝”用来代替“夷”，表示各民族一律平等，反对民族歧视。从字形上理解，“彝”字结构中有粮、有衣、有房，表示丰衣足食。而作为古代的一种祭祀重器，彝又有珍贵、神圣之意。用“彝”作族名，体现了党和政府对少数民族的尊重和关怀，这就是今天使用“彝族”这一族称的来历。

关于彝族的起源问题，史学界有多种说法，其中有北来氐羌说，东来楚人说，南来濮人、越人说，西南土著人说，还有西来的雅利安人说。在这几种说法中，西来的雅利安人说太简单抽象，显得很离谱，没有事实根据。而历史上长期沿袭下来的北来氐羌说的观点，则又把主体和次体搞颠倒了。事实上，所谓的氐羌人南下，主要是先前北上的一部分古夷人南下，返回原祖籍西南夷地区。因此，现今越来越多的相关专家学者认为，历史上，西北地区的氐羌族群虽然进入过西南彝区，并有一部分融入到了西南地区的彝语支民族中，但与西南地区人数众多的彝语支各民族人口相比，氐羌族群只是少数，是他们回迁故里融入彝语支各民族中，特别是融入彝族这一彝语支民族的主体中，而不是彝族融入氐羌族群中，成为氐羌系统的组成部分。东来人说和南来濮人、越人说虽然有一定的道理，但各自又都有其片面性，总体上也不完全准确。尤其是其中的濮人，说他们是南来族群更无历史根据。

经过对社会发展史的研究，以及越来越多的考古发现，特别是改革开放以来对彝文史料不断的深入考察的研究成果表明，彝族自古是土生土长在西南地区的古老世居民族，在历史的发展进程中，也融合进了部分北来的氐人和羌人，以及东来的楚人，南来的濮人（实际上濮人并非南来）和越人，以及中原来的汉人等。同时，彝族自己也有不少融合到了汉族和其他民族中，这是世界上许多民族形成发展过程中的共同现象。在人类社会历史发展进程中，任何一个民族，他们的来源和历史过程情况是很复杂的，都是经历了多个族群的融合。彝族的历史来源和形成过程同样也不例外，都是从不同的族群相互交汇融合而成的。当然，彝族又无疑是中国西南地区的原住民，而孕育这一原住民的中国西南地区，是地球生命演化史上占有特别重要地位的地区，彝族自然是这一地区原住民中最重要的主体民族。这说明一个民族的历史有三个非常重要的条件，一是语言，二是文字，三是文化。三者统一，脉络清楚，繁富深厚，这个民族的历史必悠久无疑。

现在，彝族是西南土著民族的观点，已被越来越多的考古发现所证实，被越来越多的人所接受，并逐步达成共识。虽然仍有少数的不同意见，这也是很自然的，我们虽然不能认同这些不同的观点，但也不会去否定。我们强调的是用史实证据和这种史证的可靠性，用事实说话。

西南地区古时是夷、越、濮三大族群系统聚居区，而夷族是三大族群中最大的族群。这一点，我们从有历史记录以来的史籍记载中可以看到。西汉司马迁写的《史记·西南夷列传》中所载的“巂”和“昆明人”，汉末到晋时所记载的“叟”，其主体就是夷族，即彝族先民。魏晋南北朝至唐宋时期的“爨”“乌蛮”，以及元、明、清时期的“罗罗”或“倮倮”等，也主要指的是彝族先民。这些历史，我们从元谋大墩子和大理佛顶，马龙、白云以及滇池东岸等地区古村落遗址中的“半穴居房屋”“平顶房”“草项锥形房”，以及“平地支石为灶”“火塘内又支石块”等一系列考古发现中可以得到充分证明。在彝族历史典籍和口碑传说中，所反映的人类起源背景都离不开西南彝族地区，尤其是离不开滇池、洱海、金沙江两岸、四川安宁河、雅砻江流域，以及兹兹蒲武（昭通）地区。在文山州，各地各支系彝族送祖归宗路线的最终目标，基本上都是指向这些地方，其中又以滇池地区最多，最远的到滇西北和川西的雪山分布也区。至今，昆明滇池岸的乌龙铺、石碑村、安江村（古城）、团山村、石寨山、河泊所、渠西里、兴旺村、后村、白塔村、白塔山、老街等地，还有许多彝族先民食螺肉时遗留堆积起来的螺壳，这就是汉文史料记载中的“螺壳城”。文山州的彝族，特别是州境中西部和西北部的不少彝族，都把“螺壳城”称为“谷窝”，把“呈贡”称为“钱戈”，是许多彝族人送祖归宗的目的地。之后，“谷窝”演变成为彝语中昆明的代名词，称昆明为“谷窝”。这些螺壳堆积中有用来做捕鱼工具的网坠，说明这些地方的部落主要从事渔猎。至今，在广南、富宁一带的一些彝族人中，还有用鱼和虾来祭祀祖先的习惯。

秦汉时期，彝族在汉文史籍记载中，同其他许多少数民族一起被广义地统称为“西南夷”，蜀汉以后又称为“南中”，其中有不少的部落名称，如“昆明”“叟”“内巂”“罗”“卢”“焚”等，狭义的“夷”指的就是彝族。到魏晋南北朝时期被称为“爨”或“爨氏泼”，有的把“泼”写作“仆”“扑”“濮”等，都是“人”或“族”的意思。唐宋时期称“乌蛮”（或称“卢鹿”或“落兰”）等。元、明、清直至民国时期，除少数仍沿袭元、明、清以前的称呼外，大都改称为“倮”或“倮倮”，有的写作“罗罗”。“罗倮”和“罗夷”，在彝语中都是“龙、虎”之意，是同音异写字，只有去声和入声的区别。新中国成立后，将统称的“夷”改为“彝”，即统称为彝族。

和其他地区的彝族一样，文山州彝族的他称和自称也比较繁多复杂，汉文中的他称有倮倮（罗罗、卢鹿）、仆喇（仆拉、普腊）；壮语称为濮孟、濮叉或濮毕；苗语称为蛮；

瑶语称为娄倮等。自称则更多，如“所都”“罗罗布”“希期麻”“改斯泼”“波罗”“诺苏泼”“尼苏泼”“罗苏泼”“鲁苏泼（鲁兀泼）”“乃苏仆”“倮倮泼（罗罗泼）”“阿扎”“昨科”“阿彝”“嘿”“葛倮”“葛仆（格仆）”“托拉泼”“托拉葩”“阿度”“阿嘎”“阿细（阿西、阿喜或嘎叟）”“撒尼”“阿武”“蒙吉（蒙鸡、母鸡）”等自称下面，还可以细分为“黑彝”“白彝”“花彝”“黑倮”“白倮”“花倮”“黑仆”“白仆”“花仆”“香堂”“普标”等。

“苏”“尼”“罗”“倮”是古老的彝族自称留存，“泼”“颇”“仆”“葩”“嘎”“布”“普”等，是不同地区、不同支系中的异写，都是“人”或“族”的意思。“阿”是语气词前置，无其他含义。这些繁多的称呼，有的是旧社会不同时期、不同地区在名称上的同音异写形成的；有的是彝族地区间、支系间的语言差别形成的；有的则是旧社会统治阶级对少数民族的诬称。其实，除了少数因历史、区域等原因难以厘清归系外，大多数彝族支系语言在发音中都是你中有我，我中有你，你中有他，他中有你有我，我中有你有他，相互交叉。只要加以认真分析，就会明白差别并不是很大，因而都可以归系到“苏”“倮”“仆”三大彝族支系中，其中的“仆”则是从“人”或“族”转化而来的。这些繁多的自称或他称，与其他地区的彝族都是一样的。

文山州各地区彝族支系在生活习俗上仍保留着许多本民族的共同特点，但也有差别，特别在服饰上差别较大，即使是同一个支系，在地区间也有很大不同。富宁县、麻栗坡县和广南县东部的部分彝族，除服饰差别外，其生产生活中已融入了许多壮族的特点，语言中也融入了少数壮语。

秦汉以前，即“西南夷”以前的彝（夷）族，各“夷”部落之间，或不同部落及族群之问的迁徙、交流、分化和融合的情况十分频繁。这一时期，汉文史籍对文山州彝族情况的记载基本上是风毛麟角。但彝文史籍记载就不一样了，我们不仅可以从许多的彝文史书中看到如同上面一些段落中所叙述到的秦汉以前，即“西南夷”以前全国彝区彝族的分布和发展变化情况，还知道了在“西南夷”后期的夜郎、漏卧、句町等部落联盟国家相互争斗中，部分彝族已进入了今天的广南、富宁及桂西地区。以彝族先民为主体的漏卧在争斗中灭亡前，其势力范围已扩展到了今丘北县北部和广南县西北部的部分地区。漏卧灭亡后，这些地区自然也就成了夜郎或句町的势力范围。这样的历史记载，在汉文史籍中是看不到的。

秦汉时期的“西南夷”地区，到蜀汉和魏晋南北朝时后被称之为“南中”或宁州，这一时期的“昆明”“嶲”“焚”“叟”等部落或族群，到南北朝后期逐步分化出成“乌蛮”“白蛮”“施蛮”“顺蛮”“和蛮”等，但其主体仍属于彝族系统的“昆明”“叟”“嶲”和汉族融入彝族中产生的“爨蛮”等。这一时期，一部分彝族倮支系人先后进入了文山、西畴、马关、麻栗坡、广南、富宁等县（市），至今已有2000多年的历史了。这一时期，今西畴麻栗坡县一带曾出现过“都梦”这一部落名称，后转化为地名和部落名，进而又转化为县名，即汉朝时期的都梦县。富宁县彝族传唱的《铜鼓歌》中也有这样的记述。“都梦”是彝族六祖之父“笃慕”的谐音，是彝族人为记念先祖，而用先祖名作部落之名，之后又转化为部落国家名，进而又转化为县名而留存下来。

南北朝到隋、唐（南诏）、宋（大理）时期，以仆支系人和“爨人”居多的一大批彝族群体又先后进入今文山、砚山、丘北、马关等县（市），以及广南县西部地区，为爨氏（仁哲）统治的归州安南都护府管辖区域，他们和先期进入今文山州的倮支系人一道，先后建立起了王弄部、阿月部、强现三部（牙部、车部、空亭部）、维摩部等，是后来东方三十七部乌蛮的重要组成部分。

元、明、清时期，先后有以黑彝尼苏（乃苏、纳苏、聂苏、聂素、波罗、阿扎……）、白彝（阿西、阿细、撒尼……）居多的彝族群体又从临安府（建水）、广西府（泸西）迁入文山州西部地区。

丘北和砚山两县的大多数黑彝各分支人，以及少部分白彝各分支人，他们的历史迁徙路线是：昆明—昭通—罗平—泸西—丘北；昆明—昭通—宜良—通海（有的说建水）—开远—弥勒—砚山。居住在丘北县的撒尼支系人，则是到了清朝中期以后，才从石林（路南）、弥勒等地迁入的，他们是进入今文山州较晚的一支彝族。

到了清朝中期以后，除了少数地区还有部分小范围的流动外，文山州的彝族聚居区的情况已基本稳定下来，不再有大的变动。

所以我们有理由得出结论：彝族是一个历史悠久的民族，在中华民族文明发展史上有着突出的贡献，是中华民族优秀文化的传承者。随着社会的进步、考古的发现、研究的深入，中华文化会更加异彩纷呈，闪耀在人类世界文明的舞台。

第二章　彝区石器时代的考古发现

彝族历史也经历了石器时代这一人类社会发展史上最漫长的原始社会时期。经过几十万年的旧石器时期母系社会，从公元前7000年到公元前4500年间，作为古老的中华民族兄弟之一，彝族社会开始由母系社会向父系社会开始转变。

第一节　旧石器时期

1400万年前的晚中新世早期，云南的开远小龙潭一带就出现了与东非腊玛古猿同期的开远森林古猿。约在800万年前的中新世晚期，云南禄丰县石灰坝一带就生活着古老的禄丰古猿。约在800万到400万年间，保山市的羊邑一带也生活着保山古猿。到上新世晚期的260万年前，元谋古猿出现在今云南元谋县物茂乡一带。1937年，中国著名地质和考古专家卞美年、贾兰坡在丘北县黑箐龙村大龙山洞穴堆积物中，也发现了约20万年前的旧石器时代遗留物炭屑、烧骨、砍砸石器等，之后还在洞壁上发现有类似文字的刻画符号。在一个地区相继发现如此多的古猿和古猿人化石及其遗留物，这在世界上是罕见的。在170万年前便登上人类历史舞台的元谋人，就是从这里举着火把，开始向四面八方移动迁徙。这些众多的古猿和古猿人化石及其遗留物的发现，证明中国西南地区是世界人类起源的重要地区之一。

在这些旧石器时代遗址中，最为重要的是1965年5月在云南元谋县上那蚌村发现的2枚石化程度很深的元谋人牙齿化石。

经科学测定，元谋人是生活在距今170万年以前的古猿人，这些古猿人已经开始能用双脚行走，并懂得用火的直立人，是目前世界发现的最早古人群体，他们比北京猿人还早120万年。在元谋人发现地，人们至今还可隐约地看出当时古猿人生活环境中布满了大量的亚热带植物，采集食用这些亚热带植物的果实，是元谋人主要的食物来源。同时，元谋人也开始从事一些简单的狩猎活动，在他们的生活区周边，有野鹿、野马、野牛等动物供他们猎捕食用。近年来在元谋人化石出土地还发现了一些加工较为粗糙的石器，元谋人就是用这些最古老、最原始的生产工具从事早期最简单的生产劳动的。旧石器时代的人类为了生存，就是用这样最原始的工具，同大自然作艰苦的斗争，并在斗争中不断改造大自然的同时不断改造自己，不断增强自己的身体素质，提升自己的思维能力。

经过研究，元谋人已经能够制造比较简单粗糙的石制工具，开始懂得了用火。于是他们就不再完全受地域和气候的限制，向适宜自己生存的地方迁徙，不断向更远、更广的范围去谋求自己的生活所需。

类似这样的旧石器时代的人类活动遗址很多。从这些遗址的发现及对其遗留物的研究中可以看出，到旧石器时代中期，西南地区已经进入原始母系社会阶段。之后又经过漫长时期的发展后，到旧石器时代末期，出现了许多集体活动的古人类族群，如云南的元谋人、昭通人、丽江人、昆明人、西畴人、蒙自人等，贵州的盘县人、水城人、黔西人、桐梓人，以及生活在约200多万年前的重庆巫山人等。丘北县黑箐龙村发现的古人活动遗址也属于旧石器时期文化遗迹，距今已有20万年时间，是至今文山州境内发现的最早的旧石器时期人类活动遗址。这一时期人类活动遗址还有贵州贵阳市的黔西人，桐梓县的桐梓人，黔西南观音洞人；云南昭通市的昭通人，丽江市的丽江人，蒙自市的蒙自人以及昆明人、姚关人等。在文山州，考古工作者于1965年在西畴县城东南的仙人洞中发现5枚距今5万年的古人类牙齿化石，这种西畴人生活在旧石器时代晚期，与马关县九龙口仙人洞发现的燧石、石片、石核等石制器物使用者，以及丽江人、蒙自人等同属于旧石器时代晚期的古人类。1961年，在云南石林（路南）县的板桥河沿岸，同样发现了旧石器时代古人使用过的不少石器。

元谋人、丽江人，以及其他许多旧石器时代古人类活动遗址的发现，使人们越来越清晰地看到从遥远的人类智人时代开始，即从猿人到古人，再到新人三个人类发展阶段的发展链条，证明中国西南地区自古以来就一直是人类起源、繁衍、生息和发展的家园。

第二节　新石器时期

公元前45世纪以后（距今约7000年至3500年间），彝族社会历史从旧石器时代的母系社会进入了新石器时代的父系社会时期，即进入彝族历史上的希弭遮（希慕遮或希母遮）时期。彝族先民从游猎采集逐步向越来越稳定的农耕定居生活转变，聚落而居的村邑不断增多，活动范围越来越广；人们创造使用彝族文字，实行宗法政权社会管理制度，开始逐步发展手工业和采矿冶炼业，社会进入了新的文明时期。至今发现的彝区新石器时期文化遗址几乎遍布西南地区。在滇池、洱海、抚仙湖、星云湖、阳宗海等湖泊周边地区，以及金沙江、澜沧江、龙川江、红河、南盘江、北盘江、乌江、赤水河、雅砻江、怒江、岷江等江河流域，已先后发现了数以千计的新石器时代文化遗址。

在滇池、抚仙湖、星云湖等滇中高原湖泊群周边，新石器时代文化遗址主要有官渡、石寨山、李家山、河泊所、白塔村、老街、王家墩等，出土的遗留物主要有磨制的斧、锛、镞、刀、凿、锤、环、纺轮、网坠等石器，陶器有罐、盆、钵、釜、碗、盘、纺轮等，还有骨铲、骨锥和穿孔蚌壳。出土的石器以有肩有段石锛、有段石锛和圆片形石纺轮最有地方特色。出土的陶器普遍为泥质红陶、夹沙红陶和夹沙灰陶。泥质红陶用谷穗、麦穗或谷壳为原料，烧制时温度较低，器壁较厚，工艺粗糙，质地较差；器底多是同心纹，以凸底浅盘、平底小碗和卷边小碗较为典型，均为手工制作，属于新石器早期遗物。而夹沙红陶和夹沙灰陶中则用螺壳为原料，虽然质地较差，器壁较厚，但烧制温度有所提高，硬度有所增强，制作水平也有所进步，形状有侈口罐、直口罐、带流罐，以及盆、钵、釜、纺轮、网坠等纹饰为小方格纹、斜方格纹、斜十字纹、斜线纹、草叶纹、波浪纹等，多为手制，也有极少数轮制的，属新石器晚期遗留物。王家墩遗址出土的同期遗留物中，出现了有段铜锛、铜戈，制作工艺粗放，器形古朴，形状与同地区出土的青铜器物相同。

在洱海地区，新石器时期的文化遗址遍布各地。位于宾川县城东宾居河岸的白羊村遗址，发现有完整的古人房基 11 座，房基四周挖有沟槽，沟内有木柱洞。房屋为半结棚住房，周围还挖有圆形、椭圆形或长方形等不规则窖穴 48 个，房内有不规则的浅坑火塘及其灰烬等遗物，住地周边还有墓葬 34 座。位于洱海西岸的马龙遗址也发现有半穴居和平地结棚住房遗迹。洱海及滇西地区出土的新石器遗留物中，主要为形状类型多样的罐、碗、钵、盆、缸、壶、杯、纺轮、支架、网坠等，最具特点的是各种不同形状的大口圈底罐、平底罐、敞口盆、圜底钵、折腹瓶、束腰状纺轮和截尖锥纺轮。

剑川县海门口遗址则出土了斧、钺、刀、凿、环、饰品、鱼钩等 14 件铜器，还出土了 1 件石范。洱海沿岸出土的陶器多为夹沙橙黄陶，宾川白羊村遗址出土的则是夹沙灰陶和夹沙褐陶。这些陶器烧制的温度稍高，质地较硬，但器壁较厚，制作粗糙。陶器种类较多，除平底器外，常见的有圈底器、圈足器、带流器，以及极少的带耳器。主要器型为罐、碗、钵、盆、缸、壶、杯、皿、垫、纺轮、支架、网坠，以及大口圜底罐、大口平底罐、敞口盆、圜底钵、小平底缸、折腹瓶、束腰状纺轮和截尖锥纺轮。

龙川江流域的新石器时期遗址主要分布在元谋、禄丰、永仁、姚安等县，其特点是粳稻种植遗迹明显，还出土有平面长方形房屋、石板墓、瓮棺墓及其各种遗物。其中，元谋大墩子遗址较为完整地保留了 15 座古人住房遗迹，永仁县菜园子出土的古人住房遗迹还可分为早、中、晚 3 个时间段。大墩子、菜园子 2 处住房遗址周边发现古墓葬 49 座，其中有石板墓 31 座，瓮棺葬 17 座，圆坑墓 1 座。石板墓用长方形石板搭砌而成，安葬的是成年人，瓮棺则是用来装殓过早夭折的婴幼儿。

澜沧江上游新石器时期文化遗址主要分布在镇沅、澜沧、云县、景东、昌宁、保山、施甸、龙陵等地，较为重要的遗址有忙怀、曼志、忙长、大水坪、下排砂、丫口、南现、响水、扁担山、马鞍山、落水洞等。这些遗址出土的遗留物大多数是石器，主要有斧、锤、纺轮、网坠、印模、砺石、刮削器、砍砸器等，陶器有罐、缸、盆、钵、碗、壶、尊等，比较有代表性的是云县的忙怀遗址，但基本上都是破损的，保留完整的极少。

滇东北新石器时代文化遗址主要以昭通、鲁甸为中心，包括金沙江下游及其支流流域区的大关、绥江、巧家等境内，比较重要的遗址有昭通闸心场和鲁甸马厂、野石等数十处。鲁甸野石遗址面积达 1 平方千米，是云南最大的新石器遗址，遗址内发现有半地穴式房基。巧家县政府驻地遗址发现有各种墓葬 18 座，其中竖穴土坑墓和石棺墓各 9 座。闸心场遗址出土的陶器片多为泥质橙黄色灰陶，纹饰简单，多数为侈口平底罐、长颈单耳小罐。长颈单耳小罐为滇东北地区所特有，其他地区还未曾发现过。马厂遗址陶器遗物多为泥质灰陶，夹沙陶次之，另有少量泥质黑陶，器型有小碗、单耳小罐、平底小罐、平底小瓶、单耳小瓶、三耳小瓶、敛口罐、纺轮、三足器等。石器有梯形和长条形有段石锛和新月形、长条形石刀，但数量不多，其中有段石锛很罕见，部分陶器外有黑色陶衣，为云南新石器文化中特有。

滇西北新石器时代文化遗址主要分布在维西县，即金沙江上游支流腊普河东岸，主要有戈登村岩厦遗址。出土的遗留物主要为磨制的斧、锛、刀、镞、针、饰品和砺石等石器，另有少量纺轮、网坠和环珠，石器均用天然砾石磨制而成，多数通体磨光，少量部分磨光；种类以石刀、石斧为主，以长条圆柱形石斧、长条形单孔石刀较为典型。陶器多为灰、褐、棕等色夹沙陶，泥质陶很少，多宽大板耳器，均为平底。种类以罐为主，其中有高领圆唇罐、敛口折沿罐、直口方唇罐、敛口敞沿罐，另有钵、碗、陶珠、纺轮等。纹饰有划纹、竖线、纯印纹、水波纹、叶脉纹和编织纹，还有少量剔点纹。德钦县发现的纳古 2 号石棺墓距今已有 2900 年左右，但这一地区出土的铜器比石棺墓还早，专家估计距今已有 3500 年左右，属新石器晚期铜器。

滇东南地区发现的新石器时代文化遗址主要分布在红河州的金平、蒙自、个旧和文山州的文山、麻栗坡、西畴、广南、马关等县市。由于这些地区处于岩溶地貌区，遗址大都在岩溶洞穴中，较具代表性的遗址是麻栗坡小河洞，其他还有广南铜木犁洞、文山市灰土寨等。发现的遗物有磨制的斧、锛、刀、刮削器、网坠，以及陶片、火塘遗迹等，还有印模、锤、杵、磨盘、骨饰、陶纺轮等。石器以磨制的平肩和斜肩斧和锛较多，也有少量的不对称靴形刃斧。

麻栗坡小河洞遗址发现的各种陶器遗留物残片，质地为夹砂红陶，形状有罐形侈口罐、敛口折沿罐等；纹饰以印纹为主，多绳纹，亦有席纹、划纹，还有分弦纹、水波纹、斜平行线、十字交叉、斜方格及涡纹，以及罕见的少量附加堆纹。陶纺轮两面呈圆锥状凸起，凸显出其不同的地区特征，反映出了滇东南地区明显的地域特色。在出土的石器中，还有一件三角形石刀，与其他地区的石刀有明显差异。小河洞遗址附近的石山崖壁上，有同期古岩画中极少见的巨幅岩画——大王岩画。这些器皿及岩画均属于新石器时代的晚期遗物，距今已有 4000 年左右时间。

在贵州彝区，新石器时期文化遗址主要分布在毕节地区的青场河、赫章县可乐的柳家沟和平坝县的飞虎山。青场河遗址出土的石器具有本区域的特点，也有西南彝区的共同点，出土的一式锛、三式锛和一式铲等，其形制和加工技术均不同于其他地区，而二式和三式凿在同区的飞虎山和云南马龙县也有发现，二式斧在云南禄丰县的丁家村和大田遗址均有发现，二式铲在云南云县忙怀遗址有更多发现，年代相当于中原地区的夏商时期。赫章可乐柳家沟遗址出土的石器、陶器等遗物，石器有打制的，也有磨制的；石质多为硅质砺石，唯有一件是玛瑙石。陶器中有罐、杯、釜等器皿，质地多为粗沙灰陶，陶色有黑、灰、灰白和红几种，以轮制为主，也有少量手工制作的。柳家沟遗址还出土少量铜器，但未见铁器。其南面与之相隔200多千米的普安县铜鼓山遗址则不但发现了大量的石器和陶器，还出土了不少的铜器和铁器，前者为战国时代早期遗物，后者为战国时代晚期遗物。平坝县飞虎山遗址出土的锛、斧、箭头、石球、磨石、刮刀等磨制石器，多用灰岩磨制，石质坚硬，石头内凹，弧形刃锋利，但钻孔技术粗糙。另外还有4件小骨铲，是用豪猪獠牙制作而成。出土的陶器均严重破碎，难以辨认器形，陶纹饰可辨认出粗绳纹、细绳纹、划方格纹、方格印纹、变化锥刺纹、多样刻画纹和构图式附加堆纹。陶质以夹沙陶为主，泥质灰陶极少。陶片中出现了3片褚红色彩陶，为贵州新石器时代陶器中首见。飞虎山新石器时代文化遗址出土的文物距今6000年到4000年间，是云贵高原一种新的新石器时代文化类型。

四川发现的新石器时代文化遗址中，有许多都在彝族先民的生活范围区内，比较重要的有普格、西昌礼州和会理城河流域。普格县的瓦打洛、小兴场等遗址出土的石器中有半月形石刀，石斧多为条形或扁平梯形；陶器主要器形为罐、钵、瓶、杯等，多数为侈口平底器，质地多为夹沙红陶和灰陶；既有别于甘青高原的文化特征，也与川东、川北一带的文化特征有所不同，而与西昌礼州、云南元谋大墩子遗址相同或相近。西昌礼州遗址出土的陶器破损严重，无法复原，质地多为夹沙红陶。烧制时温度较低，加之烧制中氧化程度不均匀，出现了陶器内灰外红或内红外灰等现象；纹饰有弦纹、锥刺纹、划纹、篦纹、附加堆纹，均为手工制作；较大的罐器为泥条盘围器物体。出土的磨制石器以半月形石刀、梯形石斧、石锛、石凿、刮削器和盘状砍砸器为代表，打磨细致，钻孔技术较高。这些遗址出土文物的特征与云南元谋大墩子基本相同，使人们对礼州——大墩子文化类型有了进一步的认识。会理城河流域的遗址均未正式发掘，现在采集到的新石器时期零星文化遗物，大多数与其北面的礼州和南面的元谋大墩子遗址相同和相近，时间也都属于新石器时代晚期。

第三节　彝族“哎哺”（原始）社会

在长期的历史发展进程中，随着人口的不断增加，以血缘为纽带的彝族“哎哺”（原始）社会，在西南地区分别结成了许多大小不一的胞族、氏族和部落族群。这个时期的过程十分漫长，又极少有文字记载，我们今天还很难确切地知道这些族群、部落的具体情况，但知道在他们还没有完全定居下来从事比较稳定的农业生产前，他们之间的迁徙交流一直是很频繁的。这些频繁的交流情况，我们从全国彝区包括文山州在内的许多新旧石器时代文化遗址发现的遗物中，可以粗略地窥视到西南彝区古代原始人群的大体分布状况，这些情况可从后来逐渐出现的彝文记载和口碑传承中得到验证。文山州发现的不少新旧石器时代文化遗存，以及后来的青铜器时代文化遗存，与彝族聚居中心地区的滇池、洱海及金沙江流域的出土文物有许多相似共通之处，说明文山州在远古时期就与其他地区有着比较密切的联系。为此，完全可以作这样的合理推断：我们虽然不知道170万年前的“元谋猿人”与其他地区猿人之间的关系如何，但作为自古就生息繁衍在大西南这块土地上的主要土著民族，彝族自然应是“元谋猿人”后裔中的重要组成部分。

有关古代西南彝族先民分布的文字记载，汉文直到秦汉时期才开始出现，之后逐步增多，但古时因为中原中央政权驻地与西南边疆地区相距遥远，加之古代交通十分不便，信息闭塞，封建统治者的史官们在对边疆民族地区的历史记录中，使用的大都是间接而来的二手、三手以上的材料，甚至还有少数道听途说的信息，加之各地官吏在对少数民族的认识、理解以及民族语言译音上的异同，加上些歧视心理，史实记述不可能做到很准确，因而不可避免出现了一些误解和误记，甚至有的以偏概全，事实完全没有了本来面目。

司马迁是一个很注重客观记实的大史学家，他到过全国很多地方，但没有到过云南，因此他在其《史记》中对“西南夷”的记述，也就只有几个大的部落联盟国家名称，然后“以数十计”而概括之，没有办法全面介绍。因此，春秋战国以前的西南地区彝族社会情况，我们很难从汉文史料中去准确了解和把握。作为自古以来就一直居住在祖国西南地区的土著民族——彝族，包括文山州的彝族，可从各种彝文史料、历史传说、考古发掘以及人们一代代的口碑相传中，看到远古时期彝族社会族群的分布情况，以及所在地的地形地貌、气候环境、物产资源等经济社会发展状况。

一、彝族母系社会时期

人类学和考古学研究成果表明，石器时代的原始社会，是人类社会历史上时间最漫长的时期。而在这一漫长的原始社会中，旧石器时代的母系社会又要比新石器时代的父系社会时间长得多。从170万年前到7000年前间，中国西南地区以彝族为主体的各民族先民经历了漫长的人类母系原始社会，彝族人民把这种原始社会称为“哎哺”时代。学术界在对人类社会历史的划分中，将这段漫长的人类社会历史时期分为旧石器时代和新石器时代；从社会发展角度讲，又称为母系社会时期和父系社会时期，其中旧石器时代比新石器时代更加漫长。

彝族先民认为，在天地未开之前，宇宙处于茫茫无际的混沌状况，天地不分，没有生物。后来，经过长时期的发展变化，浑浊的气团逐渐分离成清、浊两部分，清气上升为天，浊气下降为地。人体处于天地之间，也是由清浊二气发展变化而成的。文山州彝族史诗《天地和人》中说，很早的时候没有天，是阿基檀神仙用口袋装空气造天；很早的时候没有地，是阿基颇神仙兜土来造地。另一部彝族创世史诗《布尼布卓》中说，造天的神仙名叫阿体颇（太阳神），造地的神仙名叫阿体嫫（月亮神）。在人类初现时的蒙昧时代，人们对天地间不断发生着的各种自然变化，只能靠简单的身体感触和直观感受去认识、理解及想象各种自然变化，并在这种认识、理解和想象的基础上产生了人类早期朴素而又充满虚幻和神奇色彩的传说。尽管在今天看来，这些原始的传说总是充满着虚幻、飘渺和神奇，但它因为根植于原始社会而深留着那个时期的思想、精神和文化烙印，给后人研究历史提供了许多启发和提示。

云南西部和四川大小凉山地区彝族中流传的著名史诗《勒俄特依》中说，万物源出于雪，雪族子孙有十二种，其中有血的六种，无血的六种，人是有血的六种之一。富宁、广南东南部和麻栗坡东部，以及广西西部的一些彝族说他们的祖先来自昆仑山，在他们世代传唱的古歌中，一说起民族源起，总是与雪山和雪相关联，这很有可能与大小凉山“雪族”的传说相联系。《勒俄特依》第一章中的传说故事，就是以滇濮梭罗（滇池）为背景的，讲的是“龙”生“夷”的故事；而滇池及其周边地区，是文山州许多彝族送祖归宗的目的地，这自然不会是一种历史巧合。在云南彝族创世史诗《阿细颇先基》和《查姆》中，把人类进化过程分为“独眼人”“直眼人”“横眼人”三个阶段。流传在云贵乌蒙地区的《六祖魂光辉》中说，人最初来自水中。四川凉山彝族也传说：“人从水中来，水石是我母。”在文山州各地彝族口口相传的创世史诗中，内容也大同小异，既有彝族发展史中相同的主要脉络，也有不同的地区和分支特点，且大都与滇池、洱海、金沙江及周边地区历史发展脉络相关联。

现今的人类学界有一种新观点，即人类原始的居住地，在原野上的猿尚未变成狩猎猿之前，曾经有过一段长时期的水生猿阶段。如果这一理论最终被确认下来，就可印证彝族历史传说中的“水生猿”观点，也就可以说明人类是如何失去体毛的？为何在动物界中，只有人类有一双感觉细腻而敏锐的手？为什么在所有的灵长类之中，唯独人类才有流线型的身体和直立行走的姿态等一系列问题了。

从20世纪30年代中期到本世纪初，在西南彝区各地陆续翻译出版的许多彝文古籍和传说都有这样的内容，在远古的“哎哺”（原始）时代以前，宇宙间清浊二气混杂蒸腾，世界一片朦胧。后来，清气和浊气在不断升腾变化中，清气上浮变为天，浊气下沉凝为地，混沌初开，天地间有了太阳、月亮带来的光明。

随着时间的推移，在阴阳、寒暑、风云、雨雪等大自然变化的作用下，天地间产生了“会动有生命，有血又有气”的万类生物，并从这些生物中慢慢进化出了人类最早的祖先

——猿，又从猿逐步进化成为会简单制作粗糙石器、采食植物果实、捕食动物的古猿人，这就是彝文古籍中所记载的彝族原始社会早期的祖先，彝族历史由此开始进入母系社会时期。《西南彝志》卷五《天地演化论》记载："人类在当初（哎哺时代初期），没有住地面；野兽凶蚩蚩，跑在森林里；人居住在树上，人与兽同处。"这就是人类历史分期中所说的"有巢氏"时代。

后来，"哎哺"族群中出了一个会想事情的智人叫"哎哲耿诺左"，他"想了三年，又想了三月，然后教人们联合起了，捆干草做草把，递草把去点火，草燃野兽避"。有了火，人们便从树上下到地上寻觅食物充饥，到山洞中穴居，生火取暖御寒，防止恶兽伤害；去有水的地方饮水解渴。这就是人类历史中说的"燧人氏"时期。

"哎哺"时期的人们经过长期的探索，在不断观察四季天时变化、花草树木枯荣反复的现象过程中，首先在"密姆喽嘎"（今滇池周边）设"记年树"，置"记月石"，创制出用以指导"哎哺"族群按太阳运行情况播种农作物、捕食野生动物的最早历法。最早种"记年树"、置"记月石"的人被称为"哺哲普额克"，其意思是给生活在大地上的"哎哺人"记录和传递知识的名达贤士。

"哎哺时代"之后，是"尼能时代"。"尼能时代"的人已普遍掌握了用火知识，开始从事简单粗放的原始畜牧活动和农耕生产活动，并在初步具备了战胜猛兽侵害和抵御气候严寒能力之后，从高原由近及远地不断扩大群体穴居范围，在与其他族群交流中生息繁衍。为了谋生，人们由此开始顺着山脉、河流从事狩猎、捕捞、牧养、撒播等劳作。往北扩散的族群分别到达黄河上游牧草丰茂的甘青高原，以及气候温和适宜、物产丰富的川西坝子，即汉文史书中常见记述的"蜀地"。到西北甘青高原的一支与聚居在那里的部落融合，融合后分出一支族群进入中原。这支族群与中原的其他一些部落再融合，成为华夏大群体，成为后来的华夏民族主体。彝文古籍中把这一大迁徙时期仍留居在今滇东北及川西南一带的"哎氏族"群体称为"尼兹人"，把迁居于今川西和甘青高原一带的"哎氏族"群体称为"能沽人"，两者合称为"尼能氏"，并把这一时期称为"尼能时代"。至今在一些彝族支系语言中，仍把一些规模比较大的集镇和城市称为"洛姆"，如把宜宾称为"尼兹洛姆"，把成都称为"能沽洛姆"。"尼能氏"在这些地区生息繁衍的时代，正是处于"男的不知娶，女的不知嫁，知母不知父"的原始母系社会历史时期。

"尼能时代"之后，是"实勺时代"。"尼能时代"的彝族先民在漫长的"男愿人不兴，女愿则人兴"的母系氏族社会发展进程中，随着生产力的逐步提高，首先在实阿开和索买遮两部落之间出现了部落之间通婚现象，进而在其他各部落间也逐渐兴起了嫁娶之风，彝族历史开始由母权制社会进入了父权制社会，即彝族史书中所说的"实勺时代"。汉文史书中把"实、勺"记为"蜀、叟"，之后又连带出现了"氐叟""青羌""蜀山氏"等名称。如《水经注》说："帝子为诸侯，昌意降居若水……昌意娶蜀山氏女昌仆而生高阳。"这个"蜀山氏女"也就是"实勺氏女"。"实勺氏女"所生的昌意之子高阳，即为颛项帝。由此推算，中国历史上的《颛项历》中，应当有古代西南地区彝族著名的“记年树”和“记月石”相关的历法内容。

又如《史记》中说：“禹者，黄帝玄孙而颛项之孙也。”也就是说，“蜀山氏女”昌仆，就是禹的老祖母。所以《史记集解》中才直接说“禹生于石纽，西夷之人也”。这也就是说，在母系社会后期，西南地区的彝族先民实勺人（或蜀叟人、蜀山氏）中，就有“禹”这样的“西夷之人”迁徙到了黄河流游的中原地区，成为后来华夏民族的重要组成部分。而留居在西南地区的实勺人（或蜀叟人、蜀山氏），彝族古书记述其后裔到达“喽姆密尼”（汉文史书中所记的“牦牛徼外”）从事狩猎、游牧或种养，即汉文史书中所说的“善操弓弩”的“氐叟人”或“青羌人”。又如《华阳国志·汉中志》载：“武都郡（今甘肃成县）西接天水，北接始平（今陕西兴平县），土地险阻，有氐叟；阴平郡（今甘肃文县）东连汉中，南接梓楂（今四川剑门关西南），西接陇西，北接酒泉，土地山险，人民刚勇，多氐叟。”这些在汉文史书中被称为“蜀叟”（蜀山）、“氐叟”（氐羌）的云、贵、川土著实勺人，其遗留物至今仍在滇、川、黔彝族聚居或分布区时有出土，如20世纪末在贵州威宁中水、赫章可乐和四川郫县、广汉等地出土的许多实勺人留下的新石器、陶器和青铜器等。

3000多年以前，在中原各地人民纷纷起义讨伐商纣王无道时，由“喽姆密尼”（牦牛徼外）扩张到“西姆古嘎”（约今西安半坡一带）称雄的“实勺”（蜀叟或蜀山）父系氏族部落，在其首领希慕遮（希母遮或希弭遮）的带领下，参与了庸、羌、髳、微、卢、彭、濮等部落联合“助（周）武王伐纣”的战争。

周王朝建立两年后，周武王卒，其弟周公旦在代幼侄周成王摄政中，因不满以武庚为首的纣王残余势力勾结周成王之季、蔡、霍三个叔父发动的武装叛乱。实勺人首领希慕遮便率其部落武装，与部分濮、羌、卢人一道，从“希姆古嘎”转到“喽姆密尼”，“入居邛之卤”，回到祖先生活过的地方，即今之川西南的凉山、邛崃、宜宾，以及滇东北和黔西北一带。

希慕遮率部民返回祖籍地时，他带领的已经确立了父系社会制度的部族与当地仍处于母系制社会制度后期的实勺（蜀叟）部落一道，逐渐发展为崇拜龙和虎的卢鹿父系部落社会。卢鹿，亦写作鹿罗，后来在不同地区又分别写作倮罗、倮倮、罗罗、罗鲁（腊鲁）等等。彝族历史上，母系社会时期崇龙称罗，父系社会时期崇虎称倮。倮、罗同音，含义有别。从此以后，希慕遮就被彝族人公认为笃慕以前父系社会时期的一代世祖而被载入彝族史册。

从希慕遮到后来的笃慕及其分支后的“六祖”，其间又经历了32代。今滇、川、黔、桂的各地彝族，除有部分称自己是希慕遮之后的大阿武或娄珠武后裔外，大部分都说自己是希慕遮之32代孙，即笃慕六子分别建立和发展起来的武、乍、糯、恒、布、默（黔）“六祖”后裔。

旧石器时期的母系社会，妇女在原始氏族社会中的地位是很高的，包括文山地区在内的许多彝文典籍和口碑传说，在反映这一时期的历史情况时都说，那时候男的不知娶，女的不知嫁，人父是我父，人母是我母；人兄是我兄，人弟是我弟；人姐是我姐，人妹是我妹；（部落）人不分彼此，天下是一家。作为首领的妇女，决定着部落的对外战争，以及生产经营和对部落成员的生杀大权。据凉山彝文典籍记载，在雯世烈时代（新石器时代）以前，彝族社会曾经历过4个阶段共33代的母系氏族社会时期。这4个阶段的母系氏族社会名称按时间顺序依次称为：

（1）尼祢→（2）舍什→（3）姑乌→（4）嫫祢

那时，每当氏族部落在出兵以前，首领都要召集部落中的大小头目进行商议，并在其发出的“出兵誓言”中说，上古有12个朝代，其中有11个是“知母不知父”的母系社会。这12个朝代的名称依次为：

（1）阿斯牛里→（2）阿母波可→（3）尼祢十子→（4）姑乌九子→（5）舍十八子→（6）嫫祢六子→（7）宜尼尔世→（8）拉祢韦祢→（9）斯猛乌母比母→（10）斯曲羊呼几母→（11）罗富曲何→（12）曲布尼比

到曲布世代以后，才进入了父系氏族社会。

当然，彝族历史上的母系社会时期不可能只有这4个阶段的33代，所经历的时间阶段一定会更长，只是现有的彝文史料未能记载罢了。

二、彝族父系社会时期

在岁月漫长的旧石器时代，人们在长期不断实践中逐步学会了制作精细的石制工具从事生产，并由此开始慢慢进入了新石器时代。

进入新石器时代以后，随着农业的不断发展，畜牧业和原始农业逐步取代了旧石器时代的采食野果和渔猎的生活，人们从游牧流动生活逐渐转向相对稳定的农耕定居生活。到了公元前45世纪，西南地区彝族社会开始从母系社会逐步进入了父系社会。

新中国建立以来的一系列新石器时代的考古成果，向人们展示出了西南地区父系社会的一般面貌。在昆明滇池周边的晋宁县和盘龙江北面的台地上，还有大理洱海地区、贵州的威宁和赫章地区，以及金沙江、澜沧江、元江、红河和南盘江两岸不少地方，相继发现了许多有着共同文化特征的新石器时期文化遗存，曾在这些遗址上生活过的先民们，用磨制的石刀、石斧和竹木工具经营原始的农牧业，种植的农作物主要是水稻。据对滇池边出土陶片上的谷壳痕印分析，其种植的稻谷品种是粳稻。伴随着原始的农业和渔猎业的发展，简单的手工生产也开始逐步发展起来，这就是新石器时代早期彝族原始经济社会的一般状况。大理点苍山麓的部落族群，则能制造出较为精细的双孔或多孔半月形石刀，以及石锛等工具，从事狩猎和砍伐树木等生产劳动。他们已能在缓坡上开辟台地，引山泉水灌溉台地中的农作物，用陶纺轮进行纺织生产，手工业水平有了新的提高。他们还在地上挖圆坑或方坑，沿坑壁支起柱子，并在柱子上搭起顶蓬，建起了彝族原始父系社会时期半穴居式房屋，生活逐步安定下来。剑川县海门口新石器时代遗址，时间在公元前1150年左右，与中原的商朝晚期相当。这里遗留有许多麦、谷、稗的炭化物及兽骨堆积，以及斧、锛、刀、凿、鱼钩等工具，还出现了训养动物的痕迹。这说明当时这里的渔猎、农业和手工业发展水平是比较高的，他们除了用磨制得更为精细的石制工具外，还有了不少早期的青铜工具，以及石制、兽骨制和青铜制的装饰品，生产效率有了进一步提高。他们砍来许多巨大的树木，在河边支起桩柱，在桩柱上铺板，再在板上建造房屋，这些已显示出他们已开始向奴隶社会过渡了。

新石器时期，由于原始农业生产的需要，彝族先民们对季节气候的辨别和概念开始形成了。彝文史籍《天地进化论》中说："树木开花时，就叫春三月；树木花谢时，就叫夏三月；树果成熟了，就叫秋三月；树叶枯落了，就叫冬三月。"为此，人们还特别在住地周边，视野辽阔处的山上栽种了12棵树，并在每棵树周围均匀地置放12块石头，在石头上刻上符号记年、月。所以《天地进化论》又说："哎君（新石器时代的彝族始祖哎哺）不知年，记年树上看；哺王（同上）不知月，记月石上察。"这种"记年树"和"记月石"，就是彝族先民用符号作为历法的初始阶段。这一时期，彝族聚居区的村落开始逐步布局开来，在河谷山地上开始出现了用土木建造的简易住房。考古发现，这种土木结构的房屋，与现今彝族地区还能看到的"土掌房"（文山地区叫"土库房"）的住房结构相类似。

有了固定的住房，人们的生活也就相对得到了稳定，从事狩猎、捕鱼和采集水生动植物及野生果实的能力得到了提高，最初的农作物种植，家畜、家禽饲养也随之逐步发展起来。除了制陶和纺织外，还开始制作起了配戴用的骨、石、铜装饰品，表明人们在艺术上开始有了一定的爱好和追求。这一时期，人们对人因年龄和死亡原因各异的不同理解而有了不同的安葬形式，并由此显示出较为复杂的原始宗教观念。当时的村落或部落之间经常发生械斗或战争，大量残肢断臂或无首躯体，以及中箭而亡者的遗骸，至今仍不时有出土发现，说明了当时战争杀戮的残酷性。

人类社会的每一次进步，都是由生产力的发展所推动的。社会由母系氏族社会向父系氏族社会过渡的决定因素，同样是社会生产力的发展所决定的。这种决定因素主要表现在以下两个方面。

首先是金属加工业的产生。彝族地区金属矿资源丰富，中国的"铜都"和"锡都"都在云南彝族聚居地区。云南作为彝族的主要聚居区，有"有色金属王国"之称，生产冶炼金属的历史久远。铜和锡的混合冶炼产生了青铜，进而制造出了以青铜为新材料的更坚硬和锋利的生产工具和武器，使社会生产力大为提高，进而实现了向更高一级文明社会发展的飞跃。在滇中一带，从楚雄万家坝到滇池周边的石寨山、江川的李家山，以及包括文山州在内的滇南和滇东南的不少地方，均出土了不少让世人瞩目的青铜器物。许多权威考古学专家认为，在公元前5—6世纪，甚至更早的时期，云南就有了一个地方特色鲜明的青铜文化存在了。这一文化是在新石器文化后期逐步发展起来的，是古代西南地区各少数民族先民共同创造的，而与西南世居的主体民族——彝族有着更为密切的关系。

在彝族史籍《勒俄特依》《吴查》《西南彝志》《六祖魂光辉》《铜鼓歌》等不少史籍中，都记载有彝族先民如何采矿，如何冶炼青铜，如何用青铜制造铜弓、铜箭、勾戟、铜鼓等器物或战争兵器，乃至如何使用这些器物和兵器的情况，还记述了采选矿石、冶炼、捶击、制石器、制陶范、熔炼等许多采冶、制造青铜器的复杂的工序，一部分人由此开始专门从事矿业开采冶炼和制造业，进而又促进了社会生产的分工和手工业生产的发展。

其次是农业和畜牧业的发展。据彝文史籍记载，新石器时期有个叫哺额克的人，他以丰富的采集、栽种植物果实的实践经验，观察出了有些植物可以通过垦地种植获得更多更好的收成。于是，他便教人们种植适宜的种植物，并发明了犁头、耙等农具，饲养猪、狗、牛、鸡、鸭等动物，种植业和养殖业慢慢成为人们新的谋生手段，并日益显示出了其在经济社会生活发展中越来越重要的作用。于是，男子在参加农业生产劳动的同时，又在从事畜牧业、渔业、采矿冶炼和金属器物制造业中，获得生产生活资料主要成为男人们的事情，而妇女则逐步成为主要从事家务的劳动者。就像恩格斯在《家庭、私有制和国家的起源》一文中所说的那样：“一切部门——畜牧业、农业、家庭手工业中生产的增加，使人的劳动力能够生产超过维持劳动力所必需的产品，亦即便开始有了剩余的产品，为私有制的产生创造了物质条件。”也就是说，一方面基于生产工具的改进，生产力水平的提高，个体劳动作用的加强，从而在氏族公有制经济以外，逐渐产生出了私有制经济成分；而且这种私有制经济成分越来越扩展壮大起来，不断破坏原来的公有制经济，并最终取代了原来的公有制经济形态。另一方面，随着私有制经济的不断壮大，社会分工不断渗入到了各个生产部门过程中，破坏了生产和占有的共同性，这就不可避免地促使私有制的发展和原始公有制经济的解体。

和许多民族发展史一样，彝族历史上的父系氏族公社阶段，是原始社会向奴隶社会过渡的历史阶段。随着私有制的建立，贫富分化、阶级分化和对生产资料以及奴隶的私人占有越来越多，占有者和被占有者之间的矛盾也越来越尖锐，这是私有制社会产生以后必然出现的历史过程。彝族史籍《勒俄特依·石尔俄特》中记载了一个叫石尔俄特的人，带着自己的私有财产——九驮白银、九驮金子和九个差使去“找父亲”的故事，就是对这种历史变化的夸张性叙述。许多男子就是利用私有财产这一物质条件来为他们的子女谋利益而改变了传统的原始公有制分配制度，于是，彝族特有的父子联名制度也由此逐步确立起来。当然，父子联名制度还有其他许多的文化内涵，这一点我们应当明白。但在阶级社会中，父子联名制度则更多地表现在以父子为核心的家族对社会财富的占有和分配上。《西南彝志》中记载的“哎哺九十代”，具体记载了19个哎氏族，2个哲米氏族，共212代的父子联名世系。当这些氏族传到一定的世代时，就会出现一批“心里想知识，口里讲知识，手里写知识”，以及“绘天的光彩，绘荣日耀月”的人。“哎哺九十代”中的哎穆氏族传到第10代时，出现了彝族先圣呗博耿，他发明使用了彝族文字。私有制的产生导致贫富分化，大量的社会财富集中到了少数人手中。部落显贵们用累积起来的财富修建了许多仓库，用以储藏粮食和其他物资，并利用储存的大量荞籽酿制成酒，供其享用。这样，剥削关系随之产生，出现了征收“荞租”“畜租”“戈甲租”等不劳而获的剥削现象。也就在这一时期，随着人们生产生活的逐步稳定，人类早期的原始村落随之不断出现，农业和各种手工加工业开始出现分工，民族宗法制度随之产生，以男权为特点父系社会不断得到巩固，社会进入了一个新的文明时代。

第三章　彝族天象纪年及其文明光辉

（前45—前9世纪）

远古时期的彝族先民笃信“天人感应”，认为天地自然和人类社会的所有发展变化，都与“精气”“太极”和“天文星象”息息相关，并为此创造发明了一整套使用时间长达1800年的天象纪年法。这种天象纪年分为乾阳运年、坤阴运年和人文运年三个历史时期。这三段相继的纪年法，与彝族八卦和父子连名制一起，共同形成了彝族历史上一种独特的纪年方式，闪耀着古老彝族历史文明的光辉。

第一节　乾阳运年时期

据彝文古籍记载，彝族天象纪年开始于彝族历史进入父系社会时期希弭遮（希慕遮）时候的乾阳运年天纪，相当于公元前45世纪至公元前39世纪。

乾阳运年即乾阳数运历，就是用乾阳运算天地年月时辰及事物发展变化的方法，运历方法从坤卦位开始，纪年的顺序号称“希弭遮”。人类社会道纪按天地运历，从天干的壬癸位开始，称“希弭遮纪”。壬癸位于北方鼠相位，五行中属水。希弭遮纪以甲子120年为“乾阳运年纪年序号”，以太阳周天纪日历拟象图“太阳鸟杰抵乌安哪”为“徽号”，“天雁星”为“皇帝策举主”的“禽星”，位于众人之上。“天鸿星”为辅佐皇帝的大臣恒堵府的“禽星”，以统领八方诸侯。“大鹏”是“乾阳圣师恒史楚”的“禽星”，以昭示文化的繁荣发展。

彝族太阳周天历法理论（简称“太阳历”）是古代彝族社会的全民教化之本。父系社会时期，这一教化活动中心建立在滇西大理点苍山，以此为中央统合四面八方而构成落邑，中央邑城是禾稼技术的圣地，称为“举菊禄姆”。

彝族乾阳运年经历了十五帝纪。彝文古籍《乾阳运年纪》叙述十五帝纪的先后顺序是：一纪希弭遮，二纪遮道古，三纪古珠舒，四纪舒阿列，五纪列阿恒，六纪恒乍耿，七纪乍耿作，八纪作阿采，九纪采阿宗，十纪宗阿色，十一纪色阿主，十二纪主迫能，十三纪迫能道，十四纪道赤叩，十五纪尼弭青阳。

另一部彝文古籍《乾父坤母》则记述了乾阳纪年所遵循的太极运历层次，其中有乾父坤母七局运历，即乾父“恒阿索”，坤母“特阿武”为第一运历“太极”；乾父“恒武也”，坤母“特博费”为第二运历“两仪”；乾父“恒乍著”，坤母“特乍吞”为第三运历“时柱”；乾父“恒举节”，坤母“特举维”为第四运历“九宫”；乾父“恒司弟”，坤母“特司弟”为第五运历“日月阴阳”；乾父“以尼你”，坤母“尼洛洛”为第六运历“白黄道”；乾父“策举主”，坤母“恒堵府”为第七运历“干支八卦”。

乾阳数运历，分为乾阳数三元，坤阴数三元和人寅数三元。

乾阳数三元为上元天纪、中元地纪、下元人纪，并分别列有帝纪年号。具体是：

乾阳上元天纪年帝纪号依次为，一帝纪号希弭遮、希堵佐。希弭遮和希堵佐为同时代的纪年系号。乾纪始于希弭遮，坤纪始于希堵佐；希弭遮为阳数纪，希堵佐为阴数纪，时间约在公元前 45 世纪到公元前 44 世纪。

二帝纪号遮道古，佐额武。遮道古为阳数纪，佐额武为阴数纪。时间约在公元前 44 世纪到公元前 42 世纪。

三帝纪号古珠舒、额武仁。古珠舒为阳数纪，额武仁为阴数纪。时间约在公元前 42 世纪到公元前 41 世纪。

四帝纪号舒阿列、仁亨亨。舒阿列为阳数纪，仁亨亨为阴数纪。时间约在公元前 41 世纪到公元前 40 世纪。

五帝纪号列阿恒、亨亨特。列阿恒为阳数纪，亨亨特为阴数纪。时间约在公元前 40 世纪到公元前 39 世纪。

在乾阳上元这五帝纪中，从一帝纪希弭遮到五帝纪列阿恒，共经历了 600 年的上元阳数纪年。期间，彝族氏族社会开始形成。人们在彝族象形文字的基础上，创造出了表意的彝族文字，彝族古老的八卦数理也在这一时期出现。

乾阳中元地纪年帝纪号依次是六帝纪号恒乍耿、特乍吞。恒乍耿为阳数纪，特乍吞为阴数纪。时间约在公元前 39 世纪到公元前 38 世纪。从希弭遮到恒乍耿为六阳数纪；从希堵佐到特乍吞为六阴数纪。

七帝纪号乍耿作、吞阿吞。乍耿作是阳数纪，吞阿吞是阴数纪。时间约在公元前 38 世纪到公元前 36 世纪。

八帝纪号作阿采、吞亨亨。作阿采为阳数纪，吞亨亨为阴数纪。时间约在公元前 36 世纪到公元前 35 世纪。

九帝纪号采阿宗、亨亨补。采阿宗为阳数纪，亨亨补位阴数纪。时间约在公元前 35 世纪到公元前 34 世纪。

十帝纪号宗阿色、补额武。宗阿色为阳数纪，补额武为阴数纪。时间约在公元前 34 世纪到公元前 33 世纪。在乾阳中元五帝纪时期，彝族社会的君王制度臻于完善，并发明了彝族太阳周天日历，创立起了彝族易理哲学文化。

乾阳下元人纪年帝纪号依次是十一帝纪号色阿主、额武戛。色阿主为阳数纪，额武戛为阴数纪。时间约在公元前33世纪到公元前32世纪。

十二帝纪年号主迫能、戛迫始。主迫能为阳数纪，戛迫始为阴数纪。时间约在公元前32世纪到公元前30世纪。

十三帝纪年号迫能道、迫始道。迫能道为阳数纪，迫始道为阴数纪。从特乍呑到迫始道为八阴数纪。八阴数纪又称为八卦纪。时间约在公元前30世纪到公元前29世纪。

十四帝纪年号道赤叩、道弭诺。道赤叩为阳纪数，道弭诺为阴纪数。时间约在公元前29世纪到公元前28世纪。

十五帝纪年号尼弭青阳、弭诺赤。尼弭青阳为阳数纪，弭诺赤阴数纪。时间约在公元前28世纪到公元前27世纪。从乍耿作到弥诺赤为九阳数纪。九阳数纪又称九宫纪。期间，尼弭青阳以九宫划九州疆域。

乾阳运年时期处于新石器时代，以农牧业为主的彝区经济随着生产工具制造水平的不断提高，加之私有制经济因素的不断增多，经济发展步伐逐渐加快，到乾阳运年后期，金属冶炼业和丝绸加工业也加快发展起来，与经济社会发展要求相适应的彝族太阳周天历法也开始出现，并逐步发展完善起来。

乾阳运数的起始点称“恒毕余”，又称“道迫能”。乾阳运年的教化师称“恒史楚”，又称“呗史楚”。乾为君，以阳银作徽号。乾阳教化师，以铜作徽记。教化师始祖恒史楚“创天文八卦，讲君臣民的关系，论管辖区域，教文化知识，教耕牧衣食，教祭祀古人，代代儿孙相传，祭祀神偶由此产生。神偶如大龙，头上无凤椏，脚下无虎气，乌云飘天空，将之作理论”。精通八卦勾股的人叫苟阿娄和葛阿德，他们是工艺人的鼻祖，被称为“文祖”。森尼俄戛地方，是苟阿娄和葛阿德建庙宇，塑八卦神祠偶像的地方。苟阿娄、葛阿德的教化，不是以言传，而是以身教。

举菊禄姆的人被称为“实勺氏族部落”，又称“恒纪诺赤索”，意为乾阳天下的中央氏族，简称“诺苏”，信奉精气结合的太极。“诺苏”是中国彝族进入文明社会以来最早的自称。“诺苏”的南部是“弭素铺”，即天方之人；或以老阳乾卦之象称“恒苏”，为乾地氏族部落，居住在“点苍举菊禄姆”之南，称为“天南方氏族部落”。南方以乾卦为局分野，以“弭卧纠塔凯”（物极必反）作南岳山名，是为火星赤帝以应地脉。南帝崇奉红色，称“能苏”，即红夷（彝）氏族部落。境内河流随之称为“能溢”，即红河。还有“弭卧浦溢蒙”，意为南部澜沧江。“诺苏”的北部是“弭素铺”，即地北之人；或以老阴坤卦之象称“特苏”，即坤地氏族部落，其位在点苍山以北。地北以坤卦为局分野，以“弭凯色偶阁”（运数始于北方周而复始）为北岳山名，是为水星黑帝以应地脉。北帝崇尚黑色，称“那苏”，即黑夷（彝）氏族部落。境内流水随之称“哪溢”（黑水），即金沙江。“诺苏”的东部是青天太阳“助偶土升起的地方”，东方以坎卦为局分野，以“弭费杰朵助”为东岳山名，是为木星青帝以应地脉。东帝崇尚青色称“尼苏”，即青夷（彝）氏族部落。位于苍山以东，境内河流随之称为“尼溢”（青水），即乌江。“诺苏”的西部是黑夜太阴没落的“勾默哪”，西域以离卦为局分野，以“弭捞洪德勾”（西方娱乐城）为西岳山名，是为金星白帝以应地脉。西帝崇尚白色，金星即文曲星，是崇奉文曲星的氏族部落“吐僰”，以山势称“博哪歹素”（白狼），即大山夷，位于点苍山以西，境内河流随之称“浦溢”，即为怒江。

乾阳运年到“恒乍耿纪”为终点，随之转入“尼能地支纪”，为坤阴运年的起点。

第二节　乾阳运年时期的氏族部落国家

乾阳运年初期，彝族先民已迁徙扩张到大西南的许多地方，活动中心主要在滇西。这一时期的彝族先民以山封域，以水划界，逐步形成了许多各有特点的氏族部落及部落国家，如崇奉青赤气象的尼能氏族部落；崇奉阴阳太极的实索氏族部落；崇奉精通算术而从事建筑等手工艺的苟葛氏族部落；崇奉五行星象的五方青帝、赤帝、黑帝、白帝、黄帝氏族部落；按方位命名的“弭弥”“恒特”“楚陀”“妥体”，以及崇奉相卦的“以补”“鲁朵”“史地”“弥觉”等氏族部落。

这些氏族部落都有着共同的文化内涵，并在各自的发展中逐步形成了有自己特点的氏族部落群体和“部落君长国家”。据彝文古籍《点苍国以天象布局》记载，产生君主“武弭”、五方帝王“主色”、诸侯列国君长“主耄”、氏族部落首领、“慕濯”、圣人“撮额”、教化圣师“呗耄”（毕摩）、执教师“耄史”、指挥“普吐”等。

一、实索君长国

实、索两个氏族联合树铜铁柱奉祀，柱按上、中、下三级划三界地域，每个地域划东西南北中五部，其中又划分出“五阴六阳”。实氏族开疆在青阳地，索氏族拓土于赤阴地。两氏族合成统一体，以六气运历划六氏族，以部又划尼能氏族，尼能氏族又划六门户。尼氏族奉祀高天，按青气运历行封域，开辟了实氏族的天地。弥氏族以坤阴运历划域，开辟了索氏族的天地，并以黄道运历设祭场。

在实索君长国之前，彝族历史上还有一个以补天国，传为金马（太阳）所辟，其主要居民就是尼能氏族，其国君世系为：阿楚阿吉一、阿吉阿朵二、阿朵布鲁三、布鲁阿达四、阿达阿姣五、阿姣毕窦六、毕窦阿鲁七。以补天国崇尚火星。彝文古籍《实索氏族王国的根源》记述说：“火星照尼（青）人，尼人银饰头，是长治久安的象征。赤星照能（赤）人，能人披长发，多样装饰，表示江山宏大；以银做耳坠，听从君政令，眼明耳聪，听皇令、守皇政。尼能氏族凝如湖，军纪治，能氏族治道，参照能氏族国法，兴国赋地方税，天下同发展。地方的租税，贡地方政权，各地订制度。”

尼能氏族是从实索氏族分化出来的。在以补天国时代，实索氏族在癸亥这年，以苍天为父、大地为母的八卦阴阳理论，设坛祭祀列侯氏族，进行祭祖岩分氏族支系等活动。

实索氏族因奉祀“中央太极”而得名，他们是“中央氏族部落”，地处八方部落接合部。实氏族奉祀乾天为“天父”，盖源于“道赤叩”，祭祀天地神偶，还愿从此兴起，国度中央的“赤叩”（天府）从此建立，赤叩的祖先崇奉也随之产生。实氏族自首领实阿武时代开始奉祀苍天星“匹偶吐”。索氏族奉祀坤地为“地母”，盖源于“道迫能”。索氏族兴于默遮，世系为：一世索默遮、二世默遮阿哪、三世阿哪鲁、四世鲁洪龙、五世洪龙冒、六世冒欧欧、七世欧欧德、八世德阿列、九世列哲舍。

彝文古籍《实索氏族》记载，实、索两氏族都按三界分孟（南）、仲（北）、季（中）氏族，开始进入有官员统治的国家体制时代。之后为造就国家的栋梁人才，由教化师建庙先进行教化，塑偶兴祭拜。实索氏族的职官制度始兴于“匹偶吐、列哲舍”时代。治城论三界，教化讲“六气天文”，划域论八卦。实索氏族划四邑，大臣守政，师者见识多。“实阿德、索俄确、实俄舍则”是实索时代的三大氏族。实德武氏族世居北方，后来发展成“糯氏族”（川西），糯氏族之后又发展为“纪氏族”。实俄舍则氏族后来也发展成为“武氏族”。

实索君长国出了十明君、十贤臣、十圣师、十艺王，各是一方侯。明君以建庙塑偶为天职，圣师以庙祀、祭祖为天职，贤臣以贡赋献祖为天职，艺王以建造庙宇、精雕偶像为天职。贤人跟着“实恩恩”“索皤皤”，去“额默代保”祭祀历代祖，划天下为五氏族，治化天地各方，成了一方始祖。尼武武一世，武武卓二世，卓欧则三世，欧鲁崩四世，鲁崩阿德五世，阿德易六世，易龙迷七世。

实索君长国由“天王”统治，有五大臣协助天王掌权。掌权者穿青衣，就像雄鹰盘旋高空，主宰天下。王侯管治地方卫国，如虎踞大山监守各地。制度如蛛网，通过贤能治理天下氏族。至高无上的天王管天下侯王，祭祀、叙史、分封、命爵，掌天下最高权力。

实索君长国的君臣们发布政令，威扶民众，宫室敞开。左丞“署陆法”，右相“杰陡陆”。“弭吐苦戛”是君的治地，“彼余戛益”是臣的治地，“博所录窍”是教化师的治地，中央建大堂是君议政厅。君管天下秩序，君位轮流坐。虎将为耳目，主治地方。王位轮流坐，氏族部落虽然多，上下相统属。氏族部落大将领，都要遵从天王。

实索氏族部落立政，尼能氏族部落掌权，各氏族部落要务明确。尼氏族“尼助”、能氏族“能博博”掌氏族部落政务；尼氏族“舒吉葛”、能氏族“舒娄斗”掌氏族部落教化；尼相“尼妥有”、能相“能丕史”掌氏族部落防范；尼相“尼叟舍”、能相“能武奋”掌氏族部落外交；尼氏族“直弭海”、能氏族“乌度额”掌氏族部落经济。尼能氏族立政由嫡长子继承。

实索君长国的臣世系是：实采笃一世、采笃抽二世、抽阿法三世、法史措四世、措阿那五世、那阿垛六世、垛阿海七世、海阿可八世；世治“以古鲁毕”。师世系是：武察察一世、察察嫩二世、嫩阿吉三世、吉鲁海四世、鲁海索五世；世治“惹武辞帕”。匠世系是：鲁蒙益楚一世、益楚独笃二世、笃阿武三世、武博毕四世、博毕大五世；世治“阿益索吐”。工艺王世系是：舒阿够一世、够阿古二世、古阿尼三世、尼阿待四世；世治“阿益吐辞”。

实索君长国的社会情况，据彝文古籍《实索氏族王国的根源》记载：“乾卦象昼天坤卦象夜地，昼夜阴阳称‘娄诺’，阴阳结合，如长翅的青鸟，似长大耳赤虎。长翅青鸟，以喻天光神，煽翅隆隆响，万物就复苏。主管着时光，掌握着时空。治者犹如虎，由君来治国，秩序不错乱，君位轮着坐。虎将耳聪，主宰着地方，属部速有聚，掌握着命脉，区分开级别，虎为地轴心，管遍地物类。王治理秩序，秩序无差错，王位轮着坐。”

《实索氏族君长世系》中所记述的实索氏族君长世系依次是：实默采——默采遮——遮抖娄——娄撮以——以糯舍——糯舍布——布帝堵——帝堵耕——耕阿余——余曲依——实乍耿——乍耿启——启额额——额额补——补诺杜——诺杜素卡——素卡麻博——麻博欧保——欧保阿铺——阿铺阿武——阿武费克——费克赤叩——赤叩阿以——阿以阿洪——阿洪阿作——阿作古舍——古舍阿佐——阿佐阿俦——阿俦俄哈——俄哈阿育——阿育阿古——阿古阿哈——阿哈阿之——阿之阿补——阿补阿靡——阿靡补默——补默阿纽——阿纽阿卡——阿卡阿奏——阿奏阿古——阿古阿觉——阿觉布笃——布笃阿依——阿依以供——以供果余——果余尼则——尼则阿欧——阿欧施举——乍耿摩——摩阿代——代阿施——施阿鲁——阿补益颖——颖弥直——弥直旨——旨度阿则——阿则鲁——主整阿吉——阿吉阿朵——阿朵布鲁——布鲁阿大——阿大阿交——阿交毕斗——毕斗阿鲁——阿鲁厄则——厄则阿助——阿助阿克——阿克署欧——署欧阿纵——纵阿奋——奋阿曲——曲阿能——实阿争——争阿赛——赛乌图——乌图娄竹——娄竹弥克——弥克默——默克阿葛——阿葛阿口——口什包图。共81世，以每世25年计，共历经2025年。

二、尼能君长国

尼能君长国，即尼氏族和能氏族两君长国。

乾阳运年时代的尼氏族活动在今贵州省境内，树龙头虎尾人像，氏族名又称“尼苏”。能氏族活动在今云南红河州和文山州西北部一带，树羊头蛇尾人像，氏族名又称“能（乃）苏”。

据彝文古籍《阴阳太极论》《青赤气运动》记载，尼能两氏族崇尚乾坤青赤理论，青气成高天称“妥”，赤气为大地称“体”。尼能氏族中，青衣尼氏族，祭祀三代祖，衣服以鸟饰，孝者着鸟衣；赤衣能氏族，衣服以虎饰，孝者穿虎衣。两氏族分封天下，建庙宇，塑偶像。尼氏族偶像多，看去像龙样；能氏族鸟样多，天柱如象牙。尼能氏族能文能武。能工巧匠打长矛，制作鸣琴；教化师通天文历法，教化全民。辖地分为八教化区，各自治理。建宅先树柱，树柱托屋盖，如飞鹰展翅，耸于高空中，取乾坤天地象。庙宇偶像有特殊标志。尼能八师主讲天运，论天规，不谈国事。尼氏族奉祀鸟，能氏族奉祀虎。尼氏族用猪牲，以画作表示；能氏族用鸡牲，以画作表示。尼氏族兴盛之时，已经能冶炼金属。

《尼能氏族根源》中记载的尼能氏族君长世系是：律偶也——偶也巴——巴能氏——氏阿诺——诺阿能——能阿也——也毕直——能尼阿楚——阿楚额作——额作主姆——主姆阿洛——阿洛直育——直育阿恒——阿恒毕巧——毕巧德果——德果阿势——阿势尼克——尼克索哪——索哪阿纪——阿纪濮都。阿纪濮都分封了“十子国”，在“司阿启堵”地，建立“君族国”；在“索叟侯”地，建立“臣族国”；在“实则妥育鲁”地，建立“师族国”；在“余纪麻阿博”地，建立“匠艺国”；在“乌阿糯热”地，建立“娄足朵国”；在“俄补舍阿拉”地，建立“大谷斗国”。还有首、中、尾三邑国，即“勾益始阿那”首邑国、“铺阿糯热”中邑国、“益纳费阿洪”尾邑国。

三、苟葛和鲁朵君长国

乾阳运年时代的勾葛氏族专门从事手工业生产，特别是生产兵器和礼器。绘制八卦规图的的艺人，叫苟阿娄、葛阿德，他们是彝族历史上的工艺人鼻祖，又被称为“文祖”。

苟阿娄、葛阿德通过战争建立政权，他们制造弓箭、盔甲、戈矛和战鼓，城池建得很华丽。“阿娄勃”绘星辰图，“勃勃苏娜”画青山绿水，“苏娜腊戛术”算日月运动，日规称“白（赤）道”，月律称“黄道”。“腊戛菊努”磨制金珠玉石，“菊努戛武”建庙塑像，阿武乌时代塑像十二尊，天下人祭奠。苟阿娄幼子到了南方，南方的艺人很多，幼子见当地工匠挖捡矿石，知道这些矿石是拿去冶炼黄铜，冶炼出来的铜水冷了后，就成了纯铜，可用来打造标枪矛箭。

苟葛君长国的君长世系是：舒阿够一世、够阿古二世、古阿尼三世、尼阿待四世……治所“阿益吐辞”。

乾阳运年时代的鲁朵氏族奉震巽卦象行教化，因奉震神而称为鲁氏族，奉巽神又称朵氏族，合起来称鲁朵氏族。鲁朵氏族因与实索氏族和尼能氏族关系不同而分为两大部，其中与尼能氏族关系密切的部分又分为阿吕氏族和阿能氏族。

阿吕氏族的首领世系是：祖楚阿侯一、阿侯阿糯二、阿糯哺殷三、哺殷洪闻四、洪闻阿补五、阿补阿洪六、阿洪阿吕七。阿洪阿吕时代繁衍分为二十子氏族，之后一个氏族迁远方，越过“洱海”地，又经过“国边线”，再越“火焰山”，去到“西域国”；一个氏族到“武地”，越过“大海”，又过“高峰”，打开“火焰山”，建立地方国，用日月历教化民众；一个氏族到“水国”，天中有阳光，地上有明月；一个氏族到“额默”，经过“火焰地”，又过“载侯湖”，建立地方国，行用日月历，教化地方民；一个氏族去“武地”，越过“深锈海”，择“火焰”左边，建立地方国，行用日月历。君长的世系是：祖楚阿武一、阿武阿瞿二、阿瞿阿租三、阿租阿娄四。“阿租阿娄”时代，建治于“纪堵”，阿娄的天下，分为五侯国，其中一侯治“额默”，其侯如神煞，头饰九十角。

阿能氏族首领世系是：署阿欧一世、欧阿纵二世、纵奋三世、奋阿曲四世、曲阿能五世。彝文古籍《人皇道运历形象论》记载，曲阿能时代，阿能氏族属于“纪堵毕赛，主糯氏族十二氏族。阿能十二子氏族，分布十二方十二氏族，自治自管理”。

与实索氏族关系密切的鲁朵氏族，以青气运历为序，具体是：尼偶姆——偶姆纪——纪塔鲁——鲁额溢——溢扯毕。以巽卦运历列序，具体是：朵毕娄——毕娄舒——舒德偶——德偶格——德阿欧——欧额补。据彝文古籍《蜘蛛牵金丝》记载，欧额补时代，举行祭祀，树姓氏旗号，造祖先灵筒，灵筒有银筒、金筒。从此，祖筒成为彝族的氏族标志，各氏族世守祖灵筒。崇奉震卦的氏族造的是银筒，崇奉巽卦的氏族造的是金筒。

按八卦方位，鲁氏族在今川西一带，称为“吐苏”，后发展成为白彝。据彝文古籍《鲁朵氏族史》载，按九宫八卦理论，鲁为九宫，以九山为家，九湖为族。九大山上，建九祖灵筒，派奴来背，守护之奴常住在周围护卫。建立九祖筒作鲁氏族的祖筒。鲁氏族君长的承袭自乾卦开始数起，即一世以卧恒、二世恒阿遮、三世遮举克、四世举克史丽、五世史丽费、六世费俄注、七世注伊以。

朵氏族人多地广，遍布今川东、川南、黔北、黔西广大地区。以黔西为中心建立政权，称为“哪苏”，后发展成为黑彝。朵氏族与鲁氏族一样，按九宫八卦理论，八山为家，八额为族，八大山上建八祖筒，派八奴背去安放守护之奴常住周围护卫。建八祖筒作朵氏族祖筒，供朵氏族臣民祭拜。朵氏族君长承袭自坤卦开始数起，即一世补卧特、二世特卧布、三世布丽娄、四世丽娄珠、五世珠阿智、六世智阿朵、七世朵恒那。

四、史第、师赛和弥觉君长国

在乾阳运年时期的彝族部落君长国中，除了上述实索、尼能等几个比较大的以外，还有一些比较有影响的部落君长国，如史第、师赛、弥觉等。

首先是史第君长国。史第氏族奉祀八卦中的坎离卦，其中史氏族树狗头猴身人像，称为“吐苏”（白彝），第氏族称“哪苏”（黑彝）。

史氏族承袭尼氏系，具体是：尼卧苦——苦叟直——直阿塔——塔偶偶——越越举——举阿史。史氏族建立政权，史偶吐称君，史勒那称臣，史笃邹称师。臣氏系为：特卧哲——哲逢逢——逢逢武——赛武默采——默逢第——第默哪。后来，第默哪为君，第阿武为臣，第各各为师。史氏族遍布天下四方。彝文古籍《史第氏族史》记载说：“中央‘诺濮’以阿大禄曲为中心。”

第氏族奉祀离卦。离卦的赤气运历是：一氏特卧哲——二世哲颇颇——三世颇颇格——四世格默采——五世默采第——六世第默哪。

其次是师赛君长国。据彝文古籍《师赛氏族》记载，师赛氏族的世系是：恒卧尼——尼葛余——葛余果——果阿杜——阿杜宙哈——宙哈赛。宙哈赛之后形成政权，赛阿武为君，赛勃娄为臣，赛阿仁为师。

赛氏族地域广大，南达“皮能博”，北到“鲁迭赫也”，东域“飞雁也”，西域“褒遮洪索也”，中央为“褒阿古克也”。

最后是弥觉君长国。弥觉氏族中的弥氏族在今四川省境内的长江西段，称为“吐苏”（白彝）；觉氏族在今四川省境内的长江东段，称为“哪苏”（黑彝）。彝文古籍《弥觉氏族史》中记载的弥氏族世系是：恒卧区一、区阿度二、度阿鲁三、鲁阿古四、古洼额五、洼额弥六。传到弥偶尼时建立了政权，弥偶尼为君，弥司司为臣，弥巧郁为师，在落皮青湖、列古大湖一带建国创基业。

彝文古籍《觉运历》中记载的觉氏族世系是：觉娄斗一运、斗彼卓二运、彼卓笔三运、卓笔赫四运、赫安蒙五运、蒙蒙弭举六运、弭举觉帕七运。

第三节　彝族精气八卦及天文历法

同中原地区一样，在远古时期，西南地区的彝族先民就通过生产生活实践观天象、察地情，并在实践引发的感悟中，掌握了对天地万物运动变化的规律，进而创造出了天文、地理、人文合三为一的精气八卦理论。这一闪耀着人类历史文明光辉的精气八卦理论，渗透到了古代彝族先民的政治、经济和社会文化活动之中。

彝族的精气八卦天文历法，是以堂琅山为中心来测度推算出来的，古人耄史把它编写成易于上口背诵的彝文书《突鲁历咪》（汉语意为“宇宙太极道理”），全书共二十二节，通俗易懂易记，在彝族人民中世代沿袭传承。

一、精气结合衍生万物

彝族先民认为，宇宙的本源是由青气和赤气构成的精气。轻清之气上升为天，重浊之气下降为地。宇宙万物是在精气的不断变化结合中产生的。彝文典籍《突鲁历咪》说：“苍天清气腾腾升，赤地浊气沉沉降；天地二气相结合，腾腾升沉沉降。宇宙存在着一股气和一股风，两者结合形成青雾和赤霭。精气上升永不息，上升的清气演化为乾象，下降的赤霭演化为坤象，乾与坤的形象卦符就随之产生了。有了乾坤之后，接着又产生坎离二卦。坎离二卦的方位确定后，乾坤天地间，日升月往，空间处处明朗，大地出现了四方，叫做南北和东西。”这就是精气八卦天文历法的第一步作图理论。精气也称气象。《突鲁历咪》论述说：“气象的阴阳属性以色素来辨别，清气构成青天，浊气构成赤地。青蓝与赤红是天地的形象，阳光普照万物显绿色，月光通明万物呈赤色，青阳赤阴之象即称乾坤坎离二卦代表日月。万物从乾坤天地与日月阴阳的结合中繁衍发展。独阴不生，独阳不长，人类的繁衍与天地阴阳同然。当初青气腾腾升，赤气沉沉降的时候，乾坤还没有定位。清气为青，浊气为赤。青赤气结合，结合起变化，产生了乾坤青赤的方位和形象，产生了乾坤象卦的配合和乾坤运行局的路线，这就是经天营地。青赤气配合即产生了中气。苍天的形象是由青气所构成，黑地的形象是由赤气所形成。苍天黑地形成后，明月称为赤气息，玉日称为艳天花。乾天划九宫，日月光普照，坤地繁衍人，会动有命即有生，千丝万缕即有根，亿兆神气即有源。天地间的万物变化，生生不息，根源出自青赤气。把形象写下来，留之传后世。”

二、四象五行、八卦方位及气象时制

南为天方，北为地方；日出为东方，月没为西方，东西南北方位的结合部中心点为中央。中央是阴阳精气结合孕生八卦易象而作为确定四时八节的地方。《突鲁历咪》说：“日为阳之精，月为阴之魂；乾为天象行运于左，坤为地象行运于右。乾天青气的运程以日运作量度，坤地赤气的运程以月运来衡量。日运称白道，月运称黄道；日为阳刚性，月为阴柔性，刚柔结合运生震巽、艮兑卦，拟布于东南、西北、东北和西南，谓之补天弥地。先出现苍天才有了乾坤，先有精气才有玉月和荣日，日光照苍天才显有蓝天，有了天地定南北和东西方位才有中央。”

青天在上，赤地在下，上下生中部，中央生黄道，运道喻称金水流，精气结合在中央。阳气未升阴气未降时，腾腾上升为清气，沉沉下降为浊气；清浊气依风而动，结合生化后，即产生了黄、白道。神风习习吹，精气蓬勃发展；青赤气交替，清浊气相旋；青气行遥远，清气盈乾空，形成为苍天；赤气形成体，浊气沉七层，形成了大地，乾坤随之而产生。东与南之间，天一方不满；西与北之间，地一角不合，以艮兑卦弥补。天南之象为刚，地北之象为柔，刚柔结合是为六祖福缘富贵的象征。

城市和村庄的产生，先论乾阳和坤阴运局。乾运象征高天，坤运象征大地，两者相结合，产生象卦的易变。乾天为象，坤地为卦，象卦各有七十层。乾象七十层，层层都称象；坤卦七十层，层层都称卦。有了象卦后，乾象称为男，男的绾发髻，发髻象征着白道；坤卦称为女，女的垂发辫，发辫象征着黄道。男女以金银作首饰，金银代表着乾坤。银白道生历，金黄道有史，历史运生了实勺氏族。秋时生雾霭，春时起和风，夏时生雨露，冬时生霜雪；雾霭沉沉，风雷轰轰，雨露淋淋。白黄道形成了，精气运行盈满了乾坤。精气结合是人类产生福禄的根源。人类的国家政权称社稷，“社”来源于青运历的纵向，“稷”来源于赤气运动的横向。有了社稷才产生了福禄和威荣，有了社稷才兴起了布毫教化，一切都以社稷为基础。历史犹如流水而有起伏，社要和睦，稷要圣德；按乾理分社，依坤仪划稷。封疆命爵产生政权，有了政权，福禄才会显出光辉。如此治理天下者，圣德来自于宇宙的刚柔原理，一切都要与自然吻合。

三、日月规线定局和阴阳象卦配合运生星辰

圆周360度中，南为天，北为地，左为东，右为西。日出东，光照南天谓白昼太阳；月没西，明亮于北地谓黑夜太阴。《突鲁历咪》论述说：“有了宇宙生化的定局，把白道比为蓝天中的鹰，喻黄道为大地上的花虎。雾罩则细雨绵绵，雷雨则洪水滔滔，风吹雾散宇宙才显出高下，这样白道才会灿烂，黄道也有明朗。如此定局后，乾天生荣日，坤地有耀月；荣日展翅飞，耀月如虎行。如此拟喻后，凤为日禽星，虎为月替身。禽星是威荣的象征，有了威荣犹如雁立显身高照。宇宙日高，太阴月亮随身转，日晴夜降，苍天金灿灿。日月好似宇宙的耳目，苍天圆而大，黑夜相应宽。两者之间，建起银白金黄的路和桥。天上的明星轮回运行，日月也不断轮转，天下实勺氏族像众星。五行占据中央称诺濮。天地南北，日转一周，月明同道，如此作定局。”

阴阳象卦，即象卦的阴阳属性，阴阳八卦合历360天。八卦又演十二月象卦历，每卦的代表数为10800年，十二月阴阳卦合历129600年。无论南北运局和东西运局，均分乾阳和坤阴历数。阴阳运历各为64800年。年称父，月称母，阴阳日数拟称子女数。年、月、日、时数概称星辰数。《突鲁历咪》说：“清浊精气相结合，乾坤运数有起点。乾有衍数，阴阳之数就像蓝天白云一样清明，宇宙的理论也很明朗。结合又生化，以乾坤分阴阳运转，乾阳往上，坤阴朝下，经天织地喻作鸟振翅。坎离二卦运转形如一朵花，以青赤为根蒂。乾局拟人生十耳，排列得整齐；坤局拟人有百眼，放光而明亮。乾坤结合有发展，乾阳为威，坤阴为荣，按天南、地北和中央为划社，划社按天局，乾理应人间。推坎卦运动，离卦运数也随之而发展。按青赤气运生阴阳男女，男女相配合，乾阳者拟称为父，坤阴者拟称为母；坎为子，离为女，置居宇宙四方，各司一方地，即谓四象。乾南坤北，坎东离西。天南到地北，历运星辰六万四千八百颗，同样拟称子女数。”

关于五行方位的布局，《突鲁历咪》是这样记述的：“精气运局圆满了，青赤气如湖水漫溢。日升月往有规律，但是五行还没有产生，划社没有高威的标志，封稷也没有大荣的形象，会动的没有方向去，有了生命无其居所。如此混沌时期，以苍天和黑夜定上下而显左右，乾坤定南北显坎东离西。精气结合起变化，金木水火土随之而出现，拟布于中央，各有生原和处所。五行中的木拟为东方主，司东域权令；五行中的金拟作西方主，司

西域权令；五行中的火拟为南方主，司南域权令；五行中的水拟作北方主，司北域权令；五行中的土拟作中央主，司宇宙权令。乾父在南，坤母在北，坎子在东，离女在西，天象地仪居中央，是为太极两仪。乾局运动犹如水车转，运数如似江河有源又有聚。会动有生命，有向有居所，历史有清白，如此的成效，是靠五行的功能。”

四、四象八卦称谓和天干属相的五行属性

四象演生八卦，即四象八卦方位图的拟画说明。《突鲁历咪》中说：“清浊气升降运动，最后生成了宇宙。宇宙间日升月往，社稷犹如苍天明朗，产生了乾南社和坤北稷而有了四象，四象又运生八卦。四象八卦的布局，犹如卷起锦帛分先后。天地合一体，日月照高空，宇宙生四象。乾坤天地以精气漫盈，以日月分阴阳。阴阳相结合，先生四象，四象生八卦。乾坤拟称为父母，主宰暑寒。震巽坎离艮兑六子女卦主宰衣食和福禄。乾象称父，主宇宙之南；坤象称母，主宇宙之北；坎象称男，主宇宙东方；离象称女，主宇宙西方。东与北之间是宇宙之一角，以震男为主；西与南之间，是宇宙的一角，以巽女为主；东与南之间，是宇宙的一角，以艮男为主；西与北之间，是宇宙的一角，以兑女为主。”

布卦是有规律的，按顺时针方向，乾一气交坤生震卦，乾二气交坤生坎卦，乾三气交坤生艮卦；坤一气交乾生巽卦，坤二气交乾生离卦，坤三气交乾生兑卦。

乾阳象居南，坤阴象居北；坎阳精居东，离阴精居西。圆周 360 度，每象主 90 度。乾卦居南，坤卦居北，坎卦居东，离卦居西；震卦居东北，巽卦居西南，艮卦居东南，兑卦居西北。左东为阳男，右西为阴女，以乾坤为父母。年周 360 天，每卦主 45 天，以之而定就四时八节时度。

乾坤天地拟定后，以天局为大，四象以之生，一象主一地，一社之氏族就有了向往。五行有生机，四象有易变。坤象拟变水，主北方大海水；乾象变为火，主南方高天火；坎象变为木，主东方大森林；离象变为金，主西方的金库。中央黄白道，以金银为象称，震象变为山，巽象变为泽，艮象变为金，兑象变为木。四象生八卦，寻五行属性，是这样拟布的。以坤地为局，运生了万物，社稷江山也随之而产生。有关四象男女，谁大谁小是这样排名的：乾象称父，坤象称母；坎象称次男，离象称次女；震象为长男，巽象为长女；艮象为少男，兑象为少女。

人文八卦乾父坤母，乾道运生男象卦，乾上气交坤生长男卦，乾中气交坤生中男卦，乾下气交坤生少男卦。

坤道运生女象卦，坤上气交乾生长女卦，坤中气交乾生中女卦，坤下气交乾生少女卦。

彝族八卦将天局作十二等分，认为精气有万兆，青赤气漫溢乾坤，运生了万物，进而产生了鼠、牛、虎、兔、龙、蛇、马、羊、猴、鸡、狗、猪十二属相，居守天局十二方，

主乾坤大事，管万物之灵气。一相一方位，也是一种象，每象都有其地方。兔、马、鸡、鼠是宇宙四方之象，四方四象为主。狗、龙、牛、羊之象，五行与之生，是为乾坤之柱。猴、虎、蛇、猪之象，是乾坤福禄之主，五行与之和。这十二属相的五行属性分别为：鼠属水，牛属土，虎、兔属木，龙属土，蛇、马属火，羊属土，猴、鸡属金，狗属土，猪属水。五行是乾坤之脉，五行生变化，是为乾坤之易理。关于乾坤天地数的顺流，也按刚柔来区分，即天一地二，天三地四，天五地六，天七地八，天九地十。这些刚柔的代表数，就像日下的浮云，动静难见到。

关于天干的布局，彝文古籍《以补舍额》是这样叙述的：

甲与乙，丙与丁，戊与己，庚与辛，壬与癸，都生在五行的底下，叫天干与五行。甲干六十轮，分别主管天地的四方和中央。天地的东方，六甲六乙来主管；天地的西方，六庚六辛来主管；天地的北方，六壬六癸来主管；天地的南方，六丙六丁来主管。

地支（属相）的五行属性按方位来划分，从震卦到艮卦属东方木，谓春时 90 天，故其位之甲乙天干和虎、兔、龙属相，属五行之木。夏时 90 天，丙丁与蛇、马、羊属五行之火。秋时 90 天，庚辛与猴、鸡、狗属五行之金。冬时 90 天，壬癸与猪、鼠、牛属五行之水。每时按前、中、后称孟、仲、季。然而，中央的戊己土无天干属相相配，则按五行均分年 360 天的原则，即从龙、羊、狗、牛四季月份中调剂 18 天的活动时令数，总共 72 天，属中央戊己土，牛、羊、龙、狗均属土，因而被称作土管四季月。每干 36 天，即称天干数。地运局的金木水火土各为 72 天，故谓之 72 地煞数，是为年 72 个火候之数，每候为 5 天，即为五行轮数。

五、天地阴阳象数和五生十成河图术数布局

在从一到九的基础数中，奇数属阳称天数，以白圆点作象征。偶数属阴称地数，用黑圆点作标志。按五行八卦方位布置阴阳奇偶数，即称“天地阴阳象数布局”，也称“九宫”数。彝文古籍《突鲁历咪》说：“五生十成，也属天地的精气，五生十成是天地的要领，拟布要适当，有了五生必有十成。两者的关系，按天地数相加，以代表天地之精气。五行相随合，向左或向右变化，刚柔又明朗。五生与十成，取天象布局，圆布四周，中为地象，按四角（方）分布。十生五成，取大地四方，象数布四角。中为天象，乾坤数相加，代表精气的和数。乾坤二象数，是五行的术数，是万物之数源，衍数的原理。清气运乾局，苍天万国有衍数；浊气运坤局，大地万物有衍数。乾阳象数变，概称五生十成数，其间一、三、五、七、九，是为乾阳运数称天数。坤阴运局也起数，二、四、六、八、十，是为坤阴运数称地数。地数十生五成拟成之后，五生有十成。天一和天九数相加，成数为十，主东西两方；地四地六数相加，和数为十，是东北和西南的成数，主东北和西南；地二地八相加，和数为十，是西北和东南的成数，主西北和东南；天五居中央，以中

而圆布天地象数。乾数九，坤数一，坎数三，离数七，五居中央是为天圆布局；震数六，巽数四，艮数二，兑数八。虚十在中央，是为方地布局。天圆地方术数合而构成九宫八卦人体术数布局。”

把一到九的基础数按北南东西中为序布置，一在北，二在南，三在东，四在西，五置中宫，六又起九，七在南，八在东，九在西，虚十为中宫五之成数，故谓五生十成图。数之源于九方水位，《易经》称之为河图。《突鲁历咪》说：“精气之数九兆万，都按乾坤阴阳数辨明，这也是一门知识根源。坎离运动生衍数，根蒂系之于乾坤。五生十成，乾气盈坤气聚，蓬蓬腾腾地发展，大地象数生。金木水火土，各居宇宙一方，是为各方位的主宰。天一而生水，水从四处涨；地六而溶水，水聚而漫溢；地二以生火，火焰显光明；天七而掌火，火花如星闪亮；天三而生木，绿树生九山；地八而长木，枝繁能成荫；地四而生金，金银藏于地九层。天九司白银，金银盈满了中央。五行生五岳，源头系于乾局；地十居中，中央以应四方。有了五生十成，五行与之而相生，以人体响应，会动有生命。天一地六为水，地二天七为火，天三地八为木，地四天九为金，天五地十为土，各自主一象。这五生十成，是天地术数。五十五数中。乾阳数二十五，是苍天之象数；坤阴数三十，是黑夜之象数，拟布之象是演算而成。五行水位气气终，终而象数变，江河流不尽，总是后浪推前浪，术数演算也无终止。”

乾南坤北，坎东离西；震居东北，巽居西南；艮居东南，兑居西北。一六在北，二七在南，四九在西，五十在中央，是为天地数应八卦九宫布局。

按方位，五行属性与五生十成河图数相配。壬、癸为北方水，配生数一，成数六；丙、丁为南方火，配生数二，成数七；甲、乙为东方水，配生数三，成数八；庚、辛为西方金，配生数四，成数九；戊己为中央土，配生数五，成数十。

六、十生五成图及天地精气运行路线

把一到九的基础数按人体布置成骨络术数，九在头，一在尾，二四在手，六八在足，五置腹部，《易经》谓之洛书。彝文古籍《突鲁历咪》说：“万物始生于青赤气的结合，十生五成图最美观。精气运成体，以乾坤术数作布局。水聚以中央为湖心，苍天大地间，产生有九宫，成体而为一。”“以乾坤精气运动作推理，天地相旋转，日月有运动，众星有规律。人体未拟成，此十生五成有生化，一个主宇宙一方，乾坤权令同，以天地中的精气术数为主变。天一天九数相和，居宇宙南北，置为两方之象数；十成数生成，立之为老阳。天三天七数相和，居于宇宙东西，置为两方之象数，十成数有生，树之为青阳。地二地八数相益，居宇宙震巽角，置为两方之象数，十成数有生，刚柔结合生福禄。天九置于头，天一置于尾，天五置中央。五行布人体，宇体的八方，都与中央之五数相照。天一见五和为六，地二见五和为七，天三见五和成八，地四见五和成九，十生五成象数。天数和共有二十五，地数有二十；青赤数和共是四十五，精气生成人体象分老阳和老阴，还有少阳和少阴，乾坤天地有分明，福禄可辨清。如此成局后，时至而今，其象之所照，按地域论象数，讲天地之术数，必须布局明白。天一地六水，天七地二火，天九地四金，天三地八木，五与十在中属土。”

关于天地精气运行路线，《突鲁历咪》解释说：“这乾坤精气，乾坤坎离运局还未拟定时，先拟清气和浊气的配合运动，两者相结合，青气和赤气先成就，随即产生了宇宙四象，出现了冬春夏秋，四象八卦演变而产生了月份和四时象。万物春生而夏长。秋收而冬藏。如此的现象，原理在于精气的结合。春生即春令，夏长为夏令，秋收为秋令，冬藏即冬令。四时之象，乾坤精气相结合运转。青气线路有四条，赤气线路有四条，按规线运行，共有九条路线，青气运行，赤气响应；赤气运动，青气相交；白天气上升，黑夜气下沉，清浊气分明。两者相结合，拟布日月星云，人体象即生成。福禄临中央，如此拟成局。青赤线路相交错，相错又相合；青赤气有升降，结合在宇宙间。”

七、天干属相与八卦演生二十四象

把天干地支配合八卦布置成二十四个方位图，谓之八卦演生二十四象图。《突鲁历咪》对此论述道：“说的二十四象，由八卦作演变。自八卦中的乾父先演变，变成了天马象，其左边变有了丙象，右边变有了丁象。坤母演变成了鼠象，左边变有了壬象，右边变有了癸象。坎次男演变成了兔象，左边变成了甲象，右边变成了乙象。离次女演变成了鸡象，左边变有了庚象，右边变有了辛象。震长男者，其左边有了牛象，其右边有了虎象。巽长女者，其左边变有了羊象，右边变有了猴象。艮少男者，左边变有了龙象，右边变有了蛇象。兑少女者，左边变有了狗象，右边变有了猪象。乾坤天地间，太空一片明朗，天干属相有分布。精气盈中央，天干配属相，各自有方位。八卦演二十四象，壬鼠与癸牛，震虎与甲兔，乙龙于艮蛇，丙马与丁羊，巽猴与庚鸡，辛狗与兑猪，逐一说明白。这二十四相，主乾天十二方，管坤地十二门。”

八、乾坤男女阴阳生克和人体同于天体

在论述乾坤男女阴阳生克的问题时，《突鲁历咪》说：“乾壬而坤癸，取苍天为象，日升月往，众星闪闪亮。乾坤数起运，乾数运大局，坤数从壬升天而清明，乾历永恒。地数终于癸，降地而青翠，坤历远久。结合又变化，乾坤象定位。乾阳数为男，男儿数清明，生男永恒。坤阴数为女，女象浑浊，生女久长。象卦有布局，男象数九千，象雾永恒。女象数八万，如雾久远。江河有归凝聚，六祖氏族多，以六卦为论，有福禄威荣，衍有千万亿兆也有个归宗。数之多能堆高，以五行为轴转，阴阳相生，才会有和睦。结合又

生化，有象即有体，有体也会失，以五行推刑克，刑克即有没，以乾坤辨明，论阴阳男女。金克木，木克土，水克火，火克金。金生水，水生木，木生火，火生土，土生金。”

把天象盘图的五行八卦拟布在人体的相关部位，谓之“人体同于天体布局”。天有三百六十度，人体也有三百六十骨节；天象星辰八万四千颗，人的发毛也有八万四千根。《突鲁历咪》说：“拟布人体也是乾之理，精气似湖水漫溢；五行主人体，也有其方位。五行生化于中央，与人体相同。五行中的水，拟作人的血。五行中的金，拟作人的骨架。五行中的火，拟作人的心。五行中的木，拟作人的筋脉。五行中的土，拟作人的肉。会动有生命，如同乾天理。乾天的太阳，拟作人的眼。乾天中的风，拟作人的气。乾天中雷鸣，拟作人言语。乾天之晴朗，拟作人喜悦。乾天中雾罩，拟作人心怒。乾天中的云，拟作人的衣。乾天中星辰，八万四千颗，人的发毛也有八万四千根。苍天的圆周，三百六十度，人体也有三百六十骨节。如此看来，人体同于乾天体，人文同于天理，见人知天体，知天如见人。一体囊天界。五行司五令，五令生灵魂，清气主心灵，浊气管生命，土管中央。北方的海水，见土不流。南方的心火，见了土就过。眼见触动心，生鼻则通气；有水生知识，有火生文化；血通则生气，有气才有精。人体的布局，按乾九宫、坤八卦相论，不通则无生。苍天黑地相量度，论乾坤九宫精气。左眼目拟作金太阳，行运从东方木。右眼目拟作银月亮，起运自东方木。眼目代表乾坤阴阳。心气眼为主，所见心所知。脾气耳为主，所闻应于脾。肾为雾气象，味道肾来辨。肝以口为主所语由肝来开明。眼目失了，是浊气所染。口言不清，是生气有刑克。心思无虑，是不知乾坤礼仪。人体同于天体，是这样拟布的。而今，人体中卦象无处不存，事事相关联，心虑人类的欢乐，观察万物成长，高瞻远瞩。人体之象拟成了还要使它具有生命力，能有记忆。识此人体象（图），可通达万事。”

九、人之生理与天象相同

以五行八卦、一年十二个月的二十四象结合人的生理，开创阴阳疗疾理论，即为“人的生理同于天象”理论。这一理论的主要观点，就是五行论心、肝、脾、肺、肾，八卦论头、躯、舌、皮、肢、口、耳、目，十二月论大肠，二十四象论小肠，天象气色论喜怒哀乐，水气论血液生命，时制论寿诞。

彝文古籍《突鲁历咪》说：“精气是人生的本原。人体内的青赤二气运动于人体的各个部位，以应向卦理论全然知晓。四象生八卦，每卦都形象，应验于人体。乾阳四象验于人头，坤阴四象应于人躯。八卦中的坎应人的舌，八卦中的离应人的皮，八卦中的震应人的肩，八卦中的巽应人的口，八卦中的艮以应人的目，八卦中的兑应人的耳。还有五脏六腑也按四象八卦作布局。乾阳四象应于大肠，苍天十二层理论，大肠以应十二节。坤阴四象应于小肠，乾坤四象八卦二十四象，小肠以应二十四曲。坎卦应于心，离象应于肾，震象应于胃，巽象应于肺，艮象应于胆，兑象应于肝，如此去布局。四象八卦有布局，要有五行相与生。乾天中的五行。即南北东西中以应日月星云。坤地中的五行是金木水火土，人体中五行是肺肝心脾肾。苍天黑地间，凡有命会动的，难以记数，风与流水同，久长久远。五行的原理，还不止这些。乾坤天地降福禄，人类才有生。人的脑髓变水气，与肾相应。七窍者，大肠小肠与之通，会与脐下。青气通道有三条，第一条通心肺，第二条通肾脏，第三条通肺气至肛门。赤气通道有三条，末尾这条通过生殖器至头顶和尾门。中间这条通过胛椎至脑髓，上头这条从肝门通过腹部至头顶。青赤气通道六条不停地流通，屎尿朝上倒，是怪火气重。水火不容是相克。若是金不克木，五行相生的话，气息之位在脐下，一定有动力。不通即无生，就得观脸色。人体的有生，是靠气息的运动通达。精气线路有六条：肺、肝、心、脾、肾是人生的命根。"

"乾局四正卦即乾坤坎离，四将卦即震巽艮兑。八象配合称大局以应人的头；乾象为头，坤象为躯；坎为舌，离为皮，震为肢，巽为口，艮为目，兑为耳。"

"坤局四阳卦即乾坎震艮，四阴卦即坤离巽兑。八卦配合称地局以应人的腹；乾局应大肠，坤局应小肠；坎为心，离为肾，震为胃，巽为肺，艮为胆，兑为肝。"

天运中的五行星拟布东西南北中，是为木金水火土，地运中的五行相应称青白红黑黄，人文中的五行以应肝肺心肾脾。天地与人如此配局，而以青赤气象与五行作为推理其间生克关系。

十、日月出没方位及日食和月食

关于日月出没方位之理，彝文古籍《突鲁历咪》这样说："地气上升天气下降运生禄，人生也要靠日月阴阳才有孕生。乾象还没有产生之前，太阳已经有了；坤象还没有出现，月亮已经有了。它们的形象以象卦为代表。日月阴阳相结合，万物才会有生长。根据自然的生态原理，最先还是日月阴阳生万物。太阳是青色的象征，月亮是赤色的代表。有了青赤的概念，才定就乾坤。乾坤相结合，造就了万事万物，凡会动有生命的，都是日月刚柔结合的结果。青赤气相交，青气通道有四条，赤气路线有四根，中央是精气的生路，共有九条路。自东到西是日月的规线，共有二十四方，一月一周转，一转即一周，一周即月期（晦明望）。一年十二月，太阳按六条青赤线运行。正月和九月，日出乙地没于庚方。二月和八月，日月均出兔（卯），地没于鸡（酉）方，日月相伴，运道同线，四象分明。二月青气漫，八月青气赤气溢。三月和七月，日出甲地没于辛方，月出兔地没于狗（戌）方。四月和六月，日出虎（寅）地没于狗方，月出甲地没于猴（申）方。五月和十一月，日出震地没于兑方，月出乙地没于庚方。十月和十二月，日出龙（辰）地没于猴方，月出甲地没于辛方。代表青气之精的太阳运动谓之为乾男，取月明日数计量。代表赤气之精的月亮运动谓之坤女，以晦明象作计量。明晦运率各为十五日。日升月往，轮回无已。青赤精气所照清新，所至降福禄，理论是这样。坤地按月运，初二初三间，日月并行，相错不过一发丝。初七到初八，太阳转角度，月夜照半边，半暗半明。十五和十六，日照乾天，月明坤地，形象明显。乾阳坤阴气结合，坤阴气上涨，银月明朗朗，清浊气分明，阴阳气运生万物。十八到十九，日又转角度，月也转角度，二十二到二十三时，日转角度，月之有象。精气的结合，月亮明一半，半阳半阴。月运结交在三十，日月相并行；日运青气，月动赤气，以月率观象。坤运局的中央，代表青赤气的星辰上亿数。会动有生命，福禄显光辉，是精气的结合。写其原理留后世，造就后世人的精明。太阳是青气之精为男，放光万物才有长；月亮是赤气之精为女，有明万物才有生。乾坤精气生万物。”

关于日食和月食，彝文古籍《突鲁历咪》是这样论述的：“清浊气结合，始有乾坤易象，两者相结合，产生了乾坤天地人象。日代乾气运，是为阳之精。日出阳数升，运生了星辰。星明日回避，日光照众星，两者相合是为乾天象。月亮代坤气运，是为阴之魄。月照坤地明，繁星靠月生。星明月回避，月明星放光；两者相结合，是为坤地象。日食非天虎所为，是星光发红。乾天星有八千颗，红眼星排名第一，掌太阳和命运，主管苍天。月食也不是天狗所为，是与豹子星并行。坤阴星有九千颗，以豹子星为王，主管坤阴局的命运和黑夜。运道明确后，乾局管苍天气象，太阳永恒运动，一天行一度，一年转一周。日逢初一时，逢上了大赤星（地球），背着了太阳，太阳渐迁移，尽量回避它。日食逢克星，道理是这样。星辰的运动，月光最灿烂。天地两方月亮流畅同行，计量三十度（天），一个周期转一圈，十五明月计升数。若遇豹子星，坤阴数迁移，克住太阳星，更换了月气，月亮昏沉沉，月食克星是这样。星辰的运动，月亮和太阳之象，就是这样拟化的。月的生日在十六，日的生日在初一。”

十一、年界、月界及六气月份划分

年月日时制度的确立，即为“定年界月界”。彝文古籍《突鲁历咪》说：“年界月界的事，先有四象，才有星云。没有文化的社会，就像天湖地海，混沌一团。黄太祖阿匹额索讲的，要定下这年界和月界。若没有这年界，人就没有高尊；若没有这月界，人就没有文化，也就没有精气的道理来传播。人类有个头顶，天君策举主差使古稀老人，站在堂琅山顶上，按乾阳坤阴运局，讲述了一番年月的理论，确定了一年为十二月，四时节令以冬春秋夏周而复始。鼠相十一月，牛相十二月，虎相一月，兔相二月，龙相三月，蛇相四月，马相五月，羊相六月，猴相七月，鸡相八月，狗相九月，猪相十月。春天三个月以东象为主，以五行中的木掌春时令。夏天三个月以南象为主，以五行中的火掌夏时令。秋天三个月以西象为主，以五行中的金掌秋时令。冬天三个月以北象为主，以五行中的水掌冬时令。乾阳运局以苍天为象，拟定圆周三百六十度。乾局的一周，也是日月的一周转。一天定为十二时，主乾坤阴阳十二层；一时阴阳各半，一时划八份。昼夜为一天，鸡鸣时圆满。太阳的自转，移位九十度。一月定为三十天，到了五月是阴数生阳体，黄道星轮转一次，即是宇宙的一周，一天十二时。乾阳日数起于鼠年，一年十二月；坤阴岁首月份起于牛月，人文运数起于虎日。一月三十天，划之为六气，推理才会动，会动有生命，五日一火候。定年界和月界，依乾局划分部落。社会的知识文化跨进了文明。按坤局命爵排位掌权，福禄有层次。为了治理天下，按年月定界法，划部落界线。乾坤天地间，精气的运动也是以青赤气运为线索。”

对于六气月份的划分，《突鲁历咪》说：“乾坤天地间，有了阴阳精气，刚柔的结合，宇宙明朗朗。乾坤气象同，年划七十二气象火候。苍天大地间，气象的升降，辨冬时春月、明夏月秋时，以气象流程划度定段。乾坤之六气掌管着月份，以月划气象，形象逐一出现，精气的结合有发展，乾坤气升降结合，运生万物的生命。结合生万物的理论，造就了人类的知识和文化，给人类降临了福禄。植物的生长气象，春长冬枯，这些现象，都是乾坤精气结合的反映。精气的有生，是指清气上升和浊气下降，气退即为藏。气象有流程，一个流程一地令。十一月鼠相月，是为乾一气；十二月牛相月，是为乾二；十一月和十二月，是萌气掌时令。一月虎相月，是为乾三气；二月兔相月，是为乾四气；这两个月份生气主时令。三月龙为主，是为乾五月；四月蛇为主，是为乾六月；这两月长气管时令。五月马为主，是为坤一气；六月羊为主，是为坤二气，这两月沉气主时令。七月猴为主，是为坤三气；八月鸡为主，是为坤四气，这两月收气主时令。九月狗为主，是为坤五月。十月猪为主，是为坤六月，这两月藏气管时令。”

十二、天、地、人三合历法论纲纪

一年十二月有360天，划分为春夏秋冬四季，各占90天。月阳数起始于初一，月阴数开始于十六。正月初一在立春，二月初一在惊蛰，三月初一在清明，四月初一在立夏，五月初一在芒种，六月初一在小暑，七月初一在立秋，八月初一在白露，九月初一在寒露，十月初一在立冬，十一月初一在大雪，十二月初一在小寒。万物的生命寿元全在于时间的推算，即谓之命理，这就是“周天历度道纪”的基本原则。所以，彝文古籍《突鲁历咪》这样论述说：“周天历度道纪图的作成，这是第一段。乾阳气上升，牵成了天盖。乾圆是天命，就这样生成。圆圆宇宙图，分荣日轨道，辨耀月旋线，星宿路线明。日月两规线，往返着旋转。昼夜以之分，年月以之定，寒暑以之辨。春季三月里，气候暖洋洋，万物始苏醒。夏季三月里，日光赤炎炎，万物长绿色。秋季三月里，气候清爽爽，万物有收成。冬季三月里。阳光带水气，万物替新旧。一年十二月，三百六十天。荣日当空转，一天计一度。一月三十日，十五、十六间，月圆明朗朗，三十转朔日。五星管乾宇，星宿光闪耀，众星有行道。乾宇有九星，往返着旋转，一步不能乱。时制的规律，谓开天的道纪，也是八卦太阳周天历的推理格局。”

天象地理合一称为“天地合一道纪”，即天干地支配五行，用来推理四季时令的气象火候的精确历度。东方青木谓春帝管 72 天，南方赤火谓夏帝管 72 天，西方白金谓秋帝管 72 天，北方黑水谓冬帝管 72 天，中央戊己土谓黄帝管 72 天，是三、六、九、十二四季月份的活动时令数。

《突鲁历咪》说：“天地合一道纪的制成，这是第二段。坤阴下降，织成了坤底。坤底形成圆，地道即生成。坤地的纲纪，立五行主管，主大地命脉。甲乙木行青，青帝管东方；虎和兔相助，管七十二天。林木青葱翠，春花一片红。丙丁火行赤，赤帝管南方；蛇与马辅助，管七十二天。木林青幽幽，禾花丛凋谢。庚辛金行白。白帝管西方，猴与鸡辅助，管七十二天。果实成熟落，谷熟得收获。壬癸水行黑，黑帝管北方，管七十二天。平原和坳地，霜降气候冷。高山低山上，雪飞冰冻寒，草木皆枯萎，落叶又归根。中央戊己土行黄，黄帝分封管。龙、狗与牛、羊，分管七十二天，四将相联合。羊方十八天，马和猴分给。四方大帝星，轮回道运转，守坤界四极。山头的高低，悬崖的大小，江河的曲直，湖海的深浅，坳坝的宽窄，宽广的大地，道法于自然，大地道结合。地理文化纲纪格局，是根据八卦天文的道纪进行布局，包罗万象而称为罗盘文化。”

把大地的自然现象和人的生理相结合，谓之“天地人文道纪”。用阴阳象数结合精气、天干地支、五行八卦，推算历度的周期性，以及万物、人生发展的生长衰老死周期与阴阳疗疾。《突鲁历咪》说：“‘天地人文道纪’的拟成，这是第三段。人气呼吸着，脏腑即有生。人体中魂魄，就是气和血，人道以之成。地皇始祖道弭诺，论天父地母；天皇始祖希弭遮，希弭遮在首，天、地皇始祖，乃是他二人。天地道相配人道才有生。美丽的丛林，馨香的鲜果，用作填饥食；清清的泉水，饮用来解渴。知识千万种，文章要有彩。阳光照宇宙，古今都一样；光临大地上，乾谱应人间。人居天地间，上为天，下为地，生存靠地养。乾性刚而贤，坤性柔而美。人生始于肾，肾属水而黑，壬与癸辅助，有水则生木。肝属木而青，有甲乙辅助；木上乃生火，心属火而赤，丙与丁辅助。火灰乃生土，土属脾而黄，戊与己辅助。有土则生金，肺属金而白，庚和辛辅助。金属肺生水，肺是命之华。五行相推理，能知乾天理；顶盖旋又圆，黑白太极旋，黑白太极理，能知坤地情；乾宇宽又大，青赤相生成。宏伟宇宙人，日月目光亮，取道于荣日，取法于耀月。生鼻通气息，毛多养血气，以乾坤生衍，乾坤相同道，取之为人道。肝主春，心主夏，肺主秋，肾主冬，脾主四季月份。五脏四时寻，筋脉通血路。生克论五行，讲寒暑，论饥饱。冬夏衣着乱，春秋不相合；天时不顺应，气候不调和，五行相克病。讲生理知识，脉络要分清，肠胃两相生，肾脾两相长，肺肝相对应。论病期长短，断寒暑疾病，看瘟疫传染，行采药炼丹，依生理研作。盘古人的五行与五脏，这样配成的。”

天地人文道纪图，是以天地的五行与人的心肝脾肺肾配合而布局，以人文主宰天地。心属南方丙丁火，蛇、马、羊属相配合也属火。肝属东方甲乙木，虎、兔、龙属相配合也属木。脾属中央戊己土，四季月属相牛、羊、龙、狗配合也属土。肺属西方庚辛金，猴、鸡、狗属相配合也属金。肾属北方壬癸水，猪、鼠、牛属相配合也属水。如此配合天地人的五脏、天干属相与五行的属性，即谓之天时地利加人和，是为人统天地的人文道纪格局。

第四节　远古时期的彝族先民社会教化

古代彝族先民文明道纪始于公元前45世纪的希弭遮时期。彝文古籍《封疆划域》说："有了乾天的规律，才兴起了君民；有了坤地的运历，才产生了权政；有了权政才有了疆界，有了疆界才有尊卑地位。乾天君称策举王，封疆划地域，依山脉划分。"在此期间，道赤叩、道迫能、特毕余、堵毕得、恒史楚、特乍木六位大教化师先后创立和完善了教化制度，彝族先民的祭祀制度也由此逐步形成；有了集君、臣、师、匠于一体的部落氏族政权，军队也随之产生了。一些部落氏族立起了擎天柱，祭祀天地时各方诸侯聚集，树氏族旗号，决定"分摊赋税以养官兵"，并把领土划分为南、北、中三域。

祭祖，是彝族古代一项最重要的全民教化内容，同时又是一种治理国家的重要形式。彝文古籍《象卦论》记载说，一切都要从"清浊"说起，用象卦来推演。有了升降的清、浊运历，清浊气生成"青气尼，浊气能"，青赤气结合称"舍额"。青气运生"乾"，赤气运生"坤"，统称"象卦"。乾坤结合运生"象征纵横的坎、离二卦象"。坎为阳，离为阴，阴阳乾坤统称"卦象"。日运乾阳象局，月运坤阴卦局。两局结合以星运乾局，云运坤局；雾运乾局，霭运坤局；风运乾局，雨运坤局。天象运历圆满后，"兽类以玉兔在先，禽类以金乌为首，人类以六祖为宗"。

彝族古代使用的太阳周天历（简称太阳历），崇拜太阳鸟（金乌）。金乌临宫室是君长的星宿。"金乌披金衣坐于乾柱顶端，树造乾地高柱是威荣的象征。荣柱建南方是荣日高照的象征。"一些专家学者认为，彝文古籍中记载的"乾柱""金乌"，有助于今人破解四川广汉三星堆、金沙等遗址的不解之谜。

彝文古籍《实索氏族》记载："实氏族九将领，创下历史，统领索氏族，历史传后世。""九国九龙君，由龙君治天下，九条龙撑天。""龙君的势大，龙臣的根深，龙师知识广。四龙镇天界，四龙镇地界，苍天万象新，大地不紊乱。举头观察山，上为乾宫，下为坤宫，中为皇宫；头生角，足长蹄；乾宫坐君，坤宫坐王。"乾君的先世称为"皇太祖"，坤王称为"皇太妣"。君国的隶侯，以"岳山称椅座"，以"治地作座基"。天下岳山，按白黄道定位，以中宫为轴，由长氏族治理。下属的隶侯，教化了之后，以贤能布政。

相关彝族史料记载，南尼北能国和中部实索国等都有自己的军队，但遇到战争，总是全民皆兵，"恒洪鲁山之战"就是这样：布兵如霭雾，尼能国侯君，尼能国侯臣，尼能国侯军师，尼能国侯男女，一切都出动。实索君、臣、师，会集“恒洪鲁山”，君出头一阵，军民全面参战。

古代彝族君长国政权的核心是“君、臣、师”。彝文古籍《天地结合顺序》说：“君者，统领国度一切，一人权揽天下。”“师者行教化”，行教化的“师”有很高的权威，他们披虎皮行令养兵，人文教化、礼仪教化兴起。教化师的神帽叫“洛洪”，神箭筒叫“樾妥”；洛洪象征“白道”，樾妥象征“黄道”，列“氏族旗号”的“尼慕”活动由师人主持。君臣信奉，全民信仰。在君长政权之中，“施号令者君，执政者臣。君臣是国的父母官。有上必有下，乾在上显威高，坤在下呈荣大；四象生八卦，其理生先圣。先圣概称‘叟偶耶’，国君治理有方，得美名‘举书耶’”。

彝族先民认为，治国必须有知识，而且要重视历史经验。“知识定乾坤，知识出先圣。”他们认为彝族历史“从实氏族起，时间很遥远，根蒂很牢固。太阳运‘青气道’，是时间的根蒂；太阴运‘赤气道’，是历史的根蒂；黄白道理论，是教化的根蒂。创世要拜仙白道，创业要拜神黄道；立九宫推‘国寿’，树八卦算‘氏族’；创世见‘荣华’，后世传‘福禄’”。

历史上，祭祀既是彝族一项重要的政治活动，也是一项重要的教化活动。许多彝文古籍对此都有具体的记载和论述，如“祭祀歌舞场，是知识诗文的传播场所。苍天七重里，是日月闪闪的地方，昼夜相更替，天地间有水循环。人类史上有创世之文。笃慕时代兴起了婚姻的制度和史章。天上以星为取象，夜半鸡叫时，设祭场祀天；祭祀讲疗疾，指路有归宿；虔诚祭祀圆满，分别死活两方”。“赋税论福禄。舅有威荣，甥有福禄。师人见识广，主事无忧愁，死人清白，活人吉利。祭祀规模大，两方亲戚同时默哀，祭悼死者的威荣，像‘白雁敬孝德’鹰带来福禄。”

祭祀教化场所要树神鸟柱作为地位的象征，总堂挂铜鼓以代号令。彝文古籍《凯数》中说：“天有太阳的运道，地有月亮的轨迹，日月相旋道，似白雁鸣；树玉柱顶天，玉柱立在乾地。白雁登玉柱，遥远能听见，即知是祭祀的场所。似青鸿鸣叫，青鸿登玉树，青鸿就是太阳鸟。青鸿登玉树，祭祀开始了，祭祀场显威荣。娄阿德在宫廷里竖寿柱，铸个大铜鼓，天子击打，很远能听见，都来作祭悼。寿树为中心，立祭场中央，是族邻团结的象征，是宫廷的标志，是纪元的象征，是氏族的标志。死者与活人各有地方，死人的事是无法阻挡的。病情很沉重，医生治不好，良药不起效。想起了这些，人人感到非常悲痛。”

“天地十二方，一方一寿柱，撑起中央‘纪元柱’。古今祖妣称为神，神灵统称祖与妣。寿有九千门，龄有八万门，乾门有九十道，都由有见识的‘索叟洪’、有知识的‘腮偶吐’和很有诗文才华的‘洪哲舍’来管理，全由古今祖妣来主管。”“天地与人文都由君臣来思考。天地十二个方位、十二个氏族，氏族划四邑，挂四大令钟，君王文明管天下。君骑白雁，臣骑红虎，仙凤来主寿，名山官座，开拓世道，造福后世。”

“乾顶盖地，坤底吻天，君主在上像苍天白道。称为‘吐妥姆’；臣在下像黑夜黄道，称为‘舍体耶’。君者‘替天行道’，臣者‘代地行运’。”

“天君策举主，地王恒堵府，是他们来主管纪元。金凤在飞翔，谓之翱翔在青天里。天君的寿柱顶苍天，地臣的龄柱立于大地。以牛牲祭高天，以羊牲祭大地，牛羊（丑未运局）代表寿龄的行运，周而复始。寿柱和龄柱同样高大。”

乾天君策举主，创设“纪元年”。“寿柱称作匹偶吐讲白道，龄柱称为索哲舍说黄道。九天君创世讲乾九宫，九宫创世运历，九宫与八卦配合行运，运历有三元（寿元、龄元、合元）。”

彝文古籍《创世论》说：“运历有三元，‘寿元’称‘匹偶吐’，‘龄元’称‘历哲舍’，‘合元’称‘太祖额阿庇和太妣俄阿庇’。寿龄由天道策举主和地道恒堵府主管。寿元九十九，配局六十六，明理在日算，合寿按年推。纪元的开创，寿龄的推算。黑帝骑骏马，立在天地首门的北方子位，主管着寿元的更替。好寿一生安，安祥飞云端。有寿常为乐，经常有鸣声。大钟配青松，长生不会老。知识使人欢乐，欢乐添寿数。时常欢笑，寿元万万世。”

“推演天地人文，以青气为初始，祭祀的活动从实索时代开始。实阿武为王的时候，实氏族兴起了祭祀活动，写有九卷书，以日月论理，用来推寿数，从高到低推理。在乾地开创了举主时代，兴起了用牛来祭天、祭山脉。日月相更替，大文成卷籍，日月有往返，寿元有了数。有了寿元后，用来算人命，取天的理论作线索。天数升降成圆，即有了龄数；地数也相旋，地数也有了。天数生圆了，又始生地数，天数地数即有根和蒂。实阿武王建塑了寿柱，以银白道固寿柱根，以金黄道定龄基石，用玉杯铜碗置寿柱脚下，用九匹锦帛包着寿柱头端，经书九卷挂在寿柱上。”

“‘叠吐’（云龙山）一带，实阿武兴国；‘楚维’（巍山）一带，索鲁蒙王兴国；‘纪堵’（晋宁）一带，赤阿索兴国；‘额作努努谷’一带，索尼铺兴国；‘勒堵勒戛’一带，毕纪毕蒙王兴国；‘热堵热戛’一带，热阿侯蒙王兴国；‘堵堵投邹仁’一带，是‘彝汉百王’的天下。人类的祀丧活动，即从这些地方兴起。开设祭场，兴起了歌舞。在祭场上，以白雁敬孝；在歌舞场中，像骏马交颈，各显身手。”

“恒苦姆之女苦姆舍楚，是道弭诺之母。在道弭诺时代，乾君国的八大诸侯改建为水国，赤叩抒治地称孟国，赤叩君治地称仲国。中央季国治于孟仲国的接合部地区。治国理论围绕青赤气，推动金属熔炼，制定了国赋和地方税。经营宫殿，分封氏族，以‘九宫’作部署，以‘六气’梳理；普及教化，以赋税制度治理江山社稷。”

“构建宫殿以统乾天坤地，远近都统一。以乾坤的知识文化，以乾坤的理论诗章教化天下南北的氏族。君者掌权讲历史，臣者执政论贤能。‘天南国’的乾阳圣君始祖恒毕余：一世毕余朵，二世朵默歹，三世默歹阿耶，四世阿耶笃勒，五世笃勒策汝。当时出了个‘笃勒策圣师’，他制定了织锦和赋税的规章，划封四向落邑，制作了龙袍美冠，着装讲求美丽。”

"'地白国'的坤阴圣王始祖特毕德：一世毕德阿娄，二世阿娄处色，三世处色额，四世额俄撮额，五世撮额大禹。大禹挖出山里的银，淘出水中的金，他赋有君的圣德，王的治能，帅的统才，战的兵法。大禹的治国理论，传播于天下，以之立基业。"

"远祖时代，协助圣君的圣师叫呗史楚：'以阿珠一世，珠腮哲二世，腮哲吐三世。'圣师乾理讲天文，以天理治天下。精通其理论者称为'呗包'圣师。呗包"教化时代，有高师十人，其中长师呗伊耶，仲师呗恒衲，季师呗举书。诗文兴于国，传于国，来自乾天白道理论，来自坤地黄道知识，自中央诺濮传播四方。"

彝文古籍《创世为王伦》记载："三界青气，四级赤气，青赤气运转圆圆的天地。炼制药丹要天地气结合，建庙求福要乾坤结合。在麻列俄戛，大造甲胄戈矛，教化骑术兵法，'教化使天下文明'。列弭妥珠氏族的领主都是由教化师担任。匠艺圣师苟阿娄和葛阿德，大兴造尖矛、利箭和盔甲，做好战前准备，创下了美好的历史。苟阿娄、阿娄朴时代，就开始描绘'天星云图'，有了天文的知识。三世朴朴苏能时代，就开始绘制地图，有了地理的格局。四世苏能拉戛时代，开始日月历度推算。五世拉戛鸠努时代，开始有建筑高庙宇的技术。六世鸠努阿武德时代，开始打造庙宇中的铃，开始塑造崇拜的偶像。阿局觉哲时代，学外地文化，改进庙宇技术。觉哲阿纪时代，金制的祖灵筒，银制的太阳形祖钵，放置在在高处。这些金银制品，全都是精制品。"

彝文古籍《擎天大柱》记载："策举主为君的时代，光辉普照国邑平安。祭祀道场星光亮，遍地美好如花开。国邑文明，要靠国栋梁。男贤良，女有慧，合力建家园。君主侯王要团结，多多行善事。制度要健全，要兴赋税制。精美工艺是苟阿娄和葛阿德始作。建军造兵器，战矛队列齐整。擎天大柱，撑起了贤能国王的世纪。"

"乾阳运年时代的教化圣师恒史楚，创建了杀牲祭祀制度，兴起了祭祀道场的明堂制度，分封诸侯，产生了国家。论青赤阴阳，造就了贤能人，众人推贤能人为王。氏族在所居地安置，给首领封侯，任命青官，统领赤兵。首领们披虎皮来到宫廷，青赤氏族分明，大官小员排列有秩序，逐渐形成封官命爵的道纪纲。"

彝文古籍《乾阳运年时代的隶属氏族王国》记载："乾阳运年时代的氏族王国，也分阴与阳，阳星崇奉是为'正民'，阴星崇奉是为'副民'。国之命脉，依赋租维持，根源始于恒史楚时代。缴纳赋租之民遍布天下四方，四方氏族贡奉赋租；天下百姓，以赋租敬奉君王。政祭奉献牛牲，军祭奉献猪牲，各地首领来朝拜要献赋。""军队如国之松柏和栋梁，强大的军队护卫着国家。强军如白龙，白龙放银光。"

彝族先民祭祀以君长为主祭人，呗耄（毕摩）则是祭祀活动中的教化师。祭祀分自然祭祀二十余种和先祖名王祭祀二十余种，合起来有四十余种，其中规模最大、最为隆重的祭祀是"尼慕"。"'尼慕'起源于乾阳运年时代。自六祖以来，凡是有战事，战前都要举行'尼慕'仪式，以立姓氏旗号，举行射箭赛马训练；杀猪祭祀为保家卫国献身的先辈英灵，发誓履行保家卫国职责。编八国军队，立八姓旗号；长者骑白马，以旗号命名。一旗一个姓，各守其政，各叙其史，史志不断修。教化聚义时，众人排队列，队队有头领，听教化师指挥，树国之威望，代代往下传。”

据相关彝文史料记载，点苍山下，实氏族之祖逝世时，在“楚维大山”里举行祭祀葬礼。开葬的前一天晚上，灵堂的周围，执教的师徒们诵经不休。到第二天清晨，师徒们还在不停地忙碌着。若不忙碌，就完成不了祭祀的礼仪程序，灵体的超度事宜也无法完成，更无法进行献牲、敬驮魂马等仪式。开祭的晚上要举行献晚餐仪式和超度仪式，一切按程序作礼。要给灵魂指路，让其找准归宿的位置。呗耄（毕摩）要敬拜祖师。

彝文古籍《阳气九重相荡》记载说：“先是八卦圣师，以八卦教化民众，讲乾阳运行理论，论太阳白道。后是教化圣师，讲坤阴巡行理论，论太阴黄道。”“奠献礼酒的人员叩头敬拜。白顶须如鹤，黑顶须似鸡，黄顶须使用金棍，众人听从教化。教化师手持酒杯，吟词朗诵如春鸟，大兴教化的礼德。”“祭祀水神，水神引水流山川，条条江河汇注海。流水出自龙口，漫盈于海洋。似虎如豹的强人，摇响着教化的金铃。后世人兴盛，如阳光灿烂，似月光明媚。生来知教化，教化知礼仪，时代相继传。以政官为主祭，政官系神名，吟诵神名谱，也是政官袭职谱、教化礼仪清，祭祀有程序。吟诵政官如飞鹏，历史叙得清，国王君主听了很喜悦，花儿显得更鲜艳。凤鸟飞扑扑，政官相云集。国王君主敬阳龙九十条，以礼酒谢阳龙九十条的恩。乾坤两相合，震巽两相荡，知识来其礼，理智天象明，光明照坤地；乾坤之象，君王之星，政局乃分明。乾象天王为君，坤象地月为臣，教化花儿遍地开放。君居位高，福禄幸运降人间，也是教化的内容。教化的典章，犹如鲜花开放，世世拜读。教化史官九十九人，美酒九十九角，坐在司祭堂，依礼节颂经文。国舅坐高很喜悦，侯甥有禄位统兵员。教化排星座，大颂经典文，如阳光明朗朗。祭祀很明白，教化理论清；吟天文之理，颂地理之义；结合布禄尼国情，行使教化得发展。论乾坤讲白虎，白虎山头生松柏，君基似松柏万古长青。”

祭祀教化制度的兴起，是彝族先民进入文明社会的重要标志。乾阳运年时代的教化圣师们观天而作天文，以天文星象划分氏族，以氏族而布政局，于是天下划九落八邑。五岳名山耸立在五方，以之为各氏族的祭天柱。

第五节　坤阴运年时期

公元前27世纪，远古时期的彝族天象纪年从乾阳运年进入了坤阴运年时代。在这坤阴运年时期，金属冶炼业在彝族各部落国家中逐步发展起来。彝区的经济和社会活动中心，从以苍山洱海为中心的滇西地区逐步转到了滇中的“卓阿纪堵”，即今天以晋宁县为中心的滇池周边地区。

彝文古籍《坤阴运年史》记载，远古时期，彝汉祖先是同源的。在公元前2600年左右，这一同源一体的族群被分为南、北两个部落联盟国家，并逐步形成了各自的世系。南国的世系是：恒毕索一世、毕索堵二世、堵海举三世、海举阿耶四世、阿耶笃勒五世、笃勒策汝六世。这个世系后来发展成了夷（彝）族。

北国的世系是：特别德一世、毕德珠二世、珠处叟三世、处叟尤武四世、尤武撮额五世、撮额大禹六世。这个世系后来与中原地区的许多民族族群部落融合，其规模、势力和影响不断扩大，最终形成了融众多民族于一体的华夏民族，并建立起了中国历史上第一个奴隶制国家——夏。

彝族先民使用八卦术数进制历法，以乾坤象卦运历的方法纪年，每纪 120 年，5 纪 600 年为 1 元。下面按天、地、人 3 元 15 纪的顺序进行排列。

坤阴上元天纪：

帝纪年号十六纪赤阿索。时间约在公元前 27 世纪至公元前 26 世纪，大约相当于颛顼时期。

帝纪年号十七纪索阿德。时间约在公元前 26 世纪至公元前 25 世纪，大约相当于帝喾时期。

帝纪年号十八纪德斯所。时间约在公元前 24 世纪至公元前 23 世纪，大约相当于唐尧时期。

帝纪年号十九纪斯所朵。时间约在公元前 23 世纪至公元前 22 世纪。大约相当于虞舜时期。

帝纪年号二十纪朵毕余。时间约在公元前 22 世纪至公元前 21 世纪，大约相当于夏朝前期。

坤阴中元地纪：

帝纪年号二十一纪毕余堵，约公元前 21 世纪至公元前 20 世纪。

帝纪年号二十二纪堵司赛，约公元前 20 世纪至公元前 18 世纪。

帝纪年号二十三纪司赛陀，约公元前 18 世纪至公元前 17 世纪。

帝纪年号二十四纪陀阿大，约公元前 17 世纪至公元前 18 世纪。

帝纪年号二十五纪大阿武，约公元前 16 世纪至公元前 15 世纪。

坤阴下元人纪：

帝纪年号二十六纪阿武甫，约公元前 15 世纪至公元前 14 世纪。

帝纪年号二十七纪甫珠鲁，约公元前 14 世纪至公元前 12 世纪。

帝纪年号二十八纪鲁珠武，约公元前 12 世纪至公元前 11 世纪。

坤阴运年时期，彝族先民先后建立过两个很有影响的王国，即水星王国和丽洛阿武王国。

一、水星王国

据彝文古籍《坤阴运历与乾阳运历对应称谓》记载，乾阳运年末期，道弭诺以“卓阿纪堵”（今晋宁县）为中心建立了水星王国。

彝文古籍《六祖立国》中记载：“尼苦姆之女苦姆舍楚生了道赤叩和道弭诺。道赤叩继国君位。道弭诺是六祖侯王‘荣根’，他主持建立了水星国，在九州封九侯，其中三侯绾青髻，披青甲，操青矛；三侯绾红髻，披红甲，操红矛；三侯绾黄髻，披黄甲，操黄矛。九侯各自治理自己的国家，教化臣民，传承奉祀。”

道弭诺的儿子弭诺赤承继父业后，其母宗阿洪果很想知道生老病死的原因和天地变化的道理。因为她曾听坤阴圣师特乍木说过，作为君王，确实要明白掌握万物变化的根源。一是要知天文“腮偶吐”，二是要知地理“偶吐妥”，三是要知自然“妥举克”，四是要知人文“举克额”，五是要知教化“额偶吐”。

弭诺赤继位后，分封赤阿奢、赤阿洪、赤阿聪、赤阿古、赤啊洛、赤阿能、赤阿欧、赤阿索等一些氏族首领为侯。这些王侯后来也形成了自己的世系。

赤阿奢世系：赤阿奢一世、奢愁图二世、愁图额三世、额乌图四世。这个氏系后来传为教化氏族。

赤阿古世系：赤阿古一世、古阿默二世、默阿查三世、查能额默四世、额默尼女五世、尼女则则六世。

赤娄古世系：赤娄古一世、娄古略二世、略毕余三世、毕余陡四世。

赤阿欧世系：赤阿欧一世、欧阿吉二世、吉阿略三世、略妥伊四世、妥伊巧五世、巧阿能六世、能则则七世。

分封之后，大兴祭祀，大派贡赋。据彝文古籍《中央氏族》记载：“贡牲三千头，用来献祖灵；国力富厚，势强一方；献牲轮贡，维护政权。王国建天军，分布于天下。备战粮，摊派作贡赋。豆谷各三仓。用来作祭祖，其余储各地，作为战备粮，如此成制度。”“经文三十卷，教化很普及。教化师呗耄，手持白银棒，身挎神箭筒，吟诵教化经。一吟国史经，二吟兵法经，三吟医药经。医药十样诊，师人吟出口，众人都得知。”“赤阿索启用贤能人，封官又命爵，裙带联宗亲；一官一师，如布帛般卷紧于中央。教化制辐射四方，照明九峰十三山；春天的鸾凤，从九峰育成。”

赤阿索时，祖灵神象放在大岩洞里，祖灵的装饰很讲究。《弭诺赤氏族史》记载说：“一对重青色装，一双重赤色饰，两个重黄色扮，一个重白色服，皆椎髻。”周边的人们都来作奠献，神偶最为大，世世敬拜，代代敬仰。

赤阿索继承水星国基业时，划天下为七域。其中东域有四氏族，承臣业发展。左域有三氏族，各氏族分辖三区，共九区。右域有三氏族，其中默哲洛氏族辖有八个区。中央首邑有四氏族，统称为“毕余聪氏族”。中央中邑有四氏族，统称为“德阿富氏族”。中央尾邑有四氏族，统称为“富阿古氏族”。

水星国在商议祭祀祖先事宜时，摊牲品，派粮食。毕余聪氏族出九牛，富阿古氏族出八仓粮备办祭祀。毕余额氏族以职权摊派牛鸡牲，补额律氏族领兵赴祭，富阿古氏族用政令摊派祭粮，默哲洛氏族兵马游龙来赴祭。祭祀时要绕灵，依等第从高到低进行。

国君祭祀行教化，离不开天文。华章三十篇，由教化师传后世。教化师身挎神箭筒，是权力的象征；手持白神杖，是文化的象征。

相传，赤阿索一度厌倦尘世，曾想升天而去。《六祖立国》记述其母阿武赫车规劝他时说：“你不能这样想。水星国这国家，日月作耳目，三山高原上，山羊伴绵羊，自古家规是幼子守大屋，你是父母的爱子。只要你不去（升天），四方江山就由你统管。王位最为高，君权最为大。夫有高位，妻有荣耀。春鸟唤绿叶，贤王重贤侯，贤人管天下大事，前辈的基业就稳固。”

彝文古籍《中部的彝国史》记述赤阿索在为王时说：“诸侯都是我的兄弟，治国靠他们。如同太阳刚出山，兄弟间我排行最小，怎能受得住这禄位？”于是他想像凤鸟一样远走高飞。氏族长老劝告他：“王国的贤子不能走，一人当十人。苍天之上，有太阳和月亮。高原山脉，有众山来作伴。有史以来，小儿是父母的命根，只要你不走，实氏族故地，索氏族故土，处陀的地盘，所有的百姓农牧，能工巧匠，珍珠玉器和华美的锦帛，全都属于天南国。以书洪鲁岳山为中心，十三峰岭；以九宫为划局，春天的幼鸟，从九峰生出。彝人有团聚，团聚为一大氏族。世上湖水如泪聚，湖中有仙灵。世间的飞鸟，喜欢成群地飞翔。人类也同样，以地方聚成氏族。”

洪额娄斯益是赤阿索的正妻，生有九子，分为九氏族。《弭诺赤氏族史》记载，九氏族中“三氏族绾青髻，青发配青衣；三氏族绾红髻，红髻配红装；三氏族绾黄髻，黄髻配黄装”。以伊色是赤阿索的庶妻，生有四子，治在乾地的边陲。其中一个是大帅，披虎皮，威震一方；一个是能人，众人爱戴他，掌了权；一个在乾地执政，也有一方天下。

《六祖立国》记载说，赤阿索之子索阿德在二十岁时，知识学不进去，语言不文雅。圣师认为是被白虎星所克，立即祭祀，禳解克星，同时让索德服药，药到病除。索阿德的病好了，学识有长进了，他不但精通太阳和月亮的运行规律，还根据历法改革了祭祀和租赋制度。索阿德贤能，继往开来，袭古而有创新，陈设佳肴以供先祖，绸缎衣服耀如天光夺目。《点苍国以天象布局》记载：“君主索阿德，知识如阳光一样圣明，行行都精明。各家要献礼酒，客人受尊重。在岱鲁聚祭，有上千的美女云集，如青枝密集，兴起了乾地与坤方相联姻。”

坤阴运年的教化师称“特乍木”，又名“纳乍木”“包乍木”。

纳乍木的世系，可以追溯到“笃陆伍”，即笃陆伍一世、掳伍鲁二世、鲁尼乌吐三世、乌吐苦四世、吐苦纳五世、纳乍木六世。传说，纳租乌是纳乍木德的母亲，生长在地上，全身长毛。就在这时，彝族社会兴起了火葬。

彝文古籍《阿武甫氏族王国》记载，坤阴运年人纪阿武甫王国。阿武甫王国又分封甫阿洪、甫阿义、甫阿唐和甫阿勒四个侯王。其中甫阿勒王国传七世到智戛阿鲁时，又建立起了智戛阿鲁王国。智戛阿鲁王国与苟葛王国有传承关系。智戛阿鲁王国将苟国时代创造的八卦文化发展到了顶峰。

据《智戛阿鲁氏族史》记载，国君策举主寻访地上天子，找到了智戛阿鲁。“策举主相了他的头，生着日月光；相了他的腹，生着老虎像；相了他的双臂，生着龙凤像；相了他的双膝，生着青红像；相了他的双唇，红花交绿穗。此人多智慧，再无人可比。察天观地，唯他能完成。策聚举主打开国库锁，赐给撵赶鞭，赐给权杖，赐给权带，让智戛阿鲁跨上神马，带领八勇将，从国府到地方下界来，观察测度地域。测地到北方，观察到南方，策马进中央，上国府报告策举主。观天测地事已完成。策举主说：‘唯你有测度的本领，量地的才能’。”于是，策举主把俸禄赐给智戛阿鲁，把地上的租赋封给智戛阿鲁享受，统治一方天地。年月日时制，由智戛阿鲁推算。

彝文古籍《智戛阿鲁催国赋》记载说：“神通广大的队伍，巡查往北方，确立了东方，以九座名山建氏族邑。撵赶鞭转一圈，九部邑明确了头领。以九大名山建民族邑，确立了氏族头领。上到慕古格氏族，下至恒奢阁氏族，左至恒举局，右至纪鲁旺。在这一片土地上，贡赋氏族头领排成天雁行，贡赋人流蚁样多，似如烟雾冲门，涌向了宫廷。”

《智戛阿鲁催国赋》还记载：“到葛鲁尼时代，境内有九大名山，弭吐山为首，还有八十个平坝。葛鲁尼依天道建国，依地道治理，自治自发展。”“宫廷有主管人，四方建落邑，用银造银庙，用金塑金像，用铜树铜柱。天下十二方，十二庙同光华。贡国赋，献地税。国赋的制度，用账目来记清，以印章来分明；木刻来记账，收赋又放赋；用竹简记目记数，都是为了皇国的赋税而辛苦。”

二、丽洛阿武王国

道弭诺建水星国以后，传到阿武甫时，分封为四个诸侯国，第一个就是甫阿洪侯王国。甫阿洪传到十二世丽洛阿武时，建立起了当时较为强大的丽洛阿武王国，并分封为者武堵、武博洛、武赤弭、武果勒、武色吞、武古笃、武德僰、武陀尼等侯王国。

丽洛阿武王国的世系是：阿武甫一世、甫阿洪二世、洪阿勾三世、勾默采四世、默采陀五世、陀莫莫六世、莫莫大七世、大妥勒八世、妥勒补九世、补许赫十世、赫丽洛十一世、丽洛阿武十二世。

武德僰君长的世系是：一世武德僰、二世德僰阿武、三世阿武那帕、四世那帕则、五世则妥勒、六世妥勒阿娄、七世阿娄扯。到阿娄扯时代，在“举菊禄姆”一带建庙塑像，广招兵将，势力迅速强大起来。

据彝文古籍《武色吞氏族》记载："武色吞为孟氏族，治实索故地。在娄弭恒略地方，建四座庙宇，宫廷以庙宇为最尊，以崇拜庙宇创天下。""要寻色吞氏族的大宗，历史源于武色吞"，武色吞精通人文和地理。武色吞君长的世系是：武色吞一世、色吞输二世、输洛侯三世、侯洛大四世、大纣余五世、纣余录六世、录阿古七世、古阿恒八世、恒阿娄九世、娄靡启十世。娄靡启时代，在"希弭恒略"，武氏族六头领相聚商议建宫庙，租赋按地况派量，自治发展。

武古笃君长的世系是：武古笃一世、古笃阿以二世、阿以鲁三世、鲁阿鸠四世、鸠迫娄五世、迫娄偬六世、偬录拜七世、录拜赫八世、赫宏宏九世、宏毕史十世。

武陀尼封在"尼周禄姆"，其世系是：武陀尼一世、陀尼谷二世、谷阿鲁三世、鲁阿启四世、启娄卧樊五世、卧樊革六世、革默那七世、默那吾八世、吾宰戛九世、宰戛额十世、额阿鲁十一世、鲁阿努十二世。

三、坤阴运年时期的教化

坤阴运年时代，彝族创立了地理八卦。

地理八卦讲的是与天象相对应的地象分野，以及山象、山筋龙脉格局。这一时期的教化理论，就是不管是君王，还是普通臣民，他们的一切活动，都要符合天象运行和地理八卦的要求。

按照坤阴运年的教化理论，乾坤分天地，有天有地才生政权。七宫为天数，天道主纵线；七宫是地数，地道管横向。

彝文古籍《开天辟地论》记载说："太阳行苍天白道，太阴行大地黄道。白道穿天色衣，黄道穿地色衣服；生耳如太阳金珠，有眼似月亮玉石。相辅相成的白黄道，两者结合后，乾生九宫，坤生八卦。有了天地乾坤，仙与仙相交，仙与神相配，生有'著拉历大'和'周益恒甫'两个神子卦，以白霭作毡披，以风作战马，在坤地七宫中，建立了地国。地国的天下，疆界有分明。仙称白头仙，神称长寿神；有仙境，有神地。'著拉历大'和'周益恒甫'两个神子卦，飞过九重九宫天，一宫一家园，一地一国家，布局很周全。"

"九宫象征尼人九节骨，八卦象征能人八段腰。尼人和能人居于乾天的高岭，守于坤地的四极。震门锁。巽门开，都由他们掌管。乾阳运历的擎天柱，是他们树起的。"

"乾阳360度，以九宫来划局，以八卦来划界。苍天十二局，以九宫为轮转，地运为八局，以八为轮转。时制衣五行来推算，以干支作为星辰主，这就是年月日时的根蒂。有了根蒂后，即有路可行。历运有规律，规律有线路。乾戴震象，坤成巽形；震取高山。巽取深谷。乾神系名仙，布列坤地上。世间的彝人，君王以之欢，舅甥以之乐。这样来运用，划氏族来教化。"

"天君策举主，有治天的智能。他知道，不立震子卦，打不开震卦的运历；不树巽子卦，无法打开巽卦之锁。震门他打开，巽锁他来开。打开震门后竖起乾坤擎天柱。一树开九花，开花又结果。震巽形象美，乾坤形象丽。乾人谓之银发髻，形象称白人；坤人谓之披金发，形象称黄人。两者相结合，衍生千万种形象。”

坤阴运年的教化理论认为，天地乾坤也像人一样，会遇到生死病亡的问题，会有从无知到有知的成长过程。

《开天辟地论》说：“开了天辟了地之后，天父叫弭古鲁天太极，地母叫弥阿娜地太极。”“乾阳数起运于戊辰年月日时，坤阴数终于己巳年月日时。甲戌这一年是天父太极运数的终年，乙亥这一年是地母太极运数的终年。”

“天父地母消亡后，天地间又进入了混沌时期。整整三年，苍天日不照，云星无行道，混混沌沌的。然而，天父弭古鲁太极，地母弭阿娜太极，是一对神物，他们会死而复生。三年后的一天早晨，神仙格乌吐看见了天地在运动，天父像一只春鸟，睡在地母弭阿娜的腹上。阴阳太极相结合，天下万物又苏生了。”

“天下万物苏生，人类也出现了，但早期的人，都是野蛮无知的。大地没有疆界，大地上的人没有粮食吃，吃的都是野果，穿的都是兽皮。在那个时候，人不知耕牧。耕牧的季节到了，人们不知道。树木开花了，就叫春三月；树木花谢了，就叫夏三月；树果成熟了，就叫秋三月；树叶枯萎了，就叫冬三月。当初的人类，没有娶妻礼，没有嫁女仪，知母不知父，像禽兽一样。乾坤定就后，地理有研究，分辨了五谷，规范耕牧制，以观天象，以察地况；造犁头耙子，耕种高山平地，选培优良品种。世间上的人类，会种庄稼了。乾君不知年，就看纪年树；坤王不知月，就看纪月石。乾阳九与十运，有了天规白道。乾阳运历如果树，果树水分充足美；坤阴运历如树结果，果实成串串。天空灿烂，苍天称为父；大地美丽，大地称为母。苍天为首，苍天之下是美丽的大地；大地上的四季时令，就以乾坤天地推理，产生了年月历时制。”

按照乾坤理论，兴起了分封命爵，兴起了媒妁嫁仪，有了婚姻制度。乾坤定就后，华丽的高天位居于上为乾；美丽的大地，位居于下为坤。苍天耀日晴，华月亮堂堂，呈现一片白天，呈现一片黑夜，黑夜和白天交互运行。

《开天辟地论》记载：“高天的太阳，夜空的太阴，他俩相结合，天数运历谓救世沽色尼，地数运历谓繁衍星能色能。天地星结合，师人叙理论，谓之文曲星呗包，即圣师。”

“代表纵线的太阳，代表横向的太阴，纵横运道相结合，就像九匹大锦帛，卷圆满九宫。阳数上升，谓日运九宫；阴数下降，谓月运八卦。日月运九宫八卦，各自形成规律。它俩相结合，称九宫太阳，谓八卦太阴；日月照九山，日月照八岭。日月派五行，谓五少女邀日，五少男迎月。阳数上升，谓之阳数运历；阴数下降，谓之阴数运历。日月的形象，谓九宫中太阳，八卦中太阴，日月阴阳，它俩相结合，日运丑未局，月运已亥局。日运九宫称白头，月运八卦谓交错。”

坤阴运年时代的彝族先民们笃信天地定位后，天地间存在着“三极十二门”的十二月象卦太阴纪年历法。

彝文古籍《娄纪提把》记载："沽色尼弭主，主管第一门；诺色能弥府，主管第二门；布色哪弭勾，主管第三门；额色吐弭塔，主管第四门；尼色额，主管第五门；尼吐娄武额，主管第六门；尼吐吉娄娄，主管第七门；举奢者署宏额，主管第八门；笃塔直，主管第九门；弭塔弥；主管第十门；吐采佐，主管第十一门；额索撮作佐，主管第十二门。"

彝文古籍《开天辟地论》记载："天地十二门，开于甲狗（戌）年，辟于乙猪（亥）月，其日为丙鼠（子），时辰在丁牛（丑）。运历是先画圆，圆显空虚。天父太空空，地母太虚虚。雾腾腾，罩笼笼；雷阵阵。雨淋淋。哼为雾罩父，哈为雾罩母，讲的是艮兑卦。天圆以律律为父，名笃勒策哪伊；地盘娥罗罗，叫笃勒策诺妮，讲的是罗盘天地开辟了。天开于子，地辟于丑，人生于寅，万物兴于卯。天运数起于甲子年，子年子月子日子时开始起运。天数起运后，日月有规律，带动众多星辰。雾罩有根，雷雨有源。乾坤天地同时产生。地数始于乙丑年，丑年丑月丑日丑时开始行运。地数行运之后，山岭五岳。山冲深谷，青山秀水，红岩湖泊，草木虫鱼，万事万物同时生。人的运数起于寅年，寅年寅月寅日寅时开始行运，行运有生命，有命生血气，盘古人就这样生了。天地的运数，按甲子推算。彝历甲子称，丙虎（寅）、丁兔（卯）属塘中五行火。彝历甲子说，天运始于甲鼠（子）年，喂一只鼠，喂鼠的时间一千二百年。地运始于乙牛（丑）年，喂一头牛耕地，耕地的时间一千二百年。一轮转周了，又从鼠数起。天数起于壬，地数终于癸，称为弭道弥度。天壬地癸，是为开天辟地。天父弭古卢，地母弥阿娜，是指太极图。白象称弭古鲁为父，黑象称弥阿娜为母。按照他们的结合形象，天父弭古鲁又加弭着直，地母弥阿娜又叫弥产瓦。天空长脚雁，作为弭古鲁禽星；大地宽蹄鸿，作为弥阿娜禽星。长脚雁为父，名叫九角王；宽鸿蹄为母，名叫八宝珠，以代九宫十八卦。戊龙（辰）年定乾，己蛇（巳）年定坤，甲狗（戌）那一年，弭古鲁身故，乙猪（亥）这一月，弥阿娜也亡，天地运数盈满，在天地之间，天三年不开，地三年不辟。高天日不出，云星不运行，一片昏暗暗，一片黑沉沉，谓之天下一片混沌。神仙格武吐，一清早起来，见天地运行，白天和黑夜，就像相交配。天父弭古鲁，缠着地母弥阿娜。天开地辟后，高天显有光，大地明朗朗。人类繁衍，尊高天为父，称大地为母；艮卦代高天父，兑卦代大地母。彝人崇拜艮兑卦，称天父地母哼哈神。"

彝族先民非常重视祭祀，而安排祭祀活动的基础是要有天文历法。因此，彝族先民在远古时期，就创造了至今仍闪耀着科学光辉的天文历法。并通过精心运算得出，日行1度为一天，周天历时三百六十度。日之实际运历是三百六十五又四分之一天。与月之十二次晦明周期相出入五又四分之一天。以此日月运历互相调节推算四时的平衡性，将一年中所出入的五又四分之一天蓄存起来，两年半累计积十三天三小时。又把月运历调整为每两次周期结余一天，两年半累计积十五天，日月两者合计积二十八天三小时，日之月运历为三十天十小时三十分，每个月多出了二十一小时，加上原结余的二十八天三小时，刚好是二十九天，故每三十二个月即安排一次闰月，这样，四时节令就可调匀相符了。

月亮为黑夜太阴之王，明夜为阳，黑夜为阴。正月十五是一年中的第一个阳极数，阳极则生阴，阴阳相交在夜间的子时，是彝族人观赏月阴阳的交生节，即为月亮生日，因此，不少地方彝族人都有过月亮生日的风习。过节时吃汤圆，就是祭太阴生日。

彝族历法的月份是根据月亮的运动周期而订立的，每月的十六日是太阴月的生日。每逢正月十五日的清早，彝族人炉灶早冒烟，全家人忙忙碌碌办庆宴，以猪脚肉庆宴的主菜，节日活动同新年一样隆重。

彝文古籍《新年节》中说："彝历天、地、人三统：一为天数，二为地数，三是人数；三三而九，返本为一，九九为大。一年三百六十天，天、地、人各占一百二十天。正月初一、初二、初三三天为天、地、人元数之日，要停农牧劳动三天，开展祭祀庆祝活动。腊月三十日为元气告终而新年接替之日，称为'过年'。届时，家家户户用常青树枝、马桑和翠竹扫除屋内烟尘，里里外外进行一次大扫除，以迎接新年元气的诞生。要把神龛上的祖先灵台擦洗干净，插上迎客松，摆设好去皮的五蓓子木棒，以迎接远道而来的先祖。就餐前，要先在大门口和神龛前打醋炭驱邪气，后行陈列供品，边奠献酒、肉、饭，边念天星地神和故祖名奉请至位，同享盛餐。所奉请的神灵中，有天父弭古鲁，地母弥阿娜；天道策举主，地道恒堵府；东方青帝沽色尼弭主，南方赤帝诺色能弥府，西方白帝布色哪弭勾，北方黑帝额色吐弭塔，中央黄帝索舍乌构佐，以及寿神额偶吐等数以百计的福禄星辰和本血统家族的列祖列宗。堂屋灯火辉映，全家老小，职守通宵。大年初一早晨，家家户户早起争抢龙潭新水饮用，以示让新年阳水早入家门，灌洗清除一年来残留在体内的污物阴气。然后又将十二颗黑大豆放在新水碗中浸泡，到初二日取出顺次观测一年中各月降雨量，以此提示人们以年为天，以月为地，天地万物皆生于水。初三必须早起到宗祠举行送祖灵回程祭献饯行活动仪式，以示人道元气已交生。天一地二人三，天四地五人六，天七地八人九，天、地、人三元如此轮回各运一百二十天，周而复始元气。故以此订立新年过节时间为三天。"

彝文古籍《年节奠酒敬供星辰祖灵辞》中的大年时节奠酒辞是这样写的："家堂奠献，神灵在上，设有九层天神灵位。先献白发老寿星吐作佐。上有苍天父，奠献苍天父弭古鲁；下有黑夜母，奠献黑夜母弥阿娜。次敬银太阳杰蓬娄，金月亮洪咪能；天道君策举主，地道王恒堵府；乾阳星匹偶吐，坤阴星列哲舍，沧桑星智偶吐。敬献年神策举主，月神恒堵府；春青帝神沽色尼弭主，夏赤帝神诺色能弥府，秋白帝神布色哪弭勾，冬黑帝神额色吐弭塔。三敬吉祥佑星东方日滋生，敬献滋生滋偶吐；南方物极必反，敬献物极必反神纠塔凯；西方月落城。敬献夜幕神勾默娜；北方神汇拢，敬献召集神阁阿武。敬献年令君策举主，敬献月政王署府；敬献左将辅令神奋斗娄，敬献右相佐政神苦大德，敬献太极阴阳神弭吐妥哺；敬献太阳和月亮，敬献石岩和流水。天道星辰主施政，地道星辰主布月；施下好年月，布下吉日良辰。好年好月顺流无止，吉日良辰流畅无终，时吉候良佑安康。敬献举主的施年功，敬献署府的布月德；敬献寿神额偶吐，敬献德神列哲舍；敬献青天神尼偶吐，敬献赤地神能哲舍；敬献奉阳始祖实偶吐，敬献拜阴始祖索哲舍；敬献乾阳神恒偶吐，敬献坤阴神特哲舍；敬献中央太极阳神额偶吐，敬献中央太极阴神索哲舍；敬献乾阳祖宫恒俦叩，敬献坤阴妣殿特匹耐；敬献青阳庙宇，敬献赤阴偶像；敬献实氏造庙功，敬献索氏素偶像；敬献乾阳庙，敬爱献坤阴偶；敬献中央的阳庙，敬献中央的阴偶；敬献六祖建庙功，敬献六祖塑偶德。庙宇冲云天，偶像如岩崖。敬献北极物始神，敬献南极物盛偶；敬献中央人文始祖阿匹额索，敬献在上天文知识弭古洪，敬献在下地理娄额旺，敬献中央人文文化三源头笃叟昌。”

“敬献后龙山脉神，敬献左扶青龙山脉神，敬献右扶白虎山脉神，敬献前案山脉神。敬献居宅龙气神。敬献阳宅天神。敬献中堂锅庄神，敬献基业神，敬献宅堂大神，敬献宅周的天神。敬献长发久昌的宅神，敬献四周屋壁吉祥神。”

“敬献富裕福禄神，敬献后浪推前浪的兴盛神，敬献江山社稷神，敬献事业政治神。敬献种平坝的丰收神，敬献耕高山坳地的富裕神，敬献深浅沟谷神。敬献所有青山林神，敬献所有的清泉和流水神。敬献先祖发祥大堂神灵。”

“敬献先世亡灵希弭遮灵神，敬献列祖列宗灵神，敬献创世先祖灵神。敬献历代女妣灵神。敬献夭折灵神，敬献在家亡灵神，敬献疆场亡灵神。敬献吊亡灵神，敬献正常死亡灵神。”

“敬献威荣福禄神，敬献青天赐禄神，敬献高天恩赐神，敬献所有的好业神。敬献天刚地柔神，敬献阳中的坤阴黄道神努博舍，敬献阴中乾阳白神吐作佐。青气如树日日高长，赤气似水夜夜流。天与地之间，中央宫廷的彝人，依天地人道法奠酒；奠酒为欢，献酒是乐；德高者享欢，望重者受乐。”

第六节　人文运年时期

公元前 11 世纪，彝族远古时期的三个天象纪年阶段进入了最后一个段——人文运年时期。在这一时期中的武洛撮、撮朱笃两纪是人文运年时代混沌转折时期，共有 240 年，相当于公元前 11 世纪至公元前 9 世纪。公元前 9 世纪至公元前 8 世纪是笃慕分封六国，彝族历史进入了“六祖分治”时代。

一、武洛撮建国

武洛撮开创的王国传到笃慕时，彝族地区形成了“额色吐”等一批大小不一的部落王国，能与之匹敌的有北方的“额色吐”、东方的“沽色尼”、南方的“诺色能”、西方的

“布色吞”四个王国。笃慕先以战争的方式消灭了南鄂、北莫、中武三大政权，又以联姻的方式与“沽色尼”“诺色能”“布色吞”三个王国结成政治联盟，大力扩展势力。

据彝文古籍《弭诺赤氏族史》记载：“武洛撮君主至笃直迭，隶有十二诸侯，建基于水国。武洛撮王天下为君，君威如荣日救世，建庙拜偶像，如苍松延伸遍及天下。”“军中多虎将，掌权有贤臣，人民安居乐业。武洛撮君主如岭松，位高于一切。武洛撮君主见识广，精通古典经文。武洛撮行分封，臣民按爵位排辈。武洛撮放权，各部族自去行治。”

武洛撮主政时期，与之关系密切的十二个氏族部落中，有十一个先后改变了原先制度，只有武洛撮本部没有改变，因此，武洛撮及其本部内也有人认为，武氏族一部单枪匹马，也想随大流改变制度。武洛撮说：“我单枪匹马的，讲年月日时，理论无法传播发展，看来制度是要改变。”武洛撮有个叫糯司也的心腹大臣则劝他不要改变制度，但他不想采纳糯司也的意见。于是，糯司也去找“天国之君策举主”，讲武洛撮氏族遇到的困难。策举主听了后惊叹说：“人是变不得的！”他取出玉珠和锦帛交给糯司也，要糯司也去劝告武洛撮不要改变制度。武洛撮听了糯司也的劝告后，决定不再改变制度，并按照祖先的礼制进行祭祀，他相信太阳和月亮有一天会降临到武氏族的地方。于是，武洛撮君主以教化师治五邑，树五氏族旗号，互为姻亲，相聚在“岱鲁”祭祀，诸侯排列，文明有发展。

武洛撮有个好朋友叫洛鲁歹，他很有学问，武洛撮便请他做国师，让他帮助治理国家。彝文古籍《洪水灭人宗》记载说：“国师洛鲁歹，按古规祭祖，续叙了祖世系，修复了祖祠堂，继续修国史。”“太阳初升，昼夜交替，至尊的天皇。”武洛撮时代，祭祀成为常态。绵羊牲祭太阳神，猪牲祀太阴神；建雁鸿门户，布列星罗；做乾坤龙像，旋转阴阳太极花样；用木插神座，大师主祭祀。”“武洛撮国家，九世祖灵筒在上，六世祖世系在中，三世祖祠在下。”“姆益法戛，是藏祖灵筒的石岩；安国世系的岩九层，是仙灵的在处，藏国世系之岩。地上两悬岩，神灵的居处，藏国世系之岩，归我国管理。”“国师洛鲁歹，用牛代龙气，给大地献祭；用猪羊牲气，给震巽神献祭；用鸡鸭牲气，给沟渠神献祭，安稳了祖灵。撮珠笃时代，大兴庙祭祀祖先，有雄厚根基。”

彝文古籍《策帕氏族史》记载：“武洛撮时代，建立了大基业。君王治天下，养兵守疆域，全民皆成兵，军制即产生。世袭来继承，教化来治国。”武洛撮王宫内外，有许多神怪塑像：一是九卡脸神像，塑在大堂口。“九卡脸长九撮毛，九虎来供水，九马驮金银；九百只羊的毛，擀一件披毡；九百匹黑布，制一件长裙。寿元九百岁，主长命富贵，平安一生。”二是羊头披青衣人，守在大堂二门。“头长六撮毛，六虎来供水，六马驮金银；六百只羊的毛擀一床披毡，六百匹黑布制一件长袍。寿元六百岁，主长命富贵，平安一生。”三是黑人猪头神，守大堂前门。“长有三撮毛，三虎来供水，三马驮金银；三百只羊的毛，擀一件披毡；三百匹黑布，制一件长袍。寿元三百岁，主长命富贵，平安一生。”四是青人虎头像，守大堂侧门。“虎人生虎手，管天黑天亮，晚门锁金门，太阳从此落；黎明天下白，门从东方开，天下大明亮。”武洛撮时代，按天象建庙塑像，“用金来塑像，用银来造庙，用铜来铸鼓，用铁来立柱。十二青神主管，四方人敬供，敬供还愿信。世人都来敬供，男人和女人，都来还愿信。男还阳神愿，女还阴神信”。

武氏族经历了七运，即武阿鲁一运、鲁阿卡二运、卡乌图三运、乌图觉四运、觉默纳五运、默衲阿塔六运、阿塔侯七运。彝文古籍《祖筒论》说：“武氏族内部同宗不开亲，以祖灵筒辨别，禁止族内婚姻。笃慕之祖武洛撮，创立了祖筒制。”

武洛撮时代的另一个国师叫恒阿德，他定下礼制：开设赛箭场，组织祭祀，依伦献牲。祭祀完毕后，播礼规种，为战争而庙祀列世族旗号，创建了祭祖典章。恒阿德还建议武洛撮处理好君、臣、师的关系，使之各有辖界权力。

二、笃慕称雄

在西南地区的彝族人民中，自古以来就一直广泛流传着彝族历史上洪水泛滥和仲牟由避洪水及彝族“六祖”分支的故事。汉文献中后来所说的仲牟由，就是《西南彝志》等许多彝文典籍记载，以及彝族人民口碑传说中的阿普笃慕，或阿普笃米，或阿普独姆。“阿普”是彝语对祖父的统称，“笃慕”“笃米”“独姆”等则是同一个人名在不同地区的汉文同音或近音异写，彝语中的“阿普”之汉意是“祖父”。在文山州西北部的彝族尼苏或乃苏人支系语中，“阿普”已转化为对祖父的专称，祖父之上的曾祖父则称为“阿哺”，再上是“阿格”，指的就是阿普笃慕以前“哎哺”（原始社会）时代的彝族远祖希弭（慕）遮。彝族对这些远祖以及之后的历代先祖，还有一个共同的泛称——菩妣。

从希弭（慕）遮到笃慕历经了三十一代，其间的世系是：希慕遮——遮道古——古珠诗——诗雅立——立雅密——密喳拐——喳拐作——作雅且——且雅宗——宗雅贤——贤雅已——已迫勒——迫勒道——道慕尼（道牟尼）——慕尼赤——赤雅索——索雅德——德喜所——喜所朵——朵必额——必额堵——堵洗显——洗显陀——陀阿大——大阿武——阿武补——补珠娄——娄珠武——武洛撮——撮珠笃——笃慕。

洪水泛滥和笃慕之后的“六祖”分支事件，各地史料记载或口碑传说虽有所差别，但大同小异，说的都是一件彝族历史上具有里程碑意义的重要事件。

关于洪水泛滥事件，彝族史书中有不同的记载。有一种记载说，天神策耿纪联合地上的额、勺、实、索、沽、能六大部落攻打笃慕部落，他们占领了笃慕部落的12座大山、8条沟谷，并用洪水淹笃慕部落的住地。另一种记载则说，天神策更苴为了惩戒下民，下令放洪水淹没凡界，一共淹了七七四十九天。虽然这些记载和传说，都包含有不少的神话成分，但历史上发生过这样的大洪难，则是一种事实。而且有这样传说的民族不只是彝族，国内许多民族，甚至是世界上许多国家的一些民族，也都有类似这样的传说，说明历史上曾发生过一次世界性的大洪难。

彝族的洪水泛滥传说是这样记述的，大洪灾过后，地上的人类都几乎灭绝了，只有笃慕一人因得到仙人的指点，漂流到洛尼白居住，才得以不死。笃慕后来与三个仙女结婚，生下了六个儿子，六子长大成家立业后，各自到一方开基创业，繁衍后代，成为彝族历史上著名的“六祖”。贵州彝族历史研究专家在翻译和研究彝族历史巨著《彝族源流》中发现，在“洪水泛滥”灾难发生之前，彝族社会就曾出现了一个以武僰部落为首的强大的部落联盟国家。后来这一联盟中的一些部落联合起来抵抗武僰部落联盟盟长，动摇了武僰氏的统治。笃慕部落也就是在此期间逐步发展强大起来的，并最后形成了六个比较大的分支部落，进而占据了西南地区的许多地方。因此可以说，彝族历史上的“洪水泛滥”传说，既是一次规模极大的自然灾害，更是一种远古时期彝族部落联盟制度的大分化、大组合。其发生的地方应当就是在以滇池为中心的周边地区，或是以川西盆地为中心的周边地区，或者是上述两地或多地同时发生，而多地同时发生的可能性最大。洪水泛滥灾难过去之后，笃慕便率领部分部落部民迁回到了祖先故地乌蒙山区，有的则说迁到了川西的邛崃山区。笃慕避洪难逃生地方地名，各地彝族都传说是在“木雅洛尼白”，或“兹洪尔碾白”，或“木昊鲁陵白”，而大多数地方一般都叫洛尼白。“白”在彝语中是山。洛尼白在今天的乌蒙山一带，或在川西的邛崃山区。不过，洛尼白在哪里并不太重要，重要的是笃慕之后“六祖”分支的历史事实。唐朝时期建立南诏国的彝族王室，则认定洛尼白在乌蒙山。因此，南诏王异牟寻在仿照中原中央王朝封南诏国五岳时，就把乌蒙山封为东岳。笃慕部落在占据乌蒙地区以后，以洛尼白为中心，把统治区域又逐步扩大到今天的禄劝、东川、嵩明、会泽，乃至四川西部地区。这些地区气候温热潮湿，土地肥沃，且有丰富的铜矿资源。笃慕带领部民在这些地方开垦土地，采矿冶炼青铜，用来铸造生活用具和武器，自称“洛尼白王”，即汉文史料中记载的“邑君”。《西南彝志》《六祖魂光辉》《吴查·买查》等彝文典籍中都记载，洪水泛滥过后，阿普笃慕在洛尼白举行“六祖分支”祭祀仪式，由其六个儿子分别带领六部人群向不同的地方迁徙。“六祖”的后代们在各自找到适于生活的地方后，便定居下来，开垦土地，发展种植业、养殖业。在数十代的生息繁衍和发展中，各部又不断地举行分支。分支时，长房就留在原来的居住地，按兹、莫、毕（呗）三位一体的模式，建立起新的政权管理体制，并制作“宗（灵）筒”，守业发展。次房和庶出者，有的带领部分族人去寻找新的居住地，有的则留在原地沦为庶民。经过长期发展，支系越分越多，地域越分越广，以兹、莫、毕（呗）为统治机构形式的许许多多大小不一的部落政权遍布当时的西南彝区各地。为了扩展地盘，壮大势力，这些部落分支间时常发生相互兼并的战争。

这一时期，滇池及周边地区是汉文史籍中所记载的夜郎国以西最大的滇国。滇国东部，即今曲靖和泸西、弥勒地区，还有劳浸、靡莫两个比较大的同族部落联盟国家。这两个部落联盟国家的东南部，即今天的广西西部及云南文山州东南部，还有漏卧国和句町国。彝族史籍记载，“六祖”分支前，劳浸、靡莫两部落（彝文中记为实、勺两部落）在“拜谷楷戛”设立歌场，进行歌场招亲。笃慕去赶歌会，与实、勺等部的三个姑娘蚩以武吐、能以咪哺和尼以咪哺都产生了爱情，也与三个姑娘的未婚夫家发生了纷争，他们联合四个部落的军队，分九路进攻笃慕。笃慕抵敌不住，也联合其他一些部落与之开战。战争进行了九天九夜，双方僵持不下，最后通过和谈，对方只好承认笃慕与三个姑娘的婚姻，双方便喝酒盟誓，各自撤兵，不再争斗。

三个姑娘与笃慕结婚后，蚩以武吐生了慕雅切、慕雅考两个儿子，能以咪哺生了慕雅热、慕雅卧两个儿子，尼以咪哺也生了慕克克（慕雅克）、慕齐齐（慕雅齐）两个儿子。后来，这六个儿子分支并发展成了武、乍、糯、恒、布、默（黔）六大部落，即慕雅切分支为武部落，慕雅考分支为乍部落，慕雅热分支为糯部落，慕雅卧分支为恒部落，慕克克分支为布部落，慕齐齐分支为默（黔）部落。这就是彝族历史上著名的“六祖分支”。

由于内部经济利益所产生的矛盾冲突，以血缘关系为纽带的统一体出现了分解。“六祖分支”以后，他们的后裔从洛尼白分别向外地迁徙，各自去组建新的部落，不断开辟和扩展新的地盘，并在与其他民族或本民族其他部落的征战和融合中建立和发展了初期的奴隶制度。各分支以及没有在“六祖”系统内的其他彝族部落，都各自有自己的世系谱牒。

“六祖分支”以后，在慕雅切武部落中的额则武之世，慕雅考乍部落中的补类乍之世，慕雅热糯部落中的额类糯之世，慕雅卧恒部落中的密雅恒之世，慕克克布部落中的布体妥之世和慕齐齐默（黔）部落中的默阿德之世，滇国派人到各“六祖”部落施令，要他们每月各“缴牛三十头，铜三十斤，布三十匹”，作为上缴给滇国的租税。武部落的武堵阿荣在益纳根几（今曲靖）听到这一消息后说：“要照办是不行的，要把他们要的这些东西都藏起来，决不能让他们拿走。”并把滇国派去的差使杀死在罗吐山下面。于是，“六祖”部落便与滇部落发生了冲突，从而使滇部落与“六祖”部落长期的联姻关系破裂，“六祖”各部落只好在自己内部联姻，并进一步向外迁徙。

武、乍二部从东川、会泽一带迁移出后，分别向今天云南各地迁徙发展。在迁徙过程中与“赫族”“耐族”和本民族的“举部”等发生征战，占有了他们的一些耕地、城池以及牛马和羊群，并把这些部落的人掳来做奴隶。武、乍二部是在西南地区迁徙最广的两大部落，几乎遍布彝区各地，有的渡过金沙江进入四川，直至“能沽城”（今四川成都）。

糯部从慕雅热传到第七代额阿糯时，从“佐雅纪堵”（意为出铜的地方，即今东川一带）迁到“洛补红崖”，即今曲靖与昭通相邻的地方。之后又辗转到了“窦地甸”（今昭通坝），再由“窦地甸”渡过金沙江，进入“巴布”（今四川凉山彝族自治州的建昌、雷波、黄郎、波卜等地），沿袭为凉山州彝族的一支重要群体——“曲涅”。

恒部在向滇东北一带的迁徙过程中首先征服了这一带的“濮人”，随后分为三支，一支在“窦地甸”（今昭通坝）定居下来，发展成为后来的乌蒙部。一支经由今贵州西北部的毕节地区渡过金沙江，进入了四川南部的永宁（今叙永、古蔺一带），发展成为后来的扯勒部。一支在由云南昭通渡过金沙江后，沿美姑河北上，最后到达今凉山州各地，成为后来凉山地区彝族又一支重要群体——“古侯”。

布部始祖慕克克传至第七世阿德布时，势力大增，因而被称之为德布部。德布部迁徙到“古苦阿格”（今宣威）时，与“濮人”发生了冲突。冲突中，阿德布联合默（黔）部，向“濮人”大举进攻，攻占了“濮人”的15座大山。德布部便由此向四方进一步扩张：东南部发展到“录录阿格”（今贵州普安），北部发展到“纪俄格”（今贵州威宁），其后裔后来发展成为贵州西北部和云南东北部一带的乌撒土司，名声大振一时。

默（黔）部原来居住在“楚吐”（今云南北部），后来发展到了今贵州的大部分地区。所以当时默（黔）部的彝族人说：“日月所照之处，尽是德施氏的彝人所属。”有些夜郎自大之味。在慕齐齐第十一世孙默阿德时，传说其妻妥雅尼怀孕中曾吃了一头活牛，生其子德阿施。德阿施长得五大三粗，腰圆膀壮，声如牛吼，力大无比，是彝族历史上有名的大力士。丘北县的彝族阿细（阿西）人称德阿施为“若氏阿卜”，意为“独儿子老祖”。传说德阿施力大无比，能将砍倒的一棵大松树，不修枝，不砍断，就扛起回家。德阿施长大以后，率领部民四处征战，攻占其他部落的土地，并在部落内建立起了严格的租税制度，成为名声显赫一时的德施部。其部落的大将阿纳笃节和阿仁带等征服了临近的“赤家”“佐洛举家”，占领了4座城池、5条河流。后又征服了阿底、阿总、布宜、麻明4个部落，还征服了金沙江南岸的9姓“憛族”和麻纳穆古根的八百姓“沙诺人”、八百姓“白谷人”、九百姓“阿佐人”。无数“白洛举人”的城池、山河、人马都被阿纳笃节掠夺殆尽。阿仁带也为德施部攻占了许多地方，其中最著名的是对“妥落家”之战，掳掠了“妥落家”上万头牛。

德施部的后裔后来发展成为东川的阿于歹土司，并和镇雄的芒部土司、贵州的水西土司和普安土司一齐被誉为四大著名土司。他们中的一些部民进入了广西西部和今文山州广南县和富宁县北部，后来大都融合到壮族和仡佬族中。

笃慕是彝族历史上最有影响的领袖人物，许多地方彝族都视其为人文始祖。他生活的时代在武洛撮之后。

据彝文古籍《洪水灭人宗》记载，笃慕出生在“笃弥”地方，他有两个兄弟，一个叫笃慕举，一个叫笃慕舍。三个兄弟说：“平日不种地，饿了无粮吃；平日不制衣，冷来无衣穿。”所以，“笃慕三兄弟，扛三把锄头，把能种的地都种尽，不留下发丝地。独眼弥觉神知道后，到天上向天高尊策举主告状：‘笃慕三兄弟，到处耕土种地，到处放牛羊，无人能及他们。种尽了大坝，仅留羊皮地。干扰我弥公，搅扰我弥婆，我无家可归，所以向举主告状，事由都清楚。’天王策举主说：‘你独眼弥觉啊，笃慕三兄弟，平日不种地，饿了无粮食；平日不制衣，无衣御冷寒。不让他种地，我的天愿由谁来献祭？你不在犹可，他们不种地不可！’独眼弥觉神告状不成，只好忧伤着不辞而归。后来发生了一件神奇的事情。笃慕三兄弟，驾一条黑牛，带一具牛枷。扛着一把锄头，把策举主的庭院草地也全耕完，兄弟你唱我随。天庭的金甲老人看见了，就高声叫停：‘这地种不得！’叫声刚过，被耕挖过的地便很快恢复了原样。笃慕的两个兄弟看到后都很恼火，便带着弓矛利剑守候在地边，想看个究竟。到了半夜三更，金甲老人穿着红衣裳，手持铜锡棍，来到地边自言自语地说：‘此地非耕种地，也非放牧场。过去的日子，它是策举主的庭园，并非茅草坪。它是策举主的祭祀场，是赛箭术的场地。此地种不得！’笃慕的两个兄弟听了后仍怒火不熄。笃慕举拿着弓箭，笃慕舍手持利剑站立，就要动干戈。此时的笃慕听过金甲老人说话后，已知其中的原由，就对其两个兄弟说：‘我的好兄弟，你俩千万莫动手，那金甲老人手持的铜锡棍，是受高尊的派遣，来恢复被犁过的地面。他是策举主的忠臣。耳听明千里，锐眼透四方，你俩别动手。’金甲老人听见了，也开口说道：‘一母养十子，十子十样心，贤良修养人，除笃慕无人。’说完，就匆匆回天庭报告去了。在天庭，高天策举主听了金甲老人报告后，没有言语，只是满脸堆笑着”。

但是，笃慕的两个兄弟仍然心不甘，起了报复心，在夜间带着弓矛利剑，到天宫去把策举主的千里马偷走了。天亮后，牧马奴阿戈不见千里马，就慌忙到处去寻马。阿戈找到东方，东方树木繁，树上栖着鸟。向鸽子打听：“举主千里马，不知落何方?”鸽子回答说：“我也不曾见。”找马到西方，西方石头多，石多兽也多。向麒麟寻问，麒麟回答说：“所有的兽类，以虎豹称王；所有的禽类，以雁鸿称王；所有的人类，以君臣为首；我不曾看见，连马脚迹也不见。”阿戈找到扯扯地，向水獭打听，水獭说：“马气喘吁吁，从此处渡过，你们去问罗汉松。”牧马奴阿戈又去问罗汉松：“用好话问你，策举主的千里马，还有没有活着?”罗汉松回答说：“不管策举主的马，还是府署马，别向我打听。”牧马奴阿戈走进树林里，诅咒了罗汉松一通：“所有的树木，单伤罗汉松。伐松锯无穷！罗汉松无油，麂踩蛇来盘；罗汉松无稍，有稍也弯弯；罗汉松无花，有花也被吃掉，所有的坏事都让你挨着！”牧马奴阿戈，到处寻找马，到濮佐濮甸，有两丛蒲草好比芦笙管，生长在路边，牧马奴阿戈问蒲草：“策举主的千里马已经丢失了，到了你乌蒙地，格会有音讯；到了赫恒地，格会找得到?”两丛蒲草说：“昨晚上三更，不知是策举主的马，还是署府的马；笃慕几兄弟，不栓马缰绳，牵着马尾毛，从天庭下来，我亲眼看见！”牧马奴阿戈找到笃慕兄弟家里说：“常言说得好，在大道上，主人寻畜迹；在深山林间，猎狗跟兽迹。策举主的千里马，被你笃慕兄弟盗，我从天庭下来，向你们讨马！”笃慕兄弟说：“前天大晌午，我们牵一头黑牛，扛一把锄头，到策举主的庭园去耕地。策举主差使金甲老人，还原了我们犁过的土地，还扬言说那地种不得，留下话给我们。”

笃慕兄弟又说：“天人和地人，就怕有怨情。策举主的千里马，不系马缰绳，牵着马尾毛，确系我们盗。”

牧马奴阿戈找到马，赶着马急速返回天庭禀报策举主去了。

神奇的事情一桩又一桩，有个披金袍的老人，背着青口袋，说他能度量虎的威力。他对笃慕说：“你们也做青口袋背着。兽多无其主，都住在山间，你们去捕捉吧，兽肉不大肥，也不大可口。笃慕你呢，我不向你要兽腿好肉，我只需要鹿熊肺胆，鹿熊肝肾，拿回去给父母服用治病。”

“笃慕贤良有慈心，取来鹿熊肾肝胆肺，送给金袍老人。金袍老人说：‘乾坤两地人，官府都一样，用不着食用这些兽肉，你留着给你的父母滋补身体吧。’金袍老人说完话，随即就回天庭向高天策举主禀报去了。在天庭，金袍老人向高天君王禀报完后，又与君王商议了人间事。”

“商议后，天庭乾君坤王差派天使阿匹额索，叫他骑着鹰翅龙马，驾临到凡间找能人。来到‘笃弥’，见笃慕正在樱桃林中拾柴。阿匹额索对他说：‘我的龙马鹰翅，正在骑用中，有一根翅羽飞落了，坠落在这樱桃树林中。我已经找到了，但没有热血，无法接生还原，向你买一小滴血救济行吗？’笃慕爽快地回答说：‘阿匹额索啊，莫说一滴血，要肉我都给！’阿匹额索说：‘贤良的笃慕呀，我不是真的来要血，策举主差我来这人世间，探寻能言善管，精通历史和天文地理的人才，有幸遇上了你。实话告诉你：天君地王商议好了，天地人合建皇天，制造地裂泛洪水。你自家动手，挖凿一个樱木桶，要做得很牢固，你躲在里面就可避难。阿匹额索说完就飞走了。”

“翌年的同一个时候，大地的四极，海水四边通开，洪水从四方起，地龙四方堵，水面的鸭头顶着天，山顶的鱼吃松针，山顶的獭吃松果，蝌蚪游到了天边，龙在摆着尾巴。大风狂吹，漫天雷雨，水漫溢深谷。天庭三太子见到这一情况，禀报天君说，大地的四方，有生命的都已经死了，有血有气的虫鸟都被淹没了，只剩有笃慕一人，造桶避难，落居在洛恒博山上，孤苦伶仃的。”

“天君策举主，差人去查看虚实。差使站在高处往下观看，有生命的死了，有血气的都被洪水淹没了，果然是事实。急忙转回去，向策举主报告：世上人间，有生命的只剩笃慕一人了，他独住在米雅恒博山上，海水浪滔滔，继续在涨潮，情况真是这样啊！”

“笃慕在洛恒博山上，独自不言语，摘东边野果，食西边树叶。会动的消失，有命的单见到鸽子。白尾的鸽子，飞到地边垠，雾霭布得紧，雷雨不停息；太阳无光彩，月亮也失色；天一片混沌，地一片昏沉；禽鸟难穿过，成这般光景。白尾的鸽子，朗鸣了三声。三声过后，太阳开始显辉，月亮逐渐现明；接着又阳光灿烂，月光明媚，大地明朗朗。大禽雄鹰星到了天庭，白尾鸽请它捎信去天宫，找策举主报实情：世上人间，凡有命会动，有血有气的都匿迹了。只剩笃慕他，闷居洛恒博山；洪水流不止，水位逐渐落，只有他得救。至尊策举主，差使苟阿娄，来到天南色吞湖边，用铜堵洪水，用铁锁水源，堵住了沟渠。又到了北方，在德僰帕那勾，用铜堵断水，用铁锁洪水。水流入地下。又去到东面。在古笃鲁依海，用铜堵断水，用铁锁洪水，引水到地下。在大地四方，开通了水道，洪水慢慢消，呈现了安静。日月像神鸟旋地，循环相往来；日光照乾天，月光照坤地，大地一片明朗，天地一派清新。高天和大地，昼夜即分明。”

“笃慕孤独苦恼之时，天君策举主派三太子去看望他。一路上，三太子的龙马像脱缰失控一样，向洛恒博山上急速飞奔，很快就到了笃慕的住处。笃慕问三太子：‘你是什么人？’三太子说：‘我从很远的地方来，找我的龙马来到这里。现在我问你，打算去何处啊?’笃慕回答说：‘高尊的策举主，降下了灾难，洪水朝天，万宗灭绝只剩我笃慕一人，来到这里孤单居住。’三太子说：‘笃慕呀，你一个人在这里，第一没妻室，已经是够苦恼的了，孤孤单单的，无人帮你忙，我是来帮你去找家室的。十天以后，策举主要在贝谷凯戛举行天地间的歌舞会。你就去赶这个歌会吧。’笃慕说：‘没有好衣服，不便上歌舞场。歌会是去不成了。’在这要紧关头，天地间有个善良人，把自己的龙筋袍脱给笃慕作打扮，再给笃慕披上白银披毡，还把金扣夹衣战袍也脱给笃慕套上。把笃慕打扮完美后转身就走了。”

“歌会那天，笃慕骑马去赶会。来到天地的中央，没有随从和亲眷，心里有些胆怯。然而他还是壮起了胆子，赶着祭天地的马牛，献帝君的猪羊贡物向前走去。不多一会儿，三太子也赶来欢迎笃慕。请他到歌场宴会座位入座，杀洁牲款待笃慕。吃过招待饭后，又请笃慕在歌场上席就坐。太阳行左方，名叫尼额弭被的东帝之女，骑青顶羽的鸿鸟赶来到歌场。月亮行右方，名叫能额弥多的南帝之女，骑着紫色翅的大鹰赶来到歌场。满天星斗，名叫吞额偶吐的西帝之女，也骑着花虎赶来到歌场。歌舞场上，大家牵着手扯成圈，跳了三折歌舞后，坐到歌场边对唱。”

“三太子出场讲话说：‘在这贝谷凯戛，举行天地间的歌舞会，艺才汇集，论歌舞艺术，无人能与笃慕高攀。这位笃慕呀，身材高大英俊，伟岸如高山之青松，俊俏似翠柏，着装如此的适身美丽，言语优雅动人，冠带如此的威武。在这么多的骑士中，无人超过笃慕的骑艺，并对东、南、西三帝之女说：‘你三位良女，要好好陪伴他，如凤一样地歌舞，看上了就向她求婚。’举额老人也出场说：‘在这贝谷凯戛，来集会挑选官人的姑娘像雁一般美丽，还有如鸿一样俊秀的小伙。婀娜漂亮的姑娘，花虎样苗条的小伙，要组合起来歌舞，似露珠一样表演精华。七宫中仙女，六宫中神男，成双成对出场歌舞。要跳起来合谱，要有笑容，成对的歌舞。水牛和老虎，互相比高强。出场上演的，笃慕艺术名列前茅，人才最俊美，就像象牙筷，姑娘中的好人才，可向他求婚，配如意婚姻，缔结好姻缘’。”东、南、西三帝的美丽公主，都爱上了英俊潇洒的笃慕，都成了他的妻子。“笃慕带着心爱的妻子返回程。来到了天地漩涡地，以牛祭大地，以羊祭政权，以公鸡祭帝星，如此还愿信。慕阿洛恒博一带，成为了他的领地。”

笃慕站稳了脚跟，逐步壮大起来之后，又因势利导，审时度势地向外征战扩张，不断开疆拓土，并制定了安邦治国八项法则，统一称雄天下。

三、人文运年时期的教化

据彝文古籍《阿武氏族史》记载，古时彝族氏族部落国家中，有崇拜太阳的“白国”，有崇拜太阴的“黑国”，还有崇奉人皇的“皇国”。在这三种不同崇拜的王国里，教化师的装扮也不一样。太阳教化师使用的是白色的教化铃，以白色来装扮，传承太阳国文化；太阴教化师使用的是黑色教化铃，以黑色来装扮，传承太阴国文化；人皇教化师使用的是皇师皇铃，以黄色来装扮，传承皇国文化。

彝文古籍《三教体系》记载说，全民教化以祭祀为主要形式，君主、首领、族长等是主祭人，呗耄（毕摩）以仪式掌堂。为了便于教化部民，古代彝族学者耄史根据祭祀的具体仪式，将其以文学艺术的形式进行广泛普及，让部民在喜闻乐见中寓教于乐，进而长久地沿袭传播下去。这样的传播是靠一代代世袭的圣师长期传承的。如圣师尼载载的世系是：尼载载——载载妥——妥阿尼——尼补舍——补陀尼……这个世系后来发展成了巴蜀文化。举俄局是点苍山一带的圣师，他的世系是：举俄局——俄局吐——吐弥慕——慕德——德僰……这个世系后来发展成为古滇文化。武局朵纪也是一位著名圣师，他继承了恒史楚圣师的天文知识，发扬了特乍木圣师的地理文化，创造了一套乾阳坤阴和人文文化相结合的理论，创作了许多集经、史和文学于一体的祭祀诗文，以教化的形式来维护君王的政局江山。

人文运年时代，彝族先民在经济社会发展中不断完善了宗法典章制度。《治国论》《天文十条》等重要的彝文古籍，就是初创于这个时代。《天文十条》说："策举主大帝掌大权，宝座高坐，彝人相安无事，不会出现逆乱。一知开天文，二知天下事，三是天兵帅，四是天昭明，五要天耳聪，六要天善言，七要天善思，八要天柱支，九要天权松，十要天管灵。"《治国论》说："君有万岁权，治国先布道，安邦宜有法，君民同一体。民若没有君，民政无以司；君若没有民，君国无以治。君如春之日，民似春之禾；春日暖融融，春露润滋滋，禾苗茂青青。秋日凉幽幽，霜降草木枯，枯草乱蓬蓬。君令如秋霜，君政难以司，国之将危矣。司政治疆土，政善国基稳。贤者为君王，能者为臣民。若要民有君，君令必为民。万物天地恩，万民君臣恤。"

《治国论》还说："国君掌大权，治国和安邦，要的是稳定。君民同一体。国之无君，全民无首；国之无民，国家无人守卫。君像当空的太阳，国民如地上的青草；春情润滋滋，朝露养青草，禾苗青爽爽。秋晴混浊浊，霜降草丛枯，禾苗光杆杆。君贤如春时阳光，君民万世和；君庸如秋时令，君政乱，无民守国家。掌权治天下，治国靠掌权；贤者居官位，愚者行贡赋。君令施不灵，国之无有统；君民不团结，国民如散沙。万物生衍靠天光，天地照得远。当春播的时候，切莫误时机；在收获的时候，莫失去良机，失去机会就贫苦。用权莫松散。用好权，臣民敬仰你的威信，诚心为你守卫好国家。国民的力量如下坡的流水，奔流不可挡。古时的圣君，是这样训言。无论任何一个大小国家，国法定十条：一要写好国志，二要精明国家事务，三要精兵强将，四要防范好国家安全，五要做好信息沟通，六要做好讲解教化，七要心系国家，八要重视国梁栋材，九要掌好国家政权，十要天下太平。国君十条令，若不遵照行，君令施不灵，国防无从守；若是遵照行，就是国君的手足。世间的彝人，每个诸侯和列国，都不会出逆乱。国法此十条，遵依的君王受国民敬仰，遵照的氏族定昌盛。"

彝族古代法律可分为成文法律和口头法律两类。成文法律是官方颁布的法律文书，通过国家政权强制执行，男女老少都要知晓、背诵，并严格遵守，不得有违。口头法律主要是靠教化在民间传播。彝族古代法律既有残酷性的一面，也有道德性的一面，一般地说，法律与道德是相辅相成的。法律上禁止的，道德上也不允许；道德上不允许的，法律上也要禁止。彝文古籍《武溢纳恒索》中记载了夜郎国的二十条法令：

第一条　凡偷盗者，砍手指。

第二条　凡行骗、抢劫者，挖眼。

第三条　凡不孝者，罚；重者，剥皮。

第四条　凡集众谋反者，一律处死。

第五条　必须缴纳租税，凡违者，没收土地、财物，重者，坐牢，直至处死。

第六条　凡诸侯每年必献美女三十，违者坐牢。

第七条　凡出征时哭泣者，先挖左眼；再哭者，挖右眼。

第八条　凡违君令，议论君长者，发兵讨伐之。

第九条　婚姻自由。凡违者，轻者教育，重者砍头。

第十条　凡每年十月初一，臣子为夜郎君长祝寿，违者，轻则坐牢，重则斩首。

第十一条　必须认真耕牧，确保丰收。凡交瘦猪、瘦羊者，以人为抵，终身为奴。

第十二条　战争年代，男子可娶三妻。多子多孙多男儿者，奖大牛一头，田三块。

第十三条　凡战俘，均安家分田，同为平民。若不从，乃至逃跑者，处死。

第十四条　各种典籍，均由呗耄掌管。凡私藏歧书者，严办。

第十五条　兵将不准偷盗、抢劫、逃跑、卖主，凡违者，处死。

第十六条　将必须终于君长，切勿乱言，违者用刑。

第十七条　兵将作战必须勇猛，不怕死，溃者、逃者，斩首。

第十八条　厚葬、厚祭英雄。箭自胸前穿者，为英雄；自背入者，为逃兵；临阵脱逃者，射死。

第十九条　将帅之责，为领兵、打仗、严军纪。打胜仗者，论功行赏；打败仗者，将帅处死。

第二十条　内奸，砍手脚、挖眼。

这二十条法令，不仅在《武溢纳恒索》一书中完整保存下来，还在民间发展演变为民众的一种习惯，一直流传下来。

彝族先民特别重视祭祀祖先，不仅仪式隆重，祭文还要写得好。祭文代代相传，歌颂先辈创业者的功德，以祭文树先贤们的光辉形象。同时利用祭祀仪式，传播伦理道德观念，进行社会教化，凝聚社会民心。据彝文古籍《文明人的祭文》一书记载，在名为安吐特克的地方，一个叫笃额益直的人去世了，在安吐三望坪祭笃额益直。举行祭祀仪式这一天，左边设三十个火塘，右边设六十家座坛，每坛灯火辉煌。

默佐省纳氏族的德楚赫保过世时，在默佐省纳地方举行葬礼。“开祭这一天，敲锣又打鼓，惊天又动地，造成南岳匹能博名山三年不见鸟飞来。为了祭葬举行仪式，孝子祭慈父，孝媳祀姑婆，贤孙祭祀祖，如此兴礼仪。”

有个叫阿亨岳朵的氏族首领在年初生病以后，身体像下弦月亮一样，一天天瘦弱下去，一天不如一天。临终前几天，他把妻儿都叫到跟前，立下了遗嘱：死了之后，要通知东方的武陀尼部前来悼念，若是不来，就不能举行仪式。要通知西方的洛举部前来悼念，若是不来，就不能举行仪式。阿亨岳朵逝世后，家属谨遵遗嘱。东方的武陀尼氏族接到丧讯后，率四大豹子队伍前来悼念；西方的洛举氏族接到丧讯后，领四大豹子队伍前来祭奠；中部的阿德毕氏族接到祭祀日讯息后，也领四大豹子队伍前来祭悼。这一天，九氏族都按同样的礼规举行祭祀仪式。什么人死后披虎皮，什么人死后不用虎皮，也遵循阿亨岳朵给妻儿们留下的遗嘱，一代代流传下来。“人丁如天星，凝聚如湖泊，是靠治则来形成，是靠祭祀来团聚。祭祀祭虎将，是悼念死者，悼念颂功德。”

彝族先民流传后世的“祭文”，一般是以诗的形式写出来的，内容讲哲学、讲历史、讲治国理念、讲道德教化等。以下是其中的几篇祭文摘录：

> 树梢雁鸿位最高，青草怕霜雪。六祖氏族得盛世，先世称天人。圣师史楚最圣明。讲白云论黑雾，理论永久传。到了鲁歹的时代，天君临山头，如松柏天柱长青。天君涉深水，知识如海渊博；传古之道，教化后世文明。祭祀用牛牲，教化天下民，诸侯有光辉，古人称天人。

> 布举布铺，身材高大，言词清晰，名扬天下。继古人掌权，是部落氏族的骄傲。穿上大礼服，戴上顶须帽，挎着神箭筒，威武雄壮，知识渊博，真是文武俱全的贤能人。

> 余佐阿能，身挎神箭筒，头戴神威帽，手持神扇子托和权杖读吐，掌堂祭祀作教化。大纳布约协助他打牛杀猪牲，树起了先世神像，他设置的祭场符合天地配局。

> 布太阿朵先到天柱脚下奠献恒史楚圣师，再去地柱脚下奠献特乍木圣师。布太阿朵的神箭筒配有银白的大刀，代表着天神；披着金乌羽袍，金袍显日月，金

光银光闪。手中的神扇放银光。打扮成呗耄形象，继承教化事业。树彝人的志气，显彝人的威风。生在天地间，按天经地义来做事。

在天地间，管天下者为君，国民听君令，经天又营地，立下永久的伟业。封天下诸侯，建永久基业。像苍天一样明朗，如大地一样丰富。德歹是臣邑，阿慕居中央。布太阿朵有造诣，理论诗文无所比。德氏族用九块金子，铸造项链和金镯。举额氏族用三块金子买绸缎作王袍。良师诗三段，阿迭阿朵作把关，文人心圣贤，德娄来继承。为了天下的文明统一，必须发展教化事业。

第七节　“六祖”分封与七国纪年

约在公元前837年（西周晚期），笃慕成为彝族历史上的“人皇首帝”，开创了彝族历史上的“六国分封”时代，这一时期相当于中国历史上的春秋战国时期。

在彝语中，“笃慕的“慕”是“天”的意思，“笃慕”即替天行道而得天下之意。传说的神话艺术中，笃慕是一个具有超凡能力的神人，他熟知宗族的根，能辨清历代世系的枝叶，深谙日月和时辰气候，知道历史根本，通晓彝族经文典籍……他设计服饰，作为区分等级的标志，并以标志旗号统领氏族。

据彝文古籍《笃慕娶妻》记载，笃慕有三个妻子，长妻是沽色尼之女额弭被，生慕阿切和慕阿考两子；仲妻是诺色能之女能额弭多，生慕阿热和慕阿卧两子；季妻是布色吞之女额偶吐，生慕克克和慕齐齐两子。三妻生下的这六个儿子，分别封为六个诸侯国国君后，成为彝族历史上著名的“六祖”。

六国分封，原本是分封后各自为政，但布侯却以“昼夜皇国”之君的名义，派遣其大臣佐巧拉，到天下四方征收赋税时，肆意加重其他侯国负担。到南方收绸税，加重九匹绸；到北方收锡税，加重锡九驮；到中部收税，加重六条牛；到武侯国地盘，强掳武堵阿约氏族，遭到强烈抵抗，武部戈矛如火把，诛杀阿采作六将。从此，布、武两部结下了仇，断了国侯的关系。

关于六国，彝文古籍《点苍国以天象布局》记载，六国分别为：一是武侯滇国，即“堵吐弭国”，其中又分为东部“武舒”、中部“武额”、西部“武阿洛”三大武部氏族，属于六部中的武部。二是乍侯夜郎国，即“楚哪蒙国”，是六部中的乍部，内部统治不严密，其中还有11个小氏族，每个氏族都有自己的君长。三是糯侯蜀国，即“峨眉洪所国”，其中有三氏族，是六部中的糯部。四是地在乌蒙山东麓的吐主录卧国，是六部中的布部。五是地在乌蒙山西北麓的阿默德施国，是六部中的默（黔）部。六是地在乍乍武勾的中央皇国，属于六部中的恒部，是六侯国的政治、经济和文化中心，处于今云、贵、川结合部地区，彝族先民把建在中央地区的诸侯国称为“天国”或“皇国”，把中央以南地区的诸侯国称天南孟国，中央以北地区的诸侯国称地北仲国。“六祖分封”以后，各部（国）在发展中又分化出许多大小不一的氏族部落。在保持六部（国）基本根基的同时，情况发生了很大变化。

战国末期，笃慕分封的六部（国）逐步走向衰落，最终先后被秦、汉所灭。

相关彝文古籍记载，约在公元前837年，笃慕登上君王之位，以“笃弭”（笃慕住的地方）为中心，划“三界”“四极”而封“六侯”。天南、地北和中央为三界。四极指东抵洞庭湖，西括洱海，南至交趾，北至汉中。天南孟国封武、乍二侯，号楚、吐，楚，即楚哪蒙，是乍侯牂牁国的封号，也被称作黑夜太阴星王国，史称夜郎国，今黔西南、桂西和滇东南部分地区是其封地；吐，即慕吐铺，是武侯滇国的封号，亦被称作白昼太阳星王国，今云南大部分地区是其封地。地北仲国分糯、恒二侯，号洛、博，洛，即川，是恒侯巴国的封号，意思为大川峡谷之国，今川东部分和重庆市一带是其封地；博，即峨眉大山，是糯侯蜀国的封号，今四川极大部分地区是其封地。中央季国分布、默（黔）二侯，号实溢、诺濮。实溢，即源流，是默侯黑臣国的封号，乌蒙山西北麓是其封地；诺濮，即发祥地，是布侯白君国的封号，乌蒙山东南麓是其封地。布、默二侯，以南北国的结合部乌蒙山为封地，称“中央皇国”。六国周边，洞庭湖以东有大青苗国，洱海以西是大山人国，汉史所称的白狼、氐、羌，是古彝语称谓的汉字配音，即强弩精箭的西部大山夷，聚居在今青、甘、藏东部地区。汉中以北是啥哪蒙汉国。交趾以南是啥吐越人国。

六侯国的开国君长，彝族奉称为“六祖”，皆源于笃慕同宗。彝文古籍《十二堵侯地理分布》记载，慕阿切是武侯滇国君长，系武侯滇国始祖，治所在杜吐比毕（今云南曲靖），后迁晋宁，点苍是武侯滇国的西侯治区。武侯滇国之前的“尼偶旧国”（即古梁州地）改封，之后又演变为“溢纳格纪”等。慕阿考是乍侯夜郎国的开国君长，治所在苦朵可乐（今贵州赫章一带），今贵州贵阳和安顺一带是其东侯治区，今云南永宁和贵州遵义是其北部辖区，今广西南宁以西，贵州兴义及云南文山州东部部分地区，是其南侯治区。乍侯夜郎国的主体民族能工巧匠多，工艺精，因此也被称为“乍葛国”，汉语译“牂牁国”，境内的“乍葛溢”也就是牂牁江。汉文史志中的“葛、仡、革、古、贡、鲧、甘、僚、濮”等称谓，都是对古彝语的汉字记音，皆属崇拜圣艺师苟阿娄和葛阿德的“苟葛”“葛摩”“纳苟”等氏族。因此，郭义恭在《广志》一书中记载说：“僚（葛摩演为仡僚）在牂牁（今贵州西南）、兴古（今云南文山）、郁林交趾（今越南北部）、苍梧（今广西中西部）。”

慕阿热是糯侯蜀国的开国君长，治所在今四川峨眉和成都一带，其内还有属国白马。糯侯蜀国的君长世系是：一世慕阿热——二世热阿佐——三世佐阿武——四世武阿维——五世维阿拉——六世拉毕朵——七世毕朵额——八世额麻博——九世麻博仁——十世仁阿德——十一世德鲁歹——十二世鲁歹偶。后被秦所灭。汉文史籍《蜀王本纪》记载：“周慎王五年（公元前316年），秦大夫张仪、司马错，都尉墨等，从石牛道伐蜀，蜀王遁走，死于楚雄鹿山，开明氏（即慕阿热氏）遂亡，凡王蜀十二世（十二世名不清）。”《华阳国志》记载：“开明立，号丛帝。从帝生卢帝，卢帝攻秦，至雍，生保子帝。帝攻青衣，雄长僚僰。九世有开明帝，始立宗庙，以酒曰醴，乐曰荆，人尚赤，帝称王。时蜀有五丁力士，能移山，举万钧。每王甍，辄立大石，长三丈，重千钧，为墓志，今石笥是也，号笥里。未有谥列，但以五色为主，故其庙称青、赤、黄、黑、白帝也。开明王自梦郭移，乃徙至成都。”《路史·余论》也说：“开明子孙八代都郫（今四川郫县），九世至开明尚，始去帝号称王，治成都。”

慕阿卧是恒侯巴国开国君王，治所在溢蒙洪所（今重庆），以长江流域为之封地，号“溢蒙主姆国”，“溢蒙”的彝语之意就是大江。其因地处长江岸边，境内都是重峦叠嶂、峡谷大山，而有“巴博（大山）弥”之称，汉字记音简称巴国。

长江上游以北的西、中、东三域，于公元前316年被秦占领征服，长江以南的苴侯（在今四川叙永一带）、葛摩部（在今贵州遵义一带）分别归附了中央皇国和夜郎国，他们承袭了扯勒氏部落君主世系的血脉。

中央白国治所在妥濮欧博（今云南宣威和贵州威宁一带），号“吐主禄偶”，慕克克是其开国君长，承袭慕克克及其后来的“古苦格”和“纪武格”世系血脉。苴侯地属其辖区。

中央黑国治所在周吐洪所（今云南东川一带），号“禄租录卧”，慕齐齐是其开国君王，今云南巧家至四川宜宾一带是其辖区。

六祖分治以后，彝族实行了更加严格的君长承袭连名制，并都被完整地保存下来。这一时期实行的七国纪年，就是由六国之后发展形成的七个重要王国的君长承袭世系编制出来的。七国依次为：天南阿姆卓俦氏族首邑皇国、慕阿切武氏族滇白国、慕阿考氏族楚哪蒙夜郎国、糯氏族地北蜀国、恒氏族溢蒙主姆巴国、慕克克布氏族中央皇君白国、慕齐齐默氏族中央皇臣黑国。

皇邑世系：乌蒙垢——垢部洪——部洪布——红布僰——僰派遏——遏温斯——斯阿仇——仇乃能——乃能杰——杰德阿娄——阿娄阿卡——阿卡乌图——乌图遏——遏翁俦诃——俦诃阿姆——阿姆卓俦——俦娄慕——慕赫哲——赫哲铺——铺阿大。共历二十代君王。

滇白国世系：慕阿切——切阿能——能阿糯——糯洛堤——堤阿舒——舒阿德——德阿余——余布乍——乍阿莫——莫阿珠——珠阿代——代阿局——局阿娄——娄阿木——木毕恒——恒阿苏——苏阿吞——吞阿余——余阿乍——乍阿海。共历二十代君王。

夜郎国世系：慕阿考——考阿布——布阿代——代朴娄——娄阿德——阿德恒——恒额哲——额哲乍——乍阿慕——慕阿匹——匹阿色——色宙道——道阿吉——吉阿古——古阿鲁——鲁撮笃——笃姆姆——姆恒益——益阿德——德宙氏。共历二十代君王。

蜀国世系：慕阿热——热阿佐——佐阿武——武阿维——维阿拉——拉毕朵——毕朵额——额麻博——麻博仁——仁阿德——德鲁歹——鲁歹偶。共历十二代君王。

巴国世系：慕阿卧——卧律娄——律娄博——博恒吐——恒吐能——能佐侯——侯阿妥——妥娄仆——娄仆付——付麻局——局律仁——仁阿纪律——阿律卧——卧阿姆——姆益侯——侯道于——道于洛——洛乌以——以姆恒——恒宙安。共历二十代君王。

吐主录卧国世系：慕克克——克迫默——迫默仲——仲鲁姆——鲁姆娄——娄阿德——阿德布——布体妥——体妥糯——糯克博——博默遮——遮阿默——默鲁洪——洪阿甫——甫斯索——斯索朵——朵古以——以阿衣——衣冒德——冒德陡。共历二十代君王。

阿默德施国：慕齐齐——齐阿洪——洪阿德——德乌舍——舍乌姆——乌姆纠——纠阿耕——耕阿洛——洛阿索——索阿默——默阿德——德阿施——施默武——默武孟——孟德朵——朵阿迂——迂俄索——索毕余——毕余勿——勿阿纳。共历二十代君王。

人文运年初期，六国分封后的彝族各诸侯王国实行的世系纪年，与秦汉时期秦灭巴、蜀，汉灭滇、夜郎的时间和史实相符。

秦、汉先后征服西南南夷地区前，笃慕时分封的六国已分化发展成许多大小不一的部落或部落联盟国家，其中主要的有武侯滇国、乍侯牂牁国、糯侯蜀国、恒侯巴国、布侯吐主录卧国、默侯阿默德施国、乍乍武勾国七国。

一、武侯滇国

滇西点苍山地区是彝族先民早期发祥地，彝语称之为“叠撮禄姆”，即“点苍国”。汉文史料中记为“滇国”，历代君王都祭点苍山，“纪堵侯”（晋宁湖）也就被称为滇池。笃慕封其长子慕阿切为武侯，其辖地大体就在今天的大理、保山、昆明、楚雄、曲靖、红河和文山州西北等地，以及贵州黔西南州西部。慕阿切君长崇奉苍天，故又称为白国。

武氏族为六祖长房。从慕阿切一世传到德阿余七世时，德阿余君长在贤臣武阿那和圣师武濮安的辅佐下，兴起了大祭祀。祭祀用两头大牛，召集部民祭献，同时编练军队。祭场用松设乾位，用桃设坤位；建雁形象权，造鸿形象政；男祖居南位，女妣居北位，后面是臣位；以额居阳位，以索居阴位。祖灵筒称“吞阿诺”，前面设君位，后面设臣位。两大牛祭祠。不修建“天祠”，建“蒙散祖祠”；不顶敬地灵，建“蒙散祖灵”。据彝文古籍《野碧落姆君长国》记载，武氏族祭天，天为白。因此，武氏族又称白夷（彝），汉话称为“白子”，国名也被称为“白子国”。白国国内分为七大氏族，各自行分封。白夷的来源，一般都是来自武、乍二侯国。其中滇池地区有武舒、武额和武阿洛三个诸侯。武阿洛分封于西部。今文山州各地彝族的祖先，在六国时期大都是武、乍两国的属民。

武阿洛的世系是：一世武阿洛、二世洛叟曲、三世叟曲凯、四世凯余洼、五世余洼海德、六世海德娄濮、七世娄濮阿女、八世阿女阿著、九世阿著阿武、十世阿著博果。武阿洛部又由孟侯恒冒律、仲侯赫阿宙、季侯首邑国三侯统领。《武阿洛君长国史》记载说："三侯九千兵，武军堵阿德、乍军冒默德、糯军吐鲁默、恒军吐鲁吉、布军哪默彩、默军费雅布，按六祖格局来编排，并由此产生了六部确舍。"之后六部又演六诏，后来南诏国的基业，以此为始起。

武舒这一氏族，源于舒阿勒。舒阿勒君长国粮食富足，国力强大。隶有九子侯，九邑九个氏族，九氏族九方国。九个儿子，个个都能行，干事有名目。武舒氏族创世源于舒毕姆，辖地左域是山区，右域是大平坝。整个区域由舒毕姆治理。相隔不几年，舒毕姆的势力更加强大起来，并自封为君长，其隶属的大臣分治各个地方。其世系是：一世舒毕姆、二世毕姆洪、三世洪戛戛、四世戛戛举、五世举哲武、六世武举索、七世武姆索。武姆索时期，兵众将广实力强大。《武舒氏族源流》记载："武姆索君长，时时刻刻在考虑如何治好国，怎样发展经济。思路明确了，集中练精兵，亲自当教官，普及到四方。武姆索君长，头上戴帽盔，战衣披身上，很会打仗，有兵法知识，是个文武俱全的领头人，刀术无人比。征战所到之处，维护好百姓。部属对他很诚心，作战拼命，做事卖力，人人信赖他，把他比作空中的飞鹰，位在万人之上。武姆索君长的政权，由姆德色继位。姆德色也贤能，治理很有方。几年的时间，管理区域内的每一个夷（彝）人地方，都呈现出了百花遍地开一样。有盛装的人群云集在山坡，人山人海，青年男女的歌声回荡在空中，处处牛羊叫昂昂，六畜很兴旺。"

武舒氏族的人很善于做学习教化工作。有个叫舒腊戛的年轻人，他经常四处游走他乡学习，博采众长。几个年头以后，舒腊戛回来了，他设宴款待乡亲们，并对乡亲们说：今天我回家了，很想做一番事业。我把出门所见识到的高师请来，为我们掌坛祭祀教化，培育贤能人，让所有的乡亲都来学习。受过教化，读过书的人，有道德观念，列好世系，传授知识文化。舒腊戛从此威望很高，其事业并由他开始传承下去。舒腊戛的世系是：一世舒腊戛、二世腊戛举、三世举格余、四世余姆社、五世姆强杰、六世强杰杰、七世古纳吐、八世纳吐娄、九世娄弭洪。娄弭洪时代，各个地方都发展得很好，流水清清，山有笑颜。娄弭洪有九子，九子住九山，九子都是贤能人，都是一方的主人。他们降服各诸侯，逢战必胜，名扬天下。天下七十二个邑，其中三十三个邑是啥吐（百越人）氏族，二十一个邑是濮氏族。

据《武舒氏族源流》记载，武舒部的王宫有十七栋银饰房屋建筑，最为富丽堂皇。辖区内最大的城池有两个，一个是南部的载禄旺邑城，街面宽而华丽，食物摊子很多，人们喜欢的东西都有，非常热闹；另一个是载柏赫禄旺，城池宽大，街面华丽，秩序很好。这两个大城是夷（彝）人举行庙祀，树氏族旗号的地方。"庙祀出征的大军犹如东风吹起，势如洪潮，人喧马嘶闹哄哄，不分昼夜。"

二、乍侯牂牁国

慕阿考开创的乍侯牂牁国，辖区大体在今贵州大部、湖南西部、广西西北部和云南东部地区，区域时大时小。下文所说的是所辖区域最大时的情况，都邑在今贵州赫章一带。

乍侯牂牁国崇奉黑夜太阴，故又被称为夜郎国。夜郎牂牁和武侯滇两国属天象南国，以昼夜阴阳星分野。太阴星随着太阳星轮回不歇，国君因此而号乍侯，其民为葛濮，国号族名合称乍葛国，汉字记音为牂牁国。乍葛氏族是夜郎王族，故将夜郎王称为“葛主”。大臣称“葛摩”，后来被翻译成了“鬼主”。这除了古代彝族笃信鬼神的原因外，也含有统治阶级的民族歧视因素。

乍侯牂牁国从开国国君慕阿考一世传到六世阿德恒时，国君阿德恒和大臣乍哲陡、圣师乍武舍一起被称为乍国“三贤”，治所在“苦朵可乐”（今贵州赫章可乐）。“三贤”用壮牛和白绵羊祭祀分封、封爵授职；整军列阵；耕牧织绸缎，打铜铸锡器，镶嵌珠宝，建庙塑偶，国力强盛，社会教化工作更加严格规范。彝文古籍《训言》记载：“乍侯国君戴日像，侯王戴月貌；光耀的日月，以天地为室，出没在天地间，聪慧在其理。心灵美德，行为好语，出自其理。贤能的人，有高贵品德。想法浅，语言薄，行为不善的人，死了都不会得一句好话；难见君王面，难受祭礼。笃慕的子孙后代，为人在世间，要有个志气，要有发展理想，要悉历史。生怕有祸患，钻研学知识。在这天地间，为人在世上，一要与众和睦，二要有孝德，三要言行一致。知识是第一，发展是第二，育后代第三。勤劳在先，文化经济在首，才有国侯的赋税。”《训言》中还记述了三种贤美人和三种卑贱人。三种贤美人：“一是语言雅美，二是行为正美，三是道德善美。”三种卑贱人：“一是知识浅薄，二是作风不正，三是思维浅见，生怕吃苦头。”一代祖行为，影响十代子孙。滔滔浪水聚海洋，一代祖传业，十代孙受益。国侯的赋税，有三个要务：“先知造福于后人，拓路修桥第二，开发山区第三。”富贵在于经济，有三级善费：“孝敬舅舅，赡养父母第一。培养子女为第二。有了基础，再行发展，富贵加荣华第三。”开销费用有三级：“婚嫁与战争、诉讼判案是第一，制造兵器第二，修建学堂第三。”

三、糯侯蜀国

糯侯蜀国在今天四川大渡河以西的广阔地区，古称“旄牛缴外”，而川西平原的成都和峨眉山及周边地区，是古蜀国的中心地区，是古代彝族先民活动的主要区域之一，凉山彝族史诗《勒俄特依》就是以古蜀国为背景写出来的。史诗中说，万物之源出于雪，雪族子孙十二种；有血的六种，无血的六种，人是有血的六种之一。彝族历史文献《宇宙人文论》在叙述天地形成、风雨产生时说：“北方以水为本”，“水从北方来”。这里的北方，是说江河之水北南流向而源头积雪的地方。在今天四川甘孜藏族自治州一带，有不少3000米以上终年积雪的雪山，山间南北向的峡谷纵列。自大渡河以西，这些南北向的峡谷间，奔流着金沙江、澜沧江、雅砻江等几条南北流向的江河，这就是“水从北方来”。

古蜀国是中国历史上最古老的部落联盟国家。唐代大诗人李白说：蜀“尔来四万八千岁”。《蜀王本纪》也说：“开明以上至蚕丛，积三万四千年。”这显然是一种夸张的说法，我们自然不必当真。但说蜀国古老，确实又是不争的历史事实。

据贵州彝文典籍记载，自旄牛徼外入居于邛之卤（卢）的孟逝，在笃慕前31世（约公元前12世纪初），即为《且兰考》中所说的殷周之世。在此之前，四川的部分彝族先民便迁到了今天汶川县以北的雅砻江、大渡河和岷江上游一带，建立起了“蜀山氏”部落联盟国家。“蜀”原造字时作“罗”，形象从“虫”。当时，人们以牧业为主，兼营狩猎和养殖，农耕业尚处于初始阶段。其最富特点的产业，是拾野蚕茧抽丝制绵。在此，古蜀国与中原的黄帝部落有了联系。《史记·五帝本纪》《大戴礼·帝系篇》都记载有黄帝的两个儿子玄嚣（即青阳）迁到今天的岷江（古称江水），昌意迁到今天的雅砻江（古称若水）。黄帝为昌意娶蜀山氏之女昌仆，生子高阳。

相传，西陵氏之女螺祖为黄帝妃，并由此时开始传说蚕丝业于华夏，这也可能是向蜀山氏学得的。后来蜀锦享誉于世，其渊源即盖宗于此。

汉文史料中所说的蜀国，就是彝文史料中所记载的糯侯蜀国。彝族“六祖分支”后，“六祖”之一的慕阿热（慕雅热）在川西建立了糯侯王国，糯侯王国的的父子连名谱一直留存下来。彝文史料中还说：“峨眉和成都，峨眉是治所，成都是政地。”所以说蜀国是彝族先民建立的，其中心在今天川西的峨眉山和成都。

“叟”是古代彝族的名称之一。汉文史料中也说“蜀”是彝族先民。汉代史学家孔安国在注《尚书》时说：“蜀，叟也。”时隔700多年后的唐代史学家孔颖达，在其著作《正义》一书中仍然说：“叟者，蜀夷之别名。”可见，汉代史学家所说的古代蜀人就是叟，而叟也就是今天彝族的先民。

蜀山氏之后有蚕丛氏。《华阳国志·蜀志》中记载：“周失纲纪，蜀先称王。有蜀侯蚕丛，始称王，死作石棺石椁，国人从之，故俗以石棺椁为纵目人冢也。”《华阳国志》中说：“有蜀侯蚕从，其目纵，始称王。死，作石棺石椁，国人从之，故俗以石棺椁为纵目人冢也。”今天在岷江上游的茂汶、汶川、理县等地仍遗留着大批的石棺葬，与古文献所记完全符合。彝文文献记载，在希慕遮之后第29代时有武洛撮兄弟12人，有11个弟兄都顺着河流迁往异地去了，唯有武洛撮仍居住在原地，兴起了祭祀祖先的活动，奠定者为密阿迭、洛撮（即彝语中的石人）。在《六祖魂光辉》中记载的“尼”（尼能）氏族与外族的纷争中，对死难者的葬俗也是用石棺葬的。

蚕从（约前800—前730年）是蜀国的开国之王。《蜀王本纪》中说：“蜀王之先名蚕从、柏灌、鱼凫、蒲泽、杜宇（望帝），是时人民椎结左衽……”

距今近四千年前的川西平原，气候温暖湿润，树木茂密，沃地千里。原先就已在川西高原上开始检野蚕茧抽丝的蚕从部族，在蚕从的带领下迁到广阔的川西平原，并很快统一了平原上的一些零散的小部落，带领部民垦荒种粮，植桑养蚕，使川西平原逐步成为农桑繁荣之地，创造出了一段辉煌的古蜀文明。这些在汉文记载中很难详细看到，而在古彝文中，则较为明确地记载了古蜀国的文明概貌，如今这些记载已从广汉三星堆和成都金沙的许多考古发掘成果中得到了佐证。

蚕从在领导部民发展农桑中，经常穿着青衣在田野间教民众种桑养蚕，劝民务农，部民们都尊称他为“青衣神”。蚕从死后，人们将其葬于瓦屋山，即蜀山，为了纪念他，把若水的一条支流称为青衣江，并先后为他修建了蜀王、川主、圣德、薄山、遣福、万安等许多祭祀庙宇，四时祭拜。《三教搜神大全》说：“青衣神即蚕从氏也。蚕从氏初为蜀侯，后称蜀王，尝服青衣巡行郊野教民蚕事，乡人感其德，因而立庙祀之，祠庙遍于西土，罔不灵验，俗概呼之曰青衣神。”后来住在雅安一带的部落也就被称之为青衣，川西曾经有过的青衣县，以及今天的青神县之名就是由此而来。

蚕丛之后的杜宇，《华阳国志》中记述他原先是今云南昭通地区一个彝族部落的首领，后来入主蜀国，征服了其他诸部落，建立起了强大的部落联盟国家，被诸部落共推为帝，号称“望帝”，其疆域包括成都以西、以南及云南的许多地区。

20世纪80年代后期，在巴蜀考古发掘中，广汉三星堆文化的发现令世界瞩目。1980年以来，三星堆发掘的面积约4000多平方米，揭示出夏、商、周时期蜀文化的房基40余座，陶窑1座，灰坑100多个，小型墓葬4座。1986年发掘的三星堆三区文化层厚达2.5米，可分为16个层位，有完整的新石器晚期——夏商周——秦汉的连续层次，为研究早期蜀文化建立了科学的分期标尺。在三星堆遗址中出土的文物中，以陶器为主，有大量的具有地方特色的小平底器、陶罐、陶瓮、陶钵、陶壶等，还有大量制作精美的饮食器和酒器，有的还上了漆。特别值得注意的是，发掘出了许多制作精美的鸟头陶勺柄和鸟头小型陶器。这些鸟头型纹饰，是当时蜀国作为图腾崇拜的器物或装饰品用的。蜀王杜宇以鸟作为自己的名字。在《华阳国志·蜀志》中，说杜宇曾化为杜鹃。在古彝文中，“杜鹃”读作“勾卧”，为古代彝族崇拜的一种鸟。在彝书《水西乌撒兵马记》中，记载有乌撒的一代君长纳周阿即自称是“勾卧”（杜鹃）之子。在《水西大渡河建桥碑记》碑面上雕刻的图案中，就有“勾卧”（杜鹃）的形象。

杜宇后期，蜀国发生了洪灾，杜宇命令从宜宾地区西上的荆楚部落首领鳖灵治水，鳖灵采用了凿、决两种治水方法，打通了壅堵的泥石，排干了洪水，治理好了水患，最后取代杜宇成为新的蜀王。水患期间，部分彝族先民因洪难而迁徙，又回到其先辈的居住地云南和贵州。这就是古夷人南源北迁，又从北返回西南的历史。

在三星堆出土的主要文物中，身材高大，鼻梁挺直，耳有垂孔的青铜人物造型完全是彝族先人的形象。尤其是那个青铜大立人，就是古代彝族首领将神权、政权、军权集于一身的“大鬼主”。而用于祭祀的那棵大青铜树，有一条龙由上往下行，则表示天与地之间，是通过神柱相沟通的，龙通过神柱降临于地，变化为夷人，也就是龙生夷人。三星堆出土的太阳鸟和太阳圆轮，与彝族实行的十月太阳历历法也是吻合的。此外，在三星堆出土文物中有7个彝族古文字，这是古蜀人就是古夷人的重要佐证。

尽管现今对古蜀人的族属还有不少分歧意见，但哪一种意见提供的史料和出土文物证据，都没有彝族所保留的文献中所述的这样充分。

彝文史籍对糯侯古蜀国的记载，与汉文记载虽然有所不同，但总体上是一致的。相关彝文史籍记载说，彝族六祖分封时，笃慕将其子慕阿热（慕雅热）封为糯侯，掌管蜀地之权，今四川峨眉是其君国庙所，成都是臣国政治中心。川西北和甘东南一带的白马是其师国治地。彝族历来以君、臣、师三界体系划区域，各封国同样也有这样“三位一体”的层层治国体系。君以庙祀统一天下民心，臣以赋税效忠于国，师以知识教化天下，推进社会文明。

彝文古籍所记载的糯侯蜀王世系是：慕阿热一世——热阿佐二世——佐阿武三世——武阿维四世——维阿拉五世——拉毕朵六世——毕朵额七世——额麻博八世——麻博仁九世——仁阿德十世——德鲁歹十一世。

七世国君毕朵额时期，蜀国国力很强。彝文古籍记载说，创世君是毕朵额，创世臣是额那，创世师是额岳。同乍侯牂牁国六世国君阿德恒时期的乍侯“三贤”一样，他们也被称为糯侯蜀国“三贤”。这段时期，糯侯“三贤”在治理侯国中，行庙祀分封，以糯为主旗，以首邑为轴心，统一所属封国各部兵马，敲铜钟代令。据彝文古籍《糯侯蜀国领地》记载，糯侯国内部“成为中心的十二氏族，四周拱卫着封国，稳步前进。强盛的祖辈，光耀着后世，得胜靠四将，强者得天下。十二诸侯，拱卫着中央，中央管诸侯。糯国强如山中虎，有七十个部族，统一为一体，以虎皮为衣，用熊皮作衣，宣示风度，称雄于天下”。

糯侯国和滇中地区的武侯滇国经常发生战争，最后糯侯国获胜，武侯撤兵。糯侯国因此扩大了势力，在“勾洪索”杀牛大祭，广辟了天下，建立了政权，天下一片平安。到十一世德鲁歹时，以阿史局为臣，博阿舍为师，出现了又一个新“三贤”时代。侯国上下，全民都是兵，处处有兵营，势强无比，威震天下。国君德鲁歹，是制胜圣君；国臣阿史局，是制胜大臣；国师博阿舍，是制胜军师。糯侯蜀国盛世时期，君民团结，结成一股力；注重才干，以伦理治国；有严密的赋税制，各地各部有主权。

糯侯蜀国以彝族先民为主导，同时区域内有不少的其他民族的部落和氏族。这样的历史不仅流传于民间，而且有彝文古籍和出土文物可证明，同时在汉以后的汉文史籍中也留下了越来越多的记录。

蜀国的“蜀”字在甲骨文中作似“虫”的形象。历史上对“蜀”的含义有几种不同的解释。许慎在其《说文解字》中说，蜀是“葵中蚕”，理由是古蜀人最早养蚕织绸。彝文古籍《六祖立国》中则记载说，彝族先民生活的东西南北八大分野内，“四方有水源耕地，四方长桑树兴养蚕”。

“叟”是古代彝族的族称之一，而蜀人也被称为“叟人”。《后汉书·董卓传》记载吕布军中有叟兵。李贤为此注释说：“叟兵即蜀兵。”孔安国对《尚书》作注时也说：“蜀，叟也。”到了唐代，孔颖达在其《正义》一书中也说：“蜀，叟；叟者，蜀夷之别名也。”这些汉文史料的记载，比较清楚地说明：蜀人就是叟人，叟人也就是夷（彝）人。明代四川沐川彝族土司夷太平的墓志铭记述其身世说：“夷之先，鱼凫支子，割封沐川。秦开蜀，绝弗通，在汉唐惟羁縻，以贵种自居其地。”鱼凫，就是汉文史料中记载的蜀国国君之一。夷太平是彝族，他的先辈鱼凫自然也就是彝族了。

蜀国时期的叟人，一部分在秦灭蜀国后融入到了汉族中，一部分则南迁到了其他彝族聚居区。张守节在《正义》中说，蜀人“国破”，子孙居姚巂（今川西南和滇西北一带）。

清末民初时期的著名彝族学者、作家余若瑔在其《且兰考·历代世系考》一书中说，自彝族始祖孟赾（希慕遮）至隆穆（笃慕），“共三十一世，世居于蜀。当周之叔世（周公辅政时期），杜宇称帝，蜀有洪水，隆穆（笃慕）又避水至南方，诸夷奉以为君”。有许多专家学者认为，汉文史料中的杜宇和彝文史料中的笃慕，不仅是同一时代的人，还有许多的共同之处，应是同一个人。

《蜀王本纪》说：“开明以上至蚕丛，积三万四千岁。”这里说的三万四千岁，明显是一种夸张的说法，我们自然不必去信它，但古蜀国的历史悠久则是肯定的。汉文史料说古蜀国的开国之君叫蚕丛，是纵目之人，而民间传说中的古代彝族君王中，也有一代是“纵目”人。“纵目”人是什么样子？四川《邛崃县志》中记载说：“蜀中古庙多有蓝面神像，面上觋礌如蚕，金色，头上额中纵目，当即沿蚕丛之象。”而真正让人们看到古蜀人形象的，是四川广汉三星堆和金沙的重大考古发现。

三星堆青铜面具，其瞳孔外凸如柱，应是蚕丛时代被神化了的祖先形象。这与彝族人把远古时期的祖先说成是“纵目”人的传说是一致的。

三星堆出土的青铜人物形象身材高大，鼻梁高直，耳垂有孔，赤足，这明显就是古夷（彝）人的造型。其中的青铜大立人，俨然就是古代彝族的“鬼主”形象。他既掌政权，又掌神权、军权。

用于祭祀的青铜树，最大的通高达3.95米，是至今为止世界青铜器中体量最大的一件。青铜树枝上有9只鸟，27个果实，一条蛟龙从上往下行。这种造型与古代彝族信仰有关。在古代彝族人心目中，天地之间是相通的，人可以借助神柱或神树上天入地。彝族自古就有很深的“龙生夷”和“虎生夷”观念，而“龙生夷”观念又属最早。那条通过青铜神树从天上下来的“神龙”，就是彝族先民的“祖先”神象。彝族人认为，人的生命、权位、福禄都是神龙赐予的。因此，彝族人在举行相关的祭祀活动时，祭祀场上类似的乾龙、神柱或神树布局是不能少的。

金沙遗址出土10件石虎，是至今中国境内发现的最早的圆雕石虎。这些石虎均呈伏卧状，引颈大张口，显得既威武又凶猛，生动地表现出了蜀人（叟人）对虎的崇拜和敬畏。

三星堆和金沙出土的文物中，还有精美绝伦的太阳鸟和太阳圆轮，表明蜀人（叟人）对太阳的虔诚崇拜。古夷（彝）人是一个十分虔诚崇拜太阳的民族，他们实行的是太阳历法。民间还流传有“三女找太阳”等许多与太阳相关的神话传说。

三星堆遗址发掘后，留下一些难解之谜，如发掘出的很多祭祀神的精美祭祀物品为什么都被砸烂、火烧，然后丢放在一个土坑里？这一点，我们从彝族传承的神崇拜观念和习俗中，也许能为破解这一疑问提供一个合理解释的可能。彝族人认为，人们用来祭献祖先神的所有祭祀品都是属于神的，祭祀完后，祭祀用的神品，连同祭祀用餐时剩下的食物，都要进行焚烧，或埋于地下，表示祭祀品已归于神所有。人无论高低贵贱，都是不能留下祭祀神品的。这样的习俗，至今富宁县的一些彝族村寨仍在沿袭着。

四、恒侯巴国

巴国与蜀国均在长江上游北岸，巴国在东，蜀国在西。

巴国始祖是“六祖”之一的恒侯慕阿卧，王国治所在“溢蒙主姆”，即今之重庆。其世系是：慕阿卧一世、卧律娄二世、律娄博三世、博恒吐四世、恒吐能五世、能佐侯六世、侯阿妥七世。之后是恒君侯阿妥、恒臣侯阿格、恒师侯阿武的恒侯巴国“三贤”时代。从“三贤”时代开始，恒侯巴国大兴土木，建氏族祖祠。彝文古籍《直侯氏族王国》记载：恒侯巴国“用两头大牛，取其骨和肉；肥壮的大牛，时过没用上。用松木设乾位，用桃木设坤位；建雁形象征权，设鸿形象征政；以额居阳位，以索居阴位；男祖居南位，女妣居北位；君位设在前，臣位设在后。建祠堂统民，行祭祀立政，政权揽兵权。诚心作祭祀，树阴阳高威，树阴阳大势。”“以天文为根本，以地理作根基”。恒治地“溢蒙主姆”，溢蒙是“治地”，主姆是“政地”。在此范围内，君、臣、师各司其职，联合治理天下。

彝文史籍《中央皇国的直侯国始祖》记载说：“太阳之威高，月亮之荣大，希弭（慕、姆）遮、希堵佐之世，是纪的根蒂。恒侯国世治‘溢蒙’与‘主姆’，主姆是治所。恒侯巴国境内有很多氏族，其中直侯氏族居于显赫地位，有祭地和治所。直侯有势力，君作施令，臣行政务，教化师主祭祀，文明教化，教化治于国。洪阿咪鲁嫁到格格洪凯，是阿妥之母。侯阿妥时代，史有三百年，溢蒙与主姆，战前作尼慕大祭树氏旗，在举筹妥凯迪举行祭祖活动，，三天祭三次。”“直侯氏族德额娄为君，德额罢为臣，德额绯为师。这‘三贤’之世，联合治天下，统帅国兵，如飞鸟一样，征服陀阿武，扩大了势力。此时的恒侯巴国，有美好的历史地位，名扬天下，如太阳威高，一代接一代，国力雄厚。臣民能干，居宅高楼，余衣剩米，遍地锦业，强人辈出。阳光普照，气象万千。”

彝文史籍《六国封域》记载："笃慕仲妻生二子，兄叫慕阿热，是糯侯（蜀）始祖；弟叫慕阿卧，是恒侯（巴）始祖。恒侯领地在溢蒙主姆，恒侯划隶三国。孟国称举足谷，基业建于西部。仲国叫恒斗娄，位于中部，季国恒谷称苴侯国，划为九部，分布于九条江，侯妥、侯能、卧毕、卧能为主要治所。巴的勾能的扯勒系妥洪苴侯氏分支，后建九个德余氏族部落。涂山一带有九部妥尼氏族，芍麻安佐有三部濮民。苴侯氏族部落有恒苴足、恒斗娄、恒阿侯、克妥娄、阿补阿大。九个部族是恒阿笃、恒阿尼、恒德娄、恒阿麻、恒咪娄、恒那舍，称嫡支；恒阿大、恒阿能、恒阿武，称庶支。巴的勾能一带德余氏九部族是：德余鲁、德余巴、德余麻、德余禹、得余渚、德余冬、德余格、德余辞、德余辉。涂山一带的陀尼氏九部族是：陀尼恒德、陀尼觉姆、陀尼热史、陀尼鲁洪、陀尼益能、陀尼阿卓、陀尼麻觉、陀尼珐黑、陀尼孟迭。"陀尼氏族是武陀尼的后裔，坤阴运年末期已发展盛极于今四川北部及陕西汉中一带。世治在今云南昭通一带的恒乌蒙氏族与苴侯氏族同是恒侯君长系始祖慕阿卧大宗分流出来的大小分支。

五、布侯吐主录卧国

笃慕分封其子慕克克为布侯，封地在以乌蒙山东南部为中心的周边广大地区，区域内部族众多，先后出现过许多大小王国。

慕克克开创的吐主录卧国自视为"中央皇国"，布氏族始祖慕克克是开国君王，开始时都邑设在今云南沾益。到阿德布君王时，迁都于今云南宣威。到俄索为君王时，又迁都到今贵州可乐的纪俄勾，纪俄勾一带产良马，其名为"纪俄勾马"。

彝文史籍《点苍国以天象布局》记载说：布侯祭先王，崇奉白昼太阳星，祭祀分封，"妥濮欧博"（今云南宣威及贵州威宁一带）是行政中心。

吐主录卧国传七世到阿德布时，改国名为"阿德布氏族诺濮吐主录卧中央皇君白国"。此后的世系是：七世阿德布——八世布体妥——九世体妥糯——十世糯克博——十一世博默遮——十二世遮阿默——十三世默鲁洪——十四世洪阿甫——十五世甫斯索——十六世斯索朵——十七世朵古以——十八世以阿衣——十九世衣冒德——二十世冒德陡——二十一世陡阿姆——二十二世姆默遮——二十三世遮俄索。

布侯王国是白彝建立的王国，统领的氏族部民以白彝为主。阿德布吐主录卧白国传二十一世到陡阿姆，为纪俄格国俄索君长之祖。俄索将都邑从纪俄勾迁到可乐，之后又传六世到态阿蒙时，其中的默氏族君长勿阿纳将其治所迁回到今云南宣威，建立起了直努谷姆国，取代了德布氏，自为君王，进而结束了慕克克阿德布氏族诺濮吐主录卧中央皇君白国的历史。

据彝文史籍《德布氏族君长创业记》载，慕克克的后世曾建立过"糯鲁歹国"。"糯鲁歹国"曾强盛一时，并统揽过大权。在其三个子国中，妥尼国出了个糯克博，身如山顶松般挺拔，建立了录卧国的五方政权，封了五方将领。政权有布局，治国有方略，如青松翠绿，似蓝天中太阳放光，国富民强。十氏族诸侯拱卫着中央，威震天下。到了俄索君长时代，治国有了新的体制，各部建军营，按地方自行武装，防范拱卫着中央。各部都有庙所，以君、臣、师三级划隶，由帝君主持仪式受封继位，世世代代有连接。糯克博的民众，推举贤能军师阿笃为头领，要他拿出措施保护好社稷江山。他在布堵大山下杀牛祭祀，左军游动如金龙，右军游动如闪电，热闹通宵。虎将强军，分东、西两路追击敌军，一直赶过东、西两河岸上。“克博氏族继任了十六代君长后，到阿施毕育，贤能的阿施毕育兴起了火葬礼仪”，福禄似金闪光，威荣就像锦帛般美好；有治国的好方略，有兵法作战；继“六祖”礼规，重视文理史诗，伦理教化，以身作则；传先祖的礼德，伦理教化，尊卑有礼，分封、婚嫁有礼乐，精通兵法常胜敌。祖强孙不弱，代代出贤能。治国有名望，所作所为如日月放光辉，全民同心同德。糯克博为王时代，天下如湖水一样平安，天君地王的福禄降临来，就像天干管天局，政局很稳定。中宫三星高照，大国有光明，心系于百姓。以麻府苦略为天下中心治所，大道治大国。糯博克之母默氏族女哪弭禄，有天父地母的福禄和威荣，胸怀大志，有天文知识，威荣大无比。有三个如虎般大将助其臂力，征服了八方诸侯。

糯鲁歹国内部分为九个子国。《笃慕纪年》记载说：“孟国的三个子国，首邑在色毕毕略、偶额堵吐和堵吐克妥名山一带，中部邑国在菊妥和舍弥名山一带，尾邑国在德妥名山一带。仲国的三个子国，首邑国在色额名山一带，世称将臣国；尾邑国在色妥名山一带，中邑国在鲁歹妥名山一带，治所在深麻俄吐。季国的三个子国像流水一样向四方分流。如虎豹般踞守大山，似草木般繁衍，政如悬崖般稳固，有鳌鱼一样的自由。”“河水畅流，鲁歹氏族的迁徙畅通，统治时限长，如江河后浪推前浪，犹如古克地的青山长绿，似崖壁久固，江山永保，继承布侯政权。”糯克博一生经历了许多困难和战争，“中部创文明，传播天下。五氏族分为十氏族，每氏族又分隶两氏族，如雁行排列，似溪水长流，世世浪滔滔。先祖糯克博，两眼巴巴，抬头望苍天，天父助我威，地母长我志！助我威和志，教化五方十氏族。建中部政权，如青翠苍松，似清澈湖水，像树梢雄鹰，有高贵福禄。从古嘎弥勾，迁治投澈芍嘎，统管芍佐一带。武举注的兵，如狼犬撵羊群，大举来进攻。糯克博以松林为隐蔽，先守阵地，像一只花豹，似一团火光，冲出阵地，后锁住阵地，一举反扑，获得胜利。声威斗志，给以重视，众将帅仕，论功行赏。血战获天下，祭所有阵亡灵，封域常驻守。虔诚求福禄，真心求富贵，求久治长安，世世承袭，代代繁昌，永久传下去。从投澈芍嘎，迁治古嘎直吉”。

“在古嘎直吉，有武乍部和糯恒部的三敌立足。先祖糯克博征服了强势三头领，命他们作氏族领将，成为牧税官，也是防御将，拱卫克博江山。国度初形成的，克博来分封：一封十氏族，十封百氏族，千封万族。十氏族十大将，十氏族十副将，十氏族十史官，十氏族十御域。官员遍布在各地，统属于宫廷。”

糯克博到了录卧国，国主莫斯颖问："你是要糯地，还是要恒地？若是要糯、两地，糯地在峨眉山和成都，恒地在重庆，你可到那里去立政权。你是要武地，还是要乍地？乍地在苦朵，武地在杜吐，你可去那里立政权。你是要布地，还是要默地？若是要布、默两地，布地在妥濮，默地在妥吐，你可去那里立政权。"糯克博说："我非徙武地，也非徙乍地；我非徙糯地，也非徙恒地；我非徙布地，也非徙默地。我本是布氏族后裔！你的喜事多，样样你占全。求你一桩事，你将一段地，卖与我如何？"莫斯颖说："卖地要金银，要铺满地皮；卖地要牛羊，要用园子量。"国主嫌克博钱少，不肯卖土地；嫌克博牛瘦，不肯卖土地。克博去借债，一清早出门，傍晚就归来，仅一个日程，回到录卧国廷，亮出了价钱，全部地盘都要买。莫斯颖说："录卧国卖给你，就是不卖这宫殿。整个妥区地盘可卖，就是不卖我这个国权。"糯克博说："说成了的生意，你不能反悔。你一旦反悔，你不怕像竹篾一样被划破？"糯克博在录卧博所杀牛祭祀，作军事部署，攻打录卧城，逐走了城民。攻打古补格，逐格氏族过江。攻打妥洛卓，逐卓氏族进山区。录卧国三氏族，先作战交锋，后成了顺民。要他们上赋，要他们缴税。在录卧博所，杀牛祭祀行赏封官，订立赋税制度，这样降服了录卧国。糯克博又在楚纠博嘎杀牛兴大祭，揭竿誓旗，统揽大权，收服了德布氏族的天下，建立起了自己的江山社稷。糯克博，寿元九十九，世纪一百二十年，是一朝名君王。

糯鲁歹国之后，"诺濮国"兴起。其王为克博，"克博有圣德，治国有方略，威日青天高。属下强将如林，千头万绪的国务民事样样做清白。身有龙体骑凤旋转，如天中太阳放光辉。爵禄是不固定的，有了国家制度才兴起了禄位，以小敬大，依等第而相统属。日光谓之威，月光谓之荣，两相彼此，得天下者即为君长政官"。

"默遮君长时代，天下大繁荣，贤能人辈出，军营布天下。在额洛博所地方，杀牛祭祀，封赏阅兵，举行大庆典。阿索君长作主宰，辖地划三域，如青山常在，如树大枝叶茂，如雁群寻找落脚地。以古克地为治。分封行治，如马备鞍套车，以灵筒配套，建默遮氏族王国。立赋税制度，布侯国十五域，统一了政权。君长隶部将，个个作武装，军民遍及于天下。按智能封爵，以名山受封。中央六大氏族，君职行政，臣职行治，贤能统庶民，贡赋献强牛，税区贡粮租，世以如此治。"

糯克博五世孙甫斯索发展甲胄戈矛，扩大骑战军。七世孙朵古以时代划"六子国"。十一世孙陡阿姆治"勒额热舍"。十三世孙遮俄索治"妥姆额地"，即"妥姆呗耄、陡娄呗耄"世家之祖，是"热卧陡娄、阿博陡娄、嘎额陡娄、珐菊陡娄"等所有"陡娄氏族"的共祖。世为呗耄，基业称师国。陡娄氏族是"慕濯"，是"珐果"粮区的官家。

据《呗勒创世》记载，"六子国"后是默德阿益创呗勒国。

呗勒国的基业宽广，经济社会不断发展。呗勒属地四处延伸，以大革（今贵州安顺）为基础建立起来，包括今贵阳市。呗勒祭祀在大革举行。大革地区牛羊肥壮，五谷丰登，百姓生活富裕。呗勒国的首府在"阿卓甸"（今云南沾益），国力富厚。国王阿姆卓俦自称是白彝君长，国号叫乍乍武勾。呗勒国属下有八个诸侯国，有的君长自称白彝，有的君长自称黑彝，他们都各自有基业，一君治一方。所有的百姓，都顺从他们，谁也不敢违令，政局稳定。君长所行之令，属下的军民，先由八氏族诸侯君长各自颁行，误传君令者挖眼珠，违者砍手。

大革一带，有从事农牧的濮氏族，苟葛氏族也不少，额氏族占多数，均属于呗勒君长行令统一治理的氏族。呗勒属下的氏族大臣，各自治理。呗勒君长的分封制度是：额氏族两臣，啥吐氏族四臣，彝氏族六臣。所谓臣，就是氏族的君长，各行各的地方制度，以本氏族辖区为基业。制度形成后，各氏族的长老成了本氏族的君长，教化师成了教化君；彝臣为彝君，啥吐臣为啥吐君，这些君长均系呗勒君长的属下大臣。彝文史籍《智嘎阿鲁催国赋》记载说，逢年过节，这些氏族君长都要给呗勒君长交租贡赋。

《呗勒创世》记载说，呗勒君长要给录卧国君主拜大年，交贡牛十头，骄马多匹，谷粮上百石。其属下诸侯君长都如此向君长敬贡牛马羊和粮食。呗勒地方的百姓，大革一带苟葛氏族为多；啥吐地区青山绿水，粮丰牛壮，家家鸡鸭多，处处可见鸭群，三里之外都能听见鸭子的叫声。濮氏族居住地方多产荞麦，牛羊肥又壮，荒坡比较多，青草好养马，处处闻马嘶。彝氏族多种荞麦，均居山区地带，五里路程，都能听见姑娘们的歌声笑语。歌声嘹亮，青年男女欢聚对歌。歌场的仪式，由君长来主持。

呗勒君长的世系：一默德阿益——二世阿益濮——三世濮腊哺余——四世哺余阿勒——五世阿勒布汝——六世布汝腊铺——七世腊铺阿鲁——八世阿鲁毕岩——九世毕岩博鲁——十世博主汝。

《呗勒创世》记载：“呗勒氏族的江山，管辖区域国强民富，社会稳定。高天来了雨，山间百花开，林木也青茂，季鸟声鸣朗。大革如此富厚，全靠君长贤。阿苦阿益君长是个贤能人，整个大革地，都归属他管辖，百姓安居乐业，社会安泰，外邻不敢来侵犯。呗勒王国日益发展，被邻国羡慕。”

六、默侯阿默德施国

笃慕之子慕齐齐在乌蒙山西北地区创建了阿默德施国。默侯王国始祖慕齐齐世系是：慕齐齐一世——齐阿洪二世——洪阿德三世——德乌舍四世——舍乌姆五世——乌姆纠六世——纠阿耕七世——耕阿洛八世——洛阿索九世——索阿默十世——默阿德十一世——德阿施十二世。默氏族十二世，世治在“洪鲁维博”。默侯国的政务，由国王来主管，下属各兄弟氏族分管事物，其中德举乌氏族管国防，帕那则氏族管教化，那则舍氏族管祭祀封爵，阿娜氏族管庙祀，阿德氏族管封赏，苦雅姆氏族管治安，克阿直氏族管舟船。

阿默德施国有三大名箐，即默审箐、恒冒谷箐和启努箐。三箐都在侯国东部，箐以虎为王，人崇拜虎威。慕齐齐的儿子齐阿洪统领的氏族号称“虎族”。齐阿洪妻叫宏鲁舍。

据说，宏鲁舍一身打扮如花朵，美貌无人比，天下少女被伤心，世上小伙眼光被吸引，其形象的光辉似日月放光。宏鲁舍生有二子，长子叫洪阿布。其世系是：一世洪阿布——二世布那直——三世那直鲁——四世鲁阿宏——五世宏阿余——六世余阿朵——七世朵直余。朵直余世治“洪鲁博果”，戴的丝绸帽，世居高位，精通天文，教化文明，治理天下有方略。

慕齐齐第四代孙德乌舍时候，贡赋人流如雾行，交租人群如霭集。子孙大繁衍，散居在平地和大山。贡赋以牛为主，一年复一年，处处都一样。

据彝文史籍《慕齐齐氏族发展史》记载：乌姆纠是慕齐齐的第六代孙。乌姆纠君长时代，与热额采杜氏族联姻，热氏族兵器强，吐鲁哲为首邑，弭塔赤为中邑，热读毕为尾邑。热氏女咪能是乌姆纠二子之母，长兄纠阿哺王首邑部，世系为：一世纠阿哺——二世哺阿作——三世作鲁柏——四世鲁柏何格——五世格发吐——六世发吐启——七世启阿德——八世德阿热——九世热阿朴。

纠阿耕是慕齐齐的第七代孙。纠阿耕君长时代，献十头牛牲，在勾洪索山下，武、乍二氏集中祭祀，祭祖而立宗，谓之为尼慕。“到恒格洪索，请来布哲舍名师，在著娄侯尼掌堂祭祀先世祖灵筒，祭拜近三代祖灵，奠酒人流似雾行，贡赋交租人群如霭集。奠酒表缅怀，把祖先灵名请到祖先灵台位子上，表示死后有归宿，让后世供子孙奠酒缅怀。”

索阿默是慕齐齐的的第十代孙，其嫡长子默阿洪受封为侯，世系为：一世默阿洪——二世洪阿举——三世举阿格——四世格阿尼——五世尼易朴直。尼易朴时代，迁治到南部的“利吐额卧”，开创了基业。

默阿德是慕齐齐的第十一代孙。默阿德君长时代，利氏额直率兵攻打，在斯索戛卧与德卧部开战。德卧部的战将持着砍镰，擂响战鼓，德氏军师鲁直额，舍部军师舍仁歹，余部军师苏布绰，三部大军守三座大山，激战三天，战胜了利部。默部实力雄厚，人强马壮，甲胄戈矛充足，因此压倒了利氏额直部的战军，利氏额直之军的甲胄戈矛全部被缴，将士全成了战俘，五谷财畜全都归属于德氏，默阿德的天下就这样创建起来了，并成了战神而威震天下。“恒嫡氏族贡来的良马，佩铃作座椅；迭博部呈贡的壮牛，用作庆典祭牲；妥德氏族呈献的绵羊，用作敬献的祭牲；布额氏族呈贡的肥猪，用作战前的祭牲。默阿德君主显得喜气洋洋。祖氏族讲兵法，妣氏族行政守疆，方圆上下有统一，拱卫中央君主氏族。建国创世，分封叙史发展有道路。杀牛祭祀叙历史，按古礼杀牲。叙国史杀三头牛祭乾天，述诸侯史杀三头牛祭坤地。”“鲁吐毕博一带的利氏族牛，归属德氏族征收，舍赫杰一带也归属了德氏族，鲁吐热舍一带也成了德氏族良马赋区，克珠帕的利氏族也被德氏族征服，授封为日出地的杰弥国，号作侯舍朵国，治所在朵直戛，侯舍朵国由此而得名。在侯舍麻戛祭祀奠献分封命爵，扩张势力征收他地壮牛，作本氏族祭祀国旗的祭牲。到欧洪杰启请来侯能帕哪，主持德氏族的分封仪式，德氏王国随之而诞生，国度和诸侯氏族就像太阳和月亮相旋而成圆，德氏族国的根蒂系于天规和地仪。”

彝文史籍《德施君长国史略》记载："德施氏族，像雄鹰展翅，贤良世世传，如晋宁冶金都，祖孙相承袭；如能沽织锦都，父贤子孝敬；祖宗品德好，天赐给威荣。像宽广森林里，栋梁材整齐，无一世错乱。苍天之下，名门的至亲，是龙君根种，以尚武为本。如鸟中强者，统治会飞的。翅与爪并用，是鸟都顺从。统治会跑的，如虎威慑兽，是兽都归顺。福禄神变化，成一轮耀日，挂在天空中，昼夜出没。耀日又变化，如彩虹高挂，出现在那周阿施氏族庭院的上空。"

"上有三天君，下有德施氏族国家，君主驻宫殿，光照德施地。臣国的历史，始于毕余臣；皇国的宫殿，全是始楚呗包氏族裔。隶属的德施氏国家，上有三平坝，下有三名山，左有良马国。想成为开国之君，统揽天下，身着武装，招兵买马，大造兵器，武装成强牛的形象。头戴银帽，脚套银鞋，势力很庞大。三级国度，都建九军营，划隶四方邑。七个征战队，八个运输队，九个看守队，十个管农队，上千的戈矛队，两个后备队，设下了战斗部署。使用金弓和盔甲。六个神鹰队，七个指挥部，八个骑战队，九个强悍队，十个红枪队，两个后勤队，战前全部作武装。恒氏族的骑战队，从左面开来，经高原地方涌进来，排山倒海地开了来，分成两路来会师，在鲁哲发纳岩脚下休整战军，打了头阵仗，声势震天下。三年备军粮，建有九军营。在启迁递时代，次次打胜仗，战术越战越精，征服了阿德国外邻四邑。"

"在鲁吐热舍，德施氏受用弟氏的祭牲。鲁吐比毕一带，是德施氏的赋税区；鲁吐赫该一带，是德施氏的贡赋区；克帕乌一带，是德施氏的贡牲区。粮食来自于种地。侯舍洪多、侯舍马戛同是贡军饷的氏族。德施氏受理军饷，征战第氏氏族。举行大型祭祀，彻底废弃第氏的政权。德施氏族，按地域封官，因地制宜派赋税。征战结束后，把恒氏族全赶走，进行大分封，分封立政权。所建的落邑，都是当空日月般的青年作栋梁。恒氏下了台，恒的两邑国归附了德施氏王国。德施氏之先，源于实索王朝的堵鲁佐，是崇拜坤卦的索氏族后裔。若不举行分封，恒德势力推不翻。若不建立自己的政权，必然是恒氏掌大权。隶属的众邑，恒氏落邑较强大，是较文明的邑国，强中有能人。布妥体的课毕杓一带，就是恒侯氏族君国。恒侯国孟邑，在岱朴亥可和陆姆格亥一带地方。孟邑国氏族非常勤奋，国邑先进发达，文明发展。赴悼转灵堂氏族之后，接管武装部队。湖面游鸭子，用银绳去套它，故此而名吐妥姆。吐妥姆地方，人死要备驮魂马，要佩戴弓箭，十代作一堂。默德施君长，本来是名人，统领一族人。建立妥弭格国之前，治理不规范，于是制定了祭祀分封和祭拜祖灵筒筒办法，并逐步形成了制度规矩。北部氏族的锦帛，一层叠一层，赶祭赴悼的人群数不清层次，就像松毛枝一样稠密。宗族汇集行祭祖，请来名师，兴起了杀牛祭祀的古礼。从高地到平坝，从山岭到深谷，到处是牛牲。自慕齐齐到施阿默，在糯鲁维帕地方祭祀十代先王，尼博君国兵力强，祭祀叙国史，祭祀教化献牛牲。卓阿纪堵地，是六侯国始祖誓师之所。纪堵史热，是六侯国始祖会亲之地。鲁德格格，是六侯国始祖祭祖的地方。兹弭叩迭，是六侯国始祖的比武场所。麻苦恒略，是六侯国始祖祭祀分封的地方。”

“默阿德领着队伍，带上盘缠，骑着雄鹿，浩浩荡荡去往姆阿娄迭地方。到了岩阿格德地，因喜悦而作诗，德舅见了很高兴。在古戛拉舍格，舅甥接手；在古戛弭凯，舅甥谈古论今；在古戛珠，舅甥的诗文大集，杀牛祭祀，叙述国史，议国政大事。施鲁歹执政，舅甥共八氏族。舅想离开了，甥却不愿走；要想长远，考虑后世久长久远，长远盈九邑，八氏族后安，八氏族永久长，氏族有威名。甥不愿做臣奴，舅想管宫殿，做一番实事。”

“祭祀行分封，恒氏的兵马到来，须挂三口钟，让钟声鸣长远，钟是国宝。甥不愿做臣国奴，舅迁治到甥臣国的妥帕，按三六布局，前三氏族舅统管。后三氏族甥统辖。国划六隶氏族，前三氏族称舅氏族，后三氏族称甥氏族。舅治是皇殿。象征着国度治所；甥的住地是臣国治所的象征，教化长久治，叙述臣国史，健全国邑制度。”

默阿德就像树上开的花得到了三氏族的统治权力。“舅家的福禄，甥家就得了一半；舅有天的威，甥有地的权；舅有一首诗，甥有好国文；舅国的宫殿，要行祭祀时，就由甥家凑火。德施氏发展，想治理好地方，打破了治的方略，治国九栋梁，由中央划封。中央管八侯，统率天下民。传播中央的治则，粮仓如大肥猪遍及。如此富裕了，才能治理好国家。行祭祀分封，亲朋遍天下。建兵营，行分封，兴于妥濮兄长国。”

默阿德很有教化治国的才能。“娶舅表姐做贤妻，贤夫惠妻永传名，如大山永保精神雄伟于世。构成了你是我的甥，我是你的舅实亲，舅要教诲甥。糯氏族外公说，乾天皇帝志不衰，坤地侯王气不弱，贤能的甥辈不用舅来教，古人有预言。”

德施氏族教化呗耄世家。“奠献先世时，他们就从头说到尾，或从尾部溯源头。源头不封顶，不论粗细和枝桠，从头数到尾。太阳正当空，就像角一样居顶端，向左运行，山头到底脚，视线如蹄样，又往左极运动。圣师作量度，谓之金银铜铁角，金角代南方，银角代北方，铜角代中央；铁角无方位，作礼仪酒角；酒角要成双，代表日月分左右；敬酒用角如日月般往来，似日月成双对，相貌也相称。匹配完了，彝人传世礼，以礼作酬谢。”

“六祖好根本，传给默德施。君长默德施，臣子默阿固，呗耄多旨余，是‘三贤’时代。呗耄多旨余，先发布宣言，在叟楚山上，编神圣历史。到四鲁旺外，取武举注的牛，很快返回来。若不为考祖，岂可动真心；若不为妣祖，岂能兴旧俗；若不为师祖，岂能动典籍。将列祖列宗，大祭了一场。设神座祭神，求神赐富贵，求神降福禄。”

阿默德施国举行这样一次隆重的祭祀活动，是因为他们面临着同里氏族的一场战争。当时遍地是里氏族。“里氏族很霸道，里氏族逞凶狂。在啥靡卧甸，兵器堆垮下，能填满山涧，像兽骨一般。”里氏族有威势，有妥尼氏族援兵。三片高山地，本属默德施氏族，被里氏侵占。“仇诃迫能君长争地盘，彼余毕德臣子争地盘，史楚乍木呗耄争地盘，恒依开纣奴隶争地盘。”普天之下，甲胄堆齐天。大地四方，战戟遍地摆，一场大战不可避免。

在侯舍鲁略，阿默德施国举行誓师。把握天时地利，决策很周密，用高深智慧，去克敌制胜。在斯索勾卧，同里氏族交战，败里氏族劲旅，除里氏族精锐。里氏族主将阿哺，兵败被斩杀，德施打胜仗。最后占里氏族田野，扩德氏地盘。

德施氏族回师，把兵马收拢，获大量铜矛，奠定了基础。“九白马祭天，八黑牛祭地；白马祭天神，黑牛祭地神。”“德施这样做，求苍天助威，求地长志气。”

阿默德施国之世，非常敬重祖灵筒。“默家的祖灵筒，头上不套箍，都有太阳图；脚上不穿鞋，就像太阳一样是圆的。灵筒的左面是太阳伸左手，灵筒的右面是凤凰朝太阳，灵筒的顶角是银角和金角。仆俑也武装，手上都杵着金银铜铁戈矛枪。铁枪独干不成双，铁枪锋利如阳光。日月相伴随，去了又复生。行到天边和地极，永恒不息。”

默德施成为君主后，发展教化崇奉古礼，重教白道应山脉，黄道应关系，建立安泰如湖泊的和谐社会。“拱卫着中央诺濮皇国。四邑侯国的庙宇，银龙、金龙，银雁、金鸿，铜龙、铁龙和铜鹰铁虎聚集，象征着乾天宫殿的美景；有江河，有青山绿地，有天云和马牛等形象画图。”

阿默德施国，财物很丰厚，经济发展，社会安泰。辖地五名山，按名山封域，以松、杉、樱木最闻名。

举行祭祀分封之前，舅国要做好准备，在“妥德珠”地方，“国舅行封爵，母与子关系，日与月明朗。人杰与地灵，建筑与装饰、锦帛与服饰，都是按‘三六九数’为吉祥。生怕金银财宝不富裕，就用金银做房梁枋条；生怕房屋不牢固，封装盖厚实，屋脊边角又加角；生怕不美观，宫殿挂金钟，门前文曲水；生怕不好看，用毛毡作垫子，佩上连串的金银玉珠”。分封仪式完毕后，阿默德施照之而行事。

“洪鲁卧毕”一带，上下左右的中央邑城很繁华。男的绾发髻，女的留长发，“强将腰间别武器，行如神仙，威震一方。青山伴绿水，守土用披毡，文人穿长袍，上着一身花衣裳。赤叩宫殿里，德氏族的舅治，祭祀要歌舞，崇敬死去的先王，杀牲作祭礼，有牛羊和猪鸡。乾国和坤国，都崇拜崖祠，德氏族舅国行祭祀，杯里赏银钱，夫妇还金币，祝愿德氏族后生有美好。内地和外来的骏马，都是长鬃山奔驰；内地和外部的盔甲，都是很相似像龙鳞，内地和外部混合一起敬礼仪。德氏很威武，举着姓氏旗，扛着舅旗号，队旗来来往往游荡着。树旗要赛箭，比武相攻杀，像打猎一样，战马上武将，勇猛地相杀。敬献酒的人流，舅甥氏族夹杂来往。敬先王，舅氏领先，舅氏的随从，一一跟着行祭礼。堂前拜位宽，要敬爱拜皇帝灵活如鹿獐，观众看礼节。生怕舅氏心不乐，用牲腿和锦帛，按宫殿礼仪奉敬奉敬舅氏，以牛作表仪，按礼仪作表达。献先王之灵，用牲和银币。敬奉舅氏不，制度不健全。祭祀无标志，根据老古礼，就用松枝喻发展，插松枝祝福，国史不可丢；插樱枝叙历史。若不这样做，历史终始难叙清。造个银雁配在高松枝上，造个金鸿伴樱树配湖泊。乔松枝排排，樱枝伸延延，青鸿成群聚，宫殿如山雾罩顶，宫殿脚下霭如海”。

“分封十氏族，默十一代君主王于天下。国之要有手足，有足站得稳，有手能打仗。”

德施氏族祭祀追荐远祖业德，在“侯舍妥哺”祭祀分封，列姓氏旗号，“组建如神的作者队伍，建地方兵营，更换了崖祠堂。三级国度三步祭，三级战略分前、中、后。父的弓技精，为国争荣誉；气子弓技华，为了国民安泰”。

德施氏族君崇奉余仁歹，治于洪鲁以，像湖泊一样稳定发展。德施氏族臣崇拜余娄，治于“吞姆格纪”。德施氏族师崇拜余勿索，治于“卧乍尼洪”。“余勿索贤能，心系九氏族邑，骑着海骝马，游传先世文化，身挎神箭筒越妥。吟诵诗文明朗朗。戴上舒氏的教化法帽洛洪，拿着舒氏族的教化铃布竹，穿上舒氏族的毛布衣，背着古圣人的经书，传遍了天下。在卧乍主姆，勿索教化师祭祖，用卧赫湖里舀来的水作知识的象征，祭祀教化要用牛羊牲，这是国教圣师世代流传下来的。”

七、乍乍武勾国

乍乍武勾国在坤阴运年时代下元人纪时期阿武甫君长的故里，笃慕时建之为中央皇国治所，君长世袭。祭的名山称阿武（太皇）山。乍乍武勾国君长世系自育育凯传二十二世至阿姆卓俦氏族国，王族称白彝氏族，时有七部白彝勾则（诸侯），阿姆卓俦位居六部之上。时封俦娄慕，替代糯鲁歹氏族政权遥控武侯滇国，同时又封俦洛纳，以替代糯濮迁氏族政权遥控乍侯葛国。俦额武德阁授封于皇邑，替代糯克博氏族政权，主持祭祀教化。乍乍阿尼呗毫规范礼仪制度，成为古代彝族历史文化的传播中心。

乍乍武勾国国君世系是：一世育育凯——二世凯努珠——三世努珠输——四世输吕娄。五世输吕娄时候，奉祀震巽卦，演称鲁氏族。方国有十氏族，统一归吕娄。从吕娄开始，重新记世系，即：一世吕娄兜——二世兜乌姆——三世乌姆垢——四世垢部洪——五世部洪布——六世布阿棘——七世棘派遏——八世派温斯——九世斯阿仇——十世仇乃能。从仇乃能之后，又重新另行记世系，即：一世乃能杰——二世杰德娄——三世阿娄阿卡——四世阿卡乌图——五世乌图遏——六世遏翁俦诃——七世俦诃阿姆。共二十二世。

第八节　远古时期的彝族经济与文化发展状况

火、石器、弓箭的使用，是人类在原始社会时期取得的三项最重要发明创造成果。自掌握了取火、用火和贮火的技能以后，便标志着人类的文明有了进一步的发展。另外，作为社会形态发展的重要标志，石器的发明、使用及其使用技能的提高，又不断推进了原始社会经济的发展。而弓箭的发明和使用，则成为原始社会时期人类从狩猎业向畜牧业转变的重要环节。在西南广大彝区，远古时期彝族先民使用火、石器和弓箭的情况，不但有很多的考古发现，而且还有不少的彝文史籍和民间传说涉及。彝族先民最早使用火和石器的时间，当数距今170万年前的元谋人了。在文山州丘北县的黑箐龙村旁岩洞中，也留存有

20万年前原始社会先民烧食野兽的用火遗迹。

同许多民族在原始社会时期的发展过程一样，彝族原始社会时期的经济社会与文化的发展，都与火、石器、弓箭这三项发明创造密切相关，并凸显出了自己的民族性和地区特点。

一、原始社会的经济发展

人类掌握用火技术以后，火除了在生活中得到越来越多的使用外，在生产中的使用也越来越广。用火烹饪食物，让人类结束了茹毛饮血的饮食文化。用火冶炼金属，制造坚硬锋利的金属工具和武器。“用漫山遍野的草木灰，开始了刀耕火种的原始农业生产”，进而从蒙昧走向文明。

随着狩猎工具的使用和发展，尤其是弓箭的发明和使用以后，过去最简单的生活方式由人工采食植物果实的采集业开始向原始的农耕经济转变，从依靠群体用石头棍棒的狩猎开始向畜牧业转变。

农业是从采集业直接发展而来的。最早时的农业种植用的是“火耕法”，即“刀耕火种”，是氏族成员男女一齐出动的集体劳动。人们在森林边缘砍烧草木，在烧过的地上用尖头木棍打洞点种。这种农耕法延续的时间最长，直到新中国成立以后的很长一段时间内，在西南彝区不少山区村寨都还在延续着。

随着锄头和犁耕农业的出现，生产力水平有了新的提高，农耕土地逐步增多，并且数量相对稳定下来，人和土地的关系越来越紧密，使长期迁徙不断的流动狩猎、采集生活逐渐转变为相对稳定的村落定居生活。但由于生产力水平仍然还很低，农业生产主还得靠群体协作来完成。前期，主要劳动者多数为妇女，到了新石器时代，才逐步转变为以男性劳动力为主。

随着原始农业生产水平的逐步提高，驯养动物的人逐步增多，古老的狩猎经济开始向畜牧饲养经济转变。

相关彝文史籍记载，彝族历史上的原始耕作农业，最早开始于一个首领叫米阿媚的部落。彝文史书《物始纪略·米阿媚时代的人》记载说：“远古天出现、地形成以后，人开始产生。”初始时“人不像人，人像鸟。鸟样过三代，鸟样过日子，果子当饭吃，雾当作水喝，松叶当衣穿。人像野兽，兽样过三代，生肉当饭吃，露珠做水喝，阔叶作衣裳，人成了人样。到了……米阿媚时候，才像人过日子，五谷当饭吃，专门喝泉水”。书中还说：“粮食有来由。在天空中，（分）布五大洪水；大地的四方，产生了五谷。东方慕果欧甸，生一种禾苗，栽培出一种谷；西方舍朵那勾洪，生出了一种禾苗，栽培出了一种谷。到如今，（栽出的粮食）先作充饥粮，次作农活粮，再做婚事粮。一直传下来。”

农牧业工具的使用在彝文史书中也有不少记述，其中石制工具的使用是最早被记载的。《物始纪略·工匠的根源》记载说："在那个时候，打石来做刀，用石刀砍物，剐兽皮做裙，羊皮做衣裳。"《勒俄特依》记载说：居木（笃慕）时代，"居木家三子，桦槁红树做犁弯，杜鹃花树做枷担，红枣树做赶脚棒，嫩竹做成牵牛绳，黄竹做成赶牛鞭，驾起阿卓黑牯牛，来到阿呷地拖犁"。此外，还有许多用石、木、骨、贝壳等做农具的记载和传说。流传于红河、文山等地的《尼苏夺节·开天辟地》则描述了彝族先民辟良田，修水利的劳动场面："老龙"部落的首领俄谷，"生冲大海里，俄谷老龙爷，九千九双手，捡捞海底石。夜间捡石头，白天垒石头，石头垒出大海面；又用海底泥，造化成大地。俄谷老龙爷，八方八只脚，夜里忙着踩泥……天与地之间，有四个水口，（其中有）两个进水口，两个出水口"。俄谷的十代孙，"诺谷小龙儿，金棍抖三抖，凿出了溪沟，围出了依赫（湖泊），（改）造好江海，开出了河流。再用金棍棒，撬开出水口，海水哗哗流，平坝绿油油"。这一记载所反映的，就是原始社会晚期彝族先民的农耕及农田水利建设的情况。

原始社会晚期的牧业生产，一些彝文史书中也有不少记载。如《彝族古歌》中说："天还未形成，地还未产生时，母猪耙地，曾经有其事。""武以洛吐山，住三家穷人，有三袋良种，遍地撒下了，（可）无耙来耙地。到次日早晨，有头大母猪，大样地出来，耙着平坝地。""这事发生后，（人们）给母猪卸耙，套水牛颈上，把水牛驯服。由此而开端。巧手来绘图。"在一些彝文古书中，还有一些类似的生产情景的插图。

荞麦是彝族栽种历史最长、最重要的农作物之一，自古就是彝族人民生活用粮的重要来源。彝族有谚语说："庄稼苦荞大。"在彝族年节祭祀的粮食及其制品中，荞麦大都作为首选。《物始纪略·荞的由来》记载说："在那远古时，开天之后，辟地之后，（产）生（会）说话的横目人。五谷未出现，荞子先出现。在代吐山里，什腮则、勺洪额两人，要到深山中，要采珍宝果，要摘珍宝叶。还未到深山，来到途中时，见一种植物，生长在路旁，结籽黑沉沉，秆子绿油油。什腮则采来，放到口中尝，取名叫荞子。什腮则、勺洪额两人，摘一把荞子，很快就回家。回到家中后，派够阿娄到高山平地，撒下那把荞，四方荞旺盛，覆盖了中央。荞子当粮食，五谷从此生。在东南西北，开垦地种荞。有荞即财富，一度威势大，唯荞子而已。"这一传说真实地凸显出了荞麦在彝族人民粮食生产中的重要地位。

在原始农业初期，彝区的农作物除了荞麦外，还有燕麦、粟（小米），之后又有了稻、麻、茶等作物。彝族栽种水稻的历史也很久远，传说和考古发现都表明，早在旧石器时代晚期，彝族先民就已经在滇池周边地区开始种植水稻了。

麻，是彝族人民一种种植历史悠久的传统经济作物。传说种麻的时间早在阿吕居子呼日唤月时就开始了。麻是彝族人民纺织物生产最重要的原料，与彝族人民生产生活紧密相联。彝族有谚语说："麻子虽小，却长出了粗麻秆。"

茶，这一影响世界的中国特色饮料，彝族人民也为其发展做出了重要贡献。彝文史籍《物始纪略·茶的由来》记述说："茶的根由，说来有头绪，高大的树，荫深枝叶相结合，异味的苦叶，遮天蔽日。君喝后施令，臣喝后断事，师喝后祭祖。盛名东方传，宝树生西方（东、西方是指彝区方位），汇集到彝地。”“有一对男女，到深山箐林，伐奇木异树，采珍奇木叶，品尝甘苦味。一日尝百样，尝到末的天。奇珍异木，葱郁郁，绿油油。这种奇树叶，蜂采后心明，兽吃后眼亮。这一对男女，攀折下一枝，回到家中后，用银锅来煨，用金杯来盛。献给君长喝，君喝后施令，施出了明令，耳明眼也锐；献给臣来喝，臣喝后断事，事断得清楚，心明眼也亮；献给师来喝，师喝后叙谱，谱序得清楚……（从）这样以后，这一对男女，在一起商议，精心栽培茶，栽在园子中，栽培出茶叶。”由此可知，茶是彝族先民在长期的采集劳作中发现的。最初时发现的野生茶树，后来随着农业经济的产生，以及栽培技术的提高，茶树的人工栽培便逐步在彝区推广开来。相关专家研究结果表明，滇西澜沧江流域一带是彝族先民最早开展人工种茶的地区。

二、文明社会的经济发展

公元前5000年左右时期，彝族先民最早在今滇、川、黔经合部的乌蒙山区开始了牛、马、羊、鸡、犬、豕等家畜、家禽的驯养，在云南中西部地区开始出现水稻、茶等农作物种植，川西平原地区则出现了早期的种桑养蚕生产。

据相关彝文史书记载，在坤阴运年的朵毕余纪时期（前22—前21世纪），彝族先民中出现两个圣人，他们引导人们兴修水利，发展农耕种植。东南西北八大分野内，四方有水源耕地，四方长桑树，兴起丝绸纺织业。与此同时，彝族先民也逐步发展起了独具特色的金属冶炼、建筑等各种新产业。

彝文古籍《打铜织绸史》这样记载尼能氏族“打铜织绸”的情况：“人类产生后，尼能先出现，（开初时）尼能不织绸，尼君昏昏沉沉，能王爷恍惚。（后来）尼能君王商议，一番来聚会，牵来大壮牛，织绸杀牛吃，安排尼能妇女到织绸坊，架线如蕾鸣，穿梭如云涌，展帛如闪电，尼能锦生辉。”《实索织绸》记载说：实君不施政，实臣不断事，实呗不祭祖，“实奢哲”和“索洪额”在“实弭戛娄”聚义杀牛吃，安排“娄斯艺”和“郎多诺”去主持织绸，女的施技艺，男的尽全力，织实索花锦，实奢哲打招呼，索洪额来取，放在实索境。《恒投织绸》记载说：乾坤织成青绸后，乾君未能辟地，坤王不能拓土，君王不自在，君王闷得慌。乾坤君王商定，在“恒弭戛娄”聚会，开拓“恒札鲁凯”地，拉壮牛为织绸杀吃。各乾坤男女，去主持织绸，织成青绸，放乾坤境内。《举偶织绸》记载说：乾坤织成青绸后，中央“举偶族”出现。在“举偶族”内，实呗耄武吐和索呗耄洪额，在“迭吐珠舍”议事杀牛吃，（号）召“索额”男女去主持织绸，织出举偶白色绸，“额奢哲”和“索洪额放到“举偶境”。《六祖织绸》中也记载说：在“卓雅纪堵”，六祖出现后，六祖形成后，六祖议事杀牛，在“纪堵恩戛”，六祖商议织绸事；“在则也鲁布”地开设织绸场，君长施了令，臣就去执行，呗耄就祭祖，三者有秩序。三匹绸缎织成了之后，慕克克传到德布境。

《打铜织绸史》对冶炼铜和织绸缎有不少记述，如：“实索氏族的肥牛，牵到铜矿洞边，牵到织绸坊，作打铜祭牲，做织绸祭牲；男女同吃牛，工匠共用牛；男女工匠聚，一起来筹谋，共同动巧手……众男女工匠，往左面日道，向右面月道，取来织绸机，以尼弭戛金，以能弭戛银，造成织绸机……织日月图时，取雾的图形，世间雾笼罩。周边雾自然，中间寓高空，织日形在上；织绸取霭形，世间霭自然，四周三簇霭，中间来收口，织日形在上。织绸取龙形，世间龙分布，四周织立虎，中间布长龙，绸上显长龙。”

“在实索地，织成匹的绸。朝北部方向，取麻纳默礼法，场地设岩脚，织绸有样式。有三种名绸，美艳得生辉，价值增十倍，一眼生百彩。北部织绸场，织出这些绸，在弭娄则下面，天君创婚制；在弭诺赤下面，地王订婚俗……”

《确舍织绸》中记载了德氏上等绸、德朵绣鸟绸、德布氏族黑叶绸、陀尼氏族大岩绸四种绸，还记述了舍君卓仇娄的女儿娄虚嫁米妥那卧生陀尼九子的事，娄虚“先织绚丽绸，为了做祭奠，又为祭而织。取华美式样，把耕地仿照，再来织绸面，聚一方织绸”。“武氏族四萨额”先知，骑四匹骏马从四边到来，取四种绸子，神威光四射普照“恒略”织锦绸。在“四大鲁旺”“八大分野”间……圣人笃勒策汝和大禹，用青赤线团，织金银锦帛。织绸依程序，传往四方，传八大分野。东西南北，八大分野内，四方有水源、耕地、蚕桑，蚕桑树生蚕，四方兴养蚕、绾锦、收丝纱，“四濯替”来织绸，“四宰度”来牵线，“四毕质”来量，锦匹、绸匹犹如马鬃毛，绫匹、罗匹好比木叶落，缎匹、帛匹如耕出的地。自此以后，织绸有了体统。在“蒙格洛略”，天君得赋税，轻的留自用。织绸分厚薄，厚的交作税，轻的留自用。“……‘四城邑织绸’，流通‘八鲁旺’，四方都受益，如树大山高，洪福齐天，有绸租赋，相得益彩。”

彝族先民最早从事的金属冶炼业，早先开始冶炼铜矿，如彝族史书《铜鼓王》，就是专门讲采铜矿炼铜、用铜造铜鼓的故事。富宁县彝族民间流传的《铜鼓歌》中，比较详细地叙述了彝族先民采矿、炼铜、铸造铜鼓，以及铜鼓用途演变的过程。《打铜织绸史》记述说：“地位尊贵的人去世了，打铜的打铜，织绸的织绸……设工匠作坊，筑炉在山中，鼓风星火起，火焰如毡领，火炭放光芒，火烟如羊聚，作业如鸽点头忙，浇铸声如鹰鸣，炼成了铜，炼成了铜的形状。”“恒毕余之女，嫁到恒举额，娶亲无聘礼，嫁女无嫁妆，未形成富贵，未产生威望。修天的索母，说这样不成。榜样来兴起，制种种规矩，发样样训示。派男子打铜，兴起打铜（业）。德氏族高足雁，德朵氏族大铜树，德布氏族黑鹤，陀尼氏族盘蛇，打此四铜器，用四种绸裹，送往四天门，缴四位额色，作确舍绸税。聚一方打铜，淬大仿犁牛。”

西南彝区大量的考古发现，也验证了众多彝文史籍记录和彝族民间传说的真实性。同时也说明，当时的西南彝区以铜为标志的金属冶炼业已经比较成熟了。

随着金属冶炼业的发展，建筑业的发展也取得了比较高的成就。这些成就大量地反映在《君王住宅》《阿于德君王宫殿》《九层庙宇》《庙宇分布》《阿于德的建筑工艺》《贡赋建造高庙宇》等彝文古籍的记载中。

《贡赋建造高庙宇》记载说，“古克勾君国”（今云南宣威一带）选择良辰吉日，伐木解料建庙宇。庙脊用银垛，庙檐佩铜铃，庙壁镀上金。有一只“金乌”，自高空降临，坐落在庙顶。君长主藏阿府，左手取弓，右手搭箭，想射死那庙顶上的金乌。金乌开口道：“我请求你不要射死我，我受高尊策举主差使，下界巡查建庙宇，一心为别人，（来）守着庙宇。”庙宇修好后，狗不吠，鸡不叫，四处居民聚在庙宇前。九天过后，“阿府哪苦”袭了三十七世君长位，“以礼教化治国”。在乌蒙山一带，山头建庙宇，皇宫在大山间，建君主庙宇。堂琅山顶上，建臣王庙宇。武侯王国庙宇大，建于“省舍麻禄”。乍侯王国庙威高，建于“宝主沟格”。糯侯王国建庙早，建于“堵吐峨眉”。恒侯王国庙宇高，建于“谷谷洪戛”。布侯王国庙威高，建于“妥朴欧博”。默侯王国庙荣大，建于“则帕赫戛”。

《阿于德君长的建筑工艺》记载，阿诺笃仁修建宫殿时，先由圣师们按“精气八卦论”设计，然后请“陀尼”匠人“十马一驮队，五驾一车，请工匠造房。德布氏族精艺人，也前来帮助。首邑合莫洪，砍代山大松，声响如雷鸣。切削木头，木屑蔽天日。在益比毕默垓，开了个大头。匠人并排坐，艺人成行站，弹九千墨线，装饰用绸缎，形象如鹰展翅，雄伟又高大。乾天分九层，庭院取九围。坤地分八重庭院取八围。天有七道门。屋有七道门。……用九排房梁，依天象建房，取物像修饰，形象栩栩如生。用八大柱石，作玉柱蹄爪，自然又匀称。九十重宫殿，二十四大厅，三十八面，阳降阴升，错落有致。画林中飞鸟，雁鸿鹰为首，各种飞禽，都画在房上。林中的野兽，以虎豹为首，突出大老虎，像美的动物，都画在房上。画林中草木，松柏最突出，桑蒿为陪衬。开花结果的，都画在房上。各门匠人，刻艺都精湛，镶刻属上乘。焊嵌出毡褶，匠人工具如鸽叩。房梁上镀银，柱子上镏金，鸟像很传神，栩栩如生”。

《贡赋建造高庙宇》中还详细叙述了阿于德庙宇建筑二十三厅中，各厅宝物的具体珍藏情况：

第一厅珍藏着阿于德国家无数的宝戟。其中“德纪苏能”用过的“云棒戟”最名贵，“阿余德舒沓默”用过的居二，“阿仁麻约”使用过的“飞鹰戟”第三。厅内万戟林立，如火焰熊熊。

第二厅挂满了无数的坚甲。其中“舒启”的“崖甲”第一，“德布格恒”披过的“舒陀长甲”第二，“德纪苏能”的“赫弭方甲”第三。“千盔顶子”规整，“万吊甲片”整齐。“上下很和谐，都带有灵气。甲胄角镶珠，好比群星布。”

第三厅珍藏着无数只号角。先祖“笃慕”用过的“大神金号”第一，“阿苻那苦”的“银羊角”第二，“阿能笃则”的“铜仙号”第三。“号兵九百偶，次第作排列。号兵手套是银质，号角箍着金。”

第四厅珍藏着无数的宝剑。“史楚”的“宝剑兜米”最上乘，先祖“笃慕”的“龙剑央洛索”第二，“施阿协”的“龙剑洪哺依”第三。“万剑摆成行，闪万道金光。”

第五厅珍藏着阿于德的九十九面鼓。其中“天云鼓”第一，“鸳鸯鼓”第二，“地鼠鼓”第三。

第六厅珍藏着阿于德国的宝鼎。在“娄弭恒略”，“实索和尼能”，“弭弥和举偶”一起商议修天时，采用金和银，与铜锡配合，铸鼎遍天下。“实索鼎”耐用，“恒氏族鼎”九只耳，“举偶圆鼎”和“六祖鼎”精致。所有的鼎，（工艺）巧夺天工，都有来头。后来有一天，在“弭吐妥补”，天臣祭祖灵，却没有用鼎来光宗耀祖。怕祭品匮乏，祭牲来源枯。天君地王商议，打开国库铜门，天上“诺苦姆”承头制造鼎，各种神奇鼎，风过树梢般，很快降临到“笃慕地”。历代的珍宝，被“默阿德”收藏。阿于德国鼎九十，上乘者五口，依雁行摆布，依鸿形排列。

第七厅珍藏着阿于德国的宝钟。九十九口钟，“大圆头钟”光闪闪第一，“阔面钟”光熠熠第二，“轴耳朝天钟”第三。“千种钟整齐，万种钟不乱。”

第八厅摆放着呗耄的“法器”。“神箭筒”深黑，“法帽”闪月光。“真人来演讲，形象如白鹤；声如春鸟鸣，回音悠扬动天。知识如雾漫，见识如霭布。”

第九厅是群臣的座位。“左丞右相排。虎将列成行，浑身穿金甲，如神鸟茂颈。臣声如雁唳，神扇如白鸟飞。”

第十厅住着各种工匠。“十二种工匠，二十四摊子；拉风箱精彩，火闪如流星；匠具如鸽叩，金银合着炼；浇铸火星迸，宛如流星飞。”

第十一厅住勇将。“万矛如星光，排列似如林，矛缨如火焰。勇将配宝剑，如呗耄挂神箭筒；军衣花如甲胄，全副武装；铠甲战袍如彩云，似天将威武，好比画样美。老将传经验，好比众虎啸；新将信传统，如鹰冠群鸟，团结配合紧。”

第十二厅住着有功劳的教化师。“君长与臣民，位列如松柏，如林覆。越过自家境，与近邻交好，称雄名远扬。身披铠甲，能征善战。把世间教化，黎民无不从；治理很有方，庶民都听命；戟矛作武装，头领都服从。”

第十三厅是阿于德国家的贵客厅。天南地北有贵客。“略武和姐觉”，“各迭与乌姆”，“弭尼与播勒”，“洪女更氏族”，“祝立氏族和安氏族”，“众氏族女容貌好比天上彩霞般美丽。众青年男女，貌如青叶青嫩、秋叶透红，耀日白皓月黄；身如苍天松，绵羊样的皓齿，众官员带笑。素净的穿戴，似明星彩云”。

第十四厅是阿于德国家亡灵安放处。厅内“灵魂草”成堆，新旧牌位相间，“鸡卦堆”如柴。“布置有条理，好像云团，理得线样直。”有“侍摩”执事。

第十五厅是大厅。“布置的神秘，（是）来往记账厅，远客报道厅。”

第十六厅是德氏族的“女婿厅”。阿于德氏族所有的女婿，聚拢作编排，诺伦“四鲁歹氏族”“濮妥阿外惹氏族”“克茨额度氏族”“阿施阿勒氏族”等。“所有的德施女婿氏族，不论远和近，依惯例到此，勿可违章。”“笃任勾汝”“纪兜姆侯”“奋奢舍卧”“额则赫皮”，四“淑女”为榜样。“娶女如云团，列队如彩虹，强悍队伍如天星；卷起绸缎，好比退鹤毛，如白鹰飞翔；亲客聚会处，唱歌挥舞帕。”

第十七厅是陈列“阿于德氏族笙”的大厅。九十九把笙，东边“雁形笙”，西边“鸿形笙”，中部“鹏形笙”“峰峦形芦笙”。“四把最珍贵，装饰镶银珠，芦笙上箍金。”西边艺精人，“布益六寨白彝”，“谷麻九氏族白彝”，“罗布八寨白彝”。“女艺人”史旺吞，设场选艺官。在“娄弭恒略”，有银翅神鸟，被“娄武额”所擒，“朗通费”宰杀，得完整鸟骨。（用神鸟骨）制一把芦笙，成稀世珍品，“（笙音）如疾风过树梢，传来又传去”，为默阿德所得，成祖传珍宝。“女人吹奏会害命，男人吹奏添寿命。”东边艺精人，“阿卓地十一姓，叟弥千余人，叟濯全族人，阿于德氏三隶部、三支奴”，“装扮如白雁，戴金如花开；女舞如鸽叩，男舞如麂奔；又换青红装；像杀禽宰兽。银装饰笙顶，金装饰笙手，奏响听强音；耍舞帕如松涛吼，跳舞生风，外面却寂静”。

第十八厅坐男（人）。“额默上索”“阿合不铺”“德谷布区”这三位哲人，“赋诗无对手；打仗格斗，未曾逢敌手。有足够牛羊，有足够五谷”。

第十九厅是银库。放六百堆“青银”，其中“龙纹银”第一，“雾沾边银”第二，“铊银”闪光第三。

第二十厅是金库。（有）八万驮“赤金”，其中内外“足赤金”第一，原有“赤纹金”第二，“内外如一色金”第三。

第二十一厅是绸缎库。（有）九百张搁架，其中“青草锦”第一，“白如鸟翅丰”第二，“面绣白雁”第三。

第二十二厅住阿于德施国大臣。“椅位分三级，椅位上镶银，用银嵌银花，宛如鹤起飞；座位分三片，椅子上镶金，用金制金坠，像繁花盛开。哭孝送亡灵，声音若雷鸣。依照旧惯例，献九类丝线。青线红线，架得有条理，线架引线忙。”

第二十三厅是阿于德氏“司酒厅”。“光冲天濮古”第一，“绘福禄濮古”第二，“镏金龙濮古”第三。“杯饮或咂吮，如云浮高空，好比雁展翅，像这样用酒。成千的酒坛，上万的酒罐。斟酒用牛角，如媳敬公婆。”

建筑总是集经济、文化、政治于一体，是社会历史文化的浓缩。彝族历史上的文明国家的高度发展，主要体现在经济社会的高度发展，而经济社会的发展，又主要反映在青铜、玉器、丝绸生产及各种建筑艺术的成就上。4000 多年前的彝族古代文明时期，就能取得如此高的经济社会发展成就，令人惊叹。

三、古老的彝族文字

彝族是人类历史最早发明和使用文字的民族之一。

早在母系社会兴盛时期，彝族先民就开始用“写形写影”的图画文字来相互交流、互通信息了。

彝文古籍《呗耄根源》记载："有呗耄就有字，有呗耄就有书；有呗就有文，有呗就有史。优阿武写文，帝赫哲编史，吐姆伟掌文。"彝族文字的发展其间经历了图画符号、象形文字、表意文字三个阶段。

研究成果表明，彝文在其长期的发展过程中，历经了不同时期的教化师总共大小八次的对文字的收集整理和修改完善。第一次是乾阳运年时代的恒史楚，第二次是坤阴运年时代的特乍木，第三、四次相继为坤阴运年时代特乍木之后的恒特和武泰阿直，第五、六次和第七次相继是人文运年时代的呗包举奢哲、恒阿德和恒也阿默尼。六国分封时代，彝文被称为"夷文"，魏晋时期被称为"爨文"。唐（南诏国）时期，马龙州（今曲靖市马龙县）纳垢酋裔阿珂对彝文进行了第八次收集整理规范，后官府称之为"韪书"，同时"韪书""爨文"并称。元代以后直至民国时期则被称为"倮文"。新中国成立以后，随彝族族名的确定而被称为"彝文"。

古彝文是典型的表意文字，字形具有独特的"点"和"线"形变规律，以及"字素""字缀"和"造字""表词"规律。

在表意的彝文体系中，字素是"形"与"音""义"相统一的最小造字字素和依附造字字素，或叫独立字素、依附字素。如汉语用音译出的以、倮、尼、弭、批、佐、默、拉，彝语之意是水、石、土、天、祖、建、尾、手。

古彝文历史悠久，是中国源远流长的古老民族文字之一。彝文古籍《书的产生与制作》记载说，妥弭体上元甲子年造纸，戊申己酉年造笔，庚申辛酉年造墨，甲子（年）造书。奢布额和鄂体尼编书九十八卷，呗包举奢哲心想口述，恒也阿默尼一一作记录，写了一千零一十二卷书。妥弭体是乾阳运年时期的一代教化圣师，他和奢布额、鄂体尼、呗包举奢哲、恒也阿默尼，都为彝文的创造和使用做出了杰出贡献。

四、远古时期的彝族哲学及世界观

彝族是一个具有创造性思维的民族。

早在远古时期，彝族先民就认为，精气是生命的根本，精气运动是生命起源的成因。

精气分为乾阳精气和坤阴精气，阴阳精气相结合，时刻都在不间断地运动。这种生命的"两气"精灵，在运动中不断新陈代谢，构成了一切生物的生命源头。生命终止了，精气无生路，生灵也就没有了。生命这条路，是有规则的。气有运历，有脉络，脉络通气才有生命。乾坤天地间，生死就像水车转，时时都有生与死。乾、坤间的关系，是生命的运历。彝文古籍《论人的气血》记载，精气的运动，首先生成海里的动物"列日冯生"，由"列日冯生"演化成陆地上的"杜阿斗"，"杜阿斗"又演化成人类，这就是古代彝族先民的精气运历生成说。另外还有一种神造生灵说，即混沌世界先生黑后生白，"尼能"生阴阳，阴阳生“索恒哲”，“索恒哲”造人类。还传说“索恒哲”开始时造的人，眼睛是竖着生，叫作竖眼人。竖眼人看不清东西，走路方向摸不清，高低分不清……“索恒哲”对竖眼人很不满意，就念起咒语，把竖眼人都灭掉，然后又造出了一代横眼人。

彝族先民的精气运历哲学，内容很丰富，但有一个最核心的论点，即精气化物论，也就是清气、浊气相互作用演化物质论。这样的论点在《精气舍额论》《精气流程》《论青赤气配合》《青赤气易》《青赤阴阳运历》《青赤气运历》《象卦易》《象卦层次论》等许多彝文史籍中都可以看到。

《精气舍额论》说：人的生命是由精气物质构成的，即由气血物质所构成，并对此进行了大量的论证。《精气流程》论述了清气变青气、浊气变赤气的道理。青气演生天象弭古鲁，赤气演生地象弥阿那。弭古鲁和弥阿那构成了天地太极图。《论青赤气配合》论述了清、浊气的生成物质——天体中的黑白两道。《青赤气易》论述了青气创生高天，赤气创生大地，青赤气结合运生万事万物道理。《青赤阴阳运历》论述了青阳白头仙助偶吐是青气构成的，赤阴黄齿神列哲舍是赤气构成的，尼氏大头神尼偶也、能氏宽脸仙能通费，均是青赤气运生。《青赤气运历》论述了青赤气形成乾坤运历，乾坤运历创生尼能氏族。《象卦易》论述了象卦与天地日月星辰、昼夜、风雨雷电、动植物与实索氏族的关系。《象卦层次论》记述了乾阳运年和坤阴运年的纪运数。

彝族古代的精气论哲学有一套独特的概念，这些独特的概念主要有下述几种：

一是“以补”。“以补”的汉语含义是“形影”，精气“以”为阳为影，精气“补”为阴为形；物质的形体为形，形体的投影为影。“形影”是事物存在和运动的形式，不同的形影是区别不同物质的标志。从宇宙自然到人类社会，从无生命的天地、山峰、江河、海洋到有生命的动植物，直到万物之灵的人类，无不具有“形影”，无“形影”的事物是不存在的。

二是“阴阳”。精气有阴阳，精气物质的演生亦有阴阳。阴阳是精气物质及其演生物中内在的一对矛盾。从自然到社会，从无生命的到有生命的，从动植物到人类，再到人类制造的一切器物，无不分为阴和阳。精气的阴阳性，阳性为乾，阴性为坤，天为阳地为阴，乾为阳坤为阴。《阴阳太极论》论述了天地开辟时，先定乾坤位，明确日月的方向。天为阳地为阴，乾为阳坤为阴，日为阳月为阴。

三是“动变”。彝族古代精气论认为，“动变”为阴阳所决定。万事万物，没有阴阳，就不会动变。阴阳是自然、天地、动植物及人类社会等万事万物的起源、演变和发展的内在动因。自然界中的天象、地象及其各种变化，都是精气不断变化的结果。

四是“数变”，即数量之变。“数”分为奇数和偶数，奇数为阳，偶数为阴。奇数是一、三、五、七、九，偶数是二、四、六、八、十。这些奇、偶数在数变中五生十成或十生五成，是数变的基础。数变的基本形式是精气无极生太极，太极生两仪，两仪生四象，四象生八卦，八卦演生二十四象。

五是“质变”。数变量也变，量变到一定的极限，质也就随着变了。《天壬地癸》中说，天未开地未辟时，圆圆盘图先开，鼓鼓圆图先辟。血气结合是青赤气相交，生乾坤合体的诺赤人。诺赤人皮变成天，肉变成地。有了天地皮肉，血又变成流水，牙齿变化成岩石，就有了流水岩石；骨就变化成树木，毛发变化成花草。

六是“进化”。精气通过阴阳矛盾的作用，经过数变到质变，变而增数，继而进化。天地自然、动物植物、人类社会，世间万事万物，都是这样从简单到复杂，从低级向高级发展着、进化着，进而逐步形成了一个热闹非凡的大千世界。

彝族远古先民创造的这些哲学概念、伦理知识，不是无谓的玄想，其理论根据完全来自于他们的生产、生活实践，并服务于他们的生产、生活实际。就像《象卦九与十气》一书中说的：“文明的天地间，文明的女子唱文明的歌。文明氏族人，心里想知识，口头述文化。贤明君王心里想知识，口头述文化，巧手写诗文，把天地形象写华丽……知识造就智慧人，心里想政权，身显太阳光辉，面带月亮容貌；口述建政权，舌头灵活令政清。心想口述，眼观察手在写，写作不停手，书卷很美丽；智慧的形象，知识的锦帛，天地成格局，智慧造成一族人。知识是天理，妥体来管理。智慧来自阴阳哲理，产生于白黄道运历。有智慧的人，热心阴阳八卦的思维，认真观察天地自然。”

五、远古时期彝族的婚丧礼俗

婚姻关系是古代彝族社会纵向与横向的坐标点。纵向上，婚姻可以使自己所在的部、系、支和家庭细胞得以延续、增多壮大；横向上，婚姻可以使各部、系、支和家庭之间建立起紧密的社会关系网。自古以来，彝族一般是一夫一妻制，但在旧时代，统治者和富有者中，有不少是妻妾成群的。这样的婚姻家庭状况，自进入父系社会就开始了，并一直延续到新中国成立后才终止。

传统上，彝族婚配必须要等级和门第相当，讲究乾坤相配。彝族史书《论乾男坤女姻缘》中说，如果乾坤不配合，鸿雁就没有良缘。“天有珠日，地有玉月。天就像一匹蓝布，匹配的理论取其经纬线的结合。以金乌和玉兔相论，即产生了婚配的诗章……亲家之间，先由媒妁来牵线搭桥，开通传宗接代的路子，有了舅甥的天地，以乾坤来相认……讲白道雁星，论黄道鸿星，论天干乾象。嫁女配夫按星宿来推理形成了规矩……家庭的地位和福禄无论多么显赫高大，都必须按规矩、制度来办……乾天之宽大，只有云雾才能够抵边，只有心才能够达到。坤地之幽深，也有光明的时候。日夜相轮转，运行无穷尽，福禄永世不间断。”

彝文古籍《结缘论》说，天干与属相，代表着男女相配合，金乌代表太阳，要月玉兔与其相配，“以五行来伦理，金水两相生，相生有长久。壬癸属水居北方，是阴阳盈数而新生的地方。新娘骑马行是出嫁，出嫁的闺女才有福禄。吉星三对有六颗，各自有行道，都能照耀大地的四方；像鸿雁般的结合创基业，像母鸡一样带好子女。”彝文古籍《媒妁论》说：“少男生来一枝花，少女生来也是一枝花，媒人生来还是一枝花。这三枝鲜花，生长在三个地方，但可摘捆成一束。”彝文古籍《稽首拜堂》记载说：“婚姻这桩事，媒人先过问，媒语要像春鸟鸣声样动听。舅家允许了，甥家献酒同唱良缘歌。吃鸡又看卦。君子乩鸡头，师人卜鸡尾，鸡心敬主神。三年两载，结缘来配合。夫妻结蒂后，乾门不能当坤门，两人同心创基业。嫁出的女子，贤惠礼貌是第一，言行举止众人夸是二，第三要有忍耐心。妇人的职责，就在子时才解辫，慢慢地洗发，洗后再分辫，事事都要像头发一样按顺序梳理好。新娘拜堂后，要另取个美名，有了美名也就有了新的身份；少妇有了美名，就要揭开盖面纱展现美容，然后拜堂见神面。”

结婚时，平时与新娘朝夕相依的姐妹，以姐妹舍不得分开之情为由来唱盘（问）歌。盘歌的仪式和内容大体如下：

“接亲的客人，昨天你们来，骏马九十九，水牛六十六，狂犬三十三，排拦你们来路，如何过得来？”

“表姐表妹们，昨天我们来，骏马九十九，排起栏着路，九十九辔头，套住骏马头，拴在路两边；六十六捆草，用来喂水牛，引牛喂路边；三十三肉骨，丢往路两边，狗往两边让，就这样过来。”

“接亲的表哥（指接亲队中的新郎弟弟），昨天你来时，你爹嘱托你，你妈嘱托你，哥嫂嘱托你，是如何托付？”

“表姐表妹们，昨天我来时，阿爹有托付，凤冠宝珠项链、耳坠耳环、金银发钗莫忘带；阿妈托付我，套袍加夹衣，凤颈饰披肩，一样不要少；阿哥阿嫂也嘱咐，绑腿和鞋子，也不能卯掉。托付我这些，带来扮新娘，接新嫂回家。”

“接亲的客人，昨天你们来，路过马缨花山，一路马缨花树，马缨枝拦路，马缨花耀眼，你们是咋个过来？”

“表姐表妹们，昨天我们来，满路马缨花树，马缨枝拦路，马缨花耀眼。马缨花再美，哪有凤衣表姐美？杜鹃枝蘸水，你不撒向我，我就撒向你。”

“接亲的客人，北方的进路，南方的来路。中央的的路口，有金银铜门，你们如何的过来？”

“表姐表妹们，昨天我们来，北方有道（地道）银门，南方有道（天道）金门，中央有道（人道）铜门。自己打开过来。”

“接待房门多，何人兴接待，何人传接待，何人继接待？”

“接待房门多，共有十二道，君兴接待，臣传接待，师继接待。君、臣、师到百姓，礼仪都同然。”

（仪式上，新娘请求送亲队中担任主歌手的姑妈先出场）

“主歌手大姑妈，上场来开歌；主歌手二姑妈，扬开你舞帕，主歌手幺姑妈上场作导演。”

（新娘向父母家人诉唱离别情）

“相互争亲娘，兄妹争新娘，阿哥争得凶，争去我生母。妹妹争不赢，从另找个母。生母找不着，找得个公婆；公婆心再好，哪有亲娘好。复去又复来，媒人多次来，牵线又搭桥，闺女嫁走了，孤怜了生母。阿妈你莫哭，我到婆家后，年回来三次，回来看阿妈，缝衣给娘穿。”

（祝福新娘出嫁做新家高飞发达歌舞）

“崖头上筑巢，孔雀金凤窝。一月母养儿，二月儿长翅，三月儿振翅。‘嗞’的一声叫，‘扑’的一拍翅，凤儿高飞去，高飞远走了。”

（新娘家门前，众亲友以歌舞送新娘出阁）

“坤造的惠女，乾造的贤男，结成姻缘后，和睦万事兴。牛群满山岗，岗上马如梳，羊群遍山白，鸡群盈满院，猪群遍地黑。勤劳生万物，天地赐富贵，心想事业成。祖上的福禄，传给了父辈；父辈的福禄，传给了子辈；子辈的福禄，传给了孙辈。婆禄传给媳，福禄代代传，如岩般牢固，如长江长流，如湖水平安，如翠竹发展，如黄松喜盈。跟着君一天，要学会司令；跟着臣一天，要学会治理；跟着师一天，要学会教化；跟着舅一天，要学会家规，要学会祝福，要学会礼仪。”

“圆圆天圆圆，十五月亮圆。若不是月亮，群星不团聚；若没有星星，月亮无衬托。圆圆地圆圆，地下晒场圆。若不是晒场，五谷不堆积；若没有五谷，晒场无寄托。圆圆人圆圆，老年人团圆；若不是老人，青年团不拢；若没有青年，老人无依托；长老们膝下，这壶醇美酒，敬献老人们。”

继而到了宴席上，盘歌内容转话题：

“问你接亲的，自古兴嫁妆，是谁开创的？自古兴迎娶，是谁兴起的？自古兴送亲，是谁发起的？”

“自古兴嫁妆，是媒妁开创；自古兴迎娶，呗耄所兴起；自古兴送亲，是哥弟发起。”

“你这做媒的，请问你一句，梳妆在何时，何时出阁走，送亲在何时？”

“我这做媒的，良辰吉时告诉你：三更扮新娘，卯时出阁走；哥弟行送亲，直送到婆家。”

（次日早，接亲队在新娘家门前以歌舞行告别礼）

“今年年成好，禾苗长得壮；年成气候好，稻田谷成熟；用镰刀收割，用绳索捆好，背去打谷粒，把糠扬干净；银簸箕簸纯，金筛子筛好，放进银碓舂。一天上柴山，拾各种柴禾，合捆作一背；一天去竹林，拾得枯竹竿，把它捆成把，送到阿卓甸，集在君院子里，放进火炉烧，做待客晚饭。”

铁锅里炒菜，甑子里蒸饭，用金勺分匀，盛在银碗里；敬供天地神，敬供福禄神，敬供衣食神，敬供国亲祖，敬供列祖宗。他人来敬供，只是嘴边说；自家来敬供，摆桌上祝辞，敬献祖神作告别。

（新娘绕堂屋三圈后出门，表示从此开始，已不再是娘家的家庭成员了）

（接亲和送亲队回到新郎家时，接亲队在门前以唱赞美歌的方式回答送亲队的盘问）

“四壁挂满画，篝火伸金旗，灯火映辉煌；四处挂金玲，金玲配彩带；堂屋铺松毛，门框镀上金，门扇钉钉昂，道路像金绳，光华又耀眼。”

（新郎家主持仪式的长老唱歌渲染婚场喜气气氛）

“君来捧场，臣来贺婚，师来祝福，艺臣来凑合，舅舅赶喜酒，亲友都来凑热闹……迎亲的歌场，像晒坝样宽广；歌场上歌手，像篱笆桩样整齐；歌手的舞帕，像白鹤翻飞唱出的歌声，如蝉鸣般悠扬。”

（接亲队向主持人介绍送亲人、边歌边点交陪嫁物）

“歌场老人们，在你们膝下，把礼来交清。交的第一件，是金银发钗；交的第二件，是凤冠头饰；交这第三件，是星象勒子；交这第四件，是套衣夹褂；交这第五件，是凤颈纹饰；交这第六件，是凤尾长裙；交这第七件，是耳坠、耳环、手镯、戒指、项链和玉佩；交这第八件，是盐和佐料……”

（送亲队回程时向新娘家人交代）

“婆婆们，公公们，我家小妹妹，从小惯养多，年长智不长，礼仪她不知；如若不是时，公婆抬贵手，该骂时用教，该打时用骂，教她懂礼仪，教她会做人。结婚满一月，（我们来）接回家探亲。”

古代彝族人去世后行的丧葬礼既肃穆又隆重。

彝文古籍《凯数》记载了笃慕逝世后的祭葬盛况：“高祖笃慕仙逝于晋宁冲头，祭祀场设在晋宁大坝子，整个场成了一片火海，只见火焰不见人面。杀牛牲像枇杷树上堆果，杀羊牲像大山铺满白石，杀猪牲像晒坝场上的鱼堆，杀鸡牲像翻挖过的茅草坡，牛羊猪鸡牲血汇流成河。”

“整个祭祀场上，将士骑骏马，精兵排成行，坐骑的鞍褥和辔头，展示来自各地方的风姿和特色。教化呗耄挎樾妥神箭筒，戴洛洪盔帽。四面八方的族人翻山越岭，穿过密集的丛林，走过平原大坝，跋山涉水，从很远的地方赶来祭祀场。”

“祀葬的这天晚上，以晚餐献亡灵，为亡灵解除冤孽，让亡灵爽快地归宿。冥器用金属精品，寿衣用锦帛，以牛羊三洁打醋炭祭献。翌日清晨，祀丧程序顺利完成，为亡灵设早宴饯行，为亡灵指明路程，说清路标，让亡灵顺利去往祖源阴间。祭祀程序结束，呗耄的义务随之完成，神取得了印信。生死是常礼，似草木一生落叶归根，悼念是尊重死者的威荣，祭文是颂扬死者的贤德。”

王侯家祭葬要有专门的祭祀权令杖。“呗耄执权杖行令。大喊三声‘哼’，问‘哼’有无父，有父父执令；大喊三声‘哈’，问‘哈’有无母，有母母执令，无则替黑夜母行令。权杖代祭场行令，用来作指挥。这根权杖，祭父代父令，祭母代母令。”

祭葬要用毕绰法器，毕绰法器是教令标志。“毕绰指向中，君王都要听从来中宫，更换青、赤装束。呗耄将毕绰握在手，站立在垫子上，敬崇死者的威荣。祝福后人的安康发展。”

普通人家祭葬的法器，有樾妥和洛洪，有宝剑，有神号角，有祭祀舞铃。

请主持祭祀德呗耄要慎重选择：一是要社会影响面广；二是众人口碑好；三是学识渊博。要知乾理、知先后、知伦理、知君权、知臣权、知教化，这就是君臣师的崇奉偶像。

有史以来，彝族人家有丧事，都要设立祭场建明堂，呗耄主祭设经堂。掌堂主祭的呗耄要先把天文圣师“腮偶吐”灵请坐于经堂上，这是开祭明堂的第一门。这一道门即由掌堂呗耄来打开。呗耄主祭祀程序，至亲来解冤，至戚来献餐，执供的侍摩来端供品。第二道门讲的是法帽和神箭筒。“神箭筒樾妥挎在身，凶神恶鬼不沾边；法帽洛洪戴头上，邪气不近身。樾妥驱邪恶，洛洪收邪气。”最后，第三道门讲的是白黄道。“白黄道献金银，金银献诸神，由呗耄来退身，神灵得了愿。”呗耄的执事程序到此全部完成。

祭祀场上要有灯笼。开祭的晚上，聚众场面大，遍地集人群，“若无灯笼来引路，歌师难开声，祭场沉寂寂”。灯笼挂在灵堂的四角，用来引领绕灵队伍。祭祀的灯笼就是这样兴起的。

祭献有伦次。“贤君要作君的打扮，能臣要作鳞甲武装，高师要着装上场司礼仪。国舅要献驮魂马，栓在祭奠坛边。外甥家要献牛牲，要在灵堂前打杀祭献。从始至终的祭祀活动，像大地上起漩涡，像飞瀑一样通达。开的第一道门是家族来作礼，开的第二道门是亲戚来作礼，开的第三道门是死者生前的好友来作礼，开的第四最后一道门是来自各方的族众来作礼。”

六、古老的彝族天文历法

彝族先民远古时期在不同年代使用过不同的历法，其中有十二月历、十八月历、十月历等。在这些历法中，最具科学意义的就是十月太阳历了。

20 世纪三四十年代，中国西部科学院和云南大学的专家学者在四川凉山进行彝族社会调查时，发现了彝族历史上曾使用过一种特殊的历法——十月太阳历法。20 世纪 80 年代以后，刘尧汉、陈久金、卢央等学者对此进行了较为深入的考查研究，并取得了显著的研究成果。

彝族十月太阳历法，是将一年分为 10 个月，用土、铜、水、木、火 5 个要素，分别配以公、母来表示：一月称土公月，二月称土母月，三月称铜公月，四月称铜母月，五月称水公月，六月称水母月，七月称木公月，八月称木母月，九月称火公月，十月称火母月。一年10个月，一个月36天。一年10个月终了，另加5~6天“过年日”置于岁末。过年日通常为5天，每隔3年，到第四年的过年日增加一天为6天，平均每年为365.2422天，与太阳回归年接近。

十月太阳历以十二属相记日，一个属相周为12天，三个属相周共36天为一月；30个属相周360天为一年，年终加5~6天过年日。

十月太阳历的观象，与月亮的圆缺无关，而与地球围绕太阳公转有关，故称为太阳历。十月太阳历至今在大小凉山的彝族地区仍然被使用着，在云南一些彝族地区也有遗留，文山州的一些彝族支系中也还能看到这种古老历法。

文献记载和专家实地调查结果表明，彝族使用太阳历有其古老的历史渊源。彝文史籍《宇宙人文论》记载说：“鼠（子）、牛（丑）、虎（寅）、兔（卯）、龙（辰）、蛇（巳）、马（午）、羊（未）、猴（申）、鸡（酉）、狗（戌）、猪（亥）。”彝族用以鼠为首的十二属相推算。彝历年、月、日、时，都是以十二属相来命名。因此彝族谚语说：“天年鼠年首，天月鼠月首，天日鼠日首，天时鼠时首。”《西昌县志》卷12《夷族志·历法》中记载：“倮夷历法……各倮夷中多有能推之者……其记年、月、日、时，不以数字，只用十二地支，周而复始，不以天干相配。所谓十二地支，亦不称子、丑、寅、卯，而称其属相为鼠、牛、虎、兔，如子年曰鼠年，丑月曰牛月，寅日曰虎日，卯时曰兔时。”易谋远因此说：“这就是彝族属相纪年法的古代历法，也是迄今凉山彝族民间仍然实际通用的历法。”李亦人写的《西康综览》中说：凉山彝族用鼠、牛、羊、虎、兔、龙、蛇、马、鸡、狗等十兽纪年。江应樑写的《凉山彝族奴隶制度》也说：“大小凉山中统一地实行着一种历法，非阳历也非阴历，是把一年划分为十个月，每月固定为三十六日，用十二支来纪日……每轮转三十周便是一年，计三百六十日。三十周轮转后，另有五日不属于任何一周，称为过年日。”

云南人民出版社1987年出版的《彝族简史》中说：“据说，彝族古代使用过一年为十个月，一月为三十六天的太阴历，以十二生肖循环记日，每月三个生肖周，一年为三十个生肖周，全年三百六十天，余下五至六天为年节日，不计在月内。每年有大小两个新年，汉族称星回节和火把节。星回节在农历十二月中，火把节在农历六月中。后来受到汉族夏历的影响，彝族人民又创造了与夏历大同小异的历法：一年分十二个月，每月三十日，无月大月小之分（少数地方也有大小月）。每四年闰二次，即二年闰一个月，闰月必在二月至十月。以十二生肖纪年、月、日，轮流推算，周而复始。”

彝文古书中有一年12月的阴阳合历记载，也有一年10个月共360天的记载。一些地方唱的彝族古歌中，也有“一年十个月，半年五个月”的唱词。彝文古籍《西南彝志》和《宇宙人文论》都记载说：“整个周天，三百六十五度又四分。太阳一天行一度，一年余五度。”这一年剩的5度，就是5天的过年时间。《爨文丛刻·解冤经》记述一年360天之内，东、南、西、北四方的神各主管72天，东南、西南、西北和东北的神共管72天，五个72天，就是八神所管360天。其余5天或6天没有谁来管，意味着人和神都休息，过年去了。

彝文史籍记述太阳历最为完整的，要算是彝族古经书《尼添希嫫查》了。此经书是五言体，共340余行，从左到右直行书写。经书记述了古代彝族戈施蛮毕摩继承前人观测太阳的经验，创造十月太阳历的过程：用虎、水獭、鳄鱼、蟒、穿山甲、麂、岩羊、猿、豹、四脚蛇记年、月、日，一年分阴阳两截。一至五月为阳年，六至十月为阴年。一个月36天，分上、中、下三旬，每旬12天；一年10个月360天，余5~6天为阴阳交替节（火把节和星回节），共365天或366天。一些专家学者认为：“十月太阳历可谓是彝族历法的集大成者，运用达万年以上。”这样的结论还有待考证，但其使用时间的久远是不可置疑的，其历法的科学性、先进性也是很显然的。理由有三：一是每年平均365.2422天，与现今科学测定的太阳回归年非常接近；二是一年10个月，每月36天，月不分大小，易记好用；三是每月有三个属相周，符合广大普通群众的生活习惯。

在创立十月太阳历的历史过程中，彝族先民不断完善观察天象的方法，不仅掌握了太阳运行的白道轨迹和月亮运行的黄道轨迹，还注意到了主要星座的的相互关系。这些星座分别相当于汉文中所说的二十八星宿，即：通经（角）、路堵（亢）、基伍（氐）、拉（房）、基中（心）、基猫（尾巴）、武能（箕）、武峠（斗）、武中（牛）、武猫（女）、蒙申（虚）、至初（危）、至本（室）、自曲（壁）、自南（奎）、自轻（娄）、自拉（胃）、自中（昴）、自争（毕）、自猫（觜）、宋棘（参）、毕布（井）、罗古（鬼）、姆耳（柳）、农科（星）、斯曲（张）、斯灯（翼）、经去（轸）。其排列共有东、南、西、北、中五个方位。彝族人民用这些星座来测算季节，确定方位，并用来占卜凶吉。

彝族先民崇拜天，崇拜太阳，重视星座的方位，更重视人生活于其间的大地上的方位，由此形成了自己的“八方观念”。这些八角、八方的观念，几乎渗透到了彝族所有的传统文化领域中。

在八方观念的基础上形成了彝族先天八卦。先天八卦又称伏羲八卦，创始于远古时期古夷人伏羲部族。八卦汉名“乾、坤、坎、离、震、巽、艮、兑”，彝语称“嗳、哺、且、舍、鲁、朵、哼、哈”。彝汉称谓不同，但伦理相同，都以八卦代表天、地、人和八方万物。彝文史籍记载中有伏羲八卦，而无后天八卦（文王八卦），只有八卦而无六十四卦。贵州民族出版社2002年出版的《彝文古籍——蕴藏中华远古文明的另一宝库》一书中说，原因是（远古时期）从西北进入中原的古夷人分支带入伏羲八卦，经古戎人周族演化为文王八卦和六十四卦。而仍在西南的古夷人，则直接将伏羲的先天八卦保留下来，并记载于彝文史书中。

彝文史籍《西南彝志》和《宇宙人文论》都叙述了八卦的生成过程：由清气和浊气

形成天地，天地发展后产生太阳和月亮；太阳月亮发出光辉，地球不停地运转，随之产生了暖、哺，接着又产生且、舍。暖为父，哺为母；且为子，舍为女，掌管土地四方的运转，一人管一方。暖、哺产生后，五行也随之产生。在五行中，木主管东方，金主管西方，火主管南方，水主管北方，土主管中央。接着，宇宙的四方又起了变化，形成了八方，即有了“暖、哺、且、舍、鲁、朵、哼、哈”这一对父母及其六个子女。宇宙四角起变化，变到东北方由鲁子来管，变到东南方由哼子来管，变到西南方由朵女来管，变到西北方由哈女来管。哺变化生水，暖变化生火，且变化生木，舍变化生金，鲁变成高山，朵变成平地，哈变化又生金，哼变化又生木。这宇宙的八方，从中变化出五行，鲁是长男，朵是长女；且是中男，舍是中女；哼是少男，哈市少女，这就是彝族古老的“宇宙八方”，实际上也就一种八卦。

为了推演八卦的方便，彝族先民还发明了八卦历盘。八卦历盘由里到外共六层，分上下两盘；上盘是内三层，主要用于指明方位；下盘是外三层，是年、月、日三个的标志层。从其结构可知，用八卦历盘，主要是根据时日选方位，以占算吉凶和命相。除八卦历盘外，还有一个八方圆轮，它作为象征性符号的功能与汉族八卦符的功能完全一样。在功能上，八方圆轮是呼天唤地，吼月亮太阳，召唤八方众星来保佑福禄威荣，驱赶恶鬼。圆轮总是象征着转动，而转动总是一方面在空间实现，即以八方位作标志，同时另一方面又在时间中实现，其中蕴含着白天和黑夜，寒冬和暑夏，或者月亮的阴暗、圆缺交替。这些都是构成阴阳概念的客观内容。

彝族八卦是以“宇宙八方”观念为基础的，同时暗示八卦是宇宙观念的一种模式。彝族八卦和汉族八卦可能起源于当时对宇宙的理解，只是对宇宙观念的不一致，因而导致了两种八卦间的差异。彝族八卦没有形成像汉族八卦那样的卦画。汉族八卦进一步精致化了，而彝族八卦却很好地保留了其原始的形态，因而也就透露出了较多的原始信息。一直没有卦画的彝族八卦，正好反映了这种原始状态。

七、古代彝族的文化艺术

彝族文化源远流长。远古时期的彝族文学不但内容和形式丰富多彩，而且显示着古代彝族先民神奇的想象力，充满着强烈的远古时代精神，是全部彝族文化的重要组成部分，成为后世彝族文化不断创造发展的不竭动力。

远古时期的彝族文学大体可分为创世歌谣、古代神话、远古传说、创世史诗、英雄史诗等。

创世歌谣约产生于希弭遮（希慕遮）和希堵佐时期。就其内容而言，创世歌谣是尚未形成宏大篇章的创世史诗，是创世史诗初始时期的幼芽状态，但已形成了繁盛的创世歌谣群体。内容主要是天地的形成、人类和动植物起源、火及弓箭的发明和使用，以及畜牧和农耕起源、金银铜铁起源，还有历法的产生、婚嫁的产生等。这样的歌谣虽然大都是不完整的零碎片段，但数量多，内容丰富多彩，语言通俗朴实，简短易记，因而在民间流传很广，彝文史书中有不少记载。在文山州彝区，民间流传的创世歌谣也不少，如《找人种》《牛的来历》《红樱花和白樱花》《造天地日月》《铜鼓歌》《挖金子》《洪水滔天灭人类》《虎王》《猪的来历》《兄妹成亲》《射石岩》《挖金子》等。这些歌谣可分为大地自然形成型、神造大地型、人造大地型、动物造天地型等。其中关于人类起源，有所涉及的歌谣又可分为物质演化说、天神创造说、盘颇化身说、猴子变人说等。万物起源说的歌谣反映了远古时期彝族先民对宇宙自然间各种事物的由来及其运动变化现象的探索和认识，流传面广，内容包罗万象，十分丰富。

远古时期的彝族神话，是彝族先民在改造自然的生产劳动中形成的。在生产力十分低下的情况下，人们按照自己的认识、理解和欲望，把自然和社会生活加以形象化、人格化和虚构化，按照自己在实践中萌发的联想，对人在自然界中的力量进行了夸张，塑造出了一个个充满传奇色彩的神话故事和英雄人物。文山州彝区流传的这类神话英雄人物，大都与内地彝区大同小异，如《天地和人》中造天地的英雄阿基檀，造太阳的英雄西勒，造月亮的英雄都获；《布尼布卓》中的造天英雄阿体颇，造地英雄阿体嫫，造日英雄阿尼颇，造月英雄阿舍嫫，以及支格阿龙降伏恶雷等许许多多匡扶正义、驱邪除恶的神奇英雄。

史诗是一种结构宏大，气势磅礴，既有综合性特点，又充满幻想和神秘色彩的民间叙事长诗。彝族是史诗特别发达的民族之一，西南彝区各地民间都有流传。据统计，目前全国各地公开出版和内部出版的彝族长篇史诗已达49部。这些史诗以其古朴的内容，奇特的想象，在彰显彝民族光彩和特色的同时，也大大丰富了中华民族民间文学艺术宝库。

在众多的彝族创世史诗中，最具代表性的有《查姆》《梅葛》《阿细的先基》《天地祖先歌》《阿黑西尼摩》《尼迷诗》《勒俄特依》《石尔俄特》等。

《查姆》是对彝语“咪古”（讲道理的诗文）的音译，主要流传于云南楚雄州、红河州、玉溪市和文山州西北部地区，全诗计3500余行，分上下两部，上部讲开天辟地，民族的起源和繁衍；下部讲天地万物的起源和发展，是一部古朴、凝重的的彝族古代社会历史的巨幅画卷。

《梅葛》也是对彝语“迷古”的音译，主要流传于楚雄州的大姚、姚安和永仁等县，因用当地彝族的“梅葛调”来演唱，故称为《梅葛》。全诗长达5770行，分创世、造物、婚恋、丧事四大部分，各部分又可独立成章。史诗较全面地反映了彝族人民在原始社会、奴隶社会和封建社会各不同历史时期的经济、社会和精神文化生活面貌，内容丰富，形象生动，艺术精美，是一部文采斑斓的古代彝族社会生活“百科全书”。

《阿细的先基》主要流传于红河州弥勒县西山和文山州丘北县西部的彝族阿细支系中。“先基”是阿细语，是汉语“歌”的意思。1943年由著名音乐家光未然收集整理，昆明北门书屋以《阿细的先鸡》为书名出版，李公朴先生参与发行。新中国成立初修订重版时，改书名为《阿细人的歌》。1953 年，袁家骅先生根据 1945 年的国际音标记录，整理出版了《阿细民歌及其语言》，内容分为序诗、开天辟地、垦荒、洪水、求家、成家和悲歌七部分。1958 年，云南省民族民间文学红河调查队再次收集整理出版了《阿细的先基》，全诗 5500 余行，分为引子、最古的时候、男女说合成一家、尾声四部分。史诗形象生动地记述了天地、万物和人类的起源及其各种自然现象成因，以及阿细人独特的恋爱婚姻习俗及其观念。

流传在文山州中西部彝区的《天地和人》《布尼布卓》两部彝族创世史诗中，内容除了具有一些文山的地域特点外，其叙述的事物主体及所反映的思想意识，有不少与其他地区流传的同类史诗相似或相近，如《天地和人》在内容上与《梅葛》有不少相同之处，而《布尼布卓》则与《阿细的先基》有不少共同点，只是由于地区和支系不同，加之在长时期的社会历史发展变化中不断演化变异，史诗中的一些人名、地名变了，故事情节也被染上了不同的地域特点。

《尼迷诗》流传在昆明市石林县、红河州弥勒县、泸西县及文山州丘北县的撒尼支系中。史诗的故事内容是说，远古时有一段时期，天地间处处冰雪覆盖，地上的人都被冻死了，只剩下阿果和阿尼一男一女两人。为了求生，阿果把阿尼绣的花布栓在箭头射向天空，请求天神救灾。天神目斯帕和目斯玛放出七个太阳把冰雪晒化了，不料天气又由此变得很热，而且热得让人都快受不了啦。于是，英雄阿果就用箭把七个太阳中的五个射了下来，留下一个仍然做白天的太阳，另一个转做夜间的月亮，万物由此得以复兴。后来，人世间又四处燃起了大火，大火连续烧了三年，万物几乎都全被烧死了，只剩下阿资和阿若男女两人。不知过了多少年，到阿拉和阿乃夫妇时代，他们的三个儿子和一个姑娘一起去开荒，可是不知为什么，他们头天开出的荒地，到第二天又恢复了原来的模样，而且一连几天都是这样。后来，他们才发现是一个白发老人所为，老大和老二气愤得要去打老人，老三和妹妹则劝两位哥哥不能打，并心平气和地向老人问其中原由。老人就把即将到来的大洪难告诉他们，还把自己的金柜、银柜和木柜送给他们避难用。老大、老二心肠狠，大洪水来临时，两人就分别躲进金、银柜里，只把木柜留给老三和妹妹，不让老三和妹妹和他们一起到金、银柜里避难。好心的老三只好带着妹妹一起在木柜中共患难。“黑雨水下了三天三夜，白雨水下了三天三夜”，滔滔洪水淹没了大地万物，老大老二躲避的金柜、银柜很快沉到了水底下，两个都被淹死了。老三和妹妹躲藏的木柜则飘在水面上，让兄妹俩躲过了大劫难。

大洪水退后，大地一片荒凉，为了找伙伴，老三和妹妹走了九天九夜路，踏遍了千山岭，处处“千里无人烟，万里无伙伴”。天神知道以后，给兄妹俩一些粮食种子，让他们种庄稼，养牛羊鸡猪。然而，因见不到其他人群，兄妹俩都无法找到伴侣配婚。后来天神授意，通过滚两扇石磨相合、滚两个簸箕相叠的天意“验证”，兄妹配婚成夫妻，繁衍人类，大地才又恢复了生机。

广流传于川滇大小凉山地区的《勒俄特依》，在彝族民间影响最为深远，被誉为“著名古典诗”。“勒俄”是彝语“历史”的意思，“依”意则为“书”或“书本”，全意即“历史的书”，与同一地区的另一部史诗《古侯》相对应，交相辉映，相得益彩，分别被称为“母史篇”和“公史篇”，是彝族史诗中两颗耀眼的彝文明珠。《勒俄特依》分为天地演变史、开天辟地、阿俄署布、雪子十二支、呼日唤月，支格阿龙、射日射月、喊独日独月出、石尔俄特、洪水漫天地、合侯赛变、曲涅主系等14章，计22000多行。前5章主要讲述开天辟地、创造万物、繁衍人类的故事，歌颂了恩体谷慈、儒惹古达、署惹尔达、司惹低尼、阿俄署布五大天神开天辟地的英雄业绩。用2章的篇幅讲述了新、旧石器时代交替时，滇池周边地区彝族部落首领支格阿龙传奇的一生。《石尔俄特》一章则描述了母系社会时期人们“只知其母，不知其父”的社会生活状况；《兹的住地》一章则讲述了远古时期彝族先民两次大规模迁徙的历史。

从创世造物向记述历史的发展演变及其各种历史事件的转变，是《勒俄特依》艺术创作上一个显著特点；与此相应，由创造神向创造人物形象的转变，是《勒俄特依》艺术创作上另一个显著特点。

流传于红河州元阳县彝区的《阿黑西尼摩》，分为序歌、西尼摩生万物、人类的起源、分天分地、叽依定历法、旱灾、洪水泛滥、天地的生日、长寿和死亡、婚姻的起源和演变和祭奠的兴起，共11章。史诗中记述的主要人物阿黑西尼摩，是天地未产生前的一个女巨人，她是万物之母，身躯体像大山，头像狮子，脊背长龙麟，长有14只耳朵、6双眼睛和28只大奶，其胃有9082层，肚有9000层，绿、红、黄、黑、白和天、地、日、月及其万物都孕育于她的大肚中。孕育期满后，阿黑西尼摩先生下天、地、日、月、星辰和风、云；接着生下奢俄木、奢则黑、彻埂兹、黑得坊及其他所有的天神和地神；再接着又生下大象、老虎、豹子、老鹰，以及牛、羊、马等走兽飞禽和虫类，用其28只大奶哺育了它们。史诗还叙述了人类从水生动物演化为陆地猿猴，再由猿猴发展为会直立走路的人的演化过程，还讲述了人类兴起婚嫁和祭祀的历史。史诗内容丰富，想象富丽而神奇，生动、形象地展现了人类在母系社会初期广阔的社会生产生活画面。阿黑西尼摩生天、地、日、月及其宇宙万物的故事，在文山州的一些彝族支系中也有流传，但都比较分散零星，大都只是其中的零碎片段。

流传于贵州西部地区的《天地祖先歌》分为天地的形成、风的产生、雾的产生、万物生长、野人根源、季节、种粮、女权、医药、农耕、权制、以及笃慕支系、君制、冶炼、养蚕、结亲、繁衍、传知识、管天地、收妖怪、人的生死、战争和庆功、祭祀和祭祀后等27章。史诗先叙述天地的形成、万物的兴起、人类的源起，然后叙述人类农耕生产生活。史诗中说：树、荞、麻等农作物种子，最早是管天的勾阿德从天上撒到地上的，地神乌阿庇管理种庄稼，之落咪阿庇专事传知识，在这三神的帮助下，人们学会了种庄稼。史诗又说，人们在长期的生产生活中，通过不断的观察和体验，逐步懂得了季节和气候的变化，逐步摸清了"一年分四季，四季四变化；春天绿油油，夏天热腾腾；秋到刮大风，冬天有凌拌；冬去春又来，变化又从头"的自然气候变化规律。那时"男女聚成群……孩子不知父，孩子只知母；一切是母大，母是一切根……女人当君长，一切听从她，她说了就行"。女人中的首领带领大家去烧荒、撒种子，大家"才有苦荞吃"。

《天地祖先歌》生动地讲述了彝族先民从蒙昧时代到野蛮时代，再由野蛮时代进入古文明时代的历史过程。相对而言，与其他同类史诗相比，《天地祖先歌》比较注重写实，夸张成分不多。

英雄史诗，又称英雄叙事诗，是继神话之后，在人类文化史上产生的另一个具有划时代意义的文化现象。彝族远古时期英雄史诗，目前整理出版的主要有《阿鲁举热》《支格阿龙》《大英雄阿龙》《支嘎阿鲁王》《哈依迭古》等五部。前四部中的英雄支格阿龙，在西南大多数彝族地区都有流传。在文山州一些彝区，支格阿龙的史诗也同样有流传，但都是一些零星的片段情节，未发现有相对连贯的系统故事，而且随着时间的不断延续和群体居住区域的不断转换，以及生产生活环境的变化，史诗中的英雄人名及其地名也都发生了变异，加上各地汉译音用字不同，同一个人的人名出现了多种不同的写法。但尽管如此，其语音还是相同或相近的，意思也是一样的，如"支格阿龙""支格阿鲁""金支嘎阿龙""嘎阿鲁王""支嘎阿鲁""支刮阿鲁"等。

歌舞艺术是随着诗歌和音乐的产生而相应产生的。集歌、舞、乐于一体的古代彝族歌舞艺术，不但内容丰富，而且形式多姿多彩。按歌舞的内容和其表现形式，彝族古代歌舞大体可分为生产劳动舞、傩舞、巫舞、祭祀悼亡舞。这些歌舞有许多是反映古代彝族先民生产劳动的，如种植、管理、收获、纺织、捕鱼、狩猎等。这类歌舞在文山州不少彝族地区都能看到，流传于昭通永善县的"荞子舞"，在文山州的西畴、广南、麻栗坡、富宁等县的彝族倮支系中也广为流传，在当地被称为"荞菜舞"，只有一字之差。流传于昆明市石林县和红河州泸西县的"洗麻舞""纺麻舞"等，在文山州的部分彝族支系中也有流传。这些歌舞都简单朴实地模拟了古代彝族先民生产劳动时生活情景，充满着浓厚的原始性和质朴性。

巫舞是在原始巫术活动中跳的舞蹈，新中国成立以前广泛流传于彝区各地，现在除极少数边远山寨外，基本上无人再跳了。这些年，作为一种历史现象，一些地方的文化部门对巫舞进行了整理保护，并对其中的一些舞蹈动作进行了改良，使其古为今用。

祭祀是彝族最隆重的宗教活动，跳祭祀舞是祭祀活动的重要内容和形式。表演祭祀歌舞时，人们边歌边舞，占卜命运，祈求祖先神灵保佑，并在长期的沿袭流传中逐步发展成了娱怡神灵、祛邪驱魔、祈祷丰收、祈求人畜兴旺的群众性舞蹈。彝族的祭祀性舞蹈很多，比较有代表性的有流传于昭通市镇雄县和彝良县的"喀红呗"（灵筒舞），流传于红河州和普洱市的"响把舞"，流传于文山州富宁、广南、麻栗坡三县和广西那坡县的铜鼓舞，流传于昆明石林、红河泸西和文山丘北等县撒尼支系中"大鼓舞"等。

悼亡舞蹈是高龄老人去世时跳的丧葬舞，或家支集体举行祭祖仪式时跳的悼念舞，内容主要表现对逝者的追思和缅怀，颂扬祖先的功德和业绩。这类舞蹈也很多，如流传于大小凉山的“瓦兹累舞”，流传于丽江宁蒗县和文山州广南县的“送灵舞”（烧灵舞），流传于曲靖宣威市的“跳戛”，流传于玉溪澄江县的“送阴灯”，流传于文山州麻栗坡、西畴、富宁和广南等县的“闹丧舞”，流传于文山州文山市和砚山县的“神灯舞”，流传于文山州丘北县的“羊皮鼓舞”等。这类舞蹈常把伴奏音乐与喃喃吟诵歌词结合于一体，队形多为反时针方向旋转，舞蹈动作缓慢而古朴、深沉。

古老的彝族歌舞已历时数千年，经久不衰。今天我们看到的古代彝族歌舞，已经不断融进了不少的后世文化成分，但仍然能从中看到原始的内容，听到远古的遗音。

岩画是石器时期彝族先民重要的绘画艺术。滇南和滇东南的南盘江两岸，是西南彝区岩画最集中的地区，就在这里发现了最古老，且比较有代表性的旧石器时期的石林岩画、弥勒老虎山岩画、弥勒红石岩岩画、丘北狮子山岩画等。石林岩画位于石林县的小石林中，画高约 3 米，宽约 2 米，可辨认图像 30 余个，有人、兽、星、月等，稍晚一些作品中的牛马画像，有很强的写实性，其表现的内容与彝族古老的原始宗教有关，对研究以彝族为主体的云南少数民族文化演变过程提供了宝贵的实物资料。弥勒县老虎山石洞洞壁岩画有人、马、羊、猴、箭等画面，还有 14 个远古文字，其中有 4 个与现今仍在使用的老彝文相同。

位于弥勒县高甸村西南的红石岩岩画，画面长 130 米，高 20 米，可分为左、中、右三版，右版画有两个葫芦形铜鼓，中版画人，左版画箭头，画风古朴粗犷，直线人影箭头多，是一幅古人祭祀岩神图。同样在弥勒县的金子洞坡岩画，画面内容则是崇拜日月和星辰的原始宗教祭祀场面。其中有一组图的中心画着一个闪射着光芒的太阳，周边围绕着 6 颗星辰。另一组图像由 20 多个圆圈组成一个穹隆圆形，下面有 6 个跳舞的人物形象，岩画下方有古彝文。

位于丘北县曰者镇狮子山彩云洞洞壁上的狮子山岩画，画面图像大都已模糊不清，尚能辨认的图像只有三个，大的 35×26 厘米，小的 20×16 厘米。能辨清的三个图像均是“人形鸟”图像，人头、躯干和四肢用线条表示，两只手背上各有两组羽毛纹饰，头上画有冠状羽毛，上下翻卷，纹饰不对称，呈现“鸟人”在空中回旋翻飞的姿态。从头部形状和整体气势看，“鸟人”酷似雄鹰。

在狮子山岩画发现点东面 25 千米处的丘北县锦屏镇黑箐龙村，村旁大龙山岩洞内有旧石器时代晚期的古人类活动遗址，遗址洞壁上有 8 个疑似文字的符号，但已被剥蚀得难以辨清。

八、古代彝族的医药文化

远古时期，彝族人民在与各种疾病的抗争中开始了采药治病活动，并在长期的不断实践探索中逐步积累和丰富了具有自身特点的民族医药，使之成为整个中华民族医药宝库中的重要组成部分。

据彝文史籍《帝王记》记载，彝族医药产生的时间可追溯到三千多年以前，可谓源远流长。彝族创世史诗《物始记略》这样记载彝族医药的起源："很古的时候，风吹疾病来，疾病漫人间。女人会治病，女人有知识，百病她来治；青草能治病，树皮能治病，人们感谢她。女医是医生，四面八方医，在到处防治病。四方的疾病，逐渐治好了，医病的知识，这样传下来。"这一记载说明，彝族医药起源于原始母系社会时期的采药活动。那时，妇女是药物的主要采集者，她们掌握着比较多的植物药用知识，是部落群体中医术最高的人。彝文经书《寻药找药经》这样记载了一位牧羊女找药治羊病的故事："到了宏鲁山，因为羊儿病，心中暗焦急，急忙找药草。掰一枝黄药，绕向羊儿身，不见羊儿起，这不是良药。见到青叶药，急忙采一枝，绕向羊儿身，羊儿站起来，羊儿蹦蹦跳，这正是良药。"

彝文史书《哦吗支杰察》中又这样记载："在荒古年代，世上的人们，有病不会医，病了呤哼哼。我们的祖先，叫莫臣什诺，上山采百草，尝遍苦酸辛。百草有百样，一样采一百，百样治百病，有病不再哼。后人学什诺，如火星火种。什诺的医药，一代接一代。"莫臣什诺是史籍记载中寻找药用植物治病的人。

人们在采集草木药用植物治病的同时，也结合各种渔猎生产活动，对各种药物口尝身试，辨其甘苦，试其作用，逐步积累医药知识。据彝族史籍《西南彝志》记载，彝族先民进入母系社会是从"图模"开始的，传到第41世的杓亚脉，才改变了"男的不知娶，女的不知嫁，知母不知父"的母权制度。若按彝族族谱推算，在公元前4000年左右，彝族先民就开始进入父系社会了。彝族史诗《勒俄特依》中说，英雄支格阿龙在战胜雷神莫直阿普后，向他请教了治病的药。支格阿龙问的病种有腹泻、老人咳嗽、打摆子（疟疾）、麻风、眼睛红肿、痢痢头（秃疮）、牙痛、脚冻伤等，莫直阿普告诉的治疗药物有羊油、猪蹄、蟒蛇、花椒、南瓜根、黄莲等，还有火烧、热烙、捣烂、舂细等简单的药物加工方法，以及嗅、熏、填充、水煎内服等用药方法。从史诗中关于"公牛""骟牛"和"骟鸡"的记载看，当时已经发明和使用了阉割技术，认识到了阉割雄性性腺，可令牛、鸡体肥健壮。

父系社会时期，彝族先民已开始认识到父母对生命形成的作用，知道了怀孕是"父精母血"结合的结果。彝文经书《作祭献药经》说："古时人禽不相同。（母体怀孕）一月如秋水，二月如茅草，三月如青蛙，四月四脚蛇，五月山壁虎，六月具人形，七月母体转，八月母气和，九月母怀抱。"如果没有一定的生理知识，是不可能这样准确、形象地描述出人类母体怀孕的过程的。

彝医彝药的形成经历了长时期的发展过程。彝文医书《供牲献药经》说："自古病有九十九，药有百二十。病早到一天，药迟至一日。药来迟无妨，良药进入内，疾病向外出。我等为尔辈，述药给你听，犹如一滴夏令雨，且请听分明：……采药采药兮，采药至东方，东方天未明，未见药生处，未见药行迹。采药到西方，西方云未散，不见药生处，未闻有药苗。采药采药兮，采药到北方，北方雾锁道，未闻产药讯，未见药行迹。采药采药兮，采药到中央，中央人在处，未见到一人，未闻产药讯，未见药生长。采药采药兮，采药到箐间，箐深叶层厚，一叶未见翻，未见产药讯。采药采药兮，采药到幽谷，一切幽谷间，未闻有药生，未见药在处。采药采药兮，采药至天间，药苗生天际，药枝蔓大地，采药女来采，研药男来研。良臼来舂捣，好磨来研磨，铜锅来煎熬，铁勺来调匀，煎药处来煎。药沸气腾腾，药沫天上去，置于太阳宫，日公来饮药，地母来饮药，饮后得永生。药沫至中央，遇上人间神，置于人世间，六祖先饮药，六祖也不死。”彝族史诗《尼苏夺节》说：“送药给姑娘，姑娘把药熬。拿回家治病，药仍不见效，厄延急去求，才把真话说：要我真教你，须把真药找，你拿獐牙来，再把麝香找。……找药艰又难，西阿去寻药，误了一时辰……求药捕獐子，误了三时辰；煮药去砍柴，误了四时辰……待儿到家时，救母不可能……从此事以后，治病药倒有，长生药没有，不病药更无。病魔不间断，人在事不息。有病可医治，月有圆缺时，命有终尽时。长生不死药，实在真荒唐。药只能治病，人不免一死，万物皆如此。”这样的认识，是彝族人民经过长时期的生产劳动及医疗实践逐步形成的。

彝族先民在发现、发明各种药物及其用药治疗方法的同时，创造了一种独特的“医算”体系。医算，就是古人将天文历算知识运用于推算人生老病死的一种方法。彝族先民不仅用十二兽历纪年、纪月、纪日、纪时，还用来作生年属相。只要知道一个人的生年属相，就可以预测出这个人的年月兴衰时段。

彝族先民以乾坤阴阳概括一切事物中的两大对立属性，同时配之以五行或六行生克运动。彝医的六行是以火塘（土）为中心，这一中心也是起点，然后是火、铜或铁（锅）、水、木（锅盖）、风（蒸气）。六行中，每一行又分为公、母两行，共十二行。刚好与十二属相相配。以十二行配十二属相和八方位，主要以其相生、相克关系来选择确定婚姻和推算生命周期节律与疾病的预防。在不少彝文医书中，有的记载十二行（公、母十二行）配十二属相，有的记载则以十行配十二属相，但属相与五行的配合并不固定，而是依次位移动，轮转变化。

八方位的年即东、南、西、北加东南（龙方）、东北（牛方）、西南（羊方）、西北（狗方）而成。彝医认为，人的“本命”沿着这8个方位周而复始地运转着。在这种运转中，女性以北方为起点，逆时针方向依次位移；男性以南方为起点，顺时针方向依次位移。每移一个方位，便是1年，人就是1岁；旋转一周为8年（8岁）。十二属相与阴阳六行（公、母十二行）均围绕着这个方位旋转一周，构成一个转盘式的“生命历”系统，彝族自古以来就是以这个系统来推算人在生命节律中的衰年（相克年），以及生年属相与方位的生克关系。根据这一系统所推算出的人体衰弱的年份叫“本命弱”之年。一般说，

“本命弱”年人容易患病、受伤，而且不容易恢复，故又叫“危险年”“衰年”。衰年（相克年）又分以下几种：一是每 8 年出现一次，不论男女，皆发生在本人出生属相方位年，即各种属相的衰年起始年龄均为 9 岁，并以此类推为 17、25、33、41、49、57、65、73、81、89 和 97 岁。虽然男女的起始方位及旋转方向不同，但他们的衰年、年龄及方位相同。二是母子或母女相克，即子女旋转到其出生之年方位的对应方位时，母克子女或说生年克他。三同样为 8 年出现一次，母以北方起始方位逆时针方向位移，子以南方为起始方位顺时针方向位移，这样母子俩的“本命”就会在位移的途中相遇。如果母子的年龄是单数对单数或单数对双数，就会在途中交错而过不会相碰；如果是双数对双数，就会因为母子刚好位移在同一方位而相碰，这就是母克子。四是方位与属相及属相年、月、日间发生相克，如属鼠的人，在其本命转到北方位时，年或月、日为猪、蛇可能生病；属牛、属虎的人，本命转到东北方位时，年或月、日属羊、兔可能生病；属兔的人本命年转到东方位时，年或月、日属虎可能生病；属龙、属蛇的人，本命转到东南方位时，年或月、日为狗、鼠可能生病；属马的人，本命转到南方位时，年或月、日为鼠可能生病；属羊、属猴的人，本命转到西南方位时，年或月、日为牛、鸡可能生病；属鸡的人，本命转到西方位时，年或月、日为猴可能生病；属狗、属猪的人，本命转到西北方位时，年或月、日为龙、鼠可能生病；属狗、属猪的人，本命转到西北方位时，年或月、日为龙、鼠可能生病，则有危险。

另外，从方位上来说，彝医认为东方和北方正处于病路和死路，所以不论男女，尤其是老年人，当其“本命”位于这两个方位时，容易患病或死亡，而且不论男女，在 61 岁时最容易受伤，且多有死亡，因而亦列为危险年。

彝族医算的这些方法和理论，是古代彝族人民在探索医药事业发展中长期观察、实践、总结和积累起来的，它是人类社会历史发展的产物。从某种角度上说，我们对其认识是有限的，在科学性、合理性上还有待于进一步研究。

第四章　秦汉“西南夷”至隋朝时期

（前8世纪—737年）

秦汉是中华民族形成统一强大国家的时期，同时也是以彝族为主体的西南地区各族人民最早开发祖国大西南的时期，这一阶段为统一的中华民族国家的建立做出了重要贡献。在完成秦统一大业时，已统治了部分的西南夷区，汉时中央势力更加壮大，对西南夷区的控制进一步加强，形成了西南夷区各民族国家和部落族群对中央朝廷依附的态势。这一时期，彝族等西南地区各族人民被泛称为“西南夷”。

在这一时期，以彝族先民为主导的滇、夜郎、哀牢等数十个部落和部落联盟国家，顺应时势，先后统合到秦汉王朝的统一版图之中，成为中华民族统一国家的一部分，彝族社会发展也由此进入了新的历史时期。由此开始，中原中央王朝及内地官吏、士兵、农民、商人等，不断往来于西南地区，或驻军戍边屯田种植、或移民建城修路、或开矿经商置业、或兴办学校教育，汉夷关系逐步密切融洽，不少汉族由此“变发从俗”，“夷化”到了彝族中，逐渐形成了一批强大的地方大姓势力。

第一节　彝族的分布、称谓及社会发展

秦汉的“西南夷”到隋朝时期，彝族先民的分布越来越广、支系越来越多，生活方式随之逐步形成了不同地区、不同支系间的不同特色，称谓不断增多，如夷、筰、罗、倮、叟、哀牢、昆明、蛮、卢、爨等。以下择其主要分别概述。

一、古滇国民族族属及庄蹻王滇

云贵高原上的滇池，是中国西南地区的第一大湖，流域面积（不包括海口以下的流域面积）有2960多平方千米，其间的河谷盆地面积约1500多平方千米，共合230余万亩。这些地方自古以来就是以彝族先民古夷人为主体建立的古滇国中心区域。

相比较而言，古滇国的范围比同时期的夜郎、蜀国、哀牢等同族国家都要小，但名声很大，是因为它有后来汉王朝颁发的金印留存于后世，并有庄蹻变服从俗王滇的历史。滇国的中心后来成了云南政治、经济和文化中心，加之滇池闻名于世，“滇”也就成了云南的简称。但滇国是哪个民族建立的，一直有一些不同的看法和争议：除了彝族先民说以外，因为有后来的“庄蹻王滇”史事，有人便认为滇国是楚人建立的；另有百越族群中的濮人建立说；还有白族先民建立说。经过多年的探讨和争论，现在学术界大多数专家学者已逐步达成了这样的共识。滇国是彝族先民为主体建立的，因为在“庄蹻王滇”之前，滇国已经存在了好几百年。濮人建立滇国之说，没有充分的史料记载。至于白族建立滇国之说，则是明显的偏颇和牵强。因为古滇国时期，白族还没有从彝族中分野成单一的民族，他们与彝族还是同一个民族群体，在这一族群中，占主体地位的是继承了之前的昆、叟等族群基业的彝族先民，而不能说是相隔几百年之后才从彝族中分化出来的白族，因为其间的时空距离太久远了。

现在一般人所说的滇国，大都指的是庄蹻王滇以后的滇国。究其原因，主要是汉文史籍对庄蹻王滇以前古滇国的记录太少，而且很简略，多数只是概而记之，还有一些前后不统一，相互矛盾、混乱之处，让人不易辨清。然而，彝文史籍对庄蹻王滇以前古滇国的记载比汉文史籍记载要多，虽然其中也有一些异同、矛盾和混乱之处，但总体比较翔实、全面，史事记述也比较具体。许多彝文古籍记载，庄蹻王滇以前的古滇国创立时间，可追溯到3000多年以前的新石器时代晚期，古滇国是当时的古夷人部落首领实阿武（支格阿龙或阿鲁举热）在征服统一了滇池周边几个同族部落之后建立起来的，比庄蹻王滇的时间要长得多。

“鹰”是彝族崇拜的一种重要动物，其地位仅次于龙、虎。建立古滇国的主要族群就是新石器时期从尼能族群中发展起来的一支彝族先民，尼能族群地区是产生彝族“鹰”崇拜的源头地区。彝语称“鹰”为“滇”，是汉语对彝语“鹰”的音译；“濮”在这里是“人”的意思，也是汉语音译，彝文古籍中对此有不少记载。彝语称滇池为“滇濮殊罗”，“殊罗”是大湖或大海的意思，“滇濮殊罗”翻译过来，就是“滇濮（人）居住地方的大湖或大海”。汉初被朝廷强行迁往滇西哀牢山一带的许多彝族所咏诵的指路经书中，称滇池为“吉都黑”，汉语意为东方太阳升起地方的大海，汉文也记载他们的祖先亡灵或被送到滇池北岸的“谷窝”（即螺壳城），或被送到滇池南岸的“纳贴”，即滇池南部的都城。在文山州的许多地方，彝族送祖路线同样也是指向滇池及周边附近地区，说明滇池及周边地区是彝族先民最早生息繁衍和发展的主要地区之一。然而，自西汉有汉文记载以来，汉文对“滇池”这一名称的来源之义出现了一些不同的解释：一说滇池是因其水似倒流而得名“颠”，后来因池与水有关，又写作“滇”；又说滇池之名是因其处于高原之巅而得，也因此将“巅”转为“滇”。这些说法都有些主观臆断，不足为信。因为在汉文还没有记载的3000多年以前，“滇”（鹰）在彝文中早有记载了。彝族史诗《阿鲁举热》中说

"……卜莫乃日妮约，是个独姑娘。……一个晴朗的日子，姑娘坐在院子里，手拄牙巴骨，默默想心事。这时天上飞来一只鹰，在姑娘头上绕三转，……老鹰身上滴下三滴水，一滴落在姑娘的锣锅帽上，二滴落在姑娘的褶披毡上，三滴落在姑娘的百褶裙上，姑娘不知不觉怀了孕。过了九月零九天，这一天是属龙的日子，儿子真的生下地。儿子没有爹……姑娘心里急……把他抱去给老鹰，老鹰拿来的食他吃了，老鹰拿来的衣他穿了，姑娘的心不急了，从此心落了。姑娘衷心托靠老鹰，把儿子养大成人。儿子也把老鹰当作亲生爹，人们不再喊他的奶名了，都喊他阿鲁举热。……海水淹齐了阿鲁举热的脖子，这时空中飞来一群老鹰，阿鲁举热对鹰说：我是鹰的儿子，我是鹰的种子……"这样的记载还见于《勒俄特依》等许多彝文古籍，可见早在新石器时代的彝族先民就已把"鹰"（滇）作为观念中的神来崇拜了。

彝文史籍《六祖魂光辉》记载，彝族先民远在"凡间人"时代，就已住在"谷窝"了。还说："谷窝人间母，来自得芝家；谷窝凡间人，个个是金身；金身人那时，兽与人同居。"住在"谷窝"的彝族先民经历了"天地十二代，二十四代祖"后，产生了彝语中的"噢姆"（意即"王"）这一对最高统治者的称呼。"噢姆"头上的发式称作"促"，即将头发束成结，卷九道，使之成尖状冠立头顶上，这与现今出土的青铜器中的"古滇人"发式如出一辙。如今，滇西北和川西南一带彝族男子头上打的"英雄结"（俗称"天菩萨"），当是这种古风的遗存。

最早建立古滇国的人实阿武（即支格阿龙或阿鲁举热），他就是"鹰"和卜莫乃日尼约生的那个"人鹰化龙"物。在彝文叙事长诗《支格阿龙》中，称滇池为"滇濮梭洛"（滇濮殊罗）。书中说，支格阿龙用箭崩开了绿色的顽石，用火炼出了铜，造出了坚硬的铜制工具。人们用铜制成的锄开垦出了大片土地，种起了庄稼，建立起了人类最早的村寨。可见，那时的古滇国正处于新石器时代晚期，离后来已进入奴隶社会的庄蹻王滇时期相距遥远。根据地质资料和考古研究分析，当时人们居住在滇池附近的丘岗台地中，即今天的晋宁县一带，这些地方有许多溪流水源可以利用，彝族先民在这些地方集聚起了许多群落，形成了大大小小的部落村寨。

秦以前的古滇国时期，滇池周围的浅水地带生长着许多螺蛳，彝族先民们将螺蛳壳的尾部敲破，挑食其螺肉，剩下的螺壳随地堆积起来，日积月累，螺壳越来越多，有的地方堆积层厚达数米。直到今天，在昆明附近的兴旺村、老街村等地还可以看到这些遗留下来的螺壳堆积物。在彝族古文献记载中和民间传说中，都说昆明附近是彝族远古先民居住地区的"螺壳城"。由于生活及其环境的原因，这些地方的渔业生产方式虽然还很粗放，但相对发达，人们已能制造并使用鱼钩、石镞、鱼网、鱼坠等捕鱼工具，并用坚硬的石头磨成箭镞，缚以木柄用来射杀滇池里的大鱼。

在支格阿龙时期，支格阿龙带领其部落的部民，征服并统一了滇池周边的龙部落、蛇部落、鹰部落三大部落，建立起了古老的部落联盟国家——古滇王国。部落联盟国家建立起来以后，经济有了一定的发展，人们又发明了“牢”（船），并由此逐步自由地往来于滇池东西南北各岸间。随着“牢”的使用，又逐步演化出了娱乐性、体育性都很强的划船竞渡比赛活动。

支格阿龙虽然成了部落联盟国家的首领，但在其后期，原来各部落之间的纷争仍然很频繁。在原来的龙、蛇、鹰三大部落中，龙部落和鹰部落是婚姻联盟的两大部落，支格阿龙就是鹰部落嫁到龙部落的姑娘蒲莫列衣（卜莫乃日妮）所生的，他的一系列统一活动都得到了其妻后家鹰部落的大力支持。后来支格阿龙又娶了蛇部落的姑娘为妻，建立起了父子世代相传的制度。然而，支格阿龙后来也是死于与蛇部落的纷争之中。传说，支格阿龙未死前还征服了盛行食人风俗而比较落后的“飞马”部落。今天，昆明附近的长虫山（应为蛇和龙）、碧鸡关（应为鹰）、金马寺等地，即是支格阿龙时代彝族先民不同部落的活动区域。

彝文史籍《六祖魂光辉》载，居住在“谷窝”（螺壳城）地方的彝族先民，在其社会发展中，已经开始出现了“兹”（君）、“莫”（臣）、“毕”（师）、“格”（匠）等官衔或职务称呼，其职能是“君魂施号令，臣魂来指挥，师魂有见识，匠魂管艺人”。

作为与“靡莫之属‘同姓相扶’”的古滇国人，他们中的一部分在东汉时期移徙到了滇西，留下来的部分在反抗东汉王朝残酷统治的斗争中逐步向周边发展，并形成一批大小不一的新部落和部落“夷帅”，势力扩张到了今文山州的西南部地区。

西汉时期的汉文史料在提及滇池一带的民族名称时，有的称“昆明”，有的称“叟”，就如《华阳国志·南中志》所解释的那样：夷人“大种曰昆，小种曰叟”。无论是“昆”还是“叟”，指的都是彝族先民。

在“庄蹻王滇”以前的古滇国区域内，汉族人是极少的，所以，像庄蹻及其所带军队中的楚汉人，当时要在滇国生存下来，就必须“变服从俗”，融合到夷人中，否则是难以立足的。即使到了今天，在原来的古滇国范围内，人口最多的少数民族仍然还是彝族。

有不少汉文文献都记载滇人的“椎髻”发式，这是古代彝族先民普遍的束发式样。汉文史料还记载说，滇人体貌特征是高鼻梁，就如贵州《大定府志》中所记载的那样，彝人“深目高鼻，黑面白齿”。晋宁县石寨山出土的滇人贮贝器上有祭祀柱，与后来南诏国时期的祭祀柱和四川三星堆出土的祭祀树一样，表现的都是彝族人的崇拜信仰和风俗。《华阳国志·南中志》对滇人的族属记载更为明确：“晋宁郡，本滇国也。元鼎初置吏，分牂牁、越巂。元封二年（公元前109年），叟反，遣将军郭昌讨平之，因开为郡，治滇池上，号曰益州。”这里所说的“叟反”，就是夷人中的小种“叟人”起义反抗，他们与夷人中的大种“昆明”属于同一民族。有人认为氐羌系统民族也是滇国的主体民族之一，却没有史证根据，但这并不是说滇国境内没有氐羌系统民族。西汉初，滇国境内确实有一部分氐羌系统民族居住，但他们是极少数，而且大都融合到昆明、叟等夷人中去了，不可能是古滇国的主体民族。

从古滇王国第一代王实阿武（支格阿龙或阿鲁举热）到第十代王皮武古时，皮武古之妻叩娄益生了8个儿子，各分住在滇国的各方。今天在晋宁县的石寨山、江川县的李家山、楚雄的万家坝、祥云县的大波那等地出土的大批古滇国青铜器物上的人物、动物、建筑物等，不但形象逼真，而且尺寸准确，采用的都是写实主义的手法。有些青铜器表面还镀过锡，镶过金，或有以玉石镶嵌成各种形状的图案，光彩夺目，可与世界上最美的青铜器物相媲美，体现了以彝族为主体的古滇国各族人民的智慧结晶。

古滇王国与东南部同为彝族的劳浸、靡莫等部落联系最为密切，在古滇王国最强盛时期，交往联系的范围延伸到了今天的文山市东南部、砚山县西部和丘北西北部地区。今天文山州境内发现的铜鼓等许多战国到两汉时期的青铜器物，与滇池周边地区出土的同类器物同属一类，说明滇池周边地区文化对文山地区的联系和影响是久远的。

古滇王国内部分为贵族统治阶层、平民阶层和奴隶阶层；贵族统治阶层中又分为君（最高统治者）、师（掌管礼仪祭祀活动者）、臣（掌管军事者）。平民阶层属于自由阶层。奴隶中的极大多数则是对外发动战争中掳掠而来的。滇王国经常发动对“僰人”的战争，并把掳掠来的“僰僮”（奴隶）进行转卖，令周边称臣的部落对其进行贡纳。

古滇王国普遍使用了青铜生产工具，农业生产较为发达，种植的农作物主要是水稻，耕种过程中都要举行一系列的宗教祭祀仪。畜牧业是滇王国较为发达的产业，饲养牛、马、猪、鸡、鹅、鸭和捕鱼，是人们生活的主要来源，还经常开展各种狩猎活动，以补充生活资源不足。他们还在不断开展的滇池捕鱼活动中逐步发展形成了的划船竞赛比赛娱乐活动。

滇王国中后期，其手工业不断发达起来，且门类越来越多，除了矿冶业、玉石加工业和制陶业外，还能生产漆器、皮革制品以及纺织、编织品等。与此同时，滇王国内部开始出现了以互通有无为目的的集市贸易，定时进行轮回的集市产品交换，商业活动也逐步频繁起来，这就是后来云南某些地区“赶街子”的源头。秦时常頞开通“五尺道”后，滇王国与外部的贸易交往进一步发展起来，贸易区域从滇中经曲靖至滇东北昭通，然后到达川南宜宾和黔西地区。集市贸易开始出现时主要是以物易物，后来逐步发展成以贝为主要交换媒介的货币。

据《西南彝志》记载，滇王国境内的彝族普遍盛行“祖先崇拜”，大都修有家族庙，立有祖先偶像。在祭祀祖先的活动中，常常把掳掠来的外部落或外族人首级作为牺牲献给神祇。蛇（龙）作为滇王国国家的主体神，在其居住的城墙上都立有蟠蛇，并把蛇的形象雕刻在青铜器、兵器、祭祀的铜柱以及各种工艺品上，甚至连后来汉王朝赐予滇王的金印也雕刻上了蟠蛇纽。

《史记·西南夷列传》记载，公元前339—前329年，楚国将领庄蹻带兵由夜郎国进入滇国后，因秦国占领了黔中地区，阻断了楚军回楚国的后路，庄蹻及其士兵只好变“楚俗”为“夷俗”，融合到了彝族中，并以彝族的身份开始在滇国称王，这就是庄蹻王滇的来历。到时隔200多年后的公元前109年（汉武帝元封二年），武帝派巴蜀兵击灭了与滇王国同属于彝族的劳浸和靡莫，迫使滇王投降归汉，并在其区域内建立起了益州郡。但因慑于原滇王国地方政权仍有的巨大影响力，汉王朝廷只能依靠利用他们，并颁发金印，通过他们统治滇王国内的彝族及其他各族人民。这就是后来为许多人所知道的滇国。也就是从这个时候开始，云南的彝族和其他各族人民就成了中华民族大家庭中不可分割的重要成员。

到了魏晋南北朝时期，昆明人已几乎遍布于南中（秦汉时的西南夷地区），成为南中彝族先民中最大的族群，所以被称为夷人大种。到了中唐（南诏中期）以后，昆明这一族称不再出现在史料记载中，但其居住区出现了大量的“乌蛮”称谓，便是这一时期新的彝族族称。据一些彝族族谱和相关史料记载分析，今文山州内的乃苏（那苏、纳苏、尼苏等）及其他部分支系彝族，就是属于昆明人系统。

汉初，汉武帝采纳出使西域归来的使臣张骞建议，几次派人从滇西的昆明人居住区探路，欲打通从西南到印度的通道，都受阻于昆明人的反对而未能成功，说明西汉时期的昆明人势力是比较强的。但不久以后，朝廷在对东南和西南边疆地区的几年用兵中，在军事上取得了很大胜利，先是灭了东南部的南越国，接着又兼并了西南大片的彝族昆明人居住区，设置了益州、越嶲、牂牁、沈犁、汶山五个郡。东汉光武帝建武年间，云南发生了一次规模很大的人民反抗民族歧视和压迫的起义，起义波及了极大部分昆明人居住区。《后汉书·西南夷列传》对此记载说：“夷渠（耆）帅栋蚕与姑复、叶榆、弄栋、连然、建伶昆明诸种反叛”，说明这些地区的居民大都是昆明人。

这一时期，各种汉、彝文史料对昆明人居住区的经济社会发展状况的记述基本一致，那就是经济相对较为发达，这从朝廷几次派军队镇压起义中的掳获情况就可知道。《华阳国志·南中志》说：“司马相如、韩说初开（益州郡），得牛、马、羊属三十万。”昭帝始元年间（前86—前80年），田广明等在镇压益州人民起义中“获畜产十余万头，富埒中国”。东汉建武十八年（42年），夷渠（耆）率栋蚕和昆明人起义，刘向率朝廷军队镇压，在镇压中掳获的大量牲畜中，马有三千匹、牛羊三万余头。东汉安帝元初四年（117年），朝廷军队在镇压封离等人领导的益州、永昌、越嶲诸夷起义中，所获的财物价值就有四千余万之多。

上述相关史料记载说明，昆明人当时不但畜牧业较为发达，种植业和其他加工业也有了很大的发展。《史记·大宛列传》记述张骞出使西域的回朝报告中，建议汉武帝打通出西南到印度的“蜀身毒道”，即今人所称的中国西南丝绸之路。这条路由今四川成都一带起，经四川雅安、凉山、云南昭通、大理、昆明、楚雄、保山、德宏、西双版纳，然后出缅甸抵印度，但终因昆明人的反对而未能成功。

打通“蜀身毒道”的计划几次被阻，汉武帝因而很恼怒，但又不敢轻视昆明人的力量。为对付昆明人的反抗，所以才有了之后在京城修昆明池习水战之举。

汉朝廷在后来的几年不断练兵、用兵中，军事力量取得了很大进展。《史记·大宛列传》载："是时汉既灭越，而蜀、西南夷皆震，请吏入朝，于是置益州、越巂、牂牁、沈黎、汶川郡，欲地接以前通大夏，乃遣使柏始昌、吕越人等数十余辈，出此初郡抵大夏，皆复闭昆明，为所杀，夺币财，终莫能通至大夏焉。于是汉发三辅罪人，巴蜀士卒数万人，遣两将军郭昌、卫广等往击昆明之遮汉使者，斩首虏数万人而去。其后遣使，昆明复为寇，竟莫得通。"到元封四年（前107年），郭昌又受命复攻昆明，因失败无功而被夺印，直到汉宣帝本始二年（前72年），这样的状况才得以改变。

东汉光武帝建武十八年（42年）发生的大起义，起义由句町王反王莽引发，不久就发展成为大规模的西南各族人民大起义，栋蚕领导以昆明人为主的起义军，成为全部起义军中的主力，起义波及叶榆、姑复、弄栋、连然、滇池、建伶等许多"昆明诸种"居住地区。叶榆在今大理，姑复在今四川凉山盐边县一带，弄栋在今云南楚雄大姚县一带，连然、滇池、建伶则在滇中及滇池周边地区。《后汉书·西南夷列传》前文说栋蚕是夷人渠（耆）帅，后文说栋蚕帅，这是人名和部落名共用。记载中说"昆明诸种"，说明起义军除了主力昆明人外，也有不同的民族和部落参加，规模空前。东汉朝廷先是派益州太守繁胜率军镇压，但很快就被起义军打得落花流水，繁胜也逃到几百里外的朱提（今昭通市昭阳区）躲藏起来。不久，朝廷又派武威将军刘尚率20万大军进行大规模的残酷镇压，才将坚持了4年之久的起义镇压下去，说明当时昆明人不但分布很广，而且实力也较强。

《魏略·西戎传》记载："大秦道既从海北陆通，又循海而南，与交趾郡外夷比，又有水道通益州、永昌，故永昌出异物。"《华阳国志·南中志》说：永昌郡"（有）黄金、光珠、虎魄（珀）、翡翠、孔雀、犀、象、蚕桑、棉、绢、采（彩）帛、文绣、又有貊兽食铁，猩猩兽能言……有梧桐木，其华柔如丝，民绩以为布，幅广五尺以还，洁白不受污，俗名曰桐华布"。还说，益州西部是金银宝货之地。益州郡西部都尉都能富及累世，很重要的原因就是，这里早就有了从经缅甸到印度的商贸通道。这就是说，汉初皇帝遣使欲开通"蜀身毒道"的说法不确切。实际上，这条通道早已存在了，只是朝廷使臣因昆明人反对被阻而不能通过而已。如果不是这样，张骞也就不可能在大夏看到来自西南夷区的邛竹杖、蜀布了。《史记·货殖列传》载："惟卓氏曰：'此地狭薄，吾闻汶山之下，沃野，下有蹲鸱，至死不饥，民工于市，易贾'。乃求远迁。至临邛，大喜……"既然临邛人善贾，张骞又在大夏见到蜀布、筇竹杖，也进一步说明"蜀身毒道"已经存在很久了。到西汉时，滇西昆明人地区的发展已经有了基础，而不是汉以后才发展起来的。这也说明，司马迁对昆明人的经济社会发展情况的了解是不全面的。当然，司马迁本人并没有进入过昆明人居住区，在当时交通通信十分闭塞的情况下，要准确了解昆明人的经济社会发展情况还很困难，出现这种片面性是可以理解的。

张华的《博物志》、张澍的《蜀典》《永昌郡传》《南中八郡志》等许多史书都记载云南出茶首、蔡茂、茶苡机、蔡茂机、茶余义、蔡苴机等物产之名，有些是同一物种的不同汉字记音，都来自古代的彝族昆明人语，至今在一些彝族支系和少数彝语支民族中还可找到。这些名词有两个不完全相同的内容表述，其一是指鹿，其二是专指鹿胎之屎，词中带有“机”字的，都是鹿胎之屎的意思（传说鹿胎屎可入药），其余的词意都是鹿。

《史纪》《汉书》等汉代史籍都说昆明人辫首、左衽。王溥所著《五代会要》中说昆明部落在黔州西南三千里，皆椎髻、跣足。各地昆明人的具体发式虽然不尽相同，但都是结髻的。

秦朝末年庄蹻王滇以后，汉文史籍对滇国的记录逐步增多，由于各种历史原因的局限，史实记述上出现了一些混乱难解之处。如对庄蹻来滇时间、路线和目的地的记录，相关史籍记载有一些差异，难确定孰是孰非。在时间上，《史记》说庄蹻入滇是楚威王时，《后汉书》则说是顷襄王时。按不同时期的国情分析，武威王时，楚国国力虽已出现衰落，总体上还算强盛，但是到顷襄王时，已时隔40多年，楚国国力已是江河日下，朝不保夕，这时不可能有力量分兵西进去经略黔、滇，《后汉书》所述不合逻辑。

庄蹻进滇路线，《华阳国志》和《后汉书》记述与《史记》不同。《史记》说：“将兵循江上。略巴、蜀、黔中以西。”前两书说：“楚顷襄王遣将军庄蹻溯沅水，出且兰，以伐夜郎。”《汉书》中则无“蜀”字。一些学者认为此是“延”为“沅”之误，沅水应为延水，这些不同的记述可以互为补充。方国瑜先生说，庄蹻入滇路线可表述为“庄蹻将兵循上，略巴、黔中以西，溯延水出牂牁以伐夜郎，至滇池”。

《后汉书》和《华阳国志》两书都说夜郎是庄蹻的后裔，竹王传说则否定了这种说法。竹王是被神化了的人，是从夜郎国原住民中产生的方国之王。夜郎国在庄蹻未入黔之前就已存在了，不可能是他的后裔。

且兰不临牂牁，牂牁之得名与庄蹻无关。《华阳国志》作者常璩和《后汉书》作者范晔，可能注意到终楚威王之世（前339—前329年），秦还没有取黔中，就将之前史籍所载的庄蹻进滇时间从威王时改为顷襄王时（前298年—前263年）。但这一改又出了问题。顷襄王时，巴、蜀两国已并入秦版图，庄蹻不可能沿长江而上至滇池地区，于是就改由沅水，出且兰，到夜郎，并把牂牁郡得名附于庄蹻系船且兰这件事上，却又忽视了《史记》《汉书》中所说的牂牁别有一江，在夜郎而不在且兰的记载。《史记·西南夷列传》载：“夜郎者，临牂牁江，江广百余步，足以行船。”又说：“牂牁江广数里，出番禺城下。”《史记·南越列传》也说：“发夜郎兵，下牂牁江，咸会番禺。”牂牁江即今南盘江，东下入广东后称珠江。牂牁郡由江而得名，与且兰、庄蹻都没有关系。

二、古滇国的民族文化特征

一个民族所表现出的文化特征是多方面的，除了语言以外，古滇国的主体民族文化特征还突出地表现在服饰、饮食、使用物件、风俗信仰、婚丧规行、观念行为、体质外貌等许多方面。

从服饰上看，滇国的主体民族滇人即古夷人，彝文史籍对此记载很明确。汪宁生先生以晋宁石寨山出土青铜器上的人物发饰和服饰形象，将其分为椎髻、辫发、结髻、螺髻四类。这四类除辫发类外，其他发式的特点都是打结的，这是彝族先民古夷人的普遍发式。这四类中又可分为10组，其中椎髻类6组，结髻类1组，螺髻类1组，辫发类2组，打结的占了80%。冯汉骥先生将这些人物按形象分为两部分，一部分为其主体民族，即滇人（夷人），一部分是稍有区别的其他民族。

第一组所着服饰不分男女，均穿无领对襟外衣，长仅及膝。男女间的区别是，男束腰带，中部有腰带扣，而女子则无。男性奴隶衣后拖一后幅，或以披巾拖曳于后。在战争场面中，男子都戴盔披甲；反映某种活动仪式的场面中，其头饰插有羽毛，贵族男子则披华丽的披风。男女均戴耳环、手镯等装饰品。男女发式大同小异，均将头发叠成一髻，髻根束带，从髻中间自上而下以带束之。妇女发髻垂于脑后，男子发髻则如椎状盘冠于头顶。第二组男子亦梳椎髻于顶，但髻大如盘，妇女则将椎髻打散披于后背，以带束之。第三组只有椎髻很高的男子形象，如至今仍在大小凉山一带流行的英雄结。第五组也只有男子形象。其椎髻梳于顶呈圆形，衣服则与其他椎髻一样。第六祖同样只有男子形象，服饰和发髻与第五组相同，不同点是发髻外另加带有数道草辫发箍，汪宁生先生认为这是以滇人同姓相扶的“靡莫之属”。

彭年先生在其《“束发椎髻”非南越之俗——兼伦“束发之俗”的起源及其他》[①] 一文中说，《史记》《汉书》《华阳国志》等重要史籍都说西南夷地区居民发式大都为椎髻，而唐人司马承贞在其写的《索隐》中却明显忽视了这一历史记载，说椎髻的人是南越，这显然是不对的，有可能是《说苑·奉使》对南越王赵佗椎髻见汉朝廷使者陆贾一事记述的误解，便追随其说南越人椎髻。《说隐·奉使》卷十二是这样记述的：“陆生至，尉佗椎髻箕踞见陆生。陆生因说佗曰：‘足下中国人，亲戚昆弟坟墓在真定。今足下弃反天性，捐冠带，欲以区区之越，与天子抗衡为敌国，祸且及身矣！’”

赵佗是从内地派到南越国当政的秦代旧臣，汉灭南越国以后又被任命为龙川令。《艺文类聚·州部·交州》载：“秦灭六国，南开百越，置桂林、象郡，以赵佗为龙川令。因秦之末，自擅南裔。汉高革命，加以王爵，始变椎髻，袭冠冕焉。”这只是针对赵佗本人而说的，不可能说因为汉平定南越而改变了越人习俗。当时的越人发式，大都是断发纹身。陆贾斥赵佗“反天性，捐冠带”，“与天子抗衡为敌国”，并不是因为赵佗“椎髻箕踞”改从越俗，而是因为赵佗作为一个朝廷任命的官吏，竟然对汉天子使者倨傲无礼，既不按规矩冠官帽，也不端坐行官礼。

《太平御览》引《永昌郡传》说：“（兴古郡）鸠民咸以三尺布割作两襜，不复加针缕

---

① 载于《中央民族大学学报》2001年第6期。

之功也，广头着前，狭头覆后，不盖其形，与裸身无异。”鸠民即鸠僚，是百越族群中的一部分，他们大都居住在兴古郡（今文山州大部分地区属当时的兴古郡，郡治在砚山县境），他们的服饰与滇人相差太大，很难看出相似之处。

从葬俗上看，滇国主体民族滇人的彝族特点也是很明显的。过去长期流行这样一种观点，说彝族自古一直行火葬，而滇人行土葬，因此说滇人不是彝族，这是不对的。彝文史籍记载和多年的考古研究成果说明，彝族在魏晋以前主要是行土葬或石棺葬，行火葬者极少。四川甘孜州巴塘县有石棺葬，当地藏族都说是纳西族人的祖先墓，这种说法应当是对的。因为当时纳西族这一族称还远未出现，他们也是古夷人族群中的一部分。更重要的是，新近在横断山区发现的第八期唐至明朝时期的石棺墓，均系火烧后捡骨烬装入石棺内下葬，也有殓骨烬入木棺下葬的。石棺墓分布很广，尤其在川西、藏东、滇西和滇西北为最多。但这种石棺葬的延续时间不长，不久就都改行火葬了。捡骨烬装石棺后再下葬的现象，应该是先前行石棺葬的遗风。石棺葬为什么一下都变成了火葬，很有可能与某种重大的社会变故有关。

从民族的体貌特征看，也能找到许多滇国主体民族是彝族先民的实证。江川李家山出土的青铜器物上的滇人形象，其鼻梁高而挺直，这是典型的滇国主体民族——彝族先民的外貌特征，这样的人物形象在云南的许多地方，以及四川不少地方都有发现。在四川凉山彝区，一些彝族毕摩世代传承保存下来的人物造型器具，大都也是这样的形象。道光《大定府志》说：“夷俗则种殊族异，一曰倮罗，或称罗罗，或称倮倮，或称罗鬼，一也。本卢鹿部，有黑、白二种……其为人，长身而深目钩鼻，黑面白齿。男子剃髭留髯，青布束发，髻向前如角状。”该书还说：“济火（罗施国首领）者，汉牂牁帅，黑卢鹿水西安氏远祖也。深目长身，黧面白齿，以青为囊，笼发其中，若角状。”

滇国主体民族——彝族文化特征，还表现在猎首祭祀、祭柱、龙崇拜、权杖等方面。有学者认为，晋宁石寨山3号墓出土铜屋墙壁上神龛内的人头，其所表现的应当就是猎首祭祀场面。郭沫若先生考证说，商周时期的祭祀“通常祭于内者为祖，祭于外者为社”。古滇国内，凡祭椎髻男子头像均在室内，祭农神、山神等，则在室外特设的祭坛上。

祭祀使用祭柱，是滇人祭祀活动的一种重要形式，江川李家山出土的贮贝器上的农事播种场面，晋宁石寨山出土的祭铜鼓贮贝器上的杀人场面都有祭柱，还有四川广汉三星堆出土的神树。《南诏图传》中有一幅九人祭柱图，蒙氏的参与者为蒙罗盛。《铁柱记》云：“初，三赕白大将军张乐进求并兴宗王等九人共祭天于铁柱则。”

蛇（龙）在滇文化中的表现尤为突出。在彝文古籍中，对蛇（龙）的说法有三种：一是吉禄（吉利）神；二是上天使者；三是祖先神。其经常出现的形象就是蛇，如滇国时期许多王族建筑物和民居屋上的吉禄龙，四川三星堆出土神树上的使者龙等。

新中国建立以来，权杖在滇文化和巴蜀文化考古中出土不少，而史籍中有关权杖的历史记载，却仅见于彝文，并且彝文的记载又有清楚的传承脉络，所以我们有充分的理由确定，滇国主体民族——滇人是彝族的先民。

三、夜郎国区域及其族属

夜郎在战国时期就已经立国。学术界过去对夜郎国的族属问题意见不一，诸家所论，各持己见，分歧不少。20世纪80年代初期，贵州学术界就此问题举行过两次大的学术研讨会，在一些问题上取得了比较一致的认识，如对夜郎国的政治结构、意识形态、对外关系等。但对其中的族属、来源、名称、地理、后裔民族等问题上，由于有关资料不足所限，加之各研究者的研究角度和方法有所不同，分歧仍然存在，一时难以取得共识。

西汉武帝年间，曾派唐蒙带使团南下南夷，采取各种手段首先让南夷地区最大的部落联盟国家——夜郎国君主多同归附朝廷，由此推而广之，使南夷地区大小部落国家都归附朝廷，并在这一地区设立了犍为郡，从巴蜀两郡征调人力修筑从僰道到牂牁江（北盘江）的南夷道。元鼎六年（前111年），汉攻南越时，在夜郎及其周边地区大肆征兵征粮、掳掠牛、马、羊群，引起了南夷区内且兰国的不满，因而起兵反抗，杀死了前去调兵的犍为郡太守。汉朝廷由此派兵镇压了且兰国起义，以此震慑南夷地区的大小王国，并在且兰国地设立了牂牁郡。

汉成帝河平年间（前26—前25年），夜郎王兴与鉤（句）町王禹、漏卧侯俞之间发生争端，兴兵相互攻伐。朝廷派张匡持节调解，兴、禹等人不服，并蔑视朝廷汉官。大将军王凤为此推荐原金城司马陈立为牂牁太守。陈立到任后，立即设计杀死了夜郎王兴，兴的岳父翁指与儿子邪务起兵反抗陈立的暴行，以失败告终。夜郎国、夜郎王之名，到此就不见了史籍记载。

新近编撰出版的《中国彝族通史》（下称《通史》）说，要了解夜郎的来龙去脉，首先应区分三个关系：一是南夷地区与夜郎的关系；二是唐蒙所说的大夜郎与夜郎国的关系；三是汉以后追记的的夜郎国与汉代夜郎国的关系。《通史》编纂者认为，唐蒙所说的大夜郎大体与南夷区域相当，与《史记·西南夷列传》所说的“南夷君长以什数，夜郎最大”的记载相符。也就是说，夜郎是南夷地区许多国家中最大的一个，广义上的大夜郎，就是泛指南夷地区。作为当事人，唐蒙、司马迁对此自然是清楚的，只是史料记载上过于简略。夜郎王兴在西汉河平年间被杀后，史料上不再有夜郎之名的记载，所以后来范晔写《后汉书·西南夷列传》时，增加了传说的成分，加上年代相去久远，那些除夜郎外的数十小国逐渐被忽略，而把夜郎国的范围越说越大。

《太平御览》引《十道志》说：“播州播川郡，秦夜郎县之西南隅，惠王十四年，欲得楚黔中地，以武关之外易之，今隶黔府，即总谓黔中地。汉武元鼎六年平西南夷，置牂牁郡，其地属焉。”又说：“珍州夜郎郡，古山僚夜郎国之地。晋永嘉五年，分牂牁置夜郎郡，兼置充州。唐贞观十七年，廓辟边夷，置播川镇，后因川中有降珍山，因以镇为珍州，取山名郡也。”《宋史·蛮夷四》载：“夜郎，在汉属牂牁郡，今涪州之西，溱、播、珍等州封地是也。”这里把溱、播、珍等州之地说成是汉时的夜郎国范围，显然不对。珍州之地，也不属于晋时的夜郎郡。夜郎郡是分牂牁郡靠西的部分设立的郡，不在播州、珍州之地。播州、珍州在今贵州省遵义市、桐梓县一带。夜郎郡治东迁，如在戎州都督府之南设姚州一样，是南诏兴起，唐失旧地后采取的一种异地设治措施，与原有地名没有地缘关系。

有人认为汉时夜郎国的范围仅有夜郎一县之地，这同样与事实不符。唐蒙初开夜郎设犍为郡时，最初犍为郡只是夜郎国西北的一部分，即今天的滇东北和黔西北地区。《元和郡县图志》卷30说：“协州……本夜郎也。汉武帝开夜郎，置犍为郡，今州即犍为郡之南广县也，其后蛮夷内侵，郡因荒废。开皇四年中隶附，于此设协州；大业三年，废入犍为郡。武德元年开南中，复协州。”又说：“曲州……本汉夜郎国地，武帝于此设朱提县，属犍为郡，后立为郡，在犍为郡南一千八百里。后汉省郡，诸葛亮南征，复置朱提郡。自梁、陈以来，不复宾属。”乐史《太平寰宇记》说：“协州，隋犍为郡地，古夜郎侯国。”胡三省在《资治通鉴》卷216注释中说：“靖州，隋属协州，古夜郎地，武德初分协州置靖州。”唐、宋时期的这些历史记载，总体上符合事实。而《史记·南越尉佗列传》所说的“曲州、协州以南是夜郎国”，则是指后来分郡时的情况，因故才把犍为郡排除到了夜郎国范围之外。曲州为今云南省昭通市昭阳区及其周围部分地区，协州为今昭通市北部地区。

另外，有人又把所有的犍为郡地都列入了夜郎国，从而把夜郎国范围延伸到了金沙江以北地区，这也不符合事实。《通史》引《后汉书·孝安帝纪》说：“永初六年（公元112年），春正月庚申……又令益州郡置万岁苑，犍为置汉平苑。”此书后来有注释说：“犍为，郡名。《前书音义》曰：‘故夜郎国也。’故城在今眉州隆山县西北也。”又引《太平御览》所引的《史记》说：“汉武使唐蒙伐西戎，得夜郎国，遂立犍为郡。”今本《史记》并无此文。唐蒙入夜郎，是在建元六年（前135年），这就明确了犍为郡是设在夜郎国地。但最早的犍郡郡治在鳖县，是为管辖夜郎及其周边相邻地区大小诸国而设立的。其范围北移到金沙江以北地区，是之后设牂牁郡时调整的，这些北移后的扩大部分，也不属于夜郎国。《华阳国志·蜀志》说：“周慎王五年（前316年）秋，秦大夫张仪、司马错、都尉墨等从石牛道伐蜀，蜀王自于葭萌拒之，败绩。王遁走，至武阳，为秦军所害。其相、傅及太子退至逢乡，死于白鹿山，开明氏遂亡。”又说：“南安县，郡东四百里。治青衣江会。县溉，有名滩，一曰雷垣，二曰盐溉。李冰所平也。……僰道县，在南安县东四百里，距郡八百里。高后六年城之，治马湖江会。……滨江有兵兰，李冰所烧之岩有五色，赤白映水玄黄。”说明这一地区靠南的僰道县在秦并蜀时就据有其地，汉时属夜郎国的说法显然不对。

南夷（或大夜郎）的政区沿革大体可分为三个阶段：第一阶段即汉初南夷（大夜郎）

时期的犍为郡、牂牁郡；第二阶段为蜀汉平南中以后所建的牂牁郡、兴古郡、朱提郡、犍为郡；第三阶段是晋后期及刘宋时的夜郎郡、平夷郡、牂牁郡、梁水郡、西平郡、兴古郡、朱提郡、南广郡。

蜀汉时，将汉初建的牂牁郡分为牂牁、兴古两郡，牂牁郡在东，兴古郡在西。牂牁郡后来又分为牂牁、夜郎、平夷三个郡，牂牁在东，夜郎在西，平夷在北。平夷太守后改称平蛮太守。《华阳国志·南中志》记载："晋愍帝世，太守建宁孟才一骄暴无恩，郡民王清，范朗逐出之。刺史王逊怒，分鳖半为平夷郡，夜郎以南为夜郎郡，（共）四县。"《宋书·州郡志》载："平蛮太守、宁州刺史王逊分牂牁、朱提、建宁，立平夷郡，后避桓温讳改。"又载："夜郎太守，晋怀帝永嘉五年，宁州刺史王逊分牂牁、朱提，立建宁。"两郡都从牂牁分出，于理不通，疑有误。

汉初以前的南夷（或大夜郎），西汉先后设犍为、牂牁二郡，今文山州属牂牁郡。牂牁郡共 17 个县，有 11 个县在今云南境内，6 个县在今贵州省境内。文山州全境均属牂牁郡，其中广南、富宁为句町县地，西畴、麻栗坡属都梦县地，丘北为镡封县地，文山市、砚山县、马关县和红河州屏边、河口两县为进桑县地。东汉时期，除文山、砚山、马关、西畴、麻栗坡（部分）和红河州屏边、河口两县为进桑县地外，其余基本保留西汉政区不变。

蜀汉建兴三年（225 年），诸葛亮平定南中后，将南中的益州、越嶲、牂牁、永昌 4 郡改建为建宁、朱提、云南、永昌、兴古、越嶲、牂牁 7 郡，隶属于庲降都督管辖。兴古郡治所在今砚山县境内。今文山州 8 县（市）均为兴古郡，其中广南、富宁为句町县地，丘北为镡封县地，文山、砚山、马关、西畴、麻栗坡 5 县（市）和红河州屏边、河口两县属进乘县地（原进桑县地）。

《通史》认为，过去的史书对夜郎的记载多有不同而产生混乱，其原因就在于对一些前人记述的辨别、理解上产生的歧误。如《华阳国志·南中志》所载的："周之季世，楚倾襄王遣将军庄蹻溯沅水，出且兰，以伐夜郎，椓牂柯系舡于且兰。既克夜郎，而秦夺楚黔中地，无路得归，遂留王之，号为庄王。以且兰有椓舡牂柯处，乃改其名为牂柯。"《后汉书·西南夷列传》记载也基本如此。这一解释是一种误会。理由是在《史记·西南夷列传》中，司马迁已在多处明确说牂牁江下游流到今广东番禺，这就可知牂牁江与且兰没有什么关系。牂牁郡得名于牂牁江，牂牁江流水向南，沅水流向为东，牂牁江不可能属于沅水。

《汉书·地理志》载："故且兰，沅水东南至益阳江，过郡二，行二千五百三十里。"这可能就是庄蹻"溯沅水，出且兰"说法的地理依据。一些学者也据此将且兰的位置考订在黔东南清水江上源之地。《华阳国志·南中志》记载中说，万寿县距洛阳五千六百一十里，而《续汉书·郡国志》说的这一距离却是五千七百里，两者相差九十里。虽然难以证明这两个里程数哪个更为确切，但知道万寿县是后来晋朝晋武帝时才设立的。万寿县当时在且兰之北，很可能就是从且兰中分出来另外设立的县。《宋书·州郡志》说牂牁太守（驻万寿县）去宁州一千五百，晋宁郡（驻今云南晋宁）去州七百三十，朱提郡（驻今云南昭通昭阳区）去州七百二十，云南太守（驻今云南祥云）去州一千五百。相互比对，可基本确定当时的万寿县在今贵阳一带，也可由此确定且兰县也在这一带南部地区。且兰君长在汉军南下攻南越向时，在其国内征兵派粮，且兰国主不愿随汉军远征，加之汉军肆意掳掠且兰部民牛马猪羊等财物，起而兴兵反抗，并杀了犍为太守。由此可知，且兰距犍为太守住地鳖县不远。且兰县地向东延伸到清水江上游，倒有这种可能。过去有不少人认为，当时的鳖县在今贵州遵义市一带，但《华阳国志·南中志》说："（宁州）刺史王逊怒，分鳖半为平夷郡，夜郎（大夜郎）以南为夜里郡，（共）四县。"鳖县与平夷县既然合为平夷郡，又说平夷郡是划朱提、建宁、牂牁三郡而立，应在三郡交界地带，即今黔西北地区。从四川宜宾向南修南夷道的情况看，汉夜郎国范围总体靠西，如果是在遵义，南夷道就不可能极其艰难地从宜宾往南修。再说，犍为郡治迁南广，是逐步向北退，说明原来的郡治在南广县南。《汉书·地理志》说："南广，汾关山、苻黑水所出，北至僰道入江。又有大涉水，北至苻入江，过郡三，行八百四十里。"经考察，这些水流中的苻黑水为今黑墩河，大涉水为今赤水河，二水均源于今云南镇雄县，因此可确定汉时的南广县就在今镇雄县境内。

有鉴于此，《汉书·地理志》"鉤（句）町，文象水东至增食（今广西南宁市西）入郁，又有卢惟水、来细水、伐水"的记载是可信的，文象水即今广南县西洋江。但与《太平御览》引《永昌郡传》关于兴古郡的区位记述南辕北撤，明显有误，如"兴古郡，在建宁（今曲靖）南八百里"，又说"郡北三百里有盘江……"永昌郡治所在今滇西保山，在建宁之西，不是之南。《华阳国志·南中志》则说"兴古郡治在宛温（今砚山县境）"，这是蜀汉到晋初年间的事。有人认为晋时的兴古郡治所在鉤（句）町（今云南广南县及广西西林和隆林县一带），这是经不起推敲的。以《宋书·州郡志》所记的晋宁、朱提等地与建宁的距离对比，兴古郡不算太远。再从"在建宁南八百里"看，除了南盘江以北五百里，南盘江以南就仅有三百里了，到不了广南，更到不了广西。

由此可知，西汉时期的夜郎国，其地域范围主要在今以安顺为中心的贵州西部地区。而后来以夜郎为中心的南夷（大夜郎）地区，则包括了今云南昭通南部还延伸到了今越南北部的大片地区。《后汉书·西南夷列传》载："有夜郎国，东接交阯，西有滇国，北有邛都国，各立君长。"这里说的东接交阯，是因为在东汉年间，此书编纂者只知交阯西境出现过夜郎这一名称，却不知夜郎国中的一大族群在未被南越王赵佗并吞之前，就已经长期得志于交阯地区了。汉时设的益州郡和牂牁郡，大致与交阯界于今越南北部临边地区，是南越国占据夜郎国南部地区以后形成的。

关于夜郎国的民族系属问题，过去有苗族先民说、百越先民说、仡佬族先民濮人说和彝族先民说。

《中国彝族通史》说，夜郎国有多种民族聚居，但其主体民族是彝族先民。这种观点不但有多方面的理由，而且这些理由有其充分的历史和现实根据。

第一，从夜郎国东向、南向相对隔断所揭示出来的民族分布格局看，夜郎国呈现出“西同东异”的趋势。夜郎国中心地处今贵州西部地区，汉时夜郎王住地更偏西，其分布的格局是：东部止于苗族先民等五溪蛮居住的武陵地区，南部止于百越民族分布区，与百越民族分布区没有连成一体。无论从历史或现实看，贵州、湖南等地的苗族，其文化是相同的，而贵州、广西和云南东南部地区的壮族和布依族，也是文化相同的两个民族。形成这种民族聚居区相对相互隔离而呈现出的夜郎国“西同东异”的状况，其主要原因就在于夜郎的民族系属和文化的异同。

第二，从民族分布情况来看，黔西北和滇东北地区，历史上并没有布依族居住过，苗族则是后来才迁入的。而夜郎国的竹王传说则又排斥了夜郎是仡佬族先民濮人的说法。西南彝区东西两地流传的九隆传说和竹王传说明显出自一源，是同一传说中的两个变体，早就引起了许多研究者的注意，说“这个故事（指竹王故事）与滇西哀牢昆明人女子沙壹触沉木生子的传说很相似，很可能是夜郎南迁豚水以后，受哀牢传说的影响而产生的，寓意相同，内容上只是把妇女碰触物由‘木’变成了‘竹’”。汉时分布于滇西地区的昆明人，到唐宋时在今贵州西部地区也有不少分布，竹王传说和沙壹传说大同小异，其本身也就排除了其他民族也有同样传说的可能。

第三，《史记·西南夷列传》等许多史书都说，夜郎、哀牢、滇、邛都等许多西南夷地区国家，都是文化相同的民族。夜郎地处西南夷中的南夷，这其中的“南”，是相对于北面的巴、蜀而言的，“夷”则是指称其中的主体民族。司马迁划分西南夷，不可能是凭空捏造。今贵州境内的夜郎国故地，迄今发现的古墓葬一般分为战国晚期到西汉武帝年间、西汉中后期、东汉到隋朝年间三个历史时期。第一期主要分布在赫章可乐和威宁中水，其葬式式样及随葬品，都显示出了浓厚的且相对单一的滇文化特色；第二期墓葬主要分布在赫章、威宁、清镇、安顺等地，汉文化因素开始出现，并逐步增多，但有百越文化和五溪蛮文化特点的很少；第三期墓葬几乎遍布夜郎国区域，汉式葬俗墓增多，出土文物的中原文化特点明显增强。

《汉书·王莽传下》说：“洎南僰虏若豆、孟迁，不用此书（指用彝文书，不用汉文书）。”《后汉书·西南夷列传》说：“及王莽政乱，益州郡夷栋蚕、若豆等起兵杀郡守，越嶲姑复夷人大牟亦皆叛，杀略吏人。”又说：“王莽篡位，改汉制，贬鉤（句）町王以为侯，王邯怨恨，牂牁大尹周钦诈杀邯。邯弟承攻杀钦，州郡击之，不能服，三边蛮夷愁扰尽反。”这里说到的若豆、栋蚕、孟迁三位起义领导人中，孟迁是哪里人没有写清，但《华阳国志·南中志》说鉤（句）町王姓毋，与孟音近。这就是说，孟迁与鉤（句）町王很有可能是同族，但鉤（句）町王的族属至今仍有争议。而若豆、栋蚕是夜郎王的亲族，是彝族先民，则是明确的。

第四，据考古发掘和研究成果显示，夜郎文化的外部联系主要是西向联系，夜郎境内出土汉代文物中的绝大多数都与云南的李家山和石寨山相同和相似，同属于滇文化系列，受异域文化影响较小。考古成果所显示出的夜郎文化南部、东部相对隔离的状况，说明这是一种自西（云南）向东发展的文化，发展前端止于东部的武陵五溪蛮区和南部百越民族区，这是司马迁把夜郎列为西南夷的重要理由。

第五，夜郎国的许多史事多与西向相关联，这同样显示出了同一民族文化的内聚力及其趋向性。汉到隋以前史籍记载中的牂牁、夜郎、兴古、朱提、建宁、晋宁、永昌、云南、邛都、越嶲等地，很多历史事件的发生，都往往是一地发生，多地波及，甚至联动整个西南夷地区。这又很清楚地表明，在多民族杂居的夜郎国中，其主要的民族群体是彝族先民。

第六，夜郎地区的民族风情、语言、服饰、地名等都展示出明显的彝族古代文化特征。田雯著的《黔书》卷一中说："（罗施）冷吹娲皇之管，联袂踏歌。"所谓罗施，即"罗施鬼国"，是后来汉文记载中对水西彝族政权的诬称。所谓"娲皇之管"，指的就是葫芦笙，是彝族最古老的传统乐器之一。古时候，彝族先民吹葫芦笙、拉手踏歌跳舞很普遍。至今，在滇西和文山州东部，以及广西西部的一些彝族中仍完整保留着这种习俗。此外，夜郎国人穿着的服饰也彰显着浓郁的古代彝族特色。《宋史·蛮夷四》说："（宋）至道元年九月三日，西南蕃王龙汉遣使进奉，西南牂牁诸蛮来贡方物。帝召其使，询以地理风俗，因令作本国歌舞。一人吹瓢笙，数十辈连袂婉转，以足顿地为节。问其曲，译者曰《水曲》。"所谓《水曲》，就是水西地方的彝族舞曲。王应麟在其著的《玉海》一书中，还记述了贡方物者的服饰："（宋）至道元年十二月十八日，龙汉绕遣使率西南牂牁诸蛮贡方物……其使者衣虎皮毡裘。"《清波杂志》说："牂牁使十数辈，从者皆百余人，蛮，皆蓬头黑面，状若猿猱。使者衣虎皮毡裘，以虎尾加首，他悉类推。"这些都是典型的古代彝族服饰。

在古夜郎国地区，至今仍然保留着许多的古彝语地名，及其与之相对应的关系；夜郎、鳖等都是至今仍在使用着的彝语地名，如鳖——比楼——毗那——比拉（喇）。鳖为汉时彝语县名，曾为犍为郡治所。《新唐书·南蛮传》记载说："龙朔三年，矩州刺史谢发成招慰比楼等七千户内附。总章三年，置禄州、汤望州。"这里的比楼就是水西夷（彝族）说的比喇，清初在比喇设平远府。比楼是昆明人统治疆域中的一部分，在今贵州省织金县。还有，且兰——古诺——贵阳，道光《大定府志》载："天启四年，安位追王三善于内庄，奢寅至大方第中，俄射梁正中太极图而走。位见矢，亟追之于永宁红岩留之，弗许归且兰。寅以莫得、波卧、得额、得查四目地还水西，位乃许寅归且兰。"这里误把扯勒翻译成且兰。扯勒是永宁彝族奢氏扯勒部住地，地点在今四川叙永、古蔺一带，与南部的且兰相距较远。彝族称贵阳为古糯、古诺、果诺等，译音略有不同，但意思一样。《西南彝志·遵义之战》说："君长阿维从果益诺回来。"这里说的果益诺就是果诺，就是今天的贵阳。《大定府志·水西安氏本末四上》载："阿纳者，畔君勿之少子，不容于兄嫂，徙居于南广之鹿里，今镇雄是也……已入晋乐，晋乐夷语谓之更糯，即贵阳也。"更糯也是古诺的一种异读。

现今的滇东北、黔西北地区，虽然距汉时的夜郎国时期已2000余年，但仍有许多古夜郎踪迹可寻。如织金县的彝语叫"夜那戛"，大方县普底下乡叫"液南液堵"（出水的泉眼），井左脚叫"液那落益那瑪迪"（夜郎练兵场）等。

四、彝文史籍中的益那（夜郎）史事

彝族史籍《夜郎史传》中，有一节专门介绍了益那（夜郎）家基本的源流谱牒，以及其兴盛没落的大体过程。原文如下：

武僰益那根，益那僰子孙，益那竹根本，益那水发祥。（益那"水发祥"，是指竹王传说中所说的竹夜郎，竹夜郎为其母碰触水中浮竹后得孕而生）

一代僰阿蒙，二代蒙阿夜，三代夜郎朵，四代郎朵乍，五代乍慈慈，六代慈阿弘，七代弘阿武，八代武阿古，九代古阿举，十代举阿哲。

（举阿哲之后从新纪代）：一代哲阿尼，二代尼阿哎，三代哎阿鄂。四代鄂鲁默，五代鲁默姆，六代姆赫德，七代德阿哲，八代哲默遮，九代默遮索，十代索五额。

（索武额之后从新纪代）：一代额哼哈，二代哼哈足哲，三代足哲多，四代多同弭，五代同弭匹，六代匹鄂莫，七代莫雅费。

夜郎朵之世，夜郎占一方，说的是这事。

武阿古之后，武古笃相助，武古笃联姻。在太液之南，南岸乃夜郎；在夜郎柱姆，祭三代祖灵。

鄂鲁默之世，君为鄂鲁默，臣为斯列巴，师为额史邹，如云雾满江，汇成大江水，其势乃如此。

濮所夜郎根，武濮所相助，武濮所联姻。在宰拜赫戛，祭三代祖灵。弭靡夜郎根，弭迷也相助，弭靡也联姻，兴起帝王制，说的是这样。

武乍夜郎根，武乍来相助，武乍来联姻，居可乐柱姆，集中来掌权，似猛虎雄据。在骂谷柱姆，兵营似云层，兵士如羊群。七十二次仗，做一天打完。夜那勾纪家，迁往东方去，居大格落姆，开三代新亲，先与句町开，后与漏卧开。默遮索之世，夜郎迁西方，三代开濮甸。濮甸君之女，名主禄阿舍，索武额之母。多同弭之世，住多同弭谷，自称天地代，说是天之子，也称僰后裔；开辟了新天，开辟了大地。大地的四方，在四方五水，唯我独尊君，唯我享盛名，说的是这样。

莫雅费之世，乱出柴确星，赫万妖横行，赫洪怪乱世。立慎特罢凶，夜郎被攻打，夜郎被消灭；高天黑漆漆，大地昏沉沉。夜郎的残余，迁往啥弭去，住啥弭卧甸，就是这样的。

益那被打败后，其残余部分迁往的“舍弭卧甸”，在今滇西的大理州境内。

以上所列出的夜郎27代父子连名世系，明确说明了益那（夜郎）是由上古时代的武僰氏族发展而来的，是众多武僰氏族分支中的一个大支。这一点，《益那悲歌·武僰分支谱》中也有同样的记载：“嗳哺生鲁朵，鲁翁吐与朵默那生所有的僰，其中的僰雅蒙一支，到第三代为武益那（武夜郎）。”

汉文史书中将彝语“益那”音译记为“夜郎”，准确的彝语音译应当是益那。益那早先为人名，后逐步转化为部族名和部落国家名，符合古代彝族先民从人名、部族名到国名的命名习惯。

过去，有关夜郎的研究，大都以汉文记载资料为基础，民族文献资料方面，只有彝族、布依族和仡佬族中有民间口头传说。而有自己民族文字明确记载流传下来的夜郎史籍，却只保存在彝族聚居的云、贵乌蒙山区，如彝文巨著《西南彝志》《夜郎史传》《彝族源流》等。而较为全面完整、记述夜郎国史事的，则是20世纪90年代翻译出版的《夜郎史传》，这是继《西南彝志》之后又一部彝族文献长篇巨制。

夜郎是一个多民族、多部落的部落联盟国家。在秦汉西南夷时期，这样的情况不仅是夜郎国，同时期的不少部落或部落联盟国家也是如此，差别只是在于其民族构成比例情况有所不同。夜郎国之地，是彝族“六祖分支”后，布、默两部开拓发展的主要地区，到司马迁写《史记》时，布、默两部后裔已在这些地区生活500多年时间了，并有一部分进入了黔南、桂西、滇东南、川西平原和越南北部地区。因此在那段时间，彝族先民在这些地区人口当为占主体地位的民族。1979年4月，西南师范大学邓子琴教授在其出版的论文集《彝文“以诺”印章跋语》中，介绍了云南昭通张希鲁先生从贵州威宁收集到的一枚彝文印章，印章上的彝文译成汉文之意为“夜郎境手司印”。彝语“以诺”（益那）即为汉语“夜郎”，先是人名，后转化为部落名，进而又转为部落联盟国家名。《夜郎史传》较为详尽而系统地记述了汉文献中没有记载的我国彝族先民建立古夜郎国的历史。依据《夜郎史传》中的详细记述，以及多年来的考古发现，我们基本上可以确定，在多民族、多部落的夜郎国中，彝族先民是占主体地位的民族。

《夜郎史传》明确记述“夜郎”之名，是由彝族先祖名王之名而来的。书中把夜郎国史分为武米、洛举、撒骂和竹王四个时期。自武祖慕雅枯君长开始，传至竹王而亡，相当于夏朝至西汉末年，历经时间长达近两千年。

武米夜郎，也叫武君夜郎，是夜郎立国的第一时期，其间又有用夜郎、采默、多同、兴、苏阿纳，以五个盟长命名的五个历史阶段。彝族“人皇”笃慕娶三房，生六子，繁衍分支为六个部系以后，各君长国以管其土，以掌其民，他们的世系分别是：长为武或乍，一世慕雅枯、二世枯雅益、三世益雅诺、四世雅诺诺、五世诺朱苏、六世苏俄武、七世武夜郎（准确的彝语音为“益那”）。“夜郎”之名即由七世“武祖”开始出现，这就是“夜郎”之名的由来。其中的采默夜郎以采默盟长得名，统辖采默、鲁里、喽里、朴喽和阿武五君长国。多同夜郎以多同盟长而名。多同为武系苏远支苏必姆之孙，统辖多同、米古、兴、磨索、武磨、伟武六君长国。后兴取代多同为盟长，是为兴夜郎，即汉文中所记载的“夜郎王兴”。兴夜郎初时统辖苏那嘎、兴、多同、居谷奢、奢姆益、益强勿、益勿古、阿古纳和纳多图九君长国。西汉成帝年间，在夜郎、漏卧（今罗平、师宗和丘北县东北部）、句町（今文山州东南部和广西西部）等部落联盟国家不断发生相互兼并的战争中，夜郎打败了漏卧，收其地后，增加统辖了妥鲁打倮、古糯、白那妥洪、录卧、眍眍俄沟、麻那姆古、夜郎眍土、斗歹濮卧、磨布列揩和夜郎勾纪十君长国。此后，夜郎西部的苏阿纳逐步强盛起来，便取代了夜郎王兴为部落联盟国家盟长，是为苏阿纳夜郎，统辖苏阿纳、纳阿卧、卧侧侧、侧侧补、补叟也、叟也阿德、德恒恒、恒恒朵和朵阿勿九君长国。

苏阿纳之后，夜郎部落联盟盟长又转回到了佐洛举部系，佐洛举为盟长，即为洛举夜郎。武夜郎独称武米，统称又改姓，佐洛举为夜郎长子，统辖佐洛举、侯姆德、鲁德毕、守益旺、益旺否、否娄络、娄洛密、密阿德、阿德武和武布利十君长国。

武系武夜郎次子与佐洛举是同胞兄弟，为武陀尼支系。武陀尼君长国国君撒骂在佐洛举之后，成为夜郎的盟长，是为撒骂夜郎。撒骂夜郎的盟长世系是苏阿德、德阿威、威威武、武录索、录索坡、坡俄默。撒骂夜郎直接统辖了磨苦安、呗勃卧、莫卧、俄索四君长国，其中比较大的君长国磨苦安还分辖有鲁德、成勾、鲁德勾侯、娄博纪洛四个小君长国。

在夜郎与漏卧的战争中，夜郎慕帕汝舍竹君长国逐步强大起来，其君长击鼓支配了夜郎的政治和军队，从而进入了以竹王为盟长的竹王夜郎时代。竹王夜郎统辖的君长国有俄舍为竹王夜郎亲统的中央君长国；中部腹地直属的有阿那余、布武舍勒等十君长国。另外，夜郎、磨舍、大兴、略邑、否乍和阿斗五君长国也属竹王亲统国。东部有纪且、乃朱、博阿武三君长国；东南部有苏武益、勿阿纳等十君长国；西北部有布舍余、仆堵糯淄和磨秋慕德十君长国。

彝文史籍《武根武夜郎》对夜郎国历史的记载也较详细。其文如下：

> 在那古时候，笃慕生武乍，慕雅克是武，慕雅俄是乍。武与乍发祥，源于六祖地。……武乍分七支，七支走七方。后来又分化，五支变实勺，和武与和尼。它两支不变，说的是这样。
>
> 武祖慕雅克，武祖第一代，。慕雅克开始，代代往下传。武家前七代，武君武臣出，各为一方霸。争地又夺土。漏卧与夜郎，两家来争雄。武君夜郎濮，武臣武夜郎，武师武濮安，到处打漏侯。到处搜濮人，占了布默地，说的是这样。

到了后来呢。君臣师变了：武夜郎为君，武阿诺为臣，武阿濮为师。自夜郎为君，势力日强大，到处抢牛马，到处抢猪羊。牛马猪羊呀，满山满岭是。说的是这样。

夜郎强盛后，就在博那恒，就在恒叶果，先建两个城，住在两城里。两城建好后，娶三位妻子，一妻是濮女，一妻是勾女，三妻磨家女，说的是这样。住在两城中，打牛来祭天，打牛来祭地，打牛来祭祖，祭后基业盛，神祇佑夜郎，威名震天下。军师个个能，臣民个个强。打仗和射箭，样样都高超。那撒大城呀，全都建兵营。兵多数不清；夜郎君的兵，住满了那撒。人间的土地，全为夜里地；所有的地方，一切归他管，一切属于他。说的是这样。

夜郎掌了权，权势大无比。夜郎一言出，无事不平定，人们都降服。所有的人间，都受他管理；象清水一样，清澈可见底，老天也凑合。人间的四方，四方光景好；四方的大地，到处绿葱葱。说的是这样。

四方分好后，慕古洪来管，他管两边城；大兴他来管，来管中心城。慕古洪大兴，他俩是大臣；夜郎的土地，各方他俩管；夜郎国土上，全部的要地，由他俩来管。各地的岩石，所有的箐林，都由他俩管。说的是这样。大兴其人昵，夜郎第一臣；慕古洪其人，他是第二臣。慕古洪大兴，由师来吩咐。在夜郎国里，一切师吩咐。一切由师记，一切师来载，这样记下来。说的是这样。

堵土纪俄地，根源是这样：施勒有九子，次子施碧幕，西边各处走。施碧幕之世，一代生堵土。施碧幕世系，由师来吩咐。施碧幕乃一，碧幕侯乃二，碧培土乃三，堵土菊乃四，菊哲土乃五，武磨伏乃六。施碧幕这支，乃属武支系。在夜郎之时，堵土戴官帽，磨伏穿官服，他们二位呀，官位是臣位，管西部政事。说的是这样。在那些时间，慕古第一臣，大兴第二臣，磨索第三臣，武磨第四臣，武伟磨五臣，他们五人呀，在世间为臣。说的是这样。武家的六部，武夜郎最强，牛羊遍山跑，兵马多如星。东南西北打，四面八方战。东边打漏卧，西边打恒尼，战祸连年起。战争的烟雾，笼罩着大地。恒卧漏濮呢，被赶到天边，由夜郎来管。这样一来呢，夜郎的君王，夜郎的大臣，分到各城池，分管各方地。这样一来昵，苏那嘎第一，大兴君第二，堵土君第三，居谷奢第四，奢姆益强五，益强匆第六，益匆古七君，阿古纳八君，纳都图九君；九位皆君长，在天下九方，战彝汉大城。说的是这样。天下九君长，势力很强大，声威如雷霆，霸占着九方。说的是这样。君长武夜郎，金银他最多，数也数不清。兵马他最强，兵营到处是。有七十七个。战争发生了，这些兵来打；战争结束了，派兵搞修建，修金房银房。诸事谁掌管，大兴来掌管；一切美好事，大兴他来管。说的是这样。南边的城池，城池很美丽；它是夜郎建，夜郎君王位慕，夜郎的臣管。宰拜赫城池、宰拜瓦城池，这两个城池，它是大兴住，它是大兴管。南边的城池，最大最美的，一是宰鲁瓦，二是宰土鲁；两个城池中，西边一道门，它是战争门。雾罩一升天，此门就打开。门一打开呀，夜郎的兵马，似洪水奔泻。一场大灾难，就这样来临，这样来发生。说的是这样。

武夜郎的君，居住在四方。大君有九个，九君都能战。每次战争中，各君都有功。他们九君中，相互来联姻。各有各规矩，各兴各礼仪。说的是这样。九君住西方，面向日出处；日出的东方，打牛祭天地，求天地保佑，祭祖保平安。西部的城池，九君的兵营，兵营九十九，九十九严守。城池九十座，九十座严防。所有的城中，分出黑白彝，分出青红彝，分出工和匠。夜郎九十城，彝汉各有钱，城中有雕龙，城外有雕虎。说的是这样。扯扯安鲁瓦，安武土鲁瓦，两大城池中，五大家支住，四位武君管。东西和南北，各开一道门，处那索来管。东为战争门，东边雾罩升，战争就打起。武夜郎的兵，如天上星星，似地上猛虎，追击来犯者，向四方奔逃。说的是这样。武夜郎兵将，每次战争中，他们都能战；每次作战时，他们都这样，用刀砍敌兵，用箭射敌将。没死的兵将，他们捉去呢，捉去邀功名。他们捉去呢，捉去求赏赐。这样一来呢，凡是夜郎兵，勇猛地作战。说的是这样。磨苦安鲁瓦，它属于君城，三方积金银，中央修金殿；金殿修四个，四殿金光闪。君住城池内，他管天下事；武之阿德比，他管理城池，安城多美丽，城兵九千九，兵马雄威威。美丽的安城，漏卧不停地，派兵来攻打，常常打安城，总想得到它。漏卧的大将，侯俄鲁瓦纪，两次打安城，打到安城边，兵逼城门下。武夜郎君长，坚决守安城。夜郎的兵马，似天上云层，封锁着安城。两边的兵将，连天战不休；天空阴沉沉，胜负难分明。夜郎拿出酒，九十又九坛，送给漏卧兵，战乱才平息。战乱停止了，民众得安身。武夜郎二子，各领九千兵，守望着安城。西边武杰过，他领兵九万，守卫楚台城；西部阿莫城，他守二城池。说的是这样。西边武布过，他领三万兵守卫且嘎朱。战争常常起，他常去迎战。南边的良臣，菊也武阿哪，管理播勒卧，管理播勒城。俄索苏阿纳，俄索君管城；他迁俄索城，定居在西部。说的是这样。夜郎君长的，呗耄代数是：苏阿德乃一，注阿威乃二，威威武乃三，武录索乃四，录索坡乃五，坡俄卖乃六，此乃六师主。说的是这样。夜郎的大臣，大臣有六个：鲁德是大臣，成勾是大臣，路特和勾侯，娄博和纪络，是后四大臣。六师和六臣，都是夜郎的，军师和大臣。说的是这样。注俄娄坡呢，在漏恒堵那，管理马牛羊，三君管四方，四处猪牛羊。说的是这样。鲁德阿臣君，他来造弓箭。后有克博武，克博武继承，又来造弓箭，又来造铁盔；大刀和小刀，一切都造好。侯阿武凶猛，他是漏卧将，常常带着兵，来抢夺武器。夜郎势也强，决不来想让。斗朵大曲呢，挥兵来阻挡，阻挡阿侯武。说的是这样。后来有一天，在土帕鲁沟，克博造的弓，全被漏卧抢。夜郎阿那呢，派了夜兴君，到土帕鲁沟，兵马齐奋战，打败漏卧兵。漏卧兵败侯，被赶到天边。娄傅莫大且，来谢夜郎君。拿酒九大坛，杀牛十二头。感谢夜郎君。漏卧败鲁沟，到天边不回。后来博武君，来住漏卧城，来管漏卧池。漏卧的城池，城池很宽大。漏卧的土地，土地也肥沃。博武君长呢，大发展基业。说的是这样。天边漏卧兵，再也不敢犯。夜郎和漏卧，战祸年年生，苦难天天有。漏卧兵败后，苦难从此消。说的是这样。这样一来呢，东边三城池，三君来居住：一君耻纪尼，二君纪乃朱，三君博阿武，同住东边城。说的是这样。克博的三君，三君住三地：一君住葛仇，二君武洛城，三君恒移鲁，各住各城池，各管各地域。夜郎的君臣，弓箭自己造，兵强马又壮。说的是这样。东南有十君，十君都强盛。十君在东南，管理他的地，守护他的土；广袤的土地，牛羊遍地有，草木绿葱葱，粮食出产多。民众得安乐。说的是这样。十君管东方，管理东南边，繁殖其牛羊，增制其弓箭，东南他来分。说的是这样。中部的十君，十君管中部，繁殖其牛羊，增制其弓箭。夜郎住安城，大兴来统管，大兴管十君，世间他为君，世间归他管，说的是这样。西北有十君，西北的各地，其地十君管，繁殖其牛羊，增制其弓箭。说的是这样。世间西北宽，日日有战祸，随时起战祸。驻军在北方，堵住了汉兵。夜郎住安城，十君管西北，略色来统管。略色管十君，西北属他管，西北属他分。这样一来呀，夜郎第一君，磨奈第二君，大兴第三君，略色第四君，富作斗阿五。他们这五君，管理天下事。他们管战争，管发展金银，管发展牛羊。夜郎最强盛。夜郎的兵马，兵马多如星；人间的各地，各地都是兵。东西南北方，四方常交战。战争象雾罩，战争象风暴，百姓常遭难。夜郎的城池，夜郎本君住。妥鲁打倮城，大兴君居住。古诺大城呢，播勒君居住。禄竹录卧城，阿于德居住。扎麦俄勾城，阿佐仇居住。堵土举该城，堵土君居住。遗必堵土勾，遗必君居住。斗德尼舍勾，斗德卧君住。斗德仆卧城，竹君来居住。赫海作舍城，芒布君居住。妥鲁勾纪城，欧捉舍君住。纽可章阁城，夜郎君居住。夜郎住的城，取名章阁城。妥阿尼柱城，阿尼君来住。红路达毕城，红鲁君来住。阿德竹德城，阿德果君住。说的是这样。勾阿娄君呢，俄鲁额城住，娄娄勾大城，播勒三君住。幕俄勾城呢，阿哲君居住。纪俄勾大城，俄索君居住。古苦勾大城，笃采君居住。濮吐珠液城，阿旺君居住。格勾城里呢，扯勒君居住。尼素大城呢，叙纪君居住，说的是这样。

《彝族源流·武氏源流》说的：“武氏七世武额濮为君，武阿那为臣，武濮安为师”，与《武根武夜郎》记载一致。其中的武额濮即夜郎濮，武阿那即武夜郎。武夜郎开了武氏一支的辉煌。

武夜郎是后武德武益那（夜郎），据有先武武僰时期的许多地盘。秦汉时的后武武益那，是六祖系的益那七代。《彝族源流·克博创业记》载：“武注借铃给糯陇邓，克博又向其兄借铃，后铃丢失。武注向克博索铃，其兄也趁机为难。克博愤而弃祖业远走他乡，自己创业谋出路。克博走后，武注一路追击，但被克博所败。”《彝族源流·阿默尼》说，克博后来在武之地享受荣华富贵。这里说的武之地，大体上就在今天的滇东的曲靖市和文山州东北（部分），以及黔中西部地区。慕克克18世孙海邓葛余为磨弥部祖，其弟海邓阿仁为播勒部祖。慕克克24世孙默遮俄索是海邓葛余之后，占尽威宁知道，其后裔称为乌撒部。慕齐齐19代孙毕余勿生有三子，次子勿阿克，守德施本部，后裔称阿余陡部。三子勿阿纳有二子，长子名德初，后来成为阿外惹部世袭君长；次子阿宗生子阿妥，阿妥有两子，一名阿哲，是其后阿哲部之祖，也称慕俄格、水西，均属阿哲部之后。

大革之地，先是侯家所据，至大额卓，为海邓阿仁所灭，并在其地建城名叫大革洛。而侯部18世德额辉时也建起了扯勒部，后又与其兄德额隆建立乌蒙部。

夜郎国中后期，夜郎部落联盟盟长与部落君长的关系，同春秋战国时期中原周王室与各诸侯国的关系有许多相似之处。各君长国是以夜郎为首脑的、松散的君长联盟，且长期分合无常，亲仇无度。为了共同的和不同的利益，或联合攻占他部土地，掳掠他族的牛、马、羊群和人口，或各自为政，举兵相攻，相互侵占，相互掳掠。

在长期的历史进程中，夜郎国先后修建了许许多多的城池，这些城池多以部系族支首领之名命名，是各阶段时期夜郎国盟长和君长国的都邑。其中比较著名的，在武米时期有倮那恒和恒时倮两座大城；兴夜郎时期有俄舍、者白黑和米卧朱三座大城；撒骂夜郎时期有磨苦安、楚舍、西阿革、且戛朱、莫卧、博戛和和俄索等；竹王夜郎时期，夜郎在攻占濮人领地后，面积扩张得很大，城池数量增多，著名的有扯扯那洛、那思尔汝、俄舍等五十余座。

西汉时期夜郎国灭亡后，夜郎时代的有些城池得到了保存，并继续发展，成为后来彝族君长或土司的治所。

武米夜郎时，夜郎盟长的都邑在贵州赫章县的可乐。之后的采默、多同、兴、苏阿钠四盟长，以及洛举夜郎、撒骂夜郎和竹王夜郎三个时期的盟长，都始终居住在俄舍城。俄舍城又叫娄娄沟、呗勒大革，地点在今天的贵州贵阳和安顺一带。

夜郎盟长和诸君长国的首邑，是盟国和各君长国的政治、经济和文化中心。战争掳掠来的牛、马、羊群和粮食、奴隶，都集中在都邑中或附近周边。有的都邑专门从事金、银、铜、铁冶炼，制造金属武器和佩饰。城池宫殿中，有的还用金属制作的艺术制品作装饰。《夜郎史传》记述夜郎国中鸡、鸭成群，牛、马、羊群满山，还有专门从事饲养猪、牛、马、羊的“羊头人”“黑猪人”，土地上种出来的荞等粮食用不完。下层部民中有“黄人”“青人”和“奴隶”三种，他们主要从事的劳动就是种粮食，说明夜郎国到了中期兴盛时期，其农业、牧业和手工业结合的奴隶制经济，已有了比较高的发展水平。

夜郎国的法律较为完整，而且特别严酷。彝族的成文法律始于远古武洛撮时期的“治国安邦”法，到了夜郎国勿阿纳时有了比较大的发展，但单独的法律文书大都只是在一些彝文文献中零星的片段记述。现今唯一发现的，也是较为完整的彝文法律，是勿阿纳时期夜郎王布告天下臣民的二十条法令。法令的具体条文和内容是：

（一）凡偷盗者砍指。（二）凡行骗、抢劫者挖眼。（三）凡不孝者罚，重者剥皮。（四）凡聚众谋反者，一律处死。（五）必须缴纳税租，凡违者没收土地、财物，重者坐牢，直至处死。（六）各部落每年必献美女三十，不从者，处主管人坐牢。（七）凡抗命哭泣者，先挖左眼，再哭者挖右眼。（八）凡违君令、议论君长者，发兵讨伐之。（九）婚配自由，凡违者轻则教育，重则砍头。（十）凡每年十月初一（即彝族十月年的最后一个月的初一日开始），臣民为夜郎国君长祝寿，违者轻则坐牢，重则斩首。（十一）必须认真耕牧，确保丰收。凡交瘦猪、瘦羊者，以人作抵，终身为奴。（十二）凡男子必娶三妻，多子多孙。多生男儿者，奖大牛一头，田三块。（十三）凡战俘均安家分田，同为贫民，若不从乃至潜逃者处死。（十四）各种典籍均为毕摩掌管，凡私藏者严办。（十五）兵将不准偷盗、抢劫、逃跑、卖主，凡违者处死。（十六）兵将必须忠于君长，切勿乱言，违者用刑。（十七）兵将作战必须勇猛，不怕死，溃者、逃者斩首。（十八）厚葬、厚祭英雄。箭自胸前穿者为英雄，自背后入者为逃兵，临阵脱逃者射死。（十九）将帅之责为领兵、打仗、严军纪。打胜仗者论功行赏，打败仗者将帅处死。（二十）内奸砍手脚及挖眼。

在夜郎史研究中，需要弄清先武、后武两个年代及其与一些事件的关系，否则就容易产生混乱。

许多彝文史书都提到原属益那的很多地方，为六祖后裔各部所有。有的还说原属益那的播勒之后归侯部，后海邓阿仁又逐侯部居其地。一些学者很容易就将这事与汉文史籍记述的夜郎之亡联系起来。一般认为，夜郎之亡是在西汉河平年间，如果把六祖后裔各部入据夜郎故地都算在这一年代之后，那么，六祖分支的年代就会推后很多，许多事件的发生就说不通。反过来说，汉时的夜郎，在彝文史籍中究竟属于哪些家族，也就成了问题。如果说武僰氏的益那是汉代汉文所记的夜郎，那么在年代上也说不通。其实，这样的混乱是因为存在两个不同的“武益那”时期造成的。

《夜郎史传》中只提到益那家族至慕雅费亡国，余众西迁到啥弭卧甸。《彝族源流·益那源》中也提到此事，并说由卓洛举起又重新继承益那的名号、大统。至于被什么人攻破而亡，书中并没有提及。有些学者就由此联系《汉书·西南夷列传》所记，认为这就是指示陈立攻打夜郎一事。但在彝文史籍《益那悲歌》的记载中，导致夜郎亡国，其余众西迁的原因是在与鄂靡的争斗中失败而亡。此书这样描述夜郎和鄂靡最后的决战败亡场面：“……正在这时候，鄂靡的杀声，已渐渐逼近，益那邪苴隆，带上了家人，和少数残兵，向西边逃去，向啥靡逃去。到了啥靡后，隐瞒了姓氏，改换了名字，若干代人后，才打出了旗帜，称益那勾纪。卓雅罗纪家，西边卓罗纪，由来是这样。”《益那悲歌》这样讲述益那王局阿邪如何在与鄂靡的争斗中亡国：先是益那王局阿邪被鄂靡打败，后王子邪苴隆打败鄂靡复国，最后又被鄂靡所败而亡国西逃。邪苴隆和鄂靡两人在益那王族的谱系中均未见记载，但促使益那西逃的原因很明确，那就是在反击夙敌鄂靡的进攻中失败。在《夜郎史传》中，说迁到鄂靡去的是莫邪费王兵败后的残余势力。两相对照，知西迁者是武僰氏的益那，与陈立攻夜郎并非同一件事。以其彝语读音解，局阿邪和莫雅费应为同一个人。

在一些彝文史书篇目中，虽然也有益那之名出现，但显然与武僰氏的益那无关，其讲的益那是六祖武支系的益那。

《夜郎史传·夜郎在可乐》中说：为统一政令，武夜郎图谋攻漏卧。攻漏卧之前，准备先集中力量攻取与自己意见不合的胞弟夜堵土领地古诺（今贵阳），并用计骗其弟到可乐，企图杀人并地。夜堵土识破了其兄的阴谋诡计，主动进行反击，并将其兄武夜郎擒拿囚禁起来，统管起了夜郎全境。夜堵土管理有方，夜郎国井然有序。不久，漏卧国君主阿苦兴兵攻打夜郎，为夜堵土所败，阿苦被擒。夜堵土以礼相待阿苦，并放其回国。阿苦回国后，其妹阿古责怪他打仗无能，损兵折将，丢了祖宗的脸，便统兵报复攻夜堵土，夜堵土大意被擒，阿古也回敬了夜堵土放兄之礼，让夜堵土一马，放其归队，改日再战。再战中阿古反而兵败被擒。夜堵土仍然以礼相待，放她回去。阿古心悦诚服，并与夜堵土相爱结为连理。后夜堵土又释放武夜郎，还位于其兄，同阿古一起离开可乐，到大格洛姆（今贵州安顺）定居。武夜郎复位后，选贤任能，专心治国，在今黔中、黔西北、滇东北、川南等地区建城池，广拓疆土，国力日见兴盛起来。《夜郎史传·武乍的基业》这样记述六祖武支的第七代武夜郎君长：

> 很古的时候，在地上人间，武家和乍家，后世很繁荣，各地建基业，武乍基业盛，如雨后春笋。武家的人呀，各处堵兴旺。南边的地方属武家管。武氏势力强，打仗很勇猛。从古到如今，也有衰弱时，也有强大时。武氏的九部，名声最震亮。强大于世间。后来武家呢，传到第七代，更比祖先强，权势也很大，统领各地方，更加强盛了。那时的武家，有个传家宝，名叫白龙角；白龙角九杈，贤君出武家。武家传到了，第七代君长，最强武夜郎。武夜郎这人，刚强又勇猛，机智又聪明。在那些时候，武氏的各部，土地他最宽，势力他最强。武家的君长，强君就是他。

《元史·地理·云南行省》中载："罗雄州……夷名其地为塔敝纳夷甸。俗传盘瓠六男，其一曰蒙由丘，后裔有罗雄者居此，名其部曰罗雄。"盘瓠六男，当为笃慕六子。蒙由丘是彝文史籍《西南彝志》所说的笃慕长子慕阿考，是武支始祖。"慕""蒙"音相近。而民族名称冠以"蒙"字的，不但苗族有，彝族也有，如南诏国政权王族。由此可知，武、乍迁居南方之说是可信的。所谓多同米谷在曲靖，也是可信的。上述元史记载中有盘瓠、蒙由丘之名，有人就说罗雄州之前的南诏、大理国时期的罗雄部是苗族，这是一种附会或误记。南诏、大理国以前，云南还没有苗族。到了南诏、大理国时期，除了今文山、红河两州南部和越南北部的安南都护府有少量从军队中转为民定居下来的的苗族外，云南绝大多数地方都还没有苗族居住，元朝时期有少量进入黔西和滇东地区。大批进入黔西、黔西南和滇东、滇东南及桂西地区的苗族，是到了明清以后的事。他们原来主要居住在湘西和黔东地区。

五、古莽、昆明和哀牢国史事

迄今的许多考古证据显示，在公元前 13 世纪以前的新石器时期，在今天云南澜沧江两岸的云县、景东彝族自治县及怒江沿岸的福贡、贡山等地，曾生活过一些古老的部落族群，他们过着居无常处的游牧生活。中华人民共和国建立以来，这些地方先后发现了他们用砾石打制而成的石斧。这些石斧两肩呈弧形，未经磨光。同时还发现了少量的石网坠和粗制的碎陶片，但未发现其农耕生产工具和碳化谷物，也未发现原始住房遗迹。而此时，居住在澜沧江、怒江流域东部地区，今大理洱海一带及周边的宾川、剑川、洱源、祥云等地的古夷人部落，则已开始使用梯形石斧、石锛和半月形穿孔石刀种植收获谷物，建造简易住房了。这些地方还出土了那个时期的古墓葬群，说明这些地方那时已开始进入了相对稳定的农耕社会。

公元前 12 世纪左右，澜沧江、怒江两岸的部分游牧族群进入了洱海地区，与洱海地区的土著民族融合，从事定居的农业生产活动。近年来，考古工作者先后在大理金梭岛、鹅鹿山、五指山、大墓坪，德钦县的水芝、石底，云龙县的坡头，昌宁县的新街，宾川县的石榴村，永胜县的金官龙潭，宁蒗彝族自治县的大兴镇，姚安县的白鹤水库、弥兴两地，祥云县的大波那，元谋县的羊街，楚雄市的万家坝，牟定县的琅井、妥安等许多地方，发现了大量的青铜器具。少数墓葬中还发现了铜铁合金器物，并出现了有肩铜斧，表明来自澜沧江、怒江的部落已融合到洱海地区以梯形石斧为特征的土著部落之中，并由此建立起了"古莽国"。

据《列子·周穆王》记载，在周王朝的西面，有一个范围很广的国家，名曰"古莽国"。在顾颉刚、史念海两先生在他们合箸的《中国疆域沿革史》中，说《禹贡》中所指的梁州，包括今天四川的松藩及陕西省的南部；雍州起自今陕西省东部，包括甘肃省等地。《国语·周语》记载，周穆王曾强迁部分犬戎于太原（即今甘肃平凉、镇源一带）。《列子》中记载，周穆王西巡时，曾到达过昆仑山拜见西王母。有的学者说，昆仑山在今甘肃境内。因此，从今天的甘肃、青海及四川松藩一带往南，是为金沙江、澜沧江和怒江河谷地带。"古莽国"即为这些地区土著民族所建立的部落联盟国家。《列子》中还记载，"古莽国"之地"跨河南北，越岱东西，万有余里"。云南西部"三江"流向，只有金沙江从云南丽江地区出境后，才从南北流向折转为东西流向，流经今四川凉山彝族自治州，云南丽江市、大理州和楚雄州，继续向东流去。《列子》又说，“古莽国”之地寒暑季节不明显，昼长夜短，居民生活在燥热的河谷地带，白天多休眠在家，早晚凉爽时才出家做活。食物结构多为乳制品。因此，“古莽国”应当是跨金沙江南北，包括今天四川西南部及云南丽江、大理、楚雄等地。关于“古莽国”的政治制度，《列子》中说：“其民有智有愚，万物滋殖，才艺多方；有君臣相临，礼法相持。”“古莽国”居民“巫风”盛行，“以梦中所为者实觉之所见者，以为觉之为者实梦之所见者”。

“古莽国”之后，在金沙江以北的则分化为冉駹、白狼等部落，在金沙江以南的则分为“昆明”“哀牢”等国。冉駹在四川汶山，汉文记载为汶山夷。《史记·西南夷列传》认为，冉駹与氐类的白马不同，而与徙和筰都同，“其俗或土著，或移徙”，显然是彝族先民。《后汉书·筰都夷》中也说筰都夷“居住略与汶山夷相同”，说明两者是近亲部落。白狼部落在今四川甘孜藏族自治州境内，东与雅安地区相连。东汉明帝永平年间，白狼王唐菆朝见汉明帝时，献乐诗三章，曰“白狼歌”。许多学者认为，“白狼歌”歌词发音与今彝语十分相近。

昆明，为古莽之后裔。岑仲勉先生说，古莽是为昆明。当然，岑仲勉先生说的“是为昆明”，是说昆明人是古莽国的主体民族，古莽国中还有其他民族，但昆明人是多数，是多民族中的主体。

据《史记·西南夷列传》记载，古莽国后来分裂为众多的大小部落国家，活动在今滇西、滇中一带的称为昆明。其打扮风俗为曲头、木耳、环铁、裹结，其古代彝族打扮的特点很明显。西汉年间，滇西的昆明部落又组成了部落联盟国家——哀牢。从古莽国到昆明、冉駹、白狼而至哀牢，其文化纽带一脉相承，都为龙崇拜。在上古汉语音中，龙的微母部通莽通龙，而且哀牢的始祖神话也是“龙生夷”神话，即九隆传说。“白狼”一名，按彝语解释是“山龙”之意，彝语称山为“白”，“狼”是龙的转音，“白狼”显然也是彝族先民的一部分。“哀牢”在彝族语中，“哀”是语气词，可当“阿”用，没有实际意义，合起来的“哀牢”也就是龙，亦即“阿龙”。“九隆”的“隆”，则是“龙”字的同音异写。

《哀牢传》说：“哀牢夷者，起先有妇人沙壹，居哀牢山下，尝捕鱼水中，触沉木，若有感，因怀孕。十月产子十人。后沉木化为龙，出水上，沙壹忽闻龙语曰；‘若为我生子，今悉何在?’九子见龙惊走，小子不能走，背龙而坐，龙因舐之。其母鸟语，谓背为‘九’，谓坐为‘隆’，固名字曰隆。及后长大，诸兄以九隆为父所舐而黠，遂共推为王。……九隆代代相传，名号不可得而知。至于禁高，乃可记之禁高死，子吸代；吸死，子建非代：建非死，子哀牢代；哀牢死，子桑藕代；桑藕死，子柳承代；柳承死，子柳貌代；柳貌死，子扈粟代。”哀牢是这九代王中的第四代，第九代扈栗于东汉建武二十七年（51年）归附，到此以每代以平均25～30年推算，哀牢应属西汉中后期王。哀牢之名最早是人名，后人名转化为部名、王名、国名、山名。

《华阳国志·南中志》说：九隆是“南中昆明祖之，故诸葛亮为其作图谱也。”又说：“夷人大种曰昆，小种曰叟，皆曲头木耳，环铁裹结，无大侯王，如汶山、汉嘉夷也。……其俗征鬼巫，好诅盟，投石结草，官常以盟诅要之。诸葛亮乃为夷作图谱，先画天地、日月、君长、城府；次画神龙、龙生夷，马、羊；后画部主吏乘马幡盖巡访安恤；又画牵牛负酒，赍金宝诣之之象，以赐夷。夷甚重之，许至生口直。”

《华阳国志·南中志》引《哀牢传》所载的九隆神话故事，反映了哀牢国国王父子世袭状况、王国官吏与部民之间的关系，以及哀牢夷人的思想观念、外貌打扮特征，它所体现出的中心思想就是“龙生夷”的观念。因此，夷人中不论是大种的“昆”，还是小种的“叟”，都对此“甚重之”。诸葛亮深知夷人十分崇拜祖先，为了赢得人心，巩固蜀汉政权在南中的统治，便精心地为哀国作画谱，并且画了“龙生夷”这一神话传说图。史料中，九隆之母名，有些写作沙壹，有些写作沙壶，到底是“壹”还是“壶”，其中有一个很可能是错写，但这不影响“龙生夷”传说的实质，并不重要。

在彝族的动物崇拜观念中，虎和龙几乎是同等的。彝族人认为，自己的祖先是龙变化而来的，所有人间的权利和福禄，都是龙赐予的。龙无所不在，山有龙要祭，树有龙要祭，水有龙要祭，地有龙要祭，天有龙要祭……“龙生夷”在彝族人观念中根深蒂固，长流不息。直到今天，在彝族人的各种祭祀活动中，除了祖先以外，龙、虎是最重要的。唐朝时期彝族人建立的南诏国，国王和王族们也说他们是哀牢国王族的后裔，因而也很崇拜龙、虎，建筑物上的各种龙虎石木雕刻随处可见，国王的宝座一定要有虎皮，以示自己是龙、虎民族之王。

在彝族“龙生夷”传说中，西南彝区西边哀牢国的传说是水中木化变为龙，东边夜郎国的传说则是水中竹化变为龙，化变物虽然不同，但其反映的都是同样的观念，那就是“龙生夷”的观念。这种崇拜物的变异，与古夷僰人崇拜“竹”有关。这样的观念反映，除了滇西的哀牢王、贵州的竹王外，还有支格阿龙神话中的“鹰生夷化龙”传说，雄鹰是彝族最重要的崇拜偶像。各地彝区所表现出来的形式和内容虽然有所不同，但实质是一样的。

哀牢国也是一个多民族聚居的部落联盟王国，因此，对哀牢国主体民族和王族族别的认识，历来也有各种说法和争议。然而，上述这些关于哀牢国的史事记载、传说故事、语言、打扮特点和风俗文化，以及“哀牢国”本身的国名含义，都足以说明哀牢国的主体民族及王族是哀牢夷（昆明人），即今天的彝族先民。

东汉时，哀牢国王率部众归附朝廷，朝廷在其地设立了哀牢、博南二县。博南县在今大理州永平县一带，而哀牢县的范围则还有细查商榷之处。今人常以《华阳国志·南中志》所载“东西三千里，南北四千六百里”为据，但此据当加以分析细辨。哀牢王归附时，所带领的归附者只有二千七百七十户，一万七千六百五十九人，这应当只是哀牢本部的人。永平十二年（69年），哀牢王柳貌所率的内附者，有五万一千八百九十户，五十五万三千七百一十一口人，这应当不只是哀牢本部的人了，已加进了本书中所说的“穿胸、儋耳种、闽越濮、鸠僚”等多种民族人户了。《后汉书·西南夷列传》说柳貌率领的归附者中，称邑王者就有七十七人，这就是说，除了哀牢本部王之外，其他还有七十六个小邑王。而《续汉书·郡国志》又说归附者二十三万一千八百九十七户，百八十九万七千三百四十四人。因此，《华阳国志·南中志》所说“永昌郡户止六万”，当属误记。因为魏晋时有南距故郡（永昌郡）千里的寿县、南涪、雍乡等县，其地域已包括今之云南大理、保山、德宏、临沧、思茅等州市及境外许多地方，是当时全国两个最大的两个郡之一。这样大的地盘，人口有百万之众是可能的。有学者甚至说：“则哀牢地广人众，当应有今之保山、德宏地区，西抵伊洛瓦底江上游，明清时期之孟养、木邦等地，其南则为今临沧市的临沧、凤庆到西双版纳以南地区，甚为阔也！”可见，哀牢仅为其中之一县，因为东西三千里，南北四千六百里面积只能是指永昌全郡，而不可能是哀牢一个县之地。因此，简单笼统地称永昌是“哀牢故地”，显然有些简单片面了。

哀牢是古代彝族（昆明人）的部落联盟君长国之一，国虽然不大，但因其有传奇的九隆神话，加之在滇西地区最早归附朝廷，使其在彝族历史上的地位尤为突出。东汉永平十二年（69年），朝廷在滇西南地区设立永昌郡，设郡的原因就是这里有个叫哀牢的部族归属了东汉王朝，东汉朝廷因此封哀牢部首领为王，并赐予“哀牢王章”。清人桂馥在其所著的《缪篆分韵》一书中记载了这枚印章，说明印章到清朝年间还被人保存着，可惜之后遗失了。东汉时的今成都民间文士杨终曾著有《哀牢传》一书，可惜此书已遗失不见。所幸在《华阳国志·南中志》《后汉书·西南夷列传》及其之后的一些汉文史书引用、抄录了不少《哀牢传》一书的原文内容，其中有哀牢人祖先的来源介绍，以及哀牢与东汉王朝的关系，哀牢地区的地理、物产和社会风情等。相关史料记载，哀牢在东汉建初元年（76年），与朝廷派驻的官吏发生矛盾，进而起兵反抗，第二年就被朝廷派军队镇压下去。至此，哀牢之名就不再见于史料记载了。

关于哀牢的族属问题，过去对《华阳国志·南中志》《后汉书·西南夷列传》等相关史书记载的研究，往往只是摘录取用，并以为据，而忽视细查分辨，进而就有了属濮、属僚、属越等不同观点的争论。当然，永昌郡的民族不止一个，物产、风习也皆有区别。要了解哀牢的族属，除了上述说到的以外，还应从物产、风习中去作进一步的分析研究。

东汉建武二十七年（51年），哀牢王扈栗遣使求归附朝廷，朝廷以其地为西部属国。《华阳国志·南中志》记载说：“其地东西三千里，南北四千六百里，有穿胸、儋耳种、闽越濮、鸠僚，其渠帅皆曰王。”此书后面又说：“有闽濮、鸠僚、僄、越、裸濮，身毒之民。”这两处所说的民族中，到底哪个与哀牢有关？纵观此书的记述方法，书的前一部分说到“夷人大种曰昆，小种曰叟”，但对郡县民族分布情况，却不提及“昆、叟”，只说除这两种以外的民族。对此，我们只能理解为：这里的所谓“有”者，是指除哀牢本部民族以外的民族，而这些“有”者，并不是哀牢本部族的民族。因为《华阳国志·南中志》已说九隆是“南中昆明祖之，故诸葛亮为其国谱也”。这就清楚说明了这一问题。《后汉书·西南夷列传》中说：“哀牢人穿鼻、儋耳，其渠帅自谓王者，耳皆下肩三寸，庶人则至肩而已。”《太平御览》引《九州纪要》也说：“哀牢人皆儋耳穿鼻，其渠帅自谓为王，耳皆下肩三寸。”这样的民族在哀牢本部区域内也会有，但明显不是哀牢本部主体民族。《华阳国志·南中志》则不说哀牢人有这种习俗，而说永昌郡人中有这种习俗。《后汉书·孝明帝纪》和《华阳国志·南中志》中也将哀牢、儋耳分开，各作一部，也说明哀牢人没有这种习俗。

《后汉书·西南夷列传》载：“种人皆刻画其身，象龙文。”《华阳国志·南中志》中也有类似的记载。有学者就简单地认为，哀牢人的这种习俗是百越民族独有的习俗，进而认定哀牢人属百越系统民族。然而，只就文身而言，历史上并非只是百越民族独有。一些相关史料记载，古代人的文身习俗，从日本到东南亚许多地方、许多民族都有，如越人、倭人、交趾人、扶南人、骠人、缅人等，都有这种习俗，并非百越民族独有。在今天藏缅语族中的阿昌、彝、缅、独龙等族，仍有部分保留着文身、文面的习俗。著名学者蒙文通先生 1983 年在其人民出版社出版的《越史丛考》一书中，对此种观点进行评论说：“苟第就文身立论而不计其他民族特征径谓其为百越之族，则印支、南洋等地文身之族甚多，亦尽为百越呼？必无是理也。”《太平御览》引《永昌记》说：“哀牢王出入射猎，骑马，金银鞍勒，加翠毛织饰。”到元代，李京所著的《云南志略》一书也还在说：“金齿白夷……少马多牛。”在古代西南地区，除藏缅语族以外的其他民族，一般养马都比较少。哀牢王骑马射猎的记载，倒还可以作为哀牢属昆明人的又一种证据。

衣着尾不能作为哀牢人是濮系民族的证据。《华阳国志·南中志》《后汉书·西南夷列传》等不少史书都说哀牢人皆衣着尾，《通典》则说濮人有衣着尾者，有人就将“衣着尾”作为哀牢人属濮人的证据，但却忽视了《说文》一书中关于“古人或饰系尾，西南夷亦然”的记载。“衣着尾”不但是古代西南夷族的一种通俗，其他一些民族也有类似的服饰。《后汉书·西南夷列传》说：“槃瓠死后，因自相夫妻，织绩木皮，染以草实，好五色衣服，制裁皆有尾形。”说明当时远在今湘西、黔东一带的苗族、瑶族等武陵蛮各族也有衣着尾的服饰，说明衣着尾的民族不少，不是只有濮人。时至今日，云南麻栗坡、富宁两县的彝族白倮男子仍时兴着尾衣，有人称其为“燕尾服”。

在古代，穿贯头衣的民族也不只百越民族有，包括中国在内的亚洲不少民族都有，分布范围很广。因此，有学者单纯地就把穿贯头衣作为识别古代百越民族的证据，也是不可信的。

六、彝文史籍中的哀牢

产生于滇西的九隆传说及其相关的哀牢史事，不仅汉文史书有记载，彝文史书也有记载。其中，彝族史书《彝族源流·艾鲁谱系》的记载是这样的：

嗳哺九十代，住艾鲁若姆。嗳易名为尼，哺易名为能，艾鲁是尼能后裔。其谱系是艾卧尼一代，尼苦姆二代，苦姆租三代，租阿武四代，阿武咪五代，咪祝雅六代，祝雅能七代，能朵朵八代，朵朵里九代，里米毕十代。（米毕吕后重新列代）米毕吕一代，吕武额二代。尼能十二代，传到吕额，传到列通奋。

尼君长之女，叫伦克舍依，有一天，住沙靡默佚，去洗绸线，去浣丝纱。到舍靡默佚洗绸线、浣丝纱时，还不到一会，一条小黑蛇，在默佚水中嬉戏，在默佚水中洗澡。变化一番后，变成个小伙。伦克舍依她，见了十分害怕，十分惊慌。这条小黑蛇，开口说出话："我不是蛇，我是吉禄神，受至尊派遣，策举祖派遣，到天下凡间，作婚配龙，作传宗接代。你不要害怕，你不要惊慌。你我少男女，你是妙龄女，我是吉禄男，做一场夫妻，同养个儿子，留在人世间。"一对男女，互起爱慕心。在默佚结合。到了第二年，生个聪明儿。这个聪明儿，有开疆命运，有拓土命运，收天赋，征地租，顺天而掌权，靠地利守业，是这样说的。

列通奋之后，斯鲁儒一代，鲁儒纪二代，儒纪古三代，纪古许四代，许籍奋五代，籍奋艾鲁六代。艾鲁那时代，籍奋艾鲁为君，籍奋艾毕为师，籍奋艾赖为臣。他三贤时代，大地的四方，头至待洪鲁，中心艾鲁苦姆，边至米祖录史山，这块地盘，归其管辖，唯艾鲁有名。

艾鲁叟厄七代，叟厄吕柴八代，吕柴吕姆九代，吕姆余吕十代。

（余吕舍之后重新列代）余吕舍支一代，舍支确二代，确鲁蒙三代，蒙默遮四代，默遮寞五代，寞毕吕六代，吕通奋七代，奋阿武八代，武阿蒙九代，阿蒙舍十代。阿蒙舍时代，迁往西边去，到啥咪奋龙，确舍来扶持，就是这样的。

彝文史书记载，与汉文史书两相对比，有同有异。

第一，汉文记载中的哀牢女"沙壹"，与彝文记载中的伦克"舍依"读音相近，所指地点相同。但彝文记载中没有女子触木得孕的情节，而是人龙相爱交欢得孕，生下的儿子也不是十子，而是一子。另一部彝文书《阁子阁那》记载中也说女主人生了九子，与汉文记载相同，其名也与伦克舍依不同，叫毕待阿鲁买，但主要内容和思想实质完全相同。其记述是这样："毕待阿鲁买，嫁啥咪阁唐。有一个日子，去啥咪卧佚，到洗线塘边，浣丝纱，洗绸线。还不到一会，像是一节木，却并非木头。一条小黑蛇，从海中游来。变化了一番，身披黑披毡，如青年一般，开口说道：'你别害怕，你别惊慌，我并不是蛇，我本是龙君。你我两人，婚配姻缘，应该有一番。'"毕待阿鲁与龙结合，到了第二年，生下了九子。阁氏的儿子，指的即是此。八个居水中，幼子赡养父母。仅他在地上，名叫阁默那。

第二，彝文史书列的哀牢王世系有二十代，比汉文记载的九代多了十一代。《哀牢传》中所列的谱系，彝文史书《彝族源流·艾鲁谱系》中也有，且大致相同，可以对应。区别是彝文记载中连成了完整的父子连名谱系。据推算，《哀牢传》中的扈栗相当于《彝族源流·艾鲁谱系》中的吕姆余吕，后面还列出十代后继者及其明确的来历。尼、能是彝族史籍记载中最古老、最正统的两个彝族先民族群。记述文字中，虽然伦克舍依部分显得有些虚无缥缈，不着边际，但明确交代了彝族先民是龙的后代这一人种起源的传说。

第三，明确交代了故事发生的地方叫沙靡默侯。沙靡是地名，默侯是湖名。贵州省的一些彝文史书中都说沙靡是指今天的大理，默侯指的是洱海。这说明哀牢人最早是住在洱海周边地区的。以后逐步向四方不断扩展，聚居范围就是《史记·西南夷列传》中所说的昆明人居住区。

第四，汉文史料中，哀牢被当作王国名或部族名来记，没有说明为什么叫哀牢。因人名、国名、王称和部族名相同，已有学者因此认定哀牢最早是来自人名。在《后汉书·西南夷列传》注引《哀牢传》所载的的王族世系中，其王名“哀牢”，“哀牢国”“哀牢王”也得名于“哀牢”。此时哀牢国较为强盛，进而转化为族名和部名。汉文史书记载中关于“哀牢”这个部族名、国名、部族首领名和国王名相同，以及其国王世系的记载，使我们得以肯定哀牢之名最早来源于人名。汉文史料虽然没有提供相关的材料，而彝史书中的记载恰好弥补了这种缺失。

第五，《彝族源流·艾鲁谱系》所列儒纪古（禁高）以前的世系为两代，比《哀牢传》多了一代。斯鲁儒是原来的传说就有的，鲁儒纪一代则是为了弥合中间的缺环而补加进去的。《后汉书·西南夷列传》引《哀牢传》说：“九隆代代相传，名号不可得而数，至于禁高，乃可记知。”这说明禁高以前到传说中的九隆，中间的缺环还不少。按尼、能两个最早的彝族世系来看，到伦克舍依是第十四代。用女人之名做地名的时代，理论上属于遥远的母系社会时期。因此。九隆传说与禁高以下谱系之间的关系，是一种虚无、遥远的普遍传说与一个实际上存在的谱系之间的套接。而且，传说的版本也会有多种，但其核心是龙生人。这样的传说不一定只是《哀牢传》作者杨终一人所了解获知，与九隆相关的传说故事还会有多种，这是一般古代传说比较普遍的现象。九隆是《华阳国志·南中志》《后汉书·西南夷列传》两部史书中的主要角色，而在这两部书中却不见有关哀牢的记载。哀牢是哀牢国的传世名王，是真实存在的历史人物，而九隆只是一个不知其生活年代的传说中之人。这样的结果也说明，哀牢人并不代表九隆及其兄弟的所有后代，而只是代表其中的一部分。所以，九隆不能成为哀牢人独有的代号和标志，能作这种代表和标志的，只能是一代名王哀牢。

所有的汉、彝两种文字史料记载，为我们提供了如下这样的一种结论：《史记·司马相如列传》中所说的斯榆，《华阳国志·南中志》中所说的沙壹，《汉书·地理志》所记的叶榆（县），都是同一个人名的不同译写，隋唐时期的西洱河、西二河也是如此。

七、僰人及史籍记载中的僰人居住区

汉文史书中，僰、僰人及与僰相关联衍生的各种名称时有出现。由于种种的历史原因，后人对这些名称含义的认识和理解产生了不少的歧义和误解，究其主要原因，是过去人们对僰人的研究，大都只限于简单的联想推测上。只要史书上一出现僰字，就往往与僰人联系起来，忽视了对具体历史背景和特定名称含义的思考和分析，进而或见木是林，或人云亦云。

新近出版的《中国彝族通史》中说，对僰人的研究，最重要的是首先要了解古代僰人准确的分布情况。

《吕氏春秋·恃君览》在介绍四方无君之民时，说僰人早先居住在今四川青衣江入岷江处一带，属氐羌系统，后迁到岷江入金沙江处。《华阳国志》说秦始皇经营僰道，僰人被迫迁居今滇东北地区。又说"氐羌呼唐，离水之西，僰人、野人多无君"，还说保子帝战国前攻青衣，雄长僚、僰。如果这样的记载真实可靠，这些无君长的僰人居住区也就明确了，但问题是《华阳国志》并没有说清他们的族属。过去对僰人分布区域的讨论，大都也只是建立在猜测之上，如"江中有一离碓（礁石）"说的是离水。排除这些不确定因素后不难发现，不少史料中出现的僰，其实有许多并不是族群名称，不是有僰就是族。而以族群名称出现时，所指的意思也会有所不同。所以，史书记载的许多僰人居住区，至今可以真正确定下来的只有今川南宜宾地区的古僰侯国区域。

青衣江或岷江是否叫离水，因找不到史书记载，难以考证确定。

《史记·河渠书》两次提到离碓，一说："……蜀守冰凿离碓，辟沫水之害，穿二江成都之中"。一说："太史公曰：'余南登庐山，观大禹疏九江……西瞻蜀之岷山及离碓。'"照此说，离碓是沫水中自然形成的礁石了，但名曰离碓之因不得而知，礁石地点也不是青衣江，而是沫水。不过有一点可以相信，那就是水因离碓而得名离水，或离碓因在离水而得名，但也无先例作参考。《吕氏春秋·恃君览》说川北岷江以西，秦时有僰人，认为离水是今灌县境内的岷江，这是对之前史籍所载的理解有出入，且另无记载作依据。《华阳国志·蜀志》说："时青衣有沫水出蒙山下，伏行地中，会江南安，触山胁溷崖，通正水道。或曰：冰凿崖时，水神怒，冰乃操刀入水中与神斗，迄今蒙福。"所谓"蜀守冰凿离碓，辟沫水之害"即指此事。《史记·河渠书》中说的离碓，就是《华阳国志·蜀志》中说的溷崖，因李冰凿礁石、疏水道而成为景观。江河之中，类似的离碓（礁石）、险滩，很多。江因石而得名，或石因江而得名，都很难说得通。《华阳国志·蜀志》还说："南安县郡东四百里，治青衣江会。"沫水和岷江汇合处，在今乐山市境。《史记正义》引《括地志》说："大江一名汶江，一名管桥水，一名清江，亦称江水，西南自温江县界流来。"《水经注·江水注》《华阳国志·蜀志》所记江水来龙去脉及分段名称情况较为详细，但也没有说到离水之名，说明这一带并没离水。

有人说编筰之乡在定筰县。所谓编筰，就是用竹篾和藤条编扎而成的桥，今成都还保存有这样一座筰桥。定筰县之名，当源于筰，筰人也就是编筰地方的人，并非族名。这样的人可以是这一种民族，也可以是另外一种民族人。地名取为定筰之后，脱离了原来作为物名的筰桥之含义，明显是汉得其地后取的名，同编筰已无关联。

再看《吕氏春秋·恃君览》中的记载：“非滨之东，夷秽之乡，大解、陵鱼其鹿野，摇山、扬岛、大人之居，多无君；扬、汉之南，百越之际，敝凯诸、夫风、余靡之地，缚娄、阳禺、驩兜之国，多无君；氐、羌、呼塘，离水之西，僰人、野人，篇筰之川，舟人、送龙，突人之乡，多无君；雁门之北，鹰隼、所鸷。须窥之国；饕餮、穷奇之地，叔逆之所，儋耳之居，多无君。此四方之无君者也。”

从方位上推论，在这些四方无君者中，僰人、野人的区域在氐、羌、呼塘、离水之西，但不知离水指的是哪条水，其西无君者区域也难以确定。从《吕氏春秋·恃君览》记载的资料看，氐、羌、呼塘、离水在西方，从顺序上看，呼塘、离水应在氐、羌之外，其中所说的族名、国名和地名，都很少能和汉以后的史籍记载相对应，倒是在《山海经》等一些先秦诸子著作中还可以找到与之相应的线索。如《诗·商颂·殷武》载：“自彼氐羌，莫敢不来享，莫敢不来王。”孔颖达疏：“氐羌之种，汉世乃存，其居在秦陇之西。”在古人的认识中，氐、羌被认为是（中国）西部民族的代表，僰人、野人之居，又在氐羌以西。

认为青衣江有僰人的另一个原因是因为《华阳国志·蜀志》中的记载可作验证。说春秋战国时期今四川雅安地区有僰人，就引此书的记载为据。《华阳国志·蜀志》中提到的“保子帝攻青衣，雄长僚、僰”，青衣在今四川雅安市芦山县一带。保子帝是开明氏蜀王国第三世王，距常璩写《华阳国志》的年代十分久远。而僚、僰两族中，僚直到晋以后才出现。从中可以看出，后人对常璩的这一表述有误解，这之前也没有这样的史料记载。《华阳国志·李特雄期寿势志》说：“蜀土无僚，至是（晋）始从山出，自巴至犍为，梓潼，布满山谷，大为民患。”这是李势在成都政权当政时期的事了。既然是“蜀土无僚”，自巴至犍为、梓潼才有僚分布，显然是李势时才形成的。青衣属犍为郡范围，照此说，原来青衣境内没有僚，“雄长僚、僰”因此也就不能成立，就不能说明青衣境内有这两个民族。事实上，常璩表达的意思，是保子帝攻占了青衣之后，其势力扩展到了青衣以外的僚、僰人居住区，并不是说青衣境内有僚、僰。

不少人认为青海河湟地区有僰人，但在其与西南地区僰人的关系问题上，所推出的结论却南辕北撤。有的说西南地区僰人是从河湟南迁来的，有的则与此相反，说河湟地区的僰人是从西南北迁过去的。对于此，史籍中有如下这样一些相关的记载：

《史记·淮南衡山列传》载：“伍北曰，……南越宾服，羌僰人献，东瓯入降，广长榆，开朔方，匈奴折翅伤翼，失援不振。”

> 《史记·杨雄传》中所录《长恨歌》有相关词句："夫天兵四临，幽都先加，回戈邪指，南越相夷，靡节西征，羌僰东驰。"
>
> 《史记·平津侯主父偃传》载严安上书："今欲招南夷，朝夜郎，降羌僰，略濊州，建城邑，深入匈奴，燔其茏城，议者美之。"
>
> 萧统所编《文选》卷44陈孔璋（琳）之《檄吴将校布曲文》中说："故大举天师百万之众……及六部乌桓、丁令屠国、湟中羌僰、霆奋席卷。"
>
> 《史记·平淮书》载："其明年，南越反，西羌侵边为桀……因南方楼船卒二十余万人击南越，数万人发三河以西骑击西羌，……汉连兵三岁，诛羌、灭南越，番禺以西至蜀南者置初郡十七。"

在以上这些史籍记载中，所谓"降羌僰""羌僰东驰""羌僰人献"等，都是指《史记·平淮书》中对羌人的战争情况的描述。许多史籍只载羌人犯境，汉军反击。但上述各家之言中，却大都多了一个僰字，而《檄吴将校部曲文》则明言"湟中羌僰"，似乎湟中确有羌、僰混居。湟中是当时是羌人居住区的中心，但史籍中除了有一些文学色彩很浓的记载外，没有留下一点湟中一带有过僰人居住的任何史证，其民族系属、文化情况一概不得而知，无从深究。退一步说，如果相信这些记载属实，但到西汉、三国时却又不再说其处之羌僰，而期间社会状况又基本不变，其北迁、南迁之说也就只能是主观的推论和猜测了。

有人认为，今四川凉山州一带有僰人，理由是史籍有"邛僰"记载。然而，持这种观点的人不知道"邛僰"一名不是族名，也不是人们所说的邛都一带的僰人，而是地名。

《史记·平淮书》提到邛僰，《史记·司马相如列传》也说到西僰和西夷，还说邛都为西夷邛僰，也无具体的史证。虽然有个僰字，但邛僰不是族名，而是地名，地名无论如何也不会成为族名。《史记·平淮书》说："汉通西南夷道，作者数万人，千里负担馈粮，率十余钟致一石，散币于邛、僰以集之。"《史记索隐》引应劭语说："临邛属蜀，僰属犍为。"此说是以开通南夷、西夷道而言，则邛、僰二字是对临邛和僰道的简称，应劭所言是对的。属于犍为的僰，即指僰道，不是族称。《史记·平淮书》是这样记述修僰道一事："唐蒙、司马相如开路西南夷，凿山通道千余里，以广巴、蜀，巴蜀之民罢焉。"具体说，唐蒙经营南夷地区，修筑的是从僰道南下的南夷道。而司马相如经营的西夷地区，修路是以当时汉王朝已控制了的临邛为起点，往南向邛都地区延伸。僰道、临邛各是修路的起始点，在这两地聚集粮草，是很自然的事情。邛都是修两道的目的地之一，但这里的邛都是具体的地点，而不是指地区。

《史记·大宛列传》载："天子欣然，以骞言为然，乃令骞因蜀犍为发间使，四道并出，出駹、出冉、出徙、出邛僰，皆各行一二千里。"这四道中的邛僰是地名，其他是部落国家名。汉武帝要张骞以蜀郡、犍为郡为依托，派遣人去寻通身毒道。对此，照《史记正义》的解释，四道皆出蜀郡，没有犍为方向的地名，与《史记》中"因蜀犍为发间使"

的叙述相反。再说，其中的冉、駹二字也不能分开，冉駹是一个部落国家名，“出冉”之说也不对。《史记正义》说：“僰，蒲北反。徙在嘉州；邛，今邛州，该在戎州西南也。”这里把邛、僰作为地名是对的。

《史记·西南夷列传》中说王然于、柏始昌、吕越人等，到过滇国和夜郎国，而后有了“夜郎自大”的典故，其路线是从僰道到滇国，然后从滇国到夜郎国，此记述中说的邛僰之僰，也是指僰道，其地属犍为郡，如果这些地方确有僰人，那最有关联的民族则是吐蕃（藏族）。因为之后的《新唐书·吐蕃》说：“吐蕃本西羌属，盖百有五十种，散处河、湟、江、岷间，有发羌、唐髦等，然未始与中国通。居析支水西，祖曰鹘提勃悉野，健武多智，稍并诸羌，据其地。蕃、发声近，故其子孙曰吐蕃，而姓勃悉野。”郑大挺先生在北京大学出版社1999年出版的其《〈隋书·西域传〉附国之地望与对音》一书中说：“窃疑所谓附国之附，即后汉发羌之发字一音之转，亦即西藏人自称Bod之对音。”发羌、吐蕃等名，与僰之发音最接近，地域与民族分布也接近，如果真有僰人，则与吐蕃关系最大。

有学者认为滇国的主体民族是僰人，理由是史籍中记载滇池地区有滇僰，还说汉初称滇池为僰中，是僰人聚居区的意思。

所谓“滇僰”，原出自于《史记·货殖列传》和《汉书·地理志》。《史记·货殖列传》中说：“巴蜀亦沃野，地饶卮、姜、丹沙、石、铜、铁、竹、木之器。南防御滇僰、僰僮，西近笮，笮马、旄牛。然四塞，栈道千里，无所不通。”《汉书·地理志》中说“巴、蜀、广汉本南夷，秦并以为郡，土地肥美，有江水沃野，山林竹木疏食果实之饶。南贾滇僰、僮，西近邛、笮马、旄牛。民食稻鱼，亡凶年扰，俗不愁苦，而轻易淫泆，揉弱褊厄。”两部史书中所说的“滇僰”，就是僰人是滇国主体民族之说的全部依据。然而，细心地将这两部史书的表述进行对照，我们就会发现《汉书·地理志》的表述少了一个“僰”字，一个“笮”字，这一很不显眼的细微区别，造成了一些人理解上的歧误。事实上，滇僰不为一体，是很明确的。《汉书·地理志》颜师古注说：“言滇、僰之地多出僮隶。”又说：“言邛、笮之地出马和旄牛。”照此说法，前一句是说滇、僰等地盛行奴隶买卖，把滇、僰当作地名，而没有把僰当作民族名称。把滇、僰、邛、笮当作地名是对的，但整句话的解释却又有问题。因为这两句话并不是简单的说买卖奴隶和马，而是列举贸易中的重要资源。从当时及后来的史籍记载中，就不难知道笮马是一个专用名称。颜师古解释有误。僰僮也是专用名称，即专指被买卖的僰人奴隶，对此，《史记》《汉书》中都清楚地提及到了。《汉书·地理志》何以少了“僰”和“笮”，尚不清楚，但其材料来源及含义都与《史记》相同。仅从行文上看，僰与滇各为一地，也是明确的。联系《史记·货殖列传》中的“西近邛笮、笮马、旄牛”一句，即知滇、僰各为一地。这两句是完整的对应句子，只是后一句多了一种旄牛而已。这从逻辑上去理解，也是一样的。如果把物产部分除掉，同书提到的贸易区域，就会成为“南御滇僰”“西近邛笮”两大部类；《汉书·地理志》则成为“南贾滇僰”“西近邛笮”。邛与笮有别，史书的记载对此是很明白的。同样，滇与僰有别也是明确的。马产于笮都地区，僰僮是指僰人中被当作商品买卖的奴隶，笮马、旄牛、僰僮不过只是例举贸易中的几样大宗商品罢了，自然也就不必怀疑滇国、邛都没有贸易商品了。

《史记·西南夷列传》载：“巴蜀民或窃出商贾，取其笮马、僰僮、旄牛，以此巴蜀殷富。”其注引服虔云：“旧京师有僰婢。”说明有不少人都见过贩卖到京城的僰人女奴隶。被买卖的女奴隶称为僰，而不称滇僰僮，这就很明确了。

僰僮的来源地，史书记载也很明确。《华阳国志·蜀志》说：“僰道县……本有僰人，故《秦纪》言僰僮之富，汉民多，渐斥徙之。”僰侯国出僰僮，成为巴蜀人致富的重要人力资源，古人对这一点是很清楚的。《史记·西南夷列传》中“取其笮马、僰僮、旄牛”的记载，许多相关注解基本与此相同。《索隐》也说，韦昭云：“僰属犍为，音蒲北。”《正义》说：“今益州南戎州北临大江，古僰国。”所指都是僰道一带。

司马相如在其《难蜀父老书》一书中说：“父兄不辜，幼孤为奴，系累号泣。”说明掳掠人为奴，是当时西南各地皆有的普遍现象。《华阳国志·蜀志》说：“其宝则有碧玉、金、银、珠、碧、铜、铁、铅、锡、赭、垩、锦、绣、罽、旄、犀、象、毡、毦、丹、黄、空青、桑、漆、麻、纻之饶，滇、僚、賨、僰僮仆六百之富。”说明了同样的问题，贩人巴蜀之地，成为财富之来源的奴隶，民族成分复杂，不只是僰人一族，只是僰人被卖在当时比较突出罢了。在这里，滇、僰各为一种，已说得很明白。

有学者认为《汉书·王莽传》中所载之王莽“赦书”中称西南起义者为蛮僰，又称起义者首领若豆、孟迁为僰虏，因而认定他们是僰人，并由此说滇中、滇东南地区也有许多僰人，文山、红河、曲靖等州市的许多新旧史志上，都可以看到“古僰侯国之裔”“僰国遗种”等类似的记载。还认为王莽改今建水、石屏、峨山县一带的古胜休县为胜僰县，说明这一带有许多僰人，这都是推测之言，缺乏确凿的可靠证据。有人因此又说僰人从昆明、滇中一带败退到滇南胜休县，胜休县是王莽军队最后战胜僰人的地方，因此将胜休县改为胜僰县。

当时的滇中南地区并不是王莽用武力镇压僰人起义的地方，把胜休县改名为胜僰县，只是王莽当时改动许多地方地名中的一个，不过是王莽对西南各族人民反对他篡政专横的一种怒气发泄而已。天凤三年（16年），就都大尹冯英给王莽的奏章说到的“同亭邪豆”，同亭在夜郎县境内，也就是王莽所改的地名，说明这些地方的改名之举，改前就已经确定下来。

王莽所称的僰虏，不是一个确切的民族名称。上面说到王莽《赦书》中的两个不确切的名称，被当作反抗王莽起义的族属证据。其一证：“及北狄胡虏逆舆，洎南僰虏若豆、孟迁，不用此书。”其二证：“今胡虏未灭诛，蛮僰未焚绝。”因为提到蛮僰和僰虏，就认为起义者是僰人。但颜师孔注说“舆”是匈奴单于的名字，“北狄胡虏”一句没有说清楚匈奴人的族属。狄和胡出现于先秦时期，都不是王莽及汉朝时期对北方民族的正规称谓。按《史记·匈奴列传》所载，胡在匈奴东面，一般都不称匈奴为胡。同样，称僰虏和蛮僰，也不能说王莽知道若豆、孟迁等人的族属。说若豆、孟迁等作僰虏，前句也说“北狄胡虏”，是以偏概全的笼统之言，不是确切记述，是王莽嫉恨少数民族反抗而故意发泄的不满之辞，因而不称匈奴而称胡虏，还故意改匈奴单于为降奴服于，以敌对态度相称，是情绪化的故意歧视和诬蔑，不是确切记述，不宜为据。对于起义者，《汉书·王莽传》正文中倒是两次提到其族群名称，都是称蛮夷，一是益州蛮夷，二是蛮夷若豆。《汉书·西南夷列传》记作蛮夷，《后汉书·西南夷列传》记作郡夷，但都没有僰。

王莽时期的西南各族起义地方的分布区域，大体可分为鉤（句）町地区、夜郎地区、益州郡治周边地区和益州西部四个地区。其具体的史书记载如下：

> 《汉书·王莽传》载：“初，五威将帅出，改句町王为侯，王邯怨怒不附。莽讽牂柯大尹周歆诈杀邯，邯弟承起兵攻杀歆。”句町是最早反抗王莽暴政而举行起义的地区。同书又载：天凤元年（14 年），“益州蛮夷杀大尹程隆，三边尽反。遣平蛮将军（冯）茂将兵击之”。此起义在益州郡治周边地区，规模较大。《后汉书·西南夷列传》载：“及王莽政乱，益州郡夷栋蚕、若豆等起兵杀郡守。”《汉书·王莽传》所载都大尹冯英上书中说越嶲遂久仇牛等反叛，已近十年。遂久、姑复及栋蚕的居住地，都在益州西部地区，在同时期诸多起义中规模最大。《汉书·王莽传》中明确记载了邪豆是同亭人。而《汉书·地理志》说：“夜郎、豚水东至广郁，都尉治，莽曰同亭。”说明邪豆起义的活动中心在夜郎县及其周边地区。在这些起义中，参与起义的民族多，成分复杂，以僰人来定义起义者的族属，既不确切，更不可靠。

综而述之，从目前所能看到的史籍记载看，在诸多的僰人居住区域记载中，比较清楚并可以确定下来的只有今川南宜宾市一带的古僰侯国地区。东汉时期人许慎在其《说文解字》一书中说：“僰，犍为蛮夷也。”说明到了东汉时期，古僰侯国故地还有僰人居住，也说明后来在僰人居住区建立犍为郡以后，郡内仍有僰人居住。其余地方是否确有僰人，以及这些僰人同川南古僰侯国地区僰人是否同属一个民族，史籍记载都笼统含糊，大都是简单的推论猜测，歧义、附会、误解之处较多，目前还很难考证出其族属。这样的情况在文山州也有。前些年，丘北县将县境内彝族、白彝中的古纳（古尼、葛乃、葛濮）支系人称为“僰人”，并将其列为彝族支系中的僰人，这在官方和民间都形成了一种舆论定势，似乎已成定论。然而，僰人是否属于彝族中的一支？史籍中未见有记载，全国彝族有许多支系，除丘北县以外，其他地方都未见有僰人。其实，这种僰人不只是丘北县有，相邻的红河州、曲靖市，甚至昆明市的一些县（区）也有。说他们是僰人，都是一些简单的推理和猜测，结论并不能成立。认为彝族古纳人是僰人的原因，很有可能与云南地方汉语发音差异有关。丘北县所说的僰人，除少量居住在树皮、曰者两乡外，极大多数都居住在舍得、官寨和双龙营镇西部，这些地方在1958年以前属红河州泸西县，而红河州泸西县、弥勒县，以及曲靖市师宗县等一些地方，汉语土话中白、僰不分，把白音（bái）读为僰（bó）音，如把白纸、白人、白米、白衣裳、白萝卜等读为僰纸、僰人、僰米、僰衣裳、僰萝卜等，同地区彝族白彝古纳人，也跟着汉语土话说自己是“僰族”或“僰人”。在云南，这样的发音差异还有一些，如有些地方把“爨”读作“寸”，“爨氏”读为“寸氏”。稍不注意分析，就很容易造成误解。

《中国彝族通史》说，讨论中国西南地区古代僰人问题，必须避开上述各种传统说法的影响，以可以明确确定下来的川南古僰侯国僰人为基础，用新的角度和视野，重新去作深入的探讨和研究。

八、僰人、濮人及其与彝族的关系

明朝以前西南诸多少数民族中，除了占主体地位的夷（彝）系统各民族外，史书中对僰、濮两个民族的记载不少。多年来，学术界对僰、濮两个民族间的关系问题，有一些不同的观点，有“僰、濮同一说”，有“僰、僚同一说”，但持“僰、僚同一”观点的人比较少，而持“僰、濮同一”观点的人占极大多数，持此观点的人认为僰、濮是同音互用，僰人也就是濮人，在音不在字。朱希祖先生在《云南濮族考》一书中说：“濮是南夷中的大族……后来不称濮而称僰……濮与僰实为同一种民族。”邓少琴教授也在其《巴史新探》一书中说：“濮与僰虽先后名称有异，但仅发声小有转变，应是同一族属，是可以这样说的。”徐中舒先生在其主编的《伦巴蜀文化》一书前言中也说：“所谓僰人，就是居于棘围中的濮人。”

明朝以后的不少史书，尤其是许多云南地方各级官方编纂的史志中，都说僰与白同音，是同音异写，今天的白族就是秦汉时期的僰人后裔，内容多为转抄摘录。这样的说法虽然有其道理，但也因为前面所说的原因，即除了今川南一带的原古僰侯国区域以外，其余地区是否有僰人居住，史籍记载的史证并不确凿可靠，且歧误较多，很难确定下来，因此还需作进一步的探讨和据实论证。

僰人在汉以后就不再见于史书记载，即使偶有记载，也只是追记，而濮人仍有记载。《华阳国志》中对僰和濮有两种表述，即引述前人的地方用僰，而编纂者自己表述时则用濮。东汉王莽时期则僰、濮混用，如“句町县，故句町王国名也。其置自濮王，姓毋”。其中既有王族族属，又有王族姓氏。《汉书·西南夷列传》中说句町王名亡波，而《汉书·昭帝纪》又写作毋波，说明汉语记音无定字。而记述此时期的起义领袖人物中有孟迁之名，可惜记述太过于简略，难知其详。但从孟姓上看，孟与句町王族的毋姓相近，有可能是句町王族中人，即濮人。

始建国四年（12 年），王莽派牂牁大尹周歆诱杀句町王邯，邯弟承怒而起兵反抗杀周歆，在西南夷地区率先举起反莽义旗。此时的王莽朝廷，也称句町国人为蛮僰或僰虏。

古僰侯国及其后的僰道中僰人后来到哪里去了？史籍上没有明确记载，唯独《华阳国志》提供了这样一点也不太明确的踪迹：“会无县，路通宁州，渡泸得堂狼县，故濮人邑也。今有濮人冢，冢不闭户；其穴多有碧珠，人不可取，取之不祥。”方国瑜先生说：“疑濮为僰，音近而误。濮人冢即所谓僰子坟，在沿戈魁河峭壁崖上亦有之；置棺于高崖，引人注目，《蜀志》特为记之。”这种濮人冢就是今天还能见到的所谓僰人悬棺。《太平寰宇记·剑南道九》也说：“会无川，在泸水之南，上有深岩，岩多仙人葬，莫测其来，远望窗牍间。其棺内多碧骨如珠，人取之，多不祥。”此记述与《华阳国志·蜀志》所载相同，可视作互为佐证，这是悬棺葬与濮人关系最早的记载。从地域分布上看，滇东北和川南的僰人岩崖悬棺的分布区域相互毗邻，属于同一系统悬棺。因此，所谓的僰人悬棺，同样也可以叫濮人悬棺。

僰人、濮人在许多地方同彝族相互杂居，与彝族的关系较为密切。《元史·地理志》中多处记载有这种密切关系。

昆阳州，下。在滇池南，僰、卢杂夷所居。

和曲州，下。州在路西南，蛮名巨箧甸，僰、鹿诸种蛮所居，地多汉冢，或谓汉人曾居。

马龙州，下。夷名曰撒匡。昔僰、剌居之……

仁德府，昔僰、剌蛮居之，无郡县。其部曰仲扎溢源。后乌蛮裔新丁夺而有之。至四世孙，因其祖名新丁，以为部号，语讹为仁地。

师宗州，下。在路之东南。昔爨蛮逐僚、僰居之。其后师宗据匿弄甸，故名师宗部。

“沾益州……唐初置州，天宝末，没于蛮，为僰、剌二种所居。”此说似乎是在唐天宝年间南诏东进之后，这里所说的为僰、剌所据，应是之前磨弥蛮部攻占僰、剌地盘一事，同于上述马龙、仁德一样，已是唐以前更早的时期了。

上述句中有僰、剌、卢、鹿、僚等族称，卢、鹿是同一个民族族称的同音异写，剌、卢（鹿）也应是僚。而所谓僰，也就是濮，彝文史籍中也有这样的记载。

历史上，濮人与彝族长时期居住在同一区域，关系很密切。《彝族源流·费夺阿武氏》说：“在易蒙独洛，侯氏毕靡有子三房，幼子为侯毕列。毕里列一代，毕斗杜二代。斗杜阿娄时代，侯氏迁北方，渡舍杜大河，侯氏成为濮，就是这样的。”彝文史书《赊豈榷濮》说：“汶家遭大难，汶裔艰难行，散居勒木金，成为濮两种。”俄松比额时，以失马疑被汶家所偷窃而攻击汶君汶阿纳，破城掠人驱走汶家人，然后自己变成了濮人。此书译注中说濮与被称为“沃”的（彝族）部落有直接的渊源关系。《西南彝志·耿恒世系》

说："署苦朵叟显，有本事的人；骑着骏马，强行去掌权。春天迁出妥曲，恒扮成濮了。恒雅笃之子，迁往东部去。恒雅笃之世，江旁的托尼，领兵去西征，攻下筹俄作姆，恒扮成濮了。"

《彝族创世志》记载："鲁俄吐、朵俄那相，生子鲁祝汝，祝汝生诺堵，诺堵生堵哲，堵哲生哲欲，哲欲生助阿克。阿克生八子，个个工艺精，与果人做交易；濮人最爱财，交易抓大钱。八人成八部，每部守一山，工艺农事样样能。德纪地有濮，建筑濮、冶炼濮、酿酒濮、背挑濮、工艺濮、巧匠濮等。濮人朵多分九支，三支迁往南方去，附属纪阿大；三支往北迁，依附糯克博。另有恒阿侯种地濮。西方有七姓濮。东方有扯扯濮，自舍博果传16代至额德策，属于妥阿哲。"

《彝族源流·赞秀丽的地方》说："美丽的地方，是葛底翁妥，芒部君长家……见他的下方，大河低处流，舟船如织机。濮人如鸽叩，厄布如鹞聚。濮男春稻谷，濮女种稻谷。挑水把土发，大河流不尽，租子用不完。宜人的地方，是大革滴索，播勒君长家，居住的环境，左邻阿哲部，右邻阿外惹，大坝连小坝，坝沿布满山，起伏若鸡冠。坝中种满稻，稻丰租粮足。八寨阿武吐，九姓舍吐人，濮尼和濮能，种稻如鸽叩，种谷若羊聚。彝家赛歌赋，如天上雷鸣，好比白鹤唳，好比杜鹃鸣，宛若云雀唱，谁说它不美。"又说："沽洁妥侯是施雅勒、施默朵的地盘。施雅勒所属的濮有：吾加为制陶之濮，体额为放蜂之濮，葛启为放鸡之濮，他们的租赋都上缴施雅勒。纪武德所属的濮有：拉吐为造仓之濮，恒那为盖房之濮，他们给纪武德上租交赋，恒吾九姓濮就是这样的。"

另外还有恒默八种濮，即：鄂默遮所属的毕糯种地濮、毕古造仓濮、帕那盖房濮，他们给鄂默遮上租供赋；拍默安所属有拉吐种地濮、毕糯盖房濮，他们给拍默安上租供赋；吕惹益所属有阿笃种地濮、葛吕打铁濮、高亚管酒濮，他们向吕惹益交租供赋。

糯雅毕氏濮即毕逸濮，后来属毕播勒家，是造仓库的濮。拉鄂为种地濮，拉渔为盖房濮，都是濮的布雅厄一支。称为濮吾舍，是妥阿哲家的造仓濮。在拉勾纪地方，拉甫有十子；在拉纪法伦地方，拉纪有十子。牟哈、牟恩、拉苦、拉纪、拉育和牟浴，加上主帅一队，成为七队棍棒手，有七千枣骝马和无数的弓箭。阿哲家的濮，为妥阿哲上租供赋。

《彝族源流·武濮源流》中还说到了濮人的来历："鲁武吐与朵默那结合，一代鲁洛伯，二代伯雅堵，三代堵雅则，四代则雅直。则雅直有六子曳厄，即体谷、文邹、那体、那窘、古古和体文。五代直雅惚，六代惚雅伯。伯氏有八子，称为八武古，即鲁妥、鲁文、鲁舍、拉依、伯邹、勒启和武窘。叟厄、武古一度繁荣有势力。天上的策举祖天君要灭除叟厄和武古，在大地四方的四座大山上建四大住所，开凿出四个洞，放出四处洪水淹没大地，鸭头碰着天顶，蝌蚪在天上边游戏，鱼虾吃着了青松枝的松果。六叟厄与八武古，像松树脚的菌子一般，腐尸烂体摆满山谷，唯独剩下武濮所一人。"这里说的水淹六叟厄和八武古的故事，显然是指彝族和濮人之间一场争夺地盘的战争。后来，"武濮所不敢在凡间住了，说是要上天，就立了一根伸到天上的铁柱。上天前，万物都献过了，只是没有祭献着蚂蚁。武濮所攀铁柱上天时，为了以防万一，背上背了个大簸箕。爬到半空时，蚂蚁啃断了铁柱，铁柱迅速倾倒了，武濮所背着簸箕像长了翅膀一样，顺风飘落在大地上，从此他在地上干百样活为生。糯雅毕古和他住在一处，两人都会百样手艺，相约以工匠业为生计，结合成了一家。他俩生下朵吾、朵洛、拉甫、拉纪和侯大。在拉甫勾纪，拉甫有十子；在纪法伦，拉纪有十子。九十九姓濮人都是卡甫与拉纪两家分支出来的。拉甫迁徙到恒耿，拉纪迁徙到恒默，繁衍如鸽子一般容易。纪武似的濮，在载拜赫嘎地方的德施举乌家境内，成为德施举乌差使的濮，有四阿那盖房，四阿窦割草，四拉洛伐竹，债吕家管晒麻，尼日家管染织，如篱笆桩，又似羊群。粮食的银穗像鹤头，麦秆结金粒，都成了德（施）举乌的租赋粮赋”。

从《元史·地理志》和相关的史书记载看，滇、川、黔交界地区，历史上都有濮人分布，由于历史原因，但此后的彝文史籍缺失较多，历史记录出现了断层，除贵州外，云南和四川凉山彝族地区的彝文史籍对濮人的记载基本没有延续下去。如今人们对濮人的研究，大都以贵州彝文史书记载作根据，多数学者认为，濮人是今天仡佬族的先民。但从上面所录的彝文史书记载分析，滇、川、黔各地汉文史书所记载的濮，在概念上不尽相同。濮在不少地方指的并不是民族族称，如云南人、昆明人、文山人，指的都不是民族一样，而是指居住区域，或是种田人、放牧人、手艺人、生意人等，是从事某种专业劳动的职业名称。现今的彝族语言中，濮的这一多种含义情况仍然很普遍，到底是指民族、指人、指群体人，还是指职业人群或地方人群，都需要从历史背景、语言环境中去分析辨别。

文山州有2000多人数的仡佬族，散居在麻栗坡、广南、富宁、马关、砚山5县的部分村寨，分别与汉、彝、壮、苗、布依等民族杂居，没有单一的仡佬族村寨。1957—1994年间，仡佬族被归为彝族，这是有其历史原因的。历史上，彝族和仡佬族的关系很密切，就如上面所摘录的彝文史书记载一样，有时候是彝族变成了仡佬族先民濮人，有时候是濮人变成了彝族。因此，古代彝族和仡佬族先民濮人间的相互影响是比较大的，这样的影响在今天的文山州仡佬族中还可见到一些。另外，汉文史书也有称部分濮人为“仡僚”“仡”“巴子”和“仡”等，是古代“僚人”中的一支。他们的来源可能与民族间的相互融合同化有关。彝文史书《彝族创世志》中有濮人“朵多分九支，三支迁往南方去”的记载。这三支濮人南迁进入僚人居住区以后，有部分或全部变成僚人中的一支——仡僚，这些仡僚之后又有一些不断南迁，部分在清朝初年进入了今文山州，他们就是今天文山州的仡佬族。

从更广的范围来看，濮的族系含义显得更加混乱，除僚人仡僚说外，还有苗瑶语民族说，甚至有孟高棉语民族说。当然，这些说法都可各作一家之言，但就目前情况而言，这些观点大都属主观推论猜测，或人云亦云，或一木称林，以偏概全，似是而非，史证乏力，缺乏可信度。

九、古卢部落和古罗部落

“卢”是一个古老的部落名称，在商代后期，它就与商王朝有了关系。甲骨文的文献中记载，商朝人将卢人、羌人和氐人用作牲祭献先公、先王。

卢人早先居住在河南洛水流域。殷商末年曾参加周人伐纣的战争。西周时期，卢人逐步从洛水流域向西南迁到了今湖北的江汉一带，春秋初期又向川陕交界地区移徙。《史记·周本纪·正义》引《括地志》说：“房州竹山县及金州，古卢国也。”唐朝时的房州和金州，即今天湖北上唐县和陕西安康市一带，其地与宜城、南漳相近，并与当地的罗人部落相邻。《左传·桓公十三年》载，楚国屈瑕伐罗、卢，罗卢联军在鄢水（今宜城附近）打败了楚军，说明当时罗、卢两部落的力量不弱。其实，在这之前的一段时期内，罗、卢两部落与楚国的关系还是很密切的，罗部落的姑娘季姬和卢部落的姑娘荆妫都嫁到了楚国，但后来还是因婚嫁关系被楚国所灭。《国语·周语》记载，周大夫富辰有一次对周襄王说，罗、卢两国后来之所以灭亡，是由于婚嫁引起的。罗、卢两国亡国时间按有关文献记载分析，应是公元前7世纪初。罗、卢两国被灭后，其许多亡民进入了四川。《文选·蜀都赋》注引《风俗通云》云：巴之賨人有“卢、扑、沓、鄂、度、夕、龚七姓”。賨人主要指的就是卢人和罗人，同时也是泛指按规定向周王朝缴纳贡赋的西南少数民族，并非族群名称，可见罗、卢两部落到了四川后，逐步融合进了古夷人中，成了巴蜀“賨人”中的一部分。

《括地志》还载：“戎府以南皆卢地。”戎府在今四川宜宾。此时，与夷人融合后的部落被称作卢夷之国，其国君称为“徵”，《尚书·立政》中“徵”则称之为“蒸”，古彝音读作“止”，是对彝语“君”的音译。贵州《安顺府志》卷22《普里本末》引彝文书记载说，孟逝（希慕遮）自旄牛徼外入居于“邛之卤，为卤氏”。“卤”即“卢”，是“卢”字的异写。

今人陈士林先生在其《彝楚关系述略》一文中说：“唐代的‘卢鹿蛮’（鹿蛮、倮罗、罗罗），就是春秋时期以卢、罗为基础的部落，是部族通过一定形式的联盟过程与其他构成成分长期融合而成……同现代彝族自称尼苏（nisu）可以设想，卢、罗就是魏晋以来以‘nisu’为基础的部落通过一定形式的联盟过程与其他构成成分长期融合而成的。”唐代彝族有“卢鹿蛮”部落。元代以后，“卢鹿”则又被称“罗罗”或“倮倮”了。明朝天启《滇纪》卷三十说：“罗罗，其初种类甚多，有号卢鹿蛮者，今讹为罗罗。凡黑水之内，依山谷险阻者皆是。”今学术界大都认为，“罗罗”最初只是今川西南、滇东北和黔西一带夷族中一个区域性集体名称，随后被用来通称西南所有彝族。卢、罗两部落因在江汉流域生活了一段时间，与楚人关系密切，在他们西迁融入彝族中之后，也带进了楚人的一些文化。

十、笮都夷与《白狼歌》

笮都夷是汉时居住在笮都县（今四川凉山州盐源县一带）的古夷人部落国家，县名即由部落族名和部落国家名而来。《史记·西南夷列传》载：“自巂以东北，君长以十数，徙、笮都最大。自笮以东北，君长以十数，冉駹最大。其俗，或土著，或移徙。在蜀之西。”《华阳国志·蜀志》载：“筰（笮），筰（笮）夷也。”《后汉书·西南夷列传》也载：“笮都夷……其人皆被发左衽，语言多好譬类，居处略与汶山夷同。”又载：“笮夷者，武帝所开，以为笮都县。……元鼎六年，以为沈黎郡。至天汉四年，并蜀为西部（指西南夷西部），置两都尉：一居旄牛，主徼外夷；一居青衣，主汉人。”此时的青衣县，汉人已占多数，原来在青衣的古夷人大都融合到汉人中去了。

《后汉书·西南夷列传》记载说，当时的益州刺史朱辅注意搞好民族关系，益州境外的白狼、槃木、唐菆等大小百余国归附汉朝廷，户百三十余万，口六百万以上。朱辅上书皇帝说，白狼王、唐菆等不避艰辛，扶老携幼，归附圣明的皇帝。为表归汉的欢愉，赞皇帝圣德，白狼王等还特意作诗三章。又说，白狼语与汉不同，特请精通白狼语的犍为郡人田恭译成汉语，派从事史李陵与田恭一道，护送白狼王上京晋见皇帝，并“录其献歌”。这三首诗歌最早见于汉时刘珍等撰的《东观汉记》中，《后汉书·西南夷列传》录有献诗全文，李贤为此注云：“《东观记》载其歌，并载夷人本语，并重译训诂为华语，今范史所载者是也。今记《东观》夷言，以为此注也。”后来的人称此献歌为《白狼歌》。

《白狼歌》共有三首，是最早记述藏缅语族语言的珍贵历史文献。诗歌三章分别称为《远夷乐德歌诗》《远夷慕德歌诗》和《远夷环德》。进入20世纪以来，不少学者开始应用现代语言学方法研究《白狼歌》。多数学者通过考察研究后认为，白狼语与彝语关系最密切。地质学家丁文江多年在西南从事地质调查研究工作，工作中接触到了不少的彝文古籍，于是在工作之余潜心研究彝文古籍，是最早注意探索白狼语与彝语关系的学者，并于20世纪30年代，与精通古彝文的贵州彝族学者罗文笔先生合作，翻译整理彝文古籍，出版了系列丛书《爨文丛刻》。丁文江经过多年的精心研究发现，《白狼歌》与彝语关系最密切，应属于彝语。人类学家杨承志先生于1933年撰写的《中国西南民族中的罗罗族》一文中也说：《白狼歌》中的大（是）、沃（昌）、吏（罔）、来（留）、见（艾）、酒（推）、不（莫）、蛮（倭）、日（且）、冬（综邪）、夏（笮邪）、母（摸）、石（禄）、父（捕）等字与现在的罗罗语“若合符节”，此可证明远夷便是“罗罗”的古称，白狼王便是当时罗罗族的酋长。杨承志是用法国传教士保罗·亚维尔编写的《法倮词典》中的彝语发音与《白狼歌》中的记音作对比，而确定白狼语是彝语的。

十一、邛都和越巂

汉在西夷地区建立郡县之前，邛都是滇以北地区最大的君长制王国。《史记·西南夷列传》载：“南越破后，及汉诛且兰、邛君，并杀筰侯，冉駹皆震恐，请臣置吏。乃以邛都为越巂郡，筰为沈黎郡，冉駹为汶山郡，广汉西白马为武都郡。”《汉书·地理志》说越巂有邛都、遂久、灵关道、台登、定筰、会无、筰秦、大筰、姑复、三绛、苏示、阑、卑水、灊街、青岭十五县，范围在今四川凉山州、云南楚雄州和丽江市，这些地方在越巂郡建立前大都属邛都国及之后的邛都县。《史记·西南夷列传》载：“当是时，巴蜀四郡通西南夷道，戍转相饟。数岁，道不通，士罢饿离湿死者甚重；西南夷又数反，发兵兴击，耗费无功。上患之，使公孙弘往视问焉。还对，言其不便。及弘为御史大夫，是时方筑朔方以据河逐胡。弘因数言西南夷害，克且罢，专力事匈奴。上罢西夷，独置南夷夜郎两县一都尉，稍令犍为自葆就。”所谓“罢西夷”，就是指朝廷为集中力量，首先解决西面的匈奴之害和南越之反，暂时放弃对越巂、邛都等西夷地区的管辖。《史记·大宛列传》载：“是时汉既灭越，而西南夷皆震，请吏入朝。于是置益州、越巂、牂牁、沈黎、汶山郡，欲地接以前通大夏。”这就是暂“罢西夷”之后，汉朝廷全面恢复对西南夷地区的治理经营。

邛都、越巂地区的夷、叟和南中地区的夷、叟、昆明是同一个民族。后来出现的乌蛮、白蛮，有不少就在在这些地区。樊绰《云南志》卷二说：“又有水，源出台登山，南流过巂州，西南至会州诺赕与东泸合，古诺水也。源出吐蕃中节度北，谓之诺矣江……又东折流至寻传（蛮）部落，与磨些江合。至寻传与东泸水合。东北过会同川，总名泸水。蜀忠武侯诸葛亮伐南蛮，五月渡泸水处，在弄栋城北，今谓之南泸。两岸葭苇，大如臂胫。川中气候常热，虽至冬，行过者皆袒衣流汗。又东北入戎州界为马湖，至关边县门，与朱提江合，流门南城入外江。”有许多学者分析这段记载后认为，这些不同的江河水流名称，实际上都是金沙江大小支流的名称。诺水也就是《山海经》中说的若水，是古代彝族对金沙江及其许多支流的称呼。诺矣，即黑水；诺矣江的“江”，是翻译时加的汉语名。

今四川凉山州大都在古越巂、邛都郡地，彝族人口主要为古侯、曲涅两支后裔，并在州境形成东西分布态势，其中古侯在州东境，曲涅在州西境。两支都是早年从今滇东北和黔西一带迁入的，原住在凉山的彝族大都融入到这两支中去了。

第二节　秦汉西南夷地区的彝族

一、蜀地彝族的分化

古蜀国杜宇（望帝）后期，蜀国发生了大洪难，荆楚部落首领鳖灵由于治水有功，最后取代杜宇做了蜀王，号称“开明氏”。此时，蜀地彝族部落首领阿普笃慕为避洪难，带领部分部民返回其祖籍地云南，而留在蜀地的彝族，仍然保留着死葬石棺的习俗，彝族史书中把这种石棺葬习俗称为“濮苏乌乌”，也叫“洛撮”，即石人。

周慎王五年（前316年），秦国派司马错率兵灭了蜀国，并移秦民万余户填补因洪难导致“蜀溢”后的蜀地空虚。此后，随着秦国不断加强对蜀地的开发，大批移民进入蜀地，也带来了内地一些先进的生产技术和文化。《史记·货殖列传》说，秦灭六国以后，迁入蜀地的卓氏、程氏和郑氏等，在蜀地经营盐、铜而发展富裕起来。与此同时，随着蜀地对外通道的不断打开，特别是在秦昭王（前295—前251年）派李冰任蜀地太守期间，建都江堰，开辟两江灌溉万顷良田，又治理了沫水、青衣江、岷江、文井江、洛水等，使蜀地经济迅速发展起来，并由此不断加强与内地的经济联系。在这种发展环境下，蜀地中心地区没有迁走的彝族便逐步融合到了汉族之中。而没有被融合的部分彝族，则又南移到今四川凉山彝族自治州和宜宾地区，以及云南的楚雄州和丽江市一带。彝族史书《六祖魂光辉》中记载的“尼夏之战”，就是发生在这一时期。此史书中记述说，彝族尼部落的首领“尼”率领部民与“夏族”发生了激烈的战争，尼部落最后被打败。失败后，“尼”的母亲忧愤而死。随后，“尼”将母亲安葬在石棺中，然后带领部民继续向南移徙。

在此期间，由于内地移民进入蜀地的人口大量增多，对蜀地彝族的分布格局产生了重大影响，许多彝族因此融合到了汉族中。一些彝文史书对这一段历史有这样的记载：“乌乌”有三个儿子，分家后分别变成了汉族、彝族和藏族的祖先。联系黄帝的幼子玄嚣（青阳）继位，其长子昌意从黄河流域南下降居若水（今雅砻江），娶蜀山氏的姑娘，生了颛顼。从颛顼是后来的虞（夷）族、汉族和周族祖先的传说，我们基本上可以确定，彝族史书关于“乌乌”三个儿子变为三个民族的记载，并非是子虚乌有。“乌乌”部落的部分彝族已分别融合到汉族和藏族中的记述，是符合当时历史发展变动情况的。古往今来，在中国的历史上，夷变汉，汉变夷，或彝族变成其他少数民族，汉族和其他少数民族变为彝族的事都在不断地发生。

而此时，“六祖分支”后的彝族，也开始向川西南地区迁移。在凉山彝族一直背诵的谱牒中说，古侯、曲涅二部从云南迁移到凉山的代数至今分别有70余代和80余代，由此可以推断，古侯、曲涅二部迁入凉山的时间是在西汉时期。凉山彝族的《招魂经》和《指路经》都记载，他们的迁移路线分别从云南永善县的井底坝和大屋基渡金沙江进入四川的雷波坝子，然后沿美姑河向西到达凉山中心的利美莫姑，即今天的美姑县利美甲谷山山麓。这些地方水源充足，草木丰茂，宜牧宜农。两部落在此停留了一段时间后，他们中的一部分又从利美莫姑向西经利美都柯、利美且窝迁到利美竹核。利美竹核是个山间坝子，纵横30多里，东、西、南三面环山，美姑河从东北流入，蜿蜒其间，宜种稻菽荞麦，牧草丰富，极为富庶。两部在这里住了一段时期后，除有部分继续定居下来以外，两部落又开始新的迁移，并由此分道扬镳，古侯部迁向东方，曲涅部迁向西方。因此，两部的《指路经》中都说：左边是曲涅路，右边是古侯路；曲涅、古侯二路走。

从利美竹核迁出以后，古侯部分布在东方牛牛坝以北的有阿侯家和苏呷家；从马边到天喜一带的有甘尔和浦田12支；靠近雷波的有阿著家、阿苏家、涅索家和马家九支等，阿著家后来成为雷波一带腰缠万贯的元代著名长官司。曲涅部在凉山中部偏西，他们中的阿尔家最初住在宜车河的车子尔哈一带，后来又分为数支向龙头山、瓦库尔苦、巴普及巴普以南地区迁移，他们中的八且家住昭觉坝子北山，利利家则分布在西昌一带，后来成为元代著名的罗罗斯宣慰司。

这些部落和家支在汉文史料中被记邛人、徙人、筰人等。

另外，在川黔交界处赤水河流域的叙永、古蔺一带，为恒部后裔扯勒家所居。慕雅卧第19世孙共有9人，最小的一个叫德额奋（《且兰考》中记为德赫辉）。德额奋早先居住在柯洛大城（今贵州威宁），经作斋祭祖以后分支迁移到了彻彻雅液（今赤水河畔）的各滴啥垮和柏雅妥洪（今四川古蔺、叙永一带），并在这一带征服“濮人”后设置宗庙，超度祖先，立国创业，偃武修文，强盛一时。

在这一时期，这些地区的彝族人民在农业生产水平发展到了一定阶段，对外商业贸易也有了相应的发展。他们通过三条交通渠道，与外部发生了越来越多的商贸联系。首先是通过“五尺道”，从越巂（四川西昌一带）北上雅安，东向乐山而转宜宾。其次是通过南夷道，从宜宾经老鸦滩、豆沙关、昭通到曲靖转至昆明地区。最后是通过夜郎道，从曲靖东向贵州，沿红水河、西江而下直达番禺（今广州）。从这些贸易交通线向外输出筰马、僰僮（奴隶）、枸酱、邛竹杖等物资。公元前138—前122年，西汉特使张骞在通西域中看到的筇竹杖，就是从四川南部彝族居住区运输到昆明地区后，又从昆明经身毒（印度）道转贩到今天的缅甸、印度等国，再进一步往西到达大夏（今阿富汗）等中亚地区国家，这就是今天人们所说的“南方丝绸之路”。

汉武帝元鼎六年（前111年），汉王朝在今四川凉山彝族自治州设立了越巂郡，并对郡县首领给予了封号。越巂郡下辖15个县，郡内部买卖奴隶之风盛行。到了东汉时期，这种买卖人口的现象更为严重。据《华阳国志·先贤士女总赞》记载，这一时期，成都有个叫禽信的人在越巂做买卖时，被人贩子掳走后作为奴隶转卖，在10年间先后竟然被奴隶主转卖了11次之多。因而此书中说，越嶲郡彝族骠悍勇猛，“难得制御”。

二、滇西地区彝族

“西南夷”时期，“六祖分支”后的武部慕雅切四世孙洛陀施时，在“堵妥耿节”（今滇西哀牢山一带）生了九个儿子，九个儿子后来演化成了九个部落，这就是《哀牢夷传》中所记的九隆传说故事，即龙生九子的真实历史。其中的武部早先居住在洱海地区，乍部慕雅考传到第十代时，也有部分迁移进了洱海地区。而此时，武、乍二部还尚未联姻。乍部传到布雅乍时，在一处叫“麻苦密”的地方与武布缔结联姻关系，并在点苍山下的洱海边开垦了大片土地，建立起了11个城池。在此段时期，奴隶制度开始逐步建立起来，有奴仆的奴隶主已达58家。

在此期间，武部的9个部落在征服当地一些土著部落的战争中，攻占了原土著人的5座大山，夺取了17个寨子，其中有个叫施以纳的部落首领后裔又分成了5个部落，向今天的大理周边地区迁移。到武侏施之世，便在今天的下关建立起了“彻彻安鲁瓦”和“安武吐鲁瓦”两座城池。传到第六世迪雅达时，武部在今大理和保山地区共迁居了12处。《西南彝志》卷五中说，武部在向外迁移中，不断征服当地的土著人，并建立起了相应的奴隶制度，即君、臣、师、匠制度。

武、乍二部在保山和大理地区不断发展壮大起来后，与原先居住在这一地区的“昆明人”相互杂居，并通过军事手段对他们加以征服和融合后，形成了后来在汉文中记载的“哀牢夷”，他们是今天滇西一带的彝族先民。

汉文史书《史记·西南夷列传》和彝文史书《西南彝志》都记载，当时滇西彝族“昆明人”的分布范围在今天的怒江以东、金沙江一带，并延伸到滇池以西的大片地区，其内部部落林立，畜牧业较为发达。那时，他们利用滇西地区的立体气候特点，夏天把畜群赶到山头上放牧，冬天又将畜群赶到河谷地带避寒牧养。各部落虽然都是同根同源的兄弟，但却各自分散而居，互不统属。在洱海周围地区的一些部落，农业已粗具规模，他们在部落首领的号令下，同耕共织，共同发展种植业和养殖业。

“西南夷”时期，滇西一带“昆明人”的对外通道逐步打开，商业随之逐步发展起来，与东南亚和南亚地区的商业贸易交往日见频繁。当时，蜀地的“蜀布”“筇竹杖”等商品，就是从滇西的“昆明人”地区输往南亚和西亚的。公元前2世纪，汉武帝从出使西域回来的张骞口中得知，“筇竹杖”就是通过“昆明人”居住区输往西亚的情况后，便数度派使臣到滇西地区探寻，准备打开从滇西通往南亚的通道，把其纳入大汉版图之中。但因这些地区山高谷深，加之包括彝族在内的各族人民的抵制和反抗，几次探寻均未能成功。后来一直到东汉永平12年（69年），东汉王朝在滇西的保山和大理及周边部分地区设置楪榆（今大理、洱源一带）、云南（今祥云、宾川一代）、不韦（今保山东部）、嶲唐

（今云龙西部和保山北部）、比苏（今泸水和云龙部分地区）等县，派遣汉族官吏前往治理，并随同移入部分汉族人口进行屯田。《西南彝志》卷五说，后来，一些居住在汉族区内的彝族由于受汉文化的影响不断加深，逐步形成了与本民族母体差异越来越大的“乍洛举部”，这可能就是后来从彝族中分化出来，并形成白族的白族先民。今天，文山州西部的一些彝族，仍然还有人称白族为“洛举”。这些被彝族称为“洛举”的白族，其祖先就是在这一时期住在滇西地区的昆明人。

三、滇东北和黔西北地区的彝族

据彝文史书《西南彝志》记载，“西南夷”时期，今滇东北地区的彝族主要有阿于歹、乌蒙、芒部三大部落。

阿于歹在今天的东川，芒部在今天的镇雄，两者都是早先的默（黔）部后裔。德施的孙子有个叫武孟迭（彝文记为“乌莫德”），开始迁往东川。据明代《云南通志》记载，明代的东川军民府，古代叫东川甸。乌蛮仲牟由（即阿普笃慕）的后代骂弹（彝语叫乌莫德）占据此地，改名曰那扎那夷。乌莫德四传到了俄叔必额的时候，不满足祖先留下来的大片土地外，便制造武器，立志要征战四方。于是，乌莫德首先向武部开战，随后又征伐德砥仆卧（今昭通）的糯、恒二部。

当时武部占据今天的曲靖一带，并在寻甸县清水海建立了数十个小部落（即后来汉文中所记载的“车氏蛮”）。彝语称清水海为“超黑”，后汉语误称为“车湖”。车湖地区的自然条件比较优越，尤其是水源比较丰富。据说这一带早先有99条龙，后来变成了99个龙潭。每年农历三四月干旱季节，周围数十里，甚至上百里外的人都赶着各自的牛马到这里来润水，因此便逐步形成一个很繁荣的集市贸易中心。据《西南彝志》和寻甸彝族史书《戈濮叙事书》载：在公元前2世纪时，这里的彝族部落联盟有个叫阿基（即武部的武阿纳）的首领。据说武阿纳有十个城池，但他是一个很残暴的君主，在受到俄叔必额的进攻时，他陷入了众叛亲离的境地，被俄叔必额将其十个城池全部攻下，并将武阿纳及其大臣全部俘虏了。寻甸彝族史书《戈濮叙事书》的“戈濮”，是黑彝人对白彝人的称呼。这样的称呼在今天的丘北、砚山地区仍然沿袭着，只是由于历史和地区等原因，“戈濮”在不同地区记述为同音或近音异写汉字，如“格濮”“革濮”和“葛濮”等。这部分白彝人就是宋大理国时期在今弥勒、泸西、师宗、开远，以及丘北、砚山部分地区建立“自杞国”的主要群体“徙莫祇蛮”，又写作“些么徙人”。

俄叔必额六传到阿于歹时，仍然和他的祖先一样尚武，并先后征服了东川以北的“濮人”，把他们的土地占为己有。因此在阿于歹时，其统辖的部落已达47个，四面八方的城池、河流、森林、牧场都归其所有。

默（黔）部慕齐齐第十九代孙必额勿时，仍住在今天的东川、会泽一代。必额勿有三个儿子，长子勿阿娄迁居于妥体，成为孟卧然（今金沙江北岸的凉山地区）地方的君长；次子勿阿克仍住在东川，是为阿于歹部之祖。幼子勿阿纳在东汉光武帝（25—57 年）末期，向东北方向迁移，他骑着一匹“妥勺朴”骏马，带着部民到了“戛纳省吐”（今昭通一带），杀白马祭“天根”，杀黑牛祭“地根”，杀白羊祭“祖根”，并在一处叫“妥纳陀益”（今昭阳区境内）的地方打造武器，武装部民。在举行出兵仪式以后，由其儿子纳阿宗率领军队和部民进入罢第黑（今贵州威宁草海一带），与其他部落联姻，继续打造兵器，演习攻占之术，并由此不断向四周扩张，开辟了大片土地，建起了“柯洛大城”（今贵州赫章县），辖有“黑彝”八姓部落。之后又继续东进到“洛更”（今贵州毕节）、“白扎戈”（今贵州大方）、“比喇”（今贵州织金），渡“洛波恩齿液”（鸭池河）到“古糯”（今贵阳），向西则进入赫墨钟显（今云南镇雄等地），建立起了强大的地方政权。勿阿纳有伊配徒忠义和什益米阿左两个贤臣，帮助他设立了 48 个土目、15 座侧溪（仓库）、12 兵帅，有效地治理了这一地区。

勿阿纳第四世孙生有两个儿子，长子叫妥阿者（即汉文中所记载的济火），次子叫妥阿芒。两兄弟在柯洛大城分支，妥阿者向东进入水西地区发展成为后来的“阿者家”，又称“慕俄格家”，即“水西部”；妥阿芒部向西进入“赫墨钟显”（云南镇雄县），成为“芒部”。“芒部”家传到第十七世孙时，势力最大。今天贵州的威宁（罢第黑）、赫章（柯洛）和毕节（洛更），以及云南的镇雄、威信、彝良等许多地方都归其所有。芒部与威宁的纪俄格家开亲，与东川的录竹录遏家（即阿于歹家）联盟。据《西南彝志》卷十记载：“芒部家管理的江山，法令有条理，件件很清楚，又订有纲纪，治理其地方。……后代相继承，繁荣象星星。”

今天的云南昭通地区，彝文史书中记录为德歹濮卧，汉文记作窦地甸或斗敌甸。《昭通县志》和《环宇通志》都记载，在恒部慕雅卧到第七世恒雅妥时期，与“濮人”的征战十分频繁，其间还曾被“濮人”征服过，并还与滇部落发生过接触。《西南彝志》卷六记载，在恒部与“濮人”的战争中，曾遇到了“木左”，“木左”是彝语中的“蛇”，即滇人“蛇部落”的一支。到了第八世恒雅发（又叫赫阿通，汉文则记为阿统），此时相当于汉武帝元封年间，即公元前 110—前 105 年，其势力才又重新强盛起来，并创下了 300 年的基业。恒雅妥之后的 11 世孙德赫隆（汉文记为乌蒙），有兄弟二人，次子德赫辉为父亲所宠爱，欲传位于他，赫辉却让位于其兄赫隆，并在让位之后东渡白水，击败都撑、羿子和土僚等一些外族部落后，依鳛水（习水）而居，并自号鳛（习）部，逐步发展成为后来的扯勒部。赫隆则世守德歹濮卧，发展成为后来的乌蒙部。

四、黔南、黔西南和滇东南地区彝族

约在战国中期，默（黔）部慕齐齐后裔从会泽西北部沿乌蒙山脉往东南向贵州威宁、赫章地区迁徙，到达今贵州水城、郎岱境内，之后又往东沿六冲河流域向毕节、大方、黔西地区扩张。到第五世舍乌姆时，舍乌姆的兄长舍勺纳和舍鲁歹被“濮人”征服，变为了仡佬族和“堵仲族”。到第七世纠雅脑时，纠雅脑的兄长拟雅赤也变成了仡佬族，时间相当于战国末期至西汉中期。

西汉末年至东汉初年，由于中央封建王朝统治腐败，朝廷宦官、外戚争权夺利，士族统治者内部兼并斗争日趋激烈，地主阶级与农民阶级之间的矛盾不断加剧，王室的中央集权不断被削弱，疲于内斗的中央王朝放松了对鞭长莫及的“西南夷”地区的统治。默（黔）部后裔第二十世孙勿阿纳在这样的历史条件下，以血缘宗法为核心，以军事武力为后盾，大行开疆拓土的战争，在与“濮”“僚”的征战中，在贵州水西地区建立起了强大的地方奴隶制政权，其部属有专门分管盔甲、武器、马匹、祭礼的人，并统率有47慕濯（即大头领，为苴穆子嗣）、120祃裔（旁支系的小头目）、1200夷续（战将）、12位骂色（统兵主帅），彝语将他们称为“峨”或“峨姆”。

也基本在这一时期，布部慕克克从云南的宣威、会泽一带进入贵州境内。《西南彝志》卷七说，慕克克第七世孙钟鲁蒙时，已经迁徙到了纪古鲁堵（贵州威宁县境内），并在此椎牛盟誓，立权令制度，定租税规章，然后越过白海（威宁草海）向外扩张。到第九世孙体妥糯时，其长子糯额汝成为了后来的必鲁、必其、味隆、鲁歹等土目之祖，住在威宁境内；次子糯明迁到阿迭果（地点尚不清楚）；幼子糯奎博则迁到黔南、黔西南、滇东南及桂西一带，在战胜当地“濮人”部落的战争中建立起了自己的地方奴隶制政权。到第十七世孙朵莫德时（东汉年间），其子默德仁当了播勒（今贵州安顺）君主，修建了宏大的九重宫殿。《西南彝志》卷七说，朵默德从滇国请来匠人，对每座宫殿的建筑物进行精工雕凿，处处雕梁画栋。宫内陈列有各种不同类型生活用品，还有铜鼓、弓箭、矛戈、刺绣衣物等。

东汉末年，布部后裔第二十世孙默哲俄索（汉文记作乌些或物叔）率部民尽占了今贵州威宁县（汉文记作巴凡兀古或巴的甸），其后裔以其名号称作乌撒部。

另外，据汉文史料记载，西汉武帝元光五年（前130年），以唐蒙为郎中将，率军队数千人从巴蜀符关（今四川合江县）沿今川黔边境渡过赤水河，与贵州境内的夜郎王说和，并在今贵州西北边境会见夜郎王多同，多同由此归汉。《西南彝志》卷七说，多同归汉后，派其子做了夜郎县县令。多同就是默（黔）部后裔第七世孙龚雅龙，又作龚龙或纠洛，是近音异写。

慕克克后裔第十七世孙糯奎博迁到今贵州的盘县、普安及黔南一带，居于北盘江流域。彝文将这一地区记为“濮吐珠液”（北盘江），汉文记为“遁水”。《西南彝志》卷七说，糯奎博在征服了当地的“濮人”之后，在其部落联盟内建立起了奴隶制度。由于崇拜“竹”，汉文将其盟主记为“竹王”，彝文则记作“濮吐珠液家”。“濮吐珠液家”的势力范围已涉及今桂西和滇东南的富宁和广南部分地区。时至今日，竹文化的影响在这些地区仍然很普遍。

秦汉之时，贵州彝族地区的农业生产已有了一定程度的发展，但刀耕火种、轮歇休耕的情况十分普遍。这些地方山多雾大，气候潮湿，在一定程度上影响了农业生产的发展，导致农业发展规模不大。人们食物中的一部分，还得要靠天然的桄榔木粉来补充。

在当时主要进行的商业活动是贸易周转运输活动，即把蜀地产的枸酱、蜀布等通过牂牁江（今北盘江）、红水河、黔江、浔江和西江水路贩运到广州。

同其他许多彝族地区一样，"濮吐珠液家"管理的地方，其风俗主要表现为禁忌繁多，其部族地区巫鬼盛行、笃敬祖先。遇有重大活动，都要追宗族系，溯源祖先，并举行盛大的宗教仪式，借以乞求祖先的庇佑。

五、氐、羌人的南迁及其同化

氐和羌是上古时期居住在我国西北高原上的两个族群。《后汉书·西羌传》说，夏商以前，氐、羌人中的一部分向东迁移，进入中原地区，成为姜姓部落，之后便融合到华夏族之中。继续留在西部的，则以黄河上游的湟水和赐支河地区为中心，在西北地区形成了许多大大小小的部落。他们仍处于居无常所，随水草而逐迁，无部落首领，不相互统辖，依强而附的游牧生活阶段。公元前5世纪，羌人的生产有了一定的发展，出现了一个叫无弋爰剑的部落联盟首领，其孙卬受到崛起于渭水流域的秦国威胁，率其部民出赐支河之西数千里。自无弋爰剑后，羌人分成了150多个大大小小的部落，其中的发羌、唐旄等部落后来发展成为土蕃，即今天的藏族。一部分迁到西南地区的羌人则发展成为越巂羌、广汉羌、武都羌等，他们与夷（彝）人一起居住在今四川凉山、甘孜、阿坝、雅安等地区。

西汉时期，在今岷江上游的阿坝、甘孜两州和雅安地区，以及凉山州和牦牛山以西的广大地区，是"笮人"居住区。据《华阳国志》记载，"笮人"是"夷"的后裔，即武部后裔。在今天茂汶地区羌族中流传的史诗《羌戈大战》记载说，羌人首领"阿巴白构"率领部民南迁，与茂汶地区的土著戈基人相遇，发生了一次激烈的战争。战争中，羌人把戈基人打败，将其赶走，并在日补坝（今茂汶县境内）建立起了部落联盟国家。"阿巴白构"有9个儿子，分驻于今天的茂汶、松藩、汶川、理县、黑水、灌县、北川等县的9处大寨。戈基人被赶走后，留下了大量的"戈基嘎补"，即戈基人墓葬，也就是今天在岷江上游考古中所发现的"石棺墓葬"。戈基人在汉代文献中记作"冉駹夷"，显然是彝族先民中的一部分。

汉代部分羌人进入今四川西北及西南地区以后，与当地"夷"系统各部落广泛杂居交往，其中的牦牛羌发展成为今天四川阿坝州西南和甘孜州东部的嘉戎藏族；在茂汶的一支则继续保留羌人的文化特征，是今天茂汶县羌族的先民；其余部分则以当地"夷"系统各部落经过长期的融合和分化后，分别成为今天彝语支各兄弟民族中的一部分，他们中除彝族外，还有纳西族、傈僳族等一些彝语支民族，他们自称自己为“咋濮”，藏族称他们为“筰巴”，彝族、纳西族则称他们为“老棨”，是后来《后汉书·蜀志》中所记载的棨木部落的后裔。

近年来的考古发现，战国时期的石棺墓，在我国西南地区分布较广，而且文化内涵基本相同。目前，发现石棺葬的地方东自岷江上游、大渡河、雅砻江，西至西藏东部，南至滇西北，北至四川甘孜州北部。贵州古彝书《论撮阻却必杓》中记载，“撮阻杓阿余，撮阻细产了，摸多的底啊”，彝语意为“吃人的鼻祖叫阿余，吃人的人就从他那时候产生了，火葬的制度也从那时候兴起来啦”。在文山州西部地区的部分彝族中，至今还以能在老人过世后寻找墓葬地时，能在下葬地点挖出如石棺形状的天然小石槽而被视为珍贵，认为能将过世的老人葬到这样的“石棺”中，是很幸运的事，去世的老人会庇荫后人，后人的家业、人丁会兴旺发达。熟知老彝文的贵州彝族罗国义老先生说，彝族最早实行的是土葬，后来有种会吃人的“撮阻羿”人产生了。由于“撮阻羿”吃人，连死人也吃，所以后来的彝族人为了避免死去的人被“撮阻羿”人吃掉，就改行火葬了。《六祖魂光辉》中还记载说，彝族古时候有一个叫“尼家”的部落，行的是石棺葬。古代蜀人部落武洛撮之时是行石棺葬的。许多彝族学者认为，汉代以后，彝族土葬习俗突然发生变化而行火葬，是以羌人的南迁及其同化分不开的。所以，在秦汉时期，一方面是在今天的川、滇、黔地区各彝族部落不断迁徙对流，进而整合成了被统称为“夷”的族属名称；一方面又与氐、羌人发生融合，形成了固定的文化共同特征，如行父子连名制、行火葬、十二世后相互联姻，行转房制、党妻族，以及说话、唱歌都爱比喻譬物等。再一方面，在迁徙、对流的历史过程中，又往往分化出去一部分部落，发展成为其他兄弟民族，如今天的白族、纳西族、傈僳族、哈尼族、拉祜族等。所以，以往许多汉文史书中所记载的彝族源于氐羌，是氐羌后裔的说法，是一种对史实的误解，是不对的。彝语支民族中固然有氐羌成分，但他们是南迁进入彝区的少数民族，是他们融合到当时的主体民族彝族中，而不是占人口极大多数的彝语支民族融合到少数的氐羌人中，因为这不符合历史上民族融合过程中的一般规律。

第三节　秦汉时期的彝族经济与社会

一、“西南夷”与中原的商贸往来

原始社会早期，由于生产力水平低下，西南广大彝区的原始氏族部落还很少与外部往来。约在公元前 7 世纪以前，西南彝区绝大多数地方还处于原始社会末期。但随着部落内部生产力水平的逐步提高，私有财产的逐步增加，开始有了较多的产品，并产生了与外部互换产品有无的客观要求。于是，与外部发生了越来越多的商业交往关系，并由此不断冲击原始的氏族公社所有制关系，使之不断走向解体。部落贵族在对外贸易交往过程中，渐渐地积累了越来越多的社会财富，并用这些财富来对本部落内部一般部民进行剥削，把另外一些氏族部落成员转化为奴隶；或通过战争，让临近的其他民族和氏族部落成员沦为奴隶；再加上在与外部通商交往中进入的一些外族人员，使原来以血缘为纽带的氏族组织难以再继续维持下去，进而导致了原始氏族社会的最终解体。

据《史记·西南夷列传》记载，在公元前4世纪中叶左右，滇池地区的夷族古部落已经开垦出了“平地肥饶数千里的耕地”，农业生产有了比较快的发展。这样的农业生产工具已不可能是简单的石器和纯铜器，而是比较坚硬的青铜工具了。公元前6—前5世纪的春秋战国时期，以今四川西部成都平原为中心的地带，出现了一个奴隶制生产相当发达的蜀国。蜀国的五谷、六畜、丝织品、麻织品，以及金、银、铜、铁、锡、铅、丹漆、茶、蜜、渔业等生产都已相当发达。在物质财富的不断增长中，蜀国的奴隶主们先后向川西南地区不断扩展势力，并与滇池地区展开了商业交往，从滇池地区获得许多牲畜及其畜产品和奴隶人口。《华阳国志·蜀志》说，蜀国的卢帝曾经攻青衣（今雅安）而“雄张僚、僰”；又说，蜀国“饶滇、僚、賨、僰僮、仆六百之富”，即从滇池地区的各民族中获得了许多奴隶人口。

大致与蜀国同一时期，今渝东、黔东南和湘、鄂西部地区的楚国也日渐强大起来，并与滇池地区发生了商业往来。所以，公元前339—前329年楚威王时，便在商业交往的基础上，派楚将庄蹻率兵沿商业往来之路到滇池地区进行开拓。《后汉书》中说的庄蹻入滇时间是楚顷襄王时的公元前298—前263年，与其他许多史书记载不同，这里以多数史书记载的相同时间为据。

庄蹻所率军队到达滇池地区后的公元前316年，秦国灭了巴、蜀两国，并于公元前308年在楚商和楚兵入滇过往地区的湘西和黔东地区设置了黔中郡，使庄蹻率领的军队失去了与楚国的联系，阻断了返回的路，庄蹻及其军队只好留在滇国“变服，从其俗，以长之”，进而与滇国地区的夷族融合了。

当时，滇池地区的社会正处于从部落联盟推举制向世袭制的过渡阶段，即原始社会向奴隶社会的过渡时期。庄蹻及其率领的军队首先以部落联盟中一员的身份加入了滇国氏族社会，立足之后便以武力降服了“靡莫之属”的夷族各部落，进而又以“兵威”平定滇池地区，“以其众王滇”，成为部落联盟国家的酋长。

庄蹻早年虽然是楚国的一个农民起义军领袖，但是他根本不可能改变当时滇池地区正在瓦解的氏族公社社会，以及正在形成中的奴隶社会。他和他的士兵只能适应于他们所面临的社会环境，接受“靡莫之属”的生产方式和生活习俗，这就是庄蹻及其军队进入“靡莫之属”聚居的滇池地区“变服，从其俗，以长之”的历史情况。

在中国历史上，庄蹻是内地第一个开发西南边疆的重要历史人物，他和他的军队把楚国的先进生产技术和文化带到了生产力还较为落后的滇池地区，加速了滇池地区的社会发展进程，从政治、经济上为之后的秦汉时期在云南设置郡县打下了基础，对中华民族统一国家的形成和发展做出了贡献。如今，灿烂的“古滇”文化，已成为中华民族辉煌文化的重要组成部分。而“滇”文化之所以后来能获得辉煌的成果，除了之前古滇人为之打下坚实的夷文化基础外，也与庄蹻入滇后夷汉文化交融有重要联系。

二、秦汉对“西南夷”地区的开发

秦汉时期的“西南夷”，是指今四川西南部、广西西部和云、贵两省的极大部分地区。

原始社会部落的解体，为地区、民族和部落间的贸易交流打开了大门，使部落和地区间的交往越来越密切。于是，一方面中央王朝为加强对边疆少数民族地区的统治，开始了以强化朝廷统治和加快贸易往来为目的的通道建设；另一方面，地方部落和地区间为了适应越来越多的贸易往来的便利需求，向西南地区开辟通道也就因为这种客观上的需求而随之出现了。

公元前316年，秦国采纳司马错的意见，灭了巴、蜀两国后，在巴、蜀之地和汉中设置三郡，并大修水利，修建城池，使这些地区的经济加快发展起来，秦国的声威随之远及边地。公元前310年，分布在云南西部的两个小部落——丹和犁便开始接受秦国的统治。到公元前285年，蜀郡郡守张若又“取笮及其江南地”，进一步把秦国势力向云南内地扩展。

公元前246年，秦始皇登上统一中国的历史舞台，他“奋六世之余烈”，进一步扩大了对“西南夷”地区的经营。秦始皇未登基前，就已派李冰作蜀郡郡守，在滇川交界地区开始开山凿石，开辟僰道。公元前211年秦始皇统一全国后，又派常頞把李冰修筑的僰道进一步向南延伸到今曲靖附近。由于路只有5尺宽，所以史称“五尺道”。虽路只宽5尺，但它仍为秦王朝巩固统一的中央集权统治发挥了重要作用。

由于“五尺道”的开通，“西南夷”各部落与内地的经济文化联系更加密切起来。据文献记载，秦汉之际，关中与“西南夷”地区之间“栈道千里，无所不通”，往来商人络绎不绝。秦王朝在修筑“五尺道”的同时，在“西南夷”地区设置郡县，为我国统一的多民族国家的形成奠定了经济和政治基础。但是，秦王朝由于一开始就对人民实行极端的残酷统治，其政权只短短延续了15年时间，就很快被农民起义的浪潮推翻了。之后，中原各地区又进入了长时期的战乱之中，内地与“西南夷”地区的交往一度疏落下来，但并没有完全中断。

到了西汉武帝年间，经过百余年修养生息后逐步强盛起来的西汉王朝，又开始着手对“西南夷”地区进行开发和经营。公元前135年，汉武帝派唐蒙出使夜郎国，以赠予大量财物的方式，先让夜郎国归附了汉王朝，并在今川南、滇东北及黔西北地区建立了犍为郡。公元前112年，汉军在破了南越国后，又回兵降服了夜郎国和周边部落，设置了牂牁郡，封夜郎统治者为王，并在秦“五尺道”的基础上，修筑起了从宜宾通往牂牁江（北盘江）的道路，史称“南夷道”。同时在西面征服了邛笮等部落，建立了越嶲郡。之后，汉王朝想趁战胜南越国的余威招抚“滇”为首的各“靡莫之属”部落归附，但“滇”不服。于是，汉武帝于公元前109年，征巴蜀兵先征服滇国东部的劳浸、靡莫等部落，将大军临滇，迫使滇王归附，设置了益州郡，然后按夜郎方式，封滇国统治者为滇王，“赐滇王印，复长其民”。之后，汉军又向西征服了昆明、嶲等彝族部落，并在这些部落居住地区设立嶲唐（今云龙县西部和保山市北部）、不韦（今保山市北部和东北部）、比苏（今泸水、云龙两县结合部地区）、邪龙（今巍山、南涧、漾濞等县）、云南（今祥云、宾川两县）、楪榆（今大理、洱源两县市）等六县，归益州郡管辖。

东汉建武二十七年（51年），嶲唐、不韦两县境内的哀牢夷部落首领贤栗率领其部民共2270户17659人至州郡西部都尉驻地嶲唐请求内附，东汉王朝就把西汉时建立的布韦等6县从益州君中划分出来，建立“益州西部属国”，并封贤栗为“君长”，派郑纯任“益州西部属国”都尉。

第四节　郡县设立及其羁縻制度

一、秦王朝前后时期

从远古时期的夏朝（前21世纪—前16世纪）开始，到战国时期（前475—前221年），以中原地区为中心的全国各地区、各民族在政治上逐步出现了统一的趋向。汉文最早的地理书——《禹贡》就出现于战国时期。

《禹贡》把中国行政区划的源头追溯到了更早的夏禹时期。所谓“禹别九州，随山浚川，任土作贡”，即“禹分九州之界，随其所至之山，刊除其木，深大其川……任其土地所有，定其贡赋之差”，今云、贵、川及周边一些地区为九州中的梁州。梁州“东距华山之南，西距黑水”，黑水即今天的金沙江、澜沧江等江河。《禹贡》说：“华阳、黑水惟梁州。岷、嶓既艺（北部的岷山和嶓冢山发展起来了），沱潜既道（沱江和潜江也疏导好了），蔡、蒙旅平（蔡山和蒙山也发展起来了），和夷氐绩（黑水流域夷人部落的生产也有了起色）。”《华阳国志》说，春秋、战国之际，蜀国在战国初期的望帝（杜宇）之时，经济文化进一步发展起来。杜宇之后三传至保子帝，便“攻青衣（今雅安），雄长僚、僰”。公元前316年，秦惠王遣张仪、司马错灭了蜀国和巴国。之后到公元前285年，“蜀守张若取笮及其江南地焉”，即把秦帝国的版图扩大到了金沙江以南的地区。

期间，彝族“六祖”后裔中的布部和默（黔）部的部分部民进入了今广西西部和云南文山州东北部地区，但他们后来大都融合到其他民族中去了。现在这一带地方的彝族，大都是后来到三国蜀汉时期及其之后进入的。进入今文山州的彝族先民，属于“六祖”系统的，先有早期的布部和默（黔）部，蜀汉以后有武部和乍部，还有不属于“六祖”系统的其他彝族部落，如昆明、巂、叟、武僰等，他们大都是从今红河州和曲靖地区进入文山州的。

秦汉对“西南夷”地区的开发和统治，经历了长时期的发展过程。秦惠文王更元后九年（前316年），秦惠王采纳司马错的建议，灭了巴、蜀两国，先后在巴、蜀之地设置了巴、蜀、汉中三郡，并在这些地区大修水利，修筑城池，使这些本来自然条件就比较好的地区很快富裕起来，秦国的声威因此远播西南边疆地区。公元前310年，分布在今滇西边境地区的丹、犁两个小部落率先接受秦的统治。到了秦昭王二十二年（前285年），蜀郡郡守张若又“取笮及其江南地”，把秦的统治势力扩展到了今四川盐源、盐边及云南宁浪、丽江和楚雄西部。

秦王嬴政元年（前246年），秦始皇登上了统一中国的政治大舞台，他“奋六世之余烈”，向南方不断扩展统治区域，进一步加强了对“西南夷”地区的经营。在秦始皇即位前就任蜀郡郡守的李冰，开始在今川滇交界的“僰道”（今川南宜宾地区），用火烧、水浇的办法开山凿石，修筑通往滇东北的通道。秦始皇统一中国后，又派常頞把李冰时修筑的僰道继续向南延伸，一直把“五尺道”修到了今曲靖附近。

由于“五尺道”的修筑，包括彝族在内的“西南夷”地区各族部落与内地的经济和文化联系便越来越密切起来。据史料记载，秦汉之际，今关中和四川之间商人来往于途，络绎不绝，出现了“栈道千里，无所不通”的商贸和人员往来盛况。他们把川西南和滇西的邛笮牛马运入蜀中，又把蜀地的铁器输入云南，进一步促进了云南彝区的经济发展。

秦王朝“取江南地”之后，一方面在“西南夷”地区开“五尺道”，打通关隘；同时也开始在云贵地区设立郡县，使“西南夷”地区成为与祖国版图不可分割的整体。《史记·司马相如列传》说，秦在邛笮地区还正式设立过郡县，但这些郡县名称却没有在文献中具体记载下来，留下了遗憾。尽管如此，以记史严谨而著称的司马迁仍在其《史记》中出现了这样的“遗憾”，后人认为，其关于秦时在邛笮地区设立过郡县的记载是可信的。

二、秦汉时期的郡县设置

秦始皇统一中国，首次建立起了疆域广阔的中央集权的封建国家，为中华多民族大统一国家的形成奠定了基础。

《史记·张仪列传》载：秦惠王九年（前329年），“十月，取之，遂定蜀，贬蜀王更号为侯，而使陈庄相蜀。蜀既属秦，秦以益强，富厚，轻诸侯”。《太平御览》引《蜀记》

载：“秦惠使张仪、司马错伐蜀，蜀王开明拒之，不利，退至武阳见获。”之后，分别在巴蜀之地设置了巴、蜀和汉中三郡，在三郡中置41个县，到汉初，调整增加到51县，并开始向南修建“五尺道”，进一步扩大地盘。

公元前206年，汉高祖刘邦建立西汉。西汉初年，封建王朝政权忙于削平内地的地方割据势力，一时无暇顾及边疆。但内地商人仍然到西南边疆继续他们的商业贸易，边疆与内地的商业往来一直没有中断。

到了汉武帝时期，经过百余年的休养生息，生产有了发展，社会日趋稳定，国力也随之不断强盛起来之后，汉王朝才重新开始对“西南夷”地区扩张经营行动。

西汉元鼎6年（前111年）以后，汉王朝派兵统一了“西南夷”地区，并先后在“西南夷”地区设置了犍为郡、牂牁郡、越嶲郡、益州郡4郡，共68县。这4郡治所大都设在彝族先民居多的地区。其中犍为郡在今川南、滇东、滇东北及黔西北地区，辖12县，首邑在僰道县治所故地（今宜宾）。越嶲郡在今四川凉山州、云南丽江地区东部和楚雄州西北部，辖15县，首邑在邛都（今四川西昌）。益州郡在今曲靖市中西部、玉溪市、文山州西北部和红河州中西部地区，南部达今越南莱州西北地区，还有除大姚、永仁两县外的楚雄州，以及大理州和保山市东北部，共辖24县。首邑在滇池县（今晋宁县晋城）。牂牁郡辖17县，首邑在故且兰县（今贵州福泉县），区域包括今贵州黄平县以西至云南曲靖市东部的富源、罗平、师宗等县，以及广西右江上游地区至云南红河州东部和文山州大部。牂牁郡是以原来的夜郎国东南部和西部地区为中心区域设置的，治所在今贵州且兰（黄平县西）。区域内有许多“僚人”和“濮人”，但属于彝族先民的“叟人”和“昆明人”较多。今文山盘龙河在西汉时记为壶水，《汉书·地理志》在记述牂牁郡都梦县部分中说：“壶水，东南至麋冷（今越南河内）入尚龙溪……”说明当时的都梦县是在今文山市、西畴县和麻栗坡县。到两晋时期，都梦县又记为都篖（唐）县。今居住桂西、文山州东部，乃至越南西北边沿地区的部分彝族，最早就是在西汉时期从牂牁郡都梦县逐步迁入的，但那段时间迁入这些地区的彝族，后来除了今富宁、广南和麻栗坡东部的部分彝族仍保留不变外，其他在迁徙途中留在砚山、文山、西畴和麻栗坡县西部地区的彝族，大部分融合到汉族和其他民族中去了，这些彝族主要是倮支系人。今居住在这些地区的大部分彝族，大都是在三国蜀汉年间诸葛亮平南中时和后来的南诏、大理国时期迁入的。文山州西部的丘北、砚山、文山三县市，广南县的西北部以及马关县西南部地区，在清朝康熙六年（1667年）以前，都属于滇中、滇南和滇东南地区彝族势力和地方行政区域长官的管辖范围之内，早已有了彝族先民居住。隋唐以后，随着东方乌蛮势力的不断扩大，这些地方的彝族人口也随之迅速增多，并逐步形成许多各不相属的大小部落。

东汉王朝继承和发展了西汉在“西南夷”地区的郡县设置，除继续维持犍为、牂牁、越嶲、益州四郡外，把犍为郡中的朱提（今云南昭通）和汉阳（今贵州威宁）划分出来，立犍为属国；另把益州郡中的不韦、嶲唐、比苏、楪榆、邪龙、云南六个县划分出来，加上新设立的哀牢、博南两县，设立了永昌郡。当时的永昌郡范围之广号称“东西三千里，南北四千六百里”，户达二十余万，人口一百八十九万，在东汉年间全国一百零五个郡中位居第二，其范围大体相当于今天的保山市、大理州、德宏州，以及临沧市和西双版纳州的部分地区。永昌郡的设立，标志着至此我国在滇西南地区的疆界已大体固定下来。

永昌郡辖区内居住着属于彝族先民的哀牢夷人、巂人和昆明人，以及濮人、掸人等多种少数民族。在设置永昌郡前的西汉时期，汉武帝时就开凿过博南山（今永平县境），前往渡澜沧江至永昌（保山）的道路，移汉民进入永昌，并新设置了在益州郡管辖之下的不韦等六个县。

东汉王朝对“西南夷”地区郡县制度的调整，使滇西地区的哀牢等彝族先民部落看到了这种制度带来的优越性，而出现了主动归附朝廷的现象。东汉建武二十七年（51年），哀牢夷中一个叫贤栗的部落首领率先派使者到越巂郡拜见越巂太守，表示愿意率其部落二千余户一万多人“内属”，汉光武帝便封他为“君长”，并把不韦等六县从益州郡中划出，另设“益州西部属国”，由汉官郑纯为属国都尉，贤栗为君长。公元69年（东汉永平十二年），哀牢王柳貌派遣其子“内属”。这时，柳貌及其儿子所代表的不只是一两万人，而是整个哀牢王国治下七十七个部落共五十五万多人众了。哀牢王柳貌“内属”之后，东汉明帝采纳了他的建议，在其故地设立了哀牢（今腾冲、龙陵一带）、博南（今永平）县，并与“益州西部属国”六县合并起来，新设立了永昌郡。全郡二十多万户，一百八十九万多人口，是当时的全国第二大郡。

两汉时期，由于地区、民族、历史、文化、风俗习惯，以及边疆与内地经济发展状况不一样等原因，中央王朝直接派出的官吏难以对彝族等各族人民进行有效的统治。为了巩固中央王朝对西南彝区的统治，一方面在彝族居住区派驻内地官吏，负责管理和稳定；一方面又任命彝区的各族部落首领做土著长官，管理本民族的一般行政事务和赋税收缴工作。在这些彝族土著长官中，见于史料记载的有滇王、夜郎王、哀牢王、邛谷王和破虏傍邑侯（今云南巍山、漾濞一带）。内地派到彝区的汉族官吏就是通过这些土著王侯进行管理的。这些王候政治上听从中央王朝的号令，经济上则需将剥削所得的一部分以贡纳的形式提供给内地派驻的汉官上缴中央王朝。这就是“齐其政，不易其宜；改其教，不易其俗”的“羁縻”政策。

郡县制度建立以前的“西南夷”地区部落林立，不相统属，相互之间不断发动战争。就如司马迁在《史记》中所说的那样：“政教未加，流风犹微……父兄不辜，幼孤为奴。”实行郡县制度以后，“西南夷”各部落人民在封建郡县制度下，下层贫民特别是奴隶的人身权利得到了一定的保护，因而在一定程度上得到了人民的拥护，过去各部落互不统属，不断发动战争，相互掳掠人口为奴的情况明显减少了。

郡县制度在“西南夷”的建立，结束了“西南夷”地区数千年来到处部落林立、互不统属的状况，成为“西南夷”地区归属于中央王朝统一管辖的重要标志，对西南彝区经济和社会发展起到了积极的促进作用。

三、三国两晋及南北朝时期的郡县设置

三国两晋及南北朝时期，西南地区的郡设置中最重要的是设立了宁州，以及牂牁分郡、兴古分郡、益州分郡、蜀郡分郡等。

宁州是从益州分设出来的，设置原因主要是益州太大，很难管理好，为方便管理，故划而小之。《读史方舆纪要》说："（云南）三国时为蜀汉地，又分益州置交州，后主建兴时改益州郡为建宁，又增加兴古、云南二郡，置庲降都督遥令交州刺史，治所在今曲靖市。"

蜀汉建兴三年（225 年），诸葛亮在平定南中后，对南中地区的郡县进行了调整，从牂牁、建宁两郡划出部分县新建兴古郡，其范围为贵州、云南和广西西部地区，治所在今砚山县境内。西晋末年，保留下来的牂牁郡又被一分为三，除东部部分仍保留牂牁名称外，其余划出部分分别建立夜郎郡和平夷郡。

西晋初年，蜀汉时期建的兴古分郡被划分为兴古、梁水、西平三郡，其中兴古在中，梁水在西，西平在东。

汉至南北朝时期，西南地区的郡县设置呈现出规模越来越小的趋势。《汉书·地理志》载，西汉时的"犍为有属县十二，越嶲郡十五县，益州郡二十二县"，牂牁郡十七县。之后又进行调整，调整后，犍为有属县九，领犍为属国二县。越嶲卷郡十四县，益州郡十七县。牂牁郡十六县，永昌郡八县。

四、隋朝时期的郡县设置

据《隋书·梁睿传》载，北周大象二年（580 年），益州总管梁睿连续两次上书大丞相杨坚，建议朝廷南掠南宁州之地。其中第一次上书中说："窃以远抚长驾王者令图，易俗移风，有国恒典。南宁州，汉世牂牁之地，近代以来，分置兴古、云南、建宁、朱提司郡。户口殷，金宝富饶，二河有骏马、明珠，益宁出盐井、犀角。晋泰始七年，以益州旷远。至伪梁南宁州刺史徐文盛，被湘东征赴荆州，属东夏尚祖，未遑远略。土民爨瓒遂窃据一方，国家遥授刺史。其子震，相承至今，而震臣礼多，贡赋不入，每年奉献，不过数十匹马。其处去益，路止一千，朱提北境，即与戎州接界。如闻被人苦其苛政，思被皇风。惟大丞相匡赞圣朝宁济区宇，绝后光前，方垂万代，辟土服远，今正其时，幸因平蜀士众，部烦重兴师旅，押僚既讫，即请略定南宁。"

这一建议当时没有被采纳，原因是杨坚忙于整治内务，恐生事端，不愿意远图。不久，益州总管、上柱国王谦发现杨坚趁北周皇帝年幼，一手把持独揽朝政，图谋不轨，周

室危机，就以匡扶周室的名义，起巴蜀之众，反抗杨坚。杨坚则命行军元帅、上柱国梁睿率步骑二十万，南下平王谦之乱，王谦不敌，很快破亡。平乱结束，梁睿便迅速收拾残局，恢复经济，稳定社会，并开拓四边之地，政绩卓著，声望日隆。《隋书·梁睿传》说："睿威惠兼著，民夷悦服，声望逾重，高祖阴惮。"

《隋书·高祖本纪》载："开皇十七年（597 年）春二月癸未，太平公史万岁击西宁西羌，平之。"司马光的《资治通鉴》也大体这样说。胡三省后来在对《资治通鉴》的注释中对此这样说道："南宁即西爨蛮，非羌。"

隋代对南宁州地区的经营基本上是不成功的，其主要原因是这些地区过去长期被一些大姓氏族，尤其是后来的爨氏统治了数百年的时间，各种地方势力盘根错节，朝廷势力很难深入进去。所以，在隋代，官方史料对西南彝区的郡县设置的记载，金沙江以北地区较为详细，以南地区则比较简略了。这些地区约在爨翫等人时归附，于开皇初设立过恭州、协州、昆州外，往后很长时间就再也没有设郡县的记载了。当然，隋南宁州总管府属下的州县设置自然不会只有这三个州，只是因为上面所说的原因，未见记录下来。

五、羁縻制度的源起和推行

《史记·司马相如列传》中，有一篇司马相如很有名的文章，叫《难蜀父老书》，其中有这样一段文字："汉兴七十有八载，德茂存乎六世，威武纷纭，湛恩汪哕，群生澍濡，洋溢乎方外。于是乃命使西征，随流而攘，东乡将报，至于蜀都。耆老大夫荐绅先生之徒二十有七人，俨然造焉。辞别，因进曰：'盖闻天子之于夷狄也，其义羁縻勿绝而已。今罢三郡之士，通夜郎之涂，三年于兹，而功不竟。士卒劳倦，万民不赡，今又接以西夷，百姓力屈，恐不能卒业，此亦使者之累也，窃为左右患。且夫邛、筰、西僰之与中国并也，历年兹多，不可记已。仁者不以德来，强者不以力并，意者其殆不可乎！今割齐以附夷狄，弊所有恃以事无用，鄙人固陋，不识所谓。'"这里所说的"羁縻勿绝"，就是羁縻一词的最早来源及其含义，字面意思就是用简单的方法维系彼此间的关系。唐司马贞《史记索隐》解释说："案：羁，马络头也；縻，牛缰也。汉官仪'马云羁，牛云縻'。言制四夷如牛马之受羁縻也。"

所谓羁縻制度，就是通过加官封爵等措施笼络、控制少数民族上层，并通过他们来实现对少数民族地区的统治。自秦汉开始在少数民族地区实行郡县制以来，朝廷除了派出郡守、县令以外，仍保留了少数民族上层原来的统治地位及其统治构架，也不干预其内部事务，实行朝廷委任的守令与少数民族君长共存的政治双轨制。

三国时期，蜀汉对南中的统治，在羁縻政策上有一个大的改变，就是承认大姓作为一股新势力，将其置于外来的流官、新移民和少数民族君长及原住民族之间，而用一种类似于对待原来少数民族的政策而又所变通的办法进行管理，即诸葛亮所采取的"即其渠帅而用之”。李京《云南志略》云：“诸部悉平。亮即其渠帅而用之。或以谏亮，亮曰：‘若留外人，则当留兵，留兵则粮加。以夷新伤破，父兄死丧。留外人而无兵，必成祸患。今吾欲不留兵，不运粮，纪纲粗定，夷汉粗安。’于是悉收豪杰以为官属，出其金银、丹漆、牛马，以给军国之用。”一些彝族首领还在蜀汉朝廷做到了不小的官，如孟获官至御史中丞，爨习官至领军将军，孟琰官至辅汉将军。诸葛亮制定实施的这一政策，深得后人推崇，唐人张柬之说这是“妙得羁縻蛮夷之术”。

南北朝以后，内地不断更迭的中央王朝对南中的统治势力实际上被削弱，形成了大姓、夷帅自行理政的局面，对内地政权的赋税供给已不存在。

第五节　秦汉时期的西南彝区经济

一、秦汉时期西南彝区的经济发展

秦汉时期，“西南夷”地区的经济发展是很不平衡的。秦到西汉时，滇池及滇中、滇东北、滇西的一些坝区，生产力发展水平较高，而远离坝子的边远地区和山区，有不少地方还停留在原始的生产状态。《史记·西南夷列传》说，邛都、夜郎以及与滇同姓的“靡莫之属”属于一种“椎髻、耕田、有邑聚”的部落经济文化类型，以同期发展水平较高的“滇人”相差不大。而同时期的“昆明人”和“巂人”，则过着“随畜迁徙，毋常处，毋君长”的游牧生活，他们之中还没有明显的阶级分化。

东汉时期，云南彝区的生产力水平有了一定的提高，农作物种植开始引水入田种稻。王莽时期的朱提（昭通）地方官文齐组织人修“龙池”（千顷池）灌溉稻田，继而又在滇池周边造稻田二千余顷，引水种稻技术逐步推广开来。牛耕技术也在这段时期传入了彝区，原来以锄耕种旱稻为主的种植形式逐步转变为引水造田为主的畜力耕作种植农业，农业生产面貌发生了很大变化。

东汉时期，手工业也有了进一步的发展。矿产的开发除西汉时期已有记载的俞元（今江川、澄江）、律高（今通海、河西）和贲古（今个旧、蒙自）外，又有了双柏（今双柏、新平、易门一带）、博南（今永平）、晋宁、不韦（今保山）等地的金、银、铁及玉石的开发。随着各种矿产开发量的增多，各种制作金属器具的手工业生产也随之发展起来。

两汉时期，中央王朝为了巩固封建的郡县政治制度，采取了移民垦殖措施，即从内地迁移部分汉族人口到彝族居住区进行屯田。这些到彝族居住区开展屯田垦殖的人主要由三部分人组成：一是内地汉族中的地主、商人，他们在内地招募汉族农民到西南彝区为他们种田，然后将屯田中所收获的谷物和牛、马、猪、羊及家禽等上交给郡县官吏，以供官吏和当地驻军食用，然后由当地官吏发给凭证，到内地府库中支领相应的钱粮。二是一部分极度贫苦的农民，他们在内地因受剥削和压迫太重，无以为生，便响应官府号召，应招募而来。三是在内地犯罪，被官府发配、流放而来的犯人。同时，也有一部分靠近彝族居住地区的汉族人口，在设立郡县后，主动流入彝族地区垦荒。进入云南彝区的移民主要是从僰道进入，大体上有两条路线：一条是从僰道（今宜宾）南下，经朱提（今昭通）、味县（今曲靖）、滇池、云南（今祥云）而抵于不韦（今保山东部）；另一条也是从僰道县开始，然后往东南，经牂牁江（今北盘江）流域地带（今贵州西部）而抵于且兰（今贵州黄平、福泉一带）。这些移民垦殖范围大都集中在以上地区的交通沿线和平坝地区，以及郡、县治所住地周边。

将内地汉民迁移到彝族地区屯田的政策，是两汉王朝在经济、政治以及军事上，能够得以在广大彝族和其他少数民族地区进行有效统治的原因。与此同时，一些地方的彝族接受了汉族的先进生产技术，铁制的生产工具也越来越多地被彝族人民所使用。在云南晋宁，贵州清镇、平坝等地，铁制农具的使用已相当广泛。在台登（今四川西昌泸沽）、会无（今四川会理）、滇池（今云南晋宁）、不韦（今云南保山）等地，铁矿已被直接开采使用，从而明显地提高了生产力发展水平。随着冶炼铸造业的发展，还出现了一些铸上产地名称的铁器产品，如产于今东川、会泽、巧家一带的“堂狼造”，产于今昭通一带的“朱提造”等。年代最早的应为“建初八年”（83年），最晚的为“建宁四年”（171年），都是东汉中晚期的产品。

朱提（昭通）不仅有发达的铜冶业，银的冶炼业也较为发达。王莽时期发行的新货币中有“银货二品”，其中之一品就是“朱提银”，而且规定其价格比其他地区所产银的价要高一倍半，可见“朱提银”质量之好。而在滇西地区，则以发达的纺织业而著名。《后汉书·西南夷列传》说，永昌（保山）地区有蚕桑，有毛织品（罽叠）、棉织品（帛叠），还有麻织品，被称为“兰干细布”，用木棉织出的“桐华布”更是享有盛名。

在生产力进一步提高的情况下，生产关系随之发生了变化。从东汉末年起，在滇东北、滇池周边等生产发展较为先进的地区开始出现了“大姓”，他们就是“夷化”了之后成为彝族“头人”，并拥有“部曲”的汉族移民后裔。这些“大姓”与彝族中的“世家大族”相类似。从东晋时期“大姓”墓葬中出土的文物来看，他们既有鲜明的彝族特点，也保留着当时内地汉族文化的许多特点。

二、内地移民在西南地区的垦植活动及其影响

两汉时期，中央王朝为了巩固在西南彝族地区建立起来的郡县政权制度，采取了将内地汉族农民迁移到彝族地区进行屯田发展措施，这些措施兼有政治和经济上的重要意义。

与此同时，内地汉族文化随之渗透到了彝族地区，并逐步被一部分彝族人民所接受。如三国初年的孟获（彝语称阿武）的祖先孟孝琚12岁时，就到内地学韩诗，其后代为他立了《孟孝琚碑》。东汉章帝元和年间，王追任益州太守时，兴办了学校，使汉文化在彝区得到范围较广的传播，进而发挥了"渐迁其俗"的作用。

两汉时期，先后被派遣到彝族和其他民族地区的太守、县令等官吏，有部分人思想相对开明，民族政策有相应的调整，当地少数民族与汉族移民之间可以相互沟通、了解、团结，共同发展生产，从而对巩固祖国统一发挥了积极作用。如东汉初年做益州太守的文齐，他注意搞好汉彝关系，能够较好地团结益州的彝族等各族人民，修建水利灌溉设施，发展农业生产，得到了人民的拥护。当时公孙叔占据蜀地后，隔断了益州与内地的联系。公孙叔威胁文齐投降，他不但拒不答应，而且在彝族等各族人民的支持下，粉碎了公孙叔分裂国家的阴谋。又如东汉明帝时期担任益州郡西部都尉的郑纯，也比较注意搞好民族团结，从而保持了边疆民族地区的社会稳定和生产发展。又如张翕在任越嶲郡太守期间，对当地彝族等各族人民不作过多的苛扰，各族人民和睦相处，使之有更多的发展空间，彝族人民因此很爱戴他。张翕后来死于越嶲太守任上，彝族人民悲伤如丧父母，派出二百余人带着牛、羊等祭品，把张翕的遗体送回到他的老家安汉县（今四川南充），并为之起坟祭祀。其后，东汉王朝利用张翕在越嶲郡彝族中的影响，派其子张湍去做太守。张湍不但不循其父之道，反而苛刻侵扰彝族人民，甚至逼得一些彝族人民起来反抗，但许多彝族长老仍念其父张翕之功，劝人们不要反抗。可见，彝族人民对施行有利于民族团结，有利于生产发展政策的汉族官吏是尊敬不忘的。

第六节　两汉时期彝族人民的反抗斗争

剥削阶级即使能为历史提供一些新的东西，也是伴随着武力征服和残酷的剥削和压迫进行的，两汉时期郡县制度的建立就是这样。中央王朝在云南及其周边地区设置郡县制度，对这些地方带来了政治、经济和文化的影响，在西南彝区曾产生过积极的历史促进作用。按照历史唯物主义的观点，我们应当肯定其在那段时期的这种历史作用。但随之而来的却是封建官吏们对少数民族的残酷剥削和压迫，他们在吸取人民血汗中"富及累世"。

在统一的多民族的古代中国，阶级剥削是一种必然的社会过程。在这一过程中，民族压迫和阶级剥削不可避免，这就不可避免地会引起压迫者与被压迫者之间的斗争，加之一部分人为发展自己的势力而挑动民族纷争，使当时的民族矛盾与阶级矛盾相互交织，错综复杂。因此，在两汉时期，特别是到汉末期，以彝族为主的西南地区各族人民不断兴起反抗压迫和剥削的起义。

西汉昭帝始元元年（前86年），益州郡的廉头、姑缯（今大理洱海地区）人民首先揭竿而起，牂牁郡的谈指（今贵州兴义、贞丰）、同并（今弥勒、泸西及丘北和砚山西部的部分地区）24个部落的人民群起而响应，起义队伍达3万多。西汉王朝派兵镇压，但人民是杀不尽的。

3年后，滇西的姑缯、叶榆再次起义，这次起义从滇西一直打到滇池地区。起义军杀了4000多官兵，把益州郡太守都杀了。次年，朝廷又派田广明、王平率官兵对起义军进行血腥的镇压。统治者还采取“以夷制夷”的反动政策，命句町侯亡（毋）波派军队参加官兵镇压起义军，终将起义镇压下去。官兵在镇压起义中大肆杀人掳掠，杀了5万多人，抢走牲畜10余万头。此时的句町侯因参与官军镇压农民起义有功，被升格成为句町王。

东汉王莽篡权以后，社会矛盾十分尖锐，加上王莽实行民族歧视和残酷的镇压政策，激起了云南各族人民的大起义。

王莽始建国元年（9年），一贯主张复古的王莽声称“天无二日，土无二主”，是“百王不易之道也”，说“四夷称王”是“违于古典，缪于一统”的事情。因此，他下令四夷称王者都改为侯，并派“五威将”去各地收缴王印。面对王冠被削去，利益受侵害，过去曾参与朝廷镇压人民起义的句町王一反常态，便利用人民的反抗情绪率先进行“反莽”，并得到了各地少数民族人民的纷纷响应，起义很快遍布了云南各地及周边地区。起义军杀了益州贪官污吏，多次打退了王莽的将领冯茂率领的巴蜀士卒的围剿，起义坚持了3年之久，使王莽在一怒之下杀了冯茂。然后又派廉丹等将领率陕甘地区天水、陇西骑士，以及巴蜀、犍为等地地方兵共20万士卒前来镇压，又打了3年，官兵死者数万，其中饿死、病死者十之六七。此时，起义的领导者早已不再是句町国的少数上层人物，而是来自滇西和滇中地区的栋蚕、若豆、孟迁等各族领袖人物了。起义军不但没有被镇压下去，而且越来越多，直到王莽政权垮台。

地皇四年（23年），王莽大赦天下时，指明若豆等不在大赦之列。可见王莽对这些起义军的主要领袖人物是何等的畏惧与痛恨。之后不久，王莽政权被内地的绿林、赤眉等农民起义军所推翻。在摧毁王莽政权的斗争中，云南各族人民的起义发挥了很重要的配合作用。

东汉建武十八年（42年），在今天的四川盐边到云南大理、楚雄及滇池一带，又一次爆发了以彝族为主的民族反抗斗争，起义军杀了许多贪官污吏，震撼了东汉王朝。

由于民族压迫、封建阶级剥削而引起彝族人民的反抗斗争，以及封建阶级的残酷镇压，使斗争在给封建王朝以沉重打击的同时，也给彝族地区的生产发展带来了严重的破坏。仅东汉安帝年间的起义，朝廷军队就杀害了3万多各族人口，造成了彝族聚居地区到处尸骨堆积、千里无人烟的悲惨局面。到东汉熹平年间，彝族人民起义被镇压下去以后，人民陷入了极度的饥饿困苦之中。当时，上千的钱才能换一斗米，而一个劳动力一天才能换得两三文钱。彝区到处生产停顿，土地荒芜，人民流离失所。

第七节　秦汉时期的彝族文化艺术

文化是物质和精神的统一体。秦汉时期，以彝族为主要构成体的“西南夷”各族人民，一方面保持着自己独特的民族区域文化特色，一方面又随着郡县制度的建立，内地汉文化的影响也随着汉族移民的不断增加而逐步扩大。

西汉初期，“西南夷”地区除了彝族中为数很少的人学习使用本民族文字外，其余大多数都还处在刻木、结绳记事阶段，使用自己民族文字的人很少。郡县制度建立以后，随着汉族移民的迁入，以及在政治、经济、文化各方面与内地联系交往的日益密切，汉文字才在“西南夷”地区被逐步推广开来，到了东汉时期得到了进一步的传播。东汉明帝时，益州太守王阜在滇池地区开办教育，“兴起学校，渐迁其俗”。中华人民共和国建立以后，在昭通发现的三国时南中“夷帅”孟获的先祖《孟孝琚碑》，据碑文记载，孟孝琚曾“受《韩诗》，兼通《孝经》二卷”。《华阳国志·南中志》也说昭通地区“其民好学，多士人”。昭通地区在当时是彝族最主要的聚居区之一，所说的“士人”，指的自然是彝族了。

彝族自古以来就是一个能歌善舞的民族，一些考古发现的青铜器物装饰图上，可以看到各种精美的造型艺术和丰富多彩的舞蹈形象。如至今在川西南和滇西一带彝族地区仍然还在跳的“锅庄舞”；以葫芦笙、铜鼓伴奏的各种舞蹈，则类似于至今富宁一带彝族还在跳的铜鼓舞，还有各种各样的“杖舞”“羽舞”“大夏舞”“大武舞”等。

古老的彝族文化艺术，其主要表现在龙虎文化、青铜文化、宗教文化，以及历法文化等几个方面。

一、彝族的龙虎文化

从远古到秦汉时期，一直生活在祖国西南地区人数最多的土著民族——彝族先民就已出现了以龙为图腾的观念崇拜，并认为彝族是龙的子孙。“龙”字在彝族不同支系或方言彝语发音中读作罗、那、牢、诺、卢、洛等。汉语的古音读法：一是明母部读音为“龙”，与马、蟒同音；二是并母部读音为“庞”，与彭、封、丰、帮同音；三是微母部读音为“武”，与易、夷、鳄、吴同音。约在西周时期，四川蜀地的彝族先民建立起了蜀山氏部落联盟国家，汉文记载其首领名为烛龙。《说文·段注》说，“龙”在古蜀字中的字形，如似篆体汉字的“罗”，指的就是一种蛇。“烛龙”的彝语发音为“章母”。现今在文山一些彝族支系语中，仍将头人称为“章母”或音异为“当木”“达木”等。彝语的“支格阿龙”注音为“zhxge axlu zhyxge”，与“烛”相当，axlu 就是“龙”的意思。文山彝族乃苏支系人叫“支格阿龙”为“支嘎阿洛”，发音稍有变异，说的都是一个人。所以，蜀地的彝族先民是崇拜龙的。到周武王伐纣时，蜀国便与庸、髳、微、卢、彭等龙部落亲族一起参与了伐纣的战争。

在滇西的古代彝族武、乍、昆明等部落融合为“哀牢夷”后，也产生了“龙生夷”的神话。《后汉书》《华阳国志》等史书对此都有记载。当时住在哀牢山下的“哀牢夷”妇女沙壹，在水边洗衣时触碰到水中沉木而感孕，后生下了九子，沉木化为龙出水寻子，寻得最小一个儿子取名九隆。之后，九隆成了哀牢王国的开国国君。这个“龙生夷”神话，在蜀汉时诸葛亮平定南中彝族反抗后，还加以承认，并予以尊重。彝语“牢博”，即汉语中的龙山。哀牢国的开国国王九隆，就是后来唐朝时期的南诏国王族之祖。

在滇池地区，彝文文献记载，鹰部落和蛇部落联盟首领支格阿龙是龙养育大的，并说“滇濮殊洛”（滇池）地方的人是龙繁衍出来的。支格阿龙建立了古滇王国，后死于与蛇（龙）部落的纷争中。在随后的公元前前1世纪的古滇王国，即为彝族的蛇（龙）部落建立的部落联盟国家，彝语称为实家和勺家。彝文史书《西南彝志》记载实、勺两家的城墙上立有蟠蛇拱卫。在考古发掘出来的滇国文物中，许多用青铜制作的兵器、扣饰、贮贝器、祭祀用品等器物上的装饰，大都使用蛇（龙）形图案，如蛇柄铜剑、蛇剑鞘、三鹿蛇铜戈等。就连后来西汉王朝赐给滇王的金印也装饰有蟠蛇纽。在古滇王国的农业中孕育出来的宗教祭祀礼仪中，反映在晋宁石寨山13号墓出土的一件“干栏式”铜房模型上的图案，就是在祭祀神灵（蛇、龙）时的男女交媾图。这说明，在当时人们的宗教观念中，视蛇（龙）、人、物三者为有灵之物，他们之间存在着神秘的血缘关系。石寨山8号墓出土的6件编钟，钟身上有蜿蜒的龙蛇图象。

《华阳国志》说，贵州彝族先民部落夜郎也是崇拜龙的，但夜郎的“龙”后来被转化为用从水边来的“竹”来代替了。这种“竹”的影响，在现在的贵州大部、云南的曲靖和文山的东南部，以及广西西部的许多彝族中仍然存在着。在文山州，这种蛇（龙竹）崇拜在许多彝族支系中表现得尤为根深蒂固。富宁彝族倮支系人村寨，每村都种有供祭祀用的“龙竹”，而在其他不少彝族支系中，在村寨附近的“龙山”中，都选定有一棵或几棵挺拔高大的“龙树”。每年农历二三月，各村寨的“祭山头”都要选一个“龙”日，组织村里的男人到龙山中杀羊、杀牛、杀猪祭龙，诵彝族古经，述说彝族传统，追溯祖先源流。“祭龙”活动中不许女子参与，说明这种“祭龙”活动的历史已经十分久远，它最晚出现于原始母系社会即将解体和父系社会即将出现的时期。

从以上“龙”崇拜的现象中可以看出，彝族的原始和原生图腾是龙图腾崇拜，因为它与彝族先民的关系而被幻化成为亲族关系，即“龙生彝族”的关系。在母系氏族社会末期，由于父权制的兴起，龙图腾便让位于对父系英雄——祖先的崇拜而成为追溯民族产生的历史“活化石”了。同时，也由于父系英雄们担任了历史发展的主角，需要树立自己的权威，以便号令部民对外开疆辟土，于是便产生了对大自然中的猛兽凶禽的崇拜。而在众多的动物中，虎因其有凶猛、威严的形象和力量而成为动物中崇拜的首选。彝族创世史诗

《梅葛》中说："世间的东西要算老虎最猛了。"于是，虎死后而化为万物，它的四肢大骨成为擎天大柱，也因为其力量大，地球也被它推动而旋转。于是，部落酋长们也就披上了虎皮，以此显示虎的威力。由此，虎就成了英雄和权力的象征，以及财富和荣誉的标志。彝族有一首古歌这样唱道："穿上虎皮戎装才配得上称英雄，才算是勇士。"从南诏王穿虎皮，到清代武定那氏土司坐虎皮椅，彝族王者们总是少不了虎皮。虎皮成了彝族统治者显示权威不可缺少的重要标志。而虎作为彝族的一种文化符号，其全部的文化内涵可简明地概括为：动物崇拜——男性象征——英雄象征——权势象征。

二、彝族的青铜文化

从公元前7—前1世纪，即春秋至西汉时期，西南地区彝族人民就创造了光辉灿烂的青铜文化。据彝族史书记载，彝族人民的青铜冶炼，在阿普笃慕居住在洛尼山的时候就开始了。在滇池及周边地区，则在支格阿龙时期就有了开铜矿、炼铜、造铜器的记载。在古滇王国时期，彝族人民的铜冶炼技术已经达到了很高的水平。古滇王国的青铜器可分为武器类、乐器类、生活用具类等。武器类中有剑、戈、矛、钺、镞、啄、护腕及其他各种长柄兵器；乐曲类有铜葫芦笙、铜鼓、编钟等；生活用具类中有釜、勺、匕、豆、尊等，以及衣服扣饰等各种装饰物。其他还有房屋造型，六畜及虎、豹、鹿、碧鸡（孔雀）等野生动物造型，以及图腾崇拜物蛇（龙）、鹰造型。

彝族早期的青铜器以楚雄万家坝出土的铜鼓和祥云大波那出土的青铜棺为代表。楚雄万家坝铜鼓制造年代距今已有近7000年的时间了，这尊铜鼓是目前世界上已知铜鼓中最古老的。彝语称铜鼓为"几者谷"。过去，一些学者误认为彝族从来没有使用过铜鼓，但根据出土的铜鼓文物分析，以及彝文史料记载和彝族人民中的口头传说，彝族不但是使用铜鼓最早的民族之一，而且是制造铜鼓最早的民族之一。这种制造、使用铜鼓的历史，在彝族史书《西南彝志》中就有多处记载。文山州被誉为"铜鼓之乡"，是全国保存铜鼓最多、种类最齐全的地区。广南黑支果、丘北双龙营草皮、砚山阿基、富宁木央、文山古木等许多地方都出土过汉代乃至春秋战国时期的铜鼓。这些地方都是古代彝族居住过的地方，至今仍有不少彝族。虽然我们还不能肯定地说这些铜鼓就是古代彝族先民留下来的，但至少可以看出古代彝族与铜鼓的关系是很紧密的。富宁县彝族世代传唱的《铜鼓歌》中，把开铜矿、炼铜、造铜鼓、使用铜鼓、保护铜鼓，以及铜鼓的用途变化叙述得十分清楚，是目前有关铜鼓传说中最完整的。丘北腻脚乡与砚山平远镇相交处的腻革龙大城山，是明末时期彝族土司沙、普（万）反明时的最后战场。据民国《丘北县志》记载，民国年间，当地的彝族人在战场遗址上发现了一些战时的遗留物，其中就有铜鼓，说明当时以彝族居多的沙、普（万）军队在战斗中就使用过铜鼓。而《广南府志》中却说，铜鼓是汉朝时的马伏波所遗留，这自然是不可信的。因为在中国内地，历史上从来就没有使用过铜鼓的记载，马伏波也就不可能有铜鼓遗留在广南了。

秦汉以前，滇池地区的彝族人民制造青铜器的技术水平是很高的，而且具有鲜明的区域和地方民族特色。这种技术水平不仅表现在能制造出不少罕见的青铜器物珍品上，而且表现在一般青铜器物的质量水平上。这些青铜器物不仅有着对称和端正的外形，而且花纹图饰十分精致。在制造青铜器初期使用圆圈纹、连圈纹、回纹、人字形纹等几何花纹基础上，又创出了同心圆纹、切线圆圈及三角齿纹等。在动物图饰方面，无论是人或人以外的动物形象，不但逼真，而且比例相当准确，其表现方式都是采用写实主义的艺术手法。有些青铜器物面上，还作了镀锡、错金、鎏金处理，或以玉石镶嵌图案，光彩夺目，完全可以与同时期的国内外著名的青铜器制造艺术相媲美。

根据用现代科学技术手段检测分析结果表明，滇池地区彝族等少数民族在制造这些精美的青铜器物时，已经能够根据不同器物的使用用途和需要，使用不同的铜、锡比例进行配料。兵器中掺锡较多，约占百分之二十，以使其坚硬锋利。而其他装饰物中，锡的比例只有百分之十，硬度不高，因而可以任意使其弯曲变形，便于制作加工各种复杂器物。这样的比例是很有科学性的。此外，对一些复杂人物和动物服饰的器物制作，则采取分范合铸的方法，反映了其制范工艺和浇铸水平也是比较高的。

西南地区，尤其是云南，有丰富的铜、锡等矿产资源，这是滇池地区青铜文化得以较好发展的重要条件。史料记载，邛都（今四川西昌）、俞元（今云南江川、澄江）、来唯（今云南红河州南部与越南连接地区）三县出铜。贲古（今云南蒙自县、个旧市和文山市西部）、律高（今云南弥勒）两县出锡，这些就是滇池地区制造青铜器的原料基地。到公元前2世纪时，西南地区彝族已由青铜时代过渡到铁器时代。云南晋宁石寨山出土的青铜生产工具中，到西汉中期以后，已出现了不少的铁制工具，如锛、削和铜柄铁刃斧等。《续汉书·郡国志》记载说，到西汉中期，台登（今四川西昌与云南结合部的泸沽）、会无（今四川会理）、滇池（今云南晋宁）、不韦（今云南保山）铁矿已被开采出来并进行冶炼加工。

三、彝族古代宗教文化及彝文起源

在生产力十分低下的远古时期，许多民族都曾产生过自己的自然崇拜物。彝族最古老的崇拜物与当时的生产生活环境密切相关。贵州彝文史书《人类历史·帝王世纪》说，从彝族史祖希弭遮（希幕遮）下传到第20代的武洛撮时，武洛撮生有12个儿子，其中有11个都变成了虎、猴、熊、蛇、蛙、虾、鸡、犬和其他动物。从考古资料和汉文文献记载看，远古时期的西南彝族先民，在这些动物崇拜中，对蛇（龙）的崇拜尤为突出，蛇（龙）在当时已成为彝族人民全体的崇拜之物而凌驾于其他崇拜物之上，并把民族的起源与龙的血缘联系在了一起。但是，随着生产力水平的发展和提高，这种蛇（龙）崇拜的形式便逐渐转化成了对其祖先的崇拜。晋宁石寨山出土的青铜铸图像中，有3件题材和布局基本相同的铜饰物上面都雕铸有祭拜仪式的场面，其中3号墓出土的铜饰物，图像整体为“干栏式”建筑屋，房屋下半部是巨型木桩架设起来的平台，台高与人身高相当。平台周围有栏杆，平台后半部建有木结构房屋，与今天一些地区彝族的木楞房相类似。麻栗坡县董干镇城寨一带彝族白倮人的住房，就近似于这样的房屋。这件出土的铜饰物上的房屋，两山向外伸出，其下各挂一个牛头；房屋有前照壁，照壁正面设有一个神龛，神龛内供一个“椎髻”的男子头像，其下置一面铜鼓；平台栏杆上挂有猪腿等一些肉类食品。栏杆前的走廊上跪着5个人，前面置一案板，案前有4个人在跳舞，旁边还有3个人在敲铜鼓。这种肃穆而令人胆寒的祭祖仪式，是绑杀俘虏或剽掠人头来祭奠的。

滇池地区彝族宗教从动物崇拜发展到祖先崇拜时，已经建立起了宗庙（社庙），上面所说的3件“干栏式”铜制房屋模型，就是古人用来祭祀祖先专用的庙宇。宗庙祭祖，是灵魂不灭宗教观念的具体体现。祭祀者认为过世了的祖先人虽死而灵魂不会死，只是灵魂暂时离开了躯体，他们仍然在阴阳界之间存在着。因此，作为他们的后代，对祖先必须虔诚地加以供奉和祭奠，并请通神鬼的巫师占卜，以便得到神示，祭之以牺牲，祖先的灵魂才会护佑后人、降福于后人。在文山州的彝族中，这种崇拜祖先灵魂的观念仍然比较普遍，并认为死去的人不但灵魂不死，而且这种不死的灵魂有三个。人死后的三个灵魂中，一个被送回到了祖先故地，一个在墓地护佑风水，一个在家接受后代子孙随时供奉。认为家族家业要兴旺发达，就要占有“三块土”：一是一块好田好地；二是一块有“龙气”房屋座基；三是一块有“龙气”的祖坟墓地。这样的祖先崇拜思想观念，在之后的发展中逐步形成了彝族社会的“巫鬼制度”。

《西南彝志》中这样记载说，军人习武和祭祀祖先，是“六祖”各部落活动中的两件大事，这些活动都是按照“君施权，臣断事，师祭祖”的管理体制来进行的。其他还有《勒俄特依》《梅葛》《查姆》《布尼布卓》《阿细的先基》等许多彝族古书和传说中，都有类似这样的记载。这些彝族古书在叙述彝族历史的同时，以祖先崇拜为主题，大多是颂扬祖先的赞美之词。

滇池地区出土的青铜器物中，还有“龙舟竞渡”画面装饰的文物还不少，而且都表现得生动形象。彝语称船为“牢”，与“龙”音相近。滇池地区的彝族在祭祀活动中还举行“洼牢”（划船）比赛，即用开展巫舞龙舟的竞赛活动来祭祖娱神。广南县出土的汉代“竞渡铜鼓”，鼓身上也有这种形象生动的羽人竞渡画面，说明它与滇池地区的青铜文化关系密切。

文字的发明创造，是一个民族从野蛮社会进入文明社会的重要标志。在中国的56个民族中，自己创造有古老文字，并形成完整的文字体系，留下浩瀚文字史料古籍的民族并不多见，而彝族是这不多见中的几个民族之一。

关于彝族文字的起源问题，同其他许多民族文字起源史一样，是一个很难说清楚的问题。事实上，包括中国在内的世界许多有古老文字的民族，其文字的发明、形成和发展都是一个渐进的历史过程。现在我们还只能说，彝族文字是很古老的，甚至同汉字一样古老，是世界上最古老的民族文字之一。

当然，最早的源头还是可寻的。在西安半坡出土的陶器上，有115个5000多年前的刻画符号，开始时不少人说这些符号不是文字。1959年和1961年，时任中国科学院院长的郭沫若先后两次到半坡考察，最后说这些符号是中国最古老的文字。但当时的专家们，都不能识别出文字的含义来，说明他不是汉字。后来经过专家们不断深入研究，在这115个古老文字中，有15个与古彝文完全相同，其他大多数也与古彝文相近似，四川、云南、贵州的彝族学者都能识读这些文字，说明彝文的创造发明，至今已有5000多年的历史了。在云南昭通发现的汉墓壁画上有两个字，一个像汉字中的“米”，一个像“火”。实际上，这是两个彝族文字。像汉字中“米”字形的，彝文意思是“影”；像“火”字形的，彝文意思是“魂”，合在一起就是彝语中的“灵魂”。这说明彝文的使用，在2000多年前就很普遍了。有些汉文书上说，彝文是唐朝时期马龙州（今曲靖市马龙县）一个叫阿珂的彝族人创造出来的，这显然与历史事实不符。不过，这样的说法也有一定道理，因为阿珂曾对彝文做过一些规范工作。另外，今四川博物馆保存的三星堆文物和金沙出土的古代蜀国兵器上也有一些古文字，但不是汉字。四川省科协的高级工程师钱玉趾先生经过多年研究，认为这些文字从字形和语法上看，都跟彝文完全一样，其中有一柄铜戈上的符号可以用彝文读为“诺苏使用的铜戈”。“诺苏”是彝族自称，至今包括文山州在内的许多彝族仍这样称自己为“诺苏”。1989年11月23日，新华社一篇相关电讯中，说四川发现的古兵器上刻铸的符号就是彝文，而且这些文字的书法相当精美，与同时代任何文字的书法相比，都是上品，说明彝文在3000多年前就已经在使用，而且书写已经很成熟了。另外，弥勒县金子洞坡石崖上现今还留存着10个古彝文标本，可释义为汉文中的天、地、人、礼、屋、女、三、对、别、敬。这10个古彝文字是与新石器时代的岩画同时刻画上去的。在四川三星堆出土的文物中，还有7个古彝文字，可释义为汉文中的神、敬、死、门、看、面。在古夜郎国的中心地区也发现了铜铸的古彝文。晋代常璩在他写的《华阳国志》中说：“夷中有能言议屈服种人者，谓之耆老，便为主。论议好譬喻物，谓之‘夷经’。”这就是说，在1700多年前的西南彝区，彝文经典在社会上已经广为流传了；有一点知识的人们在讨论问题时，都会引用“夷经”中的经典名句，并以此为根据。

彝族历史文献中对彝文创制人有不同记载，民间也有不同说法流传。过去有不少彝族学者认为，彝族文字的较早创制者有两个人，一个叫伊阿伍，一个叫恒本阿鲁。如果按西安半坡出土古陶器上的彝文时间算，那么，伊阿伍和恒本阿鲁也只能算是后来对彝文进行规范的人，因为彝族文字的最终形成，是在长时期的不断完善中完成的。四川省博物馆保存铸有彝文的古铜戈，其制造时间在2400年左右，大约就在伊阿伍、恒本阿鲁规范彝文时期。这种文字就是当时蜀地彝族使用的古彝文。汉文献中将这种古彝文字记为“左言”，发音与彝语结构一样。据《后汉书·西南夷传》记载，西汉元鼎6年（前111年），汉武帝在川西设立汶山郡时，当地的冉駹夷（今四川阿坝州）就有“文书”了。冉駹西部的“白狼”部落（今四川阿坝、甘孜、昌都一带）向汉王朝进献了一首“白狼歌”，歌词中的许多词汇与彝语相同，这可以算是汉文历史文献中最早对彝文的记载。

彝文从开初创建到成熟，是一个不断发展和完善的过程。据彝文史籍《书的产生与制作》记载，彝文从开始创制以来，先后经过了8次整理和规范，而唐代马龙州的阿珂是第8次，也就是在古代最后一次规范彝文。

彝族文字和彝文典集中反映了彝族人民在不同时期的经济、政治、社会、宗教、文化和思想。彝族史书上的很多重要史料，在汉文史书中是找不到的，即使能找到，也是只言片语，记述得很简略。几千年流传下来的卷帙浩繁的彝文史料典籍，是祖先给后代彝族留下的最宝贵的精神财富。

四、闪耀科学光辉的彝族古代历法

西南广大彝区地势复杂，山脉、江河既有东西向，又有南北向；高峰深谷相间，平坝湖泊相依，“一山分四季，十里不同天”。在这样复杂的地形和气候条件下，人们要把生活维系下去，就不能不注重了解山河的走向，关注气象变化的规律。因此，在漫长的社会历史发展进程中，彝族人民逐步形成了群众性的“观天象，察地理”的习惯，并出现了恒史楚、苌弘、鹤冠子、落下阁这样一批才华出众的天文历算家。在古代，彝族的天文历算知识是很丰富的。天文知识既有书面记载，又有多种多样、丰富多彩的民间天文气象谚语代代相传。彝族历法中有阳历、阴历、阴阳合历，有十八月历、十二月历和十月历。由于居住区的不同和支系间的差别，各地在历法使用上也产生了一些差异。

彝族的十月太阳历，是中华民族的一项伟大创造。

中国历史上的第一部历书，是被孔子认定为产生于夏代的《夏小正》，至今已有4000多年的历史。而产生于夏代的《夏小正》，就是今天彝族中仍然在使用的太阳历。中原地区，这种被称为《夏小正》的历法，在夏朝灭亡后不久，便在中原地区失传了，而在西南地区的彝族中却一直传承使用至今。

为什么说彝族至今使用的十月太阳历，是中华民族的伟大创造呢？因为建立夏朝的人是大禹的先辈，而大禹的祖先和彝族的祖先是同一氏族族群，所以在创制《夏小正》，即十月太阳历的人中，有汉族，也有彝族。现在使用的夏历是十二月历，是后来才创制的，不是《夏小正》中的十月历。彝文史籍《坤阴运年史》中，在追溯到乾阳运年时代希弭遮（希慕遮）时，彝汉祖先是同源的。到公元前2600年左右，这一族群才分开为两部分。分开各自立国后，在西南的彝族部分的世系是“恒毕索一世，毕索堵二世，堵海举三世，海举阿郁四世，阿郁笃勒五世，笃勒策汝六世……”这个世系后来发展成了以彝族为主的彝语支各民族。而北部部分世系是“特毕德一世，毕德珠二世，珠处叟三世，处叟尤武四世，尤武撮额五世，撮额大禹六世……”这个世系后来进入中原与其他族群融合后建立了夏朝，并与中原的许多民族融合为早先的华夏民族。

十月历在夏朝以后的中原地区就不再使用了，而只有大西南地区的彝族一直在沿袭使用着。1934 年，中国西部科学院组织 12 位科学家在彝族聚居的四川雷波、马边、峨边和屏山县考察时，无意中发现了彝族还在使用的十月太阳历，并将其记述在第二年他们发表的考察报告中。但是，这些科学家都是搞地质学、动物学和植物学研究的，没有天文学方面的专家，所以没有将十月太阳历的内容要素记述清楚。到了 20 世纪 70 年代以后，中国社会科学院研究员刘尧汉（彝族）、南京大学天文系主任卢央、中国自然博物馆研究员陈久金等专家通过深入的考察研究后，撰写出《彝族天文学史》，才把十月太阳历完整地展现在世人面前。

彝族十月太阳历的发现是天文历法研究中的一件大事。中国近代天文学的奠基人，曾任职南京紫金山天文台台长 42 年之久的张钰哲教授对此很兴奋地说，彝族太阳历的发现“开辟了天文史中一个崭新的研究领域，即可以十月太阳历为基础，研究探讨阴阳五行、十二兽记日和八卦的起源问题”。法国海外科学院于 1990 年 1 月 5 日在巴黎举行“《中国彝族十月太阳历专题讲座》”，由法国著名天文学家乔治主讲。现今，彝族太阳历的研究已引起世界天文学界的广泛关注。

据相关彝文史料记载，早在远古的父系氏族社会时期，彝族就有了“记年树”和“记月石”的记载，之后便不断地得到进一步发展和完善，并取得了很高的历法水平。对此，《西南彝志》《宇宙人文论》等彝文史书都有记载。《西南彝志》记载：“一年分十月，一月分三十六夜。”《宇宙人文论》记载：“一年十个月，分冬、春、夏、秋四季。”许多彝族专家学者认为，夏朝时期创立的《夏小正》，应当有彝族“记年树”“记月石”的元素。

十月年，是彝族人的传统节日。在历史上，彝族人民曾长时期使用过这种具有严谨的科学依据的十月太阳历，并习惯过与之相应的十月年。汉文史书中也有这样的记载：“南诏以十二月十六日谓之星回节。”夏历十二月十六日，即为彝族十月年的年末。所谓星回节，说的就是十月年。明朝以前，西南地区彝族人民一直沿袭着“十月到，猪羊叫”的传统过年习俗，后改为同内地一样过春节的时间才不过四百多年的历史。由于历史的原因，特别在明朝以后，进入彝区做官的一些朝廷官吏明令彝族人衣冠、葬俗“俱遵令式”以后，彝族人民过十月年的习俗才逐渐趋冷下来，人死行火葬习俗也从此逐渐消失，但并没有完全绝迹。在大、小凉山地区，火葬习俗至今仍然在沿袭。在西南彝区，尤其是边远山区，不少彝族仍不同程度地保留着杀猪宰羊过十月年的习俗。成书于清乾隆年间的《开化府志》中，多处记载了彝族人死火葬的习俗。

“一元复始，万象更新。”历史上，中华民族都习惯于把年事和节令联系起来，并以时序节令作为确定年节的依据，如“过冬”“中秋”“立夏”“春节”等各种节日文化。南诏王寻阁劝在宴请唐王朝使臣时这样写道：“不觉岁六暮，感激星回节。”这是寻阁劝面对时序更迭，人生时光如流水的感慨吟唱。作者此处借用《礼记·月令》中的“季冬之月，星回于天”，以及《汉书·天文志》中的“星回岁终，阴阳已交，劳农享腊以送故”的记载。这些记载证明了彝族的星回节是根据气候变化的天象来确定的。

彝族人民建立起来的南诏方国政权以星回之月为节，意在取星回之日为岁首，并以岁首为推算十月历法的起点。寻阁劝所称的“星回节”，正是后来十月年的书面语。彝族星回节（十月年），是以北斗星的斗柄指向为标志的，仅在汉语表述时借用了《礼记·天文志》中的“星回”一词。彝族观察天象的具体对象，使用“星回”一词的具体内涵，都与彝族太阳历时令的变更起始密切相关。著名的彝族学者刘尧汉、卢央等，以丰富的实地历史考查资料、严谨的学术考辩，论证了一年之中根据北斗星的走向变化所确定的两个星回节（即斗柄的上指和下指）。彝族先民约定俗成的十月年和火把节，就是以这样的天象时序为依据的。

彝族太阳历的使用时间是一年为十个月，一月为三十六天；以十二属相循环记日，每月循环三个属相周，一年合计为三百六十天；十个月终了另加五天或六天作为过年日。平均每年为365.2422天，与太阳回归时基本一致。天文观测以太阳为准，太阳运转到最南点时为冬至，运转到最北点时为夏至；运转到赤道与最南点之间的正中点为秋分，运转到赤道与最北点之间的正中点为春分。同时观察北斗星的运行变化情况，北斗星的斗柄指向正南为大寒，彝族以此时间为“星回节”；北斗星的斗柄指向正北为大暑，彝族以此时间为“火把节”。

彝族十月太阳历虽然很古老，但却仍然具有其明显的先进性和科学性。这种十月太阳历每年的时间为365.2422天，与现今用最精密的技术所测算出的结果几乎一致。彝族十月历每月36天，月无大小，好记好用；一个月36天，正好是三个属相周，很适应老百姓的生产生活习惯。

与丘北县相邻的弥勒县箐口村彝族黄姓村民至今还保留着一本清朝光绪年间的彝族历法书——《彝族天文起源》，即彝族《十月兽历》。据考证，《十月兽历》是今居住在弥勒、开远、建水、个旧、蒙自、砚山、文山、丘北、马关等县的部分彝族先民戈施蛮（又名施滴添自）在总结前人十月太阳历的基础上形成的。此书中说，戈施蛮大毕摩朔维帕和玉布尼宇分别用竖立的十棵杆的杆影移动变化情况，测绘出地球围绕太阳运转的轨道运行规律，与南北和东西二线焦点上的水珠反光折射来确定太阳轨道的最南和最北点，从而分出年、季、月。把一年分成阴、阳两段，一至五月为阳年，也叫太阳年；六至十月为阴年，也叫星星年，并用虎、水獭、鳄、蟒、穿山甲、鹿、岩羊、猿、豹和四脚蛇（蜥蜴）十种动物来分别代替十个月。书中说：“测天定十月，测天定层次，顺序来找出。一立天地杆，二立施亿杆，三立兀乍杆，四立沮乍杆，五立突乍杆，六立审乍杆，七立成乍杆，八立施乍杆，九立诺尼杆，十与一平齐。”

这十杆立在桌面上，用七八两棵来固定方位。一年中，由于受阳光南北移动的影响，东西两方会出现偏差。因此，用这两棵杆来固定，以确定四方。这当中的太阳和杆影的关系是：当杆影向北延长，太阳便回到南方；杆影往南收缩时，太阳便朝向北移。

在彝族《十月兽历》中，以太阳和星星的变化时序为依据，分太阳年和星星年两段。所以历法书中说：“一月太阳向北转，二月近戈莫，三月达布苏，四月已超出，五月日折头，六月星柄走，七月星柄偏，八月星柄斜，九月柄朝下，十月正下指。”这其中的“戈莫”和“布苏”都是指第二棵杆影的位置。一月太阳向北移动时，杆影朝南缩短；到了二月，第一棵杆影从第六棵位置上缩短到接近第二棵位置；三月便移到了第二棵位置上，四月缩得更短；到了五月，杆影与杆本身已成为平形相叠在了一起，之后杆影开始慢慢地向北移动，这就是“五月日折头”；六月开始观星柄分月数。因此在五月与六月之间，有一个间隔日子，这个日子就是“天地汇合节”，即“星回节”或“火把节”。

在以杆影观测太阳的同时，还利用第六棵杆位置上的水珠折射的反光线变化来定出月份。所以，书上又说：“一月露珠光偏斜，二月太阳逐渐升，三月日光高，四月近焦点，五月苍穹明晰时，六月珠光斜，七月珠光大，八月珠光影子长，九月彩霞布满天，十月太阳回南边。”

“四月近焦点”，指的是四月份上午的太阳光线把第三、四、五、六棵杆连成一条直线。“苍穹明晰时”，是说太阳运转到了最北端。“六月珠光斜”，是说六月的太阳回南方，焦点上的水珠反光已开始朝北边斜射。“珠光大”，是指七月份杆影向偏南方向移动，第六棵杆位上的水珠反光分成了南北两半。“影子长”，是指水珠的反光线细而长。

彝族《十月兽历》中的十个月还有清、浊、阴、阳之分，即一月兀哼罗，二月沮哼罗，三月突哼罗，四月审哼罗，五月元哼罗，六月成哼罗，七月施哼罗，八月哼罗矣，九月矣乍莫，十月成客兀哼罗，十一年尾上下联。“哼”就是“月”；“兀”为清，属“阳月”；“沮”为“浊”，属“阴月”；“突哼”代表雄性，属“阳月”；“审”是黄色，代表“雌性”，属“阴月”；“元”为“阴阳交替”之月；“成”为“迁徙、移动”，这里指杆影的变化；“施”是草，指七月草生长茂盛；“矣”为出世、长大，彝族人认为月亮是八月出生的，“矣”就是用月亮的出生月；“莫”为高，属阳；“成客”是古代一个彝族部落首领的名字，这里代指祖先。“十一年尾上下联”，不是指一个月，而是指十月和一月年终岁首的相交点。

彝族“十月兽历”中的每个月不但有代替动物，而且有具体的兽历图及其含义，即“老虎定天是真一，水獭定天是真二，鳄鱼定天是真三，蛇蟒定天是真四，穿山甲定天是真五，麂子定天是真六，羊豹定天是真七，羊人定天是真八，豹虎定天是真九，四脚蛇定天是真十”。

《十月兽历》中的月份动物名称，不仅用来代替年、季、月，还被用来代称天和时辰。

彝族《十月兽历》在彝族人民中的影响是比较大的。到了20世纪50年代，即中华人民共和国建立初期，弥勒、开远以及丘北县西部的彝族毕摩和一些有一点天文知识的彝族长者，还在不时地用立杆看影的方法来看年、月和时辰，但真正了解《十月兽历》的人已经很少了。

此外，彝族也曾经发明和使用十二月历法，它与现今还在使用的中国农历也有所不同。《西南彝志》在叙述这种彝族十二月历法时说：“一年分十二月，一月分三十夜。”《宇宙人文论》中说：“一年十二月，分冬、春、夏、秋四季。”并用十二属相来记年、月、日。月份中，“鼠十一月，牛十二月，虎一月，兔二月，龙三月，蛇四月，马五月，羊六月，猴七月，鸡八月，狗九月，猪十月”。“大月三十天，小月二十九天，多出的时间作为闰月处理。”这种十二月历法在准确度、实用性等方面都显然不如十月历。因此，使用的时间不长，使用的面也不广。

由于历史的原因，十月太阳历这一古老的彝族历法文化，早已成为人们在天文学史上可追溯到的一颗璀璨的文明之珠。但作为古老的彝族人民的传统节日，星回节仍作为一种体现彝民族意识的习俗被一直沿袭下来，在广南彝族嘎叟（阿西或阿细）人中，过十月年风习至今还留存着。

第五章　魏晋南北朝时期的彝族社会

（220—589 年）

第一节　夷帅的兴起与诸葛亮南征

一、“夷帅”“耆帅”的产生及其发展

东汉中后期，随着西南广大彝族地区与中原内地联系的不断加强，生产力有了很大发展。同时，秦汉以来各地区和部落之间长期的分化和组合，彝族中已经形成了一些颇具力量的地方势力代表，即汉文史书中所称的“夷帅”。“夷帅”一方面利用中原王朝民族政策的失和发动本民族人起来反抗；一方面又侵占屯积田地，开垦扩大私人田产，把持盐铁，逐步积累了割据一方的物质基础。据《西南彝志》载，默（黔）部传到德施时，征服了大量的濮人部落，并与武部发生了战争，攻占了武部的 9 座城池，占据了武家大量的土地，迫使武家向西部退却。其后到阿纳笃节时，与朝廷军队发生冲突，并打败了朝廷军队，“掌彝汉之权”。这就是《后汉书·西南夷列传》中所说建武十八年至二十年（42—44 年），在西南地区爆发的以彝族为主的反抗中原王朝的战争。这次起义反抗战争后来虽然被镇压下去了，但也严重削弱和动摇了东汉王朝的统治基础。而彝族各部首领也趁此混乱之机，加速扩大了自己的私人武装——“部曲”。

在东汉末年的战乱时期，东川彝族录竹录遏家（阿于歹）、乌撒家（俄叔必额），以及恒、武、乍等部落都趁机向四周扩展地盘。同时，各部之间纷争频繁。默（黔）部勿阿纳攻占了今贵州西部及云南彝良、镇雄、威信一带，建立起了强大的奴隶制政权。武部在与默（黔）部的战争中失败，大多数退缩到滇中和滇西地区。留下的一部分在其后裔“兹夺阿武”（汉文中所记的孟获）的带领下，在今寻甸、曲靖等地又逐步形成了一支力量强大的势力，并成为之后与蜀汉相抗衡的主要力量。

东汉末期，朝廷外戚专权，内部争权夺利十分激烈，贪污腐化盛行，国势衰微。而彝族地区的“夷帅”便趁此机会大肆扩张，势力越来越大，对朝廷随意抵制，动辄反抗，直至基本上取得了各自在自己势力范围中的支配地位，使日趋衰落的东汉王朝官吏为之哀叹不已。在建宁、晋宁、朱提、越嶲、平夷、云南、永昌郡北部以及牂牁、夜郎等地的彝族各部势力都有了一定的发展。历史上，从今天的贵州到云南的一些著名彝族土司，都是在这一时期打下基础并勃兴起来的。作为一方军事、行政首脑集于一身的“夷帅”，仍然是各部落的领袖和贵族，他们在生产力有所发展的基础上，从本地区、本民族以及相邻的其他民族中获得了较多的牛、马、羊、猪以及皮张、毡毯、金银等物资和金钱。如默（黔）部的东川阿于歹家，在与赤部发生的征战中，攻占了赤家的大片土地和财物，继而又攻击了作洛举部，杀了对方300多兵丁。又如朵俄妥格家率兵到“鲁作妥姆”对外族人作战，杀了对方上千人口，掳掠别人家上万的牛羊。

与此同时，西汉时期移民到彝族地区居住的汉族地主、商人的后代，融合到了当地彝族中或与彝族“夷帅”联盟而被称为“耆帅”，雍闿就是当时西南彝族地区一个比较有名的“耆帅”。雍闿的先祖是西汉高祖刘邦的部下，于公元前201年3月授汁防侯（今四川什邡县南），食邑2500户。到汉武帝元鼎五年（前112年），雍氏后裔的世袭爵位被取消，但其家族已在什邡县形成一定势力。当汉武帝“募豪民填南夷”时，应募入益州郡屯垦。在彝族武部的支持下，到雍闿时成为益州郡内部分彝族部落的首领。而另一“耆帅”高定元在越嶲郡（今四川凉山州）彝区也形成了一定的势力。东汉末期，随着东汉王朝在西南彝区行政管理的削弱，这些“耆帅”与“夷帅”联合侵占了越来越多的土地，势力随之越来越大。

自蜀汉至东晋前期，南中和宁州“耆帅”的分布区域，主要是朱提郡（今云南昭通，贵州威宁、水城，四川高县和珙县一带）、建宁郡（今云南曲靖）、牂牁郡（今贵州黄平县以东地区）、晋宁郡（今云南滇池周边地区）、云南郡（今云南楚雄州西部和大理州）以及永昌郡（今保山市）的部分地方。西晋末年，整个南中地区都处于“夷帅”和“耆帅”的统治之中，此时彝族比较大的部落有“五十八部”，这些汉文史书中的记载与彝文史书的记载基本相吻合。

二、蜀汉对南中地区的平定

史书中所记的“南中”，大体上指的就是秦汉时期的“西南夷”地区，即云南、川西南和黔西等地区，以及周边的缅甸、越南、老挝等国家的部分地区。

魏、蜀、吴“三国鼎立”前夕，曹操通过“挟天子以令诸侯”，统一了北方，而孙权据吴地也已历经三世，魏、吴已具备了立国条件。赤壁之战后，刘备始据有武陵、长沙等四郡，自封荆州牧。蜀汉建安十五年（210年），益州牧刘璋迎请刘备入蜀，进讨盘据在汉中的张鲁。建安十九年（214 年），刘备驱走了刘璋，占据了益州，建安二十四年（219 年）又占领了汉中郡，“三国鼎立”的局面由此开始形成。

“三国鼎立”形成后，蜀、吴反和为争，开始了对南中的争夺，南中豪强大姓们对此不得不作出归属上的选择，并由此形成了投吴与投蜀两种不同势力。一开始，投吴势力较强。刘备建立蜀汉政权后，派邓方任庲降都督，经略南中，但邓方只能坐守南昌（今镇雄），无法深入滇境。这时，孙权也通过交趾太守士燮拉拢与吴“使命往还”的雍闿。雍闿便杀了益州郡太守正昂，接着又把刘备派来继任太守的张裔缚送给孙权，孙权便遥署雍闿为永昌郡太守，但也未能到永昌上任。蜀汉章武元年（221 年），刘备称帝，又派李恢继邓方之后任庲降都督，李恢同样也只能远距驻守平夷（贵州毕节），无法深入滇境。蜀汉建兴三年（223 年），刘备死于攻吴失败后的撤军途中，蜀、吴因荆州问题矛盾更加恶化，南中大姓拒蜀归吴的倾向更加严重，加之北方曹魏仍在虎视眈眈，形势对蜀汉更加不利。如果失去南中，蜀汉将会失去后方依托，政权也将难以自保。

能否有效稳定和巩固南中，直接关系着蜀汉政权稳定的大问题。对此，作为政治家、军事家的诸葛亮早已有了对策。还在刘备还未入蜀之前，诸葛亮曾经在同刘备进行“隆中对”时，就提出了据荆（州）、益（州），联东吴，即“西和诸戎，南抚夷越，北伐曹魏，以图中原”的战略方针。刘备死后，诸葛亮作为蜀国丞相，实际上掌握着蜀汉大权，平定南中彝族首领之乱，便成为他首先要解决的问题。

蜀汉建兴三年（225 年）春天，诸葛亮为了平定南中叛乱，巩固蜀汉政权对南中地区的统治，组织蜀军兵分三路进行南征。诸葛亮亲率南征军队由僰道县（今宜宾），然后遣马忠率东路军攻牂牁郡，遣李恢率中路军入益州郡攻雍闿。诸葛亮本人率主力西路军自安上（今四川屏山县）溯泸水（金沙江）而上，入越嶲郡攻高定元。

蜀汉军队一出动，益州的雍闿也率领部属自益州郡北上，企图与越嶲郡的高定元一起合围诸葛亮率领的西路蜀军。但雍、高双方由于存在矛盾，高定元指使其部属杀死了雍闿。雍闿死后，孟获代其为益州军主帅，率兵退回益州。诸葛亮便很快就打败了高定元的军队，然后挥军马不停蹄地渡过泸水（金沙江）攻打孟获带领的军队。此时，马忠率领的东路军也顺利地攻入了牂牁郡。

李恢率领的中路军由犍为直入益州，在今天的滇东北和黔西一带，遭到了彝族芒布部、水西部、乌撒部、乌蒙部和东川部的联合抵抗，随李恢同行的新任益州太守王士战死，李恢军被包围。

李恢是一个被“夷化”了的“耆帅”。《西南彝志》说，刘备入川后，李恢投向了蜀汉。在此次被包围中，他便打着自己也是“夷族”的牌子，对包围他的彝族各部首领说：“‘官军’粮尽，想要退兵。我久别故里，今天才得以归还，不能再北归了，想要与你们共谋大事，所以以诚相告。”彝族各部首领们相信了李恢的假话，加之水西部首领妥阿者（汉文记为济火）相助，李恢得以乘机出击，破围而出，直取滇东南，一直打到南盘江下游今丘北、砚山一带，与马忠率领的东路军和诸葛亮率领的西路军声势相应。李恢在滇东南的节节胜利，震撼了孟获的大后方，给诸葛亮率领的西路军迅速南下造成了极为有利的形势。

诸葛亮按照既定的“西和诸戎，南抚夷越”方针和固巴蜀以北伐中原的战略，采纳了马谡“攻心”战术，对以孟获为代表的“夷帅”采取战、和兼用，以和为先，以战促和的战术，七擒七纵孟获，使孟获等“夷帅”心服口服，战后又诚心加以团结合作，并保留了“夷帅”原来的地位，使他们成为之后蜀汉在南中进行有效统治的重要支持力量。诸葛亮的这种战争策略，是从解决当时要北伐曹魏这一主要矛盾出发而采取的，同时也是蜀汉政权解决南中地区民族问题的具体体现。由于战略战术的使用得当，诸葛亮才得以在不到一年的时间中就较为顺利地把南中平定下来。

三、蜀汉对南中地区的治理

南中平定以后，诸葛亮采取了一系列巩固蜀汉政权的措施。首先是使南中地区进一步郡县化，以加强蜀汉政权对南中地区的统治。

还在建兴三年（225年）南征开始时，诸葛亮就把益州郡废除，改设为建宁郡，把郡治从滇池（今晋宁）移到味县（今曲靖）。后来又从原益州郡所领县中划出弄栋（今姚安），从永昌郡所领县中划出叶榆（今大理）、云南（今祥云）、邪龙（今巍山）3县，从越嶲郡所领县中划出遂久（今丽江）、姑复（今永胜）、青蛉（今大姚）3县，合7县新建立云南郡，郡治在云南（今祥云）；从原益州郡所领县中划出贲古（今蒙自）、胜休（今石屏、通海）2县，从牂牁郡所领县中划出宛温（今砚山）、镡封（今丘北）、句町（今广南）、漏卧（今罗平）、进桑（今屏边县和文山市、马关县部分地区）、西随（今金平），合8县新建兴古郡，郡治在宛温（今砚山），这是今文山州的行政区域内古代第一次，也是唯一一次设置过郡治的所住地。同时，又在建宁、兴古、永昌三郡中调整增设了一些新县，其中在兴古郡中增加了都簏县（今文山市及马关、西畴县部分地区）。新建的建宁郡有18个县，比原益州郡多1个县，其中有12个县为原益州郡所领，同并（今路南）、毋单（今华宁盘溪）2县则由牂牁郡划入；新增了存驿（宣威）、伶丘（罗平亦佐）、修云（弥勒、江川之间）和新定（富源、陆良之间）4县。兴古郡新增西丰（开远）、汉兴（贵州兴义）2县。永昌郡划出3个县后仍领8县，新增雍乡（镇康）、永寿（耿马）和南涪（景洪）3县。诸葛亮把南中5郡调整为7郡，其中建宁、朱提、永昌、云南、兴古全在今云南省境内，大体上滇东2郡为今曲靖市和昭通市，今红河州东南部和文山州大部分地区均属于兴古郡。新调整增设后的南中七郡，总归庲降都督（治所在曲靖）管辖。各郡、县官吏除由内地派遣以外，有的就由“夷帅”担任。据《西南彝志》记载：蜀汉政权敕封水西部首领妥阿者（济火）为“罗甸八藩王”。这样的调整，更加适应了南中各郡地区经济发展的政治要求，比先前的东汉时期又更进了一步。对于蜀汉政权来说，把大郡划为小郡，并在各郡中增设新县，更有利于紧密地控制南中地区，进一步强化蜀汉政治集权。

在调整郡县设置中，诸葛亮对那些在彝族中影响较大的代表人物，则将他们调到蜀汉中央政权机关中去任职，并给以较高的官职位。如任命孟琰为辅汉将军，孟获为御史中丞，爨习为领军等。同时尊重彝族人民的风俗习惯，以进行贡纳征收的方式，把广大彝族地区全部纳入郡县统治的范围内，不少部落贵族成为庲降及其各郡县管辖范围内的“土官”。

蜀汉统治南中期间，被派到南中做官的人，若能按照诸葛亮的既定策略办事，便能在政治和经济上产生好的影响，获得好的成果；反之，则要遭到抵制和反抗。蜀汉建兴九年（231 年），庲降都督张翼不根据南中的具体情况进行施政，而是按照内地汉族地区的方式来治理南中，引起了彝族人民的不满和反抗。建兴十一年（233 年），夷帅刘胄发动彝族人民起而反抗。随后，诸葛亮把张翼调回，另派马忠任庲降都督。马忠在平定刘胄的反抗之后，采取了安抚政策，得到了彝族人民的拥护。到蜀汉末年，安南将军霍弋行使庲降都督职权，他尊重彝族人民的风俗习惯，倡导彝汉人民团结互助，办事有缓有急，治理得当，使南中地区的民族关系比较融洽，社会秩序稳定，因而深得彝族人民的信赖。昭通市出土的晋霍承嗣墓葬中的墓室壁画上，至今仍能清晰地见到当时彝汉人民和睦相处的情景画面。

南中彝族地区归附蜀汉后，成为蜀汉北伐曹魏重要的兵员征召地和物资来源地。南中地区的耕牛、战马、金银、犀革等源源不断地供给蜀中内地和北伐前线。诸葛亮在其《出师表》中说：“今南方已定，兵甲已足。”就是其正确经营南中的结果。

蜀汉时期，包括今文山州在内的南中地区，诸葛亮的影响是比较大的。尤其是兴古郡治所设在今砚山县境内，诸葛亮对砚山的影响较为突出。如今，砚山县城西南还有诸葛山，诸葛山上有诸葛庙，庙中供奉的就是诸葛亮、刘备、关羽、张飞等这些三国时期蜀汉政权中传奇式的历史人物。

第二节　爨氏兴衰

一、大姓、夷帅与晋王朝的纷争

东汉末年，在今天的云南、贵州和四川的彝族地区，秦汉以来的内地汉族移民“大姓”，即内地汉族移民中的地主、商人以及部分官吏，已有不少融合到了彝族之中，在南中彝族地区形成了一定的势力。他们与当地彝族中的夷帅同流，共同把持了南中彝区的地方政权。晋武帝泰始元年（265 年），司马炎废除魏帝，建立晋朝。晋朝初年，晋王朝沿袭了蜀汉时期的南中政策，并利用蜀汉将领霍弋管理南中。霍弋死后，其子霍在继任，也能团结南中大姓、夷帅，从而没有大的民族纷争。彝族分布的地区，民族关系和阶级矛盾比较缓和，但这种情况维持还不到 10 年时间，晋朝在南中的官吏又开始对彝族等各族人民进行残酷的压迫和剥削，进而又引发了民族间和阶级间越来越多的纷争。

晋泰始九年（271 年），晋武帝司马炎不顾南中地区的实际情况，将南中七郡中的云南、兴古、晋宁、永昌四郡单独划出，建立宁州，其余牂牁、朱提、越嶲则划归益州，企图把对南中地区的统治形式与内地统一一致。这种行政区划改变的本意就是要取消南中大姓和夷帅的特权，由内地派遣的官吏直接管理南中。但这样的办法自然是不切合实际的，因而遭到了大姓、夷帅和不少彝族人民的反对。于是，晋王朝在同一目的下变换手法，于晋太康三年（262）罢弃了宁州建制，但又设立了军事性的统治机构——南夷校尉府，“持节统兵镇南中”，直接统治 58 部彝族人民，“都监行事”，对彝、汉各族人民进行政治压迫和经济剥削，对大姓、夷帅加以种种限制，如大姓子弟当官也必须经过都监允准，校尉、郡守还不时夺取夷帅、大姓们的部曲，侵犯他们的利益。同时，校尉和郡守还毫无节制地对彝族等南中各族人民肆意进行搜刮，“动以万计”地巧取豪夺各族人民的牛、马、金、毡，使彝族等南中各族人民陷于水深火热的苦难之中。由此而引起了南中地区日益尖锐的民族矛盾、阶级矛盾，以及中央统治阶级与地方统治阶层之间的矛盾，从而导致了晋永宁二年（302 年）以后以夷帅、大姓为一方，以校尉、郡守为另一方长达半个多世纪的战争。

晋永宁二年（302 年），由于建宁郡太守杜俊夺了大姓毛诜、李睿的部曲；朱提郡太守雍约也大肆压制大姓李猛，这些大姓们便各率部曲数万，驱逐了两郡太守。南夷校卫李毅率兵镇压，杀了大姓毛诜、李猛，李睿被迫到他的亲家——五茶夷“夷帅”于陵承处去躲避。大姓的反抗被暂时镇压下去以后，晋王朝进一步加强对南中地区各民族的统治，并复设了宁州，增加统辖牂牁、越嶲、朱提三郡，而且把建宁郡西部的 7 个县划出另设益州郡，复置的宁州统辖 8 个县。

晋太安二年（303 年），于陵承出面请求李毅免李睿死罪。李毅先是答应于陵承的请求，但等李睿从于陵承处回家后，却出尔反尔，把李睿杀了。于是，于陵承和毛诜、李猛的“遑耶”（彝族古语中“亲家”的意思）在建宁、朱提、牂牁三郡内发动部民起来进行反抗斗争，反抗斗争迅速波及了整个宁州地区。这些夷帅们率领地方民族武装围攻州城。交州以北（今红河州南部和文山州西南部）、永昌以东（今保山以东及楚雄、昆明、普洱、玉溪等州市）的广大地区，全部被夷帅率领的武装所占领。此时，由陕西、甘肃一带进入四川就食的氐叟、青叟流民数万家，在叟人（夷人）李雄、李特率领下于成都附近起义，攻占了蜀地许多地方，继而占领了成都。时值晋王朝朝廷诸王为争权混战不止，无法抽身顾及南中的地方官吏。南夷校尉李毅为抵抗成都李雄的起义军与南中反晋势力的联合进攻，一面派5000“叟兵”支援与李雄作战的益州刺使罗尚，一面出兵镇压云南的反晋势力。在与于陵承的作战中，李毅及其带领的军队被包围后困守在今天的晋宁县晋城，靠吃草根和老鼠肉度日。战争一直持续了八年之久，使晋王朝在南中的统治陷入了风雨飘摇的状况中。

晋永嘉四年（310年），晋王朝从交州（今红河州南部和文山州西南部）派兵送王逊到南中任刺史。王逊先遥举建宁大姓董敏为秀才，以压制有势力的大姓周悦，当时任秦臧县（今富民县）县令的周悦之弟周昺便发动秦臧县彝族反抗王逊，王逊又杀了周昺，并连同诛杀了数十个彝族头人。王逊对彝族人民的压迫有增无减，且手段更加残酷。他规定要求拜见他的人必须送金子作为晋见礼。史书记载，彝族人民每年要供贡给南夷府的牛、金、旃（毛毡）、马等数以百万计。王逊还采取“专仗威刑，鞭挞珠俗”（镇压习俗不同于汉族的彝族等少数民族）的残忍手段，造成了很恐怖的政治和社会气氛，引起了人民的强烈反抗，从而加剧了边疆地区的分裂状态。此时，绝大多数的大姓和夷帅都对王逊弃而远之，不愿与他合作，甚至盘据一方，自称太守，并相互争夺地盘。而对于这样一种分崩离析的局面，王逊却采取任意缩小郡县的方法，把南中七郡先后划分为八郡、十郡，一直缩小到十五郡。王逊的倒行逆施，进一步加据了南中地区的纷乱状况。

东晋光熙元年（306年），李雄在成都称帝，建立起了成国政权。成国政权“除晋法”，采取“薄赋绥弊”政策，得到了南中各族人民的拥护。东晋明帝太宁二年（324年），李雄派李骧率兵自越嶲郡进攻南中，王逊派姚岳、爨琛去抵抗。姚岳在堂狼（今东川）侥幸打败了李骧的军队，但怕自己的部曲遭到更大的损失，不愿追击李骧。回营后，王逊怒而鞭挞姚岳，姚岳在当天的暴怒之中愤极而死。

东晋咸和八年（333年），李雄又派李寿率兵南下，并攻占了南中，之后封李寿为“建宁王”，仍分宁州置交州，以霍彪为宁州刺史。成国占领南中期间，南中最有势力的大姓为霍、爨、孟三姓。东晋咸康五年（339年），霍、孟两家相互争斗火并，同归于尽。建宁太守岳彦降晋，把霍彪缚送晋朝廷。于是，南中便由爨氏一家独霸。

二、爨氏统治下的南中彝族社会

爨氏统治的区域是多民族聚居区，而区内彝族为多数。爨氏称霸南中以后，夷人又被称为“爨人”。按《云南志》《新唐书》《旧唐书》等史书记载，爨氏统治的中心区域，是今天的曲靖、昆明、玉溪等市，其次是文山州和红河州，远及越南北部地区。而在今天的滇东北以及贵州一带，则是乌蒙部、阿于歹（东川）部、芒部部、乌撒部、水西部等彝族各部所辖。按彝文史料记载，蜀汉建兴三年（225年），水西部首领妥阿者（汉文写为济火）闻诸葛亮南征，即率领其部曲武装往芒部大草坝（今彝良县境）迎接武侯师，并与蜀汉军队一起组成联军，积粮疏道，在楚敖山（今镇雄七星关）汇合后，共同攻打孟获。随后，水西部便趁机占据了今贵州贵阳以西的大部分地区。

这段时期，主要聚居在滇西地区的“六祖”后裔武部，第五代的洛陀施生了9个儿子，后分住在滇西各地，到第七代武额克时，已在滇西地区形成了很大势力，其后裔又有一部分转向滇中地区扩张。《爨龙颜碑》对此记载说，宋元嘉9年（432年），整个南中地区彝族各部纷争剧烈。《西南彝志》对此也记载说，武部在向滇中地区扩张中，与糯部互相攻伐，结果武家战败。《爨龙颜碑》对此叙述说，武、糯二家的的战争是以爨龙颜为首，联络东部彝族各部才打败武部，一直打到了永昌郡（今保山地区）内，并击败了永昌郡内的“缅戎”叛乱。至此，武部又退守滇西，并致力经营滇西，最终统一了滇西各部，在重新强大起来之后，又一次向东进攻，进而最终灭了爨氏。

爨氏统治期间，由于东西二境和川西南地区彝族都共同承认了爨氏对南中地区的统治，因而在汉文史料中就把彝族统称为“爨”了。但是，在爨氏的统治下，各地彝族仍沿袭着以宗法血缘为基础的政治制度——鬼主制度。这种以血缘为基础来划分各部或各家支的地域和势力范围的制度，在很大程度上深刻地影响了彝族社会的发展和进步。

首先，各部或各家支分别割据一方，以地域为统治范围，以血缘为统治者沿袭统治的链条，自成体系，在长时期的历史过程中积淀形成了具有排他性的禁锢观念，进而形成了与周围各地区部族以及其他民族间的相对隔绝，难以在充分的相互交往和交流中互相学习，取长补短，开阔视野，共同进步。彝文史书记载，武、乍、糯、恒、布、默（黔）六部分支以后，各形成了相对的同氏族集团。尔后，六部中的各部又不断地分衍出新的部落，如在滇东北及贵州一带的乌撒部、水西部、芒部部、乌蒙部，以及川西南地区的扯勒部等，就分属于恒、布、默（黔）三部。这些部落通过嫡长子继承制来保持其血缘领袖的宗主地位外，其他儿子则成为各地区的小宗。这种宗法制度，即鬼主制度下面所形成的宗法关系特点有二：第一，它是关于某个血缘范围内人们相互关系的制度；第二，它是带有某种相互权利和义务关系的血缘间的支配制度。有关汉文史料记载：大鬼主之下，又有小鬼主，小鬼主之下还有更小的小鬼主。每年祭祖之时，小鬼主要统率其部民出牛、出羊到宗祖家进行祭祀祖先活动。彝族历史自“六祖”分支以后，各部就是通过这种宗法制度盘踞一方，拥土自立；有事则一致对外，无事则互相争斗，甚至仇杀。但由于有宗法制度的保障，这种各部间的相互争端没有发展成各部兼并统一的政治、军事活动。在爨氏统治时期，爨氏虽然在事实上成为凌驾于彝族各部之上的最大鬼主，但在其统治下面，仍然是部落林立，各部各自为政的状况。

其次，彝族地区大多是高原峡谷，山大沟深，平地较少。在这种特殊的地理环境下，历史上长期沿袭下来的自然经济制度不容易受到外部的冲击和瓦解。这种自给自足的自然经济生产方式，以及彝族本身的民族文化背景、民族心理因素、宗法血缘关系等，构筑成了天然的地理壁垒和社会观念壁垒，从而把一个个聚落群体分割成无数相对孤立、分散的回环封闭的群体，致使各部之间的社会经济交流很难正常进行，使社会生产力的发展一直十分缓慢，而十分缓慢的量变过程也就难以实现质的变化，因而也就难以形成政治上统一的基础和要求。

尽管如此，爨氏统治下的一些彝族地区，特别是与内地交往密切的地方，仍然有了不同程度的发展。在今天的昭通地区、滇池周边地区、曲靖地区，土地得到了较好的开垦和利用，农业生产较为发达，一直是物产比较富饶的地区。滇池西边的安宁，是当时著名的产盐之地，商业较为发达，集镇规模有了很大发展。到了之后的唐代南诏国经营爨地时，在安宁筑城，拟开步头（今建水）路以通安南，正是为适应这一地区的发展而采取的重要措施。这同时也反映了该地区商贸繁荣，经济发展的状况。

在今天的滇东北、黔西北，以及滇黔桂交界地区的彝族，主要从事畜牧业，牛、马、羊等畜群饲养有了很大发展。

三、经济文化的发展和爨氏的“夷化”

汉代对西南彝区的经营，主要是滇东北和滇池地区。诸葛亮平定南中后实行的屯田，也主要在这些地区。所以，内地汉族移民主要也在这些地方，他们带来了内地先进的生产技术，促进了这些地区的经济发展，金属冶炼和各种手工业发展水平有了新的提高。在滇南地区的贲古县（今蒙自、个旧、开远，以及文山市和砚山西部的部分地区），东汉时期不但冶炼和生产出了铜、锡、银、铅等金属产品，同时也开始生产出了铁。这是东汉以来继滇池和不韦之后出现的又一新的产铁区。

汉代在西南彝区屯田，主要是军屯，即把驻防屯守的官军编组起来，在驻防地进行屯田生产，以备军食。由于领兵的长官长时期任职，很少替换，于是便慢慢地落籍在屯田地方，渐渐形成了地方大姓。落籍驻地的屯田士兵，成为大姓的部曲。蜀汉时期诸葛亮实行的屯田，不是单纯的军屯形式，而是在汉代军屯的基础上，在打击豪强大姓并分配其所领部曲的情况下，调整屯田组织形式，鼓励拥护蜀汉政权的大姓吸收彝族和其他少数民族组成“夷汉部曲”，进行屯田生产。因此，官营屯田由于扩大了劳动力来源，所以提高了生产力水平，促进了屯田地区生产的较快发展。

“夷汉部曲”这一新的部曲组织形式，对民族间的自然融合创造了有利的条件。晋初出现的南中大姓与彝族首领或“夷帅”以相互通婚的形式结成“遑耶”（彝族古语中“亲家”之意）关系，以及内地一些进入南中的逃难汉民成为对彝族首领的依附者和部曲，这在促进彝汉融合中起到了积极的推动作用。

三国两晋时期，南中地区的民族融合主要表现为汉族移民的“夷化”，即当时人口占少数的汉族融合到了彝族中。例如，当时有许多大姓都学习彝族“议论好譬喻物”的“夷经”，他们平常说事论理，也多半引用“夷经”中的语言。与此同时，汉族移民从内地带来的汉文化，在一些豪强大姓中保存下来。如《爨宝子碑》（小爨碑）和《爨龙颜碑》（大爨碑），其“文体书法得汉晋正传”，在我国书法史上得到了较高的评价，是中国汉字从篆体向楷体过渡中的字体，在全国均十分罕见，因而被誉为“神品”。

爨氏在晋以后到南北朝时期，势力逐渐巩固、发展起来，在南中地区形成了外臣内王、名臣实王的自主强大势力。爨氏势力及其控制区域范围并不算大，本无力与内地中央朝廷相抗衡，但因这一时期中央朝廷纷争不断，朝代频繁更迭，无力顾及南中事务，爨氏才得以趁机做大势力，成为称雄一方的“闭门天子”。

据《爨龙颜碑》记载，爨龙颜祖为晋宁、建宁三郡太守、龙骧将军、宁州刺史；父为龙骧辅国将军、八郡监军，晋宁、建宁二郡太守，追谥宁州刺史、邛都县侯。从官职封爵看，爨氏至迟到此时已成为南中地区名义上的最高行政长官。许多早期与爨氏齐名，在三国魏晋之时活跃一时、称雄一方的南中大姓，如雍、孟、董、李、高、毛、霍、吕等，都已先后让位于爨氏，退出了历史舞台，南北朝以后便不见于史籍记载，唯有爨氏一家独霸南中天下。

蜀汉设置的建宁、越嶲、云南、牂牁、兴古、永昌、朱提等南中七郡，爨氏占其三。朱提有阿芋、阿猛、夔山、暴蛮、卢鹿等部乌蛮，牂牁郡属昆明与谢氏、赵氏等。云南、永昌两郡原为吕氏所据，后吕氏失势，兴起六诏、西洱河蛮等诸多势力，爨氏势力西境，止于今安宁市境内，其外就是俭望与徙莫祗两部地域。

爨氏的来源，按刘骏大明二年（458 年）立于曲靖的《爨龙颜碑》记载，爨龙颜的先世本楚国令尹子文之后，班固之裔。后来因种种原因“迁运庸蜀，流薄南入”。马长寿先生在其《彝族古代史》中说：“这是汉代以后依附上国的一种说法，实在没有什么根据的。在唐代以前，爨仅是南中大姓的一种。”

爨氏在南中统治时间长达四百年。期间，爨氏统治区的土著民族大多数是彝族，而且彝族各部的基础雄厚，势力强大。三国时期曾一度与蜀汉政权对抗，使得蜀汉政权统治无法深入南中，而不得不采取“南抚夷越”的民族团结政策，才最终平定了南中，使南中成为支持蜀汉军队北伐曹魏最有力的大后方。蜀汉北伐中，来自南中的“叟兵”（彝族兵）一度成为蜀军中一支最强的队伍。在三国两晋时期，汉文史料在记述南中民族时说“晋弱夷强”，即南中地区基本上为少数民族大姓所把持，而其中又以彝族为主。当时从总体上说，彝族在西南地区不但人数上、分布上占了绝对优势，而且文化也相对较为先进。就一般情况而言，在历史上，大多数的民族同化过程，都是人口少的民族被同化到人口多的民族中，这是因为人口占多数的民族及其文化内聚力在“量”上的作用。人口少的一方首先自觉接受人口多的一方的语言和某些习俗，进而在生产和生活方式上向人数多的一方逐渐靠拢，甚至被取而代之。爨氏等许多大姓的“夷化”过程就是这样的过程。这样的过程，首先是夷汉相互通婚，结成“遑耶”（亲家）关系。《华阳国志·南中志》说：“与夷人为姓（婚）曰‘遑耶’，诸姓为‘自耶’。世乱犯法，辄依之藏匿。或曰：有为官所法，夷或为报仇，与夷至厚者谓之‘百世遑耶’，恩若骨肉。”显然，爨氏与彝族通婚后，一来可以入彝区藏匿躲难，“以求长之”；二来可以利用彝族的势力与朝廷相抗。《蛮书·名类第四》中记载，爨归王的妻子阿姹为乌蛮之女。乌蛮蒙归义又把女儿嫁给爨归王的儿子爨守懿。这样不断结亲的过程，就是爨氏被渐渐“夷化”的过程。

其次是自觉接受彝族的文化生活习俗。“巫鬼教”是彝族中源于祖先崇拜的一种原始宗教，直到元、明、清时期还盛行于彝语支各民族中。《华阳国志·南中志》记载说：“夷人南鬼，好诅盟，投石结草，官常以盟诅要之。”《新唐书·南蛮传下》也说：“夷人尚鬼，谓主祭者为鬼主。每岁，户出一牛或一羊就其家祭之。送鬼迎鬼又有兵，因以复仇云……大部落有大鬼主，百家则置小鬼主。”两晋时期，在爨氏逐渐强大的过程中，很多汉族接受了彝族的巫鬼教而成为彝族的首领。这些首领见于史料纪录的主要有“螺山大鬼主爨彦昌”“南宁州大鬼主爨崇道”“南宁州司马威州刺使大鬼主爨宏达”等。这些鬼主既是政治领袖，又是宗教领袖，他们在进行宗教活动时，都要使用传统彝文写成的“彝经”，朗朗吟诵。这些鬼主不仅懂得汉文，还精通彝文，以致宋元以来，汉文史料记载中就把夷文写成了“爨文”或“爨字”，把使用这些文字的人也称为了“爨人”，而通行彝文的地区，也就称作“爨区”。方国瑜先生在其《彝族史稿》中总结这段历史时说：“在西南各族中，彝族的发展水平比较高，逐渐形成以彝族为中心联系其他各族的组织。”“爨氏统治区域有多种民族聚居，而以彝族为主要。爨氏称霸以后称爨人。”“爨人之称限于爨地居民中之主体民族彝族，而不包括其他民族，即以爨人为彝族是当时的专名……爨氏统治着广大地区，依靠的就是彝族。爨氏势力的发展扩大，也就是彝族势力的发展扩大。虽然爨氏原是汉族，但通过十几代，甚至几十代的不断融合，这些落籍于彝区上百年，甚至数百年的汉族，除了汉字等一些固有的汉文化元素外，已不再保持早年的汉族的特征了，爨氏如此，其余的大姓也亦然。所以到了东晋末期，史书记录中已不再出现“大姓”这一名词，而且夷人也大都被称作‘爨人’了。”

魏晋南北朝时期，中央王朝频繁更迭，中原长期处于战争和封建势力割据的分裂状态，朝廷难以顾及南中。这样一来，就使在南中的宁州大姓爨氏因而得以发展。期间，南朝时期的萧齐王朝甚至曾终止派遣宁州刺使，而北朝的西魏和北周又都相继任命爨氏为宁州刺使，使爨氏势力更加强大起来。但是尽管如此，爨氏还是没有从真正意义脱离过中原中央封建王朝的正统轨道。

三国两晋南北朝时期，南中地区发生过几次大的民族迁徙。晋初，滇东北的汉族向西迁入今大理、保山地区，向南迁入今红河、文山地区。齐、梁之际，滇东北的昆明族（彝族）部分迁入黔西，部分大姓迁入今祥云县一带，部分则迁到今广西西部和文山州东部地区，他们是今广西西部和文山州东部部分彝族的先民。今文山州内部分自称“孟武”的彝族，他们是武部孟获的后裔，而孟氏则是“六祖”分支后从“武部”中繁衍出来的。所谓“孟武”，即为“武部”中的“孟氏”，或武部之后，孟氏之裔。

随着大量汉民和彝民的西迁，加快了滇西地区的民族融合，到隋唐之际，滇西地区便出现了“西爨白蛮”和唐代所谓的“汉裳”“松外蛮”“洱河蛮”等一些新的民族族称，他们中的一部分逐步分化发展成“白蛮”，成为后来滇西地区白族的先民。

四、爨氏统治的终结

开皇元年（581年），隋王朝建立，全国重新开始走向统一。西南地区彝族等各族人民，在经历了长期割据、战乱和苛政压迫后，要求中原王朝统一治理的愿望越来越强烈。然而此时的云南，经过数百年苦心经营的大姓爨氏，其势力仍处于鼎盛时期，如何翦除这种年深日久、盘根错节的大姓势力，已成为隋文帝杨坚一个认真思考的重要问题。

隋开皇九年（589年），隋朝统一全国后，即开始了对西南地区的经营。隋朝继北周之后，在今天的重庆地区设立恭州，在今天的昭通地区设置协州，在今天的川西南地区设立西宁州（后改为越嶲郡），在今天的贵州境内设立牂州（后改为牂牁郡）等。隋王朝统一中国后，爨氏便遣使朝贡，隋王朝任命爨翫为昆州（今滇池地区）刺史。接着，隋王朝在今云南境内设立了南宁州总管府，以韦冲为总管，总管府驻今曲靖。工作正在顺利进行之际，却发生了一件意外事件：韦冲的兄弟之子韦伯仁夺人之妻，随行官吏横征暴虐，引起了当地彝族人民的反抗。爨翫、爨震等便趁机挑起事端，发动武装反抗。隋开皇十七年（597年），隋文帝派史万岁率军镇压爨翫的反抗。史万岁率兵自西宁州（四川西昌）南下入蜻蛉川（今云南永仁县），经弄栋（今云南姚安县）、大勃弄（今云南祥云县）、小勃弄（今云南弥渡县），入滥川（今滇池南部昆阳），击破爨氏势力三十余部，掳获男子二万余人，爨翫投降。隋炀帝命令将爨翫押解入朝，爨翫等不愿离开本土，并以重金宝物行贿史万岁。史万岁便以“恐其州有事，留以镇抚”为借口，允许爨翫等留云南，尔后班师回朝。史万回朝后，在四川做蜀王的隋文帝四子杨秀了解到他在云南受贿之事，就向他索贿。史万岁害怕东窗事发，把受贿的财宝沉入江中。开皇十八年（598年），爨翫再度发动武装反抗，蜀王杨秀揭发史万岁“受贿纵贼，致生边患，无大臣节”。隋文帝撤了史万岁的官职，废了其爵位。

随后，隋文帝又派大将军刘哙，行军总督杨武通率军攻爨氏，并再次打败爨军，擒押爨翫回朝处死，其“诸子没为奴”。此后，爨氏虽然无力再与中央王朝对抗，但以彝族为主的云南各族人民反抗封建王朝压迫人民的斗争仍然连绵不断，从未停止，使隋王朝在云南的统治始终不能稳固下来。

唐武德元年（618年），唐高祖李渊建立唐王朝，并开始在西南设置羁縻州县，经营南中。为了安抚南中彝族等各族人民，唐王朝让爨宏达持其已故父亲爨翫之骨回云南故里安葬，并让其充任昆州刺使。于是，西南彝族中的上层分子纷纷归附唐王朝，其领地广者设州，次者设县，仍以这些爨氏上层分子为刺使、县令。对这些羁縻州县，唐王朝在保留其内部的经济结构不变的情况下进行贡纳和征收。彝族地区的羁縻州县建立起来以后，朝廷即通过当地彝族中的上层分子，对彝区进行经营。唐高宗麟德元年（664年），唐王朝在姚州（今云南姚安）设置了姚州都督府。调露元年（679年），改位于今红河州和文山州境内的交州都督府为安南都护府，与北部的戎州都督府（今四川宜宾）、东北部的黔州都督府（今四川彭水县）配合，控制整个西南地区。

与此同时，在安南、姚州、戎州等地的彝族各部，也在各自地方扩展自己的势力，兼并邻部，相互纷争。在今天文山州境内的几大乌蛮部落，就是在那段时期逐步发展形成的。在滇西的西洱河地区，武部的武蒙舍贵族虽然接受了蒙舍州刺使的职位，却在土蕃（今西藏）和唐王朝之间搞平衡，发展自己的势力。其他五诏（部）也采取同样的手段，与唐王朝时离时合。唐开元二十二年至二十五年（734—737年），唐王朝调动姚州都督府力量，派御史严正海等帮助南诏（即蒙舍诏）首领皮罗阁攻灭了其他五诏，统一了滇西洱海及周边地区。

到唐天宝初年（公元8世纪中叶），唐王朝筑安宁城，开步头路（今建水）时，爨氏家族起而反抗，但此时的爨氏家族本身矛盾重重，并不断激化。唐王朝派云南王蒙归义（即皮罗阁）讨伐爨氏，爨氏内部争斗更加激烈。两爨大鬼主爨崇道杀了南宁州都督爨归王。爨归王之妻阿姹联络后家乌蛮兵，与爨崇道抗衡，并派人联络皮罗阁，一起攻灭了爨崇道。至此，爨氏大姓家族在彝区数百年的历史终结。

五、魏晋时期彝族人民的反抗斗争

魏晋时期，西南彝区曾发生了许多规模大小不一的反民族歧视、反阶级压迫，以及反对朝廷中央及地方贪官污吏随意对彝族等各族人民强取豪夺，欺压百姓的反抗起义斗争。在这些斗争中，规模较大的有廉头、姑缯反抗斗争，反抗王莽政权推行民族压迫暴政的斗争，以及东汉初年昆明人的反抗起义和封离领导的抗暴斗争，还有五茶夷反抗斗争等。

汉昭帝始元元年（前86年），益州、牂牁两郡的廉头、姑缯发生了一次汉朝建立以来规模较大的起义反抗斗争，但很快便被残酷下去。不过时隔仅3年，两地又一次爆发了更大规模的反抗斗争，起义面波及周边24县，并一直坚持了5年之久。为镇压起义，朝廷指使牂牁郡的鉤町侯毋波也派兵参与了对起义军的镇压行动，毋波也因其参与镇压起义有功而由侯升格为王，开了封建王朝以夷制夷的最早先例。

王莽篡权后，在民族问题上采取了背离历史客观实际的倒行逆施政策，派五威将军王奇等，到各地收回过去汉朝廷核发的王印，将王统一降格为侯。被贬为侯的鉤町王邯，对此极为不满，拒绝接受被贬后的封号，并与朝廷形成对立局面。始建国四年（12年），王莽派牂牁大尹周歆采用欺诈手段谋杀了鉤町王邯，邯弟承怒而起兵攻打周歆，并杀死了周歆，此举迅速得到南中各地彝族人民的积极响应，王莽慌忙命地方官聚集武装力量进行镇压。于是，一场从邯弟承开始的武装起义迅速波及了南中彝区各地。《汉书·西南夷列传》说："三边蛮夷愁扰尽反，复杀益州大尹程隆。"程隆被杀后，王莽又大肆调集军队进行了更大规模的镇压，并前后三次易将，但都归于失败，官军被打死、病死者不计其数。而此时起义军队伍的主要力量，已不是句町一地之力，而是遍布南中各地的彝族武装了。这次大规模的武装反抗斗争，为王莽短命政权的垮台发挥了十分重要的推动作用。

东汉建武十八年（45年），滇西洱海和滇中地区"昆明诸种"举行了历时四年的武装反抗斗争。益州太守繁胜在指挥官军镇压起义军的作战中连连失败，被打得落花流水，被迫败退到朱提（今昭通市昭阳区）藏匿起来。建武十九年（43年），朝廷派武威将军刘尚率一万三千大军进行疯狂镇压，起义军又继续坚持一年多，伤亡严重，减员过多，最后寡不敌众，退守到不韦（今保山施甸县一带）后失败。

东汉安帝元初五年（118年），西南彝区首先在今滇西地区爆发了一次由封离领导的大规模起义反抗斗争，并很快波及越巂、益州、永昌、蜀郡等四郡，起义参加人数最多时达二十万之众。官军在镇压此次起义的行动中，作为有一定正义之心的主帅杨竦在镇压行动中发现，引起此次人民起义反抗的主要原因，是不少地方官吏贪赃枉法，横征暴敛，欺压人民，无端肆意侵害非汉籍户口民众。杨竦便在镇压起义行动中，采取先招安，再加兵的策略，获得了成功。据《华阳国志·南中志》载："杀掳三万余人，获生口千五百人，财物四千余万，降赦夷三十六种。"《后汉书·西南夷列传》也载："诏益州刺史张乔选堪能从事讨之。乔乃遣从事杨竦将兵至叶榆击之，贼盛未敢进，先以诏书告示三郡，密征求武士，重其购赏。乃进军与封离等战，大破之，斩获三万余级，获生口千五百人，资财四千余万，悉以赏军士。封离等惶怖，斩其同谋渠帅，诣竦乞降。"起义被镇压下去以后，杨竦据理上奏朝廷参劾地方贪官恶吏90多人，使他们一一受到了重处。

东汉熹平五年（176年），益州郡又爆发了较大规模的反抗起义。引发起义反抗的原因，是一些地方贪官污吏任意侵占人民利益，肆意欺压残害人民。起义爆发后，朝廷派御史中丞朱龟率凉州、并州等地官军劲旅南下镇压，不料竟败于起义军手下。对此，朝廷上下一片哗然。于是，想放弃益州的议论在朝野间喧嚣一时。时任太尉掾的巴郡人李颙，由于其家乡在西南，比较了解益州地区情况，他认为事情还没有到无可挽回的地步，主张派兵镇压，并陈述用兵的具体主张。李颙的意见得到了朝廷认可，并委任他做益州太守，替换朱龟，与益州刺史庞之一起共谋镇压起义，并直接率兵指挥镇压起义。《后汉书·孝灵帝纪》对此记载说："熹平五年夏四月癸亥，益州郡夷叛……太守李颙讨平之。"李颙是如何镇压农民起义军之事，史料没有具体记载，只说李颙是从家乡巴郡征调了一支主要由板楯蛮组成的军队，最后打败了起义军。

魏晋时期，南中地区开始形成了以夷帅、大姓和朝廷命官三种势力并存的局面。名义上朝廷命官地位最高，实际上因夷帅与大姓大都是姻亲，关系很密切，他们互为依靠，掌握着事实上的具体实权。当时朝廷长期内乱不休，更迭不断，根本顾不上南中事务，派到南中的朝廷命官大都流于形式，未能有效行使行政管辖权。

西晋末年，建宁太守杜俊和朱提太守雍约贪狡昏聩，肆意残害百姓，胡作非为，还故意栽赃陷害夷帅和大姓。杜俊公开抢夺时任铁官令的大姓毛诜，以及时任中郎的大姓李叡的部曲，还罗织莫须有的罪名陷害毛诜的弟弟毛耐。太安元年，忍无可忍的毛诜、李叡动用他们的部曲武装，赶走了杜俊。与此同时，朱提大姓李猛也将长期欺压百姓的太守雍约驱逐。南夷校尉李毅认为这些大姓是在谋反，出兵镇压，并杀死了毛诜，李猛投降，随后又设计杀死了已经投降了的李猛。李叡则投奔到他的遑耶（亲家）——五茶夷帅于陵承处避难。第二年，于陵承找李毅为李叡说情，要求他宽恕李叡，李毅当面答应了于陵承的要求，但于陵承刚一离开，就动手杀死了李叡。李毅的出尔反尔，迅速激起了于陵承，以及毛诜、李猛等大姓遑耶的强烈不满。于是他们共同商议起义，反抗李毅暴政。李毅也迅速举兵镇压，但都无济于事，起义不但未被镇压下去，反而规模越来越大。永兴三年（306年），李毅在镇压无望中苦撑4年后病死，其女李秀继续率兵与起义军对抗，但也只能是苟延残喘。永嘉元年（307年），起义军攻陷宁州。《晋书·孝怀帝纪》记载说：“永嘉元年（307年），夏五月……建宁郡夷攻陷宁州，死者三千余人。”

不久，朝廷委派王逊为新任南夷校尉兼宁州刺史。王逊是个既老谋深算，又奸诈恶毒的酷吏。刚到任时，他先以虚情假意笼络民心，蒙蔽人眼，并借机积蓄力量，待站稳脚跟，羽翼丰满后，就凶相毕露，对起义军进行了更加疯狂的报复镇压。而此时的起义队伍，大都不想再与朝廷为敌，只求过平静安宁的生活，因此有许多起义人员都停止了反抗行动。王逊却不顾人民思安求稳的愿望，首先从五茶夷开始，逐一进行疯狂镇压报复。据《华阳国志·南中志》载：“时慌乱后，仓无斗粟，众无一旅，官民虚竭，绳纪驰废。逊恶衣菜食，招集夷民，夷徼厌乱进，渐亦返善。劳来不怠，数年克复。以五茶夷昔为乱首，图讨之，未有致罪。会夷发夜郎庄王墓，逊因此遂讨灭之；及讨恶僚刚夷数千落，威震南方。官至平西、安南将军，又兼益州刺史，加散骑常侍封褒中伯。而严猛太过，多所诛锄。”由此搞得南中夷区各族人民处处自危，又纷纷拥兵自保。建宁大姓爨量的势力范围主要在南盘江以南的今文山州，以及红河州和越南北部部分地区。面对王逊的疯狂报复，爨量与益州太守李遏（大姓）、凉水太守董慬（大姓）一起联合派兵死守南盘江两岸及其以南广大地区，并公开声明拥护成都成国李雄起义政权，与王逊对峙。与此同时，南中偏北部靠近今四川省的牂牁、平夷、南广等地，则在平夷太守朱提雷炤、流民阴贡，以及平乐太守董霸等人的率领下，也公开投靠了成国李雄政权。王逊的倒行逆施及其疯狂镇压南中彝族等各族人民起义的暴行，不但断送了南中地区，他也在大兴四年（321年）在镇压起义难成的绝望中暴病而亡。

第三节　魏晋时期的西南彝区经济

一、农　业

据《史记·西南夷列传》载，秦汉时期，蜀中水利农业已成为西南最发达的地区，大姓、豪族大量囤积财物者比比皆是。滇和夜郎等地也出现了较为稳定的定居农业，这是内地派来的汉族官吏和移民引导示范所致，即彝汉经济交流的结果。

自秦汉实行郡县制度以来，历代王朝在开展军民屯田种植的同时，还有专司农业管理的官吏，组织西南地区各族人民开展农田水利建设，加上铁制农具的逐步推广使用，中原牛耕技术的传入和推广，使彝区农耕技术及发展水平逐步提高。这样的农业生产发展情况，不仅有史料记载，还留下了许多的考古物证。西汉年间，被派到朱提县（今昭通市）做官的文齐就带领当地夷民修“龙池”，蓄水灌溉稻田，使水利灌溉农业首先在滇东北地区逐步推广开来。据《太平御览》引《永昌郡传》载：朱提县“川中纵广五六十里”，即今合计面积500多平方千米的昭（通）鲁（甸）坝子，开垦出来的农田被称为“千顷池”，并逐步向滇中、滇西和滇南地区延伸，有些山区也出现了用水灌溉的山田（梯田）。越嶲郡东西南北八千余里，“特好蚕桑，宜黍、稷、麻、稻、粱”；永昌郡“土地沃腴，有蚕桑，宜五谷”；晋宁郡“郡上大平敞，田多长松，皋有鹦鹉、孔雀，盐池田渔之饶，金银畜产之富”；邛都一带，“其土地平原，有稻田”；牂牁、夜郎地区也有“耕田，有邑聚”。这些地方还因此建起了粮食仓库。《史记》载，牂牁太守陈立斩鉤町王兴时，初，“鉤町王禹、漏卧侯俞震恐，人粟千斛，牛羊劳吏士”。这说明夜郎、牂牁及其毗邻地区农业也有了一定的发展，才能一次就有“人粟千斛，牛羊劳吏士”。

与此同时，有不少地区，特别是山区，主要种植的是荞、黍、稷、菽等农作物，且极大多数是刀耕火种，广种薄收，粮食产量很低，缺粮饥荒情况还比较普遍，尤其是发生天灾人祸年代更是如此。再加之豪族大姓占有极大多数土地等生产资料，人民的生活更加疾苦。

二、畜牧业

畜牧业是彝族先民在很长时期中最重要的经济生产活动。到了西汉初期，嶲、昆明等彝族先民还大都处在“……随畜迁徙，毋常处，毋君长”的游牧生活状态中。游牧生产中发展起来的牛马羊通过贸易输往内地。《史记》载，西汉武帝年间，司马相如和韩说初开益州郡，“得牛马羊属三十万”，说明当时的彝区游牧生产是比较发达的。蜀中和中原等地从事畜牧贸易的商贩，经常往来于内地与彝区之间。这些从彝区贩运来的牛马羊，有一部分是用铁器交换而来的。《华阳国志》载：蜀汉平定南中后，诸葛亮为夷作图谱，“先画天地、日月、君长、城府；次画神龙、龙生夷，及牛马羊”。可见，牛马羊产业在夷民心目中的位置有多重要。《史记》载，李毅做宁州刺史、南夷校尉时，“持节统兵镇南中，统辖五十八部夷族督监行事，每夷供贡南夷府人牛、旃、马，动以万计，皆预作忿恚致校尉官属，其供郡县亦然”。彝文史书《西南彝志》也载，当时的南夷府在原来的益州府驻地，即今天的晋宁县晋城，全宁州地区五十八部彝族，除向南夷府提供大量的牛、马、羊等物资外，还要给郡县官吏个人每人一份，其负担之重可想而知。这也说明以牛、马为主的南中彝区的畜牧业，其数量和质量都在全国有着不小的影响，否则，中原中央王朝也不会屡屡向南中彝区索派牛马。

从蜀汉到两晋时期，以昭通为中心的朱提郡，以保山为中心的永昌郡，以宣威、安顺为中心的牂牁郡，以及滇南、滇东南一些地区，都形成了各自的城邑和集镇，进而形成了后来《蛮书》所说南诏时期的“邑落相望，牛马被野”的农牧共同发展的经济新态势。

三、手工业

秦汉时期，以冶炼铸造青铜为主的彝区手工业已具有相当高的水平。到蜀汉年间，纺织、宝石加工，以及制陶、制盐、丹漆等技术也有了较快的发展。

西南彝区有色金属矿产丰富，是冶炼铸造业发展最重要的资源条件。制造青铜器的原料是铜和锡。《汉书》记载，越嶲郡的“邛都、南山出铜”；益州郡的“俞元、环山出铜”，“律高、西石空山出锡，东南盢町山出银、铅”；属于今文山和红河两州的“贲古、北采山出锡，西羊山出锡、铅，南乌山出锡”；“来唯、虫山出铜”。《后汉书》《续汉书》《华阳国志》等史书都记载了彝族地区丰富的矿产资源分布情况。到了西汉年间，西南夷区的铜矿开采和冶炼加工制造业已经相当发达。中华人民共和国建立以前，凉山州昭觉县城附近曾经出土过若干秦汉时期的铜锭，还出土了当时使用的五铢钱及其制币钱范，这与《汉书·地理志》关于“邛都，南山出铜”的记载完全相符。民国《昭觉县志稿》说：“五铢钱范，掘而得之，铜质，边高而中凹。中心四角皆有孔。中为钱模八，皆五铢文，文皆阳疑钱范也。其面则平素若有镜子，光未见也。”这说明，彝族地区不但用铜来制造器物，而且用范来铸造铜币了。云南晋宁县石寨山出土的青铜器物，不但数量大，而且种类多，风格独特。这些出土的青铜器物中，有斧、镰、锛、钜、铲、凿等生产工具，有剑、矛、戈、叉、钺、狼牙锤等兵器，还有许多壶、尊、合、盉、钟、熏炉等生活用具，以及俑、编钟、铜鼓、铜笙、贮贝器，以及各种人和车马装饰品。东汉时期出土的青铜器物种类更多，除了上面所述之外，还出土了大量的甑、豆、壶、箸（筷）、耳环、碗、盘、镜、灯、案、钟、弩机、盉、铜洗等。同时还有铜铸货币，如王莽时的货泉、货布、大泉等，蜀汉时期的直百五铢及剪轮五铢等。在这些青铜器物中，朱提（昭通）和堂狼（东川）制造的铜洗，被现今的考古学专家誉为稀世珍品。

青铜器时代末期，随着生产的需要和发展，铁制的各种生产工具、兵器等日见增多起来。史料记载南中地区有铁矿的地方也不少，如台登、会无、滇池等地，并开始冶炼加工出了各种生产工具和兵器，也有一些铁器是从内地输入的。

两汉西南夷地区，史料很少有产金的记载，但从考古的出土材料分析可知，彝族先民最迟在西汉时期已经开始开采金矿提炼黄金了。东汉时期，金作为豪族们一种显示威权和富有的装饰物，经常出现在豪族们使用的刀鞘、剑柄上、用于生活和祭祀器物上的频率也不断增多。据《华阳国志》载，永昌郡出金，特别是其郡内的博南县（今永平县）所出金沙最著名。

两汉时期，彝族先民的纺织品就已经销往中亚地区，很受当地人的欢迎。如博望侯张骞出使大夏（阿富汗）时，“见邛竹杖、蜀布。问曰‘安得比?’大夏国人曰：‘吾贾人往市之身毒’”。这里说的蜀布，是指用苎麻织出的布，原产于四川和云南。这也印证了《华阳国志·南中志》所说的永昌郡产锦绢、采帛、文绣、帛叠、桐华布等织品，说明西南夷地区已经有了一定规模的手工纺织业。在这些纺织品中，最有名的是桐华布。桐华布是一种用木棉花絮加工织出的布。古人称木棉树（攀枝花树）为“梧桐木”或“桐木”，用其花絮加工织出的布就叫桐华布。《后汉书》记载说：“（哀牢）土地沃美，宜五谷、蚕桑。……有梧桐木华，绩以为布，幅广五尺，洁白不受污垢。”又说：“其华柔如丝，民绩以为布。”

据传，诸葛亮平定南中后，曾派人给南中地区送去蜀锦，并传授织锦技术，现今一些苗族地方还在传承的“诸葛锦”，壮族地方传承的“诸葛侗锦”传说就是那个时候传入的。

西南地区自古以来就是我国重要的珠宝生产、加工和出口外销地区。据《隋书》记载，魏晋时期，永昌郡就有光珠、虎魄（琥珀）、琉璃、轲虫、蚌珠，所属博南有光珠、虎魄、珊瑚等。永昌郡占据独特的珠宝资源优势和商贸区位优势，珠宝加工业最为兴盛。

从出土的陶器看，魏晋时期的制陶业在西南一些地区已经比较普遍，制作技术水平比秦以前有了明显提高，并发展了仓、灶、井、屋、水田、池塘、俑、畜、摇钱树座等许多明器，反映出了魏晋时期彝区制陶业的兴盛。这些明器的烧制技术，比一般的生活用品烧制技术更复杂。

皮革制品未见实物遗存，但从出土的秦汉时期人物着装中，可以看到各种不同的身着皮革服饰的形象，还有用皮革制作的刀鞘、披甲、盾牌等。彝族传统的鼓风机，即民间所说的羊皮风箱，就是用整只羊剥皮制作而成。这一时期，彝族的制盐生产也有了很大发展。当时的连然、蜻蛉等地均有一定规模的制盐生产，南广县还有官办的制盐业。有些地方还设有管理盐业的盐官，说明当时的制盐业是比较兴盛的。

魏晋时期，一些重要的手工业，如冶铸、制盐、皮革加工等，基本上都操纵在夷帅和大姓手中，生产加工得来的收入，自然也是夷帅和大姓们支配，从事加工劳动的奴隶是无权支配的。

四、商贸与交通

交通是人类社会经济发展和社会进步的重要基础条件，交通的发展程度反映着人类对客观环境的开发和利用程度。而影响交通业发展的因素是多方面的，地理条件是其中最重要的制约因素之一。

西南彝区极大多数地方崇山峻岭逶迤，山高谷深，沟壑纵横。地理环境条件造成的自然阻隔和闭塞，成为许多彝族地区历史以来长时期相对落后的重要原因。比如身毒道，从蜀地到印度的直线距离虽然算不上很远，但中间有4000米以上的许多高山和深谷阻隔，要沟通两地联系和交流，就不得不绕开高山深谷，沿青藏高原东南边缘长距离绕道而行。不过尽管如此，有总比没有好，虽然蜀身毒道路途艰难遥远，但在很长的历史时期中被一直延续下来，它在沟通中国与南亚、中亚地区人员和贸易往来的历史功不可没。

为了打通高山深谷的阻隔，早在秦孝文王元年（前250年），秦王就派李冰任蜀地太守，主持兴水利、修僰道。秦统一中国后，又以僰道为起点，修建通往建宁（曲靖）的通道，并在夜郎、邛、笮，即今滇东北、黔西北、川西南地区设置郡县，用“五尺道”将这些地区连为一体，开始了历史上封建王朝第一次对西南夷地区有组织、有规模的开发行动。此后的一些封建王朝，虽然中间因战争或内部斗争等原因而时断时续，但总体上仍规模大小不一地持续着这种开发。魏晋南北朝时期有僰道、五尺道、南夷道等。这些通道大都以宜宾为起点，可以看出其勾勒出的三条主要通道。

第一条通道自僰道出发，溯关河而上，经水富、盐津、大关达昭通；再以此为中转站点，或向正南方向经今会泽、曲靖达滇国；或向东南方向经今贵州威宁等县到达南盘江和北盘江，然后从广西同达番禺（广东）；或向西南方向，经今鲁甸过堂狼江（今牛栏江），到达今云南巧家、四川会理等县，进而与越嶲相通。《华阳国志》中记载有古人路过此道时，赞叹此道“犹溪赤木，盘蛇七曲；盘羊乌栊，气与天通。看都护泚住柱乎，尹庲降贾子，左儋七里”。

第二条道自宜宾发，向东南顺南广河沿岸今四川筠连、高县、珙县，进入今云南威信、镇雄两县境后，或向正南经今贵州赫章、威宁到达今云南曲靖、昆明，或继续向东南行进，经今贵州今毕节、郎岱等地到达牂牁江。《华阳国志》中记载说，此条道“自僰道、南广有八亭，通道平夷”，即为南夷道。

第三条道从今宜宾出发，经今四川筠连、高县进入云南彝良县境；向东北则经今贵州赫章、水城到达牂牁江，向南又经今贵州赫章、威宁，到达云南曲靖、昆明，或沿朱提江（今关河）南行，经今云南盐津县柿子坝、彝良县牛街，再顺巴茅坡到达今贵州赫章县可乐；或进入今云南大关县境岔河后，再向东南，沿洛泽河到达今云南彝良或贵州赫章。

此外，在今文山和红河两州南部相交处有进桑麋泠道，是先秦至魏晋时期中国与西南外界沟通的又一条重要通道。这条通道从滇池地区南下，经通海、贲古（今蒙自市和文山市、砚山县西部）、进桑（河口、屏边、马关），然后从水路分别前往东南亚和南亚各国。

交趾（交州）是我国在唐朝以前对今越南北部地区的名称。早在先秦时期的文献记载中，就有神农、尧、舜、禹南抚和南至交趾的记载。据《尚书大传》载："尧南抚交趾……交趾之南有越裳国，以三象重九译献白雉，曰：'道路悠远，山川阻深，恐使之不便，故重九译而朝。'"《淮南子·主述训》载："昔神农之治天下也……其地南至交趾，北至幽都，东至肠谷，西至三危，莫不听从。"虽然神农、尧、舜、禹等都是上古时期传说中被神化了的著名历史人物，其真实性有待考证，但是，这些史料记载都是之后到先秦至汉代时期的人所写，其所反映的很可能就是那个时代，甚至更早时期内地同交趾交往的一些情况。西南夷与交趾地理亲缘。从稍晚一些的史料记载看，秦汉时期，蜀地就与交趾有了来往。战国时，秦大夫张仪、司马错伐蜀，蜀王败绩，遁走至武阳，为秦所害。其相及太子退之逢乡，死于白鹿山。此当为蜀王在秦兵追击败亡之后，蜀王子仍率其余部南奔僰道，退之逢乡，基本上可确定其避居地是在今云南某地。随后，秦太守张若继续南下，取筰及其江南地。秦兵向南扩张，蜀王子无力再南迁称强。后来到周赧十七年（前298年），率所余三万之众走文郎，得势后，称王于其地。因与蜀隔绝，蜀人不知其下落，所以常璩才在其《华阳国志》中说其相和太子"死于白鹿山也"。蜀王子至文郎的路线，实际上就是蜀交趾道，即从滇池地区经今文山、红河相交地区进入越南北部。汉时的进桑、鉤町县都属于牂牁郡，从这些地方出走是符合逻辑的。

秦始皇统一六国后，在今广西南部和越南北部设置了象郡。汉武帝时，又在今与云南文山、红河相交地区的越南北部设置了交趾、九真、日南三郡。这些郡县的设置，为维护南部边疆的稳定发挥了重要作用，促进了两地的经济文化交流和发展。

云南到交趾的交通路线有史可考的始于东汉。据《后汉书》记载，东汉建武十六年(40年)，"交趾女子征侧及女弟征贰反，攻没其郡，九真、日南、合浦蛮夷皆应之。寇略岭外六十余城则自立为主"。次年春，东汉王朝派伏波将军马援率兵万余人征讨之。建武十九年（43年），马援斩征则于糜泠，平定了叛乱。而此前的上一年，即建武十八年（42年），益州郡渠帅栋蚕作乱，姑复、叶榆、弄栋、连然、滇池、建伶六处大扰。当时，马援已平定交趾，得知益州"昆明诸种反叛"，于是上书朝廷说："从麋泠出贲古，击益州，臣所将骆越万余人，便习战斗者二千以上，弦毒失利以数，矢注如雨，所中辄死。愚以此行兵民此道最便，盖承藉水利，用为神捷也。从麋泠水道出进桑王国，至益州贲古县，传输通利，盖兵车资运所由也。自西随至交趾，崇山接险，水路三千里。"又说："臣谨与交趾精兵万二千人，与大兵合二万人，船车大小二千艘，自入交趾，于今为盛。”马援的这一上书告诉我们，当时的交趾与滇池间已经可互通音讯，有麋泠水道可同行大军，并能运输军用物资。由此看来，滇池与交趾的交通应当是早已存在，并且不是小径，而是一条水陆兼行的较大通道。

进桑麋泠道是由交趾的麋泠，经进桑、贲古或西随到达益州郡。两汉时期，进桑、西随都属牂牁郡，麋泠属交趾郡，进桑、西随、麋泠、贲古都在麋泠水流经之地。麋泠水，自西随，过进桑至麋泠，即麋水，“麋水西受徼外，东至麋伶入尚龙溪”，麋伶即麋泠。麋水又称叶榆河，还称西随水。《水经注》载：“叶榆河出益州界，入牂牁郡西随县北，为西随水；又东进进桑关，过交趾麋泠县北。”《水经注·叶榆河注》说：“叶榆水，东经漏江县（今建水），又经贲古县北，东与盘江合。”叶榆水，即今元江（礼社江），下游称红河。

进桑麋泠道虽然早已存在，但其重要作用到东汉年间才显示出来，平时是商旅和人员往来之路，战时则成为行军的重要通道。据《华阳国志》载，咸熙元年（264 年），“时南中监军霍弋上表派遣建宁爨谷为交趾太守，率牙门将军建宁董元、毛炅、孟干、孟通、爨熊、李松、王素等领部曲以讨之……泰始元年（265 年）（爨）谷等径至（交趾）郡。”爨谷等八人，均为南中夷帅和大姓。自建宁出发征交趾，与孙吴作战，争夺交趾、九真、日南、郁林四郡。毛炅、董元、王素并为九真、郁林等郡太守，占据其地七年多，所凭借的就是进桑麋泠道“传输通利”的交通优势和地缘相近的便利条件。孙吴自刺史刘峻、大都督修则败死后，又遣刺史陶璜率三十万大军征伐交趾，交趾又复归吴国。其间，陶璜曾上书朝廷：“宁州兴古接据上流（红河上游礼社江），去交趾郡千六百里，水陆并通，互相维卫。”这也说明，宁州和交趾之间有一条水陆并行的通道，也就是进桑麋泠道。此后，史料上有交趾多次出兵云南（主要是今文山、红河两州）的记载。据《晋书》载：“咸康二年（公元 336 年）冬十月，广州刺史邓岳遣都护王随击夜郎，新昌太守陶协击兴古，并克之。”这两支军队走的也是进桑麋泠道。据相关专家学者考证，进桑位于今河口、马关、屏边、文山（部分）等地。《水经注》载：“进桑县水上有关，故曰进桑关。”麋泠在今越南水富省的富寿地区，西随为今蒙自南部蛮耗及金平县一带。贲古在今蒙自、个旧、元阳 3 县（市）及文山、砚山两县（市）西部，与西随近。

进桑麋泠古道源起于先秦，发展于东汉，兴盛于晋唐，其作用随着水上航行技术的不断提高而日显重要。《晋书》载，隋朝年间，益州总管梁睿曾多次向皇帝杨坚陈述平定南中的理由，并提出了策略，其中一点就是“其处与交（交趾，今越南），广（今广东、广西）相接，路乃非遥”，足见这条通道的重要性。《隋书》载：进桑麋泠道虽早已存在，它发展到东汉以后，作用才显著起来，成为战时的行军大道，平时是商旅、使臣过往甚频的交通干线，这是包括以彝族为多数的云南各族先民长期探求便捷出海通道的结果，它使西南各族人民很早就有了一条与海外联系的便捷通道。

以海贝作币是魏晋时期西南彝区贸易的主要通货形式之一。贝币作为财富的象征，常被许多彝族有钱人家作为一种重要随葬品，被装在贮贝器中伴死者入墓随葬，葬得越多，越显示墓主人生前权威和富有。因此，在云南许多地方的彝族古墓葬中，都有大量贝币出土，仅晋宁石寨山一地就出土了2万余枚。这些海贝多数来自印度洋，有少量则是来自我国南海的。很明显，它们是通过蜀身毒道和进桑麋泠道而来的。海贝还是妇女头饰上的一种名贵装饰品，被长期沿袭下来。丘北县彝族古尼人（即所谓的“僰人”）妇女戴的头套（俗称“海巴”）上，如今仍钉满了海贝和料珠。

现在学术界都比较普遍地认为，中国丝绸最早是由蜀身毒道传入印度的。季羡林先生对此解释说：“张骞想通蜀身毒道，为滇王所阻，没有通成。但这只是官方的失败，而且是暂时的，商人往来贸易是可以通行无阻的……古代西南一带的丝业非常发达，特别是成都的锦更名闻全国。同缅甸的交通又那样方便，我们可以想象到，这样‘贝锦斐成，濯色江波’美丽的丝织品，一定会通过这样方便的交通道路传到缅甸，再由缅甸传到印度去。”

从秦汉到魏晋南北朝时期，随着西南地区商品经济的发展，及与南亚、东南亚地区商贸和人员往来的不断密切，这种通道经济的优势越来越显现出来。从当时西南地区对内对外情况看，蜀身毒道构成了云、贵、川地区各族人民对内相互联系，以及对外交往的主要通道。印度、缅甸自古就有以海贝作为货币的习惯。古意大旅行家马可·波罗也在他的游记中说云南的海贝是从印度进口的，云南海贝可能来自印度和缅甸。由于路途遥远，海贝来之不易，所以显得非常珍贵，因而被充作商品交易中的等价物来使用。这一时期，海贝和其他金属货币作为市场上的主要货币，主要流通于交通沿线，尤其是交通闭塞的边远地区，主要以实物作货币的以物易物。彝文《滇彝古史》记载说：“金银换披毡。”又说：“俄亥毡质好，一床要万兰。毡织月亮图，骏马换好毡。”这里说的金是指示非金质的金属货币，而不是金质货币；银指的则是贝币。而“兰”在古代彝语中，是一种货币单位名称，一兰等于十个贝币。有学者认为，云南古代存在的这种多种货币共存的现象，反映着当时社会经济发展水平在不同地区间的差异和不平衡，这是很有道理的。

第四节　彝族文化的发展及彝汉文化交流

一、毕摩文化的产生和发展

毕摩是彝族最早期原始口传、吟咏文化的收集、整理，并加以创造、继承、发展的传承者。“毕摩”二字是彝语汉字记音。在彝语中含有经师和祭师之意。由于彝族支系间和地区间的发音差异，以及各地汉语记音上的不同，而出现了全国彝区各地许多不同的毕摩汉字记音，如西波、奚泼、鬼师、鬼主、白马、贝瑪、布慕、呗耄、比摩、毕姆、比麻、毕木、毕姆、比摩等，现在大多数地方已约定俗成，都写作毕摩。

毕摩形成于彝族母系社会解体时期，到了父系社会时代成为彝族原始宗教发展较完备的产物。最早的毕摩直接源于原始社会时期的巫师——么尼（女巫）和苏尼（男巫），是由么尼、苏尼演变而来的。

远古时期，彝族先民在原始的生产生活中，借助想象力把各种自然物或自然变化现象形象化、理想化、人格化、神秘化，并由此产生了许许多多的神及其相关的神话传说故事、歌谣等，每逢外出从事游猎、采集等生产劳动或征战前，事先都要举行一番祭祀活动，说一些吉言美语，表达内心的愿望和期盼，祈求神的护佑。随着时间的推移，这些祭祀活动逐步形成一定的形式和程序，进而又形成了彝族最早时期的文学。后来，随着经济社会的发展，有了一定的剩余劳动，一些有知识文化的人便从物质生产中开始分离出来，专司“祭”和“师”的精神劳动，成了毕摩。他们将民间口头传承的咒歌、创世歌谣、神话传说收集起来，按照彝语的发音特点，采用民间歌谣五言体的形式，进行加工整理再创作，并在他们主持的各种祭祀活动中进行吟颂和演唱。由于语言优美、生动，节奏铿锵而富有感染力，使过去单纯枯燥的祭祀活动形式活力大增，形成了自己鲜明的民族特色。随着在时间推移中不断地积累再加工，逐步形成了结构庞大、气势磅礴、富有综合性特点的彝族古典长诗（创世史诗）。于是，彝族社会由此开始进入“兴祭奠，造文字，立典章，设律科”的“文化初开，礼仪初备”时代。而这一切，同时又是毕摩文化兴起的重要标志。

毕摩识彝文（俗称“老彝文”或“毕摩文”），通晓彝文典籍（俗称“彝经”），懂历史、识掌故、谙熟本民族传统，“上知天文，下知地理”，因而被视为彝族中的“智者”和“能人”而广受彝族人民的尊重。彝族有谚语说：“调解人的知识上百，兹莫（家支或部落首领）的知识上千，毕摩的知识无数计。”认为毕摩能“通神”，亦能“通鬼”，是人与神、人与鬼之间相通的桥梁和中介，是无所不知、无所不晓、无所不能的“超人”，在彝族人民中威望很高，是彝族古老文化的权威传承者和嬗递者。

毕摩举行祭祀活动时都要使用各种不同的法器，这些法器主要有法帽、法衣、法扇、法签、签筒、经袋、法铃、托器、拉图、斗笠、披毡、七星宝剑、赶三鞭、木鱼、琴、音禄架等，彝区各地使用的法器种类和数量有所不同，但大同小异。

法帽是一种用篾片编织成的斗笠，是毕摩与神接触时的保护伞。法帽帽尖高突 20 余厘米，尖柱边镶嵌有竹制“菩萨筒”，筒内装有一个小竹人和一个小木人，用五色线缠绕，象征神。帽面上铺钉黑毡，底面织若干胡椒眼。毕摩戴法帽做法事时，表示此时其已经不是凡人之体，而是代表人们与神鬼对话沟通的使者。

法衣是羊毛织物、丝织物和棉麻织物特制的黄、红、白三种不同颜色的毡衫，丧事用白色或黄色，婚嫁喜事用红色。

法扇用竹或木制作，扇上刻有虎和鹰图像，涂以木漆，用于请神驱鬼。法签用高山上的“鲁兹竹”制作，签长 15～20 厘米（签头尖的代表男性，签头平的代表女性），共 39 根，装于签筒内，用以占卜。占卜时将所有法签随意分作三份，数每份的单双数来确定凶吉。签筒用凿空留底的圆木做成，筒口雕凿成虎口状，底部雕龙尾形。筒面涂彩漆和绘各种图案，镶嵌有白骨球、白银片、珊瑚珠等饰品，内装法签。经袋用羊皮或布制作，袋上绣有彝文，毕摩外出时用来装背经书。

法铃是有柄的铜质手铃，做法事时用来助力法威，或唤醒神灵。托器是用竹子编成或用木头凿成的小兜，内装象征金银的木屑和木片，诵经时边诵边撒“金银”（木屑和木片）。拉图是用马缨花木雕成的黑虎头，象征如虎一般的法之无比威力。

斗笠分内外两层，内层用细马尾般的金竹篾丝编织成金线花纹，彝语俗称“波么斋”（螃蟹花），层层相叠，布满斗笠内壁。外层也用细篾丝编织成花纹，笠顶粗约 10 厘米，高 15 厘米，被称为“冲天帽”。斗笠两边各有一只竹篾编的鹰。帽带上栓挂一只鹰爪和一枚野猪虎牙。披毡用黑羊毛或黑布制作，毕摩主持仪式时披于身上。

七星宝剑用含炭较少的钢材制作而成，剑柄镶有七星，象征北斗。毕摩出门时常佩戴在身上，以避妖魔邪气，主持仪式时常用剑来画符。

赶三鞭是一种长 50 厘米左右的铁制鞭子，也是毕摩驱鬼祛病的法器之一。

木鱼用软质木制作，大小不一，大的木鱼如盘，小的木鱼如拳。木鱼的用途就是通过各种不同的快慢节奏来诵经。

琴为一种举行宗教祭祀活动开场经时弹奏的两弦乐器。

音禄架是用黄铜制作的四音打击乐器，功能与木鱼近似。

占卜是毕摩借助法力，询问吉凶、推断祸福的原始巫术。中华人民共和国建立以前及其之后的一段时期，极大多数彝族都有遇事必须问神占卜的习惯，以决吉凶，判断祸福。毕摩占卜的方法很多，主要有鸡骨中的股骨卜、舌骨卜、脑壳卜、腿骨卜，有牛、羊、猪等膀骨卜，以及松木卜、竹筷卜、木刻卜、星卜、灵卜等。

毕摩中能力最强、智商最高、威信最高者称为祖师。彝族社会中流传的毕摩祖师不少，其中最重要的有阿塞拉子、阿格苏子、铁别卓姆、阿都陆普、阿都尔补、毕苏拉则等，他们是众多彝族毕摩祖师中文化造诣最高、法术威力最高者，是彝族传统文化的发展嬗变者和权威传承人。

毕摩的社会职能除了祭祀、诵经、辟邪驱鬼、占卜吉凶外，还有一项更重要的社会职能，那就是协助王国国君或部落首领举行大祭和处理意识形态方面的其他事务，开展社会教化活动，同时编纂整理彝族古典史诗、整理加工彝族宗教经典，以及著书立说等。

彝族历史上长期实行的君、臣、师、匠四位一体的王国政教的管理制度中，师处于君臣之后的第三重要位置，其主要责任就是协助君臣出谋划策，并按照君的决策组织开展占卜预测，禳解鬼邪作祟，以及主持相关的祭祀、祭祖活动。

据相关彝族民间文学研究专家推测，许多彝族著名的史诗，如创世史诗《查姆》《阿黑西尼摩》《尼迷诗》《勒俄特依》等，英雄史诗《阿鲁举热》《哈依迭古》《益那（夜郎）在可乐》《益那（夜郎）悲歌》等，最初都是在民间流传，后来经由毕摩收集、整理编纂而成。这些古典史诗又是古代彝族生产生活中的“百科全书”，毕摩以这些史诗作为教材，教授民众，在社会民众中广泛传播彝族历史文化知识。相关专家学者研究结果表明，这些史诗虽然大都已经流传十分久远，但最终由毕摩整理编撰成书的时间，大多数都在魏晋时期夷帅、大姓称雄以及随后的爨氏称霸南中时。

毕摩的宗教经典，大部分为各种各样的祈福、祝祷、许愿、还原等占卜经书，是毕摩从事宗教活动的产物，集中反映了彝族原始宗教的意识形态。这些经典种类繁多，卷帙浩繁，是各种彝文典籍中数量最多、体系最庞大的门类，大体上可分为占卜、祈福、百解和祭祀四种。占卜方面的如《鸡骨卦经》《膀卦经》《日占经》《占病经》《签卦经》等；祈福经方面的如《庆丰收经》《祈雨经》《祝福经》《播福经》《招福禄神经》《招魂经》《赎魂经》等；百解经方面的如《百解经》《解罪经》《除患经》《解除祸殃经》《断口嘴经》《化解灾星经》《解凶梦经》《打醋炭经》《火神经》《地母经》等；祭祀方面的经书主要用于各种丧葬和送祖仪式，如《作斋经》《作祭经》《请神经》《送神经》《领生经》《哭灵经》《迎祖筒经》《献祖灵经》《祭天送祖经》《开路经》《敬酒经》《献水经》《献药经》《献牲经》《祭龙经》《祭虫经》等。

毕摩的社会职能除了主持“祭”的仪式和“师”之教化传承功能外，还有编纂整理古典史诗、编写宗教经典以及著书立说等重要的社会功能。

古典彝族史书是古代彝族生活的“百科全书”，是彝族的“根与古”，是毕摩传承民族历史文化、教化民众、增长民众文化知识的教科书。编纂整理古典史诗，就是用彝文将民间口头流传的史诗记录下来，然后加以整理编纂成书，并在更广的范围内传抄流传。如今我们能看到的许多彝族史诗就是这样流传下来的。著名史诗《查姆》最早是一位大毕摩（其名不清）记录整理出来的，这本最古老的整理编纂本是当今彝族毕摩、著名彝族民间文艺家、彝文翻译家施学生先生的传世家藏。彝族古典史诗的记录整理编纂，是魏晋时期彝族毕摩文化大发展的重要标志。这些彝族史诗数量庞大、种类繁多，不仅丰富了毕摩文化，还丰富了古老的彝族文学艺术宝库。

毕摩的宗教经典，是毕摩从事宗教活动的产物，其名目种类也很繁多，集中地反映在各种占卜经、祈福经、百解经和祭祀经中。这些经典是彝族毕摩文化中最核心的部分，也是最基本的部分，几乎渗透到了彝族生产生活的方方面面，同时也影响着彝族政治核心中的权变及其社会面貌。

著书立说是彝族毕摩的又一项重要社会职能。从狭义上说，毕摩主要指的是其最基本的社会职能，即在各种宗教活动中吟诵祭经。但从广义上说，其又包含着更广的范畴，即包含了彝族历史、文学、哲学、宗教、风俗、伦理、天文、历算、医药等诸多的层面和内容。魏晋时期的六百多年时间中，通过一代代毕摩的不断著书立说，产生了一大批彝文典籍。《华阳国志·南中志》说：“夷中有桀黠能言议屈服种人者，谓之‘耆老’，便为主。议论好譬喻物，谓之‘夷经’。今南人言论，虽学者亦半引‘夷经’。”这一记载说明，到了魏晋时期，已有相当多的“夷经”在官方和民间广为流传，成为包括许多汉族地方官员和文士在内的引经据典之源了。这里说的“耆老”，就是能用言论屈服种人的毕摩。

由于历史的原因，古时彝族毕摩著书立说，都不记著书年月，也不署作者之名，有许多书都很难准确认定其具体的成书时间，因此要对这些彝文典籍进行分期断代是十分困难的。只能从具体典籍字句中透露出的一些只言片语和蛛丝马迹，去作一点并不能保证完全准确的简单判断。如集古代彝族先民宇宙观、人生观，以及政治、经济、社会伦理道德、民风民俗等于一体的《训书》，全书分为《天生经》《地生经》《人生经》《治国论》《治国安邦经》等8章。按照书中透露出一点信息，此书是记述东汉光武帝年间（25—27年）水西罗甸国开国君长勿阿纳及其两位贤臣——伊佩徙忠义和什益咪阿佐根据先师密阿迭的《治国安邦经》道理讲解“善政治国”的故事，专家们才由此推断《训书》产生于魏晋南北朝或稍晚一点的时期。

著名的彝文哲学著作《宇宙人文论》，是讲述彝族先民对宇宙起源、人类起源、万物产生及其发展变化的认识，以及相应天文历法知识，是一部珍贵的古代彝族哲学精品。现今的大多数相关学者认为，《宇宙人文论》的成书时间是晋末或唐初之间，也有部分学者认为成书时间是宋代。因为书中所附的“宇宙生化总图”，与北宋年间周敦颐著的《太极图说》有不少类似之处。但大多数学者不同意这种说法，理由是《宇宙人文论》与另外两部彝文文学理论著作，即《彝语诗律论》和《彝族诗文论》同出于魏晋南北朝时期。而周敦颐生活的年代，是在后来的北宋时期，处于程朱理学兴盛年代，而《宇宙人文论》的文字中却找不到一点与程朱理学相似的观点，说明此书的成书时间不会晚于魏晋时期，不可能在宋代。当然，这些观点还有一些存疑之处，还需要作进一步探讨研究。

根据相关的彝文史料研究考证，《彝族诗文论》的作者是魏晋南北朝时期彝族最有名的大毕摩举奢者，他是彝族历史上著名的经师、史学家、思想家、政治家和教育家，也是著名的诗人、作家和文艺理论家，他所著的《彝族诗文论》是彝族古代第一部文艺伦理著作，是彝族文艺伦理的创建人和祖师。

《彝语诗律论》的作者阿买妮，是古代彝族妇女中罕见的女大毕摩，又是与举奢者齐名的同时代人，经常一起探讨彝族诗文创作理论，是彝族诗学理论的奠基者，也是古代彝族著名的诗人、作家、文艺理论家，被后世彝族尊称为“先师”。

二、彝族文学事业的发展

魏晋南北朝时期，不少彝族知识分子撰写了大量的各种彝文书籍，汉文史料中把这些彝文书籍记为“夷经”。从《华阳国志》等许多汉文史书记载中可以看出，这些“夷经”的流行和影响是广泛的。南北朝时期，彝族著名的经师、史学家、诗人举奢哲著有《彝族诗文论》《祭天大经书》《祭龙大经书》《做斋大经书》《天地的产生》《降妖捉怪》《侯塞与武琐》《黑娄阿菊的爱情与战争》等。其中，《彝族诗文论》是彝族历史上较为完整的一部文艺理论著作。《彝族诗文论》的内容包括“历史与诗歌”“论诗歌与故事”“经书的写法”“医书的写法”“工艺制作方法论”五个部分，在彝族的诗文著作理论中占有很高的地位。后世的布慕（毕摩）在谈论和品评彝族诗文时，时常都会把《彝族诗文论》中的句子作为经典来引用。

与举奢哲同时代的阿买妮，是彝族古代实和勺部落的后代，是古代最著名的彝族女作家和文艺理论家，她对彝族文化的发展做出了重大贡献，并产生了深远的影响。阿买妮著有《彝语诗律论》《人间怎样传播知识》《猿猴作斋记》《奴主起源》《独脚野人》《横眼人与竖眼人》等。彝族人民称阿买妮为“恒也阿买妮”，汉译为“天神（或天女）阿买妮”。她在《彝语诗律论》中归纳出了彝族诗歌有“音韵四百七，用者四十三”，即彝族诗歌的音韵可以归纳为470个，但一般常用的只有43个。书中对每个音韵的规律和用法都作了具体的说明和论述。

举奢哲和阿买妮在谈到诗与史的区别时都强调，写史要求完整真实，即要完全忠实于历史事实，实实在在地把历史的本来面目记载下来。艺术创作则可以想象和虚构。而在创作历史题材的文艺作品时，应遵循“七成真，三分虚”的原则进行创作。关于诗歌的创作方法，举奢哲和阿买妮都认为诗要有“主旨”，即表现一种内在的思想蕴涵。另外，诗“还必须有诗骨”，即“写诗抓主干，主干就是骨”。他们还认为，诗歌既要富有文采，又要“诗义深”，“诗义太浅陋，情文不相生”。并指出，知识修养是诗歌的源泉，“知识是诗根”。他们还论述了诗歌要反映现实生活，以及文艺创作在主、客观方面的根本要求，并指出这是艺术创作的普遍规律。他们还讲述了彝族诗歌的各种体裁和富有彝族特点的相关技巧问题。

《彝族诗文论》和《彝语诗律论》两部彝族古代文艺理论著作，从不同角度、不同侧面论述了彝族诗论和诗律论，从而构成了彝族诗歌的理论体系，对后来彝族诗歌的发展产生了重大影响。

据《阿着仇家史》记载，大约在举奢哲和阿买妮之后一个世纪，出生于滇东大宗主阿着仇家的大毕摩布独布举写下了《天事》一书。《天事》通过对前人治理社会混乱的业绩得失来探讨治理混乱之道，是一部治国经验总结，是一部《资治通鉴》式的著作。布独布举还著有一部叫《纸笔与写作》的文艺创作理论书。相传，今滇东一带和滇东南一些地方的名山大川，都是布独布举辅佐阿着仇家开疆拓土时命名的。布独布举精通经史、文学，写下了大量的诗文，继承和发展了先前的彝族文化。后世许多彝族毕摩都将其与举奢哲和阿买妮相提并论，尊之为仅次于上述二人的“先师”。

在布独布举之后，还有布塔厄筹和举娄布佗。据《阿侯家史》记载，布塔厄筹是芒部君长家的“君师”，也是一位博古通今的大毕摩。流传至今共36卷本的巨著《人类的起源》，据说就是布塔厄筹编著的。作为学者和诗人的布塔厄筹，是一位承前启后而又富于创造性的人物，为后人留下了《论诗的写作》等文艺理论方面的书。

布塔厄筹虽然是芒部君长的辅佐“君师”，但他有一颗正直而善良的民族心。他同情彝族下层人民的疾苦，并在自己写的诗歌中表达了奴隶主阶级对广大劳苦人民进行残酷的压迫和剥削的愤恨之情，如：

民人的住处，住房破烂烂。
衣裳也破烂。
地是君家的地，好地臣都占。
民人苦又苦，苦啊民人苦。
君长专寻乐，大臣爱吃喝。
可怜啊可怜，民人真可怜。

与布塔厄筹同时代的举娄布佗，也是一位刚直不阿，嫉恶如仇的诗人。据说，他与布塔厄筹交往甚密，两人曾经合作写下了《圆梦记》一书，书中揭露了君长的贪婪和残暴，描写了广大奴隶和贫民的苦难生活及不幸遭遇。并指出，君长若不改弦更张，体察民苦，体恤人民，终有一天要被人民所推翻。

三、彝汉民族间的文化交流

魏晋南北朝时期，在全国范围内虽然长时期战火不断，局面混乱，但却又是一段各民族之间接触机会最多的时期，也是彝汉等各民族之间的文化交流最频繁的时期。三国蜀汉初期，来自内地汉族移民中的雍闿等一批有文化的人，为了能够在彝区生存和发展起来，便积极学习使用彝语、彝文，并与彝族结为姻亲关系，主动融入彝族社会，而称为彝族大姓。东晋咸和八年（333年），常璩在他写的史书《华阳国志》中记载说，当时的汉人，即使是那些被称为大姓或学者的人，言谈之间，多引用彝文写成的“议论好譬喻物”的“夷经”，即彝书典籍。这说明在公元4世纪中叶的东晋时期，移入西南地区的汉族移民，为了在彝区站稳脚跟，大多都接受了彝族文化，并尊重和依照彝族风俗行事，使用彝族的宗教礼仪，实行彝族政教合一的统治方式，进而得到了彝族人民的认同和支持。

与此同时，在这一时期，彝族也不同程度地接受了汉文化的影响，一些地区的彝族改彝姓为汉姓，如彝族武部的部分人改武为孟姓，族称也改为孟武。清光绪二十年（1901年），在昭通城南白泥井出土的《孟孝琚碑》记载，孟孝琚为三国时夷帅孟获的祖先，他12岁即入内地学韩诗，兼通孝经二卷，对汉文学有一定的造旨。他未娶先聘，死于武阳，后归葬朱提（今昭通）。碑文刻有龙纹和虎纹，下有龟蛇纹，上有朱雀纹，说明孟氏的艺术爱好深受内地汉文化的影响。其后裔孟获等在三国时期反蜀，被诸葛亮征服后，有一部分迁徙到今广西西部和文山州东南部，而孟获、孟琰则被诸葛亮迁往成都做了蜀国的朝廷高官。明清之际，东川金钟山下还存留有孟琰修建的祠庙，后移于华宜寨，其后裔自称“孟族”，今汉姓中的孟获后裔有赵、苏、李、钱、冯、卜、金、杨、张、王、吴、胡等。

这一时期，由于彝汉民族文化的相互交流，先秦和两汉时期内地流行的阴阳五行学思想也传入了彝族地区。历来的五行家都把天地人事的一切分为五个数，用五行相配，从而将宇宙间的一切事物都一概纳入其范畴，如以四时配五行，以五行配五位等。在彝族的史书《宇宙人文论》中，也有五行配四时的记载，但与内地传入的五行学有许多不同。在彝文典籍《宇宙人文论》中，一方面认为“五行包括了天地间的各种物质元素，五行自身也变化成各种事物”，“天地间的清、浊二气，哎哺二门，金、木、水、火、土不断变化，是产生万事万物的根本”。这种思想坚持了朴素的唯物主义自然观和原始的辩证法思想。而在另一方面，由于用五行配天地人事，用五行生克来认识世界，就把原来带有唯物主义的五行思想引上了神秘主义的轨道。彝族史书《宇宙人文论》的诞生，是这一时期的彝汉文化交流的一大成果，其哲学思想的主要核心，就是来源于战国秦汉时期内地的阴阳五行学派。

作为文化载体的语言，因为在文化交流中的需要，彝汉两种文化都在相互学习对方的语言。一直被人们所称道，并被书法界专家誉为“海内神品”的《爨龙颜碑》和《爨宝子碑》，就是晋时东爨地区彝族“依汉法为墓”而立的碑碣。只有在爨区彝汉文化交流十分密切的这种历史条件下，才有可能出现这样的汉字书法“神品”。

第六章　唐宋（南诏、大理国）时期

（738—902 年）

第一节　南诏的崛起及民族方国的建立

一、南诏对滇西地区的兼并活动

秦汉时期，西迁的彝族武、乍二部与当地的昆明人部落及南迁的部分氐羌人经过长期的交流而融为一体。到了东汉时期，滇西洱海地区及其周边的保山、丽江、临沧等地出现了一个强大的部落联盟国家——哀牢。东汉光武帝建武二十七年（51 年），哀牢内附。东汉永平十二年（69 年），东汉王朝在哀牢地区设置哀牢、博南二县，与益州郡西部六县合并建立永昌郡。

彝族史书《西南彝志》记载，乍部先于武部迁到今云南大理洱海地区点错雅卧（今点苍山周围），并在这些地方形成了一定的势力。之后，乍部出了一个有名的历史人物，叫佐洛举堵者，简称佐洛或洛举。到了元明时期，其后裔中有部分分化成白族，即今天的白族先民。彝文史书中说洛举仿效汉制创立了基业。据阮元声《南诏野史》载，诸葛亮南征时，封洛举的后裔为郡长，赐姓张，号建宁。

武部后于乍部迁入保山、大理等地后，与乍部相互通婚。武部首领有九个儿子，长子武色吞住在“更纠城”（今大理城）。

唐朝初年，西迁徙的武、乍二部与原来就住在滇西地区的昆明人，以及其他一些零星分散的族群，在今洱海及周边地区形成了许多大小不一的部落，他们大多都有亲属关系，但互不从属。在这些部落中，有六个彝族部落势力较大，史称“六诏”。诏，是彝语“王”的意思。“六诏”即蒙舍诏（今巍山县南部）、蒙嶲诏（今巍山县北部）、越析诏（今宾川县）、浪穹诏（今洱源县）、邓赕诏（今邓川县）、施浪诏（今洱源县三营）。其中蒙舍诏因地处六个诏中的南部，因而又称为南诏，后来的大南诏国名称也就是由此延伸而来。南诏在彝语中叫罗纪家，与其他五诏之间都有血缘关系。

乍部到洱海周边地区后，先后统一了弄栋蛮、蜻蛉蛮、渠敛诏等部落，并建起了“建宁国”（又称“白子国”）。南诏强盛起来以后，建宁国首领张乐进求禅位于南诏首领细奴逻。

隋唐之际，西藏吐蕃在统一青藏高原各部后，在北方与唐王朝展开争夺安西四城（今新疆、甘肃境内）的同时，在西南部其势力也渗透到了今云南大理西部和四川盐源等地区，并在四川北部争夺安戎城（今四川茂汶县），直逼川西平原成都。唐王朝为了抵消吐蕃奴隶制政权在西南地区的影响，便竭力扶持洱海地区彝族各部落的力量，与吐蕃进行抗衡。

唐玄宗开元年间，朝廷派御史严正海协助蒙舍诏统一洱海地区。当时，洱海周边还有一些西洱河蛮，由于他们各村落之间没有统一的军事指挥系统，被蒙舍诏各个击破，太和城、羊苴咩城等许多大小城邑尽被蒙舍诏所占领。

邓赕诏主芊逻皮是皮逻阁的外甥，因是同族加婚姻关系，邓赕诏曾与蒙舍诏一起“同伐河蛮”，并将河蛮的大厘城分而据之，后又被皮逻阁袭而夺之，两诏亲盟关系由此破裂。之后，芊逻皮便邀约浪穹诏、施浪诏与蒙舍诏对抗，最后仍遭到失败。

越析诏在与蒙舍诏的战争中失败，诏主波冲之兄于赠率领残部逃到金沙以北，最后仍然被阁罗凤派兵追击消灭。

蒙嶲诏酋长照原因为双目失明，南诏在与其他诏进行兼并战争中，为防备他联络其他诏进攻南诏，将其子原罗扣为人质。待到对其他诏的兼并战争结束后，皮逻阁便释放原罗回蒙嶲诏，让蒙嶲诏部众立其为长，继而又找借口杀了照原，驱逐原罗，进而并吞了蒙嶲诏。由此，蒙舍诏基本上统一了洱海地区。

蒙舍诏基本上统一洱海地区后，唐王朝并正式予以承认。到了唐开元二十六年（738年），唐王朝才封皮逻阁为云南王、越国公，并赐予汉名蒙归义。

二、南诏国的建立

细奴罗是南诏基业的奠基人，其兼并张乐进求，势力逐步从巍山扩张到大理地区，并一直遣使臣向朝廷贡纳，与唐王朝廷保持着很友好的关系。此后，南诏几代君主都与唐朝廷保持着这种友好关系。唐睿宗太极元年（712 年），罗盛卒，子盛罗皮继位。唐朝廷授予他特近、台登郡王、知沙壶刺史。开元二年（728 年），盛罗皮卒，子皮逻阁继位，朝廷仍授予其特近，并封越国公，赐汉姓“蒙”，名“归义”。

唐王朝扶持南诏的手段是“以夷制夷”，目的是借南诏的力量与吐蕃抗衡，以确保唐王朝在西南边疆地区的安全。作为被唐王朝封立在西南的“云南王”皮逻阁，政治上自然要听命于唐朝的指挥。而这种指挥是通过朝廷派驻在云南郡的姚州都督府来具体执行的，经济上也要向朝廷负担贡赋。

蒙舍诏统一六诏的战争期间，滇中、滇南、滇东及滇东南地区的诸爨和夷帅部落分别各自据为势力，今文山州西北和红河州东南部为爨量所管辖区，即所谓“爨量保盘南”。这些早已夷化了的爨氏大姓基本按照彝族的生活方式办事，甚至把彝文也称作爨文，夷区也称作爨区。这些爨姓势力各自闭关自守，内部纷争不断，难以形成一种新的力量来把分散的经济、政治力量统一起来，归附到唐王朝的统一治理之下。而此时唐王朝中央的势力还难以直接控制爨区，为了把爨区统一起来，唐朝廷于天宝年初，开始经营步头路。步头路从步头（今建水）北上经安宁到达戎州都督府（治所在今四川宜宾），目的是使北部的戎州都督府与南部的安南都护府（越南河内）连接起来。打通了这条南北交通要道，唐王朝便可在政治上加强对滇中、滇南和滇东南地区的管理，军事上可加强对滇东和滇东南地区，乃至对今越南北部地区的控制。而滇中和滇东地区相对比较发达的经济，也对唐王朝有很大的诱惑力。

为此，唐王朝派剑南节度章仇兼琼负责打通步头路，派越巂都督竹灵倩修筑安宁城，从而引起了诸爨的恐慌。于是，各自为政的爨氏诸部首领又联合起来，发起了对唐王朝的武装反抗，并杀死了在安宁指挥筑城的越巂都督竹灵倩，捣毁了即将建成的安宁城。为平息爨氏反抗，朝廷派中使孙希庄、御使韩洽、都督李宓入滇镇压，同时命令皮逻阁率领南诏军队配合朝廷的军事镇压行动。

唐朝廷和南诏联合大军压境，使本来就很不稳固的爨氏内部又迅速发生分化。南诏军队一到波州，爨归王、爨崇道、爨彦璋等便率众前往请罪。皮逻阁顾于同族兄弟之情，便代他们向朝廷求情，得到了朝廷应允，下诏赦免。但都督李宓却好大喜功，在爨氏各部中拨弄是非，并唆使爨氏大鬼主爨崇道杀死其叔父——南宁州都督爨归王，占据了今滇东一带。此时，即公元748年，皮逻阁死，其子阁逻凤即位。爨归王的妻子阿姹在丈夫被杀后，前去投奔阁逻凤，使其子爨守隅得以继任其父的南宁州都督之职，阁逻凤还将自己的女儿许配给了爨守隅。此时，爨崇道又杀了其弟——昆州刺史爨日进，使刚开始稳定下来的东部爨区再一次陷入纷争之中，局面更加动荡不安。阁逻凤决心除掉爨崇道，便派兵占领了其老巢马龙。爨崇道获悉后，带着其子和心腹闻风而逃。最后，爨崇道父子仍被阁逻凤的军队抓获，并下令处死。于是，阿姹成为东部彝族各部的首领。

公元762年，阁逻凤乘征服东部爨区之威，又派兵统一今德宏和保山西部地区。

公元765年，阁逻凤命其子凤伽异在今昆明市建拓东城，以“二王”的身份坐镇昆明，控制东部地区。

从细奴逻成为蒙舍诏大酋长，并在公元653年被唐高宗任命为巍州刺史开始，经公元738年皮逻阁统一洱海地区建立南诏国，至公元750年南诏国利用彝族各部人民反抗云南郡太首残酷压迫和剥削人民的机会，发兵攻占唐王朝在云南的重镇——姚州及其32个小夷州，再到公元765年建拓东城，前后历经五代共一个多世纪的时间，才基本上统一了云南，之后又向周边地区进一步扩张。南诏国最强盛时期，其疆域东达今贵州遵义和广西西部，南到今越南北部和泰国清莱，西跨今缅甸钦敦江，北达四川大渡河，成为唐王朝疆域边一个比较大的少数民族政权，其面积比今天的云南省还要多1/2。

南诏民族国家的建立，是彝族社会历史长期发展的必然结果。这是因为，一是由于彝族社会长期的“部落土离”“首领星碎”的奴隶主贵族你争我夺的战乱，妨碍了彝族内部社会经济的发展和政治上的稳定。因此，一个居于各部之上，又能联系各部和其他各族人民群众的政权的产生，便成为整个彝族社会及西南地区各族人民发展社会经济的必然要求。二是在西南这片广阔的中国国土区域内，彝族各部之间，虽然存在着一定的差异，但通过不断的整合，彝族社会发展的趋同性得到了加强。三是在隋唐之际，吐蕃的兴起及其与唐王朝的对抗，使西南地区的彝族等各族各部得到了统一的外部契机，蒙舍诏首领适应了这一社会发展趋势，顺势而为，从而建立起了联系其他各民族兄弟的统一的多民族国家政权。四是在唐王朝之前的各代王朝对西南地区的经营，在一定程度上打破了各民族之间的社会壁垒，各民族之间的经济、文化交流得到了进一步的发展。蒙舍诏（南诏）正是利用这样的历史条件，顺应了历史发展的要求，从而得以建立起了这一以彝族为主体的多民族方国政权。

南诏之所以能最终建立起多民族方国政权，除了以上原因外，还与南诏王族本身不断神化自己有关，这样的事在中国历史上并不少见。《旧唐书·南蛮传》载：“南诏本乌蛮别种也。姓蒙氏（唐朝廷赐的汉姓），自言哀牢之后。”《蛮书》亦载：“蒙舍，一诏也。……贞元中，献书于剑南节度使韦皋，自言本永昌沙壶之源。”《滇考》对此这样评论说：“神异之说，美其祖宗。”一些现代学者也认为，九隆神话是南诏王族“装点门面”的产物，或是异牟寻受汉文化影响而“伪饰托祖”。然而，从龙生十子，十子结婚繁衍“由是始有人民”的记载来看，这应当是母系氏族社会时期对哀牢山区“人民”来源问题的感生故事，也就是对包括昆明人在内的各部族来源问题的神话解释。而以第十子为王，则又反映了昆明人在各部族中势力最强大的情况。南中昆明人以十子为祖，九隆与昆明人之间的关系也就很清楚了。

南诏国的建立，不仅结束了中国云南全境部落豪酋长期纷争割据的混乱局面，促进了边疆民族地区的开发和建设，增强了中华民族大家庭的团结，还加快了边疆民族地区经济发展和社会进步。

第二节　南诏国的政治与社会

一、南诏国的疆域与首府

在唐王朝的扶持下，皮逻阁统一了六诏。但南诏崛起初期，除嶲州（今四川凉山州）外的南中地区和泸水（金沙江）以南、以东地区，只是在唐王朝名誉上的羁縻统治之下。唐武德元年（618 年），唐朝将彝区东部的诸爨之地纳入版图，任命爨弘达为昆州刺史。麟德元年（664 年），唐王朝在东部爨区及洱海地区周围设置了许多羁縻州、县，都以当地少数民族首领任刺史、县令。这些州、县分别隶属于戎州都督府（治所四川宜宾）、姚州都督府（治所云南姚安）、安南都护府（治所宋平，今越南河内）。后来的南诏国，其疆域就是建立在这一行政区域上的地方民族王国。

唐开元二十六年（738 年），唐王朝册封皮逻阁为“云南王”。这时，南诏的范围还只是洱海及周围附近地区。到了皮逻阁之子阁罗凤在位时期（748—779 年），南诏国势鼎盛，开始向外开疆扩土。在夺取东部爨区之后，与唐王朝的矛盾也随之尖锐起来。这段时期，正处于唐明皇晚年昏庸、情迷女色、不思朝政，而李林甫、杨国忠等奸臣当道，结党营私、大肆破坏朝廷纲纪，进而导致唐玄宗天宝八年（749 年）和天宝十三年（756 年）两次唐诏战争，南诏国由此在一段时期内摆脱了唐王朝的控制。天宝十五年（756 年），南诏与吐蕃合兵攻取了嶲州（今四川凉山州），并“扬兵邛部”（今四川凉山州北部），将势力范围向北扩展到大渡河。公元 762 年冬，阁逻凤亲率南诏大军，“刊木通道，造舟为渠”，“西开寻传”，降服“裸形”“祁鲜”诸部，使今缅甸伊洛瓦底江上游西岸祁鲜山一带尽归南诏版图。其西境与摩伽陀（今印度）相望，西南与骠国（今缅甸）相邻。

与此同时，南诏国又在安宁及诸爨故地设置城监。阁逻凤命其长子凤伽异在昆川（今昆明）置拓东城，把东部自曲州、靖州（今云南东川至贵州威宁一带）至步头地区（今云南红河州、普耳市和文山州西部地区）牢牢地控制起来。

阁逻凤之后，其孙异牟寻继位，重新归附于唐王朝。唐贞元十年（794 年），朝廷派袁滋为册南诏使，正式颁发“贞元册南诏印”，双方立盟，共同对付吐蕃。于是，南诏并利用此机会，夺回了被吐蕃占领的神川（今剑川）都督府地，进而收回了今剑川、鹤庆、丽江一带。接着，异牟寻又挥兵南下，开拓了今西双版纳一带，使南诏版图南接女王国（今泰国北部南奔府）、陆真腊（今老挝万象一带）。在此后的几十年里，南诏还曾先后向东攻逼黔中，向东南一度占领了安南都护府（今文山州和红河州南部及越南北部地区），向南攻入骠国（今缅甸中部地区）、弥诺国（今钦敦江流域）、弥臣国（今缅甸南部伊洛瓦底江入海处地区)、崐仑国(今中印半岛南部岛国)、女王国、陆真腊等地区。

南诏国早期的首府建在太和城,太和城原先是西洱河蛮居住地。公元737年,皮逻阁占领了太和城,在此被唐王朝封为“云南王”,并在此建立了南诏王国都城。公元739年,皮逻阁正式迁入太和城,并对城进行增修扩建,作为王宫。

太和城位于今大理城和下关市之间的太和村村西,城西背依海拔4500米的点苍山,山势险峻,东临洱海。当时的彝语称山坡为“和”,所以城名就叫太和城,或称大和城。

南诏修建太和城时,城内还建有一个小城——金刚城以及南诏避暑宫。金刚城把背后的点苍山佛顶峰与太和城城墙西端连结在一起。小城是公元747年扩建太和城时修建的。

在洱海和点苍山之间狭长形的冲击平原南北两端,各建一座具有军事要塞性质的小城——龙口城和龙尾城,以扼守要冲,确保王都安全。

公元779年,南诏与吐蕃联军被唐将李晟击败后,异牟寻迁都羊苴咩城(今大理城西崇圣寺附近)。公元856年,南诏王劝丰祐在羊苴咩城内修筑了一座宏伟的建筑物——五华楼。据说这座巨大的楼阁周长有2.5千米,高30多米。楼内可以居住万人,楼门立有5丈高的旗杆。五华楼是南诏的迎宾馆,专为招待西南的地方部落酋长而建,旧址在点苍山玉局峰下。到元世祖忽必烈征大理国时,还在五华楼驻过兵,后来遭兵燹而毁,到明代就不存在了。

二、南诏国王室及其政权体制

南诏王国从建立到灭亡,历经253年,基本与唐王朝同始终。南诏王国的建立,不仅结束了中国西南边疆地区长期部落豪酋纷争的局面,还促进了边疆民族地区经济发展和社会进步。南诏王治理王国的政治体制和官位设置,与中央王朝有很多相同之处,但也有南诏王国自身明显的地方和民族特点。

南诏国的最高统治者称为“诏”,是臣下和百姓对“王”的称呼。南诏王自称为“元”,与中央王朝皇帝自称“朕”一样。

南诏与唐王朝的关系总的来说是很密切的,在其十三代王中,有十个受了唐王朝的委任或册封。南诏立国初期,唐王朝封皮逻阁为“云南王”。异牟寻重新归唐后,唐王朝赐予他“贞元册南诏印”金印。此外,与吐蕃联合抗唐期间,南诏王还从吐蕃得到过封号。如封阁罗凤为“赞普钟南国大诏”,号“东帝”,与吐蕃结为兄弟之国,至异牟寻时改为“日东王”。南诏后期自寻阁劝起因皇帝借口故意不册封而自称“骠信”。总的来说,比较稳定的称呼还是“诏”。

南诏国的王室家族姓“蒙”,史书记载“蒙”是皇帝赐予王室的汉姓,南诏王也多次以此赐予臣下为“蒙”姓。正常情况下,王位由各代诏王长子继位沿袭。但这种汉姓只是一个家支或家族的称呼,南诏王族实际上实行的是彝族传统的父子连名制。

作为南诏国最高统治者的南诏王，既掌握着王国的最高行政权力，也掌握着王国军事的最高指挥权力。“诏”经常带兵四处征伐。为了维护“诏”的权威，专门设立了一整套礼仪制度。南诏王面向东，称诸臣为“昶”。大臣见“诏”时，则自称官衔，而不是称“臣”。南诏王身着红绫制作的汉装，但头上戴的是一种高高突的头囊，相当于中央朝廷皇帝的王冠。传世的《南诏图传》绘有末代“诏”舜化头戴王冠的图像，图中场面显示在一个庄严而隆重的礼仪场面上，南诏王衣金甲，披大虫（虎）皮，执双铎鞘。饰有白旄的八面紫色旗分列两旁，一对雉尾羽掌扇和旄钺紫囊之翠盖紧随其后。南诏王正式出行时，其场面更为隆重，出行队伍以装饰华丽的十二头大象为前导，众多的乐队和马队跟随其后，仪仗队衣甲闪光夺目，手持斧钺，一派威武浩气，场面十分壮观。

南诏王的后宫有妻妾数百人，统称“诏佐”。王母叫“信么”或“九么”；王妃称“进武”；王子称“信苴”。王室居屋建筑及其家用器具都十分豪华气派，日常饮食器具均为金银制品。王室成员死后，依照当时彝族“收耳”的风俗，要把死者的两只耳朵割下来贮进金瓶装入银函，供奉在专门的房间里，表示让死者也能听到后世王族商议国家大事，并从阴阳界间加以指示。

南诏国有一套比较完整的置官制度。协助南诏王处理王国政治、军事事务的叫清平官和大将军。一般情况下，清平官有六人，有时也有七人。清平官称为“坦绰”“布燮”或“九赞”，是协助诏王处理王国日常事务的最高行政官员，他们每天同诏王一起商议王国政务大事，其职务与中央王朝的宰相相似。清平官中有一人为内算官，威权最重，如同当时唐王朝中的中书令。内算官的责任是掌管王国国家机密，凡有文书便代国王判押处置。还设有两个副内算官，其责任就是协助内算官处理日常事务。另有外算官，外算官由清平官或大将军兼任，其下领六曹。“六曹”是南诏国的国务行政机构，分别是：士曹，掌管官吏调配；户曹，掌管王国户籍；仓曹，掌管王国财政；客曹，掌管礼宾外交；兵曹，掌管王国军事；刑曹，掌管刑事法规。南诏后期，曾将“六曹”改为“九爽”，分别是：幕爽，掌管军事；琮爽，掌管户籍；慈爽，掌管礼仪；引爽，掌管外交；万爽，掌管财政；阙爽，掌管工程建设；禾爽，掌管商业贸易。“六曹”和“九爽”都设有曹长、爽长，下置有具体的工作机构，有若干办事官员。南诏的“六曹”制度是仿效唐王朝的“六部”机构设置和内地州府“六司”的设置形式而来的。

大将军是南诏国最高的军事官位，其中有 12 人的官阶与清平官同列，经常参与南诏王的议事活动，但其主要职责就是掌管军事。

有些清平官以至曹长，往往兼领大将军衔。军将中有大将军、军将、诏亲大军将等。掌管重要城镇的称为某城大将军，如开南城大将军、拓东城大将军等，也时称域使或节度。这些大将军以管理军务为主，也兼管地方政务。南诏的官制虽然有文武之分，但在实际的执行中，文武界线并不十分明显。

南诏的高级官员中，还有两名“同伦判官”，其责任是向“六曹”传达南诏王的指令，属于南诏王的亲信。南诏王的侍从称为“羽仪”，都由贵族的子弟担任，其中有八个羽仪长。羽仪长是南诏王最亲的亲信，可以佩剑见诏王，与中央朝廷中的带刀护卫类似，这样的权连清平官都没有。

三、南诏国的地方政权与军事组织

南诏统治者在其广阔的疆域内，设置了十睑、六节度、二都督等地方行政区域及其管理机构。

“睑”相当于同时期唐王朝设置的州。十睑分别是：云南睑，在今祥云县云南驿一带；白崖睑，亦称勃弄睑，在今弥渡县一带；品澹睑，在今祥云县城一带；蹬川睑，在今洱源县南邓川一带；蒙舍睑，在今巍山县；大厘睑，亦称史睑，在今大理市喜洲镇；苴咩睑，亦称阳睑，在今大理古城一带；蒙秦睑，在今巍山县北部到漾濞县一带；矣和睑，在今巍山县境内；赵川睑，在今大理市凤仪一带。十睑全部都在蒙舍诏统一“六诏”时的洱海周边地区。这些地区是南诏国政治、经济、文化比较发达的地区，由南诏王室直接管辖，因而其行政建置也最完善。

六节度分别为：弄栋节度，在今姚安县，辖区范围北起泸水（金沙江），南至礼杜江（元江上游）；永昌节度，治所在今保山，辖区从高黎贡山以西地区，东起澜沧江，西迄大盈江之怒江流域地区，包括今德宏州区域范围；银生节度，治所在今景东，包括哀牢山和澜沧江中游，以及澜沧江下游（今西双版纳州）；剑川节度，治所在今剑川，辖区相当于今大理州北部，以及怒江州、迪庆州、丽江市和四川西南部分地区；拓东节度，治所在今昆明市，其辖区亦称鄯阐府，统辖两爨之地，辖区相当于今金沙江以东，抚仙湖以北的今云南东北部和贵州西北部分地区；丽水节度，其治所在今缅甸境内的伊洛瓦底江上游一带。

二都督，一是会川都督，设于南诏东北部今四川会理县，辖区相当于今川西大渡河纪凉山州地区；二是通海都督，设于南诏国东部通海，即今云南玉溪市通海县，辖区相当于今玉溪市东部地区、红河州大部地区，以及除广南、富宁两县外的文山州。

南诏国的每个节度设一名最高长官——节度使；节度使也称都督，都督府有一名最高军事长官，即都督或节度使，均由大将军担任，并由南诏王直接任命。节度或都督不是单纯的军事机构，他们在行使军事职权的同时，也行使地方行政职权，是地方最高军政首领，因此，节度和都督也是南诏国基本的地方行政机构。两个都督府地处国之南北要塞，是南诏国连年用兵之地，会川是南诏攻掠四川的要道，通海是南诏用兵安南的咽喉，因而这两个都督是南诏国特殊的军事管辖区。

南诏国的军队规模不小，但其兵员无定数，平时有常备军三万。大历十四年（779年），异牟寻与吐蕃联合攻掠唐黎州（今四川汉源县）、茂州（今四川茂汶县）、文州（今

视，记录战争胜败功过得失以定赏罚。军将违反军令要受仗刑 50 ~ 100 大板，严重者流放到瘴气之地。对于士兵，则是奖励勇猛牺牲者。作战中，前身受伤准许养息，背后受伤者会被判成是临阵脱逃而被处死。

第三节　南诏国的发展与兴盛

一、鼎盛时期的南诏国

南诏自皮逻阁统一洱海地区，其中经过阁罗凤的扩张，到异牟寻在位时期（779—808 年）是南诏发展的重要时期。此时，异牟寻重新归附了唐王朝。贞元十年（794 年），唐王朝封异牟寻为云南王，并赐“贞元册南诏王印”。异牟寻是一位有政治远见的南诏王，他从小就拜精通儒家和封建制度的唐嶲州西泸县令郑回为教师，学习汉文化。继位后，任命郑回为清平官。异牟寻对郑回非常敬重和信任，使得郑回成为六个清平官中权势最重的一个。郑回力促异牟寻归附唐王朝，指出：“中国讲道理，很少要财物。如果脱离土蕃归附唐朝，就没有出兵助吐蕃战守和出重税的困难了。”这与唐朝的北和回讫，南通云南，西结大食、天竹，使土蕃自困的战略意图相吻合。因此，在唐王朝剑南节度韦皋的联络下，异牟寻归附了唐王朝，同时也为南诏打开了重新与唐交往，学习内地先进文化的大门。韦皋为了维护唐王朝与南诏的和好关系，废除了属国送王子到京城充当人质的制度，并在成都开办了一所专为南诏子弟学习的学堂。学堂前后办了 50 年，前往学习的南诏子弟累计数千人。这样，唐朝廷的封建制度对南诏产生了重大的深远影响。同时，为了共同抗击吐蕃的侵扰，唐王朝先后派出工匠帮助南诏国军队制造坚甲利弩，加强了南诏国的军事实力。从此，南诏国军队甲弩制造精良，并一直被沿袭下来，直到宋元以后，云南制造的兵器还闻名全国。随着南诏国与内地的政治、经济、文化交往的不断密切，使南诏国出现了政治稳定、经济发展、社会进步的王国全盛时期。与此同时，南诏社会内部存在的封建农奴制也随之不断扩展和加强。南诏统一后，洱海周围地区的村社已经产生了封建农奴制的因素。南诏对此实施了一种特殊的佃人制剥削方式。这种佃人制以剥削村社成员的徭役劳动为主要手段，就如马克思在《资本论》中所说的那样：“自由农民在公田上的劳动变成了为公田掠夺者而进行的徭役劳动，于是农奴关系随之发展起来。”南诏国的贵族们以授田的方式，成为这些村社的直接统治者，从而成为农奴主对农奴实行的一种新的剥削方式。到异牟寻时期，洱海地区的贵族农奴主已形成了一股强大的势力。由于手工业者的劳动可以直接满足南诏统治者们的贪欲和享乐，而这些手工业劳动者有许多是从封建社会地区来的汉人，因而奴隶主对他们采取了给田、收税的剥削方式，而奴隶们通过劳动所能得到的要比封建社会地区少得多。

异牟寻开启了南诏国两百五十多年历史的最盛时期。从贞元苍山会盟到劝丰祐在位这段时期，南诏国在摆脱吐蕃控制以后，进一步加强与唐王朝及其内地的经济文化交流，同时加强与中南半岛地区的交往与联系，使南诏国的政治、经济和文化在皮逻阁40年精心经营成果的基础上，进一步加快了发展的进程。尤其是加强东部爨区的开发，强化对外劳动力人口的掠夺，极大地促进了经济社会的发展，使王国进入了史上发展最快的鼎盛时期。

为适应南诏国经济社会发展的客观要求，异牟寻继位以后，采取措施进一步完善了南诏国的各种政治制度，将王室行政机构中的“六曹”改为“九爽”，其中幕爽主兵，琮爽主户，慈籍主礼，罚爽主刑，劝爽主官人，厥爽主工作，万爽主财用，引爽主客，禾爽主商贾，皆清平官、酋望、大将军兼之。还设乞托“主马”，设禄托“主牛”，负责管理畜牧经济，使南诏的政治制度从内容到形式上更加统一，更为完善。

为强化王国政权统治权威，唐大历十四年（779年），异牟寻仿效中原帝王“封岳渎”的做法，在南诏国境内选择名山大川，封五岳四渎。五岳分别是中岳点苍山、东岳乌龙山（今乌蒙山）、南岳蒙乐山（今无量山）、西岳高黎贡山、北岳玉龙雪山；四渎分别是金沙江、澜沧江、黑惠江、怒江。

异牟寻致力发展经经济的做法与其高祖皮逻阁不同，他把经济发展的重点区域从滇西逐步转向滇中和滇东爨区。但这时的爨区因前些年的连年战乱，加之南诏统一东部爨区是时，从这些地区西迁人口二十万到滇西，使这些地区人口流失很多，劳动力严重不足。为了恢复东部爨区经济，使之尽快发展起来，贞元十年（794年），异牟寻在进攻并收回被吐蕃占据多年的神川都督府之后，将其区域内的施蛮、顺蛮磨、裳人迁到滇池周边地区参与爨区恢复建设和发展。居住在永昌地区的望苴子、望外喻等族群的千余户人家，以及后来被征服后的金齿地区人口，也被迁到此，经济开始得到恢复并逐步加快发展起来。

异牟寻之孙劝丰祐继位后，也一样把其精力放到发展农业经济上。他先是遣军将晟君自磨用江至于鹤拓筑横渠道，灌东皋及城阳田，与龙佉江合流，谓之锦浪江。之后又潴点苍山玉局峰顶之南为池，谓之高河，又名冯河。更导山泉共泄流为川，灌田数万顷，使之成为“浇田皆用源泉，水旱无损”的旱涝保收之地，有效地改善了苍山洱海周边地区水利条件，大大提高了粮食产量。

与此同时，商业在这一时期也有了很大发展，与王国周边的农业和畜牧业产品交易，以及各种金银饰品和金属加工产品贸易日趋扩大，新王室行政机构中新设置禾爽，专管商贾，就是为适应这种发展需求而设立的。

经济的发展也促进了文化的繁荣。贞元会盟之后，唐诏文化交流之门再一次打开，且交流的情况比以往更深入、更广泛。异牟寻视儒学为先进文化代表。《蛮书校注》说：异牟寻“每叹地卑夷杂，礼仪不通，隔越中华，杜绝声教育”。因此。唐诏重新和好后，便迅速恢复了派贵族子弟到成都学习汉文化的旧例。《资治通鉴》在记述这种学习方法中说："业成则去，复以他子弟继之。如是五十年，群蛮子弟学于成都者殆以千数。"儒学之外，唐代的诗歌、音乐，以及建筑艺术等，都对南诏的发展产生了深远的影响。著名的《南诏奉圣乐》曾轰动朝廷，让当朝皇帝为之赞叹不绝。这一名传千古的音乐，就是南诏王及其许多文化人将南诏文化同内地汉文化，以及周边一些国家民族文化融为一体而形成的高水平的南诏音乐精品。

二、发达的奴隶制生产及其特点

秦汉时期，我国西南彝族地区就已建立起了较为完整的奴隶制社会制度，如滇王国、夜郎国等。而在彝族史籍记载中，彝族社会奴隶制的产生，则早在"六祖分支"时候就开始了，只是在当时还没有一个奴隶制政权能够在西南地区的彝族经济社会中占据主导地位。隋唐时期，全国范围内的社会经济发展已进入了封建盛世，而在西南地区则是处于多种社会经济形态并存的状况中，社会前进的步伐比起中原内地来就显得很缓慢了。南诏统一西南地区后，奴隶制在整个西南地区已经基本确立，一些相对发达地区，具有封建社会制度特点的社会形态也开始逐步发展起来。

在汉文史书记载中，南诏的奴隶被称为"佃人"，奴隶经济制度被称为"佃人制"。这种奴隶制是西汉时期在西南地区建立奴隶制度的继续和发展。在南诏国，统治阶级是以南诏王为代表的贵族集团，包括王室成员、清平官、大将军、节度使、都督、理人官等大小官员。被统治阶级由奴隶和平民两部分组成，奴隶的来源主要是战争俘虏和罪犯，平民是由原来的农村公社成员演变过来的。此外，还有大量处于奴隶地位的人员，他们大都是被征服的其他少数民族和部落人员。

南诏国王把土地集中在自己手里，按不同的阶级和等级进行分配。清平官、大将军等"上官"授予田地四十双（每双5亩，折合200亩），相当于当时内地的二顷；贵族身份的"上户"授地三十双（折合150亩），相当于内地的一顷又五十亩；而一般村社中的小奴隶主和自由农民，即"中户"和"下户"，则按层次递减，获得数量不等的土地。南诏王室和清平官等贵胄占有的土地，主要集中分布在洱海附近的平坝地区，以勃弄川（今弥渡县红崖坝）最为集中。王室授予的这些土地，除劳动力多的"下户"人家有可能自耕以外，其余的都需要奴隶来承担耕作劳动。而这些田地往往都是集中在同一地区，也就是为了便于集中使用奴隶劳动，因而劳动场面很壮观。南诏国还有一部分自由民，据说至少有3万户。这些自由民大都是原来"六诏"，特别是蒙舍诏中的彝族和后来分化出来的白族。南诏对这些自由民不征发劳役，每人每年只缴纳2斗米的赋税，即所谓"人岁输米二斗"，但必须自带口粮和武器军械服无偿的兵役，即所谓"每有征发，但下文书写村邑理人处，克往来月日而已。其兵杖人各自费，更无官给"。

在奴隶主阶级占有的土地上，“山田”主要由奴隶来耕种，由各镇的军将派出的官吏或从奴隶主中挑选的“监守”（监工）来监督奴隶劳动。

手工业中主要使用的劳动力也是奴隶，如从事蚕丝生产的奴隶，要将其产品全部缴给奴隶主享用，奴隶不能用自己生产的产品做衣服。采矿业靠的也是奴隶的劳动。丽水（今缅甸伊洛瓦底江）淘金场的苦役，全由掳掠来的奴隶和罪犯充任。盐业由南诏王室直接垄断。昆明城（今四川盐源）的盐池由“官煮之”，使用的劳动力同样也是奴隶。

南诏国的重大建筑工程建设，同样也是靠奴隶的劳动来进行。著名的大厘城、羊苴咩城、云南城、永昌城等，方圆数里都是由奴隶建成的。供南诏王室贵族享用的宫殿楼阁，如著名的五华楼等，也都是用奴隶的血汗凝成的。

南诏国奴隶制的鲜明特点，表现在对外的掳掠上，这是由奴隶社会制度的本质所决定的。这种对外的掠夺，一是为了获取更多的财富。据《南诏德化碑》记载，至德元年（756 年），南诏军队侵掠嶲州（今四川凉山州）地时大获胜利，满载而归，所掠夺来的玉帛、人口，塞途百里；牛羊积储，装满馆谷。太和三年（829 年）11 月攻入成都时，掳掠人口、工匠数万南返，致使越嶲（今四川西昌）以北的八百里间，民畜为空。咸通十一年（870 年），南诏军队再次围攻成都败退时，大量丢弃在道路上的劫掠财物随处可见。二是为了掠夺奴隶，这是南诏对外战争的主要目标之一，也是南诏奴隶的主要来源。贞元十年（794 年），南诏军破吐蕃神川（今剑川）都督府时，俘掠“施蛮”“顺蛮”及部分“裳人”置于云南、白崖、蒙舍诸睑。分布在铁桥上下至昆明城（四川盐源）一带的“麽些蛮”人口亦被掳获“万户”，置于昆川（今昆明）一带充当奴隶。南诏国后期手工业及建筑业迅速发展，这些被俘掠来的奴隶中，有一些人具有各种手工技术，他们在推进南诏国手工业和建筑业的发展中起到了决定性的作用。这些被俘掠来的奴隶中，有极个别人不但没有被沦为奴隶，反而升迁高位，如异牟寻当诏王时的郑回，本来是唐嶲州西泸县的县令，被阁罗凤俘虏，因精通儒学，得到南诏王室的重视，并改其名为蛮利，充任王子的老师，最后升迁为最有权威的清平官。

在南诏国，奴隶是奴隶主财产的一部分，可以任意买卖。汉族人被南诏军队俘获，可以重金赎回。开元元年（713 年），唐姚州都督管辖下的判官郭翔被俘后，曾被转卖了三次，最后被用钱赎回。史料记载，唐嶲州刺使非常贪婪，曾将“两林”等部落缚卖给南诏。

三、封建制生产关系的产生

总体上，南诏国与唐王朝的关系是很密切的，因而受唐王朝封建制度的影响较大。尤其在北部和东北部地区，影响最为明显。在这些影响较大的地区，已开始出现了地主封建制的生产关系。但在南诏王室统治的中心地区仍存留着“赕区”，在这些“赕区”中，村社主要是耕种水田，实行水利灌溉，每个村庄都有一定的边界。南诏统治者在这些地区实行“佃人”制耕种，奴隶主按照村庄的范围，以30里为度划分“佃疆”，由村庄的“佃人”耕种。这些地区生产力水平比较高，收获的产品由奴隶主按每户人口数分配给一定数量的口粮，其余的全部缴纳给官府和奴隶主，这种“佃人”实际上还是奴隶制度下的农奴。

在南诏统治中心区的洱海周围地区，村社成员基本上是具有封建经济制度特点下的农奴，他们已经开始有了部分劳动剩余产品。同时，这些地方的村社是乡兵的重要组成部分，每次出征，“佃人”都作为乡兵，各自带着自备的口粮、军杖和马匹去参加战斗。

在东部的鄯阐府和拓东节度（驻今昆明）辖区内的封建经济因素也开始产生并逐渐发展起来。南诏王室的部分成员在此过着奢华的生活，南诏王龙舜就曾在此过星回节赋诗游乐感怀，地区稻作农业普遍发达，手工业和商业也有了很大发展，商品经济也相应地发展起来。当时，商品交易比较普遍的是食盐贸易，安宁和览赕两处的食盐行销较广，销量也很大，并在不断扩大的商品交易中，起着一般的等价作用。

由于经济发展和商品交流的客观要求，在滇池地区至邕州（今广西南宁）、至播州（今贵州西南地区）、至戎州（四川宜宾）、至巂州（今四川凉山州）及洱海地区各方的交通线上，商贸往来日趋频繁。这些对外交流往来的不断增多，反映出了当时南诏国经济社会发展的一般面貌。

然而，这种发展是很不平衡的。在南诏国境内居住着许多的民族和部落，有的地区一直还处在比较落后的原始经济社会状态。在边远的高山地区，仍然滞留在很原始的部落经济社会状态中，而以永昌、银生、丽水等节度地区最为明显。这些还处于部落所有制的地区，仍然以“纳贡”的方式受着南诏统治者的剥削和压迫。

南诏国的农作物主要有稻、麦、麻、豆、荞、稷等，经过不断发展，农业经济发展逐步形成了比较好的基础。

水稻在南诏国境内种植已较为普遍，种水稻的地方一般都有良好的引水灌溉条件，有的还用“陂池”（类似于今天的山地小水坝）浇灌稻田。除坝区外，一些地方山区农民也修起了“山田”种水稻。水稻的品种主要是“秔稻”，即粳稻。

麦有小麦、大麦两种。据《蛮书》记载，今天的滇池以西地区，当时的人们主要从事水稻种植。每年农历八月收割完稻谷以后，在十月到十二月期间，就排干稻田里的水种小麦，下年三月到四月即可收割麦子。这是关于古代云南地区稻麦复种，一年两熟的最早记载。这种稻、麦复种的出现，是土地利用率较高的表现。它要求土地肥沃，有较好的排灌设施，有充足的肥料和较高的栽培技术。这也表明，南诏国的坝区农作物种植技术在当时已比较接近内地的种植水平。

种麻在南诏国比较普遍，作为家庭副业的养蚕业也较为发达。

黍、稷等农作物，既种在房前屋后的空地上，也种在山上。

南诏国耕田使用“二牛三夫”耕作法。耕作时，用两头牛抬“格”（杠），前面一人牵牛；格上坐一人，用脚踏在御辕上；第三个人在后面扶犁。这种“二牛三夫”耕田，每天可耕 4 亩左右。

南诏国的手工业也很发达。据中国科技大学有关专家分析，著名的河南安阳殷墟妇好墓中出土的青铜器铜原料，就是来自云南。考古专家通过研究后认为，早在商周时代，云南就开始冶铸青铜器了。南诏国依托境内丰富的矿产资源，在总结前人冶炼铸造经验技术的基础上，进一步提高了铜、锡、铁等金属的冶炼水平，从而促进了金属冶炼加工业的发展。

南诏军队使用的武器有腰刀、剑、枪、矛、甲胄、弓箭等，大部分进攻性武器都是铁制的，其中最著名的是铎鞘、郁刀，以及南诏剑等。铎鞘像“刀戟残刀”，柄部饰金，极为名贵。南诏王出征时使用的就是这种武器。铎鞘分为五种，分别称为禄婆摩求、亏云孚、铎轧、铎摩那和同铎。其中，铜铎、郁刀的锻造方法秘不示人，一般人只知道打造时要用虫、鱼和毒药，淬火时用白马血。南诏剑是贵族和平民经常配带之物，其剑柄以犀角装饰，嵌以金丝，其中最著名的是出于原产地三浪诏的浪剑。

因为盛产铜矿，云南的冶炼业一直都很发达。南诏时的铜一般不用来制造兵器，而大都是用来制造佛像。如丰祐时期，用 4 万多斤铜造了 1 万多尊佛像。金银制造也有相当规模，王室贵族使用的餐具，殓装骨灰的金瓶和银盒，贵妇人用的手饰，高级武官配系的饰带，一般都是金银制品。1978—1979 年，在维修大理崇圣寺三塔时，发现了大量的南诏、大理时期的珍贵文物，其中包括金、银、铜、铁等金属饰品；骨、牙、木、瓷、漆、丝等工艺品；玛瑙、珍珠、水晶、琉璃、珊瑚、翡翠、云母、琥珀等珠宝和药材，以及大量的佛教经卷；还有一批各种质地的观音立像。这是我国佛教典籍的一次重要发现。

南诏国内物产丰富，有热带、亚热带、温带、寒带等不同气候地带的植物种群，南诏出产的“竹藤杖”广销中原内地，这种拄杖在南诏的石窟艺术中被生动形象地保存下来。在剑川石钟山石窟第八个洞窟中，南诏王异牟寻造型左右两旁，雕刻有一位侍立的清平官。这位清平官身背笠帽，右手持一根长而弯的藤杖，说明南诏的高官们喜欢使用竹藤杖。一些唐代著名诗人的诗歌中也能看到“竹藤杖”的踪影，如大诗人李白的《红藤杖》这样写道：“南诏红藤杖，西江白首人。时时携步月，处处把春寻。”裴夷直的《南诏朱藤杖》也这样写道：“六节南藤色似朱，拄行街砌胜人扶。会须将入深山去，倚看云泉作老夫。”这些都说明，当时的中原内地，喜欢使用“红藤杖”的老人是比较多的。

第四节 南诏的衰落和灭亡

一、民族内部的宗教文化冲突

在南诏立国之前，今天云南的大理州洱海地区，地处金沙江、澜沧江和怒江三江流域地带。部分南下的氐羌人和当地的土著民族昆明人，以及西迁的武、乍两部落在这些地区相互交融，然后经过早期的哀牢国后，在长时期的几经分化融合中，逐步发展成了“六诏”分治时期的各诏彝族部落。据彝文典籍《西南彝志》记载，洱海地区，苍山之麓的武、乍两部落最先接受了佛教文化，逐步抛弃了彝族传统的巫鬼文化。《西南彝志》还说，武部首领武色吞当时很有权势，而且崇尚佛教，并在点雅卧（苍山）修行做和尚中写下了一篇生动记录佛教和尚活动情况的记叙文章。这一记载说明，佛教传入滇西的时间，是在“六诏”还未统一以前。而研究相关汉文史籍的的一些专家学者，则认为佛教传入滇西的时间，是唐贞观、开元年间，也有学者认为是在9世纪初。从文献记载看，南诏国的宗教是复杂的。最先是传统的彝族巫鬼教，随后又崇信道教。据万历《云南通志》载，唐德宗贞元十年（749年），韦皋派巡官崔佐时与异牟寻订盟时的誓文中说：“瑾指玷苍山北，上请天地水三官，五狱四渎，及管川谷诸神灵，同请降临，水为证据。”到了丰佑保和年间（824—839年），天竺僧人才到大理地区传布密宗，佛教才开始大量传入洱海地区。

密宗属于大乘佛教的教派之一，传入洱海地区后，为南诏统治者所崇信，原因有二：一是天竺僧人曾帮助过南诏王室。据《南诏野史》记载，南诏国在对外战争中，多以阿叱力为军师。阁逻凤击灭唐将李宓全军时，有韩陀僧人用钵法取胜；到世隆攻四川时，军队中也有僧人。二是佛教教讲四大皆空，逆来顺受，安忍世苦，以修来生。其理论有麻痹人民的作用，对统治阶级有利。因此，僧人阿叱力被封为国师，甚至王室子弟也有出家为僧的，如南诏王子北院通禅师和王弟阖毗和尚就是以王室子弟身份出家的。

而在今天的楚雄以东、滇中地区、红河州、文山州、昭通地区，以及四川和贵州的彝族地区，虽然在形式上纳入了南诏的版图内，但这些地区的彝族仍然保留着传统的巫鬼文化。这种巫鬼文化的核心实质上是一种祖先崇拜，其主要表现形式是父子联名制。彝族的家支和家族成员每年都要祭祖，届时每小支都要出一头牛或一只羊，到主祭者家去共同祭祀祖先，主祭者被官方称为“鬼主”。

因此，在南诏晚期，东、西部两地彝族在文化上已经产生了分野，民族文化在内部产生了冲突。被总称为“东蛮”的“勿邓”“两林”“丰琶”三部共推“两林”酋长为“都大鬼主”，其他还有一些分散的小部落，如隶属于嶲州的“夷望”“鼓路”等12鬼主。唐初，在这些部落地区曾设置过州、县，分别隶属于巂州都督府（今四川西昌地区），或戎州都督府（今四川宜宾和云南昭通地区）。公元8世纪中叶，唐王朝对“东蛮”三部先后进行封爵，后来南诏攻破巂州后，又封“两林”部落首领为“顺政郡王”，勿邓部落首领为“怀化郡王”，“董蛮”部首领为“归义郡王”，丰琶部首领为“和义郡王”。

到了公元9世纪，南诏再度攻陷巂州，并设立会川都督，后改会同府。南诏王世隆时又攻占了滇东北，并设立了东川府。南诏统治者为了控制这些因民族内部文化分野而产生隔阂，不认同佛教思想文化的东方乌蛮部落，将笃信佛教的张、王、李、赵、杨、周、高、段、何、苏、龚、尹12姓人移居到会川（今四川会理），并以赵氏为会同府府主和东川郡演习，以加强对这些地区的统治，这就使本来就已经存在因民族内部文化出现差异而产生的矛盾激化起来，最终导致后来东方三十七部“乌蛮”一齐倒向段思平，并成为支持段思平夺取“大义宁国”政权，建立大理国的重要原因之一。

二、统治阶级的腐朽和民族王国的崩溃

在南诏早期发展历史中，蒙氏在不断开展向外扩张、掠夺的兼并战争中，通过不断神化王族的来源和强化父子连名制等方式，牢固地树立起了国王和王室在政治、军事和处理民族内部事务中的绝对权威地位，进而稳定地实行着权力的世代交替，还效仿中央王朝建年号，确立长子继承制。与此同时，通过建立土地、财富、服饰、礼仪等等级制度，进一步强化了统治阶级的特权。

异牟寻去世以后，唐朝皇帝不执行长期以来行之有效的民族团结和睦政策，南诏与唐王朝的关系因此又再次恶化。而此时的南诏政权内部，也是权臣四起，挑战王室政权，不稳定的征兆频现。

元和三年（808年），异牟寻卒，其子寻阁劝继位。寻阁劝因中央朝廷不对其册封而不满，怒而自封“骠信”。第二年，继位才一年，时年仅31岁寻阁劝又去世了。对他的死因，史籍基本不见记载，但留下了一首其咏君臣关系的诗，诗中有“伊昔经皇运，艰难仰忠烈……元昶同一心，子孙堪贻厥”等句，隐约地透露出了寻阁劝对王室内部权臣各立山头，互相倾轧不团结的不利之兆表示了忧虑之情。元和四年（809年），寻阁劝12岁的长子劝龙晟继位。7年后，劝龙晟被弄栋节度使王嵯巅所杀，立其弟劝利为王。史料中记载王嵯巅杀劝龙晟的原因，是他“淫肆不道，上下怨疾”而自己引来杀身之祸。这一事件的发生，足见到了劝龙晟时，南诏王室内部的矛盾已发展到了难以收拾的地步，至高无上的王权已受到内部权臣的严重威胁。因此，劝利继位后，即表现出了对王嵯巅的政治妥协。《资治通鉴》载：“劝利德嵯巅，赐姓蒙氏，谓之大容。”虽然劝利也曾想“废王嵯巅”，治其弑兄之罪，但慑于王嵯巅权威，最终还是“赦其最，命敬三宝，为清平官”，说明王嵯巅势力之大。

唐穆宗长庆三年（823年），才在位8年的劝利也去世了，其弟劝丰祐继位。《资治通鉴》记载说：劝利卒，“国人请立其弟丰祐”。这里说的所谓“国人请立”，实际上是各种权臣势力在互相争斗之后的平衡结果。《资治通鉴》还说劝丰祐“勇敢，善用其众”，劝丰祐也确实有政治谋略，在其在位的三十六年中，他不但处理好了不少棘手的君臣间和权臣间的复杂关系，还培养了段宗牓等一批忠于王室的政治力量。《僰古通纪浅述》载：南诏救缅之前，“金缙（段宗牓）忆主老而世子幼，嵯巅专权，其子为统矢演习，恐其父子篡权，故请以行军令。……时嵯巅子该领兵行，仍恃父权，延违军令，……金缙以法斩之。其父徒自号泣而已”。段宗牓之后在平息缅地王室叛乱后的回国途中，“闻王崩而嵯巅摄政，赫斯怒”，乃诳骗嵯巅出拜佛舍利。趁机拔剑斩之。“然后入国哭主，辅世子以忠。”大中十三年（859年），劝丰祐卒。此时，威胁南诏三代王的权臣王嵯巅势力虽然消失，但王室内部的斗争并没有停息，以郑氏、赵氏、杨氏、段氏为首的各种政治势力之间的斗争中此起彼落，进而打破了各势力集团间的政治平衡，导致南诏政权的最终灭亡。

在南诏国内，广大奴隶、农奴和自由手工业者用血汗创造出来的大量财富，都被奴隶主阶级无偿占有。奴隶主过着花天酒地的生活。异牟寻以后的南诏王室日益趋向腐败残暴，一代胜于一代，这种状况到南诏后期更为严重。到了南诏国后期，王室对外征战更加频繁，加上水旱灾害频繁，王国财源陷入越来越枯竭的危机中。为了满足统治阶级贪得无厌的私欲，南诏统治者进一步向外发动更多的掠夺战争，先后对川、黔、桂、安南（越南北部）等地进行大规模的武装掠夺。战争一方面满足了统治者的物质贪欲，另一方面不但给被掠夺地区人民造成了战争灾祸，也给南诏国人民带来了巨大的灾难，使社会生产力遭到了严重破坏。咸通十年（869年），南诏军队为开辟出兵道路，不顾人民死活，在严冬季节征调大量民夫在冰天雪地中修路，活活冻死士卒和民夫2000多人。在咸通十一年的战争中，南诏军队一次就损失了5000多兵将。酋龙当王时期，南诏军队中出现了兵源严重枯竭的现象，不到15岁的孩子就被驱赶上战场。国内农业生产只好由妇女单方面来支撑，国内经济出现了凋蔽的状况。公元890前后，南诏国内又发生了三次大旱灾，人民以草根树皮充饥，到处逃荒，饿殍遍地。

在南诏国后期腐朽政权的残暴统治之下，不堪重压的奴隶和农奴们采取各种方式进行反抗斗争，逃亡是奴隶采取的主要斗争形式之一。奴隶主为了防止奴隶逃跑，残忍地把奴隶的两只脚用钉子钉在木夹板上，夜里还要锁在地牢中，这表明奴隶的逃跑对奴隶主已造成了严重的威胁。与此同时，南诏国内的封建农奴化趋势更加强烈，进一步吸引了更多的奴隶挣脱锁链加入到逃亡大军中，进而又从逃亡斗争发展成为公开直接的武装反抗斗争。大中十年（856年），修建五华楼的奴隶发动起义，遭到了残酷镇压，被活埋了500多人。

随着南诏国内社会阶级矛盾和经济危机的日益加深，统治集团内部矛盾也随之不断激化起来。没落的统治阶级为争夺王权展开了一波又一波激烈的流血争斗。乾宁四年（897年），南诏权臣郑买嗣（异牟寻时期的清平官郑回的第七世孙）唆使王室近臣杨登杀死南诏王隆舜。之后5年（即902年），又接连杀死了隆舜的两个儿子，还十分残忍地将南诏王室800多人杀死在五华楼下，夺取了南诏政权，建立起了“大长和国”，南诏国由此覆灭。但大长和国存在的时间很短。天成二年（927年），南诏权臣、剑川节度使杨干贞利用人民对郑氏的不满，杀死了大长和国国王郑隆亶，灭了大长和国，立权臣赵善政为王，改国号为“大天兴国”。大天兴国更加短命，立国仅十个月，杨干贞又废除了赵善政，自立为王，将国号改为大义宁国。从公元902年南诏国灭亡到公元937年大理国建立前的35年中，南诏之后的奴隶主贵族各据一方，展开了一次又一次的权利争夺混战，先后出现的大长和国（902—927年）、大天兴国（928年）、大义宁国（929—937年）三个短暂政权，如同过眼云烟。统治阶级的内部争夺权利的斗争，给各族人民带来了无尽的深痛灾难。后晋天福二年（937年），南诏通海节度使白族人段思平通过其乌蛮母亲联络东方三十七部乌蛮和一些反杨干贞的势力，并与三十七部乌蛮会盟于今曲靖，联合兴兵灭了“大义宁国”，建立起了号称“大理”的封建农奴国家政权。

三、南诏国的民族及其管理

南诏国内的民族，除两汉时期从西南夷分化出来的昆明人和叟人组合成乌蛮（彝族）这一主体民族外，还有白蛮、磨些蛮、和蛮、扑子蛮、望蛮、裸形蛮、寻传蛮，以及黑齿蛮、金齿蛮、银齿蛮、绣脚蛮、绣面蛮、茫蛮、白衣等许多自称和他称的民族，他们中有不少是从秦汉以后从西南夷中分化出来的。

白蛮是秦汉时期西南夷中的部分僰人为主体，融合部分汉族和其他一些民族成分演变而来的，他们是近代白族的先民，主要聚居在滇池和洱海周边地区，这一居住状况至今仍大体保持着。

白蛮和乌蛮同出于西南夷系统，双方姻亲往来较为普遍，关系一直都很密切。南诏中期以后，部分白蛮贵族和上层人士加入了南诏政权统治集团，有不少还做了清平官、大将军等南诏高官。普通白蛮群众大都是自由民。白蛮居住区的农业、手工业都较发达，已经接近内地汉族发达地区水平，在当时的西南各民族中属最为先进的。随着南诏“西开寻传，南通骠国”，白蛮地区，主要是滇西白蛮居住区与中南半岛地区的商贸经济往来日趋活跃，促进了白蛮地区纺织业水平的进一步提高。

南诏中期以后，通过不断扩大对外交往，佛教在白蛮中逐步形成了具有全民性的普遍信仰，对南诏国的政治、经济、文化等各个方面产生了重大影响。

磨些蛮是今滇西丽江等地纳西族的先民，也是秦汉时期西南夷中的一部分。唐朝初年，磨些蛮居住区的铁桥（今云南今丽江塔城）上大婆、下大婆、小婆、三探览，以及昆池等地（今四川盐源、盐边）部分磨些蛮人南下至宾居（今云南宾川宾居街）一带，建立起了越析诏，成为后来的滇西六诏之一。

越析诏的农业种植和畜牧养殖业都比较发达，手工业中的冶铁技术水平比较高，其铸造的铁剑称为“铎鞘”，因剑刃锋利而闻名。

越析诏被南诏灭亡之后，其亡民部分分散居住在今金沙江上游两岸，互不统属。南诏时期，越析诏磨蛮于乌蛮的区别还不明显，《蛮书》在记述这些地区磨些蛮的生产生活情况时说：“磨些蛮，土多牛羊，一家即有羊群……男女皆披羊皮，俗好饮酒歌舞。”

和蛮是在南北朝以后才从乌蛮中分化出来的，是今哈尼族的先民，与彝族是近亲。唐朝前期，和蛮分为东、西两部分，东部在安南都护府北部，即今文山和红河两州南部地区，有“大鬼主”孟谷悮。文山城西的教合（教化）山部就是当时和蛮人中的一部，早年属张姓和尼人统领，后张氏无嗣，招马关八寨龙土司之子张长寿（龙长寿）上门入赘，教合山部才转为乌蛮中的倮人统领。西部在今红河州西部和普洱市，往西直达洱海附近地区，有大首领王罗祁。南诏时期，东西两地的和尼人都属通海都督管辖。

寻传蛮是秦汉时期从昆明和叟人中分化出来的，主要分布在今澜沧江以西至缅甸恩梅开江、迈立开江以东地区，东至泸水（雅砻江）、磨些江（今云南丽江市境内的金沙江）合流处，即今云南永胜、华坪两县一带，是今阿昌族和景颇族载瓦支的先民。《蛮书》载：南诏时期的的寻传蛮“俗无丝棉布帛，披娑罗笼，跣足可以践履榛棘。持弓挟矢，射豪猪，生食其肉，取其两牙双插顶旁为饰，又条其皮以系腰。每战斗，即以笼子笼头如兜鍪状”。

裸形蛮，《蛮书校注》说：“裸形蛮，在寻传城（今缅甸克钦邦恩梅开江与迈立开江之间）西三百里为巢穴，谓之野蛮。……其男女遍满山野，亦无君长……无农田、无衣服，惟取木皮以蔽形。或五妻、十妻共一丈夫……其妻入山林，采虫鱼菜螺蚬等归啖食之。”裸形蛮是寻传蛮的近亲，但发展比寻传蛮落后，南诏时期仍处于母系社会形态中。

南诏时期，被他称黑齿蛮、金齿蛮、银齿蛮、绣脚蛮、绣面蛮、茫蛮、白衣蛮等族群，他们多数都自称为“傣”，主要居住在丽水节度管辖区内的今保山市西部和南部、临沧市西部、德宏州大部，以及缅甸东部地区，是今傣族的先民。

《蛮书》载：“……黑齿蛮以漆漆其齿，金齿蛮以金镂片裹其齿，银齿以银。有事出见人则以此为饰，寝食则去之。……绣脚蛮则于踝上腓下，周匝刻其皮为文采……绣面蛮出生后出月，以针刺面上，以青黛涂之如绣状。”

茫蛮，既是族群名称，也是部落名称，即“茫蛮部落”。茫是其君长名号。茫蛮主要聚居在南诏时期银生节度辖区内，即今云南西双版纳州至缅甸南掸，南达泰国北部。

《新唐书·南蛮传》记载，安南都护府北部（今云南文山州南部和红河州东南部）有“白衣”，“大中时，李琢为安南经略史，苛墨自私，以斗盐易一牛，夷人不堪，结南诏将段酋迁陷都护府，号白衣没命军”。范成大《桂海虞衡志》载，邕州（今广西南宁）属境的南江之外有“白衣”。周去非《岭外代答》也载：“安南国，西有陆路通白衣蛮。”另外，《蛮书》中所记的“崇魔蛮”与《新唐书·南蛮传》所记的“白衣”相同，可知

“崇魔蛮”是“白衣”中的一部分，或是同一族群的两个不同名称，“崇魔”即“傣勐”。

扑子蛮是从魏晋时期的闽濮中分化出来的，是今布朗族和德昂族的先民。南诏时期的扑子蛮居住区较广，主要分布在今云南普洱和临沧两市东部，以及西双版纳州和缅甸克钦邦地区。《蛮书》载：“扑子蛮，勇悍矫捷，以青娑罗段为通身袴。善用泊箕竹弓，深林间射飞鼠，发无不中。”扑子蛮的农业和手工业发展比较缓慢。

望蛮也是魏晋时期从闽濮中分化出来的，是今佤族的先民。南诏时期，望蛮居住区分为两部分，居住在今云南保山市西北的，称外喻部落，“其人长大，负排持槊，前往无敌；又善用木弓短箭，箭镞傅毒药，所中人立毙。妇人皆跣足，以青布为衫裳……其地宜沙牛，亦大于诸处牛，角长四尺”。这一带望蛮的畜牧养殖业较为发达，手工纺织业也有了一定的发展。分布在澜沧江中下游以西，即今阿佤山区的望蛮，“其人勇捷，善于马上用枪”，但经济发展缓慢，社会还处于原始状态。

为了巩固以乌蛮为主体的多民族王国政权，南诏王室根据不同民族、不同地区经济社会发展状况，采取以军兼政、羁縻而治、分化管理，以及以教化为中心的精神文化管理等。

以军兼政，即对洱海周边已经打破部落界限的“乌蛮”和“白蛮”居住区，采取划分十个军政兼顾合一的行政区进行管理。这种行政区称为“睑”，其中苴咩睑、蒙秦睑、蒙舍睑、大釐睑、白崖睑、赵川睑六个睑由南诏王室直接控制；云南睑、品澹睑由弄栋节度使控制；邓川睑、矣和睑由剑川节度使控制。十睑以外，由节度、都督行使民族管理职责。如《蛮书》载：“弄栋城在故姚州川中……当川中有平岩，新筑弄栋城于其上，管杂蛮数部落，悉无汉人。”南诏还向各节度使和都督管辖区的重要城镇迁移集中乌蛮和白蛮人口，这些人口是南诏在军事行动中进行攻伐和防御的基本军事力量。

羁縻而治，即在实施军事威慑的同时，在保持各族政治、经济结构不变的前提下实行羁縻管理，将有才能的部分各族首领吸收到地方各级军政组织乃至王室中任职，依靠他们管理好其民族群体。这是一种对民族发展不平衡实际的具体承认，对巩固王室政权，团结各族人民，稳定王国社会发挥了重要作用。

分化管理，即首先把已形成一定势力的民族群体分割开来，进行易地安置以削其势。如迁移曾经对抗南诏政权的昆明地区西爨白蛮到今德宏、保山等云南西部边疆地区，彻底瓦解了这些白蛮的基础。南诏攻破收复被吐蕃占据多年的剑川节度地区时，俘获了在吐蕃庇护下长期隐匿于剑川的原浪穹诏主矣罗君，原邓赕诏主颠之讬，将他们迁往永昌（保山），将他们与其部民隔离开来。《蛮书校注》载：顺蛮，“其部落主吐蕃亦封王。贞元十年，南诏异牟寻掳其王傍弥潜宗，置于云南白岩，给养之”，使他们失去了东山再起的政治资源。在分化瓦解这些前后反对过南诏的部族、族群力量时，南诏政权没有随意地杀掉这些部落、部族和族群首领，而是在将他们进行直接监控的同时，生活上给以优待，说明南诏统治者深知优待这些民族首领，对于管理好各民族的重要意义。

用行政手段进行强行族群迁徙的目的，除了政治上的原因外，还有经济上的原因。史料记载，南诏曾经从滇西、滇南地区掳掠过他族人口到滇池周边地区参与开发建设，填补白蛮迁走后留出的空隙，以恢复和发展这些地区经济。《蛮书》载："从永昌以望苴子、望外喻等千余户分隶城傍，以静道路。"《元史·地理志》亦载："……异牟寻破群蛮（指金齿蛮），尽掳其人，以实其南东北。"这种情况对中南半岛地区也有染指。太和六年(832年)，南诏劫掠骠国，"虏其众三千余人隶配拓东，令之自给"。这样的族群迁徙活动，虽然达到了南诏政权分其部众，削其势力的政治目的，然而，许多被迁出的族群，到迁入地以后，便被迫融入到迁入地的民族中，渐渐失去了原来的民族特点。这种被《蛮书》作者樊绰称之为"是其种末"的民族融合，是借助暴力特权来进行的，因而既违背了民族发展的一般规律，也反映出了南诏民族政策中不平等的一面。

以教化为中心的精神文化管理，也是南诏政权进行多民族国家管理的一个重要方面。唐代是儒学向西南地区发展的高峰时期，南诏早期的统治者也很重视利用儒学开展社会教化活动。《僰古通纪浅述》载，早在崛起初期，细奴罗就"劝民间读儒书，行孝、悌、忠、信、礼、仪、廉、耻之事"。第四代南诏王盛罗皮于"开元十四年效唐建孔子庙"。到皮罗阁时期，又效仿内地办起了管办学校，推广对儒家经典的普及教育。这种教化的重要核心之一，就是要求人们"克己"，以安于分，安于等级。引导人们克制和内省，而不去正视矛盾。这种孝、悌、忠、信、礼、仪、廉、耻的思想，为南诏政权规范不同族群和群体精神文化行为准则，增强民族团结，促进社会和谐稳定提供了思想行为准则，与南诏统治者的政治目的契合，因而得到了南诏统治者们的大力推崇。南诏征服西部寻传蛮时，寻传蛮地区"声教所不及……欲革之以衣冠，化之以礼仪"，所以南诏王室采取了"耀以武威，喻以文辞"的文武并用措施，在军事征服的同时，儒学思想也随之传人，为团结寻传蛮地区族群，稳定地区社会和谐发挥了重要作用。

南诏后期，王室政权出现执政危机，威信开始下降。为恢复和巩固王室政权威信，王室政权继儒学之后，又大力提倡和推崇阿吒力教（佛教的一支），使阿吒力教成为南诏政权统治人民又一重要的精神教化手段。如果说儒学是从社会伦理的角度对人们的思想行为进行规范，那么，南诏王室对佛教的利用，则是从信仰体系的角度，为其统治寻求意识形态上的最高肯定。公元9世纪中叶以后，随着阿吒力教的深入广泛传播，引起了滇西洱海及其周边地区白蛮和乌蛮的思想革命。到南诏后期，社会意识形态领域中四处弥漫着浓厚的佛教气氛。南诏王隆舜也"自号摩诃嵯耶"（即佛教护法天神中的大黑天神），还将年号也改为"嵯耶"，试图使政治上的信奉对象和精神上的信奉对象相契合，使原本是社会发展规律所定的蒙氏政权变成了观音受记的结果：细奴罗父子耕于巍山之下，观音菩萨变为凡僧来化斋。"正食间，前僧又至。细奴罗见其貌相非常，趋而迎之。僧曰：'今日得汝家斋多矣，不必再饭。我此一来，为救民除罗刹，请汝王'。"《图传·文字卷》说：这是对"阿嵯耶观音之妙用也，威力罕测，变现难思，运悲而导诱迷途，施权化而拯济含识，顺之则福至，逆之则害生”。这既迎合了人们对佛教的崇拜心理，又增强了社会各阶层对王室的敬畏心。

在南诏势力不断崛起的过程中，南诏王室依托政权力量支撑，通过一系列政治整合调适，以及政治联姻、民族迁移、区别对待等措施，一跃成为西南各民族关系构架中的主导力量，使乌蛮成为各民族中最有张力的主体民族。在南诏政权的维系下，西南各民族间相互联系的广度空前扩大，并不断深入，南诏与各民族间的关系成为西南民族关系中的重要内容。南诏以统治者的身份，与被统治民族形成了主导与从属的关系，进而构建起了全新的西南民族关系格局。

南诏时期，作为主体民族的彝族先民乌蛮遍布整个西南地区，是王国中人口最多，分布最广的民族，主要分布在川西南、滇东北、黔西北、黔西南、滇西北等地山区，以及与汉族和其他民族杂居于大理、楚雄、昆明、曲靖、红河和文山州西南的坝区和山区。以蒙氏集团为代表的乌蛮势力，在王国社会中影响最大。这一时期，也是今文山和红河两州乌蛮部落发展最快、势力最强的时期。

由于历史的原因，南诏乌蛮王族与洱海地区白蛮从统一六诏活动开始，关系就一直十分密切。南诏在滇西实施兼并活动时期，就通过联姻的形式，首先与相邻的乌蛮和白蛮部落建立姻亲关系，然后集中力量各个击破，逐一并吞之。兼并活动初期，南诏就以建立利益共同体的形式，使经济发展水平较高的白蛮张乐进求部，通过让贤的和平方式交权，进而似乎很轻易低兼并了张乐进求部，为之后的六诏统一打下了坚实基础。南诏王室由此对白蛮感恩在心，在处理与洱海地区白蛮关系时，始终注意团结并重用白蛮贵族，加之白蛮本身经济发展水平较高，文武人才不少，所以从六诏统一到后来的大南诏国建立以后，白蛮，尤其是洱海地区的白蛮贵族，一直都是南诏乌蛮政权的积极支持者和参与者。到南诏中期以后，白蛮势力发展更加明显，成为仅次于乌蛮王室的主导力量。到了南诏后期，这种主导力量在许多方面甚至超越了王室，进而逐步形成了不少觊觎政权王位的权臣势力，这些权臣势力相互争权恶斗，短命政权连连更迭，最终导致后来以白蛮为主体的大理王国的出现。

第五节　南诏国与唐王朝及周边国家的关系

一、南诏国与唐王朝的关系

在中国这个多民族国家，历史上曾出现过多次的分裂和统一。因为各地区、各民族在经济上、文化上发展的不平衡，而且在长时期的阶级社会中，由大民族主义导致的民族间的矛盾难以避免，所以分裂与统一不断反复。然而，不管分裂还是统一，不管是阶级矛盾还是民族矛盾，相互关联的血脉始终藕断丝连，各少数民族与内地汉族和中原王朝间的联系始终未曾中断过，这就是我们今天能够成为统一的多民族国家最重要的历史原因之一。

唐王朝建立后，在其周边有突厥、吐蕃、回纥，以及以彝族为主体的南诏王国四个最为强大的政治力量，但他们都分别与唐王朝保持着密切的联系。南诏之所以能统一洱海地区，与唐王朝在政治、经济各方面给以的影响和支持分不开。早先皮逻阁在唐王朝的支持下，最终统一洱海地区各部后，并接受了唐王朝对其的“云南王”封号。这一方面表明了南诏自立国之始，就心向唐王朝，政治上保持与祖国的统一；另一方面又反映了洱海地区政治、经济、文化的发展与内地难以分裂。

然而，由于封建中央王朝在总体上执行的是大民族主义歧视政策，这种政策时紧时松，或明或暗，“贵中华，贱夷狄”的封建统治阶级民族歧视思想仍然影响着中央王朝与周边民族的团结。皇帝昏庸或奸臣当道时，矛盾便更加激化，并不时地引发不同规模的武装冲突和杀戮。唐天宝年间发生的两次规模较大的“唐诏”战争，就是皇帝政治上昏庸，生活上沉迷于色，加之奸臣当道横行所导致的。这两次战争使南诏脱离了唐王朝一段时间，原因就如阁罗凤后来立的《南诏德化碑》上所说的那样，是南诏国忍受不了朝廷大民族主义歧视政策，不得已才叛唐，并表明了南诏重新归附唐王朝的真诚之心。

由于南诏国有这种心向中央王朝的向心力，继之而来的便是贞元十年（794 年）南诏与唐王朝亲密友好关系的恢复。南诏王异牟寻与唐王朝使臣崖佐时的共盟文书中，双方作出要互不侵犯，共同发展的承诺。

这种亲密无间关系的确立，促进了相互间经济、文化的交流。南诏以铎鞘、浪剑、郁刀、金、瑟瑟、琥珀、牛黄、毡、纺丝、象、犀等地方土特产品与唐王朝交流内地物资。贞元十年以后的五十年间，南诏先后派数千青年到成都学习。这些青年学成回南诏后，对南诏文化的发展起到了积极的促进作用。因此，异牟寻时期，也是南诏政治、经济、文化蓬勃向前发展的盛世时期。

南诏与唐王朝的和好，同时打开了中国和中印半岛及东南亚国家之间交流的通道。因为当时南诏国是东南亚地区最强大的力量，与临近的中印半岛各国间都有联系，它们与唐王朝的亲密友好，影响到唐王朝与中印半岛一些国家的友好关系。贞元十八年（802 年），南诏派歌舞队到内地演出，骠国（今缅甸）同时派歌舞队随南诏歌舞队一起到长安，为皇帝表演了《南诏奉圣乐》，轰动了整个长安城。唐德宗皇帝亲自在鳞德殿观看了演出，叫宫中的乐工舞女学习南诏乐舞，并将《南诏奉圣乐》列入唐代长期保留的四部乐舞之一。后来大诗人王昌龄的七绝诗《出塞》，就是用这一时期传入内地的“盖罗缝”曲子（又作合罗缝、阁罗缝和罗凤曲，都是用南诏王阁罗凤之名命名）来配乐歌唱的。唐德宗皇帝还封率领骠国乐队入唐的舒难陀（骠国国王雍羌的弟弟）为“大仆卿”，这对增强中缅之间政治和文化上的友好关系起到了积极的促进作用。元和三年（808 年）异牟寻去世时，唐宪宗为之罢朝三日以治哀，并派遣太常卿武少仪到南诏吊唁，以表彰他对促进唐、诏友好关系的功绩。然而，唐王朝毕竟是一个封建王朝，由于历史和阶级的局限性，以及大民族主义思想的作祟和影响，民族歧视和民族矛盾总是不可避免。

唐中宗神龙元年（705 年），即位不久的南诏王阁逻凤携妻前往成都拜谒剑南节度使鲜于仲通，途经姚安时，云南太守张虔陀不仅公开勒索财物，竟然还想侮辱阁逻凤的妻子，遭到阁逻凤的严词拒绝。心怀不满的张虔陀便派人辱骂他，并向朝廷上奏章诬陷阁逻凤。阁逻凤愤怒之余，列举了张虔陀的六大罪状，并率兵杀死了张虔陀。唐王朝当时是奸臣杨国忠、李林甫当道，不分青红皂白，就派鲜于仲通率军 8 万攻打南诏。唐军由昭通进入曲靖后，阁逻凤派使者前往军中求和，说明事实真相，并指出如果唐诏纷争，是吐蕃得利，南诏之地就会非唐所有了。但鲜于仲通一意孤行，囚禁了南诏使者。在唐王朝大军压境，外辱未洗的情况下，南诏举国同仇敌忾，一举歼灭了唐军，只有鲜于仲通只身逃脱。在这样的情况下，杨国忠仍然对皇帝隐瞒战争实情，欺骗整日寻欢作乐、贪恋女色的唐明皇，还推荐败将鲜于仲通做了京兆尹。之后，又背着皇帝秘密派侍卿李宓率军 10 万再次攻打南诏，但接连被南诏和吐蕃联军全部歼灭，李宓也在战败后投洱海自杀。就是在这样的情况下，南诏仍然顾及与唐王朝的臣属关系，收拾唐军将士尸体，在今天的下关举行祭奠仪式后安葬。

此后的太和三年（829 年）、咸通元年至乾符元年（860—874 年）间，南诏先后几次出兵西川、邕州、黔州、播州、安南都护等唐朝领地进行报复、掠夺。这种由大民族主义挑起的战争，违背了战争双方广大人民的意愿，因此即使在不断纷争的年月，唐王朝和南诏双方仍然不断地遣使往来，和议修好。贞元唐诏会盟以后，具有政治远见的南诏王异牟寻，在全力主导搞好与中央王朝关系的同时，采取措施不断加快王国经济发展，使唐诏关系进入历史最好时期，也使南诏国步入了王国发展的鼎盛时代。

唐王朝晚期，藩镇割据之风越演越烈，内政腐败，“官乱民贫”，朝政每况愈下。面对日益衰落的中央王朝，南诏虽奉唐王朝为正朔，但在内部却以王者自居。寻阁劝继位后，甚至“自称骠信”，以皇帝自居。大中十三年（859 年），南诏王劝丰祐卒，子世隆（酋龙）继位。同年底，唐宣宗李忱也因长期服用“长生不老药”中毒而亡。次年初，唐懿宗李漼继位。李漼是一个十分昏庸的唐朝皇帝，竟然以世隆“名近玄宗（唐玄李隆基）讳，遂不行册（封）礼”，也不按既定惯例对已故南诏王进行吊祭，从而激起了南诏朝野的愤怒，严重破坏了唐诏间的长期友好和睦关系。愤怒之余的世隆，便率军东攻播州（今贵州遵义）、黔州（四川彭水），南寇安南交趾（今越南北部），北攻嶲州、邛崃，使唐诏间再一次陷入了旷日持久的战争中。《新唐书·南蛮传》记载：“咸通以来，蛮始叛命，再入安南、邕管（广西），一破黔州，四盗西川。”此时的世隆也以皇帝自居，对唐朝皇帝使臣不按规跪拜行礼。世隆之子隆舜继位，战争停息。南诏“遣清平官酋望、赵宗政、质子等三十余人朝乞盟，请为兄弟若舅甥”，其意思就是要朝廷将南诏的藩属之国关系变为兄弟或舅甥之国关系，目的是要提高南诏的政治地位，与唐王朝中央平起平坐，不再是从属关系。《资治通鉴》载：乾符六年（879年），唐摄节度巡官徐云虔出使南诏，隆舜派人对徐云虔说："贵府牒欲使骠信称臣，奉表贡方物。骠信已遣人自西川入唐，与唐约为兄弟，于骠信为诸父，不则舅甥。夫兄弟舅甥，书币而已，何表贡之有"？徐云虔说："骠信既欲为弟、为甥，骠信景庄之子，景庄岂无兄弟，于骠信为诸父，骠信为君，则诸父皆称臣，兄弟与甥乎！且骠信之先，由大唐之命，得合六诏为一，恩德深厚，中间小忿，罪在边鄙。今骠信欲修旧好，岂可违祖宗之故事乎！"面对徐云虔充满礼义思想的驳斥，南诏竟无言以对，但仍然热情地招待徐云虔一行。这说明，南诏并不否认历史上形成的唐诏亲密关系，尽管这种关系还未完全修复，但从儒学的角度上看待这一问题，实质上还是较为一致的。

徐云虔出使南诏后不久，中和三年（883年），唐王朝和南诏进行过一次和亲。然而，此时的唐王朝和南诏政权都陷入了激烈的内部斗争之中，双方各自政权都是风雨飘摇，根本无力顾及重新修复关系之事。公元10世纪初，唐王朝和南诏王国相继灭亡。

二、南诏国与吐蕃的关系

吐蕃是藏族先民建立起来的奴隶制政权。

公元7世纪，吐蕃崛起于青藏高原。到松赞干布时期逐渐强大起来，经常侵扰唐朝西部地区，掳掠汉人为奴。公元7世纪中叶，吐蕃势力向其东南部扩张，到达了洱海地区北部。为此，唐太宗李世民在云南姚安设姚州都督府，以加强抗衡吐蕃在云南的势力。703年，吐蕃为了在洱海地区站稳脚跟，弃都松赞普（王）亲征洱海。一年后，弃都松赞普战死在洱海地区。707年，唐朝姚嶲道讨击使唐九征大破吐蕃，烧毁吐蕃城堡，拆除铁索桥，在洱海地区立铁柱记功，这就是昆明大观楼长联中所说的"唐标铁柱"。南诏为抵御吐蕃的扩张，与唐王朝友好相处。但在天宝年间发生两次唐诏战争后，唐诏和盟关系破裂，情况发生了逆转。

第一次唐诏战争，南诏在吐蕃的协助下，大获全胜，南诏和吐蕃关系修好。天宝十一年（752年），吐蕃在邓川册封阁逻凤为"赞普钟南国大诏"。"赞普"是藏语，意为"王"，"钟"是兄弟之意。吐蕃还封阁逻凤的长子凤伽异为"大瑟瑟告身都知兵马大将军"。

天宝年间安禄山叛乱时，756年吐蕃趁机联合南诏攻打西川地区，掳获人口、牲畜等财物无数。次年，又攻打台登（今四川泸沽）、昆明（今四川盐源）。

公元779年，阁逻凤去世，其子凤伽异早亡，其孙异牟寻继位。诏、蕃联军分三路进一步攻打四川，企图占领成都。皇帝唐德宗派骁将李晟率5000精兵南下，与四川唐军配合，痛击了诏、蕃联军，南诏军惨败，死伤被俘数万，南诏元气大伤，而吐蕃却迁怒于南诏，封异牟寻为“日东王”，有意将原先名誉上的兄弟之国降为臣属，早有归顺大唐之心的异牟寻因此愤而生变，毅然决定重新归附唐王朝。公元 793 年，异牟寻先后派遣三批使者：一批由赵罗眉率领取道四川；一批由杨大和率领取道贵州；一批由杨传盛率领取道安南转道内地。使者们带着金子，表示南诏归唐的决心；带着丹砂和中药材当归，表示诚心归附唐王朝之意。异牟寻还派使者送信给川西都督府都督韦皋，叙说了南诏对吐蕃的欺凌有“四忍”和“四难忍”之详情。怀念先王曾受唐朝皇帝的宠爱，表示自己愿意“竭诚自新，归款天子”。韦皋将南诏使者送到京城长安。德宗皇帝赐诏，双方在苍山会盟。

在此之前，吐蕃屡与回纥相互征战，损失惨重，还命令南诏调兵帮助作战。异牟寻以 5000 老弱兵应允前行，暗中又亲自率兵数万尾随其后，在今丽江一带向吐蕃军发动突然袭击，夺回了被吐蕃占领多年的 16 座城邑，俘虏了 10 万余人，其中还有 5 个吐蕃王，获取军资甲仗无数。这一年（贞元十年，即 794 年），南诏还攻下了剑川、鹤庆等地，俘虏了在吐蕃庇护下的原浪穹诏残部首领牟罗君，将其部迁往保山一带。接着，又俘虏了施蛮、顺蛮和长裸蛮首领，巩固了南诏王国西北边境地区的安全。

贞元十七年（801 年），大量的唐军从东、西、北三个方面牵制住吐蕃军队主力，南诏军则从吐蕃南面腹部深入，劫夺财物不可胜数。

在南诏与吐蕃之间的关系中，当双方和好如兄弟之时，吐蕃地区的牛、马、羊等牲畜成群地赶到铁桥（丽江北部塔城）一带，与南诏进行交易，互通有无。一旦这种兄弟般的关系破裂、发生战争时，受苦受难的都是双方的人民。

会昌二年（842 年），吐蕃陷入长期内斗不止的混乱之中，区域内到处是因战乱毁坏的残垣断壁，破烂不堪，已无力再对南诏构成威胁。至此，南诏与吐蕃在经历了近了一个世纪战战和和之后，双方除民间经济往来基本不停息外，政治关系走向了长期的沉寂状态之中。公元 9 世纪后半叶，曾强盛一时吐蕃奴隶政权在内乱不止的纷争中土崩瓦解。

三、南诏与中南半岛国家的关系

公元 8 世纪中叶，南诏脱离唐王朝控制期间，在与吐蕃合兵夺取川西南嶲州，稳定北部地区以后，又向西攻占银生和寻传蛮（今缅甸东部）地区，再以这些地区为依托，向南部的中南半岛地区扩张，其目的是要在加强与中南半岛国家经济往来的同时，强化对这一地区商业通道的控制，使这些地区国家与南诏的经济贸易往来进一步繁荣起来，并在政治上进一步对这些地区加以控制。

相关史料记载，南诏时期，与南诏有联系的中南半岛国家主要有骠国、弥诺国、弥臣国、夜半国、昆仑国、大秦婆罗门国、女王国、陆真腊国和水真腊国等。这些所谓的“国”中，除骠国外，其余都是一些部落或部落联盟群体。公元 8 世纪中期，阁罗凤西开寻传蛮地区后，以镇西、永昌两节度区为依托，不断向西南扩张，先后用武力攻占了骠国、弥诺国、弥臣国和昆仑国，影响力不断扩大。《新唐书》载：“南诏以兵强地接，常羁制之。”之后，又以骠国为中心，把其势力范围进一步扩大到了整个中南半岛地区。

在南诏与中南半岛国家的交往中，由于骠国地处中心枢纽地带，其在南诏国向中南半岛地区扩张中的地位和作用尤为明显，因而一直是南诏控制的重点。元和三年（808 年），南诏王寻阁劝继位，他“自称骠信”。“骠信”一词，在彝语和缅语中都是“君王”的意思，其意为寻阁劝既是南诏之王，也是骠国及其他中南半岛国家之王。寻阁劝虽然不是骠国的实际统治者，但南诏与骠国的关系由此可见一斑。《南诏野史》中载有劝丰祐时大将军段宗牓救缅一事：“牓，汤（池）人，祐之勇将。先是狮子国侵缅，屡求救，至是许之。……牓救缅以败狮子国。”这一故事至今仍在滇西一带的彝族和白族民间流传着，说明南诏与骠国的关系是很密切的。

南诏通过向中南半岛地区扩张，使其对外商贸交流往来遍及南亚、东南亚地区。其中骠国至天竺（今印度）是其最重要的贸易伙伴，南诏永昌城（今保山）作为南诏西部重要门户，发挥着外贸进出口中商品中转站和集散地作用。

在南诏与中南半岛国家的贸易往来中，诸多奇珍异宝输入南诏市场，进而又经蜀身毒道传入内地。这些珠宝中，尤以琥珀，瑟瑟、光珠、宝石、玉石等占的份额最大，其他还有青木香、旃檀香、紫檀香、槟榔木、琉璃、水晶、蠡杯、犀象，以及黄金、麝香、贝等数量也不少。贝又称“海巴”“巴具”“珂贝”等，产于西太平洋印度海的暖水域中，中南半岛许多国家历史上都曾用贝作过货币。哈威写的《缅甸史》引大中五年（851 年），波斯国施旅行家旅行到下缅甸的记载中写道：“居民易市，常用海巴以为货币。”云南彝族等一些少数民族先民，在两汉时期就开始使用贝币了。南诏国时期，用贝作为商品交换媒介的地区范围进一步扩大，贝成为富人的财富象征，常被用作去世老人的陪葬品。《纪古滇说集》载：缅甸、暹罗、八百、真腊、占城、挝国等每年进献给南诏的物品中，就有“巴具”（贝）一项。《新唐书》载：南诏“以缯帛及贝市场，贝者大若指，十六枚为一觅”。至今，包括文山州（主要是州境西部）在内的云南许多地方彝族古墓中，时有贝币出土。在这些贝币中，有许多就是南诏时期的遗物。

南诏时期，印度佛教文化对南亚、东南亚，以及南诏国的影响巨大，不少国家都使用印度梵文，文化上均趋同于印度，甚至出现了“印度化”倾向。在南诏国，特别是南诏国西部，这种影响也是很大的。剑川石窟第一窟《异界牟寻议政图》的石刻人物中，除了异牟寻和一些清平官外，还有一位梵僧。公元 9 世纪中叶，梵僧赞陀崛多来到南诏长居后，不久就被南诏王室尊为国师，给王室讲解佛教经典教义，留下了许多传奇的故事传说。

第六节　南诏国时期的彝族文化

一、诗歌、音乐、舞蹈和绘画艺术

南诏国时期，由于与唐王朝关系密切，南诏王室先后派了数千青年到成都“习孔子之诗书”，内地汉文化对南诏的影响很大。特别是异牟寻任用汉人郑回为清平官后，进一步密切了彝汉文化的交流，汉文化对南诏的影响进一步加深。这种文化交流虽然不是自唐才开始，但在唐朝时期更加广泛深入。现今云南还留存着的安宁王仁求碑，是唐武后圣历元年（698 年）立的，碑刻采用了“圀”（国）这样的武则天颁行事使用的文字，还使用了唐代民间流行字体，如“閇”（闭）等。王仁求是河东州刺史，碑文说他“开夜郎之道，綏哀牢之圀”，可见唐代中原文化已深入到了南诏全境。

南诏统治者提倡学习汉文化的目的，是向内地学习如何统治好国家的治国经验，在学习过程中，自身也受到了中原文化的熏陶。王室官员中有的能诗善文，会被称为“高手”，其佳作被后世收入《全唐诗》《全唐文》中。汉族清平官郑回不但本人文雅有词藻，而且生前是南诏诸王学习汉文化的老师。《新唐书·南诏传》说异牟寻“颇知书，有才智”，就是得益于郑回的精心传授指导。

《德化碑》碑文是一篇具有代表性的南诏国时期长篇优秀散文，文章洋洋洒洒数千言，语言流畅，字句典雅，辞藻华丽。南诏王寻阁劝写的《星回节游避风台》一诗，不但语言优美，音韵抑扬顿挫，而且具有浓郁的民族特色。诗写道：“避风善阐台，极目见藤越；悲哉古与今，依然烟与月；自我居震旦，翊卫类夔契；伊昔颈皇运，艰难仰忠烈；不觉岁云暮，感极星回节；元昶同一心，子孙堪贻阙。”诗歌不但具有鲜明的唐诗风格，且使用了一些自己的民族语言。如“震旦”即“国王”，“元”即“朕”，“昶”即“卿”等。清平官董成常出使成都，并在成都写下了一些脍炙人口的怀乡之作，如“泸北行人绝，云南信未还；庭前花不扫，门外柳谁攀；坐久销银烛，愁多减玉颜；悲心秋月夜，万里照关山。”

南诏国时期，王国的音乐以自己的民族音乐为主，同时吸收了一些西北地区的民族音乐，进而构成了南诏独特的民族音乐体系。距今 1200 多年以前，南诏王异牟寻组织进京演出《南诏奉圣乐》歌舞，歌舞乐队的演员们都身穿南诏服装，戴黑色头囊，系金腰带，数十人执羽毛而舞，南诏奉圣乐队轰动了京城长安。这种执羽而舞的舞蹈，就是改编自彝族古代的一种传统舞蹈。早在古滇国时期，这种古老的歌舞就在彝族先民中间盛行了。南诏奉圣乐队演出使用的筝、箜篌、五弦琵琶、笙、笛、拍板、筚篥、饶、铎、钲以及铜鼓等乐器，都在现今的彝族地区考古中常有发现，有些至今还在彝族民间使用着。

南诏国音乐丰富多彩，正是以彝族为主体的南诏国各族人民，与境外许多国家长期不断交流的结果。史载，南诏遣使见西川节度使韦皋，“欲献夷中歌曲”，并有“天南滇夷俗歌四章”，这应当就是当时的云南彝族民歌。南诏奉献的音乐中，有“奉圣乐”“骠国乐”“龟兹乐”“盖罗缝”“赞普子”“菩萨蛮”等名目。《新唐书·礼乐志》说：“贞元十六年正月，南诏异牟寻……欲献夷中歌曲，且令骠国进乐；皋乃作南诏奉圣乐，用黄钟之均，舞六成，二六十四人，赞引二人，序曲二十八叠，执羽而舞‘南诏奉圣乐’字……德宗阅于麟德殿，以授太常二人。”所谓韦皋作《南诏奉圣乐》，实际上是韦皋在“夷中歌曲”的基础上修改完善，并吸收了西北民族的“戎狄炸乐”。南诏正是大量吸收了汉族文化，又兼收了其他各族文化精华。《蛮书》对此记载说：“伎乐中有老人吹笛，妇人唱歌，各年近七十余。牟寻指之曰……开元皇帝赐胡部及龟兹乐各两部，今死亡零落尽，余此二人。”著名的“骠国乐”则是来自南诏的近邻骠国。南诏与骠国国土相连，骠国乐进入唐朝廷，先经过南诏，再由南诏翻译整理后进献唐朝，而南诏每有大宴亦演奏骠国乐。骠国乐“多演释氏词”，属于佛教音乐，其对南诏西部地区的影响至今仍有存留。但是，龟兹等类音乐舞蹈，大都用于南诏宫廷，而民间则主要是那些“俗歌”“俗舞”。桂馥在其《滇游续笔》中说：“夷俗，男女相会，一人吹笛，一人吹芦笙，数十人环，踏地而歌，谓之踏歌。安子虚、赋文成写的《颠歌》注云：益州颠池县，其人能西南夷歌。颠与滇同，馥谓踏歌即西南夷歌也。刘昫谓今之竽笙，并以木代匏，无复八音，芦笙用匏（葫芦），古音未忘也。”《蛮书》中还记载说，每当傍晚之时，少年子弟便游移于街间巷尾，吹壶（葫）芦笙或树叶，声音优美。音律之间，皆寄情言，以呼邀伴侣。

南诏国的绘画艺术主要是以佛教故事为题材，因此，其主要的绘画艺术也就表现在佛教方面。《南诏图传》是这些绘画艺术中的突出代表。《南诏图传》共有两卷，一卷是画卷，又称《南诏中兴画卷》或《南诏中兴国史画卷》。画卷为彩画纸卷，长5.73米，高0.3米。清朝后期，画藏于淳亲王爱新觉罗·永理的府内。1900年，八国联军侵占北京时落入了侵略者之手，现存于日本京都有邻馆内。画卷以佛教为题材，并同时讲叙了南诏王国的历史，每图都有题记的文字说明。整幅画卷分为三个部分：一是巍山起因，描绘南诏国始祖崛起于巍山，受观音教化，草创王业时期，二是祭铁柱图，描绘细奴逻取代张乐进求的故事；三是西洱河记，描绘蒙舍诏统一六诏的经过。

《南诏图传》的价值在于展示了南诏佛教、职官、衣服、发式、建筑、器用、风俗习惯等，均可从画卷中看到中古时期南诏国的许多形象化的资料。画卷本身场面宏大，人物众多。不同人物的外部生理特征和内部心理状态都刻画得十分准确细腻，并且绘画技艺精湛、娴熟。因此，它不仅是云南最有价值的艺术珍品之一，还是研究南诏历史的重要资料。

二、建筑及石窟艺术

南诏建筑艺术表现在许多方面，而著名的大理崇圣寺千寻塔建筑艺术，就代表着南诏建筑艺术水平的诸多方面。千寻塔塔高 69.13 米，共 16 层。塔基正方形，其高度约占整座塔高的 1/5。西面开有塔门，塔身中空，有楼梯可供攀登至塔顶。塔身东面、西面、正中各有一佛龛，内各供石佛一尊。塔顶有刹，塔刹由中心柱、室顶、室盖、相轮和莲花组成。室顶为铜柱，呈葫芦形。塔顶四角各有一只铜铸金鹏鸟。塔刹在 1925 年大理发生大地震时被震落。

千寻塔建于南诏丰佑年间（824—859 年），由于受唐塔风格的影响，造型与同时代的西安小雁塔相似，并有内地汉族工匠参与设计和施工。

公元 856 年，南诏王丰佑在都城羊苴咩修建的五华楼，也是一座气派宏大的建筑物。传说这座巨大的建筑物，楼阁周长 2.5 公里，高 33 米多，可居住万人。五华楼是王室专门用来接待西南各部酋长的，是南诏王室的迎宾馆。

五华楼旧址在点苍山玉局峰下，到元朝世祖忽必烈时，元军还在楼中扎营驻兵，后毁于战乱兵燹之中。

南诏国的王室房屋内，看不到一根柱子。这是一种无梁的殿式建筑，类似于现代人“薄壳建筑”，反映了当时的南诏国已经有了较高的建筑水平。

于南诏时期开始开凿，完成于大理国时代的剑川石宝山石窟，位于今剑川县城西南 25 公里处的石宝山支峰石钟山，分布在石钟寺、沙登村、狮子关三个地点，共 17 窟，造像 139 躯，碑碣 5 通，造像题记 44 则。造像雕刻在红砂石上，其内容分为两类：一类是佛教题材，有菩萨、观音、天王、明王、力士、胁待、罗汉等；另一类是世俗题材，有南诏王、清平官、南亚僧人等人物形象。

在石钟山石窟中，有 3 窟有南诏王雕像。狮子关区的第 11 窟，窟高 0.6 米，宽约 1 米，共雕世俗人物 7 躯，其中 5 躯是细奴罗及后妃和子女，窟名被俗称为“全家福”。

第 7 窟窟高 1.46 米，宽 1.52 米，窟内雕有 16 尊人像，是石钟山石窟群中人雕像最多的一窟。石窟雕成一座仿木结构的厅堂，窟檐三重花纹，里面雕出挂起的人字形幔帐，显得雍容华贵。厅堂中央端坐着南诏王阁罗凤，旁边坐着王弟阁陂大和尚。窟内其他人物姿态不一。侍从所持八面旗帜向不同方向飘扬。人物衣褶线条细致清晰，层层褶皱，显示了很高的石窟雕刻艺术水平。

剑川石窟是南诏、大理时期以彝族为主体的云南各族人民雕刻艺术的精华，其艺术风格既有鲜明的地方民族特色，又有内地敦煌、云岗、龙门等石窟艺术特点，是各民族文化密切交流的结晶。

三、巫鬼教、道教和佛教

南诏在统一云南地区之前，信奉的主要是彝族长期沿袭下来的传统宗教——巫鬼教。这种巫鬼教在生活中表现出来的有特点主要有两个方面：一是祖先崇拜。祖先崇拜中又有宗族祖先崇拜、家族祖先崇拜和家庭近祖崇拜等形式，进而又演化出了土主崇拜。整个南诏国时期，前后13个南诏王都成为了王国最高土主，祭祀土主活动日趋活跃，而且规模不断扩大，并形成了固定的时间、一定的主持人和一整套的祭祀礼仪规范。到南诏中后期，土主崇拜成为一切宗教活动的中心，其原因主要是南诏王室蒙氏家族的崛起。在千奇百怪的多神崇拜中，彝族人民对祖先神本来就特别虔诚，尤其对祖先中的功勋显著者，或起过重要作用的人，则更加成为怀念和尊崇的对象。于是，对南诏王产生了特殊的情感。除了有本身的民族亲切感外，还增添了一层神圣感，这就使彝族人加深了祖先崇拜观念，进而形成了逾百代而不断祭祀祖先沿袭链条的稳固的宗教传统。二是万物有灵的多神崇拜。这种崇拜的对象，既可以是生物，也可以是非生物，自然界中的许多生物、非生物以及自然变化现象。贞元十年（794年），唐王朝使者崔佐时与异牟寻会盟于点苍山时，就祭祀了天、地、水三官和五岳四渎，以及管川谷诸神灵，这是一种典型的万物有灵的多神崇拜表现。

据史籍和金石刻文记载，滇西彝族地区的道教创自于汉唐，兴盛于明清。清乾隆年间写的《续修蒙化直隶厅志·仙释》记载："孟优，世居巍宝山，与土帅孟获兄弟也，素怀道念，常往返于澜沧江、泸水间，得异人授长生久视方药诸书，随处济人。后主建兴三年，丞相亮南征，误饮哑泉者，辄手足四禁而不语，或言优有良药，使人往，优进仙草立验。武侯惊异之，与语人，天运会深契焉。孟优后来入峨眉山，不知所终。其子孙于元时，赐姓孟。"这里所说的孟优"素怀道念，常往返于澜沧江、泸水间，得异人授长生久视方药诸书"，实际上就是道教所追求和向往的道家方术。到了唐代初，巍宝山为南诏细奴逻耕牧之地。细奴罗死后，其孙盛罗皮在巍山建立了巡山殿土主庙，内祀细奴逻。随后，南诏的族裔又在巍宝山中建起了老君殿，内奉太上老君，纪念老君点化了南诏王细奴逻。唐代，相传吕纯阳（即吕洞宾）曾到巍山传教，并开辟道教全真派天仙派道场。现巍山县文化馆内还保存着昔吕纯阳之笔撰写的两块碑文：一块叫《西鹤楼记》，一块叫《金阙选仙吕大真人降笔》。

自唐以后，巍宝山经宋、元、明三朝，被道家正式开辟为道教的道场，属于全真派。清朝康熙、雍正、乾隆年间，先后有湖北武当山、贵州丹霞山、四川青城山的道士来此修炼传教，重建道观，开辟道场。除全真派外，又增添了全真龙门派和少数的混元派、金山派的传教士。

佛教进入南诏并影响南诏的路线主要有三个方面：一是天竺梵僧经骠国进入；二是藏

传佛教从吐蕃进入；三是从唐朝内地进入。公元7世纪初，印度佛教传入吐蕃后，经过与藏族原始宗教苯教的长期斗争、妥协后逐步形成了一直延续至今的藏传佛教。对于藏传佛教与南诏阿吒力佛教之间的关系，至今还有一些不同的意见争论，但尽管如此，藏传佛教对南诏的影响是明确的。《南诏图传·文字卷》载："大封民国圣教先行，其来有上；或从胡梵而至，或于蕃、汉而来，奕代相传，敬仰无异……"

南诏中后期，随着唐王朝与南诏国的交往越来越密切，以及与吐蕃和骠国的频繁往来，佛教随之传入，并迅速发展起来。统治者为维持自身的利益，也将佛教作为一种强化统治的政治手段，不遗余力地加以推崇和宣导。到劝龙晟当王时，王室在王国财政开始出现亏空的情况下，仍大兴土木建造佛寺庙宇，还用3000两黄金铸造3尊佛送予佛寺。丰佑时，国虽日见衰落，但佛教却盛极一时，王室大造佛教设施的热情一点不减。这一时期建造的崇圣寺千寻塔，光是佛像就造了11400尊，还有房屋890间，耗铜40590斤。其中大塔高16层，用去金、银、布帛、绫罗等，值金43054斤，兴建费时长达8年之久。到南诏末的酋龙时期，佛教已在洱海地区胜极一时，在南诏政治生活中起着越来越重要的作用。丰佑时，专权的弄栋节度使王嵯巅威胁着新继位的酋龙，为除掉这个图谋不轨的权臣，征缅归国大将段宗牓便假称从缅甸迎来一尊金佛像，要王嵯巅到国门迎接。段宗榜趁王嵯巅下跪拜佛时的不备之机，举刀将其杀死。这说明佛已成为一种至高无上的精神偶像了。随后的南诏王面对唐朝廷使者不下拜，致使双方交往一时紧张。唐西川节度使高骈了解到南诏崇佛的情况后，便派遣一个叫景仙的和尚充当使者到南诏说和，南诏王才率领下臣去迎接礼拜。

到了隆舜时期，南诏王国内已危机四伏，统治者只好乞求于佛教，继而又建大寺八百，叫作"兰若"；建小寺三千，叫作"伽兰"，一时间大小佛寺遍布云南境内，并拜僧吕为"国师"或"师僧"。

尽管佛教在滇西地区得到了广泛传播和尊崇，但是在滇东北、滇东南，以及黔西南、黔西北和川西南地区，许多乌蛮仍然信奉彝族传统的巫鬼教，并实行政教合一的"鬼主制度"，从而在东西两境乌蛮中形成了两种不同的宗教信仰。这种在本民族中产生的宗教文化分野，成为南诏国后来加速灭亡的重要原因之一。

第七节　大理国的建立和终结

唐乾符三年（877年），南诏王世隆（酋龙）卒于越嶲（今四川西昌）景净寺，由此开始，王室内部早已存在的权臣纷争更加尖锐起来，危机四伏，而世隆的后继者均无法摆脱日益严重的政治危机漩涡，蒙氏的南诏王权威迅速趋向弱化，

在权力争斗中，以郑买嗣为首的郑氏权臣势力越来越大，最终成为左右王室权力的操

控力量，使南诏蒙氏政权急速走向崩溃。《僰古通纪浅述》载："郑回后裔有郑买嗣者，自浪穹河头获一龙珠献王，王喜，以郑买嗣为健士。"自郑回从异牟寻时开始做南诏国清平官以来，郑氏历代均为南诏重臣。到郑回七世孙郑买嗣，同样得到南诏王隆舜的信任和重用。而此时的隆舜却长期巡幸东京（今昆明），很少在王城主持朝政，"国事多委托郑买嗣摄"。不久，郑买嗣便心怀叵测地密令其心腹杨登弑隆舜于东京，立其子舜化贞为王，舜化贞则"以郑买嗣为国老，权归买嗣摄。主幼，只作佣人而已"。至此，郑买嗣便成为凌驾于诏王之上的实际掌权者。唐昭宗天复二年（902 年），郑氏以武力杀死了舜化贞及蒙氏王室 800 余人于五华楼下，建立起了"大长和国"，南诏国至此灭亡。

南诏国灭亡后，从郑氏开始，先后相继出现了"大长和""大天兴"和"大义宁"三个腐败的短命政权。建立这三个短命政权的是南诏国权臣郑买嗣、赵善政和杨干贞，他们为争夺王权而相互残杀，"贪暴特甚"，"中外咸怨"，社会矛盾不断加剧，统治政权极不稳固。三个短命政权一共才经历了 36 年时间，其主要原因是得不到王国内主体民族乌蛮的支持。南诏国灭亡后，王国内的主体民族仍然是乌蛮，从三个短命政权相继建立又迅速垮台，期间虽然政权更迭不断，斗争剧烈残忍，但乌蛮作为主体民族的构成状况并没有改变，而且许多乌蛮部落经济实力雄厚，各自都有强大的武装。他们都反对南诏王室后期的腐败，不满郑氏为篡夺权位公然弑君，屠杀王室成员的残暴行径，于是民族矛盾日趋白热化。因此，在南诏各路权臣势力为争夺权力而不断的厮杀中，依附于蒙氏的三十七部乌蛮也酝酿着对郑氏的报复行动。《滇考》对此记载说："诸蛮三十七部心不服，谋起兵。买嗣惧，诛杨登以塞众心。"后梁开平二年（908 年），郑买嗣又铸铜佛像 1 万尊送普明寺，以此表示对杀害 800 多南诏王室成员的忏悔，同时表示对乌蛮政治势力的妥协。但是，各派政治力量之间的斗争并没有因此停息下来，反而越演越烈。后唐开成三年（928 年），剑川节度杨干贞起兵灭了郑氏建立的大长和国，立清平官赵善政为王，建立起了大天兴国。大天兴国建立以后，实际权力掌握在杨干贞手中，赵善政只能听其摆布，赵善政因此也极为不满，欲摆脱杨氏的背后操控。《南诏野史会证》载："善政待干贞恩礼浸衰，凡干贞所有请乞，辄不许。干贞恃功怨望，遂贿结诸臣，废善政而自立。善政在位仅十月。"《滇考》记载说，杨干贞弑郑氏之后，"恐下不服，乃推善政立之，使之尽诛郑氏子孙"，然后再取而代之，建立起了"大义宁国"。

后晋天福二年（937 年），通海节度使、白族人段思平在东方 37 部乌蛮的大力支持下推翻了南诏权臣杨干贞建立的"大义宁国"，随即建立起了历时 300 余年的大理国政权。到元宪宗四年（1254 年），蒙古军队攻占押赤城（今昆明），俘虏大理国末代王段兴智，大理国灭亡。大理国政权历经 22 世，共计 317 年，与宋王朝从起始到终结的时间大体相当。

大理国政权基本上沿袭了南诏国的疆域，行政区域在南诏国的基础上设置了八府、四郡（镇）、三十七部。府和郡的长官叫演习，部称部长，都是世袭的。在壮族主要聚居区广南、富宁及广西西部部分地区则设置特磨道，特磨道首领为壮族世袭农氏土司，其官名称“坦绰”。

建立大理国的是白蛮人段思平，但大理国是在乌蛮人的全力支持下才得以建立起来的。

段思平早年是南诏国一个职务名称叫“幕览”的基层小官，但他的先辈名声显赫，与南诏王室关系密切。天宝年间发生两次唐诏战争，当唐军攻到南诏王府驻地近郊时，“云南王阁罗风命世子风伽异、大将军段俭魏迎战，并两次大败唐军于点苍山和西洱河。战后，段俭魏以功升为清平官，赐名忠国，寻拜相。段俭魏之后，传六代而至思平”。

权臣杨干贞推翻“大天兴”国而建立“大义宁”时，段思平已是通海节度使，因受人诬告而被大义宁国王杨干贞四处追杀，只好逃到石城（今云南曲靖）其乌蛮舅舅爨判家去躲难。爨判是东方三十七部乌蛮中最有威望的首领，在乌蛮各部中很有号召力。当杨干贞四处追杀段思平时，各地乌蛮反杨干贞的声浪四起，爨判便抓住时机在石城召集东方三十七部乌蛮首领会盟，带领三十七部乌蛮武装全力支持段思平讨伐杨氏政权，进而推翻了杨干贞及其所建的大义宁国，建立起了大理国。

许多史料记载说明，东部地区乌蛮的人心向背，决定着大理国的建立和之后的兴衰。段思平之所以能够建立大理国，关键就是得到以其舅爨判为代表的东方三十七部乌蛮的大力支持。

除了爨判及东方三十七部乌蛮外，另一个乌蛮首领高方对段思平的支持也很大，但高方的支持与爨判不同，他的支持主要是为实现其政治野心而来的。高方的先祖高定元（又作高定）是蜀汉时期越巂郡的“叟帅”，曾同孟获一起与诸葛亮的蜀汉军队打过仗。战争中高定元被同为夷帅的雍闿军所杀，兵败蜀汉军手下后，其妻也被俘，其儿女和族人逃到朱提（昭通）的乌蛮亲戚家躲藏起来。在昭通地区乌蛮的帮助下，高定元后代后来又在金沙江两岸慢慢恢复了势力，威名再起。到高方帮助段思平建立大理国时候，高氏早已是很有影响的鄯阐（今昆明）府乌蛮大领主了。由于高氏家族在乌蛮中的影响大，加之以爨判为首的三十七部乌蛮的全力支持，使刚建立的大理国得以迅速稳定下来，经济逐步得到恢复发展。然而，由于高氏对段氏政权抱有野心，大理国建立后不久，高氏便在统治集团中引发了一系列内斗，并在混乱中控制了大理国实权，甚至明目张胆地公开夺权，改国号为“大中国”，建立起时间很短暂的高氏乌蛮政权。

大理国的政区分设是在南诏国的基础上设立的，今文山州普梅河以西地区和红河州东南部分地区属最宁府。东部为特磨道，丘北属广西（今泸西）府。

大理国建立初期，段思平在爨判、高方和东方各部乌蛮支持下，曾进行过一些有重要意义的改革。他“尽除杨氏（干贞）邪臣，罪大者明正罚爽；表暴忠良；更易制度，捐除苛令。于是远近归心，咸奉约束”。首先，段思平时政权内部进行清洗，打击大义宁国王杨干贞的旧势力，对罪大恶极者坚决严惩；其次是启用了一批忠贞人才；再次是改革旧制度，废除了一些曾引起人民强烈不满的苛政税赋，实行“减税粮”“宽徭役”等相对宽松的政策。他还大规模进行封建分封，受封的大领主在各自领地内又分封小领主。对全力支持段氏起义，为建立大理国政权做出重大贡献的东方三十七部乌蛮各部首领，段思平都一一进行了分封，使大理国政权成为了以白族为王，白族和彝族共同执政的王国政权。

但是，随着时间的推移，段思平所推行的分封制逐步暴露出了其消极的一面，一些受封的领主开始各自据地为“国”，肆意扩张各自势力，进而为后来的大理国政权内部纷争埋下了祸根，严重危害了王国政权后期的稳定。

段思平建立大理国后不久，尤其在其去世以后，统治集团内部便开始矛盾纷争不断，并导致了“大中国”和“后理国”的政权更替，使刚稳定下来并逐步走上恢复发展之路的王国经济受到了严重影响。

元丰三年（1082 年），早已心怀叵测的大臣杨义贞杀害了大理国王段连义，夺取了王位，自称“广安皇帝”。但时隔才 4 个月，杨义贞就被鄯阐府乌蛮领主高昇泰（太）推翻，很快恢复了段氏王权。高昇泰是高方的后代，他利用高家的威望，在恢复段氏王位的同时，趁机胁迫国王在“八府四郡”遍封高氏子孙亲信为官，大肆扩张自己的家族势力，从实际上控制了大理国政权，进而又采取宫廷政变的方式夺权。宋绍先元年（1094 年），段氏王位被迫让位于高昇泰，高昇泰便另立国号为“大中国”。高氏的这一窃国行径很快就遭到东部同族乌蛮及各地领主的强烈反对。绍圣三年（1096 年），高昇泰在乌蛮各部和各府郡的压力下被迫还位于段氏，改称为“后理国”，但高氏仍然被封为“中国公”，其领地仍然称为“中国”，高氏领主也称为“高国主”。名义上是段、高两家“联合执政”，但王国实权仍然继续掌控在高氏手中。也就是从高氏专权时期开始，一些地方部族首领趁机割据一方。在东方三十七部乌蛮中，于矢部（今云南曲靖东部、贵州西南部及桂西部分地区）建立起了“罗殿国”和“罗施国”；“些么徙”部（今曲靖市西南部，玉溪市东部，红河州东南部文山州西部地区）建立起了“自杞国”，并造成了之后“段氏莫能制”的局面。这种“独立王国”式的领主割据，在各地乌蛮部落间形成了一种相互间相对隔离的闭关自守状态，阻碍了地区间的交流，影响了经济社会的发展。

与此同时，段氏王室内部纷争也一直未间断过。后晋开运元年（944 年），段思平卒，其子段思英继位以后到 1094 年段正明避位为僧时的 150 年间，大理国段氏王室内部因纷争而先后发生了 7 次之多的宫廷政变。

北宋绍圣三年（1096 年），鄯阐乌蛮大领主高氏还政于段，其建立的“大中国”终结，但高氏专权的实质并没有改变。在高氏还政于段之后的 150 多年间，即直到大理国政权灭亡，相国之位都为乌蛮高氏世代所专有。王室之政多出于高氏之门，如段正淳、段正严、段正兴为王时，先后以高泰明、高泰运、高明清、高顺贞为相；段智兴为王时，先后以高寿昌、高贞明为相；段智廉、段智祥为王时，先后以高观音妙、高观音政、高阿育、高逾城隆为相；末代王段兴智时，末代国相是高泰祥。高氏始终牢牢地掌握着大理国政权的实际权力。刘亚朝校点的《滇史》载：大理国“赏罚政令，皆出其门，国人称为国主，波思（波斯）、昆仑诸国来贡大理者，皆先拜谒相国，段氏拥虚位而已”。

高氏专权从一开始，就利用其职权，分封其家族到各地做世袭诸侯，如威楚（今楚雄）的高明量，统矢府（今姚安）的高明清，谋统府（鹤庆）的高智慧珠，善巨郡（永胜）的高泰慧，永昌府（保山）的高泰贤，鄯阐侯高智昇，晋宁高明智，嵩盟（嵩明）的高明兴，易门的的高祥坚，罗次（禄丰）的高连庆等，这是高氏之所以能历代为相的重要原因之一。

南宋宝祐元年（1253 年）春，蒙古军兵分三路，分别由忽必烈、兀良合台、抄合及也只烈率领进攻大理，忽必烈率领的中路军一路顺利无阻地直抵达金沙江，乘革囊、木筏进逼丽江，沿途大理国地方官员和各部首领纷纷归附投降，几乎未遇抵抗。兀良合台率西路军经今香格里拉进抵金沙江，渡江后经剑川与忽必烈的中路军合兵，逼近王城大理。抄合、也只烈率领的东路军则由川西平原边缘南下，经会川（今四川会理），直逼姚州（今云南姚安）。

忽必烈与兀良合台兵临大理城下，遣使入城招降大理王室未成，便实施武力强攻，大理国军在气势正旺的蒙古军面前不堪一击，很快就被击溃，末代王段兴智兵败逃往鄯阐（昆明）。末代相国高泰祥逃到姚州（今云南姚安），不久，姚州城也被蒙古军攻破，高泰祥被俘，押回大理受审，因坚决不投降屈服而被斩杀于五华楼下。之后，蒙古军乘胜东攻南击北进，所向披靡。从昆明逃到昆泽（今云南宜良）躲藏的末代王段兴智也成了蒙古军的俘虏。蒙古军用两年时间占领了大理国全境，历经三百多年的大理国灭亡。

大理国灭亡后，蒙古军为了笼络人心，尽快稳定社会，仍然任命已经投降的段氏为大理总管。高氏等大理国降臣及地方大小官员，也大都被安排做一些管理日常事务的小官小吏，成了元朝地方政权的大小土官。

第八节　唐宋时期的彝族分布及称谓

唐（南诏）、宋（大理）时期，作为这一时期的彝族先民乌蛮，分布的地域比先前进一步拓宽，但由于各地政治、经济、社会及文化等方面发展很不平衡，并由此产生了许多的差异。在不同地区，有的氏族、部落界线已经被打破，有的则依居住地域的环境条件各自为部、为群、为姓、为名，自成一部、一支，同时又不断地分化和重组。虽然“根”未变，传统的部、支、姓痕迹仍存，但由于大多数彝区被高山深谷阻隔，部落和族群间长时期相互隔离，信息不通，极少来往，形成了越来越多的支系和支系语言，以及带有各居住区不同的地理自然环境特点的生产生活状况。这种支系族称越来越多的复杂情况，让后世的人们感到有些混乱难辨。但是，形成这种复杂情况根由和基础是清楚的，那就是唐宋时期（少数在唐宋以前）形成的部、姓、支，是今天不同彝族支系的基础。

唐宋时期的彝族分布区，以现今的行政区划分看，大体上可分为滇东北地区、滇中地区、滇东南地区、滇西地区、川西南地区、黔西北地区、黔西南和桂西地区。

一、滇东北地区

滇东北地区有阿芋路部、阿孟部（易溪部、芒部）、夔山部（阿旁部）、易娘部、卢鹿部（閟畔部）、磨弥敛部和乌蒙部，史称乌蛮七部。

阿芋路部在今昭通市昭阳区、盐津县和鲁甸县等地。阿芋路曾为爨蛮夷所统治，所以又被列入东部三十七部乌蛮之一。

阿孟部，即易溪部，“阿孟”即“阿芒”。元《混一方舆胜览》载：“芒部路，本名易溪部，祖芒布，宋封西南蕃部巡检。”部主被称为“罗氏鬼主”，部亦称为“罗氏鬼国”。芒部原本只是易溪部中的一部分，后来脱离易溪部自成一部。阿孟部在今云南镇雄县境内，易溪部在今贵州黔西、大方、织金等县。

夔山部、阿旁部（易娘部）。一些彝语方言称水为“易娘”，这里具体指朱提江。宋代，居住在朱提江流域的阿旁部从彝语发音上也被称为“易娘部”。夔山部的居住区，主要在今云南昭通市彝良县及其临近的部分地区。

卢鹿部（閟畔部），閟畔是部落始祖之名。卢鹿部在鲁望南部的竹子岭西面。鲁望即今云南昭通市鲁甸县。竹子岭西部的卢鹿蛮，则在今云南会泽县、巧家县和东川区一带，被视为东爨乌蛮中的一部分。今天的彝族倮倮之名，最早就是从卢鹿转音而来的。

磨弥敛部和乌蒙部。磨弥敛又称磨弥殿，是彝语“分支”的意思。磨弥敛地处七部乌蛮之东，即今云南宣威市境内，是卢鹿（倮倮）的一部分，后来向南发展，与东部乌蛮区连接起来。大理国时期，磨弥敛势力发展到了云南沾益、富源一带，并曾一度占领石城（曲靖），是东部三十七部乌蛮之一。乌蛮部的乌蒙蛮是阿芋部乌蛮中后来出现的新族称。《寰宇通志》之“乌蒙府”条载：乌蒙“古为敌甸，乌蒙乃其酋长之祖名，历代相承该有其地。宋时有阿杓者，始封乌蛮王”。至此，才将阿芋之名改为乌蛮。

二、滇中地区

滇中地区（含滇南部分地区）有白鹿部、罗婺部、华竹部、洪农碌券部、掌鸠法块部、罗部、普麽部、罗雄部、夜苴部、纳垢部、罗迦部、阳城堡部、落蒙部、落温部、师宗部、弥鹿部（阿鹿）、吉输部、褒恶部、弥勒部、嵧峨部、休腊部、休制部、强宗部、步雄部、因远部、嵩盟部、仁德部、阿宁部和未称部的独锦蛮。

白鹿部在今云南楚雄州的楚雄、南华、牟定、广通、双柏等县市，族群称为“徙莫衹蛮”，又称“些麽徙蛮”，明代则称“白罗罗”，是东方三十七部乌蛮之一。

罗婺部在今云南武定县一带，是《新唐书·南蛮传》中所说的俭望蛮。宋朝中期，罗婺部逐步发展成为势力较大的一个部。《元史·地理志》载：段氏时，乌蛮贵族法瓦的势力强盛，并“以其远祖罗婺为部名”。罗婺部首领是后来著名的武定凤氏土司先祖。

华竹部在今云南元谋县。元《混一方舆胜览》载：“元谋县，蛮名华竹。”《元史·地理志》载：“元谋，夷中旧名环州……至元十三年（1276年）改为县。”这一记载说明，华竹部虽然为部，但其发展情况很不稳定。

洪农碌券部在罗婺部的辖区范围之内，地在今昆明市禄劝县境，后来被纳入了罗婺部，其所筑之城称“易笼”，为罗婺首领所居。其境有二水。彝语称易为水，称城为笼，“易笼”即为水城。

掌鸠法块部在今云南禄劝县东部石旧一带。《元史·地理志》载：“石旧县，有四甸：曰掌鸠、曰法块、曰抹捻、曰曲敝。掌鸠甸有溪绕其三面，凡数十渡。”大理国时期，掌鸠法块部已解体，并归入罗婺部中，其部名转为地名并一直沿袭下来。

罗部在《南诏野外史》中载：罗部在“今云南罗次县”，即现在的禄丰县东北之罗次。《元史·地理志》载：“罗次，本乌蛮罗部。”大理国时期，罗部被鄯阐府乌蛮大领主高氏所统治。《元史·兀良合台传》载：“前次罗部府，大酋高升集诸部兵拒战，大破之于可（平）浪山下。”可见，大理国未亡之前，罗部是高氏为便于统治而设立的一个部。

普麽部在今云南曲靖市麒麟区。《元史·地理志》载：“越州，在路（曲靖路）之南……普麽部蛮世居之，宪宗四年归附。”明史《土司传》载：洪武二十年（1387年）“越州土酋阿资等叛。阿资者，土官龙海子也。越州，蛮呼为苦麻部。元末，龙海居之，所属俱罗罗斯种”。

罗雄部和夜苴部在《元史·地理志》中载：“罗雄州，与溪洞蛮僚接壤……夷名其地为塔敝纳夷甸，俗传盘瓠六男，其一曰蒙由丘，后裔有罗雄者居此甸，至其孙普恐，名其部曰罗雄。宪宗四年内附。至元十三年，割夜苴部（并入）为罗雄州。”这就是说，元朝时期，将南诏、大理国时期的罗雄、夜苴二部合并为罗雄州。罗雄在今云南罗平县城及其周边地区，夜苴在与之相邻的罗平县北和富源县东南之亦佐。

纳垢部在今云南曲靖市马龙县。元《混一方舆胜览》载：“马笼州，蛮名纳垢部。”《元史·地理志》载：“马龙州，夷名撒匡……至元十三年改为州。”

罗迦部原为步雄部中的一部分，即《南诏野史》注释中说的“步雄部分地”，地在“今澄江府江川县”。《元史·地理志》载：澄江路“治在滇池东南……开元中（713—741年）降为羁縻州。今夷中名其曰罗迦甸。初，些麽徙居之，后为僰蛮所夺。南诏蒙氏为河阳郡。至段氏，些麽徙蛮之裔复居此地，号罗迦部。”

阳城堡部在今云南昆明市晋宁县城及周边部分地区，这里是汉以前滇国的中心。《蛮书》记载说：“晋宁州，汉滇池（县）故地也，在拓东城（今昆明市城区）南八十里晋平川。”南诏兼并爨区以后，乌蛮又在晋平川组成阳城堡部，即《元史·地理志》所载：“晋宁，蒙氏、段氏皆为阳城堡部。”

落蒙部在今云南昆明市石林县。《元史·地理志》载：路南州“夷名路甸，有城曰撒吕，黑爨蛮之之裔落蒙所筑，子孙世居之，因名落蒙部，宪宗朝内附”。

落温部在今云南曲靖市陆良县及麒麟区南部，晋朝至唐初，这里都设同乐县，元时设陆凉州。元《混一方舆胜览》载：“陆凉州，汉同乐县，蛮名落温部。”著名的《爨宝子碑》和《爨龙颜碑》就在这里，其境内多乌蛮。唐朝初年，同乐县仍为爨氏贵族领地。南诏兴起以后，同乐县的乌蛮势力进一步发展起来，并组成了落温部，到元初内附。

师宗部在今云南曲靖市师宗县，元初为师宗州。师宗部是南诏兴起以后，区内的乌蛮势力壮大起来而建立的。《元史·地理志》载：师宗州“昔爨蛮逐僚、僰等居之，其后师宗据弄甸，故名师宗部”。

关于弥鹿部（阿卢部）、吉输部和褒恶部的记载。《南诏野史》所记的三十七部乌蛮中没有阿鹿（阿卢）部，但《元史·地理志》有记载说：广西路原为“东爨乌蛮弥鹿等部所居……后师宗、弥鹿二部渐强盛，蒙氏、段氏莫能制”。此记载说明，南诏、大理国时期，这一地区除了弥鹿、师宗两个为首的强部外，还有在他们名义管辖下的吉输、褒恶等一些小部，即被记载文字省略了部名的“弥鹿等部”。《寰宇通志》载：这些地方“唐为东爨之地，太和间，南诏蒙氏并其国，析为师宗、弥鹿二部”。元朝初年于弥鹿部设立广西（今云南泸西县）路，其辖区包括今泸西县、弥勒县、丘北县和砚山县西北地区。设广西路以后，广西路辖区设师宗州，弥勒州（先是千户所），在丘北县和砚山县西部设维摩州（先为千户所），吉输、褒恶、阿欲、步笼等小部也设立四千户。

《元史·地理志》说，弥勒部是从弥鹿部中分化出来的一个部。后来，弥勒部势力迅速扩大，极盛时，甚至使“蒙氏、段氏莫能制”。又载，弥勒是部首领先祖之名。“昔些莫徒蛮之裔弥勒得郭甸、巴甸、部笼而居之，故名其部曰弥勒。”

嶍峨部在今云南峨山县。《元史·地理志》载：嶍峨部“昔嶍倪（部首领名）蛮居之，后阿僰酋逐嶍倪居其地，至其孙阿阿次内附，以其部立千户”。《明实录·成祖实录》载：嶍峨县“境内（有）夷人、僰人、啰啰……其类不一”。

休腊部在在今云南通海县西部，居民为乌蛮中的徒莫祗人。《元史·地理志》“河西县”条载：“又名其地曰休腊……天宝后没于蛮。”

休制部在今云南玉溪市红塔区。史籍对休制部的记载有些混乱，但通过对相关史籍有所出入的记载分析可看出，唐贞观年间在此地设置求州，南诏叛唐后改求州为温富州。后来，徒莫祗蛮在此组成了休制部。休制部内各家支间经常发生争斗，其中部旁家支得势时，曾一度把休制部改名为部旁部。

宁部在今云南玉溪市华宁县，唐初为黎州。黎州为些麽徒蛮和乌蒙共居，后来因故称为宁州。《元史·地理志》载：宁州之地“唐置黎州，天宝末没于蛮，地号浪旷，夷语谓旱龙也。步雄部蛮些麽徙据之，后属爨酋阿几，以浪旷割与宁酋豆圭。……西沙（县）在州东，宁部蛮世居之。其裔孙西沙筑城于此，因名西沙笼（城）”。

强宗部在今云南澄江县西部之阳宗。《元史·地理志》载：强宗部在“本路（澄江路）西北（应为东北），明湖（今阳宗海）之南。昔些麽徙蛮居之，号曰强宗部”。

步雄部在今云南江川县。《蛮书》载，唐天宝年间，“西爨白蛮”聚居区有地名喻献，在晋宁之南，即今云南江川县和澄江县一带。《蛮书》还记录了从贾勇步（今云南河口县西北）至拓东城（今昆明）的路程，即“……一日至通海城，一日至江川县，一日至善阐拓东城”。南诏兴起后，县境内些麽祇人建立了步雄部，并占领江川县城，使之成为部的中心。

因远部在今云南元江县，部之下还有十二个小部。《寰宇通志》“元江府条”载“蛮名惠笼甸”。夷语称城为“笼”，称平坝为甸，“惠笼甸”即为“惠城坝子”。显然，因远部“惠笼（惠城）”是乌蛮修筑的，当时人口也是以乌蛮居多，同时也有不少和泥人，即今哈尼族。南诏兴起后，又把滇中的部分白蛮也迁到了这里。

嵩盟部在今昆明市嵩明县。唐初，嵩盟为乌蛮、白蛮和汉人共居之地。南诏兴起以后，乌蛮、白蛮占据了统治地位。《寰宇通志》载：“嵩盟州……乌蛮车氏等六种居之。后为枳氏所夺，因名其地曰枳础，高氏（鄯阐乌蛮大领主）以鄯阐兼治嵩盟，……集兴笼城，在嵩盟南数十里，杨祐所筑。”嵩盟部存在时间不长，且不稳定，因此未被例入三十七部乌蛮中。

仁德部在今云南寻甸县。元《混一方舆胜览》载：“仁德府，蛮名仁的部。”南诏、大理国时期，其地为仁的部，“仁的”或写作“仁德”，或写作“新丁”。《元史·地理志》载：“仁德府，昔僰、刺蛮居之，无郡县……后乌蛮之裔新丁夺而有之。至四世孙，因其祖名新丁以为部号。语讹仁地。”

阿宁部在今云南安宁市。元《混一方舆胜览览》载：“安宁州，蛮谓阿宁部。”可见，阿宁部其实就是安宁部。《元史·地理志》载：“安宁州，唐初置安宁县，隶昆州。”阁罗凤时期“乌、白蛮迁居”。蒙氏终，鄯阐酋孙氏为安宁城主，及袁氏、高氏互有其地。

除上述所列各部外，滇中地区还有不少自己筑城而居但未加入部的乌蛮族群。如居住在今云南马关县和河口县结合部地区的独锦蛮。据《云南志》载：“独锦蛮者，乌蛮之苗裔也，在秦臧川南，去安宁两日程。天宝年中，命其长为岿州刺史。其族多姓李。”一些史料中所记载的马关、河口一带的独锦蛮，其族群也多姓李，早年的首年首领就叫李由独，他们是从内地派到边疆戍边留下来的。其实，独锦蛮在金沙江以南许多地方都有分布。《云南志》的记载中还说：南诏王“异牟寻母，独锦蛮之女也。牟寻之姑，亦嫁独锦。独锦蛮之女，为牟寻妻子。有李负蓝，贞元十年（公元 794 年），为大军将，在勃弄川为城使等”。独锦蛮受汉文化影响较早，有许多早在南诏国时期，就改姓为李。

三、滇东南地区

滇东南地区有维摩部、王弄部、强现三部、屈中部、哈迷部、纳楼部、阿月部等。

维摩部在今云南丘北县和砚山县西部。元《混一方舆胜览》载："维摩名惠摩部。"维摩部以乌蛮为主，南诏国时期就已形成为部，直到明朝年间。

王弄部在文山市西部薄竹镇。王弄部即王弄山部，部名因山而得，部内族群以乌蛮为主，首领为乌蛮乌氏，南诏国时期就已存在，后不知所终。

《〈南诏野史〉注》载：强现三部在普梅河以西地区，即今天的麻栗坡、西畴和文山三县市地区。明万历《云南志》载："教化三部张官司，唐时蛮名强现，汉语讹为教化，强现、牙、车三部酋也。元为强现三部，隶临安道宣慰司。"此段文字误记较多，其中关于汉语将"强现"讹为"教化"的记述，显然是根据元代的相关记录而附会出来的。"强现"和"教化"语音差别太大，汉语不可能将"强现"讹为"教化"。元朝初年，把南诏、大理国时期的车部、丁部和空亭部三部划归教合山部管辖。教合山部因山而名，一些相关史料将"教合山部"误写为"教合三部"，导致后来的记录也依之而混淆难解。应该说，"教合山部领车、丁、空亭部"。其实，南诏、大理国时期，车、丁、空亭三部并不归教合山部管辖，他们的首领都是阿月部龙氏的分支，是近亲，是相互关系很密切的三个小部，因此有时候他们也会联合起来为一部，称"强现三部"，所以《南诏野史》才把其列入东方三十七部乌蛮之一。

屈中部、哈迷部（阿迷部），在今云南开远市。元《混一方舆胜览》载："王弄山，领屈中、阿马、阿月三部。"此为元朝初年一段时期内的事。元朝以前，屈中、阿马、阿月三部各自为部，并不归王弄山部管辖。元朝时期在哈迷部之地置阿迷州。

纳楼部在今云南建水县，辖区地跨红河两岸，中心区在建水县南部的官厅。元《混一方舆胜览》"临安道宣慰司"条中载有纳楼部，但《南诏野史》中没有纳楼部，说明纳楼部是到大理国时期才组建起来的。明天启《滇志》载："纳楼茶甸长官司土官普沙。罗罗人，洪武年间归附，授副长官司。"

阿月部，地在今云南马关县西部八寨镇。《南诏野史》所记的三十七部乌蛮中无阿月部，说明阿月部是到了宋朝（大理国）时期才组建起来的。元朝初年一段时期，阿月部曾与屈中部和阿马部一起，曾被划归给同民族的王弄山部管辖。

四、滇西地区

滇西地区的乌蛮主要分布在今云南楚雄州西部、大理州，以及保山市和临沧市。区内乌蛮群体主要有南诏未统一前的六诏，以及施蛮、顺蛮、长裤蛮、白水蛮、青蛉蛮和松外蛮等族群。

唐初的六诏，即蒙舍诏、蒙嶲诏、邆赕诏、施浪诏、浪穹诏和越析诏，主要分布在洱海及其周边地区。蒙舍诏地处六个诏之南部，故称南诏。彝语中，南、那、纳等字近音，都为“黑”的意思，这是乌蛮的一般特点。“蒙舍”又称“麦岔”或“密撒”等。彝文史籍《西南彝志·武氏源流》记载说，蒙舍诏是彝族六祖分支以后形成的武部中的一支。武部的分支族群遍布今云南大理、保山、临沧、楚雄、昆明、玉溪、曲靖、红河、文山、普洱等地区，他们是今彝族支系迷撒叭（迷撒濮）的先民。

施蛮和顺蛮都是乌蛮，其先民是“叟人”或“嶲人”。《蛮书》载：“施蛮，本乌蛮种族也。铁桥西北大施赕、小施赕、剑寻赕皆其所居之地。”长裤蛮原属浪诏，即所谓邆赕、浪穹、施浪“三浪诏”。

白水蛮在今云南楚雄州的楚雄、牟定、禄丰等县市，因其地有白水（今龙川江）而得名，大部分居住在坝区。

《蛮书》载：“青蛉蛮，亦白蛮（白彝）苗裔也。”青蛉蛮居住区主要在今云南大姚、永仁、元谋等县，主要居住区内有青蛉河入龙川江，龙川江又入金沙江。唐时的青蛉县因青蛉河而得名，青蛉蛮亦因之。

松外蛮主要居住区在今四川盐源县南部与盐边县北部，有部分散居在今云南永胜、华坪、宁蒗等县。松外蛮部落较多，人口不少。《新唐书·南蛮下》载：“松外蛮尚数十百部，大者五、六百户，小这二、三百。凡数十姓，赵、杨、李、董为贵族，皆擅山川，不能相君长。有城郭、文字，颇知阴阳历数。”

黎州诸部，唐代廓清道部、婆盐边十鬼主、阿逼蛮、凌蛮、三王蛮；宋代则称黎州诸蛮十二种，即山后两林蛮、邛都川蛮、丰琶蛮、保塞蛮、三王蛮、西箐蛮、净浪蛮、白蛮、乌蒙蛮、阿宗蛮、大云南蛮、小云南蛮。这十二种蛮中，两林蛮、邛部川蛮、丰琶蛮等前面已经说过。大、小云南蛮分别指大理国时期和南诏国时期先后从云南迁入嶲州的乌蛮。三王蛮是指世为君长的杨、刘、郝三姓部落，宋代时又增加赵、王亮姓部落，因而又称五部落蛮，住地在今汉源县西部至泸定县境，他们中有部分后来分别融入到藏族和汉族中。凌蛮住地在今乐山市金口河区，是彝族中的白彝。乌蒙蛮从滇东北迁入，住地在今石棉县境。阿逼蛮又分十四小部落，住地分布在今汉源县、甘洛县北部、金口河区，以及峨边县到峨眉县西部。宋代大渡河南北有白蛮、小路蛮，住地都在阿逼蛮区域，是从阿逼蛮中分支出来的。净浪蛮在今汉源县境大渡河南的河南乡和坭美乡。至今，这些地方还有不少彝族，彝族人口仅次于汉族。

虚恨蛮住地在今峨眉山市南部。李心传编著的《建炎以来系年要录》载：“虚恨乃乌蛮之别种，所居高山之后，夷人以高为虚，以后为恨，故名焉；其地东接马湖，南抵邛部川，北抵中镇，地方三百里，疆落数十。”

五、川西南地区

南诏、大理国时期，川西南地区乌蛮包括东蛮三部和十二鬼主、黎州诸部、马湖诸部，以及建昌、会川、香城诸部等。

东蛮三部即勿邓部、两林部和丰琶部。勿邓部是原邛部中的一支，与滇东北和黔西一带的乌蛮同属一个系统，地在今四川越西县，宋时被称为邛部川蛮。两林部在勿邓部以南，即今四川越西县南部及喜德县和昭觉县一带。两林部地盘不大，但实力较强，被推为东部三蛮之长。丰琶部在今四川西昌市南部的德昌境内，并经米易延伸到盐边。十二鬼主分别为夷望、鼓路、西望、安乐、汤谷、佛蛮、亏野、阿酴、阿鹗、鉚蛮、林井和阿异。此外，凉山腹地的昭觉、美姑两县交界处还有千费生蛮，雷波县有沙漠（沙麻）部。

唐代黎州诸部，即廓清道部、盐婆十鬼主、阿逼蛮、凌蛮、三王蛮等；宋代黎州诸蛮则分为十二种，即后两林蛮、邛部川蛮、丰琶蛮、保塞蛮、三王蛮、西箐蛮、净浪蛮、白蛮（白彝）、乌蒙蛮、阿宗蛮、大云南蛮和小云南蛮。有些部在上面已经说到，这里主要说上面未说到的。

廓清道部首领是刘、杨、郝三姓；三王蛮首领也是杨、刘、郝三姓；宋代的三王蛮又称五部落蛮，首领为刘、杨、郝、赵、王五姓，分布在今汉源县西部至泸定县境。他们中有很大一部分后来分别融入到了藏族和汉族中。盐婆的首领称鬼主，与东蛮同属一种。凌蛮即清代峨边厅的岭夷，是彝族中的白彝，住地在今乐山市金口河区。西箐蛮中包括有弥羌，住地在今牦牛山。乌蒙蛮又称仲由蒙部，指从滇东北迁入的彝族，仲由蒙即彝族圣祖笃慕。阿宗蛮住地在今石棉县境内。

阿逼蛮又分十四部落，即大龙池、小龙池、控、苴质、乌披、苴赁、籣築水、戎列、婆狄、石地、罗公、桄、离旻、里汉。住地在今汉源县、甘洛县北部、金口河区，以及峨边县和峨眉县西南部，他们大都是从汉时期的邛僰发展起来的。《说文解字》“僰”字条徐铉注反切：“蒲北切。”即逼、畐、僰同音，阿逼蛮即阿僰蛮，是今彝族白彝人先民。宋代四川大渡河南北两岸都有白蛮，今沿岸汉源县的的皇木镇仍是汉、彝两族所居住，其中的彝族全是白彝，他们的先民就是古时的白蛮。此时的云南也有不少阿僰蛮。《元史·地理志·云南诸路行中书省》记临安路“阿僰部蛮居之”。临安路除广南、富宁两县以外的今文山州，以及红河州大部，治所在今建水县。汉代，朝廷派军队镇压胜休县（即后来元时的临安路）阿僰蛮起义后，将胜休县改名为胜僰县。

净浪蛮在今大渡河南岸汉源县河南乡、坭美乡，以及临近的甘洛县部分地区，今天这些地方的少数民族仍以彝族人口为最多。

马湖在今四川凉山州雷波县黄琅镇，马湖诸部居住区就在马湖江流域，属秦汉时的僰道县地，是古僰人主要聚居区。唐时为驯、骋、浪三州地，彝族人口主要为白蛮（白彝），也有不少乌蛮（黑彝）。后来逐步发展成许多不同的部落和族群名称，如狼蛮，驯、骋、浪三州蛮、马湖蛮、董蛮、夷都蛮、鹿巫蛮等。狼蛮是乌蛮的一部分，其大鬼主为董氏，故称董蛮；因其居住在马湖江两岸，又称马湖蛮，其居住区在今雷波县和美姑县一带。

建昌、会川、香城诸部主要为大理国时期从云南迁入的乌蛮，其部主要为罗落蛮罗兰部、仲由蒙部、阏畔部、黎驱乌蛮，以及屈部和卢鲁蛮。

罗落蛮罗兰部住地在今会川县姜州乡、西昌市礼州镇和冕宁县泸沽镇，自称罗兰部。仲由蒙是东晋时期从滇东北迁到今宁南县的一支乌蛮，并在这些地方形成科部。阏畔部也是乌蛮，原住地在今云南会泽县和东川区，他们中的一支在唐代迁到今川西南的会理河姜州，亦称仲由蒙遗种。黎驱乌蛮在今会理县黎溪镇。屈部乌蛮在今德昌县境。香城部在今川西南盐源县盐井镇，南诏时为昆明县。

六、川南地区

川南地区即今四川泸州市及其所辖的泸县、合江县、古蔺县、叙永县和纳溪区，以及宜宾市的江安县、长宁县、高县、珙县、筠连县和兴文县，还包括自贡市的富顺县。唐代史籍记载这些地区都有乌蛮，宋代史籍记载则更为详细。

唐代泸州所属各地都有彝族先民分布。《宋史》载："周武后万岁通天二年（697 年），昆明夷内附，以其地设都宁郡。"这一记载说明，这些地方早有彝族先民居住。余若瑔先生在其《且兰考》一书中的彝族"历代世系考"中说，自孟赵（希慕遮）至祝明（杜宇）31 世，世居于蜀。祝明，彝书谓之隆穆（笃摩）。当周之叔世，杜宇称帝，蜀有洪水，隆穆避水，诸夷奉为君，居泸阴山（乐宜山或洛尼白）。隆穆娶三妻，生六子。四子穆阿卧先居于协，协即赫，即今云贵乌蒙和四川永宁，后移于窦（今云南昭通），传至阿卧的十其八世孙俄海德赫，生二子，长子德赫隆，次子德赫辉。俄海得赫卒，传位于德赫辉，辉让位于隆而去，邑人义之，从者九千人。辉率部人东渡白水（今镇雄），击都掌（今兴文县），羿子及土僚而降之，依鳛水而居，因自号为鳛部，地在今蔺水与赤水河交汇地区。今彝语称古蔺为"斯协须"，意为东边；窦地称"诺协"，意为西边。德赫隆在西边世守窦地，是乌蒙部的始祖；德赫辉在东边世守古蔺，是鳛部的始祖。

宋代，史书对川南地区彝族情况记录不少。《宋史》载，宋大中祥符三年（1010 年），官兵在平息川南地区乌蛮反抗后，都巡检使孙正辞言："夷人安集，降诏嘉奖。先有蛮罗忽余甚忠顺，防援井监，捕杀违命者不已，上遣内臣郝昭信褒慰之，且谕以赦蛮党前罪，勿复邀击。"事隔三年后的 1013 年，晏州多冈县夷人斗望、行牌率众劫淯井监，梓州路转运使寇瑊令诸州巡检会江安县，"自蜀江下抵清浮坝，树营栅，招安近界夷族，谕以大兵将至，勿与望等同恶。未几，纳溪、蓝、顺州刺史史个松、生南八县诸团，乌蛮狗广王子界南广溪（洞）移，悦等十一州刺史李绍安，山后高、巩六州及江安界娑婆村首领并来乞盟，立竹为誓门，刺猫狗鸡血和酒饮之，誓同力讨贼”，寇瑊“合两路兵至江安，诱纳溪、蓝、顺史个松，南广溪移、悦等州刺史及八姓乌蛮首领，使断贼径。用夷法，植竹为誓门，横竹系猫、犬、鸡各一于其上，老夷人执刀剑、谓之打誓，呼曰：‘誓与汉家同心击贼！’即刺牲血而饮。瑊给盐及酒食、针梳、衣服等，付以大榜，约大军至，揭榜以别逆顺，‘不杀汝老少，不烧汝栅栏。’夷人大喜”。这当中与官方结盟的生南八姓诸团，即八姓乌蛮。

得盖及其后裔各部是川南地区乌蛮中最强盛的。《宋会要辑稿》载：“庆历初，泸州言‘管下溪峒十州，有唐及本朝所赐州额，今乌蒙王子得盖居其地，部族最盛。旁有旧姚州，废已久，得盖愿得州名以长夷落’。诏复建姚州，川南地区以得盖为刺史，铸印赐之。”姚州即今泸州市合江县。

得盖之后，其后裔各部继续扩张势力范围，纳溪、晏州一带的的各部同族乌蛮也受其掠夺，并向其贡纳宝物。“得盖死，其子窃号‘罗氏鬼主’。鬼主死，子仆射袭其号，浸弱不能令诸族。另有乌蛮二酋领，曰晏子，曰斧望箇恕，常入汉地鬻马。晏子所居，直长宁、宁远以南；斧望箇恕所居，直纳溪、江安以东，皆仆夜墙（得盖之孙）诸部也。晏子距汉地近……斧望箇恕近纳溪……二酋浸强大，擅劫晏州山外六姓及纳溪二十四姓生夷。夷弱小，皆相与贡其宝物。”

斧望箇恕死后，其子乞弟承袭。川南地区乌蛮在历经几次曲折发展之后，势力进一步扩大。《宋史》载，到宋末元初时的至元十五年（1278 年）十二月乙卯，“佥书西川行枢密院昝顺招诱都掌蛮夷及其属百一十人内附，以其长阿永为西南蕃蛮安抚使”。至元二十七年（1209 年），“改西川总管府为永宁路”。至此，得盖后裔仆夜墙部中的晏子部后人成为元代永宁路总管，进而发展为明代永宁宣抚使奢氏大家族。

七、黔西北地区

唐宋时期，黔西北地区的乌蛮主要有七个部落，《蛮书》载：过鲁望（今云南寻甸）到竹子岭，“岭东有暴蛮部落，岭西有卢鹿部落”。竹子岭在云南会泽一带，岭西卢鹿蛮在今云南巧家、会泽和东川，岭东暴蛮在今贵州威宁、水城一带，《元史·地理志》载：“乌撒乌蒙宣慰司，在本部（即乌撒不部）巴的甸。乌撒者，蛮名也，其部在中庆，（今昆明市东北），旧名巴兀姑，今曰巴的甸。……今所辖六部，曰乌撒部。”

元初的乌撒部在今贵州威宁、水城一带，乌撒部就是南诏时期的暴蛮部。元初在乌撒部设宣慰司，统辖除勿邓外的原北部乌蛮七部中的六部。之后在发展中又有所变化。元《混一方舆胜览》记载说：“乌撒部，领阿都部……阿都，地名赫章。”阿都部即乌撒六部中的阿头部，元时基本上依部设路。

黔西北地区的阿哲部，有的写作阿者部，也称易溪部，是由六祖分支后的默（黔）部阿哲分支发展而来，与云南东川的阿于歹家、镇雄的芒部、贵州普安的濮吐珠液家同为默（黔）部的分支。阿哲部以贵州大方为中心，主要分布区在鸭池河以西地区，故以分布地区地理特征而称为“易溪”或“易溪不薛”，也就是后来的水西安氏。其曾建立过“罗氏鬼国”，势力曾达今四川叙永、古蔺，以及云南的镇雄、威信等地。

八、黔西南及桂西地区

唐宋时期的黔西南及桂西地区的乌蛮，主要有普里部和于矢部，这些部的区域内有壮族、布依族和仡佬族等民族的先民。

普里部又称播勒部，亦及罗殿国。元《混一方舆胜览·普定府沿革》载：“蛮名普里，谓之罗殿国。”《元史·地理志》载：“普定路，本普里部，归附后改普定府。”普里是播勒部首领之名。普里于唐会昌元年（841 年）建立罗殿国。普里部（罗殿国）的政治、经济、文化中心在今贵州安顺市，彝语叫播勒达格，其辖区有今贵州省的兴义、六枝、紫云、镇宁、关岭、晴隆、兴仁等县（区、市），以及广西西部的隆林、西林等县的部分地区。

于矢部亦写作于失部，是南诏、大理国时期的东方三十七部乌蛮之一。《元史·地理志》载：“普安路……唐置西平州……蒙氏叛唐，其地为南诏东鄙，东爨乌蛮七部（指北部乌蛮七部）居之。其后爨酋阿宋逐诸蛮据其地，号于失部，世为酋长。”于矢部在东方各部乌蛮之东北，与北部七乌蛮相连接，因而其地乌蛮与北部七乌蛮关系密切，原来是北部七部乌蛮中的一部分。南诏叛唐后，曾一度陷播州（今贵州遵义），但其能够稳固控制的地区只是于矢部本部所辖的地区，因此，于矢部便被列入东部三十七部乌蛮之内。于矢部乌蛮是今贵州盘县、普安和广西隆林、西林一带的彝族先民。

另外，与今黔西南州相连的云南东部，唐宋时期有罗雄部、师宗部、弥鹿部、自杞国等，他们中的一部分因商贸等历史原因迁入黔西南和桂西地区。

第九节　南诏、大理国时期的滇东南地区彝族

魏晋南北朝时期，爨氏称霸今滇东南地区。东南部地区为今天红河州的建水县、弥勒县、开远市、蒙自市、个旧市、河口县、屏边县、泸西县；文山州的文山市、丘北县、砚山县、马关县、西畴县、麻栗坡县，以及曲靖市麒麟区、宣威市、马龙县、罗平县、师宗县、富源县。《云南通志》对广西府沿革有相关记载：“这些地区是古滇国的东南境，汉为益州、牂牁地，蜀汉为兴古郡，晋属宁州，隋属牂牁州，后为东爨乌蛮弥鹿等部所居，唐为羁縻州，隶属黔州都督府。”这里说的“东爨乌蛮弥鹿等部所居”的记载，在《广西

府志》《寰宇通志》《元史·地理志》等史志中都有记载。而这里所说的“弥鹿等部”，指的就是这一地区历史上曾经出现过的阿卢部（今泸西，又称弥鹿部）、弥勒部（今弥勒）、师宗部（今师宗）、维摩部（今丘北和砚山）。另外还有一些小部，如在今师宗境内的阿宁豆勿、阿卢豆吴；在今弥勒境内的吉输、褒恶、步笼、阿欲等部，在文山州境内车部、丁部和空亭部等。这些小部附属于区域内的大部，而又有其独立性。

在以上各部中，尤以阿卢部影响较大，其余各部与阿卢部的关系是一种松散的从属关系，所以，史籍上都举阿卢部代表这一地区的“东爨乌蛮等部”，阿卢部显然在滇东南一带乌蛮各部中具有举足轻重的地位。到后来写的《南诏野史·三十七蛮部》中，不仅记录了这一地区的师宗、弥勒、维摩三部，连过去没有具体记载过的吉输、衰恶、阿欲等都作了详细的记载，却又没有阿卢部的记载，这只能说是作者在记录时的一种脱漏和失误。到了宋代大理国时期，这一地区的师宗、弥勒二部强盛起来，以至发展到了“大理段氏莫能制”的地步，而阿卢部作为东挑师宗，西挑弥勒二部之首，并非弥勒、师宗二部的强大，而被两部瓜分或兼并。恰恰相反，正好是由于它的属部渐渐强大，而佐证了它的存在和强盛。所以后来到了元朝时期，才在阿卢部的基础上设立了广西路，并把师宗、弥勒、维摩及其余各个小部，都划入广西路的行政区域范围内。之后的历史进程中，这一地区的行政区划虽在局部上时有变动，但在大范围上一直延续到了清朝时期的改土归流时期。因此，泸西在历史上不但是东爨乌蛮阿卢部所居之地，而且自唐宋以来一直都是各代部、路、府、州治所驻地，是这一地区的政治、经济和文化中心。

阿卢是彝语人名，是最早创立部落时的部落首领之名，之后由于不断发展强大起来，组成了部落联盟国家，人名转化成了部落名、地名。现今在泸西县，洞有“阿卢古洞”，山有“阿卢大山”，河有“阿卢河”（又称阿卢源河），县城位于阿泸河之西，故称“泸西”。而“阿卢”之“卢”，是彝语中的“龙”，地名贯之以“卢”，也就是贯之以“龙”。

弥勒部的“弥勒”之名，也是早先的彝族部落首领之名。《元史·地理志》说：“昔些莫徙蛮之裔弥勒得郭甸、巴甸、部（步）笼甸……居之，故名其部曰弥勒。”

南诏占领东部爨区以后，以拓东城（昆明）、通海城、石城（曲靖）为中心，对“东部乌蛮”各部进行统治。到了南诏中期，弥勒部的势力越来越强大，并渐渐形成与南诏王室分庭抗礼之势。《元史·地理志》说：“东爨乌蛮弥鹿等部所居……后师宗、弥勒二部渐强，蒙氏、段氏莫能制。”这就形成了后来史籍中记载的“独立王国”——“自杞国”（或子杞国）。这种“莫能制”的主要表现，就是大理“欲以马至中国（广西田东县横山寨马市场）”，而途中“北阻自杞，南阻特磨”。特磨即今广南、富宁一带，而自杞国就是今天的弥勒、泸西、丘北一带。南宋周去非在其《岭外代答》中说：“大理欲以马至中国，而北阻自杞，南阻特磨道者，其道里固相若也。”

自杞国以弥勒部为中心，及于师宗部、弥鹿部、维摩部和其他一些小部，他们中的很大一部分，是来自唐朝时期散居在今楚雄州东部和滇中南地区彝族“徙莫祗蛮”族群，所以《元史·地理志》中才说弥勒是“昔些莫徙蛮之裔”，其中族名用字有所不同，是汉字在不同时期、不同地方的异写和转音所致。今文山市西部、马关县东南部、广南县西部，以及丘北、砚山两县的不少彝族，如阿细（阿西、阿喜、阿系）、阿吾、阿扎、波罗等，大都是宋朝时期自杞国中“徙莫祇蛮”的组成部分，是从南诏、大理时期先后进入今文山州的。

在弥勒部以西是阿迷州，即今天的开远市。今天的砚山平远、稼依、阿舍和文山市西北的部分地区就是当时的阿迷州属地。

阿迷在“汉以前蛮名阿宁，后讹为阿迷”。“阿宁”早先是部落首领之名，随后演化成部落名，进而又演化为地名。南诏国时期，阿迷是秀山郡（今通海）属地“哈迷部”，爨氏统治时期称“爨蛮”。元初在“哈迷部”的基础上置“阿宁万户”，明清时期置“阿迷州”，属临安（今建水）府管辖。史书记载：“至元十一年（1274 年），阿迷土官日苴、火头抽首，领罗罗军劫僰人。”显然，当时他们的势力也不小，所以才像东面的自杞国那样，敢于阻劫大理国向广西贩马的商人。

阿迷州的土官及其大多数属民都是彝族，今文山州西部不少地方，当时属阿迷州管辖，他们中有不少在这一时期进入今文山州，是很自然的事。《滇考》说：“蒙诏起西洱河，久已并六诏为一。唯滇东尚为诸蛮分据，故种类互异。至段思平以通海节度使得国，遂获全滇之地。”在滇西者，七节度十赕亦蒙氏之名；在滇东者三十七部。其中，在今文山州的有教合山部（今文山城西西山）、王弄部（今文山市薄竹镇）、惠么部（今砚山维摩），他们在爨氏统治时期就已存在。其中教合山部又附属有车部、丁部、空亭部。车部的治所在今文山市古木镇，丁部的治所在今砚山阿基乡，空亭部的治所在今文山市德厚镇乐龙村，他们属于教合山部统辖下的三个小部。

到了宋朝年间，今文山境内又出现了势力更强大的乌蛮阿月部，又称阿雅部（今马关县八寨）。宋仁宗皇祐四年（1052 年），狄青征特磨道农智高，寓人龙海基向导有功，始命领其地。时地俗号些得时、雅得时，因名阿雅。维摩、六诏（今砚山者腊）、朵那白、谨耳、大小教化都为其所属。龙氏长时期统治开化之地，即肇始于此。而其中龙海基是寓人的说法显然有误，因为那时马关八寨地方居民主要是彝族，没有寓居的汉人。

东爨乌蛮东部，即今天的曲靖、陆良及其以东的罗平、富源、宣威，贵州的普安、兴义、兴仁、盘县，广西的西林、隆林。据《贵州通志·前事志》记载：“元普安路南诏东边，东爨乌蛮七部落居其地，后爨酋阿宋据其地，世为酋长。”《普安州志》也说，这些地区“蒙氏时为南诏东鄙，东爨乌蛮居之，号于矢部，其后爨酋阿宋芋齐弥部寻复于于矢部。元置万户府，明永乐三十年改为普安州”。这些地区位于今滇、黔、桂三省（区）结合部，两汉时先为牂牁郡，后为兴古郡，魏晋南北朝为爨氏势力范围之东部。唐朝时期一度“遥置西平州”，后又改称为“盘州”，但唐王朝势力未能及，实际上一直都被爨氏所统治。也就在这一时期，又有一部分乌蛮进入了桂西和今文山州东部地区。

富宁黑彝（他称花彝）老人王高达、龙正富说，他们的祖先是从黑龙江搬迁来的，先是到贵州，后又搬迁到了董那孟（今广南县城附近）。宋朝侬志高反宋被镇压时，从董那孟逃到了富宁田蓬，有一些在逃难途中，在广南马街、黑支果和富宁普阳、木央和麻栗坡县东部一带留居下来。新近出版的《广南县志》和《富宁县志》也有这样的记载。但是，关于黑彝老人说他们的祖先是从黑龙江来的说法，明显是一种汉语在彝语音译中，对彝语含义的误解造成的。《大戴礼记·帝系》《史记·五帝本纪》等史书都记载，远古时期，相传黄帝的幼子玄嚣（青阳）"降居若水"（今川西南雅砻江），娶蜀山氏的姑娘，生了颛顼。颛顼是远古时期虞（夷）族、夏族、周族的共同祖先。彝语大都称黑为"诺"（或那、纳、乃等），称水为"依"，因而称黑水为"诺依"（或那依、纳依、乃依等），"诺依"就是"黑水"之义。在古时候，西南地区的雅砻江（诺依）、金沙江（泸水）、澜沧江（兰津）、怒江、元江等几条大江都有黑水之义，都是彝族祖先长期居住在这些地方而得名的。"诺衣"是彝语中的黑水之义，汉族和其他民族人不解其义，听彝族人说"诺"就是"黑"，就简单地听音解义，把诺依（汉语义为黑水）理解成了黑水（黑龙江）。而朴实又没有文化的彝族普通老百姓，他们对中国的地理状况并不是很了解，因而也就跟着对彝语含义不了解的汉族或其他民族人云亦云了。现在我们基本上可以认定，居住在富宁、广南两县的这一支黑彝人，他们的祖先早先居住地应是金沙江两岸，而不可能是相隔万里之遥的东北黑龙江。他们在未迁入广南、富宁之前，应是唐（南诏）前就居住在今滇东和黔西南地区的阿宋芋齐弥部，即后来东爨三十七部乌蛮中的于矢部。于矢部是"六祖"分支后的默（黔）部后裔，在进入富宁、广南以及桂西的隆林、西林、那坡等地以后，他们中的一部分后来又进入了越南北部。据前些年一位在越南共产党中央宣传部门工作的彝族人说，他的家里还留存有彝文史书，史书上说，他们的祖先最早是住在中国邛部（西昌）的泸水（金沙江）边上的，后来迁到了纳贴（昆明晋宁），又从纳贴迁到石城（曲靖），然后又从石城迁到仆哇（今贵州普安），再从仆哇迁到董南么（今广南董那孟），最后才从董那孟迁到了越南。这条路线没有说到广南、富宁，是因为那时还没有广南、富宁这样的行政区域名称。这位越南籍彝族人的家乡，就在富宁县西南部与之隔河相望的越南苗旺县，家里还有彝文史书。他所说的其祖先的迁徙路线，自然是从其家里保存的彝文史书上得来的。因此，他说的路线应当是可信的。这也就进一步证明，富宁黑彝老人所说的黑龙江，实际上是金沙江。

第十节　罗殿国、罗施国和自杞国

南诏国中、晚期，王国东部地区的一些乌蛮势力不断发展壮大起来，居住在今黔西、黔西南、滇东和滇东南地区的乌蛮先后建立起了罗殿国、罗施国和自杞国三个地方王国政权。这些王国都各有自己的地域和势力范围，对内进行政治、经济、军事等管理，对外则周旋于唐、宋朝廷与蒙、段政权之间。大理国建立以后，由于多种历史原因，这些地方势力不但没有被削弱，反而得到了进一步的巩固和发展，使大理王国政权对东部乌蛮地区的控制力越来越弱化，形成了“蒙氏、段氏莫能制”的局面。这种“独立王国”的建立，对后来的彝族历史发展，以及地区民族关系的走向产生了深远的影响。其中组成罗施国和罗殿国的是昆明人，组成自杞国的彝族先民，是魏晋南北朝时期居住在滇中南地区徙莫祇（些麽徙）蛮。

一、罗殿国

罗殿国和罗施国，是南诏国时期居住在今滇川黔结合部地区的昆明十四姓乌蛮组建起来的，两国是世代姻亲，而且罗殿国国王曾是罗施国的“别帅”，往来十分密切，这种关系有效地协调了两国与宋朝廷和大理政权间的关系。

据《新唐书》载：“咸亨三年（672 年），（居住在今滇、川、黔接合部地区的）昆明十四姓率户二万内附，唐朝廷析其地为殷州、揔州、敦州，以安辑之。殷州居戎州（今宜宾）西北，揔州居西南，敦州居南，远不过五百余里，近三百里。其后又置盘、麻等四十一州，皆以首领为刺史。昆明东九百里，即牂牁国（故地）也，兵数出，侵地数千里。元和八年（813 年），上表请尽归牂牁故地。开成元年（836 年），鬼主阿珮内属。会昌中（841—846 年），封其为罗殿王，世袭爵。”此时的罗殿王同时又是罗施国的“别帅”，但两者各为一国，并不互相统属。隋代，德布氏后裔中有一支因性格刚烈，打仗凶悍，被汉族地方官吏称作“暴蛮”，其部也称为“暴蛮部”。后来，“暴蛮部”的一支在今天的贵州贞丰县东部建立起了“罗国”，首领号称“罗王”。唐高祖时，暴蛮遥附，唐王朝在其地置西平州。唐太宗时，改西平州为盘州，任命其辖区内各部首领为刺史、县令。唐玄宗时，暴蛮部及其所属各小部降附于南诏，统称为“于矢部”。唐武宗时，封暴蛮中的一支首领为罗殿（甸）王，治所在今贵州贞丰县东南。接着又封另一支首领为“滇王”，后又改为“普宁郡王”治所在今贵州兴仁县。到五代中期，“普宁郡王”又改为“普露静王”。到了五代末期，罗殿王改称为“顺化王子”，治所在今贵州贞丰县；“普露静王”也改为“奉化王子”，治所在今贵州普安县。《新五代史》载：“昆明，在黔州西南三千里，地产牛羊，其人椎髻、跣足、披毡、其首领披虎皮。天成二年（927 年）。尝一至，起兵首领号昆明大鬼主、普露静王九部落，各遣使者来，使者号若土……”“罗殿王”之名，汉文史料始见于《旧五代史》记载：唐天成二年（927 年）八月，“乙酉，昆明大鬼主罗殿王、普露静王九部落，各差使随牂牁、清州八郡宋化等一百五十三人来朝，进方物，各赐官告，缯彩、银器放还蕃”。

罗殿国是南方少数民族地区一个重要的地方政权，史籍记载中以“国”相称，有国王，与当时的大理、安南、自杞等国相提并论。据周去非《岭南代答》记载，罗殿国的地域范围在大理国以东，广西以北，离邕州（今广西南宁）近……境内除了占统治地位的彝族先民外，还有濮人（今仡佬族先民）、僰人（今白族）先民、猫人（今苗族先民），以及各种不同称呼的百越系统民族。南宋时期，由于金人入侵，长期战乱不断，北方市马道路被阻，宋王朝便在邕州（今广西南宁）、宜州（今广西宜山）等地设马市场买马，罗殿国成为西南地区与“两广”及中原地区重要的贸易通道。《宋会要辑稿·买马》载：“广西买发纲，多是西南诸蕃，罗殿、自杞诸国。”

蒙古军攻下大理国后，罗殿国王阿察先向蒙古“纳土来降”，后因“与鬼国（罗施国）结婚”，罗施国责其先降，故又叛。至元三十五年（1278 年），蒙古军兵临城下，罗殿王再降，罗殿国由此灭亡，王国区域被改置为普定路，国王和王族大都成了元朝普定路的地方大小官员。

二、罗施国

汉文史料中记载的“罗施鬼国”，即罗施国，在彝文史料中称为“阿者蔺”，意为阿者部大宗支，属于默（黔）部德施氏后裔。唐王朝之后的五代时期，德施氏后裔纳志主色率兵攻入矩州（今贵阳），拆毁了墙垣，驱逐矩州酋谢氏，称其地为“黑羊箐”，并在“黑羊箐”北面的石人山扎营驻守，自称“石人部落”，在此镇守矩州。宋太宗乾德五年（968 年），阿者蔺首领若藏向朝廷贡献方物，被授予“归德司戈”官衔。开宝七年（974 年），若藏命其儿子普贵以矩州之地向朝廷请求归顺，宋王朝任命普贵为矩州刺史。次年，矩州北面的豪长宋景阳奉诏率军平定广右叛乱，趁势攻占了黑羊箐。

宋仁宗时，默（黔）部第五十一世孙阔额柤（汉文记作得益或得盖）又一次强盛起来，派兵四处攻城略地，扩大势力范围。其地盘有唐时泸州管辖下的羁縻州姚州，但姚州荒废已久。庆历年初，阔额柤多次遣人到宋朝官府陈述，请求朝廷恢复姚州建置获准，宋王朝授予阔额柤为姚州刺史，颁发铸印。阔额柤又请求赐敕书一通，准其子孙世袭。阔额柤死，子额柤沮区袭；沮区死，子沮区则额袭；则额死，子额普额（又作仆夜）袭。宋神宗熙宁七年（1074 年），普额知姚州，但辖区诸部强悍，各部纷争不断。

宋宁宗嘉定年中，贵州（由矩州改名）经略安抚使宋永高卒，其子弱小，无力统辖诸部，遂退守蛮州本土（今四川开阳）。德施氏第五十九世孙额归普色复入主贵州，以六广河（今鸭池河）为界划分水西、水东地界。德施氏领水西，宋氏领水东。水西地区包括姚、郝（今大方县）、健（今黔西县）、义（今金沙县）、禄（今毕节市）五个羁縻州，统辖区内彝族四十八部。此后，又将东南的矩州也划入其领地，这就是汉文史料中记载的“罗施鬼国”，是以其崇尚“巫鬼教”而得名的。

宋理宗宣庆年初，蒙古兵出灵关（宋时的西夏国地，在今宁夏回族自治区境内），罗施国国主派人到思州、播州（均在川西南）向朝廷报告蒙古军队将进窥大理，实际是要取道西南入中国，并请求朝廷早作准备。但是，腐败的南宋朝廷不但不相信罗施国的报告，甚至竟说罗施国的报告是一派胡言，不予理会。宝祐四年（1256 年）五月，罗施国再次派人报告南宋朝廷，说蒙古军队已屯兵大理。随后不久，蒙古军便就兵分三路，由大理向东推进，其进兵之路不出罗施国所预料。宋朝廷这才惊慌失措，赐银万两，命思、播两州和罗施国共同抗元，但为时已晚。是时，西南许多地方已经降元，宋朝劣势已现，难以挽回，而罗施国依然随宋抗元。此事足见南宋末代朝廷的腐败，罗施国的明达。

同罗殿国一样，罗施国也是宋代贵州彝族建立的又一个地方王国政权，其统治区内有许多的部落和家支，各部落和夹支间发展很不平衡，有些地方已经进入封建地主经济和领主经济，有些地方还仍然不同程度地保持着奴隶制度残余。

罗施国实行以政权和族权合二为一的宗法制度，即以地缘和血缘、军事和行政组织相结合的则溪制度，即以“九扯九纵”为特征的王国政治管理制度。在王国内，“苴穆”是最高的统治领主，“苴穆”的兄弟分支出去，成为“峨”。“峨”有高低、大小之分：大部叫“穆濯”，次者叫“玛裔”，再次者叫“奕续”，分别任以相应的官职。苴穆为了维持和巩固其统治，把辖区的土地分割成为大小不等的许多部分，分别授予“十二宗亲”和“四十八目”。同时，还授予高低不等的爵位，即分为更苴、穆魁、穆濯、补木、器脉、备所、玛写、貉拔、黑乍九个品级，这就是汉文史书中所说的“九纵”。此外，还有司理事务的九个官职，叫作“九扯”。“九扯”分别居住在九室之中，他们是：总管各种事务的“阿牧扯”；主管司仪的补实、濯苴；主管门户的拜苏、拜顶；主管祭祀的扯墨；主管器物的项莫；主管保卫事务的园约；主管战争的苏文；主管宣谪的慕施；主管词祭的诚慕。

苴穆辖区内的基层组织单位是“则溪”。“则溪”是古彝语，即粮食仓库所在地的意思。每个则溪都有官方的庄田，耕种官方庄田的人叫官户，官户就是官的佃户。官佃户的收获物除留下仅够糊口的部分之外，其余的全部交入则溪。每个则溪都设有守卫的兵官和管粮的粮官，负责征收粮食和辖区的徭役、兵役等。

罗施国的统治民族与罗殿国一样，同为唐咸亨三年（672 年）内附的昆明十四姓乌蛮之后，相互关系很密切。《新唐书》载：“开成元年（836 年），鬼主阿珮内属。（罗施国）东距辰州二千四百里，其南千五百里即交州也。无城郭，土热多霖雨，稻粟再熟。无徭役，战乃屯集。刻木为契，盗者倍三而偿，杀人者出牛马三十。”

罗施国也是一个多民族的地方王国，其境内除占统治地位的昆明等彝族先民外，还有羿子（又称仲家、夷子、沙兔等）、僰人（今白族）、苗族，以及许多不同称谓的百越系统民族。罗施国的统治者以自己的经济、政治、军事势力为依托，将区域内的其他民族首领吸收到王国政权中，使他们成为自己属下的大臣或“头人”，对他们进行直接或间接的统治，其存在时间长达 440 余年。

三、自杞国

“自杞国”之名最早见于宋代史籍。据李心传《建炎以来系年要录》记载：绍兴三年（1133年）春，“邕州（今广西南宁）置司提举，市于罗殿、自杞、大理诸蛮”。自杞国是南诏、大理国时期东部三十七部乌蛮之一。周去非《岭南代答·宜州买马》载：“马产于大理国。大理国去宜州（今广西宜山县）十五程尔，中有险阻，不得而通，故自杞、罗殿皆贩马于大理，而转卖于我者也。罗殿甚迩于邕，自杞实隔远焉。自杞之人强悍，岁常以马假道罗殿而来，罗殿难之，故数至争，然自杞虽远于邕，而迩于宜，特隔南丹州而已。”绍兴三十一年（1161年），自杞国与罗殿国有争，乃由南丹入横山，说明自杞国到广西市马的通道有南北两条。周去非在《岭外代答》众只详细说了北面一条，南面一条则没有详说。北面一条的记述是：“中国通道南蛮，必由邕州横山（今广西田东县横山寨）。自横山一程至古天县，一程至归乐州，一程至唐兴县，一程至睢殿州，一程至七源州，一程至泗城州，一程至吉那州，一程至龙安州，一程至风村山僚渡江，一程至上展，一程至博文岭，一程至罗扶，一程至自杞境，名曰磨巨；又三程至自杞国。磨巨四程至石城郡。”这条通道从今天的广西田东县横山寨出发，北上九程到风山村山僚（壮族）聚居的地方渡南盘江入贵州的册亨和安龙两县境，然后向西至磨巨（今兴义，当时属于自杞国的势力范围）。从磨巨三程至自杞国，即今富源、罗平一带。自此又四程至石城郡（曲靖）。又说：“自杞……三程至大理国之境，名善（鄯）阐府（昆明）。”这就是说，自杞国的西部势力范围已进入到了今昆明市的东部地区。

云南大学尤中教授在其著作《云南民族史》关于“大理国的疆域和行政区划”的附录中，详细叙述了大理国到广西市南面的一条通道。附录说：“最宁府（今文山州除广南、富宁二县以外地区），南诏通海都督之东南境，大理国初期改称秀山郡，后期在今文山州中西部设最宁府。最宁府东部为宋邕州羁縻之特磨道（今云南广南县和富宁县及桂西部分地区）。自宋邕州入大理国，必由邕州横山寨（在今广西田东县），一程至上安县，一程至安德州，一程至罗博州，一程至阳县（以上各地均在广西右江上游两岸，阳县即今白色市西部阳圩），一程至隘岸（今富宁县东部之剥隘），一程至那郎（今剥隘西部之那南），一程至西宁州（今富宁县洞波附近），一程至富州（今富宁县城），一程至罗拱（今富宁西北与广南县接合部的乐贡），一程至历水铺（今广南县西洋街），一程至特磨道（今广南县城）矣！自特磨道一程至结也蛮（今广南县珠琳），一程至大理界（今砚山县阿猛镇），一程至最宁府（府治住地尚不明）。”《元混一方舆胜览》说，当时文山有乌蛮教合山部，教合山部中还有车部、丁部和空亭部三个小部。尤中教授说，这三部中的空亭部在今文山市西部的乐龙。如果是这样，那么，上面所述最后一程中的最宁府，应当就在乐龙。因为从乐龙以西，就是自杞国的势力范围了。史料中记载的所谓大理国市马商队“西阻自杞、南阻特磨道”的情况，主要应当是在这条道上。

史载证明，南宋后期时的自杞国势力已相当强大，并发展到向朝廷要纪年年号的程度。吴儆《竹洲集》对此记载说，淳熙四年（1177 年）春，自杞国一首领名必程者，“持其国书”到邕州与宋地方官员交涉，“请以乾贞”为自杞国年号，要求转呈南宋朝廷承认其独立地位。时权知邕州吴儆兵廷相见，云：“汝国本一小聚落，只因朝廷许岁来市马，今三十余年，每年所得银锦二十余万，汝国以此致富。若忘朝廷厚恩，辄敢妄自菲薄，定当申奏朝廷，断汝来年卖马之路。”后来吴儆向朝廷报告此事时说：“邕州化外诸国名，如大理、如罗殿、如西南蕃，皆远小僻陋，各有安于无事。安南主少国危，倖臣用事，兄弟交兵，连年不解。惟是自杞一族，近年以来，国势强盛，独雄于诸蛮。……异时为边患者，必此蛮也。”又载：“蕃每岁横山所市马二千余匹，自杞马多至一千五百余匹，以是国益富，拓地千里，服属化外至羁縻州境上……岁有千人至横山市马，以吾扶之过，日益骄横。”从这一记载中可以看出，自杞国贩卖到横山的马，占横山马市的 3/4，已经垄断了整个横山马市。

蒙古军攻占大理后，宋“二广”前线统帅李曾伯先后两度派密探到自杞国刺探蒙古军情报，甚至想利用自杞国军阻止蒙古军东进，但为时已晚。宝祐六年（1258 年），李曾伯在给朝廷的奏折中说，蒙古军“去冬盘泊横山，窥邕州，犯武缘”，说明自杞国的灭亡时间约在这段时期。如果从绍兴三年（1133 年）自杞国首次出现于史籍记载算起，到宝祐六年（1259 年）灭亡，自杞国的存在时间应是 126 年。云南大学尤中教授认为，从南宋淳熙三年（1176 年）自杞国阿已（阿细）以乾贞为年号称帝，至宝祐五年（1267 年）蒙古军灭弥勒、师宗部止，自杞国存在了 81 年。

自杞国的中心在今云南弥勒、泸西、师宗、石林等县市，强盛时，其领地范围东至今贵州兴义，西至云南华宁县和宜良县，北到今云南曲靖市，南到今云南丘北县和砚山县西部，与特磨道（今云南广南、富宁两县及广西西部部分地区）相连，即吴儆所说的“国势强盛，独雄于诸蛮。……拓地千里，服属化外至羁縻州境上……”

自杞国是由弥勒部发展而来的，但其国王王位传袭情况，史籍记载不清。只有范成大的《桂海虞衡志》和吴儆的《邕州化外诸国土俗》有简略记载。《桂西海虞衡志》说：“自杞本小蛮……今其国王曰阿已，生三岁而立。其臣阿谢柄国，善抚其众，诸蛮多附之，至有精骑万计。阿已年十七，阿谢乃归国政，阿已犹举国以听之。”吴儆《邕州化外诸国土俗记》载：“自杞今王名阿谢，年十八，知书能华言，于淳熙三年（1176 年）立国事听于叔父阿已。先是，阿谢父死当立。生甫岁余，阿已摄国事。……阿已已摄国事十七年，抚其国有恩信，兵强台益蕃。”上述这两种记载中，对阿已、阿谢的记载有出入，主臣相互颠倒，难辨正误，但史实本身则是可靠的。因为不管当王者是阿细，还是阿已，当时的自杞国强盛已是事实。

自杞国的主体民族彝族，是汉、晋时期广泛分布在滇中南地区徙莫祇蛮中的自杞、子君、撒摩都、撒梅、阿细、阿车等彝族支系，自杞是早先的首领之名。今文山州的阿细（阿西、阿喜）、阿扎等不少支系彝族，大都是自杞国彝族先民的后裔。《元史·地理志》中“昔些莫徙（即徙莫祗）之裔弥勒得郭甸、巴甸、部笼而居之，故名其部曰弥勒”记载的郭甸、巴甸、部笼等地名，至今仍然保留着。今彝语叫弥勒市的竹园、朋普一带坝子为“构甸”，即郭甸；称弥勒城及其附近坝子为巴甸，或称“木勒”，仍与古地名一样；称新哨坝子为部笼甸，也延续了古地名。弥勒市和丘北县西部的一些彝族民间至今仍流传着这样的谚语：木勒（弥勒）阿细秋，博些（婆兮）阿车秋，古底博补摆衣秋，开开尼苏秋。翻译成汉语，就是阿细住弥勒坝子，阿车住博些坝子（今玉溪市华宁县盘溪），古底（今弥勒市竹园坝）、博补（今弥勒市朋普坝）住摆衣（傣族），尼苏住在虹溪坝。除了彝族外，自杞国内还有僰人（白族）、摆衣（傣族）、苗族，以及侬人、沙人、仲家、土僚等壮族先民。

自杞国的王城旧址至今尚无定论。有人初步调查后认为，与弥勒市相邻的今泸西县金马镇爵册村，当地彝语称“咋责”，意思是首领议事的地方，有可能是自杞国的王都。这一说法虽然还有不少需要商榷之处，需要作进一步的调查考证，但自杞国的王都在今弥勒、泸西两县市的结合部，这一点是可以确定的。

从各种史料记载中还可以看出，自杞国的军事实力是很强的。在南诏国时期，自杞国就参与北抗唐朝廷军队，西攻吐蕃军队，并四处出击扩张，兵力最多时号称可达二十万，这就是后来“蒙氏、段氏莫能制”的原因。

有关自杞国的史料记录很少，即使有也是寥寥几句，十分简略，大都只说有其国，而不说国之所以然如何。记述较多的为周去非《岭南代答》一书，也主要是记述自杞国阻止大理国到广西贩马的情况。有关自杞国发展壮大的政治、经济、社会以及文化历史状况，还需要作更多的考察、探讨和研究。

元朝军队占领云南后，到至元十二年（1275 年），元朝廷在自杞国中心地的今弥勒市，以及相邻的丘北县和砚山西部设立弥勒、维摩两个千户所，后又改为州，隶属于广西（泸西）路管辖。

第十一节　唐宋时期的彝族经济与文化

一、唐宋时期的彝区农业经济

唐（南诏）宋（大理）时期。云南彝区的农业、畜牧业、手工业和商品市场发展均取得了长足的发展。然而在古代，这样的经济发展主要是农业的发展，发展的重要标志是牛耕技术的推广和铁农具的广泛应用。据相关史料记载，云南彝区农业牛耕始于南诏初期，牛耕技术和铁农具的推广使用，提高了生产力水平，促进了南诏农业的发展。《云南志·云南管内物产》记载说："每耕田用三尺犁，格长丈余，两牛相去七八尺，一佃人前牵牛，一佃人持按犁辕，一佃人秉耒。"《新唐书》亦载：南诏"犁田以一牛三夫，前挽、中压、后驱"。这里的"一牛三夫"应是"二牛三夫"之误。因为《南诏图传》中就有一幅二牛耕田后卸犁休息的画面。

南诏国时期的农业发展，主要是以自然经济为主体基础上的发展，由农民、农奴和奴隶生产出来的农产品和手工业产品，主要还是为满足内部的需要，而作为剩余产品进入市场交易的还很少。市场上交易的产品也是互补余缺的以物易物，其商品特征还不明显，对许多交换者来说，双方都还不是真正意义上的剩余产品交换。地处滇东南的今文山州彝区经济发展状况，与内地发展较快地区差距很大。据《临安府志》载，唐宋时期，今文山州大部分属于教化、王弄、安南三部乌蛮长官司之地，境内居住在坝区的彝族人口比例并不小，但似乎都还停留在原始的刀耕火种中，牛耕农业还不多，史料中也未见有记载。

由于彝区大多数地方山高谷深，山地多、平坝少，以及由此形成复杂的交通条件制约，再加之长期受以畜牧业为主的传统观念的影响，彝区农业虽然有所发展，但这种发展仍然是缓慢的，在一些高山边远偏僻地区更是如此。所谓发展，主要是发展条件较好的坝区农业发展。《新唐书·南蛮传》记载说，南诏国除在平地引水灌田外，还将天然山泉水从低处引上山灌溉山田（梯田），这种农田水利建设情况在《南诏德化碑》中也有明确记载。后来的《云南志》对此也记载说："从曲靖州已（以）南，滇池已（以）西，土俗为业水田，种麻、豆、黍、稷，不过町疃……蛮治山田，殊为精好。……浇田皆用源泉，水旱无损。"这些坝区通过水利建设，有效改善了灌溉条件，使这些地方成为当时云南农业发展最快的地方。到大理国时，洱海、滇池地区农田水利建设又有了进一步的发展，粮食单产和总产，史料上虽然没有明确的数字记载，但产量增加是无疑的。《云南志·云南管内物产》记载说："酿酒以稻米为麴。"说明当时的粮食产量增加不少，可以拿出很大一部分来酿酒了。南诏国时期不断向外进行大规模的军事扩张和掠夺行动，没有足够的军粮来支持是做不到的，这些军需粮食主要就是来自坝区。居住在山区的彝族主要种植荞麦、大麦、燕麦等山地耐寒、耐旱的作物，产量虽然也有所增加，但这类粮食产量的增加，主要是靠扩大种植面积得来的，靠提高种植技术水平增产的因素不多，因而增量很小。

授田制的建立，有效地促进了农业的发展。南诏国时期实行的土地授田制度，是王国统治者为适应经济社会发展的客观要求而制定实行的。这种要求的主要表现：首先是南诏初期，农业在整个王国经济中已占据了明显的主导地位，小家小户的个体独立生产单位比例越来越高，成为官府实行授田制的客观前提条件。其次是南诏政权建立起来以后，为适应洱海等一些发展较快的乌蛮、白蛮地区土地私有化进程不断加快的事实，以授田的方式承认其土地的合法性，成为王国统治者的必然选择。三是将授田制作为加强王国军事力量建设的一项重要措施。《云南志》载："南俗务田农菜圃，战斗不分文武。……上官授田四十双，汉二顷也；上户三十双，汉一顷五十亩；中户、下户各有差异。"南诏国就是这样通过授田的政策建立起了乡兵制度。组织乡兵，成为授田户必须承担的义务和责任。四是对移民实行授田，也是南诏实行授田制的一个重要方面。南诏国曾进行过多次大规模的移民迁徙活动，如为抑制白蛮势力壮大，将二十万居住在滇中一带的西爨白蛮西迁到保山、德宏一带。为稳定移民地区社会，王室对包括白蛮在内的极大多数王国内外移民都授予田地，在安定人心的同时也促进了移民区农业的发展。

二、唐宋时期的彝区畜牧业经济

唐宋时期，南诏、大理王国内仍有不少地区尚未进入或尚未完全进入农耕社会，畜牧业在整个彝区经济中仍然占据着十分重要的地位。因此，王国政权对畜牧业的发展十分重视，并设有专管畜牧业的官。《新唐书》对此记载说："乞托主马，禄托主牛，巨主仓禀，亦清平官、酋望、大将军兼之。"就如《云南志》中所记述的那样：乌蛮散居于林谷，"牛马遍野……猪、羊、猫、犬、骡、驴、豹、鹅、鸭，诸山及人家悉有之"。见于记载的还有马、牛、象、犀、鹿等。"东部自曲靖州，西南至宣城，邑落相望，牛马被野……"养牛业发展最快的地方，一是滇中今楚雄州一带的沙牛（黄牛）。《云南志》载："云南及西爨故地只生沙牛，俱缘地多瘴，草深肥，牛更蕃生犊子。天宝中，一家便有数十头。"一个是通海以南地区（包括今文山州中西部），这些地方养的牛中，有黄牛、水牛，史料记载中还有少量犛牛（牦牛）。这些牛的种类尤以黄牛最多。

养马最多的是滇东北地区、洱海地区和川西南地区；包括今文山州在内的东爨乌蛮居住区大多数地方，养马的数量较少，且"一切野放，不置槽枥"。

自古以来，养羊一直是彝族人民，尤其是山区彝族人民一项古老的传统畜牧产业，占有极其重要的地位。南诏、大理国时期，彝族人民饲养的羊群中，山羊是本土固有的，绵羊则是从吐蕃（今西藏）引入发展起来的，因此，绵羊又叫吐蕃羊。养羊对彝族人民生产生活的重要性是很明显的。彝族谚语说："羊的背给我衣穿，羊的脚给我踩肥，羊的腹给我奶喝，羊的身给我肉吃。"《云南志》中关于乌蛮各部"土多牛马，无布帛，男女悉披牛羊皮"的记载，就是这种典型的畜牧业经济的集中表现。

三、唐宋时期的彝区手工业

唐宋时期，南诏、大理国的手工业同农业、畜牧业一样有了很大的发展，生产规模和技术水平也有了扩大和提高。

南诏国建立以后，经过近百年的发展，以纺织为代表的加工业有了很大发展。《云南志·云南管内物产》载：“蛮地无桑，悉养柘，蚕绕树。村邑人家，柘林多者数顷，耸干数丈。三月初蚕已生，三月中茧出。抽丝法稍异中土。精者为丝纺绫，亦织锦为绢，其上仍披锦方幅为饰。”《蛮书》载：贵族妇人“以绫锦为裙襦”。然而，云南并非只有柘，《南诏德化碑》中就有“家绕五亩之桑”的记载，因此，此时的南诏国应是柘、桑并种，而以种柘为多。《新唐书》载：唐文宗大和三年（829年），南诏军攻入素有“蜀锦天下秀”的成都，返回时，“掠子女工伎数万引而南”。又载：“……蛮兵大掠蜀城玉帛子女、工巧具而去。”

随着蜀地大量纺织子女工伎进入南诏，及其所带来的先进纺织技术，大大提升了南诏国的纺织技术水平，促进了王国纺织业的发展。《新唐书》记载说：经过几年的发展，“南诏自是工文，与中国埒”。由于纺织业的发展，很多过去“食肉皮衣”的南诏人都穿起了纺织品。人们对纺织品需求的增加，反过来又促进了种植柘、桑业和纺织业的发展。

用毛皮加工制作成衣服，是彝族人民自古以来的传统。南诏、大理国时期，毛皮加工业同其他加工业一样，得到了不断的发展。《云南志·蛮夷风俗》载：“其蛮，丈夫一切披毡。”《通典》载：蛮人“男子以毡及皮为帔，女子絁布为裙衫，仍披毡皮以絁”。据《新唐书·南蛮传下》记载：“……一曰阿芋路，居曲州、靖州故地。二曰阿猛。三曰夔山。四曰暴蛮。五曰卢鹿蛮……六曰磨弥蛮。七曰勿邓，土多牛马，无布帛，男子髽髻，女人被发，皆衣牛羊皮……”这些地方大多在滇东北、黔西、黔西南一带，可见这时候的彝族先民，穿毛皮加工出来的衣服已经不少了，也说明了毛皮加工业已发展得很兴盛了。

衣虎皮是一种身份和地位的象征，因此加工虎皮是一种重要的特殊工作。《云南志·蛮夷风俗》载：“贵绯、紫两色。得紫后有大功则得锦；又有超等特功者，则得全披波罗皮（虎皮）；其次功则胸前背后得披，而阙其袖；又以次功，则胸前得披，并阙其背；谓之大虫皮，亦曰波罗皮。”《云南志·云南管内物产》载：“蛮王并清平官礼服悉服锦绣，皆上缀波罗皮。”这些清平官中，披的波罗皮越多，说明其功劳越大。这些官虎皮服饰，自然是专门加工出来的。

另外，犀牛皮加工也有所发展。《云南志·云南管内物产》载：“犀出越赕、高丽（应为丽水）……寻傅川界、勃弄川界亦出犀皮。蛮排甲兵马统备马骑甲仗，多用犀革，亦杂用牛皮。”这些记载说明，犀革制品已成为当时重要的军需物资。

南诏、大理国时期的铁制品生产也发展得很快，而且出现了不少质量较高的著名产品。如南诏时期的铎鞘、郁刀、南诏剑等，在南诏王国内乃至全国都很有名。生产的铁制产品主要有铁犁、弓、矢、矛、鋋、枪、剑、甲、胄，还造建铁索桥的大铁链。到大理国时期，铁制品的生产规模进一步扩大，质量也有了进一步提高，如被称为“吹毛透风”的大理蛮刀，以及“一鞘两室”剑鞘。大理刀是在南诏剑的基础上发展起来的。

大理国时期的酒具制作也很有特色。酒具制作的材料除用木、竹、金、银和陶泥外，还用大理国自己产的锡制作出了很有地方民族特色的酒具。

四、唐宋时期的彝区商业贸易

西南彝区的古代市场最早萌发于春秋战国时期。到了唐代，这种市场才以虎、兔、龙、蛇、马、羊、猴、鸡、狗、猪、鼠、牛等十二兽命名，与彝族太阳历中的十二兽纪日相对应，很具地方民族特色。到如今，云南以十二兽命名的市场（街）很多，猪街、马街、羊街、鸡街、牛街等几乎遍及全省各县，文山州也是如此。

城市和农村集镇是重要的商品交易场所和集散地。南诏时期，这样的城市和集镇有了很大发展。到了大理国时期，这些城市和集镇的规模进一步扩大，商品交换功能进一步增强。据元初《马可·波罗行纪》记载，押赤城（今昆明）“城大而名贵，商工甚众”。秃落蛮州（今昭通），“其地商人甚富，而为大宗贸易，居民以肉乳米为粮，用米及最好的香料酿酒饮之”。这样规模的城市市场，不可能是元初发展起来的，而是南诏、大理国时期逐步发展形成的。大理国有“八府四郡四镇”，在爨地有鄯阐、威楚二府，秀山、河阳、石城、东川四郡，以及设置在今文山州境内的最宁镇。最宁镇是大理国通往邕州（今广西南宁）、安南（越南）通道上的重镇。一方面大理国经常通过此道向宋朝廷朝贡，另一方面又是大理国商人到广西进行市马等商贸运输的重要通道，同时还是大理国通往安南的军事要冲。据尤中教授研究分析，最宁镇的位置应当在今文山市德厚镇的乐龙。

大理国时期，云南的商品交易市场不断增多。李京《云南志略》记载：蛮人地区的“市井谓之街子，午前聚集，抵暮而罢。交易用贝子……以一为庄，四庄为手，四手为苗，五苗为索”。金齿百夷地区（今西双版纳等地），“交易五日一集，旦则妇人为市，日中男子为市，以毡、布、茶、盐互相贸易”。这是相邻村寨居民间相互进行的余缺调剂，商品的含量还不高。然而，这些集市贸易的出现，表明城市市场开始向乡村延伸，市场的广度进一步扩大。南诏国异牟寻当政时，将王国政权管理部门从六爽增设为九爽，其中的禾爽就是主管商贸的部门，说明南诏国的商业贸易已经发展到了必须有专门的政权管理机构来管理的程度；同时反映了商业已跻身于农业、畜牧业、手工业等行业的重要地位。中国古人称行商者“行曰商，坐曰贾”，说明云南的商贸在发展中，已分化出了一批专业的商贸队伍，他们中有从事开设商铺坐列贩卖的坐贾，有往来于王国内外从事贩运贸易的内外行商，这些商贸队伍的坐贾行商活动，使王国的商贸日趋活跃起来，促进了经济的向前发展。樊绰在其编写的《云南志》中记载：今云南文山州和红河州南部与越南相交地区的崇魔蛮（乌蛮中的一支，与马关、河口两县的乌蛮桃花人相邻），他们“溪洞而居，俗养牛马。此年与汉博易。自大中八年（854 年）经略使苛暴，令人将盐往林西原（崇魔蛮居住区）博牛马，每一头匹只许盐一斗，因此隔绝，不将牛马来”。

继南诏国之后，大理国时期的商贸又有了进一步的发展，与王国周边的商贸交通进一步扩大。李焘《续资治通鉴长编》载：其范围“东至戎州，西至身毒国，东南至交趾，东北至成都，北至大雪山，南至海上”。随着市场发展面的不断扩大，参与交易的产品也随之增多。交易的产品主要有：一是缯、布、帛、绢、毡等纺织品；二是盐、茶、米、酒等生活必需品；三是金、银、铜、铁、木等生产生活用具；四是马、牛、羊等牲畜；五是铎鞘、刀、剑等兵器；六是金、银、铜、铁、木等各种不同材质的装饰品和手工艺品；七是檀香、朱砂、雄黄、麝香、云母、甘草等药材。

大理国与周边国家和地区的商贸往来既频繁，又各有特点。在东边与南宋朝廷的商贸交往中，以市马为大宗。周去非《岭南代答》对此记述得很具体：“自元丰间（1078—1086年），广西帅司已置干办公事一员于邕州（今广西南宁），专切提举左右江峒丁，同措置买马。绍兴三年（1133年），置提举买马司于邕，六年（1136年）令帅臣兼领。今邕州守臣提点买马精干一员……蕃诸入界，有知寨土簿、都监三员同主管买马钱物。产马之国曰大理、自杞、特磨、罗殿、毗那、罗孔、谢蕃、滕蕃等。每冬以马叩边，买马司先遣招马官赍锦缯赐之。马将入境，西提举出境招之，同巡检率甲士往境上护之……朝廷岁拨本路上供钱，经制钱、盐钞钱及廉州石康盐、成都府锦、付略司为市马之费。经司以诸色钱买银及回易他州金锦彩帛，尽往博易。以马之高下视银之重轻，盐、锦、彩缯以银定价。岁额一千五百匹，分为三十纲（纲马一纲为五十匹，进马三十匹。每纲押纲官一员，将校五人，兽医一人，牵马兵士二十五人。进马纲则十五人，一人牵二马），赴行在所。绍兴二十七年（1157年），令马纲分往江上诸军，后乞添纲令元额之外，凡添买三十一纲，盖买三千五百匹矣。”

与南宋朝廷开展市马的滇东南和黔西南各部中，自杞国的马数量最多，几乎垄断了整个马市，自杞国因市马而迅速强大起来。吴儆在其所著的《竹洲集》一书中说：“蕃每岁横山（今广西田东县境）所市马二千余匹，自杞马多至一千五百余匹，以是国益富，拓地数千里，服属化外诸蛮至羁縻州境上……岁有数千人至横山市马。”自杞国虽然垄断了马市，但其本身并不产多少马，其市马绝大多数是从滇西一带采购来后再转卖到广西。范成大在《桂海虞衡志·蛮马》中说：“自杞取马于大理。”

南宋时期的西南市马场除了广西横山外，还有川南泸州、黎州、叙州等，除了市马这一大宗贸易外，其他参与内外贸易的商品也很多，特别西部、北部和南部更是如此。南诏国早年就与西边的弥诺国、弥臣国、骠国、昆仑国、大秦婆罗门国、小秦婆罗门国、夜半国、女王国、水真腊国、陆真腊国等国家有了频繁的贸易往来，并开通了西通骠国和天竺的通道。到宋代，大理国与南亚、东南亚之间的贸易往来更加频繁，规模进一步扩大。木芹的《南诏野史会证》一书中说：段正淳做大理王年间，“缅人、昆仑、波斯三夷同进白象、香物”，说明双方的关系既密切又稳定。

商品的流通离不开交通。南诏国时期，南诏国通往北部四川的两条交通主干道先后开通：一条是西部通往成都的清溪关道，一条是东部通往宜宾的石门关道。另外是通往东部的黔中道和邕州道，以及通往南部安南国的陆路和水路，还有西部通往骠国和天竺的“蜀身毒道”。

宋代，大理国的交通在南诏国的基础上又得到了进一步发展。在这些通道中，通往广西的两条市马道史料记载较多，也比较有名。一条是从北面的今云南曲靖至贵州黔西南进广西。一条是从今滇东南的弥勒、砚山、文山、广南、富宁等县市到广西横山寨。

五、唐宋时期的彝区矿冶业

西南彝区盛产铜、锡、金、锑、铁、银等多种矿物，矿冶业生产历史久远，其中以铜冶业最为有名。唐代，南诏国就用大量的铜制作佛像。据《南诏野史》记载：劝丰祐当南诏王期间，就先后用40950斤铜铸造了11400尊佛像。舜化贞继位后，于“光化庚申三年，铸崇圣丈六观音，清平官郑买嗣合十六国铜所铸，蜀人李嘉亨成像”。南诏国的铜冶业规模由此可见一斑。明天启《滇志·大理府古迹》载：崇圣寺发掘出的“鸿钟在三塔寺楼，唐咸通时铸，制作大而雅，声远而洪。国初中官钱能见而叹曰：‘此物宇内罕有，恨山川阻隔，不能致之宗庙耳’”。万历《云南通志》也载：“崇圣寺中有观音像，高二丈四尺。唐蒙氏民董明善良者，吁天愿铸造，是夕天雨铜，无欠无余，仅足铜像。”诸多大小铜像和塔模等，既反映了南诏国铜冶业的发展规模，也反映了南诏国铜冶铸技术的高超水平。

在川西南今凉山州地区，铁矿的开采冶炼时间较早。晋时成书的《华阳国志·蜀志》就记载说“越嶲（今冕宁）、会无（今会理）出铁”。又载：这些地方“山有砮石，火烧成铁，刚利”。这一记载说明这些地区的冶铁技术也是比较高的。

宋代，大理国矿冶业规模和水平有了进一步的发展和提升，开国国主段思平建国后，就“铸佛像万尊”。1976年维修大理三塔时，出土了大理国时期大量的铜制文物，数量达680件之多。其中佛像、观音像99尊，天王与力士像9尊，铜塔模5件，铜镜15面，铜铃4件，铜镯57件，铜夹7件，铜函、铜钵各1件，铜钹2件，金刚杵200余件，还有刻有佛像的铜片4块。这些发现说明当时社会对铜的需求量很大，也说明了大理国时期制铜工艺水平的高超。

铁器的制作水平在大理国时期也有了很大提高。周去非在《岭南代答》中说：“蛮刀，以大理所出为佳。”又说：“今世所吹毛透风，乃大理刀之类。”说明大理国不但产铁，而且铁器的制作质量水平也比较高。《张胜温画卷》卷首画有矛、钺、槊、铲、大刀、铎鞘等兵器。大理三塔寺出土有铁锤、铁像等。大量铁制农具的使用，铎鞘、郁刀、云南剑等数量巨大的铁制武器生产，以及大量的佛像、观音像等宗教器物的制造，从另一个角度说明，如果没有大规模的采矿冶炼作支撑，这些数量巨大的金属需求量是很难满足的。

云南个旧产锡的情况在汉代就有记载。《汉书·地理志·西南诸郡》载：“贲古（今个旧、蒙自）采山出锡。”类似的记载，在其他相关史籍中也不少见。南诏国时期，王国政权对金、银、锡、珠宝等管理采取垄断的办法，“禁缉甚严”，犹以金为甚；“蛮法严峻，纳官十之七八，其余许归私，如不输官，许递相告”，犯罪之人和掠夺来的人口，常被送去做“淘金”奴隶。

大理国时期，金属采冶业有了很大发展。李石《续博物志》载：“生金出产傍诸山，……有得片块，大者重一斤或二斤，小者不下三四辆。”金沙江“河中有金沙甚饶”，大理“亦产金甚饶”，而滇南、滇东北均“有金甚饶”。《政和经史证类本草》称流入中原的大理黄金为“云南块金”。大理国每逢节庆，各方贡金银“万计”，这反映了大理国时期金银等有色金属冶炼业的发达。

煮盐也是云南重要的矿业之一。据相关史料记载，云南有规模的煮盐业出现始于魏晋时期，出产地主要在今安宁、丽江、盐津、大姚等地。唐宋时期，云南的煮盐技能和生产能力不断得到提高。《云南志·云南管内物产》载：“昆明城有大盐池，比陷吐蕃。蕃中不解煮盐法，以咸水沃柴上，以火焚柴而炭，即于炭上掠取盐也。贞元十年春，南诏收昆明。今盐池属南诏蛮官煮之，如汉法也。”此后，“蛮法煮盐，咸有法令”，煮盐技术已接近内地水平。

大理国时期，煮盐业也得到了进一步发展。《南诏野史》载：大理国时期，今云南省内的盐产地有“盐井、滇共四十处”。宋理宗宝祐元年（1253 年），元将兀良合台率兵平云南，“赏段甫盐井”，说明大理国时期，盐业作为王国一种重要工业，又有了进一步的发展。此外，产盐地除了云南外，川西南彝区也有 52 处之多。昆明安宁一带产的盐主要供应东蛮地区；淯井盐则主要供应长宁军的“公家百需”。刘复生在其《自杞国考略》一文中说，自杞国强盛时，曾“……悄悄侵夺大理盐池及臣属化钱诸蛮僚”。这里说的“大理盐池”，即安宁盐池，说明当时的安宁盐业已发展为相当大的规模，食盐贸易的利润非常大。

六、唐宋时期的彝族文化

唐宋时期的彝区文化有两个重要的特点：一个是儒学文化的兴盛；一个是佛教文化的深入传播。与此同时，彝族固有的传统文化也得到了进一步的发展。

儒学对西南彝区的影响始于西汉，兴盛于唐宋。王夫之在其《读通鉴论》中说：“滇云之壤，理学义节文章事功之选，肩踵相望，天所佑也，汉肇之也。”司马相如是内地最早深入云南彝区的朝廷官员。早在西汉武帝元封二年（109 年），司马相如就奉汉武帝之命，到滇池县（今晋宁县晋城）“始兴起学校，渐迁其俗（彝族先民古俗）”。《华阳国志·南中志》载：“朱提郡好学，号多士，为宁州冠冕。”蜀汉年间，从朱提到成都蜀国政权中做官的人不少。

唐代，为巩固中央王朝对西南彝族等各少数民族人民的统治，需要用儒学来教化民众，与此同时，南诏国统治者也需要用儒学来提升自身的思想文化素质，教化民众忠顺归化，以利安定民心，巩固其统治地位。《僰古通纪》记载，早在南诏初兴时期，南诏王细奴逻就“劝民间读儒书，行孝、悌、忠、礼、仪、廉、耻之事”。其孙盛逻皮也很崇敬孔子，并于“开元十四年效唐建孔子庙。……入贡于唐，故知中华礼乐教化”。唐玄宗开元二十六（738 年），皮逻阁统一洱海地区，唐玄宗诏授皮逻阁为“特进越国公”，赐姓“蒙”名“归义”，并册封“云南王”。唐朝廷以忠、义、仁、勇等观念引导皮逻阁，“开元二十六年封西南大酋帅蒙归义为云南王。制曰：古之封建，譬以河山，义在畴庸，故无虚授。西南蛮部大酋帅特进越国公……挺秀西南，是臣酋杰。仁而有勇，孝乃兼忠，环驭众之长材，秉事君之劲节”。唐德宗年间，时任剑南节度使牛丛在其《报坦绰书》中说：“我大唐德宗皇帝……闵其倾诚向化，亲率来王，遂总诸蛮，令归君长，乃名诏国，永顺唐仪，赐孔子之《诗》《书》，颁周公之《礼》《乐》。数年之后，霭有华风，变腥膻蛮貊之邦为馨香礼乐之域。”高骈《回云南牒》亦说：“云南倾者求合六诏，并为一藩，与开道途，得接邛蜀，赐书习得，降使交欢，礼待情深，招延意厚，传周公之《礼》《乐》，习孔子之《诗》《书》，片言既知，大恩合报。”朝廷屡次将《诗》《书》《礼》《乐》等儒家经典颁赐给南诏，就是要用儒家的理念形态来教化南诏，“以夏化夷”以达到巩固西南边疆的目的。

阁罗凤当南诏王时，任用通晓儒家思想的汉族人郑回做清平官，令其在王国统治集团成员中教授儒学，唐朝廷则向南诏“赐书习读”，传周公之礼乐，习孔子之诗书，使南诏“霭有华风”。之后虽因唐朝廷奸臣当道作恶，导致唐、诏交恶 40 年。期间，南诏王异牟寻仍然任郑回做清平官，为后来唐诏重归于好做出了贡献。在郑回的严格教授引导下，异牟寻、寻梦凑（寻阁劝）等南诏王“不读非圣之书”，有较高的文化素养。史称异牟寻“颇知书，有才知”，寻阁劝的诗作《星回节》蜚声诗坛，后被收入《全唐诗》中。南诏从建国起，南诏王族就在其发祥地巍山开始建南诏王土主庙，之后又不断重修。巍山彝族把历代南诏王作为自己的先祖和护佑之神，每年定时举行祭祀活动，祭祀活动也融入浓厚的儒学思想文化。细品土主庙门上对联，就可知其一般：“庆衍绵绵，土主诞辰，继衣冠于百姓；恩泽浩浩，彝族根本，传诗礼于千秋。”

唐宋时期，佛教在南诏、大理国也得到了深入的传播，儒学、佛学相辅相成，并行不悖，相得益彰。佛学丰富了儒学，儒学深化了佛学。大理国的僧侣被称为“诗僧”“儒释”，他们在佛寺中教儿童念佛经，读儒书。彝族传统文化从儒学中吸收了许多有利于自己发展的文化因素，并使之相互融合起来。如儒家以“三纲五常”为治国之本，其中“臣事君以忠”为核心。而被称为彝族“训世之书”的长诗《玛木特依》中也留下了不少儒家思想的印迹。“君是民的神灵，民是君的辅翼”，以及“君王凶恶民就逃，扫帚硬则粮食跳”“最劣的君王把奴隶当马骑，最劣的奴隶对君王动干戈”等，都充满着儒学中的“忠君”“仁政”的核心思想。以彝族为主体云南各族人民文化，是整个中华文化的有机组成部分，都深受儒学文化的影响，各族人民既有自身民族的文化特点，又具有中华文化的共同性，从而丰富了中华古老的儒学传统文化。《南诏德化碑》的碑文题目本身，也明确地说明了这一点。

文学是南诏、大理国时期彝族文化的重要组成部分。这一时期的彝族文学，除广泛流传于社会的民间文学外，还有不少出于文人之手的书面文学。这些书面文学主要集中在王国中心的洱海和滇池周边地区。

民间文学主要有人物传说、节日传说、地方风物传说，以及民间叙事长诗和抒情长诗。与秦汉以前的彝族民间文学相比，这一时期的彝族民间文学多了不少纪实的成分，上古时期的神秘、神化和幻化的内容有所减弱。

在人物传说中，有《南诏始祖细奴逻》《八寨王的传说》等故事，而以《南诏始祖细奴逻》流传最广。相传，细奴逻生于哀牢山区，其母摩利羌是个聪明能干的彝家姑娘，十八岁那年有一次到龙潭边洗衣服时，见水面上漂来一块木板，便捞起来蹲在木板上洗衣服，之后就怀了孕，生下了九个儿子。儿子出生的当天晚上，有条龙飞进了摩利羌住的屋子，变成一个英俊青年，对摩利羌说："这九个儿子是我的，我领走八个，留下最小的那个给你，他的名字叫宠龙，你把他好好养大成人，让他服侍你。"说完，青年和八个儿子都不见了。也就从这时起，留在母亲身边的第九个儿子身上闪起了一圈红光。随着年龄的长大，宠龙身上的红光也越来越更加明亮。这一奇异的红光被京城测天象的天师发现，天师禀报皇帝说："南天出现红光，必有圣人降。"皇帝便派大臣到出现红光的西南边地寻找抓捕放红光的人。为躲避朝廷追捕，摩利羌的哥哥施计保护了宠龙，并将其名改为细奴逻，让摩利羌带着隐姓埋名儿子逃到巍宝山脚下住了下来。十多年后，细奴逻长成一个力大非凡的小伙子。

细奴逻成年时，正逢蒙舍诏和蒙巂诏发生战争，蒙舍诏主张乐进求听说细奴逻力大过人，且有胆有识，就招他入营当兵，并让他当了兵丁头目。细奴逻英勇善战，屡建奇功。一年后，蒙舍诏在细奴逻的倾力帮助下打败了蒙巂诏，统一了蒙舍川。一次，蒙舍诏举行祭铁柱大典。祭柱开始时，铸在铁柱顶上的金丝鸟突然飞了起来，在空中盘旋三圈后落到了细奴逻的左臂上，停了一天一夜才飞走。人们因此议论纷纷，说"细奴逻要当王了"。诏主张乐进求知道细奴逻是个了不起的人物，并要让贤于他，但他不肯。

不久后的一天午饭时间，正在吃饭的细奴逻见一条青蛇突然爬来盘绕在他的脚上。过了一会，青蛇又慢慢地爬走，走后在地上拖出了几条线印，线条组成了"守境术"三个字（后人说这是神蛇交给细奴逻的治国之术）。张乐进求知道这件事情后，决心让位给细奴逻，但他还是不肯。最后，在张乐进求的一再坚持下，细奴逻只好指着一块巨石对张乐进求说："如果我一剑能砍进去这块大石头，我就当首领；如果砍不进去，还是你当。"说完便举剑砍向石头，剑落处，石头上便留下了三寸深的刀口。细奴逻不好再推辞，只好应允承诺，当起了蒙舍诏诏主，成为后来大南诏国的开国始祖。

《南诏始祖细奴逻》的传说，在西南许多彝族和白族居住区都有流传，但在各地的传说中，除故事中心主干上大体一致外，故事的内容和情节，乃至人物名称，都染上了各地区不同的地方色彩。

《八寨王的传说》讲述的是马关八寨龙氏土司龙上登的传奇故事。相传，龙上登小时从其外婆家得到一匹一生下地就不吃不喝、气息奄奄的小马驹。在龙上登的精心照料下，小马驹一反常态，不但会喝水吃草，而且很快就就长成了一匹满身钢筋铁骨、日行千里的飞龙骏马。从此，龙上登骑着飞龙马，带着他的土司兵在对抗外敌入侵，巩固祖国边防，奋勇杀敌，屡立战功。

节日传说，即岁时节庆风俗传说。彝族的节日传说多姿多彩，内容丰富，唐宋时期具有代表性的作品中，主要有《火把节的传说》《密枝节的传说》《跳宫节的传说》《马缨花节的来历》（文山地区叫《红缨花和白缨花》）等，而以《火把节的传说》流传最广。

火把节萌生于先秦时期，成型于唐宋时代。故事广泛流传于川、滇、黔、桂广大彝族聚居区。因时间的久远，以及地区、支系间长期形成的差异，虽然传说的基本精神思想一致，但故事的内容和情节则参入了许多不同的地域特色和支系特点。四川大小凉山和云南西北地区地区的传说是：从前，天上的大力士斯热阿比和地上的大力士阿提拉八进行摔跤比赛。比赛开始，力大无比的斯热阿比一交手，就用力抱起阿提拉八，把他摔在地上。但反映灵敏的阿提拉八在其脊背还未着地之时（彝族摔跤以脊背着地为输），便一个鹞子翻身，又迅速转身将斯热阿比压在其身下。斯热阿比不服，又与阿提拉八进行再次较量。这一次，阿提拉八在双方对峙中，伺机抓住斯热阿比的一只胳膊，并使劲猛力一摔，又将斯热阿比重摔在地上。天神见自己的大力士两战皆输，便怒火大起，于是在农历六月二十四日这天，天神放下许许多多的蝗虫吃地上老百姓种的庄稼。为除害消灾，让乡亲们来年不受饥饿，阿提拉八带领大军扎火把，点火到庄稼地里漫山遍野地连夜烧蝗虫，保护了庄稼。从此，彝族人民就把每年六月二十四日作为消灾避祸的火把节日，每年都举行节日纪念活动。届时白天举行摔跤比赛，晚上点火把到庄稼地除虫灭害。

从总体上说，彝族火把节大致上可分为两类；一是表现人与自然的斗争，如上述的天、地大力士摔跤角力，民众齐心合力用火消灾，产生这类情节故事的时间比较早一些。二是反映社会斗争的，如阿细人、撒尼人、撒梅人等支系中传说的的火把节故事，就有在牛羊角上拴火把点火，然后驱赶角上燃烧着火把的牛羊群，冲向残酷镇压百姓的天兵营地，最终打败了肆意滥杀无辜，到处放害虫坑人的天兵。

跳宫节是居住在云南富宁、广南及广西那坡县彝族的传统节日，每年农历四月择日举行，为期3～7天。期间举行祭天地、祭祖先、祭山神等活动，并讲述传承民族历史文化。同时在村间种有棚竹的宫坪上，男女合众举着长杆伞，以葫芦笙音乐作引导，围起竹棚转圈，踏着铜鼓声的节奏翩翩起舞，舞间不时地发出“哦哦”声。

这是一种古代彝族人民庆祝战争胜利的欢乐场面。传说，古时有一次，官府派兵镇压彝族白倮人的反压迫斗争，白倮人奋起拼死反抗，但终因寡不敌众，被官兵追进了深山四处躲避。危急之时，白倮人首领急中生智，在农历四月初七这天，他让白倮人事先在深山中的一片竹林中设下竹签、竹弩、竹弓弩等机关，设好后在竹林周边埋伏起来，然后只身冲到敌营杀敌，厮杀中边杀边退，将官兵引入竹林埋伏圈内，一举打败了官军。从此每年到战争胜利之日，人们都要举行各种祭祀英灵和庆祝战争胜利的跳宫节纪念活动，代代相传，流传至今。

长诗是彝族民间文学中流行较广的一种文学门类，大都为五六百行、七八百行和上千余行，甚至洋洋上万行的创世史诗。唐宋时期比较有代表性的有抒情长诗《妈妈的女儿》《我的幺表妹》《阿惹扭》等，文山州有《哭嫁歌》《嘎麻扎》《丙衣曼》《阿获遇者清底迷》等。

《妈妈的女儿》主要流传于川西南和滇西北地区。故事以一个即将被逼出嫁的彝族姑娘的哀怨，诉说了“妈妈的女儿”从出生、童年、成长到被逼出嫁的故事，以及后来又在婆家饱受欺凌，终日郁郁苦闷的凄苦悲凉一生。诗中充满着悲伤、哀怨和愤恨，对买卖婚姻的恶习进行了抨击，唱出了彝族妇女与不幸命运的抗争，是一首具思想内涵和艺术特色浓郁的彝族民间优秀长诗。如：

叔伯父兄们。
馋了吃狗肉，
狗肉不解馋；
渴了喝狗汤，
狗汤不解渴；
冷了穿狗皮，
狗皮不御寒。
……
穷了卖女儿，
女儿的身价钱，
不能算财产。
叔伯父兄们，
心肠真正狠；
只想女儿身价钱，
哪管女儿死与活！
……
妈妈的女儿，
女儿的血已换成酒喝了，
身已换成肉吃了，

骨已换成钱用了。
女儿不走也得走了。
……
愿天下的禽类中，
不要再有无家的大雁；
愿天下的妈妈，
不要再有苦命的女儿。

全诗千余行，字里行间，行行悲诉，字字流泪，既充满疾苦悲情，又深含着内心的愤恨与抗争。

文山州一些地方流传的《哭嫁歌》，同云南许多地方流传的《哭嫁歌》基本相同，与《妈妈的女儿》也有部分类似之处，但诗歌在诉说上不如《妈妈的女儿》那样规范、完整，逻辑也较松散。虽然同样有哭有诉，也不乏真情诉说，但应景式和形式化的内容比较多。显然，这种情况是彝族青年男女婚姻开始有了一些自由以后出现的。

与抒情长诗相比，彝族叙事长诗的内容大都反映社会问题，即使是爱情诗，其表现的中心总离不开社会问题，离不开新的观念对旧势力的反抗，而且这种反抗已从过去单一的思想反抗发展成积极的行动反抗了。反抗力量也从过去单一只靠自然神力而发展成为人力、神力并有，比较有代表性的如《可倮古城传说》《南诏国的宫灯》《红杜鹃与白杜鹃》，以及流传于红河州和文山州部分地区的《卖花女》，流传于文山州砚山和丘北两县的《娥拜姆哈与偌莫嘎藤》《阿鸡谷》等。全长1400多行的爱情叙事长诗《娥拜姆哈与偌莫嘎藤》，通过"火海余生""恶魔琦串出世""娥拜姆哈的歌声""偌莫嘎藤的弓箭""惩罚琦串""娥拜姆哈被害""偌莫嘎藤怒杀琦串""神医妙药""麒麟先生""好狐狸精拯救娥拜姆哈""麻蛇复活琦串""决斗""白云仙姑救娥拜姆哈""娥拜姆哈解救乡亲""团圆"等多个精彩而又扣人心弦的故事情节，深刻展示出了娥拜姆哈和偌莫嘎藤这对彝族青年恋人为追求婚姻自由，不畏强暴，与恶势力展开几生几死的殊死斗争，终于在神力和众乡亲的帮助下战胜恶势力，获得新生和团圆的动人故事。同时也充分揭露了以琦串为代表的反动统治阶级及其恶势力镇压人民的凶狠和残暴的行为。值得一提的是，"好狐狸精拯救娥拜姆哈"的故事，一反中国自殷纣王妃妲己由狐精变美女，混进王宫唆使纣王残害人民的故事原型，以一种正面形象出现，这是很极少的。

彝族的作家书面文学出现的历史久远，但在南诏国以前，这种书面文学基本上都是彝文书面文学，汉文文学极少。南诏国建立以后，随着与唐王朝交往的不断加深，西南地区，尤其是云南中西部地区，彝族、白族等各民族学习汉文化的风气越来越浓。加上王室的大力推广号召，并不断派遣青年到成都学习中原文化，汉文化对南诏国的影响越来越深，逐步形成了南诏王室贵族"不读非圣之书"，专攻儒学的学习风气。到南诏第六代王异牟寻当政时，王室中开始出现了一批用汉文作文写诗，娴熟应用汉文的知识分子。国王异牟寻就是其中的一位，他亲自撰写的《与韦皋书》《与中国盟文》和其祖父阁逻凤立的《南诏德化碑》碑文，都气势磅礴，词藻华丽，行文婉约畅达，抒情与叙事融为一体，是富有韵味的优秀政治抒情散文。

南诏时期的诗歌创作成就最丰，比较有代表性的有南诏第七代王寻阁劝、清平官杨奇鲲和段义宗等。如被收入《全唐诗》的寻阁劝五言诗作《星回节游避风治与清平官赋》：

避风鄯阐台，极目见藤越；
悲哉古与今，依然烟与月。
自我居震旦，翊卫类夔契。
伊昔颈皇运。艰难仰忠烈。
不觉岁云暮，感极星回节。
元昶同一心，子孙堪贻阙。

南诏王室在继承弘扬本民族传统文化的同时，积极吸收他族优秀文化成分，进而丰富了自己的民族文化。这一时期，除诗歌、散文创作取得较高成就外，《南诏奉圣乐》《南诏图传》等一批创作水平较高，很有影响的歌舞和绘画艺术作品相继产生。

《南诏奉圣乐》是南诏国的大型宫廷乐舞，音乐演奏和歌舞表演队伍阵容大，气势恢宏，“凡乐三十，工百九十六人”。歌舞分为四部，即龟兹部、大鼓部、胡部和军乐部。音乐旋律既气势恢宏，又优美动听。《新唐书·骠国传》载：“皋以五均异用，独唱殊音，复述〈五均谱〉分金石之节奏：一曰黄钟，官之宫，军士歌〈奉圣乐〉者用之……二曰太簇，商之宫，女子歌〈奉圣乐〉者用之……三曰姑洗，角之宫，应古律林钟为徵宫，女子歌〈奉圣乐〉者用之……四曰林鈡，徵之宫，敛拍单声，奏〈奉圣乐〉；五曰南吕，羽之宫，应古律黄鈡为君之宫……一人独唱，歌工复通唱军士〈奉圣乐〉词。”又载：“……《南诏奉圣乐》，用正律黄鈡之均，宫徵一变，像西南顺也；角羽终变，像戎夷革心也；舞六成，工六十四人，赞引二人，序曲二十八叠，舞‘南诏奉圣乐’字。歌《南诏朝天乐》；舞‘奉’字，歌《海宁休文化》；舞‘圣’字，歌《雨露覃无外》；舞‘乐’字，歌《辟士丁零塞》，皆一章三叠而成。”其中《天南滇越俗》一段，唱词则使用地方民族语言演唱，彰显出了浓郁的西南彝区民族特色。

唐贞元十六年（800 年）六月，南诏王异牟寻携王子寻阁劝，率领一支 200 多人的大型歌舞伎队赴皇城长安敬献歌舞《南诏奉圣乐》，立刻轰动朝野上下。唐德宗皇帝率朝廷文武百官一睹南诏国夷人歌舞乐的华丽风采后，当即“以授太常工人，自是殿廷宴则立奏”，说明当时南诏国的歌舞乐水平已达相当高的水平。

打歌是南诏、大理国时期彝区广泛流行的民间歌舞艺术，并一直延续到现代。打歌也称“踏歌”，是一种自娱性很强的群众性团体歌舞。舞者大都围圆场向逆时针方向转舞，歌舞人数不定，少则不到十人，多则几十人、上百人，甚至数百人到上千人。伴奏的乐器各地不尽相同，有三弦、月琴、二胡、葫芦笙、竹笛、巴乌、木叶以及皮鼓、铜鼓等。舞姿缓急分明，粗犷奔放，豪爽洒脱；歌声时而清脆悠扬，时而高亢奔放，激情四溢。这就是早在2000多年前司马相如在《子虚赋》中提到过的“颠（滇）歌”。清代学者桂馥在其《礼朴·滇游续笔》中考证说：“颠歌，西南夷歌也。”文颖对此注释说：“颠即滇，益州颠池县也，其人能西南夷歌。”颠歌也就是后来唐宋时期的打歌或踏歌。南诏时期的文化艺术发展很快，尤其是民间的打歌活动很普遍。《蛮书》说：“俗传正月初夜，鸣鼓系腰以歌，为踏之戏。”这一记载与今玉溪市峨山县的彝族花鼓舞很相似。《宋史·蛮夷四》亦载：“西南牂牁诸蛮来贡方物……上因令作本国歌舞，一人吹瓢笙（葫芦笙）如蚊蚋声。良久，数十辈连袂转而舞，以足踏地为节。”时至今日，西南彝区各地，仍广泛流行着古老的颠（滇）夷歌舞艺术。随着时间的推移，各地歌舞动作、名称在发展中产生了不少变化，但大同小异，如文山州的月琴舞（弦子舞）、三弦舞，红河州的烟盒舞等，虽各有区域特点，但其源出于古颠（滇）夷人歌舞的痕印是很明显的。

流行文山州富宁、广南、麻栗坡和广西那坡等县的彝族铜鼓舞，歌舞形式古朴粗犷，舞步铿锵豪迈，舞姿韵律独特，歌舞场面既深沉悠远，又热情奔放。据专家调查考证，这种舞约在西汉时期就已流行。川滇大、小凉山彝族称铜鼓为“吉普吉则”，文山州一些地方彝语称“吉则谷”，彝族古言中有“打铜鼓，响四方”的谚语。彝族英雄史诗《铜鼓王》中记述说：“彝家跳宫节，跳起铜鼓舞……鼓歌年年唱，鼓舞岁岁跳。”跳铜鼓舞时穿戴缅怀祖先功绩的服装头饰，模拟古代战争及狩猎、打渔、捞虾、播种、插秧、收割等动作。唐代大诗人白居易有“蛮鼓声坎坎，巴女舞蹲蹲”的诗句，应是对这种古老歌舞的描述。富宁、广南、麻栗坡和广西那坡等县的白倮支系彝族，至今仍原汁原味地完整保留着跳铜鼓舞的古老传统风习，每到农历四月过跳宫节或过养年时，村寨男女老少都要集聚在一起唱铜鼓歌，跳铜鼓舞，祭祀祖先亡灵，叙说彝家源流。

流传于红河州及文山州西部彝区的叙述长诗《买花女》，是红河州佚名歌师根据彝文古籍和彝族民间说唱收集翻译整理而成的。文山州未发现有彝文古籍，但州内西部部分地区有民间故事或说唱流传。这部长诗讲述国王的岳丈妄图霸占美丽的买花女希妮，希妮誓死不从，结果被害而死。希妮丈夫去告状，清官篾绸升仗义执法，使希妮的冤案得伸。长诗鲜明地指出，读诗唱诗的一项重要目的之一，就是为了歌颂“黑暗中的灯烛”，对“那吃人的恶魔”进行揭露鞭挞。这是唱诗的人对文学社会功能的一种认识。

随着诗歌、散文的发展，诗文理论水平也随之得到了新的发展和提升。在这些诗文理论中，具有代表性的主要有《纸笔与写作》《论诗的写作》《诗歌写作谈》《彝诗九体论》等。

《纸笔与写作》出于白彝君长阿仇家的大毕摩布独布举之手，他是笃慕的第四十一代孙，是继举奢哲、阿买妮之后的又一位彝族大经师、史学家、思想家和文学理论家。他写的《天事》，是后世毕摩必读之书。在《纸笔与写作》中，布独布举对举奢哲的《彝族诗文论》进行了比较深刻的论述和评说，同时阐述了诗歌要讲究韵律的见解和理由，并提出了彝族诗歌的押韵方式，即“三句三句押，前后要协韵，头和中尾押，二句二句押，一句三句押，读来真好听”。又说：“九句九句押，六句六句押，三句三句押。三段九句中，首句都要押，段中两句押。”并对各种押韵形式都举例说明。

《纸笔与写作》还论述了作品与作者、读者的关系，认为诗写得好不好，关键在于诗人，指出“如要写好诗，诗人笔底生；所有诗和文，笔者手下成；写诗好与坏，全靠写之人”。诗人写出好诗供人欣赏，而读者只有不断勤奋学习，才能很好地进行欣赏，才能抓住诗情，品出诗意。作者还告诫年轻人：“只要多读书，就能懂诗和文……诗文读百本，熟读自然明。”

《论诗的写作》约成书于南诏国时期，作者布塔厄筹是芒部君长家的大毕摩，是笃慕的第42代孙。在此诗论中，布塔厄筹对彝族“三段诗”韵律作了探讨和总结。他说：“古时三段诗，一段押一段，一段扣一段。押来音韵明，看来不错乱。一段一段看，段段都明白。”他举例：

天上星斗多，
星多明星多。

彝地山岳多，
山多水也多。

歌场美女多，
女多心也多。

布塔厄筹说：“我讲的这样一首爱情诗，我是这样分三段。”又说：“一首分三段，三段尾押韵；读来很优美，唱起来好听。”还说诗歌无论长短，“字韵都可押……音协可以押，音变可以换。字同可以押，字变可以换；韵变音押音，字变字押字，首尾紧相扣”。

《诗歌写作谈》的作者举娄布佗也是一位大毕摩、文艺理论家，与布塔厄筹为同时代人。他为人正直，疾恶如仇，具有反抗精神。他与布塔厄筹交往甚密，曾合作著有《圆梦记》一书，揭露君长的残暴，对平民百姓的遭遇和痛苦深表同情。他写的《诗歌写作谈》提出了一些有见地诗歌写作论点，主要为：

一是诗歌的创作题材没有限制，强调题材的丰富性、广泛性。他说：“世间诗文多，万物都可写……能叙大小事；能讲猪鸡鸭，能讲牛羊马……可将勇者夸，能将好坏分……大事小事明，君史臣史清，把‘死者’和‘活者’分辨明。”

二是强调诗的“主”和“骨”，指出“诗要寻根，有根方为上。……彝诗无根底，不算好诗章”。他所强调的“根”，就是彝族诗论先驱阿买妮在其《彝族诗律论》中所反复强调的“主旨”。

三是写诗要讲究音韵。举娄布佗说：“讲诗要讲音，不讲音不好。……所有讲音者，音要讲得准，音韵要辨明。诗歌无音韵，读来不感人。写诗不押韵，诗好诗不美，诗好不明畅。”提出了他对诗歌的审美观点。

四是诗歌写作要讲究技巧。他说：“所有诗歌呀，用诗写的书；边写边要看，边写边要念。”只有一边写一边念，“这样写出来的诗，读来既好懂，字句也明白”，诗歌才完善。

五是要写诗就要多读书，只有多读书，才能扩大视野，扩宽思路，丰富想象力，增强表达能力。他说：“所有写书的人，须读万卷书，先要读好书，深解书中义。”要博学、博书，诸如“六祖历史书，彝地记事书、彝地论事书、彝家祭祖书、彝地歌场书、世间祭祀书、天地星象书、彝地分日书、彝地分月书、世间人生书、人类历史书、探银炼金书、谈食品的书、讲盐史的书、奴仆来历书、人君史事书、歌场叙女书、男儿娶亲书”等。

《彝诗九体论》为彝族文艺伦理家实乍苦木所著。除此以外，实乍苦木还著有《论日月星辰》《论物种分类》《定年定月定日》等理论书。《彝诗九体论》主要从以下几个方面论述了彝族诗歌的体式创作。

一是对彝族九种诗体韵律进行解释。在论述中对举奢哲，阿买妮等先贤大师的诗歌伦理精要，作了反复强调和阐发，并举例解释九种彝族诗体不同的押韵方法。

二是论述文学题材的广泛性，同时强调主要写人。他说：“世上有万物，万物随你写；可是写作时，却常离不开，离不开写人。”文学写作离不开人的观点，这对于一个古代文学理论家来说，是很难能可贵的。

三是诗论第一次触及到母语的声调。论述中明确提出：“彝音有四声，句音四音声；正音有四个，四字分四声……除开正音外，还有三小音；有时可认同，有时则不同”，指出“写诗音要准，音准才能连，连来才有扣，有扣才有精”。

四是强调文学的社会功能。实乍苦木说：“诗歌如明月，诗歌像阳光，（它的）作用大，骨力劲，威力强；它能使人们，人人都高兴，人人都欢畅；（能）使人心悲伤，使人心惆怅；（能表达）民众的忧伤，当奴的苦楚，当君的骄横，婚姻的痛苦；（也能表达）人世的美好，人类的繁荣，大众的欢乐，人民的昌盛；（反映）男女的勇敢，君长的残暴，贫民的聪明，工匠的巧妙，世人的勤劳，（以及）金银的增盈，牛羊的繁殖，禾苗的生长，庄稼的收成。”这些关于文学的社会功能理论，不是空中楼阁，而是以社会生活为基础的文学创作根基。

《论彝诗体例》是一部用五言写成的古代彝族诗论，是彝书《蛮部》中的重要组成部分，作者是大理国时期蛮部君长家的君师、大毕摩布麦阿钮。

布麦阿钮在《论彝诗体例》一书中，对彝族诗歌的创作体例进行了多方面的探讨和阐述。他对阿买妮的彝族诗歌主骨论，或称根骨论进行了深入的阐发，指出“万物都有根，各自都有主……当你写诗时，必须抓住主，抓事物主题，抓血肉的根。根本抓好了，写出来的诗，诗歌就有主，诗歌就有骨”。又说：“诗要有骨力……诗要有主干”，其核心就是要抓住诗的主题，即所要表达的中心思想。

其次是作者反复强调："彝缩诗分三段，头段谈物体，二段指物身，三段是主骨。"同时引民间三段诗例证：

花开花伤心。
花不开之时，
蜜蜂不见影，
如今花开了，
蜜蜂飞来了，
花被采走了。

大河真伤心。
没有鱼儿时，
捉鱼人无影，
河里长鱼了，
打鱼人来了，
鱼被打走了。

母亲真可怜。
没生女儿时，
儿郎也不来，
女儿长大了，
儿郎也来了。
女儿出嫁后，
母亲真可怜！

这首"三段诗"通过"花""河""母亲"三件事的连环比喻，揭示了女儿出嫁后给母亲带来的孤独、凄苦和悲凉的可怜境况。这就是主旨、主骨，即诗歌的中心思想。

彝族古代诗文理论数量之多，内涵深远，难以列数。早在魏晋南北朝时期，彝族先民们就用自己的母语写出不少的诗文理论，足见彝族诗文创作和诗文理论曾经有过的发达和繁荣。由于战争和频繁迁徙等种种历史原因，许多诗文和诗文理论作品未能保存下来。

一个世居祖国西南地区的少数民族，彝族诗文及其诗文理论何以如此发达？归结起来，其原因主要有四。

第一，深厚的诗文理论土壤为彝族诗文及其诗文理论奠定了坚实的孕育和发展基础。《查姆》《梅葛》《阿细的先基》《勒俄特依》《天地祖先歌》《天地和人》《布尼布卓》等上百部长篇古典史诗，以及数量众多的创世史诗和难以计数的各种长短诗文，为诗文理论的繁荣创造了丰厚的土壤条件。据粗略统计，全国截止到今天翻译整理编印成书的彝族诗歌中，仅古典长诗就有50多部，创世古诗则更多，其他各种长短诗文更是浩若烟海。诗文的生长和繁荣，也催生和繁荣了诗文理论的繁荣；反过来，诗文理论又进一步促进了诗文的创作和繁荣。

第二，历史久远的母语文字是产生和发展彝族诗文及其理论的重要条件。在人类历史上，一个民族有无自己的民族文字，其文学和理论的发展就大不一样。没有自己母语文字的民族，即使是口传的诗文很发达，但其诗文理论只能是分散和零星的，不可能是完整的，更不可能是系统的。彝族有自己悠久完备的母语文字，并广泛用之于诗文及其理论创作中。在历史发展中承前启后，不断发展提高，不断规范，成为系统。如魏晋南北朝时期的《诗文论》《诗律论》，唐宋时期的《诗体例》《诗例话》等。

第三，毕摩和摩史在彝族文学及其理论发展中贡献最大，功不可没。在彝族文学发展史上，毕摩和摩史最早将民间口传的文学收集起来，用五言体的诗歌体式进行修改、加工、提升，形成了卷帙浩繁的彝族诗文及其理论海洋。毕摩、摩史、君师等彝族知识分子，他们最熟捻彝族母语文字，且大都有很深的学识和比较高的创作才能，为多民族的中华诗文及其理论的发展和繁荣做出了自己的贡献。

第四，汉文诗歌及其理论对彝族文学发展的影响明显。早在西汉时期，彝族先民中就开始出现精通汉语文学的文人。古代诗歌作为彝族的文学的主体，从内容到形式，都不同程度受汉文诗歌的影响。产生于上古渔猎时代的彝族民间诗歌多数是三言句，如“追麂子，扑麂子，敲石子，烧麂子；围拢来，作作作”。至今仍流传于许多地方的彝族打歌，最早时也是三言诗句。到汉唐时期成书的彝文典籍，则基本上是五言句了。明清以后，因受汉文七言体诗的影响，彝族作者的七言体诗逐渐增多，并最终取代了五言诗的主体地位，直接用汉文写诗的彝族作者不断增多。

同诗文创作的发展一样，彝族诗文理论的发展也同样受汉文理论的影响。如彝族诗文理论中的“主骨论”，就体现了中国诗歌创作的优良传统。魏晋时期，中国诗文以写意为主，魏文帝曹丕就曾说过：“文以意为主，以气为辅，以词为卫。”曹丕认为文章必须立意高远，才算是好文章。南朝梁时的大文论家刘勰也主张诗文要有风骨，他说：“诗总六艺，风冠其首，斯乃化感之本源，志气之符契也。是以怊怅述情，必始乎风，沉吟铺辞，莫先于骨。故辞之待骨，如体之树骸；情之含风，欲形之包气。”“风骨”，就是诗文的主旨，彝族诗文理论家阿买妮对此也有过类似的论述，且论述得也很清楚。

历史上，任何一个民族的文化，都是在与其他民族的交流中互相吸纳、取长补短，融汇其他民族的先进文化，以丰富和发展自己的民族文化。学习汉族诗文创作及其理论探讨，是古代彝族诗文发展和繁荣的重要因素。同时又在不断实践中，结合自己的民族文化特点，进行不断的创造和发展，并逐步形成了富有自身民族特色的诗文创作形式及其理论体系。

七、唐宋时期的彝族社会风习

《云南志·蛮夷风俗》载："蛮其丈夫一切披毡。其余衣服略与汉同，唯头囊特异耳。南诏王室以红绫，其余向下皆以皂绫绢。其制度取一幅物，近边撮缝为角，刻木如樗蒲头。实角中，总发于脑后为一髻，即取头囊都包裹头髻上结之。羽仪以一及诸动有一切房甄别者，然后得头囊。若子弟及四军罗苴以下，则当额络为一髻，不得戴囊角，当顶撮髽髻，并披毡皮。俗皆跣足，虽清平官、大将军亦不以为耻。曹长以下，得系金佉苴；或有等弟战功褒奖得系者，不限常例。"又说："贵绯、紫两色。得紫后，有大功则得锦。又有超等特殊功者，则得全披波罗皮。其次功，则胸前背后得披，而缺其袖。又以次功，则胸前得披，并缺其背。谓之大虫皮，亦曰波罗皮。谓腰带曰'佉苴'。"又说："妇人，一切不施粉黛，以酥泽发。贵者以绫锦为裙襦，其上仍披锦方幅为饰。两股辫其发为髻。髻上及耳，多缀真珠、金、贝、瑟瑟、琥珀，贵家仆女亦有裙衫。常披毡，及缯帛韬其髻，亦谓之头囊。"又说："异牟寻衣金甲，披大虫皮"，这是南诏王的服饰。《云南志》还说，南诏王及其王室高官"亦有刺绣，蛮王并清平官礼衣悉服锦绣，皆上缀波罗皮"。曹长以下，得系金佉苴，即腰带。罗苴子以下系皮腰带。《通典》在记述云南等地的着装时说："男子以毡皮为帔，女子施布为裙衫，仍披毡皮以帔。头髻有发，一盘而成，形如髽。男女皆跣。"这是全国极大多数彝族的普遍装束，文山州许多地方同样如此。直到新中国建立后的很长一段时期，披毡皮的人仍然不少。现今，在一些边远高寒山区仍然可见这一服饰风俗。

南诏、大理国时期，不少彝区的粮食生产都有了很大发展。但饲养畜禽食用的情况在不少彝区，特别是高山彝区还比较普遍，在不少地方仍然占据经济发展的主导地位。《云南志》载："猪、羊、猫、犬、骡、驴、豹、兔、鹅、鸭，诸山及人家悉有之。但食之与中土稍异。蛮不待烹熟，皆半生而吃之。"有特色者如"鹅阙"，"鹅阙"的做法是："取生鹅治如脍法，方寸切之，和生胡瓜及椒榝啖之，谓之鹅阙，土俗以为上味。"《新唐书·南蛮四》亦载："脍寸鱼，以胡瓜、椒、薮和之，号鹅阙。""南诏家室用金银，其余官将用竹箪，贵者饮以箸不匙，贱者抟之而食。"《云南志》载："夷人喜好饮酒，以稻米酿制。""醞酒以稻米为麹者，酒味酸败。"又说："每饮酒欲阑，即起前席奉觞相劝，有性所不能者，乃至前席扼腕低頽，或挽或推，情礼之中，以此为重。"

《云南志》载：南诏、大理国时期的彝族民居"凡人家所居，皆依傍四山，上栋下宇，悉与汉同。惟东西南北，不取周正耳。别置仓舍，有栅栏，脚高数丈，云避田鼠也。上阁如车盖状"。这种民居建筑样式，与今天麻栗坡、富宁一带彝族白倮人的住房有许多相似之处。

唐代，南诏国男女婚前恋爱是比较自由的，但一旦结了婚，就必须严守规范，不得有外遇越轨行为。《云南志》记载说：“南诏王有妻妾数百人，总谓之诏佐。清平官、大将军有妻妾数十人。俗法——处子、孀妇出入不禁。少年子弟暮夜游行闾巷，吹壶芦笙，或吹树叶，声韵之中，皆寄情言，用相呼召。嫁娶之夕，私夫悉来相送。既嫁有犯，男子格杀勿论，女子亦死。或有强家富室赀财赎命者，则迁徙丽水瘴地，终弃之，法不得合。”

南诏王室多与乌蛮贵族“结为婚姻之家”。当时居住在今云南罗茨、富民、禄丰、马关、河口等地的独锦蛮，又称桃花人，他们中有不少衣着锦服者，是乌蛮中富人比较多的一支。《云南志》记载说，独锦蛮“其族多姓李。异牟寻母，独锦蛮之女也。牟寻之姑，亦嫁独锦蛮。独锦蛮之女为牟寻妻”。

火葬，是彝族中持续时间久远的丧葬习俗。《云南志》记载说：“蒙舍及诸乌蛮部不墓葬。凡死后三日焚尸，其余灰烬，掩以土壤。唯收两耳。南诏家族（王族）贮以金瓶，又重以银为函盛之，深藏别室，俗则一直沿袭至今。”火葬习俗一直延续到明代，至今在川西南、滇西北一些彝族中仍然完整地保留着。文山州彝族虽然早已没有了火葬习俗，但明代以前的火葬习俗也是很普遍的。清代的《开化府志》中，有关彝族行火葬的记述就达16处之多。

大理国时期，彝族先民的服饰与魏晋到唐时期的情况大体相同，变化不大，大都仍然是“椎结、披毡、佩刀”。《宋史·蛮夷四》载：彝族先民“俗椎结披毡佩刀，居必栅栏，不喜耕稼，多畜牧。其人精悍，尚战斗……”《云南志》载：唐宋时期居住在马关、河口两县的“桃花人（独锦蛮）”，亦呼“桃花蛮也。本安南林西原七绾洞左右侧居，人披羊皮和披毡，前梳髻。虽拘于蛮，心向唐化”。《桂海虞衡志·志蛮》说：“诸蛮之至邕管卖马者，风声习气大抵略同。其人多深目，长身、黑面、白牙；以锦缠椎结，短褐；腋下佩皮篋，胸至腰骈束麻索，以便乘马……性好洁，数人共饭一拌，中植一匕，置杯水其旁，少长共匕而食，探匕于水；钞饭一哺许，抟之拌，令圆净，始加之匕上，跃以入口，盖不欲污匕妨他人。”《建炎以来朝野杂记》载：四川凉山西南马湖彝区“多沃壤，宜耕稼，其民披毡椎结，而比屋皆覆瓦，如华（汉）人之居，饮食种艺多与（汉）同”。《宋史·蛮夷四》所载的凉山中心腹地彝区的情况，则与马湖地区有所不同。这些地区的彝族同全国大多数地区彝族一样，都“俗椎结、披毡，佩刀，居必栅栏；不喜耕稼。多畜牧……无城郭，散在山洞，不常其居”。

第七章　土司制度的建立和彝族社会的分化

（902—1658 年）

第一节　“夷”系统的分化

一、“夷”系统内部差异的产生

据常璩《华阳国志》记载，晋王朝时期，今天的四川南部、云南全部，以及贵州西部等南中地区生活着两大系统民族，即“夷”系统和“越”系统。“越”系统指的是今天的壮族、傣族、布依族、水族和侗族等壮侗语民族先民。而“夷”系统指的是以彝族、白族、哈尼族、纳西族、傈僳族、拉祜族等藏缅语民族先民。在这些藏缅语民族中，以彝族人口占多数。其后经过两晋、南北朝时期南中大姓、夷帅的纷争，最后形成爨氏独霸南中的局面。唐王朝建立以后，中央政权扶持彝族武部后裔蒙舍诏在统一“六诏”后击灭了爨氏，建立起了大南诏王国。

南诏王国建立以后，彝族在政治上进入了相对的大统一时期。但是，由于这种统一仅仅只是限于形式上的政治联盟，彝族各部也只是在政治上承认南诏王这个共主，而各部仍然是拥土自立，各据一方，自我封闭的经济状态并未被彻底打破。因此，这一时期也是“夷”系统内部分化较大的时期。

首先，南中地区独特的地理环境，即高山峡谷构成了大多数彝族地区落后的自然经济不容易被打破的天然屏障，从而使这种落后的自然经济长时期稳固在相对的不变之中。其次，自给自足的自然经济生产方式，以及宗法血缘关系链条的环环相扣，由此形成的民族文化背景和心理观念，则又成为改变落后生产方式在思想观念上的精神障碍。两种障碍相互“稳固连接”，成为了彝区各部封闭的自然经济很难被打破的壁垒，进而把彝族各部分割成了相对孤立的、分散的许多大大小小的聚落群体或家支群体，各部之间的联系和交往难以正常进行，生产力只能在漫长的时间中产生一些微弱的量变，造成了彝区各地、各部落之间在经济社会发展上的严重不平衡，难以形成共同的经济和社会基础。几十年、上百年，甚至几百年的长时期相互隔绝，又渐渐产生出各地区、各部落之间在语言上、文化上的差异，这就是今天彝族支系名目繁多的历史原因。研究彝族语言文字的人都知道，彝族文字越古老，越能体现各地彝族的共同点，而越往后的彝文，各地区之间的差别也就越大，这就是长期相互隔绝的历史结果。麻栗坡县东部、广南县东南部、富宁县以及广西西部地区的许多彝族每年都过荞菜节、打宫节，跳铜鼓舞，却不过火把节。说明这些地区的彝族离开彝区内地的时间很久远了。在他们离开彝区内地的时候，火把节这一后来形成彝民族全民性的共同节日时，他们已离开彝区内地，失去了与母体文化的联系，因而也就不过火把了。而"荞"这一彝族传统的主要粮食作物，是彝族最古老的粮食来源，人们祭祀"荞神"，过荞菜节，说明荞自古以来就与彝族人民的生活息息相关。而铜鼓这一经历了从釜到鼓，再到神器的神圣器物，自古以来就是彝族人民克服困难，战胜敌人的一种号令神物，因此人们祭祀它、珍藏它，使之沿袭下来。所以，荞菜节、打宫节、跳铜鼓舞这样的彝族节日，在彝区内地逐渐消失以后，仍然在边远的彝族地区被很好地保存下来。

由于各地区、各部落之间长时期的拥土自立，自我封闭，使一些地区的彝族部落与母体的差异越来越大。如"六祖"分支后的乍部落，他们曾在今天的楚雄一带兴盛一时，后来迁徙到"点错雅卧"（今大理地区）后，接受了汉族的先进文化，其生产力的发展水平已经接近了汉族地区的发展水平。而同样迁徙到大理地区的武部，到节阿武之世与乍部联姻，两部一起共同建立起了部落联盟国家制度——"哈"。武部后裔洛陀施后来生了9个儿子，其中施不木、施那外、施阿纳、武洛洛、武布谷和施阿直分别居住在左、右、东、南、西、中六方，成为了后来的"六诏"。由于他们与内地汉族的交往密切，接受的汉文化越来越多，经济社会发展也就相对较快，又在唐王朝的支持下，逐步形成统一西南地区，建立大南诏国的实力。

此外，"六祖"分支以后，各部落向各地区迁徙、扩展的过程中，他们不仅与其他民族发生战争，而且彝族内部各部落之间也不断地发生争斗。从《西南彝志》中可以看到，彝族各部之间的纷争是很频繁的。例如，糯部慕雅热第十世孙大鲁歹时，率其部属阿史觉、师布雅舍与在楚雄一带的乍部和武部长期互相攻伐，战争持续了很长时间，后糯部联合默部组成共同联军打败了武、乍联军，不但遏制住了武、乍二部的东进势头，而且先后把他们逼迁到了滇西洱海地区。

在古代，民族内部的战争是民族自身把自己整合为共同体的一种历史过程，如战国时代中原地区的七雄争霸，最终归于秦的统一，形成了汉民族共同体的最早前身——"秦人"。但是，在古代西南彝族各部之间的纷争，却没有向兼并、统一的方向发展，而是在彼此相互攻伐中一直谁也吃不了谁，使各部之间相互独立封闭的倾向更加严重。久而久之，这种相互攻伐就逐步变成了"打冤家"的不良传统长期沿袭下来，从而形成了部落林立，各自为政的局面。在文山，这种部落或群体之间各自为政，极少互相往来，甚至同族各部或支系间互不认同的情况至今仍然存在。这些就是许多彝族人观念保守，发展缓慢的历史原因之一。

另外，自西汉以来，随着“西南夷”地区与中原内地经济、政治和文化联系的不断加强，内地汉民族先进的经济、政治和文化对彝区影响不断加深，加之两汉时期中原王朝在西南地区采取移民垦殖等措施，内地的地主、商人招募了许多汉族农民进入彝区垦殖。随后，在内地破产的农民、犯罪人员也进迁到彝区生活并定居下来。与此同时，被派遣到西南地区新设郡、县的驻守军队，也有部分落籍下来，他们与彝族人民同列卒伍，共同开发彝区，并渐渐被“夷”化，融入彝族之中。其间，部分清明的汉族官吏在彝区进行过一些卓有成效的治理。如东汉章帝元和年间（公元84—87年）王追任益州太守时，在益州郡、县兴办学堂，一些彝族子弟进入学堂读书识字，接受了汉文化的影响，慢慢改变了一些不良的民族风俗习惯。东汉末年至蜀汉初年，武部首领兹夺武乌（孟获）的曾祖父孟孝琚，12岁时到成都去学习韩愈诗，兼通孝经二卷，就是这种影响的典型表现。

南诏王国建立以后，西南地区的政治、经济、文化中心移到了大理洱海地区。期间，唐、诏关系破裂时，唐王朝几次派兵征伐南诏，特别是公元754年，命李宓率十万大军攻伐南诏，结果全军覆没，李宓阵亡，不少的内地汉族士兵因此流落在了大理地区，娶当地彝族女子为妻，进而落籍下来，渐化为“夷”。他们随之带来的内地先进生产技术，也就成为推动彝区经济发展的重要力量之一。

二、东西差异及民族内部的分化

秦汉时期，西南彝族地区就有了中原王朝组织开辟的僰道、越嶲道和南越道三条通道。但僰道由于曾受到昭通、东川以及贵州西部彝族的阻断，一度妨碍了彝区与内地的交流。越嶲道在东汉末年到蜀汉初期，也被阻断了上百年时间，一直到诸葛亮南征时才又被重新开通。从此，姚州东西部，特别是从姚州到滇池周边地区，经济和文化各方面都有了比较快的发展和变化，经济上的变化就是犁耕和灌溉农业的发展；文化上的变化就是汉族的语言文字和风俗习惯在主要通道两旁、城镇及周边地区产生了很大的影响。因此，在汉文历史文献中便出现了东、西两爨分野的记载。

唐朝时期，西南彝族地区的东、西差异已基本形成。因此，唐人樊绰在他写的《蛮书》中，把今天的曲靖、昆明、马龙、晋宁、澄江、安宁、禄丰等地区称为西爨；把今天的贵州威宁、云南沾益、昭通、寻甸以及红河州和文山州西南部地区称为东爨。

东爨有7个大部落，分别是：东川地区的阿芋部，即之前的阿芋歹部；昭通地区的阿猛部，即之前的乌蒙部；昭通至会泽地区的夔山部；贵州威宁一带的暴蛮部，即之前的乌撒部；宣威、会泽一带的卢鹿部，即之后又扩张发展到镇雄、贵州西部地区的芒部，再又分支发展成芒部、水西和返回原住地今云南宣威的磨弥敛。在今川西南地区则有邛部、两林、丰琶等部。南诏、大理国时期，东爨地区的乌蛮先后分化组合成了37部，其中有4部就在今文山壮族苗族自治州。

西爨主要是分布在滇中及其以西地区，他们大多是南北朝时期爨氏家族的实际控制区。天宝六年（公元747年），南诏王皮罗阁兼并爨区。次年，阁罗凤派杨牟利率兵将西爨地区的爨氏家族及其亲兵强行迁往今保山和临沧地区，原爨氏实际控制区域的彝区由此被称为西爨白蛮。这些地区的彝族以“徙莫祗蛮”最多。唐贞观二十三年（公元649年），唐王朝分别在今天的牟定、广通、楚雄、南华、武定等县市设立傍、望、览、丘、求五州。而在今天的昆明、玉溪、红河、文山等地，也有一些“徙莫祗蛮”人分布。由于受历代王朝主要在滇中地区实行移民屯田的影响，徙莫祗部受汉文化影响较深，到元、明、清时期，已有很大一部分融合到了汉族中，未融合的部分，则向边远的地方迁徙。他们中的一部分后来迁入了今天的文山、砚山、丘北、马关、西畴、广南等县市。景泰《云南图经志书》卷四说，楚雄府的撒莫都（徙莫祗部的一支）已改变了彝俗，衣服、饮食都与汉族相同。明朝末年，云南府、澄江府、永昌府、临安府（当时今文山州的大部分地区属临安府）的不少撒莫都被编入汉户中去。未被融合的还有今天昆明郊区的子君（撒梅），路南、弥勒、泸西、蒙自、丘北、砚山、文山、马关等县市的罗罗（倮倮）、仆拉、撒尼、阿细、阿扎、阿乌等部分支系彝族。

在滇西大理地区，有河蛮、松外蛮等乍部分支出来的彝族，但到了唐、宋以后，他们的语言中已融入了很多的汉语言成分，受汉文化影响较深。他们在织绢、绩麻技术，家畜、家禽饲养，以及农田耕作技术等方面，都比较发达。南诏统一各部之前，武、乍二部共同建立被称为“哈”的统一联盟国家，即汉文文献中所说的“白子国”。属于武部分支之一的蒙舍诏在今天的巍山崛起后，“白子国”联盟破裂，蒙舍诏首领细奴罗取代了“白子国”首领张乐进求。唐开元年间，皮罗阁击破河蛮，迫使其北迁于浪穹诏区内。于是，由原乍部分化出来的河蛮、松外蛮等又分化成数十个小部落。大的部落有五六百户，小的有两三百户，有杨、赵、李、董等数十姓。同时，汉、晋以来迁入西南地区的部分汉族人口也加入了原乍部所属的一些部落家支中。特别是唐天宝十年至十三年间（公元751—754年）对南诏发动的两次征讨战争失败后，大部分存活下来的汉族士兵都落籍到了洱海周边地区的彝族中。南诏摆脱唐王朝的支配后，先后发动对川西、邕管和安南都护府的掠夺战争，并从各地掳掠了许多的汉族人口。这些汉族人口大都被安置在洱海周边地区。这样就带来了彝、汉文化间的加快融合，其结果就是促进了洱海地区彝族部落加速分化。那些吸收汉文化较多的部落，与母体的差异越来越大，甚至渐渐失去本民族基本的特点。

与此同时，由于居住区域的相对隔绝，被称为和蛮（哈尼族），以及施蛮、顺蛮（傈僳族）、磨些蛮（纳西族）等部落，也从彝系统这一母体中分化出去。直到明、清前期，彝族内部仍然在不断地分化。被称为“倮黑”的部分分化成拉祜族；被称为“三撮毛”

的“倮黑”部分分化成基诺族。在文山壮族苗族自治州，唐、宋时期有部分从彝族中分化出来的哈尼族人居住，但到了明、清时期，他们除少部分融入其他民族中外，其他都迁往红河和普洱地区去了。在明、清时期的文山彝族中，这种彝族内部的分化情况才相对停止下来。

第二节　彝族地区封建领主制的形成

一、大理国与彝族的关系

从南诏国政权崩溃到大理国建立之间的36年中，各地领主在洱海地区展开了争夺政权的激烈斗争，整个南诏国陷入了分崩离析而不能完全统一的混乱状态。

长和国的建立者郑买嗣，是公元756年天宝战争期间被南诏国军队俘虏的唐四川西泸县汉族县令，后来做了南诏国清平官的郑回后代。在南诏末年的经济危机中，郑买嗣利用奴隶和村社农民对统治者的不满和反抗情绪，在政权内部发动政变。公元902年，作为南诏国清平官的郑买嗣夺取了南诏政权，建立起了长和国。但是，长和国政治上没有多少作为。公元910年，郑买嗣死，其子郑昊继位。郑昊不久也吃金丹中毒身亡，其子郑隆亶继位。郑隆亶在位仅两年，就被权臣杨干贞指使人杀死了。杨干贞推清平官赵善政为王，建立了天兴国。时隔不到一年，杨干贞又废黜了赵善政，建立起了义宁国，自己当起了王。但杨干贞当政也不到十年，就被在东方37部乌蛮支持下的通海节度使段思平推翻了。公元937年，段思平建立起了历时三百多年的大理王国。

段思平在举行起义前，在其彝族舅舅爨判和鄯阐府彝族大首领高方的帮助下，一方面与东方37部“乌蛮”会盟，答应给37部乌蛮免徭役；一方面化装成猎人潜入洱海及周边地区，与董伽罗、高文等封建家族集团秘密联络，并提出减半洱海地区村庄农民岁粮，宽免徭役三成的口号，得到了人民的广泛支持，从而起义以后，便迅速打垮了杨干贞的军队，推翻了大义宁国政权。

段思平是白族，但其舅家是彝族，与东方彝族各部的关系很密切。因此，在段思平举行反对杨干贞大义宁国暴政的起义中，得到了东方37部乌蛮的大力支持。这37部乌蛮是：

（1）白鹿部，在今天的楚雄州楚雄市。

（2）罗婺部，在今天的楚雄州东部和昆明市西部地区。

（3）华竹部，在今天的楚雄州元谋县。

（4）洪农碌部，在今天的昆明市禄劝县。

（5）法块部，在今天的昆明市禄劝县东部。

（6）普摩部，在今天的曲靖市越州镇。

（7）磨弥部，在今天的曲靖市的宣威、沾益一带。

（8）于矢部，在今天的贵州省普安县。

（9）罗雄部，在今天的曲靖市罗平县。

（10）夜苴部，在今天的曲靖市罗平县亦佐。

（11）纳垢部，在今天的曲靖市马龙县。

（12）罗伽部，在今天的普洱市墨江县。

（13）阳城堡部，在今天的昆明市晋宁晋城。

（14）落蒙部，在今天的昆明市石林县。

（15）落温部，在今天的曲靖市陆良县。

（16）师宗部，在今天的曲靖市师宗县。

（17）弥勒部，在今天的红河州弥勒市。

（18）维摩部，在今天的文山州的砚山县和丘北县。

（19）嶍峨部，在今天的玉溪市峨山县。

（20）休腊部，在今天的玉溪市通海县河西。

（21）嵩盟部，在今天的昆明市嵩明县。

（22）宁部，在今天的玉溪市华宁县。

（23）王弄部，在今天的文山州的文山市和红河州的蒙自市和屏边县。

（24）强现部，在今天的文山州西南部和红河州东南部地区。

（25）仁德部，在今天的昆明市寻甸县。

（26）罗部，在今天的楚雄州禄丰县东北。

（27）屈中部，在今天的红河州开远市和文山州砚山县西部。

（28）步雄部，在今天的玉溪市江川区。

（29）强宗部，在今天的昆明市呈贡区东南阳宗海一带。

（30）普舍部，在今天的玉溪市红塔区。

（31）乌撒部，在今天的贵州省威宁地区。

（32）乌蒙部，在今天的昭通市金阳区。

（33）芒布部，在今天的昭通市镇雄县。

（34）闷畔部，在今天的昆明市东川区。

（35）吉输部，在今天的红河州弥勒市和泸西县结合部地区。

（36）邑市部，在今天的昆明市石林县和宜良县结合部地区。

（37）阿宁部，在今天的昆明市安宁。

从南诏到大理时期，东方“乌蛮”先后分化混合成37部。万历《云南通志·南诏始末》中说，段思平讨伐杨干贞时，“东方三十七部皆助之”。立于大理国明政三年（宋开宝四年，公元971年）的《石城（今曲靖）会盟碑》，记载了东方37部“乌蛮”与段思平会盟的情况。

元朝至元八年（公元1271年），元王朝将东方37部乌蛮地区分为南、北、中三路。南路指临安路，包括今天的文山州西部和除弥勒、泸西两县以外的红河州，以及玉溪市的华宁、通海、峨山等县；北路指武定路和仁德府，包括今天的云南寻甸县、贵州盘县和普安县；中路指今天的曲靖市大部、红河州东北部和玉溪市的澄江县。

这37部“乌蛮”记载于《南诏野史·南诏三十七部蛮》中，但从《元史·地理志》中的记载看，所谓“东方三十七部乌蛮”不只是37部，而且更多。例如，文山州的阿月部（部首领住马关县八寨）就没有列入其中。这种情况如果不是漏记，说明编著《南诏野史·南诏三十七部蛮》时，阿月部还没有形成。

大理国建立以后，其区域基本沿袭了南诏国的范围。由于段思平得到了东方乌蛮的大力支持，故于建国之初大行封赏。如封彝族阿而为罗婺部部长，封些摩徙部首领为河阳郡郡首等。这些受封的彝族首领都是世代承袭，是管土、管民的大、小封建领主，他们都有固定的耕地和属民，对大理国王负责纳贡，征调兵役和劳役。

大理国统治者在加封彝族领主的同时，也加封了不少白族领主。这些白族领主受封以后，为了扩大自己的领地和庄园，经常侵占临近各族人民的土地，并把失去土地的农民降为自己庄园的农奴，加以剥削和压迫。例如，鄯阐领主侵占了世为彝族所居的易门为自己的领地；“大理国高护军”侵占了彝族磨弥部所居的交水（今曲靖市麒麟区）为自己的私邑，并驱逐了磨弥部首领蒙提，使这些地区的彝族沦为侵占者们的农奴。

大理国时期，西南彝族居住的许多地区已进入封建社会。以东方37部为主的彝族在行政上隶属于大理国“八府四郡”中的鄯阐、威楚两府和东川、石城、河阳、秀山四郡，今文山州的大部分地区属于秀山郡，郡首脑驻地在通海。后在秀山郡东南部，即今文山州西部设最宁府。最宁府领部11。彝族人民在本族或他族领主的统治下，除了要将土地收获物的一半以上交给领主外，还要贡纳各种土特产品。领主掌握着对彝族等各族人民的生杀大权，肆意增加许多超负荷的负担，残酷地对属民进行剥削和压迫，因而不断引起了以彝族为主体的各族人民的反抗。鄯阐府领主高氏大修宫殿、园林、寺塔；大理王段素兴也在昆明大修宫殿和园林，过着“酒池肉林”的奢侈腐化生活。封建主们还经常因争权夺利而互相攻杀。为了防御，又在各地广修城堡。这些巨大的工程都是用彝族等各族人民的血汗换来的。大观五年（公元1109年），东方37部彝族人民不堪领主的压迫和欺凌，举行反抗领主的起义。其后于绍兴十七年（公元1147年），又一次举行武装起义，起义军围攻鄯阐府，杀死了作恶多端的封建领主高明清，给封建统治者以沉重打击。

南诏、大理国时期，在以今弥勒市为中心的滇东南地区，出现了一个敢与蒙、段政权抗衡的地方“独立王国”——自杞国。自杞国就是在与大理王室的分庭抗礼中逐步发展强盛起来的。这样的“独立王国”还有贵州地区的罗殿国和罗施国。

二、川西南地区的彝族部落

七八世纪时，在今川西南凉山地区的安宁河流域，出现了以勿邓、两林、丰琶3个彝族部落为主的部落联盟。勿邓部落的首邑在今西昌，下辖21个家支。勿邓南部有两林部落。两林部落下辖9个家支。两林部落以南，有丰琶部落。丰琶部落下有2个家支。各部的基层单位是建立在以血缘为纽带的家族村社。村社人群过着以畜牧经济为主的农牧生活。这些部落的社会组织形式，是每一百家到两百家左右构成一个小部落，小部落之上有大部落。部落首长称为“鬼主”。大部落有“大鬼主”，小部落有“小鬼主”。而各大部落推举一个酋长为盟主。“鬼主”制度是一种部落联盟盟主集宗教祭司、军事首长和行政首脑于一体的政治制度，也就是彝族历史上说的“苴”“莫”“毕”三位一体的统治制度。

宋朝（大理国）时期，勿邓部势力逐渐强大起来，自称为“百蛮都鬼主”。其后，勿邓部又逐渐繁衍分化出许多互不统属的“部”，如在今天渡口东南的黎驱部，会东县境内的绛部，德昌县东南的巴翠部，德昌县县城及周边的赦延部，德昌县南的屈部，泸沽湖一带的落兰部，美姑县的阿部，金阳县北的沙部，宁南县的科部，等等。大理国时期，落兰部征服了大渡河以南，金沙江以北的许多部落。元朝至元三年（公元1275年）建立的罗罗斯宣慰司，就是在落兰部的基础上建立的。而此期间，在今凉山州东部的宜宾、叙永一带的马湖地区，也是部落林立。

宋朝建立初期，宋太祖消极地总结了唐王朝与南诏关系的经验，认为南诏国是唐王朝时期祸害最深的地方，因而主动放弃了四川沿长江上游至大渡河以南地区。对戎（宜宾）、泸（泸县）、黎（汉源）以南的彝族地区也采取消极的防守策略，从而在北、南两宋300多年时间里，上述这些地区成为宋王朝与大理国政权相互争取的地区，出现了奴隶制经济相对繁荣的状况。

据相关彝文史料记载，宋代的上述戎、泸、黎三州彝族地区，农业生产有了显著发展，水稻产量增长很快。公元1013年12月，泸州有些彝族村落积谷数万石，宋军在战争中一次就夺粮五千石。马湖地区有7个彝族部落的农业生产水平已接近内地汉族地区。黎州的大渡河外，水田累累，许多汉族农民不断进入这些地区。而在叙州正西的石门部和许多羁縻州，由于海拔较高，畜牧业居于主要地位。纺织工业也有了较快的发展。这些地区的东部彝族，向北宋王朝多次进贡莎箩幔、莎萝鞍复、莎萝勒帛、花毯、白毡等丝、毛织品。盐源、马湖地区进贡物则是巨木大板，泸州地区进贡的是泸茶，说明这些地区彝族的农、牧、副业和手工生产取得了明显的进步和发展。到12世纪早期的北宋徽宗政和末年（公元1111—1115年），泸州南部地区的彝族人民每年冬季都要到泸州城互市。他们从江门寨划竹筏而下，贩运椹、茶、麻、酒、米、鹿、豹、皮、毡兰、杂货等，到互市场进行交易。

由于戎、黎、泸三州地区社会生产力的较快发展，决定了奴隶制生产关系的进一步发展。首先，为了适应奴隶制的发展，邛部和勿邓两部经常向外掳掠人口。南宋绍兴八年（公元1138年），虚恨等部彝族掳掠了忠镇汉村的汉民。马湖部落也在嘉定（今乐山）一次就掳掠老弱妇女数百人。其次，在上述三州的边沿地区，封建地主经济也开始发展起来，特别是在大渡河以南地区，自唐代以来，由于汉族移民不断迁入，发展较为明显。公元10世纪50年代（宋皇祐年间），汉嘉（今四川雅安地区）一带发生灾荒，不少汉族人民渡过大渡河，逃到了彝族聚居地区，租种彝族地主的土地——蕃田，以收获物的十分之一作为地租交给彝族地主。这些汉族农民以先进的铁制农具和生产技术，带动了这些地区农业生产的发展。随着奴隶制经济和封建制经济的推动，川西南彝族地区腹地的政治组织也发生相应的变化。过去，这些地区的东蛮三部以两林酋长为“都大鬼主”，到了宋代，由于邛部、勿邓接近汉区，经济发展较快，勿邓首领取代了两林首领做了“百蛮都鬼主”。这时，凉山地区的彝族组织中出现了新变化，即在“鬼主”之外，出现了许多的“王子”。宋至道元年（公元995年），宋王朝一次就给邛部的19个王子加封，并赐敕书安抚鬼主36人。汉文史籍中把“王子”和“鬼主”并列。由此可以看出，此时，凉山彝族地区出现了政治领袖和宗教祭司共同管理部落的结合形式，而历史上的“毕”（宗教祭司）、“苴”（君长）、“莫”（臣）“三位一体”的部落管理形式则开始发生分裂。

三、元朝时期的“罗罗”

“罗罗”这一彝族名称，始见于元朝时期的史籍记录。李京《云南志略》说：“罗罗，即乌蛮也。男子椎髻，摘去须髯，或髡其发。左右配刀，喜斗好杀，父子昆弟之间，一言不相下，则兵刃相接，以轻死为勇。……妇人披发，衣布衣，贵者锦缘；贱者披羊皮……室女耳穿大环，剪发齐眉，裙不过膝。男女无贵贱皆披毡跣足，……虽贵，床无褥，松花铺地，唯一毡一席而已。嫁娶尚舅家，无可匹者，方许别娶。有病不识医药，惟用男巫，号曰大奚婆，以鸡骨占吉凶。酋长左右，斯须不可缺，事无巨细，皆决之。……如酋长无继嗣，则立妻女为酋长。……酋长死，以豹皮裹尸而焚，葬其骨于山，非骨肉莫知其处。……多养义士，名苴可，厚赡之，遇战斗，视死如归。善造坚甲利刃，有价值数十马者。镖枪劲弩，置毒矢末，沾血立死。自顺元（今贵阳）、曲靖、乌蒙（今昭通）、乌撒（今贵州威宁）越嶲（今四川西昌）皆此类也。”“罗罗”在当时的这种经济、政治、文化和社会生活状况，在新中国成立初期，包括今文山州在内的全国彝区，都还比较普遍的不同程度地保持着，尤其以大、小凉山地区最为普遍。这里所说的“酋长死，以豹皮裹尸而焚，葬其骨于山，非骨肉莫知其处”，是彝族崇虎观念的具体表现。现今丘北县说的所谓“僰人悬棺”，也就是这种“葬其骨于山，非骨肉莫知其处”的葬俗。

“罗罗”这一族称的由来，明天启《滇志》卷三十说，乌蛮“其初种类繁多，有号鹿卢蛮者，今讹为罗罗”。也就是说，把原来的“鹿卢”异写成了“罗罗”。南诏时期，北部乌蛮7部落中有落兰（即鹿卢蛮）部落，即元代乌蒙与越巂之间的东川路罗罗。而在南诏时期，北部乌蒙7部落中，又各自分为许多大大小小的部落和氏族，史书作者嫌其名称太多，而实际上他们又都同属于一种民族，便以“罗罗”这一族名来通称。到了大理国时期，北部乌蛮7部落之东部的乌蛮部落也被写作了“罗罗”。《宋史·泸州蛮传》说，泸州之南有乌蛮王子称“罗氏鬼主”，“罗氏鬼主”也就是“罗罗鬼主”。“罗氏鬼主”到元朝初年又被称为“罗施鬼国”。“罗施”在彝语中的读音为“鲁斯米”，即“罗罗族居住的地方”。《明太祖洪武实录》记载说：“东川、蛮部（今镇雄）诸夷，种类虽异，而始皆出于罗罗，阙子孙藩衍，各立疆场，乃易其名曰东川、乌撒、蛮部、禄肇、水西（今黔西），无事则互起争端，有事则相救相援。”

“罗罗”在西南地区均有分布。

在北部地区，《明史·土司传》说：（洪武三十一年）“改建昌路为建昌卫，置军民指挥使司，安氏（罗罗土司）世袭指挥使，……所辖四十八马站……。延袤数千里，……有把事四人，世辖其众。”

在东川地区，明嘉靖《四川总志》说：“夷人有二种：其一曰罗罗，即爨蛮也。性劲而悍，摘须束发于顶，覆以白尖巾，衣以毡，履以革。”乾隆《东川府志》说：“爨人，……明人呼为倮罗，居板屋，上压石。……其首长椎髻帕首，大若盘盂，戴狐皮；妇人衣绮罗。其余男子椎髻帕首，珥坠大金银珰，青布短衣，剪各色布缀毛褐为统裙，尖头大鞋，肩披青毡一片。……元为黑罗罗。则补凉山皆爨人，四乡八里爨人十居六、七……。”

在乌蒙地区，《云南志略》说，乌蒙一带皆“罗罗”之类。《四川总志》说：“民有三种：曰罗罗、曰土僚、曰夷人。”显然，这其中还有一部分没有被称为“罗罗”的“夷人”。

在芒部（镇雄）地区，《明太祖洪武实录》卷一说，这些地区“皆出于‘罗罗’”。乾隆《镇雄州志·种人》说：“罗罗，以黑白二种分贵贱，其黑陇氏（指陇氏土司）之支派；白种乃其异姓臣庶也。”

在永宁（今四川叙永）和水西（今贵州黔西）地区，乾隆《贵州通志》卷七说：“倮罗，本卢鹿，而讹为今称。在大定所属有黑、白二种，黑者为大姓，又名乌蛮。其俗尚鬼，故又名罗鬼。……谚云：水西罗鬼，断头掉尾。言相应若率然也。”

在曲靖地区，《云南志略》说，元代曲靖路是罗罗的主要聚居区之一。到了明代，罗罗的居住分布情况有了变化。所以景泰《云南图经志书》说：“郡中夷、汉杂居，列屋于府、州、县之近者，大抵多汉、僰武人（黑罗罗），……其曰罗罗者，则散居村落，或至城市买卖。”可见，当时曲靖府的各个州、县农村，大都是罗罗居住。《明太祖洪武实录》卷一九三在记载洪武二十一年，官军镇压越州（今曲靖市麒麟区东部）罗罗首领阿资，罗雄（今罗平）罗罗营长发起反抗的情况时，说这些地方“都属俱罗罗斯种”。到后来清朝时期写的《云南通志》及曲靖府属各州、县自己编写的史书中，都说这些地方“多居罗罗”。如乾隆《沾益州志》载：“黑罗罗，于夷为贵种。夷之在境者虽分黑、干、白三种，而总号卢鹿，今讹为罗罗”。康熙《平彝（今富源）县志》载：“黑罗罗，……在夷为贵者，凡土官、营长皆其类也。”又，“乾罗罗，彝中之氓也，多贫……”。又，“白罗罗，在夷中为次贵，即土官之把事等役是也。”康熙《罗平州志·种人》说：“黑罗罗，以阿为姓，……凡土司、营长皆其类也。”（按：这里说的“黑罗罗，以阿为姓”，显然是不对的。因为彝族人对长辈、晚辈和兄弟姐妹的称呼，大都在称呼前面加上语气助词“阿”，这种称呼至今如此。“阿”并不是姓）。又，“黑乾罗罗，男女服饰稍异前类（指黑罗罗），……迷信鬼蛊，昔盛，今稍改移，……”。乾隆《陆凉州志》载：“黑罗罗，性谨持，多不入城市，耕种山地，……。”又，“白罗罗，性柔软，耕种、服饰与黑罗罗同”。道光《宣威州志》说：“黑罗罗，……婚娶以牛马金帛为聘。”又，“乾罗罗，……居必高山深谷，……呼黑、白罗罗为主”。又，“白罗罗，男女衣妆悉如黑种”。

其他各州、县记载大体相同。

在滇中地区，元代中庆路，明、清时期改为云南府。区内这一时期的史料记载，各州、县大都为“皆罗罗”。《元史》卷一六七《张立道传》说，张立道于至元前后为云南劝农使，兴修滇池水利，当地农业生产因之得到发展。于是，“罗罗诸山蛮慕之，相率来降”。《滇志》卷三十说：“黑罗罗，在安宁、禄丰，多负盐于途……。”康熙《呈贡县志》卷一说：“村居之人，多僰、倮（即罗罗），半耕半读，渐染县（汉）俗，……。”雍正《富民县志》说：“邑治原无土司，四山僻有黑、白罗罗二种，……。”道光《昆阳州志》说：“黑罗罗，多处州境西南内甸重山复箐，地多暖少寒，……。”又，“白罗罗，多居外五庄及三泊（即滇池、抚仙湖、星云湖），亦间有杂处汉人村屯者”。乾隆《易门县志》卷六说：“黑罗罗，……在夷为贵种，……。”又，“白罗罗，……习俗语言与阿车（即阿者或阿扎，罗罗中的一支）大同小异，……”。万历《云南通志》卷三在记述澂江府风俗时说：“近郡之夷名罗罗，……敬其长上、土官至，争迎到家，刲羊击豕，罄所有以饮之。”明天启《滇志》说：“白罗罗，……在澄江者，渐习王化，同于编氓，……。在江川（者），……皆称撒马都（罗罗的一支，即南诏时期的徙莫祇蛮），大抵寡弱易治。”又，“阿者罗罗，衣服大略与黑倮同，婚丧如白倮，……东偏则江川诸邑有之”。又，“其在新兴州者，不著其种汇，止曰罗罗，所居茅舍，……新兴者居昌明里，力田为生”。

其余州、县记述大体相同。

在滇东南地区，即今天的文山州、红河州和曲靖市的师宗县。

元、明时期的广西路、广西府（包括今天的泸西、弥勒、师宗、丘北等县和砚山县西部）。《元史·地理志·广西路》说：“东爨乌蛮弥勒等部所居，后师宗、弥勒二部浸盛，……元宪宗七年，二部内附，……至元十二年，籍二部为军，立广西路，……。”

南诏、大理国之时，在元朝时期的广西路一带，《云南志略》说，这些地方多“罗罗”。《土官底簿》说：“师宗州同知阿的，罗罗人。”则府内同出于“东爨乌蛮”的弥勒州（今弥勒市和丘北县西北部）、维摩州（今砚山县北部和丘北县南部）的土官及其大多数部民自然也就是“罗罗”人。《明孝宗弘治实录》说：“广西府，旧有土官知府，后改建流官，所属皆僰人、罗罗。”正德《云南志》卷七广西府说：“罗罗妇人以布为袍，……惟黑罗罗自以为贵族。”万历《云南志·广西府》说：“黑爨、僰夷、土僚、沙蛮、罗罗五种杂居。……黑罗罗，自恃其贵而强，好斗争，……。”民国十五年（公元1926年）编写的《邱北县志》附人种表中，列出有当时丘北县（不包括今舍得、官寨乡和双龙营镇西部）的5种罗罗，即黑夷万余人、撒尼千余人、罗罗二千余、白夷千余、仆拉千余，还有不计数的阿兀（阿乌、阿武）、葛倮（即今丘北县所说的“僰人”）共7种，并对其中的几种分别作了特别叙述：

——阿兀，即鲁兀。冠服同汉族，惟女子戴荷叶箍、鹰嘴勒（即今天所说的“鸡冠帽”）。男女耕绩，多与汉族杂处。喜读书，惟俗尚巫祝。近日进化，婚丧概从汉族礼。（注：阿兀即阿武，是武部后裔，属黑彝中的大黑彝类。阿兀之称至今未变）。

——黑夷。男子冠服同于汉族，惟妇女头顶袈裟（纱帕），遇尊长则障其面。爱畜牛羊，耕田营生。间有读书者。遇喜庆宴会，竞尚奢侈，平日则俭约至极。虽素封家，亦藜藿是甘。婚认种族最远，族不与各夷同。该族性亦最狡悍。（注：黑彝即乃苏、尼苏或纳苏等，是黑彝中的小黑彝类）。

——撒尼。冠服色尚青蓝，披黑、白羊皮。女服多用红绿色。以麻网束发，外用布箍连发辫，挽之若蟠蛇状。男女耕田，蓄牛羊。多居山喜猎，善用鸟枪。重媒妁，丧祭用巫占卜。以白鸡书字，形如古钟鼎。这是文山州彝族书写使用彝文的记录之一。（注：撒尼人直到清朝中期才从石林、弥勒等地进入丘北县，是进入今文山州境内最晚的一支彝族）。

——葛倮。衣麻布，披羊皮毡衫。未婚者均畜发。以细麻辫裹之左右成两珥状，饰以海贝。衣则以羊毛线茜染五彩，织锦为帐，莫分其男女。惟女不穿袴（裤），以麻布四幅为裙。膝下扎麻布一尺。男有妻子后，岳家始为薙发，易以蓝布包巾。女子嫁后，收发上箍，曰大头，饰以璎珞。一生耕牧为业，山居而好酒。族类相聚，浮白大块，虽醉死而无悔也。婚丧不以礼。[注：今丘北县把葛倮说成“僰人”，是一种误解。葛倮自称阿细泼（人），其他支系彝族则称其为葛仆或果仆，他们不是“僰人”，而是彝族中的阿细支系人，他们与弥勒市的阿细人语音相同，常有往来，关系密切]。

——仆拉。衣服同汉人，以青布包头，坠以璎珞，面系围腰，宽口袴（裤）脚。（注：民国《丘北县志》中说的这种仆拉，主要居住在县境南部的天星、平寨两乡，是今天文山市和砚山县一带的彝族阿扎支系人）。

——白夷。男皆短衣，腰下用花布一方作帏裳。女无论少长，以海巴笼头，如马羁勒状。上衣前短及膝，膝后长及踵。前方腰下仍以花布一方围之，长与胫齐，若四块瓦。然婚娶乃步行入房，各宿三朝归，宁不再来。除夕前三日，婿亲迎归，同居不离。新正以猪蹄，须连腹下肉直至后腿，割为两方送岳家，名曰谢亲礼。食最俭节，殷实亦无食米者。[按：白夷在今丘北县也被称为“僰人”，是一种误解。白夷自称古尼（古纳或古聂），其他彝族支系称其为葛仆或果仆，他们不是“僰人”，而是白彝中的一支。这种白夷不仅丘北有，临近的弥勒、泸西、师宗、罗平等县都有，而且数量更多]。

清朝时期广西府改广西直隶州（含今丘北县中西部）后，区域内有关“罗罗”的记载大体同于明时。康熙《广西府志》卷十一说：“黑罗罗，挽髻插骨簪，……男女俱赤足”。又，“白罗罗，俗呼为所完（撒完）罗罗，性柔弱。善耕种，……。”雍正《师宗州志》卷下说：“白罗罗，性懦。”清乾隆《弥勒州志》卷二十一说：“黑罗罗，挽髻插骨簪。”

临安府（治所在今天建水）、开化府（治所今文山）“罗罗”。

元、明时期的临安府或临安路，区域包括今红河州绝大部分地区和除丘北、广南、富宁三县以外的文山州。元、明、清时期的史书，都记录这一带大都有“罗罗”。《元史·世祖本纪》和《爱鲁传》都记载从中庆路（昆明）出发，经过“罗罗”“白衣”居住地区入交趾（越南北部）。“罗罗”自然是彝族，而“白衣”则是今天的壮族。

元、明时期，临安与开化府还未分设，临安之北为中庆路，南与交趾相连，而“罗罗”与“白衣”共居在同区域内，特别在今文山州更是如此。《招捕总录》说：“至元十一年，阿迷（今开远，包括今砚山西部）土官日苴、火头抽首，领落落（罗罗）军劫僰人。”阿迷州属临安路，这些地方的“罗罗”到了明朝时期，有了进一步的明确记载。《景泰云南图经志书》卷二记载说，在临安路，“其居于山林村落之间者，多夷罗之民，……”。天启《滇志》卷三十说：“白罗罗，……在临安者渐习王化，同于编氓，……在蒙自尚称‘顽梗’（意即不容易被汉化）……。”又，“阿者（阿扎）罗罗，衣服大略与黑倮同，婚丧皆如白倮。……”。又，“鲁屋罗罗，……独临安鲁郭村有之（注：实际上不只鲁郭村有，其他地方也有）”。又，“妙罗罗（指土司家族，不是专指一个支系名称），皆土酋官舍之裔，……在阿迷州为诸种所敬惮，……”。

当时的文山，天启《滇志》卷三十中也有较为详细的记载，如“其在王弄山（今文山市西部）者，不著其种汇，止曰罗罗，……”。又，“教化山部长官司（今文山城西），……部夷曰马喇（仆拉）、曰沙人、曰罗（倮）、曰依人”。又，“王弄山长官司（今文山市西部）……，所部依人、罗罗、犏鸡、仆喇（仆拉）、沙人、阿成凡七种”。这其中除了依人和沙人属今天的壮族外，其余都是彝族。

《滇志》卷三十对临安府南部（今文山州中西部）的“罗罗”还有许多记载。如“诸甸（按：彝语称坝子为甸）该藏匿山林，群聚杂处，……各长官俱本土罗罗、和泥人，原无姓名，各以族汇本语定名，或随世递承其父名之末字（父子连名）更换一字相呼。弘治初，知府陈晟以百家姓首二句分一姓加于各名上，惟纳楼未受。其地在郡西南，远者不下二百里，近者百里。沐西平（沐英）入安南，盖取道于此”。这里说的“惟纳楼未受”，即在众多的彝族各部中，只有今建水县一带的纳楼部不愿将自己的彝姓改为汉姓，说明当时将彝姓改为汉姓的人已经不少。

清朝初年分临安府东南部设开化府（今文山州中西部），临安、开化二府境内的“罗罗”分布状况，除局部有所变化外，总体上延续了明朝时期的居住状况。雍正《临安府志》卷七说：“黑罗罗，……耕田卖柴为生，能通汉语，各州、县皆有之。惟新平一带蛮山大岭，此种尤多。”“白罗罗，……婚姻惟其种类，以牛羊为聘。近渐习王化，同于编氓”。

康熙《蒙自县志》卷三说：“倮罗，……智与汉同，其服饰则短衣窄袖，缠额及腰，……。”乾隆《石屏州志》卷一说：“石屏居多倮夷，自元时内附，风气渐开……。”又，“卢鹿蛮，即罗罗音讹耳。罗俗二月丑日祭龙，……罗好山谷……”。

康熙《阿迷州志》说：“倮罗，言语多与汉人同（指汉化），山居刀耕，……。”雍正《阿迷州志》和嘉庆《阿迷州志》都有同样记载。今砚山县西部当时属阿迷州。

清康熙六年（公元1667年），置开化府领永定州，寻罢永定，专设府治。两年后（即1669年），废维摩州，以其地分隶开化。维摩州原属教化长官司地，后并入广西（泸西）府，置州，寻废州，附丘北，以其地划归开化。

雍正八年（公元1730年），设文山县，附开化府。先是，开化府设教化、王弄、安南（今蒙自市老寨乡）三长官司暨牛羊、新现、八寨、古木、维摩、陆（乐）竜等处改为八里，即改教化司为开化里（今文山市中部），改安南司为安南里（今蒙自市老寨乡和文山市乐诗冲），改王弄司为王弄里（今文山市薄竹镇），八寨司为永平里（今马关八寨），改牛羊司为东安里（今西畴、麻栗坡），改陆（乐）竜、新现为乐农里（今文山市德厚乐竜），改维摩州为江那里（今砚山），改古木司为逢春里（今文山市古木、柳井），以土司苗裔催征各里钱粮，赴府完纳。置知府、同知、通判、经历统治焉。至是，总督鄂尔泰议裁通判、经历缺，添设县治，并请旨获准设立文山县，置知县、典史等官，为开化府附郭。

嘉庆二十五年（公元1820），总督伯麟奏准，改马白同知为安平抚彝同知，分管东安、永平、逢春三里（今文山市古木镇、柳井乡以及马关、西畴。麻栗坡三县）。其余开化、王弄、安南、乐农（竜）、江那五里仍属文山县管理。

乾隆《开化府志》卷之九在记述开化八里的“罗罗”分布情况时，把黑、白罗罗与其他彝族支系分开叙述如下：

——白罗罗：性质朴。服尚青蓝，妇人以布围头。耕毕，合家携酒馔于郊外，祭祀土神后，长者盘坐，幼者跪敬酒食，一若宾客相饮者然。

——黑罗罗：性朴，多种旱地。居茅舍，中堂作火炉，男女围绕而卧。惧捶挞，而不畏死。男女服近汉，妇女戴青布箍，穿青衣，钉银泡数匝。食惟杂粮，婚办央媒，聘礼用羊一条，银或六两、十二两。丧与汉同，葬以火化。祭则羊、豕，椎死，不杀。

——聂素（即聂苏、尼苏、乃苏等）：居永平里（马关），服食日用与倮罗同，读书力田，纺织贸易，性情较醇。

——黑母鸡（山苏）：性如桀兽，居必负险。出入挟弓弩，带左插。卧以牛皮，四季拥炉以度长夜。小隙，则数世必报，大德若忘。种荞为食。多居王弄、安南二里。

——白母鸡（山苏）：朴直小心，不能受屈。种旱稻、杂粮、棉花等物。居瘴地。衣服自为织染，饮食更属淡薄。婚不用媒，彩礼以牛，多至五六条者，但可陆续办交，贫者世代索取。丧不用棺，无论山坡，俱横葬。

——黑仆拉，一名普腊：婚丧与倮罗同，而语言不通。蓬头跣足，衣不浣濯。卧以牛皮，覆以羊革毡衫。刀耕火种，数易其土以养地力。祭则用牛、羊、豕，名曰三乐。

——白仆拉：性最朴。多住山坡，种荞麦、杂粮、火麻之类。衣白麻布，妇人以绳束发，青绿磁珠杂海贝环饰，项垂璎珞。婚多苟合，礼较简。丧无孝服，亦不用棺，以木架杠送火化。腊月初旬过年（即过彝族十月年）。

——马喇：居王弄山，垦山种棉为业。男子服红经白纬布，妇女衣白，首插鸡羽。风俗与黑、白仆拉不甚相远。

——花仆拉：丧亦用棺，葬不忍火，且论山向，自谓不似诸夷，各有古礼。语言亦微异。

——阿成：性怯懦，畏汉人。质朴行俭。暇则网罗禽鸟。每就食田间，必负薪以归。妇人不事银饰。婚娶以牛成礼。丧尚简略。麻衣草履，盖夷类之最可悯者。

——阿戛：性顽。耕地资生。有丧，合寨老幼向尸前跳舞，尸以火化，无孝服。俗多淫。每春，男女卜日跳掌，心愿即成夫妇。男女各佩锦布袋，斯须不离，惟疾病姑解之。

——阿者（阿扎）：衣服与倮罗同，婚丧祭皆同。

——阿系（阿西、阿细、阿析、嘎叟）：极愚鲁。耕种之余，牧羊为业。男女皆衣青蓝布，背负羊皮，寒暑无间。婚亦通媒，富者议彩礼，贫者以羊代之。丧，立长幡以招吊客，祭用牛、羊。世居郡之乐农里。

——阿度：性柔懦。山居种地，织麻为衣，不知贸易。妇女跣足盘头。婚姻不拘彩礼，婿将亲迎，负薪之女家，以重者胜。新妇甫于归，即事舂米，以多为能。死，葬不用棺，宰牲以祭，火化掩埋。

——普岔：性淳朴，多信鬼。种水田。男衣黑色，及田，不加浣濯。制同汉人。女衣长，花绣桶长。饮食多不用碗箸，以匙挹之。男子挽髻，衣不至膝。女人五色花衣，不联中缝，拖地寸许。婚多苟合。会亲宴客、必击鼓鸣锣，吹角唱歌以为乐。丧用木槽，盖以马鞍，孝子披白、抱鸡，亲戚吹唢呐送之，藏于石洞，岁余横葬。

——喇乌：多居边地。性愚劣。自为耕织。男女蓬头跣足，面黧黑而身短小。议婚，先定礼银数两，耕牛一条，嫁无妆奁。父母兄弟之丧，吹角跳舞，宰牛以祭，无孝服，以木编床，发尸火化。

——孟武：性迟缓，自谓孟获之后。居深山僻壤，择汉人足迹不到之处，引水于田，捕鱼为业。男服蓝衣，腰不系带。女人短衣青裙，头裹青布若方巾，饰银泡与项。

——普剽：俗与喇乌小异，不剃头。男着青白长领短衣，不分寒暑，身披布被镶火焰边，刻不少离。女人筒裙，遍身挂红绿珠。亲亡，令子婿跳舞，亲属击鼓鸣锣吹角祭献，名曰娱尸。

——普马：性与人殊。刀耕火种。婚礼尚财。人死，不论男女，俱埋于掌房下行走处，每日以滚水浇之，俟腐取出，弃肉另埋，骨则洗净，用缎为袋盛之，家人尽穿红绿。杀猪牛，令婿负之跳舞，藏于家三年，乃葬。遇疾病，则取用再跳，以为未瘗之骨作祟也。

——普列：东安里有之。束发椎髻。播种之日，拴牛于侧，以猪首奠祭土神。婚亦有媒。丧则火化。

——腊欲：性极蠢直。男服青蓝，女着白衣。杂粮不敷，常种瓜菜以为食。婚丧尚俭。

——腊兔：与仆拉相似，怕见汉人。男女亦知耕织。婚丧饮食甚俭。男服蓝布大袖衫，有领；女服红布大袖衫，开一窍，以头套而服之。

——舍乌：性粗直。婚礼极俭。居父母丧，宰牲，挂婚幡，祭献宴客，吹唢呐为乐。暇则持弩以取禽鸟，往来竞射，以多获者为强。

——山车：居逢春里。性不畏寒。鹄面鸠形。男子衣间以红白线织之，妇人盘头似方巾，短衣白裙。丧无孝服，割牲以祭，葬用木床盛尸火化。

——阿倮：性鄙而淫。婚嫁悉听男女自择，含口琴（响篾）吹唱相悦即为夫妇。男衣白麻布，妇人蓬头跣足，不加修饰。父母兄弟临终，举家强灌酒以为别，名曰永绝酒。

——腊歌：性拘直，俗俭陋。婚无媒妁，无论贫富，礼银俱以六两为定，数有不足，即不许。

当时的开化府八里，包括今天红河州蒙自市的老寨乡，但又不包括属于临安府的今砚山县稼依、平远、阿舍三乡镇，不包括属于广西府的今丘北县中西部的舍得、官寨以及双龙营镇西部地区，也不包括属于广南府的今广南、富宁两县。

据《开化府志·里甲附》记载的村寨数统计，到清乾隆六十年（公元1795年），开化府属地共有村寨1 101个，41 816户，计182 685人。在1 101个自然村寨中，罗罗单独居住的村寨就有510个，还有122个村寨与其他民族杂居，单独聚居和与其他民族杂居的村寨达632个，占了全部村寨数的57.4%，超过了半数。各里（县）罗罗单独聚居和杂居的村寨分别为：文山县64个，占52%；永平里（马关）56个，占47.4%；安南里（今蒙自老寨和文山市薄竹镇乐诗冲行政村）97个，占71.8%；王弄里（今文山市薄竹镇）146个，占71.9%；东安里（今西畴、麻栗坡）55个，占40%；乐竜里（今文山市德厚镇）34 个，占 40%；逢春里（今文山市古木镇、柳井乡）31 个，占 36%；江那里（今砚山县东部）68 个，占 38.8%；新现里（今红河州屏边县西部）62 个，占 77.9%。说明府属各里不但有“罗罗”，而且为数不少。

广南府（今广南、富宁两县）的“罗罗”。

元、明以前，有关滇史中未见广南府有“罗罗”记载。云南大学尤中教授因此在其《中国西南的古代民族》一书中说：“广南府以依人（壮族）为主，‘罗罗’乃后期迁入。”说广南府以依人为主是对的，但说广南府的这些倮倮（罗罗）乃后期迁入，则与历史相传不符。民国《广南县志》记载：“在二三百年前，汉族在广南者甚稀，其分布四境者，附郭西乡多依人，南乡多罗罗。”这一记载说明，在二三百年前，广南府的罗罗已经不少了，而这些为数不少的罗罗中的一部分，他们迁入广南府的时间不止是在二三百年前，最早的是在一千五六百年以前的两汉或魏晋南北朝时期。后来迁入广南府的罗罗，大都也是在宋、元时期。其迁来前的地方不仅有临安府和广西府，还有曲靖府和后来的开化府。事实是，今居住在广南县东南部、富宁县西南部，以及麻栗坡县东部的许多自称黑彝、白彝和倮罗的彝族，他们中有很大一部分说自己是孟获兵败后从今昆明、曲靖和贵州迁入的，祖先是孟获的部队。其中一部分从今贵州经广西西林县进入广南，早期定居在今广南县城附近的董那孟一带；一部分则从昆明滇池经石林、弥勒、砚山、文山、西畴进入广南，最早居住在今马街、黑支果，之后又有一部分进入富宁和麻栗坡东部地区，至今已有一千五六百年的历史了。元、明以前的史料中未见记载，那只能是编写者的疏忽或并不了解，或是当时这些地区因罗罗数量较少而故意不作记载。

清道光《广南府志·风俗（种人附）》中记载的“罗罗”有白罗罗、黑罗罗（又名普腊）、白仆喇、花仆喇等 4 种，纪录文字也十分简略。民国二十一年（公元 1932 年）富州县志采访局主任陈肇基编写的《富州县志》记载也很简单，只列了夷人、花罗罗两种部分对彝语的汉语音译。

元朝时期，广南路的罗罗已为数不少，但史料记载也很少，只能说是史籍编写者们的一种忽略，也许还可能是一种故意。这些地方的彝族大都一直与壮族和其他一些民族相处，生产、生活习俗中掺杂进了一些壮族因素。由于人数相对较少，未能形成有影响的部落或部族集团势力。

第三节　彝族地区土司制度的确立和发展

一、彝族地区土司制度的确立

宋端平元年（公元 1234 年），在北方的蒙古族首领铁木真之次子窝阔台灭金后，又于宋端平三年（公元1236年）攻取了成都，进而又攻重庆，但在重庆遭到了南宋军队的强烈抵抗。在此后的淳祐四年（公元1244年），蒙古就派出一支军队，准备绕道云南，夺取四川。宋宝祐元年，即元宪宗三年（公元1253年）秋，元宪宗蒙哥命其弟忽必烈领兵10万，以兀良合台总督军事，从宁夏六盘山出发，在甘肃临洮聚集，然后兵分三路进攻大理。忽必烈亲率中路军渡大渡河抵金沙江，用牛、羊皮囊吹气做成渡河工具渡过金沙江攻入云南，灭了大理国。公元1254年秋天，兀良合台率军自滇西向东进攻，占领昆明，一路屠城，杀戮各族人民。次年攻占今曲靖地区，进而灭了贵州西部地区的“罗殿国”，然后转而向北攻占川西南的凉山彝族地区。公元1256年，又征服了包括今文山州在内的云南南部地区。

随后，元朝在大理国原来行政区的基础上，采用蒙古军队的组织形式，在以彝族为主的各族头人统治地区，设立了万户府、千户所、百户所，任命彝族等各族贵族分子充当万户、千户、百户长。《元史·地理志》记载，元宪宗三年（公元1255年），元朝在云南设立了19个万户府，大都分布在彝族地区。经过20余年的半军事统治之后，西南地区社会秩序逐渐稳定下来。到了至元十一年（公元1274年），元王朝在云南设立了行中书省，派回族人赛典赤·瞻思丁任云南行中书省平章政事，改万户、千户、百户为路、府、州、县，任命民族上层人物充当路、府、州、县土官，这是从唐、宋时在少数民族地区先后建立起来的羁縻制度演变而来的土司制度。

元朝在云南彝族地区设置了中庆（昆明）、武定、澄江、临安（包括今文山州除广南、富宁和丘北西部外的所有地方）、曲靖、威楚（楚雄）、元江、广西（泸西）等8个路；仁德（寻甸）、蒙化（巍山）两个府。路、府之下设州，州下设县。各路大都委任一些有名望的政治人物或彝族首领为总管，分别统辖所属州、县土官。在行省与路、府之间设置宣慰司，掌握军政大权，是行省控制地区的中间环节。在云南地区设置的宣慰司有云南路宣慰司都元帅府，领中庆、武定、澄江三路；乌撒乌蒙宣慰司，领乌撒、乌蒙、芒部、东川等三部一路。曲靖宣慰司则兼管曲靖军万户府，领曲靖、普安、普定三路及仁德府。临安、广西、元江等宣慰司兼管军万户府，领临安、广西、元江三路。今文山的丘北县属广西（泸西）府，其余的文山、砚山、西畴、马关、麻栗坡5县市均属临安府。壮族居多的广南、富宁两县及其周边一些地区设广南西路宣抚司，后又改为广南西路宣慰司。元朝统治者任命一些各族首领充当总管，让他们具体负责所辖区的征发差役、收缴赋税，并通过他们加强对彝族等各族人民的统治。

至元十七年到十九年（公元1280—1282年），元王朝在贵州平定亦奚不薛（即水西）彝族的反抗后，设亦奚不薛宣抚司，以水西彝族首领阿察为宣抚使；旋即又设顺元宣慰司，以蒙古族人速哥为宣抚使，领水西地区。三年后，即公元1283年，又立亦奚不薛宣慰司，立三路达鲁花赤，留军镇守，命药刺海做总管，以也速带儿为都元帅宣慰使。公元1290年，由于水西各部反抗不断，元王朝又将其更置为八番顺元宣慰司。水西彝族地区从此隶属于治所在今贵阳市的八番顺元宣慰司。

在川西南彝族地区，蒙古军队灭大理国后，落兰部首领蒲德派遣其侄子建蒂内附，后建蒂杀蒲德自立，以其女婿阿宗守建昌。公元1269年，又杀邛州州主，占领其地盘，兼并了麻龙州。公元1271年，又兼并了姜州。这样，北至大渡河，南至金沙江，均纳入了落兰部的统治范围。公元1272年，蒙古军队大举进攻今西昌地区，击败了建蒂势力，在落兰部区域内建立起了“罗罗斯宣慰司”，下辖建昌、德昌、会川、定昌、德平五路二十八州。其后，建置又时有调整。《元史·地理志》记载有三路一府十九州，大都是在今天的安宁河流域一带。

在今凉山州黄茅埂以东地区，元王朝于公元1276年设立了马湖总府，后又改为路，隶属于四川叙永南蛮夷宣抚司。马湖路下辖有泥溪、平夷、蛮夷、夷都、沐川、雷波6个长官司，都由彝族首领充任长官。

二、元朝时期的彝区经济与社会

元王朝为了巩固蒙古贵族对彝族地区的统治，在彝族地区屡次进行了户口清查和田地登记。元初，兀良合台镇守云南时，就曾8次查户口、4次查民田，并由此不断加重人民头上的苛税负担，压得人民不堪重负。至元十九年（公元1282年），又一次清查所谓漏籍人口时，把这种清查和增加赋税作为对州、县官吏的考绩依据。如大德元年（公元1297年），王惠调任沾益州判官，招逃户254户，因而4年后，便升任为中庆路昆明县尹。

元王朝在军事上实行镇戍制度，其驻军基本上分为‘镇戍军’和“乡兵”。镇戍军是北方来的蒙古、回回、畏吾儿（今维吾尔）和汉族军队。“乡兵”则主要征用当地的彝族和白族人组成“爨僰军”（寸白军）。镇军和乡兵都实行军事屯田，设有官吏专门进行管理。《元史·地理志》载，在彝族地区屯田的军户达2万户，面积达45 000双田，折算成今天的面积为18万亩。屯田户被束缚在土地上，生产的粮食除留少量糊口外，其余全部交官充作军粮。元朝统治者这种用军事控制生产资料和劳动者的军屯手段，在增强经济力量的同时，也在一定程度上巩固了其军事统治，增强了其对地方土司的控制力。

在元朝统治西南彝族地区的120多年中，社会经济和文化都有了较快的发展。一些较为开明的地方官吏对农田水利和农业生产比较重视。例如，赛典赤任云南平章政事期间，积极推行先进的生产技术，改良籽种，兴办水利，实施滇池排水、修建松花坝水闸、修建金汁河河堤工程等，促进了农业生产的较快发展。与此同时，彝区的矿业生产也有了比较快的发展。有史料记载的彝区矿业开发地区主要有中庆、临安（包括今文山州大部）、澄江、曲靖、威楚、乌撒、乌蒙等地。到泰定五年（公元1328年），这些地区的金属课税几乎占了全国的一半，其中铜课税为云南独有。

元代，朝廷也在西南地区倡导儒学。赛典赤在云南地区首建孔庙，创庙学。从内地购来儒家经史，在大理、中庆设儒学提举，进一步传播汉族文化，并培养和吸收了云南彝族、白族的知识分子参加地方各级政权机构办事。经过元朝地方统治者的不断提倡，逐步改变了云南彝族等各族人民基本上不知读汉书识汉字的状况，各路、府、州、县都相继建立起了庙学，少数彝族子弟也进入庙学读书。

元代迁入滇东北及云南其他地区的汉族、蒙古族和回族人民安定下来以后，与彝族人民友好相处，互助互利，共同发展。现今居住在通海县河西一带的蒙古族，就是元代曲陀关万松营蒙古军户的后代，他们大量吸收了当地的彝族语言和生活习俗，至今通海河西的许多蒙古族仍操彝族语言。而分布在其他地区的蒙古族，大多数都融入了汉族或其他民族之中。今天文山州内的蒙古族，虽然民族成分未变，但语言和生活方式大都早已被汉化了。

元王朝在西南地区建立行省以后，在进一步加强统治中，设置了站赤（驿站），开通了与内地交往的道路，活跃了内地与西南民族地区的商业贸易往来。为了能够使全国各地都能通达边情，布通朝廷号令，在通道上分段设立站赤，委派驿令或提领管理，并备有牛、马舟车，以便使节往来。一些蒙古、回回、色目（主要是维吾尔族）和汉族商人，都是通过站赤往来于全国各地，进行商品贩运活动。这样的通道站赤，仅在今云南的彝族地区内就有78处。这些站赤把一些交通线上的城镇连接起来，又通过这些城镇连接起周边的广大农村。赛典赤任云南平章政事时，命令打通了长期阻塞不通的乌蒙道，并在建昌路设置了站赤，保护商旅往来人员的安全。

元王朝在西南地区设置站赤，使云南与内地的联系得到了加强，从而促进了云南彝族等各族地区的经济发展。同时，随着通道的开通和站赤的建立，在商旅往来不断密切的同时，把四川西南彝族地区与湖广行省西部（今贵州）的各地彝族同云南内地彝族和其他民族紧密联系起来，进而加强了各民族在政治上的统一。

三、元朝时期彝族人民的反抗斗争

蒙古统治者平定西南以后，掠夺大量的彝族及其他各族人民的土地为牧场，掳掠彝族等各族人口为牧奴，加上采取反复开展查户口、查民田的办法搜刮民脂民膏，肆意加重人民赋税，使彝族等各族人民苦不堪言，进而激起了各族人民的反抗斗争。

至元元年（公元1264年），僧人舍利畏联合威楚（今楚雄）、统矢（今姚安）、善阐（今昆明）等地及37部乌蛮、些莫徙蛮、白蛮约30万人揭竿起义，反抗元王朝的残酷统治，杀死了不少元军队将领，先后占领了善阐、威楚、统矢等城，一度使元朝统治者陷入危机。是年秋，舍利畏以10万起义军谋攻大理城，元朝廷派都元帅也先与大理国旧主段信苴日联合征讨，起义归于失败。

至元十一年（公元1274年），舍利畏再度组织起义，段信苴日设计派人装扮成商人，以送礼为名，带着礼物去拜见舍利畏，在送礼中乘舍利畏不防之机将其刺死，起义再次失败。

元宪宗年间，乌蛮落兰部首领蒲德派其侄建蒂向元军表达归顺之意，但是不久，建蒂杀害了蒲德，自立为酋长，并逐步展开对周边部落的军事兼并活动。至元元年（公元1264年）五月，建蒂杀死邛部川（今四川越西）六番安抚招讨使都王明亚，并占领其地。随后又与阔畔部展开争夺战。至元五年（公元1268年），建蒂兼并了阿麻部；至元八年（公元1271年）又攻破绛部。建蒂不断的兼并扩张活动，对元朝在西南地区的统治产生了不利影响。至元九年（公元1272年），元朝廷“敕皇子西平王奥鲁赤、阿鲁帖木儿、秃哥以及南平王秃鲁等与四川行省也速带儿部下，会同忙古带等十八族、欲速公弄等吐蕃军，一起南下同征建部”。速哥率前人破黎州火尾寨，攻克连云关。大军攻入建部，战于东山，速哥斩其酋布库，与元帅八儿秃迎合剌军于不鲁思河（雅砻江），所过城邑都被攻下。至元十年（公元1273年）十月，建部请降。两年后，元朝廷在落兰部的基础上设置罗罗斯宣慰司。

宋朝时期，在今贵州省的乌蛮普里部和阿者部分别在安顺和水西建立起了罗殿国和罗施国。至元十五年（公元1278年）闰十一月，罗殿国首领阿察（阿榨）纳土归附，忽必烈诏令阿察为其地安抚使，并佩虎符。至元十六年（公元1279年）六月，“云南都元帅爱鲁、纳速剌丁招降西南诸国，爱鲁分兵定亦乞不薛（又作亦溪不薛，即罗施国）”。不久，罗殿国和罗施联合举兵反元。至元十六年（公元1279年），朝廷在贵阳设立八番宣慰使司。八番宣慰使“十一月二十一日至新添，派千户张旺招罗氏（殿）国，惟贺宗一寨投降，余皆迎敌，旺杀散。二十七日至罗崩寨，贼又连日与总管王采战，皆披甲、戴红毡帽，采遇害。二十九日又战于大吴。……（罗殿国主）阿察初已纳款，后与鬼国（罗施国）结婚，鬼国言：‘我未降，尔奈何先降’？罗氏遂毁虎符以叛”，同其亲家罗施国一起反元。

至元十七年（公元1280年）三月，忽必烈诏令“以蒙古兵六千，哈剌章军一万，四川药剌海、万家奴军万人，阿里海牙军万人，三道开进”，讨伐罗施国。六月，“遣吕告蛮部安抚使王阿济同万户昝坤招谕罗施鬼国”。同年十月丁丑，元朝廷“以湖南兵万人伐亦溪不薛，亦溪不薛降。壬辰，亦溪不薛（国主）病，遣其从子入觐。帝曰‘亦溪不薛不禀命，辄以职授其从子，无人臣礼，宜令亦溪不薛出，乃还军’。”但是不久，亦溪不薛土长又称病，未亲自入朝觐见元世祖忽必烈，改由其子代其入朝进贡。忽必烈认为亦溪不薛土长不遵命，责令亦溪不薛土长亲自入朝进贡。十二月，“以征也可不薛军一千五百复还塔海、戍八番、罗殿”。

至元十九年（公元1282年）二月，朝廷“调军一万五千，马五千匹，征也可不薛”，六月“征亦溪不薛，尽平其地，立三路达鲁花赤，留军镇守，命药剌海总之，以也速带儿为都元帅宣慰使”。至元二十年（公元1283年）“丙寅，立亦溪不薛宣慰司，益兵戍守。

……分亦溪不薛为三，设官抚治之”。“壬申，亦溪不薛千户宋添富及顺元路军民总管兼宣抚使阿里等来降，班师，以罗鬼酋长阿里及其从者入觐。立亦溪不薛总管府，命阿里为总管”。

四、元朝时期的彝区行政管理制度

元军占领云南初期，朝廷在西南彝族聚居区设立了具有半军事化管理性质的万户府、千户所、百户所等地方行政区域及其半军事化的管理机构。万户府统兵三千至七千人，千户所统兵三百至七百人，百户所统兵三百人以下，由各部首领依大小分别担任万户长、千户长和百户长。成年男子“上马则备战斗，下马则屯聚牧养”，都有出征参战的义务。

据《元史·地理志四》载，云南彝区的万户府、千户所和百户所得主要有：

大理上万户府（治所在今大理市），领太和上、太和中、太和下、德原、浪穹、谋统、义都、蒙舍、永平、永昌、腾冲十一个千户所。

大理下万户府（治所在今下关市），领赵赕、品甸、统矢、大姚堡、善阐、昆明（二千户）、黎瀼、通海八个千户所。

宁部万户府（治所在今华宁），领嵋峨、嵩明、杨林、邵甸、太池五个千户所。

巨桥万户府（治所在今晋宁），领洟门（今易门）千户所。

威楚万户府（治所在今楚雄市），领威楚、牟州、黄蓬穽（百户所）、潜舍、石鼓（百户所）、摩刍、路赕五个千户所和两个百户所。

磨弥万户府（治所在宣威），领石城、普麽、马龙、易龙（百户所）三个千户所和一个百户所。

罗伽万户府（治所在今澄江），领河阳、江川、强宗、温富、普舍、研和（百户所）五个千户所和一个百户所。

仁地万户府（治所在今寻甸），属乌蛮新丁部居住地，未设千户所和百户所。

阿僰万户府（治所在今通海），领蒙自、舍资（今蒙自市老寨乡和文山市西部）、建水、共三个千户所。其余大都为乌蛮三长官司之地。今丘北县和砚山西部属广西（今泸西）路，大德四年（公元1300年）置维摩州，在今砚山平远镇大百户村置百户所。至元十四年（公元1277年），将广南、富宁及广西西部部分地区宋时设置的特磨道改置为广南西路宣抚司。

阳城堡万户府（治所在今晋宁），领呈贡、安宁两个千户所。

罗蒙万户府（治所在今石林），领落温、师宗、弥勒三个千户所。

元江万户府（治所在今元江），领马笼千户所。

罗婺万户府（治所在今禄劝县云龙乡），为乌蛮罗婺部居住区。

閟畔万户府（治所在今东川），为乌蛮閟畔部居住区。

于矢万户府（治所在今贵州盘州市），为乌蛮于矢部居住区。

建昌二万户府（治所在今四川西昌），领建昌（二千户）、礼州、泸沽、里州、阔州、德州、隆州、武安、管民、麻龙一个二千户所和九个千户所。

为了削弱地方实力，至元七年至八年（公元1270—1271年），元朝廷在万户府之上设立了大理、善阐、北路、中路、南路五个总管府，由“达鲁花赤”和元帅执掌总管府大权，分别管理各地万户府，今文山州属南路总管府管辖区域。

为改变云南长期不稳定的状况，至元十年（公元1273年），元朝廷决定建立云南行中书省，皇帝忽必烈拜其亲信大臣赛典赤·瞻思丁出任云南平章政事，主政云南，云南建立行省的历史由此开始。

赛典赤主政云南后，首先缓和了与代镇云南的宗王脱忽鲁的紧张关系，然后将元初所设的万户府、千户所和百户所改设为路、府、州、县，并结合改设，对各级行政区域做了调整。

今文山州中西部地区属临安路（治所在通海），为安南、阿月、教合、王弄、舍资等乌蛮部管辖区，丘北县和砚山县西部部分地区属广西路（治所在今泸西）弥勒州管辖。元大德四年（公元1300年），在丘北县和砚山县西部设维摩州，仍属广西路管辖。

至元十四年（公元1277年），朝廷在今广南设广南西路宣抚司、取代宋时的特磨道，领富州以及广西西部的上林、罗佐、路城、安宁五州，不久，上林、罗佐、路城又划归广西来安路。

此外，至元二十九年（公元1292年），元朝廷在与今云南富宁县相邻的广西那坡县设立镇安路，领安德、归顺、上映三州和下雷峒（那坡）、靖西、德保、天等、大新等县。

致和元年（公元1328年），元朝廷在今广西田林设安隆州，隶属田州军民总管府管辖。

五、元代彝族的分布与称谓

进入元代以后，彝族居住区格局与唐宋时期相比没有发生大的变化。随着中央王朝对西南地区统治的不断深入，有关彝族的史料记录也不断增多起来。在民族称谓上，除了继续沿用“乌蛮”这一原来的称呼外，出现了“罗罗”这一后来影响最为广泛的新的民族统称，有的史料中还被加上了歧视性的“犭”旁，如“猓猓”等。此外，元朝时期出现的族称还有些莫徙、磨察、罗婺等。

罗罗亦称罗倮、罗落等。李京《云南志略·诸夷风俗》记载：“罗罗即乌蛮也。……自顺元、曲靖、乌蒙、乌撒、越嶲皆此类也。”

李京所说的这些乌蛮居住区，指的是今滇东北、黔西和川西南地区，事实上，乌蛮居住区远不止这些地区。李京说的这些地区包含了南诏时期北部“乌蛮七部落”中的“卢鹿蛮”。“卢鹿”二子读音稍轻即为“罗罗”。至元十二年（公元1275年），朝廷在用武力平息落兰部首领建蒂不断扩张并吞邻部军的事行动之后，以其扩张的地盘为基础，设置了罗罗司宣慰司，随后将这些地区包括卢鹿蛮在内的所有乌蛮都统称为“罗罗”。之后，又将“罗罗”这一族称进一步扩展到大部分西南地区乌蛮中，这就是“罗罗”这一族称的由来，这一由来在之后的许多史书中都有不少记载。如明朝天启《滇志》载：乌蛮“其初种类甚多，有号卢鹿蛮者，今讹为罗罗”。清道光《大定府志》载：“罗罗之先，本为昆明。……或连言为罗罗，元罗罗司是也。”

元代，罗罗的分布除李京所说的地区外，中庆（昆明）、威楚（楚雄）、北胜（永胜）、东川、大理、顺宁（凤庆）、通海、阿迷（开远）等许多地方都有不少罗罗，今文山州也一样。如清《开化府志·种人》载：“白倮罗，性质朴，服尚青蓝，妇人以布围头。……黑倮罗，性朴。居茅舍，中堂作火炉，男女围绕而卧。”又如清《广南府志》载：“白倮猡，散处四乡，性情刚蛮。……黑倮猡，赋性横悍，其习俗服饰之间一切与白倮猡大略相同。”

《元史》卷十五记载：“至元二十五年（公元1288年）夏四月癸未，云南省右丞爱鲁上言，自发（兵）中庆，经罗罗、白衣入交趾，往返三十八战，斩首不可胜记。”可见当时从今昆明到越南北部，沿途多为罗罗，进入今文山州和红河州南部，则为罗罗、白衣（壮族）共居区，说明当时的今文山州，罗罗人口已不少。至今，文山州仍有许多自称罗罗或罗倮的彝族。从砚山县的平远、稼依，到文山市的德厚、马塘、薄竹、攀枝花、古木、柳井等盘龙流域地区，曾经是罗罗居住最多的地区，到了明朝末年，尤其是清朝到民国时期，这些地方的罗罗除了一部分外迁以外，有不少都先后融入汉族和其他民族中去了。

些莫徙（徙莫祗）是唐宋时期分布在滇中南地区“徙莫祗蛮”的后裔，南诏、大理国时期先后形成乌蛮罗伽部、阳宗部、步雄部、弥勒部等，被列入东部37部乌蛮中。后来，些莫徙人又不断向滇南和滇东南地区扩展。大理国时期不断强盛起来的独立王国——自杞国，就是徙莫祗蛮后裔些麽徙（些莫徙）人弥勒建立起来的。在今文山州，阿西（阿细、阿喜）阿扎、撒尼等支系彝族，大都是自杞国中些莫徙（些莫徙）人的后裔。

六、元朝对彝族土司的管理与控制

元王朝时期，朝廷为了有效控制彝族等少数民族地区，在少数民族地区实行“土流参治”的土司官制度，分别在彝族等少数民族地区设置宣慰司、宣抚司、招讨司、长官司、总管府、土府、土州、土县等土官机构，任命彝族等少数民族上层首领担任宣慰使、宣抚使、安抚使、招讨使、长官司长官、总管、土知州、土知县等土官。从历史唯物主义的观点看，这样的“土流参治”作为一项民族政策，在当时既适应了彝族地区的实际发展情况，又使流官和土官互相监督，达到相互制约、稳定社会发展的治理的目的。宋代后期，今文山州分别属最宁府之维摩部、王弄山部、教合山部、矣尼迦部、鉡家部、阿月部，舍资部，广南、富宁两县则为特磨道。元代至元十四年（公元1277年），在广南、富宁特磨道地设广南西路宣抚司。元大德四年（公元1300年），在今丘北县和砚山县西部设置维摩州，隶属广西（今泸西）路。其余各部乌蛮土司及舍资千户所均为临安路管辖（治所在今通海）。同其他地区一样，这些地方都有朝廷任命的土司官。

元王朝实行的这种土官制度，实质上是唐宋时期羁縻州制度的一种继续和发展。同羁縻州制度一样，土官制度也是封建统治者实行的一种“以夷制夷”的治理形式。两者之间虽然实质一样，但形式上各有特点，不尽相同。比起羁縻制度来，土司官同中央王朝的关系更为密切。他们分别受路、州、府、县控制，承担赋税徭役，接受征调。而羁縻州与中央王朝之间，只是一种定期的朝觐和贡赋关系，联系较为松散。羁縻制度虽命以郡县之名，但都是汉官担任太守、县令，而彝族等少数民族首领则封为王、侯，在本民族中有绝对权威，汉族太守、县令很难过问他们的内部事务，致使羁縻郡县形同独立王国。加之元朝统治者也是少数民族，较少“华夷有别”和“内华夏，外夷狄”的封建正统观念，对边疆少数民族较少偏见和歧视。少数民族首领只要归附，中央政权通常都会授予他们一定的官职，进而形成了有别于羁縻制度的土司制度。官有流、土之分，于是便有了土官之名。对土官的任命、承袭、升迁、惩罚等，也作了一些相应的规定，逐步形成了制度。当然，就如方国瑜先生在其《彝族史稿》中所说的那样：“元统治者没有把全部地方政权交给他们，（他们）只负担征发差役、赋税。”宣慰司以下土官虽然有一定实权，但他们也不能像过去那样在当地我行我素，为所欲为。但他们作为封建王朝的地方官吏，与流官不同，他们可以世代承袭，而流官则不可以。

土官的继任者多为子侄、兄弟或妻子。为了防止冒袭、错袭，还规定了承袭的顺序，即先子、后侄、再兄弟，无子侄兄弟者，妻子亦可承袭，但必须是同一民族。

元王朝还规定了土官赏罚制度。《元史》载：“诸土官有能爱抚军民，境内宁谧者，三年一次，保勘升官。其有勋劳，及应升赏承袭。文字至帅府，辄非礼疏驳，故为土官难阻者，罢之。”元朝廷对犯罪土官的处理，一般都坚持“土官有罪，罚而不废”的原则。土官犯罪，虽有惩治，但一般不革除官职，仍准予世袭。对于轻罪，只要悔过，一般都不以追究，以此化解中央政权与土官间的对立情绪，进而巩固元朝廷在彝族地区的统治地位。然而，土官制度在元朝时期尚属初始阶段，不够完善。土官、流官虽然分设，但时有相互混用的情况发生。行省至府、州、县的官吏多参用土人，宣慰、宣抚、安抚司亦设有流官；土官的名号虽确定，也有尊卑等差的区别，并授信符诰敕，但多执行不严、土官的设置也不稳定，行省长官的申报处置往往会左右土官的承袭，这样的情况到了明代才得到了完善。

第四节　封建统治的加强和彝区经济的发展

一、明军对西南彝区的征服

公元1368年，元顺帝率领部分蒙古贵族离开大都（今北京市），向北退回了蒙古草原，朱元璋在南京建立起了朱明王朝。

明洪武四年（公元1371年），明朝军队平定四川。同年冬天，四川西南部的马湖路总管安济派遣其子安仁归附，明王朝改马湖路为马湖府，辖今屏山、沐川、马边、美姑、雷波、金阳等县。第二年，元朝时期隶属于云南省的罗罗斯宣慰司首领安定归附，但当时驻守建昌的元军还在顽抗。直到洪武十五年（公元1382年），这部分元军才最终归附了明王朝。于是，明王朝在建昌建立了建昌卫指挥使。自此，四川西南彝族地区基本归附。

明洪武四年（公元1371年），今四川叙永一带的彝族扯勒部内附，明王朝在此设置了永宁卫。至此，明军从四川进入云南的大门全部打开。同年，明军在平定巴蜀之后，派遣使臣招降播州（今贵州遵义至黄平一带），次年在播州设播州宣慰司。

明洪武五年（公元1372年），贵州宣慰司彝族首领陇霭翠（慕齐齐67世孙）归附明王朝。与之一起归附的还有宋蒙古歹（宋钦）和普定府女总管适尔，并设置贵州卫，隶属于四川行省管辖，改八播顺元宣慰司为贵州宣抚司。

当四川、贵州等地被明王朝统一之时，云南的中庆路到曲靖路一带，还被元朝贵族——梁王把匝剌瓦尔密所盘踞，包括今文山州在内的其他不少地方也仍被当地的彝族等少数民族土司把持着。梁王仍然每年派人绕道西蕃（今西藏）、塞外（今宁夏），向退回蒙古草原的元末代皇帝——元顺帝行臣礼。当时，明洪武帝朱元璋正致力于新王朝秩序的巩固，认为云南地处边僻，不宜用兵，所以先后五次派遣使臣招降梁王。梁王却认为，历史上，汉朝的使者曾受阻于彝族先民昆明人部落。唐王朝虽然尽力经营西南，但耗尽了国力。同唐王朝一样，明王朝最终也将对西南地区无能为力，因此不但不投降，而且先后把明王朝派来的使臣王祎、吴云等杀害。

洪武十四年（公元1381年），内地社会基本稳定下来，加之四川、贵州等地彝族地区也逐渐开始稳定下来，明王朝便开始派军队入滇，决心武装平定云南。

明军入滇前，朱元璋对其派遣进军云南的大将付友德、蓝玉、沐英说："云南自古为夷人之地，到汉朝设吏，臣属中国。今元朝遗臣把匝剌瓦尔密等，自恃险远，杀害使臣，势在必讨。你等行师之时，当先审度山川形势。"他还说："我常翻阅地图，又咨询于众人，知其（云南）边关险隘之地。今攻取云南，当自永宁（今四川叙永）遣骁将率一军攻乌撒（今贵州威宁）：大军从辰（今湖南沅陵）、沅（今湖南芷江）入普定（今贵州安顺），占领要害之地，再进兵曲靖……。”“攻下曲靖之后，三位将军中，一人提兵向乌撒，应付永宁之师，大军直捣昆明……”。“云南既下，宜分兵乘势攻取大理。其余部落，可遣人招喻”。

按照朱元璋制订的进兵计划，郭英、陈恒等率偏师5万，由四川永宁南下攻乌撒，但遭到乌撒、乌蒙、芒部、东川等地彝族的强力抵抗。付友德、蓝玉、沐英等率领的明军主力30万，于洪武十四年（公元1381年）12月自湖南辰、沅而入，通过贵州卫驻守的地区（今贵阳及其周边地区），西克普安，直捣曲靖。梁王遣达里麻率领十万军队与明军战于曲靖东北部的白石江。明军一部分则迂回封堵梁王军后路，一部分实施正面进攻，使梁王军队腹背受敌。在明军的两面夹击下，梁王军队很快就被明军打垮，大部分被消灭。

明军打败了梁王军队，并安抚了曲靖一带的彝族人民之后，蓝玉、沐英便率主力直取昆明，付友德则率部分军队回师贵州协助郭英和陈恒，与乌撒女土官实卜率领的军队在赤水河相持不下。最后，付友德和郭英又采取抄乌撒兵后路的办法，对乌撒军实施两面夹攻，进而打败了乌撒兵。实卜的乌撒军兵败赤水河，东川、乌蒙、芒部震恐，望风而降。明军得胜后，付友德团结当地彝族土司，劝令他们维护好社会秩序，然后又挥师昆明。

蓝玉、沐英率领的明军到达昆明东郊金马山时，昆明城各族人民纷纷出城迎接，明军不战便进入了昆明。明洪武十五年（公元1382年）初，沐英、曹震等从昆明兵分两路，一路南下攻临安（今红河、文山），一路西进大理、保山。在各族人民的支持下，明军很快就平定了滇西和滇东南地区，统一了全云南。今天在丘北县城城郊和曰者镇还遗存有多处“梁王堆”，就是当时梁王军队战死的官兵墓。

二、封建统治制度的进一步加强

明洪武十五年（公元1382年）初，明军平定西南彝区之后，在云南设置了“三司”，即云南都指挥司（简称都司，相当于现在的省军区）；云南布政使司（简称布政司或布司，相当于现在的省政府）；云南按察使司（简称按察司或按司，相当于现在的省检察机关）。在“三司”之下，设置有府、州、县和长官司等机关。

之后，明朝廷便试图在云南实行与内地一致的府卫参设的中央集权统治，即“更置云南布政司所属府、州、县”，将乌撒、乌蒙、东川、芒部等彝族地区改设为府。这种改设使土官的权力受到了很大的削弱，甚至被剥夺，严重损害了土司的利益，从而引起了各地土司的强烈不满和反抗。公元1382年6—9月，乌撒、乌蒙、东川、芒部和云南府土官杨苴等举行武装反抗明王朝统治的斗争，使明军由此开始的平乱战争一直持续了十年之久，这些地区才得以平息。直到洪武末年，整个西南少数民族地区才基本稳定下来。反抗斗争迫使明朝廷不得不改变策略，转而采取“宽猛适宜”的统治策略，并根据各地的具体实际，分别设置了流官知府统治区、土流合治区和土官统治区，共领府19、御夷府2，州40、御夷州3，县30；宣慰司8，宣抚司4，安抚司5，长官司33，御夷长官司2。

专设流官的地方是：云南府（滇中地区）及其所辖4州、6县的知州、知县。云南府即大理时期的鄯阐府、元朝时期的中庆路。这些地区早已进入封建地主经济社会阶段。到了明朝初年，昆明及其周边的安宁、罗次、易门等彝族居住地区，地主经济已经占了主导地位，明王朝因此以单设流官的形式治理这些地区。

土官、流官兼设的地区是：楚雄府及其所属的2州4县，曲靖府及其所属的4州2县，临安府除阿迷州、宁州以及嶍峨县和蒙自县设流官外，包括今文山州在内的其余都设土官。

专设土官的地区还有广西府（含今丘北县和砚山县西部）、寻甸府、武定府、蒙化府（今巍山县），今文山州境内的各府、路、州，知府、知州、知县都是土官。其中隶属于广西府的维摩州（今丘北县和砚山县西部）仍维持元时的设置州不变。洪武十七年（公元1384年），将元代设置的广南西路宣抚司改置为广南府，领富州（富宁），其余属临安府所辖的王弄山长官司、教化长官司、安南长官司（今蒙自市老寨乡和文山市薄竹镇西部），以及省直属的八寨长官司，各长官司长官（武职）都是土司。

滇东北和贵州地区，明王朝设置了乌蒙府、东川府、芒部府、乌撒府。到洪武十七年（公元1384年），这些府都晋升为军民府，隶属于四川布政使司管辖，并都由彝族土官世袭治理。在贵州西部的水西地区，一直都为阿者家所统治，并世袭贵州宣慰司之职。

在四川建昌（今西昌）和马湖地区，洪武二十五年（公元1392年）设置了建昌、会川、越嶲、盐井、宁番5个军民指挥使司，以及礼州、德昌、打冲河等8个卫所，还在交通沿线设立了62个堡，分别进行军事屯田，土官改为卫所军职，或设为长官司，听命于行省都司。建昌卫由彝族安氏世袭，所属有48马站火头。其范围北达大渡河，南及金沙江，东抵乌蒙（今昭通），西到盐井，下辖昌州、普济、威龙3个长官司。在凉山东部的屏山、沐川一带则设置马湖府，并在筠连、高县一带设上罗汁、下罗汁两长官司，进一步加强了对这些彝族地区的统治。

明朝在彝族地区设置流官或土官的同时，把元朝的镇戍制度发展为卫所制度。这种卫所制度是明军在长期征战中逐步形成并不断完善起来的。《明史》记载说：卫所制度即“度要害，系一郡者设所，连郡者设卫；大者五千六百人为卫，中者千一百二十人为千户所，小者百十有二人为百户所。所设总旗二，小旗十，大小联比以成军”。云南共建有21卫，3御，13千户所；四川设有8卫，29千户所；贵州设有11卫，48千户所（后期时有变动）。

今文山州内，洪武二十九年（公元1396年）在广南府设广南卫，后迁到今玉溪华宁，永乐元年（公元1403年）又迁昆明。洪武十五年（公元1382年）设临安卫（今建水），领5个千户所，其中今蒙自市南部及文山市西部设新安守御千户所。

明初在彝族聚居的昆明、楚雄、临安、曲靖、六凉、蒙化、平彝、越州、景东等地设卫；在安宁、宜良、易门、十八寨（今弥勒虹溪）、通海、定远、姚州、武定、永平等地设千户所。当时的文山地区，也设有维摩、舍资（今蒙自老寨）两个千户所，下辖若干百户所。广南则设广南卫，旋而撤回今玉溪华宁，转又迁往昆明。

明王朝建立初期，朝廷便从内地人口稠密地区大量迁移汉族人口到滇中之宽乡，开发荒芜地带。《明史·食货志》说，屯田之制，有军屯、民屯、商屯。其办法叫“移民就宽乡”，招募内地流徙之民和遣送罪民为民屯，卫所地区则开展军屯。

军屯实行军籍固定，父死子继，世代沿袭，不得改变。内地军人到云南参加军屯前，未结婚的必须结婚，并携带妻室一同前往军屯地。军屯地固定，屯田自给。驻地固定之后，不得随意迁动，不得逃亡，从而使军屯户长期落籍下来。云南有军屯卫所36个，军屯人数近30万人，屯粮389 992石。今文山州境内，当时在广南府（辖今广南、富宁两县和周边一些地区）设有广南卫，后又回迁到玉溪华宁，屯田40 578亩。属于广西府的丘北县设维摩千户所，屯田未见记载，今砚山县平远镇大百户村，就是当时的一个百户所。当时属于临安府的文山市除有三长官司外，其西部有舍资千户所（今蒙自市老寨乡），屯田2 280亩。另有若干百户所，此外，与砚山、丘北两县相近的弥勒虹溪设有十八寨千户所，屯田17 500亩。

民屯的数量也不少，著于弘治年间的《贵州图经新志》详细记载了贵州各府、州、县招募内地汉族农民和破产农户，以及官府发配罪人组成民屯户进入贵州进行屯田的情况。今贵州人所说的屯堡人，就是明朝时期进入贵州屯田的内地屯田移民后裔。这样的“屯堡人”在今文山州也有，如富宁县的田蓬、木央，麻栗坡县的董干、铁厂、杨万等边境地区的汉族中，有一部分就是明朝时期进入今文山州的内地移民后代，有些地方的汉族生活方式和传统服饰，至今还保留有古老的明代江南汉民遗风。《滇略》明确记载了明太祖平云南后，尽迁江南地区汉人及犯罪者和家属填滇屯田的情况。公元1398年沐英镇守云南时，一次就携江南、江西一带的汉民250万入滇。现今，包括文山州在内的不少彝族说他们的祖先是从南京或江西来的。民国《邱北县志·种人》说这些人的“……来历间有家谱者，皆谓南京籍播迁是地，随俗所变，此变为夷之一证”。这很明显是一种彝汉融合的结果。

商屯则是以保障军需物资供应而进行的。明王朝平定云南初期，军粮供应严重不足，朝廷便招募盐商到云南屯田。当时，盐业由官府统一管理，商人要持“盐引”（提盐单）才能做盐买卖。官府招募盐商投标，让商人把一定数量的粮食交到指定的军队粮仓换取“盐引”，然后到盐仓库提盐进行销售。因此，盐商为了获取更多的利润，便千方百计地扩大屯田面积增加粮食产量，以换来更多的“盐引”，进而获得更大的利润。

屯田制的施行，使云南的农田水利条件得到了改善，粮食产量逐步增加，军粮不足的问题因此基本得到解决，从而进一步巩固了明王朝在云南边疆的统治。与此同时，由于军、民、商屯人口的大量增加，逐渐改变了有史以来许多彝族地区，特别是坝区“彝多汉少”的人口比例结构。彝文史籍《西南彝志》对此记载说：“彝权转移了，彝权衰落了……”

到了明朝中叶以后，朝廷实行的“屯田”制度逐步失去了活力，卫所军屯制也逐渐废弛，且成规日坏，兵食两败，军户逃跑为民者日见增多，军田逐渐变为民田。逃跑的军户越来越多地融入彝族等其他少数民族中，这就是今天不少彝族和其他一些少数民族说他们的祖辈是南京籍或江西籍的原因，这就是汉融入彝的结果。与此同时，当时云南汉族人口已不少，在汉族人口多的地方，特别是坝区城镇、交通沿线地区集镇，有许多彝族和其他少数民族则融入汉族中。但时至今日，除了有家谱传世的人家以外，绝大多数并不知道自己的祖先曾经是彝族，这应当与封建统治者推行的民族歧视政策有关。

三、彝区经济发展步伐加快

元、明时期，随着元镇戍制和明卫所制的广泛推行，以及内地移民的大批到来和先进生产技术的引入，彝区各地的经济社会有了进一步的发展。

明洪武十八年（公元1385年），在西南彝族地区社会基本安定下来以后，明王朝开始了大规模的屯田垦殖活动。据《明实录》记载，东北自四川叙永，中经贵州毕节、威宁，云南东川、曲靖、昆明、禄丰、楚雄、南华，西至祥云、下关、大理等长达数千里的交通线上，每60里路要设一堡，置军屯田。从姚安至景东的广大彝区，每100里路要设一个军屯营。洪武二十一年（公元1388年）前后，云南都司所属各卫所军屯田面积达435 036亩，到正德五年（公元1510年）便迅速增加到了1 276 630亩9分4厘。在前后120多年中，进驻云南少数民族地区军屯户开垦的田地面积增加了3倍，民屯户和商屯户开垦的屯田面积也不少。

数十万的各类汉族屯田户进入彝区，不但增加了劳动力和土地面积，也促进了彝区生产技术的进步。军屯设置之处，一般由官府供给相应的耕牛和农具。洪武年间，官府曾数次下令由湖广和四川等地调拨耕牛到云南。仅洪武二十年（公元1387年），就从四川和湖南常德等地购买了3万多头耕牛调入云南给屯田户使用，农具则由世袭的军籍户军匠就地制造。与此同时，还注重筑坝开渠灌溉田地，改善农田水利条件。在今云南玉溪地区，军屯户在当地筑坝塘25个，进水渠40多条，纵横于玉溪坝区。这些先进生产技术的传播，大大促进了彝族地区农业经济的发展。据乾隆《开化府志》载，在今文山州，当时的彝族聚居区，许多地方“土田多美，稼穑易丰”“盛产稻谷，品种有十八种之多”。明《天启实录》记载说，明军攻占贵州水西的则溪（仓库）时，就得粮三四万担。

随着农业生产的发展，各种手工业、副业也不断发展起来。据万历《云南通志》和天启《滇志》记载：云南的纺织品有火麻布、苎麻布、棉布、棉绌（绸）、乌帕（黑纱帕）、土锦、乌绫等。这些纺织品的生产技术，一部分是内地来的汉族带来的，一部分则是在当地彝族等各少数民族传统技术基础上进一步改进和提高而来的，成了具有地方特色的产品。在文山地区的八寨龙氏土司领地，也出现了“八寨青布”“罗夷布”“梭罗布”“山车布”等，还产出了当时颇有名气的“六诏烟叶”。另外，内地的制瓷生产技术也通过迁来的汉族带到彝族等少数民族地区，并迅速发展起来，万历《云南通志》和一些州、县史志中都有“窑课”记述。在文山州，当时的丘北县曰者和砚山县江那也开始出现了制陶业，到了清朝时期，砚山县还生产出了颇有名气的“江那碗”。这些史志还记载了各府、州、县对鱼、蜂蜜、皮毛、纸、果园等赋税的征收情况。

生产的发展，内地汉族移民的大量迁入使彝族等少数民族地区城镇和人口比较集中的集镇和大村寨逐步增多，市场流通面不断扩大，商业发展步伐加快。在整个西南彝族地区，至今仍保留下来的许多城镇，有不少就是明朝时期的卫所驻地、军队驻守地，有许多土司索性就搬到了卫所集镇或集镇附近，如文山市的王弄山（西山）、古木、老回龙、马关八寨、西畴老街、砚山和丘北的维摩、稼依、旧城、双龙营，以及壮族主要聚居区的广南县珠琳、莲城、八宝、旧莫，富宁县的归朝、剥隘等。

随着集镇的不断出现和扩大，对外贸易往来也日渐频繁起来。在贵州彝族地区，东起沅靖，西至涪渝的交通线上，商贾往来络绎不绝。在云南，与南亚、东南亚的对外经贸往来日趋密切。与此同时，彝区内地农村的集市贸易也日渐繁荣起来。贵州水西地区开通了“龙场九驿，水西十桥”，集市贸易更是一片繁荣。从滇南、滇东南的红河、文山，经特磨道（广南）通往“两广”的商贸运输也日渐繁荣起来，富宁剥隘成为滇粤商贸往来的重要关津。宋朝时期，当时的文山地区只有一座安南城（今红河州蒙自市老寨）。到了明朝时期，在今文山州境内先后出现了王弄城、锁吕城、法土竜城、报马坡（丘北城）、三乡城、枯木城、阿雅城、教化城等。据《景泰云南图经志书·广西府风俗》记载，今文山州彝族在当时已“颇通商贩，牵牛马，载皮革，远近赴市”，这反映了当时的文山彝族地区商品经济有了比较快的发展，人们手里已有了不少可作为商品交易的多余产品。还有一部分人开始往返于城乡和集贸市场之间，专门从事产品贩运买卖。

明朝时期，彝族地区的文化教育也有了进一步的发展。许多府、州、县、所都办起了书院、学堂、庙学。府有学正，县有教谕，还有数量不等的训导，专司各地的学校教育工作。谢洲编著的《滇略》在记述当时民族地区的教育情况时说，学校“衣冠礼法，音语习尚，与建业（南京）略同”。但是，由于封建统治者采取民族歧视政策，彝族等少数民族子女入学读书的比例极少。明朝万历四十三年（公元1615年），阿雅（马关八寨）龙氏土司龙上登赴京受袭土司世职归来后，在今马关八寨办起了书院，后来又在文山建起了先师庙——孔庙，即后来的“五子祠”（今文山州群艺馆内），成为文山州最早倡导正规办学的肇始。

四、明代彝族称谓语与分布

明代，随着中央王朝在彝区统治的进一步加深，中央朝廷和地方政府官员对彝族有了更多的了解，名称上除继续保留元朝时期的“罗罗”这一称谓外，又出现一些新的称谓。由于各地官员对彝语含义认识上的差异，以及音译用字不同，造成了许多同音异写字。

罗罗这一称谓在西南大多数彝区汉文史书上都有记载，在不同地区分别被写作罗倮、倮罗、倮倮、落落等，文山州各县市都有分布，其中有黑倮、白倮、花倮之分。《土官底簿》载：阿迷州土知州“普宁和，罗罗人，相继承袭阿迷州万户府土官”。天启《滇志》载：“（临安府南部）诸甸，皆藏匿山林，群聚杂处，各长官司俱本土罗罗、和泥人……其在王弄山者，不著其种汇，止曰罗罗。”又说：“王弄山长官司土官阿颇，洪武中授长官……所部农人、罗罗、[illegible]鸡、仆喇、沙人、阿成凡七种；……教化三部掌长官司土官荞乍，和泥人（后为罗罗），部夷曰马喇、曰沙人、曰罗（罗）、曰侬人。”又载：“皆土酋官舍之裔。或称火头、或称营长，或称官奴，与黑、白诸种迥异……种在阿迷州，为诸种所敬禅。”清《广南府志》载：“白倮猡，散居四乡，性情刚蛮，凛畏法度。刀耕火薅。男子耕种为生，女子绩麻为衣。平时赴城买卖，价值不敢多增。其习俗好猎信鬼，病不服药。”又说：“黑倮猡，赋性横悍，耕种为业。婚姻丧葬亦知称家有无。每逢收获，勤于背负。其习俗服饰之间一切与白倮猡大略相同。……婚姻悉听男女自择，不用媒妁。”

清《开化府志》载：“白倮罗，性直朴，服尚青蓝，妇人以布围头。耕毕，合家携酒馔郊外，祭土神后，长者盘坐，幼者跪敬酒食，一若宾客相饮者然。”又载：“黑罗倮，性朴，多种旱地。居茅舍，中堂作火炉，男女围绕而卧。惧捶挞，而不畏死。男女服近汉，妇女戴青布箍，穿青衣，钉银泡数匝。食惟杂粮。婚亦央媒，聘礼用羊一条，银或六两、十二两。丧与汉同，（但）葬以火化。”

明代出现的彝族新称谓主要有撒摩都、罗婺、鲁屋、普特、朴（仆）喇、阿者、阿戛、车苏、撒弥、撒完罗罗、海西子、广西蛮等。其中今文山州有撒摩都、罗婺、鲁屋、朴喇、阿者、广西蛮等。

撒摩都，即唐宋时期的些莫祗或些莫徒，是今文山州彝族阿西（细、系、喜）、撒尼、阿扎等支系的先民。

罗婺又被汉文史书记作罗胡、劳羽、罗武、罗午、罗舞、波罗等，主要居住在今昆明市西部和楚雄州东部。明代实行改土归流时期，一部分罗婺人经通海、石屏、建水等地逐步移徙到今文山州中西北地区。

朴喇，在各地的汉文史书上被分别写为仆喇、普喇、蒲喇、普腊、马喇等，主要居住在临安府境内，今砚山县和文山市西部有分布。天启《滇志》载：“普喇，婚丧与罗罗同，而语言不通。蓬头跣足，衣无浣濯，卧具簟牛皮，覆以羊革毡衫……在王弄山者一名马喇，首插鸡羽，红经白纬衣，妇衣白。垦山，种木棉为业。”

阿者，又被各地汉文史书分别写作阿哲、阿咱、阿扎、阿成等，《滇志》载：“阿者罗罗，衣服大略与黑罗罗同……在东偏则江川、通海诸邑有之，西则宾川有之。”又载：“阿成，在王弄山。”今在文山州被写作阿扎的彝族，最早居住在今文山市秉烈乡迷勒弯一带，之后逐步发展到今文山市中北部，以及砚山、广南、丘北等县。

母鸡，又分别被写为拇鸡、姆鸡、牳鸡等，与仆喇等群体杂居临安府境内。万历《云南通志》卷二之《临安府·风俗》记载：“近郡之夷名乌爨、拇鸡、仆喇、些衰世等蛮杂处。”天启《滇志·羁縻志·种人》亦载：“牳鸡，蓬头椎结，标以鸡羽……辖于宁州及王弄山。”

山苏，亦写作扯苏、车苏等。“苏”即魏晋时期的“叟”，是同音异写。车苏是从魏晋时期叟人中分化出来的一部分群体。景泰《云南图经志书·马龙他郎甸长官司》载：“境内有蒲蛮之别种曰车苏者，即蒲刺也。”天启《滇志》亦载：“扯苏，在楚雄郭雪山，居于山巅……”其主要分布在临安府和楚雄府。今文山州境内已不见有山苏人居住。

广西蛮。广西蛮是对居住在当时广西府境内（含今丘北县和砚山县西部）大多数彝族的统称，并非单一的族称。景泰《云南图经志书·广西府·风俗》载：“郡中夷罗杂处，有曰广西蛮者，乌蛮之别部，据险以居……盖近于僰、罗之习也。”

第五节 明代彝区土司制度的设置

明王朝在平定西南彝区以后，继承了历代王朝“以夷治夷”的政策，在承认元王朝时期所授予的宣慰使、宣抚使、招讨使等土官官职的基础上，并让他们官复原职。与此同时，为了防止地方权力集中，将元朝时期总揽军政大权的行中书省改设为承宣布政司、提刑按察使司和都指挥使司三个地位相当的省级权力机构。在三司之下设置府、州、县政权机构。三司根据各自不同的权力，对彝区各府、州、县进行治理。

一、西南地区的乌蛮和乌蛮土司

南诏占领东部爨区以后，以拓东城（今昆明）、通海城、石城（今曲靖）为中心，对原来的“东爨乌蛮”各部进行统治。立于大理国明政三年（宋开宝四年，公元971年）的《石城会盟碑》，记载了权臣杨干贞篡夺王位，派兵镇压东部37部乌蛮反抗的历史。这37部乌蛮在后来的历史进程中，各部的范围虽然有过一些局部变化，但总体上一直延续到了元朝军队占领这些地区时止。

南诏、大理国时期的乌蛮分为西部乌蛮、北部乌蛮和东部乌蛮三个地区。

西部乌蛮即今大理、保山、丽江以及四川西昌西南部的部分地区的乌蛮。唐朝初期，蒙舍诏（南诏）统一洱海周边地区六诏以后，除邓赕、施浪、浪穹三诏中的贵族被击败后，他们中的一部分退到今保山、临沧和怒江地区以外，其余乌蛮都依然留在原地，与白蛮（白族）村寨既相互独立，又相互交错地居住在同一地区。而此时，统一了滇西六诏的南诏国，其区域内原来各部乌蛮贵族的统治势力已被取消，乌蛮内部原来的部落界限已经被打破，过去相互独立、互不统属的乌蛮部落已基本不存在。

北部乌蛮则有7个大的部落一直存在着，他们分布在今天的川西南、滇东北和黔西南地区。《新唐书·南蛮传（下）》在叙述这一地区的乌蛮部落时说："乌蛮，……其种分七部落，一曰阿芋路，居曲州、靖州故地；二曰阿孟；三曰夔山；四曰暴蛮；五曰卢鹿蛮，（其中二部落分布在保竹子岭）；六曰磨弥敛；七曰勿邓；土多牛马，无布帛，男子髽髻，女子披发，皆衣牛羊皮。俗尚巫鬼，……大部落有大鬼主，百家则置小鬼主。"这7个乌蛮部落是"宗派一源"，即近亲部落。其中除勿邓之外，其余六部落在南诏还未兼并东爨之前，都曾经是东爨乌蛮中的一部分。《蛮书》卷一说，石门（盐津豆沙关）外的阿竽（即阿芋路）、阿旁（即阿孟）、暴蛮、卢鹿蛮、磨弥殿（即磨弥敛）等部落"皆东爨乌蛮也"。而唐初咸亨三年（公元672年）内属的"昆明十四姓"，也是这些乌蛮部落中的一部分。勿邓则不在"东爨乌蛮"范围之内，其内部又分为许多大大小小的部落和氏族，共同连成一片，是以勿邓为代表，和马湖江（今四川雷波县南）、金沙江两岸的卢鹿蛮、暴蛮等"乌蛮"部落中的一种。明王朝平定西南地区以后，除西部乌蛮地区外，北部乌蛮地区和东部乌蛮地区各部都先后建立起了土司制度，绝大多数部落首领都担任了各种不同的大小土司官。

二、文山州的"乌蛮"及乌蛮土司

在东部37部乌蛮中，具体涉及今文山州及其临边两地区的有屈中部（哈迷部或阿迷部，今开远）、阿鹿部（阿卢部，今泸西）、弥勒部、师宗部、王弄部、阿月部、强现三部、舍资部（今蒙自老寨）、教化部、维摩部。对于这些部的情况，尤中教授在其《中国西南的古代民族》一书中有比较详细的记述。这里择其要点辑录于下。

（一）王弄山部·王弄长官司

《南诏野史·南诏三十七蛮部》中说王弄部。尤中在其书的"注释"中说：王弄山在今文山县西部回龙（今薄竹镇）一带。王弄部就是《元混一方舆胜览》中所载的王弄山部，其在南诏、大理国时期就已存在，元朝初年仍沿袭其名称未改。

王弄山部以"乌蛮"为主，其部长自然也是由"乌蛮"来充当。明朝时期继续沿用以充当土官，直到明朝中期未变。明天启《滇志》说："王弄山长官司土官阿颁，洪武中

（公元1368年—1398年）授副长官，其后有阿乍，传之乌珀、乌志得、乌腾风、乌高举……（注：阿頞、阿乍当为乌頞、乌乍，‘阿’是彝语人名中常用的前置语气词），后不知所终。”文中虽然没有说明阿頞的民族成分，但他的名字本身已表明其就是彝族。王弄部的“乌蛮”，部族自称“尼斯”（即尼苏、纳苏、乃苏等的异写，是黑彝支系），同族其他支系称他们为“迷撒泼”，即彝语中“地的主人”之意，也就是地主的意思，说明他们的部首领是黑彝人，是今天文山市西部一带的彝族先民。

清《开化府志》说：“万历三十八年（公元1610年），土人沙源以所部斩贼有功，委长官司。”这就是说，王弄山部“乌蛮”从乌高举之后的“不知所终”到沙源统治时，乌氏土司至少沿袭了两百多年时间。据清道光《云南志钞》载：“值洪武十四年（公元1381年）傅友德、沐英平滇，（龙）者宁赴辕归款，以从征交趾……御其王弄、安南、维摩等处……颁印章为王弄长官司、安南长官司、教化长官司。”王弄山又为“乌蛮”龙氏管辖。（注：1999年8月出版的《文山县志》说沙源也是彝族，今文山市还有一些沙姓彝族。）

万历四十三年（公元1615年），沙源死，其子沙定洲后来谋叛，据会城，李定国擒斩之。其党王朔（彝族，今文山市德厚镇人）聚沙定洲余众，兼有王弄、安南之地。直到本朝平滇，朔投诚，授世职。康熙四年（公元1665年），王朔与宁州禄昌贤（华宁彝族土司）叛，官兵讨之。朔自焚死，以其地属建开化府。

古时候，许多彝族先民都以部落首领之名为部族族名，如弥勒部的“弥勒”，师宗部的“师宗”，阿迷部的“阿迷”等。因此有人认为，王弄部土官中有名叫“阿乍”的，是今天文山市和砚山县一带彝族阿扎支系的直接先民，阿乍之名由此而来。这种说法有一定的道理，但历史根据不足。

（二）安南土司·安南长官司

安南长官司在今文山市西部乐诗冲与相邻的蒙自市老寨乡，元时在这里设舍资千户所。因其地与交趾（越南）近，明时改为安南道防送军千户所。

明洪武十五年（公元1382年），土司那由（白族）归附，授副长官司职。正德八年（公元1513年），蒙自土舍禄祥、禄仁兄弟（彝族）为争袭父职而同室操戈，安南土司那代介入其中。朝廷知悉后，改安南长官司为新安守御千户所，调临安卫中所官军戍守。因其地接近交趾，旋而又改为安南道防送军千户所。

明天启元年（公元1621年），交趾兵拥万人犯边，连占八营阵与龙古（今蒙自市冷泉乡回古塘村），“沙源令其弟沙清，从间道破其中坚，擒贼帅翁董，斩杀敌兵三千余众。当事嘉其功，为其奏请安南司印”。至此，沙源有了王弄山、安南两长官司地。随后，沙源又应征调率兵参与镇压东川、乌撒、乌蒙、水西等地彝族土司反叛有功，“升安南长官司为安南宣抚司，沙源升宣抚使”。

沙源有三子，长子定海、次子定汉、季子定洲。

崇祯五年（公元1632年），时已死的阿迷土知州普名声（彝族）遗孀万氏招沙源长子沙定海入赘，不久嫌定海貌丑，又改赘季子沙定洲。沙、万联姻后，势力迅速扩大，称兵二十万，其势力范围“自元江南抵交趾，东抵广南、北至广西（泸西）”。清世祖三年（公元1646年）12月，沙定洲利用应调率兵北上参与镇压元谋土司吾必奎（傣族）反叛之机，与统治云南达300多年的沐氏末代黔国公沐天波展开了争夺权利的混战。后被从四川入滇的明末农民起义军李定国部所杀。沙、万被杀后，其部下王朔（彝族）聚余众仍占据安南、王弄山等地。清顺治十六年（公元1659年），王朔归附，授王弄山副长官司世职。康熙四年（公元1665年），王朔与宁州禄昌贤（彝族，华宁土司）一同反清，被吴三桂镇压，王朔自焚死。王弄、安南等地为新建立的开化府管辖。

（三）阿月部（阿雅部）·八寨长官司

《元混一方舆胜览》中说，临安宣慰司有王弄山部领屈中、阿马、阿月三部，这是元朝初年政区划分时的情况。而在南诏、大理时期，屈中、阿马、阿月三部都各自为部，并不归王弄山管辖。但《南诏野史·南诏三十七蛮部》中却没有阿月部，这是一种遗漏。阿月部显然是以“乌蛮”为主的部，而且地域与王弄山部相连，所以元朝初年才把它划归同地域、同民族的王弄山部管辖。

阿月部在今马关县八寨镇及其周边的红河州河口县和屏边县部分地区。清乾隆《开化府志》卷五说：“八寨，又名阿雅。”又说：“以地俗号些得时、雅得时，因名阿雅。”尤中教授说，“雅”乃“月”之对音。“阿雅”即“阿月”。[按：在彝族语言中，“月”与“雅”并不对音。彝语称水叫“月（依雅）”，也可以分开称“月（依）”或“雅”，连起来是“出清水的山窝”，而“阿”是语气词前置，无实际含义，这应是八寨早年得“阿雅”之名的由来。又，如果按“些得时、雅得时”来理解，“些”则为树木，“雅”则为出水，可译为树多出水清的山窝]。

龙氏势力强盛时期，阿月部领地是比较广的。乾隆《开化府志》说：“时维摩、六诏（今砚山县者腊乡）、朵那白、谨耳、大小教化、安南、牛羊、新现等处，皆所属。……元兴，云南诸部悉平，立阿僰万户府，在今府南安南里之老寨。其下有牙车部、强现部、教化部，也为龙氏子孙承管。龙殷宗、龙宗门、龙门鼓、龙者党、龙党吴、龙者纳历代相继不绝。者纳生子龙者宁。值洪武十四年（公元1381年），付友德、木英平滇，者宁赴辕纳款，以从征交趾功，加云南指挥衔。其王弄、安南、维摩诸处，亦各改姓，率各部部民归服，因属地分属广西、临安二府，颁印章，为王弄长官司、安南长官司、教化长官司。……维摩为龙氏舍人分管，传至龙金、龙方无后。成化间（公元1465—1487年），交兵入犯，府司征调富州土司沈启后（汉从壮）堵御，驻维摩……。牛羊，原教化司地，后龙氏虐害，土人不堪，因附广南闲舍侬金贵。……新现、布旧、八寨，皆土司更置后，或为何起龙据，或为红白据，或为李应辉据，反复无常。惟教化司（应为八寨司）龙者宁，永乐（公元1403—1424年）初入贡京师，钦赐纻丝钞锭，恩礼优隆。传至龙宜、龙保、龙蛟、龙彻、龙古、龙凤翔、龙敬，宗枝繁衍，分为三部：一在阿雅，一在枯木，一在教化山。正统间（公元1436—1449年），交兵数入犯边界，大肆杀掠，龙氏势少衰。抚司署张泽（和泥人，即哈尼人）掌教化司，但张泽无后，乃以彝族龙敬次子龙德胜冒顶姓张，继管教化，长子龙胜安承袭阿雅，三子龙胜全管枯木，皆为副长官司。德胜传张长寿（即龙长寿）。胜全传龙元庆，俱从禄昌贤、王朔等叛落职。胜安传龙上登，堵御敌挡，交人震慑。……自海基以来，上下五百年，中间张英国、沐西平数次征伐安南，龙氏俱与其数。其余交兵入犯，龙氏随时御却，终不至为患边境。"《云南通志》因此说："临安诸土司，足以捍御交趾，盖谓此也"，这是官方史籍对龙氏土司御敌戍边历史之功的肯定。至今，在马关、八寨、河口等地，仍然流传着不少有关"八寨王"龙上登的传说故事，河口还留存有"八寨王"庙，并时有人前去奉祀香火。

到了清朝初年，阿雅部已经解体，而其部名则作为地名沿袭下来。乾隆《开化府志》说："教化三部长官司，一在八寨，又名阿雅；一在教化山，皆龙海基裔。海基，吴人，宋仁宗皇祐初（公元1049年—1051年）寓此，广南侬智高叛，大将狄青讨之，海基向导有功，始命领其地。时地名俗号些得时雅得失，因名阿雅。海基死，龙基雅继；基雅死，龙老穆继；老穆死，龙穆等继；穆等死，龙等根继；等根死，龙南绍继；南绍死，龙绍补继；绍补死，龙补亚继；补亚死，龙弘健继；弘健死，龙健能继。终宋之世，皆守海基故地。元初，健能子龙殷宗继；殷宗死，龙宗门继；宗门死，龙门鼓继；门鼓死，龙者党继；者党死，龙党吴继；党吴死，龙者纳继；者纳死，龙者宁继。明时太祖征安南，者宁率部兵赴辕纳款，始授长官司职。……龙者宁从征交趾，屡著军功，加四品服色。及死，子宜继；宜死，龙保继；保死，龙蛟继；蛟死，龙彻继；彻死，龙古继；古死，龙凤翔继；凤翔死，龙敬继；敬死，龙胜安继；胜安死，龙上登继。上登居阿雅，始兴学校。同时，龙敬次子龙胜全居枯木（今文山市古木），龙得胜后冒张姓居教化。……龙氏自海基以来，历世二十五，上登为杰出。明朝末年，龙上登被沙定洲和万氏攻击，携妻带子逃到越南，在越南染病而死。上登死，教化张长寿（即龙长寿），枯木龙元庆、八寨李成林从王朔叛，大师平之，设府治，职废。"清道光《云南志钞》、光绪《云南通志》及民国《马关县志》都有类似的记载。这就是龙氏土司统治阿雅五百多年的历史过程始末。但乾隆《开化府志》的上述记载有三处明显有误：一是误把教化山（教合山）部记为"教化三部"，把阿雅溱为"教化三部"之一。二是误记龙氏世居教化，龙海基为"吴人"。实则龙海基为土著，当是大理国以前就从今红河州或玉溪市进入马关西部的"罗罗人"。因为狄青征侬智高时，八寨地区并没有汉族进入，更不可能有寓居的"吴人"。退一步说，就算龙海基是汉族，那也该是早在"两汉"或魏晋时期就被"夷化"了的"大姓"，就像蜀汉时期的雍闿、高定、李恢、爨氏等大姓一样，早已融合到了彝族中，而从汉朝到宋朝，时隔上千年，早已经是十足的彝族了。事实是，所谓“宋皇祐初（公元 1049 年—1051 年）寓此”到了清康熙年间建开化府的近 700 年中，马关八寨一带的彝族人口比例都不少，但并未见有寓居的汉族记载，直到清朝初年也是如此。据乾隆《开化府志》记载，清朝初年的永平里（即今马关八寨一带）有 112 个自然村寨，其中属于壮族的侬人 24 寨，沙人 13 寨，共 37 寨，占全部村寨的 33%。属于彝族的有仆拉 19 寨，母鸡 15 寨，倮罗 10 寨，共 44 寨，占全部村寨近 40%。属于傣族的摆夷 18 寨，占全部村寨的 16%。属于白族的僰子 1 寨。而到了此时，今八寨镇一带也还没有一寨是汉族。永平里（八寨）的倮罗后来大都融入其他民族中去了，但仍然还有一部分仍保留下来。三是误记龙者宁于明洪武年间为教化司长官，并认为自龙胜安始，龙氏就世长教化，之后方为八寨长官司。实际上，教化山部长官司首任长官是荞乍，为和尼（今哈尼族）人。明天启《滇志》记载说，（张）荞乍传至张泽，张泽无子，方扶龙敬次子龙得胜为养子，改姓张以继承教化司。张得胜传张明（即龙明），张明传张长寿（即龙长寿，又名龙升）。清康熙四年（公元 1665 年），龙升附王朔等叛，被镇压，教化司废。

1987 年，云南大学万永林教授曾到马关县及其八寨镇，就龙海基家的族属问题做过一次比较深入的调查。万永林在马关县城和八寨镇，询问了许多对八寨历史有所了解的人（包括汉族、壮族等其他民族），都说龙土司家是彝族，是“倮族”。八寨镇辣妈子箐村的龙定山，是八寨供销社的退休职工，他说他就是“倮族，今天叫彝族，祖先也就是彝族”。龙定山还直截了当说他们辣妈子箐龙家，就是“八寨王”龙土司的后代。

宋开庆元年（元宪宗六年、公元 1259 年），立阿僰万户府于安南（今蒙自老寨），时龙健能子龙殷宗据阿雅（阿月）……。可见，从宋朝皇祐年间的龙海基，到元宪宗六年的龙殷宗，皆据阿雅，即阿月部。乾隆《开化府志》载龙海基家族谱系，世代父子连名相传，直到明朝末年的龙上登。此乃得自当时龙氏家族之中，是可信的。清康熙设开化府的前夕，龙海基后裔之一的龙元庆仍居枯木（今文山市古木镇）为小土目。龙元庆还在文山城大兴寺未建以前，在大兴寺建寺处建有家庙，有人则说是行宫。龙氏家谱可能即得自于龙元庆家中。而龙海基家族所实行的父子联名制，是彝族自父系氏族社会建立时开始就已经实行的制度，直到今天，这样的父子连名制度，仍然在部分彝族中继续实行着，所以阿月部人是南诏、大理时期的“乌蛮”，但阿月部是大理国时期才组成的。

那么，在南诏时期及其以前，马关八寨及周边地区的“乌蛮”情况又如何？尤中教授认为，那时这些地区的“乌蛮”就是《蛮书》所记载的“桃花人”。

《蛮书》说：“桃花人，本属安南林西原七绾洞主大首领李由独管辖，亦为境上戍卒，每年亦纳赋税。自唐大中八年（公元 854 年），被峰州（今越南山西省白鹤县）知州申文状与李诼，请罢冬将健六千人，不要味、真、登州界上防遏。其由独兄弟力不禁，被蛮（指南诏）拓东节度使与书信，将外甥女嫁与李由独小男，补拓东押衙。自此之后，七绾洞悉为蛮收管。……桃花人今亦呼桃花蛮也。本安南林西原七绾洞左右侧居，人披羊皮或披毡，前梳髻。虽拘于蛮，心向唐化。”

尤中根据这一记载说：“大中八年始从安南都护府的管辖之下夺去的七绾洞之地，显然属于开元年间‘安南首领、归州刺史爨仁哲’管辖之下的归州。至天宝四、五年间，诸爨反唐，唐朝乃以‘独锦蛮’首领代爨氏贵族为归州刺史，其族多姓李。大中年间的七绾洞主大首领李由独，盖即天宝中充任归州刺史的‘独锦蛮’（乌蛮中的一部分）李氏的后裔。对七绾洞之所在，《蛮书》卷四说：‘南蛮去安南峰州林西原界二十二日程’，即从南诏首府阳苴咩诚（今大理）至林西原境二十二日程。而《蛮书》卷一说从贾勇步登陆，行至阳苴咩城为二十一日程。则林西原在贾勇步东南一日程处。依《蛮书》及《新唐书·地理志》所载，从安南都护府入云南之途程考订，贾勇步就在今河口县西北的田房附近。则贾勇步东南一日程处的林西原，即在今越南老省境内。靠近林西原的七绾洞，当然是今河口、马关一带。今马关县西部的八寨，就是在当时的七绾洞范围之内。又，七绾洞的‘桃花人’，‘披羊皮或披毡，前梳髻’，也是南诏时期‘乌蛮’中的普遍装束。七绾洞‘桃花人’的大首领姓李。直到近代，云南彝族中亦以李姓为多。龙海基在大理国时期代替李氏贵族统治当地的‘乌蛮’称‘阿月部’，李姓的后裔便成了被统治者。及至明朝万历年以后，李氏子孙又从龙氏手中夺取了八寨的统治权。所以，乾隆《开化府志》卷五说：‘八寨土舍，明（代）附属于土司龙氏。万历间，李应辉与白林约攻教化，称白、李二家，颇桀骜难制。后传至李成林，遂与禄昌贤等叛，官兵讨之，以其地为永平里。’同书卷二又说：‘本朝康熙六年，……王弄王朔聚沙定洲余党，率教化张长寿（即龙长寿），枯木龙元庆，八寨李成林……等叛。’李成林即唐代七绾大首领李由独的后裔。所以，南诏时期的‘桃花人’，大理时期的‘阿月部’，都是‘乌蛮’。”

（四）教化山部·车部·丁部·空亭部·教化山长官司

《南诏野史·南诏三十七蛮部》有强现三部。尤中在其书“注释”中说，强现三部“今属开化府”，即今文山州普梅河以西地区。

万历《云南通志》卷二说：“教化三部长官司，唐时蛮名强现，汉语讹为教化。强现、牙、车三部酋也，隶临安、安南等处宣慰司。”此说是根据元代有关记录而加以附会出来的。在彝语中，“强现”的发音与“教化”毫不相涉，汉语无论如何也不可能把“强现”讹为“教化”。《元混一方舆胜览·临安道宣慰司》说：“教合三部，领车部、丁部、空亭部。”这就是万历《云南通志》所借以附会而出误的原因。元朝初年，把南诏、大理时期的车、丁、空亭三部划归教合山部管辖。所以应该说：“教合山部，领车部、丁部、空亭部。”教合山部是因其部在教合山而得名，并非是教合山的三个部。若其为“教合三部”，那教合本部加上所领三部，不就成为四部了，何得而称“教合三部”?《元混一方舆胜览》将“山”误为“三”，以致后来的记录依之以发生混乱。后来的万历《云南通志》未鉴别其误，便依着说：“唐时蛮名强现，汉语讹为教化，强现、牙、车三部酋也。”其实，南诏、大理时期，牙、车、空亭三部是不归教合山部管辖的，而牙、车、空亭三部是近亲，他们有时也会为共同利益联合起来为一部，称强现三部，所以《南诏野史》中将他们作为一部列入，而在书写时，把“山”误写成了“三”。到元朝初年，才把牙、车、空亭，即“强现三部”划归教化山部领管。强现三部的部长是阿雅龙海基后人，而龙海基则在大理国时期才成为“乌蛮”的部首领。《云南通志》所说的唐朝时期的强现、牙、车三部酋，就是元朝初年的车部、丁部、空亭部。龙氏土司在阿雅（阿月）逐渐发展起势力以后，龙海基的子孙成了与之相临近的其他“乌蛮”部的部长，即车部、丁部、空亭部的部长。元朝初年，阿雅部势力有所衰弱，被划归王弄山部管辖。此时，龙氏家族的势力被分散而削弱。至明朝永乐十二年（公元 1414 年），在阿月部设八寨长官司，直接隶属于云南都司，龙氏的势力才又重新膨胀起来，并将其家族分支的各个领地都连接起来向北扩展。然而就在其把势力不断向北扩展时的在万历年间，其发祥地阿雅，却被唐代七绾洞大首领李由独的后裔所夺取，至清朝初年，八寨（阿雅）被李成林所据。之后，李成林却与龙氏后代龙元庆等，一起随王朔、禄昌贤反清，一起被镇压，职废。这就是从南诏时期直到清朝初年文山地区阿月部、强现三部及其他一些小部大体的演化过程。强现三部的部长都是龙氏家族的人，三部分别为枯木（今文山市古木）、牛羊（今西畴县老街）、革洒（今西畴西洒）。乾隆《开化府志》说：“牛羊土司，明为教化司（应为八寨司）龙氏地，后龙氏虐害，土人不堪，因附广南闲舍侬金贵（壮族）。”又说：“革洒故城，明土司龙祚筑……。”龙祚就是龙氏土司家族人。

（五）维摩部

《南诏野史·南诏三十七蛮部》中有维摩部。《元混一方舆胜览》中的维摩州沿革说“维摩名惠摩部”。彝语“维”与“惠”发音相近，惠摩部即维摩部。在元朝设维摩州之前的南诏、大理国时期，其地有维摩部。直到明朝初年，维摩部仍属彝族土官管辖。元设维摩千户，旋改维摩州。明时因之，属广西（今泸西）府管辖。其区域位于今砚山县西部和丘北县东部地区。维摩部治所元朝以前在阿母（今砚山县阿猛），明朝弘治六年（公元 1493 年）迁曲部，又称惠摩部（今砚山县维摩）。其间，土官资高、资贤（民国《邱北县志》将资贤记为资金）相继作乱，州官（流官）不能立足。后资氏绝后，又为各彝部族先后占据上百年，直至万历二十八（公元 1600 年）始复，但虽有流官，仅仅是侨寓府城谋划耳。

相关史料对维摩土司的记载比较零碎，很不完整。民国《邱北县志》引《云南通志·滇系》说：“元世祖本纪至元二十四年（公元 1287 年），维摩合剌孙之子内（附）。”又说：“（元）成宗本纪大德四年（公元 1300 年）置维摩州，以土官资氏领州事（注：合剌与资氏之间关系不明，但都是乌蛮）。”明洪武中（公元 1368—1398 年），维摩州土官资世德同弥勒州土官昂普德贡宝马才（财）物，率家向化，尔书褒美，仍领州事。弘治四年

（公元 1491 年）设流官后，资高、资金（资贤）相继作乱，州治为墟。其后，资金（贤）被其家奴所杀，嗣亦绝。万历中（公元 1573—1599 年），流民李应辉（八寨李成林家人）据，素狰悍，虽有流官，仅侨寓府城画耳。《土官底簿·维摩州知州》载：维摩土司是彝族人波得。明洪武三十二年（公元 1398 年）十一月，波得准袭知州（注：洪武三十二年应为三十一年，1398 年应为 1399 年，因为洪武皇帝朱元璋在位也只是三十一年。）又，这里没有说波得前的土官名字，但说他是获“准袭知州”，说明他的上一辈也是土官，他是获准承袭的。（波得即资世德。是彝名）。波得故，子召海年幼；适药系波得正妻，暂署，咨部”。永乐四年（公元 1406 年）5 月，奉圣旨：“著适药做知州……钦此。”适药故，绝房。叔者白应袭，行勘病故，别无定夺。文选司缺内，查得弘治六年（公元 1493 年），改设流官。七年，署流官王瑞。天启《滇志·羁縻志第十二·土司官氏·广西府》载：“维摩州土官资氏领州事。设流后，资高、资金相继作祟，州治为墟。资金为家奴所杀，嗣亦绝。万历中，流民李应辉继之，素犷悍，声教阻绝。州虽有州官，仅侨寓画诺耳。”土官之乱平息后，州治毁于兵燹，便迁三乡城（今丘北县双龙营镇马者龙村）。不久，又为阿迷州（今开远）土官普者辂、普维藩父子率兵扰乱三乡维摩间，社会不得安宁。万历四十二年（公元 1614 年），广西郡守肖以裕调宁州禄土司兵合剿，一鼓破之。普者辂父子“俱就戮”，始复维摩州，并建三乡县。崇祯元年（公元 1628 年），普者辂之孙普名声又作乱三乡县，其部下兵头何天衢反，并率所部人马归附，维摩州署知州李嗣泌开城欢迎，并令其驻守三乡县，迫使普名声撤兵。之后，普名声被广西知府张继孟用计毒死（有说被其妻万氏毒死）。普名声死后，其妻万氏又率兵攻三乡县，并陷三乡县城。何天衢寡不敌众，引家眷一同赴火自焚而亡，城毁。崇祯四年（公元 1631 年），维摩州治及三乡县移至盘龙山（今丘北县锦屏镇旧城村），并在其东面 3 华里处（今新城村）修筑城垣。因万氏之乱未平，城垣建设半途而废。清康熙八年（公元 1669 年）裁维摩州，州废。其辖区曰者乡划归弥勒州，维摩乡分别划归开化、广南二府。清雍正八年（公元 1730 年），设师宗州同于废州东南十五华里处之报马坡（今丘北县城）。乾隆三十五年（公元 1770 年）降师宗州同为丘北县丞。道光二十年（公元 1840 年）升丘北同知为正县，划归广西（今泸西）直隶州管辖。民国二十九年（公元 1940 年），除今之舍得、官寨两乡和双龙营镇西部仍属泸西县外，其余都划归开广（今文山州）行政督察专员公署。

（六）枯木副长官司

明朝末年，阿雅第二十四代土司龙敬死后，其长子龙上登继任八寨长官司长官。次子龙胜全则领枯木（今古木），为副长官。今马关县坡脚镇梅子箐村有石崖题刻，上书“云南都司直隶八寨长官司枯木土官龙胜全”字样。龙胜全死，子龙登高继；龙登高死，子龙元庆继。而龙敬时，教化山长官司长官张泽（和尼人，今哈尼族）无嗣，便招龙敬三子龙得胜上门入赘，改姓张，继教化司。张得胜（龙得胜）传其子张明（龙明），张明传其子张长寿（龙长寿）。清康熙四年（公元1665年），张长寿随华宁彝族土司禄昌贤、安南土司王朔、枯木土司龙元庆、八寨李成林一起反清，被平西王吴三桂统兵镇压，设流职废，其领地置开化府。

（七）牛羊土舍

牛羊土舍在今西畴县兴街镇老街村。明时属龙氏土司领地。后龙氏虐害，土人不堪，因附广南闲舍侬金贵（壮族）。牛羊龙氏土司传代无考。侬氏从侬金贵始，传侬继武、侬宗武、侬得功。得功随王朔反清，被诛。宗武则首先投诚，当事给敌堵安都司职。宗武传子万钟，万钟传子得爵。康熙十三年（公元1674年），得爵从吴三桂叛，削去都司职。职废。

（八）新现土司

新现土司，驻今红河州屏边县新现镇，清时属开化府地。明朝万历年间（公元1573—1620年），为蒙自土目何起龙据。何氏多不法，后被沙源以计灭之，遂有其地。之后，沙源之子沙定洲在反明中欲代沐据云南，被从四川入滇的农民起义军李定国所杀，其兵头阿勒三据守新现。康熙四年（公元1665年），因王朔乱，大兵讨平之。其地划归为开化府乐农（竜）里。

（九）布旧土舍

布旧土舍，驻六得，即今文山市红甸乡路得村。明初，置布政，六得、法土竜、牛羊开官道，通往来。因于六得地方设布旧流官巡检。后流官黎利叛，遂被废，将印交土舍罗嘉守护。传至罗九，与教化加耿，侍供白红（指八寨李应辉、白林，应辉称红，白林称白，史称白李二家）友善。红为九谋娶史拱城姬氏为妻，生一子，在襁褓，九病亡。白杀其幼子，夺印信收执，及子白玉，结交冈（越南）武氏，屡犯教化，枯木等处。玉死，子白林、白明、白淇犹劫杀不休。万历二十一年（公元1593年），白林等谋攻教化，土司张德胜（即龙德胜）败之，林等遂遁阿迷州布沼坝落业。

（十）八寨土舍

明朝万历年间（公元1573—1620年），八寨末代长官司长官龙上登被通过联姻联合起来的安南沙源、阿迷万氏联军击败退往越南，并在越南染病死亡，李应辉和白林便趁机约攻教化（注：应为阿雅），称白、李二家，颇桀骜难制。后传至李成林，遂与禄昌贤、王朔等叛，被吴三桂镇压，其地被划为后来新设立的开化府永平里。

（十一）丘北昂氏土目

丘北县西部的曰者镇和舍得乡、官寨乡和双龙营镇西部，元、明、清时期有昂氏土目，是属宋大理国时期组合起来的弥勒部。民国《邱北县志》引〈滇系·弥勒土司〉说：“曰者乡，及矣白（今舍得乡矣白村），土舍昂尚才孙世英俱以营长称，尚有部仰之。”（注：矣白在今舍得乡。矣白不是曰者，但曰者当时是昂氏土舍的领地。今曰者镇小尖山村附近的石崖壁上，还留有当年昂氏土目调解部民纠纷的契约石刻）。同书第八册中又说：“曰者乡，明代土舍昂尚才，由广西土知府昂普德族分支住居矣白村，今衙门石狮尚存。令其掌管合乡粗粮夫役事，并非今日之曰者乡也。”

昂氏土舍一直延续到清朝末年。其土舍衙署在舍得乡矣白村后山。中华人民共和国建立初期，衙署遗迹仍清晰可辨。如今在丘北、泸西、弥勒等县的白彝、阿细、撒尼等支系中，还有一部分昂氏土官的后裔。

（十二）开化府周氏（汉从彝）土官

开化府周氏土经历是清代改土归流以后才设置的土官。周氏是夷化了的汉族。

乾隆《开化府志》载：周应龙，开化倮罗，有胆略。康熙十二年（公元 1673 年），吴逆（吴三桂）反，周应龙被授伪守备，随至湖广洞口（洞庭湖）。应龙知吴逆无能为，暗里交代其兵目杀出伪营，奔至洪江（广西红水河）。伪郭将军（即郭壮图）追之，应龙率众抵敌，大败敌众，杀死伪总兵一员，守备四员，千把总七员，甲兵无数。康熙十八年（公元 1679 年）9 月，至黎平（在今贵州黎平）府，伪郭将军檄黎平城守副将领兵堵截，应龙率众杀出。兵至古州（今广西西林县古丈），伪将军马宝等哄诱招降，应龙誓不从逆，奋勇杀出，直奔广西泗城，屯养兵马，以候大师。康熙十九年（公元 1680 年）11 月，（应龙）遣游击李清可赴广西定南将军缴礼投诚，率兵三千余众，共剿残逆，夺取安龙、上江（均在今贵州）等处，堵杀伪裴将军，活拿守备二员，甲兵二十八名，遣左参赵起龙解赴提督桑格军门。当即率领官兵到八大河（今丘北与广西交界处）迎接大师，征南将军赖塔给以总兵札符。随后一路当先开路登隘冒险，于石门坎（今云南曲靖市与贵州黔西南州结合部胜境关）杀贼甚众。康熙二十年（公元 1681 年）2 月，至黄草坝，与贼遇，杀死贼兵无数。由间道取曲、沾，直抵云南（昆明）城下，同满汉兵杀贼，大败逆众，征南将军赖塔令摄总兵事。10 月 24 日，带领所部官兵夺取银钉左畔近城之山。屡次立功，俱自备粮草。康熙二十二年（公元 1683 年）5 月，督府会议议叙土司不宜加以武职等事案内具题，将应龙改授开化府世袭土经历，辖十五寨（地在今文山市秉烈乡），额粮八十七石。应龙死，子荣昌袭；荣昌死，子天爵继；天爵死，子霖继。霖死无后，天爵弟天成继。天成传子震，震传子尚德。乾隆五十年（公元 1785 年），改为正八品。嘉庆元年（公元 1796 年），缴还印信。传子绍宗，十八年（公元 1813 年），绍宗因私垦革职，以其弟绍曾袭。光绪九年（公元 1883 年），其嫡孙周如桂袭职，凡二百余年。

在此时期，广南县有壮族侬氏土司，富宁有沈氏（汉从壮）土官。在他们的领地之内，一直有部分彝族居住。但因人口相对较少，一直未能形成较为紧密的部落群体。

三、文山州周边乌蛮及乌蛮土司

（一）屈中部、哈迷部（阿迷部，今开远市）

《南诏野史·南诏三十七部蛮》中有屈中部。尤中教授说，屈中部在“今临安府阿迷州（包括今砚山县西部的平远、稼依、阿舍三乡镇在内的开远市）”。《元胜一方舆胜览·临安道宣慰司》说：“王弄山，领屈中、阿马、阿月三部。”此为元朝初年以王弄山领屈中、阿马、阿月三部。而在元朝以前的南诏、大理国时期，屈中、阿马、阿月三部是独立的，并不受王弄山管辖。随后于哈迷部地设阿迷州。《招捕总录》说：“至元十一年（公元1274年），阿迷土官日苴、火头抽首，领罗罗军劫僰人。”日苴及其罗罗军，就是原来屈中部（哈迷部）的“乌蛮”。哈迷部是从早期的屈中部中演变而来的，之后壮大起来，其首领做起了阿迷州土官。阿迷州“乌蛮”，是近代开远、砚山县西部、文山市西南部和丘北县西南部的部分彝族先民。

到了明朝以后，阿迷州长期为普氏土官辖地，其势力一度深入到今丘北县中部。崇祯年以后，阿迷州相继发生了两起波及全省，震动全国的战争，即普名声反明战争和“沙万乱滇”。

明崇祯三年（公元1630年），应调率兵参加平息贵州乌撒、水西一带彝族起义，并屡建战功的阿迷土知州普名声衣锦还乡。

普名声，生年无考，卒于明崇祯五年（公元1632年）。明洪武十五年（公元1382年），普名声先祖普和宁在明军攻取临安（建水）时，率部弃元归明。洪武十七年（公元1384年），普和宁赴南京觐见皇帝，“贡马及方物”，得封阿迷州土知州职，奠定了普氏世袭土司的根基。宣德二年（公元1427年），阿迷州改土归流，设汉官州同掌州事，“普知州”专职巡捕。3年后，朝廷又以“阿迷州东山冲要”“蛮寇为患”为由，进一步把普氏土司挤上东山专业“东山口巡检”，直到万历二年（公元1574年），普名声曾祖父普德化“东山再起”，充任马者哨哨头。万历四十二年（公元1614年），其祖父普者辂、其父普维藩在与宁州（今华宁）禄氏土司的相互仇杀中命丧黄泉。为逃避被斩草除根，年幼的普名声亡命阿迷。临安知府梁梦贵处于“畏宁州强”的算计，有意“留普（名声）树之敌”，将其“曲庇”下来。普名声成年后，明朝廷不仅让其承袭马者哨哨头，还扶持他“收拾旧部”，扯起了“勇于攻占”“人马器械鲜悍甲于他土司”的土司武装。明天启二年（公元1622年），贵州水西安氏土司举行反明起义，普名声应调率部前往协助明军征剿，普兵作战勇猛，一路攻营拔寨，率“士兵七百人入贵阳，擒斩（敌首）陈其愚”，解贵阳重围，“功居‘最’者”。天启五年（公元1625年），朝廷“论功”行赏，得授从五品土守备衔，题授宣慰司职，其子普祚远也准袭阿迷土知州世职。

崇祯三年（公元1630年）8月，从贵州回到阿迷的普名声，便“佯交好士大夫，潜蓄死士，专为报怨计”，开始了报杀祖杀父之仇的准备。到崇祯四年（公元1631年），“兵势其盛”，北攻宁州禄氏，血修祖怨；进而东攻广南侬氏土司，纵横阿迷、维摩（丘北、砚山），各地土司纷纷告急。云南巡抚王伉以“时沐国公启无新卒，明声遂生觊觎”罪“列奏请檄调黔蜀兵讨焉。是年冬，三省夷汉土兵俱具，以黔镇商士桀掌兵政，（王）伉亲自出临安督粮，右布政使周士昌监军击明声，进围阿迷，（普）名声遂反”。

明军围攻阿迷主要从东西两路进行。西路以临安府为大本营，王伉亲自坐镇。东路以广西府（今泸西）为大本营，以商士桀为指挥，攻普名声的东山老巢。普名声则遣心腹黎亚选（今丘北县腻脚乡腻革龙村人）率精兵漾田西扼，令部将何天衢配炮营维摩（今丘北县双龙营镇马者龙村）东镇。此时，应调攻普的还有石屏土司龙在田（彝族），广南土司侬绍周（壮族），蒙自土司沙如意、沙如寄、王显祖，宁州土司禄洪、禄培等，对阿迷实施四面合围。

崇祯四年（公元1631年）3月，战争开始，明军西路先锋龙在田的屯兵地过鲊被普军突然夜袭，大败而逃，明军锐气大挫，形成了对峙局面。同年夏，普名声抓住明军商士桀巡逡不进，临阵畏缩的战机，举兵渡南盘江北攻，被其“所残破州邑如弥勒十八寨（今弥勒虹溪），村屯如竹园、朋溥、罗洪寨、一亩田等”，旋而再克弥勒，陷曲江。明军大败，商士桀逃回广西府，数千担粮草尽落普军之手，临安与省会的交通被切断，成为明军战败的转折点。10月16日，巡抚王伉、巡按赵世龙被以“专擅、丧师两罪，于临安被逮”。王、赵被治脏罪，如同敲山震虎，明军人人自危。12月，监军周士昌急于求战，率大军从阿迷邓山坡南侧箐冲偷袭普军，又落入普军的埋伏圈，元谋土司（吾）必奎卖阵先走，官军大败，各惊北奔溃，各相践踏，死者甚众。四川总兵秦拱明、游击朱永吉，贵州佥事任先觉，武定府同知杨于升等数十文官武职，或战死，或“遇贼骂贼而死”。主将周士昌也在劫难逃，在往邓山坡逃命中“中铳尽节”，其所佩“礼部造天启元年二月临安兵备关防”铜牌亦陨落土中，时隔150多年后才被州民白小保耕地中拾获。

阿迷之战后，衰落的明末朝廷无力再顾及普名声这个“滇南黑子酋”，于崇祯五年（公元1632年）6月27日招抚了事。但此时的普名声却见好不收，仍兵不息刃，喋血宁州，泄愤石屏。正当他雄心勃勃地“谋出三路兵，至昆明会战”时，同年9月猝然饮命。

普名声之死因说法不一，有说是中了后来叛逆他的兵头何天衢的炮而死。何天衢是普名声的重要部将，长期驻守丘北三乡县城（今丘北县双龙营镇马者龙村），后来附明反普，被普名声之妻万氏领兵围于三乡县城，兵败后携全家人自焚于城中。有说是被广西知府用计毒死，有说是被其妻万氏（万彩莲）药死。三种死因中，后人大都认为，第三种说法的时间顺序清楚，人物关系明确，因果逻辑合理，因而可信。

“阿迷之战”，由普明声力图维持并扩大其“世长其民，世王其地”的初始，逐步转化成为反抗统治阶级挑拨陷害，歧视少数民族的反动政策，并以予沉重打击。尤其是

“（普）名声志欲克维摩州南鲁白城（今丘北县八道哨乡阿鲁白村），常曰进图中原，退守鲁白，吾无忧也”！可见他怀有非同一般的政治意图。

普名声死后不久，其妻万氏便招王弄山、安南土司沙源之子沙定洲上门入赘。沙万联姻，势力大增，四面扩张地盘，其势力范围“自元江南抵交趾（今越南），东抵广南，北至广西（今泸西），绵亘数千里……，称兵二十万”。于是在普名声之后不久，又一次爆发了波及全省，震动朝廷的“沙万之乱”。

清顺治二年（公元1645年），清军势力还未及西南，云南还在明王朝沐氏地方政权的掌控之中。是年8月，元谋土司吾必奎反沐，接连攻陷武定、禄丰、楚雄等地，黔国公沐天波檄滇南各土兵会剿。10月，官军与宁州土司禄永命和石屏土司龙在田率领的土司兵击败吾必奎并将其擒拿处死。而此时，一起应调出兵参与镇压吾必奎的沙定洲却借故拖延时间，于11月才领兵到达昆明，时吾必奎已被诛杀。到昆明后，沙定洲滞留城外，借口迟迟不愿回归。

长期以来，沐氏通过各种剥削手段，积累了大量财富，一些官吏对此眼红妒忌，有些还欠了沐府的不少债，这就加剧了沐府与一些地方官员的矛盾。沙定洲到昆明后，便有人不断向他大谈沐府的豪富，本来就存有觊觎“云南王”宝座之心的沙定洲便更加心动难抑，决心将沐府的财富劫夺过来，并取而代之。于是，就暗中勾结都司府阮韵嘉、张国用、袁士宏做内应，于清顺治二年（公元1645年）12月初，以“辞行”之名带兵进入沐府，沐天波未出见，沙便率兵“燥而入”，大白天公开焚劫总兵官和黔国公府，变乱由此引发。沐天波从后门潜出逃往楚雄。其母陈氏、妻焦氏亦走城北普吉村金井巷，当夜举火自焚死。事发后，时也在昆明的普氏冤家——宁州（华宁）土司禄永命便率部与沙兵展开巷战，后失败退回宁州。沙定洲盘踞了昆明，“尽得沐府所有”，并劫持巡抚吴兆元向朝廷保举他代沐天波镇滇，又将居家的大学士王锡衮从禄丰绑架到昆明，胁迫他号召各府、州、县悉听沙指挥，全滇震动。

沐天波逃到楚雄后，被住在楚雄的明金沧道副使杨畏知劝往永昌（保山），与楚雄互为犄角，以牵制沙定洲。不久，沙定洲率兵进攻楚雄，因杨畏知组织防守坚固严密，沙兵久攻不下。沙定洲转而遣其部将王朔、李日芳（均为彝族）等破大理，陷蒙化（今巍山），四处烧杀抢劫。自己转去又攻宁州，禄永命战死。之后再回攻楚雄。杨畏知率众坚守了80多天，城中粮绝。紧急关头，孙可望、李定国等率领的农民起义军——大西军从四川经贵州进入云南，在交水（今沾益）、曲靖、陆良等地击溃沙氏武装，一路势如破竹，直逼昆明。沙定洲闻讯，慌忙撤围去迎战，与大西军交战于草泥关（今嵩明县境），被打败后遁回阿迷老巢。清顺治六年（公元1649年），李定国率部兵临阿迷，沙定洲及妻万氏率部逃到今丘北县腻脚乡腻革龙大成山扎营据守顽抗，大西军经过用栅数月围困，断其粮水，才得以将沙、万营垒攻破，将沙、万及其许多部将、兵头带回昆明处死示众。“沙、万之乱”由此平息。

据民国《邱北县志》载："（沙）定洲归，屯兵腻革龙，与万氏分险自守，其部下汤嘉宾、陈长寿等各据一山，立营相数十里，为犄角势。私交趾借其援，以固民心。一日，偶聚于汤嘉宾营。定国侦得之，率兵遂至围，以木城困守三月，绝其水源，诸蛮惧，出降者相续，遂械（沙）定洲等数百人回省，剥其皮。于是，天波具衣冠，谢（泄）其祖宗、母弟、妻子之仇。"

普明声和沙、万之乱后，普氏族人有一部分在丘北和砚山一带留居下来。直到清朝末年，今丘北县腻脚、树皮两乡和砚山县的平远、稼依两镇一带，还发生过一次普名声后裔"普云作乱"事件。民国《邱北县志》对此记载说："普云者，明末普明声之遗孽也。幼读书，粗知文字。一日阅（普）明声乱滇事，叹曰，祖宗如此英雄，子孙何以落寞？至此，遂存不轨之心，阴图恢复土职。每逢朔望（农历初一、十五），备香烛，办斋饭，邀约夷众密会山洞，诵读黑书（彝文经书），蛊惑人心。远近被诱众至二千余人。与沈开科等密谋起事。定于光绪四年（公元 1878 年）八月初三由大射姑（今砚山县平远镇大舍姑）山分攻架衣（今稼依）、维摩、江那、树皮，四处同时响应。普亲带悍卒围攻架衣三日不下，被该处乡兵击退。沈开科一股沿途烧掳扯牛皮（今平远镇永和村）六、七寨。其一股声称攻取摩笼（今丘北县树皮乡朦胧村）。县衙令树皮汛陈有福，马恒汛芮际昌各率兵防堵要隘。该匪却绕道分两路直扑树皮刚主村后小石桥。诸贼不用军器，抵跪地念咒，用扇乱搧封枪封刀，被该村义勇龙玉、杜云祥、陈顺林等开铳击毙数人，遂奔溃。其由小龙树一股进村扒墙扯草放火探侦，村妇胡朱氏夜间熬糖，知有贼，即用滚汤泼去，贼负痛跌下，后队惊溃，自相残踏者不计其数。天明，四路告急。丘城戒严。知县黄榜魁，把总车昴调兵防守，昼夜梭巡。延至三月余，无事，人心始安。知府悬赏购捕，而普云不知下落。"

（二）弥鹿部（阿卢部，今泸西县）和吉输部、褒恶部

《南诏野史·南诏三十七蛮部》有吉输、褒恶部，没有弥鹿部（阿鹿部）。《元史·地理志》说："东爨乌蛮弥鹿等所居，……后师宗、弥勒二部渐强，蒙氏、段氏莫能制……"吉输、褒恶显然是在以弥鹿部之中的两个小部。

在元朝设广西路以前的南诏、大理时期，其地初以弥勒部为首，其间还存在着许多大大小小的部，师宗、弥勒是其中的两个部。后师宗、弥勒二部势力强盛起来，乃至南诏、大理政权都难控制他们。但弥鹿部以及其他一些小部并没有被强盛起来的师宗、弥勒二部所兼并，而且弥鹿部仍然是这一地区的各部之首。所以，元朝初年才在弥鹿部设广西路（泸西），后改为府，师宗、弥勒二部则为州，属广西路（府），沿袭保留了他们在历史上的隶属关系。

《寰宇通志》卷一百一十三广西府条说："唐为东爨之地，太和间，南诏蒙氏并其国，析为师宗、弥勒二部州，……阿卢山，在府城西三里，亘延四十里，南接弥勒州，北接师

宗州，旧有阿卢部，以是山名。”至于吉输、褒恶二部，则是“弥鹿等部”中的两个小部，他们没有像师宗、弥勒那样强盛起来，所以在元朝初年，才把这两个小部分别作为千户归弥勒州管辖。正德《云南通志》因此才说：“至元中，以本部（弥勒部）为千总把，领吉输、褒恶、步笼、阿欲四千户。”吉输、褒恶二部，住地在今弥勒与泸西结合部一带。

（三）弥勒部（今弥勒市）

《南诏野史·南诏三十七蛮部》有弥勒部。《元史·地理志》说，弥勒部是从弥勒等部中强盛起来的一个部。当其势盛之时，甚至使“蒙氏、段氏莫能制”。《元史·地理志》广西弥勒州条说：“昔些莫徙蛮之裔弥勒得郭甸、巴甸、部笼而居之，故名其部曰弥勒。”“些莫徙蛮”，即《新唐书·南蛮传下》中所说的傍、望、览、丘、求五州之“徙莫抵蛮”。郭甸、巴甸、部笼均在弥勒坝以东与丘北相连的地方，是唐朝以前就与弥勒等共居于当地的“乌蛮”。到大理国时期，这些“乌蛮”才逐步强盛起来。所以正德《云南志》才说：“宋时，些莫徙之裔弥勒得郭甸、巴甸、部（步）笼而居之，改其部曰弥勒。”当弥勒自成一部之时，些莫徙人显然还散居在其他“乌蛮”之中。

弥勒部势力强盛之时，影响曾经及于“弥鹿等部”，以及东北部的罗平和东部的特磨道（广南、富宁及广西右江上游地区），被人称为“自杞国”。南宋周去非在其写的《岭外代答》中说：“大理欲以马至中国（今广西田东县），北阻自杞，南阻特磨道，其道里固相若也。”自杞国的辖区即在今天的弥勒、泸西和丘北县西部。今丘北、砚山、文山三县（市）境内的彝族，有不少就是自杞国“乌蛮”的后裔，如阿扎、阿西（细、系）、撒尼等。

（四）师宗部、罗雄部、夜苴部

《南诏野史·南诏三十七蛮部》中有师宗部、罗雄部、夜苴部。《元史·地理志》师宗州条说：“昔爨蛮逐僚，其后师宗据匿弄甸，故名师宗部。”

同书又说：“罗雄州，与溪洞蛮僚接壤，……夷名呼其地为‘塔敝纳甸’。俗传盘瓠（苗族始祖）六男，其一曰蒙由邱，其后裔有罗雄者居此甸，改名其部名曰罗雄。”

元朝设罗雄州以前的南诏、大理时期，有罗雄、夜苴二部，是东方“乌蛮”中的两个部分。罗雄部在今罗平县城附近，夜苴部在今罗平县与富源县交界处的亦佐，元朝初年才将二部合为一部。

早期，罗雄部居住地是“乌蛮”，所以叫“塔敝纳甸”，显然是彝语。后苗族迁入并发展壮大起来，在人数上一度占过优势，并将其改名为罗雄。但罗雄部的部长却一直是“乌蛮”。《土官底簿》说：“罗雄州知州普苴，本州罗罗人。洪武十五年（公元1382年）内附，十六年（公元1383年），总兵官定用前职。”可见，元朝时期把罗雄、夜苴合并以后，苗族人口越来越少，但其部名一直沿用下来，而部落人口主要是乌蛮，部落首领自然也就是乌蛮。直到明朝时期，罗雄州的土官一直都是罗罗。

而在师宗部，南诏叛唐以后，师宗部“乌蛮”贵族成为今师宗县一带统治者。

清朝初期，今丘北县东北部一度划归师宗州管辖地，一部分“乌蛮”便由今泸西县东部，以及相邻的师宗县、罗平县进入丘北县。

与文山州毗邻的广西西部，明洪武元年（公元 1368 年）设安隆长官司（治所在今田林县旧州镇），四城州彝族土官岑善忠以其子岑子得任安隆土酋。建文四年（公元 1402 年）置安隆长官司。

镇安土知州，元为镇安路（治所在今那坡县城），属镇安府管辖。洪武二年（公元 1359 年），明朝以镇安路住地僻远为由而废路，迁至废冻州（今德保县），改设镇安府。永乐年间，镇安府彝族土知府岑天保以其子岑志英分管小镇安，授职土知州。

明代对彝族地区土司官的任命，大部分是文职，武职较少，即使是属于武职的长官司，仍属府、州管辖。府设有土知府（正四品）；州设有土知州（从五品）；县设有土知县（正七品）、县丞（正八品），品级一般都比较低。一些州还设有更小的土官，如土巡、土驿丞等小土目。明初，各地彝区土司都能很好地遵守相关法令制度，按时朝贡，奉命征调，致力于辖区治理发展。但到明朝中后期，随着各地土司势力的不断扩张，以及明王朝统治力量的不断弱化，出现了土司内部争袭，越境掠夺财产；相互勾结，寻衅生事，进而引发了接连不断的反叛事件。

四、反歧视、反压迫斗争和民族内部纷争

据郭子章《黔记·宣慰列传·大明霭翠》记载，明朝洪武初年间，贵州水西彝族首领霭翠（贵州宣慰衔）率部族归附明王朝。当时镇守贵州的都督马晔出于狭隘的民族偏见，在开普定驿站中，不以民族团结和国家统一为重，而是横蛮骄纵，心狠手辣，残酷压榨彝族人民，甚至企图消灭水西彝族，取消彝族土司世袭制度，彝族人民将其称之为“活阎王”。洪武十四年（公元 1381 年），霭翠病死，因其子年幼，其妻奢香代袭。马晔对此更加心怀不满，公然采取鞭笞手段侮辱奢香，想由此激起彝族人民的反抗，并欲以此为借口，对彝族人民进行武力镇压。水西地区四十八部彝族人民群情激愤，欲揭竿反抗。面对恶吏马晔亲手制造的镇压与反镇压战争一触即发的危险局面，深明大义的奢香忍辱负重，抚喻欲反的四十八部彝族人民以民族团结、国家统一为重，不要中恶人马晔设下的奸计。同时采取上京告状的办法，向朝廷历数马晔的种种恶行，并表明水西彝族“愿效力开西部边境，世世保土归顺王朝”的决心。洪武皇帝朱元璋对此大加赞赏，并诛马晔而谢奢香。之后，奢香便组织人力开通偏桥、水东至乌蒙、乌撒，以及到容山、草塘的交通线，立龙场九驿。奢香为维护民族团结、国家统一而顾全大局，忍辱负重的英名从此在彝、汉等各族人民中代代流传下来，成为千古佳话。

到了明朝中期以后，封建统治政权越来越腐化，统治者对人民的压迫和剥削也越来越加重，致使以彝族为主的西南地区各族人民不堪忍受，反抗斗争此起彼伏。正德十二年（公元 1517 年），师宗彝族人民在阿本的领导下率先举行反抗封建统治者残酷压榨人民的暴动，都司沐昂三次派兵围剿都未能镇压下去，最后采取“以夷制夷”的手段，利用禄劝、武定一带彝族土司凤英的军队，才把这次暴动镇压下去。正德十六年（公元 1521 年），弥勒十八寨（今弥勒虹溪镇）的彝族人民在阿寺的率领下起来反抗官府一手故意制造事端残害彝族人民的暴行，并与前来镇压的官军进行了英勇卓绝的斗争。起义被镇压下去之后，明朝官军对十八寨地区彝族人民进行了血腥屠杀，村寨尽数被烧，到处尸横遍野。

万历四十八年（公元 1620 年），贵州巡抚张鹤鸣以赤水卫白撒所屯地为永宁土司占据为由，强行进行清还，遭到了永宁土司奢崇明的强烈反抗。天启元年（公元 1621 年），奢崇明以调 2 万骑兵和步兵北上援辽抗清为由，在重庆发动反抗明王朝的武装起义，占领了重庆，进而西进川西包围成都，称大梁王。同年，水西土司安邦彦响应奢崇明起义，率兵三次进攻贵阳，围困贵阳城达 10 个多月。接着，乌撒、沾益、武定、东川等地彝族土司也随之起义，到处攻城掠地，震动了滇、川、黔三省。

崇祯元年（公元 1628 年），明朝廷任命朱燮元总督滇、川、黔、楚、粤五省军务，驻扎贵阳，调集五省军队，镇压三省彝族起义。在云南被调集的军队中，有王弄山（今文山市薄竹镇）、宁州（今玉溪华宁）、阿迷州（今开远，包括砚山县西部和丘北县西南部），以及石屏、元谋等地彝族为主的土司军，到贵州同官军罗乾象部一起，参与镇压同族兄弟奢崇明、安邦彦率领的彝族起义军，成了“以夷制夷”的先锋。战争历时七年之久，才把奢、安领导的彝族起义军镇压下去。

由于彝族在历史上长期处于部落林立，各自拥土自立的状态中，彼此之间的纷争不断。明朝中期以后，水西、乌撒、乌蒙、芒部、东川、沾益、阿迷（今开远）、阿雅（马关八寨）、教化（文山）、王弄山（文山薄竹）等地彝族各部的纷争尤为频繁，这种争斗大都是胜败交替轮回，此起彼落，最终谁也吃不了谁。八寨末代土司龙上登，就是在反沐和拥沐的斗争中，被沙万联军赶到越南染病而死的。这些纷争不但影响了民族内部的团结，也一次又一次地大伤了民族自身的元气。《明史·四川土司传》说，水西、乌蒙、乌撒、芒部、东川、沾益等地彝族各部，每当受到外来威胁时，彼此之间可以抛弃宿怨，共同对敌。一旦外来威胁消除，彼此之间又纷争不已。如阿迷（开远）普氏土司与宁州（华宁）禄氏土司之间的纷争一直延续了 100 多年之久。600 多年前，川西南地区彝族利利大土司属下的一些小土司联合起来，将统治了川西南彝族地区上百年的利利家赶出了美姑河。随后，这些联合起来一起赶走利利土司的众多小土司中，阿陆家和马家又联合起来，攻占了沙马土司和姐觉土目的领地，将沙马家赶出了美姑河南岸。这种纷争除表现在彝族土司间的利益纷争外，还表现在统治阶级的调拨和利用，不少纷争的始作俑者往往是封建统治者们从中作祟而引发的。这种纷争使民族内部矛盾和外部矛盾相互叠建，使矛盾更加复杂尖锐。这种被称作“打冤家”的纷争总是持续不断，不但抵消了相互间的力量，大伤了民族自身元气，而且造成了彝族各部、各支或大小家族群体间长时期的隔阂和分裂，长时期自我封闭，互不往来，导致自身的发展和进步渐渐落后于其他进步民族。这样的情况，在文山州的彝族中也表现得很明显。从某种程度上说，这种纷争虽然是一种历史的过程，但更是一种十分深刻的历史教训。

五、家支、火头制度

家支是彝族以父系血缘为基础，内部严禁通婚，并以父子连名谱系为纽带而连接起来的男性血亲群体组织，起源于新石器时代父系社会时期，文山州彝族大都叫家支为家族或家门。这种群体家支组织大多数都以其家支的共同男性祖先之名来命名，极少数也有用住地名称来命名的。

彝族先民从原始社会向阶级社会过渡的过程中，因各种地理、气候和社会环境等原因，各个群体在不断地分化组合中，不断演变出了越来越多的家支群体，他们在“两汉”时期被称为“种人”或“部落”，唐宋时期被称为“鬼主”或“部”，元代被称为“族”或“部”，明清以后多被称为“部”“部落”或“家支”。尽管各地汉文史料的译名不同，不够明确，甚至有不少混用之处，但通过彝文史料对照验证，仍可准确地加以识别出来。

家支谱系既是一种亲族血缘关系纽带，也是彝族人生观和世界观的一种表达形式。无论人生贵贱、地位高低，都可以从谱系识别出其家支身份。不知谱系就不知自己的“根”，就难以在彝族社会中立足，因此，背诵家族谱系，熟记先辈源流和业绩，成了彝族人终身不可忘记的要务。如贵州水西安氏家谱，从一代慕齐齐开始，一直记到第八十五代安胜祖。其间历经2000多年时间。文山州彝族除马关龙氏土司有较详尽的记录，以及明初王弄山乌氏土司有零星的记录外，其他没有发现有这样的家谱，甚至连最简单的文字记录也难寻，但是尽管如此，全州许多彝族的家支（家族）观念还是比较深的。

家支观念的特点还有共同的祖先灵筒、墓地和祭祀方式，有头人无后时过继族内近亲儿子的制度等。

祭祀祖先灵筒，是一种特殊的祖先祭祀方式。不少传世的彝族经典都有类似的记载，其中《苏巨黎咪》是这样记载的：“宗谱和政权，鄂莫氏先创，却因人而异。重视宗谱者，得到殊荣；重视谋略者，各发展壮大……自创立基业祭祖叙谱，布置列祖列宗神位，顶敬自己的祖宗，供奉自己的祖宗；给上苍献祭，求地上富贵，就是天地间的大丈夫。”书中还描述了祭祖活动仪式：“清理一遍宗谱，又用白鸡花羊各一，诵所有宗谱。用一支羊腿，所有神位设做一排，列祖列宗一并祭祀。肥壮的大牛像山样拴着，祭祖由经师布摩（毕摩）主持。布摩有学问，出口成章，知识渊博。依礼仪作完美祭祀，子孙昌达。”

在一些彝族地区，一个家支都有共同的“祖箐洞”，文山州丘北县自称姑尼或姑纳

（那）的白彝人称“祖箐洞”为“祖灵洞”，即安放祖先灵牌的岩洞。家族中有人去世后，要举行超度亡灵仪式。彝族民间有谚语说：“父欠子债是娶妻架桥；子欠父债是超度亡灵。”给亡灵超度，就要给亡灵诵念《指路经》，让亡灵能准确回到祖源地。清初以前，彝族人死大都是实行火葬的，一般每个家支都有一个火葬场。李京《云南志略》载：乌蛮“酋长死，以豹皮裹尸而焚，葬其骨于山，非骨肉莫知其处。葬毕，用七宝偶人藏于高楼，盗取临境贵人之首以祭，如不得，则不能祭”。安放灵牌的“祖灵洞”与本家祖先迁徙路线密切相关，神圣不可侵犯，外人一般是不可能接近的。这样的火葬在文山州彝族中也不少，《开化府志》中有多处记载。如：“白仆拉……丧无孝服，亦不用棺，以木架打送火化”。阿度“死，葬不用棺，宰牲以祭，火化掩埋。”“普列，东安里（今马关）有之。婚亦有媒，丧则火化”。

家支的重要职能，是维护统治者的政治、经济和军事特权，维护所属部民中的上下隶属关系。为防失去权力而导致家支崩溃，没有子嗣的彝族家支头人或土司。通常要在最亲近的家支亲族中过继一名继子，作为合法的继承人，以确保自己的大宗地位，防止宗权旁落。但这种过继制度容易引起家支内部争袭的纷争，甚至被外家支人所利用，引发更大规模的冲突。

火头，彝语陈称为“器西”。器西制度在元代就已很普遍了。明《招捕总录》载：至元十二年（公元1274年），“阿迷土官日苴，火头抽首，领落落（罗罗）军劫僰人，夺官马以叛。又纳楼茶甸（今建水县境）土官师禾希古、阿夷落圭、阿立甸信，怪齿村火头阿则、判村火头阿提、纳填村火头身和、苴善村火头阿次亏、抽俸村火头双芊、嵩村火头咱休、箐笠乡火头阿豆加、矣杰村火头阿主、矣北村（今丘北县舍得乡矣白村）火头抽皆、床村火头遮奴……维摩州土官者欧芽者、文大布婆等并起而应之”。明代，这种火头制度仍比较普遍。

彝族地区火头制度，曾与明清时期的土司制度和后来民国时期的保甲制度并存于彝族社会管理组织中。据相关民族学田野调查材料及其研究成果表明，火头组织一般由7名成员组成，其中：“器西热”（现任火头）与“罗惹”各一人，“作富么”三人，“博支”一人。“科勒”一人。“罗惹”相当于总管，主要职责是对组织成员进行监督，考察火头候选人员的身份。“作富么”的主要职责是管理全村人的插秧事务，以及收缴村民赋税等。“博支”主要负责官吏接待和村寨治安，抓捕违反乡规民约者和其他罪犯。“科勒”主要负责物资收集、运输，同时做好通风报信等信息传递工作。

火头的主要职责：一是种好火头田，火头田的种、管、收主要是靠火头的亲戚帮助来完成，收入为火头任期内的经费开销。二是主持各种宗教祭祀活动，如耕种火头田之前，火头要主持祭祀仪式，火头田动了以后，全村才能开秧门，而且必须由火头的妻子先插秧，忌他人插种，认为违反者会招灾。每年农历二月十六日前后，选择属虎日黎明，火头要主持祭祀村寨保护神“阿戛米司嫫”和雷神“美姑哩”，以及地神“陆嘿哩”，乞求他们保护粮食丰收，全村人一年平安，雷不伤人。农历四月初属狗日，要主持祭祀土地神“陆嘿哩”，乞求它保护粮食丰收。农历六月的第一个属龙日早晨，火头要主持祭龙仪式，乞求风调雨顺。还要主持祭祀生育神“米祖”，乞求它保护六畜兴旺，人丁繁衍。每遇疫病流行和旱涝等自然灾害，火头要主持祭祀抗瘟疫神“叉尼”，祭祀火塘神“供勒莫”，减少人财物损失。平时，火头还要协助毕摩帮助村民进行祛病除灾活动。三是主办各种节庆活动和火头轮换交接仪式。四是接待上来官吏，负责迎来送往；有战事时，还负有组织并率领本村青壮年男性村民参战御敌责任。可见，火头既是管理村寨行政事务的头人，又是村寨战时军事指挥首领。

火头由火头会议推选决定。火头一般每届任期一年，每年农历正月交接换班，成年男子都有资格做火头，但一般要求要办事公道，个人人品好，当年家里未发生不幸事件的人。一旦推选结果确定下来，当选人必须忠实履行职责，并在自家正房梁下供奉象征火头权力的木器——“器火”。“器火”为长方形木盒，内装贡品，旁边置一瓶贡酒。广南县彝族嘎叟人则在候选人中，用切开熟鸡蛋看水珠的方式确定。

火头制度是彝族村寨最基层的民间群众自治组织，它曾经在维护彝族社会秩序、保证人们正常生产生活等方面，都起到过一定的积极作用。文山州彝族村寨的火头组织，虽然组织管理上，大多数地方不像上面所说的那样条理规范，但在新中国建立前，乃至新中国建立后的一段时间内，火头组织在全州彝族村寨中还是比较普遍的，如今，火头组织的遗风仍在一些彝族村寨存留。每年春天组织的祭祖、祭山等祭祀活动，各村寨的火头都要组织村民一起办好这些祭祀活动，但其职责也仅此而已。

第六节　彝族毕摩文化及宗法制度

一、彝族毕摩文化

毕摩源于彝族父系氏族社会时代的祭司。据彝文史籍《帝王世纪》记载，在彝族父系社会初期的始祖希母遮（即希莫遮、西弭遮或西慕遮）时代，彝族社会就出现了祭司，彝语称祭司为密阿叠（密阿典）。彝族学者罗文笔在其《帝王世纪·序》中记述说，武洛撮时，“上帝差下一祭司密阿叠者，他来兴奠祭，造文字，立典章，设律科，礼仪始备”。结合其他一些相关的彝族文献记载分析，古滇王国时期，生活在今天滇池地区（谷窝）的彝族先民，其社会统治集团中就已出现了兹（君）、莫（臣）、毕（师）、格（匠）等不同职能的分工。其中的“毕”就是祭司，就是后来的毕摩，他们一般都是作为部落首领的智囊，起着佐政的职能作用。

同时，毕摩又是彝族社会的宗教巫术职业从事者，其职能主要有以下四个方面：

第一，主持祈求庇佑的各种祭祀活动仪式。这种祭祀是以民族分支或部落为单位进行的。最初作为佐政时期的毕摩，主要是主持各部落和分支的祭祀活动，其中对祖先的祭祀最为隆重。

第二，禳解祟祸。如遇到部落在纷争中失败，或者发现了某种认为是不吉利的灾害异兆，以及发生疾病瘟疫流行等，都要请毕摩来作法事禳袚。

第三，占验吉凶。遇战争来临，或即将出兵征战之前，或合婚、丧葬、择日、盟誓、疾病、播种、收获、搬迁、出行等疑难不解之事，都要请毕摩测定凶吉，而后才做决断。

第四，主持挚盟。在调解部落纷争矛盾中，也要由毕摩请神灵来监督和主宰，进而缔结合约。

毕摩在履行或执行上述各种职能过程中，一般都是通过各种神术或法术来进行。仪式有章有法，场面气氛庄严、肃穆。

毕摩使用的法器主要有法帽、法衣、签筒、经袋、神扇、神铃、绿茨（一种竹制的捉鬼灵鉴）、托器等。其使用的经书皆用彝文写成，汉语俗称彝经。

彝经种类繁多，卷帙浩繁。1931 年，中国著名史学家丁文江所收《千岁通衢碑记》、彝文碑《说文》《帝王世纪》《人类历史》《献酒经》《解冤经》上下卷、《天路指明》《权威经》《夷人做道场用经》《武定罗婺夷占吉凶书》等 11 部彝经，经由精通彝文史书的贵州大方彝族罗文笔将其中的 8 篇翻译成汉文，合编成《爨文丛刻》（甲编）。1935 年，杨成志先生在昆明及凉山地区收集到彝经 130 部，依内容将其分为献祭、祈祷、酬愿、作斋、禳袚、动植物与无生物经咒、咒术技法、婚姻和生产、历史与传说等 16 类。1947 年，马学良先生又在云南武定、寻甸等地收集到彝经两千余册。

明、清改土归流以后，由于彝族地区固有的社会政治结构被彻底打破，君、臣、师、匠政治体制被瓦解，几千年沿袭下来的毕摩一下便失去了其赖以依附生存的政治躯体。于是，毕摩在新的政治和社会环境条件下，便从原来具有官方色彩的职业转变为社会民间专司宗教职业的毕摩。

彝族社会中的毕摩，大都是一些通晓本民族历史、文化、习俗等的知识分子，深受广大彝族人民的尊敬。他们在传授、传播本民族文化的同时，也与其他民族进行文化交流，总结彝族人民一些社会实践经验，并加以研究，撰写出了许多彝文典籍，在传承和发展彝族文化中功不可没。

由于历史上的种种原因，到新中国建立时，文山州彝族已没有识彝文的毕摩，一般的群众更不用说了。一些不识彝文的毕摩使用彝经，是靠口传背诵下来的。虽然史书中偶有记载文山州的彝族也有识彝经（倮文、爨文、蝌蚪文）的。如《开化府志》载：彝族“有夷经，皆爨字，状类蝌蚪，精者能知天象”。又如清朝末年丘北、砚山一带的普云作乱时，他们集会时念的所谓“黑书”，就是彝文经书。又如民国《丘北县志·人种》载：撒尼人“丧祭用巫占卜，以白鸡书字，形如古钟鼎”。（注：形如古钟鼎，即像古人镌铸在钟鼎上的文字，史学家称之为金文或钟鼎文）。

汉文史书虽有零星记载，但文山州彝族早已不见彝文书籍流传了。文山州彝文的最后消失，当为清康熙年间云贵总督吴三桂对今滇南彝族人民的疯狂大屠杀，那次大屠杀，文山州境内所有大小彝族土司全数被灭，许多彝族村寨被烧得茅草不留，村寨内外到处尸横遍野，惨不忍睹。一些侥幸死里逃生幸存下来的人，只好改名换姓或改变民族成分，流落他乡避难。

然而，直到新中国建立前后，全州一些彝族地方，还有不少彝族毕摩能熟练地背诵部分彝文经书。他们虽然不识彝文，但在做法事时，一连可以背诵十几部彝经，只是这样的毕摩现在也没有了。

二、彝族宗法制度

在原始社会，彝族也同其他不少兄弟民族一样，血缘关系是当时人们最主要的社会关系。但是，这种社会关系在彝族原始社会向阶级社会过渡时期，即历史上从氏族、部落向民族的形成和发展的过程中，被完整地保留下来了。因而在原始社会末期，随着私有制的产生，彝族中的贵族集团也随着阶级社会的出现而转化成了世俗的家族统治集团，这就是一般所说的宗法制度。《西南彝志》等许多彝文史书中大量记载的彝族谱牒，其所反映的就是这样的历史事实，即一直绵延不断的宗族血缘关系。

“六祖”分支以后，各部在向各地发展的过程中，其君长地位的更迭，完全依照父死子继这一准则来进行，这就是彝族社会长期处于宗族宗法统治的历史根源。在历史上，这种宗法制度在其形成初期，虽然也曾起过一定的进步作用，但越往后，就越显得更加腐朽。家族、家支或部落各自据地为营，占山为王，打冤家、报家仇的现象层出不穷，总是没完没了。虽然有时在遭遇外敌入侵时，也会联合起来共同抗敌，但对外战争一结束，内部纷争很快又起，其结果总是在相互争斗中两败俱伤，最终谁也战胜不了谁，进而不但造成了长时期的对外封闭，也造成了本民族内部间相互封闭、相互争斗的部落之间鸡犬相闻，生死不相往来，在长时间的人为隔离中，相互间的差异越来越大，严重制约了民族自身经济社会的发展和进步。加之明、清两代封建朝廷对彝族人民连续不断的残酷镇压和屠杀，使彝族地区在进入近代社会以后，开始越来越落伍下来。

彝族宗法制度的核心是血缘纽带，其表现形式就是“长君长，幼臣仆”的嫡长子继承制。在君、臣、师、匠这一政治体制形成后，嫡长子是理所当然的君主。而庶子则成为中、下层中不同等级层次的构成部分，从而组成不同的统治阶梯，成为政权和族权合二而一的宗法政权体制。《西南彝志·六祖的起源》中记载说：“我们的祖先勿阿纳住慕俄格管理人民的时候，有四十七慕濯、一百二十祃裔、一千二百奕续助军管理城池。中军有十二骂色，是身为阿者家的要人”，这就是血缘宗法制度中的政权体制。

明弘治《贵州图经新志》中记载说：按照彝族惯例，称宗支为蔺，宗子有主持祭祀的大权，其余庶支附祭于大宗，君长称苴穆，嫡长子袭其位，庶子则为穆濯，穆濯之嫡长子又袭穆濯，其余世子为祃衣、衣苏（奕续）。穆濯、祃衣，均为贵族，彝语称贵族为“俄”，君长分给他们祭器、田土，各自进行管理。

彝族宗法有大宗、小宗之分。宗主由于有了主持祭祀祖宗的权利而有了大宗的地位，并有统帅各宗支对外交往的权利，以及决定整个宗族内部重大事项的权利，这就是唐朝以后一些相关汉文史料记载中所说的“鬼主制度”。按照彝族的习惯法，嫡长子不但可以继承财产，而且还要承袭祖先的“灵筒”，故称长房为“以孟”或“艺补”，意为继承祖先祭祀，非长房不得作“正祭者”。

彝族的宗法制度不仅是一种承袭关系，而且是关于某个血缘内人们相互关系的制度。与此同时，它也不仅是人们之间一般的血缘关系，而且是带有某种相互权利和义务的血缘亲属间的支配制度。各宗支在宗主的率领下，应尽各种社会义务和政治义务。这就是彝族宗法制度的社会、政治意义。

因此，在彝族历史上的宗法制度之下的君、臣、师、匠四位一体组织形态，一是可以调节宗族内部的稳定及和睦，平衡血缘群体各部分之间的利益关系，是维护血缘集团共同利益的精神支柱和力量源泉。这就是历史上乌蒙、乌撒、东川、芒部、水西、播勒等一些较大部落对外能团结一致的重要原因，也是唐朝时期，两林部落都鬼主之所以能动员整个嶲州地区的彝族打败吐蕃军队进攻的原因。二是彝族的宗法制度与中原王朝在统治彝族地区的过程中，又富有弹性。在改土归流以前，当中原王朝的力量能控制彝族地区的时候，往往在中央王朝统一的行政区划内，各部控制的区域内仍然实行君、臣、师、匠四位一体的宗法制度。一旦中原王朝无力控制彝族地区，其内部仍然依靠这种宗法制度来继续维持统治。如水西的“阿者苴穆”在归附明王朝时，就接受了宣慰使的封号。其下的人也同样获得了两重身份，即具有官方授予的官职，又是彝族内部的首领。宣慰使下的嫡系家支，在族内称“窝兹（宗亲）”，他们所管辖的地方，构成了一个个的行政区域——则溪。则溪之下的穆濯、骂裔、夜所等，既是家支头目的称号，也是各级地方官员的称号，犹如州、县、乡、村的行政长官。

在彝族的古代社会，以血缘为纽带的统治体系中，还有人神合一的观念意识作支撑，这种人神合一的等级制度结构又用宗教神权来加以固定，即统治者既是人，同时又是神。神权结构与社会结构模式相联系，并与社会的道德规范融为一体，进而形成彝族社会的宗法等级观念制度。在这种神权结构中，各种“神”只能在自己位置范围内行使权力。如“兹”既是君王，也是具有至高无上权力的“天神”；“莫”是君王下属掌管军事的大臣，是“天神”下面的“武神”；“毕”是“天王”身边的谋士，是辅助“天王”的通天之“神”，这就是君、臣、师三位一体人神合一的统治政权结构。

人神合一的神权统治观念，是彝族历史上从部落酋长向部落联盟过渡时期的产物。这种人神合一的统治观念赋予了部落联盟首领至高无上的权力，并顽固地影响和支撑着彝族奴隶制社会的长期延续。在不少彝族地区，特别是边远山区，这种人神合一的统治制度一直延续到了20世纪40年代末期。

三、彝族哲学及其唯物辩证观念

哲学是人们的“世界观”或“宇宙观”，是人们对包括自然、社会等整个宇宙或世界的思维和认识。一个没有哲学思维的民族，是很难站在人类社会发展前列的。中华民族文化引领人类社会文明潮流几千年，在很大程度上就是得益于中华民族自古以来就有的卓越的哲学思辨能力。而彝族文化作为中华文化的重要组成部分，对此做出了重要贡献。

彝族的哲学思想包含在许多的彝族历史典籍中。不过，过去人们在研究彝族历史经典时，往往是因研究角度的不同而各取侧重。研究历史的，只侧重史实纪录；研究宗教的，只侧重于宗教礼仪和宗教规程；研究文学的，就只侧重于史诗、神话传说等，都是各取所需。其实，彝文经典史料中，大都包含着彝族的哲学观念和思想，比如除了反映彝族先民对天文、历算的认识外，还有对宇宙天地的存在及其运动的认识，这种认识不仅有科学的认识，还有哲理方面的认识。比如，彝文在记事、记物和叙述历史事件及其人物活动中，其主要特点就是以文学的表述方式来表达自己的哲学思想。因此，彝族的很多经典神话、传说、史诗中，都包括着许多的哲学思想观念。其实在古代，文学与哲学是不分家的，它们大都是融合在一起。如宇宙最初时的混沌、盘古开天、伏羲坐方坛听八风之气而画八卦，以及后来屈原的《天问》《九歌》等，无不如此。

在彝族的宗教信仰中有万物崇拜的原始宗教及佛教、道教，到后来还有少数人信仰天主教。但集中体现彝族特点的，还是其根深蒂固的原始宗教和道教，佛教次之。主持彝族宗教仪式的人叫“毕摩”“耆老”“鬼主”“鬼师”“奚婆”“布慕”等等，现在大都称“毕摩”，一些史学家因此将其称为“毕摩教”。毕摩教在不同的宗教仪式上诵念《作斋经》《指路经》《开丧经》《冷斋经》《供牲经》等。表面上看，这些宗教仪式大都带有一些神秘的，甚至是非理性的色彩。但仔细辨识其诵念的经文内容，其叙述的大都是天地万物的起始来源，宇宙间各种自然物运动、发展和变化现象，以及人类来源及生死等，其中包含着许多富有理性的哲学思辨，并展示着其逻辑上的严谨性和规律性。

哲学的任务，首先在于人类对自身存在及其与自然界之间关系的认识和解释。在许多彝族毕摩经典中，都力图解释世界的本源、存在以及人与自然物的所有关系。正如马克思所说的那样：“哲学最初在意识的宗教形式中形成，从而一方面它消灭宗教本身，另一方面从它的积极内容说来，它自己还只在这个理想化的、化理想的宗教领域内活动。”这种理想也充分体现在彝族原始宗教中。而这种包含在宗教中的最初哲学，虽然是对“物”的认识和理解，但这种理解是简单的、朴实的，是最初朴素的唯物观念。

许多的彝族文化经典著作，其实都可以作为哲学著作来读。在这类书中，哲学特点最鲜明的要算《生命的根源》了。

在《生命的根源》这部彝文经典中，作者唯物地回答了世界的根源是什么的问题。他摒弃了各式各样的神灵创世说，毫不含糊地声明：世间“万事万物都靠气生成”，认为世界的根源是气，生命的根源是气，世界上一切统一于气。

《生命的根源》还认为，气本身也是存在着内部差别的。气本身内部包含有不同的气，即青气和红气，清气和浊气。“青气下降，红气上升，就产生如花似锦的万类形体”。“天是迷漫的气体，云雾普遍地向低处下降，天呢就是这样产生，这样兴起，地就是堆积的气体，想来，这些气体长期地向下堆积，地呢就是这样产生，这样铺开给天盖着”。

《生命的根源》不仅强调了世界的物质统一性，而且提出了物质世界辩证发展的思想，指出：“天地之间，生死如水车转动，从未间断，这是必然的现象。”“这流动的气，它是万样事物产生的根源，又是生命的根源……万物不停地生长，五行运动，相继于红，这是不可终止的”。在文山州的彝族史诗中，也有类似的内容。如“草木发芽生叶，草木开花结果，草木叶黄枯落，是一年一轮回，是磨盘团团转。人自母身下地，先是无知的娃娃，后是懂事的花枝，再后是结果的黄叶。果熟叶枯了，是回家（老死）的时候啦。有生必有死，有死才有生，是一生一轮回，是轱轳团团转”。

在彝族人眼中，物质世界的变化和流动，不仅仅是场所的变更，数量的增减，不是在同一水平上周而复始地轮回，而是从低级到高级，从简单到复杂的发展变化过程。就像《生命的根源》中指出的那样：“清气和浊气相互接触，产生了黑压压的，无边无际的空洞的天。这空洞的天接着又变化，产生出一重重的青红彩色的宇宙。过了一段时间，尾随着青红气体，形成种种生命。”“天上的气和地上的气是生命的根源，他们之间不断地交换着”。“青红是种种气的形体，就像树一样，红是青的主杆，青又是红的根子”。“万物不停地生长，是以青气为红气的主杆，红气又是青气的根本”。这就是说，青气和红气是互为对立和统一的两个方面。正是它们处于这种对立和统一的运动中，才逐步形成了天地万物，也才使“万物不停地生长”。

古代彝族哲学家们把天地万物的根源确定为物质性的气体，又把这种气体分为存在着对立统一关系的青气和红气，认为事物的发展就是这两个对立面的相互作用而推动的，这种认识接触到了唯物辩证法的核心。虽然这是一种朴素的认识，但在当时的历史条件下，仍然具有其重要的意义。

彝族浩瀚的文史经典，处处充满着彝族人智慧的光辉和哲理的认识。20 世纪 80 年代以来，许多学术界人士对彝族哲学的兴趣越来越浓厚，并开始对这一领域进行研究。但是严格地说，人们对彝族哲学的研究，仅仅还只是开始。要把彝族哲学研究清楚，还需要做更多的、更长时间的不懈努力。

第八章 改土归流与彝族居住格局的最终形成

（1658—1840 年）

第一节 明代彝区的改土归流

“土司制度”是封建中央王朝利用土著少数民族中的上层分子充当地方行政机构长官的制度。封建统治者建立土司制度的目的，并非是要维护各少数民族地区原有的经济、政治结构永远不变，而是一种经济、政治结构变化的过渡措施，即首先用建立土司制度的办法，先把各少数民族地区稳定下来，然后创造条件，寻机改变这种制度，使其与内地汉族地区趋于一致。而且随着许多彝区汉族人口的不断增加，彝、汉人口比例不断变化，一些罗罗土司在其统治区的影响力日趋下降。到了明朝中期，明朝廷便乘机加快了改土归流的进程。就如江应樑在其所著的《明代云南境内的土官与土司》中说：“往后只要有机可乘，条件稍具，便毫不迟疑地改流。”

在云南，这种对彝区的改土归流最早是从寻甸府开始的。

寻甸府是大理国时期 37 部乌蛮中的仁德部，元代设置万户府。洪武十五年（公元 1382 年），前仁德府土司阿孔等归附，改为寻甸军民府。洪武十六年（公元 1383 年），土司安阳赴京朝觐，贡马及虎皮、毡衫等物，与朝廷关系正常。成化十二年（公元 1476 年），土舍安宣聚众杀掠，朝廷命镇守官伺机抚捕。成化十四年（公元 1478 年），土知府安晟卒，安详、安遒兄弟争袭，遂设流官，改寻甸府。原土知府安氏被降为“马头”。

洪武十四年（公元 1381 年），广西府罗罗首领（昂）普德归附，被授予知府，领弥勒、维摩、师宗三州。据《土官底簿》记载：“（知府）昂觉，广西府弥勒州人。有父普德，除授本府知府，时者满作乱杀死。总兵官委觉署掌府事，赴京告袭。”广西府境内民族种类多，罗罗势力虽强盛，但缺少一支强大的力量来统领各部。普德虽然是土知府，但震慑力不足，而被者满杀死。正统六年（公元 1441 年）师宗州及广南罗罗头人阿罗、阿思反抗，朝廷命总兵官沐昂帮助平息。《明史》载：成化十七年（公元 1481 年），朝廷以土知府昂贵有罪为由，“革其职务，安置弥勒州，乃置流官，始筑土城”。又载：“广西（府）土官虐，所部为乱，（沐）琮更请设流官，民大便。”

弘治六年（公元1493年），朝廷又以土民愿设流官为由，废除了弥勒、维摩（今丘北县和砚山县西部）两土知州，改为流官知州。师宗州在设流官的同时，罗罗土官仍然保留，但不得协管州事。

广西府、州土司虽然都先后被废除了，但低层的一些小土目仍保留下来，让他们为官府做些征调民夫、征收税赋、调解民间纠纷等事，如丘北县西部的土目昂尚才，就一直延续到清朝末年。

弘治六年（公元1493年）4月，朝廷在蒙自县设流官知县，掌印；令罗罗土知县专门管束当地土民，处置地方治安。嘉靖二年（公元1523年）9月，巡抚王启奏报土知县禄赐家族绝嗣。遂由流官知县全权管理县事，土知县之职到此终止。

阿迷土知州。《土官底簿》记载，阿迷土知州普柱去世后，“并无嫡庶弟侄儿男。正妻沙费，成化元年奏袭。查勘。十八年（公元1482年），弟普明奏袭，查系争袭，不明，行勘未报，文选司缺册内”。成化十二年（公元1476年），“除流官杜参”，以争袭改设流官。明朝后期，普氏后人普明声东山再起，势力扩张到今文山、砚山、马关、丘北等县市，并最终酿成了震动云南的“反沐乱滇”事件。

在此期间，四川、贵州等地的大多数土司，也先后被改土归流。

为了稳定对西南地区的统治，元朝时期，封建中央王朝在西南各少数民族地区建立起了土司制度，并通过这种土司制度的施行，把社会发展很不平衡的西南地区统一在中央的版图之内。这种制度在保留各地土司内部的政治、经济结构暂时不变的情况下，又从政治、经济、文化等方面对其施加影响和控制。到了明、清时期，封建王朝为了进一步巩固对土司管辖区各少数民族的统治，并能从中获得更多的财富剥削，封建中央王朝在少数民族地区又进行了废除少数民族土司，改由封建王朝任命流官统治的“改土归流”。

在贵州，明洪武十四年（公元1381年），明军攻克普安，十六年（公元1383年），置普安军民府，时彝族土司那邦过世，以其妻适恭为知府，佐以流官。适恭卒，以子普旦继。二十一年（公元1388年），普旦与越州（今曲靖越州）土司阿资，本府马乃等叛，次年（公元1389年）被明军讨平，废除普安土知府，置普安军民使领其地。永乐元年（公元1403年），复置普安安抚司，以慈长为土安抚，永乐十三年（公元1415年）改置普安州，设流官，隶属贵州布政司，但其地仍为12部彝族所据，号十二营，部长叫营长。

洪武初设贵州宣慰司，以水西彝族土司霭翠和宋钦同为土官宣慰，后霭翠之裔安氏领水西48部彝族及区内的苗族和仡佬族，宋氏后裔领水东贵竹等10长官司。到200多年后的天启元年（公元1621年），水西土司安邦彦、永宁土司奢崇明，水东土司宋嗣殷等相继反明，朝廷调滇、川、黔各地的官军和土司兵去镇压，直到崇祯元年（公元1628年），历时7年才被镇压下去。当时今文山州境内的彝族土司，也应调带兵去参加了镇压行动。经过这次长时间的大规模镇压，滇东北、黔西和川西南地区的彝族土司逐步衰落下来。

在四川，弘治八年（公元1495年），马湖土知府安鳌被废，设流官知府。但直到相隔近百年后的万历十七年（公元1589年），朝廷委任的流官知府才真正把马湖土司管辖的地区控制起来。而其他地区则设泥溪、沐川、平夷、蛮夷四长官司，仍为土官势力范围。

四川永宁土司管辖区域由于靠近内地汉族地区，明初在设土官的同时，在区域内设立永宁卫，派驻了朝廷军队。此后，永宁土司为发展其地方势力而展开了与邻境土司间的兼并行动，官军便趁此机会对永宁土司进行掠夺，使民族矛盾和阶级矛盾错综复杂，日趋激化。《明史·土司传》说："汉族总兵郭成、参将马呈文贪图奢氏土司积蓄，发兵数千攻入奢氏腹地落红，抢掠了奢氏土司九代人的积蓄，奢效中之弟沙卜邀约水西兵进行抵抗。这种争夺之战一直延续到天启年间奢崇明的大规模反抗"斗争。天启三年（公元1623年），四川官军攻陷永宁，总督朱燮元以赤水河为界，分割永宁土司辖区。河东龙场划归贵州，赤水河西、永宁留属四川。

第二节　清代彝区的改土归流

顺治十六年（公元1659年）清兵平滇。次年，朝廷任命吴三桂为总管移镇云南。

清顺治十五年（公元1658年）清军进入云南以后，清政府以军事力量作后盾，在明朝改土归流的基础上，以强制性手段，在彝族地区进一步深入推进改土归流。

顺治十七年（公元1660年），平西王吴三桂捏造莫须有的罪名，诬陷贵州水西土司安坤"蓄谋造反"，奏请朝廷剿平水西。水西是楚地（湖南、湖北）入滇之咽喉，挡粤、蜀之要冲。吴三桂要剿平水西的目的，就是想通过占据水西，以巩固他在西南地区的统治，为他后来的反清图谋作准备。另外，吴三桂听说水西土司安坤有个小老婆十分漂亮，而且"美而体香"，一心想占为己有。

于是，在康熙三年（公元1664年）初，吴三桂便带领总督云贵两省兵力进剿水西。由于遭到彝族及其他各族人民的坚决抵抗，吴三桂带领的清军进入水西的果勇底之后，便不能再前进。三月，吴三桂下令总兵刘之复驻兵大方，令提督李本深统贵州四镇兵由大方的六归河入水西会剿。安坤则乘机率兵围果勇底，并派兵扼守那巴桥、六归河，断吴三桂的粮道，围困入侵清军达两个月之久。但是，由于安坤部下叉戛被吴三桂重金收买叛变，引导清兵突出了包围圈。六月，吴三桂又分兵进攻水西，时助安坤一起反清作战的云南芒部土司兵首先被击溃，清兵便集中力量进攻安坤，安坤被擒。次年二月，安坤、安重圣等被杀。水西部彝族想归附芒部，但叉戛怕引祸于芒部，而加以拒绝。

吴三桂经过残酷的镇压和屠杀后，在水西设立了二镇、二协进行分别驻守，以武力强行实施改土归流。康熙四年（公元1665年）12月，郎岱土司陇安藩由于十分痛恨吴三桂肆意残酷屠杀彝族人民的暴行，又起兵反吴。次年，陇安藩率部进攻威宁，水西的彝族又纷纷响应，起来反抗。

康熙十二年（公元1673年），吴三桂反清。十六年（公元1677年），已故水西宣慰使安坤夫人禄氏及其子安胜祖在威宁起兵，助清军攻吴。十九年（公元1680年），清军进入贵州，水西彝族人民给清军送粮送响，协助清剿吴军。

康熙四年（公元1665年），吴三桂率云南十镇兵征水西未回，云南留守兵力薄弱。滇南临安府宁州（今华宁）土知州禄昌贤，嶍峨县（今峨山）土知县禄益及土主簿王扬祖，蒙自县土县丞李世藩及其弟李世屏和其叔叔李日升（升又作森），新化州（今新平县）摩沙勒土巡检普承勋，王弄山（今文山市西部）土副长官司土长官王朔，八寨（今马关八寨）土舍李成林，纳楼茶甸（今建水县南至元阳县一带）副长官司土长官普率，教化（今文山城西）副长官司土官张长寿（即龙长寿），枯木（今文山市古木镇）副长官司土长官龙元庆。倘甸土目叶向阳、叶正昌，石屏州龙朋里土里长龙韬及其从子龙飞扬，澄江府新兴州（今玉溪市）铁炉土巡检王耀祖，路南州（今石林县）土官秦祖根，曲靖府陆凉州土知州资洪，广西府弥勒州土照磨昂复祖，维摩州（今砚山县维摩乡）土舍沈应麟、沈兆麟（壮族）、安南长官司新现寨（今屏边县新现镇）土舍阿勒三、牛羊土舍侬得功（壮族）等也参加了反清。这次反清斗争，被官方史籍称为滇南“十八土司之乱”。除了少数壮族和傣族外，参加反清的土司及其民众绝大多数都是彝族，少数南明旧将也加入其中。反抗被镇压下去以后，清王朝廷在王弄山、教化、八寨、维摩等土司领地设置开化府，委派流官知府管理，文山地区的彝族土司统治历史到此终结。

“滇南十八土司之乱”的乱由，主要为清政府对滇东北和黔西彝族人民进行灭绝人性的疯狂大屠杀，引起了滇南各地彝族人民的强烈不满和反抗，加之土司们为维护自身即将失去的既得利益，便利用自身的影响，迅速组织起了十余万之众的反清队伍。据康熙《云南府志》、雍正《云南通志》《清圣祖实录》及一些府、州、县史志的相关记载，这次反清起义斗争始末大体如下：

康熙四年（公元1665年）3月，宁州土知州禄昌贤、王弄山长官司土长官王朔等，乘吴三桂率云南十镇兵征剿贵州水西彝族未回，云南驻守兵力薄弱之机，合谋聚众数万，欲由澄江府、广西府分路合攻省城昆明。攻昆明之前，先分攻各府、州、县。起义开始后，禄昌贤陷宁州，擒知州曹诚，接着遣所部攻昆阳、晋宁、三泊、河西；王朔、李世屏、普率、李成林、张长寿（即龙长寿）攻临安（今建水）；秦祖根拥伪开国公赵印（又作应）攻弥勒；龙韬、龙飞扬攻石屏；李世藩陷蒙自，擒知县潘驯；禄益、王扬祖陷嶍峨，擒知县孙衍庆。其余土酋分攻广西、维摩、易门、通海、宜良等府、州、县，起义声势震动全省。总督卞三元、巡抚袁懋功、提督张国柱发兵分别进行镇压，副都统高拱宸到嶍峨救出知县孙衍庆等，禄益等遁去。吴三桂也自水西遣赵得胜急援石屏，遣王辅臣急援弥勒，破木城九座，于弥勒城下擒赵应选，余党尽遁。

4 月，宜良竹子山夷李忠义等聚众攻宜良城，吴三桂遣都统何进忠、副都统高拱宸统兵，与马宁、赵得胜一起分三路平宜良夷，重新夺回宁州，禄昌贤遁走。王耀祖为诸夷渠魁，他派遣其侄王先任、王义招、江外伪兴阳侯齐正、伪总兵马麟甲、李明阳等，率夷众入境，建号大庆元年，以兵攻易门，徐元勋、杨佩远为内应，攻陷易门，杀知县胡邦靖。王耀祖弟王扬祖领兵至嶍峨铁炉关堵扼省城要路，吴三桂率兵征剿，4 月 7 日，阵前擒王耀祖于新兴，破大营城，遣副都统张国柱扑剿，王扬祖败走，围困李明阳于易门，并于 4 月 17 日破城，俘王义，斩伪军师孟传信及徐元勋、杨世藩、杨佩远等，易门平。总兵官阎镇援临安，阿迷州土目李阿侧遣兵助剿，败王朔、李世藩，临安府解围。5 月，吴三桂班师回省城。

而此时，李世藩、李日升仍占据着蒙自县城，禄昌贤、禄益也到了蒙自。沈应麟据砚山维摩，龙韬则到乐育。与那烈（傣族）、龙飞扬合兵，王朔据老寨（今蒙自市老寨乡），李成林据八寨、龙元庆据枯木（今文山市古木），叶向阳、叶正昌据倘甸，各据两万，声言犯省。7 月，吴三桂、卞三元、张国柱再剿滇东南。吴三桂留左都统吴应期同巡抚袁懋功守省城；遣副都统高得捷、高拱宸、王屏藩、总兵王辅臣、阎镇等为一路，径扑蒙自；遣总兵沈应时、马惟兴、马宝等为一路，先剿沈应麟，次进老寨，堵各路酋后路；遣总兵某由元江落恐剿那烈、龙飞扬；吴三桂亲统精兵与卞三元、张国柱从临安、阿迷前进，17 日，高得捷等到蒙自，李世藩、叶正昌败走，蒙自平，知县潘驯得救。5 日，又败李日升于发果山。8 月 5 日，左纛章京、胡国柱等直捣老寨，败王朔、禄昌贤，禄昌贤败走八寨，王朔败走雾露结（今文山市德厚镇境内）。28 日，吴三桂由王弄山抵教化，9 月 12 日出枯木，进取牛羊（今西畴县老街村），枯木土司龙元庆逃依牛羊土司侬得功，吴三桂率兵追击，龙元庆逃往交趾。高拱宸等追剿蒙自诸酋，李世藩、叶向阳、叶正昌逃往大江沿，李日升逃往打巫白箐，诸将追剿，阵擒李日升。吴国贵由大江沿追至勒古簿，擒李世藩，阵斩叶正昌等。总兵沈应时率兵至砚山维摩，围沈应麟于法古陇城，沈应麟突围时被擒。10 月，赵得胜兵至落恐，龙韬等逃往纳更山，赵得胜督兵捕斩龙韬，擒那烈、龙飞扬。马宁兵至八寨，禄昌贤据龙阴山，守备党法夺路上山，斩禄昌贤。与此同时，吴三桂遣吴国贵围雾露结王朔，王朔引火自焚而死。马惟兴于丘北斩张长寿（龙长寿）。李成林势穷走交趾，被交人所杀。之后，招抚其他作乱者余党李世屏、普率、昂复祖、沈兆麟、侬得功等，主要头目李世藩、李日升、沈应麟、龙元庆等悉数被诛。“滇南十八土司之乱”平息。

清军在镇压“滇南十八土司之乱”的军事行动中，所到之处，彝族等各族人民的粮食、家畜、家禽尽数被一扫而空，不少村寨房屋全部被烧，顷刻化为灰烬，人员大都被杀，村内村外，到处尸横遍野，阴风拂地，惨不忍睹。除了各地土司大都被杀外，数万无辜的彝族人民也惨死在清军的屠刀之下。

雍正四年（公元 1726 年），鄂尔泰巡抚云南兼总督事。鄂尔泰向朝廷上《改土归流疏》，称如若不改土归流，将土司依次捉拿和废除，西南地区就难以治理。又说，改土归流是为了革除土官，清查田土，以增赋税，加强地方治安。这就是清朝在西南少数民族地区改土归流的目的。元、明以来，之所以要在少数民族地区设立土司，目的在于利用土司帮助封建统治王朝稳定对少数民族地区的统治。而一旦封建王朝有条件直接对少数民族地区进行统治时，很自然地就要掀开土司这一对他们实行直接统治的绊脚石了，这就是封建王朝实行土司制度这一民族政策的最终目的。平定滇南“十八土司之乱”以后，清政府随即把西南地区势力较为强大的乌蒙、东川、镇雄三土司府从四川划归云南，继而又在雍正六年（公元1728年）加封鄂尔泰为云南、贵州、广西三省总督，以增强鄂尔泰在西南地区实行改土归流的军事权力。

雍正四年（公元1726年）夏天，鄂尔泰逮捕了云南沾益州（今宣威）土知州安于藩，并将其迁移到了江南，另派流官进行治理。随即又派军队进驻东川，革除东川六营土目之职，继而出兵乌蒙、镇雄，打败了土官禄万钟和陇庆侯的土司兵，逮捕了禄万钟和陇庆侯，杀了200多拥护土官进行反抗的土目，并在东川、乌蒙、镇雄设置了流官知府。

鄂尔泰以这种军事武力手段进行改土归流，自然就激化了民族矛盾，引起彝族人民的反抗。乌蒙米贴（今永善县）土目禄永孝被捕以后，官府又害怕禄永孝家族中人起来反抗，因而想方设法捕尽杀绝禄氏家族中人。雍正六年（公元1728年），鄂尔泰派副将郭寿域率兵500余人，前往米贴逮捕禄永孝之妻禄氏，禄氏发动当地彝族人民并联络四川沙马土司及凉山彝族数千人进行抵抗，使郭寿域全军覆没。鄂尔泰恼羞成怒，派总兵张耀祖率重兵进剿米贴，又另派参将哈元生率兵渡过金沙江至四川雷波堵截逃逸者。经过残酷的杀戮，使数万彝族人民死于非命。清政府以血腥手段完成了对米贴的改土归流，还将米贴改名为永善，要当地彝族人民“改恶从善”，永远驯服于清封建王朝的统治。

乌蒙地区在雍正四年（公元1726年）改土归流后，刘起元统兵镇守乌蒙，排挤持主张对彝族人民的剥削和压迫应当持缓和政策意见的知府陆世宣，与新任流官知府狼狈为奸，更加苛刻地勒索彝族人民，到处奸污彝族妇女。于是，在土官禄鼎坤父子的领导下，彝族人民又一次奋起反抗，东川、镇雄随之响应。鄂尔泰又调动两万官兵，由哈元生、魏翥国、韩勋等率领，分三路向乌蒙、东川、镇雄进攻。清军四处攻破村寨，任意杀戮，甚至那些改土归流初期才进入彝族地区居住的汉人也难免杀身之祸。

清朝初年，清王朝在云贵地区实行的改土归流，尤其是在滇东北和黔西南地区的改土归流中，对彝族实施了一系列赶尽杀绝的残暴屠杀行动，几十万彝族人民惨死在封建军队的屠刀下，彝区到处尸横遍野，血流成河。成百上千的人被追逼得跳岩自杀，尸挂悬崖峭壁，惨不忍睹，使自古以来一直为彝族主要聚居地区的滇东北、黔西和黔西南地区，彝族人口大量锐减，一些地方甚至绝迹。清王朝军队这种对彝族人民的血腥镇压和屠杀，成为彝族历史上封建统治阶级镇压屠杀彝族人民最黑暗、最悲惨的一页。在此之前不久，吴三桂在镇压滇南“十八土司之乱”中，同样也屠杀了数以万计的彝族人民和其他各族人民，一些被烧杀过的村寨顷刻阴风拂地，荒无人烟，后来为汉族和其他民族移居。至今，许多彝语村寨名称仍保留不变。而在此时的富宁县，许多彝族则被沈氏土司从原来条件较好的住地赶到偏远的石山地区，至今富宁县有不少带有“木”或“睦”的村寨名称，就是彝族曾经居住过的村寨。

清王朝在基本完成了对云南、贵州两省彝族地区的改土归流后，又在四川凉山彝族地区设置营汛，加强军事控制，把改土归流政策开始向凉山彝族地区推进。雍正六年（公元1728年），朝廷首先对阿者长官司实行改土归流，然后逐步扩展到其他土司地区，但都遭到了彝族人民的强烈抵抗，因而在改土归流后不久，在一些地区又恢复土司制度，甚至新立了一些土司。

第三节　彝族居住区域格局的变化

一、彝族居住区域的缩小

今天，中国彝族主要分布在云南、四川、贵州和广西西部地区的山区和半山区，居住在平坝地区的相对较少。这种居住格局是历代封建王朝在彝族地区长期进行经营，以及明、清时期封建朝廷用军事武力手段进行改土归流而最终形成的。唐朝以前的汉、魏、晋和南北朝时期，中原内地迁来的移民基本上都融合到了彝族和其他少数民族中。汉代在云南屯田，主要是军屯，即驻防屯守的领军官吏，把所领军队编起组队来进行屯垦生产，以筹备军食。由于领军官吏长期任职，士兵长期不更换，日子一长，便就地落籍下来，逐步融合到了彝族和其他一些少数民族之中，领军官吏也逐渐发展成了地方大姓，士兵则成为大姓的部曲（私人武装）。蜀汉年间诸葛亮平定南中后，所实行的屯田却不是采取军屯的形式，而是在汉代屯田的基础上，在打击豪强大姓并分配其所领部曲的基础上，调整屯田组织，鼓励拥护蜀汉政权的南中“夷帅”，通过与大姓相互通婚的形式结成“遑耶”（古彝语“亲家”之义）关系，进一步加深汉族移民的“夷化”程度，使原来的“夷帅”部曲和大姓部曲成为联合起来的“夷汉部曲”。其间，因逃避重租税和徭役而从内地进入南中地区的汉人，有不少也成为依附彝族首领的农奴或部曲。这种形式的民族融合，在促进各民族团结中发挥了一定的积极作用。

在三国、两晋时期，南中地区各民族之间的融合（主要是汉族融合到彝族和其他一些少数民族中，同时也有少数彝族融合到汉族中），但这并未改变当时南中地区彝族人口占大多数的状况。晋朝时期的官方史料在记载南中地区的民族分布情况时，都说南中地区“晋（汉族）少夷多”。

这种彝族占主体民族地位的情况到了元朝时期，由于统治者实行“站赤”制度，在加强对彝族地区军事控制的同时，不断扩大屯田规模，彝族人口占多数的情况逐渐发生了逆转。在四川南部彝族土司扯勒家所辖的范围内，元朝时期进入开展民屯的汉族总户数达4516户；在遂宁（今遂宁县）屯军239人。在宣化县（今屏山县北部）垦田41顷又83亩。

在云南，军屯和民屯有12个区域，计17983户，另外还有7000士兵进行屯田。据大体统计，这些屯田户共屯田68889双，折合现在的面积为344445亩。

明朝时期，朝廷进一步大规模扩大屯田面积。据万历《云南通志·兵食制（四）》记载，在云南大部分彝族居住地区，通过实行军屯占去的田地面积达120多万亩。蜀汉至南朝时期的宁州城（今曲靖市麒麟区），是当时彝族地区重要的政治、经济、文化中心之一，南诏和大理国时期设石城郡，其首领都是彝族。从元朝到明朝初期，这一地区反抗封建统治阶级的压迫和剥削比较激烈。据彝文史籍记载，今曲靖地区，秦汉以前为滇王国势力范围。六祖分支后，武部、乍部曾占据了这一地区，到汉时成为武部后裔孟获的领地，阿着仇家占其地。明朝初期，基本上也是彝族土司管辖。但之后设置军屯以后的100多年中，情况就发生了很大改变。万历《云南通志》的《建置志》《赋役志》《兵食志》都记载，当时的曲靖府领有四州、二县，明王朝还设有四卫、二所军队驻守。属于府、州、县和卫所的人户分别为：民籍8492户，59995人，共34里村落；军籍和马步军及屯军8425户，卫所官310户，另外还有军余（军士家眷）17619丁，官余（军队和行政官员家眷）1385丁。

根据明代的编制，以120户为一里，全府34里，应有4080户，志书记为8000多户，可能与实际相符。以1120人为一所，府辖区内17所，应为19040户（按明朝兵制军人立户算）。一些相关志书记载，官、军共有8735户，不及规定的一半，可知万历年间已有部分军户逃籍为民。而舍丁、军余有19000多，应当是大部分已立户。再加上乌撒卫和云南六卫住在曲靖府的屯户，总数相当于民户的二倍半，即军户占全部人户的三分之二以上，彝族人口在曲靖府已从以前的多数开始变为少数了。这样的情况，在当时的官民耕地、屯田与税粮数字比例中同样可以看到。

耕地：官民田83702亩，屯田172680亩。屯田数已达民田数的两倍多。

税粮：民田的夏税秋粮7801石，屯田的夏税秋粮55545石，屯田夏税秋粮比民田高出更多。

以上所述人户、耕地、税粮数字中，军屯的比重都很大。这就是洪武年间设卫开屯以后所形成的局面。其他彝族聚居地区的府、州，大体情况也都是这样，只是程度不同罢了。

这些军屯主要集中于坝区的交通沿线、城镇周围，这就必然排挤原先居住在这些地区的彝族人民。据相关史料记载，万历初年，云南军民户共有461048户，其中军户325436户，占70%强；民户135622户，占30%弱。所以，谢兆淛在其《滇略》卷四中说：当时云南地区，土著民族少，而移民占多数。原为彝族聚居的地区，彝族变成了散居的少数民族。这样的情况，从不少坝区至今仍保留着的许多彝语古地名中就可以看出。如文山市的母朵黑、甲吉科、阿车、扒打底、得白、母鲁白、掩嘎、拉白冲、菲尼白、母侧、舍白、以诺、叽哩寨、卡作、咪女纪、倮朵、白支革、可母革、木期黑、衣格白、喜古、丫斯邑、所倮底、咪洒、左母纪、哈处白、咪得基、木卡、甲吉科、倮可母、噜咱、吗哩、白丝可等；砚山县平远、稼依一带的邑它勒、丫施黑、雨白克、掩白木、鲁都黑、大尼尼、小尼尼、戈白、腻支龙、拉白、倮朵、以那嘎、补左、木彝、阿么觅、咪西古、舍姑、白者、路白、差黑等；丘北县坝区及部分山区的阿鲁白、矣堵、普者黑、笼陶、倮黑、腻脚、树皮、舍得、朦胧、尼尼白、树木架革、以科得、矣堵、矣得、白色姑、那苴、恒桌、得基、丫衣则、曰者、丫堵、木搭白、弥勒勒，还有广南、富宁一带的董那孟、木浪、木密、木桑、木都、木香等等，数不甚数，都是这样的一种历史地名遗留。

二、彝族向山区的退缩

清王朝建立以后，屯田和移民垦殖活动不如明代那样广泛，但却更加深入了。其在彝族地区的特点，就是填补明代屯田和移民垦殖活动的空白，并进一步向更多的彝族地区推进。这就是说，清王朝在明代移民垦田的基础上，更进一步排挤了彝族的居住区。特别是清王朝采取残酷的军事镇压手段推行改土归流，不但大量屠杀彝族人民，而且迫使许多地方彝族东逃西散，不得不离开祖祖辈辈生活的家园，逃往更远更深的山区。

滇东北及贵州西部地区，历来都是彝族的主要聚居地区之一，从秦汉直到元朝时期，这些地区为彝族阿于歹部（东川）、芒部部（镇雄）、乌蒙部（昭通）、乌撒部（贵州威宁，彝语叫纪俄革）、水西部（彝语叫慕俄革，阿者家）等部所居。清朝时期大规模武力推行改土归流时，朝廷军队在这些地区采取留者杀、逃者杀、妇女儿童皆杀等灭绝人性的血腥屠杀手段，先后杀害了数十万彝族人民，造成了这些地区彝族人口的大量减少。雍正六年（公元 1728 年），鄂尔泰在镇压米贴（今永善县）彝族人民的反抗中，一次就杀害了 3 万多彝族人民，使米贴顷刻间变成了死城。

滇东北、滇东南、黔西和黔西南地区彝族人民遭受大杀戮劫难之后，逃脱剩下来的，一部分逃到四川凉山，一部分逃进了更远、更偏僻的深山，一部分则被迫改变民族成分，变为汉族或其他民族。留下的大片土地无人耕种，清政府便采取招募移民的办法，通过清丈田亩，招民垦耕种植。雍正六年（公元 1728 年），仅东川一地，一次就招募外来户 400 多户。与此同时，还把大量的良田赐给士兵种植，每个士兵分给 30 亩。有家属和余丁的，还加倍赏给，并由官府提供耕牛及银两作为购置生产工具费用。雍正九年（公元 1731 年），继鄂尔泰任云贵总督的高其倬在寻甸招募 1000 户人家到昭通，将昭通所有的田地分为生、熟、水、旱四种，按每户 20 亩分给招来户，并划线立碑，颁发执照，永远为其所有。在镇雄，官府则将彝族土司的领地或没收，或变价入官。雍正七年（公元 1729 年），镇雄变价入官的土地达671顷，折合10065亩，之后还陆续有所增加。这些变价入官的土地，又作价给佃户，永为其有。

雍正六年（公元1728年），在鄂尔泰屠刀下逃脱后渡过金沙江进入凉山的滇东北彝族难民，得到吞都、沙马、雷波、昭觉、阿照、平底等地彝族的援助。鄂尔泰又派兵追击，直入川境五六百里。四川提督黄廷桂也调兵配合追杀。随后在凉山边沿地带，相继设置西昌、越嶲、峨边、马边、雷波等行政机构，又布设由建昌镇统率的冕山营、越嶲营、宁越营、峨边营、马边营，以及泸州镇统帅的普安营、安阜营等兵营，各营又分设若干汛塘，对凉山彝族地区进行严密封锁、控制和镇压，压缩凉山彝族居住区。道光十五年（公元1835年），四川总督鄂山又派兵镇压凉山彝族。镇压行动中，鄂山采取严密包围，分路夹山的罪恶手段，先将彝族人民所种的庄稼全部铲除，断绝彝族人民的养命之粮。对那些逃往深山的彝族，则以重兵长期围困，使之成为饿殍。然后用枪炮加以歼灭，以达到其斩草除根的罪恶目的。同时，鄂山还协调云、贵两省配合，堵截彝族逃亡路线，并焚毁彝族村寨，抢夺财物。三、四月份不让彝族人民播种，八、九月份不让彝族人民收获。在清军灭绝人性的剿杀下，彝族人民被迫向更高、更深的高山密林地区收缩。而在原来的居住村寨，清军又从外地招募移民来耕种，并发给枪械，构筑堡垒，防止彝族反抗攻击。

经过明、清两代的移民和军事镇压后，西南地区彝族居住区格局发生了巨大变化。坝区在明代被军屯侵占，在清代又遭军事镇压之后，迫使坝区彝族人民向山区转移。当时属于临安府的今文山州中西部地区，也难免于劫难。雍正《临安府志》卷七说：临安，元代以前为夷倮居住地，自明代以卫军实其地后，夷倮渐少。康熙《蒙自县志》卷一说：蒙自的土著之民少，而外来之民多，都是明朝迁移而来实边之民。据新中国成立初期1953年的调查表明，自古为彝族聚居的滇池、曲靖、临安、楚雄、武定等地的彝族人口一般都比汉族少，其中，曾经长期是彝族政治、经济、文化中心的晋宁县城，长住的彝族人口只剩下了202人，曲靖城内只有475人。以县来看，最多的元谋县64000人，武定县61986人，弥勒县60000人，禄劝县50000人，石屏县46000人，开远市46000人（包括今砚山县西部），建水县40000人，峨山县40000人，蒙自县38000人（不含原属文山县的老寨乡），路南县35000人，楚雄县（今为市）33000人，南华县31000人，双柏县30000人，都比汉族人口少得多。1953年，文山州（当时为文山专区）的总人口为1302524人（不含砚山县西部的平远、阿舍、稼依三乡镇和丘北县西部的曰者、舍得、官寨三乡镇及双龙营镇西北部，但又含有今蒙自县老寨乡和屏边县部分地区，下同），其中汉族人口573766人，占44.05%；壮族400861人，占30.78%，苗族157442人，占12.09%；彝族113082人，占8.68%。在113082个彝族人口中，文山县（今为市）27673人，丘北县26265人，砚山县22212人，西畴县3026人，麻栗坡县5825人，马关13888人，广南县16741人，富宁县（今富宁县西部的田蓬、木央两乡镇当时属于麻栗坡县）1282人。

三、广西西部和文山州东南部地区的彝族

广西的彝族主要分布在桂西与文山州富宁、广南两县相邻的隆林、那坡、西林3县，人口不足万人，其中隆林4000余人，那坡县2000余人，西林县不足千人，其他一些县有零星散户。

彝族进入广西的原因，与广南县东部和富宁县一带的彝族基本相同。一是战争的原因进入。据那坡县的一些彝族老人说，他们的祖先原住在滇东北，后因诸葛亮平南中打孟获，孟获兵败后从滇东北进入滇东南，再由滇东南进入桂西的。他们进入广西的路线大体是：昆明—阿密（阿迷，即开远）—都梦（西畴、麻栗坡）—广南—富宁—那坡。而有一部分则是从曲靖和贵州进入广南的，他们在广南董那孟等地住了一段时间后，又向东南方向迁移。诸葛亮分兵三路平南中的时间是蜀汉建兴三年，即公元225年。也就是说，广南东部和富宁县以及桂西一带的一部分彝族，他们在这一带居住的时间已有近1800年的历史了，他们是进入这一带地区较早的彝族群体之一。他们在进入广南东部、富宁及桂西的迁徙路上，有一部分留在了砚山、文山、西畴，后来有不少逐步融入汉族中。今天砚山县平远镇、稼依镇，文山市的德厚镇、平坝镇、马塘镇、薄竹镇、攀枝花、卧龙、古木镇等一些村寨的彝族倮支系人，就是在那段时期迁徙途中留下来的，虽然他们自称还是倮倮，但彝族特点已经很淡了。如，今文山城内攀枝花、卧龙、里布嘎等社区的彝族倮支系人，他们虽然是彝族，但已经没有多少彝族人的特点了。广西那坡县的彝族与相邻的富宁县板仑乡一带的彝族是同支系近亲，都信奉“金竹”。在其“金竹”神话中直接说他们的祖先是孟获，这种“竹神话”源于古夜郎国时期的“竹王夜郎”时代。这一部分彝族有一些后来还流入了越南北部山区。

另外，明朝洪武年间，朝廷对滇东南和黔西南彝族地区用兵，也迫使这些地区的一部分彝族进入桂西地区。清朝康熙年间，吴三桂、鄂尔泰先后总督云贵军事，到处残酷镇压彝族人民，又有一部分彝族在这一段期间逃入了桂西地区，这一时期流入桂西地区的彝族，主要是从今云南曲靖市和贵州黔西南进入的，他们主要居住在隆林县和西林县，他们中有不少被迫改族换姓，融入到了当地的壮族和汉族之中。今天在隆林和西林两县的一些韦姓壮族人说，他们的祖先就是彝族。清末民初，隆林县著名的大地主韦登荣家的家谱记载说，韦家以前是彝族“滇卜”人，后来到了广西以后，因生活所迫，才变成了壮族，并改成了壮族中的韦姓。

二是自然迁徙进入。早在秦汉年代的“西南夷”时期，布部慕克克后裔就从今云南的会泽、宣威一带进入黔西南与桂西结合部地区。慕克克第九世孙体妥糯的幼子糯奎博就在今天黔西南州的盘县、普安一带征服了“濮人”之后，建立起了部落联盟国家，之后又把势力范围进一步扩展到今天的黔南州一带，并在这一带建立起了默（黔）部分支部落，其

势力范围已深入到了今天的桂西地区。这一时期，默（黔）部后裔已有部分进入了广西，但后来大都融合到仡佬族和壮族中去了。到了宋朝时期，宋王朝在桂西开辟“马市”，与大理国的“马市贸易”比较频繁。大理国的彝族、白族经常赶着成群的马到田东县的马市场去卖，年长日久，他们中的一部分人就在这些地方住留下来了，并逐步融合到了其他民族中。彝族典籍《西南彝志》中对此作了专章叙述，说这一时期进入广西的彝族，都已经融入其他民族中去了。历史上彝族进入广西的人口并不少，但今天的广西彝族人口却很少，民族融合，就是今天广西彝族人口很少的主要原因。

四、彝区经济的萎缩和文化的弱化

彝族人民自古以来就是一个勤劳、智慧的民族。早在公元前2世纪的西汉时期，今天的四川中南部、贵州西部，以及云南大部分地区的彝族，就已开始了较为发达的定居农耕了。“六祖分支”以后的6—10代时期，彝族内部就出现了兹、莫、毕、匠的政权组织形式，并在西南地区建立起了许多的部落和部落联盟国家。在唐（南诏国）时期，彝族地区的生产力水平有了很大的提高，云南西部地区的一些彝族已进入了封建经济形态，而东南部彝族地区也是村落处处，牛、马、羊群到处可见。特别是南诏国的建立，统一了大西南地区，彝族的农业、畜牧业、手工业，以及商贸和文化等各方面都有了很大的发展。到了宋（大理）时期，在川南彝族地区的戎州、泸州和黎州，农业生产水平与内地发达地区已经不相上下。尤其在泸州地区，发展的水平更高。据《续资治通鉴续编》记载，这些地区最富裕的一些彝族村落，积谷已达数万担。一些彝族地方的农、牧、副以及手工业特产常被作为“贡品”贡纳给朝廷。到元代，农业生产在更广的范围内又有进一步的发展。《南夷书》对此记载说，滇池地区彝族种植的水稻，每亩可产二石（约等于今天的250市斤）。四川建昌一带彝族种植的水稻，谷粒丰盈，人民丰衣足食。贵州水西地区的马被列为国马每年都要上贡给朝廷，彝族种植的蚕桑比过去价高十倍。乌撒（贵州威宁）、芒部（云南镇雄）和押赤（昆明）等地区，都普遍种植起了茶叶。建昌路地区的牛、马、羊、盐、毡、茶等，均作为商品，市场上交易量日见增多。在四川凉山南部地区的里州（普格）、中州（金阳）、阔州（宁南）等地，还出现了市镇中心贸易点。

但是，到了元朝中期以后，彝族地区的经济社会发展又不断受到了摧残。元王朝与彝族土司间多次爆发镇压与反镇压的战争，破坏了彝族地区的生产力发展。元大德五年（公元1301年）5月，刘深带领元军到达顺元路（今贵阳），向水西彝族女土官蛇节勒索黄金3000两，马3000匹；又命令云南行省的官吏，向以彝族为主的许多少数民族预派马一万匹，并声称如果征调不足，则须拉牛冲抵。于是，引起了一些彝族土官的反抗，元军便对彝族人民进行疯狂镇压，造成了彝族地区的经济社会凋敝。人口较多，经济不断繁荣的建昌路地区，不久也出现了土广人稀、田地荒芜、市井凋零的状况。

明朝正德初年，贵州水西土司管辖区的人口有 48 万。经过明朝天启和崇祯年间历时 10 余年压迫与反压迫的战争，使这些地区原有的万家烟火转眼“鞠为一片沙场”。

在滇中和滇南地区，明、清时期的改土归流，也给这些彝族地区的经济社会造成严重破坏。清康熙四年（公元 1665 年），今文山州的王弄山长官司王朔、教化长官司张长寿（龙升，即龙长寿）、八寨李成林、古木龙元庆、维摩沈应麟、沈兆麟（壮族），玉溪王耀祖、华宁禄昌贤，红河州蒙自李日森（升），以及通海、石屏、峨山、宜良等地的十八土司（绝大多数为彝族）联合起来反清，同样遭到了吴三桂的残酷镇压和屠杀，迫使不少彝族转移到了山区，留下来的部分也大都为了生存而改变了民族成分，融入汉族和其他民族中，成为地主、头人的佃户和帮工。几百年时间过去了，如果没有族谱的，有些人早已不知道自己的先辈曾经是彝族了。

清朝前期，由于对彝族聚居区进行了大规模的镇压和清剿，彝族地区的经济社会更是遭受了前所未有的空前摧残。康熙四年（公元 1665 年），朝廷通过对四川西昌进行军事围剿后，在建昌五卫地区到处造成的荒凉悲惨之状，难以一一尽说，反映出了当时凉山彝族地区人口的急速下降和经济社会所遭受的严重破坏。清康熙三年（公元 1664 年）3 月，吴三桂围剿水西地区以后，到清康熙三十年（公元 1691 年）秋天，贵州布政使董安国途经石阡渡过乌江时，看到近 30 年后的这些地区，仍然还是满目十室九空，百里烟微，尸骨遍地。雍正年间，鄂尔泰在东川、乌蒙、镇雄一带进行武力改土归流时，这些地区的彝族人民大量遭到屠杀，把纵横上千里的彝族地区摧残得哀鸿遍野，其杀戮的凶暴之状惨不忍睹。

在云南的昆明、曲靖、宜良、蒙自、玉溪、大理、保山等较为富庶的地区，自古多为彝族人民所居住。在贵州，100 亩以上的坝子有 6000 多个，不少坝子是彝族人民长期居住的地方。这些坝子地势平坦，土地肥沃，灌溉便利，历来都是农牧业较为发达的地区。在四川黄茅埂以西地区，习惯上称为大凉山，彝语则称为古哄，意为一片坚固深远的地方。这些地方虽然山势险要，但大山间也有许多平坦宽阔的山间平原，著名的“凉山十坝”，被后来的们人称为“川西南粮仓”。而大凉山以西的安宁河地区，则形成了许多“U”形的纵谷平坝，土壤肥沃，水源丰沛，渔产丰富。历来也是川西南地区重要的粮食主产地区。马克思说：“外界自然条件在经济上可以分为两大类：生活资料的自然富源，例如土壤的肥力，渔产丰富的水等等；劳动资料的自然富源，如奔腾的瀑布，可以航行的河流，以及森林、金属、煤炭等等。在文化的初期，第一类自然富源具有决定性的意义；在较高的发展阶段，第二类自然富源具有决定性的意义。”在彝族历史的早期，及其之后的发展过程中，彝族人民利用这两类丰富的自然经济，在西南地区创造了光辉灿烂的历史文化。从旧石器文化到新石器文化，再到精美的青铜文化，以至到南诏、大理时期高度发达的经济社会及其文化，无不凝聚着彝族人民富有创造力的勤劳和智慧的结晶。

清代改土归流前，朝廷通过地方官府和土司征粮纳税，分配名目繁多的各种杂役劳动，土司将官府征纳的税粮转嫁到彝族人民头上，并随意加收更多的征纳数额，彝族人民的负担十分沉重。改土归流后，一些仍由土司土目代管征纳税粮的地方，彝族人民转而受到官府和残余土司的双重压榨，人民负担雪上加霜，生活更加苦不堪言。

据康熙《云南通志》及一些相关府、州、县史志记载，改土归流以后，广西府的弥勒、师宗二州及丘北州同所负担的民赋是：成熟民沐田地为3476顷4亩5分，外成熟免丈夷地照纳夏税，成熟免丈夷田照纳秋粮。实征夏税折色六钱麦151石一斗。实征秋粮本折米2957石2斗。实征秋粮无耗60石4斗。实征条编银2923两6钱、课银16两，者林寨田租银6两。

广南府附征土富州、维摩州民赋：成熟夷地61顷28亩4分，内成熟夷地3顷92亩。成熟夷田57顷36亩4分，外成熟免丈夷田照纳秋粮。实征夏税折色六钱麦1石8斗，实征秋粮折色米1463石7升。实征地亩税银167两1钱。

开化府文山县民赋：成熟民田768顷47亩7分，实征秋粮本折米8397石8斗5升，实征条编银336两6钱。另附征收临安府阿迷州蒙自县归入差发银650两7钱、归入户口食盐银22两7钱。上述各项合计额银1010两，秋粮米8397石8斗5升。

明、清两代，彝族人民在改土归流中由于屡遭官军不断疯狂镇压和屠杀，加之土地被大量侵占，迫使居住在坝区的彝族人民不断向山区转移，久而久之，许多山区因受严峻的自然环境限制，加上为防御外界侵扰，以及大山自然隔绝而长期形成的闭锁的自然经济和心理状态，导致了彝族经济的萎缩与文化的衰退。那些被大山阻隔，行路遥远的地区，成为许多彝族人民躲避封建朝廷军队追杀而求生的地方。在14世纪后期的明朝洪武年间，云南东北地区的重关复岭、深山老林、岩壁险峭之地变成彝族人民赖以栖身保命之地。19世纪初年的清朝嘉庆年间，四川凉山地区彝族退缩到了“峭壁千寻”“骇人尽目”的艰险山区。这些地区由于山高林深，冬季时常大雪封山，气候严寒；夏季气温升高时，雨多雾大，空气潮湿，疟蚊最易滋生，恶性疟疾长期流行不断。明万历年间，在甸沙关（豆沙关）到金沙江一带，疟疾大流行之年，往往是村中和道路两旁尸骨相望，山寨百里无烟。

严酷的自然环境和封建官府的不断征剿，不仅造成彝族经济、文化的停滞、萎缩，而且由于山的隔绝，也隔断了彝族各部之间的相互联系，造成了彝族社会分崩离析、支离破碎的局面。据新中国建立初期的不完全统计，彝族自称和他称达30余种，语言分为6个方言区和若干次方言区。根据改革开放以来这些年的不断深入调查研究，彝族的自称和他称还不只30多种，甚至多达50多种。但这种说法也不完全准确。因为在彝语名称上，由于支系和地区间的差异，有许多名称都是同音异字，或是近音、谐音或转音字，说的都是同一个支系名称，是各地史料在理解上和书写上的不同造成的。

从社会发展的历史规律来看，尽管明、清时期的改土归流在总体趋势上是一种社会发展的必然，而且在阶级社会历史的发展过程中，这种变革是一种社会发展规律，不可避免的。社会的每一次变革和发展，都会伴随着残酷的流血斗争。但是，对于彝族人民来说，这样的流血付出实在是太大了，因为它不但没有推动彝族经济社会的进一步发展和进步，反而成了彝族经济、社会和文化从发展走向衰落和萎缩的转折点。直到新中国成立以后，这种衰落和萎缩的状况才得以被终止，才又逐步好转起来。

第四节　彝族医学及文化事业的发展

一、彝族医学及其历史渊源

不少汉文史料说彝族不识医学，人生病只会求神驱鬼禳解，这是一种对汉文，特别是对彝文有关彝族医学史料缺乏深入了解和研究而得出的片面认识。

其实，彝族不但有自己的医学，而且彝族医学具有悠久的历史。早在新石器时期古滇国的支格阿龙时代，彝族社会就已经出现了远古时期最早的原始医学。我们通过支格阿龙与雷神蒙苴阿普的医药问答的神话传说中可以知道，当时的人们已知道用头发、羊油、猪蹄、蟒蛇、花椒根、黄连等动植物来治病了，而且还会用火烧、热烙、舂烂药物贴敷等简单的药物加工方法。在“石尔俄特时代”（新石器时期），彝族先民就对麝香的作用有了初步的认识，知道了麝香的辛香克窜之性，可使草木枯死，可治蛇毒之伤。一些彝族史书都有这样的类似记载：在居木乌乌（即阿普笃慕）时，居木乌乌派遣“哈蟆”医生给恩体谷兹治病的叙说中，就有“毒蛇咬伤的，麝香拿来敷”的记录。认识了蜜蜂、水獭、“阿金”（即俗称“救军粮”的树根）、“列都”（即百鳞，一种乌头属植物）等动植物的药用功能，还认识了一些动物口腔分泌物的药用功效。

秦、汉时期，彝族地区的一些药用动植物原料，如麝香、犀牛、菖蒲、芸香草等开始进入中原地区，为内地医生所使用。诸葛亮平南中时，其军队中疟疾流行，士兵饱受烟瘴之苦。孟获之兄孟节以菖蒲为其治疗烟瘴之病，用芸香草解其哑泉之毒。唐、宋时期，彝族地区使用较广的金星草、“地不容”（即山乌龟，又称解毒子）、石榴、“庵摩勒”（即橄榄），也开始被内地医生所采用。

到了明、清时期，彝族医药又有了进一步的发展。成书于明嘉靖年间（公元1522—1566年）的古彝文医书《献药经》中，明确记载了64种动物药和5种植物药，并对其采集、加工、煎煮、配制，以及其功效等作了具体的阐述。而在之后成书的《彝医书》，则集彝族医药发展之大成，共记载了252种药用动植物、23种药用矿物及其制品的配制方法。贵州毕节一带的《寻医找医》和楚雄、昆明禄劝以及红河、文山一带的《齐书苏》（意为配药方的书），也收集了大量的药用植物、动物、矿物及其配方。

成书于明代的长篇巨著《西南彝志》中，也总结了彝医对人体气、血、脏、腑等各种构成部分的认识，并记载了五脏与五行的配属关系。书中记载说：“人生肾先生，肾与脾成对，肾属壬癸水，脾属戊己土，心属丙丁火；后长肺和肝，肺属庚辛金，肝属甲乙木。”而成书还早于《西南彝志》的《宇宙人文论》中，则用“五行”来说明人体组织结构中各部分之间的相互关系和生理特点，并指出人生病的原因，不外乎是人体内部气血不调，饮食不和等内因，以及气候环境变化，冷热不适等外因所致。

在滇东南彝区，有不少地方都流传有口头或书面的《磁德倮决俄》一书，书里记述了彝族医药起源的传说故事。存于弥勒县彝区的《热泽梭》，比较详细地记述了彝族先民的针灸疗法。这种针灸疗法与内地的针灸疗法有所不同，它以时辰来定位，把人体分为26个部位，依时辰、病情定位扎针，并配之以草药辅助治疗。《诺尼梭（看病书）》则记载了高寒山区一些常见病、多发病的起因及预防措施。而在《诺期梭（找药书）》中，则记载了数十种病例，数百种可做药的动植物和矿物，以及一些简单的外科手术，而且每种病都有其具体病名和治疗的药方及用法，以及服药时的禁忌，有的还记载有药物的功效和服药过量后的解毒方法。

彝族医书记载和口传的病症大多为彝族地区的常见病和多发病；所使用的药物也大都能在彝族村寨附近的山野树林中可找到的野生植物。很多病都是一病数方，一药多用，有不少疗效较好。

彝族先民在很早以前就对人的生理特点、生理条件、人体部位、气息经络，以及病因、病理等，有了较为全面的理论探讨。其主要表现在这样几个方面：一是认为清浊、“五行”是形成人体的物质基础。彝文史籍《宇宙人文论·人类天地同》中说：“人体的根本，也就是形成天的青清之气与凝成地的红浊之气。”《人体同于天体》中说：“五行中的水，就是人的血；金是人的骨；火是人的心；木是人的筋；土是人的肉。”在“五行”成为人体雏形之后，就开始有了会动的生命，并仿着天体去发展变化，变化成了完整的人：天上有日月，人也就有一对眼睛……左眼金太阳，右眼银月亮：金属骨，木属筋，筋骨强健，视力才会好。

二是用八卦理论解剖人体部位。彝族史书《人类天地同》中说：“当宇宙的八方产生八卦之后，哎、哺二卦为父母，产生人的身体；且卦产生人的舌头；舍卦产生人的命门；鲁卦产生人的肩；朵卦产生人的口；哼、哈二卦产生人的耳和目。”又说：“喉头以下的脏腑，也是由八卦变化生成的，一卦生一门。哎卦生大肠，是仿照宇宙的十二地支而生的，所以有‘大肠十二掐’的说法；哺卦产生小肠，是仿照宇宙的二十四方位而生的，所以有‘小肠二十四圈’的说法；且卦产生人的心，舍卦产生人的肾，鲁卦产生人的胃，朵卦产生人的肺；哼卦产生人的胆；哈卦产生人的肝。”

三是对人体的气血、经络进行论述。《人类天地同》中说：“人体的气，是从生门下来，经过大肠和胃，注到脐眼下面的，并从此处起，分为清气三条路、浊气三条路运行。清气三条路为：一条到心脏，二条通过胃到达整个消化道，三条起于脐底，经肺而入肾。”

浊气三条路为：一条经肾入腔上达头顶，二条经肩胛骨到脑髓中，三条从尾根上达头顶。清、浊二气之路共六条，不断巡回于人体之中，这与汉文中医学中记述所指的“太阳、少阳、阳明”和“太阴、少阴、阙阴”的“六经”气血经络学基本相似。

四是对人体病理的辨证施治进行论述。如“脑髓经络和脾胃相连，所以脾胃湿浊会引起头痛、出汗、流清鼻涕”等。又如“若是肾水往上泛滥，与心火不相容，会形成头疼、发烧”等。又如“眼看不见，是浊气感染；耳听不明，是秽气充溢；口语不清，是邪气梗阻”等。

在《爨文丛刻·人生论》中，不仅论述了人体生理、病理，而且提出了辨证施治的原则。如“春天的肝脉，夏天的心脉，秋天的肺脉，冬天的肾脉。四时的筋顺脉和，如天生地成。‘五行’的根底厚实，人的身体就好。若是寒暑时刻差错，饥饱不正常，冬夏衣着混乱，春秋气候两不相适，季节气候不调和‘五行’相克，人体就会生病。于是有武奢哲医士寻察脉络，探索肠胃，审察肺肝，辨别神病、鬼病，分清寒病、热病，诊瘟病、痢病，配备多味药来治病”。

上述古代彝族先民这些关于人体气血和经络理论，是今日世界气功学的渊源。“六经”辩证和“五行”“五赃”相属，以及“五行”相生相克、对症施治等理论，与整个祖国的同类医学理论基本相通，但又保留着彝族医学自己的特色，是古代彝族人民对祖国医学发展的重要贡献。古代道家提倡修炼“成仙”而“长生不老”，就是通过练气功增强体质而延年益寿的。楚雄州双柏县至今仍保存完好的彝文《彝药志》，其成书时间比李时珍的《本草纲目》还要早17年。至今，彝族民间医药特效单方仍然不少。传世彝文医药书籍也不少，如《热择梭》《诺尼苏》《诺切苏》等。

彝族医药中最富成就的要算云南白药了。云南白药是由彝族民间医生曲焕章研究制成的。

曲焕章，原名曲占思，云南景东县人，出身贫穷，7岁丧父，9岁丧母，12岁时与三姐相依为命。光绪十八年（1892年），曲占思到江川县赵官村姐姐家学习伤科，在亲翁袁恩玲和姐夫袁槐的悉心传教下，他勤奋钻研，努力掌握各种药物药性和治病技能，进步很快，几年后便独立行医。16岁时与赵官村李惠英结婚，成家立业。后被人诬陷通匪，被迫改名曲焕章，到个旧、蒙自等滇南地区避难，并在个旧拜游方道医姚洪钧为师，尽得秘方。事过后返回赵官村，在行医中继续钻研医药业务，医药、医技术水平不断提高。

传说曲焕章是一位擅长射虎的猎手，有几次他射伤了虎，请人去抬虎时，却不见了老虎，他一直为此疑惑不解。于是，曲焕章在又一次射伤一只老虎后，就近注意进行观察，见受伤的老虎不久便慢慢爬起来，去寻找一种野生植物嚼吃，吃了过后不久，虎身上伤口就止住了流血。曲焕章由此受到了启发，便采回那种老虎吃过的植物，拿回家给一些受伤人的伤口止血，效果也十分有效。这种植物就是后来闻名于世的名贵药材三七。不久，曲焕章就以三七为主要原料，研究制成了名声远扬的“百宝丹”，即后来的云南白药。云南白药不但能有效地治疗创伤出血，而且消炎效果也很明显，妇科、慢性胃病等许多病都可用其治疗，并能获得很好的治疗效果。用药时既可以外敷，又可以内服，因而深受医生和患者欢迎。1916 年，曲焕章研制的“百宝丹”经过当时的云南省政府相关部门检验后，获准挂牌正式生产，并将其名“百宝丹”改称为云南白药。

云南白药问世至今已上百年，名声一直长盛不衰，成为中华医药宝库中一颗璀璨的明珠。

二、古彝文字研究不断深化

据有关专家学者研究发现，汉文史书中所记关于古夷人伏羲部族“画八卦，造书契”的时间，与现今在陕西西安半坡村和临潼姜寨刻画文字的历史时期相当，并有 40% 的字形、字意与古彝文相同或相近。而在贵州威宁中河乡出土的陶文，其字与半坡、姜寨刻画文字风格相同，并有 80% 的文字与彝文相近或相通。田昌伍先生在人民出版社 1982 年出版的《中国古代社会分期新论》一书中说，这些古夷人的刻画文字，只有通过彝文才能解开其刻画符号之谜。据《竹书记年》记载，伏羲的母亲“居于华胥之渚”，即今天的陕西蓝田县境。《史记·五帝本纪》也说：“伏羲生于成纪”，即今天的甘肃天水。彝族古籍《西南彝志》记载，彝族远古时期的“哎哺时代”，即相当于伏羲、颛顼等古夷人在同一地区活动的时间，也就是彝文史籍中所记载的远古祖先们“心里想知识，口里讲知识，手上写知识”的时代。还说“哎哺不知年，记年树上看；哺王不知月，记月石上察”。也就是说，彝族先民古夷人在 7000 多年前的远古时期，就已经开始创造文字了。刘志一先生在《民族文字的起源、发展与消亡》（载《中央民族学院学报》1998 年第一期）一文中也说：“中国在甘肃秦安大地湾、西安半坡、临潼姜寨、青海乐都柳湾、山东城子崖、江西清江吴城、浙江良渚、上海马桥、河南偃师二里头及殷墟下屯、陕西周原等地大批出土的陶器、石器上的刻画符号，它们经历了 8000 多年的漫长历史，逐渐形成为一种文字，即与先秦货币六国古文相同的遗留至今的古彝文。”他甚至说：“彝文曾是夏代的官方文字，为夏代文化立下了汗马功劳。”这就是说，彝文在远古时期，就成为中华大地上的人们相互进行沟通交流的工具了。

彝文是一种古老的超方言的表意文字，一个字代表一个意义，字数多达上万。部分彝族先民从甘青高原古夷部落中分支出来返回原居住地西南地区以后，由于历史和地理环境等原因，这些彝族先民在经历了太多的迁徙和磨难之后，遍布于今滇、川、黔、桂 4 省（区），居住空间较广，加之又为大山大川所阻隔，以及历史上地区部落或支系、家支间的纷争不断，长期不相往来。久而久之，使早先本来是统一的语言文字，在各自长时期发展中出现了越来越大的差别。现在彝族学者们把彝语分为 6 大方言区，各方言区还有若干的次方言区，次方言区中还有许许多多的支系土语，许多支系间不能用本民族语言相互通话，得通过汉语或其他支系语转译才能沟通，这就是长期相互隔绝造成的结果。研究彝族语言文字的人都知道，彝族语言和文字越古老越容易在本民族中统一，而越往后差别就越大，越难统一，这是在长期的相互隔绝中各自发展而形成的。成书较早的《苏谱》《苏莫》《吴查》《梅查》等古彝书中，各地留存下来的文字和读音都基本相同，少数不同的地方，也多属于传抄时出现的错字、漏字，这就是彝族语言文字“越近越不同，越古越相同”的原因，说明“老彝文是超方言的全民族统一使用的文字”的论断是正确的。

文字是记录语言的书面符号。语言发展了，原有的文字已不能适应实际生活的需要，于是便使用大量的同音通假字，部分同音同义的文字逐渐向同音不同义引申（假借），出现了一字多体，一字多音，一字多义的情况，进而形成了不同系统、不同支系的不同语言和彝文彝书。在滇东南地区，就有尼苏彝书、阿哲（希切）彝书、撒尼彝书、倮罗彝书、阿细和阿武彝书等。这些彝书从口头语言来分，大体可分为两个方言区，即以弥勒、泸西、丘北和砚山西北部地区为代表的东南部方言区；以开远、蒙自、文山、马关，以及砚山东南部和建水东部为代表的南部方言区。在这些彝书中，不同的字、词、句占了20%以上，书写方法也有一些差别。但是，这种语言上的区域划分并不完全准确。事实上，各区域间语言相互交叉、重叠的现象是比较普遍的。

清道光《大定府志》中说：夷文“书籍有曰命理，言性理也；有直载，记世系事迹；曰卜书，巫祝书也；曰弄恩，雅颂也；曰怯杰，风歌也；又有堪舆禄命书”。这一记载，是对当时贵州大定府（今大方）安氏土司家所藏彝文书籍进行分类而得来的，与滇东南地区流传的《苏诅宿诅》（说文说书）中所记载的“木克咪里底，微微择尼飞；伲泼苏宿诺，苏莫择尼查，苏若择尼查，尼则昂里查”相类似。把它翻译成汉文，就是：“天下地四坝，可分十二方；夷人的书呃，大书十二种，小书十二种，共二十四种。”“查”即“种”或“类”。也就是说，古代的彝族书籍可分为24类。

三、彝族文学事业的发展

明、清时期改土归流以后，通过长时期激烈的伤筋动骨的社会变革，以及彝族文化在这种变革中所遭受的扼杀和摧残，使彝族文化处于历史上从未有过的被摧残而陷入衰落的状态。20世纪80年代以来，濒临失传的彝文古籍，得到了党和政府的关注和重视。在彝族地区各级党委和政府的关心支持下，一些彝族中的知识分子开始潜心调查收集、整理和研究对彝文古籍的抢救工作，并使之系统化、规范化，取得了很大的成果。根据相关统计资料，1988年，贵州毕节彝文翻译组征集到的彝文古书籍近700册，云南、四川征集到的彝文古书籍上千册，在民间收藏，或在“文革”中被毁掉的难计其数。这些彝文书籍涉及历史、地理、科学、民俗、哲学、医学、文化等许多方面，绝大部分都是成书于明、清改土归流时期。如《西南彝志》《六祖记略》《水西全传》《水西制度》《吴三桂入黔记》

《古侯》《圣人之母》等。

在这些彝族古书籍中，《西南彝志》共有26卷，被相关专家学者称为“彝族历史巨著”。由于过去许多彝文著作都不署作者姓名，所以《西南彝志》的著作者已难以考证，只知道作者是水西彝族热卧土目家的一位慕史（歌师），人们在习惯上称其为“热卧慕史”，是其在土目家的职务名称。传说，“热卧慕史”从30多岁开始调查著书，先后用了几十年的时间，搜集了彝族各部落、各支系中的许多彝文著作书籍和历史资料，才整理编纂出了这部彝族史书中的鸿篇巨制。到完成此书时，作者已是75岁的老人。这在当时，算是很长寿的高龄老人了。

《西南彝志》不仅记载了彝族先民对宇宙和人类起源的认识，还详细地描述了彝族及其相关部落的历史发展情况和社会面貌，反映了彝族历史社会的政治、经济、文化及源流发展变化，并具体记载了彝族各部落、家支世系及其相互关系，是一部比较全面地记载西南彝族历史的大成之书。

同时，一些彝文典籍被翻译成了汉文，并被录入了汉文史籍和地方志书中。如《元史·地理志》中就引用了不少彝文典籍中的人名、地名和史事。此后的《明一统志》《蜀中广记》《天下郡利病书》《读史方舆纪要》《明史·土司传》等，都采录了不少翻译出来的彝文典籍史实资料。在云、贵、川彝区各地编纂的地方史志中，收录、转抄彝文史料的则更多。如清道光《大定府志·水西安氏本末》中，就附有《土目安国泰所译夷书九则》。贵州水城地区的清朝晚期彝族文士安家元，热心于彝文典籍的翻译、整理和传播。安家元曾写有一首题为《翻译夷书》的汉文七绝诗：

闲课儿童读爨书，
千年虫篆复虫鱼。
莫嫌言语侏离陋，
水木根源见太初。

于清道光二十七年（公元1847年）出生在今昆明市禄劝县云龙乡火期村的彝族诗人鲁大宗，幼年时母、父先后早逝，但后母对他关心备至，疼爱有加，潜心供他读私塾，并从私塾先生那里听到了许多当时世风衰落，官府腐败，社会动乱，民不聊生，国弱民苦的社会现实状况，使他从小就立下了要勤奋学习，用知识报国为民之心。他聪慧好学，心地善良耿直，长大后，把自己学到的知识全传授给了故乡的农家子弟。教书之余，勤奋写作，带学生秋游幸丘山，写出了不少有影响的诗歌。既表达了他对家乡山水的无限热爱，又倾泻了对当时官府腐败，社会动乱，世风日下，人民生活疾苦，四处逃生的不满情绪。如：

《幽林记怀》

一抹浮云荡漾轻，百花飞舞斗山城。

深林窈邃疑无籁，忽听嘤嘤有鸟声。

《登辛丘山》

禄邑名山独辛丘，师生有幸共登游。
一峻山河归眼底，半天日月挂眉头。

《农夫情》

四体辛勤齿复尊，农人老去性情温。
一生菽粟供男妇，半世桑麻课子孙。
岁岁耕耘杨柳陌，年年薅雨稻花村。
幽风蟋蟀秋光晚，笑语围炉酒满樽。

《九月登高》

高峰直上隔尘埃，聊采茱萸染旧醅。
道左青松宜作友，枝头好鸟亦相陪。
东来风雨催诗性，北向心怀寄酒杯。
醉复同归行缓缓，乌巾遍插菊花回。

1873年，鲁大宗在昆明参加清政府举行的科举拔贡应试，并榜上有名。但有人竟在榜上鲁大宗的姓名旁写了几行歧视彝族人的话：“昔年临安不脱科，今年临安脱一科，哪知他是小倮倮。”

鲁大宗看了后并未生气，而是在冷冷一笑之后，也在其后加上一句：“家鸡飞不起，野鸡飞在凤凰窝。”

拔贡应试成功后回到家乡的鲁大宗，家乡人热烈欢迎他，为之而欣喜若狂。从此，人们都称他为“鲁拔贡”。1882年，鲁大宗为一受冤屈的彝族乡民上京告状。在京期间，他又一次参加应试，考中了吏部朝考二等第一，即选州判（候任）。不久，官司也打赢了，他一个“万里还家客，乘舆不用鞍”，高高兴兴地回到了家乡。

由于为人正直，且爱打抱不平，使一些官府要人对鲁大宗又恨又妒忌，肆意对其名声大加诋毁。因此，鲁大宗并未曾在官场上获任过实际上的一官半职。他的一生都是在为家乡的教育和桑梓的发展尽力。他曾从昆明请了一位从蚕桑学校毕业的学生，到家乡办训练班，教农民种桑养蚕，自己也亲自种植蚕桑树作示范，还为此专门写了《蚕桑举要》一书，指导农民种桑养蚕。他曾在禄劝县秀屏书院担任过一段时间主讲，其间写了《修筑禄劝县城垣碑记》，详细记述了禄劝县城的修建历史，成为禄劝县城市建设史中的宝贵资料。忙碌之余，他始终以诗为娱。1901年，鲁大宗辑杂体诗12章，偶联入则。五、七言诗抄105首，试帖10余章，各为一卷，以《听涛轩诗抄》《听涛轩杂录》《听涛轩试帖》等书名刻板印刷传世。左直刺朱毓嵩在评点其诗时说：“深服其语有根底，足征酝酿之深。……有词皆隽，无义不新。……窥探天之生才，原不择地，使森亭早年通籍，黼黼休明，自当与馆阁诸公，互雄长而媲美。乃不意轗轲不遇，伏处遐陬，天殆欲使其以诗名世耶。”

作为一个用汉文写作的近代彝族诗人，鲁大宗用其深邃、优美的诗歌，丰富了彝族文学宝库，增添了彝族文学的光彩。

在文山州。清朝时期的乾隆《开化府志》中，对马关八寨的龙氏土司谱牒始末也有较为详细的明确记载，同时记载了明万历四十三年（公元1615年），阿雅（八寨）土司龙上登赴京袭受土司世职归来后，在马关八寨兴办学堂的事，不久又在文山建“五子祠”兴办教育，这是今文山地区，也是文山州历史上办学最早的历史记载。至今的八镇中心学校，仍然是建在近400年前龙上登办学堂时的原址上。

明朝中期以后，滇西巍山左氏土司的族人大都由早期的重武轻文转而重文轻武，并出现了一批左氏彝族诗人，有影响的如左正、左文臣、左文象等。如左正的《对雨抒怀》：

淅沥空林雨，潇涤野寺风；
感时思古道，偃仰娄鬼童。
涧草含新绿，岩花落泪红；
身闲读易罢，心与白云同。

又如左文臣的《山居》：

逢人骨相不封侯，放我清溪饭自牛；
尘海客来休击磬，松风月上或登楼。
谁临清寂无双境，我占盲聋第一流；
多谢天公宽纵后，从今随处是丹丘。

又如左文象的《过盘江》：

安危虽是仍苍天，回首风波亦惨然；
谁肯平时先退步，都来险处欲休肩。
片云北去天如水，五日南来雨似烟；
好向莲峰学酣睡，掀髯江山笑张骞。

这一时期，在一些彝区留下了不少彝文碑刻，比较著名的如贵州大方县境内的明嘉靖丙午年（公元1545年）的《千岁衢碑》；万历壬辰年（公元1592年）的《水西大渡河桥碑》；云南禄劝彝族自治县境内的彝文摩崖石刻（汉、彝文对照）等。这些彝文碑刻中的内容涉及当时的政治、经济、历史、军事、地理等诸方面的内容，有很高的研究价值。碑上镌刻的彝文，文字端庄，楷写劲遒，挥洒自如，是研究彝族历史、语言、文字等方面的宝贵资料。

明、清时期的改土归流，一方面使彝族文化遭到了严重摧残，另一方面又促进了彝汉文化的进一步交流。一些彝族中的知识分子开始用汉文著书立说。清乾隆二十九年（公元1764年），今云南石屏县坝心乡彝族学士李云程著的《古文笔法》一书，是一部系统的写作理论书籍。书中在较为系统地总结前人文论的基础上，提出了作者自己对古文笔法的见解。这种见解打破了按文体分类的模式，不仿照过去的古文分类法。提出按创作所要表现的特点，把古文之笔法分为二十格，每格选 2～13 篇范文，作为格的理论注脚。同时，《古文笔法》又是一部系统的古文鉴赏理论书籍，书中提出了知人论世的鉴赏理论，并考察全文的脉络趋势，看通篇的结构照应等观点。《古文笔法》中的文艺思想理论，受到了当时许多人的赞许，深为后来的初学庠生、秀才的欢迎。

清嘉庆、道光年间，贵州毕节县的余珍，写出了《时园诗草》二卷。同时期，余珍的堂弟，四川叙永县人余昭也写出了《大山诗草》三卷。在《大山诗草》中，作者讴歌了川、黔、滇结合部地区的名川大山、雄关险隘、民风民情等。此外，余昭的夫人安履贞（原籍贵州威宁）也著有诗草数十余页，合刊为《园灵阁遗草》传世。安履贞是彝族历史上较为罕见的女诗人之一。

清顺治四年（公元 1647 年）出生于云南姚安县的高奣映，是清朝初年最有成就的彝族作家。高奣映自幼生性聪明好学。清顺治十七年（公元 1660 年），高奣映 14 岁时考取秀才，17 岁袭父职，任姚州土府同知。他为官 18 年，目睹官场腐败黑暗，遂生厌倦之情，34 岁即托辞称病挂冠引退，告归乡里，在姚安结磷山盖了一座书院，先后收门生上百人读书，其中考中进士者 22 人，登乡举者 47 人。高奣映的著作十分丰富，据说达 61 种之多，居姚州之冠，现今善存的有 40 余种。其中有其通过实地考察后撰写的《鸡足山志》《雪山游事》；有其经过认真研究《周易》后写出的《读瞿唐来夫子注要说》《瞿唐来先生家传》；有研究声韵学的文章《等声音伍合汇》；有论说教育的文章《训子语》；有研究云南历史的《滇鉴》；有研究佛学的《金刚慧解》《心经发微》等。其创作的文学作品主要有诗集《妙乡国草》。高奣映写诗特别注意真实自然，他向其门生们反复强调，要"至情所发""至性而发""不求工而自己"。所以，高奣映的诗在云南很有影响。清康熙年间，后人为其铸铜像两尊，以示纪念。

明清时期，汉族文人的文学作品涉及彝族生产生活内容的也越来越多。清康熙元年（公元 1662 年），蒙自知县潘驯写的《星回节行》，就生动地展现了三百多年前蒙自县城彝族人民过火把节时气势恢宏的热烈场面：

蒙城六月无炎暑，夜夜凉风拂庭树。
二十五日昏火中，闲阁闲居饮素醑。
忽闻四面尽欢呼，俄见赤光耀天宇。
不夜城头落日红，烛光街照应如许。
呼童策马走康庄，六街三市何辉煌！
束松列炬齐燃火，火烈脂流满城香。
欣看此夜人相乐，千门歌管声铿锵。
争到床头新酒热，酌兕调弦夜未央。

城中火树花如霰，城外朱烟起芳甸。
翕赭千峰似画图，滟滟湖光澄素练。
疑是长杨大合围，山空野烧随风转。
亦如边寨报平安，夕烽万里遥相见。
相传阿南赴火死，此日年年常罢市。
还余一炬吊忠魂，贞魂化作磷光紫。
或言武侯征蛮濮，庭燎欢迎歌且祝。
千载风流说卧龙，火照蛮碑苔藓绿。
厥后六诏齐称王，中有蒙氏为虎狼。
奸雄叵测假宴会，一篝摧残百部亡。
忆我常读南诏史，不知此俗河时始。
子夜喧阗举国狂，逐疫焚虫古如此。
须臾云拥山头月，星火依稀半明灭。
荒城无复上元灯，良宵只有星回节。

同时期的《开化府志》中也有一篇署名“佚名”，内容类似的《星回节》诗：

滇中六月二四日，烧松火云光矞矞。
脂流满地香彻天，万家钟磬声寒栗。
辍舂罢市虔祭赛，生啖牛羊口血溢。
云是当时六诏强，九十九部蚕食亡。
同姓六人齐称王，犬豕宁保鸿雁行？
邓赕诏主推丰咩，浪穹施浪称三浪。
中为邓赕差仁柔，夫人慈善礼法优。
奸雄叵测皮罗阁，笙歌招会松明楼。
脱簪牵裾不得留，铁钏约臂红泪流。
阿南火攻酒半发，炎乌蟹煨飞神邱。
残蛾埃煤一篝扫，精钢融腕遗骸收。
贻来琴瑟同心结，谩许同衾誓同穴。
祁连冢上血流霞，娘子军旗光夺雪。
死守何异巡远坚，忍饿甘共夷齐洁。
南诏羞惭心尚存，妃封宁北城德源。
至今生气凛白日，赤龙黯淡风烟昏。
一炬摧残万劫灰，琼瑶台上招星回。
不敢举火竟生食，反燔焰助夫人哀。

喋血誓啮仇骼肉，生吞活剥遍山谷。
烟林白鸦湘江龙，寒食竞渡中外从。
不知蛮烟炳星日，令节直追前贤踪。
吁嗟！
夜郎牂牁化日月，贞禽羽族犹堪书。
后宫宠冠晋羊后，司马家儿笑不知。

又，开化府提学吴自肃有表现彝族轿夫劳苦的《舆夫谣》：

舆夫舆夫生南滇，盘云渡岭如登天。
羊皮履背见余体，面如菜色生煤烟。
徒步惊看痛欲绝，况复有物磨其肩。
晨兴车过羊肠道，老稚嘈杂来山前。
群持炊饼争相饷，呼儿呼父声颠连。
又见往来行路者，躯同牛马时加鞭。
吁嗟乎！
以贵役贱份应尔，车中我见犹深怜。
彼虽蚩蚩亦人子，以贱虐贱胡为然？

开化文士王廷写有彝族《咂酒》诗：

封折黄泥岁月遥，绕瓶活火慢为烧。
枯筒未试香先透，熟水频添味转饶。
冷暖既随人意志，缩盈还与海同潮。
其中春色知多少，任是渊明也折腰。

开化文士刘世长有《种彝》诗：

种分黑白负豪强，醉里戈矛马上枪。
事过方知错处悔，不于悔后更思量。
……
三尺环刀七尺弩，扳崖附葛穷猿鼠。
幼小生来不见人，纷纷劫夺诚难数。

清《广南府志》也载有曾任河南巩县知县的广南举人陈龙章写的数首表现古时广南、富宁一带彝族民风民俗的诗，其中表现当时广南彝族生活习俗的有《夷人》《元旦》《上元节猓夷跳鸡酬唱贺年》《六月过年》四首。具体分录如下：

《夷人》

炒面充饥渴饮泉，短衣青色至腰边。

劈将明子为灯火，贴地围炉扫地眠。

《元旦》

挂签五彩当门飏，对幅双题比户封。

晨起炷香酬祖德，街前遍植两柯松。

《上元节猓夷跳鸡酬唱贺年》

也知三五灯光好，拍手跳鸡击鼓腔。

妆就百般村俗相，沿街酬唱一双双。

《六月过年》

星回节近更流连，入夜风清六月天。

红糯熟时香满座，家家庆祝祀新年。

在文山州，彝文书籍虽然难以寻觅，但彝族人民中流传的口碑文学仍然很多。这些口碑相传中的很多民间传说故事，特别是创世史诗，如《木腊米腊》（《天地和人》）《布尼布卓》（《造天造地》）等，大多与内地彝文史书《梅葛》《勒俄特依》《苏颇》《阿细颇先基》等的记述相类似。史诗《铜鼓歌》，则是至今所知的有关彝族创造和使用铜鼓历史记载最完整的一篇长诗。神话长诗《娥拜姆哈与诺莫嘎滕》《硬针比获迷》《阿鸡谷》等，又反映了彝族先民理解自然、认识世界的朴素的唯物史观，并从这种朴素的唯物史观出发，演绎了对遥远时空的追寻和思考。爱情长诗《阿获遇者清底迷》《嘎麻扎》《丙衣曼》（比依麻）等，则在叙说爱情这一人类文学主题中，演绎了彝族人民数千年来繁衍爱情、深化爱情、歌颂爱情、战胜邪恶、追求美满的动人故事，也体现出了古代彝族人民对文学艺术的审美情趣。

在长期的历史发展进程中，彝族人民还创造了许多的民族民间文学和音乐、舞蹈艺术。《杨雄山的传说》《八寨王的传说》《神射手土司》《能门科的故事》《射石崖》《方尧成的传说》《不怕鬼的人》《智斗狼精》《幸福女神阿玛卓》《阿妹绒孜与阿哺毕达》《红樱花和白樱花》《找人种》《铜鼓的故事》《祭祖节的来历》《跳宫节的来历》《铜鼓舞的传说》等许许多多浩如烟海的民间传说故事，从不同的侧面、不同的角度，用不同的自然物种托物寄情，抒发了彝族人民不怕困难，不怕邪恶，敢于斗争、善于斗争的古代英雄主义精神和聪明才智，以及明礼诚信，弘扬正气，鞭笞丑恶，颂扬美德的社会伦理故事。

神话传说《找人种》讲的是在远古时期，地上还没有人之前，天神有感于地上没有人居住，很荒凉，便派两个神仙来地上找人种。两个神仙先后问了松树、棕树、蜂子和杉树，最后在杉树的指引下找到了人种的故事。《祭祖节的来历》讲的是彝族的祖先阿普笃慕在遭遇水淹"齐天"的大洪难时，最后抓住一丛扁茅草（有的说是抓住了黄泡刺藤）得以逃生。所以，后来的彝族到每年农历冬月的第一个属鼠日，即阿普笃慕从洪难中逃生的日子，都要用扁茅草扭成草绳供于神桌上进行祭奠，以报扁茅草的救命之恩。

《跳宫节的传说》讲的是古时候，彝族地方很富庶，并盛产铜矿，人们用铜矿炼铜，用炼出的铜造兵器、造铜鼓、制作装饰品、一些邻近的土官恶霸很嫉妒，并勾结官兵攻打彝族居住的地方。彝族首领敲铜鼓召集彝族人民，与管军展开了殊死搏斗，最后利用金竹林设下埋伏，一举打败了官军。战争结束后，彝族人民就以取得战争胜利的日子，即每年农历四月初八作为纪念日，定期集会庆祝。富宁县许多村寨的彝族，届时都要聚在一起，围着村中栽好的竹棚，敲铜鼓、吹葫芦笙，举行三到七天的跳宫节，模拟当年战争胜利时的场面跳铜鼓舞，一直沿袭至今。《八寨王的传说》讲的马关八寨土司龙上登少年时得一匹患病的小马，由于龙上登事先得神仙托梦，他便对患病的小马进行认真治疗，精心照料，认真训练，终于把这匹病马训练成了一匹飞龙马。之后，龙上登便骑着这匹飞龙马抗击并打败了入侵的交趾兵，立下了战功。临近有一个土司企图以武力霸占龙土司家的地盘，便假意与联姻的方式，派奸细对龙上登的营地进行侦探。龙上登将计就计，伺机将奸细捉拿起来，并骑着飞龙马，带领军队打败了妄图占领其地盘的外来土司兵。

民歌是彝族民间文化中的一项重要内容，古歌、情歌、礼仪歌、习俗歌、节日歌、劝善歌、伦理歌、祭祀歌、酒歌，以及涉及生产、生活各方面的民歌浩如烟海，数不胜数。古歌、习俗歌、伦理歌、礼仪歌、祭祀歌等相对较为规范。如彝族《理朵苏》（道理书）中的唱词是这样的：

福禄天地管，贤善先生教。
父母生自身，先生教自心。
先生引路人，似自己父母。
……
没有先生呃，会做睁眼瞎；
高低不会分，行路不会正；
善恶不会辨，美丑不会分；人不会聪明。
……
人生到世上，要有先生教；
当官谋事人，要有先生教；
带兵打仗的，要有先生教；
七十二行业，离不开先生。
先生情莫忘，先生情莫丢，这是世上理。
……
世上哪样最甜？世上母乳最甜。
世上哪样最亲？世上阿妈最亲。
父母教儿训女话，不能当作耳边风；

好听难听都要听，不可随便乱回嘴。
不孝不顺儿和女，隔壁邻舍人讥他；
同村邻寨人笑他，本家亲人要骂他。
不孝不顺儿和女，老人见他低头走，小娃见他用手戳。
忘恩负义忤逆子，得用家法来惩戒。
先要重打八十板，后要戴上厚木枷。
赶出家门三千里，永远不得再回家。
……
家里出了不孝子，本家合力惩治他；
家里出了杀人魔，本家人来收拾他；
绳拴脖子吊树上，嘴伸舌头见阎王。
不敬父母乱抵嘴，割掉他的烂舌头；
不看不望父母的，挖掉他的眼睛珠。
……
人到世上过一生，偷粮盗财事莫为。
不良之事切莫做，骗人哄人话莫讲。
天地道理悖不得，皇帝圣旨悖不得；
父母训言悖不得，先生教导悖不得。
……
眼莫看丑行，耳莫听秽言；
嘴莫说谗言，身莫做恶行。
……
以毕摩为师，要知书识礼。
与好人为友，身影不会歪。
……
人生在世上，要懂礼和仪。
悔过行善事，一善胜百恶，改邪值千金。
……

形成于清末民初，流传于砚山平远、稼依等地的《赌博调》，则是一首以事实教训为依据，通过许多人逐步加工而形成的劝善歌。歌词采用民间比较喜欢的十二月调的时序形式，叙述了一个执迷于赌场赌博，导致家境日衰，最后人财两空的悲剧事件过程，至今仍有较强的现实意义。歌词字数相等，韵律规整，语言通俗流畅，朗朗上口。其歌词如下：

正月赌钱是过年，郎骑白马去赌钱。
一宝赢得三五吊，请个脚夫来挑钱。
街头巷尾挑着转，只见脚夫不见钱。

二月赌钱菜花黄，爹娘骂我不成行。
百般生意我不做，天天跟着赌钱郎。
不为家中妻儿女，只为明天自来钱。

三月赌钱是清明，别家提鸡上新坟。
我家片纸烧了算，只因赌博输了钱。
别家献酒又烧香，我家献水烧木棍。

四月时光不能闲，家家犁田忙栽秧。
我家无秧又无牛，留在赌窝不下田。
地里长草一片绿，妻儿骂我一边哭。

五月赌钱五月五，家家户户过端午。
爹娘劝我莫再赌，儿女劝我莫生非。
莫给妻儿来年饿，免得家人受凄苦。

六月赌钱正农忙，妻子病在烂木床。
梦中听见赌骰响，翻身不见赌钱郎。
酸心苦泪难吞咽，病魔缠妻雪加霜。

七月赌钱七月半，赌钱之我无早饭。
隔壁大妈借碗米，晚上赢得再还你。
大妈历来心肠好，劝我莫赌不用还。

八月赌钱八月八，赌钱之我犯了法。
人多嘴杂说我坏，有说我该木棒打。
有说我该拿刀剐，气得全家满号啕。

九月赌钱九月九，赌钱之我心肝朽。
扳赌十回十回空，妻子输在别人手。

赌钱之我悲又丑，输钱输妻不如狗。

十月赌钱雪落山，赌钱之我破衣单。
身子抖颤像筛糠，口中还喊幺二三。
输了猪鸡又输房，冷饿无奈去寻偷。

冬月赌钱冬月冬，十厩牛羊九厩空。
儿女哭得爹爹叫，千声求爹归正道。
早听相劝不去赌，十厩牛羊满冬冬。

腊月赌钱了一年，赊个猪头来过年。
猪头供在神龛上，双脚跪在神龛前。
祖宗面前赌个咒，子子孙孙不赌钱。

情歌大都为男女间的情爱对唱，有答意、问答、跟随等各种不同形式的唱法。“答意”唱法围绕“真假”词意展开，对唱双方在相互倾诉爱慕之情时各讲各的理，各吐各的心声，有时还会成为一种唱辩。如：

男：
山中从来百样树，草木花开百样心。
人间男女真情事，妹要跟哥吐真心。
女：
哥把弦子高挂起，好久不调弹错音。
头发胡子做一把，花草树木哥不分。

“问答”唱法是歌词中有明显的提问，有问有答。如：

男：
青菜绿来白菜绿，这些地方哥不熟。
等到哪天走熟了，和妹同进又同出。
女：
阿哥情意如丝长，铁棒磨成绣花针。
丝线穿眼随针走，哥在前头妹后跟。

“跟随”唱法则是把彝族世代流传下来的古歌，以男一段、女一段的方式轮流叙唱，一直轮唱到完。如：

男：
爱唱的小郎，想知一世间。
老人有箴言，路可往回走。
阳雀来引路，郎找妹处来，想听老古调。
爱玩呢小妹，跳个舞来看，唱支歌来听。
女：
爱唱的小郎，你说的不错。
藤根生石脚，藤棵窜石身。
抽藤从头理，古事从头说。
开天辟地时，安天咋个安？
造地咋个造？谁来安天地？讲给妹听听。

相互跟随轮唱时，中间主要史实不能唱错，唱错了就会惹人笑话。如果有哪一方轮唱中接不上尾，要承认自己是输家，要唱认输歌答礼。当然。接不上尾时，也可以谦虚地询问对方，对方也会认真地给以解答，然后继续轮流连接唱下去。然而，唱这样的古调时，男女主唱者都为了不唱输，双方都会有一个或几个人在背后作提示，就像舞台演员的幕后提示者一样。

这种“跟随”唱古歌的方式，在对唱中互相学习，相互促进，所以即使是在不识文字的彝族群众中也能长期代代相传，这是许多彝族古歌能长期流传下来的重要原因。遗憾的是，现在学唱这种古歌的年轻人越来越少了，致使这些古歌的流传和沿袭面临着后继乏人的境况。

彝族情歌并非单纯表达爱情，其内容广泛，无所不及。情歌大都是在心有所思，情有所动中随意拈来，不拘泥于形式，即性而唱，大都是现场即兴之作。情歌灵活多样，歌词一般都是一句七个字，所以人们称唱“七子”。每段一般为四句，但也可多有少，以表达完意思为准。

在彝族中，尤其是在乃苏支系彝族中，青年男女结婚时，女方在婚前几天都要唱“哭嫁歌”，文山州的一些彝族支系也是如此，新娘离开父母之前总是要哭诉一番，诉父母的养育之恩，诉哥嫂协助父母扶持自己长大之情，诉与一切亲人、女友的难舍难分之情。有很多即将出嫁的姑娘都会哭得很伤心，尤其是那些受父母包办，自己又不喜欢对方的更是这样。彝族青年谈婚说爱，一般地说，大多数是比较自由的。但这种自由到明清以后，越来越多地被父母包办所取代。即将出嫁的姑娘如果是属于父母包办，出嫁时，她们就会用“哭嫁”的方式来发泄对包办婚姻的不满。例如：

阿爹和阿妈，是爱田和地，才把女儿卖；
是为房和财，才把女儿嫁。

爹妈爱金子，金子像石头，饿了不能吃。
爹妈爱绸缎，绸缎像树叶，冷来不暖身。

一排正房中，兄妹同根生；
一样来抚养，生怕长不大。
父欠婚嫁钱，母欠婚嫁账；
用女去抵债，用女去还账。
爹爹心肠狠，妈妈心肠冷；
把儿送苦海，姑娘心不甘。

即将出嫁的姑娘如果不哭，就会被认为是对父母不敬，对哥嫂、兄弟姐妹和其他亲人无情。

“哭嫁”是一种婚俗，而“哭嫁歌”则是一种特殊的歌谣形式，与一般的仪式歌不同。作为“哭嫁歌”，它是男权社会里产生的一种妇女怨歌，受压迫的妇女以此习俗做掩护，用“哭嫁歌”的方式来发泄对封建婚姻制度的愤怒和反抗。

当然，“哭嫁歌”中，更多的还是诉说离别之情。如：

小小房子三架梁，爹情妈情说不完。
想起爹妈养大我，浑身穿的破衣裳。
雨天头顶破蓑衣，十冬腊月火烤背。

一把芝麻撒上天，爹苦妈苦说不清。
想起爹妈养大我，常年咽的苦菜汤。
妈妈苦得皮包骨，爹爹累成牛弯担。

瘦坡的松树难长大，瘦地的庄稼难长好。
养女养到十七八，又把女儿外打发。
从此母女要分开，从此父女各一边，
叫儿如何不心伤？
泪水沾湿儿衣襟，叫儿如何报母情？
叫儿如何报父恩？
请求神灵来保佑，叫我爹娘身安康。
请求祖宗来保佑，叫我爹娘无病殃。

第五节　古代彝族的科学技术及发展

彝族是一个古老的民族。在古代，彝族先民们为我们留下了许许多多值得骄傲的科学发明创造，除了至今仍闪耀璀璨光辉的十月太阴历外，还有许多令人自豪的发明创造。这些发明创造为中华民族光辉的科学发展史增添了光彩。

一、内含深邃的彝族八卦及其哲学思想

在人类社会发展史上，人们对于认识与实践关系的思辨方式和认识水平，即哲学的发展程度，具体地反映着一个民族的理性思维能力。

彝族是一个具有高度理性思维能力的民族。早在远古时期，彝族人民就开始触及到了“宇宙从何而来”“人类从哪里来，又到哪里去”这类问题，令人惊叹。

翻开浩瀚的彝文史籍宝库，许多地方都可以看到，彝族先民对人类社会发展变化的思维命题既深邃，而又丰富多彩。从《宇宙人文论》到《梅葛》，再到《查姆》《勒俄特依》，直至当今中国著名理论家和民族学家王天玺先生所写的《宇宙源流论》和《先民的智慧》，以及阿苏大岭所写的《破译千古易经》等许多彝族专家学者的彝族哲学专著，都向人们充分展示了彝族哲学的博大精深。

在彝族的许多历史史籍中，大都讲述了这样一种道理：清浊之气变化成为天地；人体的根基是“五行”变化的产物；人类是从猿进化而来；人类和万物都有形影和阴阳，都是在形和影、阴和阳的对立统一中发展变化的。

在众多的彝族哲学史书中，彝族八卦是最具代表性的。

彝族八卦记载于彝文史书，而应用于彝族民间，其产生于古代彝族先民长期的哲学、社会学、自然科学和医学的具体实践中。彝族八卦直接继承了产生于古夷人伏羲部族的先天八卦，是伏羲之后的古夷人分支分别进入中原、西南地区以后，在西南古夷人中逐步演化并流传下来的。

彝族八卦的卦名分别是哎、哺、且、舍、鲁、朵、哼、哈，相当于汉名的乾、坤、离、坎、震、巽、兑、艮。伏羲八卦与今传的彝族八卦顺序均为乾（哎）、兑（哼）、离（且）、震（鲁）、巽（朵）、坎（舍）、艮（哈）、坤（哺）。

彝族八卦是彝族先民对宇宙八方的认识和定位，具体定位的方法是：先定南、北、东、西四方，分别命名为哎、哺、且、舍，合称“体门”或“体通”。其次是定东北、西南、东南、西北，分别命名为鲁、朵、哼、哈，连四方、四角，合称“八角”，彝语叫“亥启”，即汉语“八卦”。由此可知，彝族八卦是认识宇宙空间的八个方位，并为之命名

的，是彝族八卦的原始概念。而后，又从方位概念推出“理”和“数”的概念。

“理”的概念之一，是以八卦象征世间万物的产生、发展和变化，即哎（乾）为火、哺（坤）为水、且（离）为木、舍（坎）为金、鲁（震）为山、朵（巽）为土、哼（兑）为石、哈（艮）为禾。八方的万物以金、木、水、火、土概而括之，是“五行生万物的原始概念”。

“理”的概念之二，是以“八卦”象征八方人类的产生和繁衍，即哎（乾）为父、哺（坤）为母、且（离）为中男、舍（坎）为中女，哼（兑）为少男、哈（艮）为少女。其中首先把原始人群看作父母和子女大家庭；其后以哎哺、且舍、鲁朵、哼哈为氏族以至部族名称。《西南彝志》记载有19个哎哺氏族发明用火，兴起了耕牧，兴起了嫁娶，在树上、石上刻文字记年月；还记载鲁朵人驯服野牲成为家畜；哼哈人遍布于东、南、西、北、中五方的工匠，打造擎天大柱镇天地……

“理”的概念之三，是认为宇宙八方的定位与八方的人和万物都是在“变”的过程中不断产生、变化和发展着的。彝文史书《宇宙人文论·宇宙八方的变化》中写道：“宇宙一变化，哎哺先产生，为万物之根本；宇宙再变化，就形成八方，产生了哎、哺、且、舍、鲁、朵、哼、哈。”先是四方定位，由哎父、哺母、且子、舍女主管南、北、东、西四方。于是，“宇宙四角起变化”，变到东北为“鲁子”，变到西南为“朵女”。变到东南为“哼子”，变到西北为“哈女”，这样就形象地说明了人类产生和繁衍发展在“变”中的形成过程。

《宇宙人文论·宇宙八方的变化》一书中还记载说：“哺变化为水，……哎变化为火，……且变化为木，……舍变化为金，……鲁变化为高山，……朵变化为平地，……哈变又生金，……哼变又生木。”这就是说，四方八面作为万物之源的金、木、水、火、土，都是在“变”中产生的。按照这种“五行生万物”的变化观点，又推演出了十二地支亦由四面八方的“五行”变化产生。如“鼠、猪由水变化所生”，因为北方属水，鼠、猪方位在正北和偏北。“虎、兔是木变化而成”，因为东方属木，虎、兔方位在正东和偏东。“龙、狗、牛、羊是土变化形成的”，因为它们所在方位是东南属石，西北属禾，东北属山，西南属土；石、禾、山均属于土类。“蛇、马是火变化形成的”，因为南方属火，蛇和马的方位在正南和偏南。“猴、鸡是金变化形成的”，因为西方属金，猴、鸡方位居正西和偏西。

以上变化形成宇宙空间八方位和万物的产生与发展之“理”，是彝族先民“变”的哲学思想之核心，即从发展变化的观点看世界，看万事万物的起源和演变。

彝族八卦中“数”的概念，有十进制和二进制两种。天数一、三、五、七、九与地数二、四、六、八，各自相合而成的“十”，即天一、地九（哎、哺二方），天三、地七（且、舍二方），各自相结合为“十”；东、南、西、北、中五方依规而合，这些数字就是十进制。二进制是“无极”（哪恒恒、哪贾贾）生“太极”（慕古鲁、弭阿哪），“太极”生“两仪”（慕弭，即天地），“两仪”生“四象”（体门，即哎、哺、且、舍），“四象”

生“八卦”（亥启，即哎、哺、且、舍、鲁、朵、哼、哈）。这样一变二，二变四，四变八，即是二进制的基础。然后由二、四、八演变为十二、二十四、四十八、九十六，或十二、二十四、四十八、九十六，或十二、三十六、七十二，或十六、三十二、六十四。这些常数都是二进制的。这种八卦中“数”的概念应用在今天的计算机里，便显现出了其深远的影响力。

彝族八卦的内涵和其“理”与“数”的概念中，反映出了它在社会科学和自然科学的诸多方面，都具有其重要的意义，它的影响还会继续沿袭下去。

随着彝族历史哲学经典的不断翻译出版，相应的研究成果也在不断增多，并出现了不少质量和水平较高的论著。彝族哲学思想的博大精深，已越来越多地引起了人们的关注。

三、古代彝族先民对农牧业的认识和理解

记载有关彝族古代农牧业科技的彝文史书很多，这从彝族史书《西南彝志》中就可以看到一般。

关于畜牧业方面的知识，《西南彝志》在记述彝族远古时期游牧生产时，就有这样的记载：

……
比如牧牛羊，
牛羊牧的多，
只牧养母羊，
不牧养子羊，
也是不好的
……

在古彝文中，这段记述文字中的“母”与“子”二字，指的是雌雄异体，而不是指现在所说的母羊和小羊。其中的“多”字，在古代彝文中除了表示事物的数量以外，同时还表示事物质量及性状的优劣。用在动物方面，则可以理解为强实、健壮。古代彝族认为，要使牛羊繁殖率高，而且长得健壮，就必须注意选择良种，并进行精心饲养管理。只注重雌性牲畜而不注重雄性牲畜，就不会有好的繁殖，所以应当雌性雄性兼顾。有相应数量的雌雄异体相配，是繁殖健壮牛马羊的重要条件。这样的记述表明，彝族先民在远古时期就已认识到了无性生殖和有性生殖，特别是动物有性生殖的意义，并且已经观察到了有性生殖中的两种方式，即根据雌雄同体和雌雄异体两种方式的不同，指出了雌雄异体有性生殖，是为牛、马、羊繁殖好后代的养殖方式，只有依从这种方式，才能不断扩大畜牧业的发展。当然，这样的认识在今天早已不是什么新鲜事。但在自然科学很不发达的古代，

能有这样的认识，自然是一种很了不起的事。因为上面说到的这种选择，已经从动物界的自然选择开始进入到了有意识的人为选择了。而在欧洲，这样的人为选择，直到1859年，才被达尔文系统地阐述出来。而在中国，古代的彝族先民则早已认识到了人工选择在畜牧业生产中的重要意义。这就说明，彝族是发现和应用动物人工选择最早的民族之一。

在农业耕作方面，彝族先民古夷人蚕丛部落是最早栽桑养蚕的民族群体之一。而在滇池周边地区考古中所发现的稻谷谷壳遗存，也说明彝族人民种植稻谷的历史也已经很久了。在长期的农业生产劳动中，很早就掌握了农作物栽培的许多技术和相关的自然、气象知识。《西南彝志》如此记载说：

在天空低处，要看云流动。
用云看天象，年年是这样。

雾升才有雨，云行兴风雨，是龙尾卷起。
有了雨以后，无数的生物，繁殖千千万，
不会枯死了。

五杈的雪花，是一般的雪。
六杈的雪花，是丰年预兆。
正月三次雪，禾苗长得好。
按这理说来，白雪生禾苗，白雪有好处。

这些记述反映了彝族先民已经认识到了水同农作物生长的密切关系，认识到了有水，农作物才不会枯死。可见在古代彝族人的认识中，水是植物能否生存的先决条件。然而，在古代生产力水平十分低下的情况下，水从何而来？只有靠雨、靠雪，因此，雨和雪实质上成了水之源泉。古代彝族先民居住地区，地处寒、温、热等各种不同气候的山区，冬春干旱少雨，夏秋炎热雨多。冬天的雪显得尤为宝贵，故有“正月三次雪，禾苗长得壮又齐，白雪生禾苗，雪是丰年兆”等民间谚语。

古代彝族人民不仅懂得水对植物生长的重要性，也懂得风在植物生长中的作用。《西南彝志》中对风也有这样记载：

东风吹来了，万物青油油，……
南风吹来了，万物长得旺，……
西风吹来了，寒气就入地，万物昏沉沉，……
北风吹来了，万物枯焦焦，……
万物的生命，靠东风来生长，靠南风来生长。
……

从《西南彝志》这样的记述中可以看出，“风”和“气”是同一事物的两种不同称呼，“风”是流动中的“空气”，“空气”是相对静止中的“风”。上述的东、南、西、北，实际说的也是春、夏、秋、冬四季风，讲的就是四季不同温度的空气流动对农作物生长所产生的影响。

古代的彝族人民在长期的生产实践中，也观察和了解到了自然界的一些现象及其规律。如：

霜是什么呢？霜是露变的……
白云是哪样？是大地的气，
地气向上升，绕着四面山……
白雪和红霜，追根其来源，是露变成的……
雾升才有雨，云暴兴风雨……
青雾这东西，是大水的气，露是它变的……
雾升就下雨，雾降就天晴……

又如：

云跑南，雨成团。
云跑东，雨落空。
云跑北，晒荞麦。
云跑西，雨几滴。

又如：

天空的雷电，是地气上升，
缠天上的气，春夏来打雷；
是清浊气涌，变成了闪电。

世界上，一直到了18世纪末，美国科学家富兰克林才通过实验结果解释出了雷电产生的原因。然而，彝族先民在远古时期，就认识到了雷电的形成是地之气与天之气，即清气与浊气相缠的结果。虽然他们还不知道这些“气”中带有电。尽管这种认识还处于直观感性的萌芽状态，但这样的认识在古代可能是世界上最早的，并且是比较准确的。

直观思辨是人类自然科学发展的特点。彝族古代的自然科学就是来源于对自然界的实际观察，极少掺杂主观上的猜测，尽管这种观察在古代的历史条件下，不可能借助于科学的实验方法进行证实，但也有一定的科学性和可行性。

三、彝族古代先民对“数”的认识和应用

数学是研究现实世界空间形式和量的多少关系的科学，彝语称之为“乍索”，是基于

对天文观测的实践所得到的人类最早时期的科学。彝族“乍索”主要包含在宗教祭祀的彝文典籍中，因而很少为人所注意，其中含有占星、历法和人的岁寿推理等内容。“乍索”作为一种毕摩世代沿袭传承的带有神秘性质的秘诀，知悉者甚少；加之毕摩以华丽的文采，将其附于庄严肃穆的祭祀仪式，使之变成众人可望而不可即的神秘之物；又由于彝族的“乍索”与历法，在教育上没有截然的独立分科，绝大多数人对其都很陌生，甚至毫不知晓，故而有不少人对彝族是否有数学产生了疑问，甚至加以否定。唯有少数彝族艺人发现本民族的古歌中包含有进制数学，但也只是知其然而不知其所以然，如三、六、九、十二、二十四、七十二等数，许多彝族古歌中随处可见，就是一些历代著名的史学和考古学者，也没有真正对此解释清楚。然而，在彝族的《啃数》《夷候巴》等许多彝文史籍中，对此都有比较明确的解释，只是人们长期忽略了对其深入的探讨和研究罢了。

这些年来，一些彝族学者通过不断的深入研究发现，凡彝族古籍中所载之“数”中，都以“九”为大，根据古人的运算法则，以一而九，反本归一，以生倍数；从而可知其三、六、九的术数原理，即是产生天南、地北和中央的三重互为含量关系，即数之起于一，则天一、地二、人三是为第一个阶段；天四、地五、人六是为第二个阶段；天七、地八、人九是为第三阶段。然天之数一、四、七，地之数二、五、八，人之数三、六、九，故以三、六、九表示为天人、地人和仙人（指数的框架），即三重互为含量之数。彝族先民即以此为主题而撰写出了《啃数》，使三、六、九术数深深扎根于许多的彝族古歌之中，如《酒礼歌》中唱道：“有酒（九）之数，产生于天南；有六之数，产生于地北；有三之数，产生于中央。……九十九之数，产生于算经上。”又说：“金基银地在天南，枝叶蔓延及天北；闪耀的金银之花，九九更为八十一，盛开在中央。”这就表明，这种数术早已被人们所掌握和使用，同时也点明了“数”的计算原理，即产生于以天南、地北和中央为天宇中心轴的三圆规矩。这种天、地、人三圆规矩的出现，也就是彝族“乍索”发展的根源。

彝族“乍索”是以头顶青天、脚踏大地的斯阿普为天地之至数，即数始于一而终于九，一天二地三为人，因而三之，三三得九，以应九宫的自身。坐三右七，二四为肩，六八为足，五唇是中央躯体。划之为三部，每部均为三候而求得二十四节气、七十二候及三百六十度周的科学术算传播于人间，从而开拓了彝族“乍索”文化的天地。

所谓三部，即上部二、九、四；中部三、五、七；下部六、一、八，三中各有天、地、人；三而成天，三而成地，三而成人；合则成九，九分九宫，九宫化九野，九野应九藏；九藏而合于天度，天度则合于人体。所以彝族先民无论是祭天祀地，还是祭祀祖先，都将斯阿普当作本民族文明的鼻祖，虔诚地加以奉祀。彝文典籍《撮斗节》中的人生仪式经说：“肾（脏）属水为黑，与壬癸同位于北主冬；肝属木为青，与甲乙同位于东主春；心属于火为赤，与丙丁同位于南主夏；脾属土为黄，与戊己同位居于中央主四季（四季之月）；肺属金为白，与庚辛同位于西主秋。五行通人体，撑掌天和地。”从古到今，无论大或小的祭祀活动仪式，都基于这样的原理。彝语称仪式为“节”，相当于汉语中的“堂”。“节”一般以杈木插示出外阳内阴的场面。“节”也称“挣节”，彝语意为祭祀道场，即以一、三、五、七、九、十一棵杈木布插道场四周，示意出各方的主神灵位。上位为天神灵位，下位为地神灵位，左右侧为神仙、水怪及五方帝神灵位。堂内以双数按其祭祀所需部位执法项目之要隘。一些不一定要设堂的小型祭祀，也少不了象征天地和人的黑、白，用波申（五倍子树）插三道杈门，以祛邪化吉。就是打醋碳时用的石头，也要用九座山头的石、六座山腰的石和三座山脚的石表示其具备的数量，否则法就会失灵。彝族祭祖经书《匹斋索》中说：“从很古很古的时候起，凡立柱，办喜事、丧事，都要设超嘎（迎宾青棚）。”其所设的十二道要隘，象征日月的同行关口。阿皮额索是坐镇超嘎的第一代始祖。彝文史籍《六祖源流》中说：“自汉兴以来，建庙作供奉，焚香烧纸钱，敬奉老菩萨，夷人不兴此汉俗。自古夷人礼，杀牲作祭祀，超度插杈木，汉不兴夷俗。”汉文史书《札记·月令·孟春》中说：古文所讲的五脏与五行的配合部位，是根据祭祀时所宰杀动物向南的五脏实际部位排列的。所以，刘志一先生说：“彝族曾是夏代的统治者，彝文曾是夏代的官方文字，为夏代文化立下了汗马功劳。”贵州彝族陈行忠老先生也曾经说：“彝族的礼俗文化，是从夏禹王的时代就承传至今天的。”《史记集解》中也引皇甫的话说：“孟子称，禹生于石纽，西夷之人也。”《水经注·若水》也说：“（广柔）县有石纽乡，禹所生也，今夷人共营之。地方百里，不敢居牧。有罪逃野，捕之者不逼。能藏三年，不为人得，则共原之，言大禹之神所佑也。”《楚庭稗珠录》中也载：“昔轩辕，大禹玉帛万国，非碎裂九州之土而万之，盖总计四海八方之外，来朝贡者而合盈数也。武王伐纣，且从蜀、庸、羌、髦、微、泸、彭、濮，则川、蜀、滇、黔之国也。”所以章太炎在其《么些文字序》中说：“汉出自西羌，大禹一出，而定九州之疆土，吾今所以为中夏者，实西羌之才俊使然。”正如刘尧汉先生在其《彝族天文学史》前言中所说：“在若干天文学理论和知识方面，不是彝族接受汉族的，而是汉族向彝族学的。”张澍粹在其集补注本《世纪·帝系篇》中说：“颛顼生鲧，鲧生高密，是为禹。”

众多的史料都证明，今天的彝族即古夷人的后裔，是夏代文化的保存者。彝族“乍索”就是基于夏代的先天八卦渗入彝族原始宗教的祭祀领域而一直延续至今的。《周易尚氏学》序言说：“易卦起源于原始宗教巫术占验方法之一的八索之占。古人称绳为索，八索即八条绳子。金川彝族至今所保持着的八索之占，系用牛毛绳，掷诸地上以占吉凶。”《易经·系辞》称庖羲氏（即伏羲氏）始作八卦，乃指八索之占言之。绳索之占是八卦的前身，八卦是八索之占的继续和发展。今彝族崇奉斯阿甫所设立的祭祀道场仪式，就是自古沿袭下来的祭祀制度，也就是夏代人原始宗教中巫术占验法的再现。

彝族数理的三圆规矩，曾似高空的太阳，给人类及万物普照光辉。但是由于历史上的种种原因，使人们对其渐渐疏远而濒临消失。现在通过对彝文典籍的不断发掘、整理和深入研究，彝族三圆规矩数理，又重现在了人们面前。

彝文古籍《啃数》认为：一切事物都是从无到有的，但独阴而不生，独阳也不长。万物都以阴阳的互为结合而以生衍数，一而二，二生三……反复连绵，生生不息。由此在彝族先民头脑思维中不断碰撞，进而碰撞出了突破性的数理火花，并逐步形成鲜艳夺目的百花园。《啃数》中说：奇数属于阳性数，偶数则属于阴性数。奇数、偶数结合，即产生了数学的换算法则，这就是彝族数学的发展规律。这种规律最早以人的生理常识进行因果关系验证。《啃数》中还说："天晴为喜，天雷为怒，天雨为悲。天有 360 度，人体也有 360 骨节；天有 129600 颗星斗，人体也有 129600 根毫毛及以之相对应的 129600 毛孔窍。"

所谓太极，彝语称之为"撒哎"，指的是宇宙中央太室里正在交媾的一对神物。所谓神物，不是有光的物体存在于那里，而是指能大能小，能粗能细，能上能下，即能够千变万化的一种结合物现象，彝语将其称为"弭铺弭沽鲁，弥蒙弥阿哪"，即以白体的神物作天父，以黑体的神物作地母，号弥阿哪。彝文古籍中所常见的哎哺（影形）、尼能（青赤）、弥弭（天地）、铺蒙（父母）、恒特（乾坤）、默舀（夫妇）等皆为这一神物演变后的别称。所以说，万物都是由它们的结合而产生。所谓神物，指的也是清浊二气的结合现象，是影与形的匹配关系。影指阳气，形指阴气。阴与阳是根据太阳与月亮整天形影不离的配合现象而得名。日月二气的结合，彝语称作"哎哺撒爱"，彝族先民将其作为万物的父母，称为"沽鲁"，即太极。所以，白体的神物也称为阳父，叫作"'几（日）'仆娄"；黑体的神物称阴母，叫作"'洪（月）'咪嫩"。日父与月母，宇屋是其室，彝语叫作"恒特"。所谓"恒特"，指的就是乾坤之象，即乾坤配天地，阴阳配日月，男女配夫妻。故乾一交与坤，以生长男（三）取名为鲁（震）；乾二交于坤，以生中男（三），取名为且（坎）；乾三交于坤，以生少男（三）取名亨（艮）。反之，坤一交于乾，以生长女（三），取名为朵（巽）；坤二交于乾，以生中女（三），取名舍（离），坤三交于乾，以生少女（三），取名为哈（兑）。父母、儿女各占一方，掌管天和地。这种卦象一出现，便显现出了宇宙的四面八方，并从中测定出了宇宙体的经度和纬度。这种宇宙体的圆形八卦框架，古代彝族称为"告阿娄"，汉语义为太极圆体。其含义就是彝族《酒礼歌》中所唱的"阿楼有三男，恒女有三女"。

彝族先民按照日月运转规律而测定的经纬度，以北纬定太阳的终始点。当月亮自始点渐明，满月后又渐失缺，行至终点没时，刚好是一个日头数。太阳从始点行至终点，就是月亮的三个周期，即"$30\times12=360$ 节（度）"为一个年度的周天度数，周而复始。彝语谓一年为"塔阔"，意为一个阳周圆期；谓月为"塔洪"，意为一次月亮的圆缺时间；谓日为"塔尼"，意为一次太阳的出落时间，都是按日月运行的时间规律而命名的。

源于对自然客观规律的认识而产生的彝族数理，自成体系，独具一格。它既具有原始的科学成分，也内含着原始的文学艺术成分；既是孕育彝族数理的母胎，也是孕育彝族文学艺术的母胎。它与彝族原始宗教和神话传说连为一体，曾向人类社会放射出过灿烂的科技光辉，但因其历史的久远而逐渐变得神秘，也因其间的科学奥秘不易被人们所发现，今天的人们尚需作进一步的探索和研究。

彝族历史上科学技术发展是多方面的，比如农业生产技术、畜牧业生产技术、矿藏采冶加工技术等等。这些都在前面一些相关章节中叙述过，本节就不再赘述。

第九章　帝国主义势力的入侵和彝族社会的变化

（1840—1919 年）

第一节　帝国主义势力对彝区的入侵

一、帝国主义对西南彝区的经济掠夺

19 世纪前半叶，统治中国近 300 年的清王朝日益腐朽衰落。而此时的欧洲，资本主义正处于快速发展时期。快速发展的资本主义国家列强以商品输出打开中国门户的企图破产后，以英法为首的西方列强便利用鸦片作为打开中国大门的重要手段。当时鸦片的主要产地是英国的殖民地印度，而中国的西南地区，尤其是云南省，正好处于与印度最接近的边疆地区。因此，云南便成为鸦片流毒最广，而且受害最深的省份之一。在清朝中叶的嘉庆、道光年间，吸食鸦片之风像瘟疫一样染遍云南社会的各个阶层，云南大小官吏，很少有不抽鸦片的。1839 年，云贵总督伊里布在一篇给朝廷的奏章中说，云南官方只是一次缉获的鸦片数量就达 22000 两之多。因此，“和私贩鸦片有关的贪污也从精神方面使中国南方各省的国家官吏完全腐化”。

1840 年中英第一次鸦片战争以后，中国历史便由此进入了半封建半殖民地社会，而西方资本主义也由此从资本自由竞争走向了资本垄断阶段，远东地区成为西方国家列强争夺原料和市场，争夺殖民地的重要地区。中国的邻国朝鲜、越南、缅甸等相继沦为资本主义国家的殖民地。英、法两国以越南、缅甸作为侵略中国的战略基地，在西南地区对包括彝族在内的各族人民从经济、政治、军事、文化等各方面进行全面的侵略活动。

英国在 19 世纪初侵入缅甸后，即计划开辟从印度经缅甸到中国云南的交通通道，以便从陆路进入华中、华南地区。1831 年，英国殖民主义分子、陆军大卫斯普赖由印度经缅

甸到云南各地调查后，便向英政府递交了修建从缅甸仰光到中国云南铁路的报告，还建议修建柬埔寨暹罗到越南的环形交通线。1855 年，另一个英国殖民主义分子斯来登到腾冲、大理地区探测，其时正值回族杜文秀、彝族李文学领导的农民起义军节节胜利的时期，斯来登才不得不终止探测。杜文秀、李文学领导的农民起义失败后，英国又很快重新恢复对云南的侵略扩张行动。1874 年，英军军官率领全副武装的 200 多人组成的探测队自缅甸进入云南西部，英国驻华公使派翻译官马嘉理从上海前往中缅边界迎接。马嘉理沿途一路搜集情报，在腾冲公开测绘形势地图，遭到腾冲人民的强烈反对，腾冲地方官便将马嘉理护送出境。到缅甸后，马嘉理与英军驻缅甸的柏郎上校部汇合，于 1875 年初率军队武装入侵云南，激起了云南各族人民的愤怒，各族人民纷纷自动组织起来抗击入侵英军。2 月 21 日，马嘉理率领英军先头部队由盈江西南的蛮允进入中国境内时，被组织起来的 200 多各族武装所包围，勒令其退出中国国境。马嘉理不但不退，还悍然命令军队开枪打死我边民。于是，愤怒的边民将马嘉理及其带领的先头部队全部消灭。此时，参加包围的中国边民已增加到 2000 多人，英军军官柏郎上校惊慌之际放火烧山，在山火烟雾的掩护下逃回了缅甸境内。

英国政府获知情况后，通过驻华公使威妥玛向清政府提出 6 条无理要求，除了要清政府派人到云南调查外，要求赔偿白银 15 万两，同意英国重新派探测队进入云南勘测调查，并落实 1858 年所签订的《天津条约》，即给英国人以优待。对于英国的这些无理要求，清朝政府开始时加以拒绝，但后来在英国政府的断交威胁下，很快又被迫妥协接受下来。

6 月 19 日，清政府命湖广总督李翰章（李鸿章的哥哥）到云南查办案情，威妥玛便派参赞格维讷到湖北刁难李翰章，威妥玛本人则到天津对李鸿章施加压力。李鸿章生怕和局破裂，只好妥协，另派薛焕去云南查办。查办结果出来后，英国政府仍以调查报告“不实”为由，提出了更加苛刻的无理要求，并以武力相威胁，强迫清政府一一答应下来，并写进了被迫签订的《烟台条约》。

同期，法国殖民者在侵占越南后，也开始加紧实施侵略中国大西南的准备。1884 年中法战争以后，法政府强迫腐败的清朝廷签订《中法简明条约》，强迫清政府签订有允许法国商品向滇桂等省自由输入的条款。1865 年，法国组织了一个由拉格里带领的探测队，从越南进入云南进行所谓“游历”，而他们在之后的“游历”记录整理中，这些记录都变成了《云南矿说》《云南铜矿》《云南银矿》等调查文章。1896 年，法国又派古德尔孟进入云南，仍以“游历”为名开展间谍活动。之后，古德尔孟在其《云南游记》一书的序言中明目张胆地说：“云南之气候温和，尤似法国南境，于法人尤为相宜。其矿田之富，物产之饶，较诸越南，奚啻霄壤。……以异常殷富之物产，以生吾法人无穷希望之心。此云南铁路合同之成（指建议法政府修建滇越铁路），所以可为吾法货也。……望他日乘火车游行云南时，吾法之权力随之而达云南全省。”另一个以“汉学家”而闻名的法国人伯希和，竟有意歪曲中国古籍文献资料，在其所写的《八世纪末叶中国印度两道考》中公然宣称，他写这本书的目的，就是向法国政府提出由交州（越南）经中国西南通向印度的战略殖民地扩张战略。最荒谬的是，他竟然说公元前 2 世纪以后，中国在云南的东南部没有行政管理机构，唐朝时期“云南未成一省，其东南部隶属于安南都护府”，按照殖民主义者的罪恶目的进行肆意歪曲。书中还把南诏的统治阶层说成是傣族，把南诏文化歪曲为受缅甸文化的影响，借以“证明”其谬论——南诏是“越南半岛印度化之民族”，公开宣扬其分裂中国的狼子野心。1895 年，法国政府又强迫清朝廷签订中法界约和商约，将广西的龙州及以西的云南蒙自、蛮耗、河口、思茅等辟为商埠。并规定，凡经上述口岸往来的土货，均按原定税率降低十分之四征税。这样，法国便攫取了云南、广西两省的通商、减税等特权。之后不久，英国也取得了同样的特权，使包括彝族地区在内的西南大片地区成为英、法殖民者的商品倾销市场和原料供应地。从此，帝国主义者的洋布、洋纱、鸦片、煤油、海货等毫无阻拦地进入滇、桂两省，这些地区的锡锭、石黄、牛羊皮及许多的农产品则以极低廉的价格被掠夺外运。蒙自海关设立初期的 1889 年，进出口额为白银 182005 两，次年便猛增到 54032330 两。英、法两国殖民者就是通过这种强盗式的掠夺性贸易吸取云南各族人民的血汗。

19 世纪末到 20 世纪初，随着世界资本主义向帝国主义的转变，西方列强对殖民地和半殖民地国家的掠夺方式也从商品输出转变为资本输出。英、法殖民主义者便以修筑铁路、开设厂矿、操纵金融等方式，从不同方面进一步强化对殖民地半殖民地国家资源的强取豪夺。1897 年，法国用武力威胁清政府总理衙门互换照会，攫取了桂滇越铁路的修筑权。1901 年，法国在蒙自设立滇越铁路公司，并筹备动工修建滇越铁路。由于铁路沿线多为彝族聚居区，这就给彝族人民带来了深重的灾难。法国人在铁路沿线拆毁了无数的彝族民房，霸占了大量的农田，强迫彝、汉等各族人民充当苦力，使许多农民流离失所，家破人亡。在历时 10 年的滇越铁路修筑期间，前后被奴役的人数达 30 余万人，其中伤病亡人数 18 万余之众，因此有“一根枕木一条命”的谚语流传。做苦力的人每天要干十五六个小时的活，而资本家却每人每天只给 6 毛的工钱，还要自己支付工棚住宿费、伙食费等。据清末出版的《案事编》记载，由于劳工的劳动和生活环境极其恶劣，加上高强度的劳动，劳工病死、饿死、累死者不计其数，生活条件极其恶劣，随时面临死亡威胁的人数高达 90% 以上。

个旧锡矿十分丰富，矿业工人向来以彝族居多，法国殖民者早已馋涎欲滴，虎视眈眈。鸦片战争刚一结束，法国就派所谓“专家”“学者”遍游云南，刺探情报。到个旧、东川、路南、弥勒、文山、马关、砚山、丘北等彝族聚居地区，以传教、旅游作掩护，四处窥探矿藏资源，并于 1891 年取得监督和操纵滇、桂两省矿产开发权力，进而又在 1906 年夺取开远煤矿的开采权。1902 年，英、法两国殖民者又勾结云南地方当局，企图控制昆明、澄江、元江、临安（建水）、开化（文山）、楚雄、永北等 7 个府（州、厅）的矿产开采权，并成立了云南矿务公司（隆兴矿务公司），但在彝、汉等各族人民的强烈反对下，才未能得逞。而对彝、汉等各族人民开采的个旧锡矿，殖民者们就采取派“总工程师”和“顾问”的手段，在国际市场上大肆压低锡价格。到1912年，殖民者们又进一步采取更加卑鄙的手段，从大量收购锡锭转而大量收购锡砂，企图以此完全控制锡矿。与此同时，为了全面控制云南经济，法国殖民者又将云南金融业垄断于手中。1910年滇越铁路全线开通后，法国东方汇理银行和中法实业银行的势力便逐步伸向云南，在昆明、个旧、蒙自等地设立机构，大量发行纸币，贬低滇币币值，操纵外汇，从中搜刮人民的民脂民膏。1905年，云南全省财政收入约白银400万两，而法国货币在云南的发行量就达200多万两。因此，随着中国逐步沦为殖民地和半殖民地，彝族地区亦不同程度地被纳入英法帝国主义者的殖民地经济范畴之中。

滇越铁路开通后，洋棉、洋纱、洋布、洋油等不断涌入彝族地区，使许多农民废弃种棉。本地传统的手工纺织被迫停止生产，日渐衰败下来。昆明市所用棉纱大都来自日本、印度。开关前，蒙自“蛮耗地区有棉田4000余亩，年产草棉、木棉400余担。（蒙自）城郊及新安所有土织布机的人家就达500余家，年产土布60万匹”。开关后，这些手工业都纷纷破产，遭到了致命打击。进口的洋染料也逐步取代了传统的本地染料。

滇越铁路开通后，一方面严重冲击了民族手工业的发展，一方面又促进了地方商业的发展。民国《马关县志》载：“自滇越铁路通车。县西南与越南接界的河口，遂为滇省商货出入之总口，该地市面亦因之逐渐繁昌。”

二、帝国主义对彝区的政治、军事和文化侵略

殖民主义者为了确保其在中国所攫取的经济特权，在彝族地区进行大肆的政治、军事和文化侵略活动。

中日甲午战争以后，帝国主义列强展开瓜分中国的争斗。英、法两国企图占据长江以南各省，云南成为英、法两国争斗的重要地区。为协调双方在远东和非洲的殖民地问题争端，1896年1月，英、法两国在伦敦谈判并达成协议：英国在非洲暂时对法国做出一些让步。而在中国的云南和四川，不论任何一方已取得或日后取得的特权，均由两国共同享有。1897年，法国强迫清政府签订条约，将云南、广西、广东纳入其势力范围，并先后在云南的许多重要地方设立了总领事馆和领事馆，享有领事裁判权，使这些领事馆的领事成为统治一方的大领主。如法国驻蒙自领事馆就曾私设监狱，鱼肉红河、文山两地各族人民。甚至还企图设立民政厅，要求取得云南的行政、警察、税务、邮政等权力。

帝国主义者为了在经济上、政治上控制云南，并为此进行了许多的军事渗透。1899年，法国一方面在河口对面的越南老街修建营房，增驻重兵；一方面又偷运枪支弹药及士兵进入昆明，企图伺机在昆明兴起武装挑衅，这一阴谋遭到各族人民揭露而破产后，殖民者一计不成，又生一计。1900年，法国殖民者又以中国人焚烧法国教堂作借口，出兵侵占

了今红河州的龙膊地区，当地的彝族人民联合哈尼族人民一起奋起反击，迫使法军撤兵。1907年到1909年间，法国先后又以保路、保矿为名，派兵侵占滇越铁路沿线，并在铁路沿线险要之处，每距离三五里建一座碉楼，并相应地建起驻军营房，连绵成千里之势。1902年，英国强迫清政府承认其在云南与法国享有同等权益。1907年，法国在其国内马赛举办的属地博览会上，竟公然将云南列为其属地之一，其强盗之心昭然若揭。

为了配合经济、政治侵略，殖民主义者利用宗教、文化在彝族地区大肆开展“教化”渗透活动。早在清康熙三十五年（公元1696年），法国天主教就在云南设立了“云南教区”，并派传教士雷勃朗到云南教区任主教，之后便不断派传教士进入云南各地，尤其是到彝族居住区设立教堂传教。到清代末期，云南已有一定规模的天主教堂59所，其中在彝族居住区建的就有43所，占了总数的四分之三，另外还有英国传教士设立的3所基督教堂。

1853年，清政府被迫签订《天津条约》后，天主教传教士们便凭据不平等条约所赋予的特权，纷纷涌入彝区设立教堂，先后在四川和云南彝区传教。这些传教士根据殖民主义者所需，搜集政治、经济、军事和文化情报。从1899年起，法国天主教神甫邓明德就长期在路南、弥勒、开远、蒙自、砚山、文山等地从事传教活动，并调查编写了《倮倮的研究》《倮倮和苗子》《法彝词典》等书，供殖民当局参考使用。1890年，法国天主教宁远区（西昌）主教光若翰等走遍了金沙江两岸和安宁河流域广大彝区，将这一带的地形地貌、矿产资源、民族分布以及彝族家支实力等都作了详细的调查统计后带回法国。

这些传教士通过办学校、医院的方式笼络人心，争取彝族等各族群众入教，进行文化殖民。其中有一些传教士便利用传教活动的机会，挑拨民族关系，伺机浑水摸鱼。他们宣扬倮倮人鼻子高，是“优良人种”，公然煽动说：“你们（彝族）被汉人欺侮成这个样子了，还不赶快信教，赶快念书。”这些传教士中的一些不法分子还通过包揽诉讼的手段，强占民财，奸污妇女，危害人民，甚至勾结统治阶级镇压人民的反抗斗争。1902年，四川西昌爆发了以张耀廷为首、彝族为主体的彝汉两族人民反帝反封建武装起义，法国传教士们就借银子两万两给宁远知府作军费，帮助统治阶级扼杀了这次起义。帝国主义传教士的罪恶行径，激起了彝族等各族人民的不断反抗，各地“教案”层出不穷。

法国传教士最早于清同治初年进入文山州传教，到光绪二十年（公元1894年），先后进入今文山县的所树格、五色冲，文山城书院街，马关县大栗树乡倮么村，砚山县阿舍乡鲁都克等地，并在这些地方建起了天主教堂，以各种手段吸引彝、壮、苗等少数民族群众信教，其中文山县当时的信教群众最多时曾达千余人。民国《马关县志》记载：马关县“天主教，一名旧教，其传入县境时期在同治初年，郡城内崇信者不过一、二家。至光绪二十年，县属倮摹寨夷人与萧姓争控，意图借教保护，遂欢迎该教士于倮摹立堂传教，少其悉其底蕴者。数十年来，入教徒除夷人外，甚为稀罕”。

清光绪年间任职云南都司院都司的贺宗章，在其后来写的《幻影谈》一书中，对文山县五里冲彝教民与汉民长时期的田土争控案作了较为详细的记述：文山为开化首县，“近城五十里五里冲，有天主教堂，夷汉杂收”。又载：“开属文山境内五里冲，有天主教堂，法国牧师金梦旦通中国语言文字，在滇二十余年。有倮倮教民一村，与附近汉民张、刘、李数姓，于乾隆时争田土山界，计长二十余里。迨嘉庆庆知府任内，曾将其地断归倮民，给其执照一纸，厥后屡次翻控。道、咸间，复经开化府两次断归汉民，仍给执照，理由充足较前明晰，两照屡次案卷俱存。倮民自入教后，恃势复控，并数上控，经数任奉批集讯，未结。余前任方美旃复奉院司集讯，因倮民当堂逞刁，重责数百。于是，金牧师上省联合总主教、法总领事，直向两院交涉，持倮民所奉嘉庆时执照为确据，盖牧师凭倮民一面之词，不知全案也。迄余接任，迭奉宪札履勘，秉公复讯，连日调阅全案，随传倮民告曰，‘此案既有执照，不难断结，但需金牧师来此面商’。……金果来，并同中国刘牧师入署求见。……金曰：‘教民有执照，岂不足凭耶’？余曰‘汉民尚有在后执照，牧师通中国文字，不难一阅而知’。遂出全卷与二人同阅。金牧师阅到后卷，自知错误，半晌无语。……余始邀同履勘，以山地二里许，有天然沟坎，断给倮民，以便推广建造，并出入路径为之丈量，开方绘图，立碑永定界线。两造遵结，两详立案。金梦旦心悦诚服……”

马再兴在1985年8月出版的文山州《文史资料选辑》第三辑上，以《法国传教士在文山》为题，撰文介绍了天主教会插手马塘两家地主土地纠纷诉讼案并从中渔利的情况。文章说：马塘两家黄姓地主为争夺土地打官司，打输的一家不服，便在前往昆明上诉时，投靠法国在昆明的天主教会。教会以贱卖这片土地为条件，答应帮其打赢官司。结果官司打赢了，教会就以低廉的价格买到了这片土地。买到土地后，教会便派传教士金梦旦到文山，将买来的土地出租给当地农民，先在所树格盖了文山地区的第一所教堂，并开始传教。之后，又到五色冲盖第二所教堂，扩大传教面，进而逐步形成以所树格为中心，向冷水沟、浑水塘、姑娘寨、老者底、他披、甘田寨、永峰、上下丫口、闪片山、马宝山，以及今马关县大栗树乡的一些村寨，逐步形成了方圆数十里的传教区。

砚山县阿舍乡鲁都克村及其周边的老屋基、中寨、大寨、龙潭等村寨的绝大部分土地，原是彝族地主王武志家的。后来王家没落破产，将土地卖给文山德厚亚拉冲村朱姓人家。后来，朱姓人家只有一独女子，无继承子嗣。1906年，鲁都克村的一熊姓苗族便勾结所树格教堂的法国传教士，买下了朱家的土地，并由云南教区派法国神甫邓明德到鲁都克管理，建教堂传教。教堂将买来的大片土地租给鲁都克及其周边村寨的彝族和苗族群众栽种。教堂规定，要租种教堂土地的人，得先信教并加入教会，听教士传教，参加弥撒。教堂收取地租作传教活动经费，每年收租粮数万斤。因灾交不起租粮的佃户，得折交银子或猪。什么都拿不出来交的，就要收回租种的土地。因此，鲁都克及其周边村寨前后有40多家人因交不起地租而被迫迁往外地。

自外国第一个传教士金梦旦1898年进入文山传教开始，到1952年最后一个传教士——荷兰神甫安德胜（安忠胜）——离开文山，前后历经54年。

第二节 彝族社会内部的发展和变化

一、商品经济的渗透和地主经济的发展

第一次鸦片战争以前，滇中、滇南和川西南安宁河流域地区，由于地处交通要道，商品经济有了一定的发展。作为彝区农村广大农民开展商品交换的主要场所——“里”或“赤”（街子）的数量迅速增多，且规模不断扩大，街子的周期不断缩短，商品交换的种类、范围和数量不断增多。随着交易范围和规模的不断扩大，这些街子逐步发展并形成具有相当规模的近代村镇，成为一个个的大小集市贸易中心和商品集散地。在一些城市或集镇，如个旧、蒙自、开远、临安（建水）、开化（文山）、河口、德厚、平坝、马塘、江那（砚山）、平远、稼依、阿猛、丘北、八道哨、双龙营、曰者、腻脚、八寨、古木、珠琳等不少县城或集镇中，还出现了一些坐地或往来大小街子的彝族商贩。一方面，在帝国主义商品的排挤下，和农业密切结合的家庭手工业发生了很大的变化。农村最普遍的手工业——家庭纺织业受到了严重冲击，洋纱、洋布、洋火（火柴）等不断进入彝区，古老的棉、麻纺织机械在商品经济较为发达的地区越来越多地停止了流动，蒙自、开远、宜良以及昆明周边郊县农村的石、木榨油机械也逐步失去了功用，越来越多的被闲置起来。另一方面，一些手工业获得了一定的发展，并出现了从农业中逐渐独立出来的趋势。如南华县哈苴村、建水县太平村、砚山县稼依、文山市德厚、丘北县腻脚等一些彝族地区出现了专业加工经营的造纸、白酒和食油等加工业，这些加工业的生产过程和工序也有了初步的分工，生产的产品基本都是运往外地销售。彝良县彝族大家族陇家的酿酒作坊酿的酒，过去主要是家族内农闲时生产自用。到了清朝末期以后，陇家将酿酒作坊的生产规模不断扩大，组织人员常年从事专业酿酒，所生产出来的酒通过彝良、奎香等地的商贩销往滇、黔两省的许多地区。同时，陇家还组织专业的马帮运输商队往来于四川叙永、云南昭通、宣威、昆明等地，贩运食油、食盐、布匹等。在文山州，类似这样的情况也开始出现。丘北县的八道哨、普者黑、腻脚，砚山县的维摩、稼依，文山市的古木、迷勒湾、老寨（今蒙自市老寨），马关的八寨、大栗树等地的酿酒、食用油加工业，丘北县舍得的羊毛毡加工业等，也不再只是单一的自产自用，而是以销售盈利为目的，逐步成为有一定规模的商品生产。在交通运输十分不便的旧社会，马帮运输是城乡和地区物资交流的重要工具，文山、砚山、丘北、马关等县的彝族聚居区，随处可见长期或季节性运输的马帮，还有一些靠肩挑身背搞贩运的“货郎担”。通道沿线村镇，马店、食宿店随处可见。马关县大栗树乡的彝族李姓人家，一家人几代不分家，家庭人口多时达百人。家里除了种庄稼外，常年

有数十匹规模的马帮队来往于文山、蒙自、个旧、开远之间，贩运地方土特产和洋货。家庭人口多，分工细。跑马帮的、收购贩运物资的、放牧的、在地里做农活的、在家办伙食管理家务的，样样分工细致，责任明确，这样的情况一直延续到民国时期。

商品经济的不断发展，进一步刺激了地主阶级的贪婪欲望，他们通过各种手段，从贫困和破产农民手中不断兼并土地，累积财富，并以此不断加强对农民的盘剥，地租不断升高。开远和砚山平远附近的一些彝族聚居山区，在滇越铁路通车以后，地租从原来的三分之一迅速提高到二分之一，甚至三分之二。有些地方除了实物地租外，还出现了货币地租。上面提到的彝良县陇家，当时租种其土地的苗族农民，租地每片（约合12亩）平均产量按每片1000斤（旧制每市斤为16两）计算，收取地租7.5斗（折合562.5斤），占产量的56.25%，此外，每亩地每年还要收取200铜钱和其他一些额外的物品。

地主阶级还通过高利贷搜刮农民，他们放贷一两银子，一年后就收取10两，甚至更多。一些地方的地主借贷出一壶酒，一年后要还一斗粮，使许多彝族农民把生产出来的粮食和农产品全部用来还债而不得食用。不能偿还的，就以牛、马、羊、猪和鸡折抵，甚至以田地、儿女作抵，弄得一些彝族人妻离子散，家破人亡，到头来连自己的土地也尽为他人所有，由此破产的农民越来越多。

在帝国主义侵略要冲的滇南地区，尤其是滇越铁路沿线，经济发展相对较快，一些地区的经济作物面积逐步扩大，品种逐年增多，但这种扩大的经济作物品种主要是罂粟。鸦片战争以后，烟禁废弛，名禁实放。一些地方贪腐政府把增加鸦片烟税作为敛财之道，采取“寓禁于征”的卑劣手段，明里告示禁烟，暗里却唆使彝族农民大量种烟。于是，许多彝族地区都可见到大片大片的罂粟。然而到了收获季节，官府又以禁烟为名，大肆搜刮农民手里的鸦片。这样的情况，一直延续到了民国末期。1943年，国民党泸西县长李承勋、兵役科长王正德与五槽乡（今官寨乡）乡长段克信相互勾结，明里叫喊禁烟，暗里却唆使舍得（当时舍得属泸西县五槽乡）彝族人民种植罂粟，并在种植前就强制彝族农民缴纳烟课、烟租、下种费等，一季缴纳的各种烟租、税、费达法币500多万元。然而到了第二年春罂粟开花之时，李承勋却一反常态，反诬舍得彝族人民偷种大烟，报省政府派终查委员，与他一起带领200多全副武装的常备队到舍得铲除烟苗，并强令舍得彝族人民备办伙食伺候。李承勋等的卑鄙行为和倒行逆施，激起了舍得及周边村寨彝族人民的强烈愤怒。于是，各村彝族群众自发组织起来，包围李承勋及其常备队，打死了18名常备队官兵，还有一些被打伤，省政府终查委员及县长李承勋本人和常备队长也被击毙，余下的趁黑连夜逃回泸西城。此事震动了全省，激怒了省主席龙云，他立即下令周边六县武装准备进剿舍得。舍得彝族人民派代表找到在泸西的中共地下党员何现龙，得到何现龙的支持，然后通过何现龙，找正在弥勒组织修弥泸水库的张冲说明情况。张冲知道事情经过后，及时向龙云说明真实情况，指出泸西县长李承勋及其爪牙们坑害百姓是倒行逆施，他们被打死是自食其果，罪有应得，事情才不了了之。之后，云南当局为了缓和矛盾，又下令处决了泸西县县政府兵役科长王正德，五槽乡乡长段克信。这件事鼓舞了舍得彝族人民的信心和斗志，使舍得彝族人民开始认识到了中国共产党是为人民谋利益的党，从而为之后中国共产党领导舍得及周边地区彝族人民开展武装斗争创造了良好的群众基础。

1874 年，云南全省种植的罂粟面积达 93177 顷又 9 亩，“夷田” 883 段，而在今红河、思茅、宜良和文山州西北和西南部地区，是种罂粟最多的地区。随着罂粟种植面积的不断扩大，种粮面积便随之不断减少，结果导致粮食越来越不能自给，不得不进口越来越多的越南米和缅甸米。滇越铁路通车以来，仅仅是当时的开远一个县（包括今砚山县的平远镇、稼依镇、阿舍乡和丘北县的腻脚乡、树皮乡部分地方），每年有 3 ~4 个月的粮食需要进口西贡（越南）米来维持，这是近代云南南部彝族地区农村一种经济畸形发展的现象。与此同时，在这些彝族地区，具有民族资本主义性质和特点的企业也随之出现。1878 年以后，仅个旧锡矿就出现了 20 个彝族企业，其中最大的一家，平时的工人有 500 余人，最多时上千人，最小的企业也有四五十人。文山、砚山、丘北、马关等县的一些彝族男子，当时就到个旧、马关都龙、文山白牛厂做过“砂丁”（采矿工人）。个旧锡矿是云南乃至西南彝族地区最早诞生产业工人的地方，人数最多时达 15 万余人。

二、土司、土目残留区的变化

明末清初，明、清朝廷在彝族地区实行的“改土归流”和彝族统治阶级反“改土归流”的斗争，使彝族地区社会长期匪乱不断，动荡不安，加之封建王朝统治者的血腥残酷镇压，给彝族社会生产力的发展造成了严重破坏。据康熙《贵州通史》载，1666 年实行“改土归流”的贵州水西地区，25 年后仍是“百里无人烟，田地荒芜，老百姓流离失所”，到处一片荒凉景象。清康熙四年（公元 1665 年），吴三桂在残酷镇压了文山王弄山、教化、八寨、古木、维摩等地的滇南 18 土司后，使这些地区的许多彝族人民流离失所，纷纷逃离平坝进入山区，今文山市东山乡和砚山县盘龙乡一带的彝族阿扎支系人，就是在那段时期离开条件相对较好的秉烈乡“迷尼翁”（迷勒湾）及周边河谷地区的。而今文山市追栗街镇大兴寨、丫呼寨以及砚山县八嘎乡一些村寨的彝族作科支系人，也是在那段时期离开今文山城大兴街及周围地区。留在坝区不走的彝族（多数是倮支系人），则有不少改名换姓，甚至改变民族成分，融入其他民族中去了。如文山城及周边的攀枝花、古木、马塘、老回龙（今薄竹镇）、平坝一带的彝族倮支系人就是这样。丘北县的舍得、腻脚、新店、八道哨、树皮和砚山县的维摩、稼依、平远一带的彝族黑彝尼苏（乃苏、纳苏）人，大都也是在明末清初从石屏、建水、开远、泸西、弥勒、师宗等地进入这些地区的。撒尼支系则是在清朝中期从路南（石林）县和弥勒县迁入当时人口较少的丘北县坝区。居住在丘北县的所谓彝族“僰人”（实际是彝族白彝支系中的“姑尼”人，其他彝族称其为“葛泼”），则早在唐宋时期就从相邻的泸西、师宗、罗平地区进入丘北了。

"改土归流"一方面破坏了彝族地区的社会生产力，造成了彝族人口的大量锐减。另一方面，由于彝族的世袭统治者——土司——遭到了沉重打击，失去了统治权力；而封建流官在一定程度上取代了土司的统治地位，但许多地区彝族却又一时不愿接受流官统治，使彝族地区一度出现了权力真空，这就又为加快封建生产关系的发展创造了条件。封建王朝采取各种不同的措施和手段，进一步加快征召内地移民进入彝区屯垦的步伐，带来了先进的生产技术。与此同时，彝、汉两族中的少数富裕者采取各种手段兼并农民手中的土地，实行租地、放贷和雇工等剥削，促进了封建生产关系的进一步发展。

同时，在"改土归流"政策的不断强行推行之后，许多彝族地区随着封建生产关系的进一步扩张，彝族家奴反对土司、土目和中小奴隶主的残余势力，以及已"出户"彝民反对被重新奴役的斗争也日益尖锐化，使彝族地区封建化潮流势不可挡。到了清朝晚期的咸丰、同治年间，封建地主经济在绝大多数彝区已取得了完全的支配地位。许多原来处于土司、土目和奴隶主统治下的彝族人民，经过反复不断斗争，逐步取得了对土地的永佃权乃至所有权。这种土地占有形式与正在发展着的商业资本及高利贷的资本主义剥削形式，又一再地侵蚀和影响着彝族地区的领主制度。清朝同治年间，武定县彝族人民通过组织多次反对和脱离土司、土目统治的斗争，才最终取得了对土地的永佃权。在当时的文山地区，这样的情况虽然不算很突出，但也有类似的情况发生。丘北西部地区的昂氏土目和文山市秉烈乡的周氏土目的统治，就是在这样的斗争中最后终结的。

彝族土司、土目统治因受地主封建经济的冲击，也逐渐向地主经济转化。但在这一时期，这些地区统治阶级的统治剥削方式，仍存在着多种不同的形式。

首先是还有领主制的剥削形式残余。其特点是实物地租与劳役地租并行。农民除缴纳"官租"外，还要被强制做"白工"。彝语称"官租"为"促么米烛"；"促么"即"官家"的意思，"米"为田地，"烛"即为租。官租为定额制，按照各个农户田地的多少和好差收租。向土司或地主交的租，除了按土地面积缴纳外，也有按人头缴纳的。做"白工"都是摊派，地主一天除了只管两顿简单的饭外，无论做多少工都毫无报酬。此外，不少地方还有猪租、羊租、鸡租、杂租等，以及其他各种物品"贡献"。武定县幕莲土司管辖的地盘内，有5个村是专供土司使役的"奴仆村"，有两个村按户轮流专为土司家守灵。土司、土目除在经济上进行各种额外的剥削外，政治上仍享受着不同程度的特权。他们被称为"促么"（官家），凡是进入"官府"的农民还要下跪磕头。农民不得与土司及其家人同桌吃饭和并坐一条板凳说话，有少数地方的土司甚至还有私牢和酷刑。

其次是一般的封建剥削。随着封建地主经济的发展，生产资料占有越来越不平衡，阶级分化程度越来越明显，由此产生的各种剥削关系也越来越错综复杂，一些地方的土司、土目采取了和封建地主阶级一样的方式，以租佃、雇佣、放贷的方式进行剥削。

再次是一些地方的土司、土目仍采取奴隶制的剥削方式，他们蓄有数量不等的丫头、娃子，从事各种繁重的劳役。黔西北和滇东北地区的一些土司、土目仍行使着"人租"制度。在这种“人租”制度中，凡耕种土司、土目或地主“人租地”的佃农，每代必须送一个子女给土司、土目或地主做奴隶。

在川滇结合部的大、小凉山地区，传统的“兹莫”（土司）土地也逐步被家庭占有制所打破。一些“诺合”（黑彝）、“曲伙”（白彝）家支头人利用手中的特权占领“兹莫”手中的耕地，进而把占领的耕地进行转租、转让甚至出卖，这就使“兹莫”的土地逐渐散失，“诺合”与“兹莫”之间由此引发的矛盾越来越尖锐。于是，“诺合”通过家支联合组织起强大的反“兹莫”力量，开展不间断的反“兹莫”斗争。到了清代初期，“诺合”便基本上摆脱了“兹莫”的统治，并逐步建立起了具有一些封建经济特点的土地典当、租佃、买卖关系。然而，其内部的基本关系仍然是奴隶主阶级与被奴役阶级的对立关系。在这种关系中，实行的仍然是森严的等级制度结构。社会中普遍存在着土司、黑彝、曲诺、阿加、呷西5个等级，土司、黑彝是统治阶级，占有绝大部分生产资料，又是阿加、呷西的占有者，而曲诺虽然有了一定数量的生产资料，但在政治上仍受土司、黑彝的统治和管理。所有被统治的阶级都被称为“节伙”，即被统治的人。在这些被统治的人群中，尤其是阿加和呷西，仍然被统治者随意买卖、赠送，没有最起码的人身自由权。在云南的小凉山地区，到了清末时期以后，种植和吸食鸦片的恶习越来越泛滥，加之后来民国初期军阀混战，一些彝族奴隶主趁机积累了越来越多的财富，势力随之膨胀起来，并且取代了土司的统治。而在大凉山东部与汉族交叉聚居地区的雷波、马边、屏山、峨边等县，奴隶主的统治已越来越多地被封建阶级统治所取代。

第三节　彝族地区反帝、反封建和反奴隶制斗争

一、彝族地区的反帝、反封建斗争

外国帝国主义和国内封建主义相结合，把中国变成半封建半殖民地的过程，也就是中国人民反帝反封建的过程。1851年爆发的太平天国革命，立即得到全国各族人民的响应，革命烈火很快从广西燃遍全国。1862—1863年，太平天国将领翼王石达开率领的太平军路过凉山彝区时，受到了当地彝族人民热烈欢迎和支持。在太平天国革命的影响下，1856年5月10日，云南弥渡县彝族贫苦农民李文学组织5000多以彝族为主体的各族人民，在弥渡县瓦卢村集会起义，起义军以“铲尽满清脏官，杀绝汉家庄主”为口号，以李文学为“夷家兵马大元帅”，以进入滇西地区的太平军石达开部汉族军官王泰阶为参军，彝族首领李学东为上将军，毅然举起反封建的旗帜，并以“夷家兵马大元帅”的名誉，发布声讨清王朝和封建地主的庄严檄文：

我哀牢山各族人民，历来受汉族地主欺凌，僻居山野，贫苦为生，已经几十代人了。自从满清反动者入主中原，汉族地主与之狼狈为奸，残酷剥削夷汉人民。各族人民食不果腹，衣不蔽体。白发爹娘，呻吟于床；幼弱子女，扶门饥啼。如今刀已架于颈项，怎存希望免死；戈矛已通于胸前，安能乞怜求生？本帅目睹惨状，义愤填膺，爰举义旗，驱逐满贼，除却地主。希望各族人民共举义旗，拯救天下于涂炭，拯救哀牢山人民于涂炭！

起义军实行促进民族团结，推翻清王朝统治，打击地主恶霸政策，指出“与夷人为敌的是汉族的地主豪强，不是劳苦大众”；起义军“不别夷汉，夷汉同利”，因而得到了各族人民的热烈拥护。不到半月时间，起义的烈火便很快燃遍了整个哀牢山地区，并迅速波及整个云南。

起义军起义不久，并兵分三路，前往大理解救正被清军围困的杜文秀领导的回族农民起义军，以3000多起义军击败了围困大理的20000多清军，并乘胜追击，攻下了楚雄县城。此后，李文学又联合力量相对较小的田四浪领导的哈尼族起义军、刀成义领导的傣族起义军、杨承熹领导的白族起义军等各族农民武装，控制了北到巍山，南到墨江，包括弥渡、南华、楚雄、双柏、景东、镇沅、新平、元江等10个县3万多平方公里的地区。

起义军在弥渡县蜜滴村建立了元帅府，下设8个都督府管辖控制区。元帅府规定对18到40岁男女全部实行军训，战时集中御敌，平时从事耕作。经济上废除一切地租和严苛杂派。规定农民耕种的一切原属于地主的土地，一律都归农民所有，农民每年只需以20%的收获上缴元帅府作为田赋。如遇因灾减产年成，还可以减收和免收。同时在鄂嘉（今双柏县）等地组织农民开梯田，修沟渠，大力发展农业生产；开设油房，制造水碾、水碓榨油；集中统一经营从地主手中没收来的铁厂、铅厂，制造农具、军械，供军需民用。并规定“吏有扰民者，可斩之不赦”，占领区的农业经济因此有了比较快的发展。

1870年，腐败没落的清朝政府与帝国主义相勾结，对李文学和杜文秀领导的两支农民起义军进行大举进攻，实行残酷镇压。1872年，清军大规模围攻大理的杜文秀领导的回族农民起义军，李文学在率军驰援途中被叛徒出卖而被俘，于1874年惨遭杀害。不久，起义军在蜜滴村的元帅府被攻陷。1876年，起义军上将军李学东因病去世，一直坚持了20年之久的农民起义军及其所建立的农民政权，终于在帝国主义和封建统治阶级的联合镇压下失败。这两支农民起义军，一支打的白旗，一支打的红旗，所以，在当时的官方和民间称李文学和杜文秀领导的农民起义为“红白旗反政”。

在文山州，几乎是在李文学领导农民起义的同一时间，即1856年，今砚山县阿基乡红石岩村彝族农民李初，也组织了一次威震方圆数百里的反抗封建残酷统治的起义斗争。

1830年，李初生于砚山县阿基乡红石岩村的一个彝族贫苦农民家庭，他自幼酷爱练习武功，长大后身材魁梧精壮，臂力过人，奔跑神速，舞弄刀、枪、剑、弩之术出神入化，且能随意举起200多斤（旧制每斤16两，相当于现在的320多市斤）重的巨石。他不但武功过人，而且性格刚直善良，疾恶如仇，爱打抱不平，很受四邻乡亲的夸赞和敬重。

1852年，李初抱着一种打击贪官恶霸，拯救黎民于水火的心，到广南府去投军，由于他身材高大健壮，身手不凡，得到器重，很快就被安排到了广南府衙内去当差。然而，耿直善良的李初在看到府衙内官员们一系列的尔虞我诈、贪腐作乐和随意欺压平民百姓的行为之后，心里陷入了难解的苦闷。一次，李初在回家探亲时，听说附近的马法克村有个恶霸地主的儿子在跳月（即跳弦子）场上肆意侮辱彝族少女，于是，他回府时便向府衙老爷告状，要求将这个恶霸的儿子绳之以法。但府衙老爷们却听而完之，根本不当作一回事，更激起了他心中早已郁积的愤怒。于是，在一个月黑风高之夜，李初身带利刃翻越城墙，连夜赶到马法克村，将那个作恶多端的恶徒及其家人全部杀死。又一次，李初在广南城附近的一个村子里，亲眼看到一群官兵在催粮逼款时，将一些交不起粮款的村民捆绑起来，肆意进行毒打的惨状。愤怒的李初此时联想起了自己同样贫困的家人的境域。他告假回家看望父母，在快要到老家红石岩村的路上，竟然碰上两个乡兵用绳索捆绑着自己的双亲迎面走来。他强压怒火走向前一问，方知父母也是因为缴纳不起钱粮，而被乡丁捆绑着正要送官府去问罪。看着自己父母如此这般遭罪，李初再也按捺不住心中的怒火，一下连飞两脚，就将两个乡丁手里的刀踢飞，接着又是一顿拳起脚落，将两个乡丁打死并丢进岩洞中。

李初路上杀死乡丁，不久被人告发而入狱。在狱中，他凭着自己的一身绝技砸烂镣铐，越狱逃回家乡，发誓要聚众起义，大造官府的反。于是，他以看地理风水、看卦驱鬼作掩护，宣扬自己是天庭派来的神仙，下凡专为拯救贫苦的黎民百姓；并声称自己能日行数百上千里；家中有会飞翔的神马，有能生大象的母牛，夜间有猛虎伴眠……他要带领人们杀尽贪官污吏，杀尽人间地霸恶徒，让天下人都过上平安幸福日子。于是，许多饱受反动官府和地霸恶徒剥削欺压的贫苦农民便纷纷聚到一起，与李初歃血为盟，尊他为首领，决心举旗造反。

1856年初，李初以“大元帅”自称，正式揭竿起义，率领数百起义农民杀贪官污吏，杀地霸恶徒，攻打清军营垒，反击清军镇压，并多次率领起义军与外地的一些起义军配合，攻打广南、江那（砚山）、西畴、丘北等县城，杀死不少贪官污吏、地霸恶徒，一时声威名大震，官府震惊。

然而无独有偶，李初的命运与滇西的李文学一样，最终也是死在了自己队伍内的叛徒手里。

1858年，清军在加紧镇压李初起义军的同时，收买李初身边的变节分子，将李初杀死在其最后的大本营——今丘北县天星乡天星村，其首级被送回广南城城门悬挂示众。

彝族人民的反封建斗争，虽然一次次地遭到了清政府的残酷镇压而失败，但彝族人民没有因此被吓倒。他们在反封建主义的同时，也不间断地参与了反帝国主义侵略的斗争，而且这种斗争与国内的政治变化总是结合在一起。

1857 年，祥云县大古者村彝族首领龙道人和金肇盛领导各族人民起义，并在大古者建立起了农民政权。龙道人被人们称为“高皇大天尊”，其建立的政权下设大小管事。起义队伍提出“兴土（彝族）、和回、管汉”的口号，迅速得到了楚雄、南华、邓川、大姚、牟定等地彝族等各族人民的积极响应，形成了杜文秀领导的大理回族农民起义军的东部屏障。起义队伍虽然给封建统治阶级以沉重打击，但因其提出的口号有明显的局限性和片面性，导致了后来与杜文秀回族农民起义军的分裂而失败。

1858 年到 1859 年，武定县彝族人民相继举行了三次起义，他们的主要领导人先后为张标、张翼、张耀南、杨源、杨在兴、毕顾保、唐有忠等，都是彝族。起义的浪潮波及元谋、禄劝等县，并与杜文秀领导的回族农民起义军配合，威胁昆明。后来也在清军实施的“招抚夷民，以孤回势”政策的破坏下归于失败。

与此同时，巍山、宾川、祥云、剑川、姚安以及滇东、滇南和贵州、四川等地区的广大彝族人民，先后爆发了数十次反封建压迫的农民起义。如大关县的李永和、蓝朝鼎起义；会泽县的袁乔保起义；宣威县的李庵波、吴老满、何把石起义；富源县的何从隆、马三帅起义；泸西县（包括丘北县西部）的杨辉、王双甲、李法成起义；路南县的赵发、杨辉南起义；圭山的李文兴起义等。在滇南和滇东南，有石屏县的白有发、李凯起义；建水县的李春起义；江川县的汤朝阳、刘秀仙起义；建水县馆驿和华宁盘溪的“五山夷”起义；开远、丘北、砚山一带的“四山夷”起义等。

这些连续不断的彝族农民起义，虽然规模都不算小，并给清朝政府以沉重打击，但各支起义队伍终因没能形成全省性的甚至更大范围的统一领导，最后都被官府军队各个击破，进而归于失败。

对帝国主义者的侵略，彝族人民也同其他各族人民一道，从未停止过反侵略、反压迫的斗争。1856 年，滇南的建水、通海、江川、开远，以及今文山、砚山西部地区的彝族人民与汉族人民一道，烧毁密谋掠夺中国的策划据点——教堂，赶走披着宗教外衣的帝国主义分子。1908 年，四川凉山牛牛坝彝族人民击毙了反动传教士巴尔克。1895 年，云南云阳、金平等地彝族联合哈尼族一道，多次抗击侵入中国边境地区的法国侵略军。1900 年，英国侵略军武装侵占怒江边境片马地区，茨竹寨彝族土把总左孝臣率兵拼死抵抗，壮烈殉国。19 世纪末期在中越边境地区开展的反对法国殖民主义军队入侵中国的战争中，彝族将领蒋宗汉和汉族将军冯子材一道东西迂回，与法国侵略军进行浴血奋战，给侵略者以沉重打击。1885 年 3 月，蒋宗汉同冯子材指挥的各路中国军队密切配合，在广西镇南关（今友谊关）大败法军，打死打伤法军 1000 余人，法军将领尼格里曼受重伤。镇南关大捷沉重打击了法国侵略军的嚣张气焰，扭转了战场形势对中国军队不利的局面，并直接导致了法国茹费理政府的垮台。在这段时期的抗法侵略战争中，抗法中国军队中的丘北县彝族青年黎天才表现出了不顾生死，勇闯敌阵，奋勇杀敌的凛然气概，功勋卓著，并逐步成为民国初期的一代著名战将。

辛亥革命前夕，彝族人民同全国各族人民一道，不断起来反对帝国主列强的侵略。清王朝政府迫于内外交困形势的压力，也重谈起了戊戌变法时的“新政”，其内容是改革军制和废除科举制度。1901 年，清王朝命各省设立武备学堂，准备编练新军，淘汰绿营防勇；同时设立学部，命各省设立学堂，向外派留学生。到 1904 年，外派的留学生达 100 多人，多数到日本。他们中就有 13 个是彝族。这些留学生到外国后，大多数人在西方资本主义社会学和自然科学的影响下，迅速形成了倾向资产阶级民主革命的知识分子队伍，并组成“兴中会”“华兴会”“光复会”等组织，开展资产阶级民主革命活动。这些留学生后来大都成为孙中山领导的同盟会会员。

1908 年，清王朝在云南改编新军，在昆明设立陆军讲武堂，一批留日学生回国后，或到讲武堂任教，或到社会民间，以及军队中开展各种资产阶级民主革命宣传和串联活动，为辛亥革命在云南的发动奠定了基础。1903 年，一大批彝族工人、农民参加了建水县周云祥领导的反对帝国主义掠夺和压迫的起义队伍。起义队伍提出“官逼民反”“除暴安良”“阻洋占厂”“拒洋修路”等反帝反封建口号。在短短的一个月时间中，就攻占了个旧厅、临安府、石屏州、曲江驿等重镇，并直抵通海，威胁昆明。滇东、滇中及今红河、文山 10 余个县（市）先后爆发了响应周云祥领导的起义。这次起义以个旧矿业工人为骨干，有大批的农民参加，起义初期的主要力量是彝族，他们成为彝族人民大规模参加反帝反封建斗争的开始，并成为云南辛亥革命的前奏。

彝族人民和其他各族人民的反帝反封建斗争，虽然未能阻止中国半封建半殖民地的进程，但它仍然沉重地打击了封建统治阶级和帝国主义者的嚣张气焰，有力地证明了毛泽东在《中国革命和中国共产党》一文中所说的那样：“在中国封建社会里，只有这种农民的阶级斗争、农民的起义和农民的战争，才是历史发展的真正动力。”

二、彝族人民在辛亥革命时期的贡献

1900 年义和团运动失败后，帝国主义进一步加紧了对中国的控制和掠夺，清政府的统治陷入了更加深刻的危机之中。1911 年，孙中山领导的辛亥革命推翻了中国最后一个封建王朝——清王朝的统治，结束了中国两千多年的封建帝制。辛亥革命从酝酿到爆发的过程中，彝族人民和全国各族人民一道，积极参与了全部的革命斗争历程，为辛亥革命的成功做出了自己的重要贡献。

孙中山早年在国外宣传资产阶级革命时，一些思想进步的彝族知识分子就开始追随他的革命主张和理想，随后又参加了资产阶级领导的旧民主主义革命斗争，安健、黎天才、余若瑔、禄国藩、余建光、胡国秀等就是其中的杰出代表。

安健（1877—1929 年），字舜卿，贵州郎岱（今六枝）人，是水西彝族土司后裔。少年时，安健就学于安顺府学，后考取诸生（秀才），游学于贵阳，其间目睹了许多清朝地方官吏的腐败和贪欲，及其对人民的剥削和残害，进而接受了孙中山的民主革命思想，萌发了武力推翻清王朝腐败统治之念，并很快就组织了具体的实际斗争。事败后，安健于1905年东渡日本，参加了孙中山领导的同盟会，成为第一批同盟会会员。

孙中山很器重安健，多次派他回国到西南地区各省开展革命宣传和组织工作，并先后参加了钦廉起义、河口起义和广州起义，虽屡遭失败，仍未动摇过他“推翻帝制，建立各民族平等共和国”的坚定革命信念。

广州起义失败后，安健再次东渡日本，担负起了同盟会本部和贵州自学社之间的联系工作。1911年辛亥革命武昌起义后，安健敦促并指挥贵州自学社张百麟发动起义，响应辛亥革命。1915年袁世凯复辟称帝，孙中山在日本召开会议确定分省讨袁，任命安健为贵州讨袁护国军总司令。1916年4月，袁世凯在全国人民的一片讨伐声中一命呜呼，但各省军阀却趁机各据一方，为扩大自己势力而相互混战。安健不愿与军阀为伍，于1917年初与同族人余达父在上海创办《新觉报》，宣传三民主义，鞭挞军阀，在国民中造成了很大影响。同年，孙中山当选民国大元帅，任命安健为大元帅府参议。随后又任命他为川边宣抚使。1923年7月，安健到广州任大本营咨议。之后，在孙中山的领导下，安健参加组织讨伐两广军阀龙继光等的斗争。1924年1月，国民党在广州召开第一次全国代表大会，实行“联俄、联共、扶助农工”三大政策，即新三民主义。安健积极拥护，并与廖仲恺等一起，与国民党右派进行坚决的斗争。为了充实革命武装力量，安健先后从贵州挑选百余青年进入黄埔军校学习，其中彝族青年有20多名，后来大都成了北伐的骨干力量。

1925年3月孙中山逝世后，安健参加周恩来、陈延年等组织的“西南同志会”外围组织，与周逸群等共产党人一起，团结、争取国民党的滇军、黔军、粤军、桂军中的左派力量，推进北伐，促成黔军彭汉章加入北伐军，并编为国民革命军第九军，安健任党代表兼政治部主任，下辖贺龙、杨其昌两个师。第九军北伐以后，一路所向披靡，很快就打到了长江沿岸。但在此时，蒋介石、汪精卫相继背叛革命，排挤屠杀共产党人，使轰轰烈烈的大革命遭到了失败。

蒋介石叛变革命后，安健团结在以宋庆龄、何香凝为代表的国民党左派中，坚持与国民党右派做斗争，被国民党右派视为“赤化分子”。1929年，龙云打死了贵州军阀周西成，安健回到贵州。同年6月，安健出任贵州临时政府政务委员兼民政厅厅长，10月12日病逝于昆明，终年52岁。国民党政府追授安健为陆军上将，并将其故乡上官乡改名为舜卿乡。

安健在被孙中山任命担任中华革命党（国民党前身）贵州支部书记长、贵州讨袁护国军总司令和川边宣慰使等职期间，曾深入四川凉山、甘孜、理塘等彝族和藏族地区宣传孙中山的民主革命思想和主张，孙中山曾亲笔题写“天下为公”条幅相赠，以表彰他全身心为革命所做的贡献。1929年，因长期操劳过度，积劳成疾，安健病逝于昆明。

安健生前十分关心少数民族地区的发展，著有《贵州民族概略》《贵州土司现状》等书。1986年4月，贵州省民政部门为安健重修坟墓，举行新墓落成仪式，并作为省级重点文物进行保护。

黎天才（1866—1927年），字辅臣，出身于丘北县八道哨乡黎家庄一个贫苦的彝族农民家庭，自幼父母早亡，随兄谋生。

1883年，法国殖民者在中越边境地区发动侵略中国的中法战争，时在清军衡字营当勇目的黎天才随军入越抗法，其所在部队与法军连续鏖战了36昼夜，打败了法国殖民军的猖狂进攻。战斗中，黎天才不畏艰险，不怕牺牲，总是冲锋在前，奋不顾身，率先攻入敌阵，“以勇著，屡挑前敌”，为取得战争的胜利做出了重要贡献。战后，黎天才因战功卓著，以勇目提升千总并尽先补用。随后又奉命带兵驻守中缅边界，历时6年，将英国侵略军拒之国门外而不得入，后被晋升为都司衔蓝翎守备。

1893年，黎天才奉命调驻贵州。1894年中日甲午战争爆发，黎天才奉命调出山海关御敌。1899年，被调驻防浙江沿海海防，并被任命为浙江清军左营管带，率部粉碎了意大利侵略者企图占领我国浙江沿海的阴谋。1911年辛亥革命武昌起义爆发，黎天才响应革命党人号召，在上海吴淞口率部起义反正，宣告光复上海及其周边府县，被推举为吴淞国政分府水陆军统军，人们以其字“辅臣”之名，称其部为“辅军”。接着，黎天才与江苏、浙江义军统领在江苏镇江商讨会攻南京之策。之后，率部与各路义军协同进攻南京，并担任先锋。经6昼夜协同奋战，率先攻进城内，占领了南京，宣告南京光复。随后，各路义军推举黎天才为江南第一镇统制。中华民国政府成立后，黎天才调湖北担任江南留鄂第一师师长，授陆军中将衔，分获二等文虎勋章和二等嘉禾勋章。之后，陆军第一师改为陆军第九师，师长黎天才兼任襄郧镇守使，又授二等宝光嘉禾勋章。1917年（民国六年），黎天才与荆州第一师诸将共谋反袁世凯复辟帝制的护国起义，宣告湖北独立，并被推举为湖北靖国联军总司令，率湖北靖国联军进攻段祺瑞的北洋军阀势力，先后占领荆州、宜昌、南阳、万县等重镇，其势威震四方。嗣后，晋升陆军上将，授一等文虎勋章。

1922年（民国十一年），黎天才回到云南，被云南督军唐继尧任命担任滇东南边防督办，驻防广南，镇守边疆。其间，为了扩充实力，黎天才回家乡丘北建立了13个分统。然而，担心黎天才又一次做大而威胁自己地位的唐继尧，又把黎天才调回昆明，委以闲职，让其闲居在昆明。

1927年（民国十六年）7月8日，黎天才在昆明逝世，终年61岁。逝世后，黎的遗体经由其属下——原湖北靖联军第一梯团团长李世贤（丘北县舍得乡落母村人、彝族）护送运回家乡黎家庄安葬。

黎天才是一位反帝反封建的彝族爱国将领。虽然在辛亥革命前，由于历史的时代局限，以及他所担任职务的局限，使他在早年也做过一些效忠清朝廷，带兵围剿浙江和山西农民起义的事。但尽管如此，纵观黎天才的一生，他为中国反帝反封建的革命斗争所做的贡献是主要的，也是杰出的。辛亥革命前，他在戍边御敌的反帝国主义侵略的斗争中屡建功勋，显示出了不畏外来强敌，誓死捍卫祖国尊严和领土完整的英雄气概。在他身居军界高位以后，又义无反顾地举义旗参加辛亥革命，为推翻中国几千年的封建统治以及之后的护法斗争做出了重要贡献。

余若瑔（1869—1934 年），字达父，又字达甫，贵州毕节人，原籍四川古蔺县，是四川彝族永宁土司后裔。清光绪甲辰、乙巳（1904—1905 年）年间，时任永宁道尹的赵尔丰，出兵镇压苗沟等地少数民族，并调余若瑔的哥哥余若煌为其襄办员，余若煌因不愿跟随其去镇压人民而被陷害入狱。余若瑔救兄无策，又怕自己也被株连，于 1906 年带着其兄之子余祥辉（余建光）、余祥炘（余景炎）及其子余祥桐负笈东渡，留学日本。余若瑔考入东京和佛法律大学，一面攻读法律课程，一面支持侄子、儿子参加孙中山、黄兴领导的民主革命活动。辛亥革命武昌起义后不到一月，以张百麟、周素园为首的贵州自治学社也在贵州举行起义。余若瑔获悉贵州起义的消息后，迅速赶回贵阳并参加起义队伍，并先后被选为立法议员、省议会副议长。

辛亥革命成功后，贵州由于所处地理位置较为重要，加之云南军阀唐继尧为满足其对外省的扩张野心，与贵州宪政党人勾结，亲率 3000 滇军，以北伐为名，妄图“假道灭虢”，控制贵州。安健、余若瑔等为维护贵州的辛亥革命成果，与唐继尧等进行了坚决的斗争。其间，在他的影响之下，威宁、水城一带的彝族人民在安桂林、安三兄妹的领导下，与唐继尧、刘显世率领的滇军进行了不屈不挠的殊死斗争，直至以身殉职。

1917 年，余若瑔与安健一起在上海创办《新觉报》，宣传孙中山民主革命思想，反对军阀各据一方，相互混战，祸国殃民。其文章“震惊海内”。之后又到南京开设律师所，从事律师职业，时人称其为“仗义执言，耻附权贵”。彭汉章任贵州省主席时，回贵州担任省审判庭刑庭庭长。在职期间，廉洁奉公，秉公办案，明断冤狱，很受人敬重。不久，贵州军阀周西成当政，余若瑔不愿与其为伍，便弃官到昆明。王家烈做贵州省主席时，邀余若瑔回贵阳做省政府名誉顾问，1934 年病逝于贵阳。

余若瑔饱学经史，不仅精通汉文，也精通彝文和日文，是当时很有才气的彝族作家和诗人，他研究彝族历史的著作，博征汉文和彝文文献史料，综合比较，考释校刊，具有很高的参考价值。其主要作品有《邃雅堂诗集》《罂石精舍文集》《蠖庵拾尘录》《且兰考》《且兰野史》等。当时有名家在评价余若瑔的作品时说：余若瑔是“读书万卷，用宏取精，工书善文，尤擅诗名”。

余建光，又名余祥辉（1891—1919 年），余若瑔的哥哥余若煌之长子。

1906 年，余建光和弟弟余景炎一起，随叔父余若瑔到日本留学，考入日本士官学校。留学期间，兄弟俩一起加入了孙中山领导的同盟会，积极参与推翻清王朝的民主革命活动。

辛亥革命爆发后，余建光随胡汉民等回国到广州，参加推翻清王朝的战斗，随后被派往上海协助陈其美工作。不久，袁世凯搞复辟称帝，余建光又投身讨袁护国的战斗中。袁世凯死后，北洋军阀继续卖国独裁，破坏临时约法。1917 年，孙中山号召护法，并组织护法政府，余建光被任命为湘西靖国联军前敌总指挥，转战于沅澧、鄂蜀之间，屡建战功。1919 年 6 月，余建光病逝于上海，英年早逝，时年仅 28 岁。

余建光逝世后，中国近代著名记者，同盟会会员冯自由写了《铁血男儿传》，宣传余建光的英雄事迹。1920 年 5 月，孙中山亲自为胡汉民著的《余建光传》撰写序言，高度赞扬余建光虽短暂却又闪烁着革命光彩的战斗人生。序言后来被编入了《孙中山全集》。

禄国藩（1884—1972 年），字介卿，本名陇高跃。云南彝良县龙海乡红岩田坝村人。

1905 年，禄国藩和其三弟陇高显一起到日本去留学，禄国藩考入日本东斌学校学习 3 年，其间参加了孙中山、黄兴领导的革命组织，并随黄兴等将分散的各个革命团体联合起来，组成同盟会。云南河口起义失败后，禄国藩等一批同盟会会员原来准备回国做河口起义后援的计划未能实现，又继续在日本停留了 3 年。1910 年回国后，禄国藩到云南蔡锷部加入清军，被先后委任为清军第七十四标第二营代理排长、队官等职。

1911 年辛亥革命武昌起义成功后，云南随即也爆发了响应武昌起义的重九起义，光复了整个云南。重九起义之前，禄国藩就不避危险，积极在清军中开展革命宣传串联活动，被清军统制钟麟同侦知，拟将其革职查办，后得蔡锷为之解脱。重九起义当天，禄国藩所在的七十四标担任主攻，蔡锷亲自到七十四标命令禄国藩所在的第二营担任前卫，禄国藩带领的队又是前卫中的前锋，他带领前锋部队首先向昆明东门发起攻击，与钟麟同督队的清军决战至次日拂晓，直至占领五华山总督府，后因功升任警卫大队副队长。

辛亥革命前夕，川南一带有许多同志会组织活动，他们各自自行设立司令部，截留地方各种捐税，扩大各自武力，声势越来越大，社会秩序因此混乱不堪，人民怨声载道，四川地方政府也对他们无能为力。为此，云南旅滇四川同乡会请求云南派兵到川南援助四川治理混乱局面。云南经过重九起义全省光复后，蔡锷便应要求派兵到川南去帮助开展治理工作。

川南同志会等组织的首领大都是之前的哥老会头目，滇军进入川南后，并不把他们作为敌人对待，而是做工作要求他们自行解散。为此，入川南的顾品珍、禄国藩等滇军首领亲自拜会各路原哥老会头目，晓以大义，规劝他们自行解散组织，但他们却置之不理，一直拒绝解散。经多次反复规劝无效后，滇军便以武力进行弹压驱散。一个月时间，混乱局面即告评定。

辛亥革命后，云南同全国一样，民主思想广泛深入人心。因此，袁世凯复辟称帝的消息一传到云南，便引起了全省各界人士和各族人民的强烈愤慨，并群起而声讨。时在昭通任滇军步兵第九团团长的禄国藩，便在滇军中秘密开展反袁联络活动，并很快从开始时的秘密转为公开。1915 年 12 月，蔡锷、唐继尧、李烈钧等联名通电全国，反对袁世凯复辟称帝，宣布云南独立，并兵分两路开始武装讨袁护国。禄国藩任护国军第五支队支队长，与朱德的第六支队同属于第一军第三梯团，随总司令部由宣威、毕节、叙永向泸州开进，并包围进攻泸州守敌。由于泸州城防坚固，加之敌众我寡，战斗十分惨烈，护国军损失严重，禄国藩的两个营长阵亡一个。部队一直鏖战了27个昼夜，才将敌军击溃。

抗日战争前，禄国藩先后出任过普洱道尹、边防督办等职。抗日战争开始后，禄国藩身兼昆明市警备司令、防空司令、云南宪兵司令数职。在卢汉的授意下，对昆明的民主运动进行过暗地保护工作。后来参加了卢汉组织的云南起义。1950年，禄国藩出任云南省人民政府参事室主任，1972年3月14日病逝于昆明，终年88岁。

胡国秀（1885—1957年），字汉卿，云南武定县白路乡平地村彝族人。

胡国秀幼年时家境贫寒，11岁就帮人做工糊口度日；17岁其母病亡后，家境更是山穷水尽。人虽然穷，但胡国秀为人老实耿直。由于生活所困，被迫到云南清军第七十三标当兵。当兵后，由于勇猛善战，胡国秀由开始时的一名伙夫担任起了班长，很快又升为排长、连长……1911年，胡国秀参加响应辛亥革命的云南重九起义，光复云南。袁世凯复辟称帝后，胡国秀与蔡锷、唐继尧等结拜兄弟，参与组织护国军开展讨袁护国战争。1916年1月，胡国秀所在的护国军进军广西，转战湖北，在湖北岗山与大军阀冯国璋率领的北洋军主力展开激战。战斗一开始，胡国秀便担负起了前锋的重任。面对敌军重炮布防、强敌云集、敌强我弱的不利形势，胡国秀在经过周密侦察后，趁敌人不备之机，率部潜入敌炮阵地，在消灭敌人炮兵后，用缴获过来的敌炮猛轰敌军步兵阵地，打得敌军晕头转向，迅速乱了阵脚，在护国军主力的猛烈攻击下，很快就溃不成军，慌乱逃窜。战后，由于战功卓著，胡国秀被提升为孙中山广州大元帅府护卫混成旅中将旅长。

孙中山逝世后不久，蒋介石便背叛革命，大肆屠杀共产党人和革命群众，全国军阀混战又起。胡国秀为此不知所从，心情十分沉重。思考再三后，便带着所部三个团回云南，途经贵阳时，被口蜜腹剑的贵州军阀周西成以设宴欢迎为名，收缴了他带领的全部武装，胡国秀只好只身回到云南。1944年，胡国秀回居家乡武定。

新中国建立后，胡国秀坚决拥护共产党领导，1957年当选为云南省第一届政协委员，同年病逝，享年72岁。逝世后，云南省政协为胡国秀立了墓碑。

辛亥革命时期，云南彝族对革命所做的贡献是很突出的。孙中山领导推翻清王朝的资产阶级民主革命，得到了云南彝族人民的大力支持。1908年10月30日，黄明堂率领的河口起义军，一路很快攻下了南溪、老范寨、新街等处；另一路沿红河北上，攻克蛮耗，进逼蒙自，其间都得到了当地彝族人民的大力支持。虽然起义在帝国主义和国内封建统治阶级的联合镇压下失败了，但彝族人民同其他各族人民一道开展的反帝反封建斗争并没有停止下来。

1911年10月30日（农历九月初九），云南爆发了震动全国的重九起义。11月2日，重九起义组织起来的革命军在昆明五华山成立云南军都督府，公推蔡锷为都督。都督府下设参议院、参谋部、军政部等机构。在全省各族人民的大力支持下，云南成为西南地区讨袁护国的革命中心。

1913 年 10 月，袁世凯窃夺辛亥革命胜利果实。1915 年 5 月，袁世凯又公然与日本签订了卖国的“二十一条条约”，加紧进行复辟帝制活动，引起了全国人民强烈愤慨。12 月 19 日，蔡锷从北京绕道香港，转经越南，乘滇越铁路火车返回昆明。21 日，蔡锷召集云南军政要员开会，通电敦促袁世凯取消帝制，遭到拒绝。27 日，蔡锷、唐继尧等在昆明召开国民大会，宣布反对帝制，云南独立，并组织三个护国军，开始了轰轰烈烈的讨袁护国斗争。

云南独立一经宣布，立即得到了全省各族人民的热烈拥护和支持，各族青年纷纷踊跃报名参军，短短几天，就组成了 36 个团的兵力，其中有不少是彝族人民的子弟。护国军组成后，经过短期训练，就向四川、贵州、广西等地进军，使这些地区也随之掀起了护国运动高潮，迫使袁世凯取消了帝制，其人也随着“洪宪皇帝”皇冠的落地，不久后便死去。

讨袁护国战争主要分为四川、贵州、两广三个战场，另在滇东南的临安、蒙自、文山、广南、富宁等地，也发生了护国军与拥袁派——广东军阀龙济光的激烈战争。

龙济光本是云南蒙自县逢春岭哈尼族土司的后代。云南护国起义前，龙济光曾与唐继尧有过联系，唐希望他响应云南护国讨袁运动，但他不但不理，反而执行袁世凯的命令，于 1916 年 2 月派其兄龙覲光率部从广西百色进攻滇东南，蒙自一带与龙氏有勾结的土司和土匪武装乘机捣乱，骚扰临安、广南等地。面对龙氏的猖狂进攻，唐继尧电令出师贵州的护国军第三军挺进部队赵钟奇、黄毓成两部回师滇桂边境，配合护国军第二军李烈钧合击龙覲光部。双方在广南、剥隘、龙潭、皈朝、百色等地展开激战，龙部伤亡惨重。1916 年 3 月 15 日，广西宣布独立，并派部队配合护国军袭击龙部后方，断绝其退路。龙覲光没有了退路，其部队大部歼灭，2000 多人投降，最后只好只身潜逃。

在反帝反封建潮流的冲击下，尤其是在辛亥革命的推动下，在大、小凉山仍然残存奴隶制统治的地区，也爆发了大规模的反奴隶主的斗争，其中规模最大的一次是 1913—1916 年凉山冕宁、越西一带的“拉库”起义。彝语称虎为“拉”，称年为“库”，“拉库”即为虎年。起义高潮时期的 1914 年属农历虎年（拉库），故称“拉库起义”，当地彝族人民又称“拉库改土”。

“拉库起义”爆发的根本原因，是冕宁、越西地区的彝族倮伍家、罗洪家和果基诺合（奴隶主）的残暴统治；直接原因是窝普的诺合倮伍尼侯企图杀死所属曲诺木勒谷的儿子，用以“祭鬼”而引起的。此事激起了勒谷家人和曲木家支的强力愤怒。于是，曲木格那首先和窝普的曲诺曲木比目、达九布楚、马日会曲商量起义，并串联野勒乡的曲诺吉克约呷、吉克涅且和平乡的曲诺加罗阿目等钻牛皮、喝鸡血酒赌咒，发誓要同生死、共患难，并发出“大家联合起来，把奴隶主斩尽杀绝”的誓言。

1913 年 3 月初，起义之火首先从窝普点燃起来，起义队伍打死了倮伍家 3 个奴隶主。之后，起义的烈火便很快燃烧到越西等地。起义的发动者和领导者主要是曲诺等级，号称曲诺“四门”，即马日什曲、达九布楚、耳额洛莫子、尼克约呷四大曲诺。在“四门”之下的领导成员中，还有地位底下的阿加和呷西等最低等级的奴隶，如曲木大汉子阿比伍基等，阿加、呷西等奴隶阶层是起义的主要力量。起义队伍占领之地，取消“扎不达”（苛捐杂税），反对“吃绝业”，反对抽子女为奴，废除无偿劳役等。

“拉库起义”震撼了整个凉山地区，沉重打击了奴隶主阶级，使奴隶主们心惊胆寒。他们有的逃往凉山中心地区，有些被迫向起义队伍投降。然而他们并不甘心失败，不久后又四处活动串联，对起义队伍进行反扑。1915 年春，失败的奴隶主们与汉族地主、豪绅互相勾结，在昭觉聚集起来，集中力量首先镇压了支援彝族奴隶起义的汉族农民，进而以金钱贿赂官府，购买精良武器，疯狂镇压起义的彝族奴隶，历经 3 年多的奴隶起义失败。

“拉库起义”虽然最终归于失败，但它沉重地打击了奴隶制度，使奴隶们获得了一定程度上的自由。首先，它促使奴隶等级制度开始有了一些改变。一些奴隶主害怕奴隶反抗逃亡，使自己人财两空，因而在一定程度上放松了对奴隶的管控，同时增加了呷西赎身转为阿加，阿加赎身转为曲诺的机会。如越西瓦吉木乡在“拉库起义”后，有 9 户本地阿加和外地逃来的 7 户阿加通过赎身后上升为曲诺。其次，起义迫使奴隶主对奴隶的压迫和剥削有所减轻。局部地区的曲诺减少了给主子的服役时间，有的甚至不再为主子服役；有的还从主子手中夺回了绝嗣后的财产继承权；有些甚至迫使奴隶主喝鸡血酒盟誓，答应不再吃他们的“绝业”。这样一来，就在奴隶制经济社会中增加了封建经济社会制度的因素。一些奴隶主改变了部分剥削方式，将一部分“节火耕地”改为出租地，转为地租剥削。使社会面貌有了一定程度上的改观。

第四节　彝族文化的进一步发展

一、彝汉文化的进一步交流

1840 年鸦片战争以后，随着中国逐步沦为半封建半殖民地社会，彝族人民与其他各族人民一样，饱受了国内封建主义、官僚资本主义和国外帝国主义三座大山的多重压迫和剥削。因此，有着共同命运的彝族人民与汉族和其他兄弟民族人民一道，一开始就举起了反帝分封建的旗帜，连续不断地采取各种不同形式的斗争手段进行反抗斗争，并在斗争中互相支持，进一步密切了彝汉人民之间的交流。这种交流表现在文化上，就是不但造就了一批精通汉文文学，并能熟练运用汉文进行著书立说的近、现代彝族文化人，而且作为彝族文学的主体——彝族民间口头文学也从内容到形式，都受到越来越多的汉文化影响。这些交流和影响是多方面的，尤其在歌和故事创作中最为突出。

历史上，彝族诗歌一般都是五言节诗体，如《西南彝志》《梅葛》《木戈咪戈》《布尼布卓》《阿鲁举热》《查姆》等，虽然也有少量的六言和七言的，但无论是口头流传的，还是彝文书面记载的，基本上以五言为主。到了近代社会，七言逐渐多了起来。这种七言的形式，是直接从汉族民歌小调中移植过来的。其中流传最广、影响最深的是“七言四句腔”“十二月调”“猜调”等。彝族人民借用“七言四句腔”的形式，创作了大量“七言四句”的生产生活民歌和情歌，并把它称为“七子”，这在文山州的彝族中，尤其是文山、丘北、砚山等县（市）的彝族中，都是很普遍的，如砚山一带的《赌博调》，丘北一带的《放羊调》《盖房调》《纺麻调》《哭嫁歌》等。还有从汉文中移植过来，加以再创作的《薛仁贵征东》《孟姜女》《梁山伯与祝英台》《董永的故事》等。

彝、汉文化的交流，还出现了许多语言上的“借汉”现象，即在彝族语言中掺杂使用了不少的汉语言，以弥补古老彝族语汇中的不足之处。在一些彝、汉民族共同聚居的地方，由于两族间交往密切，许多彝族民间艺人、歌手既精通本民族语言，也熟知汉族的民歌小调，因而他们除了能用本民族语言歌唱外，也能熟练地用汉族语言唱本民族的民歌小调。由于这些歌手能熟练地掌握彝、汉两种语言，因而也就能用彝、汉两种语言进行创作。一些彝族知识分子则在吸收、消化汉文化以后，按照本民族人民的生产生活习惯，对汉族文艺作品进行再创作，如《大闹天宫》《董永卖身葬父》《鲁班的故事》《秦始皇的赶山鞭》《杨状元的故事》《孔明的故事》等等。一些古代汉文经典文学著作，如《三国演义》《水浒传》《西游记》，还有《杨家传》《梁祝》等，在彝族人民中也广为流传，但内容和形式上都明显带有彝族的特点。如在《西游记》中，故事发生的地方和背景却大都成了云南地区，故事中的很多人物也成了典型化的彝族，成为彝族文学作品中的组成部分。

这一时期，彝、汉文化的融合也越来越多，最突出的，要算是云南流行最广的民间表演形式或说唱艺术——花灯。

花灯是一种彝、汉文化相互融合而成的艺术形式。其源头可以追溯到明朝时期。明朝洪武年间，由于江南等内地汉族人口大量迁入云南，这些汉族人带来了大量的汉族民歌小调。年长日久，随着时间的推移，这些汉族民歌小调逐渐在与彝族民歌的相互交流中相互借鉴，并渐渐融为一体，形成了在云南彝、汉两族中普受欢迎，流行最广的歌舞和表演艺术，并逐渐发展成为云南最具特色的歌舞艺术形式和地方戏种。在丘北和砚山两县的许多彝汉聚居或彝汉杂居村寨，每逢年节，尤其是过春节和元宵节时，各村的花灯艺人们都要聚在一起，唱上几天的花灯。

这一时期彝族文学的特点主要体现在以下几个方面：其一是具有鲜明的阶级色彩。随着近代彝族社会的发展，阶级矛盾、阶级斗争的日益尖锐，彝族文学也真实而深刻表现了这一时期社会阶级矛盾和斗争的方方面面。如四川的《阿杂妞》（汉文译为《我的么表妹》）、贵州的《阿奢兹莫》（汉文译为《奢香夫人》）、云南的《阿史嫫》（汉文译为《阿诗玛》）。其二是现实主义成分增多。无论是诗歌，还是传说故事、文人作品，都从过去主要描绘神的世界，歌颂英雄祖先高尚而神奇的力量和业绩，转而主要描写现实世界、现实生活。作品越来越多地更加注意观察和贴近各种日常生产生活现象，反映的内容越来越丰富，塑造的人物形象也越来越丰满。一些普通的奴隶、娃子，成为能力和智慧的象征。在文山州，这类的作品也不少，如流传在砚山县的《能门科的故事》《方尧成的传说》《智斗狼精》《射石岩》《阿妹绒孜与阿哺毕达》；流传于丘北县的《能咳罗（哄哄你）》《杨雄山的传说》等，集中地表现了彝族人民的聪明才智、斗争勇气，以及善良、幽默、风趣和乐于助人的美好形象。其三是文学体裁越来越多，丰富多彩。除民间歌谣、传说、故事等进一步发展以外，又增加了抒情长诗、叙事长诗、童话、寓言、民间说唱等文学形式，内容涉及的面越来越广，且大多数以劳动人民为主要的表现题材。

二、彝族书面文学的发展

彝、汉人民长期的和睦相处，以及在文化上的相互学习和影响，使其在彝族社会中产生了一批精通汉文学，并能熟练地运用汉文进行著书立说的彝族文化人。

早在唐朝时期，南诏王寻阁劝等彝族文化人就开始较为系统地学习过汉族历史文化，并用汉文写诗著文，开创了彝族文人用汉文进行创作的先河。到了明、清两代，特别是清代中期以后，这样的彝族文化人越来越多。因此，到这一时期，彝族文化人除用彝文进行创作外，用汉文创作的作品也日渐增多，其艺术造诣也不断提高。如上节中说到的贵州彝族余若瑔，他不但是一位孙中山领导的旧民主主义革命的参加者和领导者之一，并为之奋斗不息，还是一位著名的彝族诗人，生前刊印有《恽雅堂诗集》十四卷、《罂石精舍文集》四卷、《蝬盦拾尘录》二卷和《且兰野史》四卷（未刊）。余若瑔不仅擅长工诗，文、史、经、传等知识都比较博学。其诗文著述，治学精神，很受文学理论界的赞许，当时在西南地区乃至全国都有不小的影响。当时的权威人士评价说，余若瑔“读书万卷，用宏取精，工书善文，擅长诗律”，称他是“法律名家，文学泰斗”“深谙政法，尤善诗文”等等。

余若瑔的《恽雅堂诗集》十四卷，共有长短诗歌599首，诗集汇集了诗人从青年时期到晚年近半个世纪中所做的部分诗歌。由于诗人一生经历了旧中国半封建半殖民地的形成过程，所汇集的诗中都跳跃着那个时代的脉搏，充满着与帝国主义、封建主义的抗争意志和豪情，以及人民的心声和呼喊。诗的字里行间，都凝聚着诗人的忧国忧民之情。

余若瑔的诗歌受杜甫、李义山、苏东坡、黄山谷等的影响较深，因而其诗显得沉郁而雄健，笔力深沉而掷地有声，遣词兀傲，深受万慎子、柳治徽、袁嘉谷等当时名家的推崇。

鲁大宗（1847—1922年），字森亭，云南禄劝县易龙幸丘山脚村彝族人，清朝光绪年举人。鲁大宗著有《听涛轩诗抄》一卷，辑录作者的五言和七言诗104首。其诗想象丰富，情景交融，处处充满了彝山景色幽林、山川景物、田园风光、风土人情，当时的文学名家朱毓崧对其《听涛轩诗抄》评论说，其诗有唐宗风韵，而对其怀才不遇，则深感不平。

高厚德，云南姚安彝族人，具体生平不详，是清初著名彝族学者、诗人、文艺理论家高奣映的长孙，其父高映厚子承父业，饱读诗书，文才卓著，但英年早逝，留下的作品不多。高厚德承袭祖上的姚安府同知，生活优裕，从小有良好的文化氛围熏陶。他克勤家学，诗文创作颇有精度，其代表作主要有《望云集》六卷、《高雪君先生行状》，但都未能流传下来，只是其祖父高奣映编纂的《鸡足山志》里保留有几首他咏写的鸡足山名胜诗。如：

遥峰雪灿

闻风吹雪雪浪多，千尺银虹漾碧波。
卧月芦花声送浆，披云树影雨含蓑。
水晶窗外人题句，琥珀杯中人放歌。
一片青山寻六出，静边清响得如何？

左嘉谟，云南蒙化（今巍山）彝族土知府左世瑞之子，康熙四十二年（公元1703年）袭任其父土知府之职，康熙五十三年（公元1714年）病故。左嘉谟注重民生，善于安抚属民，常督修水利，有较好的政绩，病逝后，朝廷赠予其“中宪大夫”名号。左嘉谟善于工诗，其写的诗含义深邃，读来耐人寻味，五言、六言都有。如：

浴温泉

为选骊山胜，飘飘若御风。
本来无垢体，自与太初同。

左熙俊，云南蒙化（今巍山县）彝族诗人，清乾隆己卯（公元1759年）副贡生，曾任平彝县（今富源县）教谕，编修有《蒙化左氏家谱》。左熙俊擅长诗文，著有《省身诗集》《晓堂诗》等作品，可惜都已散失。清康熙年间蒋旭编纂的《蒙化志稿》录有《圆觉寺晓钟》一首。

圆觉寺晓钟

绝顶攀云袖，疏钟送晚春。
一声黄叶寺，双履白头人。
小鸟诸天寂，昙花上界匀。
松明频小立，清觉得其真。

那文凤，生于清乾隆三十六年（公元1771年），今昆明市西山区车家壁村人，乾隆甲寅（公元1794年）解元，曾任丽江县教谕。那文凤擅长诗文，著有《雁字诗》一卷，但毁于兵燹，只有少量碑刻保留于昆明市西山区，如著名的昆明西山龙门“慈云洞”前石香炉上，刻有其所作的《赠吴道人诗二首》。

赠吴道人诗二首

万钻千椎显钜才，悬崖陡处辟仙台。
何须佛洞天生就，直赛龙门禹凿开。
紫竹荫书心里出，不负当年梦儿回。

凿石还超炼石才，竟追盘古辟天台。
烟雾一破乾坤别，日月新分混沌开。
世界壶中装得去，山河镜里照将来。
休疑此地人间有，只许刘郎到这会。

余家驹，字白菴，小字石哥，生于清嘉庆辛酉年（公元 1801 年），卒于道光庚戌年（公元 1850 年），今贵州毕节市大屯乡人。余家驹祖辈是明朝四川永宁宣抚使。明朝末年，永宁宣抚使奢崇明起义反明失败后，其子奢震为躲避官府斩草除根，改姓奢为余，名化龙，隐居于川黔边境，余家驹是余化龙的第七代孙。

余家驹幼年丧父，靠母亲安氏精心抚养成人，长大科举贡生后，不再应试，在家孝养母亲，教诲儿孙子侄。他聪明好学，涉猎广博，不但著述成果颇丰，而且是当时一位有名气的画家，学界评论他“工画山水，奔放如诗”，可惜其画大都已经丧失。今存有诗集《时园诗草》上下两卷，上卷辑录 238 首，下卷辑录 153 首，是其子余珍（海山）抄录，道光年间叙永人李少青订正后存藏下来。新中国建立后，作者后裔余宏模先生重新搜集、编注《时园诗草》，将其合为一集，共辑录 375 首。这里选录其中的《青浓山》《牧》两首。

青浓山

群山大聚会。争秀竞嶙峋。
滇蜀山皆峻，黔山更轶伦。
特立最高处，飘然迥出尘。
清风吹满袖，白云落一身。
世情于我绝，天意与人亲。
耳目空无碍，骨髓清入神。
何必蓬莱岛，始可住仙真。
即此非凡地，乾坤不老春。
我欲结茅屋，常与天为邻。

牧

从无世事到心头，早放青山向晚收。

若遇齐桓休扣角，怕将相位辱吾牛。

余珍，号海山，又号坡生，彝名龙灼，贵州毕节市大屯乡人，清末贵州彝族诗人，生于道光乙酉年（公元1825年），卒于同治甲子年（公元1864年），享年40岁。是著名彝族诗人、画家余家驹之子。受其父的影响和训导，余珍工诗善画，酷爱书法，可惜其字画大都散落民间。余珍有志于“以科名显”，但处于社会大动荡时代，使他意识到仕宦之路难通，于是弃文从武，并被委任为都司，袭大屯土千总职。诰授武翼都尉。遗憾的是，在余珍大展其“文经武略”之才的风华正茂之年，却过早地离开了人世。

余珍著有《四余诗草》一卷，辑录其诗百余首，其中《大方城怀古》《层台驿》《水西道中》《禽言诗六首》被录入地方志，此处辑录《水西道中》一首。

水西道中

万里牂牁路，西南半壁分。

朝天双节妇，助汉一将军。

烟火千村接，弦歌到处闻。

升平人乐业，不必慕风云。

此外，这个时期还有不少彝族文人的诗文著作刊行，但有不少作品过度咬文嚼字，虽然文字辞藻华丽，却华而不实，缺乏意境、思想深度和时代精神，有影响的不多。一些彝族作者虽然写了不少诗文，但由于种种原因未能出版刊行，大都以手抄本流传于民间，且随着时间的推移，大都流失，因而很少为人知晓。然而尽管如此，在近、现代社会，在汉文化的影响和熏陶下，造就出了一批彝族中的汉文化知识分子，留下了不少汉文诗歌、文集，从而丰富了彝族的书面文学，已是不争的事实。

第十章　半封建半殖民地社会及民族解放斗争

（1919—1950 年）

第一节　半封建半殖民地社会的加深

一、彝区半封建半殖民地社会的不断加深

鸦片战争以前，云南的铜年产量一般都在 1000 万斤以上。鸦片战争以后，清朝廷规定各省解银入滇承办京铜的资金移作对外“赔款”；洋货涌入，白银外流，银贵钱（铜钱）贱；洋铜输入中国，占领了滇铜的国内市场，导致滇铜市场一蹶不振，年产量减少到了百余万斤。清同治十三年（公元 1874 年）、光绪九年（公元 1883 年），云贵总督岑毓英和矿务大臣唐炯等人，两度倡导复兴滇铜，并采取“官督商办”“官商合办”“商办”等办法，于光绪十四年（公元 1888 年）购买外国机器，聘请日本技师，在东川铜矿采用机器生产，但成效甚微，仍然无法抗衡殖民主义经济的强势控制。辛亥革命以后，滇军都督府采取了一些保护工商业和振兴云南经济的措施，并于 1913 年成立官商合办的东川矿业公司，扩大铜、铅等矿业生产。时值第一次世界大战爆发，铜、铅是重要的战略物资，价格上涨，刺激了生产，使产量一度恢复到 200 多万斤。但战后由于国际对铜的需求量减少，加之军阀肆意提用官股、官吏贪污和管理不善等原因，铜产量又大幅度下降。

但与此相反，1889 年蒙自开海关以后，锡业却迅速发展起来。这种发展既表现出了半殖民地经济的特点，又反映了云南民族工商业在夹缝中求生存发展的状况。帝国主义打开中国大门后，长期封闭的中国经济被卷入世界市场。当时锡在世界市场上是紧俏商品，而个旧生产的大锡，正适合国际市场的需求。由于当时云南农村经济凋敝，许多破产的彝、汉农民成为矿业资本家廉价的劳动力。许多彝、汉农民为了谋生，到个旧矿山，用土法开采锡矿，冶炼大锡，使个旧锡矿成为利润最丰厚的产业，吸引了大批中外资本家和官僚、

地主云集个旧和蒙自，促进了云南锡业的发展和繁荣。

1904年，法国垄断资本家修筑的滇越铁路经红河和文山之间进入昆明，洋货由此开始大量倾销边疆地区，外国资本家大量涌入个旧、马关、文山等锡、铜、银矿区。开化府辖区的文山、马关，广西州（今泸西）辖区的丘北，以及广南府辖区的一些矿山，都涌入了许多外地人，开采金、锡、铜、锑、银等金属矿藏。文山白牛银厂的开采人数多时达万人，马关都竜铜矿、马固金矿的开采人数也达上万人，在丘北舍得开采锑矿的也有数百人。在采矿业的刺激下，边疆地区的手工业和商业也被带动起来，随之便开始出现买卖、租佃、兼并土地的现象，产生了一些工商兼地主的富户，有权势者大肆兼并农民土地，地主拥有的土地迅速膨胀扩大。据《文山县志》载，清末民初时期的文山县，6%的地主竟占有了全县70%左右的土地。清《马关县志》也载，清朝末年，马关全县（包括今红河州河口县）有20006户人家，完全丧失土地的农民达10500户。大批失地农民除给地主做工、租地当佃户外，其余大都流入矿山当“砂丁”做苦力谋生，受资本家的残酷剥削和压榨。帝国主义主义分子和国内统治阶级还通过制造各民族之间的隔阂和矛盾，挑起民族间的相互械斗和仇杀，从中渔利。清末民初，开化府辖区连年灾荒，人民生活极其悲苦。据《马关县志》载，当时，“饥民以充食物之草根、木实达数十种之多，掘剥殆尽”。又说：“中产之家化为奇穷，下等之家咸为饿殍，真前古未见之凶荒也。草根树皮搜掘一空，加之国家多故，兵赋纷烦（繁），有不可胜言者。”

个旧是滇东南乃至整个云南彝区最重要的矿业开发中心。个旧生产的大锡，绝大部分经蒙自出口运销世界各地，出口量几乎与生产量相当。然而，锡业的发展完全是建立在剥削矿工血汗基础上的。清末民初时的个旧锡矿，矿工一般都在五六万人，多时达十余万人。这些矿工深受帝国主义、封建主义和官僚资本家的重重压迫和剥削，工人工资极低，住宿十分简陋，饮食极差，生产方式极为落后，作业条件十分恶劣，矿坑低矮狭窄，支架不牢靠，通风、排水不畅，卫生条件极差等原因，矿工因为矿坑垮塌被埋死、空气不通被闷死、疾病流行无医无药病死等情况经常发生，死亡率极高，矿工命运十分悲惨。

第一次世界大战结束后，帝国主义为了进一步控制中国西南地区，尤其是云南的经济命脉，在原来侵略占有的基础上，先后又在云南彝族主要聚居地区的中小城市建立了许多经济垄断组织。英、美、法等国的殖民者相继在云南的昆明、蒙自等地建立起了慎日洋行、美孚石油公司旗下的旗昌洋行、万国储蓄会、中法储蓄会、加波公司等数十家掠夺性的企业，进一步操纵了这些地区的财政金融与进出口贸易，并控制了许多矿冶业，榨取各族人民血汗。如法国的东方汇理银行，从1914年到1930年期间，就掠夺了银元14559299元。到第二次世界大战前，云南出口的锡锭外汇收入中，有60%被法国人的银行所垄断。这些银行还经常扩大纸币发行量和一再改变法纸币（法国在越南发行的纸币）与滇币的兑换率，仅在1929年就先后由1∶4.75改为1∶9.45，之后又改为1∶22。与此同时，进出口贸易总额与入超数逐年增加。到1933年，蒙自海关的入超数就比1929年增加了123.2%。

法国还利用滇越铁路榨取了很多的巨额利润。据不完全统计，1926 年滇越铁路所获得的利润比 1919 年增加了 12.2 倍。1915 年到 1930 年末，仅万国储蓄会就掠夺走了储金 6000 多万元。

抗日战争胜利后，美国乘英、法自顾不暇之机，将掠夺之手伸向彝区，派出宾福士、卓柏麦对东川、个旧两矿进行侦察。1943—1948 年，又先后派美军后勤部国外经济调查人员、“美国锑钨技术考察团”“美援代表团”以及所谓的“矿业专家”“进出口商人”等分别进入东川、个旧等地活动，搜集经济情报。1948 年，美国与国民党政府签订了《锡砂抵偿贷款》和《云锡运美精炼》两个协定，基本上控制了个旧锡矿。

随着帝国主义经济侵略的深入，其在政治上和军事上的侵略也不断加强。抗日战争胜利后，美国帝国主义与国民党反动派互相勾结，先后派遣第十四航空队、第十九航空队及许多陆军驻扎云南的昆明、昭通、曲靖、陆良、建水、蒙自以及四川的西昌、贵州威宁等彝族地区。大批美国特务则云集西南各省，到处建立间谍网络、特务机构，协助国民党训练特务，残酷压榨各族人民。

帝国主义的文化侵略在这一时期也得到了进一步的加强。自 1915 年到新中国成立前夕，仅在滇东北的武定、禄劝、元谋等地，基督教内地会的一个派别就建立了总堂、分堂、支堂 226 个。据 1954 年统计，云南省的基督教堂竟达 901 个之多，分布在全省 85 个县（市）。1938 年至 1939 年间，云南各地有天主教堂 16 个，小教堂 111 个，教徒 21724 人，还有预备入教者 16339 人。当时文山州的文山、砚山、马关等县（市）中的教堂，就是这些教堂的组成部分。这些教堂中的一些不法传教士和牧师采取各种手段，除了不断加强对彝区经济的剥削和掠夺外，还从事各种情报收集等特务间谍活动，并在各民族间挑拨离间，破坏民族团结。

在帝国主义垄断资本不断扩大垄断的同时，官僚买办集团也利用他们手中的特权发行纸币，操纵外汇，征收各种田赋税，投资原属于民族资本的工矿企业，并通过各种政治手段，排挤民族资本。帝国主义与官僚买办阶级勾结的结果，造成了彝族地区民族资本的日益凋敝。1929 年前的几年间，个旧锡矿年产大锡 11800 吨左右，到 1934 年就下降到了 6025 吨，到新中国成立时的 1949 年更是下降到了 1048 吨。

在地主经济占绝对优势地位的彝族地区，到新中国成立前夕，阶级分化剧烈，土地占有的不平衡已达到了空前的程度。与文山州相邻的蒙自县，占农村人口不到 10% 的地主、富农，其所占的好田好地尽达 70% 以上；而占农业人口 90% 的贫苦农民，其所占的好田地还不到总数的 10%。类似这样的情况，当时的文山地区也大体如此。这一时期，大批的洋纱、洋布、煤油、香烟、毛呢、毛毯等洋货充斥市场，渗透到彝族的经济社会生活中。

由于商品经济的发展，地主、土司、土目的生活日益腐朽，这就必然进一步加强对农民的压迫和剥削。这种加剧剥削的突出表现，就是地租的不断提高，有的地方的地租竟达到了农业总收入的 60% 到 70%，有少数地方甚至公开霸占自耕农的田地，以及牛、马、羊、猪、鸡等财产。他们还强迫农民种植罂粟，进行高额的鸦片烟租剥削。这样的情况在滇东北、黔西北、滇中以及滇东南的红河州、文山州都很普遍。

二、半封建半殖民地社会中的彝族人民生活

新中国成立前，国民党政府从1934年起，在西南彝区普遍推行保甲制度，以此强化对彝族等各族人民的统治。在这种保甲制度的控制下，农村各级政权都被地主阶级所掌握，他们充当区长、乡（镇）长、保甲长，以及乡丁、保丁等。在土司、土目还有残留的地区，乡村政权也被他们所掌握控制。为了防止各族人民的反抗，国民党政府利用保甲制度实行相互监视、互相告发的“保甲连坐”法，使彝族等各族人民深受其害。

保甲制度作为国民党反动政府的一种基层政权组织，同时又是统治阶级搜刮人民血汗的剥削机构。反动政府通过保甲制度在各族人民中征兵、征粮、派款，征收各种名目繁多的苛捐杂税，诸如耕地税、粮税、乡保经费、烟酒税、屠宰税、壮丁费、保安费、招待费、人头税、救国捐等等，这些税费占去了农业总收入的30%以上。这一时期，土司制度还有残留的地区，土司、土目为维护自己最后的统治，普遍加强了自己的武装力量，并设立监狱和各种刑具，任意关押、吊打，甚至屠杀农奴。

近代，彝族人民由于长期处在封建制度和封建农奴制度的枷锁桎梏中，加上多数彝族居住于山区、半山区，居住地区自然环境条件恶劣，经济社会发展受到了严重的制约和阻碍，彝族人民终年拼死拼活地劳苦一年，到头来连基本的生活衣食都得不到保障。耕作粗放，不少地区都保留着刀耕火种、种庄稼不施肥等早已落后的原始耕作方法，种一大坡，收一小箩的生产方式比较普遍，生产力发展水平很低，靠天吃饭的状况十分明显。又加之反动统治阶级的疯狂压迫，以及彝族内部长期沿袭下来的频繁的家支、家族内斗不止，造成了彝族人口的大量锐减，田地荒芜，使本来就很低的生产力水平遭受到更加严重的破坏，人民生活更加疾苦。巧家县陆、龙两家彝族大地主长期相互械斗仇杀，每进行一次械斗仇杀时，双方都要驱使上千的人为之送死，死亡最多的一次竟达420余人，在文山州的彝族地区，这样的家支（族）内斗情况也不同程度地经常发生，直到如今，仍然在观念上不同程度地在影响着民族内部的团结。天灾加人祸，让广大彝族人民生活陷入了十分悲惨的境地。彝族人民聚居的山区，大都以苞谷为主食，其次是荞、洋芋和豆类，许多彝族农民一年中有大半时间没有粮食可吃，不得不靠野菜甚至草根、树皮充饥。遇到灾荒年景，更是饿殍遍野，哀鸿处处。1925年，昭通地区遭遇大雪灾害，有1万多彝、汉族人民被活活冻死、饿死，无数人家被迫卖儿卖女，许多青壮年离乡背井乞讨流浪他乡。巧家县小河村当时有309户人家，有107家因为没有房屋而长期住在岩硐中。清咸丰八年（1858年），云南发生全省性的大饥荒，就是后来老百姓中常说的“大饿那年”，每升米卖到八百文，使当时人口不足5万的丘北县饿死者以数以千计，而且这些饿死者有许多就是彝

族，民国《邱北县志》称之为“民死无数”。那时，彝族人民还要在卫生条件恶劣，缺医少药的情况下，经常面临疾病夺命的威胁，天花、霍乱、鼠疫、疟疾等传染病时常流行，使一些村寨不时地笼罩在“万户萧疏鬼唱歌”的悲凉之中。1948 年，元阳县疟疾大流行，仅有 57 户彝族的石门村，一天就死去了 16 人，其中有一户 11 口之家全部死光。这样的情况在旧中国时期的文山地区并不少见。至于那些还处于奴隶社会制度下的彝族人民，生活则更加悲惨。

新中国成立以前，大、小凉山一些地区还处在农奴社会中，社会阶层分为兹莫、诺伙、曲诺、阿加、呷西 5 个等级，其中兹莫和诺伙属于统治阶层，有着相同的等级特权，是土地等生产资料的主要占有者，又是阿加和呷西的主要占有者。曲诺是被统治者中人数较多的等级，虽然他们有一定相对的自由，但仍属于兹莫和诺伙等奴隶主的控制范围之内。阿加则没有人身权利，也没有婚姻权和对子女的亲近权，主子不但要抽其子女做呷西，而且有权将他们赠送和出卖。呷西是最低等级的奴隶，几乎一无所有。他们常年住在主子家，不分白天黑夜地随时听主子使唤，稍不注意就是皮鞭、酷刑加身，甚至丧命。奴隶主不仅占有生产资料，而且还占有劳动者人身。奴隶们要为奴隶主服各种各样的劳役，奴隶主可以对他们随意进行买卖和杀害，不少奴隶因饥饿或疾病而常常死于山野间、道路旁或田地里。

在大、小凉山的农奴社会里，没有真正意义上统一的政权组织，在实际生活中，起着政权组织作用的是被称为“楚家”的父系氏族组织，即家支制度。“楚家”除继续保留部分血缘组织的职能以外，已成为贵族奴隶主阶级进行阶级统治的工具。

家支分为诺合（黑彝）和诺伙两支，其特点是：每个家支都有一个用父系氏族命名的称号，都有一个共同的祖先。实行父子连名谱系制，有相对稳定的居住区域，实行家支外婚；绝业财产按亲疏远近，依次由家支内部继承；家支成员间有互相帮助血亲复仇的义务。家支有各自的领袖人物——家支头人；家支成员在家支集会时，对某些事项的决断有赞成或否决的权力。

诺伙家支作为大、小凉山农奴社会的上层统治者，除了以父系血缘关系联系起来的全部诺伙男女，作为统治阶级集团的这一环节外，还有另一个重要环节，那就是家支头人会商制度。家支的头人有“德古”和“苏易”两种。凉山彝族谚语说：“彝区的德古，汉区的官府。”“德古”在彝语中的意思是“能说会道，善于辞令的尊者”，是农奴主专政的执行者。“苏易”的彝语意思是“为大家办事的尊者”。“苏易”熟悉家支谱系和历史典故，阅历深，见识广，能巧言善辩，享有威望。“德古”和“苏易”是依靠其调解纠纷和办事的能力而自然产生的，其职能和地位的更替也随其办事能力的消退、弱化而自然消失。“德古”和“苏易”统理着行政、司法、军事等各种事务，是诺伙家支组织中的中心人物。

家支间的重大事务，非头人所能解决的，就要召集诺伙家支会议，共同商讨做出决定。会议形式主要有“集尔集铁”与“蒙格”两种。“集尔集铁”的彝语意思即为商议，是几个头人和少数家支成员参加的会议，其形式并不固定，汉语之义就是头人会议。这样的会议既可以讨论并决定家支中的一般问题，也可以商议一些重大的问题和事项，然后提交家支大会做决定。

“蒙格”的彝语意思是“开大会”，即家支成员参加的重要会议。讨论的问题如本家的成员被杀，讨论决定如何与外家支进行冤家械斗问题等。讨论这样的问题时，除了本家支的诺伙以外，属于本家支的曲诺和阿加也可以参加，因此参加的人很多，常达数百人甚至上千人。此外还有家支联合会议，彝语叫“基格蒙格”；还有内支会议，彝语叫“乌尼蒙格”；还有由诺伙贵族妇女为解决妇女问题召开的会议，彝语叫“尼莫惹莫蒙格”。

诺伙家支的职能主要有：一是维护奴隶主的神圣特权地位；二是保护奴隶主的财产所有权不受侵犯，决定对外发动掠夺战争；三是维护贵族奴隶主对奴隶的统治；四是保护本家支的利益，并同别的家支进行联合或战争。

在大、小凉山的农奴社会中，奴隶主为了掳掠奴隶、财富和土地而经常发生各家支间，甚至家支内部各分支间的械斗，汉语俗称“打冤家”，彝语叫“吉尼吉舍”。从表面上看，冤家械斗带有明显的血亲色彩，实际是农奴社会中用武力解决阶级矛盾的一种表现形式。冤家械斗除一些小型的、偷袭式的械斗由当事人纠集少部分人进行打斗外，大规模的械斗必须经家支蒙格进行充分的研究和组织。冤家械斗的结果都比较严重，这种结果第一是造成人口的大量伤亡；第二是给生产带来了严重破坏；第三是阻碍了交通贸易的发展，使这些地区更加封闭；第四是毁坏和消耗了大量的社会物质财富，使人们的生活水平更加降低；第五是加深民族内部的隔阂，造成民族内部的严重不团结。

辛亥革命以后，由于军阀的包庇和放纵，彝族地区特别是大小凉山彝区，罂粟种植十分泛滥。到20世纪40年代末，越西县瓦吉木乡有个村子的400户人家中，种罂粟的人家就有328家。

种植罂粟、出售鸦片的收入主要归奴隶主。由于鸦片运输简单，获利大，因此成为奴隶主们获取利益的特殊商品。彝、汉两族民间传统的商品交换，主要是以彝区的牛羊皮、药材等土特产交换汉区的盐巴、铁农具、各种金属炊具、布匹等。种植罂粟以后，加上频繁的鸦片交换，也在客观上促进了市场的发展和变化，一些彝、汉杂居地区乃至一些单一的彝族聚居地区，出现了专门买卖鸦片的畸形“繁荣”景象，这在当时的文山彝区也很普遍。

罂粟的种植和鸦片的买卖，给彝族地区社会的影响主要有四方面。

一、罂粟种植对粮食作物种植的排挤。由于利益的驱使，好田好地都用来种植罂粟，严重影响了粮食生产，造成了粮食的严重减产。随着粮食产量的不断下降，粮食价格便随之不断升高。鸦片价虽然高，但收入主要是地主和奴隶主的，而粮价升高，挨饿的却是农奴和农民，在饥饿不断加重的情况下，民不聊生，盗贼四起，使人民进一步陷入困苦之中。

二、鸦片对人民的身心健康造成了严重危害。据不完全统计，新中国成立以前，彝族中吸食鸦片的人数比例达30%，少数地方高达50%以上，这就造成了劳动者体质和智力的严重下降，进而又严重地破坏了生产力。当时的文山州，无论是城镇，还是乡村，几乎处处都有烟馆，许多人家都有烟具。小小的马关县城，竟有数十家烟馆对外经营，而且生意都很红火。当时才300多户人家的八寨街，也开有十多家烟馆。鸦片严重地危害了人民的身心健康，一些人家因吸食鸦片而倾家荡产，家破人亡。文山城开“永顺号”双合商铺的江姓大富人家，主人江锡（江映彩）曾中过前清武举，门前立有“武魁”匾和标杆，算是显赫的人家了。后因夫妻二人均吸食鸦片堕落，整日卧床不起，把一个生意兴隆的商铺弄得冷冷清清，日益衰败下来。其两个儿子也习染烟瘾，父死后不但不事生业，而且更加肆无忌惮地吸食鸦片，不但败光了全部家产，连埋在地下其祖父的秃杉棺木也挖出来卖掉买鸦片吸食，最后兄弟二人都成了饿殍。马关县城也有个经营商铺的左姓人家，算得上是当时马关县城的一家殷实之户。主人左大昌夫妇有个独生子叫左万兴，因父母过度溺爱，从小过惯了衣来伸手、饭来张口、闲游浪荡、行欢作乐的安逸生活，长大后又成了鸦片烟鬼，整日吞云吐雾，卧烟榻不起。父母过世后，左万兴不思持家护业，坐吃山空，最后也落下了妻死子走的结果。这样的事并非个别，几乎到处都有。

三、吸食鸦片的恶习进一步激化和扩大了家支纠纷，加剧了冤家械斗的烈度。过去械斗中的刀、棍武器变成了枪支弹药，伤亡人数与日俱增，对社会的危害和生产力的破坏进一步加重。吸食鸦片的恶习也伴生起了赌博之风盛行。赌博者大都十赌十输，砚山县彝族民间流传的《赌博调》，就是在这样的社会环境下产生的。

四、鸦片的产销虽然扩大了彝、汉地区之间的商品流通规模，但却造成了彝区农业、畜牧业和各种手工业的严重停滞不前，导致了彝区经济的畸形发展，结构严重失调，使绝大多数彝族人民在虚幻的鸦片经济“繁荣”中仍然摆脱不了极度贫困的命运。

第二节　龙云、卢汉对云南的治理

一、龙云建设“新云南”

在云南近代史上，彝族人在政治、军事上的地位是很突出的，其中最具代表性的，要算是龙云和卢汉了。

龙云，原名登云，字志舟，彝名纳吉乌梯，1884年11月19日生于云南昭通县炎山区松乐村下营盘村。

100多年以前，松乐村的不少彝族用的汉姓都是“龙”，但在松乐村彝语中“龙”却是两个不同的“龙”。龙云所属的龙家，彝姓是“纳吉”；另一龙家，彝姓则是“海”。新中国成立后当了云南省政协副主席、省人大常委会副主任的龙泽汇，就是松乐村的彝姓“海”家人。海家到了龙泽汇的祖父，是炎山一带的彝族大奴隶主，他娶了彝姓“阿普”家的姑娘，“阿普”的汉姓是“卢”。阿普家的姑娘嫁给龙泽汇的祖父，是卢汉的姑祖母，也就是龙泽汇的祖母。阿普姑娘的女儿又是龙云的母亲，因此她又是龙云的外婆。这个阿普姑娘通过婚姻把三姓人家连接起来，她在纳吉（龙）、海（龙）和阿普（卢）三个家族的发展史上是一个关键性的人物，三个家族的后代都称她为“老祖婆”，有很高的威望。纳吉（龙）、海（龙）和阿普（卢）三家在云南的地位显赫一时，与阿普“老祖婆”有一定的关系。

1911年6月，龙云到四川宜宾参加魏焕章的保路同志军，同年12月，在宜宾参加滇军援川军谢汝骥梯队。1912年5月，龙云进入云南陆军讲武堂第四期骑兵科学习。两年后，被分配到昭通独立营任少尉排长，不久升为中尉排长。1915年，云南护国起义后，在云南督军唐继尧手下任副官，后任佽飞军大队长，1922年3月升任滇军第5军军长兼滇中镇守使。1927年2月6日，龙云、胡若愚、张汝骥、李选廷4滇军镇守使发动“二六政变”，结束了唐继尧对云南17年的统治。1928年，国民党南京政府任命龙云为云南省主席。1929年，龙云肃清了张汝骥、胡若愚等军事势力反叛，统一了云南。

龙云统一云南前的3年间，相继粉碎了滇军派系先后发动的两次倒龙政变，同时也镇压了革命，搞垮了当时的中共云南地下党组织，从而赢得了蒋介石的支持，巩固了其在云南的统治地位。

龙云统一云南后，为了建设和发展云南，从1931年起，对云南的军事、政治、经济、文化教育等方面进行了一系列的整顿和改革。

在军事的整编和人事的调整上，龙云吸取了过去滇军4师长进行倒龙兵变的教训，实行“废师为旅”，剥夺了4师长的兵权。各师所属中、下级军官都进行了整顿淘汰；团、营长的任免都须由龙云批准确定，方得任免。各级军事干部，都要在组织上对龙云表示绝对服从。

整编后的军队设立军官团，仿照黄埔军官学校规范，招收中学生学习训练军事干部。还办过4期补充大队，每期4个大队，训练后整编为16个步兵团。在整补时期，实行军需独立，各部队军需人员由绥靖公署经理处直接调配，紧缩了经费开支。

滇军在人事、编制、教育训练和征调补充等方面都在龙云的统辖下进行，所有武器装备和军需军饷全都是云南自理。滇军武器主要是法国、比利时、捷克等国制造的步兵用轻武器。这些进口的轻武器足以装备40个团，而且质量较好，甚至比中央军的装备还略胜一筹。所以在抗战时期，滇军出兵抗战路过湖南时，杜聿明在看到滇军武器装备和队伍阵容时不竟感慨地说：滇军“拥有法式军火装备，军营之盛，中央军为之逊色”。

经过1931年到1936年6年时间的整军建军和充实武器，使滇的军事素质有了很大提升，武器装备水平明显提高，战斗力明显增强。到1936年，滇军共编为6个步兵旅（每旅辖两个步兵团），6个直属团，4个独立营，一个航空处，共计约36000人。此外，全省各县的常备队武装也统编为21个保安营，人数近万人。

整军建军是龙云控制云南最主要的中心环节，其他如经济、财政、民政、文教等，都是围绕这一中心展开的。

云南财政在历史上基本上是入不敷出的。清末时期，有四川、湖北、湖南等省的协响，使云南财政勉强能够维持。到民国初期几年，省外的协响停止了，省财政只好量入为出，一切都从简办事，因而得以勉强维持收支平衡，省内社会还算相对稳定。护国战争以后，战乱频繁，加之唐继尧对外扩张，多次用兵，致使通货膨胀，物价高涨，货币贬值。1927年，全省财政收入只有旧滇币570多万元，而支出竟高达1800多万元。到1928年，省政府积欠富滇银行资金4162万多元，加上先后滥发的富滇老票，共计达9200多万元。为扭转这种财政严重入不敷出，管理混乱的状况，1929年，龙云主持成立全省整理财政金融委员会及其审查委员会，召开整理财政金融会议，确定纸币与银币的比例，充实银行储备金，维护发行信用，使之不致再影响财政收支。同时制定十项整治办法，于当年11月起执行，到次年7月基本执行就绪。经过整治，全省财政状况开始有了明显好转。据当时的省财政厅《财政月报》公布的数字，到1936年，全省国家和地方两款的岁入总额2800多万元，岁出总额2300多万元，结余滇币500余万元。

在经济建设上，龙云除在省政府设立建设厅外，还设立了云南省经济委员会，作为管理全省企业经济的机构，将“促进本省的经济建设，改善群众生活，防止经济萧条”作为经济委员会的任务，并任命留美经济人士缪云台为主任委员。经济委员会首先成立“个旧炼锡公司”，对个旧大锡的生产经营进行改革。从1931年起，云锡就不在卖给广商，而是自己直接运销伦敦市场，这就给云南本土经营锡业的商人和地方财政增加了大量的收入，壮大了地方经济，也提高了炼锡的技术水平。据统计，在云南出口商品的总额中，锡的比例从1924年的80%跃升到1936年的93%；出口额由1927年的1400万元（国币）增加到1937年的2900万元。

1936年8月，云南省经济委员会筹集资金（国币）120万元，在昆明建云南纺织厂，纺织厂安装有50部织机，共5200枚纱锭。云南纺织厂建成投产，为农民提供了取代种植罂粟的经济作物——棉花，也在一定程度上抵御了进口洋纱、洋布的冲击，发展了地方民族工业。

1936年5月，国民党南京政府实行法定货币，云南因此停止了半开银币的铸造，把造币厂改为电气炼铜厂，用电解的新技术提炼精铜，使原来很低的铜产品成色一下提高到了99.9%。此外，还建起了装机容量为1520千瓦的昆明蒸气发电厂，以及云南金属工具公司等。其间，省财政厅也办起了东川矿业公司、钨锑股份公司、一平浪制盐场等24个企业。

为了发展农业，龙云指示省财政厅在昆明设立马料河水利工程处，修运河引滇池水到小新村，在小新村设立抽水站，把水引进马料河，以灌溉昆明郊外周边5万多亩农田。同时责成省财政厅在滇南成立开蒙垦殖局，拨专款在蒙自草坝地区开展农田水利建设，开垦新的良田。开蒙垦殖局建立不到两年时间，就获得了明显成效。1938年冬，龙云又责成省财政万周厅长陆崇仁（彝族）筹办开文垦殖局，在以今砚山县的稼依为中心的周边地区开展农田水利建设，发展农业和林业。1939年3月，省财政厅派刘治熙、魏嘉惠（当时的开远县县长）组织人员到稼依进行实地踏勘。同年10月正式成立云南省开文垦殖局，任命刘治熙为局长，杨品瑶、魏嘉惠为副局长（兼），局机构设有课长、股长。

开文垦殖局成立后，把垦殖局经营的全部土地划为农垦部和林垦部两部分。农垦部包括开远县六山镇（今砚山县稼依镇）所属荒熟地4万余亩；文山县店房、茂克、红甸地区荒熟地2万余亩，共6万余亩。林垦部包括文山县的红甸乡，开远县的丰乐等乡所属荒熟地10余万亩。

稼依坝4万余亩土地，过去因无系统灌溉设施，广种薄收，全依赖老天下雨种庄稼，收成毫无把握。土地每年被耕种面积不到实际面积的四分之一。开文垦殖局成立后，仅用三年时间，就建起了3座堤坝，堤坝涵洞溢水道15道，灌溉干渠30公里，干渠桥涵300余座；二级支渠100余公里，支渠桥涵100座，并把原来弯弯曲曲的主坝引水沟改宽改直，用青石镶砌沟底沟帮，在沟两侧种植油桐、油茶果数万株。这些水利设施建设，使稼依坝子4万多亩田地的种植条件得到了有效的改善。1942年，垦殖局从玉溪引进吊谷品种大面积种植，获得了很可观的收成，亩产由原来的一公石增加到了二公石，种植的3万多亩吊谷，共收获稻谷6万多公石。

1940年，开文垦殖局开始试种美国烟草100亩，除虫菊200亩，也获得了比较好的收成。到第二年，即1941年，收入就达541万元，增加了六成。20世纪40年代前半叶，正是抗日战争最激烈的时期，美国开始抵制日丝，中国白丝便取而代之，丝价较高。1940年，开文垦殖局奉命经营蚕丝，并因此成立了蚕桑局，种植湖桑200亩，本地桑树10万亩，是年试育秋蚕，成果较好，为垦殖局赚了大钱。但到后来，因国际交通受阻，蚕丝销路不畅，蚕桑场只好并入农场经营，等待时机。

除种植水稻、烟草外，油桐、蓖麻也是开文垦殖局重要的种植产业。1940年到1942年期间，全局共种植油桐130多万株，蓖麻20多万株，两项面积达39153亩。油桐种植场分为七个分场，种植的油桐成活率高，长势良好，三年便开始有了收入。与此同时，畜牧业也开始发展起来。到1942年初，全局共饲养陕西驴、本地骡马、乳牛等大牲畜近千头，还有数千只（头）的鸡、猪、鸭、鸽、兔等。这些畜牧业的管理方法，是在林场中设副产分场，安排人员专司饲养，效果较好。

随着农林牧副业的发展，加工业也随之发展起来。1940年，垦殖局先后购进12匹、

14 匹马力的碾米机各一台，美制汽车 2 辆，负责垦殖局所产稻谷的加工和运输。购置英造 37 匹马力的柴油引擎，及与之相配套的 25 马力、220 伏电压的发电机各一台，用于碾米机的动力和局机关的电灯照明。其间，还建起了能容纳 4000 立方米粮食的仓库两所，建起了物资供应社，并在开远、昆明设立办事处，负责全局生产生活等各方面的采购和销售工作。

为了培养人才，提高职员的文化技术素质，1942 年，垦殖局还办起了职员子弟学校，实行职员子弟免费教育。学校除了聘请教员任教外，还从局机关中抽出部分技术骨干担任专科教员，对学员进行农科技术教育。

开文垦殖局辖区是彝族的主要聚居地区，垦殖局推广应用先进的农林生产技术，对区内及其周边地区的彝族影响较大，使这些地区彝族落后的生产状况有了一定改观。当时的垦殖局辖区人口中，彝族人口占了近一半。这些彝族，特别是居住在坝区的彝族，后来许多都讲起了汉族话，讲本民族话的人越来越少，甚至改变了民族成分，直到今天，这一带的彝族很少有人会讲本民族话了。

刘治熙在当开文垦殖局局长的四年间，垦殖局的管理是比较严谨的，而且也取得了一些明显成果。四年间，垦殖局根据垦殖工程中的农务变化情况，对垦殖局机构做了三次大的调整。

1939 年建局初期，由于工作重心是水利工程施工和农作物新技术栽培，机构上就在这两方面加强了力量。局下设工务、经济、财务、总务四课。工务课中设有工务、材料、设计三个股，还有三个测量队，六个工务段，人员 72 人。经济课设农林、租产两股，人员 11 人。总务课设文书、庶务、卫生三股和一个警卫队，人员 18 人。全局干部和工作人员总数 117 人。

1940 年，随着生产的发展，局机构在原来的基础上，增设了蚕桑局、清查队、供应社、仓库、机器厂等，局办林场也由两个分场分为九个分场，将原来的六个农场改设为四个分场。各课组分工明确，如油桐林场，人数 36 人，下辖事物、技术两股和一个林警队。除场长外，事务股设主任 1 名，办事员 2 名，学习员 1 名，司事 2 名；技术股设主任 1 名，分场员 2 名，技工 4 名，学习员 14 名，林警队长 1 名，保林员 7 名。局机关也增添了顾问、技正和助理员，全局干部职工人数增加到 273 人。

到 1942 年，开文垦殖局的各方面建设基本就绪，为了进一步发展，刘治熙又对垦殖局机构做了一次大的调整，把原来全靠拨款定人定编的经营管理单位改为自负盈亏的经济核算单位。除关系全局的技术室、秘书、总务、财务、警卫队外，其余全部编入各生产部门，由各生产部门按其事业发展的需要自行设置所需机构和人员，自付薪饷开支，并将这些开支列入事业发展成本，“以获利之厚薄拟定其组织的大小，使主持人顾及利润之考成，为经济有效之使用，庶人无闲见，职无旷费；不论其事业大小，阶级高低，均使其独立经营，以便考核其盈亏及其之当否”。为此，刘治熙把全局改为三大部，即计划部、管理部和事业部，除计划部和管理部的极少数单位和人员归局长按技术业务考核外，事业部下属各场均实行利润成本考核，从而促进了垦殖局生产的不断发展。1940—1942 年，是开文垦殖局发展最好的时间段。

刘治熙把土地、原料、工具、人工称为垦殖局发展的四大要素，提出要全面实现“地尽其利，材尽其用，器尽其能，人尽其才”的管理和发展要求，并按这样的要求，在租产课中设置土地管理股，凡公产地均制成千分之一的管理图，按其来源编号，并按收成的多少，把土地分为三等九则，每亩全收成达一公石者为下下，二公石者为下中，直到九公石者为上上。除管理图外，各村公产均编为两种记录，一种为公产登记册，按其来源分为五类；另一种为公产管理纪录，按上述的三等九级管理。前者测量考查后编号登记，由公租股负责，技术股协办；后者根据公祖股的登记册登记情况，由技术室编制公产改良计划，属于灌溉及交通方面的，再由工程技正考查计划；属于土壤耕作改良方面的，由农事技正考查计划，最后由租产课督促耕农实行改良，将土地改造成为良田。

公租股有考查佃农勤惰，以及招佃解佃和催租立约登记之职责；佃务股则负责督促指导佃农讲究耕作方法，改善经营管理之责，使各村寨成为健全的生产单位，还要负责做好教育和公共卫生工作。

招贤纳士，量才使用，也是开文垦殖局前期发展较好的重要原因之一。垦殖局成立初期，刘治熙在全省广招熟悉农业水利的专业技术人员，先后从昆明、个旧、开远等地招聘了主管财务的郭振华，精通水利的专家丁修禄、童启昧、杨泰椿，农田垦殖和农作物种植技师陶汝泽、钱青壁、黄佩贤，以及林业工程技术员马兆鹏，后勤总管李柏棠等 40 多名技术人员到局任职，成为开文垦殖局前期发展的重要推动力量。

然而，由于形势的变化，抗战在全国全面展开，省政府精力难以顾及，加之国民党地方政府的腐败，开文垦殖局发展的好景不长。1943 年以后，垦殖局的生产就日趋衰落下来。

1842 年，开文垦殖局由省财政厅划归省企业局管理，省财政不再拨款资助，由垦殖局自负盈亏。时值刘治熙正打算实施进一步扩大发展计划之际，省财政厅的突然停止拨款，给他当头浇了一盆冰凉的冷水，使他一时进退维谷，经几次上书报告省主席龙云、省财政厅长陆崇仁，请求继续给开文垦殖局拨款无果。刘治熙一气之下，于 1942 年 6 月辞职回了昆明。

刘治熙走后，马崇周继任局长。由于没有了财政拨款，加之抗战日趋激烈，省里无人过问，垦殖局职员随意来去自由，纪律涣散，马崇周也无所适从，只好坐享其成，收租索利过日子，他当局长一年多，垦殖局收入只减不增。于是，到 1943 年底，省企业局撤消了马崇周的局长职务，任命郭子义为局长。

郭子义是省企业局局长的女婿，他上任后，也不思创业，一心上搞投机钻营，下侵吞垦殖局公产，盘剥佃农，在任期间，也毫无建树。1948 年冬，共产党领导的“边纵”游击队在稼依一带开展“反三征”斗争，小稼依彝族农民管新华组织农民赶走了郭子义。

郭子义被赶走后，省企业局又任命文山县的龙开甲兼任开文垦殖局长，但此时，共产党领导的“边纵”游击斗争烽火已遍布滇东南各地，游击队进驻稼依，垦殖局的职员纷纷离职回家，许多佃农则参加了游击队，垦殖局由此分崩离析，进而最后瓦解，龙开甲自然也不可能有什么“作为”。稼依地区人民曾对开文垦殖局的四任局长编过这样的一段顺口溜：“刘治熙治家，马崇周享福，郭子义败家，龙开甲捡烂瓜。”

二、卢汉对云南的治理

卢汉，原名卢邦汉，字永衡，彝姓阿普，1895 年生于昭通炎山西达乡（今中寨乡）中寨村，与龙云的老家松乐村临近。1945 年 12 月，卢汉在龙云之后，继任云南省主席。是时，抗战结束不久，政局混乱，卢汉既不敢得罪蒋介石，又小心翼翼地保持着与龙云的秘密联系，同时与中共地下党组织保持着一定的联系。他就是在这样的情况下开始他治理云南工作的。

卢汉上任之初，为整顿各级军政机关，严肃军政纪律，提高工作效率，推行“新政”。他首先是整饬吏制，建立人事制度，“选贤任能”，他巡视全省各地考察县长，撤换不称职的县长。并从 1946 年 8 月到 1948 年，先后举行了 9 次县长考试，录取近 200 人。1948 年末，他创办了“云南省地方行政人员训练团”，分别培训全省各级各类行政干部。培训内容以云南现实的政治、经济问题为主。在省政府机关中，则删繁就简，合署办公，以节约开支，提高工作效率。到 1949 年，省政府机关只留民政、财政、教育、建设 4 厅，秘书、会计两处，集中于五华山光复楼办公，原省政府人员被裁减了一半多。同时实施依法治省，先后制定颁行了《云南省现行单行法令汇编》《云南省县政府组织规程》《云南省行政督察专员兼区保安司令编制表》《云南省政府合署办公细则》等法规性文件。另外还制订了文官惩戒程序，对军政机关人员实行“勒限铨叙”。还推行了出版法、审定法等法规。与此同时，还成立了相应的民意机关——云南省参议会，吸收一些民主人士和中共地下党员参加，进而在全省各县推行，还在一些乡镇实行乡（镇）长选举。抗战结束后，云南各地社会组织处于凋敝瘫痪状态。卢汉在 1947 年初召开的省参议会上作《综合省政府报告》中说：“云南整个社会的病根是‘贫’、‘愚’、‘弱’三个字……所以只好实事求是，做一些力所能及的工作了。”其次是经济上强调以农业为主，优先发展农业，以保障民生。因此从 1946 初到 1949 年，全省兴办了一批小型农田水利，修复了一批毁坏了的老水利设施。还安排了一些农业贷款，委托各县合作金库代办贷款业务，又由“人企公司”拨款抵利，帮助困难农民发展生产，贷款期限为一年。卢汉深知全省人民经过多年抗战，付出了十分沉重的代价，需要休养生息，因此在 1946 年初下令：“本省三十三年（1944 年）度欠粮，奉令分辨核免。”其后，又减免了民国三十五、三十六两年（1946 年、1947 年）欠粮75万石。卢汉还重视发展林业，引进烟草种植发展农业经济，还制订了《奖励种植美种烟叶办法》，鼓励农民发展烤烟种植，收到了一定的成效。

云南地方国家垄断资本萌芽于晚清的洋务企业，在唐继尧统治时期初步形成，发展于“九一八”事变以后，抗日战争中进入快速发展时期，解放战争后期逐步萎缩下来。

五四运动以后，云南地方垄断资本已成为唐继尧军阀的重要经济基础。护国运动以后的10年间，由于长时间军阀混战，云南地方垄断资本发展缓慢。1931年“九一八”事变以后，云南地方政府加重赋税征收，利用通货膨胀积累巨额财富，云南地方国家垄断资本相应地形成了以省财政厅厅长陆崇仁为首的陆系财团，以富滇新银行行长缪嘉铭（缪云台）为首的缪系财团。两个财团垄断着云南的财政、金融、工矿、贸易、交通、合作事业和水利农垦等国民经济各部门，掌握着云南的经济命脉，成为处于半独立状态的地方政权的经济基础。

抗日战争胜利后，卢汉接替龙云掌管云南军政和财政大权。为了避免国民党中央政府侵吞云南经济财政，卢汉将陆系和缪系两个财团，以“人民”的名誉作掩护，组成康采恩式的“云南人民企业公司”（简称“人企公司”），在保护中进一步扩大了云南的经济实力。

陆系财团通过财政厅征敛起家，其敛财手段主要是：在“寓禁于征”的名义下大收禁烟罚款。唐继尧统治时期，先是征收烟厘，1920年采取“寓禁于征”的政策，大开烟禁，征收地亩罚金和禁运罚金。1927年龙云上台后，继续实行“寓禁于征”政策，利用禁令，对鸦片的种、运、吸、售均课以罚金。20世纪30年代前期，云南鸦片的种植和外销扩大，“禁烟”罚金不断增加，成了全省最大的财政收入项目，也成为陆系财团起家的重要基础。其次是增加田赋。陆崇仁1928年第一次当财政厅厅长时，企图从增加田赋中解决财政困难，决定重新丈量全省土地。经报告省政府同意后，从1929年开始土地清丈工作，到1938年完成。田地清丈后，按清丈得到的面积征收耕地税，税额比清丈前增加了3倍左右。今文山州的马关和红河的河口县属一个清丈区，清丈工作机构称为“马河区清丈分处”，省财政厅委任王嗣顺为处长，马关县县长周继福为会办，下设总务、内业、外业、评判、评定、发照六组，各组下还有具体的工作机构和人员。土地按三等九则的规定进行清丈，以评定结果发照，按上上等1.5元，上中等1.2元，上下等9角；中上等7角，中中等6角，中下等4角；下上等3角，下中等2角、下下等1角的税率征收田亩税。清丈结束发照时，每亩收执照费1元，新近买卖土地的由买卖双方平均分担。清丈土地进一步增加了农民的负担，仅执照费一项，马关一个县就被刮走了数万元，还滋生出了许多请客送礼、行贿受贿等腐败现象。再次是借机开征特种税费。从1931年开始，将“厘金、商税、布纱杂货捐、煤油化妆品特捐一并取消，都改为特种消费税。同年又将糖捐、茶税也改成了消费税”。采取这种裁厘的税收手段，达到了增税的目的，税收增加了3倍。陆系财团将这些税收用于云南地方政府开支外，每年还有大宗款项用作扩大国家垄断资本，前后办了30多个企业。据不完全统计，到1942年6月，按物价未上涨时计算，陆系官股总额累计达2.25多亿元。陆系财团的兴起，是利用税收，对处于封建生产关系下的农民和小生产者进行掠夺的结果，具有典型的封建特点。

缪系财团的国家垄断资本，开始于1930年缪嘉铭（缪云台，下同）任省农矿厅厅长时期，发展于1934年缪嘉铭掌握富滇新银行和主管省经济委员会以后，演变于1947年卢汉合并陆、缪两系财团为“云南人民企业公司”时，历经20年时间。

劝业银行和炼锡公司是缪系财团之嚆矢。1930年，个旧锡商资金周转困难，请求省政府贷款救济。由于当时金融市场混乱，富滇银行因滥发纸币不能兑现，丧失了信用，处于瘫痪状态而无款可贷。时任农矿厅厅长的缪嘉铭为解决这一贷款困难问题，乃成立劝业银行，在昆明设立总行，在个旧设立分行，隶属于农矿厅管辖，缪亲自兼任总行长。总行吸收存款到个旧去贷款，并办理商业银行的一切业务。在1931年的“金融风潮”中，昆明各银行纷纷停付存款，唯劝业银行能独立应付自如，取得了用户的信任，于是存款大增，盈利大丰，迅速发展壮大起来。滇越铁路通车后，个旧大锡产量上升，但因都是土法开采冶炼，产品质量不过关，而且成色不一，进不了国际市场，只能运到香港加入马来锡另行配合，炼成洋条锡才能进入国际市场，利益大部分为中间商人所得。为提高个旧大锡质量，缪嘉铭和锡务公司总经理曾请过3个美国工程师来帮忙，但未能成功。之后，缪通过到外国考察，高薪聘请卸任的新加坡炼锡公司总工程师、英国人亚迟迪耿来滇，对个旧锡矿进行实地考察化验，并写了一份报告，提出改进意见。1932年3月，缪嘉铭主持成立云南炼锡公司，并亲任董事长兼总经理，按亚迟迪耿的报告意见建设冶炼厂，于次年3月炼出了符合国际标准的大锡。这次冶炼成功，被誉为“云南锡业史上划时代之一页”，缪嘉铭由此得到了龙云的器重。1934年，缪嘉铭出任富滇新银行行长时，新币发行量已达3000万元，超过了原资本近一倍。当时新币尚未贬值，富滇新银行实力雄厚。缪除用大量资金对个旧锡业进行贷款和跟单压汇外，又以直接投资或贷款、透支等形式，支持省经委会筹建云南纺织厂、昆明电力厂，成立昆明水利工程处、开蒙垦殖局，改进炼锡公司技术设备，改组并扩大模范工艺厂为云南五金器具制造厂。同时，富滇新银行还设立农村服务机构，把金融经营触角伸向广大农村。到抗日战争前夕，缪嘉铭已拥有富滇新银行，以及纺织、机械、锡业、农垦水利等10个企业。抗日战争爆发后，缪系财团垄断资本急剧膨胀。据1942年6月的一次统计，缪系财团企业已达54个，投资新滇币3.52亿元。其间，缪系财团利用国民党中央政府与地方政府之间的矛盾，暗中扩大新滇币的发行，利用通货膨胀，加速掠夺人民财富。1937年，在“原发行3000万元的基础上，增加发行2500万元；1938年又发行3500万元；1939年再发行1亿元；1941年又订印6.25亿元，其中除一元票2400万元因市面不需要未发行外，其他全部出笼，总计共发行新滇币7.91亿元”。缪系资本就是随着新滇币发行量的增加而膨胀起来的。缪系财团利用通货膨胀进行资本积累以外，又利用国民党中央政府的“法币政策”收兑白银发财。1935年11月，国民党中央政府宣布“法币政策”，云南拖着不执行，一直拖到1937年初才达成幕后交易，以新滇币与法币2∶1的比例附着于法币。于是，云南地方政府根据不准白银流通的规定，抢在中央银行来滇设行之前，于1937年4月下令收兑白银（包括大元、半元、毫洋、生银等）。收兑日期先限3个月，后又延期到年底，实际上收兑延续了数年。据富滇新银行1948年9月16日给“云南人民企业公司”（下称“人企公司”）的一份报告中记载，当时富滇新银行只是库存部分的白银就有半开1600余万元，毫洋150余万元，大洋40余万元，条银42万余两，这当中的大部分无疑是收兑而来的。到1949年4月卢汉宣布币制改革以后，这些库存的白银全部出笼，为“人企公司”收购锡砂运美销售提供了资本，进而从经济上支持了卢汉政权。

云南地方国家垄断资本是云南地方实力派政权的经济基础。蒋介石中央政府要削弱、消灭这些地方实力派，地方国家垄断资本自然地成了争夺的重点。抗战期间，蒋介石的政治、军事和经济势力不断深入云南，打破了云南地方实力派的垄断局面。于是，中央和地方在争夺云南地方国家垄断资本的控制权上进行了一次次的控制与反控制、侵吞与反侵吞的较量。然而，由于实力悬殊，云南地方实力派节节败退。到抗战末期，这种控制与反控制的争夺日益尖锐。抗战胜利后，卢汉接管云南政权。为了尽可能地摆脱中央政府对云南国家垄断资本的控制，龙云、卢汉、缪嘉铭等在重庆密商，决定以“人民”的名誉，将陆、缪两系财团的3家企业合并，筹建“云南人民企业公司”，贴上“云南全省人民共有”的标签。1946年2月11日，组建起了以缪嘉铭为主任委员，有李根源、李鸿祥等15人参加的筹委会，另外还设立了70人的顾问委员会，着手拟定“人企公司”章程，并对拟合并的3个企业所报表册进行资产清点，做初步接收工作。同年6月，卢汉召开公司“创业会”，“创业会”推荐卢汉为公司9人临时董事会的董事长，李鸿祥、陆崇仁等5人为监察人。10月，缪嘉铭赴南京，利用国民党内部的派系矛盾，办理备案、注册等手续，得到张群的支持，于10月26日获得批准备案，但之后一直未获得正式批文。1947年初，经卢汉向蒋介石请求，蒋才勉强答应下来，于同年5月召开第一次股东代表大会，选出董、监事会成员66人，董、监事会又选出董事9人，卢汉为董事长，缪嘉铭为总经理，全部公司合并工作于当年年底结束。

1949年5月，缪嘉铭在省参议会上报告说，“人企公司”1947年度盈余法币3000多亿元，1948年度可增至滇铸半开银币200万元。缪认为一定要兑现分红才能取信于人，所以按公司章程规定，以各县人口数分了股红息。但是，有些县的股红息被股东侵吞，并没有发到县里，部分发到县里的，也被县长和豪绅门截留私吞。所谓“人民的财产”，却根本落不到人民手中。直到新中国成立以后，“人企公司”才真正成为了人民的公司。

三、龙云集团的形成

龙云统治云南时期，云南逐步形成了以龙云、卢汉为首的“龙、卢、安、陇”四大彝族家族，有人称“龙、卢、陆、安、陇”五大家族，有人又称“龙、卢、陆、安、陇、禄”六大家族，不管称四大家族、五大家族，还是称六大家族，或者称四大姓、五大姓、六大姓，他们都是彝族的上层，是龙云统治云南时期的上层军政集团，掌握着云南的军事、政治和经济大权。

作为集团的第一号人物，龙云担任云南省政府主席、云南绥靖公署主任的时间长达18年之久。卢汉继任云南省主席、云南绥靖公署主任的时间，基本上相当于人民解放战争时期，他任职时间虽然没有龙云那么长，但在任省主席前，他一直是仅次于龙云的第二号核心人物。

在龙云、卢汉的多年经营下，云南自然地形成了以彝族居多的上层统治集团。这一集团中除了龙云、卢汉两人外，其他比较重要的彝族成员主要有：

卢永祥（卢玉书），先后任河口督办，云南省政府警察处长，是龙云的表兄。

卢邦基，寻甸县县长，是卢汉的七弟。

陆亚夫，滇越铁路军警总局局长、军法处处长。

禄国藩，先后任云南边防督办、宪兵司令，普洱道尹。

龙志钧，云南水利局局长，是禄国藩的女婿。

龙秉灵，滇黔绥靖公署交通大队长、政训处副处长。

安恩溥，先后任滇军六十军军长、立法委员、省民政厅厅长。

安绳三，滇军师长、昭通地区专员，是安恩溥的胞弟。

龙绳武，龙云长子，滇军师长，自称“少帅”。

龙绳祖，龙云次子，滇军师长。

龙绳曾，龙云三子，滇军团长。

卢濬泉，兵团司令，是卢汉的叔父。

陇生文，滇军师长，是安恩溥的表弟。

陇耀，滇军师长。

龙泽汇，先后任滇军九十三军、十三军军长，是卢汉的妻弟。

龙雨苍，滇军旅长，是龙泽汇的哥哥。

龙奎垣，滇军师长，是龙云的侄子。

龙沛霖，滇军宪兵团长，陇耀的妹夫。

陆崇仁，云南省财政厅厅长兼银行董事长。

卢国良，云南兴文银行行长、昆华医院院长。

陇体要，国民党云南省党部书记长、云南建设厅厅长。

……

张冲也是龙、卢时期云南彝族重要的领袖人物。

张冲，1901年1月25日（清光绪二十七年）生于泸西县永宁乡小布坎村（今属弥勒县东山乡)。张家彝姓尼娜，张冲原名绍禹，又名维新，后改为张冲，字云鹏。

张冲的家乡与当时属于泸西县的今丘北县舍得乡隔江相望，与舍得、腻脚等地的彝族有亲戚关系，来往密切，因而在丘北舍得一带影响很大，至今流传着一些有关张冲的传奇故事。

张冲幼年在小布坎村读私塾，后到泸西县城读小学，从小喜欢练武，聪明机敏，15岁时就智退前来抢劫小布坎村的群匪。17岁时，张冲到昆明读书，因被诬陷而受到追捕，被迫投奔活跃在滇黔边境的“山大王”张寿廷（彝族）门下，后来被封为“二大王”。1919年，张冲18岁时，就从张寿廷团伙中拉走80余人，另立山头，举起了“打富济贫，除暴安良”的旗号，先后与弥勒县龙志民、罗平县龙二结婚。1920年，张冲带领他的队伍袭击滇越铁路小河口火车站，打击了法国侵略军的嚣张气焰。之后，带队伍回老家时，被官军围捕未遂。逃脱官军围捕后，便带领队伍活跃于平彝（富源）、陆良、罗平、路南（石林）、泸西、丘北一带，四处打富济贫，发展力量，队伍很快发展到1000余人。之后，唐继尧曾几次派兵围剿张冲，不但围剿无果，反而损兵折将，乃一反常态，收编了张冲领导的队伍，并任命张冲为支队长，随护国军胡若愚部入川参加护国战争，在悦来场战斗中大获胜利，旋而被任命为滇军第二军独立团团长，时年23岁。1924年，张冲在滇军第二军随营军校学习3个月，自述学习收获很大。学习完后，改任滇军第二军第五旅第九团团长。

1925年，第一次滇桂军阀战争爆发，旅长在战斗中负伤，张冲被临时任命为代旅长，之后也负了伤。回滇后，是年6月，胡若愚在对其部队进行整训中，张冲所在团被缩编为营，他因而被降为副团长兼营长，并拟调昆明参加编余军官集训。张冲不满，伺机拉走队伍“上山”，在丘北、泸西一带自行活动。

当年秋天，张冲将拉出的两个连队带到丘北，时值丘北发生饥荒，匪乱猖獗，土匪到处疯狂抢劫、杀人放火，危害百姓。这些土匪中势力较大、作恶最多的主要有3股：第一是腻脚尖山的王崇信、王崇义兄弟，绰号叫飞六、飞七，是3股土匪中势力最大、作恶最多、最残忍的；第二是普者黑的李映昌等；第三是平寨的艾以保。张冲过去与丘北山区的许多彝族都有来往，还有不少亲戚，关系比较密切。此次到丘北后，得知人民深受匪乱之苦，决心为丘北铲除匪患，为民除害，让百姓安居乐业。于是，张冲联络大铁的龙翔、红布白的张开亮两支彝族自卫武装，配合其带领的部队，在全县官民的一致支持下，精心设计灭匪计划，将3股危害四方的土匪各个击破，一一剿灭，丘北人民为此无不称颂，有400多青年加入了其队伍。当年冬天，张冲率部离开丘北时，丘北县城官绅百姓倾巢出动，相送出城1里多。

唐继尧知道张冲拉队伍出走后，为了拉拢张冲，重申保留张冲职务，并任命他为泸西、弥勒、丘北三县保商队长兼滇越铁路开远至盘溪段护路司令。1926年，唐继尧又任命其表弟张庚伯为第六团团长，张冲任副团长。张冲不满，又施巧计再次拉六团中的大部分队伍出走，并自任团长。之后不久，队伍又迅速发展到4000余人，张冲随即将部队扩编为支队，自任支队长，下辖两个团。1927年，唐继尧在“二六政变”中倒台，龙云接任38军军长兼云南省务委员会主席。张冲率部支持龙云“倒唐”有功，被任命担任101师师长。同年，胡若愚、张汝骥联络川、黔军队“倒龙”，张冲献计，协助龙云击败“倒龙”联军。1929年，张冲率部进驻大理，歼灭了长期盘踞在大理地区危害人民的张结巴土匪武装。1930年，第二次滇桂军阀战争爆发，张冲率部参加战斗，后兵败回昆。1930年3月，滇军卢汉、朱旭、张凤春、张冲4师长不满龙云的“废师改旅”整编，发动“倒龙”政变未遂，龙云撤销了4师长职务，张冲降为旅长兼云南盐运使，从此开始了他在云南近代史上有名的“移卤就煤”工程，为云南盐业发展做出了贡献。1935年，红军长征过云南时，张冲对红军“追”而不堵。1937年抗日战争爆发，云南组建60军出师抗战，张冲被任命为184师师长，率部在台儿庄前线坚守禹王山20余天，挫败了日军直取徐州的企图，之后又成功突围。1938年8月，60军扩编为第30军团，张冲升任60军副军长兼任184师师长，奉命到湖北阳新县排市设防阻击敌人，并取得了阻击战的重大胜利。之后，30军团又改编为第一集团军，张冲任新3军军长。同年11月，滇军在崇阳战役中失利，张冲率新3军退往九宫山，准备打游击未成。12月在追究崇阳战役失利责任中被撤职留任，张冲只好返回昆明，后又被削军职。1939年，张冲被任命为国民党中央军事委员会高参。高参是闲职，张冲便利用赋闲在家的机会，潜心读书，广交朋友。

1940年3月，云南省政府在弥勒、泸西两县设置水利监督署，开展水利建设，任命张冲为监督署监督。从此，张冲开始了他后半生为之孜孜不倦的水利事业。在回乡修水利期间，在泸西县城创办了“云鹤图书馆”，同时捐资创办了路南县圭山小学和弥勒县西山小学。1941年底。张冲出任第一集团军第二路军指挥官，驻防滇南，其间仍经常抽时间回弥勒指导水利建设。

1945年，抗日战争获得最后胜利。10月，蒋介石指使杜聿明在昆明发动“倒龙”政变，下令免去龙云本兼各职，调任军事参议院院长，实际上是将其监控。政变中，张冲冒险上五华山，动员龙云反蒋脱逃，未遂。6日，龙云被迫去了重庆。

张冲与龙云、卢汉有所不同，他对国民党的腐败早已不满，这从他两次率部脱离国民党军队的行动就可以看出，其思想在20世纪30年代就开始倾向于共产党。早在1930年6月，张冲在被派往广西参加第二次滇桂军阀战争时，就曾3次秘密派人与邓小平、张云逸等共产党人领导的红七军联系，但未能成功。1937年10月，60军参加台儿庄战役从徐州突围出来，张冲所率的184师到达武汉后，他便通过黄洛峰与武汉八路军办事处的罗炳辉（云南人）、叶剑英取得联系，并与周恩来见了面，同共产党建立起了秘密的联络关系，为后来脱离国民党打下了基础。

1946年6月，国民党在全面发动内战之后不久的11月15日—12月25日，在南京拼凑召开“国民大会”，张冲作为云南“土著”代表（少数民族代表）与会。会议期间，张冲找机会与共产党领导人董必武会面，表明投奔解放区的决心。12 月，张冲夫人惠国芳先去北平（北京），安排张冲出走事宜。

1947 年 1 月，张冲成功到达北平。2 月，在中国共产党的精心安排下，安全脱险飞抵延安，受到了毛泽东、周恩来、朱德、彭德怀、杨尚昆等中共领导人的亲切接见。3 月，在周恩来、朱德等的关怀下，由申伯绳、金城介绍加入了中国共产党，中央组织部批准其党龄从 4 月 1 日算起。中央撤出延安后，派张冲到东北，在东北滇军中开展策反工作，并先后任东北军区高级参议、松江省人民政府副主席、中共中央东北局联络滇工委委员。到东北后，张冲在东北民主同盟军第一军秘书长刘惠之陪同下，先后到齐齐哈尔、北安、佳木斯、牡丹江、延吉、吉林等地考察，并多次写信给在东北的滇军头目，动员他们起义。

1948 年 10 月 15 日，张冲又给在东北的滇军 60 军长曾泽生等写信，再次敦促他们尽快起义，弃暗投明。10 月 17 日，曾泽生等在长春率部起义。1949 年 5 月，张冲从东北到北平，在德国医院治疗疝气病。8 月，张冲作为少数民族代表参加新政协筹备，参与国旗、国徽审定工作。9 月 21 日，出席中国人民政治协商会议，参加了会议主席团，并当选为第一届全国政协委员。10 月 20 日，被派随陈庚、宋任穷、周保中等回滇工作。12 月 9 日，卢汉宣布云南和平起义。

1950 年 2 月，张冲随解放大军回到昆明，先后担任云南省人民委员［后改为云南省人民政府副主席（副省长）］；云南省政府党组干事；云南省政协副主席，云南省民族事务委员会副主任、主任；云南民族学院副院长等职。4 月，张冲第二次到金沙江虎跳峡考察（新中国建立前去过一次），之后直到逝世前又去了 7 次，先后一共去了 9 次。

1953 年 4 月—1955 年 2 月，张冲还任云南省军区司令部参谋长，并先后兼任四川省军区凉山指挥部副司令员、凉山临时军政委员会主席，为新中国成立初期凉山彝区的民主改革、民族团结、社会稳定和经济发展做出了贡献。

“文革”被冲击时，在很困难的情况下，张冲仍不忘记去金沙江考察。先后写过《关于弥泸水利工程的报告》《关于开发西南高原各大江河的设想》《关于岷江上游开发的设想》《控制高原深谷江河　加速水利建设步伐》《关于治理滇池的建议》《掌握自然规律　实现高原“出平湖”》《在“全国土岩学术经验交流会议”上的发言》等一些有影响的报告和文章。新中国成立前任云南盐运使期间，还写过《张冲关于盐政改革的报告》《云南盐政改革方案》，成为后来实施“移卤就煤”工程的重要指导思想和施工依据。

张冲的后半生，一直都在为加快国家水利建设尤其是大西南地区水利建设而不知疲倦地奔走呼吁。由于历史的原因，当时的国力有限，张冲生前的许多建设设想及建议都难以实现。张冲逝世时，正值中国刚翻开改革开放历史发展新篇章。随着改革开放的不断深入，以及国家实力的不断增强，包括西南地区在内的全国水利建设不断加快，面貌日新月异。如今，张冲生前的理想正在一件件地成为现实。如若地下有灵，张冲一定会为此而欣慰。

新中国成立以后到1978年，张冲长期担任副省长、省革委副主任，并从1954年以后，连续担任第一到第五届全国人大代表，长期为民族团结发展进步，为西南地区乃至全国的水利建设做出了不懈的努力。1958年4月，张冲作为慰问团团长，率省慰问团参加文山壮族苗族自治州成立庆祝活动，并到文山、丘北等地慰问。其间，还作为国家外事访问代表团的领导人之一或成员，先后访问过缅甸、朝鲜等国家。

1978年2月，张冲在第五届全国政协会议上当选为副主席，同年作为中央慰问团副团长，与团长乌兰夫一起，率团到银川参加宁夏回族自治区成立二十周年庆祝活动。

1979年12月，张冲在考察金沙江途中，在四川渡口发病，送回北京住院治疗。1980年10月30日在北京病逝，享年80岁。

出生于丘北县八道哨彝族乡黎家庄村的民国陆军上将黎天才，也是同一时期云南彝族中著名的上层人物之一，与唐继尧处于同一年代，比龙云、卢汉稍早几年。加之黎天才身居高位时期，都是在省外的上海、江苏、湖北一带战斗，与龙云、卢汉关系不密切，省内彝族，尤其是普通彝族群众对其了解不多。

关于黎天才的史实，前面的章节中已作详细记述，此节就不再重复。

第三节　争取民族解放的斗争

一、云南共产党组织建立初期的革命斗争

早在1919年五四运动时期，在北京大学读书的云南开远县平远街（今属砚山县平远镇）红果树村青年王有德就参加了李大钊组织和领导的“马克思学说研究会”，而且是这个研究会的重要发起人之一。

（注：民国《开远县志》中说王有德是倮倮人，文山州文联的万国华同志曾对此作过调查，今红果树村王家人说他们不是倮倮（彝族），而是汉族。红果树村及周边地区，清朝中期以前一直是彝族人口最多的地区，后来汉族迁入的越来越多，人口越来越超过彝族，不少彝族便渐渐融入到了汉族中，这种汉彝融合的时间有些已过了几代，甚至十几代人了，而且这种状况至今仍在继续。现今在砚山县的平远、稼依，丘北县的腻脚、树皮、曰者、双龙营、八道哨、锦屏，文山市的德厚、马塘、红甸、古木等乡镇，以及文山城及其周边一些村寨彝族，他们的服饰和生活习惯早已同汉族一样，改用汉姓的人很多，而且绝大多数人早已不知道自己的汉姓是如何而来的。有许多村寨的彝族人早已不说彝族话，甚至不知道自己祖辈上曾经是彝族。这种彝汉融合情况在明朝以后表现最为明显，现今不少彝族及其他一些少数民族，说他们是从南京等地方来的，这就是一种明显的民族融合的

历史痕迹，因为历史上彝族从来没有在南京等地居住过。红果树的王有德家人，也有可能是这种情况，因为倮支系彝族是进入今文山州境内最早的支系，已有1600多年的历史了，有些融合到汉族中的倮支系彝族，变为汉族的时间已经是十几代，甚至是几十代人，如果没有家谱流传，他们也不知道自己的祖辈曾经是倮倮了。历史上彝变汉，或汉变彝的情况，在文山州并不少见。《开远县志》中的记载，不可能是没有根据的空穴来风，凭空捏造。这一点，在罗章龙《忆云南诸位英烈》一诗关于“南服联彝汉”的诗句中也可看出几分端倪。当然，现今的王家人，他们当然可以说自己是汉族，这没有什么不对，而且这也是公民的一种权利。本书在此以历史记载为据，权作一种历史疑点纪录，为后来人作参考）。

王有德，字叔邻（又作茹苓），1897年生。从小勤奋读书，天资聪颖，立志高远，深得先生器重。在北京大学读书期间，王有德一面刻苦学习书本知识，一面积极参加社会活动，并在参加五四学生运动中受到了锻炼，于1921年9月加入中国新民主主义青年团，进一步增强了他参加学习、研究和宣传马克思主义的热情，并参与社会调查活动。1926年，王有德投笔从戎，到广州进入黄埔军校高级班学习；1927年毕业后到国民革命军十一军陈铭枢部担任营长，从此随部队转战南北，历经枪林弹雨，炮火硝烟。后转到国民革命军第十九路军担任团长，在“一・二八”淞沪抗战中率部英勇奋战，战斗结束后不久就因病去世。罗章龙在其《忆云南诸英烈》的赋诗中，高度评价王有德。诗云：

吾党多英烈，云南有三王。
加盟书记部，亢斋有容光。
有德少投笔，终军请长缨。
秋暴显身手，长沙抗敌军。
“气蒸云梦泽，波撼岳阳城。”
……
念兹三国士，猛志兼刚强。
戮力事革命，识进不识藏。
南服联彝汉，北国耀光芒。
盖世勋名在，功德何可量！

诗中说的“三王”“三国士”，指王德三、王复生、王有德。“亢斋”即“亢暮尼斋”。“亢暮尼”是英文 communism（共产主义）译音。

1921年7月中国共产党成立以后，西南彝区一些地方就开始有了共产党人领导下的进步组织及活动。第一次国内革命战争时期，党组织就先后派遣一部分同志到云南蒙自、个旧、会泽等彝区宣传马克思主义，一些彝族青年在党的影响下开始接受马克思主义学说，并配合党组织在彝区宣传马克思主义，开展革命斗争活动。

1925年6月上海发生“五卅惨案”时，李国柱、向镇清等进步青年组织成立“云南学生沪潮后援会”，并发表宣言，号召各族群众开展游行示威，募捐钱物支援上海工人。同年9月成立了以李国柱为书记的共青团云南特别支部。

1926年5月，10名云南籍青年在广州毛泽东举办的农民运动讲习所学习，结业后多数回到云南。同年夏天，周恩来派黄埔军校政治教官，中共党员，云南白族人王德三到广州国民革命军第三军举办政治训练班，一批云南青年努力会同新滇社成员到训练班接受了政治训练，为在云南建党做了思想上和组织上的准备。同年6月，中共广东区委派云南人杨清田回云南准备筹建党组织，时值唐继尧大搞“反赤”活动，取缔进步青年组织，通令缉拿学生领袖，许多学生领袖被迫离开云南，建党工作未能成功。同年8月，中共广东区委又派云南籍党员李鑫等回云南建党。李鑫等回云南后秘密发展党员，建立起了中共云南特别支部。1927年2月，中共广东区委又派王德三回云南，与先期到达的李鑫等建立了中共云南特别委员会（简称云南特委），王德三任书记。蒋介石发动四一二反革命政变后，云南特委按照中央八七会议确定的土地革命和武装反对国民党的方针，将工作重点转入滇越铁路两侧及滇南地区农村，开展民族统战工作，建立据点，发展党的组织，并分批派党、团员进入蒙自、文山等地开展工作。1927年12月，中共云南特委在昆明召开扩大会议，成立了中共云南省临时委员会（简称省临委）。12月下旬后，党员严英武、李国栋、杨大经、杨立人、颜亨壁5人先后到文山，不久就在洒嘎龙（今德厚）建立起了党支部，严英武任支部书记，文山由此开始有了党的组织。党支部以洒嘎龙小学为据点开展统战工作，开展学生运动和农民运动。1928年秋，省临委派张乃猷（胡光）到文山与蒙自交界处的小塘子村开办学校，培养少数民族骨干，并组织20多人的少数民族武装，打死了作恶多端的民团团首李增辉。其间，省临委书记王德三、委员吴少默、吴澄，滇南区委书记李鑫，以及马逸飞、张永和等，都先后到过小塘子及其附近的许多少数民族村寨指导工作。1929年春，王德三在蒙自小东山时编写了《苗夷三字经》，在少数民族村寨广泛宣传革命道理。现辑录部分于下：

众苗亲，众夷亲，仔细听，
从头一二记在心。
从盘古，到如今，
夷亲苦处数不清。
天生人来一样齐，
夷人不比汉人低。
论中国，在上古，
苗亲夷亲本是主。
……
夏禹王，会诸侯，一万国王，

苗亲夷亲占大半。
到周朝，剩八百，
九千二百遭杀灭。
有苗王，不佩服。周王出征硬打服。
周惩玁狁，汉打匈奴。
秦皇防胡万里长城高高筑。
……
到如今，
只剩云贵广西有夷亲。
……
云南一百零三县，
夷汉打斗血流遍，
唐朝六诏几万雄兵败亡掉。
红白旗，大造反，
苗亲夷亲一起反。
可惜无人来领路，
头子不把众人顾。
头子争皇帝，
夷亲大众无利益，
汉族穷人也不管，
夷杀汉来胡乱干。
……
工农兵，一条心，
土地革命世界新。
推翻军阀，消灭田主，
夷汉平等同办工农兵政府。
……
官场田主是汉人，
汉人还有工农兵，
工农兵士一样苦，
一样反对官场杀田主。
夷反汉，单反官场田主事好办。
工农兵，不分夷汉一条心。一条心，仇敌朋友要认清。
……

1928年，党组织派李国定回家乡马关八寨以教书作掩护，建立据点，发展党员，并于1930年2月组织千余汉、彝、苗等各族农民举行暴动，震撼了当时的国民党地方政府。起义失败后，党组织利用统治阶级内部矛盾，设计打死了残酷镇压农民起义的国民党马关、西畴、麻栗坡三县联合团团长曹仁恭。

1930年1月28日，省临委在昆明召开扩大会议，正式选举产生中国共产党云南省委员会，王德三任书记，委员有刘平楷、张经辰、李国柱、吴澄、刘林元、吴少默。3月，省委先后派马逸飞、吴少默到广西右江地区找邓小平、张云逸领导的红七军联系未果。5月，滇南地下党组织将王德三编写的《苗夷三字经》刻印出来，在滇南各地宣传。同月，王德三到麻栗坡召集麻栗坡地下党员开会，制订《麻栗坡工作计划》；6月又到马关八寨召开省委紧急扩大会议，总结省委机关遭受破坏的教训，研究下一步工作计划。12月31日，王德三、张经辰、李国柱、吴澄等省委主要领导人在昆明被捕遇难，省委被完全破坏。

1932年1月，中共右江特委和右江独立师（原红七军21师）派干部进入富宁地区开展武装斗争宣传组织工作。到1933年，各种革命群众组织遍及富宁县的大部分地区，并在七村九弄地区首先打开局面。之后，黄庆金、谭统南等把组织起来的游击武装拉到中越边境地区，成立中越边革命委员会。1934年春，在谷拉、归朝、者桑、阿用等地建立起了劳农会和赤卫队20多个，参加人数2600余人。7月，右江下游党委书记黄明春（黄松坚、何尚之）率黄德胜、岑日新、黄沙平等10余人到富宁加强领导工作，于11月在九弄多拉村召开边区第一次党代表大会，接着又在谷留村召开边区劳农会、赤卫队大会，成立滇黔桂边区革命委员会。不久，边区游击队便大败前去围剿的国民党广富守备军，边区的武装斗争烈火越烧越大。

与此同时，党在滇东、滇南、川西等彝区积极开展宣传动员和组织工作。彝族共产党员何正坤还用胶泥制成字模，翻印出了《列宁主义浅说》《醒炮》等革命书籍和传单，在彝区开展宣传。在党的领导下，许多彝族聚居区也燃起革命之火。

1938年2月，由于滇黔桂边区党委一些领导人拒绝执行中央指示，错误执行右倾投降路线，加之队伍内部叛徒出卖，使通过艰苦卓绝建立起来，历经8年之久的滇黔桂边区游击根据地丧失。根据地丧失后，一些边区党员和干部被迫转入地下，继续坚持斗争。

在党的宣传组织和领导下，许多彝族地区点燃了革命烈火。喊出了“民族平等”“打倒土豪分田地”“建立工农政府”等响亮口号。1927年，蒙自县的彝、汉、苗等各族人民召开农协代表大会，号召各族人民在党的领导下开展土地革命斗争。1934年3月，四川彝、汉两族人民在党的领导下，发动了反对国民党军阀的斗争，3000多彝、汉两族群众武装团结一致，合力围攻越嶲县城3昼夜，歼灭了驻防的国民党守城部队。1935年，红一方面军和红二方面军相继通过云、贵、川三省彝族聚居地区。1月，红一方面军第九军团占领大定（今贵州大方），杨淑尧、沈少友、杨世荣、刘文斌等一批彝族青年踊跃参加了红军。红军到达彝族居住的禄劝县金沙江皎平渡口时，在彝、汉、傣三族36位船工的大力支持下，靠用7只船奋战9昼夜，将3万多红军送过金沙江，甩开了国民党部队的重兵围堵。

红军过彝区时，由于严格执行党的民族团结平等政策和群众纪律，沿途秋毫无犯，得到了广大彝族人民的热烈欢迎和拥护。进入凉山果基（沽鸡）、倮伍、罗洪等彝族家支管辖地区时，由于过去历代剥削阶级长期造成的根深蒂固的民族隔阂，以及国民党政府和军队恶意的离间宣传，妄图将红军消灭在大渡河地区，重演太平天国翼王石达开部队全军覆没的历史悲剧。因而，红军曾受到过不明真相的彝族家支的袭扰。但通过红军耐心的宣传教育，让彝族人民明白了红军是抗日的队伍，是为贫苦人民求解放、谋利益的军队；明白了彝汉人民只有团结起来，打倒欺压各族人民的剥削阶级和反动军阀，才会有自由和平等。刘伯承将军与果基家首领小叶丹歃血为盟，并把一面绣着“中国夷民红军沽鸡支队”字样的红旗授予了小叶丹的队伍，成为红军长征路上令人难忘的一段佳话。此后，红军在前有川军阻挡，后有数十万国民党中央军，以及滇军、黔军追兵的严峻情况下，顺利通过了彝区，粉碎了蒋介石要把红军变成“石达开第二”的企图。在随后的红二方面军过彝区时，不少彝族青年也参加了红军。这些彝族青年到达延安后，在党的关怀和教育下，与其他各族兄弟干部、战士一道，为抗日战争和人民解放战争的胜利做出了奉献和牺牲，为之后的社会主义建设做出了贡献。

红军经过西南彝区，在彝区播下了革命火种，并逐步燃烧起革命火焰。之后，党的地下组织在许多彝族地区相继建立起来。不少彝族青年在红军的影响下，逐步接受了无产阶级革命思想，组织本民族人民并联合其他各族兄弟，一起走上了中国共产党领导和指引的革命道路。

1935年，中共云南地下党组织开始恢复重建工作，并于11月建立起了中共云南临时工作委员会，工委书记李浩然（后为费炳）。1937年7月建立中共昆明支部，书记为李群杰。

云南党组织恢复重建后，领导了蓬勃兴起的云南抗日救亡运动，推动了抗日民族统一战线在云南的建立和发展，并在斗争中逐步发展壮大，在昆明、罗平、楚雄、沾益、曲靖、陆良、巧家、镇南（南华）、永胜等彝族居住较多的地区开展工作，建立党的组织。1938年5月，中共中央长江局派巡视员马子卿到昆明。8月，在马子卿的主持下，云南临工委和昆明支部合并建立中共云南省特别委员会。1939年1月，中共中央南方局在重庆正式成立，再次派马子卿到昆明，传达党的六届六中全会精神，宣布南方局批准成立中共云南省工作委员会的决定，工委书记李群杰（后为费炳、马子卿）。1941年“皖南事变”前，云南地下党组织在昆明市的大中学校、企业、报社，以及安宁、呈贡、昆阳、晋宁、昭通、会泽、宣威、罗平、沾益、陆良、个旧、路南、弥勒、石屏、蒙自、建水、泸西、楚雄、南华、盐丰、西畴、麻栗坡等地建立党的组织和工作据点，形成了与各族各界人士和各族群众的广泛联系，促成了全省抗日民族统一战线的形成和团结抗战的局面。

1939 年国民党掀起反共高潮以后，中共中央制定在国统区实行“长期埋伏，积蓄力量，以待时机”的工作方针。根据中央的方针和南方局的部署，云南省工委于 1940 年 10 月先后疏散隐蔽，工委、青委等工作机构相继撤销，全省党员也相应地疏散转移，粉碎了国民党顽固派康泽等企图破坏中共云南地下党组织的阴谋。在反共高潮白色恐怖笼罩的形势下，张子斋、朱家壁等受中共南方局的指派，坚持在滇军中和新闻文化界开展工作。

1941 年 6 月，中共中央南方局派郑伯克等到云南，组成以郑伯克为书记的新的中共云南省工委。在省工委的领导下，进一步认真贯彻执行中央关于国统区工作方针，以及周恩来关于“建设坚强的战斗的西南党组织”的指示，依靠党在各时期培养的力量，进一步巩固党的组织，巩固抗日统一战线成果。同时，在中共中央南方局的领导下，继续开展对龙云等地方实力派、民主党派、民主人士、民族上层、地方军政人员和滇军中的统战工作，并建立了“新民主主义联盟”“民主青年同盟”“民主工人同盟”等党的秘密外围组织，进一步推进了云南爱国民主运动的深入开展，并为后来的人民解放战争奠定了坚实的群众基础。

二、争取人民解放的斗争

抗日战争胜利以后的 1946 年，中共云南省工委遵照中共中央南方局关于把工作重点转移到农村，利用统治阶级的内部矛盾，扩大反蒋统一战线，开展敌后游击战争的指示，从城市中抽调了大批经过斗争锻炼的党员干部进入路南圭山、弥勒西山，以及罗平、石屏、元江、建水、峨山、易门、宣威、会泽、沾益、昭通、丘北、文山等彝族居多的少数民族山区农村，开展宣传工作。1948 年 6—7 月，中共桂滇边工委也派武工队进入富宁、马关、麻栗坡边境地区宣传发动群众，组织开展革命武装斗争准备工作，为后来开展武装斗争打下了基础。

（一）丘北县

早在 1939 年，在延安抗大学习的泸西县彝族青年何现龙，就被党派回云南开展组织抗日武装斗争准备工作。何现龙回云南后，与弥勒县的中共地下党员张仕明（彝族）取得联系，便在弥勒、泸西地区开展活动（今丘北县的舍得、官寨两乡和双龙营镇西部当时属于泸西县）。1941 年，何现龙渡过南盘江到今丘北县彝族聚居区舍得乡，接着又先后到曰者、大铁、双龙营、温浏，以及县城，与彝、汉、壮、苗、回等民族群众和上层人士广泛接触，一边宣传党的主张，一边调查了解各地的经济社会状况，以及地理环境、风土人情情况，并把调查情况向省工委作出报告。1947 年，中共云南省工委利用统战关系，让张冲的哥哥张华清出任国民党丘北县县长，何现龙则以县政府秘书的身份进入县政府，并从路南圭山、弥勒西山带来40多名彝族进步青年组成县政警队，以剿匪为名，到彝族聚居区的冲头、小平地、舍得、红花山等地秘密进行军事训练，开展党的地下工作，并在这些地区发展杨福安、杨文光、毕天才、金映光、黄玉峰（后变节）5名彝族青壮年入党，成为党在丘北地区发展的第一批党员。不久，何现龙又发展了在县城教书的壮族知识分子何季华入党，并通过县长张华清委任何季华担任县教育局局长；用同样的办法委任思想进步，倾向共产党的地方实力派人物郭勤业为桂普乡（今温浏乡）乡长；何锦华为双龙营镇副镇长；熊才保、杨建武（彝族）为保路队队长，为之后开展武装斗争奠定了基础。

1947年4—5月间，上级党组织又派吕椿龄（洪瀑）、吴惠民（罗少康）、杨天（郭永福）、和昶、洪翔鹏等到丘北的一些乡镇、农村，以教书作掩护，开展宣传发动群众工作。6—9月间，中共云南省工委又先后派祁文（黄忠）、陈子和（陈海观）、张其祥（林坚）、董绍南、王家德（王云谷）、徐庆华、陶师亮（严绍宗）等到县立中学，以及双龙营、树皮两所小学开展活动，王文炳（王瑞麟）、李桂华（缪君冰）两人则直接打入国民党大树乡（今树皮乡）乡政府开展活动。1948年初，已是国民党丘北县教育局局长的地下党员何季华，利用到昆明参加省教育局局长会议之机，又邀请了一批进步青年教师到丘北各地教书，开展活动，进一步壮大了丘北的地下党组织力量。

1948年5月，在弥勒西山起义中组建起来的“一支人民的军队”（云南人民讨蒋自救军前身，即之后的中国人民解放军滇桂黔边区纵队，简称边纵），在朱家壁、何现龙的带领下攻克师宗县城后，又迂回陆良龙海山、弥勒西山、路南（石林）圭山等彝族居住地区，随后渡过南盘江进入今丘北县舍得乡休整。经过舍得休整后，部队整编为3个支队，于6月10日攻打丘北县城，因遇大雨，攻城未能成功。部队便从温浏迂回进入广南县，于6月22日攻克广南县城，27日又占领富宁县里达乡（今为里达镇）。7月1日，奉上级党组织指示，宣布部队正式番号为“云南人民讨蒋自救军第一纵队”，司令员朱家壁，副司令员何现龙；政委李玉生，副政委杨成明。纵队除原3个支队外，增加了孙太甲领导的独立大队。7月3日，部队在里达粉碎了国民党军的围攻后，从富宁田蓬经广西面良进入越南，与在越南河阳（今河江）的粤桂边部队会合。10月中旬，在河阳会合后的滇桂部队整编为两个支队，组成了庄田、郑敦、黄景文、朱家壁、杨成明、杨萍等为成员的7人前委，率部回师滇东南，准备北渡南盘江到弥勒、泸西及罗盘地区开展斗争。部队从麻栗坡、西畴、砚山进入丘北，除在砚山六诏留下独立大队和武工队外，其他主力经12天的昼夜行军到达五嘈（今丘北县官寨乡），在革勒村遭遇敌人重兵堵截，战斗失利，部队转移到小老龙村，前委在小老龙村召开紧急会议，决定化整为零，分兵发动群众，相机打击敌人。随后，部队兵分两路，庄田、朱家壁、黄景文率二支队（称立功支队）开往丘北、砚山、广南三县结合部活动；李玉生、何现龙、杨成明、杨萍率一支队（称胜利支队）活动于南盘江南岸，准备伺机渡江。

一支队转移到丘北双龙营镇马者龙村时，又兵分三路，李玉生、龙于湘率四大队活动于丘北县与开远县（今为市）相邻的大铁、树皮一带活动；何现龙、杨成明、陈庆芳、刘振江率二大队活动于丘北县与弥勒、泸西相邻的舍得乡一带活动；张黎率一大队在丘北县与师宗相邻的官寨乡白马、蚌郎一带活动。

1948 年 12 月，由于部队减员，活动于树皮一带的四大队缩编为中队，李铣（李鸿顺）任中队长，李韵任指导员。同时成立中共树皮区工委，肖屏（马秉昌）任书记，杨治平（杨利坤）任副书记，李铣、李韵、张春生为委员，领导全区工作。不久，树木架革村周家华率 70 余彝、汉武装人员参加部队。随后，部队袭击了国民党军队运往丘北县城的军用物资车队，缴获了一批军用物资和武器弹药，使部队装备得到了补充。12 月底，部队先后开到山心区（今平寨乡）和桂普区（今温浏乡），并在山心区留下赵若迟、武建章，在桂普区留下肖屏开展工作。在山心区岜六村，王廷基同志率 40 余人武装参加部队。接着，部队开到双龙营镇的老鸹藤村（今雄山），常志高、何锦华两同志又分别率 60 余人和 30 余人武装参加部队，部队又逐步发展壮大起来。

活动于舍得、官寨、蚌郎一带的同志，开始时组成一支武工队，由陈庆芳任队长，刘振江（严绍鹍）任指导员，成员有赵万象、何轲、郑功（柴正海）、罗明等 14 位同志。1948 年底，部队开到弥勒湾（今天星）与纵队司令部汇合，在天星过年后又返回官寨乡开展宣传组织发动群众工作。这时，部队已发展扩大到 300 多人，编为两个大队，一大队队长李铣（彝族），教导员赵万象（彝族）；二大队队长杨建武（彝族），副大队长张如圭，指导员罗明。不久，部队又编为云南人民讨蒋自救军第十二支队，支队长庆芳、政委刘振江。

1949 年 3 月 31 日，党组织派马应明率 300 余武装部队，在地下党组织的配合下，顺利解放了丘北县城。之后，中共滇东南工委领导传达上级党委决定：丘北地区的工作，由原属弥泸地区党委领导划归滇东南工委领导。4 月 6 日，中共丘北县委、丘北县人民民主政府和护乡 11 团同时宣布成立。之后，在滇东南工委和县委、县民主政府的领导下，开展了一系列卓有成效的剿匪斗争和迎击解放大军入滇工作。9 月，护乡 11 团改编为中国人民解放军滇桂黔边纵队第 4 支队 37 团。

在争取人民解放的斗争中，文山州各地大体经历了与丘北相类似的战斗过程。

（二）广南县

1946 年 10 月，中共云南省工委派党员杨宇屏（杨应垣）到广南，以教书作掩护开展党的地下工作。1947 年 7 月，云南省工委又派陆毅（陆琼辉）回家乡广南任地下党负责人，按照上级党组织关于“积极发展党的组织，为开展敌后武装斗争积蓄力量，准备条件”的指示，先后发展了王治平、李石秀等 6 人入党，随即成立了地下党小组，进一步开展扩大党组织工作。1949 年 1 月成立中共广南县工委，同年 3 月改为中共广南县委员会。到 1949 年底，广南全县党员已发展到了 32 名。

1948年6月22日，广南县防卫队长、共产党员孙太甲率防卫队起义，并配合朱家璧、何现龙率领的“云南人民讨蒋自救军”攻占广南县城，缴获一批武器弹药和物资，没收地霸浮财，开仓济贫。起义部队随之编为自救军独立大队，下辖3个中队，共200余人。大队长孙太甲，教导员陆毅。之后，独立大队随自救军一起到越南河阳整训，10月整训结束后回国。11月9日，独立大队在地方武工队的配合下，在珠琳镇拉沟塘伏击并全歼国民党保安1团3营，俘敌135名，敌营长被击伤后死亡。同月，独立大队扩编为第7支队，之后又参加伏击国民党麻栗坡督办谢崇琦、伏击敌26军578团3营的战斗，三战三捷。

1948年12月28日，在党的统一战线政策的感召下，国民党广南县城防大队队长侬天祥率150余人的城防大队起义，并配合7支队第二次解放广南县城，活捉国民党县长曹星辉。起义的城防大队整编为独立大队，大队长侬天祥，教导员李浩。1949年1月，7支队整编为中国人民解放军桂滇黔边纵队第7团（简称解7团），整编后随纵队司令部活动。独立大队整编为滇东南护乡第7团（简称护7团）。团长杨宇屏，政委陆毅，整编后在广南地区坚持斗争。3月17日，解7团和护7团联合奔袭大土匪王佩伦老巢旧莫。由于土匪凭据险要地形顽抗，我军伤亡20余人，战斗于我不利，部队主动撤出战斗。解7团撤到红石岩村，护7团撤到九克村，作短暂休整。王匪以为我军溃败，遂向护7团驻地土城追来，遭到护7团前后夹击，很快就溃散而逃，王佩伦钻进水沟侥幸逃脱，匪首车骑骝被击伤手臂。此时，广西土匪钟日山率800多土匪到旧莫增援王佩伦，随后又跟踪追击我军，气焰十分嚣张。17日下午，钟匪追到红石岩附近的长箐马街村时，害怕群众向边纵部队报告消息，将群众赶回家中不准出门。被迫给土匪挑水的青年农民王义先，在出村挑水途中，趁看押的土匪疏忽，逃奔到红石岩报告解7团，解7团于黄昏前出其不意地将土匪包围，毙敌副旅长以下200余人，俘敌40余人。钟匪元气大伤，狼狈逃进县城龟缩起来，不敢再轻举妄动。

1949年1月，经桂滇工委批准，成立了中共广南县工委，陆毅为书记，杨宇屏、王治平、李石秀、赵平波为委员。2月成立广南县民主政府，杨宇屏为县长。由于县工委、县民主政府领导都担任着部队领导职务，经常流动，因此，县民主政府也带着民主政府布标随部队一起流动办公。3月，中共广南县工委改为中共广南县委，陆毅任书记兼县长。

1949年7月，根据中共桂滇黔边区党委指示，成立中共广（广南）、富（富宁）、田（田蓬）联委，陆毅任书记，谢森任副书记，委员有黄海、杨宇屏、李石秀、王麟勋。同时，将滇东南指挥部所属各部队整编为滇桂黔边纵队第4支队，护7团、护5团和广南县独立大队合并为4支队35团，团长杨宇屏，政委陆毅，副团长陈国万，副政委谢森、周剑华（兼副团长），政治处主任温华，下辖3个营，一个警卫连，一个政工队，共900余人。还同时成立了广南护乡团，下辖3个大队，共300余人，由杨增亮（彝族）任团长，李石秀任政委，邓高代理政治处主任。8月28日，35团和护乡团联合奔袭广南县城，敌人闻风而逃，逃跑时纵火焚烧民房，并枪击救火群众。为避免人民生命财产再遭受损失，部队主动撤出战斗。

1949年10月中旬，一股由国民党桂系军队头目白崇禧派遣，号称东南亚民主联军的800多特务武装，由原国民党青年军团长、国民党国防部特务梁中介带领进入广南县活动，其成员大都为国民党特务、军官、地主恶霸和青红帮分子，企图在边境地区建立所谓的“东南亚民主联盟卡瓦共和国”，他们明里打着“不反共产党”“不打国民党”的“中立”旗号，暗里却沿途袭击民主政府，杀害革命干部，抢劫人民财物，奸淫妇女，无恶不作。10月下旬，这股特务武装由富宁窜到广南八宝附近时，企图攻占八宝，遭到边纵4支队35团1营、2营和广南护乡团阻击，匪徒退回富宁县城，稍作喘息后，又于27日绕道西洋江进入广南县城东50公里的阿用村。在35团和护乡团在八宝阻击梁中介股匪时，边纵1支队的15、16两个团也准备在广南城郊诱歼钟日山股匪，接到八宝匪情报告后，部队临时改变歼敌计划，决定首先集中兵力先打运动之敌。31日，4支队35团1营和警卫连在团长杨宇屏的带领下，抄小路在骂然附近的未弯截住敌人，15团、16团也连夜随后赶到将敌包围，11月1日拂晓对敌发起进攻。经一昼夜激战，毙敌150余人，俘敌副总队长赵钟秀、参谋长梁亦栋、地霸头子陈宁君等109人，缴获一批武器弹药，梁、钟等匪首逃回广西，边纵司令部及作战部队随即进入广南县城，广南最终获得解放，中共广南县委、广南县民主政府也随之迁入县城，广南县全境解放。不久陆毅调地委工作，李石秀接任书记兼县长，莫宗文任副县长，组织开展起了轰轰烈烈的迎接解放大军入滇工作。

（三）砚山县

1948年2月，广南县的地下党员孙太甲以国民党防卫队长的身份，与国民党砚山县副参议长陈勋隆联名发起召开黑善“联谊会”，以拜把兄弟的形式开展统一战线工作，联合砚山、广南两县交界地区的一批民族上层和民主人士，团结起来共同反对国民党反动政府。在这些民族上层和民主人士中的彝族，有阿基乡长杨耀华，保长王义友，珠街乡乡长杨增亮等。通过统战工作，先后有58名民族民主人士从国民党的党、政、军、警营垒中脱离出来，并带出百余人枪，走向了共产党领导的革命道路。

1948年10月，“云南人民讨蒋自救军”从越南回到砚山县六诏村时，留下23名干部、战士组成武工队，以六诏村为据点，在砚山、广南、西畴三县结合部宣传发动群众，开展抗征兵、征粮、征税的“反三征”活动，组织民兵进行武装斗争。11月，党员李芬、马丁（李常林）在六诏村建立了新民主主义青年团支部；12月，又建立起了以李芬为书记的中国共产党砚山特别支部，斗争活动范围逐步扩大到者腊、地都、垮西、蚌峨、阿基、阿猛、南屏、阿野、阿伍、维摩、长岭街等许多彝寨壮村，逐步形成了以六诏为中心的东部县域游击根据地；而在县域西部的平远、稼依、阿舍（当时属于开远县东山区）等地，受中共云南省工委派遣到稼依中学教书的党员林晓也于1949年初，带领其发展的25名党员、“民青”团员和进步青年参加了游击队。而在这之前的1948年11月，上级调当时丘北县树皮区工委负责人之一的张春生到平远领导开展开远东山区的工作。张春生与德安村的彝族农民赵光全一起，很快就组织起了一支以彝族为主，共20多人枪的武工队，进而又发展成了有壮、汉、回、苗等民族参加的游击队伍，后被编为“边纵”4支队37团3营。

1949年1月20日，李芬组织200多人的武工队和民兵，配合“边纵”7支队4大队攻打国民党砚山县县政府，活捉并处决县长杨苑珍等4名反动官吏。此时，共产党领导的砚山县各族人民武装已发展成了3个大队，一个直属中队，共400余人。之后，又调“边纵”司令部所属的4大队（左斗光大队），七支队的杨耀华（彝族）大队和马正鹏的回民大队，加强砚山县的武装斗争。3月，经中共滇东南工委批准，在彝族聚居的法都克村，将砚山县的各部人民武装合编为护乡9团，共6个大队，900余人枪。4月，中共砚山县委、砚山县人民民主政府在者腊成立，12月迁入砚山县城，组织全县各族人民群众开始了轰轰烈烈的迎军工作。

（四）麻栗坡县

1948年8月，云南人民讨蒋自救军（“边纵”前身）在越南河阳与桂滇边部队会师整训时，桂滇边工委为加强对马关、麻栗坡、富宁三县边境地区工作的领导，成立了中共马富边境工作委员会和边境特别支部、麻栗坡特别支部。麻栗坡特别支部书记郭芳，委员郑均、黄英、梁惠。

1948年9月，中共麻栗坡特别区工委在越南岩脚村成立，工委书记郭芳，副书记郑均，委员钟卓、黄英、梁惠。工委成员决定分工负责，郭芳、黄英负责攀枝花区，郑均负责董干区，钟卓、梁惠负责麻栗坡中心区。1949年3月，麻栗坡特别区改为马列坡县，并于6月3日正式成立马列坡县人民民主政府，县长李文亮，副县长梁惠。4—6月期间，工委先后做过几次调整，书记郑均，先后担任过委员的有梁惠、杨坚、王惠莲、徐德钧、王知白、陈光荣、雷鸣、陈锦。7月，工委改为中共麻栗坡县委员会，书记郑均，副书记徐德钧、梁惠，10月，郑均调部队工作，县委工作由徐德钧主持。

（五）马关县

1948年6—8月，桂滇边工委先后派数批武工队员进入马关、麻栗坡、富宁边境一线开展宣传发动群众和武装斗争活动。桂滇边工委派唐森秘密进入马关县城，与马关地下党负责人宋启华取得联系。之后，饶华、岳世华、黄建涵等在马关县进步人士、县参议员刘弼卿的家乡——山车乡法底科村庄园召开各地武工队负责人会议。会后，饶华、岳世华化装进入马关县城侦察地形和了解敌情。11月初，饶华、林杰、黄建涵率部与南山大队一起围攻瓦渣乡公所，恶霸乡长周永发逃去老君山藏匿。此时，刘弼卿在征得县长欧阳河图允许后，以下乡督学为名，到瓦渣向饶华、岳世华汇报了马关县城城防兵力部署情况，遂从武工队中挑选9名精干队员，由岳世华带领，化装成刘弼卿的佃户随之秘密进城。入城后，刘弼卿以汇报“匪情”为名，请县长欧阳河图到家，逼他下令其城防武装人员缴械投降，饶华、林杰等随即带武工队进城，接管县政府机关，并于21日宣布成立马关县人民民主政府筹办处，筹办处主任刘弼卿，副主任欧阳河图。同时成立了滇东南护乡第1团，团长刘弼卿，政委岳世华（兼）。

马关县城被武工队智取后，国民党任命王恩隆担任代理县长。王恩隆拼凑了两个团的反动武装进行疯狂反扑。为保存革命力量，护乡1团和游击武装主动撤离县城。12月中旬，在南温河（今属麻栗坡县）老寨建立了中共马关县工作委员会和马关县工作团，谢森任工委书记兼工作团团长，领导全县人民继续开展武装斗争。1949年初，武工队在民兵的配合下，拔掉了股匪周永发设在南捞乡黄业裕的据点，打通了小麻栗坡—南温河—老寨—清水河一线的交通。1月27日，李鸿基率护乡4团及民兵300余人再次攻打瓦渣据点，匪目周永发受伤后，被当地愤怒的群众用石头砸死，其余50多土匪缴械投降。2月4日，刘杰、梁家率新1团在护乡1团的配合下再次围攻马关县城，国民党代理县长王恩隆仓皇逃进玉皇阁负隅顽抗，被游击队用炸药当场炸死10余人，王恩隆被炸昏后拖到街上枪决。战斗结束后，成立了马关县人民民主政府，宋启华任县长，张仲梁任副县长。同时整编护乡1团，唐森任团长兼政委。不久，护乡1团离开马关，滇东南指挥部决定将争取过来的肖云鹏等500余人武装改编为护乡2团，主要活动于马关八寨与河口之间。

1949年7月14日，股匪头目杨国华乘部队不在马关，县城机关干部又大都下乡开展宣传发动群众工作之机，纠集700余匪众占据县城达半年多时间。直到1950年1月，杨国华听到解放大军进入文山，文山城已解放的消息后，才仓皇逃回夹寒箐老巢。2月初，马关县工委和县人民民主政府由八寨迁回县城。

（六）西畴县

1948年2月，中共开广工委书记岳世华派军盟成员彭大同（同年9月加入共产党）到西畴，先后与马关地下党负责人宋启华、西畴马街大江东进步青年张丕洪等联系，在马街一带开展秘密活动。7月，上级党组织又派张崇文、徐亚雄等加强西畴县的工作。不久，马街、兴街、莲花塘、西洒、柏林、蚌谷、鸡街、坪寨、董马、法斗等乡及交通沿线的许多村寨都建立起了联络点。同时以大江东为据点，组织起了一支200余人参加的护乡、护会武装——西畴护乡大队。11月12日，张丕洪带领护乡大队举行暴动，攻占国民党马街乡政府，俘虏、缴获乡武装30余人枪，彭大同随后奉命去领导这支队伍。12月1日，彭大同率队攻占兴街、老街，缴获国民党区、乡政府武装长、短枪百余支，部队迅速发展到了300余人，扩编为3个大队，暂名为“西畴人民讨蒋自救军”，彭大同任指挥，徐亚雄任副指挥。随后，彭大同、张丕洪率一大队到县城西洒附近活动；徐亚雄、蔡超、李春山率第2、第3大队在西畴、砚山两县结合部地区活动。国民党西畴县长杨履坤闻讯，带着县常备队和地霸武装逃离县城。彭大同、张丕洪率第1大队进入县城，占领了国民党县政府。7日，彭大同在西畴县城召开群众大会时，被国民党第26军481团一个营从三面包围袭击，战斗从中午一直持续到傍晚，部队被迫撤离县城，第1大队15人牺牲。离开县城后，第1大队到砚山蚌峨与“前委”率领的7支队和立功大队汇合，并一起行动。12月13日，部队在向麻栗坡行进途中，庄田、孙太甲、彭大同率一部在观音岇设伏，全歼尾随而来的国民党26军578团3营，毙敌营长以下120名，伤敌60余名，俘敌130余名，缴获八二炮2门、六〇炮4门、重机枪3挺、轻机枪24挺、长短枪300余支，以及大批弹药、物资和骡马。12月下旬，西畴人民自救军1、2、3大队返回马街整训，整训后，部队名称改为“滇桂边纵队滇东南指挥部直属西畴独立大队”（简称独立大队），下设3个中队，徐亚雄任大队长，蔡超任副大队长，安朗任教导员。12月底，独立大队参加围攻麻栗坡县城，后又返回配合7支队共同行动。

1949年1月26日，7支队副支队长张鸿谋获悉西畴县城无敌军驻守，遂派潘启洪率突击队突然袭击县政府，活捉国民党西畴县县长伙心从。1月30日，独立大队改编为滇东南护乡第3团，彭大同任团长，董英任政委，安朗任政治部主任。部队活动于文山、马关、西畴三县结合部地区，牵制敌人，待机歼敌。2月，西畴县全境解放，中共西畴县工委和西畴县人民民主政府成立，郭芳任工委书记，董英任县长。同时成立西畴县护乡大队，徐世学任大队长，徐世荣任教导员。同月，护乡大队编入中国人民解放军滇桂黔边纵队第8团，团长李鸿基，政委郭芳。

（七）文山县（今为文山市）

1946年10月，中共云南省工委派岳世华、邓勋、吴世霖到文山，以文山县税捐稽征处职员的公开身份秘密进行活动。岳世华还通过关系介绍党员到开广中学任教，组织“青年读书会”，创办《拓荒者》周刊，宣传革命思想；军盟成员彭大同（后入党）通过老关系与国民党保安连长鲍租刚，县警察局长杨福中秘密联系，准备起义，因故未能成功。1948年10月，中共桂滇边工委派牛琨进入文山，与民青成员刘宝瑚、张崇文、韩建武、张新沂、张渡英、林竹森等取得联系，成立民青文山支部，加强与城外游击队的联系，给游击队提供情报。张渡英、林竹森等民青成员还到老乌底组织起了20余人的游击队，在以革勒一带开展游击斗争，袭击国民党联保公所，缴获步枪7支，并开仓济贫，后编入县直属中队。民青支部则在文山城建立联络站，掩护地下党组织和游击队人员来往活动。1949年4月，边纵解10团进驻古木时，民青支部获得国民党军队要进攻古木的情报，并及时通知解10团，使部队避免了损失。这些民青成员中的绝大多数人，后来都加入了共产党，成为部队和地方党派的骨干力量。

新平乡（今追栗街镇）、古木镇（含今柳井乡，当时属马关县）等彝族聚居区，是文山县地下党和游击队的主要活动地区。1948年11月上旬，云南人民讨蒋自救军从越南回国时，桂滇边工委组织一支称为健康大队的200余游击武装解放了马关县城，进而推进到文山、马关之间的古木、山车一带活动，并在古木、山车、追栗街、柳井等地广泛开展宣传和发动群众工作，逐步发展壮大游击武装力量。1949年4月初，滇东南护乡3团在彝族居住的追栗街镇丫呼寨改编为中国人民解放军滇桂黔边纵队第10团（简称解10团），团长彭大同，政委陈熙古，政治处主任安朗，参谋主任徐亚雄，在当地各族人民的大力支持下，积极开展解放文山城的准备工作。4月15日，文山县人民民主政府在丫呼寨成立，安朗兼任县长。与此同时，解10团在硝厂村积极做国民党乡长张自元（彝族）的工作，使其向党靠拢，并绘制追栗乡地图交给解10团；解10团则派出罗君辉、蔡道俊、范石卿等政工人员，按地图所标的村寨分别召开群众会议，建立农民协会，提高人民群众的革命觉悟，并建立起了新平和古木两个乡（镇）的人民民主政府。新平乡乡长樊同章，武工队长罗君辉；古木镇镇长晏廷宪，工作队队长（兼指导员）姜涛。

1949年6月，彭大同团长率解10团1营及团直属连从古木、布都、众人地、牛皮打进入者安二塘，打退国民党平坝镇长金朝文指挥的保路队进攻后开往马关，途经古木镇阴洞时，遭遇地霸武装闵志魁（闵三麻子）股匪的袭击。战斗从上午一直持续到黄昏，解10团才主动撤除战斗，但股匪仍尾随紧追不舍，匪首闵志魁被解10团后卫部队设伏击毙。

1949年9月，国民党云南第四区行政专员公署急命各县地霸武装集聚文山。滇桂黔边纵队4支队32团获悉国民党西畴县长蔡怀谦带70多地霸武装从西畴赶往文山的情况后，命营长张丕洪追击，并在追栗街围袭蔡怀谦带领的股匪，毙敌1人，缴获长短枪4支，马2匹，匪徒仓皇逃往文山城。12月21日，文山县民主政府副县长张新沂带工作队到古木镇工作，国民党文山专员公署专员罗廷标派地霸武装袭击古木镇政府，张新沂率领的基干队猝不及防，被迫仓促应战，基干队牺牲和受伤17人。

1950年1月6日，进军云南的野战军先头部队114师、151师和边纵一支队15团、16团，以及4支队一部包围文山城，兵临城下，国民党云南第四区（文山）专员公署专员罗廷标被迫放下武器投降。7日，中共滇东南地委、滇东南行政专员公署随部队入城，受到文山城各族各界群众的热烈欢迎，文山县民主政府也随之从丫呼寨迁入文山城。2月初，马关县城解放。至此，文山地区（1958年4月1日以后为文山壮族苗族自治州）全境解放。

（八）富宁县

1938年，由于右倾投降主义路线的破坏，在红军时期建立起来并坚持了8年之久的富宁县革命根据地几乎损失殆尽。

1948年秋，中共广西靖镇工委决定派出李兴、郑季传、吴良康（梁荫）、陈其辉等进入富宁县，进行开辟新区工作。1949年1月，李兴等首先进入有200多户彝族人家的麻栗县龙洋村（今属富宁县）开展工作。在这之前的1930年，红八军路过富宁时，曾在龙洋村停留过，给龙洋村彝族人民留下了很好的印象，李兴等同志的工作得到了彝族人民的积极支持，很快便组织起了一支以龙洋彝族为基础的20多人的游击武装，当地的彝族保长还借给游击队1支手枪、2支步枪，为后来进一步开展工作打下了基础。龙洋游击队建立起来后，工作队留下陈其辉在龙洋一带继续开展工作，李兴、郑季传、吴良康等则到田蓬，与云南地下党派到田蓬地区工作的负责人谢森取得联系，由当地“兄弟会”派人带路进入七村九弄地区，与仍在那里隐蔽坚持工作的红军干部何尚刚会合，接着又与中共富宁地下党负责人麦先培取得联系。而在这一期间，富宁地下党也积极开展宣传发动群众工作，组织“民青”组织，做争取民族上层人士的统战工作，同时秘密收集情报，配合城外的武装斗争。1949年初，全国革命形势发展很快，滇东南地区的武装革命斗争也迅速发展壮大起来。这时，在红军时期叛变革命并当上国民党富宁县县长的梁超武欲与游击队谈判。而在此时，游击队也派人做国民党富宁县常备队的争取起义工作。为了至少让梁超武保持中立，为常备队起义争取时间，游击队与他进行了谈判，但他却提出了许多无理条件，使谈判陷入僵局。为了突破僵局，游击队设法处决了在背后阻止梁超武与我军谈判的国民党军统特务林俊军，震慑了国民党富宁县政府官员，迫使梁超武将县民团总队改为“民众自卫军”，并任命梁学政为副总队长，游击队趁机安排李兴任“民众自卫军”政训处主任，郑季传为参谋，在“民众自卫军”中反复宣传共产党的政策和当时的革命形势，激发他们的反蒋情绪，并遣散部分士兵，撤掉一些民团哨卡，联系游击队派兵包围县城，迫使梁超武起义，或武装夺取县城。

然而，对国民党仍抱有幻想的梁超武于3月中旬突然带着警卫队和县政府幕僚离开县城，到剥隘、者桑建立县政府第二办公室，只留下梁一栋、韦景惠带领近300多民团守城。同时密令各乡调集民团武装，加强放哨堵卡，与共产党和游击队公开决裂。此时，县常备队武装已完全掌握在游击队手中。不几天，靖镇工委派宣传部部长吕剑到木腊关，通知李兴、梁学政等去商量工作。李、梁等则以边境地区发生匪情为由，带着常备队前往木腊关。常备队一离开县城，土匪陆桂才便趁机带手枪队占据县城，捣毁常备队队部，收缴常备队留存的武器弹药，抓捕常备队留守人员，并挟持梁学政，企图瓦解常备队，破坏县城的党组织。常备队行进至板伦街时，又遭遇老反共分子黄少臣集结武装堵截。然而，狡猾的黄少臣看到常备队力量远超过于他，且态度强硬，并改变计策，明里热情招待，暗里却在乡公所埋伏武装，妄图用“鸿门宴”消灭常备队。常备队便将计就计，也在乡公所四周布置武装，架设机枪对准乡公所，进行武装赴宴。黄少臣见势头对其不利，只好狼狈收场。常备队到木腊与吕剑商量后，开到七村九弄休整，听候靖镇工委指示。

1949年4月，靖镇工委派廖华到九弄，将在龙洋等彝族村寨坚持斗争的陈其辉游击队与梁学政所部合并整编为两个中队，成立富宁县游击大队。同时抽调部分人员到七村九弄、架街、后龙山等村寨开展宣传发动群众工作，使部队迅速发展壮大起来。4月30日，游击大队和民兵200余人在廖华的指挥下，近抵到离县城只有约1公里多的渭舍村，县城之敌便闻风而逃。5 月 1 日，部队进入县城，宣布县城解放。5 月 3 日，游击大队与谢森在田蓬地区领导的护乡 5 团黄英大队在富宁会师，商讨下步工作计划。5 月 10 日，部队退据四亭村，板伦之敌 3 个大队则进抵到离县城约 8 公里左右的那谢村，妄图夺回县城。游击队趁敌人立足未稳时包围那谢村，很快就将敌人一个大队打垮，歼敌县警察局长陈章达以下 30 余人，缴获轻机枪一挺，长、短枪 20 多支。

5 月中旬，敌人再次在归朝集结，梁超武任命黄少臣为总指挥，并派亲信何松带领重机枪队助威压阵，准备与游击队决战。游击队也集中富宁大队和护乡 5 团的 500 多兵力，在廖华和谢森的指挥下，于 5 月 17 日晚将敌包围在归朝街上，经 6 个多小时的激战，除驻守河北店和大田坝的何松、韦景惠部逃脱外，其余之敌大部被歼，共毙敌 100 多名，俘敌近 200 名，生俘敌总指挥黄少臣，缴获轻机枪 3 挺，机关炮 1 门。随后，部队又乘胜追击溃逃之敌，迅速解放了全县近半数的乡镇，将田蓬与广西靖镇区连成一片。

6 月初，部队按中共滇东南工委的决定，成立中共富田工委和富宁县民主政府。工委书记谢森，副书记王麟勋（王琼儒）。廖华调滇东南指挥部，李兴、郑季传、吴良康等调富宁，脱离靖镇工委领导。从此，在富田工委的领导下，开展富宁县的建政、剿匪、解放全县和迎接解放大军进军云南工作。

在争取民族解放的斗争中，有许多经过党多年培养成长起来的彝族党员干部纷纷深入农村，通过组织农民互助会、禁烟会、兄弟会、妇女会、儿童团等形式，把农民组织起来，为争取民族解放、建立新中国做出了贡献。1946 年 11 月，云南地下党根据革命形势的发展变化情况，利用张冲参加国民党伪国大的时机，把张冲介绍到南京中共代表处，经中共代表设法将张冲送往北京后转赴延安，加入了中国共产党。同时，在中共云南地下党组织的积极争取下，国民党在云南的统治集团代表也逐步倾向爱国进步。而在这之前的 1943 年，中共中央南方局就派华岗与龙云建立起了秘密的联系关系，不久还在龙云的要求下，在昆明五华山滇黔绥靖公署内设立电台，与延安中共中央和重庆中共南方局保持电台联系。1944 年，龙云秘密加入了中国民主同盟。与此同时，在中共云南地下党各级党组织的努力争取下，许多地区的彝族上层人士也逐步倾向了爱国进步，并加入了党领导的革命队伍中，绝大多数的彝族聚居区都普遍建立起了党领导下的革命武装。

1947 年 5 月，云南地下党集中数十名干部在彝、汉杂居的宣威县（今为市）东北山区建立百余人革命武装——“六六分队”，发动群众开展具有试验特点的武装斗争。1947 年到 1948 年初，又在彝族主要聚居区的陆良县龙海山建立起了农村游击根据地，以统一战线的形式，团结彝、汉民族中进步的上层爱国人士和实力人物，掩护党的武装斗争工作。1948 年 2 月，朱家壁、何现龙、张子斋、祁山等领导路南县圭山、弥勒县西山起义时组建起来的“边纵”早期的武装——“一支人民的军队”，其组成人员大都是彝族青壮年，何现龙先前在丘北县组织的县政警队，成为了这支革命队伍初期时的重要骨干力量，政警队长龙于湘后来在战争中屡建战功，成为“边纵”中很有名气的中层领导。后来在遭遇敌人重兵包围的老鸹藤（今雄山）战斗中，龙于湘不顾生命危险，奋力掩护部队突围，连续毙敌10余名后身负重伤被俘，在被敌押往开远途中壮烈牺牲。

1948年8月，党领导的元江一带彝、汉、哈尼、傣等各族武装工作队编为“云南人民讨蒋自救军第二纵队”，于10月兵分两路，一路攻克石屏、龙武两县，另一路进入峨山。11月，成立以彝族为主体的“峨山大队”，1949年6月改为“滇中游击队”，同年9月正式成立“滇中独立团”，为滇中地区的解放做出了突出贡献。

在滇西，1949年11月相继建立起了以彝为主的“滇西北人民自救军”第一支队和第二支队，并与也是彝族为主的禄劝县游击队相互呼应配合。

以彝族为主体的圭山、西山武装斗争，是党领导云南各族人民争取人民解放武装斗争的开始，其影响迅速波及滇、桂、黔广大地区。许多彝族人民的优秀儿女为民族的解放流血牺牲。1949年2月26日（农历正月十六日），在丘北雄山战斗中受重伤被俘的云南人民讨蒋自救军（“边纵”前身）十二支队支队长龙于湘，在敌人的刀枪威逼面前，大义凛然，怒斥敌人，英勇就义，年仅36岁。1949年8月8日，时任中共西畴县工委委员、西畴县东区特支书记兼区长的李克武，因被叛徒出卖而壮烈牺牲，残暴的敌人将他的头割下抛弃。当地各族群众闻讯后，都为失去这位对人和蔼可亲、平易近人，整日里为人民的翻身解放冒险奔忙，时年仅22岁的彝族儿子悲痛欲绝，哭声震动山野，天地晦暝。李克武牺牲后的第二天，虽然土匪活动很猖獗，但还是有贫苦的农民群众冒着生命危险，找来木板做棺，暂且便葬，3月后又换好棺木厚葬。每逢清明节，前往悼念的人络绎不绝。

在武装起来的彝族等各族儿女为人民的解放浴血奋战的同时，各地彝族人民同其他各族人民一道，冒着生命危险，为部队送粮、送菜、送物、送信、带路，倾力支援部队作战，掩护部队活动，救护伤病员等，这样的动人事迹在当时的彝区随处可闻可见，数不胜数。

1949年上半年，“云南人民讨蒋自救军第一纵队”相继解放了罗平、师宗、泸西、路南、弥勒5县；另一部分也先后解放了马关、麻栗坡、西畴、广南、丘北、砚山等县，从而建立起了滇东、滇东南革命根据地。同年7月，按照中央军委的命令，云南、桂西各游击队合并为“中国人民解放军滇桂黔边纵队”（简称“边纵”），同时成立滇桂黔边区党委。合并后的滇桂黔边纵队，将滇东南的人民武装整编为第1支队和第4支队，原滇桂黔纵队第1团和第7团编为1支队的15团和16团，直属纵队领导。原滇东南指挥部所属部队整编为4支队，辖31、32、33、35、37共5个团和1个警备团。部队于当年9月整编结束。

部队整编结束后，除继续开展云南全省和桂西地区游击斗争外，还负责开展黔西南地区的武装斗争。1949年10月，在贵州威宁建立起了以彝族为主的“边纵”第6支队，下辖威宁游击团和海田游击大队，威宁游击团的团长卢嵩岚和政委陆宗棠都是彝族。海田游击大队和游击团组建起来后，配合入滇的解放大军，围剿盘踞云南彝良县的国民党残匪及贵州威宁县地霸李国栋反动武装。1950 年 3 月，在截击溃逃贵州的原国民党十三兵团童登文团时，威宁游击团政委陆宗棠壮烈牺牲，时年仅 31 岁。

1949 年 10 月，四川凉山冕宁县彝、汉各族人民组织了 3000 多人，成立了游击队和治安委员会，粉碎了敌人欲以冕宁一带有利地形与解放大军进行负隅顽抗的企图。之后，会理一带的许多彝族参加了金沙江支队，与国民党军队和地霸武装展开了激烈的武装斗争。

与此同时，一些彝族的上层人士也接受了革命思想和党的主张，逐步投入党领导的革命洪流中。1949 年 5 月下旬，彝族团长张天祥率领的“边纵”25 团解放了镇康（今禄劝县皎西），汤郎巡检司第八代彝族土巡检金洪照不但热烈欢迎 25 团，还将自己的两挺机枪、60 支步枪及其全部土司武装都交给了 25 团，25 团便以金洪照的队伍为基础，组成了 25 团属下的游击大队，并由金洪照任大队长。1949 年，作为世袭土司的金洪照毅然加入了中国共产党，11 月担任禄劝县临时人民政府主席。1950 年 1 月，金洪照率领的游击大队与其他两个大队合并成立“边纵”独立第 2 团。

丘北县的彝族上层人士胡朝臣在解放战争时期中所走过的路，可谓一波三折。

胡朝臣（1900—1989 年），字秉中，因排行第九，所以人们大都称其为胡老九，丘北县腻脚彝族乡革书村人。

胡朝臣幼年读过几年私塾，成年后继承祖业，收租放贷，进一步敛集财富，扩大势力，并购买枪支，组织私人武装，成为丘北县势力较大的地方实力人物之一。胡虽然有势力，但他待佃户相对较宽容，佃户遇到灾年歉收时，给予减收或免收。逢年过节，还给一些鳏寡孤独的穷苦人送肉送粮，且办事公道，因此在当地各族群众中享有较高的威望。但他对共产党和共产党领导的“边纵”游击队却是在几次犹豫不决的反复后才最终走到革命队伍中来。

1948 年，国民党丘北县政府委任胡朝臣为腻脚乡自卫大队大队长。中共地下党组织为扩大统一战线，孤立和打击少数顽固敌人，派刘海如去做对胡朝臣的争取工作。当时胡对刘热情接待，并表示愿意靠拢人民。之后，还派其侄子胡国相参加刘海如在普者黑主持的“反蒋联盟”会议。10 月，朱家壁、张子斋等游击队领导人亲自到他家做进一步的宣传引导，增强胡朝臣走向革命的信心。然而到 1949 年 8 月，当国民党丘县长马崇仁率其战败的残余武装退回到其老家曰者镇河边村妄图固守待援时，又任命胡朝臣为丘北县剿共总队副总队长，并命令他率武装到曰者同其一起据守河边村，他还是奉命率 300 余武装进驻到了曰者。此时，正在准备围攻马崇仁土匪武装的“边纵”护乡 11 团知道情况后，派人对胡朝臣做进一步的工作，并晓以大义，函请他托辞回避，胡又立即率其武装离开了曰者，为部队迅速消灭马崇仁武装扫清了障碍。在武装革命斗争大洪流的强力推动下，不久，胡朝臣便派其侄孙胡家琪、胡家润带 100 多人枪参加了边纵部队，并亲率武装参与解放大军围剿大土匪罗茂林、茂罗良的战斗，还争取一些土匪投案自新。

1951 年，在国民党潜伏特务潘方侠和土匪头目罗茂林、罗茂良的武力胁迫下，胡朝臣的思想又出现了反复，并与另一土匪头目赵光海一起，率200余匪众与解放军对抗，结果其率领的匪众很快就被解放军剿匪部队击溃，胡带着随行的4个侄子逃进深山躲藏。1952年，在剿匪部队强大的政治攻势和军事压力下，胡朝臣最终还是选择了弃暗投明，重新回到了人民中间。鉴于胡朝臣在这之前做过一些有益于人民的事，党和人民不但宽容了他，并送他到云南民族学院学习，1956年，还选他担任了丘北县人民政府副县长。1958年以后，又先后被选为文山州政协副主席、云南省政协委员，“文化大革命”期间被遣送回家，1980年恢复在省、州政协的职务，直到1989年3月病逝于昆明，终年89岁。

腻脚乡大铁村的彝族龙超云也是解放战争时期丘北县最有势力的地方实力人物之一，为了争取他支持党领导的革命斗争，1947年到1949年2月期间，何现龙、龙于湘、王文炳、李曜九、朱家壁、张子斋等党的地下工作人员或“边纵”领导人曾经多次到他家做宣传争取工作，使他逐渐提高了认识，认清了形势，并最终下决心走向革命道路。

1949年2月26日，国民党军围攻雄山龙于湘领导的“边纵”游击队时，龙超云和同族人龙顺华一起奉命带武装去增援，但未能赶上时间。之后获悉游击队领导人龙于湘、常志高、赵雄在战斗中受伤被俘，敌人要将他们押送去开远敌26军军部。于是，龙超云与张春生领导的武工队和舍得彝族杨建武领导的“边纵”部队配合，在敌军的必经之地——平远街大漆树、黑果山、老熊山设伏，准备解救被俘同志，但因参加埋伏的一个民兵提前过早开枪暴露目标，未能实现解救计划，部队在毙敌10人、伤敌20余人、俘敌2人之后，主动撤出战斗。大漆树战斗结束后，敌26军气急败坏，于同年6月，调敌578团，加上文山的龙开甲以及丘北的罗茂林、罗茂良3股土匪武装共计2000余人，向大铁、小平寨、鲁底等腻脚乡彝区村寨进行疯狂进剿，四处烧杀抢掳，烧毁民房数十所，抢走牲畜100余头，龙超云带领队伍奋起反抗，在激战中壮烈牺牲。为了避敌锋芒，保存实力，8月中旬，龙顺华带领从腻脚彝区撤退出来的200余武装，渡南盘江北上，与“边纵”2支队会合，被编为14团警卫连。之后，警卫连先后参加了陆良马街、天生关，路南大小圭山、糯依，泸西龙潭河，以及解放开远等一系列战斗，建立了显赫战功。

出生于富宁县木央镇大平行政村木敖下寨的彝族干部罗大明（1918—1986年），小名罗大，是一个一心一意跟共产党闹革命、求解放的彝族贫苦农民。新中国成立后，在党的教育培养下，逐步成长为一名有一定声望的县级领导干部，为贯彻落实党的民族团结政策和富宁彝区经济社会发展做出了积极的贡献。

罗大明6岁时父亲去世，随母亲艰苦度日。25岁时被国民党抓去麻栗坡当保卫，10个月后被派到田蓬对汛做通讯兵，其间曾逃跑回家，与其舅舅学习做木工。1947年11月又被保长卖到田蓬当汛兵，1948年4月又回家务农。同年7月，又再次被叫到田蓬对汛署当汛兵，负责管理枪支弹药。同年12月4日，田蓬获得解放，6日，罗大明主动把其保管的25支步枪、一挺机枪和1000多发子弹全交给了游击队，并参加了党领导的游击队。不久，由于其母亲年老体弱，经申请批准回家务农。1948年末，党组织派人在罗大明的家乡建立农会，罗大明被群众公选为支会长。当时，大平及周边一些村寨，彝、汉两族间发生了激烈的矛盾纠纷，即将引发械斗。为了制止即将发生的械斗冲突，罗大明与其他各族农会干部一起喝鸡血酒“结拜兄弟”，盟誓“不准哪个反对共产党和毛主席。如果哪个反对共产党和毛主席，就像鸡一样的死！”结拜后，罗大明就在大平召开的各族群众大会上说：“现在全国解放了，田蓬解放了，大平解放了。今天有共产党、毛主席领导，我们穷人翻身作主啦。我们各民族要团结在党中央、毛主席周围，打倒国民党，跟共产党和毛主席干革命到底！从现在起，哪个反对共产党、毛主席，哪个就像鸡一样的死！如果我罗大明反对，我也要像鸡一样的死！”一席朴实无华而又铿锵有力的宣传教育言词，让即将爆发的械斗冲突很快平息下来。从此，大平及周边村寨发生各种大、小矛盾纠纷，人们都要找罗大明去解决，他公道无私的办事原则和精神，使其在群众中的威信越来越高。1950 年，罗大明被任命担任田蓬剿匪队长，他组织各族民兵积极开展剿匪斗争，为肃清田蓬地区的土匪暴乱做出了贡献。

1950 年 8 月，罗大明被选为农会代表，出席云南省首届农代会。1952 年到文山地委党校学习，学习结束后被任命为土改试点工作队副队长，到砚山、丘北开展土改试点工作。1953 年参加文山地区民族工作队，并担任副队长，到麻栗坡市开展民族工作。后到云南民族学院学习，学习期满后回田蓬任土改工作队副队长，开展土改工作。1955 年 1 月任麻栗坡市副市长。1958 年田蓬、木央划归富宁县后，任富宁县委常委、副县长，退休前任富宁县政协副主席。

在多年的领导工作中，罗大明在负责做好分管工作的同时，认真为富宁县彝族地区经济和社会发展进步而努力。历史上，富宁县彝族没有种小春的习惯。1958 年县委在全县发动群众开展小春大革命，大力发展小春生产，但许多彝族不愿种，而且抵触情绪很大。为了改变富宁彝族这种传统落后的生产习惯，罗大明深入彝族村寨做耐心细致的宣传动员工作，终于让一些彝族群众的思想逐步开了窍，开始种起了小春。当年彝族村寨种了 400 多亩小春，并获得了丰收，从而结束了彝族村寨不种小春的历史，小春逐步成为彝族人民增加粮食产量的来源。

过去，富宁县不少彝族人家老人过世办丧事讲排场，大操大办，死者家有几个女婿就要杀几头牛，女婿之间还要攀比谁杀的牛最大最肥，使得许多死者人家及亲属“死人不吃饭，家产空一半”，甚至负债累累，倾家荡产，陷入极度困境之中。为改变这种落后的不良风俗，罗大明找时间做彝族群众的思想教育工作，经过不断努力，终于让彝族群众逐步改变了这种不良的陈规陋习。

1893 年生于砚山县平远镇莲花塘村的周兴汉是个刚直不阿、仗义执言、不畏权势的彝族倮支系人。

周兴汉的祖父是个烧制土锅的土锅匠，父亲略懂一些彝医技术，常在莲花塘及周边村寨为乡亲看病，但周家祖辈一直都很贫寒。从小尝尽凄苦，目睹官府腐败，官匪横行，欺诈百姓的周兴汉，青年时就立志要报国救民，杀贪官，惩恶霸，并在开远、砚山、文山、屏边、丘北等地广交朋友，拜“把兄弟”，拜师求教，习墨练武，把自己练成了一个能文尚武的彝家硬汉。他性格刚直，办事公道，好友们都崇敬他，推举他当头领。于是，周兴汉便在家乡拉起了一支护村武装，意在防备匪盗抢劫，危害乡亲，防备官府和官军为非作歹，搜刮钱财，欺压百姓，并提出“彝人除缴纳国家皇粮外，其他苛捐杂税一切可抗”，国民党乡、保长拿他毫无办法。国民党开远县政府的官员们对周兴汉恨之入骨，几次想办法要除掉他，终未能得逞。后又给他进行封官许愿，委任他担任平远保安队队长，想以此拉拢利用他，周兴汉嗤之以鼻，拒不上任。当时，横行在滇东南地区的地霸头目龙开甲、张自全和土匪罗茂林（罗四）、罗茂良（罗五）也曾经几次拉拢过他，但周兴汉认为他们都是一些祸国殃民的土匪，做事缺德，也一概拒绝不理。这些地霸土匪想整治他，却又不敢惹他，始终拿他没办法。

1947 年底，中共领导的“边纵”游击武装斗争在滇东南地区如火如荼地开展起来，国民党开远县政府为稳住其摇摇欲坠的反动统治，又委任周兴汉担任开远县自卫队队长和县政府征收股长，但他还是拒不上任。此后，为防官府报复，殃及乡亲，周兴汉便带着几个弟兄，到屏边县大窝子、丘北县大铁等彝族村寨埋名匿踪地隐蔽下来。到了次年 6 月，平远地区连降大雨，山洪暴发成灾，莲花塘村一带的彝族土库房大部分倒塌，许多庄稼被洪水冲毁淹没，使本来就很拮据的彝家人的生活更是雪上加霜。周兴汉闻讯赶回家乡，看到家乡灾后的一片悲凉惨状，十分忧伤。为使乡亲不被饿死，周兴汉决定抢夺官府从开远运送物资到文山、砚山、丘北、广南一带的马帮，实施劫官济贫。于是，在一个泥滑路烂的雨天，周兴汉带着弟兄们，对一支官府马帮进行抢夺。押送马帮的国民党兵丁看到周兴汉带领的队伍声势很大，不敢做一点抵抗，便和赶马人一起弃马丢枪而逃，设伏的人缴获了不少的洋纱、盐巴、银元和一些生活用品，还缴获了一批枪支弹药，不仅让乡亲们渡过了难关，还为之后开展武装保卫家乡增添了武器和经济实力。

1948 年初，中共地下党开远县东山地区负责人张春生找到周兴汉，向他宣传国际国内形势和共产党的政策，动员他跟共产党走，支持共产党领导下的武装革命斗争。亲身感受和目睹国民党反动政府、地霸土匪残酷压迫和欺凌人民的周兴汉，此时终于看到他一直为之追求的光明之路，毅然决定一心跟共产党走。于是，莲花塘村便成为了党领导开展革命武装斗争的一个重要的秘密联络点，许多“边纵”领导人都曾经住宿过周兴汉家。游击队需要什么，他都要想办法帮助解决，并把 8 名彝族青年送到了游击队，同时带领自己的队伍伏击一支妄图进犯蒙自鸣鹫残害人民的国民党军队，使敌人的罪恶阴谋未能得逞。

1949 年 2 月 13 日，在丘北县雄山（老鸹藤）突围战中掩护队伍突围时身负重伤被俘的游击队领导人龙于湘、常志高、赵雄，在被国民党军队押送去开远途经平远地区的路上，周兴汉带着他的彝族武装参加了伏击国民党军队，营救被俘游击队领导的战斗。此次营救战虽因缺乏战斗经验的民兵提前开枪，过早暴露目标而未能成功，但沉重打击了敌人的嚣张气焰。战斗中，周兴汉除带领民兵参加战斗外，还组织群众向所有参战的游击队和民兵提供了大量的后勤支援。

1950年初，周兴汉作为思想进步的彝族上层人士，到蒙自、昆明参加了党和政府举办的学习班学习，并到省外一些地方去参观。但一生总是不愿离开家乡的周兴汉，在学习中告假回家探亲期间，不幸得病辞世，终年58岁。为了纪念这位为人民的解放斗争做出贡献的彝族进步人士，1990年，砚山县人民政府为周兴汉重新修墓立碑。

与周兴汉同年出生，且生活比周兴汉还更贫苦的砚山县稼依镇店房村彝族人张国治，走的却是一条与周兴汉完全相反的道路。

张国治早年以帮工为生，当他27岁其父病死时，家中一贫如洗的他因无力埋葬父亲，便披麻戴孝地到财主家借债，财主不但不借钱，反而以张国治带晦气进他家为由，对他进行毒打凌辱。不堪忍受凌辱的张国治便带着一颗复仇之心，去当了国民党兵。他的哥哥张国恩和弟弟张国老也上山当起了土匪。

张国治当兵不到一年，就升任为排长，但不久在部队整编中被降为班长。他因此而心怀不满，便在部队开赴贵州途中，带着当排长时的30多名部下反水，离开了部队返回家乡以那嘎，开始他一生不分青红皂白，四处残害人民的为匪之路。1924年，张国治带着回乡笼络起来的300余人枪，先后攻打大稼依、茂克以及砚山县城，均未得逞。后被国民党军张凤春部围剿，一度逃进山林藏匿。这时正值云南军阀混战，官军一时顾及不了他，他便趁机扩充队伍，壮大实力。不久，在唐（继尧）范（石生）相争中，败退到广西平马的范石生，派人回滇东南四处招兵买马，网罗地方土匪武装，扩充队伍，企图东山再起。张国治此时正想寻找靠山，并与范石生派来的人一拍即合，范石生委以他师长之职，并派云南讲武堂毕业的军官杨赞伯当他的参谋长。于是，张国治又一时匪威大振，四处的许多股匪都纷纷来投靠他，队伍很快发展到了4000多人枪，对外声称万人武装，并打起“迎范公”的旗号，向广西进发，在广南与富宁交界处与范石生回滇的先头部队相遇。范石生命令他先拿下广南县城，为其主力部队开通道路。但张国治率其匪部攻打广南县城40余天，不但未能攻克广南县城，反被开广善后督办李选廷的队伍与广南县城守军内外夹击打败，带着剩下的500多残兵败将逃匿于滇桂边境的深山老林。之后又窜回砚山、丘北一带，先占据丘北的温浏、双龙营两地，继而又占据丘北县城，一路打家劫舍，虏财害民，继续搜罗地痞武装，其人马又扩大到上千人，但不久又被广富军围困于丘北县城，其刚拼凑起来的人又纷纷离他而去，只剩下了300余人，最后只好带着残部拼死突围逃跑。

1930年，蒋桂战争爆发，逃离丘北县城后仍不甘心的张国治，又乘机搜罗人扩大队伍。其间，到广西参加蒋桂战争的滇军101师师长张冲曾“招安”过他，但因其生疑而未成。滇军去广西以后，张国治又趁云南地方防卫空虚，先指派部分队伍控制砚山海子边、子马、羊街、者腊等地，自称师长，随后又带200多人占据了文山城郊的攀枝花，恰遇建水县元武军司令李绍宗派其部下普家齐部来文山报其士兵之前在文山遭缴械之仇，来势汹汹。时任国民党文山县县长的杨体震自度无力抵御，并任命张国治为城防司令，让其带队伍入城，驻防大西门。后到的普家齐也随即驻兵攀枝花，伺机攻城。张国治首先派部下祝天佑先攻普家齐，祝失利，退回城内地藏寺。普家齐乘机又占据了龙井、羊皮田，并纵火烧民房。张国见势不妙，便吩咐金朝栋、李汝昌两翼辅战，自己亲自带17名敢死队进行正面攻击猛打，路上不少乡民为保桑梓不再受涂毒，也追随敢死队一起冲锋，普家齐误以为是张国治的大队人马杀过来了，便带着队伍仓皇逃出攀枝花。张国治下令乘胜追击，把普家齐赶出了文山县境。

同年冬天，参加蒋桂战争后回滇的滇军98师师长卢汉认为，文山县县长杨体震让张国治进城当城防队长是通匪，杨体震听说后，吓得在县衙内自杀身亡。随后，张国治也带着队伍逃回了以那嘎，同时将他的人部署在者腊、江那、长岭街等公路沿线，企图骚扰卢汉部队回昆明。卢汉则采取怀柔之计，一面诱使张国治撤除公路沿线设卡人员；一面命令鲁道源部一个团，分别围剿张国治的武装，进而又包围以那嘎，并令各地民团配合。张国治知道抵挡不住，便趁夜逃出包围圈，躲进了西都海（海子边）中的小岛上，不久又被发现，再次突围未能得逞，便自杀于小岛上，结束了他为匪的生涯。

1948年9月12日到1949年1月31日，中国共产党领导的人民解放战争先后夺取了辽沈、淮海、平津三大战役的伟大胜利，基本上消灭了国民党的主力部队，人民解放战争在全国的胜利已成定局。此时，居住在香港浅水湾的前云南省主席、国民党中央考试院院长龙云意识到蒋家王朝的覆灭时间已进入倒计时阶段，并认识到云南和西南各省只有和平起义这条道路可走，因而多次派人或写信给云南省主席卢汉，敦促卢汉起义，并联络广西、四川、西康等省响应。而此时的卢汉也正在积极策划起义。他一方面派人与中共联系，一方面整顿地方吏治、整顿地方武装，并与“边纵”联系。1949年9月5日，卢汉在蒋介石的逼迫下飞往重庆与其见面，蒋要他立即组织“整肃”和“剿匪”，改组省政府。“整肃”，就是整顿肃清有反内战言行的民意机关、学校、报刊、电台，以及社会进步人士、工人、学生和政府公职人员。“剿匪”，就是围剿消灭共产党领导的“边纵”游击武装。9月7日卢汉回昆，蒋便派特务头子毛人凤带数十特务尾随而来。毛人凤一到昆明，就迅速秘密成立了整肃指挥部，下设行动组、审讯组和总务组。9月9日，特务们就开始了臭名昭著的“九九整肃”行动，查封了除国民党《中央日报》以外的所有报刊，卢汉对此很矛盾、很无奈。11月中旬，国民党代理总统李宗仁飞到昆明，卢汉认为这是一次利用国民党最高层矛盾，结束“九九整肃”的好机会，开始大批释放被捕人员，到12月27日，全部释放完毕。为了避免毛人凤再次组织搜捕，卢汉特别秘密要求获释人员暂时隐蔽，以防再入魔爪。

12月7日，国民党西南军政长官张群奉蒋介石之命，到昆明与卢汉面商，要把国民党国防部等一些重要机关迁到昆明，在昆明建立反共基地。此时，卢汉的起义准备已开始紧锣密鼓地进行，他便以抗战时期，人民负担过重，元气未复，民心浮动为托词，表示实难应允。12 月 9 日，张群又再次飞抵昆明。此时，卢汉已经决定于张群第二次到来的当天晚上宣布起义，因此，张群一到昆明就被软禁起来，随即以张群的名义，通知国民党在昆的主要军政要员当晚到卢公馆开会。国民党兵团司令兼 26 军军长余程万，第 8 军军长兼云南区训练司令李弥等高级军政头目一到卢公馆，也被相继送到五华山光复楼软禁起来。晚 10 时整，卢汉便在光复楼向全省各机关、部队发布命令："现在我宣布，云南起义了！各单位按照原定计划行动！"随之，一面五星红旗从瞭望台上冉冉升起。第二天，毛泽东、朱德从北京发来贺电，对云南起义给予了高度评价。贺电说："通电敬悉，极为欣慰。昆明起义，有助于西南解放事业之迅速推进，为全国人民所欢迎。"

云南起义后，在云南境内的国民党中央系统军队妄图凭据云南地处边陲，地势险要，民族关系复杂等条件负隅顽抗，梦想东山再起。但是，解放大军入滇部队在"边纵"的全力配合和彝、汉等各族人民的大力支持下，以摧枯拉朽之势，很快就完成了对国民党盘踞在云南部队的迂回包围追歼任务，结束了在大陆上对国民党军队的最后一战。从此，包括今文山州在内的云南广大彝族人民，同其他各族人民一道，获得了解放。

解放战争时期，彝族人民在中国共产党的领导下，为人民的翻身解放所做出的贡献和牺牲是重大的。在"边纵"诞生地的弥勒西山、路南（今石林）圭山，这种牺牲和贡献尤为突出。路南（石林）县参加"边纵"游击队的 1400 多各族儿女中，彝族最多，有 800 多人，其中有 7 名在战斗中成长为县团级以上军政领导干部，19 名成长为区营级领导干部。路南县地下党主要领导人毕恒光不幸被俘后，在敌人的酷刑拷打面前宁死不屈，大义凛然，英勇就义。在弥勒西山，先后有 830 多名彝族青壮年参加了"边纵"游击队，涌现出了杨治庭、董绍尧、龙于湘、卢光宗这样一批英勇为人民的解放事业捐躯的彝族优秀儿子，出现了武天才这样的全国战斗英雄。西山起义后，西山地区彝族人民先后遭受了国民党军队多达 30 余次的围攻扫荡，1300 多间彝族民房被烧毁，大量的牛、马、鸡、猪、粮食等财物被反复洗劫，牺牲和死难 216 人。

在迎接解放大军进军云南和支持解放云南的战争中，彝族人民和其他民族兄弟一道，响应地方党委、政府的号召，在生活十分困难的情况下，省吃俭用，千方百计筹备粮草，全力修桥铺路，成立劳军队、担架队、秧歌队，沿途设立茶水站、医疗站、物资供应站等，给人民子弟兵以大力支持。据不完全统计，包括彝族在内的文山州各族人民，共筹集粮食 805 万斤，肉类 70000 多斤，禽蛋 7000 多斤，柴草 1260 万斤，布鞋 8700 双，各种蔬菜不计其数，有力地支援了解放云南的斗争。

第四节　近代彝族语言文字和文化艺术

一、语言文字

作为汉藏语系藏缅语族彝语支民族，全国彝族语言被分为6个方言区，按区域划分，文山州彝语属于东南部方言。但这种区域语言划分只是大体上的划分，并不完全准确。事实上，由于历史上各部落、各地区彝族间经常发生迁徙对流，地区间语言相互交叉的情况比较普遍，各区域间、各支系间往往你中有我，我中有你，你中有他，他中有你。有的支系自称虽然不同，但语言却大体相通；而有的支系自称虽然相同，语言却又很难相通。如砚山、文山的阿西（阿细）话，与广南的阿细（嘎叟）和丘北、弥勒的阿细话，就不易沟通；而文山、砚山的阿西（阿细）话，却与丘北的黑彝话基本相同；而丘北的黑彝话，又与广南、富宁一带的黑彝话差别较大。这样的情况，在全国彝区几乎到处都有，所以，彝族6个方言区的划分，只是大体上的。

同全国其他彝区一样，文山州彝族支系繁多，次方言和土语情况纷繁复杂。据大体上调查，仆支系中自称阿扎、咋科、泼哇、图拉帕、颇罗、蒙鸡等7个分支中，咋科话与阿扎话两相比较，在605个词汇中，全部相同或有语言对应关系的有362个，占总数的59.8%。图拉帕话与泼哇两相比较，在1080个词汇中，全部相同或有语言对应关系的有633个，占总数的58.6%。图拉帕话与蒙鸡话两相比较，在1085个词汇中，全部相同或有语言对应关系的有625个，占总数的57.6%。颇罗话与图拉帕话两相比较，在1072词汇中，全部相同或有语言对应关系的有579个，占54%。语言的基本相同或相近，一般与地域有一定关系，但主要是历史上长时期相互封闭隔离造成的。有的则与民族支系自称有一定的关系，即在同一地方的同一支系，因自称不同而难以通话；而不同地方的同一支系自称，也有不少难以通话的。文山市追栗街镇咋科支系与近邻的东山乡阿扎支系人，语言相同和相近的仅占30%，基本上不能通话；而居住在不同地区自称相同的支系，尽管相距较远，很少往来，但除了少数有不能通话的情况外，大多数都可以通话。

尽管如此，各地彝语的语法是完全一致的，都是主—宾—谓语序结构，绝大多数语言结构，与汉语的主—谓—宾结构相反，如汉语说“他吃饭”，彝语则说“他饭吃”；汉语说“走路”，彝语说“路走”；汉语说“骑马”，彝语则说“马骑”；汉语说“你今天做哪样”，彝语则说“今天你哪样做”？如此等等。而定语、状语和补语成分，各地、各支彝语也基本相同。但副词结构中的“不”“没有”“别”这类的词，与趋向动词、能愿动词和性状形容词等搭配使用时，各地、各支系彝语中都有少量差异。数百年来，尤其是近百年来，随着民族间相互杂居、相互通婚情况的不断增多，以及汉文化教育的不断发展，各地区彝族使用汉语的人越来越多，除了少数边远山区外，坝区、交通沿线和集镇周边的彝族，已越来越多地不再使用本民族的语言。

作为语言符号，彝族有自己古老的民族文字，历史上曾先后被称为“爨文”“韪书”“夷书”“毕摩文”“罗文”等。在旧时代，掌握彝文的人大都只是少数的统治阶级和毕摩等神职人员，绝大多数彝族人都不识本民族文字，加之彝族居住区分散，又加之明、清两代官府禁止使用彝文，使彝文一直难以得到推广，使用面一直很狭窄。再加上各地彝族长期相互隔绝，各地区在老彝文的基础上自行发展，使彝文在发展中差异越来越大，异体字越来越多，其作用一直难以很好发挥出来。1982 年 6 月，云南省民委、省民语委召集部分彝族干部和精通彝文的知识分子开座谈会，探讨以老彝文为基础规范的超方言彝文方案问题。1983 年 7 月，经云南省人民政府批准，成立了彝文规范领导小组，并设立办公室开展彝文规范工作。到 1985 年，规范出了第一批表意的音节文字 1675 个及一套借词和表音方案，在此基础上编写出了彝文教材，并进行了试验教学。1986 年 3 月，云南省民委、省民语委、省彝文规范领导小组召开“云南省彝文规范方案讨论会”，会后向省政府上报云南彝文规范方案报告。1987 年 2 月，方案经省政府批准开始试行。此后，云南彝文规范方案中又增补了彝文表意字 583 个、借词表音字 350 个。至此，规范后的彝文共有表意字 2258 个，借词表音字 350 个，一共 2608 个，完全可以表达现代彝语的基本概念，并能书写彝族语言中新出现的新词术语。

1987 年，文山州选派赵有斌、李成元到昆明参加省民委举办的彝文师资培训班。1992 年 5 月，文山州民委、文山州教委在文山州民族干部学校联合举办了为期 3 个月的彝文师资培训班，31 名彝族学员参加培训，教师由张启仁、赵有斌、毕云鼎担任。培训班结束后，在全州开展彝文的学习和使用工作，同时继续派人到昆明参加学习培训。到 1995 年底，先后到省参加培训的共 13 人，州县自己培训 69 人次。这些经过培训的师资随后在全州一些彝族地区开办了 46 个彝文扫盲班，先后参加学习的彝族青少年共 1850 名，让他们初步学会了一些常用的彝族文字。与此同时，先后在丘北县八道哨乡笼桥小学、砚山县维摩乡幕菲勒小学等学校进行了彝文进学校实验，取得一些积极的效果。

二、音乐和舞蹈

在数千年的社会发展进程中，彝族人民创造了丰富多彩的民族音乐和舞蹈艺术，但在中华人民共和国成立以前的彝族社会，由于长期处于大分散、小聚居的分布状况，各地区经济社会发展水平参差不齐，差别较大，使彝族的音乐舞蹈除了有一定的共同规律和特色之外，各区域之间，乃至支系之间的差别都较为明显。在文山州也是同样。

同其他民族一样，彝族的音乐舞蹈都是源于远古彝族先民的生产劳动和社会生活，历史源远流长，而歌场则是古代彝族音乐舞蹈从少数人单独而歌、单独而舞逐步萌发起来的大集体性群众性歌舞形式。早在公元前800多年以前的“实”“勺”两大部落中，就出现了“歌场”这一彝族群体集中歌唱和舞蹈的艺术形式。彝族“六祖”的父亲阿普笃慕，就是“实”“勺”两部落在“拜谷凯嘎”地方（今会泽县境内）举行的歌场上，以唱情歌的形式，选择到“实”“勺”两个部落首领的姑娘为妻的。彝文典籍《哎哺啥额》记载说：古代彝族歌场有一套长期形成的习惯程序，有主持人、司仪和专门的歌手，各地的歌场相对稳定，有一定的演唱内容和一定的演唱方法，群众性的自由唱歌、跳舞是在这一基础上逐步发展起来的。

考古资料显示，秦、汉时期，“滇人”的歌舞活动已比较盛行。晋宁县石寨山、江川县李家山等地大量出土的西汉文物中，就有舞俑和乐俑形象，以及铜鼓、编钟、葫芦笙等乐器，这就是专门歌舞人员在宫廷上为王国君主歌舞的真实写照。

歌场既是一个区域内彝族群众性的集体歌舞场所，又是职业歌手专门演唱，毕摩用唱史诗、述谱牒、说经典的形式，传播和延续民族历史文化的地方。中华人民共和国国成立以前，许多地方的彝族歌场还要用“帛”（丝绸）、“竹”做“作嘎”（道场），这种情况至今在富宁县还较完整地保留着。

文山州的彝族民歌大体上可分为叙事、情歌、婚嫁歌、苦歌、劳动歌、风俗歌、尽孝歌、趣事歌等几种，各种民歌因歌唱的内容和环境的不同而不同，悠远、绵延有序，抑、扬、顿、挫分明。

彝族乐器主要有拉弦乐器中的胡琴、三胡、四胡等；吹管乐器中的竹笛、六眼巴乌、马布、葫芦笙、荜芦、克谢觉黑、唢呐、木巴喇、陶埙（土洞箫）等；弹拨乐器有月琴（弦子）、口弦（竹、铜响篾）、大三弦、小三弦等；打击乐器有铜鼓、羊皮鼓、铜锣、克拉蒙、额格子嫫等。这些乐器中，大都有自己的乐曲，其音调结构有相对的稳定性。在文山州彝族中，这些乐器中有许多已经不见使用了。现今使用最普遍的是月琴，其次是大小胡琴、大小三弦、口弦、竹笛、唢呐、六眼巴乌和葫芦笙，再次是铜鼓、羊皮鼓、陶埙、木巴喇等。而铜鼓、陶埙两种是文山州彝族至今保留完好，也最有特色的古老乐器，至今已都有近3000年的历史了。铜鼓仅保留在富宁、麻栗坡和广南三县的彝族中，也是全国彝族地区至今唯一仍在使用铜鼓的地区。陶埙（彝语音“底劳喇”，文山汉语称“三眼土洞箫”），则只保留在文山县追栗街镇的彝族昨柯支系中。木巴喇，是全部用木材料制作而成的唢呐，文山州的彝族、壮族民间都有使用，但使用的地方也很少了。彝族至今还使用木巴喇的地方，只有马关县大栗树乡的少数彝族。

这些乐器大都有自己的民族乐曲，其结构和形式有相对的稳定性，音调多种多样，既有高亢激昂的奔放，又有悠扬飘逸的抒情，还有让人怆然泪下的泣诉和扣人心弦的悲恸。文山州彝族器乐曲调主要有弦子调（月琴调）、大三弦调、唢呐调、二胡调、三弦调、六眼巴乌调和葫芦笙调等。据说弦子调、唢呐调两种各有72调，其中唢呐调有说达80余种的，但现今已无人能完整演奏出来了。月琴是使用最广的彝族乐器，几乎遍布全国所有彝区，甚至广泛传播到汉族及其他许多民族中，其音乐成了昆明等许多大小城市街头广场群众集体歌舞的乐曲。

由于历史的原因，同一器乐曲调子，在不同地区、不同支系之间有一定的差别，但尽管如此，其音调的主要旋律基本是一致的。

彝族音乐舞蹈形式各异，多姿多彩，有由模拟自然生物形态和生产生活劳动逐步发展形成，并略带劳动生活情节，动作刚柔相济、灵活多样的弦子舞、大三弦舞、烟盒舞、花鼓舞、竹竿舞等，以及几种乐器相配的舞蹈，如丘北、弥勒、石林等县的“阿细跳月（跳乐）”；有祭祀性和娱乐性相兼，声韵深沉悠远、舞姿古朴端庄的集体群舞，如富宁、麻栗坡、广南一带的铜鼓舞、葫芦笙舞、二胡舞；有节奏轻松明快，舞姿整齐有序的竹竿舞；有形式古朴端庄、音调浑厚沉远的集体自娱性“打歌”舞蹈等，还有迎宾性、礼仪性、节庆性的大三弦舞等。舞蹈形式既有朴素的转圈环舞，如铜鼓舞、葫芦笙舞等；又有动作变化多样、难度较高的群舞和双人舞，如灯弦舞、金钱棍舞、滚弦以及一些仪式性舞蹈。舞蹈内容既有以生产生活及爱情为主题的，也有表现民族特有的生活和文化礼仪的，还有以矛、叉、刀、枪、戟、棍等古代兵器作道具，表现古代战争场面的“武舞”。

“打歌”广泛流传于西南彝区，是一种历史久远的群众性自娱舞蹈。汉代司马相如的《子虚赋》和清代学者桂馥的《礼朴》中所记的“颠歌”，指的就是彝族的“打歌”，可谓源远流长。“打歌”在近代衍生出了许多不同名称，如“踏歌”“打跳”“跳歌”“跳乐”“左脚舞”“跳锅庄”“阿乖乐”等等。由于流行地区不同，“打歌”在各地彝区之间，除了有其基本的彝民族共同点外，也有地区间的不同差异和地域特色，但基本的舞步程式相对稳定，变化不大。

文山州彝族民间舞蹈形式主要有弦子舞、铜鼓舞、荞菜舞、二胡舞、竹竿舞、钱棍舞等，在之后的相关章节中将做进一步叙述。

三、工艺美术

彝族是一个勤劳智慧的民族。数千年来，彝族人民创造了许多丰富多彩的工艺美术，这些工艺美术主要表现在漆器、银器、服饰三个方面。

彝族人民生活在祖国的西南地区，居住区森林资源丰富，树木种类繁多。在长期的生产和生活实践中，彝族人民利用这些丰富的森林资源，创造出了许多独具一格的木制工艺漆器。在大小凉山和云南西部地区，至今仍保留着古老的髹漆工艺技术。

相传，彝族的髹漆技艺是一个叫狄一火哺的古彝族人创造的，距今已有2000多年的历史了。这些最富特色的髹漆艺术，今天的四川凉山彝区还较为普遍和完整地保留着，并得到了进一步的发展。髹漆工艺品的品种主要有餐具、酒器、兵器、马具、祭祀用具等20

余种。漆器的胎骨有木胎、皮胎、竹胎、角胎、竹木合胎、皮木合胎6种，其造型厚重、古朴、端庄，实用、审美两种功能兼备。装饰绘画多为自然现象、自然物和彝族人的生产生活写实；图饰既有单一的纹路，也有单元文样和连续纹样。其色彩为红、黑、黄三种。鹰爪杯、雁爪杯、牛角杯、野猪蹄杯等饮酒器具造型古朴端庄，髹漆色彩鲜明，雕刻细腻精致，民族特点尤为突出。髹漆工艺除了大小凉山和云南西部地区以外，大多数彝族地区都基本失传了。2010年，广南黑支果乡牡宜村出土的汉代髹漆酒器，就很有这样的特点。

彝族的银器使用很广泛，凡漆器有的种类，大都有类型和用途相同的银器。除此以外，银器用得最多的是身上用的佩饰，如头饰、领饰、胸饰、背饰、手饰等。早期的银饰纹路与木漆器大体相同，信手雕琢，拙中存雅，朴实无华。图案主要有太阳、月亮、羊角、飞鸟、虫蛇、叶片、植物花果等。后期的银器虽然保留了一些动植物的模拟图，但已向模拟动植物的全貌转变，更多的图案则是用点、线组成的几何样式装饰器物和饰品，且制作工艺越来越细腻，明暗效果更加鲜明。到了近代，彝族银饰中也逐渐掺入了不少汉族和其他民族的制作样式，如芝麻铃、瓜子耳环、三花针、簪花等。

彝族是一个喜爱用银器装饰打扮的民族，以戴金佩银为贵。有史料记载："夷妇指带网罩，金银饰满头，耳轮悬珊瑚玛瑙珠粒，累累然，以多为贵。"彝族的银饰品主要为项链、项圈、项牌、银纽、手镯、戒指、耳环、银泡、腰链等。

彝族的服饰风格独特。云南昭通市后海子出土的晋代霍氏墓壁画表明，早在1600多年前的东晋时期，彝族男女就挽尖髻，身着"察尔瓦"（披毡）了。千百年来，这种古老的彝族服饰仍然在大小凉山、滇西和黔西北地区较为完整地保留下来，包括文山州在内的其他彝族地区，虽然变化很大，但仍能找到这种历史的遗存，如丘北、砚山、文山三县市的一些高寒山区彝族中，直到新中国成立后的很长一段时间，仍有一些人保持着披毡羊皮的习惯。这种披毡既滤水又防潮，既可遮风挡雨又可作垫盖，实用性很强。

彝族服饰是彝族文化中的一朵绚丽多彩的文化奇葩，它伴随着社会的发展进步而不断改进提高，具有较高的艺术水平。彝族把服饰及其装饰品统称为"米只"（做花）。做花的工艺有挑花、贴花、穿花、锁花、盘花、滚花、补花、刺绣8种，还有蜡染。做花的母题范围大体上也可分为三类：一是具体的自然物写实，如动物、山水、天象等；二是寓意的，即寓审美于吉祥、爱慕、繁衍之物；三是意识的抽象化，如方形、菱形、圆形等相拼而成的各种几何图案，形式既丰富多彩、艳丽夺目，又端庄深沉，并展现出不同地区、不同支系间的特色。川、滇大小凉山地区的彝族男女，至今还穿戴着大领口、右开襟、窄袖子的老式贴身上衣，领口、袖口和衣襟边都绣着不同样式的花纹。在大小凉山地区，男子穿的裤子有大裤脚、中裤脚、小裤脚之分。这些地区的彝族男子，还有不少仍保留蓄发椎髻的古老习惯。这种椎髻彝语称作"字尔"或"字木"，汉语称作"天菩萨"。蓄发椎髻的男子，多数以黑色或青色的头帕包缠，裹成椎形发髻，彝语称作"卓贴"，汉语称为"英雄髻"。妇女多数用丈余长的青色或蓝色窄幅布卷成或叠成瓦状覆于头顶，再以发辫缠绕，发辫以粗大为美。未婚的女青年以一尺左右长的蓝布覆于头顶，老年妇女则戴青布缝补六角帽。妇女皆穿耳戴银环，环下坠黄色珠穗，垂及肩上。上着短衣，下着百褶长裙及于地。裙子多用红、黄、蓝、绿、黑、白等颜色镶嵌横缀而成，显得五彩缤纷，十分艳丽。麻栗坡县的彝族孟武支系妇女过去穿的衣服，与凉山彝族妇女比较接近。

在与汉族和其他民族杂居地区，彝族服饰已不同程度地受汉族和其他民族的影响，有不少已经变异，甚至失去了自己的民族特点。但在一些聚居相对集中的地方和边远地区，服饰上的民族特点仍十分浓郁，这在文山州也是一样的，如富宁、麻栗坡、广南、西畴一带的白倮、花倮、黑彝，文山、砚山的阿扎，丘北的撒尼、姑尼（葛仆或“僰人”）等。

文山州彝族支系服饰中民族特色比较浓郁的还不少。在富宁、麻栗坡、西畴等4县倮支系人中，不但可分为黑彝、白倮、花倮3种，还可以再细分为高裤脚白倮、蜡染花倮等，但这种分支是汉语中的一种片面的他称，并不完全准确。

这些地方的白倮、花倮、黑彝等支系彝族，至今仍保留着古老的彝族服饰特点。黑彝妇女头包花布头帕，头帕两边披垂及于肩，花帕之上又系一块白帕，以彩色绒线或彩色布条垂于后背。上身着两件长袖衣，外衣袖用4道彩色布接成，前襟绣三角形或四方形图案，图案中有花鸟、日月、龙凤等；下穿黑色百褶长裙及于脚踝，裙前配若干彩色箭头花布条，打黑布绑腿。男子则多着黑衣，头裹白帕。

白倮妇女上身着蓝、白色棉线相间混织的对襟宽袖短衣，下穿蜡染裙子，裙子中间用4道彩色布连接，各道镶不同颜色的虎牙图案；上衣前后襟和衣领、衣袖，以及裙脚边均绣有各种花纹图案。男子除下穿蓝色或黑色宽裆裤外，上衣和头帕都用黑白相间的蜡染布制成，衣襟前短后长，从前襟衣角向后襟中心呈弧线延伸臀部以下如燕尾状。据《后汉书·西南夷》载：“种人皆刻画其身，象龙纹，衣皆著尾。”《说文解字》也说：“古人或系尾，西南夷亦然。”《永昌郡传》中也有“尾濮”的记载。白倮人穿的这种衣服前襟钉银纽扣，衣服上都布满了蜡染出来的铜钱花，男子腰带也是用黑白相间的方格蜡染布做成，由后往前系，带梢垂至膝盖。

白倮妇女还有一种古朴而又华丽的盛装，样式看似简单，但做工较为复杂，整件衣服用一块长2米左右，宽1.5米左右的方形蜡染布做成，以黑色为基调，正中开一方形领口，衣襟前后中心各绣一个闪闪发光的大太阳及其光芒，大太阳四周又绣16个小太阳相围；领口周边镶绣白色方框，方框外绣两行白色碎花；四周镶蓝、白、红相间的几何图案，其余部分也绣满了各式各样的花纹图案，显得庄重华丽，人们把它称为“公主衣”。头顶的方巾也从中心到四周，以绿、黄、红、白四种颜色的碎花层层相围，额头上部的头巾钉一排银泡，左右和后部三方边缘坠红绒须线，中间则绣满清秀明快的花纹。穿上“公主衣”，襟袖整齐下垂近地，走起路来翩翩然，似轻歌曼舞，显得十分雍容华贵。这种“公主衣”一般都是在庄重肃穆的祭祀活动上，由女首领一个人穿，别人是不能穿的，所以一个村寨也只有一两件，而且是专人保管，平时不随便向外人展露。

高裤脚白倮男女服饰基本一致，都是头包黑白相间的蜡染花格长方巾，上加一条黑布缠绕，后部坠数条长花布条；女子布条长至腰部，男子则稍短一些。上身内穿紫色方格衣，外罩白色长袖短衣；外衣前襟两旁纽扣底分别绣2寸宽、6寸长的黑底长方形图案，各边分别压3根横排锡条，男女下半身均穿只长至膝盖的黑色宽裆裤。不同的是，妇女除系一根布腰带外，腰间还挎一宽约2寸，直径约一市尺左右的黑色宽腰箍。腰箍过去用牛皮制作，现在大都改用椰木树皮。其制作方法是：将剥下的椰木树皮晒干，用油浸透后磨光涂漆，然后扳成圆圈，在边缘和中间镶钉上数条花边，即可佩用。佩系腰箍走路，腰箍在腰间前后左右晃动，别有一番风韵。

全身处处皆彩，无处不花，是许多彝族妇女共同的特点。西畴、广南两县的花倮妇女头缠白布帕，上端缀满了大朵的红绒花团；下端垂于肩的数十根线条上，也是缀满一串串的小红绒花，鲜艳夺目；上身穿的圆领短上衣，全用多达数百片彩色小三角布拼接而成，别具一格；下身穿的青色或黑色褶裙，裙脚绣素碎花，淡雅纯净；裙底穿的裤子，裤脚上也坠满了用线条连接的小绒花串，走起路来裙展花露，如绽开的花蕊，让人赏心悦目。

彝族服饰同其他许多民族的服饰一样，服饰作为一种文化表象，是人类精神文明和物质文明的产物。文山州的彝族服饰，除具有整个彝民族的共同点外，也表现出了明显的地域特色和群体特征，即对历史和自然崇拜物上的共同点，以及各具表现形式上的不同点。

龙虎崇拜，是整个彝民族自然物崇拜的重要共同点之一。彝族被称为“罗倮”，“罗”为“龙”，“倮”为“虎”，即“龙虎”民族。过去文山州不少地方彝族儿童戴的帽子上，常见有虎头作装饰；妇女穿的衣服上，大都镶有虎牙图案；背小孩用的背被上，也有不少龙虎图案。元朝李京《云南志略·诸夷风俗》说：“罗罗即乌蛮也。酋长死，虎豹皮裹尸而焚……”清乾隆《云南通志·种人·黑罗罗》也说，黑罗罗“贵者裹以皋皮（虎皮）。”白倮人服饰上表现龙虎图案的虽然不多，但老人过世时围棺用的布幡上都画满了龙虎图案。

咪衣鲁、玛衣萝、咪雨萝或索玛咪，是彝族不同地方和不同支系对马缨花的不同称呼。在众多植物花卉中，彝族把马缨花视为花中之王，其次是山茶花，把它们装饰在最显目的肩部和头饰上，这在花倮、花仆拉和姑尼（葛仆或“僰人”）妇女中表现尤为明显。马缨花是草木花卉中彝族最重要的崇拜物之一，一些地方的彝族民歌就这样唱道：万种花之中，马缨花最贵，马缨花最美；穿戴马缨花，马缨花保佑人。

太阳也是彝族十分重要的崇拜物，这在不少彝族支系中都可以找到其踪迹。文山州彝族白倮人妇女在重要节日中穿的“公主服”，即上面所说到的白倮人妇女“公主服”上装饰的太阳图案，便是这种太阳崇拜在服饰上很典型的艺术表现。

彝族支系很多，每个支系的服饰都不尽相同，各有差异，各分支间、地区间，大都有各自不同的头巾、帽饰、围腰、衣服、裤子、裙子、夹褂、腰带、绣花鞋等。但无论其服饰款式怎样不一，其颜色主调都离不开黑、红、白、黄、青五色，这五色与金、木、水、火、土五行对应，金为白、青为木、水为黑、火为红、土为黄。在漫长的历史长河中，彝族人民以各种不同的色彩作为象征性的颜色符号，在服饰上记录下了自己的历史足迹。以红色表示战争，以蓝色表示圣洁的民族发源地，以黑色表示迁徙中渡过的江河，以绿色表示彝族人民主要赖以生存之地的高山、森林，以白色表示灾难和困苦，以紫色表示部落的融合与分支等，它既是一种民族审美艺术的外在表现，更是一种博大精深的民族历史文化积淀，是穿戴在身上的民族历史。文山州居住在比较边远高山区的一些彝族支系，其服饰一般都相对比较稳定，受历史和社会变迁的影响不大，其蕴藏着的历史文化内涵，是当今彝族文化艺术取之不尽的历史源泉。

第十一章　社会主义建设时期的彝族

（1950—2010 年）

第一节　社会主义制度的确立和彝区的发展

一、彝族地区社会制度的变革

1949—1950 年，在中国共产党领导的人民解放战争中，祖国大西南彝区相继获得了解放。在共产党的领导下，彝区各地相继建立起了人民民主政权，彝族人民和其他各族人民一道获得了当家作主的权利。与此同时，党和人民政府根据解放前彝区各地处于不同社会历史形态的具体实际，采取不同的社会变革方式，逐步建立起了人民当家作主的社会主义制度，翻开了彝区社会发展进步的历史新篇章。

新中国成立初期，党和政府对处于封建地主经济状态的彝区内地彝族，根据其与汉族经济发展水平大体上一致的状况，采取政策上略宽一些的方式，制定了“慎重、稳进”的方针政策，各级党委和政府培训了一大批工作队深入彝区农村开展土地改革。这些工作队按照“依靠贫雇农，团结中农，中立富农，有步骤有区别地消灭地主阶级”的原则，依照中央制定的《土地法大纲》和《中华人民共和国土地改革法》，广泛发动群众开展土地改革，从根本上铲除了彝族劳动人民长期受压迫、受剥削的社会根源，从而解放了农村生产力。到 1953 年，内地彝族地区的土地改革基本完成。

文山地区的土地改革是在 1952 年上半年开展反贪污、反浪费、反官僚主义的“三反”运动中开始的，全地区彝族居住区的土改基本上与汉族同时进行。当时属于泸西县的今丘北县舍得、官寨两乡和双龙营镇部分地区，土地改革时间稍早一些。

1952 年 5 月中旬，云南省委召开地委书记会议部署全省土地改革工作，并发出了《关于内地山区土地改革若干问题的决议》《关于边疆地区土地改革问题的决议》和《关于调整土地工作队的决议》3 个会议文件。会后，文山地委根据省委地委书记会议精神，决定在文山、砚山、丘北、广南、富宁、西畴6县和马关县的大部分地区，进行以山区为主的土地改革工作，麻栗坡市（当时为市）和马关县部分地区实行缓冲区土地改革。年底完成文山、马关、砚山、西畴4个县和广南县3个区共550个小乡，59万人口地区的土地改革，次年，即1953年完成麻栗坡、富宁、丘北3县（市）和广南县其余地区共80万人口地区的土地改革任务（实际上到1954年9月才完成）。

1952年6月，省委从玉溪地区抽调参加过全省第一、二批土改工作的216名干部到文山参加土改工作。7月，地委组成包括玉溪来的干部在内的703名土改工作队员，在文山县的52个小乡开展土改工作试点，9月试点结束，接着在全区面上分区分批逐步展开，到1954年9月完成。土改中，按照省委关于边沿缓冲地区土改的有关规定，在麻栗坡和马关边境地区，对地主实行只没收土地、房屋、耕畜、农具及多余的粮食，不追底财，不分浮财。

土地改革工作结束后，彝族地区也同其他兄弟民族一样，开始从互助组到合作化的集体生产运动。

1954年，文山地区的人口有140余万（不包括砚山和丘北县西部地区原不属文山地区的几个乡镇），其中少数民族人口78万，占总人口的56%。当时的少数民族称谓有40多种，尤以彝族最多。全地区8县市（当时麻栗坡为市）有763个小乡，274059户农户，其中山区和半山区乡624个。

土地改革后，获得土地和生产资料的彝族农民和其他兄弟民族农民一样，生产积极性空前高涨，粮食产量有了很大提高，生活有了很大改善。但是与此同时，许多贫雇农因缺乏耕牛、农具、种子等生产资料及垫本投入，生产生活仍然很困难，一些比较困难的人家，甚至出现了将土改中分得的土地进行出卖和放荒的情况，农村又出现了新的两极分化，个体经济的脆弱性在农村日渐显现出来。文山地委、行署遵照《中共中央关于农业生产互助合作的决议》和《中共中央关于发展农业生产合作社的决议》精神和省委的部署，在全地区先后发展了19524个农业生产互助组，接着在互助组的基础上，于1954年春首先在文山、西畴两县的互助组中试办了6个初级合作社，其中有3个是民族联合社。这6个初级农业生产合作社分别是文山县石洞乡红旗社、卡莫乡燎原社、秉烈乡前锋社；西畴县戈木乡新生社、骆家塘乡新建社、鸡街乡星星社。在取得试点经验的基础上，于1955年在全地区建立起了312个初级农业生产合作社，其中汉族社63个，单一少数民族社131个，多个少数民族联合社118个。但是一些地方的合作社由于缺乏强有力的领导，形成松散混乱的状况，在影响生产发展的同时，也挫伤了农民办社的积极性。1955年7月，西畴县委向地委上报了一份题为《西畴县戈木乡东升农业生产合作社是如何由混乱走向巩固提高的》的调查材料，后经修改报送省委，在《云南农村工作通讯》上刊登，并上报中央。报告被毛泽东主席阅后加写了按语，并将题目改为《一个混乱的合作社整顿好了》，编入

《中国农村的社会主义高潮》一书中。毛主席加的按语说："这个材料指出了一个真理，就是任何情况混乱的合作社，都是可以整顿的。因为加入合作社的都是劳动农民，不管他们各个阶层之间意见怎样不合，总是可以说清楚的。有些合作社，在一个时期内，确是混乱的，唯一的原因是得不到党的领导，党没有向群众讲明自己的政策和办法。'我们知道办社是好事情，但是办起社来，县委、区委、支部都不管我们了。恐怕是嫌我们寨子穷，吃不好，住不好，才不到我们这里来。'所谓混乱，没有别的原因，就是这样一个原因。得不到党的领导，自然就要混乱。领导一加上去，混乱就会立刻停止。这个材料又提出了一个在落后乡村能否可以建立合作社的问题。回答是肯定的。本文作者所说的这个合作社，就是处在一个落后村。全国约有百分之五左右的落后村，我们应当都去建立合作社，就在建社的斗争中去消灭这些地方的落后。"

1955 年 8 月，地委召开县委书记会议，传达毛主席 7 月 31 日在省市党委书记会议上作的《关于农业合作化问题的报告》和之后召开的省委地市委书记会议精神。会议上，地委为了适应批判"小脚女人"和"反冒进"的形势，重新修订了全区农业生产合作化发展规划，决定在原有 312 个初级农业生产合作社的基础上，1956 年要发展 2123 个。经过 3 年发展，到 1957 年底达到 7029 个，入社农户达 160281 户，占总农户的 61.9%，全区 509 个乡实现农业生产合作化。1955 年 10 月，中央召开七届六中全会（扩大）会议，通过了《关于农业合作化问题的决议》。参加会议的文山地委书记翟文涛在会议上作了《关于农业生产合作社问题》的发言，介绍了文山地区农业合作化发展情况和工作体会，以及工作中存在的困难和问题。之后，在七届六中全会（扩大）会议精神的鼓舞下，文山地区的农业合作化运动更加迅速发展起来，仅会后两个多月的时间，就新发展初级社 2688 个，入社农户 64575 户。实际上，到了 1956 年春，全地区的初级农业生产合作社就已发展到 3363 个，并建立起了 47 个高级农业生产合作社，入社农户达 220412 户，全地区基本实现了农业合作化，进而基本实现了对农业的社会主义改造。在农业合作社运动中，山区的彝族大都建立单一的民族合作社，坝区的彝族则大都参加多民族组成的联合社。基本实现农业合作化的当年，全区 85% 以上的合作社都增了产，全区粮食总产量达到了 29461 万市斤，人均有粮 567 市斤，比土改前的 1952 年增长了 46.5%，是解放以来第一个收获粮食最好的年成。

1956 年春，广南、富宁、麻栗坡 3 县的部分地区，一些不法之徒利用办合作社、实行粮食"三定"和民族工作中的缺点和不足，散布封建迷信和变天思想，煽动瑶族群众闹"皇帝"、闹退社，并威胁甚至殴打县、乡、村干部和积极分子。闹事地区扩大到了 3 个县的 6 个区 53 个小乡，使这些地区 95% 的入社农民退社。地委、行署为此及时采取措施，组织民族访问团到闹事地区深入宣传党的政策，开展访贫问苦，检讨工作中的失误，同时揭露在背后煽动闹事者的阴谋，打击首要分子，教育受影响、被裹挟的群众，使退社的人很快重新加入了合作社。彝族地区的农民虽然没有发生闹事、闹退社的情况，但许多彝族农民的思想也受到了影响，办合作社的热情降低，这种影响后来随着闹事地区退社风波的平息而随之消除。

1956年10月10日，地委批转了地委生产合作部《关于今秋转、并合作社的准备情况和意见》。此后，全地区开始了由初级社向高级社转变的工作。到当年年底，全地区通过扩、并成立了3402个初、高级合作社，入社农户233634户，占全地区总农户数的93.8%；其中初级社510个，高级社2892个；合作社粮食产量比上年增长了14.53%，80%的入社农民增加了收入。同年9月，作为地委组织部长的彝族领导干部李铣，出席了中国共产党第八次全国代表大会。大会期间，李铣就文山县石洞乡红旗农业生产合作社是怎样在民族杂居地区实现合作化并走向共同富裕的情况，在大会上作了发言，得到了中央领导的肯定和赞扬。李铣的发言，后来被编入了《中国共产党第八次全国代表大会文献汇编》一书中。

1957年，经过对初级社的合并及高级社的调整，实现了全地区高级农业生产合作化。全地区共有高级社2499个，入社农户达95.5%。其中单一民族社805个，民族联合社1694个，包括彝族在内的单一民族社比例比初级社时明显减少了。原因是合作社规模扩大，多种民族杂居的比例增加了。当年，全地区85%的高级社都获得粮食增产，90%以上社员增加了收入，成为了新中国成立以后的又一个丰收年。

在开展农业合作化运动的同时，文山地委按照党在过渡时期总路线的要求，于1955年5月决定开展对资本主义工商业的社会主义改造工作，并首先在地委、行署驻地文山城进行试点，取得经验后在全地区各县铺开。到1956年3月底，全地区对资本主义工商业的社会主义改造工作结束。参加改造的资方人员共1496人，入股资金总额353404元。

1958年前3季度，文山地区的农业合作化主要是在社员中开展两条路线斗争教育，进行高级农业合作社的巩固工作。同时根据中央关于批判“反冒进”和“苦战三年，改变落后面貌”的指示精神，学习贵州、湖北等一些地方的经验，开始生产发展“大跃进”工作，以及撤区建州工作。

1月14—17日，地委统战部召开全地区各族各界人士代表座谈会，协商即将召开的文山州第一届人民代表大会和第一届州政协委员人选。3月26日至4月1日召开文山州第一届人民代表大会第一次会议，出席会议代表360名，列席113名。会议听取并审议通过了行署专员马生申所作题为《鼓足革命干劲，再接再厉，争取全面大跃进》的工作报告，以及司法、财政等报告，审议通过了《文山壮族苗族自治州各级人民代表大会和地方人民委员会组织条例（草案）》，选举罗运通为州长，马生申（回族）、黄寿云（苗族）、龙明传、李铣（彝族）、赵廷光（瑶族）为副州长。

4月，继州人代会之后，又召开中国人民政治协商会议文山州第一届委员会第一次会议，63名政协委员出席。会议听取了地委书记翟文涛所作题为《乘风破浪，加速自我改造，为建设伟大的社会主义而奋斗》的报告，选举第一届州政协常委22名；选举翟文涛为主席，马生申（回族）、杨忠林、盘总春（瑶族）、田顺喜、欧阳河图、胡朝臣（彝族）、吴成元（苗族）、梅贻海（傣族）、王朝忠（壮族）为副主席。

二、在困难和曲折中前进

（一）人民公社化和“大跃进”运动时期

1958 年 5 月，中共中央召开八届二中全会，会议通过了“鼓足干劲，力争上游，多快好省地建设社会主义”的总路线，号召全党和全国人民争取在 15 年或更短的时间内，主要的工业产品产量超过英国。毛泽东主席在会议上讲话时强调要破除迷信，解放思想，发扬敢想、敢说、敢做的创造精神。会后，全国各地、各条战线迅速兴起了“大跃进”运动。

8 月下旬，根据中央关于在农村建立人民公社的决议，全州开始开展建立人民公社工作。到 11 月底，全州共建立政社合一的人民公社 91 个。人民公社实行“组织军事化，劳动战斗化，生活集体化”。全州农村因此办起了公共食堂 7259 个，号召“放开肚皮吃饭，鼓足干劲生产”，并实行“吃饭不要钱”，有些地方还搞起了“无人售货商店”。与此同时，全州集中了超过一半的农村劳动力开展大炼钢铁铜运动。据 1959 年统计，全州钢、铁、铜产量分别达到 1453 吨、7053 吨和 163 吨。11 月，全州许多地方发生缺粮现象，群众生活困难，出现了因营养严重不良而发生浮肿病，发病人数达 7791 人，死亡 1795 人，最严重的是文山县。为此，地委派出工作队下农村开展治疗，并增拨了粮食供应指标，缓解了农村缺粮和浮肿病蔓延状况。其间，全州一些地方还发生了农民因生活困难成批外迁的情况。3—11 月，全州外迁农民达 1080 户 3207 人，主要迁往广西和国外的越南，其中苗族居多，占了外迁人口的 79.5%。分县看，迁出最多的是丘北县，全县迁出户达 581 户，绝大多数也是苗族，占全州迁出户的 53.3%。彝族也有外迁的，但都是一些零星的分散户，没有出现成批外迁情况，迁出的地方主要是红河州与文山州相邻的几个县，以及州内一些人烟稀少的深山沟谷中。

11 月 23 日，地委制定《关于关心群众生活的四十条决定》，对群众的吃饭、穿衣、托幼、医药卫生、安全、文体活动等作出具体规定，并指出：关心群众生活，才能更好地发展生产。11 月 23 日，地委在广南县友谊公社（珠琳）召开公共食堂现场会，总结推广珠琳大队公共食堂吃饱、吃熟、吃好，省粮又卫生的经验。同时开展消灭苍蝇、蚊子、老鼠、麻雀、蟑螂、蚂蚁、臭虫除七害运动，以及建厕所、畜厩和清阴沟为主要内容的讲卫生、灭疾病突击活动，在全州先后建起了厕所 97325 个，畜厩 76262 个，疏通阴沟 70410 条，填平污水坑 277164 个，广南、富宁两县基本实现了人畜分居。12 月初，全州开展大办公共食堂突击周活动，并制定了办好公共食堂标准，即有厨房、餐厅；有饭有菜有汤；

有食堂规则；有通过训练的事务长、炊事员；革除舂米、手推磨，办不好食堂就过不了整风关。还规定：不论男女老少，一律吃饭不要钱，只管吃饱，不受限制。平时两菜一汤，逢年过节一律会餐；春夏一日三餐，秋季一日两餐。社员家中有亲友来往，吃一天免费招待，另加一个菜。本队社员有婚、丧事，一律由食堂另备酒饭。到年底，全州办公共食堂7259个。

1959年1月下旬，全州各县召开县、公社、管理区、生产大队四级干部会议，总结1958年开展的“大跃进”工作，在肯定成绩的同时检查缺点和存在的问题，接受教训，坚定信心；同时制定1959年农业发展规划，部署即将开始的整风整社和春耕生产工作。5月3日，地委决定在丘北开展整风、整社工作试点，主要解决生产队部分所有制和农村“四定四包”问题、算旧账问题、干部作风问题、党的组织工作问题，以及公社、管理区、生产队三级工作方法问题。9月17日，地委在整顿人民公社的总结工作报告中说，5月初全州开展整风整社，至9月17日结束，主要解决了三个方面的问题：一是调整所有制，实行生产任务大包干和生产队部分所有制；二是调整体制，全州管理区由709个调整为734个，核算单位由1698个调整为2014个，生产队由6484个调整为7581个；三是算作风账、经济账。11月，地委根据中共八届八中全会精神，决定在全州州、县机关开展整风、反右倾机会主义斗争运动。运动中有1605名党员干部受到批判和处理，其中被戴上“右倾机会主义”和“反党反社会主义”分子帽子的有350名。

1958—1959年，由于发生严重干旱等自然灾害，加之工作中出现的虚报浮夸，搞高指标、高征购，造成群众严重缺粮，农村浮肿病又急剧增加。据1960年统计，实行公社化和开展“大跃进”运动的两年间，全州因生活困难导致非正常死亡的有67492人。

1960年1月，地委在全州组织开展以猪为纲，大干十三养（养猪、鸡、鸭、鹅、兔、牛、羊、马等）运动，全州掀起了大种饲料、大修猪厩的养殖高潮。2月5日，地委发出关于开展群众性的全面备耕“十查”运动的通知，在全州各级党组织开展查思想、干劲；查出勤、工额；查指标、措施；查水利；查肥料；查深耕、秧田、丰产田；查农具；查种子；查耕畜；查节令的“十查”运动，以此来推进农业生产发展。

4月20日，地委就全州发生浮肿病死亡情况向省委报告。报告说：全州有浮肿病患者4970人，死亡453人，以西畴、丘北、富宁3县最为严重，其原因是一些领导干部回避问题。地委为此在报告中提出五条解决措施：（1）深入检查，发现问题及时解决；（2）立即抽调125名州级机关领导干部和医务人员下去抓好治疗；（3）管好生活，办好食堂，保证社员吃饱、吃好、吃卫生；（4）实行劳逸结合，坚持8小时劳动制，停止夜战；（5）基层组织不纯的应进行整顿。6月中旬，地委根据中央关于在农村开展反贪污盗窃、瞒产私分和右倾保守的指示，结合实际作出部署，并在文山县率先试点后全面推开。12月下旬，州第二届人民代表大会召开，听取罗运通州长作题为《高举毛泽东思想红旗，为实现1961年持续跃进而奋斗》的州人委工作报告。会议选举产生了20名第二届州人民委员会委员，选举罗运通（壮族）为州长，马生申（回族）、李铣（彝族）、董树人、黄寿云（苗族）、赵廷光（瑶族）为副州长。

1961 年 2 月，地委根据中央《关于农村人民公社当前政策问题的紧急指示信》（称《十二条》）和省委的补充规定，在全州农村开展整风整社工作，解决干部队伍中的“五风”（共产风、浮夸风、强迫命令风、瞎指挥风和干部特殊化风）问题，纠正公社化运动中的“一平二调”错误，清理退赔在“一平二调”中占用的群众财产。到 3 月底，全州共清理出被无偿占用的牛 5151 头，马 3958 匹，猪 14488 头，土地 23954 亩，房屋 19069 间，粮食 282 万公斤，劳动日（折合现金退赔）767 万个，现金 51. 88 万元。与此同时，在全州核算单位中开展“三包一奖”（包工、包产、包成本，超产奖励）和“四固定”（劳力、土地、耕牛、农具固定到队）工作。5 月上旬，地委召开县委书记会议，研究贯彻中央《农村人民公社工作条例》（即《六十条》）和省委补充规定，提出：定额管理（即“三包一奖”）落实后，应立即建立健全小段包工责任制，实行“四定”（定时、定质、定量、定工分），并通过加强思想政治工作，把群众的积极性调动起来。同时，改进领导方法，健全党委集体领导与分工负责制度。

1962 年初，全州整风整社运动全面铺开，总结党内民主生活经验教训，研究支部建设和对党员进行社会主义教育问题；向群众征求在公社化、“大跃进”中对党员处理情况的甄别意见，取消各种政治帽子；健全各套组织，制订生产计划和措施。4 月开始进行干部甄别工作，至 1963 年 3 月结束。全州共甄别党员干部 19409 名，纠正部分错误的 2404 名，有 3465 名维持原处理决定，全错全纠的 13535 名，有 5 名则加重处分。10 月，地委监察委员会根据省委指示，对甄别情况进行全面复查，对受错误批判却未甄别的，重新作出正确结论，实事求是给以甄别平反。到 10 月中旬，全州应当甄别的 9021 名党员干部已甄别 8919 名，占应甄别数的 98. 8% 。

1963 年冬到 1964 春，全州开始进行社会主义教育运动，州、县、区均派出大批工作队，深入农村宣传中央《关于目前农村工作中若干问题的决定（草案）》（称“前十条”）、《中央关于社会主义教育运动中一些具体政策的规定（草案）》（称“后十条”），以及《农村人民公社工作条例》。1964 年春，按照上述文件开展的“四清”（清账目、仓库、财物、工分）运动在全州 7 区 1 镇开始试点。

从 1958 年以后相继开展的“大跃进”和人民公社化运动，使新中国成立后刚恢复并逐步发展起来的文山州国民经济遭受了严重破坏。当年 6 月底 7 月初，地委召开全州工业会议贯彻全省钢铁和焦煤生产会议精神，按照大、中、小土洋并举的方针，在全州开展“大战钢铁铜”运动，确定下半年建成 3 立方米小高炉 20 个，1 立方米小高炉 440 个。

与此同时，一批“无文盲公社”，甚至“无文盲县”横空出现，农业中学遍布全州各地，一些县和大一点的工矿企业办起了业余大学和半工半读大学，使全州教育呈现出了“大跃进”形势。在文化艺术方面，各级党委号召“人人能创作”，掀起了群众性的文艺创作活动，城乡到处出现了人人画画、写诗、编写人民公社史、工厂史，收集整理民族民间文学的热潮。“大跃进”“超英赶美”“放卫星”“苦干硬干拼命干”等类的标语口号、壁画、诗歌、快板等在报刊、城市街道、乡村道路、通道两侧山坡到处可见。就全国彝区而言，这一时期也留下了一些有价值的文学艺术作品和收集整理的彝族民间文学作品。如著名彝族作家李乔创作的长篇分部小说《早来的春天》、第二部《欢笑的金沙江》，收集整理的彝族长诗《阿诗玛》《阿细的先基》《梅葛》等，在全国引起了极大的反响。由著名彝族演员杨丽坤主演的电影《阿诗玛》，成为了久映不衰的传世之作。由于历史的原因，这一时期文山州的彝族文艺作品有少量的民歌和民族民间传说收集外，还没有形成有一定影响的作品。

1957 年夏季开始的反右斗争扩大化，包括彝族在内的许多少数民族干部遭到错误的打击。龙云在当年的全国人民代表大会西南组的会议上发言时说，民族地区的土地改革搞得太急，使民族关系紧张化，个别地区还发生了民族叛乱。龙云因此被说成“反党、反社会主义分子”，并被戴上了右倾分子的帽子，但他并不因此动摇对党、对社会主义的信念。1960 年，龙云获知成昆铁路工程计划要从宜宾溯金沙江而上的消息后，立即写信给周恩来总理，建议更改路线。周恩来不久便亲笔回信，表示感谢。省政协委员、文山州政协副主席、彝族民主人士胡朝臣也遭受了龙云一样的不公正对待，并被遣送回家乡改造，直到“文革”结束时平反恢复名誉、恢复原职。而作为“边纵”护乡十一团营长，曾为我党领导的“边纵”武装斗争作出过积极贡献的丘北县舍得乡彝族干部杨建武，没有倒在国民党军队的屠刀下，解放后却死在自己人制造的冤案中。

1961 年，全州在贯彻中央《关于农村人民公社当前政策问题的指示信》（称“十二条”）中，开始解决干部队伍中的“五风”问题，纠正“一平二调”错误，1801 名党员受到了处分。5—10 月，全州按照中央颁布的《农村人民公社工作条例》（称“六十条”），落实“三包一奖”和“四定”政策，缩小公社、管理区和核算单位规模，划给农民部分自留地，允许农民养猪，发展家庭副业，逐步取消公共食堂，调整公、余粮负担。在社队规模调整的同时，大力加强粮食生产。

1962—1964 年，随着一些“左”的思想路线和政策的被纠正，全州国民经济开始有所恢复，人民群众的生产生活逐步开始稳定下来。然而，这一刚刚恢复发展起来的好形势，又被 1964 年下半年以后逐步开展起来的农村“四清”运动和城市“五反”运动所打乱，彝族人民和其他各族人民一起，又陷入运动不断，斗争不停的长期斗争之中，彝族地区在“一窝蜂”的集体生产劳动中，一个工日的工值才几角钱，有些地方还不到 1 角钱，劳力少，人口多的人家还要倒补口粮钱，许多彝族农民长期脱不掉花钱靠救济、年年吃返销粮的贫困生活。许多地方的基层干部，要拿出大量的时间和精力安排返销粮和救济款，帮助农民度春荒、度夏荒。

（二）“文化大革命”及“十年内乱”

1963年5月，文山地委开展了以反对贪污盗窃、投机倒把、铺张浪费、分散主义、官僚主义为内容的全州城市“五反”运动，同时，派出工作组，在文山县攀枝花公社进行以清账目、清仓库、清财物、清工分为内容的农村社会主义教育运动试点工作（简称“小四清”），并在试点的基础上，制定了《文山州开展“四清”运动的初步意见》，计划在全州分五批开展“四清”工作，预计到1968年春结束。1963年冬到1964年春，州、县、区机关派出大批工作队到农村，宣传中央《关于目前农村工作中若干问题的决定（草案）》（称“前十条”）、《中央关于社会主义教育运动中一些具体政策的规定（草案）》（称“后十条”），进行农村社会主义教育工作，并初步在全州7个区、1个镇的2948个生产队进行试点，之后又派工作队到富宁县洞波公社抓点，探索山区、民族地区开展社会主义教育运动的经验。

1964年12月，地委组织了490多人的工作队，由地委书记翟文涛亲自带队，到宜良参加省委组织的社会主义教育工作试点。

1965年1月，省委调李原任文山地委书记兼文山军分区政委。

1965年2月，地委根据中央1月发出的《农村社会主义教育运动中目前提出的一些问题》（称“二十三条”），结合文山州实际，提出了具体的宣传贯彻实施意见，要求州、县两级机关组织干部深入农村，协助基层干部宣传中央文件和省委相关指示精神，帮助解决群众生产生活中的困难和问题。随后又先后召开州、县、区和区、社、队两层三级干部会议，在农村做进一步的宣传贯彻。5月27日，又组织80人的山区民族工作队，到富宁、麻栗坡、马关三个边疆县山区，以生产为中心，结合宣传中央文件精神，开展经济和文化发展工作调查研究，提高山区群众觉悟，增强民族团结，巩固发展集体经济，改善物质文化生活。6月2日，文山地委发出《文山州开展“四清”运动的初步意见》。此意见根据省委关于“先搞问题多，影响大”的精神，计划用两年时间，分五批完成对全州8县60个区、1个镇、809个小公社、16100个生产队的“四清”工作。8月，根据省委指示和宜良试点工作经验，地委召开县委书记会议，就全州“四清”运动（清政治、清经济、清思想、清组织，称大“四清”）作出全面部署。接着于9月10日，集中省委派出的57名干部在内的，有大中专院校毕业生、部队干部战士参加，共1110人的工作队到文山集中学习培训。培训结束后组成“四清”工作团，由地委原书记翟文涛任团长，在文山县开展以马塘公社为重点的“四清”运动试点。但是，“四清”运动还未来得及在全州全面铺开，轰轰烈烈的“文化大革命”就开始了，全州由此进入了斗争规模越来越大的“十年动乱”中。

1966年5月16日，中央召开政治局扩大会议发出《中国共产党中央委员会通知》，即“五一六通知”，标志着“无产阶级文化大革命”全面发动。

1966年5月15日，地委召开常委扩大会议，分析全州各条战线阶级斗争形势，讨论如何开展无产阶级“文化大革命”。会议认为，在全州各条战线，在整个思想领域内的阶级斗争是严重的、尖锐的、复杂的，确实存在着一条反党反社会主义的黑线。要把“文化大革命”看作是政治思想领域内的一场阶级斗争，各级党委要亲自领导，充分放手发动群众，除积极参加全国性的大论战外，还要针对本系统、本单位的问题，大鸣大放，揭露各种错误思想观点，展开兴无灭资的大辩论。于是，5月17日，地委书记李原向州级机关干部职工、学校师生作开展无产阶级“文化大革命”的动员报告，讲述怎样认识、对待和投入“文化大革命”的问题，要求各级党组织加强对运动的领导，文化单位的党组织要把领导当前的运动作为中心任务来抓。7月，地委根据中央“五一六通知”精神及省委的指示，决定先在文化、教育系统开展“文化大革命”。首先集中全州15所中学教师到文山学习，揭发本单位、本系统的问题，随后向文化单位派出工作组开展“文化大革命”。各县也将中小学教师集中到县城学习，并结合批判《二月提纲》、“三家村”和云南日报副刊《滇云漫谭》，用大鸣、大放、大字报、大辩论的方式，揭发本单位的问题。8月，地委传达中共八届十一中会作出的《关于无产阶级文化大革命的决定》（称“十六条”），号召“把无产阶级文化大革命进行到底”，宣布将“四清”运动纳入“文化大革命”一起进行，决定凡开展“四清”运动的县、工厂、小学保留工作组；中学撤除工作组，留一人作为联络员，工作组撤除前必须把文化革命委员会成立起来。随后，全州各学校学生开始组织“红卫兵”走上街头，横扫“四旧”（即旧思想、旧文化、旧风俗、旧习惯），四处更改街名、路名、校名、商店名等等，“文化大革命”在全州越来越广泛地开展起来，各级党委、政府的工作部署越来越被打乱，社会动乱面越来越广，一场由学术批判开始的“文化大革命”迅速演变成为政治大批判、大动乱。

1966年10月，地委组织“文山州革命师生、红卫兵代表团”1200多人到北京串联，代表团11月返回文山，带回毛泽东《炮打司令部——我的一张大字报》，在文山城召开大会，要求地委、州人委领导“答复问题”。接着，一批造反派组织在地委、州人委门前静坐示威，各种战斗队随之纷纷组织起来，“炮轰地委”“火烧李原”“批判资产阶级反动路线”等口号很快从文山扩展到全州各地，文山地区“文化大革命”由此全面展开，斗争的矛头直指各级党委、政府领导。学校停课、工厂停工，农村也普遍组织起了“造反”组织。“造反派”到处查封“黑材料”，揪斗“走资派”和“牛鬼蛇神”。大批党政领导干部被批斗、“靠边站”，党政机关工作陷入瘫痪，党组织活动被迫停止。11月23日，文山州一中红卫兵总部，与外地师生联合召开誓师大会，批判地委执行“资产阶级反动路线”，要求参加会议的地委领导答复红卫兵提出的“问题”。会议还通过决议，要求到省委开会的地委书记李原尽快回文山做检查，给被打成反革命分子的人平反。12月17日，地委常委、副州长马生申和地委书记李原先后被迫分别代表地委向“造反派”作“执行资产阶级反动路线”的公开检查。

1967年1月23日，“文山地区无产阶级革命造反派临时联合指挥部”在文山红卫小学宣布成立，并于当晚查封了地委、州人委和州公安局的“黑材料”。与此同时，遵照毛泽东关于“人民解放军应该支持左派革命群众”的指示，文山军分区开始介入“文化大革命”运动，并于2月1日派人进驻“临时联指”指导工作，接着，“临时联指”正式成立文山州联合指挥部，到7月8日又改称“联合作战部”，简称“联指”，成为文山地区的造反大派。

破“四旧”是“文化大革命”初期红卫兵运动中的重要内容。8月23日，《人民日报》刊发北京红卫兵开展破“四旧”的报道，并配发了《好得很》的社论，把破“四旧”说成是“破旧立新的革命行动”，并迅速波及全国，很快形成了对传统文化、历史遗产、文物古迹、文化典籍、风俗习惯、民族宗教等各方面的严重破坏。大批珍贵文物和历史文化典籍被毁，一些宗教寺庙被封，设施被毁坏。壮族和彝族民间一些长期珍藏的铜鼓被作为“四旧”品砸烂当废铜卖掉，包括彝族在内的许多少数民族妇女佩戴的银饰也被当作“四旧”被抄、被没收，民族风俗习惯成了被扫荡的“牛鬼蛇神”，不少相关人员被抄家、批判、刑讯逼供、游街示众，各种人身侮辱现象遍及全州。

1967年初，在上海“一月风暴”和贵州“西南春雷”的影响下，全州党政机关被全面夺权，公、检、法机关被“砸烂”，党的监察机关被撤销。全州从城镇到农村、从党内到党外，都陷入了一片无政府的混乱状态。2月8日，“联指”配合红卫兵和其他一些“造反”组织召开“抓革命，促生产”誓师大会，并发出由60多个战斗团体签名的《坚决贯彻抓革命，促生产的紧急通告》。2月25日，1000多社队干部和贫下中农在文山城围攻“红色小教”等几个组织，拘留了“红色小教”“铁窗烈火”“顶天立地”三个“造反”组织的主要负责人，并于次日由“联指”主持，在工农兵文化广场召开批斗大会，勒令他们解散组织。之后的一个月内，“联指”又先后取缔和解散了30多个其他“造反”组织。

3月24日，云南省军管会批准成立文山州军管会，主任崔正山，副主任张渡人、张伯涛、张发荣；军管会下辖办公室、文化革命委员会、生产委员会和政工组，分别接管地方党、政、财、文大权。4月21日，红卫兵把“万炮重轰地委，烈火再烧李原”“十个为什么”“十五个为什么”等类的大字报贴满了街头。并揪斗地委原书记翟文涛、地委书记李原等主要领导。

6月上旬，全州各县“井冈山”无产阶级革命派相继成立，并得到驻文山某部队的支持，文山州“文革”期间的两大“造反派”组织由此形成。5月4日，文山州军管会主任崔正山在召集5所中学的师生做报告时，被迫同意“打倒李原”。之后，“联派”与“五联站”（5所学校联络站）就保李原和批判资产阶级反动路线问题展开了激烈的论战，到5月下旬进入高潮。

8月17日和21日，“联派”和“井派”先后在文山州汽车运输公司和文山州京剧院发生武斗，双方用钢筋、长矛、砖瓦等相互对打，并发生人员伤亡。随后，武斗不断升级，并迅速波及全州各地。到9月15日发生文山“白沙坡事件”以后，双方都开始动用枪、炮和手榴弹，伤亡不断增多。

9月29日，文山州州级机关部分领导干部成立“文山州紧跟毛主席革命路线干部联络站”（简称“干联站”）。之后，全州各县也成立起了“干联站”，人数达800余人，他们中的绝大多数人，在后来的运动中受到严重冲击。

1968年5月28日凌晨，文山城战斗街（威远街）发生重大火灾，并引发枪战，造成救火部队11名干部战士无辜伤亡，烧毁6间国营、公私合营商店和220间民房。灾情发生后，省革委拨8万元进行救灾。1969年“划线站队”中，这一造成重大的财产损失和人员伤亡案件，被诬指为军分区和某派组织“经过精心策划，有计划、有准备地一手炮制的反革命事件”，导致2名军队干部被捕，30余名值勤的干部战士被株连；地方上也有9名干部群众被捕，800余人被审查，造成了极其恶劣的影响。

6月5日，在昆明军区、中央文革联络组、中央军委毛泽东思想宣传队的协调下，文山地区两派组织代表在北京签署《关于文山地区立即制止武斗的协议》，协议内容包括：双方立即无条件停火，执行云南两派《关于停火、交枪、制止武斗的协议》，无条件交换双方被扣留人员。在保证人身安全的前提下，外地区、外单位人员立即返回原单位抓革命，促生产；禁止挑动农民进城武斗；在州、县军管会的监督下，尽快恢复和健全制止武斗领导小组和监督小组，全州两派群众组织间大规模的武斗得以逐步被制止下来。

9月26日，中共十三军委员会批准成立文山州及各县革命委员会，并分别向州、县革委会派出军代表担任革命委员会主任，组成以军代表为主，有地方干部和群众代表参加的州、县“三结合”革命委员会。州革委会主任席伯宴（未到职，后由王继模任），副主任有军代表张远斌、张伯涛、王文富，担任副主任的地方干部和群众代表的有石光、李逢蕁、何立宽、周长贵、沈秀珍、熊福仙。之后，各区、公社也成立了相应的革委会。

州、县、区、公社革委会成立后，继续推行极“左”路线，大搞“以人划线，层层站队”，继而又开展清理阶级队伍，开展斗、批、改等，使众多的干部群众遭到残酷迫害，无情打击，造成了许多大案冤案，如上面所述的战斗街（威远街）火灾冤案、“干联站”冤案、“农革军”冤案等，使大批干部群众的身心遭受严重摧残。直到1970年，西畴、砚山、广南、丘北、麻栗坡等县仍然先后发生揪斗、打伤各级革委会成员，搞串联、搞大字报上街等情况。为此，州革委发出《关于禁止揪斗、打人、搞串联的通知》和《关于收缴流散武器的通知》，并采取措施，类似行为才得以制止下来。

1971年6月14日—16日，中共文山州第一届党代表大会召开，大会选举岳永喜为书记，康守忠、孙国荣、李逢蕁、边永安为副书记，中共文山地方委员会由此改称为中共文山州委员会。

州第一次党代会闭幕以后，各县新的县委也相继建立起来，随即开始进行基层党组织整顿建设工作。到1972年，全州基层组织整顿建设基本完成，各项工作有了一些起色，但“左”的思想路线影响仍然很大。1971年，州委、州革委在麻栗坡、富宁、马关、西畴、丘北5县搞“政治边防”，少数地方搞“第二次土改”，全州有128户贫下中农被改划为地主、富农，8户富农被改划为地主，财产被没收。到1979年，这一错误被纠正，对在“第二次土改”中被划为地主、富农的人家重新恢复原来的阶级成分，并进行补偿。

1973年6月中旬以后，在全州各级、各部门支左的军代表分三批先后撤离，结束了军队管制。1975年9月，州革委决定限制刚发展起来的三七生产，不准公社、大队和国营农场超计划栽种三七；不准国家机关、企事业单位栽种三七；不准跨地区销售和长途贩运；不准私人在自由市场出售，严格执行计划收购，并从7月起取消八折征收三七农业税的优惠政策。

1976年1月，全州开展“批邓，反击右倾翻案风”，全州13名领导干部被批斗，戴高帽子、挂黑牌游街。

1976年9月9日，毛泽东主席逝世，全州各地开展了大规模的吊唁活动。10月，中央粉碎了王洪文、张春桥、江青、姚文元“四人帮”反党集团，随即开展揭批“四人帮”斗争，掀起学习马列著作和毛主席著作的新高潮；开展抓革命，促生产，促工作，促战备，掀起农业学大寨高潮，强调加强党的一元化领导。10月下旬，按照中央和省委指示，全州开展对“四人帮”反革命罪行的揭、批、查运动，对在“文化大革命”中制造的冤、假、错案开始逐步进行清理平反。

1977年1月26日，州委召开州级机关单位4000人参加的动员大会，深入开展揭批“四人帮”运动。2月27日，州委又召开有50万人参加的全州广播大会，传达中央4号、5号文件，以及中央关于解决云南问题的决定，进一步掀起揭批“四人帮”高潮。6月7日以后，州、县党委相继成立落实政策办公室，着手清理“文革”中的冤案、假案、错案。7月22日，全州城乡30余万人集会游行，庆祝邓小平复出，重新担任中央主要领导职务。

1978年2月17日，省、州、县委组织工作队深入农村开展整党整风、揭批“四人帮”、农业学大寨和党的基本路线教育。

8月25日，州委发出《关于为“农民革命军”政治冤案平反的决定》《关于为“文山州、县干部联络站”政治冤案平反的决定》《关于为因“5·28”战斗街火案无辜受牵连的同志平反的决定》三个文件，彻底纠正了这三起在文山州“文革”期间影响最大的政治冤案，并做好对相关人员的政策落实和善后工作。

10月22日，省委书记安平生及秘书长李原到马关、砚山、丘北3县检查工作。27日，州委召开县委书记会议传达安平生指示，落实粮食征购基数“一定五年”政策，取消不准生产队种三七的错误规定。12月31日，州委召开常委（扩大）会议，传达中共十一届三中全会精神和省委常委（扩大）会议精神，研究加快农业发展的政策措施，开始把党的工作重点转移到社会主义现代化建设上来。

1979年2月，州委根据中央文件指示精神，在全州对18862名地、富、反、坏分子进行摘帽，同时纠正被错误戴帽的511名干部群众；地主、富农子女的家庭出身一律定为“社员”。5月到6月中旬，又通过复查，对708名被错划为右派分子的人进行纠正。到1988年，全州21292名“四类分子”全部摘帽。

1980年1月，州委召开县委书记会议，研究加强干部群众思想教育工作，继续贯彻十一届三中全会精神，正确对待毛泽东思想、坚持四项基本原则；正确处理新时期阶级斗争，以及建立健全农业生产责任制等问题。6月，按照省委的指示，在全州开展区别“三小”（小商、小贩、小业主）及工商业政策落实工作，将165名被划为工商业资本家的小工商业者区别为“三小”劳动者，调动了他们的积极性。11月中旬到12月初，州第二次党代会、第七届人代会一次会议，以及州政协五届一次会议相继召开，提出“以林为主，积极发展畜牧业和粮食生产，争取三五年内粮食自给有余，林畜产品逐步对国家多做贡献”的农业发展方针。不久，全州开始推行农业生产家庭联产承包责任制。当年，国家下拨水利建设资金4413.88万元，群众投工3710万余个，完成了一批水利基础设施建设，农田水利条件有所改善。

1981年1月，文山州文学艺术工作者代表大会召开，选举产生文山州文学艺术界联合会第一届委员会。

8月，云南省委批准文山、砚山、丘北、广南4县为民贸“三照顾”地区。至此，全州除西畴外，其余7县均为民贸照顾县。

1982年2月6日，中共中央批转中共云南省委《关于解决云南地下党、“边纵”历史遗留问题的报告》，批示指出：“云南地下党和‘边纵’在远离中央的边疆民族地区艰苦奋斗，做了许多工作，取得了重要成绩，为解放云南做了重要贡献。”中央文件发出后，文山州、县各级党委积极贯彻执行云南地下党、“边纵”政策的落实工作，为因云南地下党和“边纵”问题而受到各种错误处分的同志平反昭雪，尚能工作的安排工作，年龄偏大的办理了离休手续。

3月，全州商业企业开始推行经营承包责任制。

8月下旬，州委召开全州三级干部会议，传达贯彻邓小平《关于解放思想，开动脑筋，广开门路，增加收入》的指示和全省农业生产责任制座谈会精神。

同年，全州林业实行“三定”（确定山权、林权、划定自留山）。到1984年底，划定自留山150万公顷，确定责任山250万公顷。

1983年3月到1984年3月，全州开展设区建乡体制改革，将原来的113个人民公社、8个县辖镇改设为114个区、8个县辖镇。各区镇下辖875个小乡，30个办事处。875个小乡中有彝族乡95个，其中单一的彝族乡90个，另有5个与其他民族组成的乡，分别是：文山县单一的彝族乡有攀枝花、大以古、高登、塘子寨、高末、迷洒、前进、合掌、荒寨、南林、追栗街、大兴寨、科麻栗、硝厂、界牌、梅子箐、干塘子、车期、古那冲、小寨、坝心、核桃寨、秉烈、老安寨、小平坝、卡作、倮家邑、丫科革和牛克28个。另有1个热水彝族回族乡，共29个乡。

砚山县单一的彝族乡有鲁都克、地者恩、大百户、莲花塘、木瓜铺、蒲草、大尼尼、店房、倮可腻、海子边、幕菲勒、阿绞、顶丘、红舍克、碧云、布那、盘龙、明德、三合、翁达、铳卡和舍木那共22个，无与其他民族组成的乡。

丘北县单一的彝族乡有黎家庄、大布红、古勒、布红、那苴、则则租、小坝心、白色姑、阿落白、鲁底、大铁、腻革龙、架木革、新店、大路边、舍得、卜嘎、落母、陆良、礓礤、矣白、出水寨、普克、山心、野猪塘、小新寨和笼桥27个乡。另有马头山回族彝族乡，共28个乡。

马关县单一的彝族乡有桂皮山、大新寨、三村、马洒、金竹棚、那衣龙和辣子寨7个乡，无与他民族组成的乡。

富宁县单一的彝族乡有龙迈1个乡。另有与瑶族共同组成的木腊、木树、龙洋3个乡，共4个乡。

广南县单一的彝族乡有老井、安王、坝聋、龙汪4个乡，无与其他民族组成的乡。

麻栗坡县只有1个单一的彝族乡，即新寨彝族乡。

西畴县无彝族乡。

1987年2月到1988年1月，全州进行撤区建乡体制改革，撤销了114个区、8个建制镇、875个小乡和30个办事处。改设为85个乡、30个镇、628个行政村、306个办事处。在85个乡中有17个民族乡，其中彝族乡14个，瑶族乡2个，回族乡1个。

14个彝族乡都分布在文山、砚山、丘北3个县市。具体是：文山市有追栗街、东山、柳井、秉烈、坝心5个彝族乡；砚山县有维摩、干河、阿舍、盘龙4个彝族乡；丘北县有舍得、八道哨、树皮、腻脚、新店（原冲头乡）5个。2003年，文山县开始筹备撤县建市工作时，为适应建市要求，将追栗街彝族乡改为追栗街镇。至此，现在全州彝乡为13个。

这些彝族乡只是以彝族村寨相对集中、人口比例相对较多而建立的。其实，全州一些未建彝族乡的乡镇，他们中彝族人口比一些小的彝族乡的彝族人口还多，如砚山县的平远镇、稼依镇；文山市的原攀枝花乡；丘北县的双龙营镇、曰者镇、锦屏镇、官寨乡、天星乡；马关县的大栗树乡等。在1988年召开的全国民族团结表彰大会上，砚山县阿舍彝族乡作为先进单位受到了表彰。

1983年，州委、州政府开始对州内国营企业进行利改税改革，企业的积极性逐步被调动起来。1984年11月，又对国营企业开始进行第二步改革，即实行企业承包经营责任制，全州国营企业开始改变长期吃“大锅饭”的状况，企业经营管理活力明显增强。同年，全州停止使用布票，棉布开始敞开供应。

1985年2月10日，中共中央总书记胡耀邦到文山视察工作时，要求学习河北省的做法，抓人均年增收100元。3月，州委、州政府按照胡耀邦的指示，组织州、县、区、乡9276名干部深入农村，帮助农民开展“增百致富”活动，一些彝族农民家庭收入有了增加。同年3月6日，在“边纵”老领导、省政协原主席朱家壁争取下建设起来的全州第一台小风力发电机，在丘北县舍得彝族乡安装发电，电机功率为50千瓦。

1985年4月，全州粮食统购改为合同定购。

1987年10月25日，砚山县和红河州的蒙自、开远、屏边4县市288名天主教徒，在砚山县阿舍彝族乡鲁都克村天主教堂集会，欢度圣诞节。

1989年6月14日，砚山县盘龙彝族乡布美所村因发生盗窃案件，一些迷信的人便以“捞油锅”的愚昧方法，来证明自己的清白，造成18人双手被烫伤的严重后果。

1991年3月下旬，州第四次党代会召开。会议提出“抓住历史机遇，依靠科技进步，开发文山资源，发展文山经济”的全州经济发展指导思想，及以“粮、林为基础，以矿为龙头，以烟（烤烟）、边（边贸）为突破口”的经济发展工作基本思路。4月25日，省人民政府批准麻栗坡县为省级对外开放口岸。10月16日，州委、州政府制定并实施10年绿化文山大地计划目标、任务和措施，并层层签订责任书，开展全州造林绿化工作。

1992年4月8日，州九届人大二次会议讨论通过《文山州森林和野生动物类型自然保护区管理条例》，并报经省人大常委会批准，于同年7月起执行。6月中旬，州政府作出《关于鼓励外地投资和联合开展边贸的决定》《关于鼓励外商和华侨、港澳台同胞投资的规定》。当年末，引进对外协作项目29个，资金591.6万元，发展边贸企业34家，实现边贸总额1.13亿元，比上年增长近3倍。同月，国务院办公厅、国家计委、财政部、民政部、国家民委等有关国家部、委、办先后到文山考察战争遗留问题。8月21日，州九届人大常委会第九次会议决定从1993年起，每年4月1日为“文山壮族苗族自治州民族节”。11月，省计委批准麻栗坡省级天保口岸开工建设，并划拨建设经费750万元。和志强省长参加口岸工程开工奠基。

1992年12月16日—17日，省政府在文山召开战后恢复生产、发展经济现场办公会议，和志强省长在会议上指出：开发文山资源，是发展文山经济的核心，今后重点要综合开发盘龙河，集中抓好马鹿塘水利水电枢纽工程前期工作，争取“八五”期间开工建设，“九五”期间建成。会后，省政府批准《文山州战后恢复经济建设方案》，方案确定分批筹集资金20亿元，投入165个战后恢复重点项目建设。12月18日，国务院批准文山州所辖文山、砚山、西畴、麻栗坡、马关、丘北、广南、富宁8县均对外开放。当年，州政府拨款555万元，加强天保、田蓬、马崩、八布、保梁街、小坝子、下金厂7个边民互市点建设。年内，越南边民入境互市人数达34.4人次；同时，越南官方组织24个团（组）到文山考察；文山组织39个团（组）到越南考察，双方签订供销合同54份，当年执行24份。

由于从1979年初开始的长期对越自卫还击和保卫边疆作战的历史原因，与1978年底召开的中共十一届三中全会为标志的全国改革开放时间相比，文山州的对外开放时间比内地整整延迟了14年。在这14年多的时间里，文山州虽然因自卫还击、保卫边疆战争的原因而未能对外开放，但是，以农村土地承包到户、实行农业生产责任制为起点的改革仍取得许多显著成果，包括彝族在内的全州各族农民在改革中焕发出了空前的生产积极性，全州农业生产发展，尤其是粮食产量迅速增长，许多彝族农民在实行土地承包责任后不久，就基本解决了吃饱问题，吃国家返销粮的人家迅速减少，经济收入开始逐步增加，居住在坝区和交通沿线的少数人家还开始向小康生活迈进。20世纪80年代中期以后，随着改革的不断深入，全州城乡个体私营经济也随之加快发展起来，但发展不平衡，城乡之间、地区之间、民族之间，乃至同一民族的不同地区之间，经济发展差异较大，这种状况尤其在彝族中较为明显。居住在坝区和交通沿线集镇的彝族，如文山县开化镇镇政府住地周边的彝族，砚山县平远镇、稼依镇、盘龙乡等乡镇坝区的彝族，丘北县八道哨乡、树皮乡双龙营镇、曰者镇、锦屏镇等乡镇坝区的彝族，大都解决了温饱问题，并开始逐步发展起了多种经营，生活条件明显改善。而居住在山区、半山区，尤其是边远高寒深山地区的彝族人民，如丘北县舍得乡、腻脚乡、新店乡，文山县的东山乡、柳井乡、坝心乡，砚山县的阿舍、干河等乡镇的彝族人民，许多人家仍然未能完全摆脱往日的贫困状况，缺吃少穿，住房破烂的状况仍然随处可见。

第二节　改革开放中的文山州彝族

一、彝族地区的改革和发展

1978年12月召开的具有划时代意义的中共十一届三中全会，冲破了“左”倾错误思想和路线的长期严重束缚，重新确立了党实事求是的思想路线。会议之后，通过一系列的拨乱反正，为全面改革开放、建设有中国特色社会主义奠定了坚实思想和政治基础。此后，尤其是1992以后，包括彝族在内的文山州各族人民，才在真正意义上开始了以经济建设为中心的工作重点转移，并由此开始在不断深化改革、扩大开放中逐步建立起了社会主义市场经济体制。

由于保卫边疆战争的历史原因，文山州对外开放时间比内地晚了近14年。这14年间，文山州各族人民在抓好州内改革发展的同时，把大量的人力、物力和财力都主要放在了保卫边疆的防御作战中，全州累计组织支前参战民兵26.2万人，民马5517匹；供应各种支前物资41万多吨；组织运送弹药、物资70余万吨，供应粮食107720吨，食油5850吨，禽蛋1430吨，薪柴16780吨，煤炭103430吨，蔬菜124090吨，组织抢修公路1192

公里。一批彝族儿女在保卫边疆的战斗中做出了重要贡献，乃至付出了鲜血和生命。

1992年5月28日，州政府发出《关于流通企业积极开展“四放开”改革试点工作的通知》。通知说：为加快文山州改革步伐，推进企业转换经营机制，搞活商品流通，增强企业活力，提高经济效益，有计划、有步骤地在全州流通企业中进行经营、价格、分配、用工“四放开”改革，并先在州糖业烟酒公司、州土产公司、州日杂公司率先进行试点，之后在全州流通企业中全面铺开。通过“四放开”改革，全州流通企业活力大增，效益迅速提升。

同年12月16日—17日，省长和志强在文山主持召开“云南省人民政府文山恢复生产发展经济现场办公会议”，副省长赵廷光和省级59个部门，以及中央11个直属单位参加会议。会议原则批准了《文山州战后建设方案》，决定会后5年内投资20亿元，建设一批重点项目，并给以一系列优惠政策。工作重点包括5个方面：一是打好基础，增强后劲；二是开发生物、水力、矿产、旅游四大资源，形成产业优势；三是打开山门，面向全国；开通南门，走向亚太；从封闭走向开放，从开放末端走向开放前沿；四是大力培养人才，依靠科技，富民兴州；五是保护生态平衡，控制人口增长。文山州由此拉开了大规模恢复建设的发展经济大幕，标志着全州工作重心实现了从“一切为了前线，一切为了胜利”向一心一意、集中精力搞改革开放和经济建设发展的历史性转移。之后的一切工作，都主要围绕改革、开放、发展这一重心来进行。

1993年1月25日，国务院批准麻栗坡天保口岸为国家级开放口岸。同日，国家水利部专家到麻栗坡考察研究马鹿塘水利水电枢纽工程，并形成会议纪要。4月13日，国家水利部与云南省水利厅和文山州政府签订了《马鹿塘水利水电枢纽初步设计阶段前期勘测设计费用集资协议》。

2月22日—24日，州委召开四届四次全委（扩大）会议提出：认真学习贯彻党的十四大精神，以邓小平建设有中国特色的社会主义理论为指导，坚持党的基本路线不动摇，坚持“两手抓，两手都要硬”的方针，按照建立社会主义市场经济体制的要求，团结和带领全州各族人民，进一步解放思想，转换脑筋，抓住历史机遇，依靠科技进步，开发文山资源，发展文山经济；以开放促改革，以改革促发展；万众一心，扎实苦干，为实现五年恢复建设，三年大发展，到2000年实现粮食产量、财政收支、自然生态三大平衡，实现脱贫致富奔小康而奋斗。

同年4月1日—3日，以向外展示文山、扩大文山对外开放、加快文山发展为目的的首届“文山州国际三七节暨文山州民族节”在文山城隆重举行，来自越南河江、宣光、老街3省代表团和泰国、日本、新加坡、马来西亚、澳大利亚、新西兰、韩国、美国、法国、英国、西班牙、意大利等国家，以及香港、澳门、台湾地区的同胞和国内客商，通过规模宏大、异彩纷呈的民族文化之桥走进文山，认识文山，了解文山，并开始参与到文山经济的合作发展中来。以彝族音乐为主旋律，气势宏大的开幕式结束时的大型歌舞表演，让国内外宾客领略到了彝族歌舞音乐动人心弦的艺术魅力和催人奋进的激情四溢。节日期间，与国内外客商签订合同 89 项，金额 20576.92 万元；意向性协议 68 项，金额 100805.19 万元。合同、协议两项总计达 121382.11 万元，文山州的对外经济合作迈出了可喜的第一步。同年，全州投入专项扶贫资金 2415 万元，安排 59 个扶贫项目，按当时的脱贫线计算，解决了 30.81 万贫困人口的温饱问题。

5 月 1 日，全州粮食购销全面放开，随行就市。

5 月 28 日，全长 398 公里的平（平远街）罗（罗村口）三级公路路面改造工程完工；20 日，天保口岸与越南清水口岸正式恢复开通，全州对外交往通道建设开始加快。

8 月 6 日，州委制定出台《关于加快发展支柱产业的决定》，将三七、烤烟、林业、矿业、水电、边贸列为全州重点发展的六大支柱产业。1995 年，将水电并入基础产业，另立一项畜牧业，仍为六大支柱产业。一种以支柱产业为特色的文山经济，由此在不大断调整和完善中逐步显现出来。同月，以彝族聚居区为中心的丘北县普者黑被列为省级风景名胜区，1996 年又被省政府批准为云南旅游区，成为文山州旅游业的发端之地和牵引龙头。

1994 年 1 月，丘北县在舍得彝族乡投入以工代赈资金 63738 元，建起了 1000 多亩的人工石围栏草场，引种新西兰包衣草种，实行禾本科与豆种草科混合播种获得成功，开拓出了舍得高原彝区畜牧业发展新局面。

3 月 22 日—23 日，州委、州政府召开全州经济工作暨经济体制改革工作会议，会议提出要进一步加快改革步伐，围绕恢复生产和支柱产业建设，调整经济结构，提高经济效益。3 月 25 日—30 日，全省教育工作会议在文山召开。会议学习中共十四届三中全会《决定》和《中国教育改革和发展纲要》，开展教育改革工作经验交流，参观文山州加快实施“普六”“普九”工作现场，表彰了 1993 年完成教育工作目标责任管理的地、州、市。

4 月 21 日，州委、州政府召开州级机关副科级以上干部和各县主要负责人会议，传达全国农村工作会议精神，随后组织工作队下乡，以“三个有利于”为标准，开展深化农村改革试点，放手发展个体私营经济；放手发展股份合作制；放手变革农村生产经营方式和经营体制；放手开发荒山、荒滩、荒坡，搞活县和县以下国有和集体企业。以改革为动力，抓住机遇，进一步搞活了全州农业经济，促进全州经济快速健康发展，全州彝区的猪、鸡、牛、羊等养殖业，以及辣椒、水果和经济林木等种植业加快发展起来。

1995 年 3 月 10 日—12 日召开的州委四届七次全委（扩大）会议，在制定 1995 年州委的主要工作任务时提出，坚持以经济建设为中心，集中精力加快发展；大力发展教育科技，全面提高民族素质；坚持“两手抓，两手都要硬”的方针，进一步做好团结稳定工作；切实加强党的建设，充分发挥党的领导核心作用。4 月 26 日，州委、州政府召开州直机关干部大会，传达全省三级干部会议精神，提出到 2000 年，全州基本普及六年义务教育，初中阶段入学率达 50% 左右，小学毕业升学率达 70%，小学适龄儿童入学率达 98%，

15周岁及其以上人口青壮年文盲率下降到5%左右，普通高中与职业高中阶段在校生之比达到1∶1.5。到2000年，这一发展目标基本实现，包括彝族地区在内的全州教育设施建设得到了较大加强，教育环境明显改观。

4月26日—27日，州政府召开全州粮食化肥工作会议，决定对“米袋子”工程实行行政首长负责制。要求稳定粮田面积，提高单产和增加总产；收购和掌握70%到80%的商品粮，建立和管理地方粮食储备及粮食风险基金，完成地方进口粮任务；安排好当地粮食生产，以确保粮食供应和稳定粮价。

5月，文山州政府制订全面实施“二七”扶贫攻坚计划，确定全州分四个区域进行扶贫开发，即东北部低山河谷区、南部溶蚀低山河谷区、中部岩溶丘原区和西部岩溶丘盆区。按集中资金、连片开发、综合治理、分期实施的原则，用7年时间，实施种植业、养殖业、加工业、水利、饮水工程，以及农村用电、乡村公路、文教卫生和科技等10大类扶贫开发项目，使人均纯收入达到500元。事实上，后来的发展已大大超过这一计划目标。

12月16日—18日，云南省委、省政府在文山召开全省扶贫开发工作会议，省委书记高严、省长和志强出席会议，并分别作《振奋精神，拓宽思路，苦干创业，夺取扶贫攻坚的全面胜利》，以及《突出重点，加大力度，确保“九五”基本脱贫》的讲话。与会人员实地参观了西畴县蚌谷乡农民群众炸石造地，改变山区落后面貌的现场，听取西畴县关于“等不是办法，干才有希望”，以及“苦熬不如苦干，搬家不如搬石头”的苦干脱贫致富精神和经验。之后，州直机关抽调118名干部，分赴全州各地农村，帮助农村基层组织开展一个好班子、一条好路子、一支好党员队伍、一个好的经营体制、一套好的制度的“五个好”创建工作，在全州大力推广西畴经验，动员全州人民发扬西畴精神，努力打好农村扶贫攻坚战。

1996年3月9日—12日，州第五次党代会召开。会议以邓小平建设有中国特色社会主义理论和党的基本路线为指导，贯彻党的十四届四中全会、五中全会和省第六次党代会精神，号召全州广大党员干部和各族人民进一步解放思想，加快发展，努力跟上全省奔小康步伐。4月17日—23日召开州第十届人民代表大会第一次会议，讨论通过了全州经济和社会发展“九五”计划和2010年远景发展目标。9月12日—13日，省政府“18工程”指导小组到文山考察。“18工程”是省委、省政府根据经济发展状况，决定实施以开发和培育生物资源为特点发展支柱产业的重要措施。指导小组对文山州申报的三七、肉牛、蓖麻、油桐、油茶等12个项目的可行性给予了充分肯定，并要求进一步做好项目的规划、协调等工作。9月21日—23日，州委、州政府召开培育县域经济暨企业扭亏增盈工作会议，要求各县各部门择优立项，搞好规划，狠抓落实。强调要以经济建设为中心，以企业改革为重点，紧紧围绕支柱产业建设，培育骨干财源，壮大县、乡财政，富民富县。到20世纪末，有两个县财政收入达到6000万元以上，其余县在“八五”基础上翻一番的财源建设目标。9月21日至23日，省长和志强率省扶贫办、省财政厅等14个省级部门负责人到砚山县调查研究扶贫开发情况，要求要结合实际打好扶贫攻坚战；各级领导要深入到贫困乡、村和农户抓落实；发扬自力更生、艰苦奋斗精神，实施好“温饱工程”，确保各项扶贫资金及时到位。当年，全州国内生产总值完成37.79亿元，比上年增长14.8%，其中工业增长20.8%；粮食产量达8.45亿斤，比上年增长5.8%；财政收入2.21亿元，比上年增长53%。以主要产于丘北、砚山两县的树皮、曰者、双龙营、维摩、稼依等彝族聚居区的“丘北辣椒”发展成果明显。到“九五”末，全州辣椒产量达到了1899.1万公斤，比“八五”末增长187.7%，年均增长20.3%，成为种植区彝族人民增收的主要来源。而在腻脚、舍得、维摩、阿舍、坝心，以及其他许多彝族聚居山区，各种畜牧养殖业也加快发展起来，成为彝区人民增收的主要产业。许多彝族聚居村寨基本解决了温饱问题，并逐步走向勤劳致富的道路。大多数彝族村寨农民不但解决了吃饱饭的问题，现金收入也从几十元、几元，甚至倒补口粮钱的状况，变为增收一两百元或两三百元。到1990年，人均收入还不到200元的彝族乡还有文山县追栗街（184.27元）、柳井（174.28元）、东山（158元）；砚山县干河（160元）、维摩（172元）、阿舍（167元）；丘北县舍得（162元）。人均收入超过200元的彝族乡有丘北乡八道哨（348.23元）、树皮（330元）、腻脚（224.5元）、新店（276元）。文山城周边的东山、追栗街等彝族聚居乡镇农村，在党的十一届三中全会以前，甚至以后的一段时间中，吃粮靠返销、花钱靠背柴卖的贫困状况还比较普遍。发展情况在彝族村寨中不算差的追栗街镇大兴寨行政村，全行政村320多户人家，除了7户苗族外，其他都是彝族。改革开放以前，全行政村粮食产量最高的1975年，也只有500246斤，人均有粮340余斤；现金总收入62431元，人均收入只有43.6元。到1984年，全行政村粮食总产增加到893500斤，比1975年增长了78.6%，人均有粮551斤，比1975年增加了202斤；现金总收入增加82265元，人均收入比1975年增长了31.8%。1985年，全行政村在稳定粮食生产的同时，大力发展养猪、养牛和见效快的烤烟、辣椒等多种经济作物种植，农民的现金收入也加快了增收速度。1987年，全行政村现金总收入增加到305419元，人均166.3元，比1975年增长了3.8倍多。在少数首先富裕起来的人家中，还破天荒地出现了12家万元户、3家万斤粮户。农民家家有余粮，近半数的人家有了存款。

1997年1月27日—29日，州政府召开计划、经贸、体改工作会议，提出1997年全州农业总产值要达到21亿元，比上年增长4.7%；工业总产值要达到17.9亿元，比上年增长23.6%；粮食总产8.9公斤，工农业总产值38.9亿元。当年实际完成粮食总产量8.9278万公斤，工业总产值21.4550万元，都超过年初制订的计划任务。

3月2日—4日，州委召开五届三次全委（扩大）会议。会议提出四项任务：一是以提高质量和效益为目标，努力加快经济发展；二是以思想道德和文化建设为重点，大力加强社会主义精神文明建设；三是加强民主法制建设，维护社会政治稳定；四是建设高素质的干部队伍，增强党组织的凝聚力和战斗力。12月，省政府在文山召开全省战区恢复建设工作汇报会，文山州、红河州及思茅地区江城县的领导到会作了汇报。戴光禄副省长率省直机关20余个部门负责人出席会议。会议总结了战后恢复建设6年来的主要做法和经验，要求之后3年要继续贯彻原战区恢复建设的基本原则，树立长远观点，进一步妥善处理好战争遗留问题，坚持和完善各项制度，加强计划管理和审计监督，密切配合部队全面完成第二批排雷任务。

1998年1月，云南省文山壮族苗族自治州恢复生产发展经济暨扶贫攻坚工作汇报会在北京人民大会堂举行。国务委员、国务院扶贫工作领导小组组长陈俊生率国务院27个部、委负责人参加听取汇报会。陈俊生在听了汇报后说，目前文山州历史遗留问题多，基础脆弱，贫困面大，财政十分困难。他要求各部委在当年的春节前提出帮助文山州解决问题的具体意见上报国务院；希望云南对文山州也要下大力量支持，同时希望文山州各族人民要发扬老山精神，以自力更生为主，外援支持为辅；利用有利条件，克服不利因素，坚定信心，扎实苦干，把文山建设成经济繁荣，社会稳定的社会主义新边疆。2月9日—10日，州委召开五届五次全委（扩大）会议。会议强调，扶贫攻坚和财源建设仍然是全州工作中的重中之重，整个经济工作要贯彻稳中求进的方针。要全力以赴打好扶贫攻坚战，大力发展县域经济，加快财源建设步伐；继续加强以基础设施为重点的战后恢复建设；深化改革，大力发展非公有制经济。

6月2日—4日，州委、州政府召开全州个体私营经济会议。会议根据党的十五大精神，分析全州个体私营经济发展趋势，动员全州各级干部群众进一步解放思想，统一认识，明确任务，真抓实干，加快全州个体私营经济发展步伐。7月2日—3日，州委召开五届六次全委（扩大）会议。会议指出，对外开放是加快文山发展和富民兴州的必由之路，强调在整个经济工作中必须始终不渝地把对外开放作为加快经济发展的突破口，用对外开放统领全局，以开放促进文山经济持续、快速、健康发展。8月26日，州委召开全州财政工作会议。会议提出，坚持把财源建设作为全州工作的重中之重，把加快经济发展同加强财源建设结合起来，把抓好现有财源和培植后续财源结合起来，改善财源结构，增加财政收入，壮大财政实力。当年，全州农业生产获得丰收，工业生产持续增长。粮食总产量达到了9.5亿公斤，比上年增长6.7%，实现了创纪录的发展；工业总产值达32.52亿元，比上年增长了19.1%；财政总收入4.2227亿元，比上年增长了13.6%，财源建设开始取得成效。

1999年2月1日—2日，州委召开五届七次全委会议，讨论通过了《州委、州人民政府关于推进农业产业化发展的决定》。会议强调，要高举邓小平理论伟大旗帜，深入贯彻落实党的十五大、十五届三中全会、中央经济工作会议和省委六届七次会议精神，切实加强农业和农村工作，继续打好扶贫攻坚战；加大财源建设力度，加强基础设施建设，加快经济结构调整，培育支柱产业和拳头产品；深化国有企业改革，扩大对外开放；大力发展非公有制经济，全面实施科教兴州和可持续性发展战略，提高经济效益和经济增长质量；加强党的建设、精神文明建设和民主法制建设。要坚定信心，知难而进，狠抓落实，推动文山经济社会协调发展。会议提出了1999年全州国民经济发展的几项主要指标，即粮食总产量9.7亿公斤，比上年增长1.9%；地方一般财政预算收入3.56亿元，比上年增长9%。当年的实际完成情况，都超过了这些计划指标。

5月25日—26日，省政府在文山召开现场办公会议。会议强调，要把扶贫攻坚作为压倒一切的中心任务，要求文山州振奋精神，再接再厉，进一步加快扶贫攻坚和经济社会发展步伐。5月26日—27日，州委、州政府召开全州经济形势分析会，贯彻省政府文山现场办公会精神，研究部属全州下半年经济发展工作。同月，州政府决定从1999年起，在认真抓好正在实施的26个重点财源建设项目的基础上，再拿出2000至3000万元资金，启动第二批17项财源建设项目。7月12日，省政府批准文山州8项公路建设项目，即文山至砚山二级公路改造；江边至罗村口公路中的丘北至广南段建设；平远至文山二级公路沥青路面铺设；砚山至八嘎至西畴弹石路面铺设；砚山海子边省级旅游风景区道路建设；锁龙寺至砚山平远街高速公路建设；省道主干道平远至船头段中的文山至兴街段改造；以且至马关公路中的七〇新村至炭房段改造；同时做好马关至河口公路中的马关至客田段改造的前期准备工作。9月15日—17日，全省扶贫温饱示范村安居工程现场会在文山召开。会议交流了温饱示范村及安居工程建设经验，并参观了文山县蚂蟥塘村、坡头村温饱试点村建设和砚山、丘北两县的安居工程现场。省政府要求全省各县要按质按量圆满完成省里下达的温饱、安居工程建设任务。

9月27日，州委发出《关于认真学习贯彻中国共产党十五届四中全会精神的通知》，即学习贯彻《中共中央关于国有企业改革和发展若干重大问题的决定》，要求要深刻领会全会精神实质，进一步提高对深化国有企业改革重要性的认识；结合文山实际，突出重点，抓好全会精神的贯彻落实；切实加强领导，尽快在全州范围内兴起学习全会精神的热潮。9月，根据中共中央、国务院《关于进一步稳定和完善农村土地承包的通知》精神，州委、州人民政府发出了《关于做好延长土地承包期工作的通知》。除文山县开化镇外，全州所有乡镇先后成立了领导小组，开展农村土地延包工作，进一步调动了农民的生产积极性，全州彝区经济社会也随之加快了发展步伐。

二、文山州全面对外开放后的发展变化

党的十一届三中全会之后的30年时间里，尤其是1992年底全州进入战后恢复建设发展，实行全面对外开放的近20年时间里，文山州委、州政府以邓小平理论和“三个代表”重要思想为指导，高举建设有中国特色社会主义旗帜，认真贯彻“三个代表”重要思想和科学发展观，在党中央和省委、省政府的领导和支持帮助下，全州各级党委政府结合边疆

和少数民族众多的特点和实际，带领各族人民发扬艰苦奋斗、后来居上的拼搏精神，努力奋发图强、开拓进取，在不断深化改革、扩大开放中奋力追赶全省经济社会发展步伐，走出了一条具有边疆特征，又有文山特点的跨越式发展之路。进入21世纪以后，全州社会主义现代化建设在追赶式、跨越式的发展中进入了历史上最好的快速发展时期，全州彝族人民同其他各族人民一道，不断加快改革发展步伐，彝区生产生活面貌发生了翻天覆地的变化。

1978年底，党的十一届三中全会召开以来的30多年时间，尤其是1992年底以后开展战后恢复建设、全面实行对外开放的近20年时间里，全州经济社会发展步伐不断加快，经济总量不断迈向新台阶，经济实力明显增强。1978年，全州国内生产总值仅有3.2亿元，1992年全州全面实行对外开放的当年增加到了17.6亿元；到“九五”末期的2000年增加到71.4亿元，2003年突破了100亿大关，2007又突破了200亿大关，达到了208.3亿元；2010年又突破300亿大关，达到了329.85亿元。1978年到2007年，年均增长幅度达8.8%，人均生产总值由133元增加到6126元。2007年，全州财政总收入由1978年的0.23亿元增加到22.3元，增长了96倍，年均增长17.1%，其中地方财政收入12.6亿元，年均增长14.8%。

改革开放以来，全州经济结构在调整中不断优化，一、二、三产业比重由1978年的71∶11∶18调整到2007年27∶35∶38，总体上呈现出了第一产业比重逐步下降，第二产业稳步上升，第三产业平稳发展的良好发展态势。在各产业内部，农业以市场为导向，在不断推进种植业、养殖业结构调整中，种植业比重逐年下降，林、牧、渔比重稳步上升。传统的工业产业改造取得明显成效，矿电产业、生物产业发展加快，烟草、电力、有色金属和医药制造业等逐步成为支撑全州工业发展的主导力量。商贸饮食、交通运输等传统服务业持续保持较快增长；旅游、房地产、社会服务等现代服务业呈现出了快速发展态势；非公有制经济在全州经济发展中比例不断上升，2007年达到了47.2%，形成了以公有制为主体，多种经济成分共同发展的崭新格局。

1992年开始战后恢复建设和全面实行改革开放以来，通过实施“工业强州”战略，尤其是进入21世纪以后的工业园区建设，工业在不断加快发展中越来越凸显出了推进全州经济社会发展的支撑作用。1978年全州工业总产值仅为0.7亿元，到1992年也只有5.28亿元；2007年迅速增加到了154.8亿元，与1978年比，增长了176倍，年均增长率达19.5%。生物药业、矿冶、电力、建材和农特产品加工等重点产业不断发展壮大，工业整体素质不断提升，市场竞争力逐步增强，新型工业化进程不断加快，工业在国民经济中的主导地位越来越明显。

经过30多年来的改革发展，尤其是1992年以来的不断加快发展，全州农业综合生产能力不断提升，以农田水利基础设施建设和农科技术推广应用为标志的农业生产条件得到了极大的改善，农业基础地位不断加强，农村经济全面发展。2010年，全州农业总产值达

120.067 亿元，比 1978 年增长了 21.54 倍，年均增长达 12%；主要农产品产量持续增长，粮食产量达 127.57 万吨，比 1978 年增长 1.2 倍，年均增长 2.6%，粮食平均亩产从 128 公斤增加到 193.9 公斤；农业人口平均有粮从 234 公斤增加到 366.9 公斤；农民人均纯收入从 72 元增加到 2806 元，增长 25.5%。三七、烤烟、辣椒、畜禽、水果、香料等农产品产量都有大幅度提高。在不断增强农村经济活力的同时，不断满足和丰富了城乡人民生活需要。杂交水稻、杂交包谷广泛推广，农作物配方施肥、地膜覆盖技术的应用，水稻育秧和栽插技术的不断更新、规范化种植技术的不断推广应用、新品种的不断选育和推广、冬春农业开发规模的扩大和农业机械化水平的逐步提高，以及农业产业化和农民经济合作组织的逐步发展壮大，成为了科技兴农的重要推动力量。

全州经济的快速发展主要得益于中央和地方资金投入力度的不断加大。改革开放以来，尤其是“十五”规划以后，州、县（市）各级党委、政府抓住国家实施西部大开发的战略机遇，着力推进农田水利、交通能源、城镇基础设施、房地产业开发等领域的投入力度，投资规模不断扩大，各项基础设施建设力度不断加大，农田水利建设步伐加快，全州城乡面貌发生了前所未有的巨大变化。到 2007 年，全州固定资产投资达 141.1 亿元，比 1978 年增加了 644 倍。在这些投资中，由于对外开放和招商引资力度的不断扩大，州外、省外及国外投资规模不断扩大。“十五”期间，全州累计引进国内企业 444 家，投资项目 687 个，投资额累计达 57.73 亿元；审批国（境）外投资企业 48 家，利用外资 1421.68 万美元；引进资金占“十五”期间全州固定资产投资总额的 28%。随着文山机场的建成通航、衡昆高速公路文山州段的全线贯通，以及云南最近出海口—富宁港的开工建设、云桂铁路文山段的动工建设，全州道路交通条件明显改善，“水陆空”立体大交通格局逐步形成。衡昆高速公路横贯平远、稼依、维摩等彝族主要聚居区，为这些地区加快发展提供了便利的交通条件。开始建设的云桂铁路文山段工程，也将通过彝族主要聚居区的新店、腻脚、平远、稼依、维摩、天星、锦屏、树皮、干河、珠琳等乡镇，又将为这些彝族地区加快发展提供更好的条件和机遇。一批乡村彝族农民在城镇化建设中，逐步离开农村进入城镇，参与到城乡统筹建设发展中来。

1992 年以后的 14 年，是文山州加快发展的 14 年，同时也是全州彝区经济社会发展变化最快的 14 年。十多年间，在各级党和政府及各相关部门的帮助和支持下，加上彝族人民自身的不断努力，彝族地区的农业、交通基础设施和能源建设力度不断加大，新的农业科学技术的不断推广应用，在稳定发展粮食生产的同时，不断推进产业结构调整，发展优质高效农牧业，发展农业产业化经营，同时加大农村剩余劳动力转移力度，彝区经济发展呈现了几倍，甚至十几倍的快速增长。彝族主要聚居区的文山、砚山、丘北三县（市）发展较为明显。“十一五”期间，文山市的地区生产总值连年实现新突破，2010 年突破了百亿元大关，达到了 100.1 亿元，是“十五”末年的 2.3 倍，年均增长率达 15.2%。城镇居民人均可支配收入达 15837 元，农民人均纯收入达 3547 元，年均分别增长 11.1% 和

20.4%。2010年，砚山县实现地区生产总值51.64亿元，比“十五”末年增长了1.3倍，年均增长率达13.7%。城镇居民人均可支配收入和农民人均纯收入分别增长了6531元和1416元，年均分别增长达12.5%和14.3%。2010年，丘北县实现地区生产总值26.3953亿元，比“十五”末年增长了1.05倍多，年均增长21%；城镇居民人均可支配收入和农民人均纯收入分别达14049元和2636元，年均分别增长了21.5%和14.9%。

“十五”规划以后，尤其是“十一五”规划期间，随着中央和地方各级党委、政府不断加大对贫困地区扶贫开发的支持力度，州委、州政府在大力组织实施中国面向东南亚、南亚开放的云南“桥头堡”建设和文山对外开放“新高地”建设的同时，先后制定了《关于加快“十一五”扶贫开发进程的实施意见》《关于加快边远少数民族地区深度贫困群体脱贫进程的实施意见》，采取了扶贫三项建设大会战、整村推进扶贫开发、整乡推进扶贫开发，以及产业扶贫、信贷扶贫、社会扶贫、挂钩扶贫、易地搬迁，革命老区开发建设、特困民族群体集中帮扶等一系列扶贫开发和扶贫攻坚。仅“十一五”期间的5年间，全州就累计投入了各种扶贫资金69.4亿元，实施整村推进项目3746个，新建和改造农村公路7150公里，建成山区“五小水利”工程15.2万件，建设小水窖10.34万口，解决了66.5万农村人口的饮水安全问题；改造中低产田地100万亩，有效改善了农业生产基础条件，同时建起了2.6万户农村地震安全工程，改造农村危房1.86万户，使农村群众的居住条件大为改善；投放科技和产业扶贫资金3.5亿元，发放小额扶贫贷款14.59亿元，扶持24.44万户农民发展种植业和养殖业；投放1.7亿元信贷资金，扶持33家企业种植油茶40万亩，核桃110万亩，以及发展辣椒、甘蔗、茶叶、蔬菜、水果等特色种植业，大大加快了贫困地区的脱贫发展进程。与此同时，新建乡镇卫生院95个，农村卫生室648个；排除农村学校D级危房51万多平方米，新建和改扩建校舍74万平方米；新建乡镇综合文化站72个，农家书屋468个；全面完成了20户以上通电的自然村广播电视村村通；46.3万群众得到了最低生活保障，实现了应保尽保。其间，还完成了人工造林336.4万亩，封山育林83.8万亩，改造中低产林70万亩，建成沼气池8.8万口，推广节柴灶3.1万户，建起了太阳能板1万平方米，农民人均纯收入由“十五”末2005年的1365元增长到2806元，净增了1441元，年均增长11.7%。

在社会主义新农村整村推进建设中，按照中央关于“生产发展、生活宽裕、乡风文明、村容整洁、管理民主”的总要求，采取沼气池、小水窖、民房改造、乡村公路和适用科技培训“五位一体”的建设方式，着力实施基础设施、产业发展、社会发展、生态保护和精神文明建设，大力推进开发式的温饱村、生态村、文明村、小康村建设，使文山市的追栗街镇、塘子寨、姑娘寨，砚山县的土锅寨、红舍克，丘北县的仙人洞、法果，富宁县的龙洋等一批彝族聚居村寨的村容村貌和人的精神面貌都发生了巨大变化，逐步实现了生活富起来、环境好起来、村容美起来、班子强起来的目标。同时积极开展农村富余劳动力转移外出务工，让数万彝族青壮年在外出打工挣钱的同时，开阔了眼界、增长了见识、提高了技能，增强了致富本领。

文山市追栗街镇是一个彝族人口占50.2%的彝族聚居贫困地区，过去经济发展不但缓慢，而且稳定性很差，2007年以前，全镇贫困发生率高达35.4%。到2008年，全镇农民人均纯收入也只有1160元，比全市和全州农民人均纯收入还分别少1316元和867元。2009年，追栗街镇被列为全省21个扶贫开发整乡推进试点乡镇之一，采取群众自筹为主，政府补助为辅，动员群众积极投工投劳、献工献料等方式，对之前还未进行扶贫开发新农村建设的所有53个自然村全部实施扶贫开发新农村建设。全部工程采取“一挂二帮四整合”的办法全面推进，即领导挂钩；单位、社会帮扶，村民互帮；整合专项投入、部门投入、社会投入和群众投入，整合各种扶贫资金1.1亿元投入工程建设。产业建设上，在巩固烤烟、甘蔗、柿子等传统产业的基础上，大力培育核桃、油茶、大牲畜养殖等特色产业，优化了产业发展基础，全镇66个村的村容村貌得到了有效整治，实现了“五强八有九提高”的目标，即基础产业、基础设施、基层组织、农民群众的基本生产和生活保障能力五方面都得到了增强；所有农户都有了安居房、庭院，有了沼气池、卫生厨房、卫生畜厩、卫生厕所四配套的住房居所，有生产生活用水，有高稳产农田地，有增收项目，有致富技术，有电视看；实现了农民收入提高、生活水平提高、群众素质提高、发展速度提高、发展质量提高、党建层次提高、环境质量提高、村寨形象提高和群众幸福指数提高。2010年全镇农民人均有粮463公斤，比1990的228公斤增长了1倍多；农民人均收入从2008年的1160元增长到4551元，增长了3.9倍多，成为全省整乡推进扶贫开发典型。

分布在丘北县官寨、舍得、腻脚、双龙营、树皮等乡镇44个村寨的2704户共12375个人口的彝族支系姑尼人或姑纳人（即僰人），是文山州最贫困的民族群体之一。“十一五”期间，在中央和省委、省政府的帮助下，州、县党委、政府和相关部门按照“三年解决温饱，五年达到其他民族中等发展水平”的扶贫开发目标，整合各种扶贫资金，组织相应的人力、物力和财力，对姑纳人（僰人）村寨进行一次性规划，分步实施扶贫开发，从转变人的思想观念和提高科学文化素质入手，增强村民自我发展意识和发展能力，优先解决群众最迫切、最需要解决的建设项目，逐步培育有支撑力的产业项目。在加快经济发展的同时，加强农田水利、人畜饮水、村寨道路和村民住房等基础设施建设。先后投入各类资金15327.68万元，其中专项资金4428万元，部门整合资金4087.5万元，群众自筹资金和投入劳力折算资金6812.18万元，先后对44个姑纳（僰人）村寨全部实施整村推进扶贫开发，加快了这些贫困村寨的经济社会发展步伐，贫困面貌大为改观，达到了基础设施基本完善，增收渠道拓宽，产业发展初现，群众思想观念转变，温饱问题基本解决的目标。2010年，姑纳人（僰人）村寨农民人均有粮从2008年的185公斤增加到290公斤，净增了105公斤；人均纯收入从860多元增加到1690元，增长了近1倍。

“十五”以来，尤其是“十一五”期间，随着全州改革开放面的不断扩大和深入，各种建设项目投资力度的不断加大，以及扶贫开发力度的不断强化，全州彝族人民和其他各族人民一样，经济社会进入了前所未有的快速发展时期，村风村貌，人们的衣、食、住、行、用等物质和精神文化生活都发生了前所未有的巨大变化，人的思想观念和精神面貌也随之焕然一新。

砚山县维摩彝族乡按照巩固辣椒产业，发展烤烟产业，壮大畜牧产业，加大冬季农业开发，拓宽农业发展领域的发展思路，采取政府引导、项目捆绑、企业参与、市场运作的方法，不断加快全乡经济发展步伐。2010 年，全乡辣椒种植面积发展到了 8 万余亩，产值 1.5 万多元，成为全乡最重要的支柱产业。同时种植烤烟 3020 亩，烟农人均种烟收入 390 余万元；发展冬季农作物种植 43110 亩，收入 3500 多万元；畜牧业产值增加到 2696 万元，成为全乡经济发展的半壁江山。全乡农民人均纯收入 4230 元，比 1990 年增长了 24 倍多。

砚山县盘龙彝族乡地处文山、砚山两县（市）结合部，交通、区位优势明显。“十五”计划以来，乡党委、政府抓住国家实施西部大开发战略和加快社会主义新农村建设的机遇，结合扶贫开发工程建设，按照一片一片实施，一村一村解决的建设发展计划，组织群众大力开展水、电、路“三通”基础设施建设，使全乡 67 个自然村全部实现了通路、通电。同时加大对盘龙坝子的综合开发力度，按照稳粮调结构的指导思想和“一村一品”的发展思路，引导零星种植向基地种植和专业种植方向发展，以产业链接带动规模化生产，实现了以优取胜，以特取胜。三七、烤烟、辣椒、蔬菜、花生等特色种植业，以及猪、牛、羊、家禽养殖业逐步形成规模。与此同时，利用乡境与县城和州府临近的区位和交通优势，加大市场建设力度，结合扶贫开发加大盘龙集镇建设和小康村建设力度，完善 5 个农村集贸市场场地建设。同时大力开展招商引资，先后引进了 12 家企业到乡境内投资发展，发展优质、高效、绿色产业；发展集休闲、娱乐、健身和观光农业于一体的休闲度假经济，不但优化了全乡经济结构，拓宽了发展渠道，而且还促进了民族文化资源的挖掘、发展和利用，进而促进了全乡经济和社会的加快发展。2010 年，全乡农业总产值由 2006 年的 4990 万元增加到 7217 万元，增长了 69%；人均有粮 591 公斤，增长了 55.6%；农民人均纯收入 2736 元，人民的生产生活面貌发生了巨大变化。

发展一度相对滞后的砚山县干河彝族乡，到“十五”以后，乡党委、政府把农业增产、农民增收作为全乡工作的头等重要大事来抓，从加大农业基础设施建设入手，着力调整农业产业结构，大力发展优质高效农业，逐步发展规模经营。2006 年到 2007 年上半年，全乡共争取投入资金 200 多万元，建成烟水工程旱地水窖 332 口，解决 1500 多亩旱地烤烟的用水问题；建成了农民饮水水窖 100 口，解决了一批饮水特别困难人家的人畜饮水困难问题。争取 52 万元资金修复加固懂瓜蓄水坝，缓解了乡政府驻地及其下游群众人畜饮水和农田用水困难问题。同时结合种植业结构调整，以订单农业的方式，引进种植韩国朝天椒、小米辣，亩产量和产值成倍增长。农作物种植中的粮、经比例从过去的 61.6∶38.4 调整为 57∶43，经济作物比例提高了 4.6 个百分点。2010 年，全乡农民人均纯收入 2748 元，比 1990 年增长了 17.5 倍。

阿舍彝族乡是砚山县丰富的锰矿和煤矿资源聚集地区，但过去这些丰富的资源并没有给当地人民带来多少效益。“十五”期间，乡党委、政府在州、县党委、政府的指导和帮助下，围绕农民增收、财政增长目标，抓住种植业结构调整、扶贫攻坚、创建平安阿舍三个重点，突出抓好矿冶业、畜牧业两大产业，促进了全乡经济社会发展。2006 年，全乡财政收入 154.85 万元，农民人均纯收入 1200 元，农民人均纯收入比 1990 年增长了 7.2 倍。2010 年，全乡农民人均纯收入又迅速增长到了 2380 多元，但全乡农民的主要收入还是靠种植业和养殖业，矿冶业对农民增收的贡献率仍然很小。

文山市东山彝族乡是一个彝族人口占 72% 的山区乡，过去一直是全市最贫困的乡镇之一。“十五”计划以来，乡党委、政府在市委、市政府的帮助和支持下，围绕农业产业结构调整，大力发展烤烟、甘蔗、辣椒、经济林果种植；结合扶贫开发，大力发展交通、通信、市场、能源等基础设施建设，努力推进集镇建设和新农村建设，使全乡的经济社会迅速加快发展步伐，人民群众的衣、食、住、行条件明显改观。2010 年，全乡农民人均纯收入达到了 3700 元，是 1990 年的 23.4 倍。

彝族人口占 61%，自然区位条件与东山乡大体相同的追栗街镇，“十一五”计划以来，通过整乡推进扶贫开发，大力开展道路交通、农田水利、电力通信等基础设施建设，开展石漠化治理，大力发展烤烟、辣椒、甘蔗、花生、柿子、商品蔬菜种植，把发展畜牧业和发展畜牧交易市场结合起来；同时依托临近州政府驻地文山城的有利条件，以及境内页岩土资源丰富的优势，引进建材企业发展节能降耗、防污减排达标的制砖业，加快了全镇工业的发展步伐。2010 年，全镇农民人均收入达到了 4551 元，比 1990 年的 158 元增长了近 28.8 倍。通过整乡推进扶贫开发，一个崭新的社会主义新农村面貌开始在全镇展现出来。

地处石山深谷、贫困程度很深的文山市柳井彝族乡，“十一五”计划以来，乡党委、政府围绕农业增效、农民增收这一中心目标，在不断调整产业布局，优化产业结构中，不断扩大杂交水稻、杂交玉米种植面积，在提高粮食产量的同时，加快发展烤烟、三七、甘蔗、香艳梨等特色种植业；同时通过大力推广猪人工授精、牛冻精改良，以及发展规模饲养猪鸡等措施发展畜牧养殖业，全乡经济社会发展步伐不断加快。2010 年，全乡农村经济总收入达 7203.3 万元，比上年增长了 27%；粮食总产量 627.96 万公斤，比上年增长了 5.5%；人均有粮 418.2 公斤，比上年增长 2%；农民人均纯收入 2716 元，比上年增长了 5%，比 1990 年的 174.28 元增长了 15.5 倍。

“十一五”计划以来，文山市秉烈彝族乡党委、政府结合乡境产业特点和优势，在稳步发展当地特产秉烈优质水稻和旱稻、玉米、小麦等主要粮食生产的同时，调整种植业结构，大力发展辣椒、烤烟、花生、薯类和商品蔬菜；同时加快发展生猪、肉牛、肉羊等规模养殖，加快了全乡经济的发展进程。2010 年，全乡农村经济总收入达 1.17 亿元，农民人均纯收入 3660 元，比 1990 年的 206 元增长了 17.7 倍。

环绕于国家自然保护区老君山周边的文山市坝心彝族乡，盛产多种温凉地区的农作物和经济林木及水果。“十一五”计划以来，乡党委、政府结合地区经济特点和优势，在稳定玉米、稻谷、荞、小麦等主要粮食生产的同时，结合种植业结构调整，大力发展以地区名特产品他披梨为主要特点，同时积极发展适合本乡发展的核桃、花椒、烤烟、黑山羊等五大种植业和养殖业，逐步凸显出了乡域经济发展的特点和优势。到2010年末，全乡种植核桃27818亩，花椒2800亩，他披梨3000亩，烤烟861亩，加上其他经济作物4000余亩，粮经比例调整到了6.9:3.1。2010年，全乡农业总产值3827元，比上年增长26.9%；农民人均产粮739公斤，农民人均纯收入2995元，比上年增长30.8%，比1990年的162元增长了18.5倍。

位于丘北县中部的八道哨彝族乡，地处国家AAAA级普者黑风景旅游区中心地带，是丘北县西部和北部五乡两镇进入县城的交汇点，省道七江公路横贯东西，交通条件和区位优势明显。全乡有5个行政村，其中有两个是山区，3个是坝区，农业生产条件优越，不但盛产水稻、玉米、小麦等粮食作物，还盛产烤烟、辣椒、葡萄、莲藕、油菜及各种蔬菜。畜牧业也比较发达，被省列为商品猪基地和牛羊综合示范区，还是文山州最大的白酒生产地，故有“猪乡酒镇”之称。“十一五”规划以来，八道乡党委、政府围绕农业增效、农民增收目标，结合乡情实际，抓住县委、县政府实施旅游强县战略这一机遇，发挥地处普者黑国家AAAA级风景旅游区和省道七江公路横贯乡境东西两大优势，培育烤烟、畜牧业两大产业，突出基础设施建设、发展非公有制经济，以及莲藕、油菜、葡萄5项重点产业的“1225”经济发展思路，带领全乡各族人民解放思想，与时俱进，真抓实干，逐步形成了“一庄一园三司五厂（场）八片区”的全乡经济发展新格局。一庄，即普者黑葡萄文化酒庄；一园，即上海文山现代农业科技示范园；三司，即普者黑酒业有限责任公司、普者黑牧业购销有限责任公司、丘北县塑料包装有限公司；五厂（场），即百福养鸡场、宏科仔猪场、弥勒有机肥料厂、猫猫冲红砖厂和藕粉厂；八片区，即以龙嘎为中心的中草药种植区，以八道哨为中心的养殖和农副产品加工示范区，以大龙潭为中心的养鸡示范区，以豹子坡为中心的优质烤烟种植区，以白莲山为中心的旅游商品开发区，以猫猫冲和七零村为中心的优质莲藕种植区，以横山和马场为中心的蔬菜种植区，以八道哨为中心的葡萄种植示范区。2010年，全乡农民人均收入3146元，比1990年的329元增长了近9.56倍。

地处半山区和干坝区的树皮彝族乡是丘北县主要的辣椒生产基地。“十一五”以来，乡党委、政府在调整产业结构中，紧紧围绕做强做大辣椒优势产业，发展烤烟产业，大力推广应用新农科技术，努力提升种植业和畜牧业生产水平，培育发展经济林果业；同时大力扶持发展非公有制经济，发展矿业，盘活土地三个经济增长点，在稳步发展粮食生产的同时，努力促进多种产业全面发展，进而加快了全乡经济社会发展步伐。2010年，全乡粮食总产量15990万公斤，人均有粮373公斤；主要经济作物辣椒种植面积突破了10万亩，总产值突破亿元，占全乡农业总产值的40.2%；农民人均纯收入2960元，是1990年330元的9.69倍。全乡人民生活水平明显提高。只辣椒一项，年收入上万元的人家越来越多。

地处丘北县西南部山区的腻脚彝族乡，省道七江公路和县际腻平公路纵横东西南北，处于文山州的丘北、砚山和红河州的弥勒、开远4县（市）商贸往来交汇点和商品集散地，往来人员多，市场交易一直都很活跃，具有山区小旱码头的特点。在玉米、荞、豆类、白瓜、烤烟、辣椒、马铃薯、花生、萝卜等多种乡内农作物品种中，尤以粉红腰豆和白瓜子最为有名，早已行销国内外。桃子、李子、花红、梨、苹果、花椒等经济林果也有一定的发展优势。黑山羊、黄牛、生猪等畜牧发展优势尤其明显。2005年末，全乡黑山羊存栏37012只，出栏31710只；黄牛存栏15180头，出栏2684头；生猪存栏20505头，出栏26506头，畜牧业产值几乎占据了全乡农牧业总产值的半壁江山。“十五”期间逐步发展起了三七和反季蔬菜种植，正在成为乡域经济发展的重要支撑力量。生产的腻脚酒早有名气，年产量都在2500吨以上。腻脚乡煤、锰、铁、铝土、汞等矿藏资源较多，尤以铝土矿蕴藏量最大，品位最好。“十一五”计划以来，腻脚乡党委、政府结合乡情实际，提出了“1232”的经济发展思路，即一抓国家实施西部大开发战略和加快社会主义新农村建设的机遇，抓好烤烟、畜牧、矿业三大支柱产业，发展三七、蔬菜、腻脚酒三大特色产业，着力产业结构调整，实现农民增收、财政解困两大目标。2010年，全乡农业总产值21837万元，农民人均收入纯收入2894元，与1990年相比，农民人均纯收入年增长了11倍。近年来，州、县开始对腻脚乡的铝土矿进行勘探和规划开采工作，为腻脚彝乡的发展展示出了更加美好的前景。

与腻脚乡相邻的丘北县新店彝族乡，西北两方与红河州的开远、弥勒两县（市）界于南盘江，境内海拔高低悬殊，最高2318米，最低870多米，多数为高山温凉的山区和半山区，少数为亚热河谷地区。区域内林木资源丰富，森林覆盖面积达20余万亩。地下水资源丰富，中国第一座地下水力发电站——六郎洞水电站就在乡境内。“十一五”计划以来，新店彝族乡党委、政府结合乡情实际，在稳定发展玉米、水稻等主要粮食作物生产的同时，结合产业结构调整，在河谷热区大力发展甘蔗种植，在山区大力发展经济林木和水果种植，发展猪、牛、羊等畜牧业，同时发展建筑业和运输业，加快了全乡经济发展步伐。2010年，全乡农业总产值10176万元，农民人均纯收入2809元，与1990年276元相比，农民人均纯收入增长了10.8倍。

位于丘北县西北部的舍得彝族乡，与红河州的弥勒、泸西两县隔南盘江相望，是丘北县海拔最高的高寒山区，最高海拔2508.1米，南盘江河谷最低海拔870米，71%的村寨都处于海拔1800米以上的高寒山区。除了河谷地区有少量的水稻甘蔗种植外，大多数地区主要种植玉米、小麦、荞、马铃薯、白瓜、豆类等农作物，适宜发展中药材草乌，以及花椒、洋姜、核桃等种植。舍得乡山虽然高，但高山地势平缓，有4万多亩的天然草场和6万多亩的人工草场，发展畜牧业的条件较好。河谷半山区有大面积的森林覆盖，区域内还有 19 万亩的宜林荒山，土地资源丰富。蓝天白云下，高高的杨雄山主峰与周围的数万亩草原相映成趣，成了人们夏日旅游避暑休闲的好去处。“十一五”计划以来，舍得彝族乡党委、政府按照高寒山区的特点，制定了“1142”的经济发展思路，即发展畜牧业这一支柱，发挥高山旅游这一资源优势，做大草乌、花椒、洋姜、核桃 4 个特色产业，建一个山羊育肥集转站，一个有一定标准和规模的集贸市场。2010 年，全乡农业总产值达 11543 万元，其中畜牧业产值占的 43.2%；农民人均纯收入 2642 元，比 1990 年的 182 元增长了 14.5 倍多。

在一些没有建立彝族乡，但彝族人口相对较多的乡镇，经济社会发展也取得了长足的发展和进步。砚山县平远镇 2010 年总人口 77000 多人，少数民族人口占 73.7%，其中彝族人口 16395 人，占全镇少数民族人口的 29%。“十一五”计划以来，平远镇党委、政府在加快水利、电力、交通通信等基础设施建设，大力发展冶炼、化工、建材、运输、商贸等非公有制经济，以及在加快集镇建设中，用工业化理念发展农业，在稳步发展粮食生产的同时，大力扶持发展农业龙头企业，带动了全镇烤烟、辣椒、蔬菜、花生以及畜牧养殖业的快速发展，建设起了现代化的烤烟种植基地和蔬菜生产基地，加快了农业产业化发展进程，不但实现了粮食生产稳中有升，而且实现了多种经营的快速发展。2006 年，全镇地区生产总值达 92322.6 万元，比上年增长了 19%；粮食产量 2786.85 万斤，比上年增长了 3%；农村经济总收入 15700 万元，其中畜牧业收入 3214 万元，猪、牛、羊和鸡鸭出栏数分别达到了 60274 头、8028 头、10490 只和 309138 只。地方财政一般预算收入 1843 万元，比 1990 年增长了 4 倍多。2010 年，全镇农民人均纯收入 3416 元，比 1990 年增长了 20.2 倍。

砚山县稼依镇 2010 年近 42000 多总人口中，有 6000 多彝族人口。乡境内除了种植水稻、玉米等粮食作物外，还有辣椒、烤烟、蔬菜、鱼腥草等大面积的经济作物种植；境内还有较为丰富的煤、锰等地下矿产资源。“十一五”以来，稼依镇党委、政府带领全镇各族人民大力发展辣椒、烤烟、蔬菜等具有地区优势的特色农业，建起了号称中国西南最大的辣椒集散贸易中心——稼依辣椒城，发展起了规模化的现代烤烟、蔬菜种植基地；同时大力发展猪、牛、羊等规模化的畜牧养殖业，努力推进全镇农业产业化发展步伐，加快了全镇经济发展步伐，农业增效、农民增收成效明显。2010 年，全镇农村总产值 19589 万元，农民人均纯收入 3112 元，是 1990 年的 21 倍多。

广南县珠琳镇有人口 61000 多人，其中壮、苗、彝、回、瑶 5 种少数民族人口 28000 多人。在 5 种少数民族人口中，彝族有 6100 多人，占全部少数民族人口的 21%。珠琳镇的经济主要以辣椒、烤烟、花生种植和猪、牛、羊、鸡等畜牧养殖最有特色和优势，加之地处本县的旧莫乡、五珠乡、者兔乡，砚山县的阿基乡和丘北县的天星乡等三县五乡结合部的中心地带，农副产品市场交易比较发达。“十一五”计划以来，珠琳镇党委、政府按照县委、县政府关于“建设珠琳农副产品商贸大镇”的要求，以发展烤烟、辣椒、花生种植及畜牧养殖四种产业为重点，在确保粮食稳定增产的同时，以市场为导向，以科技为动力，结合产业结构调整，大力发展烤烟、辣椒、花生种植和猪、牛、羊、鸡等养殖业。2006年，全镇烤烟种植面积迅速发展发展到25313亩，烟农收入3452万元；种植辣椒20683亩，产值2067万元；花生8283亩，产值252万元。猪、牛和家禽出栏分别达到了38453头、5582头和168415只，总产值4080余万元。这些种植业和养殖业中，尤其是烤烟、辣椒、花生三种经济作物种植地区，有不少是在彝族聚居村寨，彝族农民受益较大。重点种植业和养殖业的加快发展，进一步活跃了珠琳镇的农副产品交易市场，进而加快了全镇的经济社会发展步伐。2010年，全镇农民人均纯收入3221元，是1990年的21倍多。

有近5000彝族人口的南屏镇，是广南县彝族人口较为集中的乡镇之一，主产玉米、水稻、小麦和大豆等粮食作物，以及三七、八角、花生、油菜等经济作物。“十一五”计划以来，南屏镇党委、政府通过大力推广农科技术，在提高粮食单产中稳定发展粮食生产的同时，积极引导群众调整产业结构，在发展有特色和优势的本地经济作物的同时，引种适合本地区种植的金银花、鲜食葡萄、美国中秋梨等新品种，并逐步形成了金银花、葡萄、梨等新的种植业基地，其中金银花发展较快，到1990年，种植面积已达到万余亩。与此同时，大力发展猪、牛、羊、鸡等畜牧养殖业，促进了全乡经济的加快发展。2010年，全镇农民人均收入由“九五”末的年520多元增加到3012元。

有5500多彝族人口的富宁县木央镇，是一个煤和水能资源丰富、经济林木种类较多的乡镇。“十一五”计划以来，木央镇党委、政府抓住国家实施西部大开发，以及在边疆民族地区加快扶贫攻坚和实施“兴边富民”行动及新农村建设的机遇，在国家和地方各级党委政府的支持和帮助下，依托煤、电两种资源优势，大力推进道路交通、农田水利等基础设施建设和新农村建设；在抓好稳定粮食生产的同时，加快调整农业产业结构，发展核桃、油茶、板栗、花椒等经济林果产业，以及林下产业，其中核桃种植面积已发展到10万多亩，成为富宁县乃至文山州的一个核桃种植大镇；同时大力发展猪、牛、羊等畜牧业，全镇经济社会发展步伐不断加快。到2008年，全镇财政收入达4917万元，农业总产值达13374万元，肉类总产量3834吨，农民人均产粮320公斤，人均纯收入1891元；与1990年相比，农民人均产粮增加了50%多，人均纯收入增长了近10倍。同其他各族兄弟一样，彝族人民的生产生活条件发生了巨大变化。普阳行政村孟梅村的70余户彝族白倮人家，1990年全村人均纯收入只有105元，2008年迅速增加到1724元，增长了16倍多。

有3000多彝族人口的板仑乡，是富宁县彝族白倮人（当地他称高裤脚彝或高裤脚倮）的主要聚居区，其人口占全乡总人口数的11%，居住区自然生产条件与当地壮族大体相同，但由于历史的原因，经济社会发展相对落后于当地的主体民族壮族。新中国成立以后的近30年时间中，板仑乡白倮人的生产生活面貌有了一些改变，但改变不大。改革开放以后，尤其是1992年文山州全面实行对外开放以后，在各级党委、政府的支持下，在白倮人村寨大力发展经济林果和甘蔗等田地经济作物种植，以及发展畜牧饲养业，并指导白倮村民学习推广应用新技术，提高科学种植、养殖水平，进而加快了经济社会发展进程，白倮人的衣、食、住、行条件发生巨大变化。到2010年，白倮农民人均纯收入已从1990年的130多元增加到了2600多元。

三、新型社会主义民族关系中的彝族人民

1950年，祖国西南地区全部获得解放，彝族人民同其他各族人民一道，获得了当家作主的权利。在中国共产党的领导下，彝族地区按照解放前处于不同社会形态的具体历史背景实际，采取不同的社会变革方式，逐步建立起了社会主义制度。文山州彝族地区的社会主义改造，主要是农业的社会主义改造，基本上与汉族地区同步进行。在以改变土地私有制为核心的农业社会主义改造中，按照党关于“慎重、稳健”的方针和“依靠贫雇农、团结中农、中立富农，有步骤有区别地消灭地主阶级”的工作原则和路线，依照国家《土地法大纲》和《中华人民共和国土地改革法》，稳步有序地完成了土地改革，从根本上铲除了劳动人民被剥削的根源，巩固了新生的人民民主政权和社会主义制度。

为了改变旧社会遗留下来的民族隔阂，增进各民族间的团结和友谊，新中国成立初期的20世纪50年代，党中央、西南局和省委、省政府多次派出工作队深入彝族地区，宣传党的民族平等政策，表达党和政府对彝族民的关怀，受到了彝族人民的热烈欢迎。在党和人民政府的领导下，彝族人民把从土地改革中焕发出来的热情投入经济建设中，人民的物质生活水平逐步提高，教育、文化、卫生等社会事业也随之逐步发展起来。同时更改或清除了旧社会封建统治阶级强加给彝族人的一些歧视性的族称及地名。将“夷”改为“彝”，将“平夷”改为“富源”，将“镇南”改为“南华”；将民族族称用字中的“犭”旁去掉，例如，把“猡猡”改为“罗罗”，把“猓猓”改为“倮倮”等。这样的歧视性用字，包括文山州在内的许多旧史书中都可以看到。

在社会主义改造基本完成后，我国社会的主要矛盾是人民日益增长的物质文化需要同落后的社会生产力之间的矛盾，党和国家的工作重点由此转移到以经济建设为中心的社会主义现代化建设上来，党的第八次全国代表大会明确提出了这一任务。然而在之后的多年具体实践中，党的八大确定的路线没有认真坚持下来，民族工作在之后不久也逐步偏离了实事求是的思想路线，忽视甚至否认民族工作特点，混淆了社会主义条件下的主要社会矛盾，进而发生了“左”的错误。1957年夏季开始的反右斗争扩大化，1958年开展生产“大跃进”、人民公社化运动、大炼钢铁铜运动，在经济发展上一味地强调“一大二公”，盲目追求“一步登天”，以及相应发生的浮夸风、共产风、瞎指挥风、强迫命令风等恶劣风气，挫伤了包括彝族在内的各族人民的积极性，使经济发展徘徊停滞，甚至倒退，造成了极大的经济和政治损失。其间虽然也做过一些纠正，但由于未能从政治思想路线上根本解决问题，“左”的错误不但没有得到纠正，反而越来越严重泛滥起来，直接导致了“文

化大革命”时期的十年动乱，国民经济陷入崩溃的边缘。

中共十一届三中全会后，党纠正了“民族问题的实质是阶级问题”的片面错误理论，恢复了实事求是的思想路线，重新阐明了在实现生产资料所有制的社会主义改造以后，我国的民族关系基本上是各民族劳动人民之间的关系，并坚决贯彻执行“三个离不开”这一最基本的民族工作指导思想，即“汉族离不开少数民族，少数民族离不开汉族，各民族谁也离不开谁”的思想观点，平反冤假错案，从思想上、政治上彻底解决了新中国成立以来的大量历史遗留问题，开展对社会各方面的整顿、调整、改革和提高，实现了工作重点的真正转移，国民经济和社会各方面在改革开放中重新恢复并迅速发展起来。1984 年全国人民代表大会通过的《中华人民共和国民族区域自治法》，总结了建国 30 多年来民族工作正反两方面的经验，坚持了正确的马克思主义民族理论观点，充分体现和保障了各少数民族管理本民族内部事务的权利，促进了各民族之间平等、团结、互助关系的巩固和发展。目前，全国有 2 个彝族自治州，1 个彝族与哈尼族联合的自治州；8 个彝族自治县，11 个与其他民族联合的自治县。在这些单一的彝族自治州、自治县，或彝族与其他民族联合的自治州、自治县，彝族人民有了依法行使自己管理本民族内部事务的权利，并与辖区内的其他民族兄弟精诚团结，和睦相处，共同发展进步。文山州有 13 个彝族乡，彝族乡内的彝族占全州彝族人口一半多，这些彝族乡的党委、政府团结和带领彝族人民和其他民族人民一道，共同团结发展进步。同样，在没有建立彝族乡的彝族聚居乡镇，彝族人民也一样与其他各族人民和睦相处，互相帮助，建设各民族共同的美好家园。

改革开放 40 年来，文山州彝族人民同各兄弟民族一道，在各级党委、政府的领导下，坚持邓小平理论、“三个代表”重要思想和科学发展观，紧紧围绕“共同团结奋斗，共同繁荣发展”这一民族工作主题，认真宣传马克思主义民族理论观点，宣传《中华人民共和国民族区域自治法》等党和国家一系列法律法规和政策，同时结合文山州实际，制定颁布了《文山壮族苗族自治州自治条例》，在彝族主要聚居区建立起了 13 个彝族乡，按照“团结、教育、疏导、化解”的方针，做好各种矛盾调处工作，让彝族人民依法当家作主，使党的民族政策和国家的法律法规广泛深入人心，维护民族团结和“三个离不开”的思想意识不断增强，进一步增强了本民族内部和与其他兄弟民族的团结，彝族内部的家支隔阂状况也开始有所消除。

改革开放 40 年来，尤其党的第十六次全国代表大会以来，文山州彝族人民和其他各族人民一起，在邓小平理论、“三个代表”重要思想和科学发展观的指导下，一心一意抓发展，不断推进改革开放和发展步伐，彝族地区经济同其他各族兄弟一样进入了历史上最快最好的发展时期，全州地区生产总值年均递增 11.3%，全社会固定资产投资年均递增 39.2%，工业总产值、增加值年均分别递增 18.2% 和 20.1%，财政总收入年均递增 18.6%，城镇居民可支配收入年人均递增 14.4%，农民人均纯收入年均递增 14.5%。彝族和其他各族人民的生产条件大为改善，生活水平不断提高，保障能力不断增强，教育、卫生、科学、文化、体育等社会各方面都有了长足的发展和进步，人的思想观念和发展意识不断增强，精神面貌发生了巨大变化。

在抓好经济社会发展的同时，州委、州政府始终把培养少数民族干部和文化科技人才，作为落实党的民族政策，推进民族地区经济社会发展的一项重要制度来抓，按照《中华人民共和国民族区域自治法》和中央、省委的相关具体政策，在全州各级党政机关和部门培养、选拔和配备相应的领导干部职数，并在自治州自治条例以及州委制定的《文山壮族苗族自治州培养选拔少数民族干部的意见》《文山壮族苗族自治州培养使用少数民族干部暂行办法》等文件中加以明确规定，从法律和政策制度上保障了对少数民族干部的培养和使用。1993 年全州开始战后恢复建设和全面实行改革开放以后，州委又把对少数民族教育培养工作列为“人才兴州”战略的重要组成部分，并按照“大规模培养、长中短结合、多渠道扩展”的培养思路，逐步探索出了“3 加 1”的发展路子。“3”，即一是充分整合州内教育资源，自己培养一批。州委干教委与各相关部门协调，对州内的教育资源进行分析评估，每年有计划地下达和分配少数民族干部教育培训任务，并按类别分层次开办少数民族干部培训班和学历班。二是依托省内外大专院校走出去培训一批。每年有计划、有组织地选派少数民族干部到省内外相关大专院校学习市场经济、金融贸易、法律法规、现代科学技术和文化知识等。还采取在省委党校开办民族干部培训班的形式进行培训，收到了积极的效果。三是借助外力，请进来培训一批。按照缺什么补什么的原则，先后邀请国内、省内有关专家学者给各民族干部授课、举办专题讲座等，不断提高各少数民族干部的政治思想水平和科学文化水平。“加 1”，即“上挂”与“下派”并举。每年定向选派一定数量的少数民族干部到上海、广东东莞和省直机关挂职学习锻炼，在挂职锻炼实践中增长才干，提高工作能力和水平。

与此同时，在公务员招录和事业单位人员招聘中，采取“定向选拔，适当照顾”，以及定岗位比例和加分等特殊的照顾政策，给少数民族予照顾，有计划、有步骤地把少数民族人才充实到各级公务员和事业单位人员队伍中。2006 年，全州招录公务员 518 人，州委列出 70 个岗位专门用于招录少数民族，其中壮族 25 名，苗族 25 名，彝族 10 名，瑶族 5 名，其他少数民族 5 名。在事业单位招考中，按照学历层次，对文山籍的少数民族考生给予大学本科 2 分、大学专科 1.5 分、中专 1 分的加分照顾，同时不断建立和完善少数民族干部人才库，加强和规范少数民族干部队伍人才储备工作。州、县（市）民族工作部门利用熟悉民族工作、了解民族干部状况的优势，经常向州、县（市）党委政府及组织人事部门推荐少数民族干部，仅 2003 年至 2007 年的 5 年间，就推荐了少数民族干部 84 名，其中处级 32 名，科级 52 名。在同等条件下，实行少数民族干部优先，保证了少数民族干部的正常录用和提拔，以及在各级领导干部中的相应职数比例。经过不断努力，全州少数民族干部素质不断提升，队伍不断壮大。2007 年，全州少数民族干部人数达 29363 人，占全州干部总数的 43%，其中地厅级干部 19 人，占同级干部数的 42.2%；县处级 281 人，占同级干部数的36.3%。彝族干部比例大体与彝族人口比例相当。少数民族各类专业技术人员21803人，占全州总数的44.33%，其中少数民族高级专业技术人员445人员，占全部高级专业技术人员总数的29.47%；少数民族中级技术人员5892人，占全部中职技术人员总数的40.34%。州属机关48个党群和政府部门中，有43个部门配有少数民族干部，少数民族干部队伍呈现出总量逐步增长、整体素质稳步提高、各种结构逐步改善的良好势头。

彝族虽然不属于文山州的自治民族，但在文山州10个少数民族中，彝族又是人口仅次于壮族和苗族的第三大少数民族，因此，在州、县党政领导机关和部门中，尤其是彝族人口相对集中的文山、砚山、丘北三县（市），都配有相应职数的彝族领导干部，乡科级中的彝族干部也不少，彝族乡的政府主要领导都从彝族中选举产生，他们同各民族干部一起，为自治州的经济和社会发展做出了自己的贡献。但还存在许多不足，主要是彝族干部队伍数量虽然不算少，从总体上看，彝族干部素质还相对较低，尤其是有一定领导能力和经济管理素质的干部还很少。与其他少数民族科技队伍相比，彝族的科技队伍，在人员数量和人才素质上相对更低；比自治的壮族和苗族还相对处于弱势，尤其是高级技术人员，更是屈指可数，这与彝族社会的历史发展原因有关，也与至今不少彝族地区群众对教育重视不够有关。要改变这种状况，既需要党和政府更多的关心、支持和帮助，更需要彝族群众们自己做更多更大的努力。

第三节　彝族社会在现代化建设中的阵痛

一、彝族地区与其他先进民族地区发展的差距

在长期的历史发展进程中，文山州彝族人民与其他各族人民一道，共同开拓了祖国这块31456平方公里的西南边疆，创造了自己光辉灿烂的民族历史文化，并为国家和民族的尊严、祖国的领土完整做出了贡献。文山州彝族虽然多居住于山区，大多数地方气候条件较差，但也有不少的自然资源优势。彝族聚居区地域辽阔，有丰厚的资源开发潜力。新中国成立以前，彝族人民同其他各族人民一样，在帝国主义、封建主义和官僚资本主义三座大山的压迫下，加之长期的封建经济制度压迫和落后观念的束缚，生产力发展水平极为低下，人民生活处于极度贫困之中。新中国成立以来，尤其是1978年党的十一届三中全会以来，同其他兄弟民族一样，彝族地区的经济社会都有了快速的发展。在文山州，自1993年开始战后恢复建设、全面实行对外开放以后，这种发展更加明显。但是，由于历史的原因，加之改革开放以前“左”的思想路线影响，彝族地区，特别是边远深山地区彝族，经济社会发展仍然很缓慢，有时甚至出现发展中的倒退、返贫，与其他一些进步的兄弟民族

相比，彝族地区经济社会发展总体上仍处于比较落后的状态，发展差距较大。许多彝族地区农民，特别是边远山区彝族农民，仍然在简单的手工劳动和畜力耕种中靠天吃饭，自给自足的自然经济在许多时候并不能自给；有不少地方还处于更落后的刀耕火种状态，粮食亩产好的两三百市斤，差的不足百市斤。在山区，种一大坡，收一小箩的情况很普遍，遇到稍大一点的自然灾害，还常常严重减产，甚至颗粒无收。风调雨顺年成，虽然也能多收获一些粮食，但交了公余粮后，大多数人家已所剩无几，许多彝族农民时常是秋天交了公余粮，春夏又吃返销粮、救济粮；房屋年久失修，破烂不堪，彝族地区的贫困面，在全州少数民族中比例较大。经济发展水平的低下，又严重影响了彝区教育、文化、卫生等各种社会事业发展。

彝族地区的经济社会发展落后，与彝族的历史发展情况相关，特别与明、清时期朝廷实行严酷的政治压迫、经济剥削，以及灭绝人性的军事残酷镇压和文化扼杀密切相关，这种情况直到新中国成立前夕，还明显地存在着。彝区村寨，特别是单一的彝族村寨，很少有办学校的地方，少数念过几年书的人，也大都是有钱人家的子女，而这些读过书的人中，大都也只是读过三五年的小学生，读过中学的人寥寥无几，读大学的人几乎为零。

唐朝时期，南诏王国政权推行“彝汉文并用”政策，每年派数百彝族青年到成都学习汉族文化，这些青年学成回到南诏国后，积极推广汉文化教育，汉文字的使用在彝区，特别是在南诏王国官方使用越来越普遍，逐步形成强势，所谓“彝汉文并用”，实际上逐渐成为“以汉文为主，彝文为辅”，在当时比较发达的滇池和洱海周边地区尤其是这样。彝文的使用，大都是在彝族内部的统治阶层中，民间识彝文的人很少。到了明朝时期，统治阶级严格实行“一切俱尊令式”政策，禁止彝族人民使用自己的民族文字，加之彝族本身的文化人又长期局限于少数的毕摩和土司等统治阶层手中，一些想传授一点彝族文字的毕摩，也只能是在偷偷摸摸的“地下”进行，彝族文化教育的发展，长期处于学习汉文被歧视，不敢去学，不愿意去学，也无经济能力去学的状况；而本民族文化官方又不准学，想学也找不到人教的状况，彝族文化始终未能形成真正意义上的教育。在文山州的彝族中，彝族文字在清朝初年吴三桂镇压滇南十八土司反抗中就已几乎绝迹，使至今的许多文山州彝族早已不知彝文谓何物，不知自己民族还有历史久远的民族文字。明朝万历年间，八寨土司龙上登开始在文山地区首办师庙（先师孔子庙，即学校），教的也只能是汉文了。

彝族本来也有自己悠久的民族医药卫生历史，并形成了不少的彝文医学书籍，但也是因为历史的原因，由于彝文化教育的面十分狭窄，许多彝族人不识自己本民族的文字，也就谈不上普及，更谈不上提高了。因此，彝族医药的传承，绝大多数只能是民间的口传心记。在缺医少药的旧社会，文山州彝族也只能靠这样口传心记的医药医技来看病吃药了。由于医疗卫生条件差，人口的死亡率高，有时遇上严重的传染病流行，就会出现成户病亡，甚至全村病亡的悲惨状况。

知识是生产力，是经济发展和社会进步的动力。一个国家、一个民族的发展和进步状况，学习掌握文化知识的人口在其总人口中的拥有量，以及这些知识人口中的比例结构，是其最重要的经济、社会和文化发展标志。到20世纪80年代中期，美国每18人中就有一个大学生，日本每28人中有一个大学生。那时，中国人口有11亿多，而新中国成立以来的历届大学生只有600多万人，只占总人口的0.6%，在世界排列中倒数第四位。在当时的云南，每1万人口中，大学生只有12人，占0.12%，而彝族的每1万人口，大学生只有3.3人，占0.033%。据1977年至1983年7年间的一次统计数据，即使是在彝族作为主体民族的楚雄彝族自治州，7年中全州考上大学的人数也只有2621人。按全州各民族人口每万人录取数看，汉族为12.77人，彝族为2.68人，苗族为0.99人，回族为25.17人，傣族为7.88人，白族为34.64人。全州高中在校生8338人（不包括厂矿企业和省级学校），按各民族人口每万人中所占比例看，汉族为34.27%，彝族为19.4%，苗族为9.1%，回族为9.2%，傣族为31%，白族为29.2%。全州在校初中生人数为54046人，按各民族人口每万人所占人数看，汉族为283人，彝族为150人，苗族族为71人，回族为213人，傣族为220人，白族为532人。从这些统计数据中可以明显看出，彝族的教育情况都处于末端位置。一个彝族自治州尚且如此，其他地区的彝族大体情况也只会是如此，甚至更差，文山州的彝族也不可能高出这种水平。彝族教育水平较高的昆明市禄劝县、官渡区、晋宁区，红河州石屏县、建水县，玉溪市峨山县、通海县，其教育水平仍落后于汉族、白族和回族。文山市追栗街镇大兴寨村彝族的教育水平在全州彝族村寨中是最高的，在全省乃至全国彝族村寨中都能排得上名，这与大兴寨村办教育历史悠久有关。清朝初年以前，大兴寨的彝族曾居住在今文山城的大兴街及周边一些村寨，受汉文化影响较多，后搬迁到现在的大兴寨另建居住点以后，这种影响仍然继续。早在清朝嘉庆年间，大兴寨村就开始兴办义学，至今已有近两百年的历史。到民国年间开始办正规学校时，有教师一名，学生百余人。除本村的学生外，还有来自临近的东山乡的南林科、中寨、大坪子，砚山县八嘎乡大龙所、小龙所、偏岩、六雷，以及本镇追栗街的部分彝族学生，在贫困落后的彝族山寨培养出了一批文化人。新中国成立以后，大兴寨村的教育更是有了长足的发展，早在1986年，大兴寨村的彝族适龄儿童入学率就达到了98%，巩固率达到了99%。到1988年，全村300余户人家，就有6个大学毕业生，数十个中专、高中毕业生。这在当时，就远远超过了包括汉族在内的其他民族的比例。现在，大兴寨村彝族在外参加工作的人，在文山州、文山市的不少部门和单位中都能找到，省内外，甚至北京也有大兴寨的人。当然，像大兴寨村这样的彝族村寨，在全州只是一种特殊的个别现象。就全州而言，彝族教育水平仍落于汉族、壮族之后，与苗族大体相当，这已是改革开放以后20世纪80年代末的水平了。改革开放以前，这样的教育水平则更低。

改革开放以来，尤其是20世纪80年代初以来，随着政府财力的不断壮大，中央和各级政府对教育的投入不断增多，文山州各地区，特别是少数民族地区的教育有了长足的发展，学前教育规模不断扩大。1982年，全州适龄儿童入学率达89%。到1986年，已有文山、西畴、砚山、马关4县（市）实现了普及初等教育。同时，通过开展多形式的扫盲工作，青壮年人口中文盲率逐步下降。1993年，全州开始实施基本普及九年义务教育和基本扫除青壮年文盲的“两基”教育计划，各级政府多渠道筹措资金，动员社会各方力量努力增加投入，改善办学条件。为补充教师缺额，除扩大师范招生，加强新教师培养，引进外地人才外，还由政府主导、社会参与，开展对贫困学生的救助。同时，随着国家支持发展西部地区教育一系列政策的相继出台，实施大量的中小学危房改造工程、贫困地区义务教育工程、寄宿制学校建设工程、农村中小学现代教育工程；实施边疆地区“教育”政策、“两免一补”政策、建立义务教育经费保障机制、农村义务教育阶段教育特设岗位计划等，为教育发展提供了有力的财力、物力和政策支持，促进了全州教育事业的加快发展。2007年，全州实现了历史性的“两基”教育发展目标。也就说，全州彝族人民同其他各族人民一道，同步实现了基本普及九年义务教育目标和基本扫除青壮年文盲目标。全州小学适龄儿童毛入学率达99.5%，辍学率降到了0.05%；初中阶段毛入学率达103.43%，辍学率降到了1.81%。

随着“普九”教育进度的加快，高中阶段教育成为教育发展中的“瓶颈”。为此，全州教育综合改革把突破高中“瓶颈”作为改革的目标之一，实行高中、初中分离办学，引进社会融资办学等办法，扩大了普通高中规模。“十一五”规划以来，通过继续实施学校扩改建，扩大公办学校资源、鼓励社会力量办学、开展合作办学和大力培养教师等措施，稳步扩大普通高中教育规模，深化中等职业教育办学体制和模式改革，加快了中等职业教育发展。2010年，全州高中阶段在校生由2005年的46192人发展到84566人，高中阶段毛入学率由23.5%提高到50.02%。与此同时，高等教育层次也随之明显提高。2010年，全州高等学校在校生达5966人，比2005增加了4476人，增长了4倍。同其他许多兄弟民族一样，彝族中的大学生也日渐多了起来。

改革开放以后的30多年来，文山州通过大力实施“科教兴州”战略，不断加强对教育工作的领导，加大投入，不断深化教育改革，推动了全州教育工作的健康快速发展，实现了历史性的“两基”发展目标，高中教育阶段“瓶颈”基本缓解，“普九”计划稳步推进，高等教育层次提升，学前教育和特殊教育同步发展，终身教育服务体系初步形成，民办教育逐步发展。在实施“两基”教育工作中，州政府根据地区民族特点，对边疆地区少数民族和内地高寒贫困地区少数民族给予政策上的支持、资金上的帮助和考分上的照顾，使少数民族大、中专录取生比例不断提高。到2000年，全州少数民族中专生录取比例已由1987年的6.2%上升到46.88%，大专生录取比例也由32.5%上升到46.83%，少数民族大中专毕业生人数迅速增多。20世纪80年代，在文山、砚山、丘北3县（市）开展的彝文教学，虽然在许多地方由于种种原因，未能很好坚持下来，但也取得了一定的成效。砚山县维摩乡在一些彝族村寨开展彝汉“双语”教学，正确处理汉文教学和彝文教学之间的关系，将彝、汉两种文字教学有机结合起来，并逐步形成了汉语和彝语教学的课程体系，使彝族学生既懂得了汉文，也学会了彝文，收到了一举两得的好效果。彝汉“双语”教学结果显示，学懂彝、汉两种语言文字的彝族学生，比一般彝族学生的接受能力要强一些，更容易与社会各方面沟通交流，因而学习成绩也就好一些。目前，维摩乡已有60多名彝语教师在全乡各小学校中兼任彝文教学任务，他们为文山州彝族人民重新续起已中断了很长时期的彝文传承做出了重要贡献。

教育是一个民族发展进步的根本和基础。当今世界，是以知识和科学为主要动力的经济社会发展时代，教育水平的高低，驾驭科学文化发展能力的强弱，是一个民族综合素质和发展能力的重要标志。改革开放以来，特别是“九五”计划以来先后实施的“两基”教育和“普九”教育以来，文山州彝族地区的教育同其他各兄弟民族一样，发生了前所未有的巨大变化，现在在许多彝族村寨中，初中生比比皆是，高中生也随处可见，大学生也大有人在。这些新一代彝族知识青年，正在成为推进全州彝区经济社会发展的有生力量。然而与其他兄弟民族相比，尤其是与汉族、壮族、回族相比，彝族地区的教育情况仍然是落后的。这种落后主要表现在这样三个方面：一是高小生、初中生中途停学流失的情况还比较多，据对舍得、腻脚、阿舍、干河、东山等彝族乡以及彝族人口较多的曰者镇、稼依镇的调查，高小阶段能巩固下来的学生比例还只有96.8%到98.5%，初中阶段能巩固下来的只有86.7%和89.2%，远低于汉族、回族和壮族，与苗族大体持平，彝族学生初中升高中、高中生考入大学的人数比例也大体上如此。二是一些彝族家庭对教育的重要性认识仍然不够，虽然这些年各级党委政府不断加强领导，并通过各级教育管理部门和学校的不断努力，彝族人民对教育的重视程度已经有了很大提高，但仍有少数彝族家庭家长忽视对子女的读书教育，仍然沿袭着“读得成就读，读不成就回家种田”传统观念，对子女的读书问题采取任其放任自流的态度。这些人不明白，在当今时代，种田也已经离不开教育，离不开知识；也不明白教育子女读书，同样是作为家长的一种法律义务和责任。这种情况加上少数学生中因各种原因产生怨学情绪，加大了彝族在校学生的流失人数。三是彝族大、中专毕业生中，整体素质也比其他进步民族落后不少。在全州的州、县（市）和乡（科）级领导干部中，尤其是县（市）级领导干部中，彝族的构成比例还远低于本民族人口在全州少数民族人口中的构成比例，在工作上、业绩上有所建树的人很少。在全州各条战线、各种行业中的彝族专业技术人员虽然不少，但业绩突出，有一定影响的较高素质人才寥寥无几，屈指可数。

以上所述这些情况，都与彝族地区的教育程度不高紧密相连，也与彝族内部一些相对僵化的传统观念相关，这是造成彝族地区经济社会发展落后的重要原因，也是彝族地区在经济社会转型发展中的一种阵痛，而医治这种阵痛的根本良方，还是要靠教育的发展和观念的更新。

二、障碍彝族地区加快发展的主客观原因

彝族是一个历史悠久的民族。在漫长的历史发展进程中，彝族形成了自己独特的文化、心理和社会结构模式。按照历史唯物主义的观点看，应当说，这些独特的文化、心理和社会结构模式，在其形成的过程及此后的一段历史时期内，有其合理存在的历史原因。但是，随着社会的不断发展和进步，人类社会发展史上任何一种文明成果一旦被人们神圣化，甚至成为一种不可侵犯的顶礼膜拜之神化物，这种文明就会转化成为一种巨大的保守障碍力量，使原本有朝气蓬勃的创造和进取意识的精神渐渐失去了锋芒和锐气。因此在今天，需要从观念上的更新和思想上的解放来面对改革、开放和现代化建设的时候，彝族人民不仅面临着外部社会环境的重重压力，而且面临着对自身传统观念和文化的取舍问题，即对传统观念和文化如何继承和发展的问题。

历史上，彝族内部长时期部落林立，家支（家族）观念根深蒂固，各部盘踞一方拥土自立，相互争斗，形成了许多大小不一的氏族家支聚落群体。这些聚落群体经济上相互独立，互不从属，各部自己生产自己消费的产品，很少交流往来，在相对封闭的状态中，长期维持着自给自足的自然经济状态，各群体成员以完全相同方式对付和处理内部重复发生的社会问题。由于相互封闭，各个群体的成员因此都有一种强烈的从属意识，无论部落，抑或家支（家族），都非常重视世系血统观念，并形成了具有各自特点的生活习惯，进而形成了一种内在的自身保护系统。每一个家支（家族）都按照嫡庶、长幼层层分配世俗权利，每个家支（家族）成员都在群体中承担着自己义不容辞的责任。因此，家支（家族）群体观念的社会凝聚力很强，往往一个人被外族或外家支人伤害，都会被看作是对本家支的伤害。历史上经常发生的部落纷争、群体仇斗现象，就是源于这种根深蒂固的传统观念，如直到新中国成立时还保留着的大、小凉山彝族家支群体。在其他彝族地区，包括文山州在内，这种家支从属观念虽然在近代社会中逐渐淡化，组织形式上也出现了各地不同程度的松散状态，但彝族传统的固有观念远未消失，家支（家族）组织仍然在许多方面发挥着重要作用。这种状态经过长时期的不断沿袭，虽然古老的民族基本特性和特征仍然保持不变，但生活习惯、语言、服饰等方面，却因长期的相互隔离而差别越来越大，少数差别较大的支系甚至淡化了对自己民族的认同感。因此，古代的彝族社会，基本上是由一个个家支（家族）以血缘观念产生的宗法组织构成的。这种宗法组织观念还具体体现在婚姻家庭中。这种家庭婚姻按照其具体的构成形式，有其某种特定的并带有等级色彩的亲属关系。一个男人可以与已故兄弟的妻子结婚，一个女人也可以嫁给已故姐妹的丈夫，这实际上也是一种作为家族群体互相承担义务的婚姻观念，即彝族历史上所谓的“转房制度”。这样的情况还体现在对“姑表亲”的重视，即所谓的“亲上加亲”。同时，婚姻在相同等级中虽然相对地较为自由，但在不同等级中，除了高一级等级对低等级因权力因素而有例

外，绝大多数婚姻都受到等级制度的严格限制，彝族历史上的很多婚姻悲剧就是在这样的制度中造成的。

彝族这些在历史上形成的固有传统，并不会因为社会制度的变革而自动消失，直到今天的彝族社会中，其影响还在一定程度上存在着。其主要表现有：地区间、族系分支间相互隔绝的现象仍然存在，民族内部在政治、经济和文化相互联系的纽带还比较松弛，甚至还有用自己的支系称谓来代替民族共同族称；地域观念仍然很强，一些地方在处理地区间的矛盾纠纷时，往往视局部利益高于一切，而不顾政策法规；历史上形成的地区间、家支（家族）间的隔阂仍然时隐时现地表现出来，影响着民族内部的团结；历史上形成的血缘婚姻观念、等级贫富观念，在少数地方仍然存在；故步自封，落后的传统观念僵化，改革开放意识较弱，缺乏创造进取精神，这是许多彝族地区一直都比较贫困落后的重要内部原因之一。

某些落后的传统文化，对彝族在思想上、精神上的影响也较为明显，人们思考、办事，往往拘泥于早已过时的观念和经验中，容易局限于在各种聚会场合中，老人与青年人之间进行回忆，泛泛地谈论某种理想和境界，这种回忆、谈论当然也很必要，但这种谈论只是局限在一种空泛的议论之中，缺乏对彝族历史文化的精华提炼，且容易产生绝对化的老人权威和声望，难以形成在继承中不断发展的思维和观念，就只能停留在没有继续发展活力的僵化状态中。年轻人经验的积累，智慧知识的增长没有自己民族优秀的文化作基础，完全得靠个人在长期生产生活中积累来实现，这就不能不使民族的发展和进步陷入一种步履蹒跚的“伤痛”状态。所以，精神对人类社会中的各种民族来说，其内涵基本上是相同的。就一个单一的民族而言，其绝对统一的民族精神是不存在的，也不存在根据纪录和经验所形成的科学基础。这样一来，就造成了民族精神文化中的缺陷、保守、驯服，甚至毫无是非曲直的逆来顺受，便成了彝族发展进步中的心理障碍。

另外，在传统的家族、宗族观念的无形制约下，个人的荣誉往往片面简单地被视为家族群体的荣誉。因此，在家支（家族）群体中，作为个体人的作用往往被忽视，甚至被否认，因为这种观念中，个人所有的一切都是群体的；而这个群体又为它的每一个成员等级提供各种保障，使平均主义的思想观念，公吃公喝的习俗变成了人们思想观念中天经地义之事。无论是婚丧嫁娶，祭祀集会；也无论是社会交往，还是纠纷盟誓，均要大肆挥霍，并须顾及每个群体成员。按照历史唯物主义的观点看问题，这种互助均分观念作为一种历史存在，有其合理的一面，但社会发展到了今天，如果再继续把种观念继续绝对化下去，必然会削弱民族竞争意识和进取精神，影响物质和资本的积累，进而制约民族的发展和进步。

显然，今天的彝族人民，在面临已凝固僵化了的落后传统精神观念不死的现实面前，应当在继承和发展优秀民族传统精神文化的同时，为那些僵化落后了的民族旧观念意识，聚集起一堆熊熊燃烧的薪火，让这种制约着民族发展进步的观念在烈火中燃烧殆尽。

第四节 彝族文化在社会主义时期的发展

一、彝族文化事业的繁荣

新中国成立以后，中国共产党十分重视包括彝族在内的各民族文化事业的发展。作为中华民族文化的重要组成部分，彝族文化的发展取得了许多令世人瞩目的显著成果。1978年中共十一届三中全会以后，彝族的历史研究和文化发展更是呈现出了崭新的繁荣局面。

彝族历史古籍的发掘、收集、整理、研究成果丰硕。新中国成立以后，在党的民族政策的指引下，彝族古老而丰富的民族历史文化得到了应有的重视。国家和地方民族和文化工作部门及相关的专家学者多次深入彝族地区收集彝族历史文化典籍，收集到的这些典籍分藏在北京、昆明、贵阳、成都、南宁等中央级和省级图书馆、档案馆、博物馆及一些大中专院校和相关民族研究单位；有一些分藏在这些省（区市）的地（州、市）、县（市）文化部门和单位。还有一些在新中国成立以前流散到了日本和欧美一些国家。在调查、发掘和收集的同时，彝文古籍的翻译、整理工作也随之发展起来，先后整理出版了《勒俄特依》《阿细的先基》《梅葛》《查姆》四大彝族长篇叙事古诗，以及《阿诗玛》《妈妈的女儿》《我的幺表妹》和《逃到甜蜜的地方》四大彝族历史叙事、抒情古诗，影响全国和世界许多地方。叙事、抒情诗《阿诗玛》被改编成电影放映以后，更是成为了影响国内外的彝族传世文化精品，还被翻译成了十多种外国文字流传于世。1982年，由贵州人民出版社出版的《西南彝志选》，以及此前1956年和1966年由贵州毕节地区彝文翻译组翻译的《西南彝志》，被誉为是彝族历史的“百科全书”，是彝族历史书中的“《史记》”。1986年，由彝族研究员左玉堂先生多年精心收集整理的《彝族歌谣集成》，经云南人民出版社出版后，被许多彝族和其他民族专家、学者誉为彝族的“诗经”。另外还翻译出版了《尼苏夺节》《裴妥梅妮》《查诗拉书》《普兹楠兹》《尼布木司》《滇彝古史》《吾查门查》《彝族创世史》《尼迷诗》《美丽的彩虹》《彝族爱情叙事长诗》等近百部彝族古籍文献。

1981年，中央民族学院（今中央民族大学）彝文文献翻译组邀请四川、云南、贵州三省的部分知名彝族经师共同为北京图书馆、民族文化宫、中央民族学院所藏的部分彝文典籍进行翻译。并编辑出版了《北京现存彝文历史文献部分书目》，其中就有云、贵、川、桂四省区的1000多册计659部典籍。到目前，四川凉山州已收集到彝族历史文献400多部，贵州毕节市收集到1000多卷计2500多册，还清查了彝族民间彝文藏书近2000册，国家有关单位彝文藏书400多卷。云南楚雄彝族文化研究所也收集到彝文历史文献近700卷，并对部分文献进行了翻译整理。为了协调、加快彝文典籍的翻译、整理和出版工作，

1983年，云、贵、川三省还成立了滇、川、黔、桂四省区彝文古籍整理出版规划协作组，加强彝文古籍的整理出版工作。

在加强彝文古籍整理出版工作的同时，彝族语言文字的推广普及工作也取得了成果。20世纪70年代中期，在中央有关部门和四川省委的领导下，四川组织彝文工作组，开展对彝文进行整理工作，并提出了《彝文规范方案》，1980年经国务院批准推广使用。现在，中央民族大学、西南民族大学、云南民族大学都设置了彝语专业；四川凉山州还建立了彝文学校，办起了彝文报纸和彝文文艺期刊；四川省广播电台和电视台、凉山州广播电台和电视台、楚雄州广播电台和电视台、红河州广播电台和电视台，都有彝语节目播出。到21世纪初，凉山州有近60万彝族学习和掌握了自己的民族文字，摘掉了彝文文盲帽子。1982年6月，云南省少数民族语言文字工作委员会召开彝族干部和彝族毕摩代表座谈会讨论决定，除属于彝语北部方言区彝族可用凉山规范彝文外，其他5个方言区则在原有彝文的基础上，规范出了一种以表意为主的彝文规范方案。同时成立了云南省彝文规范工作领导小组，从各地借调20多名彝族专业人员开展彝文规范工作，使与四川彝文规范有一定差别的云南彝文文字得以成型。随之在全省部分彝族地区开展彝文普及教育工作，并取得成效，现在全省已有约40万彝族青少年不同程度地学会了自己的民族文字。文山州由于历史和现实的多种原因，彝文普及教育工作还不尽如人意，除砚山县维摩乡相对地取得一些较好成果外，其余地方都未能很好坚持下来。

作为对彝族历史文化的调查研究，国内外专家学者在20世纪二三十年代就已开始了，但那时候的调查，主要是国内的汉族和国外的少数学者，从事本民族历史文化调查的彝族人极少。真正意义上的彝族历史文化调查，到了新中国成立后的20世纪50年代才开始。也就是在20世纪50年代初，中央民族学院马学良教授通过调查研究，整理出版了《撒尼语研究》一书；袁家骅教授调查整理出版了《阿细民歌及其语言》一书。1956年，全国少数民族语言调查工作第四调查队到彝族地区开展了较为系统的调查研究工作，大体上弄清了彝族语言的6种方言，在此基础上，确定了川、滇大小凉山为彝语标准语区，并由陈士林教授与彝族语言文字根底深厚的彝族人李秀清合作写作出版了《彝语简志》。

20世纪50年代以后，彝族历史文化调查研究工作进一步展开，但后来由于“左”的思想路线影响，被迫终止了30多年，直到中共十一届三中全会以后才又重新逐步开展起来。1985年，云南在全国率先成立了彝学会。之后，四川、贵州两省彝学会也相继成立，并都创办起了学会学术期刊。现在，许多彝族地区的地州（市）、县（市）都成立了彝学会，不少彝学会也有了自己定期或不定期的学会期刊，并调查收集、翻译整理出版了许多彝族历史文化书籍，彝族自己的调查研究队伍也由此开始形成。一批博士、硕士和学士人才在老一辈彝族学者和其他民族学者的指导和帮助下，逐步形成了一支年轻精干的彝族社会科研队伍。这些年轻的彝族学者，由于他们有熟悉本民族社会、经济、生活、语言、历史、文化的先天优势，对本民族历史文化调查研究工作得心应手，因而调查研究更加深入，调查结果更加准确，不但产生了大批的研究成果，还弥补了不少过去其他民族学者研究成果中的缺陷，纠正了不少错误，并填补了彝族历史文化研究中的许多空白，进而把彝族历史文化研究提高到了一个全新的水平。楚雄州彝族文化研究所在著名彝族学者，中国社会科学院民族研究所研究员刘尧汉先生的主持下，多年来潜心从事彝族历史文化调查研究工作，不但取得了令国内外学术界瞩目的研究成果，而且培养出了一批造诣较高的彝族中青年研究人才。刘尧汉先生的《中国文明源头新探》等研究成果，以其全新的研究视角、深奥的哲理辩证和丰富的历史内涵而震动了民族史学界。

由于历史和现实的种种原因，文山州彝族历史文化研究起步较晚，而且进展很缓慢。这种状况到了中共十一届三中全会以后，尤其是1993年成立文山州彝学会以后才有所改变。但多年来，对彝族历史文化的调查收集整理工作，大都依靠文化部门和单位来组织进行。改革开放以后，全州先后收集整理出了彝族创世诗《天地和人》《布尼布卓》《四神造天的传说》；爱情长诗《嘎麻扎》《阿获遇者清底迷》《丙衣曼》；神话长诗《娥拜姆哈与诺莫嘎滕》《硬针比获迷》《阿鸡谷》；史诗《铜鼓歌》等10余部有相当历史研究价值的长诗。收集整理了数以千计的各种彝族民间传说故事。这些民间传说故事中，也有相当一部分具有较高的研究价值，如《八寨王的传说》《扬雄山的传说》《左母纪的传说》《幸福女神阿玛卓》《红樱花和白樱花》《阿叙的故事》《放羊女》《祭祖节的由来》《祭龙的传说》《找人种》《铜鼓和铜鼓舞》《牛是怎样被人用来犁地的》等，都折射着彝族历史的某种回光。2003年，文山州彝学会与文山州社会科学界联合会合作整理出版了《文山州彝族民间诗歌集》和《文山州彝族民间故事集》。在彝族历史文化整理成果中，还有民歌民谣，如《苦刺歌》《马樱花调》《金竹调》《放羊调》《苦情调》《哭嫁歌》《离别歌》《赌博调》，以及各种情歌、酒歌、礼仪歌等，这些民歌民谣或借物抒情、借事说理；或以物托情，以古论今；或应景而歌，以境生发，随意拈来，稍思即歌，处处充满着彝族社会历史发展中的悲欢离合、喜怒哀乐。这些彝族的民歌民谣，明朝以前的，大都以五字一行出现，到清朝以后又出现了七字一行的，故民间称之为“七子”，唱民歌叫唱“七子”，这与汉文化的影响密切相关。

文山州彝族历史文化的收集整理虽然还很不够，但也有了一定的基础和成果，相比较而言，对彝族历史文化的研究则显得十分薄弱。有关对文山州彝族历史文化的研究论述文章，目前能收集到的只有《明代八寨长官司龙氏的族别》《浅析明末阿迷“普逆之乱”》《普沙“乱滇”始末》《深沉的民族史诗　淳朴的民风艺术》《文山彝族弦子舞浅议》《丘北彝族“僰人”辩》等寥寥几篇，而且大都是一些比较简单的平铺直叙，就事论事，论述肤浅，有一定深度和底蕴的研究力作还看不到。

二、彝族文学事业的发展

新中国成立以来，在中国共产党民族政策的指引下，彝族文学事业同其他兄弟民族一样，取得许多重要成果，虽然期间曾经发生过一些“左”的思想路线干扰和曲折，但总体上看，彝族文学事业发展的成果是有目共睹的，特别是20世纪80年代实行改革开放以来，更是获得了长足的发展和进步，彝族文学事业由此进入了全新的发展时期，并出现了一批有影响的诗人、作家和艺术家。其中影响较大的有著名作家李乔、苏晓星、龙志毅、熊正国、吉狄马加、普飞、吴琪拉达、戈隆阿弘、刘德昌等。还有改革开放以后成长起来的安文新、韦荣新、基默热阔、周祖平等。这些彝族作家，他们一方面继承了彝族文学的优秀传统，着力表现彝族文学的传统和特色；另一方面又在吸收彝族历史优秀文学精华的基础上进行了新的开拓和发展，并在与各民族的交流中，借鉴融入了汉族等其他民族的优秀成分，在丰富彝族文学创作的同时，展示了新时代丰富多彩的彝族文学创作成果和特色。

著名彝族作家李乔先生，生前是全国文联委员、中国作家协会会员、云南省文联副主席、昆明市作家协会副主席。李乔先生是云南省红河州石屏县人，生于1909年。早在1930年，时年才21岁的李乔就在上海的一家文艺期刊上发表了他的短篇小说处女作《未完成的斗争》、短文《矿工通讯》，开始展露出他的作家才华；之后又相继创作发表了报告文学《锡是如何炼成的》、长篇小说《老厂》等。新中国成立以后的1950年，李乔创作发表了报告文学《拉猛回来了》。1956年，李乔随张冲到四川参加凉山地区民主改革工作，并利用工作之便，深入彝族村寨体验彝族人民生产生活，感受彝族人民的喜怒哀乐，写出了短篇小说《挣断锁链的奴隶》。1959年，上海文艺出版社出版了李乔的报告文学集《小凉山漫步》。1956年至1965年的9年间，又先后出版了《醒了的土地》《早来的春天》《呼啸的山庄》3部长篇小说，合称“欢笑的金沙江”三部曲。

“欢笑的金沙江”三部曲通过凉山彝族人民争取解放到民主改革，之后又平息叛乱这一历史变革时期凉山彝族社会演变过程，用艺术的手法充分展示出了解放后的凉山彝族社会生活翻天覆地的巨大变化，揭示出了被压迫的广大彝族农奴阶级只有在共产党和人民政府领导和帮助下，走各民族平等、团结、互助，共同发展的道路，才能消除历史长期遗留下来的问题，走上富裕幸福的道路这一中心主旨。作品围绕这一中心思想，成功地塑造了一群形象鲜明、生动感人的彝族人物形象，是一幅反映彝族社会变革发展的历史画卷，丰富了我国社会主义文学事业的内容，成为社会主义民族文学百花园中一颗耀眼的奇葩，进而成为李乔一生所创作众多文学作品中的代表力作。

此外，李乔先生还用史诗般的创作手法写出了《破晓的山野》。作品以凉山彝区解放后社会变化为着眼点，把彝族社会历史追溯到了战国时的庄蹻入滇，之后又切入了清朝后期的石达开大渡河覆没、中国共产党领导的红军长征过凉山等史实，并通过穿插糅合大量彝族丰富多彩的社会历史、民间歌谣、谚语、格言和传说故事，使作品独具特色，处处充满了浓郁的彝族文化风格。

1989年，已年届80的李乔先生，又创作出版了《彝家将张冲传奇》《未完成的梦》

两部长篇作品，为后人留下了丰厚的文化遗产。晚年的李乔先生，还不遗余力地为彝区经济社会和教育文化发展操劳，他写的《试探彝族贫困落后的原因》，以国内外许多经济、社会、教育、科学、文化发展的历史和现实为依据，列举了大量的当今彝族经济、社会、教育、科学、文化发展落后的事实，指出彝族地区的贫困落后，首先是教育的落后，只有重视教育，并首先解决好教育落后问题，才能从根本上解决好彝族地区经济社会发展的落后问题，深刻揭示了教育对于发展彝区经济社会，改变彝区落后面貌的重要意义。

出生于贵州的苏晓星（李德祥），是当代中国文坛较有名气的作家之一，是当代中国彝族作家中成就较高的作家。苏晓星从1954年到1956年的不到三年间，就先后在省内外报纸杂志上发表了散文、小说23篇，文艺评论10篇，民间文学25篇，由上海文艺出版社用《彝山春好》的书名结集出版。“文革”十年动乱期间，苏晓星同许多作家一样被迫停止了创作。中共十一届三中全会以后，苏晓星的创作热情再一次高涨起来，笔耕不息，先后发表了百余篇散文、小说和文学评论。其在这一时期的主要代表作品有《遮荫树》《鸣呐与宝马》《石柱通灵》《后生》《人始终是可爱的》等短篇小说。还有《末代土司》《金银山》长篇小说，电视剧本《奢香夫人》等，其中短篇小说《遮荫树》获首届全国少数民族文学创作奖一等奖；《人始终是可爱的》分获第二届全国少数民族文学创作奖和贵州省第二届文学创作短篇小说奖。

吉狄马加是四川省凉山州人，是“文革”以后成长起来的著名彝族青年诗人，也是当代中国诗坛中最有名气的青年诗人之一，曾任中国作家协会主办的《诗刊》主编，现任中共青海省委常委、宣传部长。中共十一届三中全会以来，中国文学创作进入了一个全新的蓬勃发展时期，但相对而言，在众多的文学门类中，诗歌创作，尤其是少数民族诗歌创作相对滞后，高水平的诗歌作品较少。在这样的情况下，来自大凉山的彝族青年诗人吉狄马加的诗作却似乎在例外之中，他的诗集《初恋的歌》一出版问世，就立即在中国文坛引起反响，给新时期的诗歌创作带来了一股全新的风气。之后出版的数部诗集，也同样产生较大的影响，进而引起诗学界的普遍注视。吉狄马加的诗根植于底蕴丰厚的彝族文化土壤，处处充满了凉山彝族经济、社会和文化生活氛围，可以说，这是他的诗作之所以能产生影响的重要原因之一。

曾任中共贵州省委副书记、中国作家协会贵州分会理事的彝族作家龙志毅，原籍云南永善县。龙志毅是当代中国彝族作家中创作起步较早的一位作家，1947年就开始发表文学作品，其主要代表作有中篇小说《厂长的私生活》《散乱的脚印》等。

出生于贵州省黔西县的安又新，曾任民革贵州省委宣传处处长，是中共十一届三中全会以后成长起来的新一代有成就的彝族作家之一。其代表作有《兰花烟》《神树·树神》《武夜郎》《春夜在金竹湾》等数十篇中、短篇小说。安又新擅长微型小说创作，其作品多次入选全国性的《微型小说选》。

1934年生于贵州省威宁县的彝族小说作家熊正国，在20世纪50年代就已成名。这一时期熊正国小说创作成就的代表作品是《高炉边的彝家》。作者以其独特的取材角度和艺术眼光选取了奴隶当工人这样一串珍珠般的典型素材，生动形象地表现新中国成立初期彝族人民的社会和政治地位的提高，以及生活上的变化。中共十一届三中全会以后，熊正国比较有名的作品有《小哥弟闹春》《小镇风情》《生日》《竹的儿子》等数十篇力作。

普飞出生于云南玉溪市峨山县一个彝族农民家庭，是一个地地道道的彝族农民作家。从1956年起，普飞利用生产劳动之余，潜心从事业余文学创作，先后发表了《辣椒》《镜湖》《门板》《洗衣》等许多短篇小说，其中《门板》和《辣椒》引起了文学界的好评。此外，作者还陆续发表了《老人和枪》《摔跤》等几十篇散文、特写等，还创作发表了一批反映彝族少年儿童学习生活的儿童文学作品，成为云南乃至全国都有一定影响力的彝族农民作家。

在文山州，新中国成立以前的历史记载中，几乎看不到彝族作者的个人作品。新中国成立以后，这种状况开始有所改变。

1962年出生于马关县篾厂乡的彝族青年周祖平，是一个很有创作成就的当代彝族诗人，现任文山州文联主席、文山州作家协会主席，文山州文联文艺期刊《含笑花》杂志主编。他是云南省作家协会理事、云南当代文学研究会会员。20世纪80年代以来，周祖平从发表他的第一首处女诗作开始，其诗歌、散文、小说等文学作品便越来越多地出现在《人民日报》《民族文学》《文艺报》《中国艺术报》《文学报》《华夏诗报》《中国诗歌》《散文诗》《上海诗人》《天津诗人》《中国校园文学》《边疆文学》《云南日报》《春城晚报》《文山日报》《含笑花》等许多国家、省和州级报纸杂志上，各类文学作品数量已达600余篇（首），300多万字，并获各类文学作品比赛奖30余次，其作品及简介被收入《当代彝族作家作品选》《当代彝族文学》《中国诗人大辞典》，以及《我们放飞春天》等多种选本。在这些文学作品中，尤以诗歌、散文作品最丰，已先后汇集出版了诗集《亲近南高原》《守望南高原》，散文集《南高原恋歌》《山恋》等数部作品集。

周祖平生长在边远偏僻的南国边疆，吃南瓜稀饭、荞面疙瘩、苞谷黄饭长大，经历过山乡的风霜雨雪日晒，经受过日出而作、日落而息的汗流与辛劳。大学毕业后曾做过县城中学教师、厂长助理、文山州青年联合会秘书长。但他从小根植于山乡，南高原红土情缘早已同他难以分割，因而他的创作情感和思绪总是充满红土高原土的芬芳，山的秀美与壮阔，以及彝家山寨风土人情和彝族人民的拼搏与艰辛、勤劳与豪迈。这样的情感牵引着他几十年来一直笔耕不息、创作不止，其作品越来越多，越来越成熟，思想也越来越深刻，成为当今云南文学界一颗令人刮目相看的文坛新秀。就如作家张永权对他评价的那样："在彝族的诗人队伍中，周祖平是用他全部的热情拥抱自己的民族、故乡，并把诗情倾注在哺育自己成长的土地上的重要诗人。"他的作品"书名和题材都与高原、大山有关。如果我们仔细读读这些作品，更会被作品洋溢的大山精神和高原情怀所感动。可谓是心系大山、情牵高原，根在彝山、魂系高原。这不仅使作品更具特色，也更有作家个性，无论是诗还是文，处处都让我们感触到作家那种情动于中的真诚歌唱，处处让我们看到一位高原彝山赤子的真本色”。

如今，已过不惑之年的周祖平仍笔耕不止，仍在为生他养他的南国高原彝山讴歌，为自己的民族倾洒情怀。

生长在砚山县平远镇莲花塘村的刘德昌，是一个普飞式的彝族农民作家。早在20世纪60年代，刘德昌就在一些省级报刊上发表了小说、散文作品。20世纪六七十年代，国内的文学刊物和报纸都比较少，而且大都是省级以上才有，要发表一篇文学作品对于像刘德昌这样的普通农民来说，实在是一件很不容易的事。刘德昌的作品之所以能发表出来，这与他的作品充满着浓郁的彝山乡土气息和丰厚的彝山乡村生活情趣密切相关。除此之外，刘德昌还收集整理发表了不少的彝族民间故事诗歌，如彝族创世长诗《天地和人》，彝族爱情长诗《丙衣曼》，神话长诗《硬针比获迷》，彝族民间传说《能门科的故事》《方尧成的传说》，民间故事《贪财的哥嫂》《三个懒汉》《过年为什么在堂屋地上铺松毛》《牛的来历》等，都有一定的历史研究价值。

出生于丘北高原之巅杨雄山的李学海，也是一位勤于笔耕的彝族作家，多年从事新闻和群众文化工作，文字涉猎面较广，中年后长期在党委机关从事新闻和文化管理，未曾离开过其一生所热爱的新闻文化事业，写作成果主要是新闻，其采写的新闻作品和新闻论述文章除大量发表在州级以上媒体外，还有不少被《人民日报》《经济日报》《中国农民报》《中国检察报》《人民公安报》《中国报刊报》（《新闻出版报》前身）、《中国记者》《新闻记者》《半月谈》《云南日报》等国家和省级报刊上，并有10余件（篇）新闻和新闻论文作品在全国和全省性的好新闻评选中获奖。

早年在县文化馆工作期间，李学海便参与创作或独立创作《大坝风云》《共同的任务》《南疆怒火》等花灯剧本并演出，并参与了民族民间故事的收集和出版工作。独立收集整理了彝族创世史诗《布尼布卓》、彝族神话《杨雄山的传说》。无论是早年在县文化馆时期，还是之后在新闻单位工作期间，以及后来在党委新闻主管部门工作期间，李学海都努力挤时间进行文学创作，先后在《人民日报》《民族文学》《散文》《云南文艺》《云南日报》《文山文艺》（《含笑花》前身）、《文山日报》等国家和省级报纸杂志上发表数十篇中、短篇小说、散文、报告文学、特写、杂文，以及百余首诗歌。进入21世纪以后，已经退休的李学海把主要精力转到了文山州彝族历史文化的调查研究工作上，并在《云南社会科学》杂志、《云南彝学》《云南民族工作》《民族时报》等省级社科报刊上发表了9篇有关文山彝族历史文化的论述文章，为文山州彝族历史文化研究填写了空白。

随着党和政府对民族文化工作越来越重视，新时期的文山州彝族表演艺术创作也有了很大发展。20世纪80年代，由文山州民族歌舞团收集整理并创作加工后演出的彝族铜鼓舞，先后进京和出国演出，其影响面遍及国内外。如今，彝族、壮族的铜鼓及铜鼓文化艺术，已成为向外展示文山州民族历史文化的一张璀璨夺目的文化艺术名片。

弦子舞作为文山州彝族最重要的歌舞艺术，以跳弦子、跳大三弦、抹花脸为主要元素的大型彝族歌舞《僰乐普者黑》，以其宏大的表演气势和精美的艺术形式，赢得了国内外观众的热烈掌声和喝彩，成为丘北县普者黑国家AAAA级风景旅游区对外宣传、吸引国内外游客的一台精彩的民族文化大餐。现在，砚山、丘北两县已将数十种彝族弦子舞音乐和舞蹈表演样式进行收集整理规范，并在彝族村寨广泛推广。如今，彝族弦子舞不但彝族在跳，汉族和其他许多少数民族也在跳，普及面越来越广。砚山县维摩彝族乡作为弦子舞普及面较广的地区之一，已向文化部申报“中国彝族弦子舞之乡”。广南县八宝镇的里洒村和西畴县鸡街乡的曼龙村也分别成为省级彝族铜鼓舞和荞菜舞的传承点。此外，二胡舞、竹竿舞、羊皮鼓舞等彝族民间歌舞，也受到越来越多的重视。如今，一批新一代彝族青年又在文学创作、民族歌舞艺术表演中崭露头角，使过去在“左”的思想路线下长时期处于万马齐喑状态下的彝族民间歌舞艺术又重新活跃起来。

但是，作为文学艺术创作（包括彝族歌舞艺术收集整理提高），彝族自己的创作人才，特别是文学创作人才还显得比较匮乏，力量较为薄弱，与其他彝族地区相比，差距还很大。有不少有关彝族的文学艺术作品，是靠汉族和其他民族的作者来完成的。

第五节　彝族的风情习俗

一、彝族的民居建筑

彝族居住地区自然环境情况不同，其房屋居室特点也各有不同。四川凉山地区的彝族民居大多是土木结构的，顶部为双斜面，覆以木板，上用石块压平，俗称“板瓦房”。包括文山州西部在内的云南南部和东南部地区，由于多数居住在山区，村落房屋多选择背风朝阳地点。旧社会住房大部分为土木结构草房，一般一房三间，中为堂屋，左右两边各分隔出两间作卧室。堂屋中都镶砌有一个火塘，火塘内置一个铁三脚，火塘上面楼楞上安一套或木或铁或住竹制成的链条钩于火塘上，可升高放低，或支或吊土锅、铁锅烧煮食物。楼板多用竹子、树条或藤条编制，有能力的人家则用木板，用木板的人家大都是瓦房。

在河谷干热地区，旧社会有不少地方建盖以土覆顶的平顶土木房，俗称“土掌房”，文山州许多地方则叫“土库房”。“土库房”冬暖夏凉，易防火防盗。楼顶上大都用来晾晒粮食，而且坚实耐用，有的使用时间长达上百年，甚至更长。一些村寨各家房屋之间的土顶，用木板搭桥或用楼梯相互连通，村民可从屋顶上相互走串而不走街道。但这种“土库房”光线暗，通风不好，屋内的火烟不易排除。新中国成立以后，特别是改革开放以来，随着经济和社会的不断发展，这样的“土库房”已越来越少，几乎看不到了。

旧社会，不少比较贫困的山区彝族人家，居住的是一种很简陋的无柱人字架茅屋，这种房屋多为三面舂土墙，后墙为依坡挖出的山埂墙，大都是不满封的半截墙。房屋一般为两开或三开间，也有少数单间的。屋架用的木料基本不做过多加工，去皮后即使用。木料架构也很简单，不用柱子，抬梁置于山墙上，两端各开一斜榫眼，上以两根顶部穿斗的人字形木架，分别插入抬梁两端的榫眼中；人字架之间用背檩相连，檩上搭椽条，椽条上铺3~5寸相间的竹条，并用藤条扎稳固定；由下而上地分层叠铺茅草覆面，再用压条逐层压实扎稳便成，屋内隔墙多用木条或竹条编隔。

无柱人字架房子低矮潮湿，容易腐朽破烂，很不耐用，而且容易倒塌，每隔三五年就得更换一次。广南县者太乡木那村的彝族倮支系人，到改革开放初期，还有人家住着这样的房子，但现在已经没有这样的房子了。

麻栗坡县东部、广南县东南部、富宁县及广西西部地区彝族民居，则有不少彝族独特的干栏式建筑。建盖这种房屋时，一般都要举行各种仪式，如动土仪式、祭木马仪式、送木马仪式、上梁仪式、压土仪式、确定室内神位仪式、祭灶仪式、祭门仪式等等。麻栗坡县董干镇城寨村彝族白倮人居住的高栏式多柱楼房，更是别具一格，它既不同于傣族的多柱竹楼，也不同于壮族的干栏式建筑。楼房一般都用56根或66根甚至更多的柱子来支撑，屋楼高5.8米，左右宽10.1米，进深8.1米。楼分三层，于二层处开厦，一、二楼中安置木楼梯，左右两边是安装有木廊的阳台。底层高1.8米，墙不满围，用作关养牛马牲畜。二楼高2米，四面安装木板墙，是全家人饮食起居之所；中间用木板横隔成前后两部分，屋山侧面开窗；前半部分是正堂，正堂左侧有一用泥土夯实成的30厘米厚的火塘；右侧山墙角支砌一大灶，主要用作煮猪食和染布；后半部分则隔成若干小格作卧室。火塘后面也砌有一口稍小一点的灶，是家人煮饭用餐的地方。卧室中间一格住老人，儿女住两边。三楼高1.8米，但因屋顶有斜度，前后空间不大，主要用于放置一些贵重物品，一般年轻人是不能随意上三楼的。令人称绝的是，白倮人男子大都有较高的用斧功夫，建盖一所全都是木料的多柱楼房，竟然不用锯子、凿子、推刨、锛等木活工具，也不用一颗钉子；无论是断木削面，还是开槽凿眼，都全用斧子开槽凿眼衔接，其“斧功”令人叹服。

白倮人建盖的这种楼房，由于有多达五六十棵的柱子作支撑，很不容易倒塌，因而具有很强的抗震性。

二、彝族家庭及婚姻民俗

同其他许多文化表现形式一样，彝族的家庭及婚姻民俗是很丰富多彩的，而且在保持彝民族基本共同点的同时，也表现出了地区间的地域特色和支系间的不同特点。

彝族家庭都是父系制的家庭，一般都有口传的谱系，少数人家或家支（族）还存有代代相传的彝文书面谱系。由于历史的原因，文山彝族已经没有彝文谱系了。少数有文字谱系的，用的也是汉文。有汉文谱系的人家，也大都没有很好保存下来。近代以来，滇、黔、桂的彝族基本上都改用汉姓，修家谱的家族也都用汉文，但在祖先名号上用的仍然是彝名。

历史上，彝族贫民家庭对晚辈儿女的教育方式较为单纯，无固定形式，一般都用口头教育的方式贯穿于日常生产生活中。但这种口传中，也有许多关于彝族历史的传世古诗和民间传说故事，以及本家支（族）发展历史。而作为统治阶层家庭则不同，他们对子女的教育十分重视，而在这种教育中，则又对体力的锻炼和武器的使用尤其重视，因为他们把强体和武功视为维护其统治地位的一种重要基础。

一个人一生的个人礼俗主要有诞生日礼、成年礼、结婚礼、丧事礼等。

彝族的婚姻礼俗大体上分为准备、成婚和婚后三个阶段。准备阶段为媒说、传槟榔、生肖八字测算、订婚过礼、确定结婚日期；结婚阶段为送礼、新婚姑娘哭嫁、接亲、拜堂、闹房等；成婚时要举行宴会，答谢帮忙办婚事的亲朋好友，然后新郎新娘一同回新娘后家举行回门礼。婚礼总体思想主旨是一致的，但各支系之间也有差别。

明代以前，彝族婚姻主要施行氏族外婚、部落内婚制，少数富裕人家男子可娶几房，但正妻必须是同族人，故在一些支系中有“乱娶不乱嫁”的观念，即男子可以娶其他支系女子为妻妾，但女子却只能嫁给本支系的男子。新中国成立以后，这种情况已基本改变，彝族内部各支系间不但相互通婚已经十分自由，而且与其他民族通婚也是常有的事，但在少数地方仍然沿袭着传统的支系内部婚姻制。富宁县木央乡和麻栗县董干镇一带的彝族白倮支系人，至今仍基本上不与其他民族通婚，也很少与本民族内的其他支系通婚，致使通婚范围狭窄，支系内的血缘关系越来越近，严重影响了支系人口的发展和质量。据调查，在新中国成立以前，富宁县的彝族白倮人曾经有 80 多个村寨，由于战争、灾荒、饥饿、疾病等诸多原因，加上支系内长期的近亲内婚，人口质量不断下降，抗御天灾人祸和疾病的能力越来越弱，一些村寨甚至出现全村人死光的悲惨局面，一些村寨剩下的人被迫逃走他乡。由于新生儿死亡率高，富宁县田蓬镇下寨直到 1982 年，全村白倮人人口仍出现比 1952 年还少的现象，当地白倮人说，白倮人生得多，死得更多，其原因与近亲结婚不无关系。到新中国成立初期，白倮人村寨只剩下 30 多个了。过去有 20 多户白倮人家的田蓬镇新寨，新中国成立时只剩下了 4 户人家。为了扭转白倮人人口下降的问题，政府在实行计划生育政策中，对白倮人实行抢救性的特殊政策，允许一对白倮夫妇生 3 个孩子，但成效也不大。至今，白倮青年男女找对象，仍然还是看重对方是否是“纯”血统的白倮人，这对白倮人今后的发展显然是很不利的。近些年来，一些白倮人青年开始外出打工，在外部环境的影响冲击下，落后的“近亲婚姻”开始有了一些改变，但改变不大。

总的说来，彝族的婚姻制度主要为一夫一妻制，历史上虽然也有一夫多妻的，但这主要是统治阶级和有钱人家，一般贫民极少。此外是同族内婚制、等级内婚制、配婚制、同姓不婚制，但不少地方仍然习惯近亲结婚，即喜欢所谓的“亲上加亲”，这在很大程度上影响了民族的人口质量。

一般地说，彝族家庭中的父母对儿女的婚事是比较开放的，尤其对占人口绝大多数的普通百姓来说更是如此。有时也会出现父母包办的，但只是极少数。在一些不愿意让父母包办婚姻的青年男女中，往往会发生“私奔”现象。发生“私奔”时，生气的女方父母便会声言与女儿“断绝关系”，但随着时间的推移，大多数人家都会慢慢重新和好起来。由于是自由恋爱结婚，婚后离婚的人并不多，即使有少数离婚的，也只需村寨长老评判解决即可。但也有个别因某种原因闹矛盾的，甚至会因此结怨，但也只是少数。离婚时，如果是男方先提出离婚的，男方则需对女方作出适当补偿；如果是女方先提出离婚的，男方则不负补偿责任。婚后男方亡故的，女方可以自行改嫁而不受约束，但新婚男家要对原配婚家作出一定的补偿，当然，这样的情况现在基本上都不存在了，大多都是依法办事。现代的彝族婚姻关系中，家庭生活环境和经济状况等作为结婚条件考虑的因素在增多，但从总体上看，大多数彝族青年男女谈婚论嫁，仍然以情感为重，而且与其他民族的通婚人数越来越多。

砚山县阿舍乡的彝族花仆拉人，青年男女婚恋比较自由。花仆拉人的寨子一般都有专用的恋爱场所——“闲房”。夜晚，成年的花仆拉青年男女都会到“闲房”中去谈情说爱，选择意中人。这种“闲房谈情”，多以吹响篾、吹巴乌相约，然后才到“闲房”中交心谈情。如有了相爱的意中人，女子便会装作做活计的样子，随意中人到男方家住上一晚，次日早晨起来后，主动给男方父母端水洗脸，与此暗示男方父母，她同他们的儿子已有婚约。之后，男女双方又一起到女方家，男子也主动帮女方家做一些挑水、扛柴之类的劳动，即算是正式订婚了。花仆拉人这种“闲房谈情”的婚姻恋爱方式，没有一点父母包办的意味，结婚用的聘礼也很少；不少父母直到儿女到家里暗示婚约时，才知道自己的女婿或儿媳是何人。

麻栗坡县董干镇花地坪村一带自称呃稿的花彝人，旧社会有一种“牵牛做媒”的习俗。做媒的人要从男方家牵一头牛到女方家去说亲。媒人到女方家时，开始两天不得与女方家的人随便说话，只管整天赶牛上山去放牧。直到第三天，已两天沉默寡言的媒人，才开始同女方及其家人说话，并正式提亲，若女方及其家人同意，便开始杀牛办酒席，牛肉除媒人留一只腿带回男方家外，其余都给女方家作宴请亲朋好友用。花彝人平时办事杀鸡比较随便，但婚事杀鸡却是禁忌，因此，花彝人结婚的所有过程都不杀鸡。

广南县彝族中，有种别有一番情趣的“偷鸡提亲”习俗。寨子里未婚的青年男子，如果心里有了意中人，要去提亲时，可随便在寨子中抓上一只鸡去，无论抓的鸡是谁家的，主人不但不生气，还觉得是在帮别人撮合婚事，因而很乐见其“偷”。

富宁县彝族有一种用红布、红公鸡订婚的习俗。彝族青年订婚时，送给女方家的礼物中，一定要有2尺红布，一对红公鸡；再加糯米20斤，豆腐1包，酒、肉各16斤。结婚前，男方要将做好的柜子、衣裙、银饰作“回妆礼”送到女方家，同时再送一次与订婚时至少同等数量的酒、肉和礼金。礼金多者不限，但尾数必须是2，如6元2角、50元零2角、100元零2角等，意为成双吉利。接亲之日，女方除了要返回男方送去的“回妆礼”外，女方父母也要陪上一些嫁妆。新婚女首到男家，一般都要在天黑以后才能进门，进门后也不拜堂，次日黎明就返回娘家，直到第6天后，背上一背柴到新郎家，才正式住下来。

麻栗坡县彝族中，旧社会有一种“鸡血涂手”的离婚礼，形式既简单又特别。男女婚后感情破裂，任何一方都可以提出离婚要求，双方都同意离婚时，就举行“鸡血涂手”离婚仪式。正式离婚之日，男女双方各自将父母请到村边树林中的一棵大树下杀鸡。鸡杀死后，双方父母一起将鸡血涂在离婚男女两方的手上，并宣告婚姻关系到此终止，待在树下吃完一餐饭后，各自离开。这种“鸡血涂手”离婚的含义，是男女双方相互伤了感情，不能再继续维持婚姻关系了，因此请双方父母一起来树下杀鸡涂血作证。

西畴县彝族青年男女恋爱确定婚姻，要请人杀鸡做媒，交婚礼钱物。旧社会，交的婚礼钱、礼物比较重，男方一般要用3头牛作为礼金送给女方家。娶亲之日，男方用白布先牵两头牛到女方家，女方父母则要回送一匹布给男方家，男方才又送去第三头牛。女方若无布可送，男方家也就不再送第三头牛了，算作两相抵消。青年男女结婚后，若夫妻生活不和睦要离婚的，也有一种“破竹筒饭离婚”的习俗。男女双方都可以提出离婚要求，但需得到族长和寨老同意，并举行“破竹筒饭离婚”仪式。离婚之日，男女双方于两家之间的中间路段，在寨老或族长的主下举行“破竹筒离婚”仪式。双方无孩子的，就将结婚时男方牵牛用的白布撕作两半，各执一半为凭。若双方有了孩子，则用一节装满饭的竹筒，请寨老或族长劈成两半，让双方各拿一半给孩子喂饭，便算是结束了婚姻关系。孩子吃完饭后，离婚的男女便各自跑回各家，意思即表示谁先跑回到家，谁就会先找到新的伴侣。

广南彝族孟武支系青年男女结婚，男女两方都以对歌迎送。新娘从出娘家门开始，路上同陪娘一起，不论路途远近，都要由男方家派来接亲的人背起走路，双脚不得落地，直到男方家为止。为使新娘脚不落地，路途远的，新郎家都要多请一些身强力壮的青年男子轮流背新娘和陪娘。新娘接到家后当晚，新郎新娘都不能休息，要陪同客人饮酒跳舞。新娘回门时，新郎家的人才在家里隔出一格房间，让回门转来的新娘新郎住。新娘出嫁路上脚不落地，意取一个“净”字，即表示新郎干干净净地娶到了一个新娘回家。

在丘北、砚山、广南等县的彝族中，有出嫁的姑娘“哭嫁”的习俗。姑娘要在出嫁前一两天晚上，要向父母、哥嫂等家人及亲友哭诉难舍的离别之情，倾诉父母的养育之恩、哥嫂的抚育之情，向家族姐妹述说难分之意。同时，姑娘的父母、嫂子、家族姐妹也会陪哭回诉，同样倾吐一些难离之情，并向姑娘提出一些婚后做家（持家）的希望和要求。一些在娘家与父母和家人关系处得不好的，或是自己并不愿意的包办婚姻，哭嫁的姑娘就会哭得很伤心，并借机发泄心中的不满情绪。即将出嫁的姑娘若不“哭嫁”，还会被视为无情的人而被人指责。广南县一些地方的彝族姑娘“哭嫁”时间较长，出嫁前一个月就开始了。其间，即将出嫁的姑娘由其哥哥背到直系亲属家中一一辞别，有些还会在直系亲属家住上一两天。

丘北县彝族阿细（西）人姑娘出嫁之日，临出门前，女方的家人要同男方派来接新娘的人对上一个小时左右的歌。对歌由女方家人先开头，内容大都为谦词，主要说新娘在娘家时的人品素养、循规蹈矩和劳动情况，多说一些新娘在娘家时的缺点和不足，希望嫁到新郎家后，要多给予教育、帮助和引导，有做不好的地方要多包涵。男家接亲人回对的歌，则多为对新娘及其父母家人的赞美之词，说新娘如何漂亮美丽，如何勤劳贤惠，明礼有孝；说新娘父母对女儿教育有方，含辛茹苦养育出了一个好女儿，感谢给男方家送来了一个好媳妇；等等。

阿细（西）青年结婚的当晚，其他村寨的同支系青年男子，都会相互邀约去新郎家通宵达旦地跳舞对歌，名为"找酒喝"，实为找女青年唱情歌，寻找意中人；也有的是对古歌的，通过对歌相互考问对方对古歌的熟悉了解程度。有回答不出的，就会以谦虚的态度要求对方解答，对方也会认真地把答案相告。有连续几个问题答不上来的，答不出的一方就会以婉转的方式认输，进而结束对歌。对歌一般在月琴、二胡、笛子等伴奏下向逆时针方向转圈拍手跳舞，边跳边唱。唱跳得太疲劳了，就坐下来继续对唱。夜间，主人家要给外村来"找酒喝"的人供上一餐夜宵。近村来的人到黎明就会离去，远村来的则要到次日吃过早饭后才离开。

在文山市的一些彝族中，有一种戏弄新郎新娘共抬一桶水的习俗，常让人看了捧腹大笑。新婚第二天，新郎的陪郎会邀约一帮青年小伙子，以一根 2 市尺左右长的小木棒，"逼"新郎新娘去池塘中共同抬一桶水回家，烧水给老人和长辈们洗脸洗脚。抬水时两人不得一前一后互相跟随，而要面对面地横抬起装满水的水桶走路。由于抬水的木棒很短，而且要并排走路，两人很难配合，常常会把桶里的水晃泼出来，弄得新郎新娘的新衣裳到处是水而狼狈不堪。这种近似"恶作剧"的捉弄方式，常引得围观的人开怀大笑，使新婚之日增添了不少热闹气氛。

彝族家庭比较看重多代同堂，以四代、五代同堂为荣，因此大多数人家都是三代同堂共居的。民国末年，马关县大栗树乡有一户近百口人的李姓五代同堂人家，家里除了专门搞种植业和养殖业的人外，还有搞马帮长途贩运货物上文山、蒙自、个旧、开远的。家庭人口虽多，但分工细致，各有责任。有专事田间种植的，有专事牛、马、羊放牧管理的，有专事猪、鸡、鸭等家禽饲养的，有负责日常闲杂事务和家庭食堂饮食管理的，还有平常接亲待客的具体规则。现在，这种"多代同堂"的观念已经明显地改变了，但三代以上同堂的人家还是比较多的。

彝族家庭的财产基本上都是男子继承，女子一般都没有继承权。女子只是在出嫁时，由父母陪嫁一部分财产。在父权制度中，当家男子仍然是主宰一切的，女子并没有最后决定权。

彝族妇女生孩子也有不少礼仪习俗。一些支系的妇女生孩子，要在门旁挂篾帽作标志。除娘家人外，婴儿未满月前，其他外人不能随意进入有产妇的人家。富宁县彝族黑彝人已婚女子生孩子，从怀孕到孩子满月，娘家先后要送三次礼：第一次是怀孕后3个月，送20斤糯米饭，一斤煮熟的鸡到女婿家去祭祖，求祖宗保佑孩子顺利出生，母子平安；第二次是在生孩子后3天或5天送月米酒，礼物除与第一次相同外，另加一些酒，请女儿的公公念经祭祖，请亲友来唱祝酒歌；第三次是满月酒，除娘家人继续送米、酒、肉外，女婿家要杀猪宰羊办酒席，请亲朋好友祝贺，给新生儿取名。至此，三送礼仪才算结束。

麻栗坡和富宁县的白倮人有初生婴儿要找“灵树”，老人要找“生命树”的习俗。妇女一生下孩子，其男人就要把胎盘装在一竹筒内封好，拿到村旁树林中找一棵挺拔的年轻树拴挂起来，拴挂竹筒的树即为“灵树”，表示孩子与树一起共同生长成才。竹筒要面对东方，意在面对冉冉升起的太阳，孩子长大后前途光明，有出息。而老人们在世时，也要各自到树林中找一棵树作为自己的“生命树”，并搬一块石头放在选好的树脚下，作自己的记号。每年农历八月，各自选一个吉利之日到“生命树”下杀鸡、烧纸插香祭奠，求神灵保佑老来生活平安，如树一样生命常青，延年益寿。

三、彝族的丧事民俗

约在新石器时代后期以前，彝族人死后实行土葬。《华阳国志·蜀志》载：“周失纲纪，蜀先称王。有蜀侯蚕从称王，死作石棺石椁，国人从之，故俗以石棺椁为纵目人冢也。”期间，因出现了一种食死人的族群，他们不但吃没人照管的死人，而且掏吃埋在土里的死人。为了不让“食人族”吃死人，到新石器时代末期，彝族地区，特别是在川西古夷人居住地区，曾盛行过很长一段时期的石棺葬，但这样的石棺葬仍然不能完全制止人死后被吃的现象，为此，彝族先民又把石棺葬改为了火葬，这样的火葬习俗一直延续到明朝，而且几乎遍及全国所有彝区。在文山州，一些明朝及其以前的彝族居住区，至今仍不时发现古代彝族的火葬罐群，而未发现过彝族土葬墓，就是这个原因。

明、清两代，朝廷在实施改土归流中，对云、贵、川地区彝族人民的反抗进行了多次反复的大规模军事清剿，并从明朝开始，严令一切“具遵令式”，禁止包括丧事火葬习俗、彝文使用在内的许多彝族文化及风俗仪式，彝族地区普遍盛行的火罐葬习俗从此逐渐改为土墓葬。只有过去统治阶级势力难以深入的大、小凉山高山深林地区，仍然保留着火葬习俗，并一直沿袭到了今天。

彝族地区火葬改土葬以后，由于地区和支系之间相互封闭，加上统治阶级的严密管控，很难交流统一，从而造成了各地区和各支系之间的许多差异。但由于过去火葬习俗的影响，土墓葬的主要形式和含义，与火葬基本上是一致的。一般来说，对不同年龄阶段亡故者，其葬礼习俗各有不同。对刚出生但还不满月的婴儿死亡，称得了“脐风”（破伤风），认为婴儿早死是“鬼神作恶”，因而处理很简单，死后随意拿到村寨附近的树林中草草挖洞埋掉了事，也有的会用烂草席或烂破布作简单包裹后放置在林中大树杈上，随意让其风吹日晒雨淋。年轻人亡故，则给穿新衣，简单祭献，但葬不择日，也不克意选择墓地。老年人亡故则很重视，需要大操大办，要履行报丧、开纸、安葬、复山等程序。送葬前，要请毕摩或风水先生择地，择殡葬日期和时辰。安葬前一天开纸，要杀猪杀羊宰鸡，有些还要杀牛，亲朋好友要送粮送钱相帮、上香祭奠。死者出嫁的女儿和女婿奔丧时，除香、纸外，要拉羊、拉鸡，献供果、抬“摇钱树”一起祭奠。献的羊和鸡有活的和宰杀好的，夜晚要和死者家人一起围棺守灵。送葬出村时，棺木在中，孝男在前，孝女在后，依辈分排列，孝男孝女披麻戴孝哭送，旁有亲友相扶。送葬队伍一路敲锣打鼓、放鞭炮、跳丧葬舞出村，到村寨边选举一处平地举行绕棺回灵仪式后，才由抬棺人员送到墓地安葬。回灵时，灵牌由死者长子戴着篾帽倒背回家，跪于神龛前，由毕摩或有声望的老人边念经边取下灵牌，供于堂屋左上角的小神桌上，直到下一代儿子归世时，才由孙子辈背到墓地烧掉。其他孝男孝女回灵返回家中，在事先蒸好藏有若干金属硬币的饭甑中用手抓饭吃，俗称“枪毫银”，认为谁抓到毫银，谁就会有福气；抓到得越多，福气越好。安葬后第二天复山时，孝男孝女在做完祭献饭菜和烧香纸后，要用后衣襟兜土给新坟添土，然后集体围绕新坟插香，圈子逐步加大，意为死者圈地。圈完了地，葬礼才算结束。这种葬礼程序在文山、砚山、丘北三县（市）的大多数彝族中都大体一致，差别不大。

人死了要“闹丧”，这种习俗在不少彝族地方都有。彝族老人过世了，入棺后置于大堂正中央。若死者之上还有老人在世，要按男左女右的方向，把棺木偏侧一方放置，不能放在正中位置。棺木停放好后，覆盖或围上布幡，死者儿女亲属便绕棺哭诉，哀歌起舞，叫作“闹丧”。各地“闹丧”形式有所不同，是主体一致下的大同小异。但也有差别稍大一些的。有的“闹丧”仪式在入棺之日或出殡之日两天举行，有的则从入棺之日到出殡之日天天连续举行，每天“闹丧”时间从晚上八九点钟开始，就伴随锣鼓声轮番唱跳，直至深夜，甚至通宵达旦。唱跳的人每隔 10 到 20 分钟，便大吼一声，孝子便要跪着举起盛满酒的酒杯敬酒。

在总体上基本相同的同时，也有一些较大的地区差异或支系差别。砚山、文山两县（市）自称泼拉葩和泼喇哇的彝族老人过世时，孝子会“偷”走死者头上的盖脸布，说谁偷去保管谁就会有福气。老人过世后 3 天内不择送葬日子，随时都可以发葬，甚至可以早死晚葬。早死晚葬的，被俗称为“偷葬”。人死后超过 3 天不葬的，则要按相应的程序举行葬礼。泼喇葩老人过世后要请人“开路”，坟地由长子带上鸡蛋到山上去选择。测试选择地点时，头顶鸡蛋，让鸡蛋从脑后到背滚落下地，落地的鸡蛋烂了，就说明测到了好墓地；若鸡蛋不烂，则要另找地方再测。

富宁和广南两县结合部一带的彝族，老人咽气后，子女要及时为其沐浴更衣，让其口含银子，将其遗体置放于正堂屋中间或灶膛边，请“欠玛”（毕摩）来入殓，并根据死者咽气时辰，以及生前在村子里的职位高低和影响大小来确定超度的天数和安葬时辰。超度时间一般为2到3天，做过“宫头”的死者，超度时间要长一些。超度时念“开路经”（无正式书面经文，都是代代口传背诵下来的）。经文一般都是叙述死者生平，颂扬死者公德，并按古时祖先的迁徙之路，引导死者亡灵去找远祖归位。人死后，暂时埋于房旁园子中间或园边，到跳宫节前夕选一吉日，由女婿组织人开棺捡骨，用酒消毒后放入通底的木甑内；再择一吉日，送去埋于宗族的坟山上，这就是两千多年前的《墨子·节葬》一书中所记述的“楚之南，有炎人国者，其亲戚死，朽其肉而弃之，然后葬其骨，乃成为孝子”。

迁葬之日，全村人不分亲疏，各家各户都带着酒菜到坟山去祭奠聚餐，吃剩的酒菜全弃于山上，不能带回家去。迁葬后用竹片制作灵牌，按男左女右方向插在住房后面的檩条上。到跳宫节时，将上辈人的灵牌先送到宫场上，待跳宫结束后再移到宫亭或山洞，按各宗族的位置置放好，待到下年农历三、四月间祭献。送灵牌时间分为三年一小送，七年（有的甚至九年）一大送，小送期间如遇家中有两辈人去世的，则将上辈灵牌先送往山上，下辈灵牌到跳宫节再送。举办丧礼时，村里人都要送酒送米，至少要杀3头黄牛，有的甚至杀八九头，名曰死者的“领路牛”“耕牛”“种牛”“菜牛”等，所以，许多有老人的人家经常都要多养几头牛做好准备。死者女婿至少也要准备好送一头黄牛，送牛时将牛牵到灵位前，持斧头向身边的亲友一一行跪拜礼后，用斧头猛击牛头，待牛倒地后迅速跳过牛身，以示祭奠诚心，办事顺利。若不能一次将牛击倒，并跳过牛身，则会被认为是祭奠心不诚而受人唾骂，甚至被追打，直到牛被别人击倒为止。牛杀好后，退还给女婿一支腿，拿回家招待帮忙去送葬的亲友。过多的丧事杀牛，常使死者家人“死人不吃饭，家产空一半”，有的甚至倾家荡产，人财两空，严重地影响了死者后人的生产生活。所谓“笙歌一鸣歌舞忙，宾客满座主悲伤；灵前哀号无人劝，人走席散更凄凉”，就是对许多丧后人家生活的真实写照。如今，这样的丧事习俗已基本改变了。

富宁和广南两县结合部的彝族，旧社会还有一种“阴配”婚俗，未婚成年男性死后要行“阴配阴”礼，即未婚死去的成年男性要找一个未婚而死的女性灵牌，在征得女性家人同意后，将其灵牌拿到家中同男性灵牌合在一起做“阴间夫妻”。“阴间夫妻”配好后，如家中无凶兆，就被认为是“阴间男女情愿”，会一直供奉下去。如若发现凶兆，则会被认为是不吉利的，要将女性灵牌送回娘家。新中国成立以后，“捡骨”和“阴配夫妻”这样的习俗，已渐渐地不再实行了。

丘北彝族姑尼（古乃、古纳、古揑）人，即今所称的“僰人”，至今仍保留着古老的洞穴葬俗。人生病治疗无效，即将咽气时，族长就用薄铜片照着死者的脸部模样剪一死者的侧面半身相，刻上眼、鼻、口、耳，即为取“灵魂”来保存。为保持死者与后代血脉长期相连沿袭下去，主要继承人要刺血滴于铜像片上，妥善保存好，待祭祖时“入祖棺”，再由一位毕摩或有声望的老人秘密送“祖棺”到一天然洞穴中安放，才算作是真正的“入祖”，但只有年满60岁的人才能“入祖”，这就是今天在彝族中仍然可以见到的“洞穴葬”。至于死者的尸体，则被认为是灵魂已去“归祖”，尸体并不很重要，所以拿去土埋后，可以不去祭扫。为了让祖先灵魂得到安宁，选择安放“祖棺”的岩洞穴内不能有土，不能让其风吹日晒雨淋，且洞穴位置距离地面越高越好，认为“祖灵”因此才好离开大地之土，才容易找到“远祖归宗”之路，进而进入“天堂”，后代人的日子也才会好过。一个家族（支）三年要举行一次大的祭祖仪式，祭祖时要清点“祖灵”（铜片）数目，若发现数目少了，会认为有人盗墓；若发现数目多了，则认为是有人“私自入祖”，除共同查找出原因外，当场复制被盗的“祖灵”（铜片）补上，并取出私自“入祖”的“祖灵”（铜片），同时让各家各户将三年内亡故并符合入祖条件的灵牌（铜片）“入祖”。待全家族（支）人无异议后，即用酒清洗干净，重新装入棺内安放，然后进行祭奠，祭奠完了，族长再一次宣布棺内“祖灵”数目，叫大家认真记牢，在下次祭祖时核实。最后用新白布包扎好“祖灵”（铜片）入棺，由族长独自抱棺进山，重新选择洞穴安放。

在古老的“万物有灵”原始崇拜观念中，“祖灵”崇拜是彝族一切崇拜的核心，是最重要的崇拜。这种“祖灵”崇拜观念认为，人会死但灵魂不会死，人死后有“三魂”，且“三魂”各有职责：一魂沿祖先迁徙的路线，去寻祖归宗；一魂在坟茔坚守坟地，保护彝家居住地方安宁；一魂在家接受家人供奉，保佑一家生活平安。因此，彝族人无论过什么节，或家里平常吃一点好的饭菜，都要先献过祖先后家人才食用，认为这样祖宗才会保佑后人平安无事。麻栗坡县董干镇城寨彝族白倮人的各种民族节日活动，祭“祖灵”都是第一件要做好的事。城寨的白倮人说，他们的祖先从天上下到昆仑山居住，在昆仑山住了几代后，因战事离开了昆仑山，经无数次地跋涉迁徙，几经周折才来到麻栗坡。来到麻栗坡后，先是落脚在铁厂乡的关告村，再从关告村搬到董干，从董干又去富宁县木央乡木思村；之后又离开木思村，一部分留在今普阳行政村的孟梅村，一部分又转回到了董干镇城寨，一直到现在。这一祖先迁徙的路线，也就是千百年来，城寨白倮人祖祖辈辈送祖归宗的路线。白倮人关于其祖先从天上下到昆仑山的传说，与著名的彝族史诗《勒俄特依》中的记述基本一致，这不可能是一种巧合。

祖先崇拜是彝族一种很重要也很普遍的古老观念，因此，人死后要做灵牌，将死者不死的灵魂附于牌上，过一段时间，择日念经超度亡灵，使其寻祖归宗。而竹是一种彝族人心目中的“圣物”，可附死者灵魂于其上，因此一些地方的彝族与苗族一样，人死后要“烧灵”，但广南县的一些地方彝族“烧灵”与苗族不同。彝族在超度“亡灵”时，“烧灵”用的灵牌是用竹篾片扎成人的骨架状，以茅草加以装饰，用人抬着跳舞超度。有的地方的“灵”，则要让“灵”坐在担架上，着衣裙首饰，由两个人念经跳舞超度。有的地方的“灵”，则又扎成站立状，除着衣裙首饰外，头上还插有羽翎，用一个人抬着跳舞超度。念经唱跳超度的程序做完后，就将灵牌烧掉，让其去寻祖归宗。

四、彝族的岁时节庆民俗

彝族有着丰富多彩的传统民俗和岁时节庆活动，如农历六月火把节、密枝节、十月年等，还与汉族和其他一些民族一样过春节、清明节、端午节、中元节、中秋节等。文山州的彝族还有地方特色很浓郁的跳宫节、草马节、荞菜节等，这些节庆民俗活动大都带有比较浓厚的祭祀色彩。

（一）火把节

火把节是以彝族为主，包括一些彝语支民族在内的最广泛的民族传统节日。火把节的来源有祭神祭田、祈年丰收之说；有送鬼祟、除邪恶之说；有祭烈女、匡正义之说。文山州彝族民间多以祭神祭田、祈年丰收者为多。

火把节的过节日期，在全国彝族地区基本上是统一的，都是在农历二十四日或前后一两天。节日时逢仲夏，农作物已进入旺盛的成熟期。节日当晚，各村各寨的彝族都在祭祀完祖先后，点举松木火把，到田间地头烧虫害、驱鬼邪，同时互相烧去身上邪气，共舞火把为嬉。节日之夜，田野山坝处处火把闪烁，如万星坠落，灭害驱邪的叫喊声连成一片，使夜晚宁静的山坡田坝热气腾腾，好不热闹。灭害驱邪结束后，手持火把的青年男女汇集在村边或地头的平地上，将余下的火把聚拢在一起，形成熊熊燃烧的篝火，围着篝火通宵达旦地跳弦子舞。正如《云南图经志》卷七中所描述的那样："云披红日恰含山，烈炬参差竞往还；万朵莲花开海市，一天星斗下人间。"

然而，富宁、麻栗坡和广南县的一些彝族倮支系人并不过火把节，说明火把节在还未形成全体彝民族统一的节日以前，他们就已经离开了彝区内地。火把节成为彝族全民性的节日是在唐（南诏）时期，而富宁、广南、麻栗坡一带的彝族倮支系人，在唐（南诏）以前就已经离开彝区内地。而跳公节（打公节）这一在彝区内地已经基本消失的彝族最古老的节日，却又在富宁、广南、麻栗坡这样的地区很好地保存下来。

随着社会的不断发展，火把节活动也不断被赋予了新的内容和含义。现在的火把节已由古时单一的祭祀仪式发展成为斗牛、摔跤、赛马、划船、对歌、跳舞、拔河、打磨秋、荡秋千等群众性的娱乐、竞技及商品交易活动，内容更加丰富多彩。如今，以火把为主要文化表现形式的丘北县彝族花脸节，已成为全县旅游业发展的一张璀璨夺目的文化名片。

（二）密枝节

密枝节是一种很古老的彝族祭祀活动，在云南西部和南部地区的大理、永平、云龙、弥渡、巍山、洱源、云县、峨山、新平、弥勒、石林、泸西、华宁、开远、丘北、砚山等地较为盛行。其实，文山州各地彝族的"祭山"活动中，都带有浓重的密枝节色彩，只是人们已不知道叫“密枝节”了。

密枝节是一种只有男人参加的节日祭祀活动，一般在农历二、三、四月择日举行，有的支系则在农历冬月择日举行，时间都是一天。这种只许男人参加的节日活动，表面上似乎像一种大男子主义的节日活动，但其实是一种彝族历史上从母系社会向父系社会过渡时期的社会历史的再现，这从节庆活动中男人们尽情随意发泄情绪的精神状态中就可看到一般。

在彝族地区，不少村寨都严格管理保存着一片或几片龙山，也就是密枝林。各片密枝林中都有一棵被认定为“龙树”的参天古树，即作为密枝神的神象征。密枝林神圣不可侵犯，密枝神——“龙树”更是如此。平时村里人不得随意进入密枝林中放牧、砍柴和打猎，不许在密枝林中埋人。一些地方尤其严格禁止女人进入密枝林。如有违反者，除会按村规民约的规定受惩罚外，也有因触犯神灵而会被神灵惩罚的观念。因此，千百年来，人们凭据“密枝神”的威力，使密枝林始终得以保持着藤缠枝蔓、群落相庇、莽莽苍苍、蓊郁神明的原始状态。

密枝林的祭祀活动全在深林中举行，主持人由村中的男子轮流担任。祭祀程序大体如下：龙树脚用石板搭出一石棚，棚内放一鹅卵石或石虎，棚前铺青树枝叶做祭场。中午，各家当家男人各点一把香到祭场石棚口插香烧纸跪拜，接着杀猪宰羊，用猪、羊头祭献龙树，念祭拜经，然后烧火做饭。待菜饭做好后，再次插香烧纸，用熟菜熟饭和酒再次祭献龙树，高声念颂祭拜经。经词多为请求山神保佑，保全村风调雨顺、村寨平安、人畜兴旺、无病无灾、子孙繁衍安康之类。祭献完后，在青枝叶上席地围圆，共用晚餐。晚餐中尽情边吃边喝，相互捉弄玩乐，肆意乱舞乱跳，直到夜深人静之时，方才收拾锅碗瓢盆散去。

密枝节的源说也有几种，但反映青年男女恋爱殉情的居多。丘北、砚山一带的主要传说是：古时候有一对相爱至深的彝族青年恋人，因不满父母包办婚姻而私奔逃进无人涉足的深山密林，在密林中狂舞泄愤了七天七夜后，双双殉情而死，人们知道后都很惋惜，感谢深山密林保佑这对青年男女在阴间结为夫妻。为纪念这对忠贞相爱到底的青年男女，开始有了密枝节。也有人这样传说：古时候有一年，有个彝族寨子来了一个会使法的妖婆，这个妖婆使法把寨子里的男人都变成憨人，让妇女们肆意欺凌男人。天神知道后，派兵下界杀死了妖婆，治好了男人们的憨病，男人们才得以重新振作起来，使寨子又恢复了往日的平静。妖婆被杀死后，男人们相互邀约，到密林中去杀猪宰羊聚会，选择一棵大树作为“神灵”进行祭奠。之后年年如此，渐渐形成了密枝节这一彝族的传统节日。

然而，在今天的密枝节中，并没有男女自由恋爱的情节和内容，却有许多对山神、树神的崇拜，以及男人们的泄愤场面，带有明显的母系社会末期，男人逐步走向统治地位的痕迹。至于那些男女为自由恋爱殉情的内容，是后来人们逐渐附会进去的。

（三）跳宫节（打宫节）

跳宫节流传于富宁、广南、麻栗坡三县以及广西西部的彝族倮支系人中，有一年一小庆（3天），10年一大庆（5天或7天）之分；有些地方则为一年一小庆（3天），三年一大庆（7天或9天），时间在每年农历正月到六月之间。过节的时间虽不同，但内容和形式都是一样的。

跳宫节起源于古代彝族部落抗击官军镇压取得胜利的战争。传说，古时有一些彝族部落不断遭受官府军队的肆意屠杀和驱赶，在忍无可忍的情况下，一些部落联合起来，与官军展开殊死的武装抗争，战争持续了数年仍未见胜负。后来，有一支部落武装于正月间在竹林中重重布下战阵，用竹制的弓弩和埋设主尖桩终于打败了官军。随后，其余部落也在4月和6月先后取得了胜利。为了纪念这场抗击官军镇压的战争胜利，同时祭奠在战争中战死的亡灵，参战的彝族各部落便把各自部落取得战争胜利之日作为纪念日，聚会跳宫庆祝，并逐渐形成一个节日流传下来。因各部落战争胜利时间不同，过节时间也就有所不同。

过跳宫节的彝族村寨，寨中都种有一篷或数篷的小片竹林，一块聚会跳舞的宫场和建在附近山上的一个祭祀用的宫亭。寨中从事组织节日活动的人分别称为“索南”（寨主）、“布思”（宫头、宫娘）和七大“郎委”（将军）。举行跳宫节日活动时，全村男女老少均着节日盛装到宫场上，在“索南”的主持下，由“布思”和身挂大刀的“郎委”领头，在铜鼓和葫芦笙的伴奏下，列队围绕竹篷尽情转圈欢歌跳舞，数说祖先英雄事迹。气氛时而庄重肃穆，深沉悠远；时而着地铿锵，热烈欢乐奔放，连续数天。

大庆之年，除宫场欢歌跳舞外，还要举行送灵牌活动。各家各户都要将新逝世的老人灵牌送到宫场，按姓氏插于宫场中间的竹篷周围。次日，由“索南”、毕摩带领，将5个分别称为老宫、土叭、哇麻、别麻、别厥的小木人连同各家送来的灵牌，一起送到山上的宫亭，按姓氏排列归宗，杀一头猪祭献。祭献完后就地聚餐，吃剩的食物留在山上，不能带回家。

跳宫节的歌舞场面，是对古时战场撕杀场景的再现，是一曲对英雄的颂歌。它既是对彝族先民抗镇反暴胜利的一种纪念，也是对先辈英灵的一种缅怀。

（四）荞菜节

麻栗坡、富宁、广南、西畴一带的彝族倮支系人盛行过荞菜节，有的地方叫过荞年。

荞，是彝族社会历史发展进入农耕时代以来，彝族人民最主要的农耕作物和粮食来源。在维系彝族社会历史的发展进程中，荞在所有粮食中的地位显得尤为重要。因此，荞菜节的过节习俗，就是直接来源于荞。

传说，古时候有一彝族寨子发生火灾，大火把所有的房子都烧光了，家里的家具、荞子都无一幸免，不用说没有了用以维持生活的粮食，就连种子都没有留下一颗，全寨人陷入了极度的悲痛之中。正在大家为此一筹莫展时，有个人发现在被烧光的房子地基上，翻扣着几只还没有烧烂的碗，翻开一看，碗底下竟然还有一些没有被烧坏的荞子。于是，大家就把这些荞子拿到地里去种，并为荞子喊魂，祈求神灵保佑，让荞子快快生长，开花结籽，繁衍扩大。荞是一种成熟周期短的速生农作物，一般在农历三四月栽种，六七月间就可以收获。荞种下去一个月后，就可以采食鲜叶，三个月就可以收获荞籽。气候稍热一点的地方，还可以在七八月间再栽种一次，十一月到十二月收获。

有了碗底下的那些荞种，荞又得以繁殖并扩大开来，彝族人的生活才得以维持下来。为了感谢荞对人们的救难之情，彝族人民就把每年农历三月或四月的第一个属龙日作为对荞的感恩之日沿袭下来，成为一年一度的荞菜节。如今，在一些气候稍热一点的彝族村寨，虽然种荞的人家越来越少了，但人们总还是要种上一点，以备节日之用。

过荞菜节像过春节一样热闹。过节时，全村的当家人首先要一起到荞地里喊荞魂回家，各家分别将荞魂送到楼上供奉好，然后杀猪杀羊杀鸡，祭献祖宗和荞魂。在食用的所有菜肴中，荞菜是一定不能少的。在做完各种祭献仪式和吃过饭后，村里人就相聚在村边的场地上敲起铜鼓，吹起芦笙欢歌跳舞，或唱叙彝族古史，或年轻人对歌谈情，人们都沉浸在一片节日的欢乐气氛中。

彝族人民在长期的生产生活中，创造和积累了许多的种荞经验，也创造了不少荞的饮食文化。荞的农耕历史，自然也是社会历史发展进程中的一种最具特色的彝族农耕文化了。

（五）草马节

同许多民族一样，彝族在历史上也有过许多大规模的迁徙和奔波。因此，彝族人民向来十分敬重曾陪伴祖先长途跋涉、相依为命的马，并以过节的形式，一年一度地祈求神灵保佑役马和人平安，无灾无害，这样的节日就是草马节，在砚山、文山和丘北县南部的彝族阿扎支系人中较为盛行。

草马节在每年农历七月间选一个属马日或属龙日举行，相邻的村寨一般不选在同一天，为的是让各村寨的人便于相互往来祝贺。

节日当天下午，过节村寨的各家各户自己用茅草扎一匹草马，用瓜叶做成马箩驮在草马上，箩内装一些草籽和灶火灰，草马上插一些七色野花。晚饭时各家都要杀鸡，祭献祖先神灵，并在草马嘴里塞上一些菜饭。饭后，各家把自己扎的草马送到村西路边的草丛中放好。次日，各家又去将草马搬到路边排成队，大家一起相互评论做草马的手艺，评谁家的草马做得最好，打扮得最漂亮，把做得最好的作为来年全村人学习的榜样。中午由各家自带一些鸡猪肉、米酒和蔬菜，在草马周边各自拢火做饭菜，做好的饭菜要先献草马后人才能吃。同时相互比赛做饭菜的手艺，比谁家的饭菜做得最好，比谁家的外村来客最多，客人多的人家会被认为是最热情、最贤惠的人家，因而会受到称赞。

中午饭后举行斗牛比赛，得冠军的牛主人会受到赞扬，冠军牛也会因许多人争相求购而身价倍增。因此，不少人家为使自己养的牛得到冠军，从过年后就开始定时补喂精料，精心饲养，并经常给牛洗身，防止过度劳役，爱护备至。

节日之夜，过节村子的人同外村的客人一起，在村边的场地吹、拉、弹、唱，跳弦子舞，一直到黎明时方才散去。

草马节的来源传说比较一致。传说古时有一种草籽鬼常到彝家人的地里随意撒野草籽危害庄稼，坑害人民。人们为了根除草籽鬼的危害，利用草籽鬼喜欢花马的习性，在野草籽还未成熟时，扎草花马引来野草籽鬼，采集一些野草籽拌上灶火灰，让花草马驮去西天火焰山，诱草籽鬼跌入火海中烧死。

（六）“禳毕”与“嘿览”

在文山州彝族丰富多彩的节日中，居住在广南县的嘎叟（阿细、阿西）人有两种与其他支系不同的节日，分别叫“禳毕”和“嘿览”，其古风之纯朴、活动程序之规范，全州彝族节日中并不多见。其中留存着不少彝族十月年的痕迹。

“禳毕”的汉语之义是祭金竹，即金竹节；“嘿览”的汉语之义是尝新宴会，即尝新节。

在旧社会，许多山区历史较长的彝族大村寨，基本上是以村寨为相对独立的社会群体，内部都有分工明确的村务和节日办事的管理人、主持人和具体办事人，广南的彝族嘎叟人就是这样。在大一点的嘎叟人村寨中，一般都有德、曼、毕、萨、坍坎（坎坍）和贞等管理、主持和办事人员，其中德为寨师，是一个村寨的统领；曼是村中德高望重的老年人，其任务是辅佐德行使统领职责；毕（毕摩）为祭公，是主持祭祀活动的人。节日分有文祭和武祭两种；萨是节日活动事务的统管人；坍坎是神坛祭祀供品的安排布置人；贞是主事联络工作的传达和协调人。所有群众性的节日祭祀活动，都是由这些人来组织完成的，这与彝族历史上的“兹”“莫”“毕”相结合的统一管理制度基本相似。

举行“禳毕”的节日时间从每年农历四月的第一个属马日开始，到下一个属马日结束，历时 13 天。有的村寨之间，也略有差别，但差别不大。“禳毕”节日期间，时值春笋出土季节，竹笋是节日的必用食品，因而过“禳毕”也就是过竹笋节。

过“禳毕”的第一天早晨，德、毕等一行 9 人前去祖先迁徙来的路上，取一包净土，一枝带叶金竹，然后一路歌舞回村，将带回的净土和金竹供在集体祭祀房中的祭祀台供奉祭奠。祭奠完后，便击鼓奏乐歌舞，宣告节日开始，村里人在节日期间不能出山做活，外村人不许骑马过村。到第二三天，各家自办食品到祭祀坛供奉，祭品主要为野兽肉（现已改为猪、牛、鸡肉）、竹笋、山药、糯米饭、小米饭、糍粑、野菜等。当年有新丧的人家，祭献完后，要取一些食品盛于篾盒中，拿去埋于新坟边，作为死者回归祖先路上的盘缠。

是日晚，德、曼、毕一同主持斟酒祭祖灵，祭毕，全体村民便踏歌起舞，直至深夜才息鼓休息。歌舞内容有模仿古人狩猎、采集野果野菜、田地农活劳作，颂扬善良，鞭挞丑恶，以及向神灵祈求风调雨顺、驱魔除恶等。

“嘿览”节日从农历十月的第一个属马日开始，时间3至4天，有些年也有6至7天的，嘎叟人称为新年新岁，这就是彝族古十月年的遗留。届时，全村九姓人家（古时迁到广南县的嘎叟人有九姓人家）代表到神坛前，在德、曼、毕的主持下进行议事，议事的事项主要是总结当年全村庄稼收成情况，品评村社要员的功过是非，占卜推选新的褷萨，商讨来年节日事宜，总结完善村规民约等。

“嘿览”节由村中九姓人家共同操办，一家来一个人一起办伙食，费用各家平摊，用于购买猪、牛、鸡和酒菜（今已很少用牛），作为“三牲”祭献祖先。祭献完后，以九姓祭品为主，其祭品放在祭桌前面，有其他姓的供品，则放在后面。

节日的第一天主要是祭祖先。首先是在神坛前铺席烧香、斟酒敬祖，背诵古经；然后以牛、猪、鸡前后顺序杀牲祭祖。祭毕“三牲”后，拿去煮熟后再献。熟“三牲”的具体献法是，祭台上先置9杯酒，再按9个数的饭、筷子和“三牲”之头随后成一排放置，之后再放九姓人家各一块小米糍粑，一块糯粑，一只貂鼠干巴，还有小米穗、谷穗、玉米苞各3份，祭毕，第一天的祭献才算结束。

第二天，由德和毕主持占卜仪式，选举新的褷萨。但这种选举实际上不是人在选举，而是一种鸡蛋占卜。

第三天或第四天，全村各家来一个人，带祭献品到神坛再次举行祭祀仪式，祭献完后在神坛前一起吃饭。吃完饭后，德就正式宣布新的褷萨，宣布调整后的村规民约。接着，在场的人向新褷萨表示祝贺，节日才算结束。

嘎叟人这种过十月年的风俗，与彝族古十月年的时间基本一致，节日中总结一年收成情况和祭祀祖先形式也与彝族古十月历的做法大致相同，这是文山彝族中至今还能看得到的古十月年的遗存，可作进一步的探讨和研究。

嘎叟人的这种村社管理组织，在旧社会是一种与朝廷统治制度相并存的村社群体自治组织。新中国成立以后，这种组织的自治性实质上已不存在。现在的节日活动中所沿袭的一些古代形式，也只是作为一种民族风俗和传统文化来反映和传承了。

（七）“花脸节”

花脸节流行于丘北县和砚山县西部的彝族中，相邻的红河州开远市、弥勒市和泸西县的彝族中，也有这种风俗流行。节日时间在每年农历二月或三月的第一个属龙日开始，历时3天。所谓花脸节，实际上是彝族祭龙山时的一种活动内容形式，其节日的核心是祭龙。改革开放以后，为了扩大影响面，发展路旅游业，丘北县在过六月彝族火把节时，把二三月间祭龙时的抹花脸习俗移到火把节活动中来，并称之为花脸节。

彝族二三月间祭龙抹花脸的村寨，村里的未婚姑娘会在节日之前拼钱买猪共同来喂养，到节日时请成年男子到龙山中杀猪祭山，请村里的老人到祭山处吃饭。祭完山吃过饭后，姑娘们便会用事先准备好的锅烟灰到村头路边守候，待有青年男子过路时，伺机跑上去往男子脸上抹烟灰，如遇到外村来的男子，更是不会放过。此时，许多青年男子也会去找来锅烟灰，与姑娘们对抹起来。于是，参加抹花脸的人越来越多，规模越来越大，到高潮时，抹花脸的人已不只是青年男女，许多壮年男女也纷纷加入进来，村寨里很快就形成了一片处处欢声笑语的抹花脸大战。抹花脸中，去抹的人和被抹的人都不会生气，还认为自己被人抹得越黑越好，自己抹的人越多越好，抹得多，抹得黑，当年才会风调雨顺，地里的庄稼收成才会好。

传说古时候，有一个恶魔的儿子，看上了彝族寨子的一个美丽贤惠的姑娘，便请媒人去说亲，而姑娘死活都不答应。于是，恶魔家就准备去强行抢亲。姑娘家听说后，由于恶魔的势力大，怕斗不过恶魔而一筹莫展，便喊村里的老人来商量对策。大家商量来商量去，最后终于商量出了一个办法，就是在恶魔来抢亲前，将寨子里所有的姑娘用锅烟灰抹黑，让恶魔家认不出他们要抢的姑娘，无法下手去抢。

没过几天，恶魔派出的抢亲队伍肩扛长矛手拿长刀，气势汹汹地来抢亲了。然而，此时寨子里所有的彝族姑娘，都一个个被锅烟灰抹得面目全非，个个都是一身脏兮兮的。恶魔家抢亲的人在寨子里翻箱倒柜地折腾了大半天，始终没有找到他们要抢的姑娘，最后只好扫兴而归。此事过后，寨子里的姑娘们为感谢老人们想办法用计躲过了恶魔抢亲的灾难，便互相邀约拼钱买猪来养，在祭龙山时杀猪请老人来聚餐，同时祈求山神保佑，保一年风调雨顺，庄稼丰收；保全寨人畜平安，无灾无难。祭龙山中抹花脸的习俗便由此流传下来。

祭龙山抹花脸的中心内核是求神灵保平安，这与许多传统的民族节日是一样的，只是表现形式不同罢了。而现今丘北县一年一度举办的“花脸节”，只是为了丰富民族文化旅游，扩大丘北的对外宣传和影响面，助推丘北经济发展。

（八）古老的彝族十月年

历史上，彝族先民曾创造并使用过具有严密科学依据的十月太阳历法，并由此有了与十月太阳历法相应的十月年节日。但是到了明朝以后，由于朝廷明令“俱遵令式”，禁止彝族使用本民族文字和过十月年，使彝族十月历的使用和过十月年的习俗逐步消失了。然而民意不可违，一些地方的彝族老百姓仍以各种方式把自己的民族节日沿袭下来。在旧社会，统治阶级势力很难完全深入四川凉山和云南西北部地区，不少地方的彝族仍过着传统的十月年并沿袭到今天；而在大多数彝族地区，除了少数村寨还留存有十月年的痕迹外，早已看不到规范的十月年了，所以，绝大多数彝族已不知道自己的民族在历史上有过传统的十月年。少数村寨过的节虽然与古时的十月年有关，但人们也不知道这样的节日来源就是古代的彝族十月年。

十月太阳历用十二属相记日，但不用干支和初一、初二等序数相配轮回记日记年，而是单一地只用十二属相轮回，每次轮回为一个属相周，三次轮回为一个属相月，共36天；一年为10个月，共360天，即为一年。十月年每月的天数相等，都是36天。按地球一年绕太阳公转时间计算，每年会多出5~6天时间，十月年就把这多出的天数作为过年的时间，而不计算在一年的天数内，这就是彝族古老的十月年。前面所写到的广南县彝族嘎叟（阿细、阿西）人农历十月过的“嘿览”节，就明显地留存着彝族古十月年的痕迹。

嘎叟人使用的属相，不像夏历那样都用动物，它不仅有动物，而且有其他自然物，如农作物、住房、家具、金属等。具体的属相排序是：芒（天）、冉（住房）、莫琅（猿人）、卧（鸡）、克哩（狗）、唉依（猪）、哦（鸟）、奴（牛）、诺（田）、果（荞）、琅（釜）、黑义（金）。嘎叟人办事择日子，多以芒（天）、琅（釜）为吉利，尤其以芒为最佳，是万用之数。若无其他不利因素，人出行、修建房屋、结婚等，大都是选择芒日。这种属相物的使用方法及含义，还有待于专家做进一步的探讨和研究。

值得指出的是，文山州的不少彝族在使用夏历通用的十二属相中，牛、虎、兔、龙、蛇、马、羊、猴、鸡、狗、猪11种属相都相同，唯一不用鼠，而以鸟来代替鼠，所以，彝族称鼠年为鸟年，这似乎与彝族忌鼠有关，也还需作进一步研究。

彝族除了过自己的节日外，也同汉族一样地过春节、端午节、清明节、中秋节。在麻栗坡、富宁、广南三县的倮支系彝族中，有些还同壮族一起过六郎节。

五、彝族的民间歌舞艺术

彝族人民能歌善舞，歌舞是彝族人精神文化生活的重要内容。彝族歌与舞在很多时候是相伴于一体的，尤其是在节日集会、礼仪场所，以及闲时聚会娱乐时更是如此。彝族的乐器主要有月琴、唢呐、小三弦、大三弦、葫芦笙、二胡、三胡、竹笛、长号、巴乌、陶埙（俗称三眼土洞箫）等，马关县的一些彝族还有木叭喇（木制唢呐），以及用这些乐器演奏的各种器乐曲调，其中尤以唢呐和月琴曲调最多。据说，唢呐调有80多调，但现今已见不到能完整吹出所有唢呐调子的人了。文山市追栗街镇的彝族作科人青年男女，每逢过春节时，都会吹奏六眼巴乌和三眼土洞箫（陶埙），以迎接春天的到来。此外，彝族乐器中还有牛皮鼓、羊皮鼓、铜锣、铜鼓、铓锣、镲、钵、金钱棍等打击乐器。这些打击乐器一般是与弹拨乐器和吹奏乐器相互伴奏的。

文山州的彝族歌舞主要有弦子舞（月琴舞，跳弦子）、大三弦舞、铜鼓舞、荞菜舞、二胡舞、竹竿舞、金钱棍舞等，以及丧葬、祭祀时的各种祭祀歌舞，还有具有彝族特色的花灯歌舞。

（一）弦子舞

彝族弦子舞，又叫跳弦子，彝语叫“叶切比”，是一种历史久远，流传最广泛的群众性、自娱性很强的彝族民间歌舞艺术，全国绝大多数彝族地区都跳弦子舞，是彝族文化百花园中一枝璀璨夺目、经久不衰的歌舞艺术奇葩。因流传面广，普及面宽，全国许多彝族男女老幼都会跳弦子舞，且世代相传，经久不衰，故民间有“是人不跳弦，白活几十年”“阿哥弦子响，阿妹脚板痒”等谚语流传。现今，彝族弦子舞不仅彝族跳，其他许多民族也跟着跳，普及面越来越广。

彝族弦子舞以弹月琴伴奏而舞，跳舞人数不一，可多可少。音乐节拍多为2/4和4/4两种，曲调多为嗦啦（5、2）弦，少数音调也有啦咪（6、3）弦的，音调达数十种，各地区之间略有差异。弦子音乐节奏有紧有松，有快有慢，时而豪情奔放，铿锵有力；时而悠扬漫舞，身姿阿娜翩跹。舞步的大小、快慢、轻重，均随音乐节奏的变化而变化。

弦子舞的舞蹈动作虽在地区和支系间有所差别，但其基本的音乐旋律和动作是一致的。在彝族民间一代又一代的流传中，弦子舞的表演内容和形式得到了不断的充实和提高，形成了一步弦、二步弦、二步两组弦（跳二步两组弦时，琴的外弦要调低一度音阶）、三步弦（三步一跺脚）、四步弦（跑步弦）、五步弦、小三步弦等。这些舞蹈动作又因其不同的模拟形象而被赋予了许多的形象化名称，如“老鹰展翅”“鸭子摆尾”“小鸡掏食”“蚂螂点水”“苍蝇搓脚”“猴子掰苞谷”“老牛擦痒”“喜鹊走路”“田鸡跳水”等。还有以肢体动作作名称的，如提跳弦、滚铺弦、搓步弦、抖抖弦等；音乐调子名称也叫“半夜鸡叫”“难跳”“啄瞌睡”；等等。大都以琴带由脖颈绕过右手下挂于胸前弹拨，有时也将琴带挽于手上，表演顶弹、肩弹、背弹、侧身弹、蹲跳弹、滚翻弹、倒立弹等难度较高的动作。

跳弦子舞场地不受限制，村里村外、街头巷尾，只要有小片场地即可。跳弦子舞以节日时较为壮观隆重，平常稍有农闲，也常有相邀而跳。每当夜幕降临，明月当空之时，青年男女都会汇集到场地上，伴随着叮呛作响的月琴声，尽兴舞至深夜。逢年过节，更是日夜欢跳，热闹非常。清乾隆年间曾做过河南巩县知事的广南县举人陈龙章回乡省亲时，写下过一首描写彝族人跳弦子舞场景的《竹枝词》：“也知三五灯光好，拍手跳鸡击鼓腔。妆就百般村俗相，沿街酬唱一双双。”说明弦子舞在清朝年间，就已经在彝族中很盛行了。民国《马关县志》对弦子舞的描述更为详尽：“秋谷既登，农事即毕，月白风清之夜，逸兴遄飞，男女成集以为跳乐之戏。其跳法以一男一女相对而跳，身腰手足各有解数，按拍合节不逾绳墨。两人若迎若距，忽前忽后，腰姿如棉，神情已醉，人虽众皆不敢出声。此时但闻琴声铮铮，履声擦擦，方知西人跳舞未见不如。”由此可见此时的弦子舞已经很规范，并有了较高的艺术感染力。

（二）大三弦舞

大三弦舞主要流行于弥勒、石林、泸西、丘北等县的彝族撒尼支系和阿细支系人中，是一种狂欢性的群体舞蹈。阿细语称“嘎斯比”，意思是“跳欢乐”；撒尼语称“三弦比”，意思即“跳三弦”。虽然音乐旋律比较单一，但节奏铿锵有力，舞蹈律动强烈，气氛热烈而奔放，场面气势恢宏壮观。大三弦舞一般都用在节日庆祝和迎宾活动中，是一种极富狂欢气氛的彝族舞蹈，因而被誉为“东方狂欢舞”。

大三弦舞一般由男女配对而舞，男的肩挎大三弦弹奏，女的伴舞。配对数可多可少，少时十余对，多时几十对，上百对，甚至更多。可分为青年舞、老年舞和少年舞，其中最有气势的就是青年舞。舞蹈是从以悠腿跳步为主的彝族老人舞发展演变而来的。青年舞曲调高亢嘹亮，粗犷奔放，充满活力。基本动作有“三步两抬脚”和“两步三抬脚”，或忽进忽退，或抬脚转身，或变换队形，反复进行，称之为“快三步乐”。舞至高潮时，边舞边唱，并加上“哦哦……哦哦……”的欢呼声，显得更加热烈欢快。老年舞也不是专指老年人跳的舞，而是喻指其舞蹈动作相对缓慢，如同步履蹒跚的老年人行走动作。老年人跳舞时，乐器除了大三弦外，还有小三弦、三胡、笛子、月琴，曲调简朴活跃，节奏温和平稳，舞姿诙谐风趣，韵律优美，动作在三步的基础上可以自由发挥，不受限制，有时可抬脚在空中边跳边转，连续跳十拍，转数圈，称“慢三步乐”。少年大三弦舞则近似于游戏，基本跳法与“三步乐”相似，有时把抬起的脚相互搭在一起，边舞边唱。由于大三弦的弦筒大，弹起来共鸣声强烈响亮，跳起舞来气势恢宏，尤为壮观而扣人心弦。每逢节庆日和农闲时候，撒尼人和阿细人都会跳大三弦舞，尤其是火把节跳得更为热闹，场面更加热烈，气势更加宏大。

跳大三弦舞人数多少不限，但男女人数要相等，民间一般男女各 8 到 10 人居多。跳大弦舞时，以哨音或口哨作引，先敲响锣鼓作引子，接着大三弦在二胡、笛子等乐器的配奏下，跳舞的人或排成纵队，或排成横队；或纵横穿花，或转圈回旋，男女相对随弦声而舞，在哨音中有节奏地变化动作。跳舞的男子每人都挎一把大三弦边弹边舞，女子或双手前后摆动，或叉腰上下左右击掌。男女均以举双脚交替跳跃，并在跳跃中变换队形。跳舞中伴以“哦哦……哦哦……”的欢呼声。弦声音调虽然简单，也没有复杂的动作变化，但舞蹈动作弧度较大，律动强烈，粗犷豪放，刚劲有力，因而最能撼动人心。

大三弦舞作为一种特色鲜明的彝族舞蹈艺术，新中国成立初期就已影响到了全国乃至世界。

（三）铜鼓舞

铜鼓舞，又叫跳铜鼓，主要流传于富宁、广南、麻栗坡三县的彝族地区。

铜鼓是西南古代少数民族创造的艺术瑰宝，而彝族是最早制造和使用铜鼓的民族之一，传说在尼能、实勺时代就已经有铜鼓了。彝族史籍《物始记略·铜鼓由来》记载，古时有够阿娄和葛阿德两人，用铜熔铸出大铜鼓和小铜鼓。文山州彝族把铜鼓分为公鼓和母鼓，或大铜鼓和小铜鼓两种，大铜鼓是日像，小铜鼓是月像。古时男人出征作战凯旋时，要敲打铜鼓，杀牛举行大宴庆祝。庆祝会上敲鼓响如雷，人吼惊苍天。贵州彝族在播勒大革（今安顿）修建的九重宫殿（今遗址尚存）的第五重宫中就安放着一面显示权威的大铜鼓。《宋史·蛮夷传》四说："乌蛮……罗氏鬼主"以"莫保铜鼓"喻部落在战争中的惨败，可见在"乌蛮"（彝族）心目中，铜鼓已成为社稷的重要象征。故清《黔书》卷一中才说"罗施……鬼国，醉敲诸葛之铜（鼓），醵金赛社"。这里说的诸葛铜（鼓），明显是附会的，但说明在东汉时期，铜鼓就已在彝族社会被广泛使用了。

文山州是传世铜鼓最多的地区，也是铜鼓种类最齐全的地区，同时也是至今世界上仍使用着铜鼓的地区。广南县东南部、麻栗坡县东部和富宁县，以及与这些地区相邻的广西西部地区的彝族人中，至今仍沿袭着过打宫节和过荞年时，都要唱铜鼓歌、跳铜鼓舞的习俗，男女老少都会跳。节日活动开始时，男女间以"哩哩哩……啰啰啰……"的喊声相互打招呼聚集到村寨的宫场上，然后在铜鼓、皮鼓、锣和葫芦笙的伴奏下，男前女后地围圈向反时针方向跳铜鼓舞。舞蹈动作的模仿性、移情性特点明显，如撒种、栽秧、薅秧、铲草、收割、打谷；种棉、摘棉、纺线、织布等生产生活动作，以及打火镰、煽火、烤火、打鱼、捞虾等；还有迎宾、接待等礼仪性动作；也有手拉手、肩搭肩、围圆跳圈的游戏动作。此外，还有雄健有力的战场格斗舞和热烈欢呼战争胜利后的凯旋舞，以及悼念在战争中战死同胞的祭奠舞。表演格斗场面时，一人拿木枪，或拿木棍、拿刀，作战场厮杀动作，另一人则在手臂上套盾牌作防范动作，以激烈的战争场面展示与外来入侵者进行顽强斗争的精神风貌。

铜鼓舞过去常用于彝族民间祭祀性的民俗活动中，在婚事、丧事的活动中跳不同形式、不同规模和内容的铜鼓舞，现在已逐步转化为娱乐性的民族文化活动，除逢年过节、祭祀祖宗必跳外，平时也有在休闲时相约跳铜鼓舞的。铜鼓舞的舞蹈形式总体上基本一致，但地区和支系间略有差异。

跳铜鼓舞使用的铜鼓有公、母之分，公的代表太阳，母的代表月亮。跳舞敲铜鼓时，公鼓用绳索拴鼓耳悬于支架横梁，使之稍离地面；母鼓则放于地下，上对着公鼓。敲奏铜鼓时，鼓手左右手各持一藤锤和木棍，右手拿藤锤上下敲打公、母鼓鼓面，左手用木棍击打公鼓腰部，可演奏出12种不同节奏的音调，称为铜鼓12调。每调表示一个月，演奏一调舞三圈，表示30天。每调间隙以唱歌活跃气氛。每跳一次，要12调连续进行，一气呵成。

铜鼓舞有歌有舞，歌词和乐曲因跳舞环境不同而有所不同，既有热情欢快的年节喜庆，又有丧事和祭祀中的庄严和肃穆。跳舞时，有的按男前女后顺序排列，有的按男外女内两圈排列，但不论是单列队还是双列队，都是年长的老人在前面引领转圈而舞。

每年农历三到六月，是富宁、广南、麻栗坡三县彝族不同的打宫节和荞菜节跳铜鼓舞的时间，是跳铜鼓舞最热闹的节日。届时，彝族男女老少穿上节日的盛装早迎太阳，晚送月亮，连续数日跳铜鼓舞不断。

铜鼓舞的舞蹈动作多着力于腰部和下肢，手臂上下左右配合摆动，时而屈膝伸腿，柔中有力；时而轻捷稳健，潇洒大方；时而扩胸屈伸，步履深沉。主要特点是脚手左右上下密切配合，脚动手也动，起左脚抬左手，起右脚抬右手，腰膝屈伸带动全身，循铜鼓声节奏前后闪动。整个舞蹈动作快慢有序，且连贯顺畅。

1978 年，文山州民族歌舞团将彝族铜鼓舞整理搬上舞台，很快便轰动了全省全国，并影响到了世界许多国家和地区。

（四）葫芦笙舞

彝族葫芦笙舞现今主要流行于滇西和滇东南文山州的富宁、广南、麻栗坡和西畴县的倮支系人中，但文山州彝族葫芦笙的竹吹管要比滇西一带的竹吹管长得多，因而其音响也比较深沉。

在西畴和广南两县的彝族花倮支系中，每逢节日，尤其是农历正月初三、十五和四月过荞菜节（过荞年）时最为热闹。届时，葫芦笙一响，身着节日盛装的彝族花倮支系人妇女便会聚集到村旁和村中的场地上，随葫芦笙音乐声围圈尽兴而舞。舞蹈主要为模拟生产劳动形象，如种棉、收棉、纺棉、织布等。青年男女结婚时也跳葫芦笙舞。结婚当天晚上，新娘要头顶娘家陪嫁的花被，同女伴一起跳葫芦笙舞，一般只跳一夜，多时要跳三天三夜。不跳的会被抹上花脸。

西畴和广南两县彝族花倮人跳葫芦笙舞时，除吹葫芦笙的男子外，其余舞者皆为女子，跳舞时，乐手吹葫芦笙在前，边吹边领舞。女子们便两人一对，并肩携手挽臂随笙乐顿足踏地，身子以“S”形状屈伸摆裙。音乐节奏柔和缓慢，但柔中有刚。一拍一次肢体屈伸，音律沉稳。舞蹈套路分为“牙虐”（站跳）、“牙庆”（起步跳）、“开拉”（移动翻身）、“开降”（走圆场）、“开稳”（走穿花）、“牙搞”（对点头）、“牙敢”（前后跳）7 种，每一套均表示一种劳动名称。舞蹈队形无论如何变化，都要右环动向逆时针方向行进。富宁县板仑乡和临近的广西那坡县一带的彝族白倮支系人跳葫芦笙舞，则与西畴和广南县的花倮支系人有所不同。这一带白倮人跳葫芦笙舞，主要是在农历四月的跳宫节（打宫节）期间。跳葫芦笙舞时，由两个宫头吹葫芦笙在前面领舞，舞队有男有女，随葫芦笙音乐起舞，男女多少人数不限；其余宫头则持棍棒、盾牌在后边打边跳。舞蹈除表现生产生活场面外，主要表现古时战场的斯杀场面和战斗胜利后的欢呼情景。舞蹈虽然轻缓但不乏气势，舞步略显随意，不严格规范。

（五）神灯舞

神灯舞，有的叫十盏灯，有的又叫灯弦舞，是从弦子舞发展变化而来的，是一种舞蹈动作难度较高的彝族民间歌舞，主要流行在文山、砚山、丘北三县（市）的彝族中。虽然舞蹈动作各地有所差异，但以月琴音乐伴舞和以油灯顶头跳舞是一致的。除弹弦者外，跳舞人数一般都是10人，男女各一半。

丘北县彝族跳神灯舞，以十人头顶十盏灯而舞，跳舞者有的全是女子，有的男女各半。跳神灯舞一般是在节日、农闲和喜庆时间，有时悲伤场合也跳，但舞蹈情调各有不同。文山市秉烈彝族乡和砚山县维摩彝族乡一带的彝族跳神灯舞，民间跳舞一般祭祀性味较为浓厚一些，所以平时一般不跳。人数一般为10人，6男4女，其中2个男子弹弦，3男3女跳舞。跳舞时将点燃的油灯顶在头上，左手拿一只碗，右手拿一双筷，用筷子有节奏地击打碗身，以计数的方式形象地描绘一盏灯、二盏灯、三盏灯……十盏灯跳舞。跳舞的人各代表一盏灯，在跳舞中一人领唱一次歌，领唱与齐唱结合。歌词共四段，每段只有两句。

砚山县维摩彝族乡幕菲勒村彝族跳神灯舞，有其特别的独到之处。跳舞者头顶油灯（今灯碗里用的香油已改为蜡烛），除一般的跳弦子舞动作外，还有下腰衔灯、滚灯、额头转灯等难度较高的绝技动作，若无经过一定的训练，是跳不出来的。

神灯舞一般都在夜晚进行。是夜，油灯伴随着琴声节奏而舞的舞蹈动作，在舞场中前后左右来回穿梭，在上下中忽起忽落，如群星般闪烁的点点灯火，时而簇拥似火炬，时而分散如流星，往往让观者脱口叫绝。

（六）二胡舞

二胡舞是一种驱鬼性的祭祀面具舞蹈。旧社会，麻栗坡县彝族倮支系人在老人过世时，要跳二胡舞娱尸。二胡舞舞蹈人数不限，但男女人数要相等，多为男女6对或8对。村里有老人过世当天，在死者屋内棺木旁跳；第二天杀牛祭献死者后，移到门前庭院中跳。跳舞时以一人拉二胡前引，舞者依男前女后顺序向反时针方向转圆场而舞，并随二胡音乐声变化动作，各村寨间略有差异。

跳二胡舞时，女着盛装，男则用藤蔓、树叶披挂全身，戴竹笋壳面具，扮成“鬼”的模样跳舞。舞蹈快要结束时，扮鬼的男子被女子们边舞边驱赶，一直赶到村外山上，且不得回死者家里吃饭，而要等到别人送去给吃。舞蹈情节内容虽属驱鬼，但动作逗趣滑稽，场面热闹欢快。二胡舞动作多达数十种，但大都是对生产生活情景的模拟，如下种、栽秧、割谷、纺线、煮骨头等，舞蹈名称有公鸡步、咪忽、勾脚、拍手、擦腰、踢脚、穿跳等。

（七）荞菜舞

西畴、麻栗坡、广南三县彝族倮支系农历四月的第一个属龙日开始过为期两天的荞菜节，并跳荞菜舞。

第一天，由村里的少年儿童到主办节日的人家敲鼓敲铓锣歌舞，第二天全村男女老少相聚一起，抬酒坛到村外的树林中祭献龙树后歌舞。晚上，各家又自带酒菜到主持人家歌舞到半夜，然后分组向西、南、北三个方向跳着舞出村，边跳边“哩……哩……”地发出喊叫声。返回村时各折一青枝叶回家放于粮食仓库内，再到主持人家继续跳舞，直到天明方才散去。

荞菜舞有10余种舞蹈动作，多为模拟生产生活形态，如种荞、收荞、种棉、纺棉等。跳舞时，两人在先各敲一皮鼓和铓锣引领，两人合抬一酒坛随后，再后是一个吹葫芦笙的人吹笙。跳舞的人按男前女后顺序入场，向反时针方向围圆场跳舞。舞蹈动作主要为屈肘，肘部上伸或外摆拖靠步，抬左脚起左手，抬右脚起右手，男女动作相似，但男子动作较大，女子动作稍小。

荞菜舞动作简单，音乐也较单调，但跳起来欢悦气氛较浓，加之舞蹈间歇间伴以优美的男女歌声，场面更加活跃。

（八）金钱棍舞

顾名思义，金钱棍舞，即使用竹棍和硬币制作道具跳舞的舞蹈，在砚山、马关两县的彝族中跳的人较多。

跳金钱棍舞用的金钱棍，是用一米左右长的竹竿，在竹竿头部中间镂空，装上数枚串联起来的铜币或其他金属硬币，在舞动起来时，让硬币之间、硬币与竹竿之间相互撞击，发出清脆悦耳的嚓啦声。

跳金钱棍舞时，一般无其他乐器伴奏，跳舞的人一般也多为男子。舞蹈动作有跨步、马步、背躬、穿花、下蹲等，在舞动中以金钱棍在两肩、两臂、胸背、双腿和双脚板两边上下左右前后击打，使钱棍声和舞蹈动作相互配合。

跳金钱棍舞一般多为即兴而舞，时间、地点不限，人数可多可少。跳起金钱棍舞来，手中的钱棍声如潺潺流淌的泉水，似沙沙作响之风吹树叶，整个舞蹈刚劲潇洒，大起大落，热情洋溢奔放，使旁观者也常常被感染得热血沸腾，精神振奋。

（九）羊皮鼓舞

羊皮鼓舞是丘北、砚山两县以及临近的开远、弥勒、泸西等县市彝族黑彝人在老人亡故后，送亡灵归祖时跳的一种祭祀性民间舞蹈，彝语称为“香木比”。跳羊皮鼓舞时，由一人吹牛角在前面引领，一人敲羊皮鼓随后，再后又跟随一个敲铜锣的。跳舞的人跟随在后面，随鼓、锣、号声起舞，随鼓、锣节奏变化动作套路，人数可多可少。羊皮鼓舞跳起来，既深沉悠远，又刚劲有力，但现在跳羊皮鼓舞的地方很少了。

（十）唢呐舞

彝族唢呐舞是一种独舞，一般多为吹唢呐的人自吹自跳；也有两人合跳的，即一个吹唢呐和一个不吹唢呐的合起来跳，或两个都吹唢呐的人合着一起跳。唢呐有悲调和喜调两类，分别在丧事和喜事两种不同的场合吹跳，丧事曲调深沉哀怨、如泣如诉，音调节奏低沉，舞蹈动作沉稳缓慢。喜事音乐节奏明快豪放、活泼欢悦，舞蹈动作刚柔相济，悦情逗趣，充满喜气活力。

彝族唢呐调子很多，据说有七八十种，但现在能完整吹奏所有调子的人已经见不到了。民间能吹上几曲唢呐调的人虽然还有一些，但既会吹唢呐又会跳唢呐舞的人也越来越少了。

（十一）彝族花灯歌舞

花灯是明朝时期大量江南汉族移民进入云南后，把江南汉族民间山歌小调带到云南彝区，与彝族民歌融合而成的云南民间歌舞说唱艺术，因此既有江南民歌音乐特点，又有云南彝族民歌特色，因而成为云南汉族和彝族地区流传最广的民间歌舞说唱艺术，是彝汉文化在交流中孕育出的一朵绚丽的艺术奇葩，民间一般都叫唱花灯。在不断的发展演变中，如今的花灯已从原来单一的说唱表演逐步发展成为有歌有舞的花灯歌舞，以及有鲜明人物特点和故事情节的花灯戏。各地花灯又有不同的特点，如昆明花灯、玉溪花灯、姚安花灯、弥渡花灯，建水花灯、昭通花灯、曲靖花灯、嵩明花灯、丘北花灯等等，有些地方还直接称为彝族花灯，或叫倮罗唱灯。

花灯在文山州流传最广的是丘北县，其次是砚山县，清朝年间从玉溪、通海、罗平一带传入，并吸收了丘北汉、彝、白三个民族的山歌特点，从而逐步形成了有一定地方特色的丘北花灯。解放前和解放后初期，除汉族村寨外，丘北县许多彝族村寨的人都会唱上几调花灯，尤其在普者黑、午铺、八道哨、大勒哨、龙嘎、烂泥寨、水围营、双龙营、腻脚、新店、树皮、曰者、舍得、落母等地的彝族村寨最为流行。清末民初，丘北花灯一般都作为《十二月调》《赶马调》《放羊调》等来演唱，之后逐步发展出了《小小扁担》《访到如今配成双》《雾露天》《喜鹊讨媳妇》《岔巴姑娘》《祝英台》《割肝救母》《七姊妹》等有歌有舞有戏的花灯。一些大一点的彝族村寨有业余花灯班子，有专门的老艺人传授，一些节目还用彝语表演，如《干菠萝》等。彝族花灯除农闲和办喜事时唱外，最热闹的是正月十五元宵节。届时，村里的花灯班会逐家逐户地上门去唱花灯，主人会端水送茶送糖，有能力的人家还会送上几斤肉、几斤酒和感谢钱给唱灯人。

解放后，丘北县建立了县花灯团，花灯团多次派编演人员到昆明、玉溪等地培训、学习、观摩，回来后在丘北演出了许多传统的优秀花灯剧和花灯歌舞，同时创作演出了不少丘北题材的作品，广受群众欢迎，从而使丘北县的花灯艺术更加规范。

六、彝族的饮食文化

文山州彝族几乎遍居全州所有乡镇，大分散、小聚居的分布状况比较明显，各地区彝族的饮食习惯因地区和自然环境条件差异而有所不同。居住在坝区的以大米为主，或大米、苞谷兼用；居住在山区的以苞谷为主，或苞谷、荞、麦兼用，配以豆类、土豆、瓜菜。肉食主要为猪、牛、羊、鸡，居住在江河湖边的也有鱼虾。旧社会，许多山区彝族常上山狩猎，因此食物中也能常有野兽、野禽肉食，蔬菜中也常有各种野菜和菌类。但从总体上说，彝族因大多数居住在山区，山区地多田少，农作物多为苞谷、荞、麦、土豆以及各种豆类作物。

荞是彝族农耕史上种植最早的农作物，与彝族经济社会发展历史息息相关，并逐步形成了荞神崇拜，以及与荞相关的饮食文化。因此，彝族食物中以荞为原料的食物种类较多，既有常食的荞饭、水煮荞粑、荞锅巴，还有荞面条、荞面汤、荞丝、荞糕、荞饼、蜂蜜荞粑等。

荞有苦荞、甜荞两种，苦荞产量高，是荞中的主食，种植量较大；甜荞食品味道清甜可口，口感好，但产量低，且做出来的食物一般不宜冷食，因此种植量相对少一些。苦荞食品微带甘苦味，但食用后养身，做好的食物热食、冷食兼可，种植量较大。

彝族人做的荞饭俗称“荞疙瘩饭”，丘北一带的山区彝族做荞疙瘩饭较为讲究。做荞疙瘩饭时，首先将生荞面放在簸箕中拌水搓成颗粒状，然后用粗筛子筛出米粒般大小均匀的小面疙瘩，放到甑子内蒸到半熟，再倒进冷水内浸泡几分钟，捞出来用筲箕控干再蒸熟食用。这样蒸出来的荞疙瘩饭柔软滑润、清甜可口，而且没有了苦味，冷后也不变硬。

一些彝族人出门走远路时，喜欢带上一种蜂蜜荞粑做晌午。这种蜂蜜荞粑的做法是：先将荞面拌水后揉做成荞粑，把做好的荞粑放进开水中煮到八九分熟，捞出后拌蜂蜜趁热再糅合做成荞粑食用。这种用蜂蜜拌合的蜂蜜荞粑，清甜柔软，不易变硬，也不易变质，还有很好的止渴功效，很适合带着在路上随时食用。

明朝以后，汉族大量进入文山，这些汉族移民带来了内地做食品的方法，制作出了一些以荞为原料的食品，如文山市的平坝荞酥，马关县的八寨荞锅巴等。

燕麦是一种具有高营养价值的粮食，一些山区彝族农民过去每年都要种上一点食用，并会制作一种营养价值较高，又很有特色的燕麦蜜糕。这种燕麦蜜糕的做法是：将燕麦洗净晒干后炒熟，用石磨磨成炒面，拌上蜂蜜后装入坛内密封好，待蜂蜜与炒面相互融合后，取出切块晒干食用。但做这样的燕麦蜜糕的人家不多，一般都是做出炒面后直接用蜂蜜水或糖水拌和食用。燕麦营养价值虽然高，但种植的产量很低，一般亩产量百市斤左右，甚至更低，人们大都不愿意种，所以现在很少有人种燕麦了，做燕麦蜜糕的人家更是几乎看不到了。

彝族人的肉食大多以猪、牛、羊、鸡为主，古时候以羊、牛居多，近代以后则以猪、鸡为主，坝区有水面的地方也有鸭、鹅、鱼、虾。肉食除单家独户过年时做得稍精细一些外，如酥肉、脆肠、酥脆骨，以及用猪肚、猪肝做的猪肝生，用鸡血、鸡肝、鸡肠做成的鸡肝生和做法基本类似的羊肝生等。一般办喜事、丧事、集体会餐，都要用汤煮大块肉食

（大块肉也有回锅炒的），所以不少人认为，大块吃肉、大碗喝酒，是彝族人的饮食特点。

彝族人喜欢饮酒，但在旧社会，普通人家经常饮白酒的人并不多，一般人家经常饮用的酒是被称为醪糟的浊酒。醪糟用自制的酒粬拌以蒸熟的苞谷饭发酵，装入坛子密封一段时间，待糖化后取出直接食用，或掺进开水搅匀饮用。醪糟是许多彝族人家的主要饮品，一般彝族人家在过年前都要做上几坛，年后随时取来饮用，但现在做醪糟的人家也逐渐在减少，而喝白酒的人变多了。

彝族人吃的蔬菜主要是青菜和白菜，所以一些彝族人家的房前屋后，都有小块种菜的园子，除主要种青菜和白菜外，也种一点做佐食用的辣椒、花椒、姜、葱、蒜、薄荷、芫荽等。园内春天种火麻，秋天收完火麻后种蔬菜。园内种的菜是冬春两季的主要蔬菜来源，夏秋两季则以豆类及大豆加工的豆腐等豆制品居多，并采食各种山间野菜。不少人家也做一些卤腐、酱、豆豉、腌咸菜。

一些高寒山区彝族过年杀猪时，都要用盐及辣椒、花椒、草果和八角粉腌制腊肉。由于高寒山区气候冷凉，腌制的腊肉不但不易变色变味，而且在多种佐料的作用下，各种味道更加俱全浓郁。有些腌制得好的腊肉能保存到三五年，甚至更长时间不变色变味，成为彝族肉食品中一种很有特色的美食。著名的宣威火腿就是在总结彝族腌制腊肉的做法和经验基础上创造出来的。冬春季节，山区的彝族都喜欢用腌腊肉煮红豆食用。如今，“腊肉煮红豆”已成为丘北县一道常见的特色菜肴。

改革开放以来，彝族地区的饮食文化特点在基本保持传统民族特色的同时，也逐步地发生着改变，在一些经济相对较为发达的地区，一些先进的饮食烹调技术也开始进入普通彝族人家。丘北县普者黑旅游区的彝族还创制出了具有坝区特色的鱼虾宴、荷叶宴等。

七、彝族的伦理道德观念

在长期的经济和社会历史发展过程中，彝族人形成了自己一整套广而严谨的伦理道德规范。彝族史书《妮节唆》《理朵苏》（道理书）等，对彝族伦理道德做了较为系统的论述，反映了彝族社会人际关系中的伦理道德和审美观念。文山州彝族民间虽然没有这样的彝文书本流传，但《妮节唆》《理朵苏》中所论说的伦理道德规范，在人们的日常社会生活随处可见。

彝族社会宗法制度的核心，是血缘为纽带的传承关系，是“长君长、幼臣仆”的嫡长子继承制。在君、臣、师、匠“四位一体”的政治制度下，嫡长子是当然的君主继承人，庶子必须俯首称臣。彝族是一个十分重视祖先崇拜的民族，嫡长子作为宗主，由于有主持祭祀祖宗的权力而确定了其大宗的地位，因而不但有继承财产的权利，而且有继承祖先的“灵筒”，举行宗族祭祀祖先的大权，所以彝族称嫡长子为“矣孟”或“矣普汝”，意即承继祖先祭祀，非长房不得作“正继者”。这样的社会制度不仅是一种传承关系，而且是某个血缘范围内人们之间相互关系的制度。

彝族历史上的君、臣、师、匠“四位一体”的制度，可以调节和缓解宗族内部的社会矛盾，是一种维系社会集团共同利益的精神支柱；同时在中原封建王朝统治彝族地区的过程中，发挥过相当大的弹性作用。在中原王朝发生内乱或发生朝代更迭，无力顾及彝族地区时，彝区仍能依靠这种宗法制度，保持彝族社会的相对稳定。因此，从某种意义上说，彝族的伦理道德，作为一种制度和行为规范，它明显地带有比较浓重的血缘宗法制度色彩，在今天自然是不可取的。尽管如此，从历史唯物主义的观点来看，这种宗法制度及其所产生的伦理观念，在历史上虽然有过其阻碍社会发展进步的消极作用，甚至反动的一面，但也有其积极的一面。

然而，彝族的人生和社会伦理，更多的是表现在人与人之间的相互关系中。数千年来形成的彝族伦理观念不但是规范的，而且是严谨的。这些严谨的传统伦理道德，使彝族人大都谦逊谨慎、诚实耿直、品格淳朴，重信誉而轻狡诈，重仗义而轻背信。在彝族社会的方方面面，彝族人的伦理道德都有规可遵，有礼可循。如路遇老人、长辈要让路，骑马遇到人要下马让道。路遇结婚的送亲队伍时，即使是官吏要人，也一样要让道慢行。同桌吃饭要先请老人、长辈坐上席，并先敬好酒好菜。家里来客要热情地起来让座，并热情招待，吃完饭要离开饭桌之前，要双手拿筷作揖告离等。

在彝族家庭中，老人为上，长辈为重的规矩是很严肃的，一切礼仪先后顺序，皆以老人、长辈为先；亲戚朋友、邻里乡亲，辈分称呼要得当，不能混乱，有违礼规者，会被人视为不孝而受到斥责，严重者还会引起众怒而受到训诫，甚至惩罚。因此，许多彝族人都有一种宁死不失节，饿死不偷摸的人生理念，把“善良”“亲和”“近情”作为人际交往关系中的基本道德准则，不贪心、不秽言，不出言不逊；提倡正直为人，诚实相交，善意相处，以礼待人，不做亏心事；帮困济贫，不嫌贫爱富，不仗势欺人，不以强凌弱。做事要讲义气，重信誉，不贪不义之财；视小偷为邪恶，见难不帮、见邪恶不压为不义。

彝族在十分重视血缘亲情关系的同时，也比较重视民族亲情关系。虽然由于旧时代的历史原因，彝族地区间长期相互封闭隔离，造成了比较深的隔膜感，但在一般普通老百姓中，仍然有着比较深的民族认同感，尤其是遇到语言基本能相通时，这种民族亲情感就会显得尤为浓烈。因此，彝族人出门到异地他乡，遇到素不相识的人，只要能通上几句话，就可以攀上亲戚家门，很快就会像久别重逢的亲友热情起来。彝族有句谚语说：“汉人出门靠金钱，倮倮出门靠亲戚”，所以，不少彝族人出门不带盘缠，也能在异乡彝族地方住上数月半年时间，不但路途能畅通无阻，而且食宿无忧。

当然，彝族社会长期形成的不贪不占的传统伦理观念，在后来发展中也逐步衍生出了在市场交易中的一种片面的厌恶观念，成为今天许多彝族人商品观念淡漠，市场竞争意识不强的一种历史原因，是今天许多彝区经济社会发展滞后的一种重要原因之一，这是必须进行思考并加以革除的。

八、彝族的生活禁忌

所谓禁忌，指的就是有悖于社会伦理规范而被禁止的言论和行为。

彝族家庭和社会生活中的禁忌不少。在各种名目繁多的禁忌中，除属于人际关系中的尊老爱幼、尊敬师长、言行礼貌等以外，有不少则带有“万物有灵”的原始崇拜色彩，也存留着一些旧社会贫富尊卑的烙印。

在婚姻家庭方面，一般来说，包括文山州在内的全国各地彝族，同姓人基本上是不通婚的，同姓同宗更是禁忌。在彝族家庭中，媳妇与公公、丈夫兄长相处要十分谨慎，说话办事都要谦逊严谨，礼貌得体，不能开玩笑，不能同桌吃饭，更不能平坐一条板凳，走路也要相隔一段距离。在一些节庆和喜事娱乐场所，要注意相互回避。男人到别人家做客办事，不能当着主人的面与其儿媳妇和女儿随意说笑。在旧社会，统治阶层与贫苦人家也很少通婚，贫富尊卑较为明显。彝族青年男女婚姻恋爱，虽然也需要经过媒妁之言，征询父母长辈意见，但大都只是走形式而已。总体上说，彝族青年男女恋爱结婚是比较自由的，在比较贫困的地方尤其如此。而在经济相对发达的一些地区，父母和哥嫂做主包办的也不少，这是一种地区间经济社会发展不平衡在婚姻上的反映。

在旧社会，到彝族人家做客和办事，不能蹲坐门槛，不能抬脚跨火塘，不能踩火塘中支锅用的铁三脚，更不能随意爬灶台。供桌上不能摆放非贡品以外的物品。晚辈，特别是妇女中的晚辈，上楼时不得从楼下的长辈和老人头上走过。青年人吸烟用的烟锅杆，一般都只能有四五寸长，长度不能超过老人用的；而老人用的烟锅杆，一般都在二市尺以上。

彝族人都喜欢歌舞，但除了办婚事、丧事和传统的节庆活动，或在山间野外，在寨子里是不能随意唱情歌的，家里更不允许。过年、过节和举行祭龙等许多祭祀活动期间，一般都不能下地干活，认为违规下地干活，会影响当年粮食收成。大年三十晚上杀鸡封门后到大年初一，各家人不能相互串门，在家不能往外泼水，不能随意吹火。平时外借的东西，过年前要全部找回来；借别人家的东西，要在年前送还，认为只有这样，来年家里的东西才不会丢失。

彝族妇女生孩子，在不满月以前，除了后家人（娘家人）外，外人一般都不能进产妇家。因此，彝族妇女在生孩子后的一个月中，门外要挂上一顶篾帽，或插一枝青树叶；挂篾帽表示生男孩，插青树叶表示生女孩。

彝族老人过世时，不能让牛马挨近死者；入棺停放在堂屋中的棺木，不能让猫、狗钻进棺底，更不能爬过棺盖。下葬时，墓穴深度一般不能超过棺木的高度，意为不能让死者死得苦，埋得深。一些地方的彝族人家，家里有老人过世的当年，过年不能在地上铺青松毛吃饭，死者的儿子在老人死后100天内不能理发，以示对父母的哀思和孝敬，这就是彝族的百日守制。

过年、过节和平时祭祀宰牲，彝族人都是由男人来做，女人一般都不能动刀杀牲。村寨的祭祀龙山里，不许女人随意进入。一些村寨过年过节期间，不许外地人骑马过寨子。旧社会，彝族人一般都不吃马、驴、骡、狗以及蛇、乌鸦、喜鹊、麻雀等肉类，今不吃狗肉、蛇肉的情况大都已经改变。

荞在一些地方的彝族观念中，是谷物之首，是粮食中的“神”，因此除了过荞年或荞节外，都不用荞和荞制品做祭祀品。因为荞作为一种“神”，本身就是被供奉的对象。而作为特定的荞年或荞节，荞作为“神”，是祭祀的对象，而不是祭祀供品。

九、彝族的民间体育竞技活动

在长期的历史发展进程中，彝族人民创造了丰富多彩的体育竞技活动，而在这些竞技活动中，有许多都与民俗文化相关联。因此，彝族的民间体育竞技活动一般都是在节日、婚礼和一些喜庆活动时举行，单独的体育比赛不多。

摔跤是彝族比较有特色且形成规模的一项体育竞技活动，比赛主要在火把节期间举行。火把节举行摔跤比赛期间，往往一方比赛，四方云集，比赛场地周围人山人海，既隆重又热闹。春秋两季也有一些小范围的比赛，但规模不大。其他节日和平时农闲时间，一些村寨也会组织一些小规模的比赛，但多属练习性的，主要是相互学习，切磋技艺。各地比赛时间也各有不同，石林、弥勒、泸西、丘北等县的比赛时间主要是火把节和春节，而元阳、师宗等县和滇西及四川大小凉山地区，则主要是秋季。不同季节的摔跤比赛也各有不同的含义，春季比赛，是企盼地里的庄稼尽快成长茂盛，不受天灾危害，人们无病无灾；秋季比赛则期望秋谷满仓，六畜兴旺，人们衣食无忧。

彝族摔跤分成人男子、女子和少年三类，但主要是男子。比赛时，要在比赛场地中心立一棵三丈以上的树干，树干尖上留有部分青枝叶，上拴数丈青布或蓝布，还有一条扎出绣球的红布。比赛中一般都有2～3个裁判，其中1个主裁判和1～2个副裁判。正式举行比赛时，主持人和裁判向选手各敬上一杯酒，告知比赛规则，比赛双方重申要依规则比赛，只能用四肢相互擒拿摔拌，不得离开对方身体用脚踢，用拳头击打，并向主持人、裁判和周边观众做出保证。比赛中无论摔伤甚至摔死哪一方，只要不犯规，摔死人一方都不负责任，然后才发令开始比赛。比赛以被摔倒的一方单肩着地为输，三局两胜为赢，赢者继续接受别的选手挑战。比赛以得胜最多者为冠军，得冠军者被系上红布扎成的绣球，获得树干上的青布或蓝布，并将布披挂在身上，在比赛场地绕场一周，向观众致谢。

彝族摔跤虽不许拉开距离用拳击、脚踢，但有时也会把一方摔倒在地，或全身被举起重摔而受伤，甚至会发生因伤势过重导致死亡的现象，而在摔跤场，只要不违规，摔死人者是不负责任的。尽管如此，不少被伤或被摔死一方亲人因此会暗记仇恨。旧社会，伤者或死者一方的人会加强练习摔跤技术，强健体魄，以图在下一次比赛中雪恨。个别人甚至会以一种不是你死就是我亡的报仇心理，把棺木抬到比赛场，以示决死之心。当然，这样情况新中国成立以后就不再发生了。

云南彝族摔跤在全省乃至全国都有一定的名气，国家和云南省的摔跤队中常有彝族的运动员。石林县彝族的摔跤运动比较普遍，因而获得了中国“摔跤之乡”的美誉。

文山州的彝族摔跤活动比较普遍的地方是丘北县，主要是在撒尼和阿细支系人中。在全州性的体育摔跤比赛中，获名次者常常都会有丘北县的彝族撒尼人，有些还被选拔到省摔跤队，参加全国比赛甚至国际比赛，并获得名次。

斗牛在彝族中比较普遍，文山州彝族也是一样。

举行斗牛比赛前，比赛场地周边的村寨都要选出几头膘肥体壮，勇猛善斗的犍牛参加比赛，各村村民也会穿上节日盛装到比赛场上呐喊助威。比赛时，场地上锣鼓喧天，长号齐鸣，周围呐喊助威的人不时高声呐喊，欢声雷动。比赛获胜的牛，牛角上会被挂上用红布扎成的绣球，由牛主人拉着绕场一周，向观众致意，观众也会向牛主人表示祝贺。在四川凉山等一些彝族地区，在举行斗牛比赛的同时，还会举行斗羊、斗鸡比赛。

斗牛比赛大都在火把节时举行，也有在端午节举行的。文山市和砚山县的彝族阿扎支系人斗牛比赛的时间，则主要在每年农历七月的属马日和属龙日，在各村寨轮流过草马节时举行。过草马节当天早上，各家各户将头天下午制作好送到村边的花草马拿到一起祭祀，并分别在村外做菜饭野餐，互相品尝，互相学习做菜饭的手艺。吃过饭后就比评谁家的草马做得好，做得最漂亮，并交流做草马的技艺。评比完草马后就举行斗牛比赛，获得冠军的牛主人会受到大家的赞扬，冠军牛也会因此身价倍增，被人争相购买。

同斗牛比赛一样，过去许多彝族地区都有赛马的传统。在丘北、砚山等县的一些山区彝族村寨，过去不少村寨都有一处专门用来练马的平地，民间称为“跑马路”或“马道子”，彝语叫“么踏卓”或“么里多”。这种“马道子”后来大都演变成了地名，并留存至今。

彝族赛马分大跑步、小跑步两种，一些地方也有骑马射箭比赛，但为数极少。无论比赛大跑步还是小跑步，骑马比赛的人姿势要端正潇洒，马步要整齐一致，马蹄落地声节奏有序，不能零乱，要快而有序，慢而不乱。

赛马活动也是多在节日期间举行，有意参加赛马比赛的人，平时有空时都会到“马道子”上练马。比赛采用淘汰制。同斗牛比赛一样，获胜者会受到人们的赞扬，赛马也会身价大增。

赛马活动过去在全国许多彝族地区都比较盛行，但现在已经越来越少了，在文山州彝族地区，除一些相关部门和单位为促进旅游而不时举行赛马比赛外，民间赛马活动几乎已经见不到了。

射箭、射弩，以及刀、剑、矛、戟等比赛，也是一些彝族人比较喜欢学习的体育项目，旧社会常有这类竞技活动，因此，许多彝族村寨中，每逢节日都会举行规模大小不一的射箭、射弩和刀、剑、矛、戟术比赛，老人过世后举行的送葬队中，有武士队在前舞刀、剑、戟、长矛开路。在文山州彝族地区，如今举行射箭、射弩和刀、剑、戟、矛术比赛活动的地方也很少了。

打秋，彝族乃苏语叫“叟卓者”。打秋是一种娱乐性很强，广受彝族人民喜爱的体育活动，因而一直长盛不衰。秋的种类有磨秋、猴子秋（观音秋）、秋千三种。秋千用两根绳索拴在树上或木架上，下部近地处绳间拴一木板，一人或两人面对站于板上拉绳，用脚蹬动木板，让其前后来回荡动，荡得越高越好。

猴子秋的造型近似木纺车，外支两棵木立柱，立柱间安一中轴相连，中轴两头各安一个“十”字形或“米”字形木架，木架间安 4 个或 6 个小秋千，每个小秋千上坐 1 到 2 人，但秋千上坐的人数要相等，使之重量平衡。打秋时，落地者用脚尽力蹬地，使秋上下轮回转动，转得越快越好。转动中，打秋的人你上我下、我上你下，如同猴子在树上玩耍一般，故得名“猴子秋”。

磨秋制作比较简单。用一棵两米左右长的木柱立于地上，顶部削尖。用一根长约六七米长的松木或樱桃木做秋杆，秋杆中间用一根约 80 厘米左右长，与秋杆同样粗细的短木，从中心与秋杆两头对合一起凿眼，用秋耳穿连起来，用木销钉固定好，再从两根长短木接合部中间凿眼，放到立柱尖上便成。也有不用短木穿耳，而直接将不通顶的眼开在秋杆上的。秋杆两头各安一扶手。打磨秋时，两人各在秋杆的一头，扑于杆上，此起彼落地用脚蹬地转圈，也会骑在杆上面对或面背着转圈，但骑杆转圈的速度要慢一些。比赛时，打秋的人分为两组，有男女分开编组的，也有男女混合编组的，以坚持时间最长的一方为胜。打磨秋时，人们常会在秋柱顶部与秋杆中间榫口摩擦部位涂抹一些猪油和木炭，这样，秋柱和秋杆的摩擦声会更加响亮悦耳。

磨秋制作简单，但喜欢打磨秋的人很多，因此普及面很广，彝族村寨几乎无处不有。打磨秋最热闹的时间是过年期间，届时，各村人都会汇集在磨秋场上，或参加，或围观打磨秋比赛，比赛场上，人们的欢呼声和磨秋的“嘎吱”声交汇在一起，场面十分热闹。

打陀螺也是彝族民间，尤其是青少年比较喜爱的一种体育比赛活动，在文山州彝区大多数地方都可以见到。陀螺有尖头和平头两种，底部一般都安有铁钉，以减少磨损。平头陀螺用的转绳上拴有一根木杆，而尖头陀螺用的转绳则不拴木杆。比赛打陀螺以两人轮流坐庄，在规定的距离间击打对方旋转中的陀螺，以打出规定场地范围次数最多者为赢。打陀螺比赛活动时间不限，一年四季都可以见到，但节日期间的比赛最多，也最为热闹。

后 记

在很多年以前就有编纂《文山彝族与历史》的心愿了，但过去由于工作上很难分手，加之本人对彝族历史学习了解研究不多，资料有限等原因，迟迟未能动手下笔。可是，民族的情感、历史的责任心总是在驱使着我，如根叶相连的生命情缘，始终萦绕记挂在心里。

改革开放以后，在中国共产党的领导下，文山州35万多彝族人民同全国、全省各族兄弟一样，生产生活面貌发生了翻天覆地的大变化。党和政府越来越重视民族历史文化的收集整理、传承保护工作，这给编纂《文山彝族与历史》创造了良好的外部环境和条件，给我增添了信心和力量。于是，在文山州彝学会历届领导的鼓励下，尤其是在现任会长包忠才的全力支持下，我于2004年提前退休后，便开始在以往积累的基础上，加紧了对中国彝族历史，尤其是对文山州彝族历史的调查、收集和研究工作。

由于文山建制较晚的原因，系统记述文山州彝族的史料较少，大都零星地散见于州内外的一些汉文史书中，而且因误记、错译和错释造成的混乱不少，这都给本书厘清史实带来了一定的难度。

编纂史书，一般都坚持这样一种原则：实事求是。封建社会时的史官，写史观点不可能不受其所处历史时代的影响，这就需要我们用历史唯物主义的观点去认识历史、看待历史了。

辩证唯物主义和历史唯物主义，是共产党人认识世界、认识历史最重要的思想武器。我们必须以辩证唯物主义和历史唯物主义为指导，坚持马克思列宁主义、毛泽东思想、邓小平理论、三个代表重要思想和科学发展观编纂《文山彝族与历史》。本书在编纂过程中始终把握了国家统一、民族团结、社会进步这一中华民族历史发展主流，用历史的、辩证的思想观点去认识历史、看待历史，进而实事求是地叙述历史；将彝族史作为中华民族历史的一个重要组成部分来写，将文山州彝族史作为全州地方史的一个重要组成部分来写。在兼顾整个中华民族历史发展的大背景中，突出彝族历史发展的特点，努力使之与整个中华民族发展史有机地统一起来。

数千年的中华民族发展历史绵延不绝，历史文化浩如烟海，作为中华民族的一个重要组成部分，彝族的历史文化也是这样。从表面上看，文山州彝族历史似乎有些杂乱，但仔细辨析，它又是有规律可循的，这种规律与整个中华各民族的历史发展过程紧紧相连，与全国彝族的历史发展过程一脉相承，而且历史越往上溯，这种联系越是更加密不可分。虽然彝族进入文山州的历史已经很久远了，但是文山州单独成为行政区域是清朝初期的事，时间较短，加之地处祖国西南边疆，彝族在区域政治上未能形成自己明显的地区特点，史料记录很少。因此，要写清楚文山州的彝族历史，就只能将其放在云南彝族，滇东南地区彝族，乃至全国彝族的历史发展大环境中来写，从这种历史发展大环境中，来突出文山州彝族在各个历史时期的发展变化情况，不然就成了一种无源之水，无本之木了，这是本书在编纂过程中所遵循的一条基本原则。所以，本书在编纂过程中，上半部分，特别是远古时期部分，大多是采用国内、省内相关的彝、汉文史料及这些年来各地的一些彝学研究成果，并结合文山州情况综合编纂而成。

浩如烟海的历史纷繁复杂，任何写史的人对其所写的历史都不可能穷其所尽。本书在编纂过程中，既注意历史的时代分期，又不片面单纯地按历史分期来平铺直叙，注意把握好主线和重点。例如彝族族源问题，在编纂中就突出了任何一个大一点的民族在其形成过程中，其来源都不可能是单一的这一主线和重点。对名目繁多的彝族支系名称，在尽可能地说清楚造成这种名目繁多的历史原因基础上，将其上溯并归汇到“苏”（蜀）或“叟”、或“彝（夷）”这一最古老民族族称上。又例如汉文史书和彝文史书在记载彝族上出现的地名、人名等差异和不同，则以大多数相同的记载为准，主要又以大多数相同的彝文记载为准。

在时代分期上，本书注重突出了12个重点，并突出这些重点时期文山州彝族的历史状况：

1. 远古时期的彝汉同源和分流。

2. 秦以前古蜀国的建立和“六祖分支”。

3. 秦汉时期的古滇国、古夜郎国、古莽国，以及古卢部落和古罗部落。

4. 魏晋、南北朝时期的“爨氏”统治。

5. “乌蛮”势力的兴起以及南诏国的建立与衰亡。

6. 唐、宋时期的自杞国、罗施国和罗甸国。

7. 彝族人民为中华民族统一国家形成所做的贡献。

8. 元、明、清时期土司制度的建立和“改土归流”。

9. 彝族部落和地方政权君、臣、师、匠统治形式和特点。

10. 旧民主主义革命时期彝族人民在反帝、反封建斗争中的贡献。

11. 新民主主义革命时期彝族人民在中国共产党领导下，为人民的翻身解放所做出的贡献。

12. 新中国建立以后，尤其是改革开放以来彝族地区的经济和社会发展变化。

在彝族社会文明发展史上，则重点突出了5个方面：

1. 彝族文字的起源和彝族毕摩文化。
2. 卷帙浩繁的彝族史书古迹和彝族姓氏谱牒文化。
3. 彝族天文学初始和彝族太阳历。
4. 彝族八卦及其哲学思想。
5. 彝族的各种文化艺术。

这些重点形成了《文山彝族与历史》的主体构架，使我们看到了一部与全省、全国彝族和其他民族紧密关联的文山州彝族史。

人的认识始终是有限的、相对的，尤其是对历史上一些问题的认识更是如此。由于评价者所占有资料的不同，分析问题的角度、方法和观点不同，总会有不同的看法和意见，《文山彝族与历史》也不可能例外。尽管在编纂过程中，对彝族历史上一些还有争议，还未能形成相对统一看法和定论的问题，都注意尽可能地依据史实来说话，并依据史实提出自己的观点和见解，尽量避免用说教式和武断式的语言来判断。但是些问题的争议仍然不可避免，我们有充分的思想准备以平常心来对待不同的看法和意见，而且会真诚地欢迎提出不同的意见和建议。有商讨、有争论、有意见、有建议，我们的彝学研究才会不断深入，不断提高，未来我们的后代也才会写出高水平的文山州彝族历史来。

包忠才　李学海

2018年7月